Windows 10

Das Praxisbuch

Windows 10

Das Praxisbuch

WOLFRAM GIESEKE

Markt+Technik

ISBN 978-3-945384-59-6

© 2015 by Markt+Technik Verlag GmbH
       Espenpark 1a
       90559 Burgthann

Produktmanagement Christian Braun, Burkhardt Lühr
Herstellung Jutta Brunemann, j.brunemann@mut.de
Korrektorat Petra Heubach-Erdmann
Einbandgestaltung David Haberkamp
Satz Thorsten Schlosser, Kreuztal (www.buchsetzer.de)
Druck Media-Print, Paderborn
Printed in Germany

Vorwort

Mit Windows 10 überspringt Microsoft mal eben eine Versionsnummer. Das mag gutes Marketing sein, inhaltlich begründen lässt es sich nicht. Denn Windows 10 ist keine Revolution, sondern eher eine konsequente Weiterentwicklung. Trotzdem hat sich einiges getan. Insbesondere das von vielen vermisste Startmenü ist wieder da, wenn auch nicht so wie früher. Aber man kann sagen, dass die Balance zwischen klassischer Desktop-Arbeit am Schreibtisch und mobiler Nutzung per Touchbildschirm nun wesentlich besser gelungen ist.

Ein Kritikpunkt aber ist nach wie vor die willkürliche Aufteilung in touchfreundliche PC-Einstellungen und die klassische Systemsteuerung. Da ist es teilweise eine kleine Wissenschaft, welche Optionen man wo findet. Echte Gewinne sind hingegen die digitale Assistentin Cortana oder die virtuellen Desktops. Hier lohnt es sich auf alle Fälle, auszuprobieren und neue Funktionen für sich zu entdecken.

Aktuelle Infos im Blog

Windows ist ein sehr dynamisches Thema, denn ein Windows 11 wird es wohl nicht geben. Stattdessen wird die aktuelle Version beständig weiterentwickelt und verbessert. In meinem Blog unter *www.gieseke-buch.de* informiere ich über aktuelle Entwicklungen und stelle spannende Windows-Apps und -Programme vor. So dient er als ständige Aktualisierung und Erweiterung meiner Bücher. Ebenso können Sie hier mit mir in Kontakt treten, um Ihre Fragen oder Anregungen loszuwerden.

Jetzt wünsche ich aber erst mal viel Spaß und viele hilfreiche Erkenntnisse beim Lesen dieses Buchs und beim Entdecken des neuesten Windows.

Wolfram Gieseke

Inhaltsübersicht

Inhaltsverzeichnis

3.   Kurze Wege mit Taskleiste, Sprunglisten und Infobereich 69

Teil V   Netzwerk und Internet – den PC verbinden und online nutzen 443

22. Ein Netzwerk als Heimnetzgruppe in Sekunden einrichten.. 445

23. Netzwerk und Internetzugang klassisch einrichten und steuern 459

26. Ordner, Dateien und Desktop im Netzwerk freigeben 551

27. Einstellungen per Cloud abgleichen: auf allen PCs stets die gleiche Umgebung 565

Teil VI Hard- und Software – schnell installieren, clever nutzen, Fehler sofort finden 575

28. Software installieren und Kompatibilitätsprobleme lösen.. 577

29. Hyper-V: per Virtualisierung praktisch jede Anwendung nutzen 591

Windows 10

Teil I   Die neue Oberfläche optimal nutzen und individuell anpassen

1 Das neue Startmenü flexibel nutzen

Zu den größten und auf den ersten Blick unübersehbaren Neuerungen gehört die Rückkehr des Startmenüs – oder zumindest eines Startmenüs. Wie in den guten alten Zeiten kann man unten links auf dem Desktop ein Windows-Symbol anklicken und öffnet damit ein Menü, das den Weg zu allen Programmen und Funktionen ebnet. Aber ganz so wie früher ist es eben doch nicht, wie schon der erste Blick beweist.

Desktop- vs. Tablet-Modus

Ein wichtiger Hinweis für Tablet-Nutzer gleich zu Beginn: Windows erkennt automatisch, wenn es auf einem Gerät mit Touchbildschirm ausgeführt wird. Dann schaltet es automatisch in den Tablet-Modus um, was Auswirkungen auf das Startmenü, den Desktop, den Umgang mit Fenstern und einiges mehr hat. Was es damit genau auf sich hat, lesen Sie auf Seite 49. Auf den nachfolgenden Seiten beschreibe ich die Windows-Oberfläche zunächst im Desktop-Modus. Schalten Sie deshalb am besten in diesen Modus um (am rechten Bildschirmrand „reinwischen" und im Info-Center unten auf *Tabletmodus* tippen, falls dieses Symbol farbig unterlegt ist).

HINWEIS

1.1 Startmenü und Startseite in einem

Windows 7 hatte ein Startmenü, Windows 8 hatte eine Startseite. Windows 10 bemüht sich, das Beste aus beiden Welten miteinander zu verbinden, und präsentiert ein zweigeteiltes Startmenü:

- links ein klassisches Menü,

- rechts eine kleine Startseite, die sich aber nach Bedarf auch wesentlich vergrößern lässt.

Im Startmenü alle Apps und Einstellungen schnell finden

Das Startmenü funktioniert im Prinzip so, wie man es von früheren Windows-Versionen kennt.

1. Wenn Sie es mit einem Klick (oder Fingertipp) auf das Windows-Symbol unten links in der Taskleiste öffnen, zeigt es oben eine Liste der meistverwendeten Programme. Diese Liste wird von Windows automatisch erstellt und laufend aktualisiert.

2. Darunter sehen Sie einige feste Einträge:

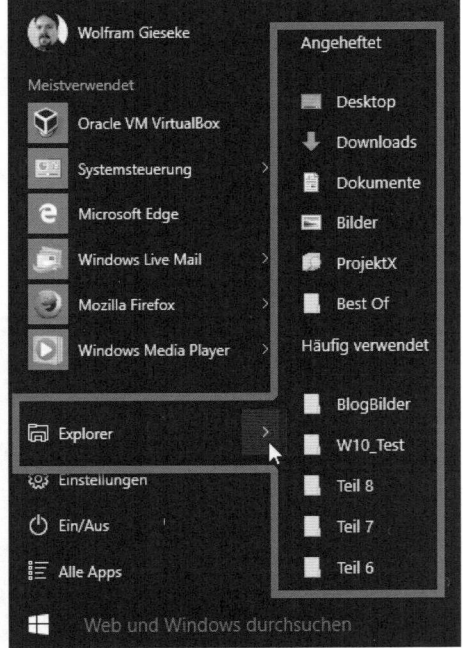

- Mit einem Klick auf *Explorer* starten Sie den Windows-Explorer. Sie können aber auch rechts daneben auf das kleine Pfeilsymbol tippen. Damit öffnen Sie eine Liste der Schnellzugriffe des Windows-Explorer (siehe Seite 161.).

- *Einstellungen* ist eine Abkürzung in die touchoptimierten PC-Einstellungen (nicht die klassische Systemsteuerung!).

- Mit *Ein/Aus* öffnen Sie ein kleines Untermenü, in dem Sie den PC in den Energiesparmodus versetzen, herunterfahren oder neu starten können.

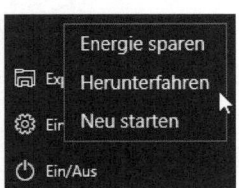

Weitere Ordner immer im Startmenü anzeigen lassen

Wenn Sie möchten, können Sie im Startmenü bestimmte Ordner dauerhaft anzeigen lassen, wie etwa *Bilder*, *Musik* oder das *Netzwerk*. Öffnen Sie hierzu in den
PC-Einstellungen den Bereich *Personalisierung/Start* und klicken Sie rechts auf
Ordner auswählen, die im Menü „Start" angezeigt werden. Schalten Sie im anschließenden Menü die Ordner ein, die Sie direkt im Startmenü vorfinden möchten.

3. Ganz unten schließlich können Sie mit *Alle Apps*
eine Liste aller Apps (sowohl Desktop-Anwendungen als auch Touch-Apps) abrufen. Diese Liste ist
alphabetisch sortiert, was sich auch nicht ändern
lässt. Gerade wenn viele Anwendungen installiert
sind, dürfte das Scrollen eher mühsam sein. Aber
es gibt dafür Alternativen, die ich auf den folgenden Seiten vorstellen werde.

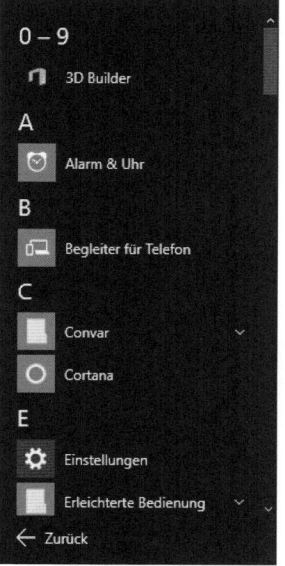

Die Größe des Startmenüs anpassen

Der „Rahmen" des Startmenüs kann wie ein Fensterrahmen vergrößert und verkleinert werden. So können Sie nicht nur die Größe, sondern auch die Form
an Ihre Vorlieben anpassen. Der Inhalt passt sich automatisch an bzw. es wird
automatisch eine Laufleiste angezeigt, wenn die Fläche nicht für den gesamten
Inhalt ausreicht.

Schneller Zugriff auf Benutzerkonten

Wie auch schon bei früheren Windows-Versionen
sind Benutzersymbol und -name ganz oben im Startmenü nicht nur ein Designelement. Sie können hier
auch klicken oder tippen und so ein Untermenü öffnen. Es erlaubt den Zugang zu den Kontoeinstellungen sowie das schnelle Sperren des Bildschirms
oder das Abmelden. Ebenso können Sie hier schnell
zu einem anderen Benutzerkonto Ihres PCs wechseln.

Anwendungen ganz schnell finden

Wenn Ihnen das Suchen nach einer bestimmten Anwendung in der Liste oder auf der Startseite zu umständlich ist, verwenden Sie einfach das Eingabefeld ganz unten im Startmenü:

1. Tippen Sie auf das Windows-Symbol unten links, damit das Startmenü angezeigt wird.

2. Tippen Sie nun einfach direkt den Namen des gesuchten Programms ein. In der Regel brauchen Sie nur wenige Buchstaben des Namens einzutippen. Es reicht auch ein wesentlicher Bestandteil des Namens, beispielsweise „Mail".

3. Das Startmenü listet dann alle relevanten Treffer zu diesem Begriff aus verschiedenen Bereichen auf. Dazu gehören:

   ■ auf dem PC installierte Anwendungen und Apps,

   ■ Einstellungen,

   ■ Apps im Store,

   ■ vielversprechende Websuchbegriffe.

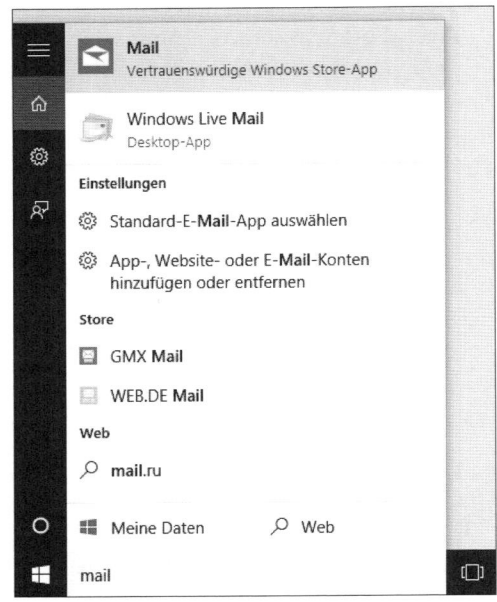

4. Da installierte Anwendungen die höchste Priorität haben, werden sie oben in der Liste angezeigt. Das am besten passende Programm findet sich ganz oben als farbig unterlegter Eintrag. Um diese Anwendung oder App zu starten, brauchen Sie einfach nur ⏎ zu drücken.

5. Sollte die gesuchte App weiter unten stehen, verwenden Sie ⬇, um deren Eintrag anzusteuern und drücken dann ⏎. Bei einem Touchbildschirm können Sie den Eintrag selbstverständlich auch einfach direkt antippen.

Was sich auf den ersten Blick vielleicht etwas umständlich liest, ist in Wirklichkeit ein ganz simpler Vorgang, an den man sich für einige Standardanwendungen schnell gewöhnt, gerade weil man dafür nicht mal zur Maus greifen muss:

1. ⊞ drücken.

2. Wesentlichen Teil des Namens tippen, etwa „mail".

3. ⏎ drücken.

Kurze Wege im Kontextmenü des Windows-Symbols

Auf den ersten Blick übersieht man leicht, dass das Windows-Symbol ganz links in der Taskleiste nicht nur ein hübsches Symbol zum Anzeigen des Startmenüs ist. Ein Rechtsklick darauf öffnet ein Kontextmenü, in dem Sie einige praktische Einträge finden, mit denen sich die Wege zu häufig genutzten Funktionen abkürzen lassen. Alternativ können Sie es aber auch jederzeit mit dem Tastenkürzel ⊞+X öffnen.

Die meisten Einträge sind selbsterklärend und führen in die entsprechenden Bereiche der Systemsteuerung oder Computerverwaltung. Sehr hilfreich sind die Einträge *Eingabeaufforderung* bzw. *Eingabeaufforderung (Administrator)*, da sie meist den kürzesten Weg zu dieser Funktion bieten.

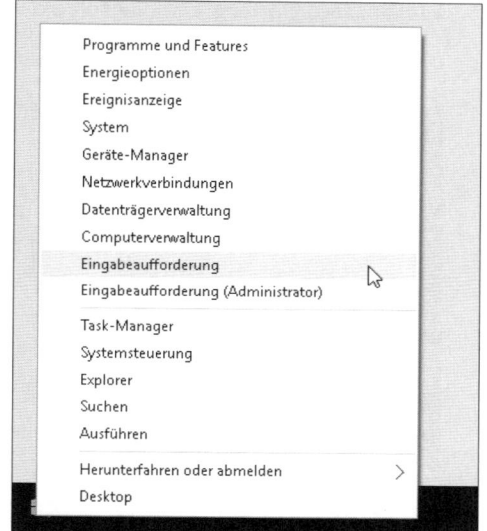

Praktisch ist auch das kleine *Herunterfahren oder abmelden*-Menü. Insbesondere Tastaturfans können es nutzen, um beispielsweise jederzeit schnell durch „blindes" Tippen den PC herunterzufahren: ⊞+X, U, U, →, R.

1.2 ___ Cortana versteht Sie aufs Wort

Schon länger geheimnisvoll angekündigt, erblickt gemeinsam mit Windows 10 die Sprachassistentin Cortana das Licht der IT-Welt. Das Prinzip ist von der Google-Sprachsuche oder der iPhone-Assistentin Siri vielleicht schon bekannt. Cortana wird nicht umständlich über Menüs und Optionen bedient, sondern kann menschliche Sprache interpretieren und verstehen. Man kann also eine Anweisung einfach aussprechen, anstatt die entsprechenden Aktionen selbst umständlich ausführen zu müssen.

Cortana nur mit Microsoft-Konto

Damit es nicht am Ende des Einrichtungsvorgangs eine Enttäuschung gibt: Cortana lässt sich nur in Kombination mit einem Microsoft-Konto nutzen. Wenn Sie sich bei Windows ohnehin mit einem Microsoft-Konto anmelden, kein Problem. Sollten Sie grundsätzlich nur mit einem lokalen Benutzerkonto arbeiten wollen und Bedenken gegen die Cloud-Funktionen von Windows haben, ist Cortana eher nichts für Sie.

HINWEIS

Cortana kennenlernen

Auch wenn Cortana nur eine „künstliche Persönlichkeit" ist, sollte man sich etwas Zeit nehmen, um sie kennenzulernen. Dazu wird einmalig ein Begrüßungsprozess durchlaufen, bei dem Sie Cortana zugleich auf Ihre Wünsche einstellen können.

1. Wenn Sie mit der Maus auf das Eingabefeld rechts neben dem Windows-Symbol

klicken, wird Cortana automatisch aktiv und stellt sich kurz vor.

2. Warten Sie gegebenenfalls kurz ab, bis Sie unten rechts *Weiter* anklicken können.

3. Nun müssen Sie zustimmen, dass Cortana verschiedene Arten von Informationen erfassen und auswerten darf, etwa Ihre Position, den Browser- und Suchverlauf, Ihren Kalender etc. Sie können das an dieser Stelle nur pauschal mit *Ich stimme zu* genehmigen. Später können Sie in den Einstellungen auch einige Dinge wieder deaktivieren.

4. Anschließend teilen Sie der Assistentin mit, mit welchem Namen Sie angesprochen werden möchten. Das macht die Kommunikation einfach etwas persönlicher. Tippen Sie den Namen ein und klicken Sie unten rechts auf *Weiter*.

5. Sollten Sie nicht mit einem Microsoft-Konto angemeldet sein, müssen Sie dies nun nachholen. Mit einem lokalen Benutzerkonto lässt sich Cortana leider nicht nutzen.

Das Mikrofon für Cortana einrichten

Für das Erfassen von Sprachbefehlen verwendet Cortana ein Mikrofon. Bei Notebooks und Tablets ist das bereits eingebaut. Bei einem PC sind zumindest die Anschlüsse dafür vorhanden. Die Qualität des Mikrofons ist für die Spracherkennung nicht unbedingt ausschlaggebend. Beispielsweise kann man mit einem günstigen Headset gut erste Erfahrungen sammeln. Wer Cortana am Schreibtisch regelmäßig nutzen möchte, sollte sich nach einem Clip-Mikrofon umschauen, das man am Monitor befestigen kann.

Bei der ersten Verwendung der Sprachfunktion möchte Cortana in vielen Fällen erst das Mikrofon einrichten. Das ist mit einem Assistenten in wenigen Schritten erledigt.

1. Sollten Probleme mit dem Mikrofon vorliegen, meldet sich der Assistent automatisch und bittet darum, das Mikrofon einrichten zu dürfen. Lassen Sie sich nicht von dem Hinweis irritieren, dass Ihr Mikrofon möglicherweise nicht mit Cortana funktioniere. In der Regel ist das kein Problem. Klicken Sie zweimal auf *Weiter*.

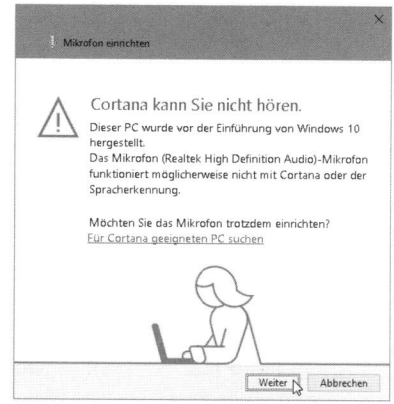

2. Lesen Sie nun einfach den angezeigten Text vor. Platzieren Sie das Mikrofon dabei so, wie Sie es auch im Alltag verwenden möchten. Der mehrfarbige Balken am unteren Rand hilft Ihnen dabei, die Lautstärke richtig einzuschätzen:

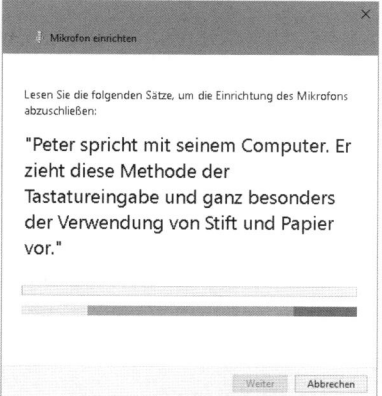

   ■ Bei Stille sollte er sich im gelben Bereich bewegen.

   ■ Wenn Sie normal laut sprechen, sollte er bis in den grünen Bereich ausschlagen.

   ■ Der rote Bereich sollte nach Möglichkeit nicht erreicht werden, da die Aufnahme sonst übersteuert und nicht sinnvoll ausgewertet werden kann.

Während Sie den Text vorlesen, passt der Assistent den Eingangspegel automatisch an, sodass eine möglichst gute Aussteuerung erreicht wird. Sowie dies gelungen ist, können Sie das Diktat beenden und unten auf *Weiter* klicken.

3. Nun noch einmal auf *Fertig stellen* klicken und Sie können mit Cortana sprechen.

Steuern Sie Cortana durch Sprachbefehle

Einmal eingerichtet, können Sie Cortana jederzeit Anweisungen durch einfache Befehle oder Fragen erteilen:

TIPP

Anweisungen für Cortana eintippen

Wenn Sie kein Mikrofon haben oder sich mit der Sprachsteuerung nicht anfreunden können, können Sie Ihre Anweisungen auch einfach direkt in das *Frag mich etwas*-Suchfeld eintippen. Cortana reagiert darauf ebenso, ist allerdings weniger gesprächig und leitet die Anfragen eher mal kommentarlos an Bing weiter.

1. Ist Cortana eingerichtet, sehen Sie unten links im Suchfeld ein Kreissymbol und den Text *Frag mich etwas*.

2. Tippen Sie am rechten Rand dieses Textes auf das Mikrofonsymbol.

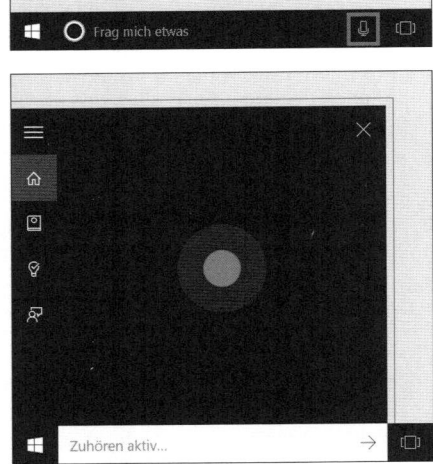

3. Nun können Sie einfach drauflos sprechen. Besondere Befehle oder eine bestimmte Form sind nicht notwendig. Sie sollten sich nur um eine deutliche, nicht zu schnelle Aussprache bemühen. Dann versteht Cortana Sie recht zuverlässig. Probieren Sie einfach mal ein paar Anweisungen aus, wie etwa:

- „Wie wird morgen das Wetter?"

- „Neuer Termin morgen um 10 Uhr beim Zahnarzt."

- „Wecke mich morgen früh um 9:00 Uhr."

- „Wie ist der Aktienkurs von BMW?"

- „Was gibt's Neues?"

- „Wann ist mein nächster Termin?"

- „Wo bin ich?"

- „Was bedeutet Bruttosozialprodukt?"

- „Erzähle mir einen Witz"

- „Sing mir ein Schlaflied."

- „Stein, Schere, Papier"

- „Starte Firefox."

- „Schalte das WLAN ein."

- „Vergiss es!" (falls Sie sich mit Cortana in einer Frage mal nicht einig werden sollten)

Auf viele Fragen oder Anweisungen reagiert Cortana richtig und liefert die gewünschte Antwort oder Aktion. Wenn Cortana eine Anweisung formal zwar versteht, aber nichts damit anfangen kann, leitet sie sie als Suchanfrage an Bing weiter. Dann erhalten Sie als Antwort ein Browserfenster mit den Suchergebnissen. Dadurch lässt sich Cortana auch gut als natürlich-sprachliche Suchhilfe nutzen. Wenn Sie etwa „Wann wurde Goethe geboren?" sagen, bekommen Sie zwar keine direkte Antwort, aber als erstes Suchergebnis die passende Wikipedia-Seite.

Cortana per Sprache aktivieren

Cortana kann auch mit einem Sprachbefehl aktiviert werden. Dabei lauscht sie praktisch permanent auf eine bestimmte Phrase und wird automatisch aktiv, wenn sie diese erkennt. Öffnen Sie dazu die Einstellungen von Cortana (bei geöffnetem Dialog links auf das Notizbuch-Symbol klicken und dann auf *Einstellungen*). Hier stellen Sie den Schalter unter *Hey Cortana* auf *Ein*. Nun können Sie Cortana jederzeit mit der Phrase „Hey Cortana" aufwecken und dann auch schon direkt Ihre Frage oder Anweisung sprechen.

TIPP

Cortana als persönlicher Assistent

Cortana kann mehr als auf Ihre Fragen und Befehle zu reagieren. Sie kann Sie als persönlicher Assistent unterstützen, indem sie Sie mit aktuellen Informationen versorgt, die auf Ihre persönlichen Bedürfnisse zugeschnitten sind. Hierfür ist das *Notizbuch* verantwortlich. Darin können Sie vorgeben, an welcher Art von Information Sie interessiert sind.

1. Wenn der *Cortana*-Dialog geöffnet ist (beispielsweise indem Sie mit der linken Maustaste einfach in das *Frag mich etwas*-Feld klicken), können Sie am linken Rand das Symbol für das Notizbuch anklicken. Hinweis: Mit einem Klick ganz oben auf das Menü-Symbol wird das Menü erweitert und mit Bezeichnungen versehen, was gerade am Anfang die Orientierung erleichtert.

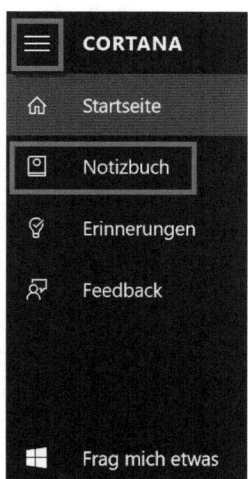

2. Im Notizbuch finden Sie ganz oben die Optionen von Cortana. So können Sie bei *Über mich* beispielsweise den Namen ändern oder Ihre Lieblingsorte als Favoriten erfassen.

3. Unter *Einstellungen* lassen sich verschiedene Funktionen von Cortana nach Bedarf ein- und ausschalten. Hier können Sie für Sie nutzlose Dinge deaktivieren und eine gesunde Balance zwischen Datenschutz und Komfort wählen.

4. Darunter legen Sie in verschiedenen Kategorien wie *Nachrichten*, *Wetter* oder *Finanzen* fest, ob diese Themen für Sie interessant sind, sowie gegebenenfalls, was genau Sie dabei interessiert (beispielsweise bei den Finanzen konkrete Aktienkurse).

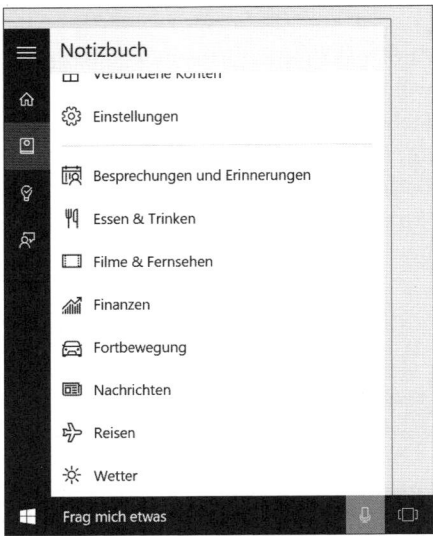

5. Bei *Besprechungen und Erinnerungen* können Sie verschiedene Elemente wie rechtzeitige Hinweise auf Termine oder eine Zeitleiste für jeden Tag aktivieren. Diese Elemente werden automatisch nur angewendet, wenn entsprechende Eintragungen in Ihrem Kalender vorliegen.

6. Interessant ist auch die Rubrik *Fortbewegung*. Hier lassen sich aktuelle Verkehrsinformationen ebenso wählen wie Hinweise, wann es Zeit für den Weg zur Arbeit ist (unter Berücksichtigung der aktuellen Verkehrslage) oder wann das letzte öffentliche Verkehrsmittel nach Hause fährt.

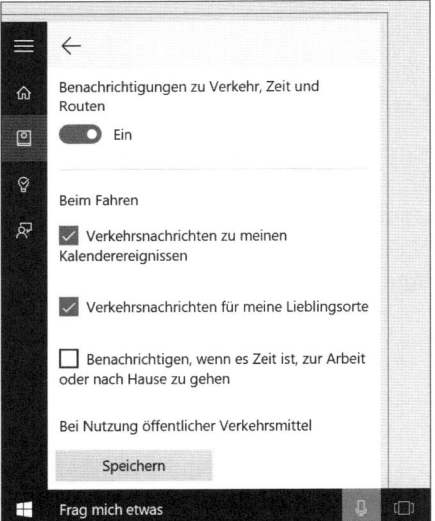

Generell gilt: Je spezieller oder wichtiger die Information ist, desto dringender sollte man ausprobieren, wie gut es wirklich funktioniert. Insbesondere beim öffentlichen Nahverkehr würde ich mich nicht darauf verlassen, dass Cortana jeden regionalen Fahrplan kennt.

Hinweis zu bestimmten Zeiten oder an bestimmten Orten

Mit dem Kalender können Sie sich jederzeit an wichtige Termine erinnern lassen. Aber man muss auch nicht für jeden Termin oder jede Aufgabe gleich einen Kalendereintrag erstellen. Cortana kann Sie sehr flexibel an Dinge erinnern, die Sie nicht vergessen möchten. Dabei wählt die Assistentin den richtigen Zeitpunkt abhängig von einem Termin oder einem Ort. Sie können also sagen:

- „Erinnere mich um 20:00 Uhr an die Tagesschau"

oder

- „Erinnere mich im Edeka daran, Milch zu kaufen"

In beiden Fällen merkt sich Cortana diese Erinnerung und meldet sich automatisch, wenn der Zeitpunkt erreicht ist oder wenn Sie den Ort erreichen, mit dem die Erinnerung verknüpft ist. Insbesondere für die zweite Variante lohnt es sich, einige Orte in den Einstellungen (*Über mich*) als Favoriten abzuspeichern, da Sie dann deren Namen als Bezug verwenden können.

Bevor eine Erinnerung festgelegt wird, fragt Cortana stets nach. Sie können dann kontrollieren und gegebenenfalls korrigieren. Ist alles in Ordnung, reicht ein gesprochenes *Ja*. Vorhandene Erinnerungen können Sie im Menü mit dem Glühbirnensymbol abrufen und hier gegebenenfalls auch löschen.

Erinnern kann Cortana Sie sowohl nach Zeit als auch an einem bestimmten Ort.

Cortana deaktivieren

Falls Sie nach etwas Herumprobieren mit Cortana zu der Erkenntnis kommen, dass das für Sie auf Dauer nicht attraktiv ist, können Sie Cortana deaktivieren. Öffnen Sie dazu wie vorangehend beschrieben die Einstellungen von Cortana und stellen Sie den Schalter ganz oben bei *Cortana kann Vorschläge, Ideen, Erinnerungen, Warnungen und vieles mehr anbieten.* auf *Aus*. Damit wird Cortana auf diesem Gerät deaktiviert.

Wollen Sie auch die Cloud-Daten löschen, die Cortana bereits erfasst hat, klicken Sie zusätzlich darunter auf den Link *Alles, was Cortana über mich weiß, in der Cloud verwalten*. Hier können Sie die gut sichtbaren *Löschen*-Schaltflächen verwenden, um die online gespeicherten Daten zu entfernen.

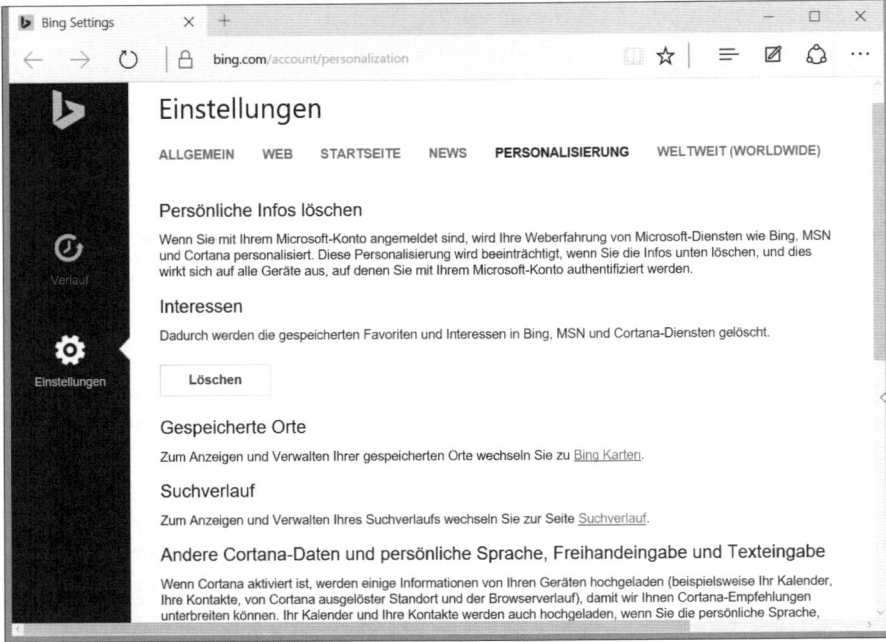

Die von Cortana erfassten Daten können nur online gelöscht werden.

1.3 — Eine Startseite nicht nur für Tablet-Nutzer

Die rechte Hälfte des Startmenüs nimmt die Startseite ein. Diese ist nicht nur für Tablet-Nutzer interessant. Denn die Kacheln dort lassen sich beliebig anordnen und sie dienen nicht nur dem Öffnen von Apps, sondern können auch Informationen anzeigen. So kann man die Startseite auch als persönliche Informationszentrale nutzen, die neue Nachrichten, anstehende Termine, das Wetter oder Börsenkurse jederzeit aktuell anzeigt.

HINWEIS

Startseite minimieren

Der eine oder andere wird die Startseite im Startmenü sicher wieder als überflüssig und eher störend empfinden. Deaktivieren im eigentlichen Sinn kann man sie nicht. Aber sie lässt sich zumindest minimieren. Entfernen Sie dazu alle Kacheln per Rechtsklick und *Von „Start" lösen*. Anschließend lässt sich der rechte Rand des Startmenüs nach links bis an das eigentliche Startmenü heran verschieben. So erhält man ein Startmenü für Puristen.

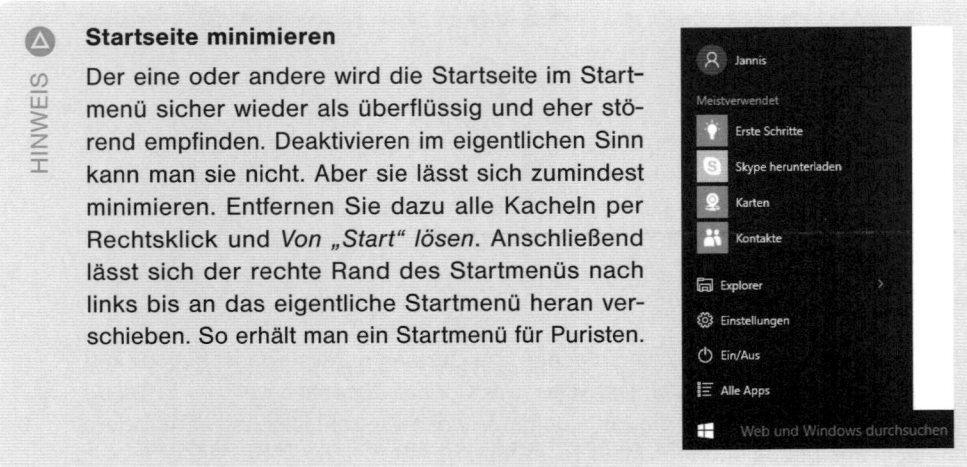

Die moderne Touchoberfläche von Windows 8 hat für große Diskussionen gesorgt und nicht nur Freunde gefunden. Trotzdem dreht Windows 10 das Rad nicht zurück, sondern entwickelt die Startseite sinnvoll weiter. Wer den Desktop bevorzugt, der kann die Startseite ignorieren (siehe Hinweiskasten).

Wer sich mit der Startseite angefreundet hat oder sie als Nutzer eines Touch-Tablets sogar unerlässlich findet, der wird einige sinnvolle Weiterentwicklungen der Startseite finden, mit der sich diese noch flexibler und individueller gestalten und nutzen lässt.

Kacheln nach Wahl in vier Größen

Die Startseite des aktuellen Windows kennt vier verschiedene Kachelgrößen, die sich beliebig kombinieren lassen. Dies gilt allerdings nur für Touch-Apps, die Symbole von Desktop-Apps können auch weiterhin nur *Klein* oder *Mittel* sein. Dabei dürfen nun auch Lücken zwischen den Kacheln entstehen, die Windows nicht sofort automatisch schließt. Man hat also etwas mehr Gestaltungsfreiheit für individuelle Startseiten.

- **Klein**:
  Minikacheln zum platzsparenden Anzeigen von Symbolen, für Desktop- und Touch-Apps.

- **Mittel**:
  Einfache viereckige Kacheln zum Anzeigen von Symbolen oder für sehr kompakte Live-Kacheln, für Desktop- und Touch-Apps.

- **Breit**:
  Mittlere Kacheln in doppelter Breite für das Anzeigen einfacher Live-Kacheln, nur für Touch-Apps.

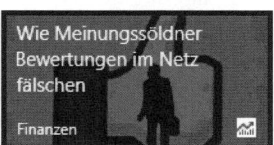

- **Groß**:
  XXL-Kacheln, die viermal so groß sind wie einfache Kacheln und reichlich Platz für dynamische Inhalte bieten, nur für Touch-Apps.

Diese vier Kachelgrößen können Sie beliebig einsetzen und kombinieren. Allerdings stehen nicht immer für alle Kacheln alle Größen zur Verfügung. Dies hängt jeweils davon ab, welche Kachelgrößen die dahinterstehende App unterstützt.

Wählen Sie die optimale Kachelgröße aus

Grundsätzlich können Sie für jede Touch-App eine beliebige der vier Kachelgrößen auswählen.

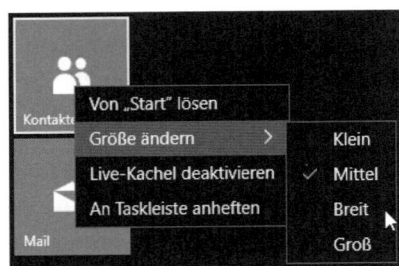

1. Klicken Sie auf der Startseite mit der rechten Maustaste auf die Kachel (wie es mit dem Finger geht, lesen Sie auf Seite 53).

2. Im so geöffneten Untermenü können Sie nun die gewünschte Kachelgröße – *Klein*, *Mittel*, *Breit* oder *Groß* – auswählen.

Die Änderung tritt sofort in Kraft. Die sich daraus ergebenden Änderungen für die Gestaltung der Startseite ermittelt Windows automatisch und passt das Layout entsprechend an.

Live-Kacheln: aktuelle Daten im Startmenü

Manche der Apps können Informationen direkt in ihrer Kachel im Startmenü anzeigen. Einfaches Beispiel: Wenn Sie die Wetter-App aufrufen, zeigt diese Ihnen nett aufgemacht das aktuelle Wetter und die Vorhersage für verschiedene Orte an. Aber wenn Sie einfach nur morgens wissen wollen, wie warm es heute werden soll und ob es vielleicht regnen wird, reichen dafür die Kerndaten. Und die kann die Wetter-App in ihrer Live-Kachel anzeigen, sodass Sie nur im Startmenü nachzuschauen brauchen. Die App selbst müssen Sie dafür nicht mal öffnen.

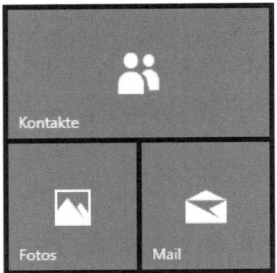

1. Um aus einer statischen Kachel eine Live-Kachel zu machen, klicken Sie diese mit der rechten Maustaste an.

2. Bei geeigneten Apps finden Sie im Kontextmenü den Eintrag *Live-Kachel aktivieren*. Ist kein solcher vorhanden, unterstützt die App diese Funktion leider nicht. Desktop-Apps können grundsätzlich keine Live-Kacheln anzeigen.

3. So eingestellte Apps zeigen kein statisches Symbol in ihrer Kachel, sondern Informationen, die sich automatisch aktualisieren.

4. Oftmals lohnt es sich, die Live-Kachel zu vergrößern, da dann zusätzliche Informationen angezeigt werden oder die Anzeige attraktiver gestaltet wird.

5. Um für eine App die Live-Kachel wieder zu deaktivieren, wiederholen Sie die beschriebenen Schritte und wählen im Kontextmenü *Live-Kachel deaktivieren*.

Kacheln von der Startseite verbannen

Nicht jede Kachel wird unbedingt auf der Startseite benötigt. Schon direkt nach der Windows-Installation sind welche dabei, die Sie vielleicht gar nicht brauchen. Und wenn Sie Apps installieren, werden teilweise automatisch Kacheln eingefügt. Deshalb ist es durchaus sinnvoll, ab und zu mal aufzuräumen und nicht mehr benötigte Kacheln von der Startseite zu verbannen.

1. Um eine Kachel zu entfernen, klicken Sie mit der rechten Maustaste darauf.

2. Wählen Sie im Kontextmenü dann Von „Start" lösen.

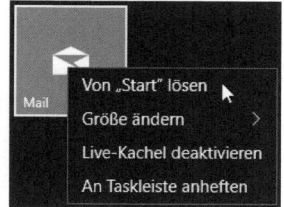

Wohlgemerkt: Sie entfernen hierbei nur die Kachel von der Startseite. Die eigentliche App oder Anwendung bleibt davon unberührt und kann weiterhin beispielsweise über das Suchmenü aufgerufen werden.

Spezielle Funktionen bei Kacheln für Desktop-Apps

Auch Desktop-Apps können als Kacheln Teil der Startseite werden, um sie von dort jederzeit schnell zu starten. Zwei Einschränkungen wurden bereits erwähnt: Desktop-Apps können nur zwei Kachelgrößen und keine Live-Kacheln. Ansonsten lassen sie sich genauso platzieren und gruppieren. Öffnet man aber mit der rechten Maustaste das Kontextmenü einer Desktop-App-Kachel, entdeckt man dort auch einige interessante Zusatzfunktionen, die es für Touch-Apps so nicht gibt:

■ Mit *Deinstallieren* können Sie die Anwendung von Ihrem PC entfernen. Allerdings nicht direkt, sondern es handelt sich lediglich um eine Verknüpfung zu dem zuständigen Modul der klassischen Systemsteuerung. Hier müssen Sie immer noch den Eintrag *Anwendung* finden und auswählen.

■ Praktischer ist da schon *Als Administrator ausführen*, um eine Anwendung mit Administratorrechten zu starten, wenn dies erforderlich ist.

■ Mit *Dateipfad öffnen* starten Sie den Windows-Explorer und zeigen den Ordner an, in dem sich die Programmdatei der Anwendung befindet.

Kacheln gruppieren und benennen

Die Startseite kann zwar „nur" aus Kacheln in verschiedenen Farben und Größen bestehen, Sie können diese aber beliebig anordnen. Nicht nur die Reihenfolge der Kacheln lässt sich vorgeben, Sie können auch die verschiedenen Gruppen der Startseite in Umfang und Breite steuern.

Kacheln an die gewünschte Position ziehen

Die Position einzelner Kacheln bestimmen Sie ganz intuitiv, indem Sie eine Kachel mit der Maus erfassen, an die gewünschte Stelle ziehen und dort loslassen. Die anderen Kacheln, die sich bislang an dieser Stelle befanden, machen dann Platz für die neue und arrangieren sich automatisch passend um. Ein kleines Beispiel: Die Kachel der Mail-App soll in ihrer Spalte ganz nach oben verschoben werden.

1. Erfassen Sie die Kachel der App, indem Sie sie mit der linken Maustaste anklicken.

2. Ziehen Sie nun die Maus nach oben auf die beiden Kacheln, die bislang die oberste Zeile dieser Spalte besetzten.

3. Irgendwann rutschen die beiden Kacheln nach unten weg, sodass sie unterhalb der verschobenen Kachel angezeigt werden.

4. Wenn Sie die Kachel nun loslassen, nimmt sie die bisherige Position der beiden kleinen Kacheln ein. Diese werden eine Reihe nach unten verschoben, weitere Kacheln darunter passen sich gegebenenfalls ebenfalls automatisch an.

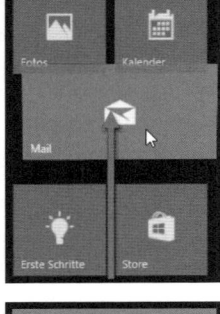

Kacheln in andere Kachelgruppen ziehen

Auf die beschriebene Weise können Sie einzelne Kacheln nicht nur innerhalb einer Gruppe verschieben, sondern auch von der einen in die andere Gruppe ziehen. Die Kachel wird dann aus der alten Gruppe entfernt und in die neue eingefügt (ein „Kopieren" ist nicht möglich, da jede Kachel nur einmal auf der Startseite vorkommen kann). Die beiden beteiligten Gruppen passen sich automatisch an. Die alte schrumpft um eine Kachel, deren Platz gegebenenfalls von anderen eingenommen wird, damit keine Lücke entsteht. Die neue Gruppe wird um die Kachel an der vorgesehenen Stelle erweitert, wozu die bislang dort angezeigten an eine andere Stelle rutschen. Sollten die Spalten der neuen Gruppe für eine weitere Kachel nicht mehr reichen, wird der Block rechts um eine Spalte erweitert.

Kacheln in Gruppen außerhalb des Bildschirms ziehen

Wenn Sie eine Kachel in eine andere Gruppe ziehen wollen, die sich gerade außerhalb der auf dem Monitor sichtbaren Fläche der Startseite befindet, ist das auch kein Problem. Ziehen Sie die Kachel an den Rand des Bildschirms, in dessen Richtung sich die gewünschte Gruppe befindet. Sobald Sie die Nähe des Rands erreichen, verschiebt sich die gesamte Startseite automatisch und „kommt Ihnen entgegen". Halten Sie die Position am Bildschirm, bis die Zielgruppe angezeigt wird, und entfernen Sie sich dann wieder vom Bildschirmrand, um die Bewegung zu stoppen. Mit etwas Übung und Geschick können Sie sogar die Geschwindigkeit des Verschiebens steuern, je nachdem, wie dicht Sie sich an den Bildschirmrand annähern.

Größe und Verteilung der Kachelgruppen selbst festlegen

Um den Anwender nicht mit einer riesigen, unstrukturierten Kachelwand zu erschlagen, unterteilt die Startseite ihre Inhalte in mehrere Gruppen. Diese bestehen jeweils aus einer oder mehreren Spalten. In der Breite orientieren sich die Spalten immer am verfügbaren Platz auf dem Bildschirm, sodass Sie niemals nach links oder rechts scrollen müssen. Nach unten können Sie eine Gruppe beliebig erweitern. Standardmäßig verfügt die Gruppenbildung auf der Startseite schon über eine Grundstruktur, diese können Sie aber frei verändern. So können Sie Ihre Startseite ganz individuell gestalten, indem Sie beispielsweise die meistgenutzten Kacheln ganz oben platzieren, verschiedene Gruppen nach Themen sortieren oder was auch immer Sie bevorzugen.

Neue Kachelgruppen einfügen

Wie Sie Kacheln von einer Gruppe in eine andere verschieben, wurde vorangehend bereits beschrieben. Was aber, wenn Sie eine ganz neue Gruppe für eine bestimmte Art von Kacheln anlegen möchten? Auch das ist ganz intuitiv per Drag-and-drop möglich:

1. Ergreifen Sie eine Kachel, die Teil der neuen Gruppe werden soll.

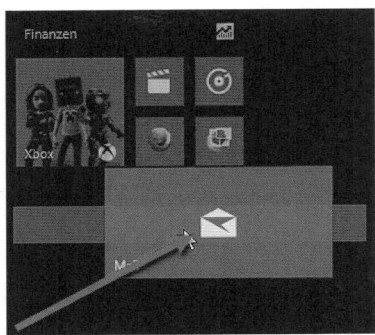

2. Ziehen Sie diese aus der alten Gruppe heraus und platzieren Sie sie an eine Stelle über oder unter einer vorhandenen Gruppe, wo die neue, zusätzliche Gruppe entstehen soll. Wenn Sie die richtige Position erreicht haben, wird eine farbige Fläche als „Platzhalter" für eine neue Gruppe angezeigt.

3. Lassen Sie die Kachel nun fallen. Sie wird neben dem vorhandenen Block als neue Gruppe mit einer Spalte und darin einer Kachel eingefügt.

4. Anschließend können Sie weitere Kacheln in die neue Gruppe einfügen.

Neue Gruppen können nur über oder unter einer vorhandenen Gruppe entstehen oder ganz oben in einer leeren Spalte der Startseite. Sie lassen sich nicht etwa wie die Icons auf dem Desktop völlig frei platzieren.

Kachelgruppen mit eigenen Bezeichnungen versehen

Es dürfte für die Orientierung gerade bei vielen verschiedenen Kachelgruppen durchaus hilfreich sein, jeden Block mit seinem eigenen, prägnanten Namen zu versehen. Und das geht ganz einfach:

1. Bewegen Sie den Mauszeiger auf den leeren Raum, wo ein Titel stehen soll. Dann wird dort der Text *Gruppe benennen* angezeigt, den Sie anklicken können. Hat die Gruppe schon einen Namen, klicken Sie einfach auf diesen.

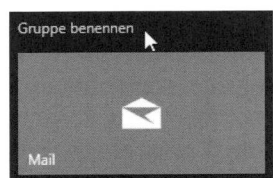

2. Der Bereich verwandelt sich daraufhin in ein Eingabefeld, in das Sie die gewünschte Bezeichnung eintippen können.

3. Drücken Sie zum Abschluss auf ⏎ oder klicken Sie einfach mit der Maus an eine andere Stelle, um die Bezeichnung zu übernehmen. Sie wird ab sofort immer oberhalb dieser Gruppe angezeigt.

Ganze Kachelgruppen verschieben

Einmal erstellte Gruppen lassen sich insgesamt auf der Startseite an eine andere Position schieben:

1. Bewegen Sie den Mauszeiger auf den Titel der Gruppe bzw. bei unbenannten Gruppen auf die leere Stelle, wo der Titel stehen würde.

2. Neben dem Titel wird dann rechts ein Symbol aus zwei parallelen Linien angezeigt. Ergreifen Sie dieses Symbol mit gedrückter linker Maustaste.

3. Bewegen Sie nun den Mauszeiger an die Stelle der Startseite, wohin Sie diese Gruppe verschieben möchten. Zielen Sie dabei auf eine Stelle oberhalb oder unterhalb einer anderen Gruppe bzw. den oberen Rand einer noch leeren Spalte der Startseite, bis dort eine farbige Fläche angezeigt wird.

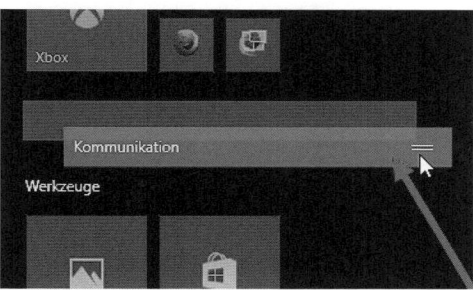

4. Lassen Sie den Mauszeiger nun los, wird die gesamte Gruppe an diese Stelle verschoben. Die Platzierung der Symbole innerhalb der Gruppe bleibt dabei unverändert.

Eine Kachelgruppe entfernen

Selbstverständlich können Sie auch Kachelgruppen entfernen. Das Rezept dazu ist ganz einfach: Entfernen Sie die Kacheln aus der Gruppe, indem Sie sie in andere Gruppen verschieben oder ganz von der Startseite verbannen. In dem Moment, in dem Sie die letzte Kachel einer Gruppe aus dieser entfernen, wird die Gruppe automatisch aufgelöst.

1.4 Das Startmenü im Tablet-Modus

Die Beschreibungen auf den vorangegangenen Seiten bezogen sich auf den Desktop-Modus. Im Tablet-Modus sieht alles etwas anders auch und manches funktioniert auch etwas anders. Im Folgenden gehe ich auf die Unterschiede ein.

Zwischen Tablet- und Desktop-Modus wechseln

Grundsätzlich wählt Windows automatisch den Modus, der ihm als der richtige erscheint. Dabei gilt: Auf PCs ohne Touchscreen wird automatisch der Desktop-Modus gewählt. Bei Tablet-PCs und anderen Geräten mit Touchscreen wird automatisch der Tablet-Modus aktiviert. Eine Sonderrolle spielen die sogenannten Convertibles, Hybridgeräte, die sowohl als Tablet funktionieren als auch eine echte Tastatur angeschlossen haben. In der Regel erkennt Windows auch das und wechselt zum Desktop-Modus, wenn die Tastatur angeschlossen bzw. für das Verwenden umgeklappt wird. Allerdings muss man ehrlich zugeben, dass das nicht immer völlig zuverlässig funktioniert.

Grundsätzlich können Sie aber auch selbst jederzeit zwischen Tablet- und Desktop-Modus wechseln. Auch ein klassischer PC ohne Touchscreen lässt sich also im Tablet-Modus betreiben:

1. Am schnellsten wählen Sie den gewünschten Modus im Info-Center. Mausbenutzer klicken dazu auf das Benachrichtigungssymbol im Infobereich der Taskleiste. Touch-Nutzer wischen vom rechten Bildschirm herein, um das Info-Center anzuzeigen.

2. Im Info-Center unten befindet sich eine Schaltfläche mit der Aufschrift *Tabletmodus*. Ist sie grau, ist der Desktop-Modus aktiv. Dann klicken oder tippen Sie einfach darauf, um zum Tablet-Modus zu wechseln.

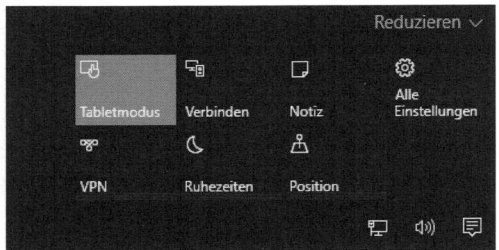

3. Mit den gleichen Schritten gelangen Sie später zum Desktop-Modus zurück, indem Sie den Schalter diesmal ausschalten.

Kein Tablet-Modus verfügbar?

HINWEIS

Eigentlich steht der Tablet-Modus auch „normalen" PCs offen, nur wird er dort nicht automatisch aktiviert, sondern lässt sich nur bei Bedarf einschalten. Manchmal aber geht auch das nicht, wenn die entsprechenden Schaltflächen im Info-Center und in den PC-Einstellungen deaktiviert sind. Das geschieht dann, wenn an den PC mehr als ein Monitor angeschlossen ist (Multimonitorbetrieb). Der Tablet-Modus ist explizit nur für einen Monitor entworfen, den er komplett füllt. Für einen zweiten Monitor gibt es keinen Inhalt.

In den PC-Einstellungen können Sie das automatische Auswählen des Modus in Ihrem Sinn beeinflussen. Für den klassischen Desktop-PC-Nutzer ist das meist nicht notwendig, aber wenn Sie ein Notebook oder Tablet verwenden oder auf Ihren Schreibtisch-PC hin und wieder auch mal den Tablet-Modus genießen möchten, können diese Einstellungen sehr nützlich sein.

1. Öffnen Sie in den PC-Einstellungen den Bereich *System/Tablet-Modus*.

2. Hier können Sie oben den Modus pauschal ein- oder ausschalten, was exakt der Schaltfläche im Info-Center entspricht.

3. Mit dem Auswahlfeld *Bei der Anmeldung* legen Sie fest, welchen Modus Ihr PC bei der Anmeldung verwenden soll:

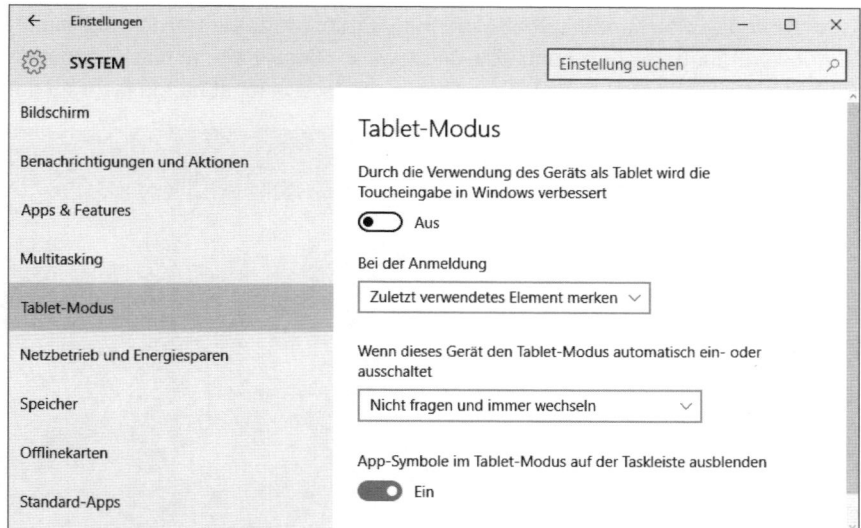

- So können Sie beispielsweise während der Benutzung jederzeit den bevorzugten Modus verwenden. Nach der nächsten Anmeldung aber präsentiert sich das Gerät stets wieder im hier vorgegebenen Zustand.

- Der PC kann aber auch zum zuletzt gewählten Zustand zurückkehren (*Zuletzt verwendetes Element merken*).

4. Ob Windows bei einem Tablet-PC auf das An- oder Abstecken einer Tastatur reagieren soll, legen Sie mit dem Auswahlfeld *Wenn dieses Gerät den Tablet-Modus automatisch ein- oder ausschaltet* fest:

- Soll dieser Vorgang komplett ignoriert werden und das Gerät immer im von Ihnen gewählten Modus bleiben, wählen Sie *Nicht fragen und nicht wechseln*.

- Soll das Gerät hingegen den Modus stets automatisch anpassen, entscheiden Sie sich für *Nicht fragen und immer wechseln*.

- Gerade für die Eingewöhnungszeit oder wenn die Erkennung nicht zuverlässig funktioniert, bietet sich ein Kompromiss an. Dann meldet sich Windows bei einem erkannten Zustandswechsel und fragt, ob auf den passenden Modus umgeschaltet werden soll.

5. Mit der Option ganz unten steuern Sie, ob im Tablet-Modus Symbole auf der Taskleiste am unteren Bildschirmrand ausgeblendet werden sollen.

Der Tablet-Modus

Was im Tablet-Modus vielleicht nicht auf den ersten Blick auffällt: Es gibt keinen klassischen Desktop. Selbstverständlich können Sie auch im Tablet-Modus Anwendungen für den Desktop ausführen. Diese werden automatisch maximiert angezeigt. Den eigentlichen Desktop aber bekommen Sie nie zu Gesicht. Es wird immer entweder eine App oder das Startmenü angezeigt.

Und auch das Startmenü selbst gleicht im Tablet-Modus eher der Startseite von Windows 8 als dem Startmenü von Windows 7. Diese Seite nimmt den gesamten Bildschirm ein und vom eigentlichen Startmenü ist zunächst nichts mehr zu sehen.

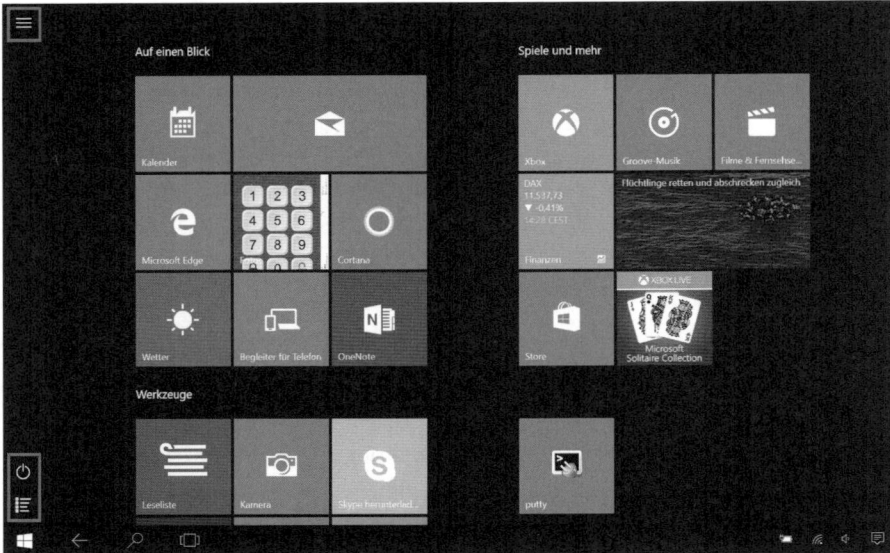

Neben der Startseite und der Taskleiste sind noch drei Elemente am linken Bildschirmrand wichtig:

- Oben links blenden Sie mit dem dreizeiligen Symbol das eigentliche Startmenü am linken Bildschirmrand ein. Es ist mit dem Startmenü des Desktop-Modus identisch.

- Unten links finden Sie ein Ein-/Ausschaltsymbol, mit dem Sie den Rechner schnell zum Energiesparen schicken, herunterfahren oder neu starten können.

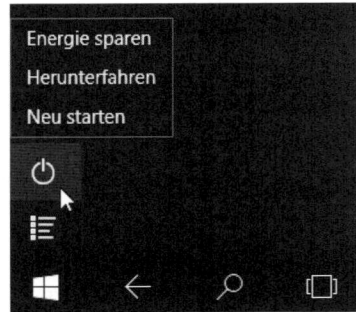

- Ganz unten links können Sie direkt die vollständige App-Liste anstelle des Startmenüs am linken Bildschirmrand einblenden.

Volle Startseite auch im Desktop-Modus

Sie haben sich bei Windows 8 an die bildschirmfüllende Startseite gewöhnt und möchten sie auch im Desktop-Modus nicht mehr missen? Dann sollten Sie in den PC-Einstellungen im Bereich *Personalisierung/Start* die Option *Menü „Start"* *im Vollbildmodus verwenden* einschalten. Dann wird die bildschirmfüllende Startseite ohne Startmenü in jedem Modus verwendet.

Die Startseite per Touch gestalten

Der Inhalt der Startseite ist der gleiche, egal ob Sie im Tablet-Modus die volle Startseite nutzen oder im Desktop-Modus das Startmenü mit verkleinerter Startseite. Er wird nur dynamisch an den verfügbaren Platz angepasst. Sie können die Gestaltung der Startseite auch im Tablet-Modus vornehmen, wo maximaler Platz dafür auf dem Bildschirm vorhanden ist. Wenn Sie das an einem Tablet per Fingerbedienung machen, ist die Vorgehensweise aber eine etwas andere:

1. Tippen Sie zunächst etwas länger auf die Kachel, deren Position oder Aussehen Sie verändern möchten. Wollen Sie an den Kachelgruppen etwas ändern, tippen Sie zunächst auf ein beliebiges Symbol.

2. Das Aussehen der Startseite verändert sich dann. Die gewählte Kachel wird mit zwei Kreisen versehen, der Rest der Seite wird abgedunkelt und bei allen Gruppen die Titelleiste angezeigt.

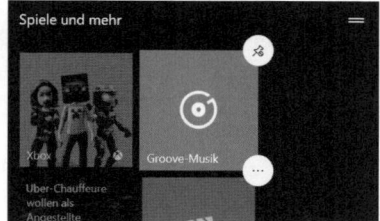

3. Mit den beiden Kreissymbolen können Sie die gewählte Kachel verändern:

- Mit dem oberen Symbol, das mit einer Stecknadel gekennzeichnet ist, entfernen Sie die Kachel von der Startseite.

- Mit dem unteren Drei-Punkte-Symbol öffnen Sie ein Menü mit den bereits vorgestellten Funktionen für die Gestaltung der Kachel. Unter *Weitere Optionen* finden Sie zusätzliche Funktionen wie das Anheften des App-Symbols an die Taskleiste. Bei Kacheln von Desktop-Anwendungen gibt es hier noch mehr Einträge wie etwa *Als Administrator ausführen*.

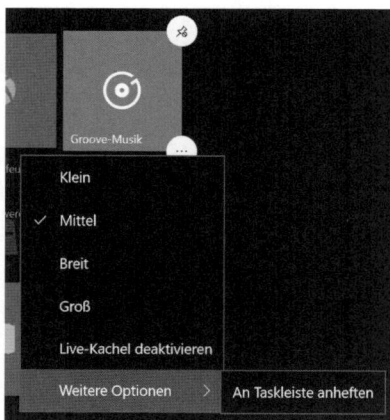

4. Um die Position einer Kachel zu verändern, können Sie sie im so ausgewählten Zustand mit einer Fingerspitze „mitnehmen" und an der gewünschten Stelle der Startseite loslassen.

5. Solange ein Element der Startseite aus-gewählt ist, können Sie jede Gruppe mit dem Doppelstrich-Symbol oben rechts neben ihrem Namen ergreifen und an eine andere Position ziehen.

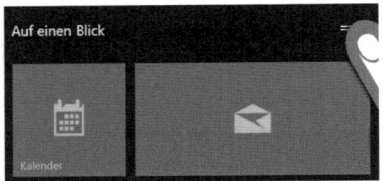

6. Auch die Gruppennamen lassen sich so schnell verändern: Einmal auf die bis-herige Bezeichnung bzw. den Platzhalter dafür tippen und dann im Eingabefeld den gewünschten Namen eintippen.

Kacheln mit Multitouch verschieben

TIPP

Eine weitere Variante des Verschiebens von Kacheln in andere Bildschirm-bereiche demonstriert sehr schön, wie intuitiv die Bedienung per Touchscreen sein kann: Ergreifen Sie die zu verschiebende Kachel mit einem Finger und hal-ten Sie diese an Ort und Stelle fest. Nun setzen Sie einen anderen Finger (am besten der anderen Hand) auf die Startseite und wischen diese damit in die Richtung des Zielbereichs. Die Seite verschiebt sich dadurch, während die eine Kachel vom anderen Finger festgehalten wird. Ist der Zielbereich sichtbar, neh-men Sie den zweiten Finger wieder weg und setzen die Kachel mit dem ersten Finger an die gewünschte Position.

2 Windows auf Tablets per Touch bedienen

Windows lässt sich auf Tablet-PCs und anderen Geräten mit Touchscreen sehr komfortabel per Finger nutzen, sodass Maus und Tastatur durchaus verzichtbar sind. Allerdings ist es eben doch eine etwas andere Art von Bedienung. Manches erschließt sich intuitiv, anderes wiederum ist nicht sofort ersichtlich.

2.1 Windows mit Touchgesten effizient steuern

Die Fingerbedienung von Windows selbst und diversen Apps funktioniert recht intuitiv. Wenn Sie schon Erfahrung mit einem Touchscreen haben, finden Sie sich schnell zurecht. Ein paar Tricks und Möglichkeiten offenbaren sich aber vielleicht nicht auf den ersten Blick:

- Um ein Objekt auszuwählen oder zu aktivieren, würden Sie normalerweise den Mauszeiger darauf positionieren und dann mit der linken Maustaste einmal oder gegebenenfalls zweimal (also doppelt) klicken. Bei der Finger- oder Stiftbedienung tippen Sie dieses Objekt einfach mit dem Finger (bzw. Stift) direkt kurz an.

- Um einen Rechtsklick auszuführen, tippen Sie nicht kurz, sondern lassen den Finger/Stift kurz auf dem Objekt verweilen. Die Auswirkung hängt von der Situation ab: Wenn Sie ein Objekt so antippen, wird es z. B. ausgewählt. Tippen Sie lange auf eine leere Stelle, öffnen Sie in den meisten Apps die App-Leiste.

- Um mehrere Objekte zu markieren, ziehen Sie einfach mit dem Finger oder Stift darüber. Für eine Gruppe von Dokumenten etwa setzen Sie den Finger links oberhalb davon an und ziehen ihn dann schräg nach rechts unten. Windows markiert dabei in Echtzeit den Bereich, den Ihre Markierung jeweils umfasst (genau wie beim Markieren mit der Maus). Wenn Sie den Finger vom Bildschirm nehmen, werden alle Objekte innerhalb dieser Markierung ausgewählt.

Komfortfunktionen mit Touchgesten

Die zuvor beschriebenen Bewegungen und Optionen ermöglichen die Basisbedienung und stellen den kleinsten gemeinsamen Nenner dar, den eigentlich alle Touchscreen-Geräte beherrschen. Richtig komfortabel wird es aber erst durch Touchgesten, also bestimmten Bewegungen auf dem Touchscreen. Sie ermöglichen es, bei gängigen Funktionen wie etwa dem Blättern oder Zoomen auf das zielgenaue Benutzen von Bildschirmelementen zu verzichten.

- Um ein angezeigtes Dokument zu verschieben, können Sie dank Touchscreen in der Regel auf die Bildlaufleisten verzichten. Platzieren Sie einfach einen oder (bei Multitouchgeräten) zwei Finger auf dem Bildschirm und bewegen Sie sie in die Richtung, in die sich das Dokument bewegen soll.

Stellen Sie sich dabei vor, Sie würden tatsächlich auf ein Stück Papier tippen und dieses dann mit Ihrem Finger bewegen, so gewöhnt man sich am schnellsten daran. Diese Funktion steht in der Regel in allen Anwendungen und Fenstern zur Verfügung, die an den Rändern die klassischen Bildlaufleisten anzeigen.

■ Die Geschwindigkeit beim Bildlauf bestimmen Sie durch die Kraft und Schnelligkeit Ihrer Fingerbewegungen. Bewegen Sie den Finger langsam, verändert sich der Bildausschnitt Zeile für Zeile. Wischen Sie hingegen flott über den Bildschirm, rutscht das Dokument schneller und weiter an seine neue Position. Auch daran gewöhnt man sich am schnellsten, indem man ausgiebig mit dieser Funktion herumspielt.

■ Im Gegensatz zum Bildlauf dient das Blättern dem Wechseln von ganzen Seiten – entweder innerhalb eines längeren Dokuments oder aber auch beim Vor- und Zurückblättern von Webseiten. Hierzu streichen Sie zügig und kurz in die gewünschte Richtung über den Bildschirm. Mit einer solchen Bewegung von rechts nach links etwa blättern Sie in einem Dokument zur nächsten Seite.

■ Bei Multitouchgeräten lässt sich auch das Zoomen von Bildschirminhalten per Fingergeste durchführen. Setzen Sie Daumen und Zeigefinger gleichzeitig auf den Touchscreen. Wenn Sie nun die beiden Finger zusammenführen, verkleinern Sie den Zoomfaktor,  bewegen Sie die Finger hingegen auseinander, wird der sichtbare Ausschnitt vergrößert. Diese Funktion lässt sich auch in vielen Bildbearbeitungsprogrammen zum Verkleinern/Vergrößern von Bildern nutzen. Sie funktioniert eigentlich überall da, wo Sie auch das Mausrad verwenden könnten, um den Zoomfaktor zu steuern.

■ Speziell für das Betrachten von Bildern eignet sich ebenfalls die Geste zum Rotieren. Setzen Sie dazu wiederum Daumen und Zeigefinger auf den Touchscreen. Bewegen Sie dann den Zeigefinger in einer kreisenden Bewegung um den Daumen herum. Alternativ lassen Sie mit einer drehenden Handbewegung beide Finger umeinander kreisen. Das aktuell angezeigte Objekt voll-  zieht die so angedeutete Drehbewegung nach. Diese Geste lässt sich nur auf Multitouchgeräten verwenden und funktioniert auch nur in Anwendungen, die ein solches Rotieren unterstützen. Der Windows-Bildbetrachter sowie die Live Fotogalerie gehören dazu.

Spezielle Gesten für die Windows-Steuerung

Für die komfortable Steuerung von Windows-Funktionen und Apps gibt es einige spezielle Gesten, die Sie kennen sollten. Einige davon beziehen sich jeweils auf einen der Bildschirmränder und lassen sich dadurch recht gut unterscheiden und merken:

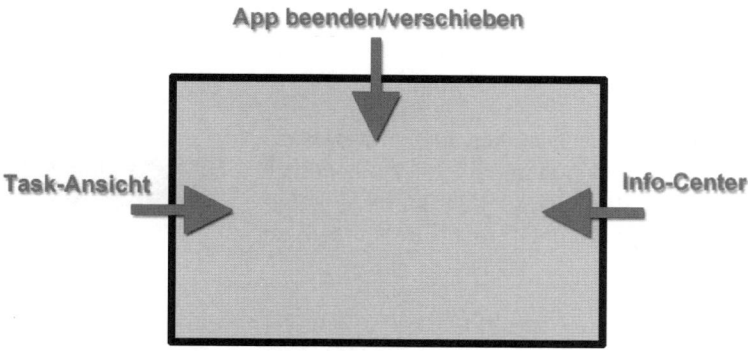

An jedem Bildschirmrand lässt sich eine spezielle Touchgeste ausführen.

- Den Finger vom rechten Rand nach innen ziehen blendet am rechten Rand das Info-Center ein (Maus/Tastatur: Nachrichtensymbol unten rechts im Infobereich).

- Den Finger vom linken Rand nach innen ziehen wechselt zurück zur zuletzt angezeigten App bzw. zeigt die Taskansicht an, wenn mehr als eine Anwendung aktiv ist (Maus/Tastatur: [⊞]+[⇆]).

- Mit dem Finger vom oberen Rand nach unten ziehend lösen Sie im Tablet-Modus eine App aus dem Vollbildmodus, um sie beispielsweise an einem der Seitenränder anzudocken. Ziehen Sie die App ganz bis zum unteren Rand, wird sie geschlossen (Maus/Tastatur: [Alt]+[F4]).

2.2 Eingaben mit der virtuellen Tastatur

Tablet-PCs verzichten in den meisten Fällen auf eine Tastatur oder verwenden diese wie beispielsweise Surface-Tablets nur optional. Da es aber nun mal nicht ganz ohne Texteingaben geht, bringt Windows eine virtuelle Tastatur mit. Diese wird bei Bedarf als Tastenfeld auf dem Bildschirm eingeblendet. Sie tippen also einfach auf die Stellen, an denen die gewünschte Taste angezeigt wird, und Windows verwendet das entsprechende Zeichen als Eingabe.

Umfangreiche Texte am Tablet-PC eintippen

Sie benutzen einen Tablet-PC nur mit Touchscreen und ganz ohne eingebaute Tastatur und möchten damit längere Texte eingeben? Kein Problem, denn dass Ihr Gerät keine Tastatur hat, heißt nicht, dass Sie keine verwenden können. Benutzen Sie einfach einen vorhandenen USB-Anschluss, um eine beliebige USB-PC-Tastatur anzuschließen. Diese wird von Windows von Haus aus als Eingabegerät erkannt, und schon können Sie munter drauflostippen. Dabei können Sie beliebig zwischen Tastatur und Touchscreen hin- und herwechseln. Auch eine reguläre Maus können Sie auf diese Weise anschließen und den Tablet-PC so z. B. am Schreibtisch ganz regulär benutzen, wenn Ihnen dies lieber ist. Drahtlosgeräte lassen sich auf diese Weise ebenso nutzen, entweder per Bluetooth oder wenn ein Funkempfänger per USB an den PC angeschlossen wird.

TIPP

Im Bereich von Startmenü, PC-Einstellungen und Touch-Apps wird die virtuelle Tastatur automatisch angezeigt, wenn Sie ein Bildschirmelement mit Eingabefunktion anwählen und keine reale Tastatur vorhanden ist.

Bei Desktop-Apps oder beispielsweise auch in der klassischen Systemsteuerung hingegen erfolgt keine automatische Anzeige der Tastatur. Hier können Sie diese jederzeit mit dem Tastatursymbol unten rechts im Infobereich einblenden.

Kein Tastatursymbol im Infobereich vorhanden?

Klicken Sie mit der rechten Maustaste auf eine freie Stelle der Taskleiste und wählen Sie im Kontextmenü *Bildschirmtastatur anzeigen (Schaltfläche)*.

1. Auf dem Bildschirm wird dann eine kompakte Tastatur angezeigt, die vom Layout her an eine Notebook-Tastatur erinnert.

2. Mit &123 unten links schalten Sie die Tastatur um, sodass Tasten für Ziffern und Sonderzeichen erreichbar sind.

3. Die Smiley-Taste rechts davon zeigt dagegen eine schöne Auswahl von Emoticons an, die Sie so mit nur einem Fingertipp auswählen können.

4. Auf dieser Tastatur können Sie nun einfach wie bei einer realen Tastatur nach Herzenslust drauflostippen. Die eingetippten Buchstaben werden während der Eingabe direkt in das gewählte Eingabeelement eingefügt.

5. Korrekturen können Sie wie gewohnt mit der (virtuellen) Löschen-Taste durchführen. Außerdem dienen die beiden Pfeiltasten rechts unten dazu, die Einfügemarke im Text nach links oder rechts zu verschieben.

Eingaben mit Wortvorschlägen abkürzen

Die virtuelle Tastatur von Windows unterstützt Sie durch automatische Vorschläge zum Vervollständigen, während Sie tippen. Windows versucht stets, anhand der bislang eingetippten Buchstaben zu erraten, welches Wort Sie eingeben möchten.

1. Für Sie ändert sich dadurch zunächst einmal nichts. Sie tippen einfach wie gewohnt die Wörter ein, die Sie schreiben möchten.

2. Nach dem getippten Zeichen vergleicht Windows die bislang eingegebene Zeichenkombination mit seinen Wortlisten und sucht daraus die wahrscheinlichsten Wörter heraus, die mit diesen Zeichen beginnen. Dabei berücksichtigt es sogar Buchstabendreher, wenn diese einigermaßen offensichtlich sind.

3. Oberhalb der virtuellen Tasten wird auf dem Bildschirm eine Liste mit den derzeit für Windows plausibelsten Wörtern angezeigt. Mit jedem getippten Zeichen wird diese aktualisiert und weiter verfeinert.

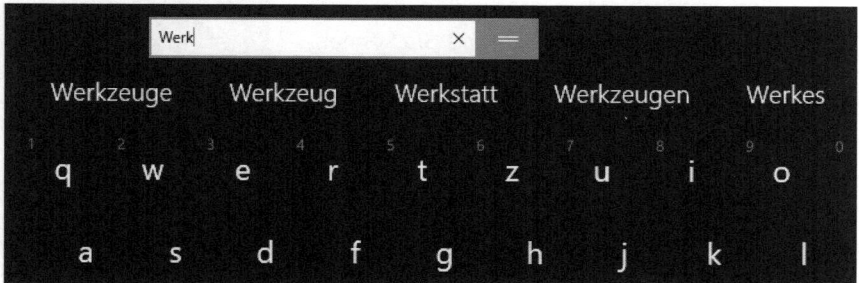

4. Ist das Wort, das Sie gerade tippen möchten, in der Liste enthalten, können Sie direkt auf den Eintrag tippen und so das gesamte Wort auf einmal eingeben. Anschließend beginnt das Spiel mit dem nächsten Wort von vorne.

5. Enthält die Liste noch nicht (ganz) das gesuchte Wort, tippen Sie einfach weiter Zeichen für Zeichen ein, bis das Wort in der Auswahlliste angezeigt wird.

Im ersten Moment hört es sich vielleicht etwas umständlich an, nach jedem Zeichen zu prüfen, ob das Wort vielleicht schon erkannt wurde. In der Praxis werden Sie mit etwas Übung schnell ein Gefühl dafür entwickeln, wie viel Sie tippen müssen, damit ein Wort zielsicher erkannt wird. Letztlich lohnt sich diese Funktion vor allem für längere Wörter. Kurze Wörter wie „die", „es" oder „und" sind so schnell eingetippt, dass man die Liste mit den Wortvorschlägen getrost ignorieren kann. Das können Sie übrigens auch tun, wenn Ihnen diese Funktion nicht als hilfreich erscheint.

Sonderfunktionen für spezielle Eingabefelder

Beim Eingeben von Webadressen unterstützt die virtuelle Tastatur Sie mit Sonderfunktionen. Wenn die Einfügemarke z. B. im Adressfeld des  Webbrowsers platziert ist und Sie die Tastatur aktivieren, erhält die Tastatur zusätzliche Tasten für ⬚/ und ⬚.de (links neben der ⬚Leertaste). Außerdem macht auch die virtuelle Tastatur beim Eintippen ständig Vorschläge aus den Verlaufsdaten, sodass Sie bei bekannten Webadressen so wenig wie möglich zu tippen brauchen.

Sonderzeichen noch schneller tippen

Auf der kompakten virtuellen Tastatur ist nur für wenige Sonderzeichen Platz. Die Umlaute ä, ö und ü haben es gerade noch geschafft, aber das ß beispielsweise ist auf der Strecke geblieben.

Kein Problem – Sie brauchen nur etwas länger auf ⬚s zu drücken. Dann wird die „Mehrfachbelegung" dieser virtuellen Taste angezeigt, und Sie können das ß mit einem kleinen Wisch nach oben wählen.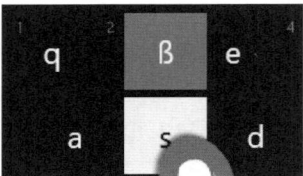

Wenn Sie aber schon wissen, in welcher Richtung ein Zeichen ausgehend von der „Haupttaste" liegt, können Sie noch etwas abkürzen. Beim nächsten Mal tippen Sie auf die Haupttaste und wischen dann direkt in diese Richtung weiter, um das Sonderzeichen einzugeben. Für ein ß tippen Sie also auf ⬚s und wischen in der gleichen Bewegung ein, zwei Zentimeter mit dem Finger nach oben. So geht es gleich wesentlicher flüssiger.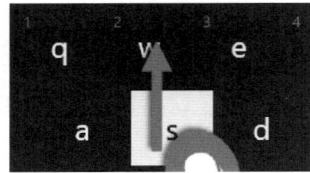

Bequemer tippen mit den Daumen

Die standardmäßige virtuelle Tastatur geht davon aus, dass Sie das Gerät vor sich liegen haben oder mit einer Hand festhalten und mit der anderen tippen. Es gibt aber eine Alternative für längere Texte (z. B. E-Mails), die Sie mal ausprobieren sollten. Halten Sie das Gerät mit beiden Händen jeweils an der unteren Ecke, sodass Sie mit den Handflächen festen Halt haben, den Daumen aber noch frei bewegen können. Wenn Sie sich mit dieser Haltung wohlfühlen, sollten Sie der geteilten virtuellen Tastatur eine Chance geben.

1. Tippen Sie auf der virtuellen Tastatur ganz unten rechts auf das Tastatursymbol, um die Tastatureinstellungen zu ändern.

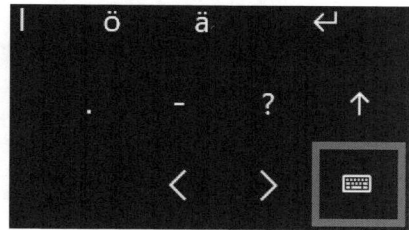

2. Wählen Sie im Menü das zweite Symbol von links aus, um auf die geteilte Tastatur umzuschalten.

3. Das Menü blendet sich dann automatisch aus und wechselt das Tastaturlayout.

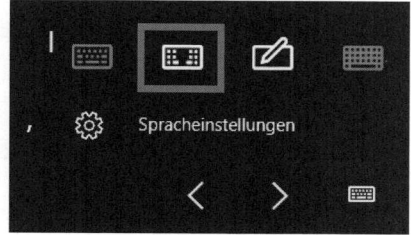

Sie sehen dann eine zweigeteilte virtuelle Tastatur mit jeweils einem Block für Buchstaben links und rechts am Rand des Bildschirms. Jeder Block sollte in bequemer Reichweite des freien Daumens (siehe oben) liegen, sodass Sie mit den beiden Daumen insgesamt alle Tasten erreichen können. Nun können Sie mit zwei Fingern gleichzeitig tippen und haben insgesamt kürzere Wege. Die Methode erfordert Eingewöhnung, aber mit etwas Übung kann man damit längere Texte sehr effizient eingeben.

Auf der geteilten virtuellen Tastatur lässt sich mit etwas Übung schneller tippen.

2.3 Kopieren und Einfügen per Touchscreen

Inhalte an einer Stelle zu kopieren und an einer anderen Stelle wieder einzufügen, gehört zu den wichtigsten produktiven Werkzeugen von Windows. Das geht auch per Touchbedienung, aber insbesondere das Markieren von Inhalten läuft in diesem Fall etwas anders als von Maus und Tastatur gewohnt.

1. Tippen Sie z. B. in einem Dokument oder einer Webseite auf den Text, den Sie kopieren möchten. Handelt es sich um mehrere Wörter, tippen Sie zunächst auf irgendeins der dazugehörenden Wörter.

2. Dieses Wort wird nun markiert, und am Anfang und am Ende der Markierung wird jeweils ein Kreis angezeigt.

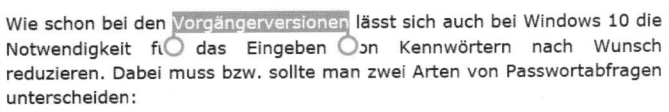

3. Diesen Kreis können Sie nun mit der Fingerspitze verschieben und so die Markierung beliebig nach vorne und nach hinten ausdehnen.

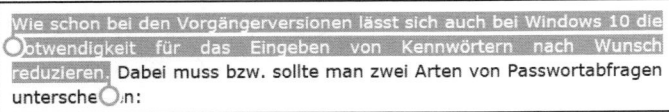

4. Haben Sie so den gesamten gewünschten Inhalt markiert, halten Sie so lange den Finger auf der Markierung, bis das Kontextmenü angezeigt wird.

5. Abhängig von der Art des ausgewählten Inhalts präsentiert Ihnen dieses Menü dann verschiedene Möglichkeiten vom einfachen *Kopieren* von Texten und Bildern bis hin zu *Link öffnen* bzw. *Link kopieren* bei markierten Webverknüpfungen. Tippen Sie einfach auf die gewünschte Funktion.

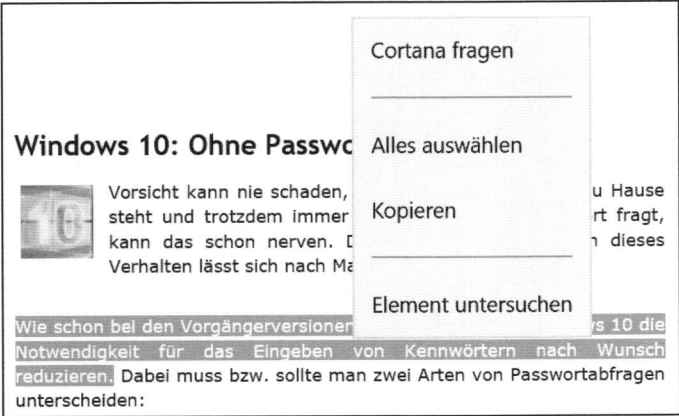

Kopierten Text einfügen

Haben Sie Text in die Zwischenablage kopiert, können Sie ihn in einer anderen App oder Desktop-Anwendung oder z. B. auch in einem Formularfeld einfügen.

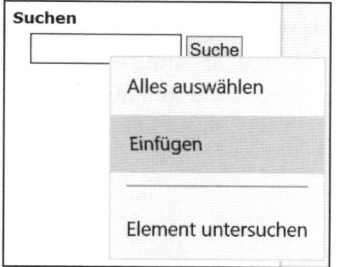

1. Tippen Sie länger in das Eingabefeld, bis ein Kontextmenü eingeblendet wird.

2. Wählen Sie hier die Funktion *Einfügen*, um den Inhalt der Zwischenablage in dieses Feld einzufügen.

2.4 Den Touchscreen kalibrieren und einrichten

Zumindest bei der Erstbenutzung ist bei Touchscreens eine Kalibrierung sinnvoll. Sie dient der Abstimmung von Hardware, Software und Anwender, sodass sich alles aufeinander einstellen kann. Teilweise wird die Kalibrierung bei der Installation bzw. beim ersten Start nach der Installation automatisch gestartet. Ansonsten können Sie sie selbst jederzeit initiieren, etwa wenn sich der Bildschirm nicht (mehr) genau benutzen lässt oder nur zögerlich auf Eingaben reagiert.

1. Öffnen Sie in der klassischen Systemsteuerung das Modul *Tablet PC-Einstellungen*.

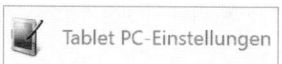

2. Tippen Sie hier auf die Schaltfläche *Kalibrieren*.

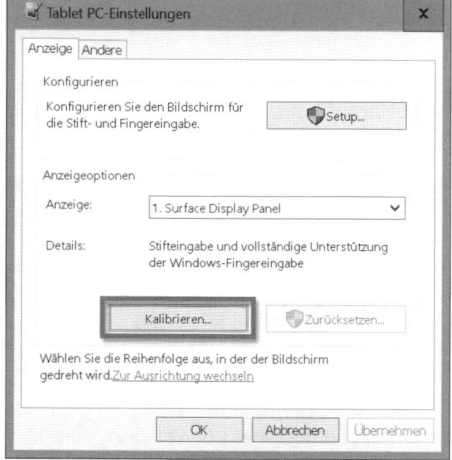

3. Wenn Ihr Tablet-PC sowohl für die *Stifteingabe* als auch für die *Fingereingabe* geeignet ist, können Sie anschließend wählen, welche dieser Eingabemöglichkeiten Sie kalibrieren möchten. Um beides zu kalibrieren, wiederholen Sie den gesamten Ablauf für die zweite Methode noch einmal.

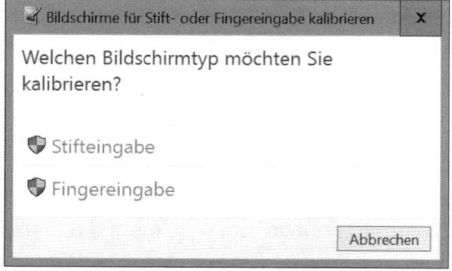

4. Tippen Sie nun mit dem Stift bzw. dem Finger jeweils genau in das auf dem Bildschirm angezeigte Fadenkreuz. Die Anzahl der nacheinander erscheinenden Fadenkreuze hängt von der verwendeten Touch-Technologie ab. Es können bis zu 16 Kreuze angezeigt werden, und eventuell wiederholen sich die Positionen auch. Spielen Sie einfach mit, bis Windows genug Informationen gesammelt hat. Anschließend speichern Sie die erfassten Daten.

Ist die Kalibrierung einmal durchgeführt, muss sie für dieselbe Hardware in der Regel nicht wiederholt werden. Ausnahmen sind aber wie immer die Regel. Wiederholen Sie die Kalibrierung,

- wenn Sie bei dem Gerät einen Hardware-Reset durchführen bzw. den Akku tauschen mussten,

- wenn neue Treiber für die Touchscreen-Hardware installiert wurden, gegebenenfalls auch nach dem Installieren neuer Grafiktreiber, oder

- insbesondere immer wenn sich das Gerät per Touch nicht mehr einwandfrei benutzen lässt.

Wenn Sie ein Gerät verwenden, das in verschiedenen Orientierungen verwendet werden kann (Querformat, Hochformat etc.), sollten Sie die Kalibrierung gegebenenfalls einmal in jeder Orientierung durchführen.

Die Orientierung des Touchscreens anpassen

In den Tablet-PC-Einstellungen können Sie auch die Orientierung Ihres Gerätes beeinflussen. Viele Touchscreen-PCs lassen sich sowohl im klassischen Quer- als auch im Längsformat nutzen. Viele Geräte unterstützen jeweils das Umkehren des Bildschirminhalts, um sich möglichst flexibel von allen Seiten nutzen zu lassen. Die meisten Tablet-PCs erkennen mithilfe eines Lagesensors, wo gerade „oben" ist, und passen die Orientierung automatisch an. Andere Tablets verfügen eventuell über einen speziellen Knopf, mit dem Sie zwischen den verschiedenen Orientierungen hin- und herwechseln können. In den Einstellungen können Sie festlegen, zwischen welchen Varianten dabei umgeschaltet werden soll.

1. Öffnen Sie in der klassischen Systemsteuerung das Modul *Tablet PC-Einstellungen*.

2. Tippen Sie hier unten auf den Link *Zur Ausrichtung wechseln*.

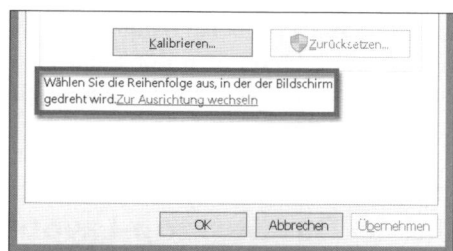

3. Im dadurch geöffneten Menü finden Sie vier Auswahlfelder für die vier Wechselpositionen. Standardmäßig befindet sich der PC „normal" im klassischen Querformat. Wenn Sie einmal auf den Umschaltknopf drücken, wechselt er in das Hochformat, beim nächsten Mal in das umgekehrte Querformat, dann in das um-

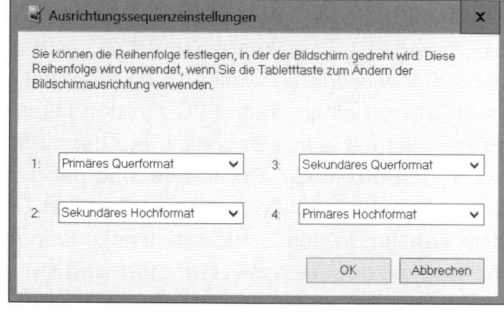

gekehrte Hochformat, dann wieder in das normale Querformat etc.

4. Wenn Sie bei Ihrem Gerät z. B. nur das normale Querformat und ein Hochformat nutzen, wählen Sie bei *3:* und *4:* einfach *(Keine)*. Dann wechselt das Tablet immer direkt zwischen den beiden benötigten Orientierungen hin und her.

5. Übernehmen Sie die neue Einstellung mit zweimaligem Tippen auf *OK*.

Touchscreen für Linkshänder

Linkshänder sind in einer Welt, die von Rechtshändern beherrscht wird, immer ein wenig im Nachteil. Bei Windows äußert sich das dahin gehend, dass Bildschirmelemente, Menüs und Hinweistexte oft von der Hand verdeckt werden, da diese – an Rechtshändern orientiert – meist nach links ausgeklappt werden. Aber zum Glück können Sie dieses Verhalten ändern und an Ihre Gewohnheiten anpassen.

1. Öffnen Sie in der klassischen Systemsteuerung das Modul *Tablet PC-Einstellungen*.

2. Wechseln Sie hier in die Rubrik *Andere*.

3. Wählen Sie dort oben im Bereich *Händigkeit* die Option, die Ihrem Naturell entspricht, und tippen Sie dann jeweils zweimal auf *OK*.

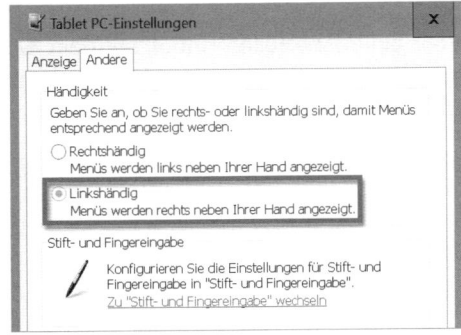

Diese Einstellung wirkt sich insbesondere im Bereich des klassischen Desktops aus. Die Touchoberfläche von Windows ist ohnehin darauf ausgelegt, unabhängig von der Links- oder Rechtsorientierung verwendet werden zu können.

2.5 Das Desktop-Layout für die Fingerbedienung optimieren

Startmenü, PC-Einstellungen und Apps sind ausdrücklich für die Fingerbedienung entwickelt worden und lassen sich jederzeit gut „antippen". Anders sieht es aus, wenn Sie mit einem Tablet-PC auf den klassischen Desktop wechseln. Trotzdem können Sie mit etwas Geschick und den richtigen Einstellungen auch hier einiges per Touch erreichen. So ändern sich mit der Größe von Elementen automatisch z. B. auch die Flächen zur Steuerung von Desktop-Fenstern oben rechts bei jedem Fenster. In den Standardeinstellungen sind die mit bloßen Fingern nur sehr mühsam zu treffen. Aber vergrößert sind sie gleich ein wesentlich leichteres Ziel.

1. Öffnen Sie in den PC-Einstellungen den Bereich *System/Bildschirm*.

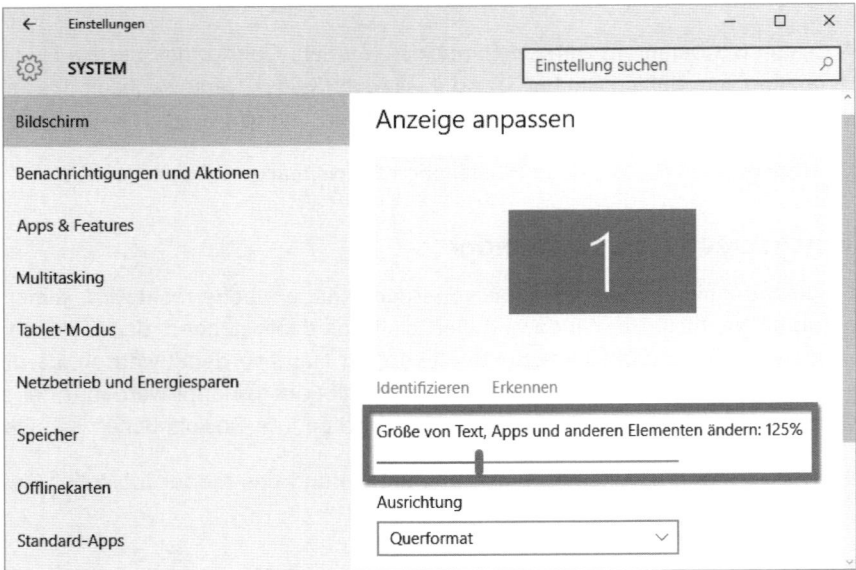

2. Stellen Sie rechts bei *Größe von Text, Apps und anderen Elementen ändern* einen höheren Wert wie etwa *125 %* (die Standardeinstellung ist 100 %) ein. Dadurch werden die Textgröße und auch die Größe vieler Bildschirmelemente um 25 % vergrößert.

3. Aktivieren Sie die geänderte Einstellung unten mit *Anwenden* und probieren Sie es direkt aus. Eventuell fordert Windows Sie zum Ab- und erneuten Anmelden auf, damit die Änderung in allen Bereichen aktiv wird.

4. Sollte das noch nicht ausreichen, können Sie in der klassischen Systemsteuerung unter Anzeige *Nur die Textgröße ändern*.

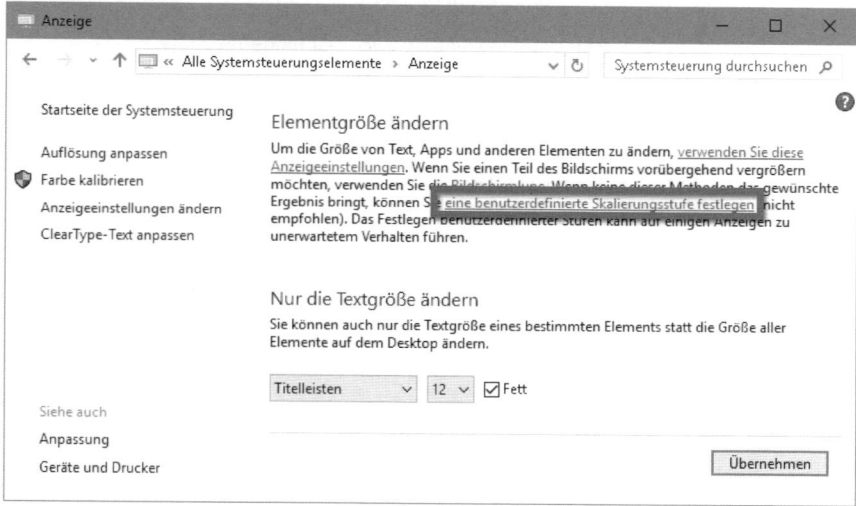

5. Im selben Dialog versteckt sich außerdem der Link *eine benutzerdefinierte Skalierungsstufe festlegen*. Allerdings werden bei zunehmender Vergrößerung auf diese Weise vermehrt unangenehme Nebenwirkungen sichtbar, etwa dass bestimmte Elemente nicht mehr komplett angezeigt werden etc.

2.6 ___ Tastenkürzel für Touchfunktionen am PC

Die Touchoberfläche setzt auf die Fingerbedienung an einem entsprechend ausge-
rüsteten Tablet oder PC mit Touchscreen. Zwar lässt sie sich auch auf einem klassischen PC mit Maus und Tastatur nutzen, aber manches ist eben doch anders.
Ein paar Tastenkombinationen helfen, Funktionen zu bedienen, für die es eigentlich
spezielle Hardwareelemente oder Touchgesten gibt.

Tastenkombination	Funktion
⊞	Startmenü anzeigen bzw. im Tablet-Modus Wechsel zwischen aktueller Anwendung und Startseite
⊞+.	Klassischen Desktop kurz einblenden
⊞+O	Rotationssperre aktivieren/deaktivieren
⊞+⏎	Screenreader (Text-zu-Sprache-Anwendung) starten
⊞+S	Suchmenü öffnen
⊞+F	Dateisuche öffnen
⊞+I	PC-Einstellungen öffnen
⊞+Q	Cortana öffnen
⊞+L	PC sperren und Sperrbildschirm anzeigen
⊞+R	Ausführen-Dialog auf dem klassischen Desktop anzeigen
⊞+H	Teilen-Leiste anzeigen
⊞+K	Verbinden-Leiste anzeigen
⊞+X	Kontextmenü des Startsymbols anzeigen
⊞+D	Wechsel zum Desktop
⊞+E	Startet den Windows-Explorer
⊞+P	Optionen für einen zweiten Bildschirm anzeigen
⊞+U	Center für erleichterte Bedienung öffnen
⊞+A	Info-Center anzeigen
⊞+Pause	Wechsel zu Systemsteuerung/System
⊞+ +	Startet die Bildschirmlupe

3 Kurze Wege mit Taskleiste, Sprunglisten und Infobereich

Das aktuelle Windows bringt ja nun endlich wieder ein Startmenü. Wem das Suchen in diesem Menü oder das Eintippen von Anwendungsnamen im benachbarten Suchfeld zu umständlich ist, für den bietet die Taskleiste aber nach wie vor eine praktische Alternative. Hier können viel genutzte Apps als Symbol angeheftet werden und lassen sich so jederzeit mit einem Klick oder Fingertipp starten. Über Sprunglisten kann man teilweise sogar direkt auf Funktionen und Dokumente zugreifen. Im Hintergrund laufende Dienste hingegen finden sich als Symbole im Infobereich wieder.

Taskleisten-Symbole auch im Tablet-Modus

Standardmäßig zeigt Windows nur im Desktop-Modus die Symbole auf der Taskleiste an. Beim Wechseln in den Tablet-Modus werden sie automatisch ausgeblendet. Wenn Sie das nicht möchten, öffnen Sie in den PC-Einstellungen den Bereich *System/Tablet-Modus* und deaktivieren hier den Schalter bei *App-Symbole im Tabletmodus auf der Taskleiste ausblenden*.

TIPP

3.1 Wichtige Anwendungen dauerhaft in der Taskleiste platzieren

In der Taskleiste werden Symbole für jede geöffnete Desktop-Anwendung und Touch-App angezeigt. Allerdings kann die Taskleiste auch für das Starten von wichtigen und regelmäßig in Gebrauch befindlichen Programmen genutzt werden. Deshalb enthält die Taskleiste auch schon von Anfang an Symbole für den Edge-Browser, den Windows-Explorer sowie den Store. Und selbstverständlich können Sie hier eigene Symbole für Anwendungen hinterlegen, die Sie regelmäßig nutzen.

Was hat es mit dem Symbol ganz links auf sich?

Mit dem ganz linken der Symbole in der Taskleiste öffnen Sie die neue Taskansicht, die – besonders bei Touchbedienung – ein komfortables Wechseln zwischen den laufenden Apps und Anwendungen erlaubt. Das Symbol kann über das Kontextmenü der Taskleiste mit dem Punkt *Taskansicht-Schaltfläche anzeigen* nach Wunsch ein- oder ausgeschaltet werden.

HINWEIS

Mit einem einfachen Klick auf das entsprechende Symbol aktivieren Sie direkt die jeweilige Anwendung. Damit die Taskleiste trotzdem noch ihre Aufgabe als Übersicht und Steuerung der geöffneten Fenster wahrnehmen kann, gibt es eine wichtige Unterscheidung: Symbole für den Schnellstart von Anwendungen werden eben nur als Symbole dargestellt, die Schaltflächen von geöffneten Fenstern hingegen werden mit einem farbigen Balken unterlegt. Dies gilt auch, wenn eine als Schnellstartsymbol verankerte Anwendung geöffnet wird. Ihr Symbol in der Taskleiste erhält in diesem Moment ebenfalls einen Rahmen. Die folgende Abbildung verdeutlicht die Unterschiede:

■ Edge-Browser und Windows-Explorer sind standardmäßig als Schnellstartsymbole in der Taskleiste verankert.

■ Der Windows-Explorer wurde aber bereits gestartet, deshalb unterscheidet sich sein Symbol nun. Wenn man genau hinschaut, kann man am blauen Balken darunter sogar erkennen, dass mehr als ein Explorer-Fenster geöffnet ist.

■ Zusätzlich wurden zwei weitere Programme gestartet, deren Symbole rechts neben den Schnellstartsymbolen zu sehen sind.

■ Das derzeit aktive Fenster gehört zur klassischen Systemsteuerung, deshalb ist dieses Symbol farbig hinterlegt.

Beliebige Programme an die Taskleiste heften

Standardmäßig hat Microsoft schon drei wichtige Programme in der Taskleiste verankert: Edge-Browser, Windows-Explorer und die Store-App. Sie können aber selbst entscheiden, welche Symbole dort permanent angezeigt werden sollen, denn Sie können beliebige Anwendungen und auch Touch-Apps als Symbole in der Taskleiste verankern. Das geht zum einen im Startmenü über das Kontextmenü der dortigen Einträge mit dem Befehl *An Taskleiste anheften*. Es geht aber auch recht einfach, wenn Sie ein Programm bereits gestartet haben und sein Symbol deshalb ohnehin in der Taskleiste zu sehen ist.

1. Klicken Sie mit der rechten Maustaste auf das Symbol der Anwendung oder App in der Taskleiste. Bei Fingerbedienung tippen Sie alternativ länger auf das Symbol, um das Kontextmenü zu öffnen.

2. Wählen Sie im Kontextmenü den Befehl *Programm an Taskleiste anheften*.

3. Auf den ersten Blick ändert sich dadurch nichts. Wenn Sie die Anwendung anschließend aber beenden, verbleibt das Symbol trotzdem in der Taskleiste.

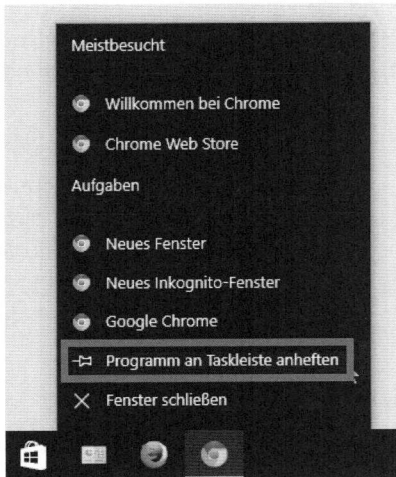

Windows fügt das Symbol standardmäßig links neben den bereits vorhandenen Symbolen ein. Sie können die Reihenfolge dieser Symbole aber beliebig verändern, wie Sie auf Seite 71 lesen können.

Die Symbole in der Taskleiste durch Titel aussagekräftiger machen

Die Taskleiste zeigt standardmäßig nur Symbole für die verschiedenen Anwendungen an. Erst wenn Sie mit dem Mauszeiger eine Minivorschau aufrufen, erfahren Sie den Titel der Anwendung bzw. des Dokuments. Sie können aber auch die Titel direkt in der Taskleiste selbst anzeigen lassen, was allerdings den dort verfügbaren Platz erheblich verringert:

1. Klicken Sie mit der rechten Maustaste auf einen freien Bereich der Taskleiste und wählen Sie im Kontextmenü ganz unten den Punkt *Eigenschaften*.

2. Damit öffnen Sie die Einstellungen für die Taskleiste. Wählen Sie hier beim Auswahlfeld *Schaltflächen der Taskleiste* die Option *Gruppieren, wenn die Taskleiste voll ist*.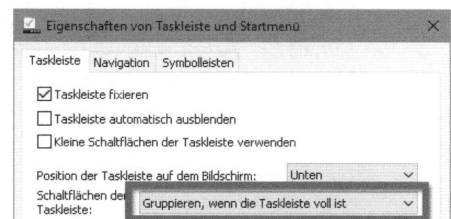

3. Klicken Sie dann unten auf *OK*.

Mit dieser Einstellung wird in der Taskleiste jedes Symbol einer aktiven Anwendung mit einer Beschriftung angezeigt, der Sie z. B. das gerade geöffnete Dokument, den aktuellen Ordner oder das abgespielte Musikstück entnehmen können. Die Beschriftung wird allerdings nur bei gestarteten Anwendungen eingeblendet. Auch die permanent vorhandenen Symbole erhalten also erst dann eine Beschriftung, wenn sie aktiviert werden.

Die Reihenfolge der Symbole individuell gestalten

Üblicherweise ordnet Windows die Symbole in der Taskleiste automatisch so an, wie die Fenster, die sie repräsentieren, geöffnet werden. Bei den angehefteten Symbolen in der Taskleiste allerdings können Sie die Reihenfolge individuell beeinflussen und an Ihre Vorlieben anpassen. So können Sie z. B. die Symbole, sortiert nach ihrer Wichtigkeit oder häufigen Nutzung, von links nach rechts anordnen. In dem Fall wären die meistgenutzten Programme ganz links zu finden. Das Verändern der Positionen erfolgt dabei in der von Windows gewohnten Drag-and-drop-Manier:

1. Ergreifen Sie zunächst das Symbol, dessen Position in der Taskleiste Sie verändern möchten. Klicken Sie dazu mit der linken Maustaste darauf, halten Sie diese Taste aber vorläufig gedrückt.

2. Ziehen Sie nun den Mauszeiger mit dem Symbol nach links oder rechts zur gewünschten Position. Die benachbarten Symbole machen dabei gegebenenfalls automatisch Platz und rutschen links oder rechts neben das ausgewählte Symbol.

3. Befindet sich das Symbol an der gewünschten Position, lassen Sie die Maustaste einfach los. Windows platziert das Symbol dann an dieser Stelle der Taskleiste und merkt sich die Position.

Symbole für geöffnete Fenster verschieben

Die vorangehende Anleitung bezieht sich auf das Umpositionieren von angehefteten Symbolen. Auf die gleiche Weise können Sie auch die Symbole von geöffneten Fenstern in der Taskleiste verschieben. Allerdings merkt sich die Taskleiste die neue Position nur, solange das Fenster geöffnet ist. Wenn Sie das entsprechende Programm beenden und später neu starten, wird dessen Symbol wieder standardmäßig ganz rechts an die Symbole in der Taskleiste angefügt. Ausnahmen hierfür sind die Symbole von Anwendungen, die ohnehin an die Taskleiste angeheftet sind. Hier merkt sich Windows auch Positionsveränderungen, während die Anwendungen geöffnet sind.

Angeheftete Anwendungen per Tastenkürzel starten

Es gibt eine praktische Funktionalität, die von Anwendern gern übersehen wird: An die Startleiste angeheftete Anwendungen lassen sich jederzeit mit der Tastenkombination ⊞ + Position in der Startleiste aufrufen. Wenn Sie also z. B. von links nach rechts den Edge-Browser, den Windows-Explorer und die Store-App angeheftet haben, starten Sie mit

- ⊞+① den Edge-Browser,
- ⊞+② den Windows-Explorer,
- ⊞+③ die Store-App etc.

Wichtig: Obwohl das Taskansicht-Symbol sich optisch kaum abhebt, steht es nicht für eine App und zählt deshalb bei der Nummernvergabe nicht mit. Insgesamt gilt diese Regel außerdem nur für die ersten zehn Symbole von links in der Taskleiste. Sie können zwar noch mehr anheften, aber dafür fehlen dann die passenden Tasten. Wenn Sie aber Ihre wichtigsten Anwendungen geschickt anheften und platzieren und sich die Reihenfolge merken, können Sie jedes dieser Programme jederzeit mit einem schnellen Tastenkürzel aufrufen.

Überflüssige Symbole aus der Taskleiste entfernen

So wie Sie beliebige Anwendungen und Apps an die Taskleiste anheften können, lassen sich auch vorhandene Symbole wieder von dort verbannen, sei es nun, weil Sie mit dem standardmäßig angehefteten Programm nichts anfangen können oder weil Sie ein voreilig angeheftetes Symbol lieber wieder entfernen möchten.

1. Klicken Sie mit der rechten Maustaste auf das Symbol in der Taskleiste, das Sie entfernen möchten.

2. Damit öffnen Sie das Kontextmenü für diesen Eintrag, das sich optisch etwas von den sonst üblichen Kontextmenüs unterscheidet. Das liegt daran, dass es sich hierbei um die Sprungliste für dieses Programm handelt. Das braucht Sie aber in diesem Fall nicht weiter zu stören. Was es mit Sprunglisten auf sich hat, wird in Kapitel 3.2 ausführlich erklärt.

3. Wählen Sie in diesem Menü einfach ganz unten den Befehl *Programm von Taskleiste lösen*.

4. Windows entfernt dann dieses Symbol ohne weitere Rückfragen und Kommentare aus der Taskleiste. Das bezieht sich selbstverständlich nur auf das hier angezeigte Symbol. Die Anwendung selbst wird dadurch nicht deinstalliert und ist weiter z. B. über das Startmenü zugänglich.

Die Taskleiste größer machen

Die Taskleiste ist von Haus aus schmaler als bei früheren Windows-Versionen. Sie können sie aber größer machen, damit sie z. B. mehr Symbole fassen kann. Wichtig ist, dass Sie dazu mit der rechten Maustaste im Kontextmenü der Taskleiste den Menüpunkt *Taskleiste fixieren* deaktivieren. Dann lässt sich der obere Rand der Taskleiste beliebig nach oben ziehen. Kleiner lässt sich die Taskleiste so aber nicht mehr machen, da sie standardmäßig schon so klein wie möglich ist.

Allerdings gibt es noch eine weitere Einstellung, die für eine schmalere Taskleiste sorgen kann: Setzen Sie im Einstellungsmenü der Taskleiste ein Häkchen bei der Option *Kleine Schaltflächen der Taskleiste verwenden*. Wenn Sie diese Einstellung mit *OK* übernehmen, wird die Leiste deutlich schmaler und nimmt dadurch weniger Bildschirmplatz in Anspruch. Allerdings wird dabei automatisch auch das Suchfeld links ausgeblendet. Außerdem werden die Symbole für manche Apps in dieser Größe nicht mehr angezeigt, was aber wohl eher als Fehler zu werten ist, den Microsoft hoffentlich noch ausmerzt.

Dank kleiner Symbole kann die Taskleiste auf ein Minimum geschrumpft werden.

Das automatische Gruppieren von Elementen verhindern

Damit es in der Taskleiste nie unübersichtlich wird, kann Windows die Symbole gruppieren. So werden verschiedene Registerkarten oder auch getrennte Instanzen des Browsers mit einem Symbol in der Taskleiste angezeigt. Eigentlich ist das eine der Stärken der Taskleiste, aber wenn Ihnen das nicht gefällt, können Sie das Verhalten mit der Einstellung *Schaltflächen der Taskleiste* ändern.

■ Mit *Gruppieren, wenn die Taskleiste voll ist* erreichen Sie ein Verhalten wie bei Windows XP und Vista: Normalerweise wird nicht gruppiert. Wenn der Platz in der Taskleiste aufgrund zu vieler Fenster zur Neige geht, beginnt Windows aber automatisch mit dem Gruppieren.

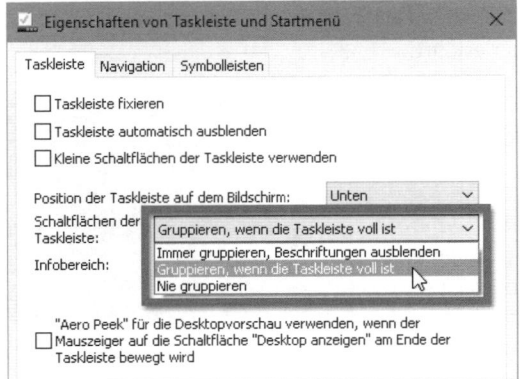

■ Möchten Sie ganz auf das Gruppieren verzichten, wählen Sie *Nie gruppieren*. Mit dieser Einstellung werden allerdings zwangsläufig auch wieder Beschriftungen zu den Symbolen in der Taskleiste eingeführt, was Platz kostet (siehe hierzu auch Seite 71).

Die Taskleiste automatisch ausblenden

Viele Anwender bevorzugen es, die Taskleiste automatisch auszublenden, wenn sie nicht benötigt wird. Den Anwendungsfenstern steht dann im maximierten Zustand noch etwas mehr Platz auf dem Bildschirm zur Verfügung. Bei Bedarf lässt sich die Taskleiste einfach wieder einblenden, indem der Mauszeiger an den entsprechenden Bildschirmrand bewegt wurde. Setzen Sie dazu in den Eigenschaften der Taskleiste ein Häkchen bei *Taskleiste automatisch ausblenden*.

Die Taskleiste ist dann standardmäßig ausgeblendet bzw. nur durch einen schmalen Streifen am Bildschirmrand angedeutet. Bewegen Sie den Mauszeiger ganz an diesen Rand des Bildschirms, wird die Taskleiste vorübergehend wieder eingeblendet und kann in vollem Umfang genutzt werden. Bewegen Sie den Mauszeiger wieder von den Elementen der Taskleiste weg, verschwindet sie nach kurzer Verzögerung wieder.

Die Position der Taskleiste auf dem Desktop verändern

Standardmäßig befindet sich die Taskleiste am unteren Bildschirmrand, was wohl auch die meisten Benutzer so beibehalten. Wie frühere Windows-Versionen erlaubt auch das aktuelle
Windows das Anordnen der Taskleiste an einer beliebigen Bildschirmseite. Dazu lässt sich die Leiste einfach per Drag-and-drop
fassen und an die gewünschte Position ziehen.

Außerdem können Sie die Position der Taskleiste auch ganz ohne
Mausakrobatik per Menüeinstellung verändern. Wählen Sie hierzu
in den Taskleisteneigenschaften bei der Einstellung *Position der
Taskleiste auf dem Bildschirm* die gewünschte Bildschirmseite.

Die Standardeinstellung ist *Unten*. Die anderen Varianten sind ge-
wöhnungsbedürftig, aber für den einen oder anderen mögen sie
Vorteile haben. Einschränkend möchte ich dazu sagen, dass das
Suchfeld in der Taskleiste nur angezeigt wird, wenn sich selbige
am unteren Bildschirmrand befindet. Bei allen anderen Rändern
muss man sich mit dem Suchsymbol zufriedengeben.

3.2 Per Sprungliste oft genutzte Programm-
funktionen direkt aufrufen

Eine weitere Funktion der Taskleiste sind die Sprunglisten, die mit den Symbolen
(siehe vorangehenden Abschnitt) verbunden sind. Dabei handelt es sich um eine
Art erweitertes Kontextmenü mit einer Liste besonders wichtiger oder häufig ge-
nutzter Funktionen einer Desktop-Anwendung. Der Inhalt ist dabei bei jedem Programm anders und hängt unter anderem auch davon ab, ob dieses Programm speziell für Sprunglisten optimiert ist. So können Sie wesentliche Funktionen direkt
aus der Taskleiste aufrufen, ohne das entsprechende Programm zuvor erst starten
zu müssen. Hinweis: Touch-Apps aus dem Store unterstützen keine Sprunglisten.
Deshalb sind sie bei deren Symbol in der Taskleiste nicht zu finden.

Um die Sprungliste eines Programms zu nutzen, klicken Sie einfach mit der rechten
Maustaste auf das dazugehörende Symbol in der Taskleiste. Alternativ tippen Sie
etwas länger mit der Fingerspitze. Anstelle eines Kontextmenüs öffnet sich dann
die Sprungliste. Sie kann verschiedene Kategorien enthalten:

■ Die Rubrik *Häufig* bzw. *Meistbesucht* enthält regelmäßig mit dieser Anwendung
genutzte Daten, Dokumente oder Orte. Was das genau ist, hängt von der Art
der Anwendung ab. Bei einem Webbrowser sind es beispielsweise oft besuchte Webseiten.

■ Manche Anwendungen fügen zusätzliche Abschnitte ein, wie etwa Chrome mit
Kürzlich geschlossen. So kann man schnell zur zuletzt besuchten Webseite zurückkehren.

- Der Abschnitt *Aufgaben* enthält typische Aufgaben, die oft mit dem Start der Anwendung verbunden sind.

- Unten in der Sprungliste finden Sie jeweils die Anwendung selbst. Wollen Sie also einfach nur das Programm starten, sind Sie hier richtig. Die Wirkung ist die gleiche, als würden Sie direkt mit der linken Maustaste auf das Schnellstartsymbol klicken.

- Außerdem finden Sie hier den Befehl *Programm von Taskleiste lösen*, mit dem Sie dieses Symbol aus der Taskleiste entfernen können.

- Ist die Anwendung aktiv, wird ganz unten in der Sprungliste der Befehl *Fenster schließen* angezeigt, mit dem Sie das Programm direkt beenden können.

Die Sprunglisten bei Webbrowsern

Der Edge-Browser ist technisch eine App und verfügt deshalb nicht über die gerade für Browser recht praktische Sprunglistenfunktion. Das ist mal wieder so eine Stelle, wo die Integration von Apps in den klassischen Desktop nicht konsequent zu Ende gedacht ist.

Dafür zeigt der Internet Explorer in seiner Sprungliste in erster Linie die Rubrik *Häufig*. Sie erlaubt den direkten Zugriff auf die regelmäßig besuchten Webseiten. Ihr Inhalt entspricht dem des Internet-Explorer-Verlaufs in der Darstellung *Nach der Anzahl der Zugriffe anzeigen*, zeigt also in etwa die zuletzt meistbesuchten Webseiten an.

Dieser Inhalt ist selbstverständlich dynamisch, wird also ständig aktualisiert. Ein Klick auf einen der Einträge startet den Internet Explorer und öffnet diese Webseite. Darunter finden sich noch die Standardfunktionen zum Starten des Internet Explorer und zum Ablösen des Symbols von der Taskleiste. Die Sprunglisten von alternativen Browsern wie Chrome oder Firefox sehen ähnlich aus.

Sprungliste als Abkürzung

Auch während ein Webbrowser läuft, können Sie seine Sprungliste auf die beschriebene Weise nutzen. Sie ist eine gute Abkürzung, da der Zugriff auf den Verlauf selbst deutlich umständlicher sein kann.

TIPP

Die Sprungliste des Windows-Explorer

Die Sprungliste des Windows-Explorer enthält in der Rubrik *Angeheftet* Ordner, die ständig angezeigt werden sollen.

Häufig verwendet enthält zusätzlich die zuletzt am meisten geöffneten Ordner bzw. Bibliotheken. Diese beiden Listen entsprechen in etwa den Schnellzugriffen des Windows-Explorer (siehe Seite 161).

Auch diese Listen sind dynamisch und werden ständig aktualisiert. Wenn Sie einen der Einträge anklicken, startet der Windows-Explorer und zeigt den Inhalt dieses Ordners an.

Die Sprungliste des Windows Media Player

Der Windows Media Player enthält ebenfalls die Rubrik *Häufig verwendet* in seiner Sprungliste. Er zeigt hier die Alben bzw. Wiedergabelisten an, die Sie zuletzt bzw. häufig gehört haben. Ein Klick auf einen der Einträge startet den Windows Media Player und spielt diese Wiedergabeliste ab.

In der Rubrik *Aufgaben* finden Sie außerdem typische Aufgaben, die direkt beim Start des Windows Media Player erledigt werden sollen. So können Sie mit *Vorherige Liste fortsetzen* die beim letzten Beenden des Windows Media Player gerade aktive Wiedergabeliste fortsetzen. Mit *Gesamte Musik wiedergeben* bekommen Sie mit einem Mausklick reichlich Musik auf die Ohren. Der Windows Media Player spielt automatisch dann Ihre gesamte Musikbibliothek ab.

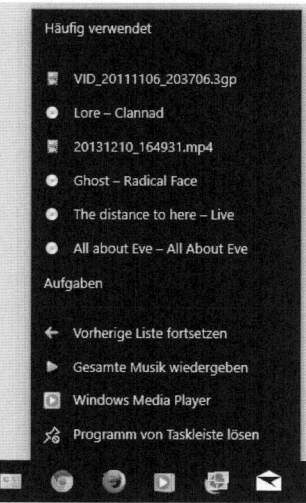

Sprunglisten bei weiteren Anwendungen

Sprunglisten funktionieren im Prinzip mit beliebigen Anwendungen. Sie können also jedes Programm, wie in diesem Kapitel beschrieben, als Symbol in der Taskleiste platzieren und dann per rechter Maustaste eine Sprungliste dafür abrufen. Oft wird die Liste allerdings recht kurz ausfallen und nur zwei bis drei Punkte umfassen:

- Symbol und Name des Programms, um die Anwendung starten zu können.

- *Programm von Taskleiste lösen* zum Entfernen des Symbols aus der Taskleiste.

- Wenn die Anwendung gestartet ist, wird zusätzlich *Fenster schließen* zum Beenden angezeigt.

Weitere Sprunglistenfunktionen sind nur verfügbar, wenn die Anwendung, wie z. B. Internet Explorer, Windows-Explorer und Windows Media Player, speziell für dieses Feature vorbereitet wurde. Mittlerweile trifft dies auf immer mehr Programme und Tools zu, da die erforderlichen Änderungen am Programm nicht allzu aufwendig sind. Probieren Sie es also im Zweifelsfall bei weiteren Anwendungen einfach aus.

Dynamische Inhalte von Sprunglisten kontrollieren

Sprunglisten mit dynamischen Inhalten, wie z. B. den regelmäßig besuchten Seiten beim Webbrowser, verändern sich im Laufe der Zeit automatisch. Meist ist das kein Problem, da sie sich damit den Gewohnheiten des Benutzers anpassen. Manchmal arbeitet dieser Mechanismus aber auch gegen die Interessen des Benutzers, etwa wenn eine Webseite, die immer mal wieder gern aufgerufen wird, von anderen Webadressen aus der Sprungliste verdrängt wird. In solchen Fällen können Sie aber eingreifen und bestimmte wichtige Einträge fest in der Sprungliste verankern.

1. Klicken Sie mit der rechten Maustaste auf das entsprechende Symbol, um die Sprungliste zu öffnen.

2. Bewegen Sie den Mauszeiger dann auf den Eintrag, den Sie dauerhaft verankern möchten.

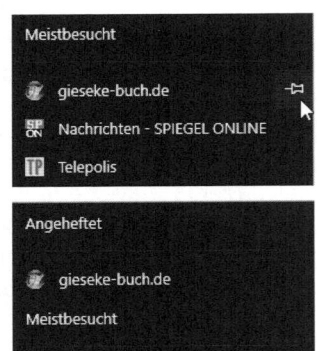

3. Der Eintrag verwandelt sich dann in eine Schaltfläche mit einem Stecknadelsymbol am rechten Ende. Klicken Sie auf diese Stecknadel, um den Eintrag in der Sprungliste zu verankern.

4. In der Sprungliste wird dadurch eine weitere Rubrik namens *Angeheftet* angelegt, die alle auf diese Weise verankerten Einträge enthält.

Sollten Sie die Verankerung später wieder lösen wollen, wiederholen Sie diese Schritte einfach.

Datenschutz: Bedenken wegen Adressen und Informationen in der Taskleiste?

Sprunglisten enthalten Informationen über besuchte Webseiten, benutzte Ordner und verwendete Dokumente, Medienclips etc. Dies kann unter Umständen problematisch sein, wenn Sie sich den PC mit anderen Benutzern teilen, die nicht unbedingt alles wissen müssen, was Sie damit gemacht haben. Zum einen ist es in solchen Fällen sinnvoll, die Funktionen der verschiedenen Anwendungen zu nutzen, damit solche Informationen gar nicht erst gesammelt werden, also z. B. beim Webbrowser den Verlauf zu löschen oder entsprechende Webseiten nur im Privat-Surfen-Modus zu besuchen. Aber auch die Taskleiste lässt sich so einstellen, dass solche Verlaufsinformationen nicht mehr angezeigt werden. Die Sprunglisten verlieren dadurch jedoch einen großen Teil ihres Potenzials.

1. Öffnen Sie die PC-Einstellungen und darin den Bereich *Personalisierung/Start*.

2. Setzen Sie auf der rechten Seite bei *Zuletzt geöffnete Elemente in Sprunglisten im Menü „Start" oder auf der Taskleiste anzeigen* den Schalter auf *Aus*.

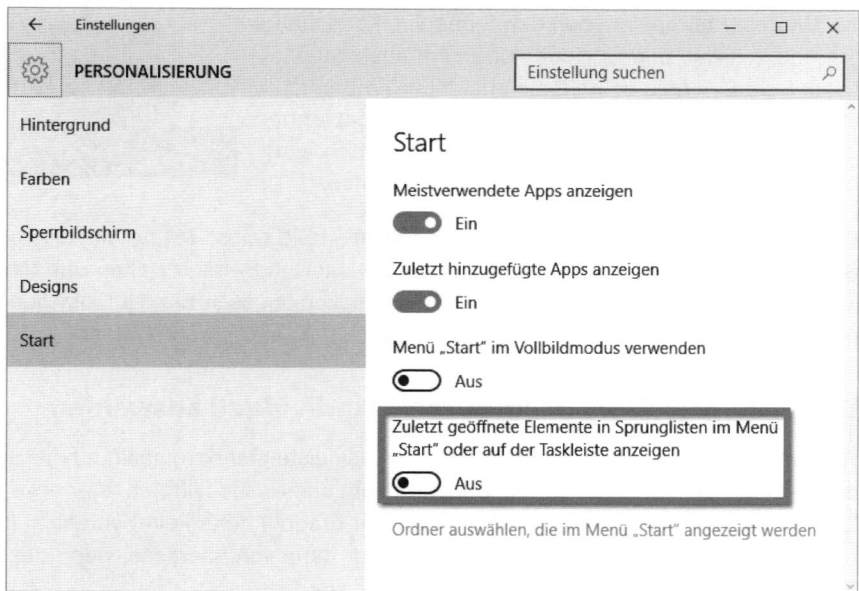

Einzelne dynamische Einträge aus Sprunglisten entfernen

Wenn es nur um einzelne Einträge in einer Sprungliste geht, die Ihnen ungeeignet oder überflüssig erscheinen, können Sie diese zumindest beim Internet Explorer auch direkt entfernen. Öffnen Sie dazu die entsprechende Sprungliste und klicken Sie den fraglichen Eintrag mit der rechten Maustaste an. Im Kontextmenü finden Sie dann den Befehl *Aus dieser Liste entfernen*, der den Eintrag aus der Sprungliste entfernt. Leider bieten nicht alle Webbrowser diese Funktion an.

TIPP

3.3 Mit dem Infobereich alles Wichtige im Blick

Der Infobereich rechts unten in der Taskleiste war und ist sowohl bei Benutzern als auch bei Softwareanbietern recht beliebt. Allerdings hat er auch seine Tücken und Unzulänglichkeiten. So platziert mittlerweile fast jede Anwendung ihr Symbol in den Infobereich und setzt auf diesem Weg auch Meldungen und Hinweise ab, die nicht immer gewünscht sind. Deshalb lässt Windows dem Benutzer die Kontrolle über den Infobereich.

Leider lässt sich nicht mehr ganz so detailliert wie in früheren Versionen festlegen, welche Anwendungen Symbole und/oder Benachrichtigungen anzeigen können. Aber man kann immer noch entscheiden, welche Programme den Infobereich nutzen dürfen und welche nicht.

- Wie bereits bei früheren Versionen ist der Infobereich zweigeteilt. Da ist zum einen der Kernbereich mit den wichtigen Symbolen. Er ist am rechten Rand der Taskleiste ständig zu sehen.

- Mit dem Pfeil links neben den Symbolen kann man jederzeit den erweiterten Infobereich ausklappen, der die Symbole enthält, die aus dem Kernbereich verbannt wurden. Sie können hier wie gewohnt links, rechts oder doppelt angeklickt werden, um die damit verbundenen Funktionen abzurufen.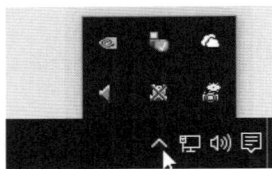

Welche Symbole wo angezeigt werden, bestimmen Sie selbst. Mit der Maus können Sie Symbole aus dem Kernbereich in den erweiterten Bereich ziehen und umgekehrt. Nur wenn Symbole ganz verschwinden sollen, müssen Sie die Einstellungen bemühen, wie ich im Folgenden beschreibe.

Die Systemsymbole im Infobereich individuell auswählen

Wie gehabt, finden sich im Infobereich der Taskleiste standardmäßig einige Symbole des Betriebssystems selbst. Die sind nicht immer alle hilfreich. Wer etwa die Lautstärke bequem via Tasten regeln kann, der braucht dafür kein Symbol im Infobereich. Und das Netzwerksymbol ist auch nur dann von Interesse, wenn dessen Status oder Einstellungen regelmäßig benötigt werden.

Deshalb können Sie genau einstellen, welche der Systemsymbole angezeigt werden sollen.

1. Öffnen Sie in den PC-Einstellungen den Bereich *System/Benachrichtigungen und Aktionen*.

2. Klicken Sie hier in der rechten Hälfte auf den Link *Systemsymbole aktivieren oder deaktivieren*.

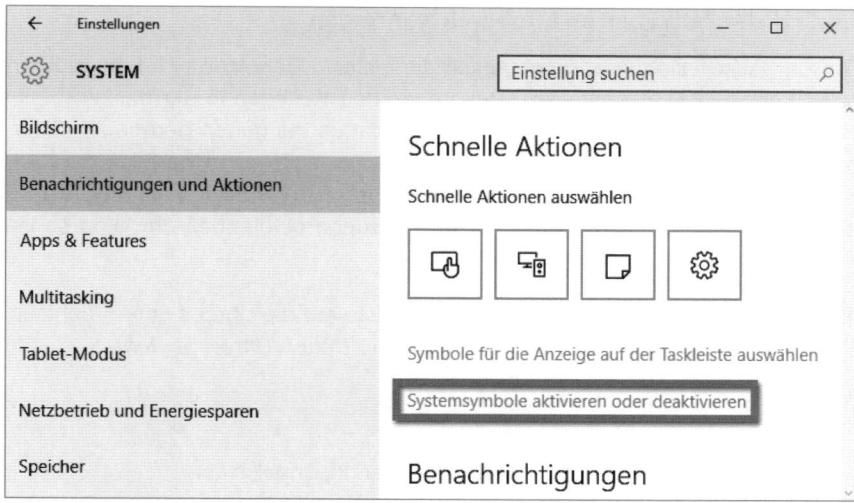

3. Damit öffnen Sie ein Menü, in dem die verschiedenen Symbole/Informationen aufgeführt sind, die Windows im Infobereich einblenden kann.

4. Für jedes der Symbole können Sie in einem kleinen Auswahlfeld die Einstellung *Ein* oder *Aus* wählen. Manche Einträge lassen sich eventuell nicht einschalten, wenn der PC nicht über die entsprechende Hardware verfügt, wie etwa *Stromversorgung* oder *Position*.

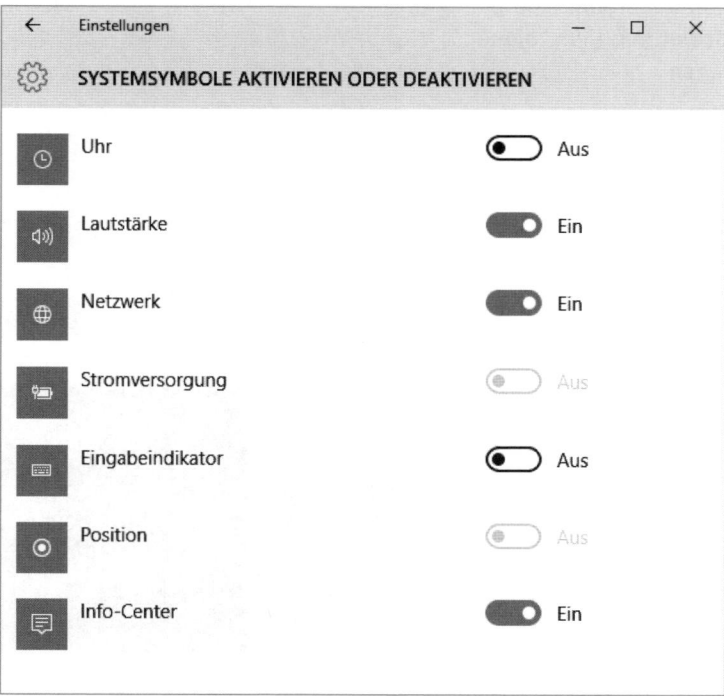

Zusätzliche Zeitzonen im Infobereich anzeigen

Die Uhr lassen sich erfahrungsgemäß die meisten Benutzer im Infobereich anzeigen. Wenn Sie z. B. Kontakt zu Bekannten und Kollegen in der ganzen Welt halten wollen, ist es hilfreich, zu wissen, wie spät es bei denen gerade ist. Oder Sie handeln an internationalen Märkten und müssen stets den Überblick darüber behalten, welcher Handelsplatz wann geöffnet ist. Bei Windows können Sie zu Ihrer eigenen Uhrzeit zwei weitere beliebige Zeitzonen einblenden und sind so immer mit einem Blick im Bilde.

1. Klicken Sie dazu mit der rechten Maustaste auf die Uhrzeit unten rechts im Infobereich und wählen Sie im Kontextmenü *Datum/Uhrzeit ändern*.

2. Klicken Sie im anschließenden Menü ganz unten bei *Verwandte Einstellungen* auf den Link *Uhren für unterschiedliche Zeitzonen hinzufügen*.

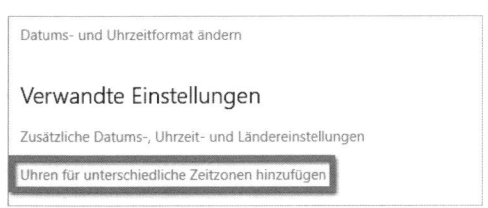

3. Aktivieren Sie im anschließenden Dialog die Option *Diese Uhr anzeigen* und wählen Sie die gewünschte Zeitzone aus. Bei *Anzeigenamen eingeben* können Sie außerdem eine eigene Bezeichnung für diese Zeit festlegen.

4. Für eine dritte Uhrzeit wiederholen Sie diese Einstellungen im unteren Bereich mit einer weiteren Zeitzone.

Bei der Uhrzeit im Infobereich ändert sich dadurch auf den ersten Blick nichts.

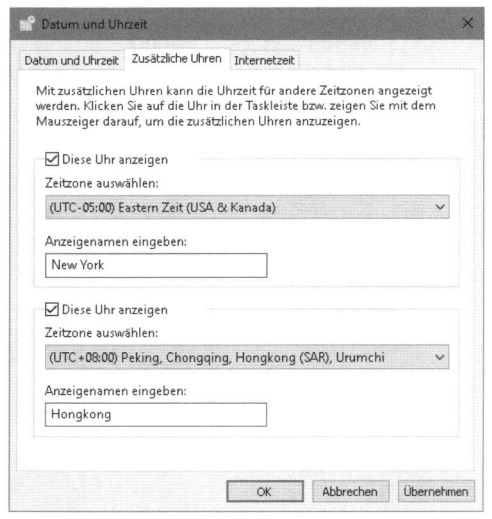

Wenn Sie allerdings den Mauszeiger über der (lokalen) Uhrzeit verharren lassen, blendet Windows eine kleine Übersicht mit allen

Zeitzonen ein. Noch deutlicher bekommen Sie es mit einem einfachen Klick auf die Uhrzeit. Dann öffnet Windows ein Feld, in dem Sie neben dem Kalender und der lokalen Uhrzeit auch die zusätzlichen Zeitzonen optisch ansprechend ablesen können. Ein weiterer Mausklick an einer beliebigen Stelle blendet diese Anzeige wieder aus.

Symbole und Meldungen von Anwendungen ganz nach Bedarf dosieren

Der Infobereich der Taskleiste wird auch durch die Software anderer Anbieter genutzt, selbst wenn es nicht immer notwendig und sinnvoll ist. Deshalb gibt Ihnen Windows die Kontrolle über den Infobereich. So können Sie genau einstellen, welche Symbole und Meldungen hier angezeigt werden und welche Windows automatisch unterdrücken soll.

1. Öffnen Sie in den Einstellungen den Bereich *System/Benachrichtigungen und Aktionen*.

2. Klicken Sie hier in der rechten Hälfte auf den Link *Symbole für die Anzeige auf der Taskleiste auswählen*.

3. Damit öffnen Sie eine Liste der vorhandenen Symbole für den Infobereich. Hierin finden Sie alle Symbole, die bislang von anderen Anwendungen hinzugefügt wurden. Der Inhalt der Liste verändert sich also dynamisch, wenn Sie Anwendungen installieren bzw. deinstallieren.

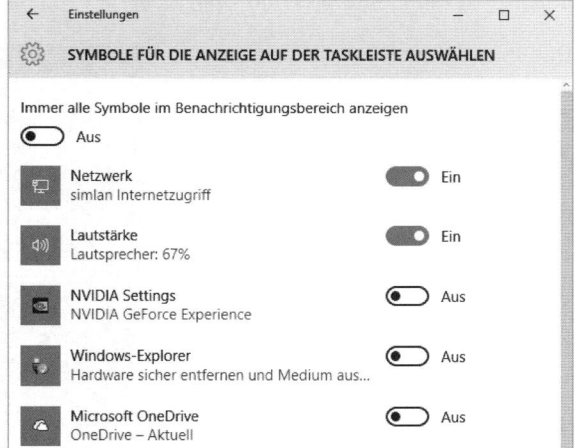

Grundsätzlich alle Symbole und Meldungen anzeigen

Falls Ihnen das Einstellen der vielen Symbole zu mühsam ist und Sie im Zweifelsfall lieber zu viele als zu wenige Informationen und Funktionen im Infobereich haben, ist die Option *Immer alle Symbole im Benachrichtigungsbereich anzeigen* ganz oben die richtige für Sie. Sie überstimmt alle oben vorgenommenen Einstellungen und zeigt grundsätzlich alle vorhandenen Symbole und Meldungen an.

TIPP

3.4 Mit dem Info-Center keine Systemmeldung mehr verpassen

Der Infobereich wird beim aktuellen Windows vom Info-Center begleitet. Dieses beseitigt ein altes Windows-Problem mit den gern als „Infoblasen" eingeblendeten Systemmeldungen. Diese werden auch gern schnell wieder ausgeblendet, egal ob der Benutzer sie nun wahrgenommen hat oder nicht. Das Info-Center sammelt alle

Systemmeldungen. Nur die wirklich wichtigen werden zusätzlich immer noch angezeigt. Des Weiteren bietet das Info-Center praktische Abkürzungen zu wichtigen bzw. viel genutzten Funktionen.

Meldungen im Info-Center abrufen

Das Info-Center hat sein eigenes Symbol im Infobereich der Taskleiste. Dieses hat standardmäßig wie in nebenstehender Abbildung einen hellen Umriss auf dunklem Grund.

Wann immer ungelesene Nachrichten vorliegen, verändert sich das Symbol. Klicken Sie es einfach an, um das Info-Center anzuzeigen. Hinweis für Touchbenutzer: Sie können auch die von Windows 8 bekannte Touchgeste verwenden, bei der man vom rechten Rand aus in den Bildschirm hineinwischt. Ausgeblendet werden kann das Info-Center mit der gegensätzlichen Bewegung.

Das Info-Center besteht im Wesentlichen aus einer langen (und hoffentlich überwiegend leeren) Liste. Liegen mehrere Einträge vor, werden diese teilweise nach Themenbereichen gruppiert. Zu jedem Eintrag finden Sie:

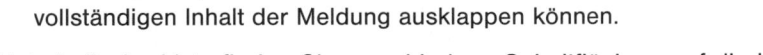

- ■ (optional) ein Symbol, das die Dringlichkeit verdeutlicht,

- ■ den Titel der Nachricht,

- ■ die Uhrzeit, zu der die Meldung erstellt wurde, sowie

- ■ ein Pfeilsymbol, mit dem Sie den vollständigen Inhalt der Meldung ausklappen können.

Unterhalb der Liste finden Sie verschiedene Schaltflächen, auf die ich auf Seite 86 eingehe.

Wenn Sie auf das Pfeilsymbol am rechten Rand einer Mitteilung klicken, wird diese ausgeklappt. Sie können dann den vollständigen Inhalt sehen. Dieser umfasst teilweise auch konkrete Aktionen. Wie Sie mit solchen Hinweisen umgehen, insbesondere wenn sie die Sicherheit Ihres PCs betreffen, ist auf Seite 366 beschrieben.

Legen Sie fest, wer Meldungen ins Info-Center schicken darf

Auch wenn sich das Info-Center notfalls prima ignorieren lässt, möchte man doch nicht ständig von mehr oder weniger sinnlosen Mitteilungen belästigt werden. Deshalb können Sie steuern, welche Anwendungen Nachrichten ans Info-Center schicken dürfen.

1. Öffnen Sie dazu in den PC-Einstellungen den Bereich *Benachrichtigungen und Aktionen*.

2. Hier können Sie rechts unter der Überschrift *Benachrichtigungen* zunächst pauschal angeben, welche Arten von Mitteilungen Sie im Info-Center nicht sehen möchten.

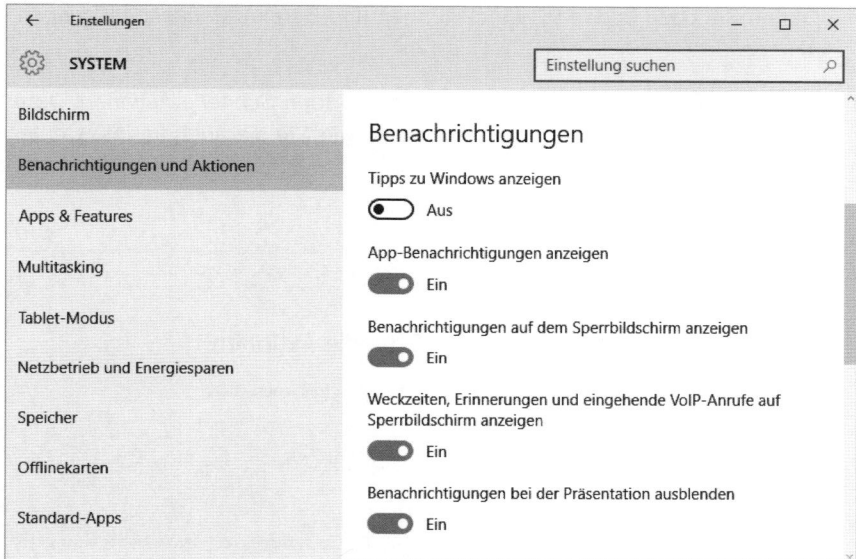

3. Darunter finden Sie eine Liste aller Apps, die bislang eigene Benachrichtigungen erstellt haben. Hier können Sie mit dem jeweiligen Schalter alle weiteren Wortmeldungen dieses Programms unterdrücken.

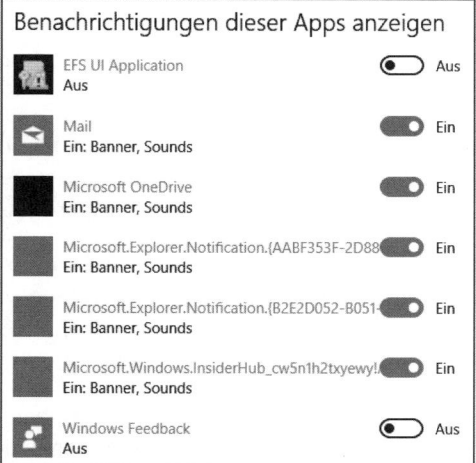

Diese Methode funktioniert gut, solange es um Software von Fremdanbietern geht, was ja auch wichtig ist. Sie stößt an ihre Grenzen, wenn Windows-eigene Programme ins Spiel kommen. Da lässt sich aufgrund der Benennung oft nicht zuordnen, um welche Funktion es nun eigentlich geht. Andere Methoden, die Windows-eigenen Sicherheits- und Wartungsfunktionen notfalls zum Schweigen zu bringen, finden Sie auf Seite 366.

Schnelle Aktionen für das Info-Center festlegen

Sicher sind Ihnen schon die Schaltflächen im unteren Bereich des Info-Centers aufgefallen. Diese stellen praktische Abkürzungen dar und lassen sich – in Grenzen – durch den Anwender selbst wählen. Dies bezieht sich vor allem auf die obere Viererreihe.

1. Öffnen Sie dazu in den PC-Einstellungen den Bereich *Benachrichtigungen und Aktionen*.

2. Hier finden Sie auf der rechten Seite ganz oben *Schnelle Aktionen*. Darunter sind die vier Schaltflächen abgebildet, so wie Sie sie auch im Info-Center finden.

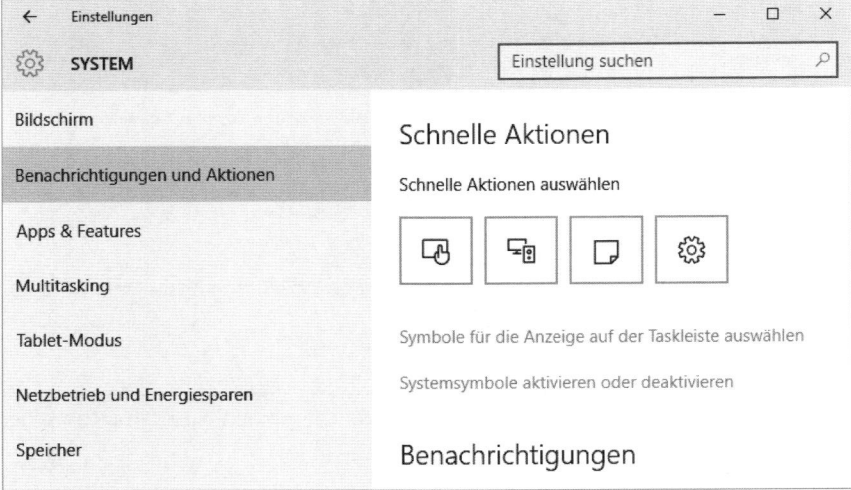

3. Wenn Sie auf eine der Schaltfläche klicken, wird ein kleines Menü mit allen Funktionen angezeigt, die Sie auf diese Schaltflächen legen können. Wählen Sie die Funktion aus, die an dieser Position angezeigt werden soll.

4. Auf die gleiche Weise können Sie für die anderen Schaltflächen jeweils dieses Menü anzeigen lassen. So lässt sich individuell einstellen, welche Funktion Sie wo verfügbar haben möchten.

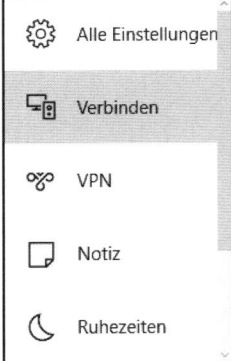

Die Symbole darunter zeigt Windows nach Verfügbarkeit der entsprechenden Funktionen automatisch an. So finden sich bei einem typischen Desktop-PC hier nur wenige Schaltflächen beispielsweise für VPN, Ruhezeiten oder das Erlauben der Standortermittlung. Bei einem Mobilgerät hingegen werden hier weitere Symbole etwa für WLAN, den Flugzeugmodus oder die Bildschirmhelligkeit angezeigt.

4 Apps und Fenster auf dem Desktop effizient nutzen

Solange man immer nur mit einer Anwendung oder App arbeitet, braucht man sich über Fenstermanagement und schnellen Wechsel zwischen Anwendungen keine Gedanken zu machen. Einfach die App der Wahl im Vollbild auf dem Bildschirm anzeigen und fertig.

Aber sowie man mehr als eine Anwendung gleichzeitig bzw. im Wechsel nutzt und vielleicht sogar Daten zwischen Anwendungen austauschen möchte, bekommen diese Aspekte eine große Bedeutung. Windows bietet hierbei verschiedene Möglichkeiten, Arbeitsabläufe nach den eigenen Vorlieben anzupassen und zu optimieren.

4.1 Schneller Wechsel zwischen mehreren Anwendungen und Apps

Beim Umschalten zwischen verschiedenen Anwendungen, Apps bzw. Fenstern zeigt Windows wann immer möglich eine Minivorschau des aktuellen Fensterinhalts. Das macht das Auswählen einfacher und schneller, insbesondere wenn es um mehrere Fenster ein und derselben Anwendung geht, wie z. B. bei mehreren geöffneten Webseiten im Webbrowser.

Neu hinzugekommen ist die Taskansicht, die den Switcher von Windows 8 ablöst. Sie zeigt alle geöffneten Fenster in einer bildschirmfüllenden Übersicht an, sodass man sie sowohl per Maus, aber insbesondere per Touchbedienung komfortabel nutzen kann.

Klassisches Umschalten per Alt+Tab

Beim klassischen Fensterwechsel per Tastatur mit [Alt]+[⇆] hat sich im Vergleich zu den Vorgängern nur optisch etwas geändert. Jedes geöffnete Fenster wird als Minivorschau des realen, aktuellen Fensterinhalts dargestellt. Durch gedrücktes [Alt] und wiederholtes [⇆] wechselt man durch die Anwendungen. Hat man die gewünschte erreicht, lässt man [Alt] los.

HINWEIS

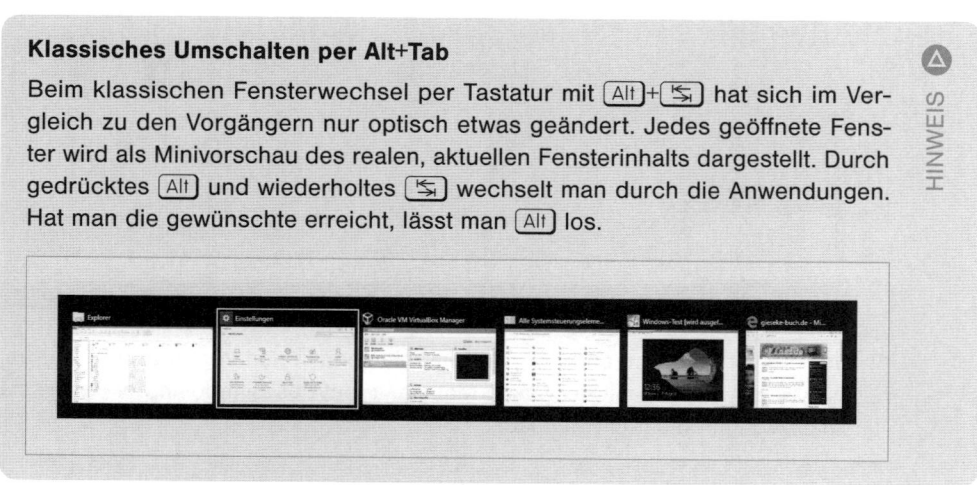

Anwendungen per Taskleiste wechseln

Nach wie vor können Sie die Symbole der laufenden Anwendungen in der Taskleiste nutzen, um jederzeit zu einem anderen Programm zu wechseln.

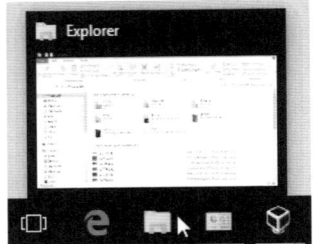

1. Um zwischen geöffneten Fenstern und Apps via Taskleiste hin- und herzuwechseln, bewegen Sie wie gewohnt den Mauszeiger auf das Symbol der Anwendung in der Taskleiste.

2. Wenn Sie den Mauszeiger dort kurz verharren lassen, blendet Windows die Minivorschau für dieses Programm direkt oberhalb ein.

3. Bewegen Sie den Mauszeiger nun auf eines der benachbarten Symbole in der Taskleiste, folgt die Minivorschau Ihnen dorthin und schaltet direkt zu dem entsprechenden Programm um.

4. Wenn Sie mit dem Mauszeiger nach oben auf die Minivorschau fahren, wird zusätzlich das reale Fenster in seiner vollen Größe und Position auf dem Desktop eingeblendet. Sind sich Fenster so ähnlich, dass sie sich in der Minivorschau nicht eindeutig unterscheiden lassen, ist das eine gute Hilfe.

   Das Fenster bzw. die App ist damit aber noch nicht wieder endgültig in den Vordergrund geholt. Sowie Sie den Mauszeiger von der Minivorschau wegbewegen, verschwindet es wieder.

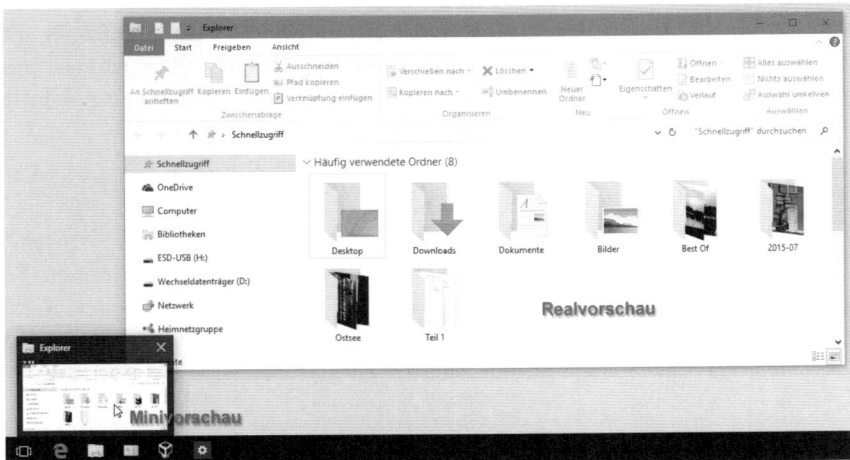

5. Um Fenster oder App endgültig auszuwählen und in den Vordergrund zu holen, klicken Sie einfach mit der linken Maustaste auf das Symbol in der Taskleiste oder auch auf die Minivorschau.

Besonderheiten bei Anwendungen mit mehreren Fenstern/Tabs

Einen Sonderfall stellen Anwendungen dar, die mehrere Dokumente bzw. Fenster beinhalten. Ein Beispiel dafür sind etwa Webbrowser mit mehreren Instanzen (nicht Tabs!). Aber auch Office-Anwendungen erlauben es, mehrere Dokumente gleichzeitig zu öffnen. Die Taskleiste berücksichtigt solche Anwendungen mit mehreren geöffneten Seiten.

1. Wenn Sie den Mauszeiger in der Taskleiste auf das Symbol einer Anwendung mit mehreren Dokumenten bzw. Registern bewegen und dort verharren lassen, wird eine Miniansicht für jedes der Dokumente angezeigt.

2. Bewegen Sie den Mauszeiger dann weiter auf eine der Minivorschauen, wird dieses Fenster als Realvorschau in voller Größe auf dem Desktop angezeigt.

3. Lassen Sie den Mauszeiger nun zu den anderen Minivorschauen weiterwandern, wird jeweils deren Inhalt in der Realvorschau angezeigt. So können Sie sich das gewünschte Dokument zielgenau aussuchen.

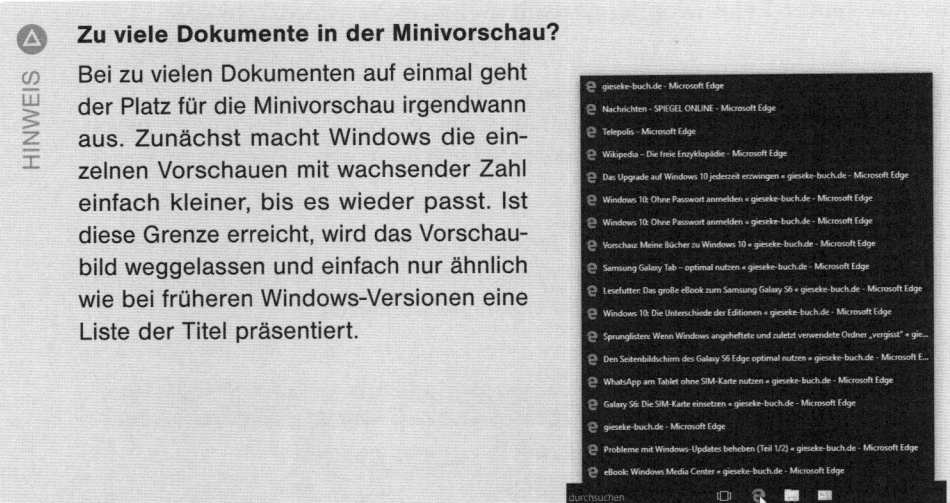

Zu viele Dokumente in der Minivorschau?

HINWEIS

Bei zu vielen Dokumenten auf einmal geht der Platz für die Minivorschau irgendwann aus. Zunächst macht Windows die einzelnen Vorschauen mit wachsender Zahl einfach kleiner, bis es wieder passt. Ist diese Grenze erreicht, wird das Vorschaubild weggelassen und einfach nur ähnlich wie bei früheren Windows-Versionen eine Liste der Titel präsentiert.

Anwendungen und Apps direkt über die Taskleiste steuern

Die Minivorschauen bieten zusätzliche Möglichkeiten, Anwendungen direkt über die Taskleiste zu steuern, auch wenn die dazugehörenden Fenster bzw. Apps gerade minimiert oder zumindest nicht im Vordergrund zu sehen sind. Dazu sind in die Minivorschau einfache Steuerelemente integriert. Was genau möglich ist, hängt von der Anwendung ab.

■ Wenn Sie den Mauszeiger auf eine Minivorschau bewegen, wird oben rechts ein kleines Schließen-Symbol eingeblendet. Hiermit können Sie die Anwendung, mit der diese Minivorschau verbunden ist, beenden. Der Effekt ist derselbe, als würden Sie in der Anwendung [Alt]+[F4] drücken bzw. die dafür vorgesehene Methode zum Beenden verwenden. Eventuell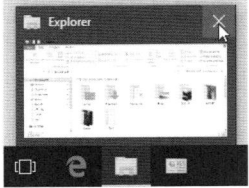
noch geöffnete Dateien werden hierbei gespeichert, sodass kein Datenverlust zu befürchten ist. Handelt es sich um eine Anwendung mit mehreren Dokumenten, schließen Sie jeweils nur das in der Minivorschau angezeigte Dokument. Die Anwendung selbst läuft weiter, bis Sie das letzte noch offene Dokument schließen. Dieses Steuerelement wird von Windows selbst eingefügt und steht bei allen Minivorschauen zur Verfügung.

■ Anwendungen und Apps können darüber hinaus weitere Steuerelemente in der Minivorschau platzieren. Dafür müssen sie aber speziell vorbereitet sein. Typische Beispiele sind Medienspieler wie der Windows Media Player oder auch die Musik-App. Hier finden Sie unterhalb der Minivorschau eine kleine Steuerleiste, mit der Sie die Wiedergabe anhalten und fortsetzen sowie in einer Wiedergabeliste zum nächsten oder vorherigen

Stück wechseln können. So lassen sich Grundfunktionen von Programmen nutzen, ohne das dazugehörige Fenster bzw. die App extra auf den Bildschirm holen zu müssen.

Taskansicht – der komfortable Umschalter für Anwendungen und Apps

Beim Versuch, möglichst komfortable Umschaltmöglichkeiten zwischen Anwendungen zu schaffen, macht Microsoft gern Experimente. Bei Windows 7 wurde das visuell aufwendige Flip 3D verwendet, das für Windows 8 zugunsten des etwas einfacher gehaltenen Switchers ausgemustert wurde. Der war zwar für Touchbedienung ganz praktisch, aber für Mausbenutzer eher unpraktisch.

Das aktuelle Windows bemüht sich auch an dieser Stelle, einen sinnvollen Kompromiss für alle Anwender zu bieten. Die Taskansicht lässt sich auf verschiedene Weise öffnen und bietet eine gute Übersicht aller gerade laufenden Apps, die sich dynamisch der Anzahl und der Bildschirmgröße anpasst.

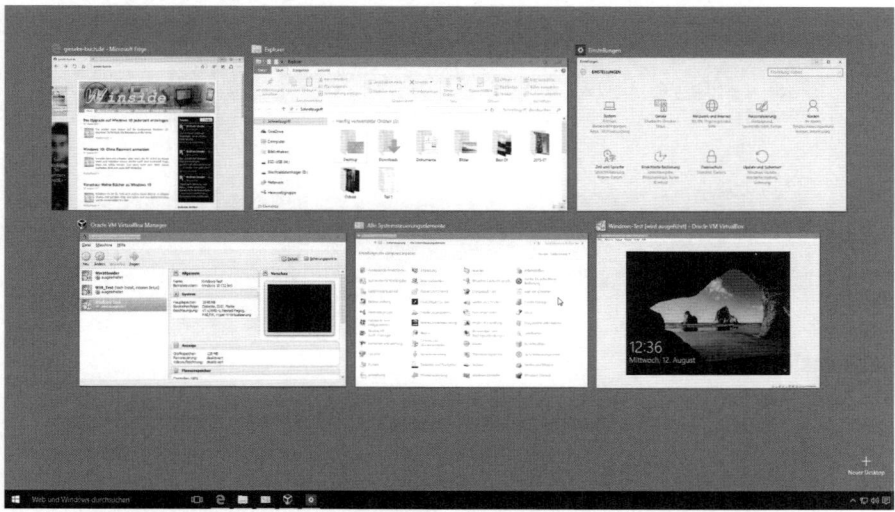

Die Taskansicht bietet einen guten Überblick über die laufenden Anwendungen.

Taskansicht per Tastatur

Tastaturbenutzer werden sich etwas umgewöhnen müssen. Während man früher ähnlich wie beim schnellen Taskwechsel mit ⌨Alt⌨+⌨⇆⌨ einfach durch wiederholtes ⌨⇆⌨ durch die Anwendungen schalten konnte, ist die Vorgehensweise nun eine etwas andere:

1. Drücken Sie ⊞+⌨⇆⌨, um die Taskanzeige auf den Bildschirm zu holen.

2. Verwenden Sie nun die Pfeiltasten, um die Anwendung auszuwählen, mit der Sie weiterarbeiten möchten.

3. Ist diese Anwendung ausgewählt (also mit einem schmalen Rahmen umlegt), drücken Sie ⏎ oder auch die ⎵Leer⎵-Taste.

4. Möchten Sie ohne Wechsel zur vorher geöffneten Anwendung zurückkehren, drücken Sie erneut ⊞+⇆.

Taskansicht per Maus

Auch mit der Maus lässt sich die Taskansicht einfach und intuitiv bedienen.

1. Klicken Sie in der Taskleiste neben dem Such-feld auf das Taskansicht-Symbol, um die Über-sicht der laufenden Anwendungen anzuzeigen.

2. Die Anwendung, zu der Sie wechseln möchten, können Sie nun durch einfaches Anklicken auswählen.

3. Wenn Sie den Mauszeiger auf eine der angezeigten Anwendungen bewegen, können Sie diese außerdem mit dem kleinen x-Symbol oben rechts schließen.

Taskansicht per Touch

Auch per Touchbedienung können Sie die Taskansicht benutzen. Um sie anzu-zeigen, können Sie zum einen mit dem Finger auf das Taskansicht-Symbol in der Taskleiste tippen. Es geht aber auch komfortabler mit einer Wischgeste vom linken Bildrand in den Bildschirm hinein. In der Taskansicht wählen Sie die gewünschte Anwendung dann einfach per Antippen aus.

4.2 ▬ Fenster auf dem Bildschirm optimal anordnen

Besonders der klassische Desktop bietet auf modernen Breitbildmonitoren immer wieder Gelegenheiten, mit mehr als einem Fenster gleichzeitig zu arbeiten. So ge-stalten sich beispielsweise Drag-and-drop-Aktionen mit der Maus besonders ein-fach, wenn man Elemente von einem Anwendungsfenster in ein anderes direkt daneben ziehen kann. Oder man lässt in der rechten Bildschirmhälfte den Web-browser Informationen anzeigen, die man für das Dokument benötigt, das man ge-rade auf der linken Bildschirmseite erstellt. Schon immer bot Windows die Mög-lichkeit, Fenster beliebig auf dem Bildschirm zu platzieren (daher auch der Name).

Mit den Snap-Funktionen unterstützt es Sie dabei, indem Fenster an bestimmten Stellen automatisch andocken und sich so besonders einfach anordnen lassen.

Per Snap zwischen Fenster- und Vollbildmodus wechseln

Die Snap-Funktion erlaubt es beispielsweise, Fenster mit der Maus oder der Fingerspitze zu „ergreifen" und mit einer schnellen Bewegung zwischen normalem und Vollbildmodus zu wechseln.

1. Um dies zu probieren, klicken Sie einfach mit der linken Maustaste auf die Titelleiste eines normalen Fensters und halten die Taste gedrückt.

2. Bewegen Sie den Mauszeiger dann mitsamt dem Fenster an den oberen Bildschirmrand.

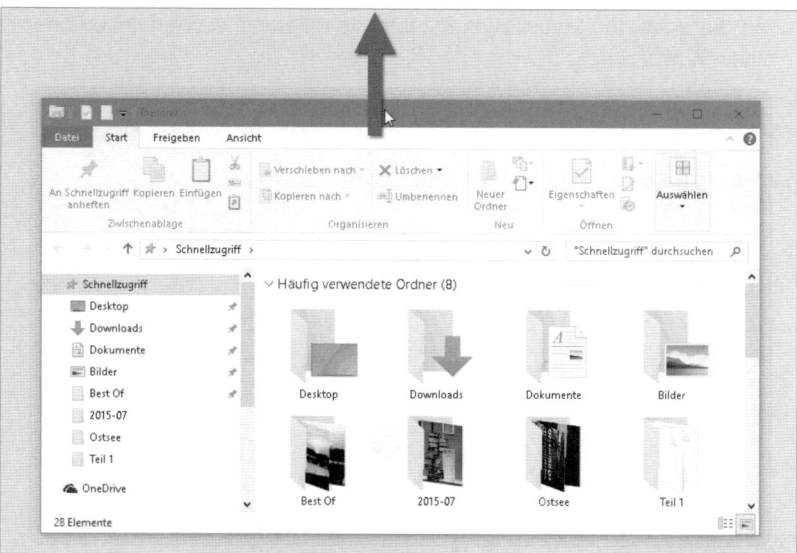

3. Haben Sie den oberen Bildschirmrand erreicht, zeigt Windows plötzlich eine transparente Fläche über den gesamten Desktop an. Diese soll die neue Position und Größe des Fensters anzeigen, wenn Sie die Maustaste an dieser Stelle loslassen würden. Die Fläche über den gesamten Desktop bedeutet in diesem Fall, dass das Fenster maximiert im Vollbildmodus dargestellt würde.

4. Wenn Sie einen Wechsel zu dieser Darstellung wünschen, lassen Sie den Mauszeiger einfach los. Windows maximiert das gewählte Fenster dann automatisch auf die komplette Desktopfläche.

5. Wollen Sie den Vorgang umkehren, also von der Vollbild- in die normale Darstellung wechseln, ergreifen Sie wiederum die Titelleiste des maximierten Fensters und ziehen diese vom oberen Bildschirmrand weg.

6. Das Fenster erhält dann wieder seine vorherige Größe, und Sie können es an eine beliebige Stelle des Desktops ziehen und loslassen, um es dort zu platzieren.

Fenster nebeneinander anordnen

Manchmal ist es einfach praktisch, zwei verschiedene Fenster gleichzeitig auf dem Bildschirm zu haben – etwa um Inhalte zu vergleichen, um Objekte vom einen ins andere Fenster zu ziehen oder um eine Sache im Auge behalten zu können, während man an der anderen arbeitet. Auch hierzu müssen Sie die Fenster nicht jedes Mal mühsam per Hand platzieren. Dank Snap besteht die Möglichkeit, Fenster mit einer einfachen Mausbewegung auf der linken oder rechten Bildschirmhälfte anzuordnen, um so z. B. zwei Fenster nebeneinander betrachten und benutzen zu können.

1. Ergreifen Sie wie vorangehend beschrieben die Titelleiste des fraglichen Fensters mit der linken Maustaste.

2. Ziehen Sie dann den Mauszeiger mitsamt dem Fenster an den linken oder rechten Bildschirmrand.

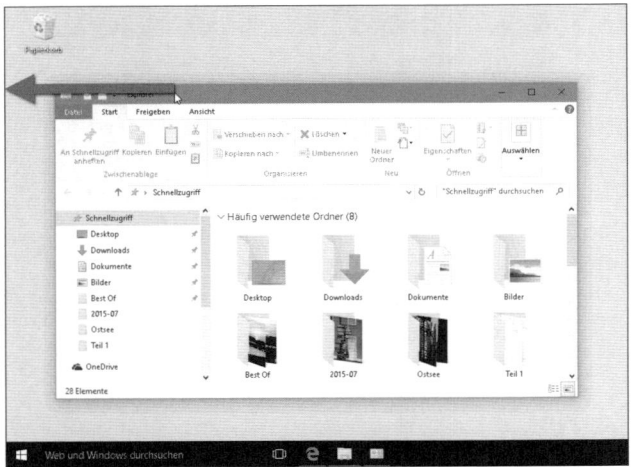

3. Haben Sie einen dieser beiden Ränder erreicht, schlägt Ihnen Windows mit der beschriebenen transparenten Fläche vor, das Fenster so anzuordnen, dass es genau diese Hälfte des Bildschirms bedeckt.

4. Lassen Sie die Maustaste los, um das Fenster so zu platzieren.

5. Auf der anderen Hälfte des Bildschirms zeigt Ihnen die Taskansicht nun alle anderen laufenden Anwendungen an (sofern welche laufen). Soll eines dieser Fenster auf der anderen Bildschirmhälfte platziert werden, können Sie es hier einfach auswählen. Andernfalls klicken Sie einfach irgendwo anders hin.

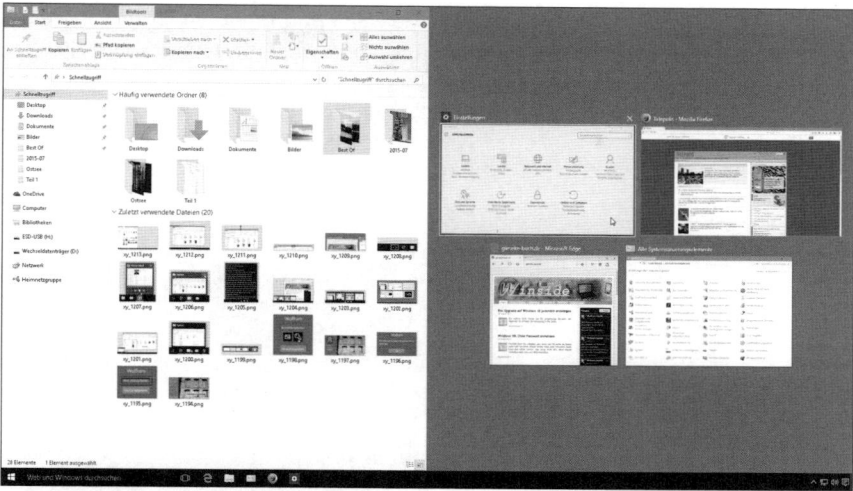

Auch bei dieser Variante können Sie den Fenstern später ganz einfach ihre alte Größe zurückgeben. Ergreifen Sie dazu erneut die Titelleisten und ziehen Sie die Fenster von der jeweiligen Bildschirmseite weg zur Mitte hin. Die Fenster erhalten die Ursprungsgröße zurück und können dann beliebig platziert werden.

Fenster in den vier Quadranten des Bildschirms verteilen

Da Monitore immer größer werden und immer mehr Fläche bieten, kann man sie manchmal auch mit mehr als zwei Fenstern sinnvoll füllen. Dafür unterstützt Snap zusätzlich das Anordnen von Fenstern in den Quadranten der Bildschirmfläche, also jeweils einem Viertel des verfügbaren Raumes oben links, oben rechts, unten links und unten rechts. Die Vorgehensweise ist dabei ganz ähnlich.

1. Ergreifen Sie ein Fenster an seiner Titelleiste und ziehen Sie es in die Richtung der Bildschirmecke, in der es angeordnet werden soll.

2. Erreicht der Mauszeiger den Bildschirmrand, deutet Windows die Fläche an, die das Fenster einnehmen würde. Lassen Sie den Mauszeiger nun los.

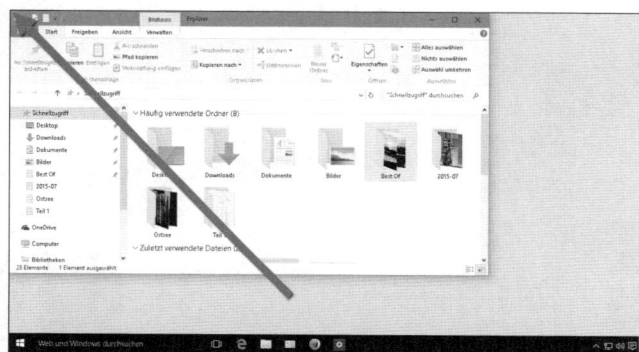

3. Das Fenster wird so angeordnet, dass es genau den Quadranten bedeckt.

Vorschläge für die anderen Quadranten wie beim Anordnen am Seitenrand erhalten Sie nicht, da Windows nicht wissen kann, welche weiteren Quadranten Sie – wenn überhaupt – verwenden möchten. Sie können den Vorgang aber für die anderen drei Quadranten einfach wiederholen.

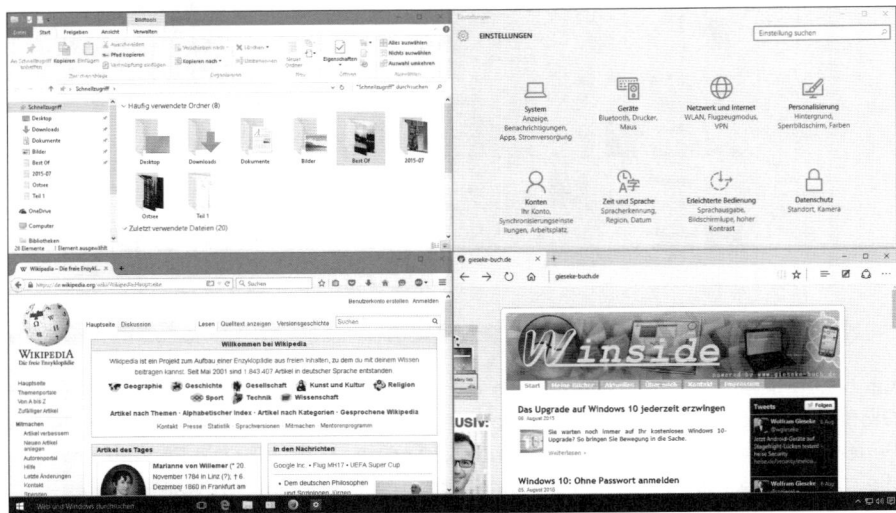

Mit Peek schneller Überblick über den Desktop

Mit der Peek-Funktion können Sie sich jederzeit einen Überblick über die offenen Anwendungen und deren Anordnung auf dem Bildschirm verschaffen. Das ist hilfreich, wenn man mal ein Fenster „verloren" hat. Außerdem bietet sie eine praktische Möglichkeit, den Bildschirm bei Bedarf leer zu räumen.

1. Um deren Nutzen nachvollziehen zu können, ist es notwendig, mindestens eine, am besten aber mehrere Anwendungen mit eigenen Fenstern auf dem Desktop zu öffnen.

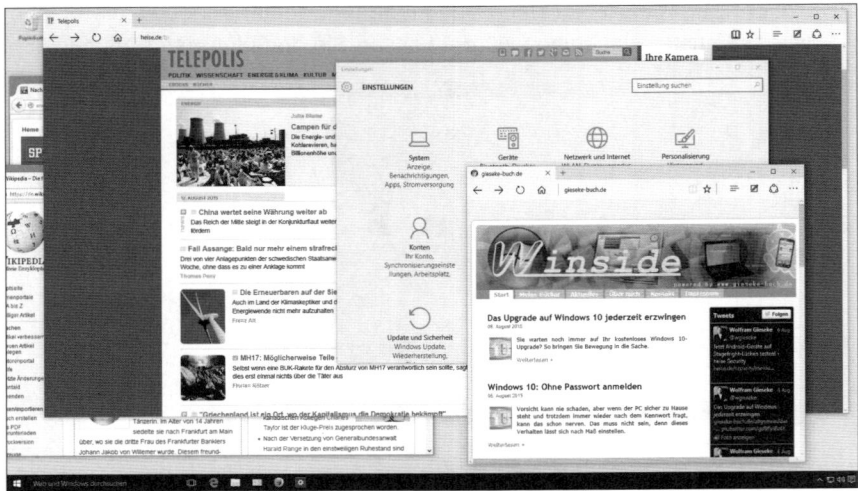

2. Bewegen Sie nun den Mauszeiger ganz in die rechte untere Ecke des Bildschirms und lassen Sie ihn dort einfach kurz verharren. Bei Fingerbedienung tippen Sie mit einem Finger lange auf diese Ecke.

3. Nach knapp einer Sekunde Wartezeit blendet Windows die Fenster aus bzw. macht ihren Inhalt völlig transparent. Sie sehen davon nur noch die Fensterrahmen, die sich bei mehreren geöffneten Fenstern auch kreuzen und überlappen können.

4. Stattdessen ist der Desktophintergrund zu sehen sowie insbesondere Symbole, die Sie auf dem Desktop abgelegt haben. Wenn Sie die Maus anschließend wieder von dem Feld wegbewegen, wird der Desktop sofort wieder wie zuvor hergestellt.

Alle Fenster wirklich ausblenden

Wenn Sie wie vorangehend beschrieben verfahren, werden die offenen Fenster nicht ausgeblendet oder minimiert. Es wird einfach nur vorübergehend der Inhalt entfernt, die Programme laufen aber weiter und sind anschließend auch gleich wieder da. Sie können aber auch alle gerade geöffneten Fenster minimieren und den Desktophintergrund dauerhaft anzeigen. Dazu lassen Sie die Maus nicht einfach nur auf dem kleinen Feld schweben, sondern klicken darauf. Das hat dieselbe Wirkung wie der (immer noch vorhandene) Befehl *Desktop anzeigen* im Kontextmenü der Taskleiste bzw. die Tastenkombination ⊞+Ⓓ. Ein erneuter Klick auf das Feld stellt den alten Zustand wieder her. Die Fenster werden dann also wieder so auf dem Desktop angezeigt wie zu dem Zeitpunkt, als Sie alles ausgeblendet hatten.

TIPP

Das Ausblenden der Fenster nach Wunsch steuern

Die Funktion zum Hervorholen des Desktops dürfte den meisten Benutzern keine Probleme bereiten. Wenn Sie aber z. B. beim Benutzen des Infobereichs gern mal nach rechts ausrutschen und von dem dadurch verursachten Ausblenden der Fenster genervt sind, können Sie dieses Verhalten auch deaktivieren.

1. Klicken Sie mit der rechten Maustaste auf einen freien Bereich der Taskleiste und wählen Sie im Kontextmenü ganz unten den Punkt *Eigenschaften*.

2. Damit öffnen Sie die Einstellungen für die Taskleiste. Hier finden Sie als letzten Punkt die Option *"Aero Peek" für die Desktopvorschau verwenden, wenn der Mauszeiger auf die Schaltfläche "Desktop anzeigen" am Ende der Taskleiste bewegt wird.*

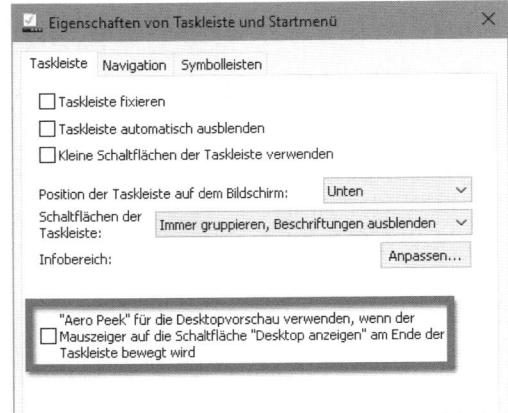

3. Entfernen Sie das Häkchen und klicken Sie unten auf *OK*. Nun ist die Peek-Funktion abgeschaltet.

Ab sofort verzichtet Windows auf den beschriebenen Transparenzeffekt. Sie können die Fläche in der Taskleiste allerdings immer noch dafür nutzen, mit einem Mausklick alle angezeigten Fenster zu minimieren und später nach Bedarf erneut herzustellen.

Mit Shake ganz schnell den Bildschirm aufräumen

Der Desktop bietet eine weitere praktische Funktion für schnelle Ordnung und Übersicht: Um sich ganz auf ein bestimmtes Fenster konzentrieren zu können, lassen sich alle anderen momentan geöffneten Anwendungen einfach „abschütteln".

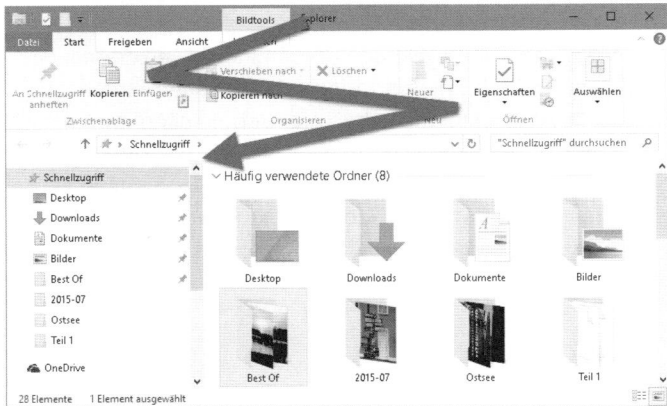

Wenn Sie den Fenstertitel einer Anwendung mit der linken Maustaste erfassen und dann bei gehaltener Taste schnell hin- und herbewegen („Schütteln" bzw. englisch „Shake"), dann minimiert Windows automatisch alle anderen Fenster, sodass nur noch diese eine Anwendung auf dem Desktop zu sehen ist.

Wiederholen Sie den Vorgang, werden die anderen Fenster wiederhergestellt. Das Schütteln geht am besten mit einer richtigen Maus. Benutzer von Touchpad & Co. werden ein paar Versuche benötigen. Falls es nicht klappt, lässt sich der Effekt auch ohne Schütteln erreichen, und zwar mit ⊞+Pos 1.

Im Tablet-Modus mehrere Anwendungen gleichzeitig anzeigen

Im Tablet-Modus gibt es keine Fenster, sondern jede Anwendung oder App füllt automatisch den gesamten Bildschirm. Aber auch hier können Sie Snap verwenden, um zwei Anwendungen gleichzeitig auf dem Bildschirm anzuzeigen.

Die Anwendungen lassen sich genau hälftig aufteilen oder aber auch in einem anderen Verhältnis, etwa so, dass eine Anwendung drei Viertel und die andere ein Viertel des Bildschirms für sich beansprucht. Einige Apps bringen sogar spezielle Ansichten für diese schmale Darstellung mit, um beispielsweise Nachrichten oder Börsenkurse als kompakte Seitenleiste anzuzeigen.

1. Starten Sie dazu zunächst eine der Apps oder Anwendungen, die Sie benutzen möchten.

2. „Ergreifen" Sie nun diese App mit dem Mauszeiger oder einer Fingerspitze mittig am oberen Rand.

3. Ziehen Sie die App zum linken oder rechten Bildschirmrand, bis in der Mitte des Bildschirms die dunkle Trennlinie angezeigt wird. Lassen Sie die App dann los.

4. Die App wird dann auf der gewählten Bildschirmhälfte angeordnet. In der anderen Hälfte zeigt die Taskansicht die anderen derzeit laufenden Anwendungen an. Wählen Sie eine davon aus, wird diese automatisch in der anderen Bildschirmhälfte angeordnet. Wählen Sie keine davon aus, bleibt die andere Hälfte frei und die nächste App, die Sie starten, wird automatisch dort platziert.

5. Die Trennlinie zwischen den beiden Apps können Sie (fast) beliebig verschieben, um den Bildschirm nach Ihren Vorstellungen aufzuteilen. Der Inhalt beider Apps passt sich jeweils automatisch an.

Um die Aufteilung wieder aufzuheben, beenden Sie die entsprechenden Apps. Oder Sie ziehen den Trennbalken in Richtung des auszublendenden Bereichs bis an den Rand. Alternativ können Sie auch eine der geöffneten Apps ergreifen und nach oben in die Mitte ziehen, sodass ihr wieder der gesamte Bildschirm zur Verfügung steht.

Zwei Apps nebeneinander: links Fotos und rechts als schmale Leiste der Kalender.

Touch-Apps im Tablet-Modus schließen

Während Desktop-Anwendungen auch im Tablet-Modus über Schließen-Symbole sowie gegebenenfalls entsprechende Menüfunktionen verfügen, sucht man diese bei Touch-Apps aus dem Store meist vergebens. Das ist auch nicht tragisch, weil man diese Apps nicht unbedingt ausdrücklich schließen muss. Sie können sie einfach verlassen, indem Sie zur Startseite oder eben zu einer anderen App wechseln. Windows kümmert sich dann automatisch darum und hält solche Apps im Speicher, solange es geht und andere Programme nicht beeinträchtigt werden. Wird z. B. der Arbeitsspeicher allmählich voll, schließt Windows die am längsten nicht mehr genutzten Apps automatisch. Beachten müssen Sie dabei nur eine Besonderheit beim Starten von Apps:

■ Wurde die App länger nicht mehr benutzt, ist sie nicht mehr (bzw. noch nicht) im Speicher, und die App startet ganz regulär neu.

■ Wenn Sie die App vor Kurzem genutzt und einfach verlassen haben, wird diese App bei einem erneuten Aufruf über die Startseite nicht unbedingt neu gestartet. Stattdessen holt Windows einfach die im Speicher noch vorhandene App in den Vordergrund zurück. Die App startet dann also nicht neu, sondern Sie gelangen zurück an die Stelle, an der Sie die App zuvor verlassen haben.

Beide Varianten sind gut und je nach Situation von Vorteil. Man muss sich einfach nur darauf einstellen, um das Verhalten der Apps zu verstehen und gegebenenfalls zum eigenen Vorteil nutzen zu können.

Das Schließen von Touch-Apps erzwingen

Wie beschrieben, brauchen Sie sich um das Beenden von Touch-Apps nicht zu kümmern. Wenn Sie eine App trotzdem aus bestimmten Gründen ausdrücklich beenden möchten, können Sie das Schließen erzwingen. Wie so oft gibt es dabei verschiedene Wege:

- Schnell und trocken geht es per Tastatur: `Alt`+`F4` macht der aktuell im Vordergrund laufenden App genauso wie klassischen Desktop-Anwendungen direkt den Garaus.

- Wenn Sie eine Maus benutzen, verwenden Sie dafür am besten die Taskansicht. Hier ist jedes Fenster oben rechts mit einem kleinen x versehen, das die dazugehörenden App beendet.

- Bei Fingerbedienung berühren Sie den Bildschirm ganz oben am Rand und ziehen dann nach unten. Sie erhalten eine verkleinerte Version der App angezeigt. Ziehen Sie den Finger nun weiter ganz an den unteren Rand, bis das Bild der App dorthin rutscht und „halb" am unteren Rand verschwindet. Lassen Sie nun los, um die App zu beenden.

Die beschriebene Fingerbedienung lässt sich auch per Maus nachvollziehen: Bewegen Sie den Mauszeiger an den oberen Rand, bis die Titelleiste angezeigt wird. Diese können Sie nun per linker Maustaste „erfassen" und wie beschrieben nach ganz unten ziehen und loslassen.

5 Desktop und Sperrbildschirm individuell gestalten

Die Oberfläche eines Computers soll für viele Anwender nicht nur funktional sein, sondern auch „gut aussehen". Und da gutes Aussehen nun mal eine Frage des persönlichen Geschmacks ist, kommt Windows dem mit weitestgehenden Gestaltungsmöglichkeiten bei Desktop, Farben, Bildschirmschoner oder auch Sperrbildschirm entgegen. Alles das lässt sich mit fertigen Vorlagen in verschiedenen Stilen gestalten. Oder man legt selbst Hand an und bastelt sich eine ganz individuelle, einzigartige Oberfläche zusammen.

5.1 PC-Einstellungen vs. klassische Systemsteuerung

Bevor es an die Gestaltung der Oberfläche und die dazugehörenden Optionen geht, möchte ich noch auf die Einstellungsmöglichkeiten von Windows insgesamt eingehen. Auch das aktuelle Windows basiert auf (und leidet teilweise unter) der Trennung zwischen den touchoptimierten PC-Einstellungen und der klassischen Systemsteuerung. Das Gewicht verschiebt sich zwar immer weiter zu den PC-Einstellungen hin, aber die Systemsteuerung kann noch lange nicht ausgemustert werden. Das dürfte auch Microsoft selbst nicht entgangen sein, denn inzwischen verweisen PC-Einstellungen und Systemsteuerung an immer mehr Stellen munter auf ihr jeweiliges Gegenstück. Teilweise ist die Trennung der Optionen auch kaum nachvollziehbar und treibt seltsame Blüten. Neue lokale Benutzerkonten beispielsweise kann man nur in den PC-Einstellungen festlegen. Dabei muss man einen Benutzernamen mit mindestens sechs Zeichen verwenden. Will man diesen später ändern, geht das aber nur in der klassischen Systemsteuerung. Dafür kann man den Namen dort auch kürzer wählen.

Die touchoptimierten PC-Einstellungen mit (fast) allen Windows-Optionen

Mit Windows 8 führte Microsoft die neuen PC-Einstellungen ein, eine touchbasierte Variante der Systemsteuerung. Allerdings waren diese Einstellungen alles andere als vollständig und umfassten nur die wesentlichen, für die Touchbedienung ohne Maus und Tastatur unerlässlichen Optionen. Für das aktuelle Windows wurden die PC-Einstellungen im Umfang erheblich ausgebaut. Das machte auch eine Umstrukturierung der Oberfläche erforderlich, sodass der geneigte Anwender sich mal wieder umstellen muss.

Der schnellste Weg in die PC-Einstellungen

Eine gute Nachricht ist, dass der Weg in die PC-Einstellungen für alle Benutzer etwas einfacher geworden ist. Folgende Wege sind möglich:

■ Mausbenutzer klicken auf das Nachrichtensymbol unten rechts im Infobereich und öffnen so das Info-Center. Dieses umfasst unter anderem die Schaltfläche *Alle Einstellungen*, die die Startseite der PC-Einstellungen öffnet.

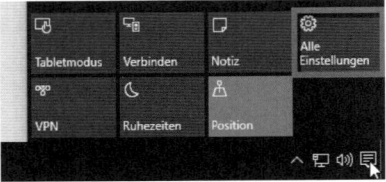

■ Für Tastatur-Liebhaber gibt es ein bewährtes Tastenkürzel: ⊞+⌶ zeigt in jeder Situation zuverlässig die Startseite der PC-Einstellungen an. Apropos Tastatur: Bei besonderen Windows-Tastaturen oder neueren Notebooks oder Convertibles sollte man auch mal einen Blick auf die Tastatur selbst werfen. Immer häufiger bringt die eine Funktionstaste für die Einstellungen mit, oft mit einem Zahnradsymbol gekennzeichnet.

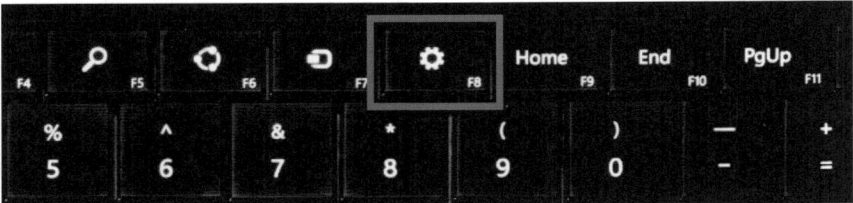

■ Touchbediener wischen vom rechten Bildschirmrand herein, um das Info-Center zu öffnen. Dann können auch sie darin unten auf die *Alle Einstellungen*-Schaltfläche tippen.

Wenn Sie sich für einen Bereich der PC-Einstellungen entscheiden, ist die Oberfläche ab dort zweigeteilt (zumindest wenn das Fenster breit genug ist – siehe Hinweiskasten): Links finden Sie einen Navigationsbereich, in dem Sie unter den verschiedenen Einstellungskategorien wählen können. Rechts wird jeweils der Inhalt der links angetippten Kategorie angezeigt.

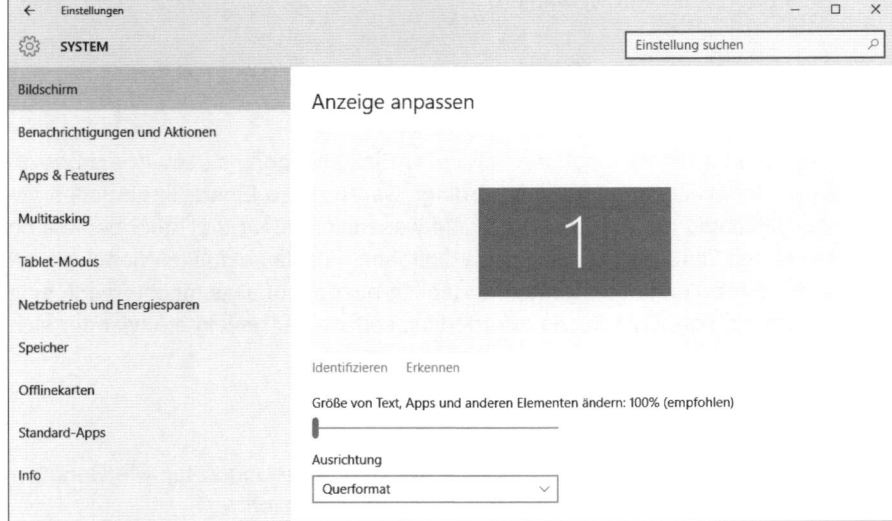

Responsive Design in den PC-Einstellungen

Wie die gesamte Windows-Oberfläche verwenden die PC-Einstellungen das sogenannte Responsive Design. Das bedeutet, sie passen ihr Aussehen dynamisch an den verfügbaren Platz an, um auf einem kleinen Mobilgerät ebenso gut bedienbar zu sein wie auf einem riesigen 4K-Monitor. An der Startseite der PC-Einstellungen kann man das gut verfolgen. Ist das Fenster (im Desktop-Modus) auf den gesamten Bildschirm maximiert, zeigt die Startseite eine luftige, mit großen Symbolen geschmückte Übersicht. Reduzieren Sie nun die Breite des Fensters unter ein bestimmtes Maß, wechselt die Darstellung ab einem bestimmten Punkt in einen anderen Modus. Der Inhalt bleibt gleich, wird nun aber als komprimierte vertikale Liste angezeigt. Auf ähnliche Weise verhalten sich auch die vielen Unterseiten und Dialoge der PC-Einstellungen.

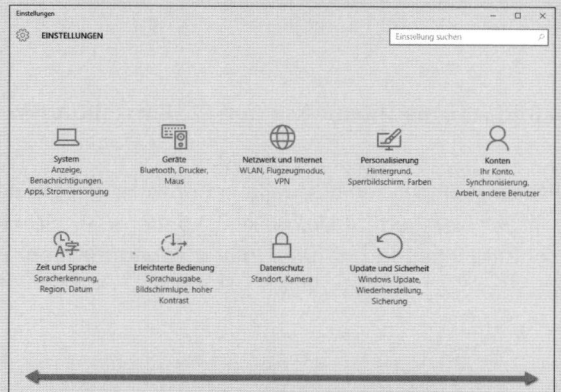 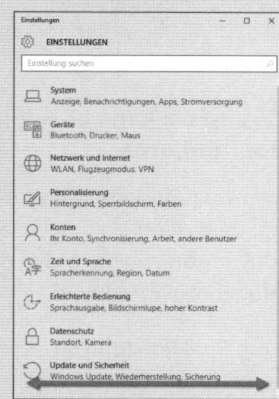

Das Responsive Design passt den Inhalt optimal an den verfügbaren Platz an.

Die Bedienelemente der Einstellungen selbst können sehr vielfältig sein. Eingabefelder, Auswahllisten, Ein-/Ausschalter für Optionen oder einfache Schaltflächen, die zu weiteren Dialogen führen. Bei Geräten mit Touchscreen öffnet sich automatisch die virtuelle Tastatur, wenn Sie hineintippen. Auf einem klassischen PC klicken Sie das Feld wie gewohnt an und nehmen die Eingabe dann mit der Hardwaretastatur vor.

Wichtiger Hinweis: Eine *Speichern*- oder *OK*-Schaltfläche gibt es meistens nicht. Einstellungen werden in dem Moment aktualisiert, in dem Sie die Änderung im Menü vornehmen.

Sie können die PC-Einstellungen anschließend einfach verlassen. Leider gilt diese Regel aber nicht ohne Ausnahme. An manchen Stellen finden Sie *Anwenden-* und *Abbrechen*-Schaltflächen.

HINWEIS

Unten geht es weiter!

Bei den PC-Einstellungen sollten Sie unbedingt beachten, dass es unten noch weitergehen kann. Dabei kann es je nach Bildschirmauflösung sein, dass Sie kaum erkennen können, dass das unterste sichtbare Element sowohl in der Liste der Kategorien als auch im Inhalt einer solchen nicht unbedingt auch das letzte ist. Prüfen Sie also im Zweifelsfall, ob sich die Kategorienliste oder der Inhalt einer Kategorie noch weiter verschieben lässt. Und noch ein Hinweis dazu: Die seitliche Bildlaufleiste des jeweiligen Bereichs wird nur angezeigt, wenn sich der Mauszeiger auch über diesem Bereich befindet. Einfach nur schauen reicht leider nicht, der Mauszeiger muss ausdrücklich in den richtigen Bereich bewegt werden.

So einfach kann es sein: die Bildschirmauflösung in den PC-Einstellungen konfigurieren

Wie weit die Integration der PC-Einstellungen mittlerweile schon vorangeschritten ist, zeigt sich beispielsweise in der Kategorie *Anzeige*. Hier können Sie alle Einstellungen rund um die Bildschirmauflösung und die Unterstützung für mehrere Monitore vornehmen.

Vom Funktionsprinzip her orientieren sich die Optionen an dem früheren Dialog in der klassischen Systemsteuerung (der inzwischen auch entfallen ist). Allerdings entsprechen die Steuerelemente dem Touchstandard, der eine bequeme Bedienung auch per Touchscreen ermöglicht.

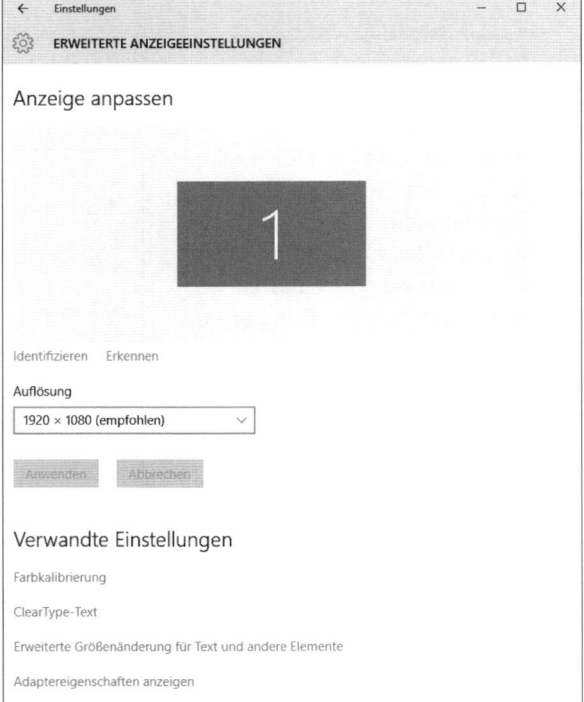

Haben Sie an den Anzeige-
optionen etwas verändert,
müssen Sie ausdrücklich
auf die *Anwenden*-Schalt-
fläche klicken bzw. tippen.

Windows nimmt die Änderung dann zunächst erst mal probehalber vor. Klicken
Sie im danach eingeblendeten Dialog auf *Änderungen beibehalten*, um die neuen
Einstellungen auf Dauer zu übernehmen. Wenn Sie nichts tun oder *Zurücksetzen*
wählen, bleibt es bei der zuvor eingestellten Konfiguration. Praktischer Nebeneffekt: Sollte eine unglückliche Bildschirmeinstellung dazu führen, dass man auf dem
Bildschirm nichts mehr erkennen kann, wird diese Änderung automatisch zurückgenommen, weil sie nicht bestätigt werden kann.

Die klassische Systemsteuerung für die volle Kontrolle

Auch die klassische Systemsteuerung ist noch immer an Bord. Prinzipiell hat sich
an Aussehen und Bedienung wenig geändert. Sie kann wie jede Anwendung im
Startmenü gefunden werden:

1. Öffnen Sie das Startmenü
   und tippen Sie *sys* ein.

2. Die Suche schlägt Ihnen
   dann automatisch die korrekte Vervollständigung zum
   Begriff *Systemsteuerung* vor.

3. Wählen Sie den passenden
   Eintrag darunter aus oder
   drücken Sie einfach ⏎.

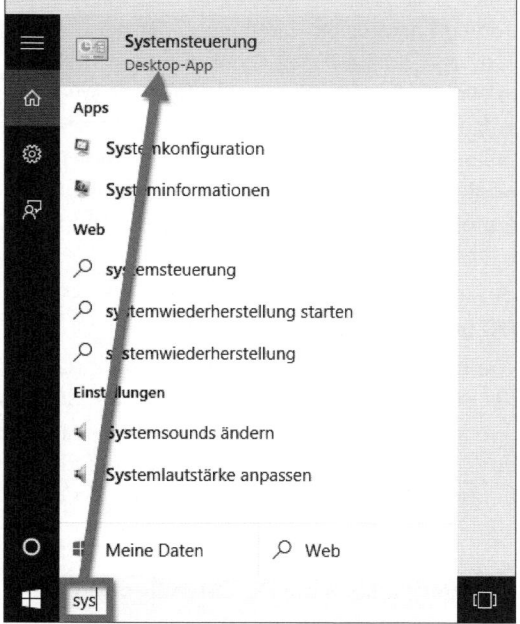

Systemsteuerung über den Startknopf öffnen

Wenn Sie Windows mit der Maus bedienen, gibt es noch eine praktische Abkürzung zur Systemsteuerung: Bewegen Sie die Maus in die linke untere Ecke des
Bildschirms auf das Windows-Symbol. Klicken Sie nun mit der rechten Maustaste, um das Kontextmenü anzuzeigen. Dieses enthält unter anderem den Eintrag
für die *Systemsteuerung*.

TIPP

Die Systemsteuerung auch per Touchbedienung schnell und bequem starten

Der Umweg über Startmenü und App-Suche ist auf Dauer vielleicht etwas zu umständlich und die Abkürzung über das Kontextmenü des Startknopfs bei Touchbedienung nicht praktisch. Um die klassische Systemsteuerung dennoch bequem starten zu können, heften Sie sie am besten an die Taskleiste des Desktops an:

1. Starten Sie wie vorangehend beschrieben die Systemsteuerung.

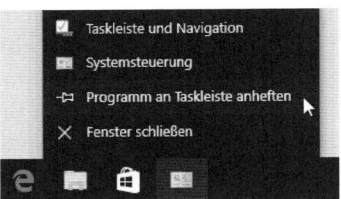

2. Solange sie auf dem Desktop angezeigt wird, finden Sie dafür in der Taskleiste ein Symbol. Klicken Sie mit der rechten Maustaste darauf und wählen Sie im Kontextmenü *Programm an Taskleiste anheften*.

3. Damit fügen Sie ein dauerhaftes Symbol für die Systemsteuerung in die Taskleiste ein. Es bleibt dort, selbst wenn Sie die Systemsteuerung schließen.

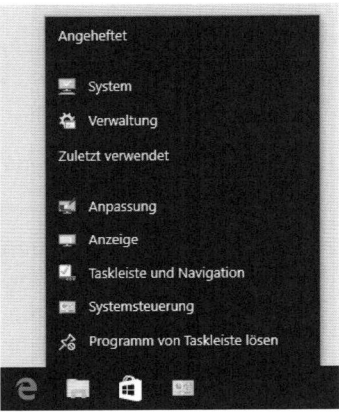

Von nun an müssen Sie nur zum Desktop wechseln und dort auf das Symbol in der Taskleiste klicken, um die klassische Systemsteuerung aufzurufen. Klicken Sie mit der rechten Maustaste darauf, finden Sie in der Sprungliste im Kontextmenü unter *Zuletzt verwendet* die jüngst genutzten Module der Systemsteuerung und können diese direkt anwählen.

Oft genutzte Module anheften

TIPP

Wie bei jeder Sprungliste können Sie einzelne Einträge aus der *Zuletzt verwendet*-Liste dauerhaft anheften, indem Sie auf das Stecknadelsymbol ganz rechts neben diesem Eintrag klicken. Dieser wird dann nach oben in den Bereich *Angeheftet* verschoben und bleibt dort dauerhaft stehen. So können Sie regelmäßig genutzte Elemente der Systemsteuerung direkt mit zwei Mausklicks erreichen.

Querverweise in die PC-Einstellungen

Auch wenn man meinen könnte, die klassische Systemsteuerung würde in ihrem Umfang sämtliche Einstellungen enthalten und die PC-Einstellungen wären nur eine Untermenge davon, gibt es tatsächlich auch Einstellungen, die nur in der Touchvariante der

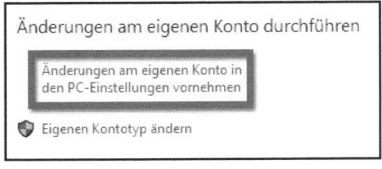

Systemsteuerungen vorgenommen werden können. In solchen Fällen finden Sie in der klassischen Systemsteuerung aber in der Regel einen Verweis, beispielsweise

in den Benutzereinstellungen: Hier steht ganz oben *Änderungen am eigenen Konto in den PC-Einstellungen vornehmen*. Dabei handelt es sich um einen Verweis, der Sie beim Anklicken direkt in den entsprechenden Bereich der PC-Einstellungen-App bringt.

5.2 Den Desktop mit einem Design nach Wahl verschönern

Schon frühere Windows-Versionen kannten Designs, mit denen sich der Desktop in verschiedenen Stilen gestalten lässt. Das umfasst nicht nur die visuelle Ausgestaltung des Desktops, sondern auch Elemente wie Hintergrundbilder, Systemklänge und Bildschirmschoner. Windows bringt bereits einige fertige Designs mit, die sich zumeist einem bestimmten Thema widmen. Sie können weitere Designs online beziehen oder auch Ihr ganz eigenes Design zusammenstellen und speichern.

1. In die Einstellungen für die Desktop-Designs gelangen Sie am schnellsten über das Symbol *Anpassung* in der klassischen Systemsteuerung. Sie können auch wie bei früheren Windows-Versionen mit der rechten Maustaste auf einen freien Bereich des Desktops klicken und im Kontextmenü *Anpassen* wählen. Dann landen Sie aber in den PC-Einstellungen und müssen dort noch auf *Design* und anschließend *Designeinstellungen* klicken.

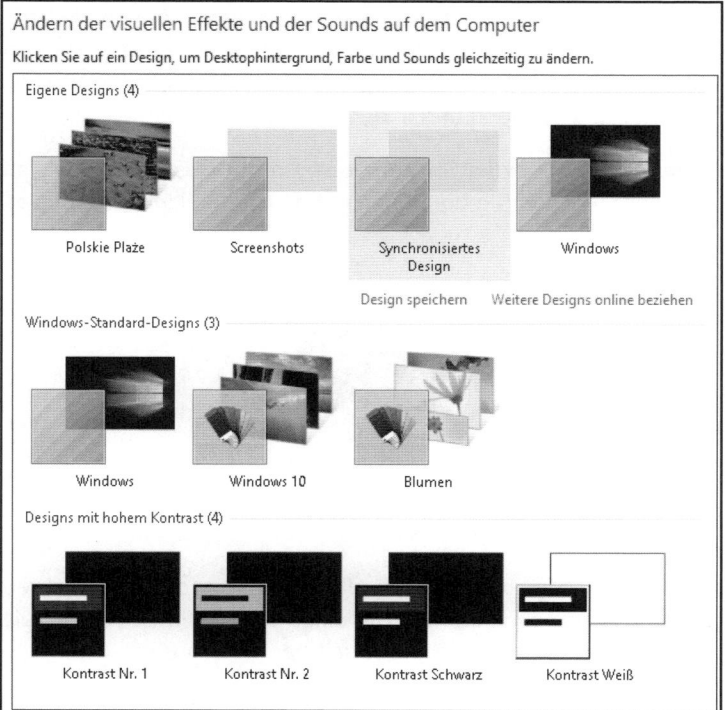

109

2. In diesem Menü stehen Ihnen einige vorgefertigte Designs zur Auswahl. Neben den *Windows-Standard-Designs* finden Sie im Bereich *Designs mit hohem Kontrast* auch solche, die den Desktop möglichst lesbar gestalten, etwa für ungünstige Lichtverhältnisse oder Benutzer mit visuellen Einschränkungen.

3. In dem Moment, in dem Sie eines der Designs einfach mit der linken Maustaste auswählen, schaltet Windows automatisch darauf um. Um es beizubehalten, brauchen Sie das Menü anschließend nur noch zu schließen.

TIPP

Zurück zum vorherigen Design?

Der sofortige Wechsel ist zum Ausprobieren der verschiedenen Designs praktisch, hat aber einen Nachteil: Wenn Sie zum Schluss doch wieder zum ursprünglich eingestellten Design zurückkehren wollen, gibt es keine *Abbrechen*-Schaltfläche. Das lässt sich aber einfach umgehen: Wenn Sie zuvor ein anderes der vorgefertigten Designs genutzt haben, können Sie dieses erneut per Mausklick aktivieren. Hatten Sie zuvor ein modifiziertes Design, z. B. das Standarddesign mit einem eigenen Hintergrundbild, finden Sie dieses in der Liste ganz oben in der Kategorie *Eigene Designs* unter dem Eintrag *Nicht gespeichertes Design*. Hier werden auch die Designs abgelegt, die Sie ausdrücklich für die spätere Verwendung speichern (siehe Seite 118).

Weitere Designs online finden und installieren

Zusätzlich zu den mitgelieferten Designs bietet Microsoft via Internet weitere Designs an, die Sie kostenlos herunterladen, installieren und nutzen können. Auch andere Anbieter werden gegebenenfalls komplette Designs veröffentlichen, die auf die gleiche Weise heruntergeladen und integriert werden können.

1. In der Designverwaltung finden Sie ganz oben in der Designliste die Kategorie *Eigene Designs*. Klicken Sie dort unten rechts auf den Link *Weitere Designs online beziehen*.

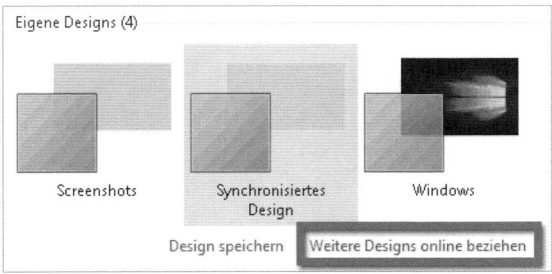

2. Damit öffnen Sie eine Website, die eine Übersicht über die zusätzlich erhältlichen Designs von Microsoft enthält. Um eines der Designs herunterzuladen und zu installieren, klicken Sie es einfach mit der Maus an.

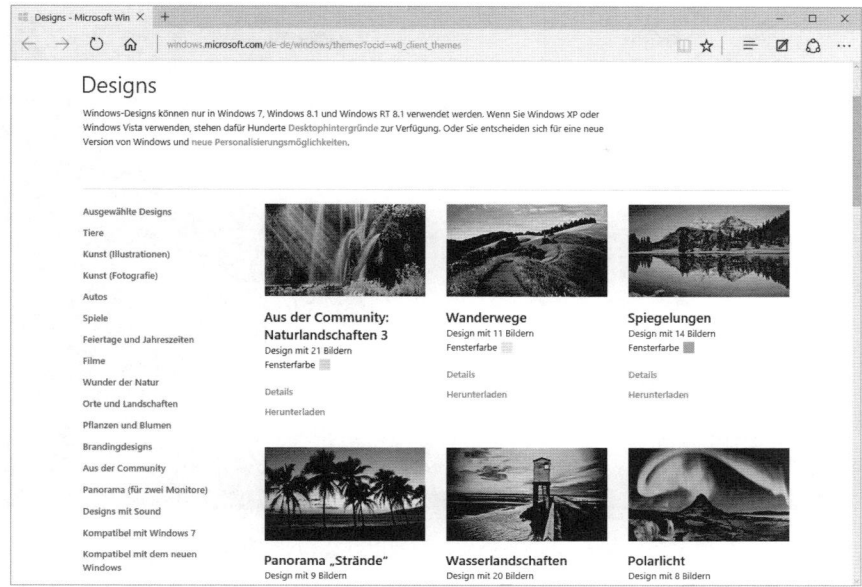

3. Wählen Sie dann im Download-Dialog die Funktion *Öffnen*, um das Design nach dem Herunterladen direkt zu installieren.

Wichtig: Designs nur aus vertrauenswürdigen Quellen!

Achten Sie beim Herunterladen von Designs darauf, diese nur aus vertrauenswürdigen Quellen zu beziehen. Wenn Sie Designs z. B. direkt von der Microsoft-Website herunterladen, ist die Gefahr sehr gering, und Sie können die Dateien direkt öffnen. Bei Designpaketen aus anderen Quellen sollten Sie die Dateien besser zunächst auf Ihrem PC speichern und mit einem aktuellen Virenscanner auf eventuelle Schädlinge prüfen.

Ist alles sauber, starten Sie die heruntergeladene Datei einfach mit einem Doppelklick, um das Design zu installieren. Ist es eingerichtet, können Sie die heruntergeladene Datei dann direkt wieder löschen, sie wird anschließend nicht mehr benötigt.

TIPP

---

4. Bestätigen Sie gegebenenfalls die Sicherheitsrückfrage des Systems und lassen Sie das Ausführen der Datei zu, um das Design einzurichten.

5. Das Design wird dann installiert und auch automatisch sofort ausgewählt. In der Designliste wird es ab sofort in der Rubrik *Eigene Designs* aufgeführt, in der Sie es auch später jederzeit erneut auswählen können.

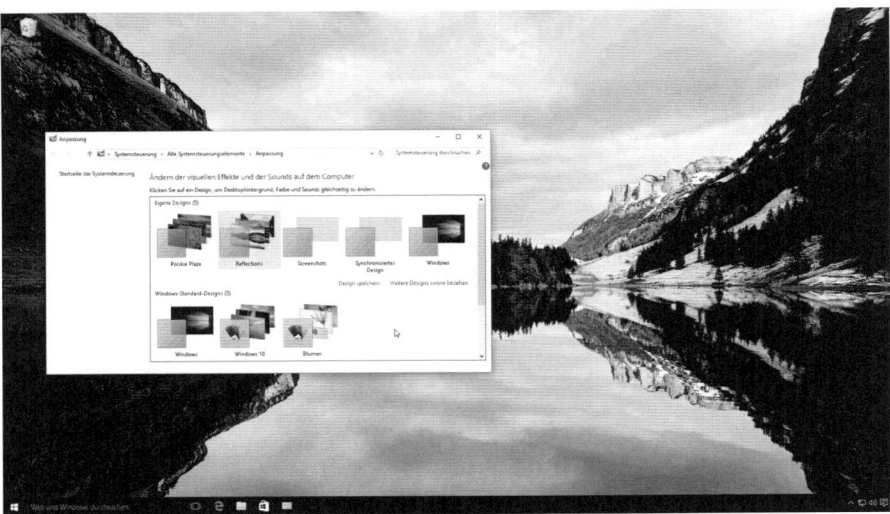

Nachträglich installierte Designs können Sie ebenso wie selbst erstellte Designs später wieder löschen, um Platz auf der Festplatte und in der Designübersicht zu schaffen. Beim Löschen von aus dem Internet heruntergeladenen Designs werden dabei automatisch auch alle dazugehörigen Dateien wie z. B. Hintergrundbilder mit entfernt. Bei selbst erstellten Designs wird hingegen nur das Design als solches entfernt. Bilder und andere Bestandteile bleiben auf dem PC erhalten. Wie Sie Designs löschen, wird auf Seite 119 beschrieben.

5.3 Hintergrund, Fensterfarben, Bildschirmschoner und Co. individuell gestalten

Anstelle von vorgefertigten Designs können Sie auch komplett eigene erstellen. Oder Sie ändern vorhandene Designs ab, sodass sie Ihnen hundertprozentig gefallen. Hierzu können Sie die verschiedenen Elemente, die zu einem Design gehören, bearbeiten. Die wesentlichen Einstellungen dafür finden Sie in den PC-Einstellungen im Bereich *Personalisierung*.

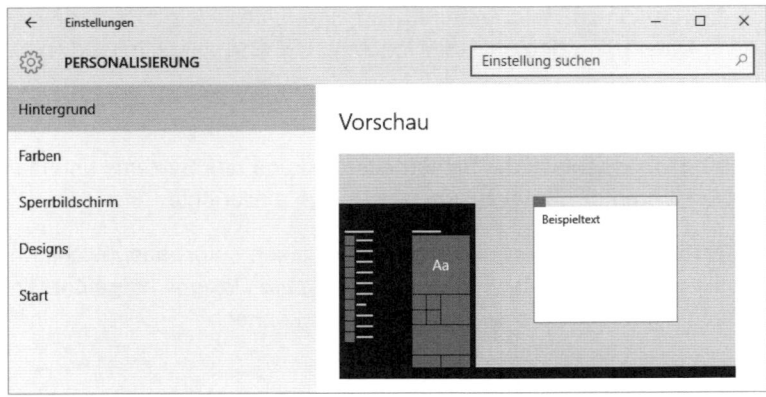

Den Bildschirmhintergrund verändern

Dass sich der Windows-Hintergrund mit Bildern, Farben oder Mustern beliebig gestalten lässt, ist nichts Neues. Gegenüber dem Vorgänger hat sich hier auch nichts Entscheidendes verändert. Allerdings sind die Dialoge dafür in die PC-Einstellungen gewandert.

Kein Hintergrund

Wollen Sie einfach nur eine einfarbige Fläche als Hintergrund, hat Microsoft es ganz leicht gemacht: Klicken Sie bei *Hintergrund* auf *Volltonfarbe* und wählen Sie dann darunter eine genehme Hintergrundfarbe aus. Diese wird auch verwendet, wenn ein gewähltes Bild den Hintergrund eben nicht vollständig abdeckt.

TIPP

---

1. Zunächst können Sie mit dem Auswahlfeld *Hintergrund* festlegen, welche Art von Hintergrund Sie haben möchten. Davon abhängig verändern sich die Eingabeelemente für diese Einstellungen. Für ein bestimmtes Hintergrundbild wählen Sie *Bild*.

2. Windows zeigt dann direkt darunter die Bilder an, die zuletzt als Hintergrund eingestellt waren. Ist das gewünschte dabei, können Sie es durch einfaches Anklicken oder Antippen auswählen.

3. Möchten Sie ein anderes Bild verwenden, klicken Sie auf die *Durchsuchen*-Schaltfläche. Im anschließenden Dialog wählen Sie den Ordner und die Bilddatei aus. Das Bild wird dann mit in das große Auswahlfeld aufgenommen und kann dort per Mausklick ausgewählt werden.

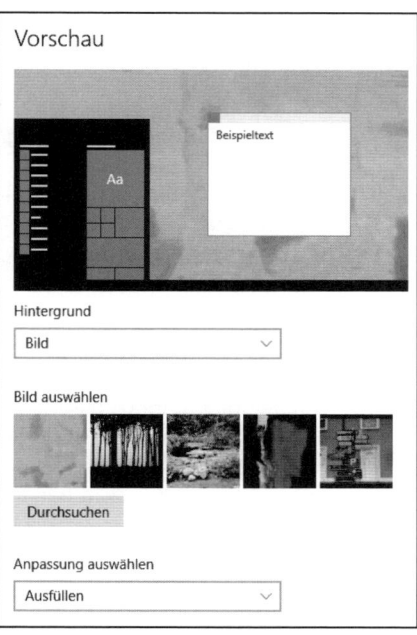

4. Ganz unten finden Sie ein Auswahlfeld zum Anordnen des Bilds. Dieses ist vor allem dann wichtig, wenn das Bild nicht der Größe der Desktop-Auflösung entspricht. Dann können Sie es mit diesen Optionen an die Desktop-Auflösung anpassen, mit einem Kacheleffekt mehrfach nebeneinander auf dem Bildschirm anzeigen oder in der Mitte des Bildschirms zentrieren lassen. Auch hier wirkt sich das Auswählen einer Option unmittelbar auf die Desktop-Darstellung aus, sodass Sie die Wirkung direkt überprüfen können.

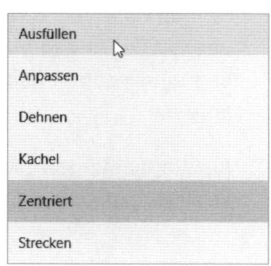

Weißer Hintergrund

Für einen einfarbigen Hintergrund bietet Windows nur bestimmte Farben an, die gut mit den Bedienelementen kontrastieren. Einen schlichten weißen Hintergrund (oder einfach eine beliebige andere Farbe) kann man so nicht wählen. Erstellen Sie stattdessen eine Grafikdatei (das geht beispielsweise mit dem mitgelieferten Paint-Programm). Die Bildgröße ist dabei beliebig, es reichen im Prinzip 10 x 10 Pixel. Füllen Sie das Bild mit der Farbe Ihrer Wahl und speichern Sie es als PNG-Datei ab. Dann wählen Sie mit dem *Durchsuchen*-Dialog dieses Bild als Hintergrundbild aus. Bei *Anpassung* wählen Sie *Strecken* oder *Dehnen* aus, sodass Windows auch ein zu kleines Bild über den gesamten Bildschirm spannt.

Den Bildschirmhintergrund als Diashow gestalten

Zu den eher verspielten Funktionen von Windows zählt die Möglichkeit, für den Bildschirmhintergrund nicht einfach nur ein festes Bild zu wählen, sondern eine ganze Auswahl an Bildern festzulegen, die dann wie bei einer Diashow regelmäßig gewechselt werden. Aber manche Anwender mögen genau diesen automatischen Wechsel.

Diese Diashow können Sie so einstellen, dass sich der Desktophintergrund automatisch alle paar Sekunden verändert, oder aber auch so, dass Sie einfach nur jeden Tag zufällig ein anderes Hintergrundbild zu sehen bekommen.

1. Um den Desktophintergrund als Diashow zu gestalten, wählen Sie in den Einstellungen als Hintergrundart *Diashow*.

2. Wählen Sie dann darunter den Ordner, aus dem Windows die Bilder nach dem Zufallsprinzip auswählen soll.

3. Unten können Sie dann bei Bildänderungsintervall festlegen, wie häufig ein neues Bild geladen werden soll. Mögen Sie es hektisch, können Sie jede Minute den Hintergrund verändern lassen. Alternativ gibt es auch längere Intervalle. Mit *1 Tag* bekommen Sie effektiv jeden Tag ein anderes Bild zu sehen, was auch keine schlechte Variante ist.

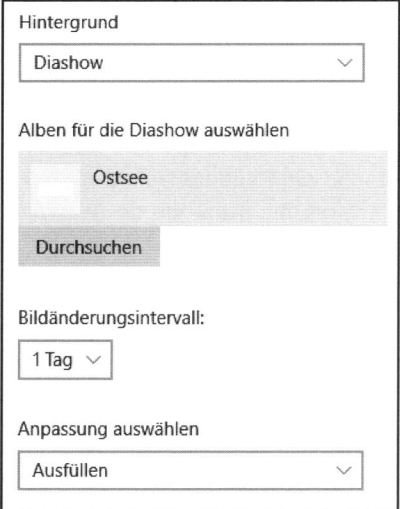

4. Als Anpassungsart können Sie – etwa abhängig vom Ausgangsmaterial – am besten *Ausfüllen* wählen.

Fensterrahmen und Bedienelemente individuell anpassen

Ähnlich wie bei den Vorgängerversionen lässt sich auch beim aktuellen Windows die Farbe von Fensterrahmen und Bedienelementen individuell anpassen. Die Zeit von verspielten Aero-Effekten ist zwar vorbei, und vieles wählt Windows dynamisch selbst aus. Aber Sie haben Möglichkeiten, in die Farbwahl und einzelne Transparenzeffekte einzugreifen.

Automatische Anpassung an den Hintergrund

An die Stelle von Transparenz und Aero-Glas-Optik ist beim aktuellen Windows die automatische Anpassung der Fensterrahmenfarbe getreten. Dazu analysiert Windows das gewählte Hintergrundbild und bestimmt den darin dominierenden Farbton. Dementsprechend wird dann automatisch die Fensterrahmenfarbe gewählt. Dieser Automatikmodus ist standardmäßig aktiviert.

HINWEIS

---

1. In der Rubrik *Farben* der Personalisierungseinstellungen können Sie eine von mehreren vorgefertigten Farben für die Rahmengestaltung auswählen. Die jeweilige Wirkung erkennen Sie direkt darüber in der Vorschau.

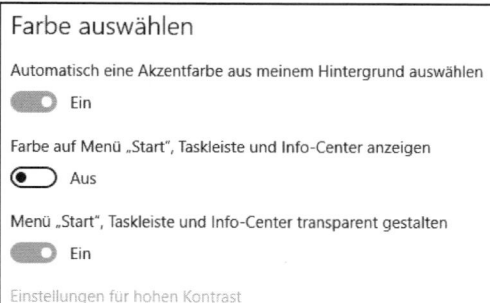

2. Schalten Sie die Option *Automatisch eine Akzentfarbe aus meinem Hintergrund auswählen* auf *Ein*, wählt Windows die Farbe für Rahmen und Menüs automatisch in einer geeigneten Kontrastfarbe zum Hintergrund (siehe Hinweiskasten). Das ist vor allem dann sinnvoll, wenn sich der Hintergrund per Diashow regelmäßig ändert.

3. Alternativ lassen Sie die Option aus und wählen aus den vorgegebenen Farben eine aus.

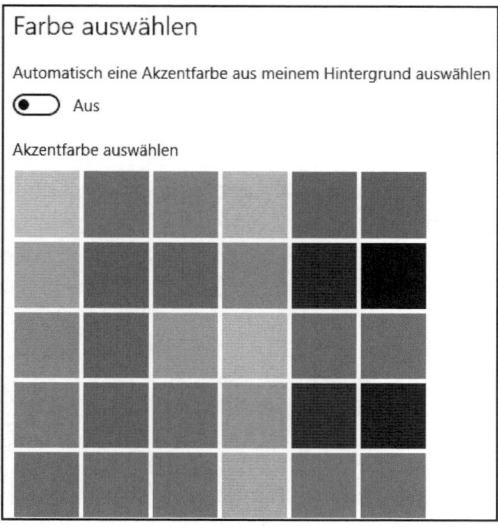

4. Soll die gewählte oder automatisch ermittelte Farbe auch für Startmenü, Taskleiste und Info-Center verwendet werden, aktivieren Sie die entsprechende Option. Zusätzlich können Sie für diese Elemente mit der untersten Option einen Transparenzeffekt aktivieren, wenn Sie möchten.

Die Systemklänge individuell anpassen

Mit dem Modul *Sound* der klassischen Systemsteuerung können Sie nach wie vor die Windows-Systemklänge individuell anpassen. Hier lässt sich festlegen, mit welchem Klang Windows z. B. Sicherheitshinweise oder Fehlermeldungen unterlegen soll oder wie sich Systemstart bzw. -ende sowie neu eingegangene E-Mails anhören sollen. Da sich in diesem Bereich schon seit mehreren Windows-Versionen weder optisch noch funktional Nennenswertes verändert hat, soll dieses Thema hier nicht vertieft werden.

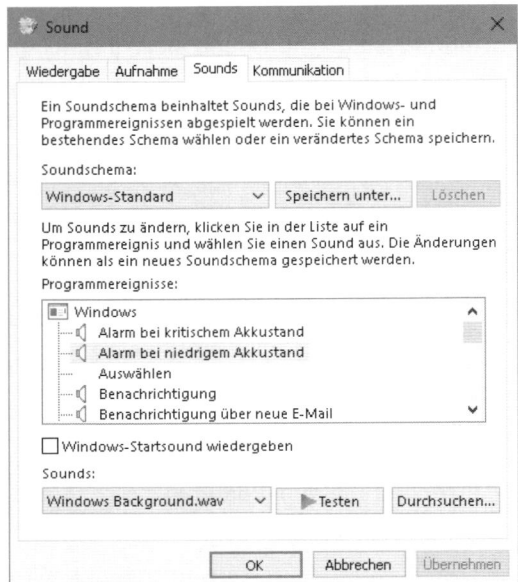

Den Lieblingsbildschirmschoner auswählen und konfigurieren

Bildschirmschoner geraten bei Windows zunehmend etwas aus dem Fokus. Das liegt zum einen daran, dass moderne Flachbildschirme nicht wirklich geschont werden müssen, weil nichts einbrennen kann. Sinnvoller wäre es eher, sie über die Energieoptionen abzuschalten, um Strom zu sparen. Außerdem verwendet Windows den Sperrbildschirm, der sich standardmäßig nach einer gewissen Zeit einschaltet und ganz eigene Informationen anzeigen kann (siehe Seite 120). Trotzdem sind Bildschirmschoner immer noch beliebt und die Einstellungen dafür finden sich auch immer noch – wenn auch etwas versteckt.

1. Wählen Sie in den PC-Einstellungen im Bereich *Personalisierung* die Rubrik *Sperrbildschirm*.

2. Klicken Sie rechts ganz unten auf *Einstellungen für Bildschirmschoner*.

3. Der Dialog zur Anpassung des Bildschirmschoners dürfte Ihnen im Prinzip bereits von der Windows-Vorgängerversion vertraut sein, denn inhaltlich hat sich nicht viel geändert.

4. Wichtig ist die Option *Anmeldeseite bei Reaktivierung*. Hiermit steuern Sie, ob beim Beenden des Bildschirmschoners per Mausklick oder Tastendruck erneut das Benutzerkennwort eingegeben werden muss.

Ihre persönliche Diashow als Bildschirmschoner

Wenn Sie eigene Bilder z. B. vom letzten Urlaub in der Fotogalerie gespeichert haben, können Sie eine Diashow davon als spektakulären Bildschirmschoner einsetzen. Dann wird der Monitor Ihres PCs in Ruhepausen nicht mit irgendwelchem grafischen Schnickschnack verziert, stattdessen können Sie in Erinnerungen schwelgen oder Ihre Kollegen neidisch machen.

1. Öffnen Sie die Einstellungen für den Bildschirmschoner und wählen Sie im Bereich *Bildschirmschoner* die Einstellung *Fotogalerie*.

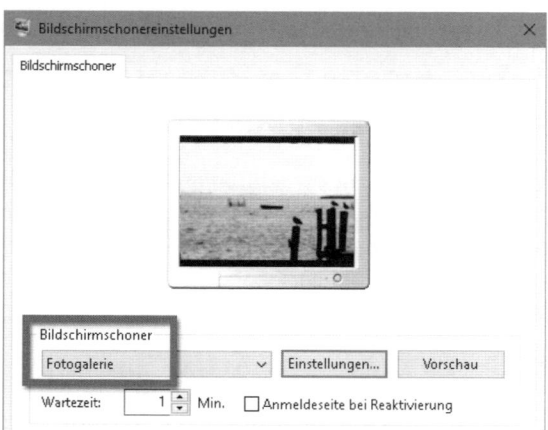

2. In der Standardeinstellung zeigt der Bildschirmschoner nun alle Bilder an, die sich in Ihrer *Bilder*-Bibliothek und deren Unterverzeichnissen befinden. Dazu wählt er jeweils ein zufälliges Diashow-Design.

3. Wollen Sie speziellere Vorgaben machen, klicken Sie auf *Einstellungen*.

4. Wählen Sie zunächst oben in den Einstellungen, ob alle Bilder der Bibliothek oder nur ein bestimmter Teil verwendet werden sollen. Hierzu können Sie mit *Durchsuchen* einen beliebigen Ordner angeben.

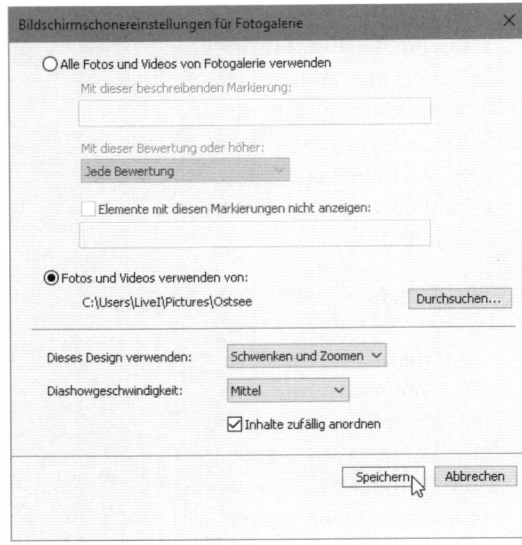

5. Mithilfe des Auswahlfelds *Dieses Design verwenden* können Sie einen von verschiedenen Übergangseffekten zwischen einzelnen Bildern wählen. *Schwenken und Zoomen* beispielsweise belebt auch statische Bilder etwas und führt so zu einer Diashow, die fast schon wie ein Videoclip wirkt.

6. Mit der Einstellung *Diashowgeschwindigkeit* bestimmen Sie, wie schnell die Bilder am Monitor wechseln.

7. Damit die Bilder nicht immer in derselben Reihenfolge angezeigt werden, aktivieren Sie die Option *Inhalte zufällig anordnen*.

8. Wenn Sie die Einstellungen mit *Speichern* dauerhaft festlegen, wird als Bildschirmschoner in Zukunft immer eine Diashow mit diesen Vorgaben angezeigt.

5.4 Eigene Designs zusammenstellen und mit anderen PCs tauschen

Wenn Sie eines der vorgefertigten Designs durch eigene Einstellungen verändern, haben Sie im Grunde genommen schon ein eigenes Design geschaffen. Es wird in der Rubrik *Eigene Designs* als *Nicht gespeichertes Design* aufgeführt. Allerdings bleibt es so nur bis zur nächsten Änderung bestehen. Um es dauerhaft aufzubewahren, können Sie es aber speichern.

1. Um ein Design dauerhaft zu speichern, nehmen Sie alle Einstellungen für diesen Desktopstil vor. Stellen Sie den gesamten Desktop also so ein, wie es diesem Design entsprechen soll.

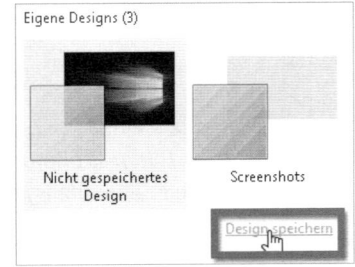

2. Klicken dann auf den Link *Design speichern*, den Sie unten in der Kategorie *Eigene Designs* finden.

3. Geben Sie im anschließenden Dialog einen Namen für das Design an und klicken Sie auf *Speichern*.

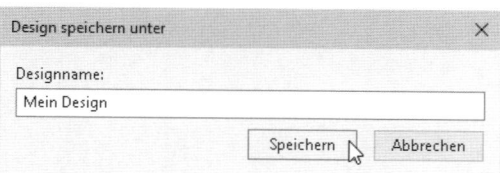

4. Windows speichert dann alle Einstellungen für dieses Design in einer Datei. Dadurch bleibt das Design erhalten, auch wenn Sie anschließend wieder Änderungen vornehmen.

5. Wollen Sie ein selbst erstelltes Design später wieder löschen, wählen Sie es in der Auswahl zunächst ab bzw. aktivieren ein anderes Design. Klicken Sie dann mit der rechten Maustaste auf das Symbol in der Auswahl und wählen Sie im Kontextmenü den einzigen Punkt *Design löschen*.

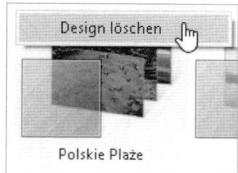

Designs zwischen verschiedenen PCs austauschen

Einer der Vorteile bei den gespeicherten Desktop-Designs: Es handelt sich dabei um einfache Dateien, die in Ihrem persönlichen Dokumentenordner gespeichert werden. Von dort können Sie sie beliebig z. B. per E-Mail verschicken oder mittels USB-Stick auf andere PCs übertragen. Legen Sie sie dort wieder in den entsprechenden Ordner, werden die Designs in der Übersicht angezeigt und können so auch auf anderen PCs aktiviert werden. Anstatt alle Einstellungen immer wieder mühsam per Hand vornehmen zu müssen, können Sie so mithilfe dieser kleinen Datei jeden PC Ihren Vorlieben entsprechend anpassen.

Enthält ein Design allerdings spezielle Elemente wie z. B. eigene Hintergrundbilder oder Klänge, die nicht aus dem Standardlieferumfang von Windows stammen, müssen Sie ein kleines Paket schnüren, das alle zu einem Design dazugehörigen Elemente umfasst.

1. Wählen Sie das Design, das Sie als Paket auf einen anderen PC exportieren möchten, aus, sodass es für Ihren PC aktiviert ist.

2. Klicken Sie mit der rechten Maustaste darauf und wählen Sie im so geöffneten Kontextmenü den Befehl *Design für die Freigabe speichern*. Wichtig: Dies ist nur bei Designs in der Kategorie *Eigene Designs* möglich.

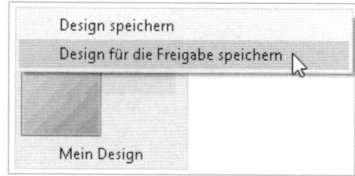

3. Wählen Sie dann einen Ordner aus und geben Sie bei *Dateiname* den Namen an, unter dem Sie das Designpaket speichern wollen.

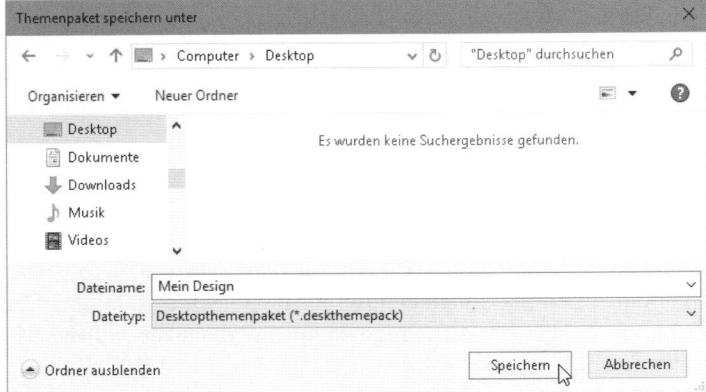

4. Windows erstellt nun aus dem Design selbst und den dazugehörigen Dateien (Bilder, Klänge etc.) ein Designpaket und speichert alles in einer Datei.

Diese Datei können Sie auf beliebige Weise auf andere PCs mit Windows übertragen. Führen Sie die Datei dort aus, wird das „verpackte" Design auf diesem PC installiert und automatisch aktiviert.

5.5 Den Sperrbildschirm als Schutz und schnellen Überblick nutzen

Der Sperrbildschirm wird nach dem Einschalten des PCs angezeigt oder wenn das Gerät sich aufgrund der Energiespareinstellungen automatisch in den Energiesparmodus begeben hat. Ebenso können Sie den Sperrbildschirm jederzeit gezielt aktivieren, indem Sie im Startmenü oben rechts auf Ihren Benutzernamen tippen oder klicken und im so geöffneten Menü *Sperren* wählen.

Durch den Sperrbildschirm wird sichergestellt, dass nicht irgendjemand anders Ihren PC reaktivieren und Zugang zu Ihren Daten erhalten kann. Außerdem kann er Ihnen wichtige Informationen und Funktionen bereitstellen, die Sie abrufen können, ohne sich jeweils erst anmelden zu müssen.

Aussehen und Funktionen des Sperrbildschirms anpassen

Der Sperrbildschirm lässt sich über verschiedene Optionen individuell gestalten. So können Sie ein eigenes Hintergrundbild dafür festlegen.

1. Öffnen Sie in den PC-Einstellungen den Bereich *Personalisierung/Sperrbildschirm*.

2. Hier können Sie rechts ein Bild für den Hintergrund des Sperrbildschirms auswählen. Windows schlägt ein paar passende Bilder direkt vor, die Sie einfach antippen können.

3. Sie können mit *Durchsuchen* aber auch ein eigenes Bild verwenden, das Sie auf dem PC gespeichert haben. Verwenden Sie dabei möglichst ein Bild, das der Bildschirmauflösung entspricht.

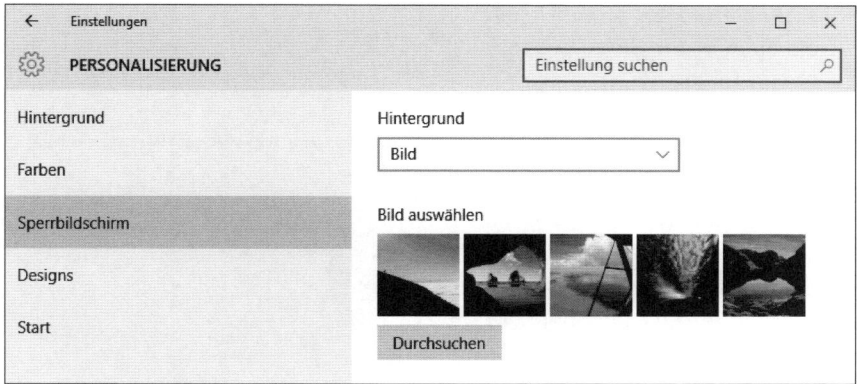

Den Sperrbildschirm mit einer Diashow dynamisch gestalten

Wenn Sie auf Ihrem PC ohnehin Bilder gespeichert haben, ist eine Diashow eine gute Alternative zu einem einzigen starren Bild.

1. Wählen Sie in den Sperrbildschirm-Einstellungen dazu bei *Hintergrund* die Option *Diashow*.

2. Standardmäßig greift diese Funktion auf die Bilderbibliothek zurück. Sie können mit *Ordner hinzufügen* aber auch einen eigenen Ordner angeben. Die bereits vorhandenen Ordner können entfernt werden, indem Sie den Eintrag anklicken und dann *Entfernen* wählen.

3. Darunter können Sie mit dem Link *Erweiterte Diashoweinstellungen* weitere Optionen für den genauen Ablauf der Bildershow öffnen.

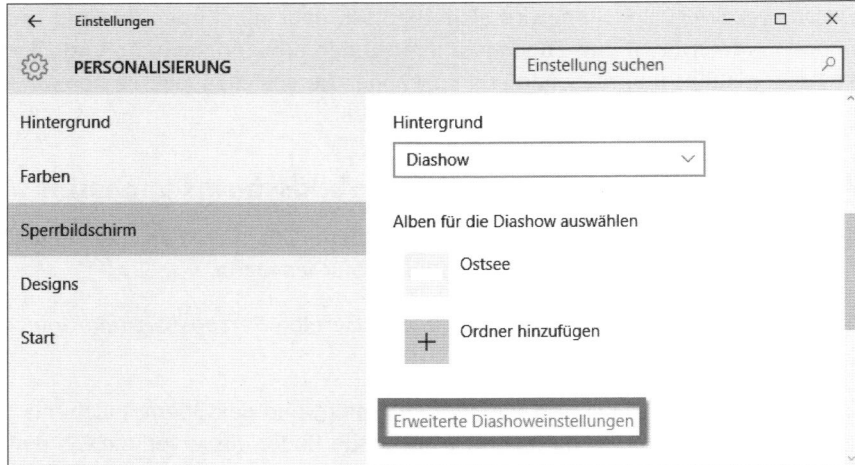

■ Mit der obersten Option können Sie bei einem Gerät mit
eingebauter Kamera die damit
erstellten Aufnahmen der Diashow hinzufügen, sowohl lokal
als auch in der Cloud gespeicherte Bilder.

■ Sinnvoll für ungetrübtes Bilderguckvergnügen ist die Option *Nur Bilder verwenden, die
auf meinen Bildschirm passen*. Dann werden Bilder in
der Sammlung mit unpassender Größe oder falschen Dimensionen automatisch übergangen.

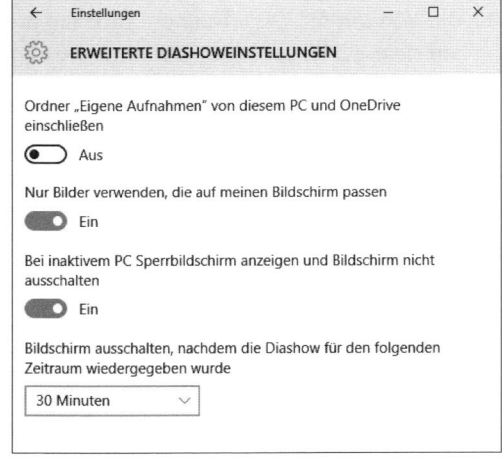

■ Wird der Sperrbildschirm angezeigt, schaltet der PC den Bildschirm üblicherweise nach kurzer Zeit ab. Um das zu verhindern, aktivieren Sie die Option *Bei
inaktivem PC Sperrbildschirm anzeigen und Bildschirm nicht ausschalten*.

■ Damit das Ganze aber nun auch nicht ewig läuft, können Sie darunter einen
maximalen Zeitraum für die Diashow angeben. Danach wird der Bildschirm abgeschaltet.

Ausgewählte Informationen auf dem Sperrbildschirm anzeigen lassen

Der Sperrbildschirm kann nicht nur „gut aussehen", er kann auch wichtige Informationen liefern. Dazu können Sie bestimmten Apps erlauben, Statusinformationen
und Benachrichtigungen auch dann anzuzeigen, wenn der Sperrbildschirm aktiviert
ist. Eine App können Sie dazu auserwählen, ständig ihre aktuellen Infos innerhalb
des Sperrbildschirms anzuzeigen.

1. Dazu können Sie im unteren Bereich der Sperrbildschirm-Einstellungen (siehe rechts) zunächst eine App festlegen, die auf dem Sperrbildschirm ausführliche Infos anzeigen darf. Klicken Sie auf das Symbol darunter, um zu sehen, welche Apps dafür zur Auswahl stehen. Diese eine App darf

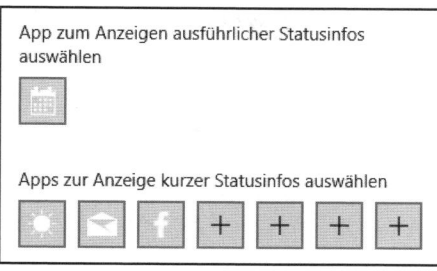

detaillierte Informationen auf dem Sperrbildschirm anzeigen, etwa den nächsten Termin im Kalender mit Uhrzeit und Bezeichnung.

2. Darunter können Sie mehrere Apps für das Anzeigen kurzer Statusinfos auswählen. Diese zeigen dann nur ein Symbol auf dem Sperrbildschirm, etwa eine Sonne für gutes Wetter oder ein Mail-Symbol, wenn neue Nachrichten vorliegen.

3. Durch Antippen der freien +-Symbole können Sie weitere Apps hinzufügen. In der so geöffneten Liste finden Sie alle installierten Apps, die diese Funktion unterstützen. Auch Apps, die Sie aus dem Windows Store installiert haben, werden also hier aufgeführt, sofern sie dafür geeignet sind.

4. Um eine der Apps wieder vom Sperrbildschirm zu entfernen, tippen Sie auf ihr Symbol und wählen in der Liste dann entweder eine andere App oder ganz oben den Menüpunkt *Kein* aus.

Per PIN oder Bildcode anmelden

Wird der Sperrbildschirm angezeigt, müssen Sie sich anschließend jeweils wieder mit Ihrem Benutzerkennwort anmelden, um den PC zu „entsperren". Am klassischen PC mit Tastatur ist das meist auch die schnellste Methode. Bei der Fingerbedienung eines Tablets ohne Tastatur aber eher umständlich. Hier bietet Windows Ihnen zwei Alternativen.

Anmelden per PIN-Code

PIN-Codes sind vom Smartphone, der EC-Karte und ähnlichen Objekten mit Schutzbedarf bekannt. Ihr wesentlicher Vorteil gegenüber einem klassischen Passwort: Man braucht nur zehn Zifferntasten anstelle einer kompletten Tastatur. Dieses Ziffernfeld zeigt Windows automatisch auf dem Bildschirm an, sodass man auf diese Weise wesentlich komfortabler entsperren kann.

1. Um das Entsperren per PIN einzustellen, öffnen Sie in den Einstellungen den Bereich *Konten/Anmeldeoptionen*.

2. Klicken oder tippen Sie hier bei *PIN* auf *Hinzufügen*.

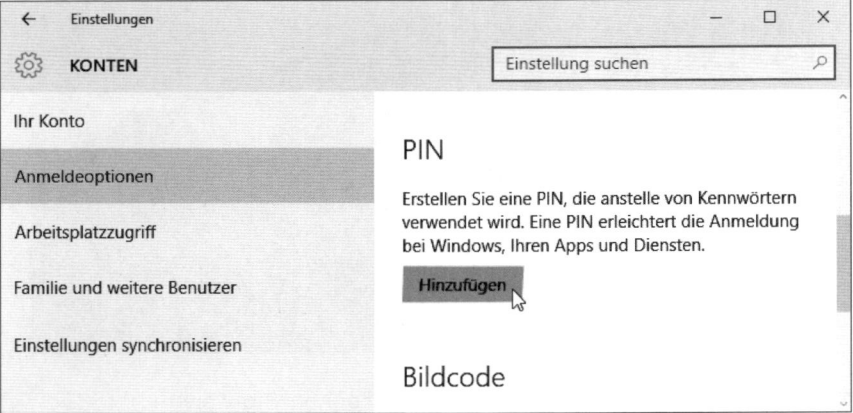

3. Geben Sie dann zur Bestätigung des Vorgangs einmal Ihr Benutzerkennwort ein.

4. Nun können Sie die PIN-Nummer, mit der Sie sich anmelden möchten, eintippen. Und das gleich noch ein zweites Mal zur Bestätigung.

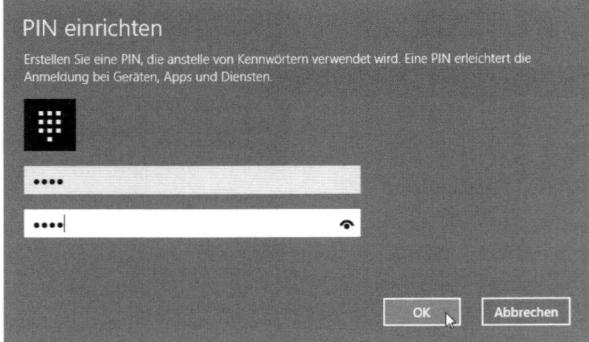

Wenn Sie sich nun auf dem Sperrbildschirm anmelden möchten, wird anstelle des Kennworts die PIN abgefragt. Wenn Sie in das Eingabefeld tippen, wird automatisch eine numerische Bildschirmtastatur angezeigt. Hier tippen Sie einfach die Ziffern Ihrer PIN ein. Nach der letzten (korrekten!) Ziffer wird das Gerät sofort entsperrt. Ein ⏎ am Ende wie beim Kennwort ist nicht erforderlich.

Mit einem Bild anstelle von Kennwort oder PIN anmelden

Wer es mit dem Merken von Zeichen- und Zahlenkombinationen nicht so hat, für den stellt Windows eine praktische Alternative zum Entsperren des PCs bereit. Dabei sehen Sie bei der Anmeldung ein Bild, und Sie tippen einfach in einer bestimmten Reihenfolge auf festgelegte Punkte darin. Das lässt sich leichter merken als kryptische Zeichenketten und bietet genauso viel Sicherheit. Selbstverständlich können Sie selbst festlegen, welches Bild verwendet werden soll und wohin genau für die Anmeldung getippt wird.

1. Um das Entsperren per Bildcode einzustellen, öffnen Sie in den PC-Einstellungen den Bereich *Konten/Anmeldeoptionen*.

2. Klicken oder tippen Sie hier bei *Bildcode* auf *Hinzufügen*.

3. Aus Sicherheitsgründen wird nun noch einmal Ihr reguläres Kennwort für die Windows-Anmeldung abgefragt.

4. Klicken oder tippen Sie dann auf *Bild auswählen* und geben Sie im folgenden Dialog das Bild an, das Sie anstelle eines Kennworts verwenden möchten. Nehmen Sie ein Bild, das einige markante und eindeutige Stellen beinhaltet. Klicken Sie dann auf *Öffnen*.

5. Anschließend können Sie das Bild noch etwas anpassen und dann mit *Dieses Bild verwenden* endgültig auswählen.

6. Nun geht es an das Festlegen des eigentlichen Bildcodes, der immer aus drei Bewegungen besteht, die Sie an bestimmten Stellen des Bilds ausführen. Dabei haben Sie drei Möglichkeiten, die Sie beliebig variieren können (siehe Hinweisbox):

- Sie tippen einen Punkt im Bild kurz an,

- Sie ziehen eine Linie von einem Punkt A zu einem Punkt B Ihrer Wahl oder

- Sie können an einer bestimmten Stelle des Bilds eine kreisende Bewegung ausführen,

Mit *Erneut beginnen* können Sie jederzeit von vorne beginnen, wenn es nicht geklappt hat oder Sie den Bewegungsablauf verändern möchten.

So könnte eine Passwortgeste z. B. aussehen.

 Gute Bewegungsmuster zur sicheren Anmeldung

Wie Sie den Bildcode genau gestalten, bleibt Ihnen überlassen. Sie können also dreimal kurz tippen oder auch ebenso einmal tippen, einmal kreisen und einmal eine Linie ziehen. Verwenden Sie dafür verschiedene Stellen im Bild, die Sie sich gut merken und eindeutig wiederfinden können. Diese drei Bewegungen müssen Sie in Zukunft immer wiederholen können, wenn Sie sich anmelden möchten. Windows hat zwar eine gewisse Toleranz gegen Abweichungen, aber aus Sicherheitsgründen ist diese nicht zu groß. Sie sollten also immer wieder in etwa dieselbe Bewegung an etwa derselben Stelle ausführen.

7. Haben Sie Ihre drei Bewegungen festgelegt, bittet Windows automatisch um Bestätigung. Wiederholen Sie dazu dieselben Gesten direkt noch einmal. So können Sie testen, ob die gewählte Kombination sicher reproduzierbar ist und eindeutig erkannt wird.

8. Hat die Wiederholung geklappt, ist der Bildcode festgelegt, und Sie können sich ab sofort auf diese Weise anmelden. Klicken Sie unten auf *Fertig stellen*, um den Vorgang abzuschließen.

Eventuell klappt nicht alles beim ersten Versuch. Dann fordert der Assistent Sie auf, das einmal vorgegebene Muster präziser nachzuziehen. Sie können aber auch jederzeit mit einem neuen Muster ganz von vorne anfangen. Am Anfang ist der Vorgang vielleicht etwas mühsam, aber nur so stellen Sie sicher, dass Sie das festgelegte Muster später jederzeit genau nachvollziehen können. Außerdem bekommt man nach einigen Versuchen ein Gefühl dafür, welche Muster sich gut eignen und später schnell und präzise ausgeführt werden können.

Mit der Passwortgeste anmelden

Haben Sie einen Bildcode festgelegt, zeigt Windows beim Start ab sofort anstelle der Kennwortabfrage dieses Bild an. Wiederholen Sie nun jeweils die festgelegte Geste. Halten Sie sich dabei an die Reihenfolge und steuern Sie möglichst genau die festgelegten Stellen im Bild an. Auch hier können Sie mit *Erneut beginnen* jederzeit neu beginnen.

Sollte das Bewegungsmuster zu sehr von der erstellten Vorlage abweichen, lehnt Windows die Anmeldung ab.

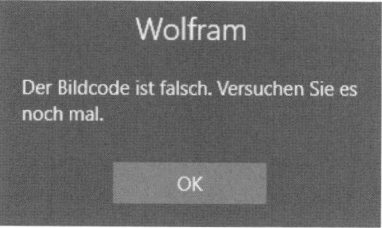

Trotzdem mit Kennwort anmelden

Sollte es Probleme mit der Passwortgeste geben, können Sie jederzeit auf das klassische Kennwort ausweichen. Klicken Sie dazu oben links auf *Zu Kennwort wechseln*.

6 Windows mit mehreren realen oder virtuellen Monitoren nutzen

Die klassische Variante „ein PC – ein Monitor" kommt bei Bildschirmarbeitern zunehmend aus der Mode und der Trend geht zum Zweitmonitor. Der kann Ihnen im wahrsten Sinne des Wortes neue Perspektiven eröffnen. Windows bedient nämlich ohne Weiteres mehr als einen Bildschirm. Bei modernen Grafikkarten ist in der Regel ohnehin bereits ein zweiter Bildschirmausgang vorgesehen, es gibt sogar Modelle mit drei und mehr Ausgängen. Und falls die Hardware doch keinen echten Mehrbildschirmbetrieb hergibt, bleibt immer noch die Alternative, virtuelle Desktops zu verwenden, der Ihnen das Multimonitorvergnügen – mit Abstrichen – auf einem einzigen Bildschirm ermöglicht.

6.1 Die Desktop-Arbeitsfläche über mehrere Bildschirme verteilen

Eine Möglichkeit, mehrere Bildschirme sinnvoll zu nutzen, ist das Erweitern des Desktops über zwei (oder mehr) Monitore. Zusätzlich zum bislang genutzten Bildschirm gewinnen Sie so die Arbeitsfläche eines weiteren Displays, um dort Fenster zu öffnen und zu bearbeiten. Ein Szenario wäre es, dort Informationsprogramme wie E-Mail, Feeds und Webseiten permanent im Blick zu haben, während Sie auf dem Hauptmonitor produktiv arbeiten. Oder aber Sie verwenden auf dem Hauptmonitor eine Anwendung, die dort den gesamten Platz einnimmt. Weitere kleine Hilfsprogramme lassen Sie auf dem zweiten Monitor laufen.

Windows für den Multimonitorbetrieb einstellen

Voraussetzung für den Multimonitorbetrieb ist eine Grafikkarte mit zwei separaten Ausgängen, was mittlerweile aber selbst Billig-PCs mit Onboard-Grafik ermöglichen. Wenn an der Rückseite Ihres PCs zwei Grafikausgänge zu sehen sind – etwa ein DVI- und ein HDMI-Anschluss –, ist die Wahrscheinlichkeit sehr hoch, dass Sie die beiden parallel verwenden können. Schließen Sie an beide Anschlüsse Monitore an und schalten Sie diese ein. Optimalerweise sollte dies vorm Starten des PCs erfolgen, damit Windows die angeschlossenen Bildschirme automatisch erkennen kann. Während des PC-Starts ist es eher willkürlich, welcher Monitor was anzeigt (deshalb sollten auch beide eingeschaltet sein). Danach aber können Sie die Anzeigeeinstellungen so vornehmen, dass Windows beide Bildschirme in Ihrem Sinne nutzt.

1. Öffnen Sie in den PC-Einstellungen den Bereich *System/Bildschirm*.

2. Hier finden Sie rechts eine große Anzeige mit stilisierten Displays, die durchnummeriert sind. Sollte hier nur ein Bildschirm angezeigt werden, selbst wenn zwei angeschlossen sind, hat Windows den zweiten Monitor noch nicht eingeschlossen.

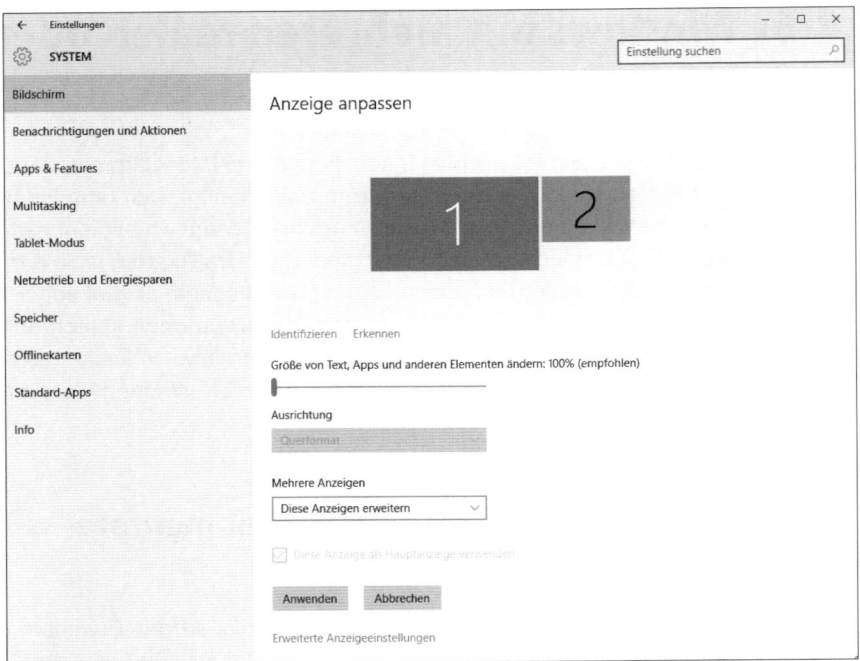

3. Aktivieren Sie dann darunter im Auswahlfeld *Mehrere Anzeigen* die Option *Diese Anzeigen erweitern*.

4. Klicken Sie dann unten auf die *Anwenden*-Schaltfläche, um die neue Konstellation zu testen.

5. Der zweite Bildschirm sollte sich nun einschalten und zunächst einfach nur einen leeren Desktophintergrund anzeigen. Sollte es Probleme bei der Darstellung geben, tun Sie einfach gar nichts. Windows schaltet nach 15 Sekunden automatisch in die alten Einstellungen zurück. Passt hingegen alles, klicken Sie im Rückfragefenster auf *Änderungen beibehalten*, um diese Anzeigeeinstellungen dauerhaft zu verwenden.

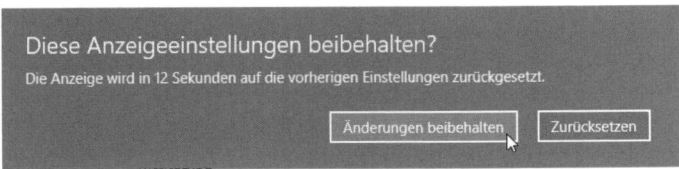

Anschließend können Sie direkt die Probe aufs Exempel machen. Bewegen Sie den Mauszeiger einfach mal aus dem ersten Bildschirm „heraus". Er wird dann von Windows automatisch auf den zweiten Bildschirm versetzt und Sie können dort arbeiten. Falls es mit den Richtungen noch nicht ganz passt (z. B. wenn Sie einen Monitor links verlassen müssen, obwohl der zweite Bildschirm rechts steht), beachten Sie den nachfolgenden Abschnitt.

Auflösung und Frequenz getrennt optimieren

Wenn beide Monitore Bilder liefern, können Sie Auflösung und Frequenz gegebenenfalls noch weiter optimieren. Klicken Sie dazu ganz unten auf *Erweiterte Anzeigeeinstellungen*. Diese Einstellungen werden für beide Bildschirme getrennt verwaltet, sodass Sie die beiden Geräte auch mit unterschiedlichen Auflösungen und jeweils optimalen Bildwiederholfrequenzen laufen lassen können. Wichtig: Wählen Sie jeweils zuvor oben den Bildschirm aus, bei dem Sie etwas ändern möchten.

HINWEIS

Die Bildschirme optimal anordnen

Auf dem Schreibtisch sind die Möglichkeiten, mehrere Bildschirme anzuordnen, meist beschränkt. Bei der Arbeit mit mehreren Monitoren ist es aber wichtig, dass der Wechsel zwischen den Bildschirmen möglichst logisch und intuitiv erfolgt. Deshalb müssen Sie Ihre Geräte nicht so anordnen, wie Windows das gern hätte, sondern können das System so einstellen, dass es sich den realen Gegebenheiten anpasst.

Der Schlüssel hierfür ist wiederum die stilisierte Darstellung der Displays in den Anzeigeeigenschaften. Hier können Sie einen der beiden Monitore mit der linken Maustaste ergreifen und an die Position ziehen, die der realen Konstellation in etwa entspricht. Lassen Sie den Mauszeiger dort los. Windows ordnet die Bild-

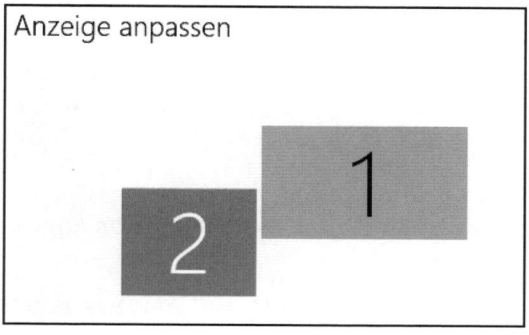

schirme dann entsprechend an. Wichtig: Klicken Sie nun noch einmal unten rechts auf *Anwenden*, damit die Änderung wirksam wird.

Bildschirme identifizieren

Falls Sie sich bei dem ganzen Hin und Her einmal nicht mehr sicher sein sollten, welches nun Bildschirm 1 und welches Bildschirm 2 ist, klicken Sie unter der Anzeige auf *Identifizieren*. Windows blendet dann auf jedem Monitor für ein paar Sekunden die zugehörige Nummer ein.

TIPP

Mit mehreren Monitoren optimal arbeiten

Das Arbeiten mit mehreren Monitoren ist erst mal nicht besonders kompliziert:

1. Wenn Sie eine Anwendung oder App starten, wird diese nach wie vor auf dem ersten Monitor geöffnet.

2. Ergreifen Sie das Anwendungsfenster bei der Fenstertitelleiste und ziehen Sie es mit gedrückt gehaltener linker Maustaste auf den zweiten Bildschirm.

3. Lassen Sie dort an der gewünschten Position die Maustaste los.

4. Wenn Sie möchten, können Sie dieses Fenster dort auch wieder maximieren. Es füllt dann den zweiten Bildschirm vollständig.

Beim Umschalten z. B. mit [Alt]+[⇆] werden alle geöffneten Anwendungen zur Auswahl angezeigt und es wird dann die gewählte Anwendung auf dem Bildschirm in den Vordergrund geholt, die Sie ausgewählt haben. Wenn Sie auf dem zweiten Bildschirm ein Programm starten, wird dieses Fenster standardmäßig auf dem ersten Bildschirm angezeigt, sofern Sie es nicht beim letzten Verwenden auf dem zweiten Bildschirm geschlossen hatten. Wichtige Systemmeldungen werden immer auf dem ersten Bildschirm angezeigt. Programme mit 3D-Grafikausgabe oder Videowiedergabe können meist nur auf dem ersten Bildschirm ausgeführt werden bzw. die Wiedergabe im Vollbildmodus erfolgt auf diesem Monitor, wenn die Ausgabe auf dem Zweitmonitor nicht möglich ist.

 HINWEIS

Im Multimonitorbetrieb kein Tablet-Modus

Wenn man den Multimonitorbetrieb einerseits und den Tablet-Modus andererseits kennt, stellt sich die Frage, wie sich beides vereinen lässt. Microsoft hat darauf eine einfache Antwort gefunden: gar nicht. Sind zwei oder mehr Geräte an den PC angeschlossen, lässt sich der Tablet-Modus nicht mehr aktivieren.

Windows merkt sich die Position von Anwendungsfenstern – mehr oder weniger

Etwas kompliziert wird es, weil Windows beim Schließen von Fenstern keine ganz konsequente Linie verfolgt. Im Allgemeinen merkt sich das System, in welchem Zustand Sie eine Anwendung beenden, und stellt sie beim nächsten Start so wieder her. Wenn Sie also z. B. ein Programm auf dem zweiten Bildschirm maximieren und dann schließen, wird es beim nächsten Start auch wieder im Vollbild auf dem zweiten Monitor geöffnet. In der Praxis klappt das nicht immer ganz zuverlässig. Manche Programme landen beim nächsten Start dann doch wieder auf dem ersten Bildschirm oder werden doch nicht maximiert wieder geöffnet. Im Großen und Ganzen klappt es aber ganz gut, und an die kleinen Macken gewöhnt man sich schnell.

6.2   Monitor plus Projektor: professionelle Präsentationen mit Bordmitteln

Ein alternativer Verwendungszweck für zwei Bildschirme ist es, einfach auf beiden dasselbe anzuzeigen. Um mit mehreren Personen gemeinsam an einem PC zu arbeiten, kann ein zweiter Monitor mit demselben Inhalt beispielsweise sehr hilfreich sein. Und für Präsentationen bietet es sich an, neben dem eigentlichen Display noch einen Projektor anzuschließen.

So kann der Vortragende sich auf seinen Bildschirm konzentrieren und die Zuschauer genießen die große Leinwand. Um die Oberfläche des PCs auf zwei angeschlossenen Displays bzw. einem Monitor und einem Projektor gleichzeitig anzuzeigen, wählen Sie in den vorangehend beschriebenen Auflösungseinstellungen bei *Mehrere Anzeigen* die Option *Diese Anzeigen duplizieren*.

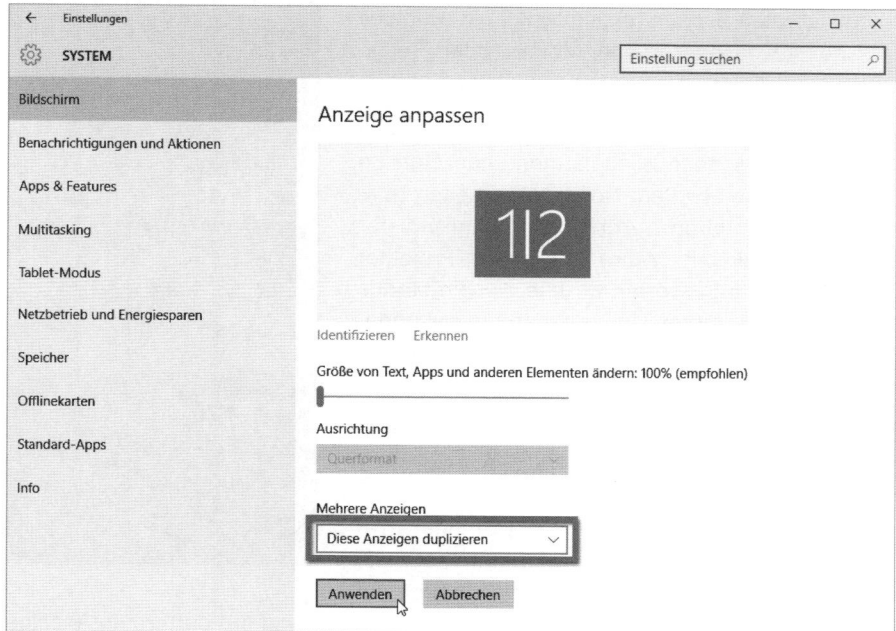

Die beiden Anzeigensymbole werden dann optisch zu einem verschmolzen. Sie lassen sich dann nicht mehr anwählen und deshalb auch nicht mehr getrennt auswählen, um z. B. die Auflösung anzupassen. Änderungen an den Einstellungen wirken sich nun immer auf beide Displays zugleich aus.

Beim Duplizieren Einschränkungen bei der Auflösung

Während beim Erweitern des Desktops die angeschlossenen Geräte beliebige unterschiedliche Auflösungen verwenden dürfen, geht dies beim Duplizieren auf beiden Displays nicht. Hier verwendet Windows automatisch die Auflösung des „kleineren" Bildschirms auch für das größere Display. Das kann problematisch sein, wenn es z. B. um das Anschließen eines Projektors geht, der nur bestimmte Auflösungen unterstützt. Alternativ benutzen Sie einfach nur den Projektor und schalten Ihre primäre Anzeige für die Präsentation ab. Das geht mit der Einstellung *Desktop nur auf 2 anzeigen* oder komfortabel mit der Präsentationssteuerung von Windows, auf die ich im Folgenden noch eingehe.

HINWEIS

Präsentationen komfortabel steuern

Windows bringt für den Multimonitorbetrieb im Allgemeinen, aber insbesondere für Präsentationen auf einer zweiten Anzeige wie etwa einem Projektor ein komfortables kleines Werkzeug mit. Um dieses zu benutzen, drücken Sie einfach ⊞+Ⓟ. Damit blenden Sie am rechten Bildschirmrand eine Auswahl ein, die Sie per Maus, Pfeiltasten oder Finger bedienen können:

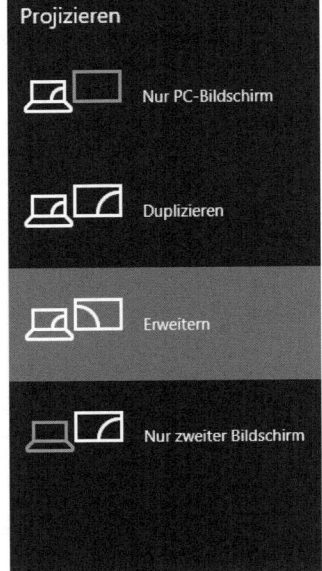

- *Nur PC-Bildschirm*: Der Desktop wird nur auf dem ersten Bildschirm angezeigt, ein eventuell angeschlossener zweiter Monitor oder Projektor wird ignoriert.

- *Duplizieren*: Dieselbe Oberfläche wird auf allen angeschlossenen Bildschirmen angezeigt. So können Sie etwa am Notebook arbeiten bzw. die Präsentation durchführen, während der Bildschirminhalt für Ihre Zuhörer per Projektor an die Wand geworfen wird. In diesem Modus werden allerdings wie vorangehend beschrieben die Auflösungen der beiden Anzeigen angeglichen.

- *Erweitern*: Der Desktop wird vom ersten Bildschirm auf eine vorhandene zweite Anzeige erweitert, sodass Ihnen mehr Platz auf dem Desktop zur Verfügung steht. Bei einer Präsentation besteht bei dieser Variante auch die Option, dass Sie den präsentierten Inhalt auf dem zweiten Bildschirm für Ihr Publikum anzeigen und auf der ersten Anzeige den Ablauf der Präsentation steuern.

- *Nur zweiter Bildschirm*: Die erste Anzeige wird deaktiviert und stattdessen nur das Gerät am zweiten Grafikausgang genutzt. Dieser Modus empfiehlt sich, wenn es bei der doppelten Anzeige Probleme mit abweichenden Auflösungen gibt. Aber auch wenn Sie die erste Anzeige nicht benötigen oder z. B. bei einem Notebook den Akku schonen möchten, können Sie so den ersten Bildschirm vorübergehend einfach abschalten. Keine Angst, wenn das Kabel zum Projektor später entfernt wird, wechselt Windows automatisch wieder zum ersten Bildschirm zurück.

Die Auswahl des gewünschten Modus erfolgt mit den Pfeiltasten oder durch wiederholtes Drücken von ⊞+Ⓟ (analog zum Taskwechsel mit Alt+⇆). Ist die richtige Variante gewählt, lassen Sie die Tasten los. Alternativ können Sie auch Maus, Fingerspitze oder die Pfeiltasten und ↵ verwenden. Windows schaltet dann in den gewählten Modus um und die Auswahlleiste wird automatisch ausgeblendet.

6.3 Mit virtuellen Desktops die Arbeitsfläche beliebig vergrößern

Mehrere Bildschirme mit nur einem Monitor? Im ersten Moment vielleicht ein etwas merkwürdiges Konzept, aber es kann durchaus sinnvoll sein. Selbstverständlich kann der Bildschirm auch bei virtuellen Bildschirmen jeweils immer nur einen anzeigen. Aber Sie können sich eben mehrere Bildschirme einrichten, zwischen denen Sie jederzeit mit einem Tastendruck oder Mausklick hin- und herwechseln können. Wenn alle geöffneten Fenster ohnehin maximiert sind, ist der Unterschied zum Taskwechsel minimal. Auf einem virtuellen Bildschirm können Sie aber mehrere Fenster anordnen, z. B. von kleineren Hilfsprogrammen. Wechseln Sie zu diesem virtuellen Monitor, werden alle diese Programme auf einmal angezeigt, und zwar genau so, wie Sie sie zuletzt verlassen haben.

Virtuelle Extramonitore für mehr Platz auf dem Bildschirm

Während man bei früheren Versionen virtuelle Desktops als Zusatzsoftware nachrüsten musste, bringt das aktuelle Windows diese Funktion von Haus aus mit und hat sie gut in das Bedienkonzept integriert. Vielleicht ist Ihnen sogar schon aufgefallen, wie man einen zusätzlichen virtuellen Desktop anlegt. Schlüssel dazu ist die Taskansicht (siehe Seite 91).

1. Öffnen Sie die Taskansicht – entweder mit dem Symbol in der Taskleiste, per Wischgeste vom linken Bildschirmrand oder mit der Tastenkombination ⊞+⇆.

2. Unten rechts über dem Infobereich finden Sie hier ein +-Symbol mit der Beschriftung *Neuer Desktop*. Klicken oder tippen Sie darauf.

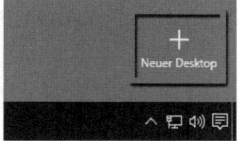

3. Daraufhin wird die Taskansicht unten um eine Leiste ergänzt, die jeweils ein Symbol für *Desktop „1"* und den neuen *Desktop „2"* enthält.

Diesen Vorgang können Sie beliebig oft wiederholen. Jedes Mal kommt ein weiterer virtueller Desktop hinzu.

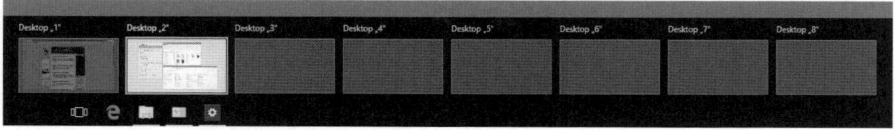

Wenn Sie Tastenkürzel bevorzugen, können Sie mit ⊞+Strg+D einen zusätzlichen virtuellen Desktop anlegen.

Zwischen den virtuellen Bildschirmen hin- und herwechseln

Die Taskansicht stellt Ihnen alle Funktionen zum Nutzen der virtuellen Desktops zur Verfügung. Alternativ gibt es auch Tastenkürzel, mit denen Sie schnell zu einem bestimmten virtuellen Desktop gelangen können. Die Taskansicht bietet sich aber an, wenn Sie nicht genau wissen, auf welchem Desktop sich ein gesuchtes Programmfenster gerade befindet.

1. Öffnen Sie wiederum die Taskansicht auf Ihre bevorzugte Methode.

2. In der Leiste unten finden Sie ein Symbol für jeden virtuellen Desktop mit einer Mini-Livevorschau dessen Inhalts wieder.

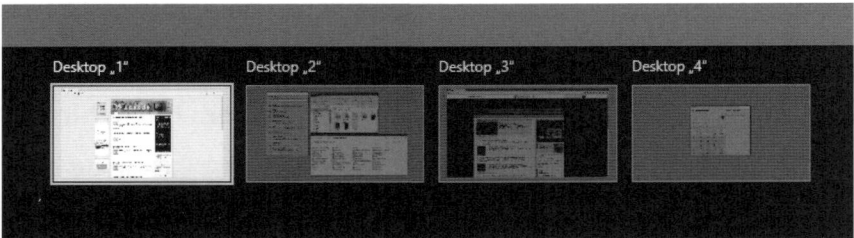

3. Wenn Sie den Mauszeiger über einem der Symbole kurz verharren lassen, wird darüber die Taskansicht für den entsprechenden virtuellen Desktop angezeigt. So können Sie schnell erkennen, ob sich ein gesuchtes Programm bzw. Fenster darauf befindet.

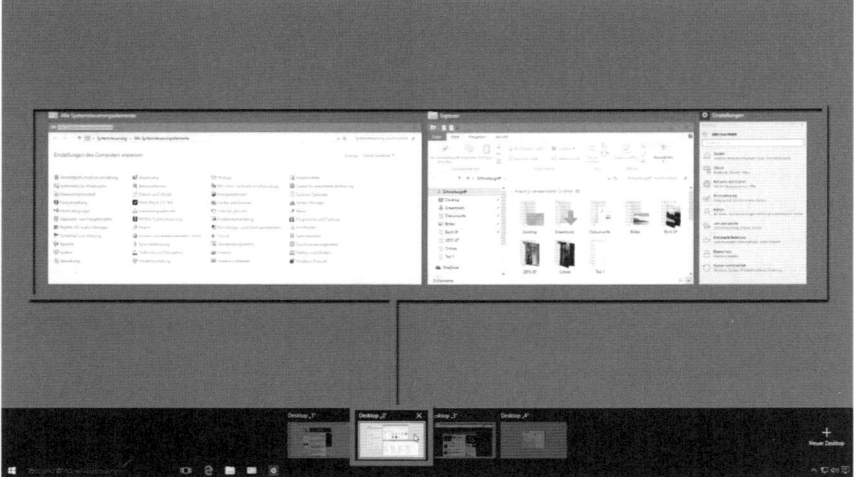

4. Um zu einem Desktop zu wechseln, klicken Sie einfach darauf. Die Taskansicht wird geschlossen und stattdessen dieser virtuelle Bildschirm angezeigt.

Für den kurzen Dienstweg gibt es auch Tastenkombinationen, mit denen Sie schnell von einem zum anderen Desktop wechseln: Mit ⊞+Strg+← wechseln Sie zum links benachbarten Desktop, mit ⊞+Strg+→ geht es in die andere Richtung, jeweils bis Sie beim letzten bzw. ersten Desktop angekommen sind.

Die Desktops in der Taskansicht per Tastatur auswählen

Auch die Auswahl in der Taskansicht lässt sich komplett per Tastatur nutzen. Drücken Sie zunächst ⊞+⇆, um die Taskansicht zu öffnen, dann noch einmal ⇆, um die Auswahl nach unten in die Leiste der virtuellen Desktops zu verschieben. Nun können Sie mit ← bzw. → einen der Desktops auswählen und mit ↵ zu diesem wechseln.

TIPP

Fenster auf den virtuellen Desktops anordnen

Jeder virtuelle Bildschirm ist zunächst einmal ein Desktop für sich. Wenn Sie auf einem Desktop eine Anwendung starten oder ein Dokument öffnen, wird es automatisch auf diesem Desktop angezeigt. Auch die Tastenkombinationen Alt+⇆ bzw. ⊞+⇆ wirken sich standardmäßig immer nur innerhalb des gerade angezeigten Desktops aus. Das können Sie allerdings ändern (siehe im Hinweiskasten). Um zu einer Anwendung zu wechseln, die auf einem anderen virtuellen Desktop angezeigt wird, müssen Sie also zunächst zu diesem Desktop wechseln. Keine Regel ohne Ausnahme: Von Apps kann es immer nur eine Instanz geben. Wenn eine App bereits geöffnet ist und Sie sie erneut aufrufen, wechselt Windows automatisch zu dem virtuellen Desktop, der diese App gerade anzeigt.

Immer alle Fenster anzeigen

Dass beim Taskwechsel immer nur die Fenster des aktuellen Desktops angezeigt werden, ist eigentlich ganz sinnvoll, insbesondere wenn man mehrere Desktops mit vielen Fenstern nutzt. Gerade am Anfang kann es aber verwirrend sein, immer erst den virtuellen Desktop zu einem bestimmten Fenster zu suchen. Sie können dieses Verhalten deshalb umstellen. Öffnen Sie dazu in

Virtuelle Desktops
In der Taskleiste Fenster anzeigen, die geöffnet sind auf
Allen Desktops ⌄
Beim Drücken von ALT+TAB Fenster anzeigen, die geöffnet sind auf
Allen Desktops ⌄

HINWEIS

den PC-Einstellungen den Bereich *System/Multitasking* und stellen Sie dort die beiden Optionen unter *Virtuelle Desktops* jeweils auf *Allen Desktops*.

Um ein Fenster auf einem bestimmten virtuellen Desktop anzuzeigen, öffnen Sie die Anwendung bzw. das Dokument, wenn dieser Desktop geöffnet ist. Sie können aber auch vorhandene Fenster auf einen anderen der virtuellen Bildschirme verschieben:

1. Öffnen Sie die Taskansicht mit diesem Fenster.

2. Klicken Sie mit der rechten Maustaste auf die Vorschau des Fensters
und wählen Sie im Kontextmenü *Verschieben nach*.

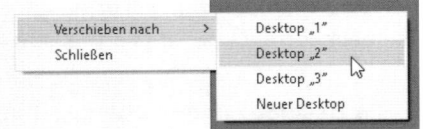

3. Ein Untermenü listet dann alle anderen vorhandenen virtuellen Desktops auf.
Alternativ können Sie bei dieser Gelegenheit auch einen neuen virtuellen Desktop anlegen und das Fenster dorthin verschieben.

Virtuelle Desktops schließen

Virtuelle Desktops lassen sich in der Taskansicht mit dem kleinen *x*-Symbol
rechts über ihrer Vorschau schließen. Alternativ verwenden Sie das Tastenkürzel
⊞+[Strg]+[F4], um den gerade angezeigten virtuellen Desktop zu schließen. Dabei
werden die Fenster bzw. Anwendungen und Apps, die sich auf diesem Desktop befinden, allerdings nicht automatisch mitgeschlossen. Stattdessen werden diese auf
den „links benachbarten" virtuellen Desktop verschoben. Sie brauchen also nicht
zu befürchten, dass durch das Schließen eines Desktops etwa Änderungen in geöffneten Dokumenten verloren gehen. Beim Beenden von Windows werden wie üblich ohnehin alle Programme geschlossen, die virtuellen Desktops an sich bleiben
aber erhalten. Wenn Sie drei virtuelle Desktops anlegen und Windows beenden, sind
diese Desktops nach einem Neustart wieder da und können direkt genutzt werden.

 HINWEIS

Virtuelle Desktops im Multimonitorbetrieb

Virtuelle Desktops lassen sich problemlos auch mit mehreren Bildschirmen nutzen. Ist die Anzeige auf zwei Monitore erweitert, umfasst jeder virtuelle Desktop
auch zwei Monitore. Die Taskansicht wird ebenfalls auf beide Bildschirme aus-
geweitet und Sie sehen auf jeden Monitor eine Vorschau der virtuellen Desktops
und deren Fenster, die sich auf dieser Anzeige befinden.

Tastenkürzel für virtuelle Desktops in der Übersicht

Die folgende Tabelle fasst die für den Umgang mit virtuellen Desktops wichtigen
Tastenkürzel zusammen:

Tastenkombination	Funktion
⊞+[Strg]+[D]	neuen virtuellen Desktop anlegen
⊞+[Strg]+[←]	zum links benachbarten Desktop wechseln
⊞+[Strg]+[→]	zum rechts benachbarten Desktop wechseln
⊞+[⇆]	Taskansicht mit Desktop-Leiste anzeigen
⊞+[Strg]+[F4]	den gerade angezeigten virtuellen Desktop schließen
⊞+[K]	Verbinden-Leiste anzeigen

7 Apps aus dem Windows Store installieren

Der Windows Store ist ein Onlinemarktplatz, in dem man kostenlose und kostenpflichtige Windows-Programme finden, gegebenenfalls erwerben und/oder kostenlos herunterladen kann. Allerdings
ist der Windows Store dabei nur eine mögliche Option. Desktop-
Anwendungen können auch von anderen Quellen heruntergeladen
oder ganz klassisch per Installationsmedium eingerichtet werden. Für Touch-Apps
hingegen ist der Windows Store der einzige Weg, sie auf das Gerät zu bekommen.

Desktopsoftware im Windows Store

Der Windows Store bietet nur Touch-Apps zum Download und zum Kauf an. Software für den klassischen Desktop ist dort zwar auch verzeichnet, diese Einträge
enthalten letztlich aber nur Links auf anderweitige Bezugsquellen für diese Programme. Dementsprechend stehen auch die Mechanismen des Windows Store
z. B. zum Einspielen von Updates nur für Touch-Apps zur Verfügung und nicht
für Desktop-Anwendungen.

HINWEIS

7.1 Melden Sie sich beim Windows Store an

Damit Sie den Windows Store nutzen können, müssen Sie sich dort einmalig mit
einem kostenlosen Microsoft-Konto registrieren. Das sorgt dafür, dass der Store
Ihnen die heruntergeladenen und vor allem eventuell gekauften Apps zuordnen
kann, sodass Sie diese auch bei einer Neuinstallation oder bei einem Wechsel
des PCs nicht verlieren. Wenn Sie Ihren PC ohnehin mit einem Microsoft-Konto
verbunden haben (siehe Seite 565), ist dieser Schritt nicht mehr nötig. Ansonsten
bittet die Store-App Sie spätestens beim ersten Herunterladen einer App um diese Anmeldung.

1. Alternativ können Sie diesen Vorgang auch jederzeit
anstoßen, indem Sie in der
Store-App oben links neben
dem Suchfeld auf das Be-
nutzer-Symbol klicken und
im Menü *Anmelden* wählen.

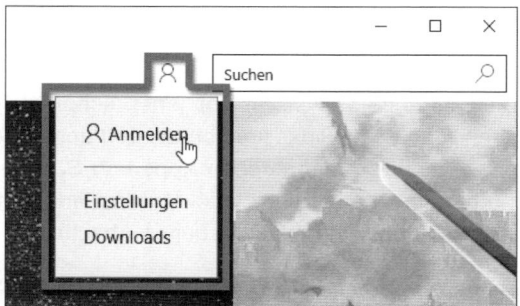

2. Für den Windows Store ist ein Microsoft-Konto erforderlich. Sollten Sie schon eines etwa bei MSN, Outlook.com, Hotmail oder Live.com haben, können Sie dieses nutzen. Geben Sie dazu die Zugangsdaten ein und klicken Sie auf *Anmelden*.

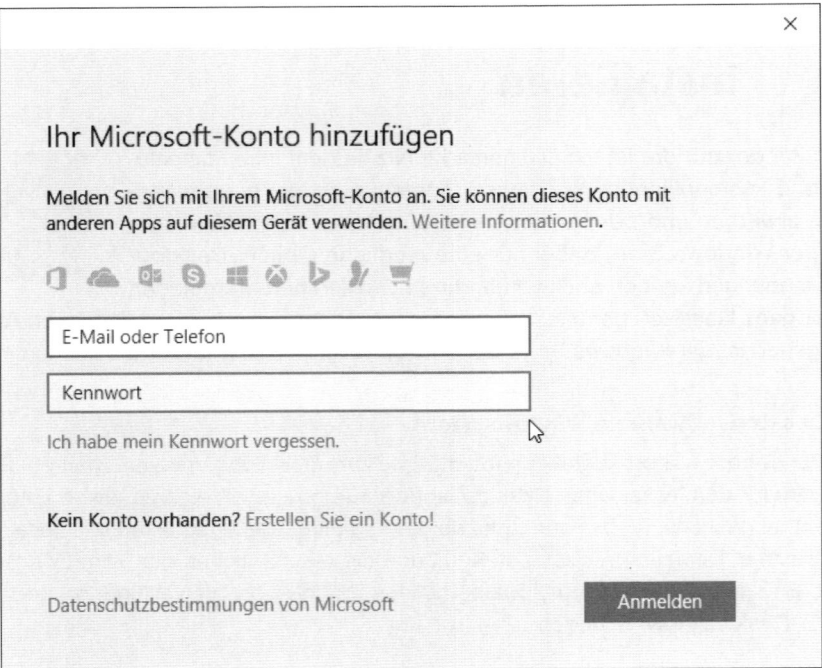

3. Sollten Sie noch kein passendes Konto haben, können Sie es mit *Erstellen Sie ein Konto* schnell einrichten. Das Konto an sich ist kostenlos. Nur wenn Sie auch Apps kaufen möchten, müssen Sie (gegebenenfalls später) Zahlungsinformationen dafür hinterlegen (mehr dazu auf Seite 145).

7.2 Spannende Apps finden und installieren

Der Windows Store lädt mit seiner Oberfläche geradezu zum Stöbern ein. Hier können Sie sich zunächst einmal unverbindlich umschauen, Beschreibungen lesen, sich an Bewertungen von anderen Benutzern orientieren etc.

Direkter Weg zu den Top-Apps

Die Startseite des Stores soll Ihnen schon mal gründlich den Mund wässrig machen. Ganz oben links können Sie von der Startseite zu den verschiedenen Bereichen wechseln, denn neben Apps und Spielen (die aber letztlich auch nur Apps sind) kann man im Store auch Musik, Filme und TV-Serien käuflich erwerben. Darunter finden Sie in verschiedenen Abschnitten interessante Apps:

- ganz oben im Breitformat zunächst die „Highlights" des Store-Teams,

- darunter eine Auswahl von Apps, die für Sie persönlich zusammengestellt wurde. Sie basiert auf Ihrer bisherigen App-Auswahl sowie Apps, für die Sie sich zuletzt interessiert haben,

- dann folgen die aktuell bei allen Anwendern beliebtesten kostenlosen Apps

- und die beliebtesten kostenlosen Spiele,

- gefolgt von der Topliste der kostenpflichtigen Apps sowie

- der Topliste der Kauf-Spiele.

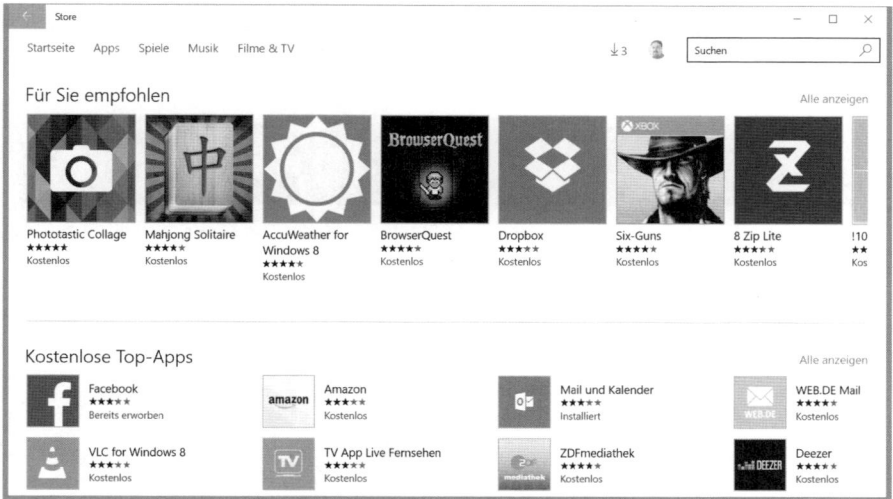

Für jeden dieser Bereiche sehen Sie direkt auf der Startseite der Store-App immer nur eine kleine Auswahl der besten Apps. Um aus diesem Bereich mehr Apps zu sehen, klicken oder tippen Sie auf den Titel des Bereichs, also beispielsweise *Für Sie empfohlen*. Dann erhalten Sie die komplette Auflistung der Apps in diesem Bereich, wobei Sie gegebenenfalls sehr weit scrollen oder wischen müssen, um alle Einträge zu sehen.

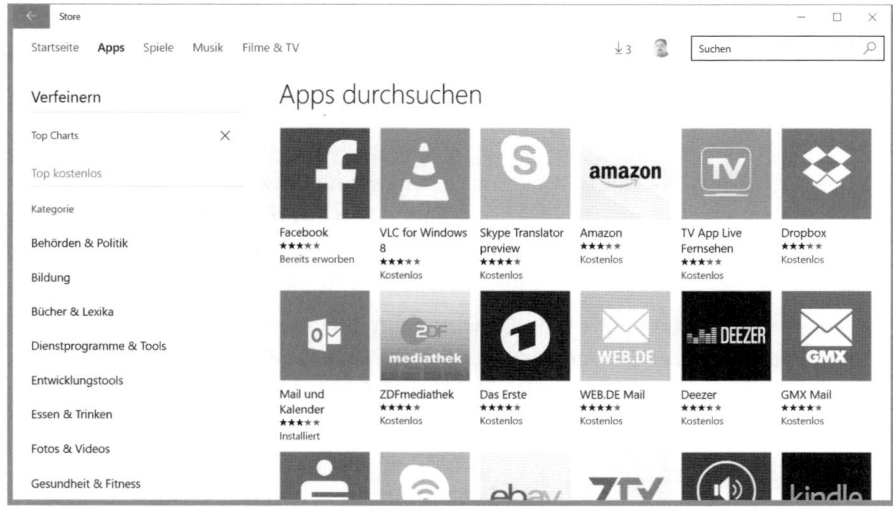

Apps nach Themenbereichen sortieren

Aus der alten Store-App sind Sie es vielleicht gewohnt, die Apps nach Themenbereichen wie Musik, Reise, Sport, Unterhaltung, Produktivität etc. zu sortieren, um so zielgenauer suchen zu können. Das geht auch weiterhin.

Wechseln Sie von der Startseite oben links zu den Apps. Scrollen oder wischen Sie dann auf dieser Seite ganz nach unten. Hier finden Sie die bekannten App-Kategorien, die Sie einfach anwählen können.

Durch Benutzerbewertungen schneller zur optimalen App

Bewertungen durch Benutzer, die eine App oder ein Spiel bereits kennen, sind die beste Beurteilungshilfe, bevor man eine App herunterlädt oder gar kauft. Die Store-App rückt diese wichtige Information in den Mittelpunkt und macht vor allem transparenter, wie eine App genau von ihren Benutzern bewertet wird. Und auch weitere wichtige Informationen finden Sie in der Beschreibung jeder App (von oben nach unten):

- Ganz oben finden Sie eine Beschreibung der App. Falls diese nicht vollständig auf den Bildschirm passt, können Sie sich mit dem Link *Mehr* den Rest anzeigen lassen.

- Darunter sehen Sie Bildschirmfotos der App, um sich einen visuellen Eindruck verschaffen zu können. Bei Universal-Apps, die sowohl auf PCs und Tablets als auch auf Smartphones mit Windows-Betriebssystem laufen, können Sie zwischen Abbildungen der PC- und der Telefon-Oberfläche umschalten.

- Dann kommen auch schon die Bewertungen und Rezensionen anderer Benutzer, wobei eine Tabelle Aufschluss gibt, wie sich die durchschnittliche Bewertung genau zusammensetzt. So erkennen Sie schnell, ob eine App einheitlich gut bewertet wird oder ob die Meinungen der Anwender doch eher geteilt sind.

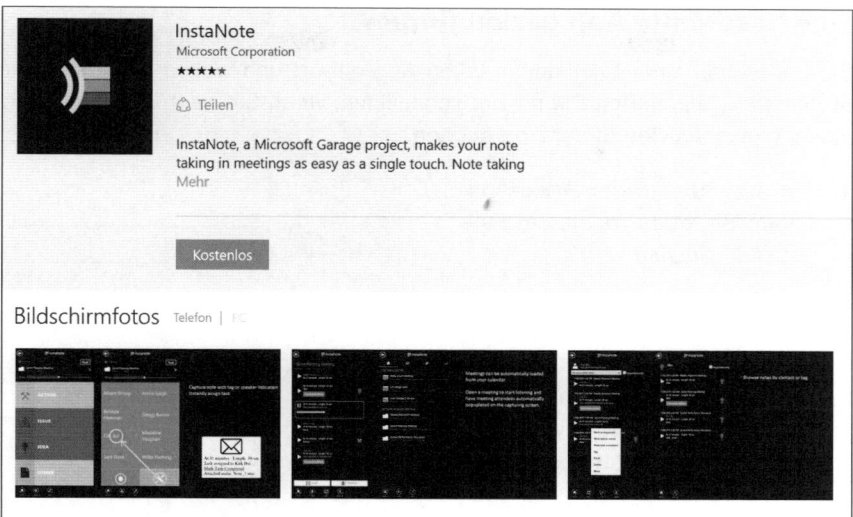

■ Daneben lesen Sie die Rezensionen, die von den meisten Anwendern als hilfreich bewertet wurden. Auch diese helfen dabei, schnell zu erkennen, ob eine
App auch das hält, was Name und Beschreibung versprechen. Gerade wenn
es sehr viele Bewertungen sind, kann man sich mit *Alle anzeigen* noch einen
besseren Überblick verschaffen.

■ Darunter finden Sie weitere Details, wie beispielsweise die empfohlene Hardware oder unterstützte Prozessoren (x86, x64 und/oder ARM). Außerdem werden am rechten Rand ähnliche Apps und andere Apps vom selben Anbieter
aufgelistet.

Installieren können Sie Apps oben über die Schaltfläche, die
mit *Kostenlos* bzw. bei Kauf-Apps mit dem Preis beschriftet ist.

Eine bestimmte App gezielt finden

Sie haben von einer bestimmten tollen App gehört und wollen diese selbst ausprobieren? Dann finden Sie sie am schnellsten, wenn Sie nach dem Namen oder
einem typischen Begriff der App suchen.

1. Auf allen Seiten der Store-App
finden Sie oben rechts ein Eingabefeld *Suchen*.

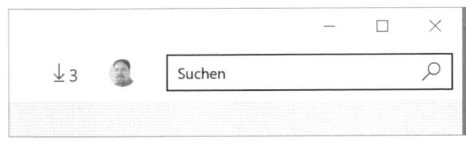

2. Tippen Sie hier einfach einen
Suchbegriff ein.

3. Sowie Sie genügend Zeichen eingegeben haben und die Suche etwas Passendes dazu
gefunden hat, bietet sie Ihnen das direkt unter dem Suchfeld an.

4. Alternativ können Sie einfach jederzeit ⏎
drücken, um die Suchergebnisse direkt in der
Store-App zu sehen, wo Sie auch noch ein
bisschen mehr erfahren. So wird hier z. B. zu
jeder App gleich eine Bewertung angezeigt.

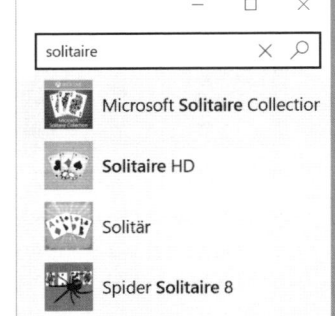

5. Tippen Sie auf einen der Einträge, um die Details zur App anzuzeigen und diese gegebenenfalls wie vorangehend beschrieben zu installieren.

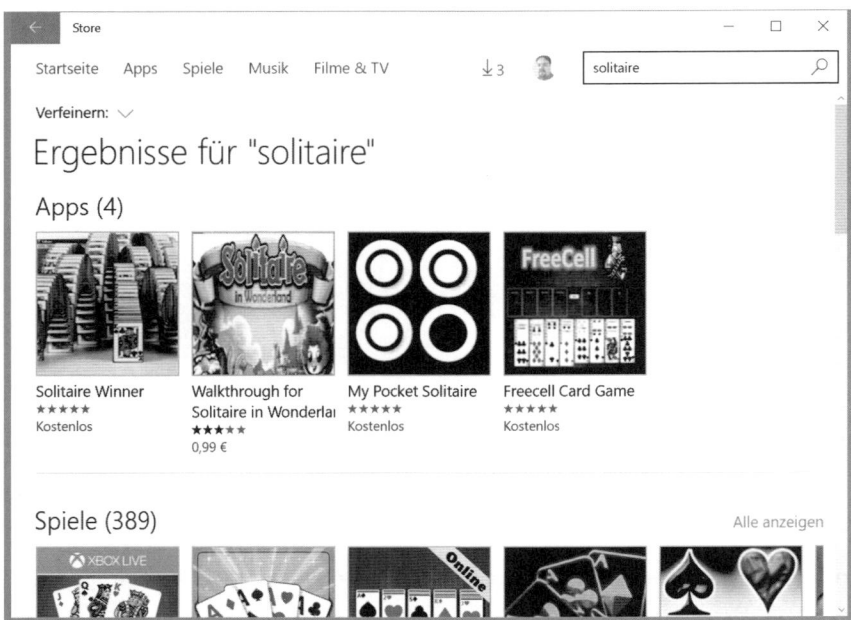

7.3 Kostenpflichtige Apps sicher bezahlen

Im Windows Store werden nicht nur kostenlose Apps zum Download angeboten. Ebenso gibt es kostenpflichtige Apps, für die Sie bezahlen müssen. Die Zahlung wickelt unabhängig vom Softwareanbieter immer Microsoft selbst ab. Als Bezahlmöglichkeiten stehen Kreditkarte (Visa, Mastercard, American Express), das SEPA-Lastschrift-Verfahren sowie der Onlinezahlungsdienstleister PayPal zur Auswahl. Haben Sie Ihre Zahlungsinformationen einmal hinterlegt, können Sie diese beliebig oft verwenden und jeweils mit wenigen Klicks oder Fingertipps Apps erwerben.

Zahlen per PayPal

Wenn Sie PayPal als Zahlungsdienstleister wählen, brauchen Sie im Store zunächst nur eine Rechnungsadresse anzugeben. Dafür werden Sie anschließend auf die PayPal-Website umgeleitet, auf der Sie sich mit Ihren PayPal-Zugangsdaten ausweisen müssen. Das sieht genauso aus wie bei einer PayPal-Transaktion, nur müssen Sie diesmal nicht direkt etwas bezahlen. Stattdessen ermächtigen Sie Microsoft, in Zukunft Beträge, die durch Ihre App-Käufe im Store anfallen, immer über Ihr PayPal-Konto abzurechnen.

HINWEIS

---

1. Klicken oder tippen Sie in der App auf Ihr Benutzersymbol oben neben der Suchleiste. Wählen Sie im so geöffneten Menü am rechten Rand *Zahlungsoptionen*.

2. Die Store-App leitet Sie nun an den Browser weiter und bittet Sie, sich mit dem Kennwort Ihres Microsoft-Kontos dort anzumelden.

3. Hier können Sie mit *Zahlungsoption hinzufügen* Ihre bevorzugte Bezahlmethode festlegen. Wählen Sie dazu zunächst oben die Art der Zahlung aus. Dementsprechend verändert sich das Formular, das Sie darunter ausfüllen müssen. Wie bereits geschildert, erledigt Microsoft die gesamte Abwicklung der Zahlung. Sie brauchen also nicht zu befürchten, dass Ihre Kontodaten an alle Anbieter im Store weitergereicht werden, von denen Sie Apps oder Inhalte erwerben.

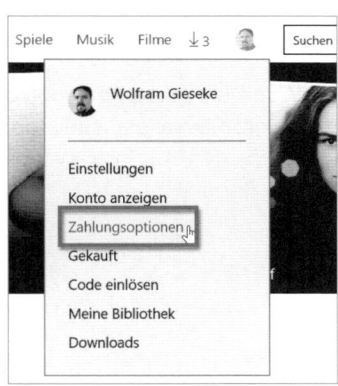

4. Auch eine Rechnungsadresse müssen Sie angeben. Trotzdem wird für Rechnungen und sonstigen Schriftverkehr die E-Mail-Adresse verwendet, die Ihrem Microsoft-Konto zugeordnet ist.

5. Tippen oder klicken Sie schließlich ganz unten auf *Weiter*.

Anschließend steht die eingerichtete Zahlungsart in der Store-App zum Bezahlen von Apps und auch Inhalten wie Musik oder Filmen zur Verfügung. Falls Sie deswegen besorgt sind: Käufe laufen nicht nach dem Schema „Klicken und automatisch bezahlen" ab. Jede einzelne Transaktion muss immer nochmals mit Ihrer Zugangsberechtigung bestätigt werden.

Kostenpflichtige Apps kaufen

Haben Sie eine Zahlungsart für den Windows Store eingerichtet, können Sie jederzeit auch kostenpflichtige Apps herunterladen. Da Sie sich mit einem Microsoft-Konto im Store registriert haben, wird dieser Kauf beim Download auch bei Microsoft vermerkt. Selbst wenn Sie z. B. Windows auf Ihrem PC neu installieren, bleiben Ihre App-Käufe also erhalten, und Sie können die Apps nach der Installation wieder kostenlos herunterladen. Außerdem dürfen Sie gekaufte Apps auf bis zu fünf Windows-PCs herunterladen und nutzen. Voraussetzung ist, dass diese PCs alle mit dem Microsoft-Konto verknüpft sind, das Sie beim Kauf verwendet haben.

1. Wenn eine App kostenpflichtig ist, finden Sie in ihren Details anstelle der Schaltfläche *Kostenlos* den Kaufpreis vor. Klicken oder tippen Sie darauf.

2. Anschließend müssen Sie den Zugriff auf Ihr Microsoft-Konto mit Ihrer Zugangsberechtigung autorisieren. Selbst wenn Sie Ihren PC also mal jemand anderem überlassen, kann der nicht sofort auf Ihre Rechnung Apps, Musik oder Filme kaufen.

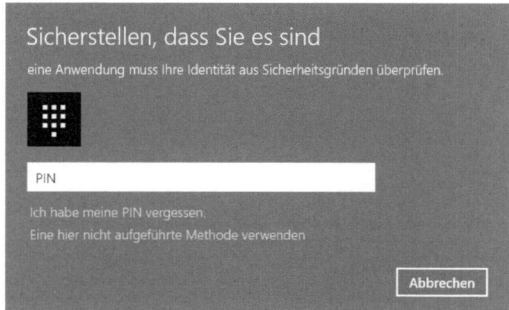

3. Nun werden die Details des Kaufes noch einmal zusammengefasst. Dies ist die letzte Chance, den Kauf abzubrechen oder auch die Zahlweise zu *Ändern*. Wenn Sie auf *Kaufen* klicken, wird das Geld abgebucht, und Sie können auch später nicht mehr vom Kauf zurücktreten.

Anschließend wird die gekaufte App umgehend heruntergeladen und steht direkt zur Verfügung.

7.4 Die installierten Apps kontrollieren und aktualisieren

Gerade weil das Herunterladen und Installieren mit dem Windows Store buchstäblich nur einen Mausklick entfernt ist, ist es verführerisch, hier mal zu probieren und dort mal zu testen. Das ist auch alles kein Problem (solange der Speicherplatz Ihres PCs es hergibt). Bei Bedarf können Sie sich schnell einen Überblick über Ihre aus dem Store installierten Apps verschaffen und gegebenenfalls aufräumen.

1. Starten Sie die Store-App und klicken Sie auf Ihr Benutzersymbol links neben dem Suchfeld.

2. Wählen Sie im so geöffneten Menü den Punkt *Meine Bibliothek*.

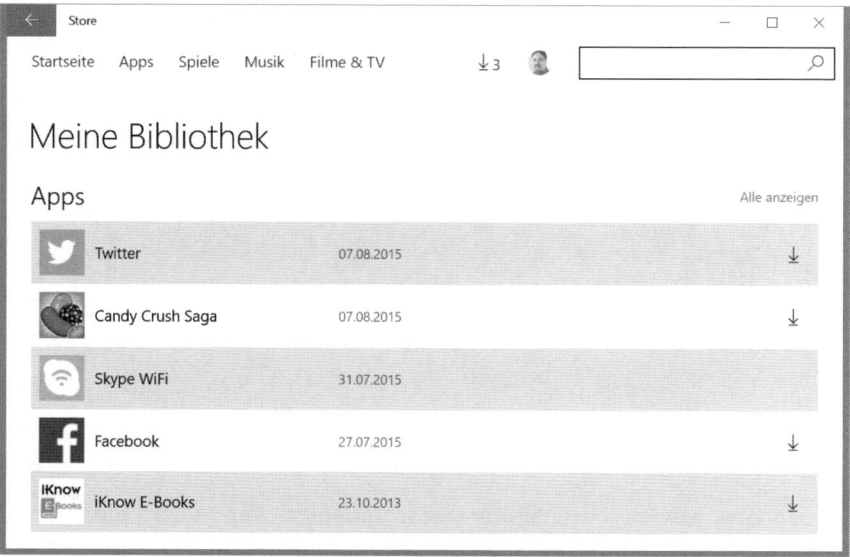

3. Die Store-App präsentiert Ihnen dann eine Übersicht der Apps, die Sie auf Ihrem PC installiert haben. Das sind nicht notwendigerweise nur solche, die Sie wirklich selbst installiert haben. Einige der Apps aus dem Store hat Windows auch schon bei der Installation mitgebracht.

4. Wie üblich können Sie auf jeden Eintrag klicken bzw. tippen, um mehr über eine konkrete App zu erfahren.

Updates für Apps herunterladen

Einer der großen Vorteile des Windows Store ist, dass er selbst das Aktualisieren der Apps erledigt, wenn das nötig ist. Meist brauchen Sie sich also gar nicht darum zu kümmern. Sollten doch mal Eingriffe nötig sein, erkennen Sie dies im Store an einer Meldung rechts neben Ihrem Benutzersymbol.

1. Tippen oder klicken Sie darauf, um die Seite mit den App-Updates zu öffnen.

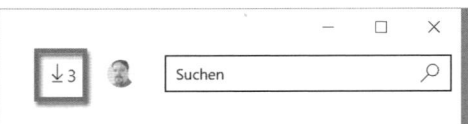

2. Hier sind alle Apps, für die Updates vorliegen, die noch nicht durchgeführt werden konnten. Mit *Details anzeigen* können Sie gegebenenfalls die Ursache für Probleme erfahren.

3. Verwenden Sie das Kreissymbol, um ein Update für ausgewählte Apps erneut durchzuführen.

4. Mit *Nach Updates suchen* oben rechts starten Sie jederzeit eine erneute Suche nach neuen Updates.

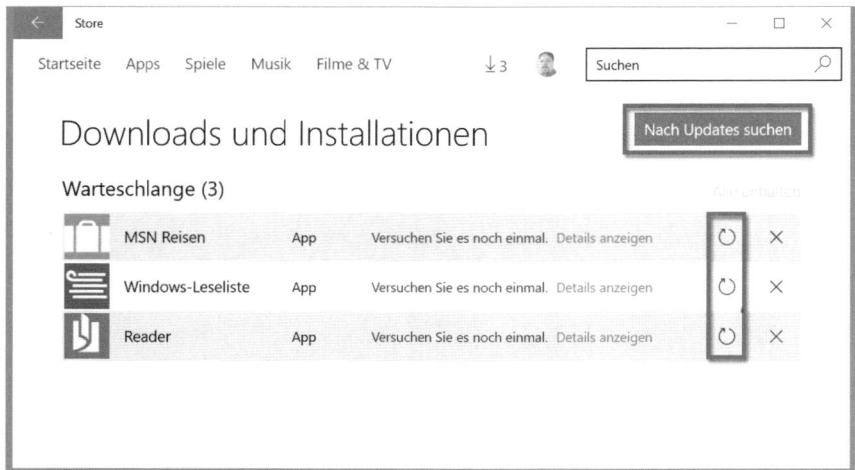

Die Updates werden im Hintergrund ressourcenschonend übertragen und angewendet. Sie können Ihren PC währenddessen uneingeschränkt weiter nutzen.

7.5 Schon dabei: nützliche Apps aus dem Lieferumfang

Schon ab Werk bringt Windows vorinstallierte Apps mit. Einige davon, insbesondere im Multimediabereich, stelle ich in den entsprechenden Kapiteln dieses Buches näher vor. Es sind aber auch einige nützliche Apps dabei, die man ganz allgemein gut gebrauchen kann, wie etwa ein vielseitiger Wecker, ein Touchtaschenrechner, die praktische Leseliste zum Merken interessanter Texte oder die Bing-Apps *Kochen & Genuss* sowie *Gesundheit & Fitness*.

Ab Werk nur in der Alle-Apps-Übersicht

Auf der Startseite finden Sie „ab Werk" nur einige wenige der vorinstallierten Apps. Erst recht gilt das, wenn Sie Ihre Startseite schon individuell angepasst haben. Sie müssen deshalb die Übersichtsseite *Alle Apps* bemühen. Hier können Sie die Apps aber markieren und dann mit *An „Start" anheften* dauerhaft auch auf der Startseite verankern.

HINWEIS

Nie mehr verschlafen mit der App Alarm & Uhr

Windows bringt einen eigenen Wecker mit, der gleichzeitig auch als Stoppuhr und Countdown-Zähler dienen kann. Es weckt zwar auch nicht besser als vergleichbare Apps, ist dafür aber sehr stilvoll und optimal mit dem Finger zu bedienen.

Lassen Sie sich von Windows pünktlich wecken

Die Windows-eigene Wecker-App ist konsequent fingerbedienbar, was aber auch Mausnutzer nicht zu stören braucht:

1. Wenn Sie die App starten, landen Sie automatisch in der Kategorie *Wecker*. Hier werden die festgelegten Alarmzeiten aufgeführt. Zunächst finden Sie dabei nur den Eintrag *Guten Morgen*, der Sie werktags um 7:00 Uhr morgens wecken würde. Allerdings ist er standardmäßig ausgeschaltet.

2. Klicken oder tippen Sie auf diesen Eintrag, um ihn zu ändern. Alternativ klicken Sie unten auf das Plussymbol, um eine neue Weckzeit anzulegen:

■ Hier können Sie einen Namen für jede Weckzeit festlegen.

■ Selbstverständlich darf die Uhrzeit selbst nicht fehlen.

■ Bei *Wiederholungen* wählen Sie die Tage aus, an denen dieser Weckalarm ausgelöst werden soll.

■ Mit *Sound* wählen Sie den Weckton, dabei können Sie mit einem Klick auf das Play-Symbol ganz links jederzeit eine Vorschau abspielen.

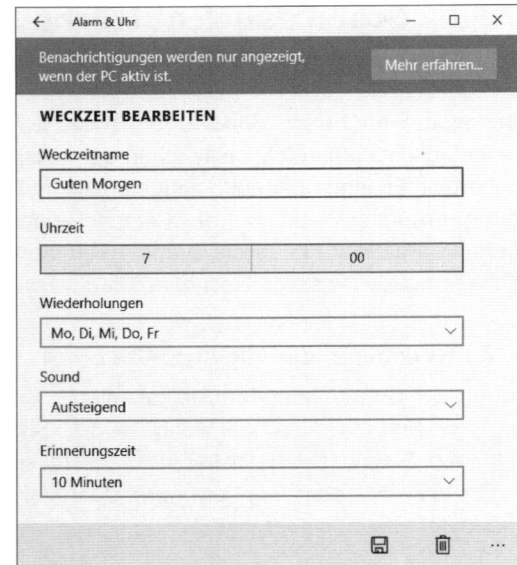

■ Die Erinnerungszeit kommt ins Spiel, wenn Sie den Alarm nicht gleich beenden, sondern erst mal nur „wegdrücken". Dann meldet sich der Wecker nach der angegebenen Zeit wieder.

3. Haben Sie alles perfekt eingestellt, tippen Sie schließlich unten auf das Speichern-Symbol.

Haben Sie auf diese Weise eine Weckzeit festgelegt, meldet sich Ihr Windows-PC zur eingestellten Zeit mit dem Weckklang. Voraussetzung dafür ist, dass der PC dann auch eingeschaltet ist. Bei Tablets kein Problem, da diese ohnehin meist im Stand-by-Modus vor sich hinschlummern. Auch hier sollten Sie sich aber gegebenenfalls am Abend vergewissern, dass der Akku noch bis zum nächsten Morgen für das Wecken reicht. Bei einem „richtigen" PC müssen Sie darauf achten, dass dieser nicht ausgeschaltet wird, sondern nur im Stand-by-Modus döst. Er wacht dann automatisch rechtzeitig auf, um Sie zu wecken. Am besten probieren Sie es aber einmal aus, bevor Sie sich einem wichtigen Termin vor Augen darauf verlassen.

 Einfacher wecken mit Cortana

TIPP

Falls Sie den Abschnitt zum Sprachassistenz-System Cortana noch nicht gelesen haben (siehe Seite 35): Sie können sich auch auf diese Weise leicht wecken lassen. Sagen Sie Cortana einfach per Sprachbefehl: „Weck mich morgen um 7:00 Uhr!" Dann wird automatisch eine entsprechende Weckzeit angelegt, die aber nur einmalig verwendet wird.

Webseiten und Nachrichten merken für die Leseliste-App

Oft begegnen einem beim Stöbern im Internet interessante Informationen, aber nicht immer reicht die Zeit dafür aus, sich dann auch direkt damit zu beschäftigen. Ein Notizbuch wäre praktisch, um sich solche Texte und ihre Adresse merken und später schnell wiederfinden zu können, wenn man Zeit und Muße hat, sie zu lesen.

Genau eine solche Funktion bietet die *Leseliste-App*. Sie ist in den Edge-Browser integriert, sodass Sie Webfunde leicht für das spätere Lesen vormerken können. Außerdem klinkt sie sich in die globale *Teilen*-Funktion ein und kann dadurch auch von anderen Apps aus genutzt werden, die dies unterstützen. Dazu gehören aus dem Windows-Lieferumfang beispielsweise die Apps für Nachrichten, Finanzen und Sport. Aber auch Apps anderer Anbieter können diese Funktion nutzen, etwa die im Windows Store erhältliche Wikipedia-App.

So merken Sie sich Texte zum späteren Lesen vor

Das Vormerken von Webseiten im Edge-Browser ist auf Seite 488 beschrieben. Deshalb zeige ich hier die Variante über die *Teilen*-Funktion, die sich auch von anderen Apps nutzen lässt. Haben Sie einen Onlinetext entdeckt, den Sie später in aller Ruhe lesen möchten, gehen Sie dabei so vor:

1. Zeigen Sie den Inhalt eines Artikels in der jeweiligen App an und verwenden Sie dann das Teilen- oder Freigeben-Symbol (die Benennung ist nicht ganz einheitlich) in der Oberfläche der App. Alternativ öffnen Sie die *Teilen*-Seitenleiste jederzeit mit ⊞+Ⓗ.

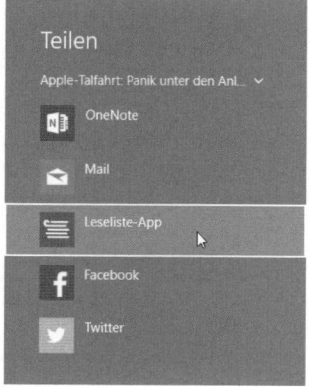

2. Wählen Sie in der *Teilen*-Leiste den Eintrag *Leseliste–App.*

3. Windows öffnet auf der rechten Bildschirmseite die Leseliste-App und zeigt die übernommenen Daten des Artikels an. Wichtig: Die Daten sind jetzt noch nicht gespeichert!

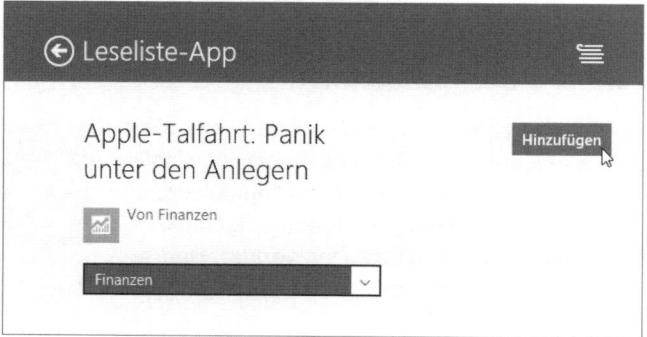

4. Sie können nun gegebenenfalls noch eine Kategorie für den zu merkenden Inhalt festlegen.

5. Tippen Sie oben rechts auf *Hinzufügen*, um den Artikel endgültig in der Leseliste abzulegen.

Rufen Sie die gespeicherten Artikel in der Leseliste ab

Einmal mit der Leseliste geteilt, bleiben Ihre Fundstücke sicher verwahrt, bis Sie Zeit haben, sie in Ruhe zu studieren.

1. Öffnen Sie die Leseliste-App im Startmenü.

2. Auf der Übersichtsseite der App sehen Sie die Artikel, die Sie sich für späteres Lesen vorgemerkt hatten.

3. Klicken bzw. tippen Sie einen der Artikel zum Lesen an.

4. Der Artikel wird dann im Webbrowser geöffnet und angezeigt.

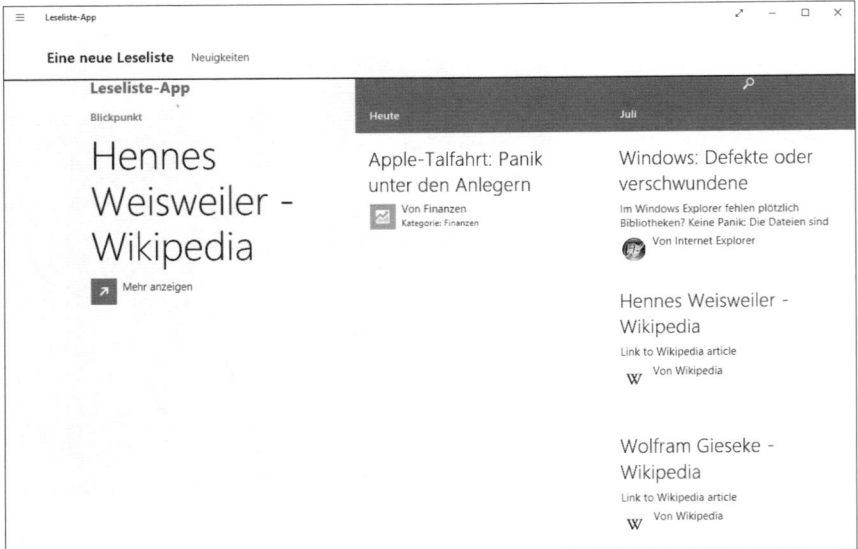

Touchtaschenrechner statt Kopfrechnen

Ein Rechner gehört traditionell schon seit ewigen Zeiten zum Windows-Betriebssystem. Die aktuelle Version macht da keine Ausnahme und bringt einen vollwertigen Rechner mit Verlaufsfunktion mit, der auch über zahlreiche wissenschaftliche Berechnungsfunktionen sowie praktische Umrechnungsmöglichkeiten verfügt. Und er lässt sich sowohl per Finger wie auch per Maus/Tastatur gut und intuitiv bedienen.

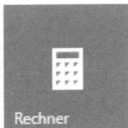

Rechnen mit Verlaufsfunktion

Viel zur Bedienung eines Taschenrechners am Bildschirm will ich gar nicht erwähnen. Das Funktionsprinzip ist wohl jedem vertraut, und die Umsetzung insbesondere mit einem Touchbildschirm macht die App intuitiv und schnell benutzbar. Eine Anmerkung verdient aber die Verlaufsfunktion zum Merken von Zwischenergebnissen.

1. Die Rechner-App zeichnet jeden Rechenschritt mit Ergebnis auf. Am besten sehen Sie das, wenn Sie das Fenster breit genug machen, sodass der Verlauf rechts angezeigt wird.

2. Haben Sie sich beispielsweise verrechnet, müssen Sie nicht komplett von vorne anfangen, sondern können jederzeit zum letzten korrekten Schritt der Rechnung zurückkehren und von dort aus weitermachen. Klicken Sie dazu einfach rechts auf den entsprechenden Eintrag.

3. Dieser wird dann links als aktueller Basiswert übernommen, mit dem Sie einfach weiterrechnen können.

Praktisch – wichtige Umrechnungen nur wenige Fingertipps entfernt

Neben den Grundrechenfunktionen und wissenschaftlichen Formeln verfügt die Rechner-App über einen praktischen Konverter, mit dem Sie ungewohnte Maße schnell in vertraute Einheiten umwandeln können. Dieser beherrscht eine Vielzahl von gängigen ebenso wie exotischen Maßen. Nebenbei kann man noch erstaunliche Erkenntnisse gewinnen, etwa dass 1 britischer Teelöffel so groß wie 1,2 amerikanische Teelöffel ist. Wer hätte das gedacht ...

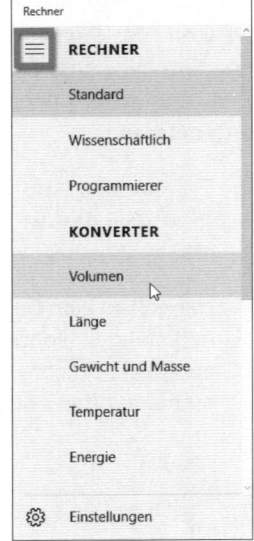

1. Tippen bzw. klicken Sie in der Rechner-App oben rechts auf das Menü-Symbol.

2. Wählen Sie im so eingeblendeten Menü unterhalb der Überschrift *Konverter* den Bereich aus, dem die zu berechnenden Maßeinheiten angehören.

3. Nun können Sie in das obere Feld einen Wert eingeben und darunter die Maßeinheit auswählen, in der dieser vorliegt. Verwenden Sie dafür die virtuelle Tastatur rechts daneben oder einfach auch eine real vorhandene.

4. Wählen Sie dann für das Feld darunter das Maß aus, in das Sie die angegebene Zahl umrechnen möchten.

Das Ergebnis können Sie unmittelbar im unteren Feld ablesen. Ganz unten am Bildschirmrand erhalten Sie außerdem noch ein paar andere naheliegende Umrechnungen für diesen Wert.

Nutzen Sie den Sprachrekorder für schnelle Aufnahmen zwischendurch

Eine weitere hilfreiche App ist der *Sprachrekorder*. Er ermöglicht es, schnell und einfach Aufnahmen mit einem vorhandenen Mikrofon durchzuführen – etwa um Klänge aus der Umgebung aufzunehmen oder auch um eine kurze Notiz zu diktieren.

1. Starten Sie die Sprachrekorder-App und tippen oder klicken Sie dann direkt auf die Mikrofongrafik in der Mitte des Bildschirms, um die Aufnahme zu beginnen.

2. Sprechen Sie nun grob in Richtung des Mikrofons. Bei einem Tablet ist das Mikrofon so eingebaut, dass Sie Ihr Gesicht einfach nur ungefähr dem Bildschirm zuwenden müssen. Die App zeigt den Aufnahmepegel optisch an, sodass Sie einen deutlichen Ausschlag erkennen sollten, wenn Sie laut genug sprechen.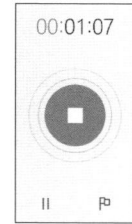

3. Sie können die Aufnahme jederzeit unterbrechen und wieder fortsetzen, indem Sie das kleine Pausensymbol unterhalb des Kreises verwenden.

4. Mit dem Fähnchensymbol haben Sie schon während der laufenden Aufnahme die Möglichkeit, eine besondere Stelle zu markieren, die Sie später dann schnell wiederfinden können.

5. Um die Aufnahme zu beenden, tippen bzw. klicken Sie auf das Stoppsymbol mitten im Aufnahmekreis.

6. Die App legt dann eine Datei mit Ihrer Aufnahme an. Die Liste der Aufnahmen finden Sie rechts oben in der Übersicht (dafür muss man das App-Fenster gegebenenfalls breit genug ziehen).

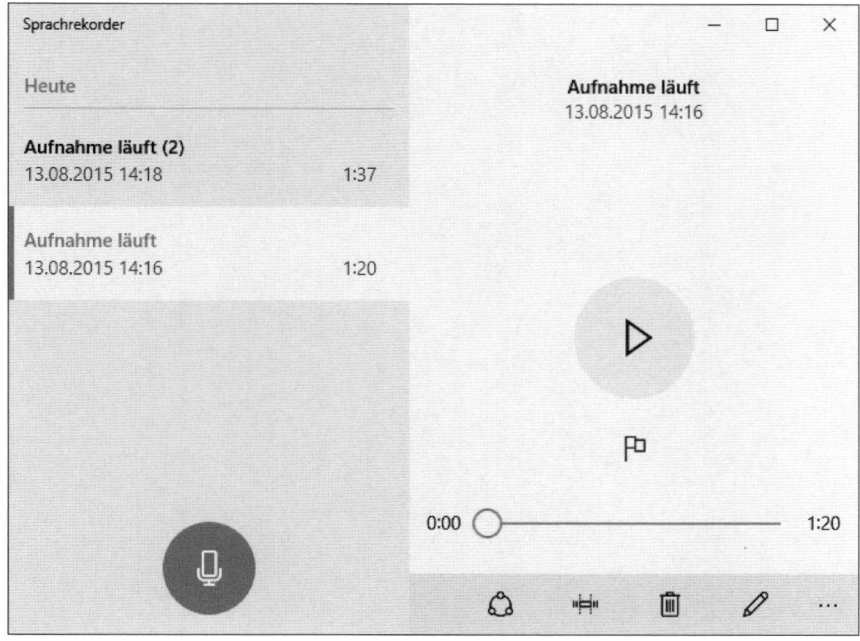

Sie haben anschließend noch die Möglichkeit, die Aufnahme nicht nur anzuhören, sondern auch zu kürzen, also am Anfang und am Ende unnötige Teile wegzuschneiden. Sie können misslungene oder nicht mehr benötigte Aufnahmen auch löschen. Es kann sinnvoll sein, Aufnahmen mit einem aussagekräftigen Namen zu versehen. Außerdem können Sie die *Teilen*-Funktion nutzen, um Aufnahmen an andere Apps weiterzureichen. Auf diese Weise können Sie eine Aufnahme beispielsweise per E-Mail versenden.

Windows 10

8 Windows-Explorer runderneuert: neue Oberfläche und mehr Power

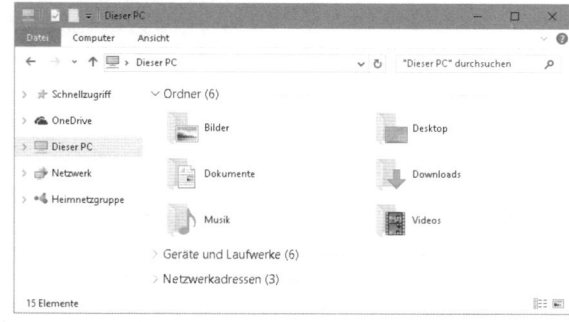

Der Windows-Explorer gehört traditionell zu den beliebtesten Kandidaten für Veränderungen bei neuen Windows-Versionen – zumindest wenn es nach den Microsoft-Entwicklern geht. Die Anwender sehen das oft anders, und für sie gibt es bei Windows 10 recht gute Nachrichten. Zumindest wenn Sie den Schritt über Windows 8 gemacht haben. Wer direkt von Windows 7 kommt, wird sich einigermaßen umgewöhnen müssen. In diesem Kapitel erfahren Sie, wie und wo Sie die bewährten Funktionen für Dateien und Ordner wiederfinden und welche neuen Tricks der Windows-Explorer gelernt hat.

8.1 In der Multifunktionsleiste finden Sie oft genutzte Funktionen schnell wieder

Für Windows-8-Nutzer ist die flexible Multifunktions-Oberfläche beim Windows-Explorer nichts Neues. Wer allerdings von Windows 7 kommt, wird feststellen, dass sich hier einiges getan hat. Microsoft hat den zentralen Datei-Manager auf die Multifunktionsleiste – auf gut Englisch auch gern als Ribbon-Oberfläche bezeichnet – umgestellt.

Sie kombiniert die bislang verwendeten Menüs und eher statischen Symbolleisten zu einem komplexen Bedienfeld mit verschiedenen Kategorien, die sich jeweils dynamisch den ausgewählten Inhalten anpassen. So werden automatisch unterschiedliche Ribbons angezeigt, abhängig davon, ob Sie z. B. Musikdateien, Videos oder Bibliotheken auswählen. Damit Sie sich schnell orientieren und oft genutzte Funktionen schnell wiederfinden können, hier zunächst ein kurzer Überblick über die Elemente und Kategorien der Ribbon-Oberfläche.

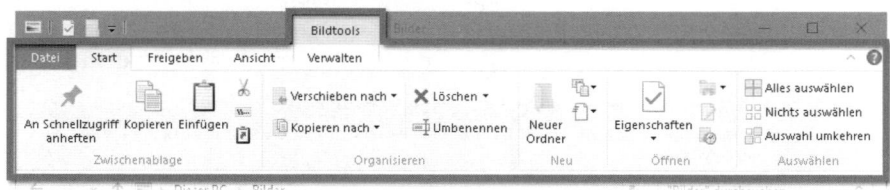

Wozu die Multifunktionsleiste?

Microsoft hat insbesondere im Zusammenhang mit Office-Anwendungen festgestellt, dass Benutzer immer wieder das Hinzufügen neuer Funktionen nachgefragt haben, die es tatsächlich in den vorhandenen Versionen bereits gab. Sie waren eben nur so tief in Untermenüs und Dialogen versteckt, dass sie dort einfach nicht gefunden bzw. wahrgenommen wurden. Andererseits kann man aber bei einer gewissen Funktionsvielfalt nun mal nicht alle Funktionen direkt in der Symbolleiste oder auch nur in der obersten Ebene der Menüs präsentieren. Deshalb will man mit der Multifunktionsleiste einen Zugang schaffen, der einerseits weniger überladen wirkt, andererseits aber immer die gerade benötigten Funktionen auf kurzen Wegen bereitstellt. Dieses Vorhaben ist mit der Multifunktionsleiste im Großen und Ganzen durchaus gelungen. Wer viele Jahre mit der klassischen Bedienung gearbeitet hat, wird sich an die scheinbare Bevormundung durch die Ribbons erst gewöhnen müssen. Andererseits liegen die Vorteile auf der Hand. So findet sich die Möglichkeit, die Anzeige versteckter Dateien bei Bedarf ein- oder auszuschalten, nun direkt in der Multifunktionsleiste. Bislang musste man sich jedes Mal tief in die Ordneroptionen klicken, um diese simple Änderung vorzunehmen.

Mehr Arbeitsfläche durch Minimieren der Multifunktionsleiste

Die Multifunktionsleiste ist eine feine Sache, aber sie benötigt auch einiges an Platz auf dem Bildschirm. Beim Arbeiten mit Dateien benötigen Sie die Funktionen jedoch vielleicht nicht ständig, wenn Sie mehr mit der Maus (Drag-and-drop) sowie gängigen Tastenkürzeln arbeiten. Deshalb sind die Symbolleisten standardmäßig ausgeblendet und werden nur bei Anklicken einer der Kategorien kurzfristig angezeigt. Gerade beim Kennenlernen des neuen Bedienkonzepts bietet es sich aber an, die Multifunktionsleiste erst mal dauerhaft anzuzeigen. So können Sie besser die vielen Funktionen entdecken und das dynamische Konzept dahinter erkennen.

1. Klicken Sie ganz rechts in der Kopfzeile der Multifunktionsleiste auf das kleine Pfeilsymbol. Alternativ können Sie auch mit der rechten Maustaste auf eine beliebige Kategorie der Multifunktionsleiste klicken und im so geöffneten Kontextmenü den Befehl *Menüband minimieren* wählen.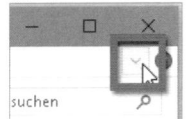

2. Damit zeigen Sie die Multifunktionsleiste dauerhaft auf dem Bildschirm an.

3. Sind Sie gut mit der neuen Leiste vertraut, können Sie sie auf dieselbe Weise wieder ausblenden. An ihrer Stelle finden Sie dann so etwas wie die klassische Menüleiste vor. Als Einträge enthält sie die Kategorien der Multifunktionsleiste.

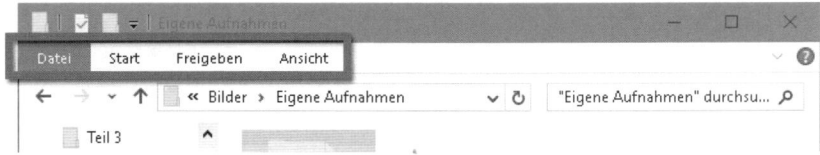

4. Um die Menüs der Multifunktionsleiste zu nutzen, klicken Sie auf den entsprechenden „Menüpunkt". Dann wird diese Kategorie der Multifunktionsleiste vorübergehend eingeblendet.

5. Haben Sie eine Funktion ausgewählt, wird die Leiste automatisch wieder ausgeblendet.

Unterschiedliches Aussehen der Multifunktionsleiste

Die Multifunktionsleiste ist nicht nur insofern dynamisch, als sie sich den bearbeiteten Inhalten anpasst. Sie passt sich auch an die Breite des Windows-Explorer-Fensters an. Ist dieses zu schmal, um alle Elemente einer Kategorie in voller Größe darzustellen, speckt die Leiste automatisch ab. So werden erst die Textbeschriftungen weggelassen. Reicht das noch nicht, wird ein Bereich in einer Schaltfläche zusammengefasst, sodass sich die Optionen erst nach Anklicken in einem Untermenü erschließen. Daraus ergeben sich zwei Konsequenzen: Machen Sie das Windows-Explorer-Fenster immer möglichst breit, sodass der volle Umfang angezeigt werden kann. Und zweitens: Sollte bei Ihnen am PC etwas anders aussehen, als hier im Buch abgebildet, verbreitern Sie einfach das Fenster, um die Darstellung anzugleichen.

HINWEIS

Basisfunktionen im Schnellzugriff in der Titelleiste

Nicht direkt zur Multifunktionsleiste gehören die Schnellzugriffssymbole in der Titelleiste des Anwendungsfensters. Sie erlauben es, wichtige Funktionen jederzeit mit nur einem Mausklick auszuführen. Standardmäßig finden Sie hier Symbole für das Erstellen eines neuen Ordners sowie das Anzeigen der Eigenschaften einer gewählten Datei. Zusätzlich können Sie weitere Symbole hinzufügen, wenn Sie sie häufiger benötigen.

1. Klicken Sie neben den vorhandenen Symbolen auf das kleine Pfeilsymbol.

2. Damit klappen Sie ein Menü auf, in dem Sie weitere Symbole für verschiedene Funktionen vorfinden. Auch die bereits vorhandenen Symbole sind hier aufgeführt und können gegebenenfalls ausgeblendet werden. Klicken Sie einfach auf einen der Einträge, um das Häkchen davor zu setzen bzw. zu entfernen.

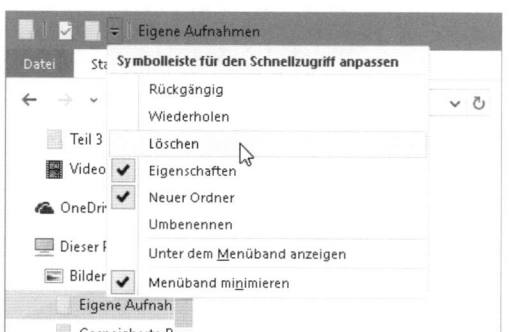

3. Mit dem Klick wird das Menü automatisch wieder ausgeblendet. Sie können es aber beliebig oft für weitere Änderungen öffnen.

Kurze Wege mit der Multifunktionsleiste

Die Multifunktionsleiste befindet sich am oberen Rand des Anwendungsfensters, wo sich früher Menü- und Symbolleisten befanden, die durch die Ribbons ersetzt werden. Sie besteht aus verschiedenen Elementen.

Das Datei-Menü

Ganz oben links finden Sie das *Datei*-Menü. Dieses ist sozusagen ein Überbleibsel aus der guten alten Menüleiste. Manche Funktionen lassen sich einfach nicht sinnvoll in die Menüs der Multifunktionsleiste integrieren, nicht zuletzt, weil sie prinzipiell jederzeit gebraucht werden könnten. Hierzu zählen z. B. die Funktionen zum Öffnen, Speichern und Neuanlegen von Dokumenten, zum Drucken oder für allgemeine Einstellungen und die Hilfe. Diese erreichen Sie hier bei Bedarf jederzeit mit zwei Mausklicks. Bei einigen Funktionen wird gegebenenfalls rechts ein Untermenü geöffnet, in dem weitere Optionen zu dieser Funktion zur Verfügung stehen.

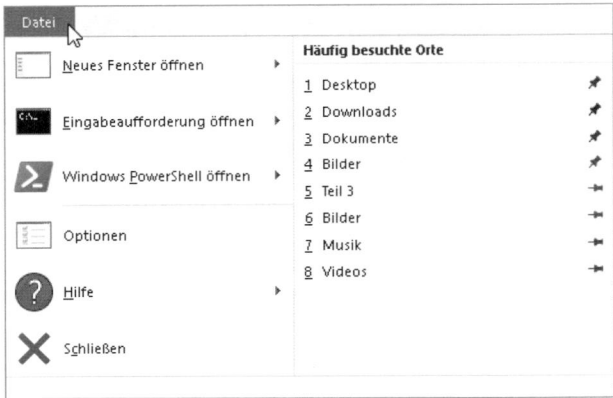

Die Standardkategorien

Die Multifunktionsleiste selbst besteht in der Regel aus mehreren Kategorien. Diese können Sie über die Registerkarten oben anwählen. Welche Kategorien genau angezeigt werden, hängt davon ab, welche Elemente Sie unten ausgewählt haben. Wenn Sie Dateien markiert haben, finden Sie in der Regel mindestens drei Kategorien:

- *Start* enthält die eigentlichen Funktionen zum Umgang mit Dateien und Ordnern wie z. B. Kopieren, Verschieben, Öffnen, Auswählen etc. Normalerweise sollte deshalb diese Kategorie geöffnet sein, wenn Sie mit der Anwendung arbeiten.

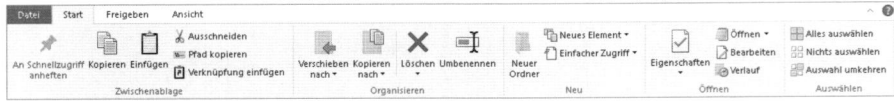

■ *Freigeben* bietet verschiedene Möglichkeiten, ausgewählte Dateien und Dokumente an andere weiterzugeben. Dazu finden Sie in dieser Kategorie z. B. Funktionen, mit denen Sie Daten per E-Mail oder Fax versenden, auf eine DVD brennen oder ausdrucken können.

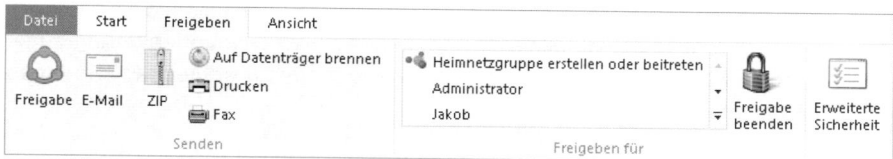

■ *Ansicht* umfasst verschiedene Einstellungen für die Darstellung der Ordner und Dateien. Hier finden Sie z. B. die Funktionen zum Filtern und Gruppieren von Dateien sowie zum Anpassen der Darstellung von Ordneransichten an Ihre Vorlieben. Außerdem können Sie hier das Aussehen des Windows-Explorer insgesamt verändern, indem Sie Elemente wie den Navigationsbereich oder die Vorschauleiste nach Bedarf ein- oder ausblenden.

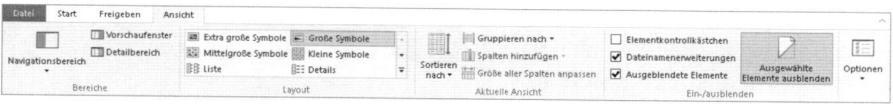

Zusätzliche dynamische Kategorien

Zu den beschriebenen festen Kategorien werden weitere dynamisch eingeblendet, wenn Sie bestimmte Arten von Dateien auswählen. So gibt es z. B. eigene Kategorien für Audio-, Video- und Bilddateien. Diese umfassen jeweils spezielle Funktionen für diese Art von Dokumenten und ersparen es einem unter Umständen, die Dateien extra in einer separaten Anwendung öffnen zu müssen, nur um vergleichsweise simple Aktionen damit auszuführen.

Damit diese hilfreichen dynamischen Kategorien nicht „übersehen" werden, markiert der Windows-Explorer sie zusätzlich mit einer farbigen Überschrift, die in die Titelleiste des Explorer-Fensters hineinragt.

Schnell zwischen den Menüs der Multifunktionsleiste wechseln

In allen Multifunktionsleisten können Sie mithilfe des Scrollrads an Ihrer Maus schnell zwischen den verschiedenen Kategorien wechseln. Bewegen Sie den Mauszeiger auf eine beliebige Stelle der Multifunktionsleiste und drehen Sie dann am Scrollrad, um zwischen den Menüs „durchzuschalten".

TIPP

8.2 Wie geht das jetzt? – Die wichtigsten Rezepte für den neuen Explorer

Wenn Sie das Dateimanagement bislang hauptsächlich per Maus und Drag-and-drop erledigt haben, müssen Sie sich gar nicht großartig umstellen. Sind Sie allerdings ein Anhänger von Symbolleisten und Menüs, ist eine Neuorientierung angesagt. In jedem Fall gibt es aber auch einige neue Wege zu entdecken, die Ihnen das Arbeiten erleichtern können.

»Dieser PC« anstatt »Computer« – Das lässt sich ändern

In der Navigationsleiste des Windows-Explorer heißt Ihr PC plötzlich nicht mehr *Computer*, sondern *Dieser PC*. Das ist reine Kosmetik, denn es ändert sich dadurch nicht wirklich etwas. Sie können diese Bezeichnung auch getrost ändern und Ihren Computer wieder „Computer" nennen oder ihm auch einen ganz anderen Namen geben.

1. Öffnen Sie den Windows-Explorer und klicken Sie mit der rechten Maustaste rechts in der Navigationsleiste auf den Eintrag *Dieser PC*.

2. Wählen Sie im Kontextmenü dann den Befehl *Umbenennen*.

3. Dadurch wird der Name des Eintrags zu einem Eingabefeld, und Sie können die gewünschte Bezeichnung wie etwa das traditionelle *Computer* eintippen. Ebenso können Sie aber auch einen beliebigen anderen Namen für Ihren PC vergeben.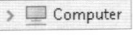

4. Beenden Sie die Eingabe mit ⏎, und schon hat Ihr PC dauerhaft den neuen Namen im Windows-Explorer sowie in anderen Dateiauswahldialogen.

Dateien flexibel kopieren und verschieben

Wenn Sie Dateien oder ganze Ordner verschieben oder kopieren, wird Ihnen der Fortschrittsdialog im Windows-Explorer gefallen, der nicht nur informativ ist, sondern auch praktische Eingriffsmöglichkeiten bietet.

1. Wann immer eine Kopier- oder Verschiebeaktion in Gang ist, blendet Windows anstelle der altbekannten „Datei-flattert-von-A-nach-B-Animation" einen aus-

sagekräftigen Fortschrittsdialog ein. In seiner einfachen Version bietet er zunächst auch nur einen Balken nebst Prozentangabe.

2. Möchten Sie es genauer wissen, klicken Sie unten links auf die runde Schaltfläche *Mehr Details*.

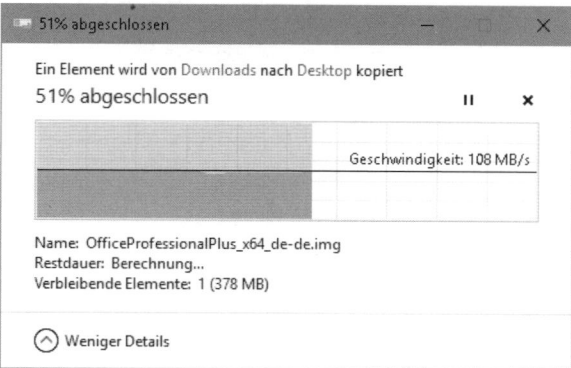

3. Dadurch erhalten Sie eine präzise grafische Darstellung des Vorgangs, der Sie die Übertragungsgeschwindigkeit im Verlauf entnehmen können. Für umfangreichere Aktionen schätzt Windows außerdem die verbleibende Zeit.

4. Ist der Vorgang beendet, verschwindet der Dialog automatisch vom Bildschirm. Ob Sie die einfache oder die ausführliche Variante bevorzugen, merkt sich Windows und zeigt diese bei der nächsten Dateioperation automatisch wieder an.

Dateioperationen anhalten

Haben Sie eine kleine, aber feine Neuerung beim Dateimanagement schon bemerkt? Der Fortschrittsdialog hat nun eine Pause-Taste. Mit diesem Symbol können Sie die Aktion jederzeit anhalten, z. B. wenn Sie eine umfangreichere Transaktion lieber auf später verschieben möchten, weil Sie den PC gerade dringend für etwas Wichtigeres benötigen.

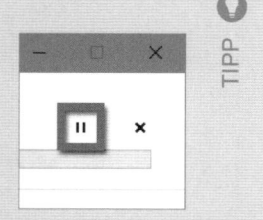

TIPP

Einfach kurz darauf klicken, dann wird die aktuelle Aktion angehalten. Klicken Sie später erneut darauf, wird sie nahtlos fortgesetzt. Einzige Ausnahme: Wenn Sie während der Pause etwas an den Quelldateien verändert haben, kann die Dateioperation nicht fortgesetzt werden.

Bequemeres Übertragen in andere Ordner

Bislang war es relativ umständlich, mit dem Windows-Explorer den Zielordner für Dateiaktionen auszuwählen. Entweder man positionierte zwei Explorer-Fenster nebeneinander und zog die Dateien direkt hinüber, oder man nutzte die Zwischenablage als temporären Speicher.

Beim neuen Windows-Explorer kommt die Möglichkeit hinzu, den Zielordner für das Kopieren oder Verschieben ganz bequem auszuwählen:

1. Öffnen Sie den Ordner, der die Quelldateien enthält, und markieren Sie diese wie gewohnt.

2. Klicken Sie nun in der Kategorie *Start* der Multifunktionsleiste im Bereich *Organisieren* auf die *Verschieben nach*- bzw. *Kopieren nach*-Schaltfläche.

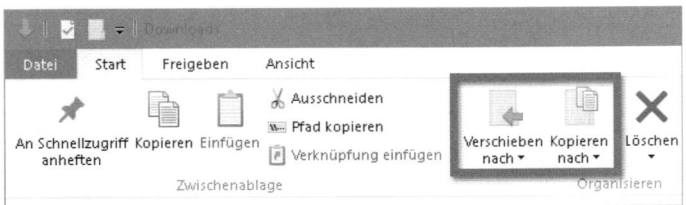

3. Damit klappen Sie eine Liste der zuletzt besuchten Ordner auf. Klicken Sie darin auf den Ordner, in den die ausgewählten Dateien kopiert bzw. verschoben werden sollen.

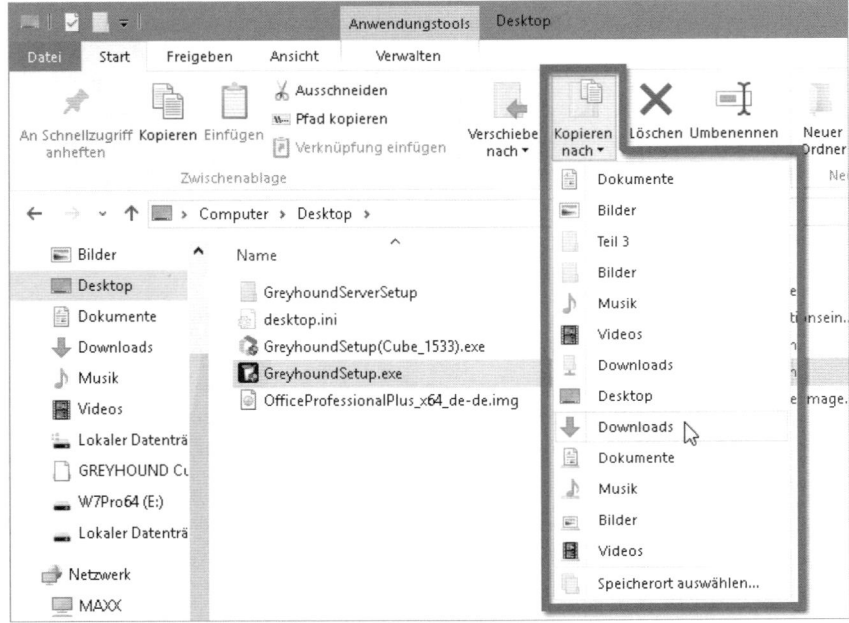

4. Sollte sich der gewünschte Ordner nicht in der Liste befinden, weil Sie ihn länger nicht mehr geöffnet haben, klicken Sie ganz unten auf *Speicherort auswählen* und geben den Zielordner dann in einem üblichen Auswahldialog an.

Mit dem Anklicken des gewünschten Zielordners wird direkt ohne weitere Rückfragen die Dateiaktion durchgeführt.

Mehr Einfluss bei Konflikten zwischen Dateiversionen

Wenn Sie eine Datei in einen Ordner kopieren oder verschieben, in dem bereits eine Datei gleichen Namens vorhanden ist, entsteht zwangsläufig ein Konflikt. Schließlich kann Windows nicht wissen, ob es die im Zielordner bereits vorhandene Dateiversion bewahren oder durch die andere Version ersetzen soll. Die Rückfrage an den Benutzer, die in diesem Fall unausweichlich ist, wurde übersichtlicher gestaltet und funktioniert nun zweistufig.

1. Sobald Windows einen Konflikt feststellt, blendet es zunächst einen übersichtlichen Dialog ein. Wenn Sie direkt entscheiden können, was mit der Datei passieren soll, können Sie

   ■ die Datei im Zielordner ersetzen lassen oder

   ■ die Aktion für die Datei überspringen, also die Datei im Zielordner unangetastet lassen.

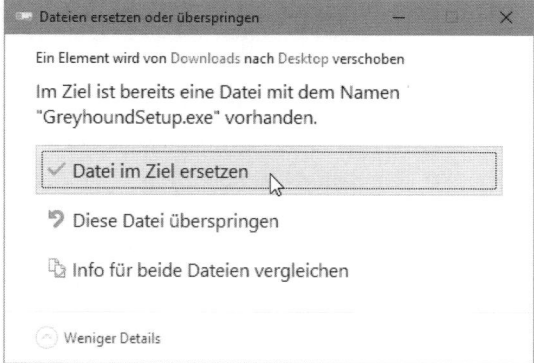

2. Sollten Sie nicht direkt erkennen können, welche Datei Sie nun beibehalten wollen, können Sie mit *Info für beide Dateien vergleichen* die zweite Stufe des Konfliktdialogs aufrufen.

3. Dann zeigt Windows in einem neuen Dialog alle Details zu den beiden Dateien an. Hier können Sie Informationen wie Alter und Umfang der Datei(en) ablesen. Bei Bild- und Videodateien wird zusätzlich eine Minivorschau des Inhalts angezeigt.

4. Setzen Sie jeweils ein Häkchen bei der Datei, die Sie beibehalten wollen. Bei mehreren Dateien können Sie sich bei jeder Datei anders entscheiden oder die gleiche Entscheidung für alle Dateien treffen, indem Sie das Häkchen ganz oben bei *Dateien von* bzw. *Dateien bereits enthalten in* setzen.

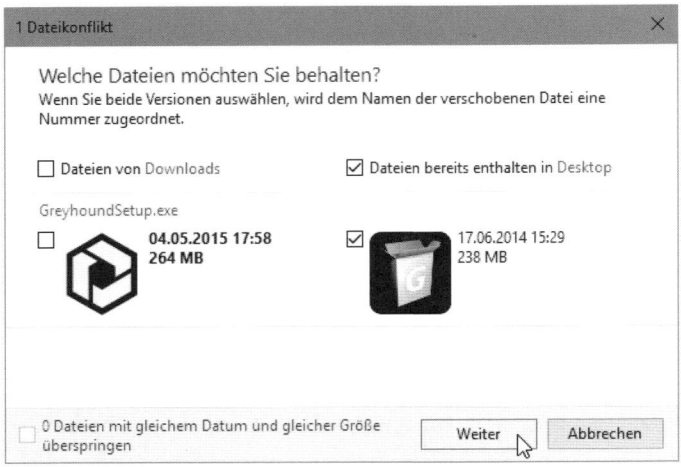

5. Klicken Sie dann unten auf *Weiter*, um den Dateitransfer fortzusetzen.

 Beide Dateiversionen behalten

Sie müssen sich nicht zwangsläufig für eine der zwei Dateiversionen entscheiden, sondern können auch beide Versionen im Zielordner erhalten. Setzen Sie dazu Häkchen auf beiden Seiten. Dann bleibt die vorhandene Datei erhalten, und die andere Version wird zusätzlich dorthin kopiert. Dabei wird ihr Name um eine Zahl ergänzt, damit die Dateien unterschieden werden können.

Die optimale Ordneransicht schnell und flexibel wählen

Der Windows-Explorer beherrscht weiterhin die verschiedenen Ansichtsvarianten für den Inhalt von Ordnern. Von der sehr kompakten Liste bis zu extra großen Symbolen bzw. Vorschaugrafiken ist für jeden Zweck etwas dabei. Allerdings hat sich durch die Multifunktionsleiste auch hier die Bedienung etwas verändert, und es ist eine praktische Abkürzung für die meistgenutzten Ansichten hinzugekommen.

1. Die Ansicht für den aktuellen Ordner wählen Sie nun in der Kategorie *Ansicht* der Multifunktionsleiste. Hier finden Sie im Bereich *Layout* ein großes Auswahlfeld mit den verschiedenen Ansichten.

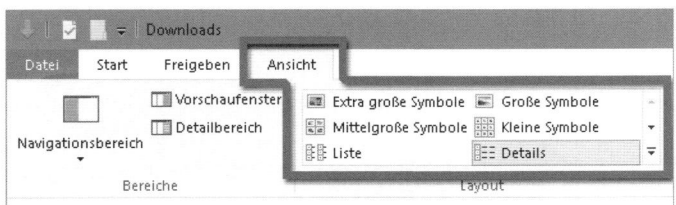

2. Wenn Sie den Mauszeiger auf einem der Einträge kurz verharren lassen, wechselt die Anzeige des Ordners vorübergehend zu dieser Variante. Damit haben Sie also eine Art Echtzeitvorschau.

3. Wichtig: Das Auswahlfeld kann nicht alle Ansichten gleichzeitig anzeigen. Mit den kleinen Pfeilschaltflä-  chen am rechten Rand können Sie den Inhalt deshalb nach oben oder unten verschieben. Oder Sie klicken auf die untere Schaltfläche, um das Auswahlfeld vorübergehend zu vergrößern, sodass alle Varianten auf einmal sichtbar sind.

4. Um eine der Ansichten für den aktuellen Ordner zu wählen, klicken Sie einfach auf den entsprechenden Eintrag. Windows merkt sich die gewählte Einstellung und zeigt den Ordner wieder so an, wenn Sie ihn beim nächsten Mal öffnen.

Stufenloser Wechsel der Ansichten per Mausrad

Ein Schieber, mit dem man wie bei Windows 7 quasi stufenlos durch die verschiedenen Ordneransichten wechseln konnte, ist nicht mehr vorhanden. Sie können aber nach wie vor die Maus für diese Funktion verwenden. Halten Sie dazu die Strg-Taste gedrückt und bewegen Sie das Mausrad nach oben bzw. nach unten, um die Ordneransicht stufenlos zu vergrößern bzw. zu verkleinern.

TIPP

Schneller Wechsel zwischen Details und Symbolen

So angenehm die vielen Möglichkeiten bei der Ordneransicht sind, in der Praxis beschränkt man sich meist doch auf eine oder wenige Varianten. Dem trägt Microsoft Rechnung, indem es kleine Symbole für die Ansichten *Details* und *Große Symbole* unten rechts im Explorer-Fenster fest verankert. Egal welche Kategorie der Multifunktionsleiste Sie gerade geöffnet haben, über diese Symbole können Sie jederzeit eine dieser beiden Ansichten aktivieren.

Einfacher Umgang mit ZIP-Archiven

Schon frühere Windows-Versionen unterstützten den Umgang mit ZIP-Archiven. Bis auf das Entpacken per Doppelklick waren diese Funktionen allerdings in den Untiefen der Kontextmenüs versteckt. Beim aktuellen Windows lassen sich ZIP-Archive hingegen ganz einfach und intuitiv erstellen:

1. Öffnen Sie den Ordner mit den zu packenden Dateien und markieren Sie alle Dateien, die in das ZIP-Archiv gelangen sollen. Selbstverständlich können Sie auch Ordner auswählen, die dann mit ihrer gesamten Struktur ins Archiv übernommen werden.

2. Wechseln Sie anschließend in der Multifunktionsleiste in die Kategorie *Freigeben* und klicken Sie dort auf *ZIP*.

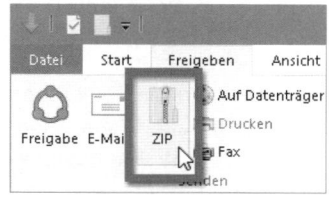

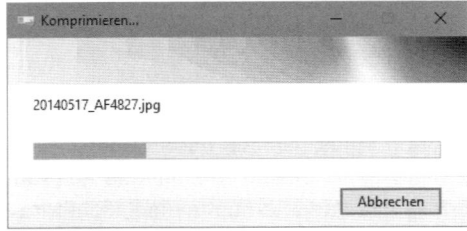

3. Der Windows-Explorer erstellt danach direkt eine Archivdatei mit allen ausgewählten Dateien im aktuellen Ordner. Als Archivname wird der Dateiname der ersten Datei vorgeschlagen. Diesen Vorschlag übernehmen Sie mit ⏎ oder ersetzen ihn durch eine passendere Bezeichnung.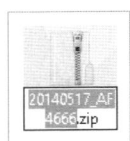

Für das Entpacken von ZIP-Archiven bringt der Windows-Explorer eine eigene Kategorie mit, die automatisch eingeblendet wird, wann immer Sie eine ZIP-Datei auswählen.

Sie bietet neben einer Auswahl der meistgenutzten Ordner nur den Menüpunkt *Alle extrahieren*, mit dem Sie den bereits von früheren Windows-Versionen bekannten Assistenten zum Entpacken von Archiven starten. Er erlaubt es, den Inhalt eines Archivs in einen beliebigen Ordner zu extrahieren. Wollen Sie nur den Inhalt des Archivs inspizieren, reicht wie gewohnt ein Doppelklick auf die ZIP-Datei. Anschließend können Sie einzelne oder mehrere Dateien auch per Drag-and-drop aus dem Archiv holen.

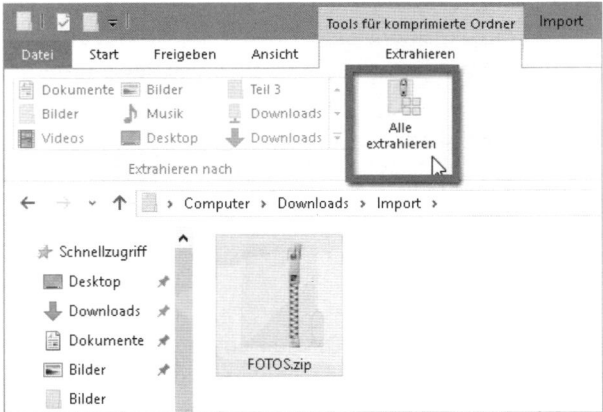

8.3 Neue (und neu entdeckte) Explorer-Funktionen

Neben einer veränderten Optik für bekannte Aktionen bringt der Windows-Explorer auch einige neue Funktionen mit. Und ebenfalls nicht unwichtig: Manche Funktionen waren auch früher schon vorhanden, aber so unpraktisch versteckt, dass sie selten oder nie eingesetzt wurden. Sie lassen sich dank der Multifunktionsleiste jetzt direkt und unkompliziert nutzen.

Häufig genutzte Ordner und Dokumente im Schnellzugriff

Die von früheren Windows-Versionen bekannten Favoriten im Windows-Explorer sind immer noch vorhanden. Allerdings wurden sie umbenannt und im Funktionsumfang erweitert. Sie finden sich nun unter der Bezeichnung *Schnellzugriff* ganz oben im Navigationsbereich des Windows-Explorer. Von Haus aus umfasst die Liste einige Standardordner. Weitere Elemente werden dynamisch hinzugefügt, wenn sie zuletzt häufiger verwendet wurden. Sie können den Inhalt des Schnellzugriffs aber auch selbst beeinflussen.

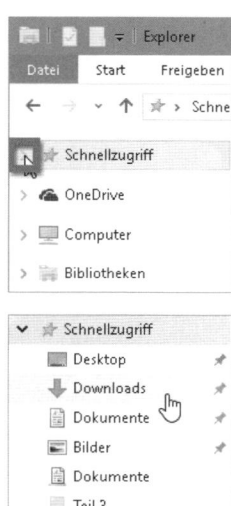

1. Den Schnellzugriff des Windows-Explorer finden Sie in der Navigationsleiste ganz oben. Wird nur die Kategorie *Schnellzugriff* ohne Inhalt angezeigt, klicken Sie auf das kleine Pfeilsymbol links daneben, um den Inhalt auszuklappen. Alternativ können Sie auch einen Doppelklick auf den Schriftzug ausführen.

2. Von Haus aus gehören zu den Schnellzugriffen der *Desktop*, der *Downloads*-Ordner sowie die Bibliotheken *Dokumente* und *Bilder*. Um einen dieser Ordner aufzurufen, klicken Sie einfach auf den entsprechenden Eintrag.

3. Der Windows-Explorer öffnet dann rechts im Hauptbereich eben diesen Ordner und zeigt seinen Inhalt an. Gleichzeitig springt die Pfad-Anzeige links im Navigationsbereich an die entsprechende Stelle der Ordnerhierarchie Ihres PCs.

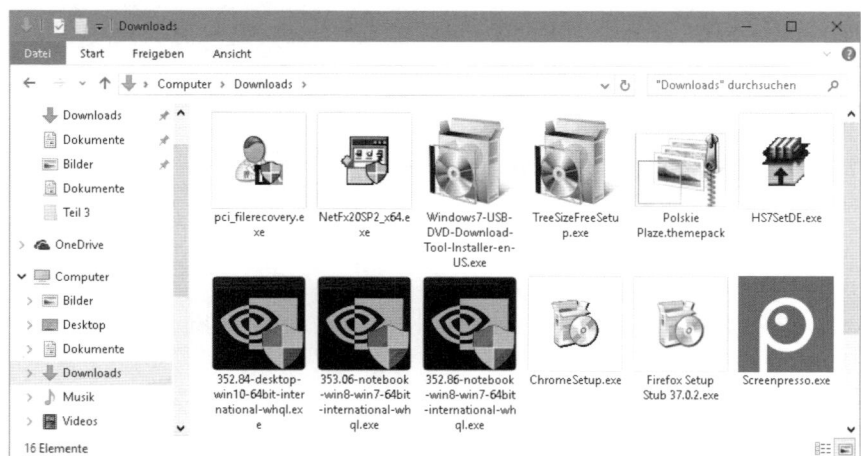

Eigene Ordner als Schnellzugriff direkt zugänglich machen

Wirklich sinnvoll wird der Schnellzugriff im Windows-Explorer, wenn Sie selbst Ordner als Schnellzugriffsziele festlegen. So können Sie häufig genutzte Ordner oder besonders tief verschachtelte Verzeichnisse jederzeit mit ein bis zwei Maus-klicks erreichen.

1. Starten Sie den Windows-Explorer und öffnen Sie darin den Ordner, den Sie dem Schnellzugriff hinzufügen möchten. Der Windows-Explorer sollte also genau das anzeigen, was Sie sehen möchten, wenn Sie diesen Schnellzugriff abrufen.

2. Klicken Sie mit der rech-ten Maustaste links in der Navigationsleiste auf *Schnellzugriff*.

3. Wählen Sie im Kontext-menü den Befehl *Aktuel-len Ordner an Schnellzu-griff anheften*.

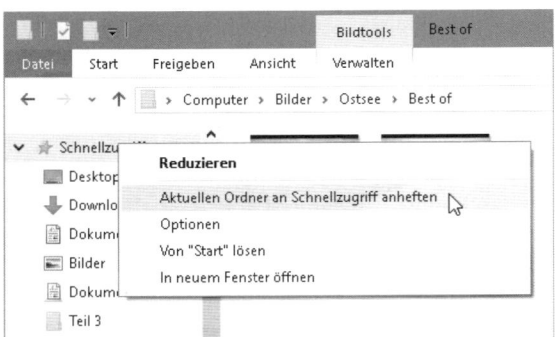

4. Der Windows-Explorer fügt dem Schnellzugriff daraufhin einen neuen Eintrag hinzu, der den Namen des ausge-wählten Ordners trägt. Genau wie bei den standardmä-ßigen Einträgen können Sie diesen Ordner nun jederzeit öffnen, indem Sie ihn dort anklicken.

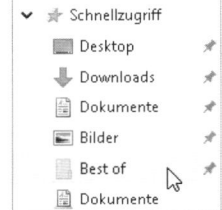

Schnellzugriffe entfernen

Die Einträge des Schnellzugriffs haben ein Kontextmenü, über das Sie die wichtigsten Funktionen abrufen können. Teilweise wirken diese sich auf den durch den Ein-trag bezeichneten Ordner selbst aus, teilweise nur auf den Favo-riten. Letzteres gilt insbesondere für das Löschen. Mit *Von Schnell-zugriff lösen* können Sie den Ein-

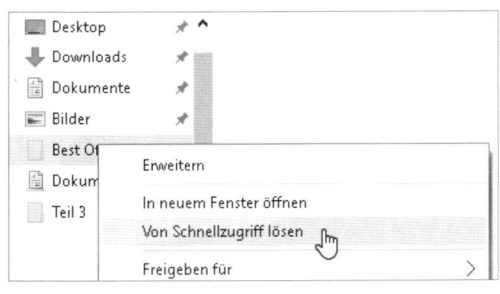

trag aus der Favoritenliste entfernen. Der Ordner selbst bleibt davon unberührt.

Schnellzugriffe umbenennen

Einen wichtigen Unterschied zu den Favoriten früherer Windows-Versionen gibt es beim Umbenennen. Bislang konnte man den Namen von einmal eingerichteten Favoriten ändern, ohne dass der zugrunde liegende Ordner davon betroffen war. Beim Schnellzugriff können Sie die angezeigte Bezeichnung nicht verändern. Sie können aber den Namen des Ordners selbst wechseln. Dann wird der Eintrag im Schnellzugriff entsprechend angepasst.

Die dynamischen Einträge im Schnellzugriff

Wer aus früheren Windows-Versionen noch den Eintrag *Zuletzt besucht* in den Favoriten kennt, der muss sich etwas umgewöhnen. Einen solchen Eintrag gibt es nun nicht mehr. Stattdessen hängt Windows automatisch sowohl Ordner als auch Dateien an den Schnellzugriff an, die Sie in letzter Zeit regelmäßig geöffnet haben. Das Ganze passiert komplett ohne Ihr Zutun. Diese dynamisch erstellten Einträge verschwinden nach einiger Zeit auch wieder, wenn Sie die entsprechenden Elemente nicht mehr so oft nutzen. Trotzdem haben Sie eine gewisse Kontrolle darüber, welche Elemente im Schnellzugriff angezeigt werden und welche nicht.

Dynamische Einträge im Schnellzugriff erkennen

Die festen und die dynamischen Einträge stehen im Schnellzugriff gleichberechtigt untereinander. Erst kommen die festen, darunter die dynamischen. Außerdem sind die festen bzw. selbst gewählten Einträge rechts mit einem Stecknadelsymbol versehen. Die dynamischen tragen dieses Symbol nicht, was eine eindeutige Unterscheidung ermöglicht.

TIPP

Sollte Sie ein dynamisch eingefügtes Element im Schnellzugriff stören, können Sie es leicht loswerden:

1. Klicken Sie den Eintrag mit der rechten Maustaste an.

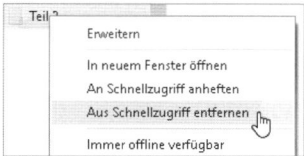

2. Wählen Sie im Kontextmenü den Befehl *Aus Schnellzugriff entfernen*. Ab sofort wird dieses Element nicht mehr im Schnellzugriff angezeigt.

Falls Sie die ständigen Änderungen im Schnellzugriff durch diese Automatikfunktion eher irritieren, können Sie diesen Teil des Schnellzugriffs auch ganz deaktivieren.

1. Öffnen Sie dazu im Windows-Explorer im Bereich *Ansicht* der Multifunktionsleiste die *Optionen*.

2. Hier finden Sie in der Rubrik *Allgemein* unten den Bereich *Datenschutz*.

3. Darin können Sie getrennt für Dateien und Ordner festlegen, ob diese im Schnellzugriff angezeigt werden sollen. Sie können also beispielsweise die Funktion für Ordner beibehalten, aber für einzelne Dateien deaktivieren.

Welchen Ordner soll der Explorer standardmäßig anzeigen?

Wenn man den Windows-Explorer ohne weitere Vorgaben startete, zeigte er bislang automatisch den Inhalt des Ordners *Computer* an (heißt jetzt *Dieser PC*). War die Anzeige von *Bibliotheken* aktiviert, wurden diese als Startordner gewählt. Bei Windows 10 können Sie dieses Verhalten erstmals – wenn auch nur in gewissen Grenzen – beeinflussen. Standardmäßig zeigt der Windows-Explorer hier den *Schnellzugriff* (siehe Seite 171) links im Navigationsbereich an, sodass Sie von dort aus direkt zu wichtigen Ordnern weiternavigieren können. Bevorzugen Sie das alte Verhalten, den zentralen Ordner *Dieser PC* (entsprechend *Computer* bei älteren Versionen) anzuzeigen, lässt sich auch diese Variante aktivieren:

1. Öffnen Sie in der Kategorie *Ansicht* der Multifunktionsleiste ganz rechts die *Optionen*.

2. Hier können Sie in der Rubrik *Allgemein* ganz oben wählen, ob der Explorer beim Start den *Schnellzugriff* oder *Dieser PC* anzeigen soll.

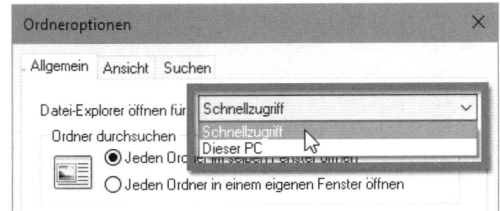

3. Übernehmen Sie die Änderung unten mit *OK*.

Gute Nachrichten für Windows-7-Fans: Das gibt es endlich wieder

Gute Nachrichten gleich zu Beginn: Manchmal nimmt sich Microsoft die Kritik der Anwender zu Herzen und gibt auch mal Fehler (indirekt) zu. So beschwerten sich zahlreiche Anwender von Windows 7 über Elemente, die ihnen im Windows-Explorer plötzlich fehlten. In meinem Blog beschäftigten sich die meistgelesenen Artikel damit, wie sich diese Funktionen nachrüsten lassen. Das wird nun nicht mehr nötig sein, denn sie sind wieder von Haus aus dabei.

Die Nach-oben-Schaltfläche

Beim Explorer von Windows 7 verzichtete Microsoft auf die Nach-oben-Schaltfläche, mit der man mit einem Mausklick jeweils zum übergeordneten Ordner wechseln konnte. Zwar gab es dafür Alternativen, etwa das Adressfeld oder die Tastenkombination [Alt]+[↑] (die übrigens nach wie vor funktioniert), aber viele Anwender kritisierten diese „Verschlimmbesserung" sehr.

Offenbar ist die Botschaft angekommen, denn seit Windows 8 bringt der Windows-Explorer wieder eine solche Schaltfläche mit, gleich links neben dem Adressfeld.

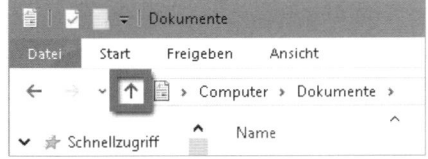

Die Statuszeile

Auch die Statuszeile haben viele Anwender vermisst, genauer
ausgedrückt, die Anzeige der

Anzahl und Größe der ausgewählten Dateien in selbiger. Diese erlaubt eine sehr
einfache Abschätzung des Speicherumfangs, etwa wenn man eine bestimmte Anzahl von Dateien auf einen USB-Stick übertragen möchte. Beim aktuellen Windows
können Sie diese Angaben wieder direkt in der Statusleiste ablesen.

Die Dateiauswahl invertieren

In der Kategorie *Start* der Multifunktionsleiste finden Sie ganz rechts den Bereich
Auswählen. Neben den bekannten Funktionen *Alles auswählen* und *Nichts auswählen* finden Sie hier zusätzlich die Option *Auswahl umkehren*, die die aktuelle Auswahl invertiert. Alle Dateien, die zuvor im aktuellen Ordner angewählt waren, sind
anschließend nicht mehr gewählt, und gleichzeitig werden alle zuvor nicht gewählten Dateien nun als ausgewählt markiert – eine schon seit vielen Jahren immer wieder nachgefragte Funktion, die der Windows-Explorer nun an prominenter, leicht
erreichbarer Stelle bietet.

Wozu dieses Invertieren gut sein soll? Ein einfaches Beispiel mag verdeutlichen,
wie Sie diese Funktion zeitsparend einsetzen können. Nehmen wir an, Sie möchten in einem Ordner mit 100 Dateien 98 Dateien auswählen, aber zwei eben nicht.
Nun könnten Sie umständlich alle 98 gewünschten Dateien nach und nach auswählen, oder aber Sie wählen erst mal alles aus und dann die beiden Streichkandi-
daten wieder ab. Mit dem Invertieren der Auswahl geht es einfacher und schneller.

1. Wählen Sie zunächst genau die beiden Dateien
   aus, die Sie eigentlich gar nicht auswählen möchten – und zwar nur diese beiden.

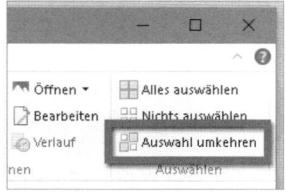

2. Klicken Sie dann auf *Auswahl umkehren*. Nun
   kehrt der Windows-Explorer Ihre Auswahl um.
   Anschließend sind alle Dateien bis auf die beiden
   unerwünschten Dateien ausgewählt. Und fertig.

Dateiverknüpfungen in beliebigen Ordnern erstellen

Bei früheren Windows-Versionen war das Erstellen von Verknüpfungen relativ umständlich. Man musste die Verknüpfung zunächst im Ordner der Ursprungsdatei
anlegen und dann von dort aus in den gewünschten Ordner verschieben. Das geht
nun etwas direkter:

1. Wählen Sie zunächst die Datei(en) aus, für die Sie
   Verknüpfungen erstellen wollen. Kopieren Sie diese
   in die Zwischenablage, entweder mit [Strg]+[C] oder mit
   der Schaltfläche *Kopieren* links in der Kategorie *Start*
   der Multifunktionsleiste.

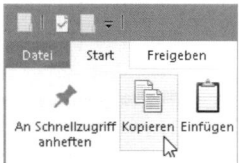

2. Wechseln Sie nun mit dem Windows-Explorer in den Ordner, in dem Sie die Verknüpfung erstellen möchten.

3. Klicken Sie hier im Bereich *Zwischenablage* der Kategorie *Start* auf die Schaltfläche *Verknüpfung einfügen*. Dann erstellt der Windows-Explorer in diesem Ordner eine Verknüpfung zu jeder Datei, die sich gerade in der Zwischenablage befindet.

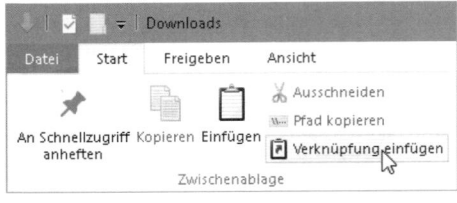

Dateieigenschaften auf die Schnelle entfernen

Dateien können neben ihrem eigentlichen Inhalt immer mehr zusätzliche Eigenschaften haben. Ein gutes Beispiel dafür sind Bilder, in deren Eigenschaften inzwischen häufig vermerkt ist, wann, mit welcher Kamera und welchen Einstellungen das Bild aufgenommen und mit welcher Software es anschließend bearbeitet wurde. Teilweise wird sogar der Ort vermerkt, an dem ein Bild aufgenommen wurde. Mit dem aktuellen Windows-Explorer können Sie solche Eigenschaften einfacher überprüfen und vor allem entfernen, bevor Sie eine Datei an andere weitergeben.

1. Markieren Sie die fragliche Datei. Sie können auch gleich mehrere Dateien auswählen. Allerdings können Sie dann nur die Eigenschaften betrachten, die alle Dateien gemeinsam haben.

2. Wenn Sie in der Kategorie *Start* der Multifunktionsleiste nun im Bereich *Öffnen* auf die Schaltfläche *Eigenschaften* klicken, zeigt der Windows-Explorer die Eigenschaften dieser Datei(en) an.

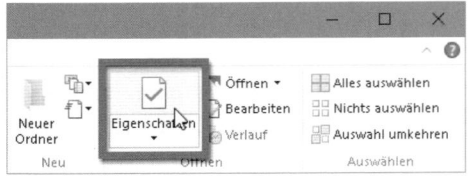

3. Klicken Sie stattdessen bei derselben Schaltfläche am unteren Rand auf den Pfeil, öffnen Sie ein zusätzliches Menü. Wählen Sie darin *Eigenschaften entfernen*, um alle zusätzlichen Informationen aus der ausgewählten Datei zu entfernen.

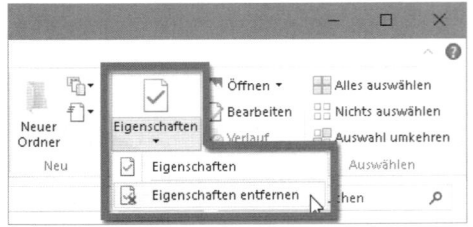

4. Windows öffnet dann einen Dialog mit den erweiterten Eigenschaften. Hier finden Sie aber vor jedem Eintrag ein Häkchen. Damit können Sie wählen, ob diese Information gelöscht werden soll (Häkchen) oder nicht (kein Häkchen). Wollen Sie schnell alle erweiterten Informationen aus der Datei entfernen, können Sie unten mit der Schaltfläche *Alle auswählen* bei allen Einträgen Häkchen setzen.

5. Mit der Option *Folgende Eigen-schaften aus dieser Datei entfer-nen* lassen Sie die Angaben direkt aus der ausgewählten Datei ent-fernen. Wollen Sie hingegen eine neue Version der Datei ohne Zu-satzinformationen erstellen, wäh-len Sie *Kopie erstellen, in der alle möglichen Eigenschaften entfernt sind*. Die Löschfunktion belässt dann die Informationen in der Aus-gangsdatei und erstellt stattdes-sen eine Kopie des Dokuments ohne die ausgewählten Angaben. Diese neue Datei wird unter dem gleichen Namen mit dem Zusatz *Kopie* abgelegt und kann beden-kenlos an andere weitergegeben werden.

6. Klicken Sie dann ganz unten auf *OK*, um die ausgewählten Daten zu entfernen.

Erweiterte Angaben aus vielen Dateien auf einmal entfernen

Beim Weitergeben von Dateien geht es oft nicht nur um ein Dokument, sondern gleich um mehrere oder auch einen ganzen Ordner. In solchen Fällen müssen Sie nicht alle Dokumente mühsam einzeln säubern. Markieren Sie einfach im Windows-Explorer alle betroffenen Dateien und lassen Sie diese wie beschrie-ben bereinigen. Der Vorgang läuft genauso ab, nur dass die gewählten Angaben eben aus allen ausgewählten Dateien auf einmal entfernt bzw. entsprechende Kopien erstellt werden.

TIPP

Irritierende Dateien ausblenden

Schon lange gibt es bei Windows die Möglichkeit, Dateien zu verstecken. Sie wer-den dann im Windows-Explorer einfach nicht angezeigt, obwohl sie vorhanden sind. Bislang allerdings hat diese Funktion mehr Schaden als Nutzen gebracht, weil es relativ kompliziert war, versteckte Dateien trotzdem anzeigen zu lassen. Und die Eigenschaft *Versteckt* lässt sich auch nur durch ein Häkchen in den Untiefen der Dateieigenschaften steuern. Die Multifunktionsleiste integriert nun eine ähnliche Funktion direkt in die Bedienoberfläche und schafft damit praktische Möglichkei-ten für mehr Übersicht in umfangreichen Ordnern.

1. In der Kategorie *Ansicht* finden Sie rechts im Bereich *Ein-/ausblenden* die Op-tion *Ausgeblendete Elemente*. Sie ist standardmäßig deaktiviert, das heißt, ver-steckte Dateien werden nicht angezeigt.

KAPITEL 8

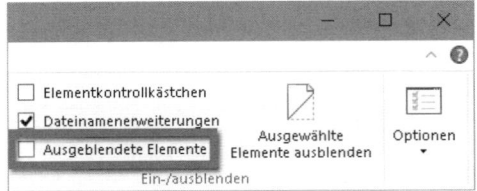

2. Setzen Sie ein Häkchen bei dieser Option, um eventuell versteckte Dateien im aktuellen Ordner einzublenden. Diese Einstellung gilt pauschal für alle Ordner, bis Sie das Häkchen wieder entfernen.

3. Versteckte Dateien werden entsprechend der gewählten Sortierung etc. im Ordner angezeigt. Allerdings werden sie mit einem „Grauschleier" dargestellt, sodass Sie sie von nicht versteckten Dateien sofort unterscheiden können.

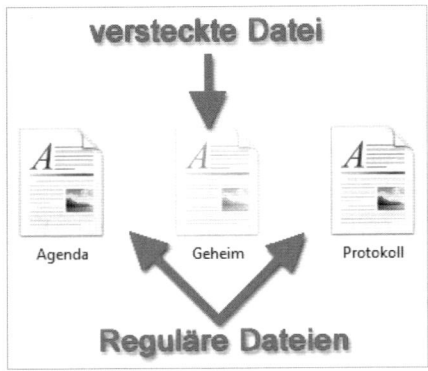

Dateien selbst verstecken

Dass die Bedienelemente rund um versteckte Dateien nun direkt in die Multifunktionsleiste integriert sind, gibt Ihnen die Möglichkeit, diese Funktionalität ganz einfach für eigene Zwecke zu nutzen, um z. B. wichtige Dateien vor versehentlichem Löschen oder Ändern zu schützen. Auch als simple Schutzmaßnahme vor neugierigen Augen kann das dienen, aber etwas versiertere Anwender (bzw. eben Leser dieses Buches) werden Sie damit nicht täuschen können.

1. Markieren Sie die zu versteckende(n) Datei(en).

2. Klicken Sie in der Multifunktionsleiste auf die Schaltfläche *Ausgewählte Elemente ausblenden*. Damit erhalten die ausgewählten

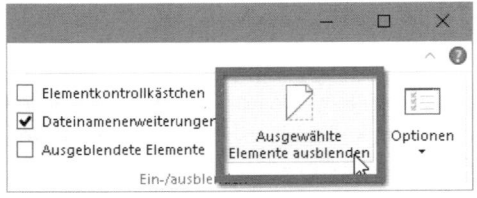

Elemente die Eigenschaft *Versteckt*. Solange oben die Option *Ausgeblendete Elemente* deaktiviert ist, werden sie nun nicht mehr angezeigt.

3. Um eine versteckte Datei wieder dauerhaft sichtbar zu machen, setzen Sie das Häkchen bei *Ausgeblendete Elemente* und markieren die nun sichtbare Datei.

4. Die Schaltfläche *Ausgewählte Elemente ausblenden* wird nun farbig unterlegt, um zu verdeutlichen, dass die gewählte Datei bereits versteckt ist. Klicken Sie erneut darauf, um die Datei wieder dauerhaft sichtbar zu machen.

8.4 Passen Sie den Windows-Explorer individuell an

Auch mit der Multifunktionsleiste gibt es noch immer zahlreiche Möglichkeiten, das Erscheinungsbild und die Funktionsweise des Windows-Explorer Ihren persönlichen Vorlieben anzupassen. Wenn Ihnen der gute alte Windows-Explorer mit Menü- und Symbolleisten besser gefallen hat, können Sie die Multifunktionsleiste sogar dafür verwenden, diese Optik und Funktionalität – zumindest weitestgehend – wiederherzustellen.

Navigationsbereich, Vorschau und Details nach Bedarf einblenden

Die drei eigenständigen Bereiche für Navigation, Vorschau und Details sind bereits von früheren Windows-Versionen bekannt und im Prinzip auch so erhalten geblieben. Allerdings wird der Detailbereich nun nicht mehr am unteren Rand angezeigt, sondern genauso wie die Vorschau am rechten Fensterrand. Das führt dazu, dass Sie entweder den Vorschaubereich oder den Detailbereich oder keinen von beiden anzeigen können, niemals aber beide gleichzeitig.

Was nun genau angezeigt wird, steuern Sie in der Kategorie *Ansicht* der Multifunktionsleiste ganz links unter *Bereiche*:

- Mit *Navigationsbereich* öffnen Sie ein kleines Menü, in dem Sie die Anzeige und Funktionsweise des Navigationsbereichs steuern.

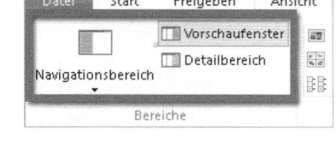

- Mit *Vorschaufenster* steuern Sie die Anzeige des Vorschaubereichs.

- *Detailbereich* regelt, ob rechts ein Bereich mit näheren Einzelheiten zu den jeweils ausgewählten Dateien angezeigt wird.

Die letzten beiden schließen sich gegenseitig aus. Ist also einer dieser Bereiche aktiv und Sie klicken auf den jeweils anderen, wird der bisher angezeigte ausgeblendet und durch den nun gewählten ersetzt. Klicken Sie erneut auf die Schaltfläche eines bereits angezeigten Bereichs, wird dieser ausgeblendet, und es steht mehr Platz für das Anzeigen von Ordnern zur Verfügung.

Die Funktionsweise des Navigationsbereichs anpassen

Den Navigationsbereich können Sie nicht nur pauschal ein- oder ausblenden. Im zuständigen Menü finden Sie weitere Optionen, mit denen Inhalt und Funktionsweise dieses Bereichs individuell angepasst werden können. Hier geht es nicht um gut oder schlecht, sondern einfach um Ihre bevorzugte Arbeitsweise.

- Wenn Sie bei früheren Windows-Versionen regelmäßig mit der Ordner-Explorer-leiste gearbeitet haben, sind Sie es gewohnt, dass diese Ihnen ständig durch das Dateisystem folgt. Wechseln Sie also z. B. rechts in einen anderen Ordner oder Unterordner, aktualisiert sich die Leiste links automatisch, sodass der neue Ordner angezeigt und ausgewählt wird. Wenn Sie im Menü die Option *Erweitern, um Ordner zu öffnen* anwählen, verhält sich der aktuelle Windows-Explorer in dieser Hinsicht genauso.

- Wenn Sie mit den neuen Kategorien in der Navigationsleiste nicht so recht warm werden wollen und lieber wieder zur vollständigen Ordnerstruktur zurückkehren möchten, wählen Sie *Alle Ordner anzeigen*. Der Windows-Explorer verzichtet dann auf die verschiedenen Kategorien im Navigationsbereich und stellt stattdessen ausgehend vom Desktop alles in einer komplexen Struktur dar. Lediglich die Favoriten verbleiben als separate Kategorie, was aber wohl auch sinnvoll ist.

- Bibliotheken werden anders als in früheren Windows-Versionen standardmäßig nicht mehr explizit als eigene Gruppe im Navigationsbereich angezeigt. Wenn Sie Bibliotheken aber intensiv nutzen, können Sie dies ändern, indem Sie die Option *Bibliotheken anzeigen* aktivieren.

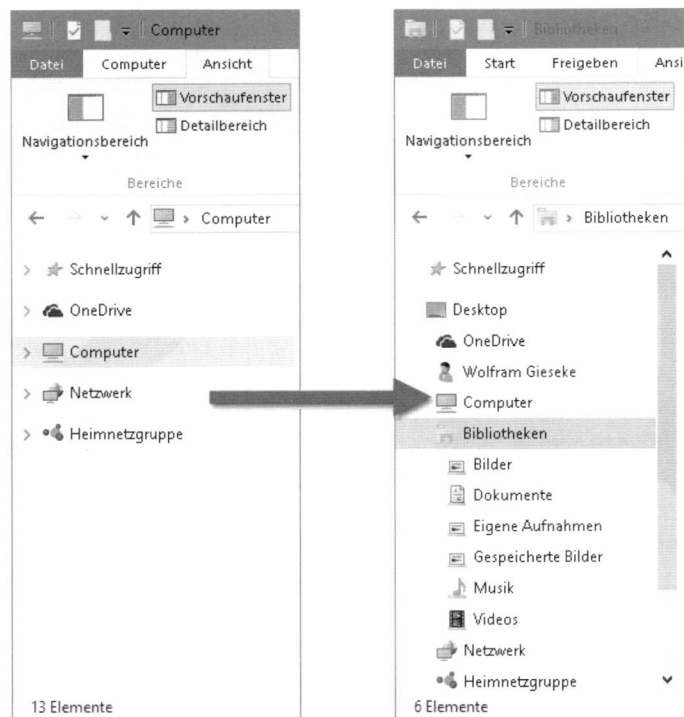

Anstelle der Standardansicht des Navigationsbereichs lässt sich die Darstellung früherer Windows-Versionen annähernd wiederherstellen.

Die Schnellzugriffsleiste individuell gestalten

Ist Ihnen schon aufgefallen, dass der Windows-Explorer neben der Multifunktionsleiste noch ein weiteres Bedienelement mitbringt, das Sie individuell anpassen
können? Gemeint ist die Schnellzugriffsleiste, die sich – standardmäßig – oben in
der Titelleiste des Fensters befindet. Dort sehen Sie ganz rechts das Symbol für
das Fenstermenü, das unverrückbar ist. Die Symbole rechts daneben aber stehen
für bestimmte Funktionen des Windows-Explorer und lassen sich anpassen. Sie
erlauben es, regelmäßig benutzte Funktionen jederzeit direkt mit einem Mausklick
abrufen zu können, ohne dafür erst in die entsprechende Kategorie der Multifunktionsleiste wechseln zu müssen.

Eigene Symbole in die Schnellzugriffsleiste aufnehmen

Sie können praktisch jede Funktion, die sich irgendwo in irgendeiner Kategorie der
Multifunktionsleiste befindet, in die Schnellzugriffsleiste einfügen.

1. Öffnen Sie dazu die Kategorie, in der die dazugehörende Schaltfläche enthalten ist.

2. Klicken Sie dann mit der rechten Maustaste auf diese Schaltfläche.

3. Wählen Sie im geöff-
neten Menü den Be-
fehl *Zur Symbolleiste
für den Schnellzugriff
hinzufügen*.

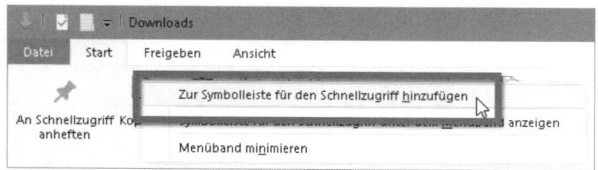

Der Windows-Explorer fügt der Schnellzugriffsleiste dann das Symbol für diese
Funktion hinzu. Ab sofort bewirkt ein Klick auf dieses Symbol dasselbe wie ein
Klick auf die eigentliche Schaltfläche in der Multifunktionsleiste. Handelt es sich
bei dem hinzugefügten Element um eine Schaltfläche, die zunächst eine Auswahlliste öffnet, dann öffnet auch der Klick auf das Symbol in der Schnellzugriffsleiste
erst mal diese Liste, aus der Sie dann die gewünschte Auswahl treffen. Sie können also z. B. auch das Element zur Auswahl der Ordneransicht aus der Kategorie *Ansicht* in die Schnellzugriffsleiste einfügen und dort in vollem Umfang nutzen.

Die Reihenfolge der Elemente in der Schnellzugriffsleiste

Die Reihenfolge der Elemente lässt sich nicht beliebig gestalten. Neu hinzugefügte Elemente werden stets rechts angefügt und behalten dann dort ihre Position.
Wenn Sie eine bestimmte Reihenfolge der Symbole in der Schnellzugriffsleiste
erreichen möchten, müssen Sie also planvoll vorgehen und beim Hinzufügen
schon diese Reihenfolge beachten. Die Elemente lassen sich aber beliebig oft
hinzufügen und auch wieder entfernen, sodass Sie gegebenenfalls etwas „bas-
teln" können, bis Sie die für Ihre Zwecke optimale Reihenfolge hinbekommen.

TIPP

Symbole aus der Schnellzugriffsleiste entfernen

Sie können alle Symbole auch wieder aus der Schnellzugriffsleiste entfernen. Klicken Sie dazu mit der rechten Maustaste auf das fragliche Symbol der Schnellzugriffsleiste und wählen Sie im Kontextmenü den Befehl *Aus Symbolleiste für den Schnellzugriff entfernen*.

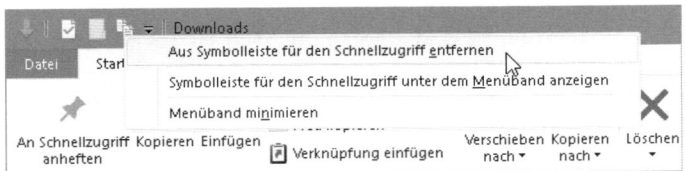

Die Schnellzugriffsleiste unterhalb der Multifunktionsleiste anzeigen

Der Windows-Explorer bietet Ihnen die Möglichkeit, die Schnellzugriffsleiste aus der Titelzeile des Fensters in eine eigene Leiste unterhalb der Multifunktionsleiste zu verschieben. Durch diese zusätzliche Zeile geht Ihnen zwar etwas Platz auf dem Bildschirm verloren, aber dafür ist der Weg zu den Symbolen der Schnellzugriffsleiste nun etwas kürzer.

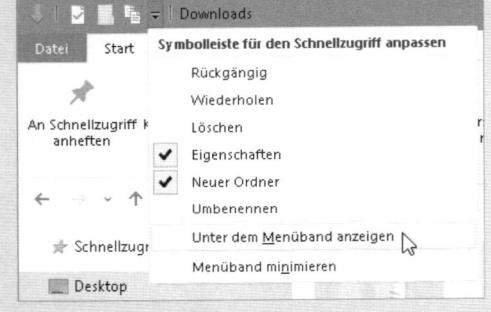

Es bleibt also vollkommen Ihrer persönlichen Vorliebe überlassen, welche Variante Sie bevorzugen. Um die Position der Schnellzugriffsleiste zu verändern, klicken Sie in dieser Leiste auf das ganz rechte Symbol eines Pfeils nach unten. Damit öffnen Sie ein Menü, in dem Sie nach Belieben die Option *Unter dem Menüband anzeigen* bzw. *Über dem Menüband anzeigen* wählen.

8.5 Dateien auf dem Tablet-PC: Windows-Explorer per Touchscreen bedienen

Im Bereich des Dateimanagements bietet die Touchoberfläche keine Alternative zum Windows-Explorer. Es gibt zwar Apps zum Dateiverwalten, aber die Funktionalität eines komplexen Datei-Managers lässt sich nun mal schlecht für eine möglichst einfache Bedienung per Fingertipp umsetzen. Allerdings gibt es ein paar Tricks, mit denen Sie den Windows-Explorer so einstellen, dass er sich möglichst gut auch auf einem Touchscreen ohne Maus und Tastatur verwenden lässt. Es ist keine perfekte Lösung, aber zumindest machen Sie sich das Leben auf diese Weise möglichst leicht.

Große Symbole machen das Arbeiten einfacher

Ein Hinweis ist so offensichtlich, dass ich ihn nur der Form halber erwähne: Die *Ansicht*-Optionen des Windows-Explorer bieten die Möglichkeit, die Größe der Symbole für Dateien und Ordner zu wählen. Je größer die Symbole, desto einfacher lassen sie sich auf einem Touchscreen antippen. Wollen Sie grundsätzlich mit einer bestimmten angenehmen Symbolgröße arbeiten, finden Sie in den Ordneroptionen in der Kategorie *Ansicht* die Möglichkeit, die für den aktuell angezeigten Ordner gewählten Einstellungen für alle Ordner zu übernehmen.

Einfach antippen statt doppelklicken

Um Ordner abzurufen, Anwendungen zu starten oder Dokumente zu öffnen, kommt beim Windows-Explorer üblicherweise der klassische Doppelklick mit der linken Maustaste zum Einsatz. Das ist so weit auch kein Problem, denn stattdessen können Sie einfach die Datei oder den Ordner doppelt antippen.

In der Praxis erweist sich das aber oft als suboptimale Lösung. Denn zum einen wird ein Doppeltipp nicht ganz so zuverlässig wie ein Doppelklick erkannt und erfordert etwas mehr Konzentration. Zum anderen ist es einfach ein störender Bruch in der Bedienlogik, wenn man auf der Touchoberfläche immer nur einmal tippt, aber im Windows-Explorer jeweils doppelt tippen muss. Dies lässt sich aber relativ einfach lösen:

1. Öffnen Sie im Windows-Explorer in der Multifunktionsleiste das *Ansicht*-Menü und klicken (oder tippen) Sie dort ganz rechts auf *Optionen*.

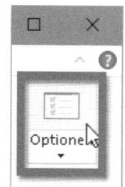

2. Wählen Sie in den Einstellungen in der Kategorie *Allgemein* mittig die Option *Öffnen durch einfachen Klick*.

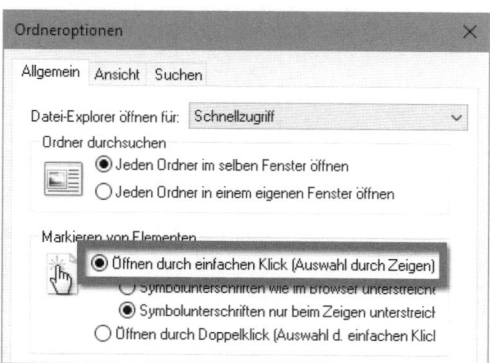

3. Übernehmen Sie die Änderung mit *OK*. Ab sofort können Sie auch im Windows-Explorer (und ebenso auf dem Desktop) Dokumente und Anwendungen durch einfaches Antippen öffnen.

Tipps zum schnellen Markieren von Dateien per Fingerspitze

Das Auswählen von Dateien im Windows-Explorer ist bei reiner Touchbedienung kein ganz leichtes Unterfangen. Insbesondere wenn Sie, wie im vorangegangenen Abschnitt beschrieben, das Öffnen durch einen einfachen Klick aktiviert haben, lässt sich selbst eine einzelne Datei nur mit gewissen Verrenkungen auswählen. Mehrere Dateien können Sie immer auswählen, indem Sie mit dem Finger darüber streichen und dabei vom Start- bis zum Endpunkt ein virtuelles Rechteck beschreiben, das alle darin enthaltenen Dateien markiert. Das klappt aber nur mit etwas Konzentration und Geschick und kommt auch nur infrage, wenn zusammenhängende Dateien ausgewählt werden sollen. Etwas mehr Flexibilität auch für dicke Finger bieten die Elementkontrollkästchen, die Sie mit der gleichnamigen Option im *Ansicht*-Menü des Windows-Explorer jederzeit ein- und ausschalten können. Sie versehen jede Datei mit einem kleinen Kästchen, das Sie mit einem gezielten Tipp oder Klick aktivieren oder deaktivieren können.

Kontrollkästchen im Windows-Explorer aktivieren

Damit Sie die Kontrollkästchen zum Markieren von Dateien verwenden können, muss diese Funktion einmalig aktiviert werden. In früheren Windows-Versionen ging das nur recht umständlich über eine Option in den Datei- und Ordneroptionen (die als Alternative übrigens nach wie vor vorhanden ist). Die neue Multifunktionsleiste macht diese Einstellung aber auch direkt zugänglich und somit viel praktischer einsetzbar.

1. Öffnen Sie im Windows-Explorer das *Ansicht*-Menü der Multifunktionsleiste.

2. Hier finden Sie im Bereich *Ein-/ausblenden* ganz oben die Option *Elementkontrollkästchen*.

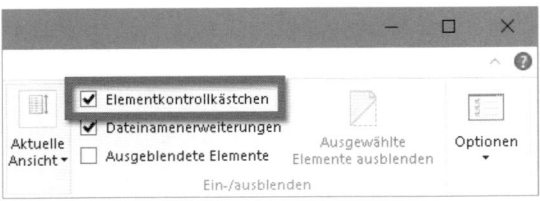

3. Setzen Sie hier ein Häkchen, werden die Kästchen in den Dateilisten aktiviert. Um die Kästchen wieder zu verbannen, entfernen Sie das Kästchen wieder.

Dateien per Häkchen auswählen

Haben Sie die Kontrollkästchen im Windows-Explorer aktiviert, können Sie diese Methode jederzeit bei Bedarf anwenden. Sie existiert parallel zu den bereits vorhandenen Möglichkeiten, sodass Sie immer die Vorgehensweise wählen können, die Ihnen gerade am besten in den Kram passt. Um Dateien per Kontrollkästchen auszuwählen, gehen Sie so vor:

1. Der Eintrag bzw. das Symbol jeder Datei ist nun um ein Kästchen ergänzt. Je nach der gewählten Ansichtseinstellung befindet sich dieses links bzw. links oben neben der Datei. Leider sind die Kästen bei der Touchbedienung erst sichtbar, wenn sie bereits angewählt wurden. Deshalb bieten sich die Ansichten *Liste*, *Details* oder *Inhalt* besonders an, da die Position des Kästchens hier genau links neben dem Dateisymbol ist.

2. Tippen Sie auf den Bereich des Kästchens. Dadurch setzen Sie einen Haken in das Kästchen, und diese Datei bzw. dieser Ordner gehört nun zur aktuellen Auswahl.

3. Auf gleiche Weise können Sie nun weitere Dateien oder Ordner „ankreuzen", um die Auswahl zu erweitern. Allerdings müssen Sie dabei darauf achten, bei weiteren Dateien nicht irgendwohin, sondern genau auf das Kästchen zu klicken. Nur dann bleibt die bisherige Auswahl erhalten, und die neue Datei wird hinzugefügt. Ebenso können Sie mit einem Klick auf ein vorhandenes Häkchen dieses wieder entfernen, um die entsprechende Datei aus der Auswahl herauszunehmen.

Die per Häkchen erstellte Auswahl bleibt so lange erhalten, bis Sie auf das Symbol einer anderen Datei (nicht auf deren Kontrollkästchen) oder auf einen leeren Bereich des Ordners klicken. Dann wird die gesamte Auswahl aufgehoben.

Den ganzen Ordner auf einmal aus- oder abwählen

Wenn Sie die Kontrollkästchen im Windows-Explorer aktivieren und die Detailansicht verwenden, wird automatisch ein Kontrollkästchen oben links im Bereich mit dem Ordnerinhalt angezeigt.

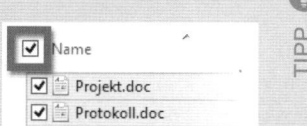

Dieses steuert den Auswahlstatus aller Dateien und Unterverzeichnisse des aktuell geöffneten Ordners. Mit einem Klick darauf setzen Sie ein Häkchen und wählen damit gleichzeitig auch alle Elemente des Ordners aus. Ein weiterer Klick entfernt das Häkchen und hebt damit die Auswahl auf. So können Sie alle Dateien und Ordner in einem Schritt auswählen.

Per Fingertipp kopieren, ausschneiden und einfügen

Mit dem Auswählen von Dateien ist es nicht getan. In der Regel wollen Sie mit den ausgewählten Dateien und/oder Ordnern auch etwas anfangen. Typische Aktionen wie das Kopieren, Ausschneiden und Einfügen lassen sich im Menü *Start* der Multifunktionsleiste noch recht gut erreichen, da sie dort mit eigenen, relativ großen Symbolen aufgeführt sind. Auch über das Kontextmenü von ausgewählten Objekten sind diese und noch weitere Funktionen zu erreichen, allerdings sind die Menüeinträge dort klein und schwer per Finger zu erwischen. Mit einem kleinen Trick treffen Sie aber trotzdem immer ins Schwarze:

1. Wählen Sie zunächst die Datei(en) aus, die Sie bearbeiten möchten.

2. Tippen Sie nun lange irgendwo auf die Auswahl, bis ein Rechteck angezeigt wird.

3. Wenn Sie dann loslassen, zeigt der Windows-Explorer das Kontextmenü für die ausgewählten Objekte an.

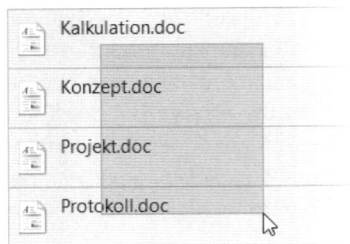

4. Tippen Sie irgendwo in dieses Kontextmenü und lassen Sie den Finger auf dem Bildschirm ruhen.

5. Wenn Sie nun den Finger über dem Kontextmenü auf und ab bewegen, können Sie die verschiedenen Menüpunkte auswählen. Welcher gerade gewählt ist, wird durch eine eindeutige farbige Markierung angezeigt.

6. Wenn der gewünschte Menüpunkt markiert ist, entfernen Sie den Finger vom Touchscreen. So können Sie die benötigte Funktion immer zielgenau im ersten Anlauf aufrufen.

💡 **Die Bildschirmdarstellung für Touchbedienung optimieren**

Der Windows-Explorer profitiert von einer weiteren globalen Einstellung in Bezug auf die Touchbedienung in noch größerem Maße: Wenn Sie in den Anzeige-Einstellungen die Größe von Text, Apps und anderen Elementen ändern (beispielsweise auf 150 %), werden auch im Explorer die Elemente und Symbole sowie die Räume dazwischen vergrößert, sodass man auch mit dickeren Fingern zielgenau treffen kann.

8.6 ━ Retrolook: So sieht der Windows-Explorer (fast) wie der alte aus

Wenn Sie sich mit dem neuen Windows-Explorer nicht anfreunden können und altbekannte Funktionen und Designs bevorzugen, kennen Sie jetzt die Funktionen, mit denen Sie sich diesen Wunsch selbst verwirklichen können – zumindest so weit wie möglich. Denn die Anpassungsfähigkeit der verschiedenen Bedienelemente des Windows-Explorer bewirkt, dass dieser sich fast so wie der „gute alte" Datei-Manager früherer Windows-Version anfühlt und die Umgewöhnung so leicht wie möglich vonstattengeht. Ich gehe an dieser Stelle nicht noch mal auf alle Details der Einstellungen ein, die auf den vorangegangenen Seiten ausführlich dargestellt wurden. Stattdessen zeige ich Ihnen hier nur den groben Fahrplan „zurück in die Zukunft".

So arbeitet der Navigationsbereich wie früher die Ordnerleiste

Damit der Navigationsbereich wie in alten Zeiten aussieht und funktioniert, aktivieren Sie in dessen Menü unter *Navigationsbereich* die Optionen *Erweitern, um Ordner zu öffnen* und *Alle Ordner anzeigen*. Wenn Sie Bibliotheken im Windows-Explorer nutzen wollen, sollten Sie deren Anzeige aktivieren.

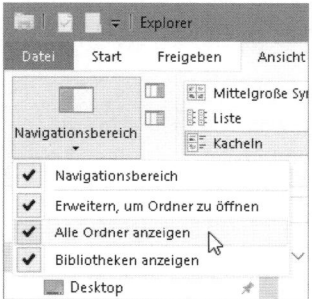

Platzieren Sie alle wichtigen Funktionen als Symbole in der Schnellzugriffsleiste

Gehen Sie nun die Kategorien der Multifunktionsleiste durch und übernehmen Sie all die Funktionen, die Sie regelmäßig benutzen oder die Sie vom alten Windows-Explorer gewohnt sind, in die Schnellzugriffsleiste: einfach mit der rechten Maustaste draufklicken und dann *Zur Symbolleiste für den Schnellzugriff hinzufügen* wählen. Achten Sie dabei gegebenenfalls auf die Reihenfolge, wenn die Symbole eine bestimmte Anordnung haben sollen.

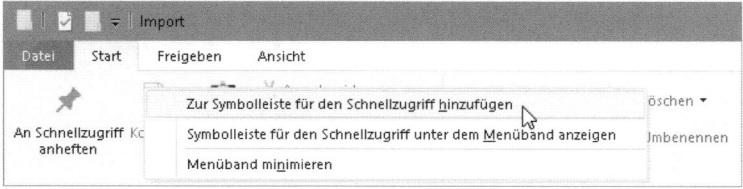

Verschieben Sie die Schnellzugriffsleiste nach unten

Es ist reine Geschmackssache, aber wenn Sie eher auf die Retrovariante stehen, sollten Sie die Schnellzugriffsleiste wie oben beschrieben unterhalb der Multifunktionsleiste anzeigen lassen. Besonders wenn Sie einige Symbole selbst hinzugefügt haben, ist es aber auch sinnvoll, da bei der Darstellung in der Fensterzeile nur eine gewisse Anzahl Symbole tatsächlich mit einem Mausklick erreichbar ist. Mit diesen Symbolen für Ihre wichtigsten Funktionen stellt die Schnellzugriffsleiste dann eine Art Symbolleiste im Windows-Explorer dar.

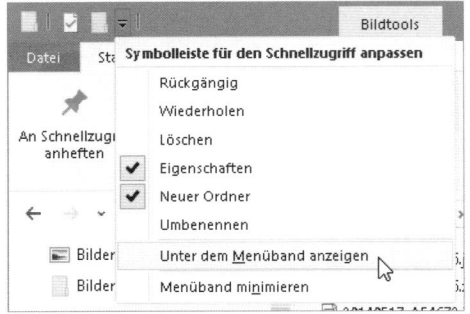

Blenden Sie die Multifunktionsleiste aus

Klicken Sie oben rechts auf das kleine Pfeilsymbol, um die Multifunktionsleiste aus- und nur bei Bedarf kurzzeitig einzublenden. Nicht von ungefähr hinterlässt die eingeklappte Multifunktionsleiste so eine Art Menüzeile. Allerdings verbergen sich dahinter eben nicht mehr die klassischen Menüs, sondern schon die verschiedenen Multifunktionskategorien.

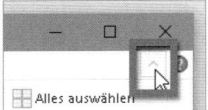

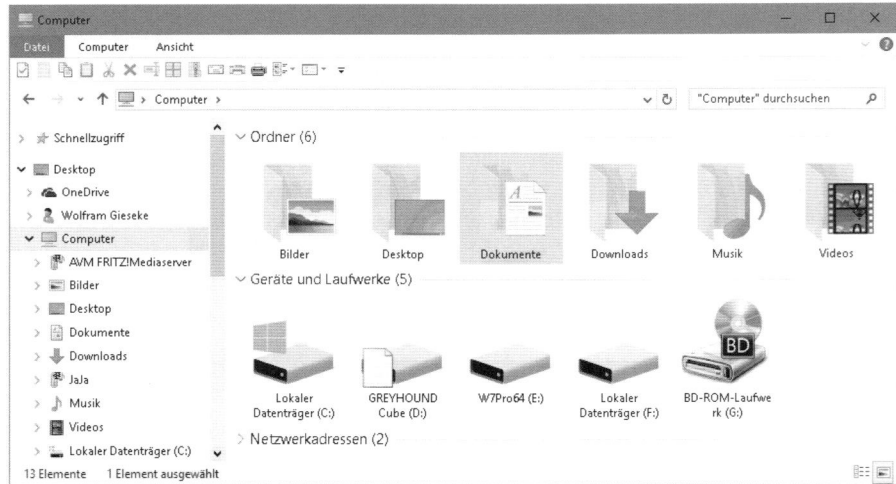

Windows-Explorer im Retrostil: So sieht es doch schon (fast) wie früher aus.

8.7 Tastenkürzel: So steuern Sie den neuen Explorer schnell und direkt

Wie gehabt, lässt sich der Windows-Explorer mit diversen Tastenkürzeln steuern. Dazu muss man zwar die richtigen Tastenkombinationen kennen, aber dann kann man sich in vielen Situationen Zeit und den Griff zur Maus sparen. Das Schöne daran: Jeder braucht sich einfach nur die Tastenkombinationen zu merken, die er regelmäßig benutzt.

Tastenkürzel für wichtige Grundfunktionen des Windows-Explorer

Tastenkürzel	Funktion
[Strg]+[N]	Neues Explorer-Fenster.
[Strg]+[W]	Das Explorer-Fenster schließen.
[Strg]+[⇧]+[N]	Einen neuen Ordner anlegen.
[Ende]	Direkt an das Ende des aktuellen Ordners.
[Pos 1]	Direkt zum Anfang des aktuellen Ordners.
[F11]	Vollbildmodus ein- bzw. ausschalten.
[Alt]+[↵]	Die Eigenschaften des ausgewählten Elements öffnen.
[Alt]+[P]	Den Vorschaubereich ein- und ausblenden.
[Alt]+[⇧]+[P]	Den Detailbereich ein- und ausblenden.
[Entf]	Ausgewählte Elemente löschen.
[→]	Unterordner anzeigen bzw. zum ersten angezeigten Unterordner wechseln (im Navigationsbereich)
[Alt]+[→]	Den nächsten Ordner anzeigen (nach [Alt]+[←]).
[Alt]+[←]	Den vorherigen Ordner anzeigen.
[Alt]+[↑]	Den übergeordneten Ordner anzeigen.
[Strg]+Mausrad	Größe/Darstellung der Anzeige ändern.
[Strg]+[E] oder [Strg]+[F]	Das Suchfeld selektieren.
[Strg]+[A]	Den gesamten Inhalt des aktuellen Ordners markieren
[F2]	Das gewählte Element umbenennen

Die Multifunktionsleiste per Tastatur steuern

Sogar die neue Multifunktionsleiste des Windows-Explorer können Sie (fast) komplett über Tasten steuern. Und die Leiste verrät Ihnen sogar jederzeit, wie das geht.

1. Drücken Sie [Alt] und lassen Sie die Taste wieder los.

2. In der Multifunktionsleiste sind nun oben an verschiedenen Stellen kleine Kästchen mit einzelnen Zeichen eingeblendet. So finden Sie für jede Kategorie einen Buchstaben, z. B. R für Start.

189

3. Tippen Sie diesen Buchstaben ein, um in diese Kategorie zu wechseln.

4. In dieser Kategorie finden Sie nun wiederum Kästchen mit Buchstaben für alle Elemente dieser Kategorie. Drücken Sie den entsprechenden Buchstaben, um die gewünschte Funktion auszuwählen.

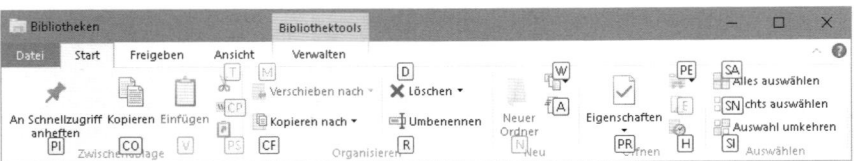

5. Sollte dieses Bedienelement eine Auswahlliste öffnen, verwenden Sie die Pfeil-tasten und ⏎, um den gewünschten Eintrag auszuwählen.

9 Effektives Dokumentenmanagement auch bei großen Dateimengen

Insbesondere für den Umgang mit umfangreichen Ordnern und allgemein großen Dateisammlungen bringt Windows eine Vielzahl von praktischen Funktionen und Hilfen mit. Das beginnt mit dem Stapeln und Filtern von Dateien, dessen praktischer Nutzen weit über das bislang bekannte Sortieren und Gruppieren hinausgeht. In Verbindung mit der Suchfunktion lassen sich virtuelle Ordner erstellen, die zwar nur vorübergehend Dateien mit einem bestimmten Kriterium enthalten, sich aber wie normale Ordner bearbeiten lassen. Und schließlich können Sie Dokumente mit einer Vielzahl von zusätzlichen Eigenschaften versehen, die ein schnelles und flexibles Dokumentenmanagement ermöglichen. All dies bietet Ihnen also ein echtes Dokumentenmanagement, mit dem Sie Dokumente nicht nur jederzeit wiederfinden, sondern auch z. B. projekt- oder inhaltsbezogen sammeln können, um sie für eine Sicherung oder Präsentation zusammenzustellen.

9.1 Dateien für den schnellen Zugriff sortieren und automatisch gruppieren

Schon in früheren Windows-Versionen konnte der Explorer Dateien nicht nur in einer Liste anzeigen, sondern stellte Funktionen zum Sortieren und Gruppieren der Dateien zur Verfügung. So lassen sich Dateien z. B. nach Erstellungsdatum sortieren oder anhand ihrer Größe oder ihres Typs gruppieren. Diese Funktionen sind selbstverständlich weiterhin vorhanden. Und sie wurden noch weiter ausgebaut und sind komfortabler und flexibler als jemals zuvor.

Dateien nach verschiedenen Kriterien sortieren

Um Dateien anhand ihrer verschiedenen Eigenschaften zu organisieren, empfiehlt sich die detaillierte Ansicht (*Ansicht/Details*). Dann werden die Dateien in einer Tabelle mit ihren Eigenschaften aufgeführt. Die Spaltenüberschriften erlauben ein schnelles Sortieren der Dateien und stellen die weiteren Funktionen zum Gruppieren, Filtern und Stapeln bereit.

1. Mit einem Mausklick auf einen der Spaltentitel sortieren Sie den gesamten Inhalt des aktuell angezeigten Ordners anhand dieser Eigenschaft. Klicken Sie

auf *Name*, werden die Dateien also alphabetisch sortiert, klicken Sie z. B. auf *Änderungsdatum*, sortiert der Windows-Explorer die angezeigten Dateien nach dem Termin der letzten Bearbeitung.

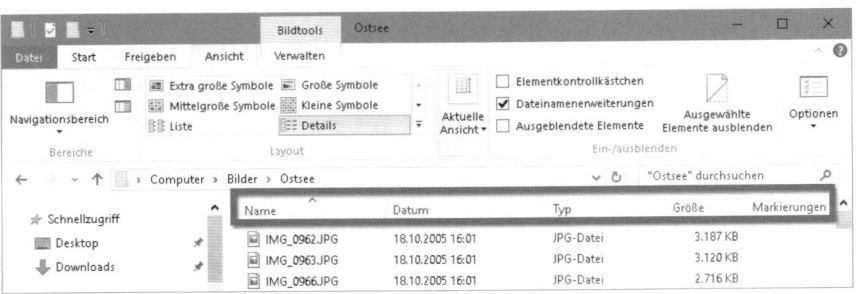

2. Ein erneuter Klick auf denselben Spaltentitel kehrt die Sortierung um. Ein zweiter Klick auf *Name* würde die Dateien also statt von A nach Z von Z nach A umsortieren etc.

3. Die Spalte, nach der die Dateianzeige aktuell sortiert ist, erkennen Sie an dem kleinen Pfeilsymbol oben in der Mitte des Spaltenkopfes. Dieses verrät zugleich die aktuelle Sortierrichtung, entweder nach oben (aufsteigend) oder nach unten (absteigend).

Die Anzeige von Dateieigenschaften im Explorer individuell anpassen

Zum Sortieren stehen Ihnen alle Dateieigenschaften zur Verfügung, die Windows Dateien zuordnen kann. Allerdings zeigt der Windows-Explorer standardmäßig nur eine kleine Auswahl davon an. Für alle würde der Platz auch gar nicht reichen. Sie können sich aber genau die Dateieigenschaften, die Sie gerade benötigen, auf den Bildschirm und in den Windows-Explorer holen.

1. Klicken Sie dazu mit der rechten Maustaste auf einen beliebigen Spaltentitel (z. B. ganz links *Name*).

2. Im Kontextmenü zeigt der Windows-Explorer daraufhin einige gebräuchliche Dateieigenschaften wie *Typ*, *Größe* und *Titel* an. Ein Häkchen links neben einem Eintrag zeigt an, dass er gerade aktiv ist und im Explorer angezeigt wird. Das ermöglicht Ihnen, die Verwendung dieser Eigenschaften zu steuern, indem Sie bei den gewünschten Spalten ein Häkchen setzen und es bei den unerwünschten gegebenenfalls entfernen.

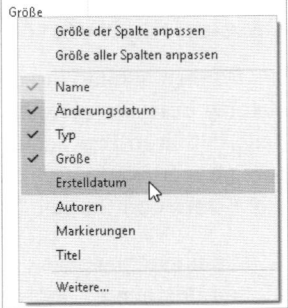

3. Ganz unten im Kontextmenü finden Sie den Eintrag *Weitere*, hinter dem sich die eigentliche Vielfalt der Dateieigenschaften versteckt.

4. Damit öffnen Sie ein Menü, in dem alle dem System bekannten Arten von Datei- eigenschaften verzeichnet sind. Die Lis- te ist sehr umfangreich und leider völlig ungeordnet. Es lohnt sich aber, sie sich einmal komplett anzusehen, denn gera- de für Mediendateien wie Musik, Bilder und Videos gibt es zahlreiche Detailei- genschaften, die je nach Einsatzgebiet sehr hilfreich sein können.

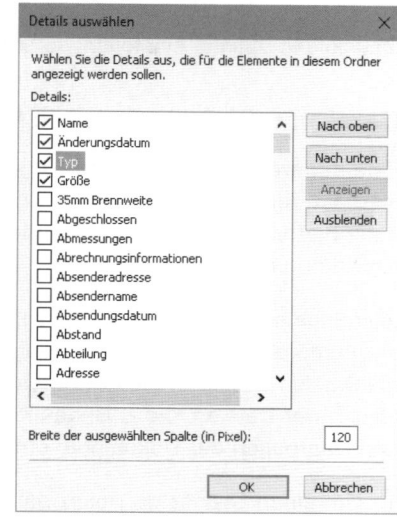

5. Um eine der Eigenschaften als Spalte im Windows-Explorer einzufügen, setzen Sie ein Häkchen in das Kästchen links davon. Alternativ können Sie auch eine Eigenschaft auswählen und ihren Sta- tus mit *Anzeigen* bzw. *Ausblenden* verän- dern. Sie sollten allerdings nicht zu viele Spalten hinzufügen, ohne auch einige der bisherigen zu entfernen. Wenn die Spalten insgesamt die Bildschirmbreite überschreiten, kann immer nur ein Teil davon dargestellt werden, was nicht ge- rade hilfreich ist.

6. Auch die Reihenfolge der Spalten von links nach rechts können Sie hier be- einflussen. Sie entspricht der Anordnung der Eigenschaften in der Liste. Mit den Schaltflächen *Nach oben* und *Nach unten* verändern Sie die Position einer Eigenschaft sowohl in dieser Liste als auch in der Anordnung der Spalten im Explorer-Fenster.

Die Spaltenbreite in der Detailansicht automatisch optimieren

Die Detailansicht gehört schon seit Langem zum Windows-Explorer und ist für nicht wenige Benutzer die meistgenutzte Ansicht, da sie nun mal die meisten Informati- onen sowie Funktionen zum Sortieren, Gruppieren, Stapeln etc. bietet. Nur passt die Breite der Spalten eigentlich nie so recht, und manchmal ist es sehr mühsam, alle gewünschten Informationen auf den Bildschirm zu bekommen. Mit etwas Hilfe geht es aber fast wie von selbst:

Klicken Sie mit der rechten Maustaste auf eine Detailspalte. Im Kontextmenü fin- den Sie neben den Detailkategorien ganz oben zwei Befehle:

■ *Größe der Spalte anpassen* – Hiermit passen Sie die Größe der angeklickten Spalte an ihren In- halt an. Die Spalte wird dabei genau so breit ge- macht, dass der längste Inhalt gerade noch an- gezeigt werden kann.

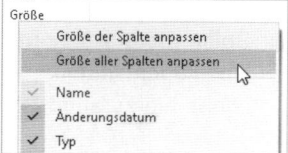

■ *Größe aller Spalten anpassen* – Diese Variante macht genau dasselbe, nur direkt für alle Spalten, die gerade angezeigt werden.

Auf diese Weise können Sie alle Spalten in der Detailansicht jederzeit mit zwei Mausklicks optimal einstellen: so breit wie nötig – so schmal wie möglich.

Dateien und Ordner durch Gruppieren zusammenfassen

Eine andere Möglichkeit, Ordnung und System in längere Dateilisten zu bekommen, ist das Gruppieren von Einträgen. Es ähnelt im Prinzip dem Sortieren, da auch hierbei eine bestimmte Dateieigenschaft wie z. B. der Typ oder das Datum als Kriterium verwendet wird.

Allerdings erstellt der Windows-Explorer hierbei nicht einfach eine lange Liste, sondern unterteilt die gewählte Dateieigenschaft in verschiedene Bereiche und ordnet die Dateien jeweils einem der Bereiche zu. So entsteht eine übersichtlichere Unterteilung der Dateien, die z. B. das Präsentieren, aber auch das weitere Auswählen und Bearbeiten der Dokumente ermöglicht.

1. Um einen Ordner gruppiert darzustellen, klicken Sie im Menü *Ansicht* im Bereich *Aktuelle Ansicht* auf die Schaltfläche *Gruppieren nach*. Alternativ finden Sie diesen Befehl auch im Kontextmenü, wenn Sie mit der rechten Maustaste auf eine freie Stelle in der Dateiliste klicken.

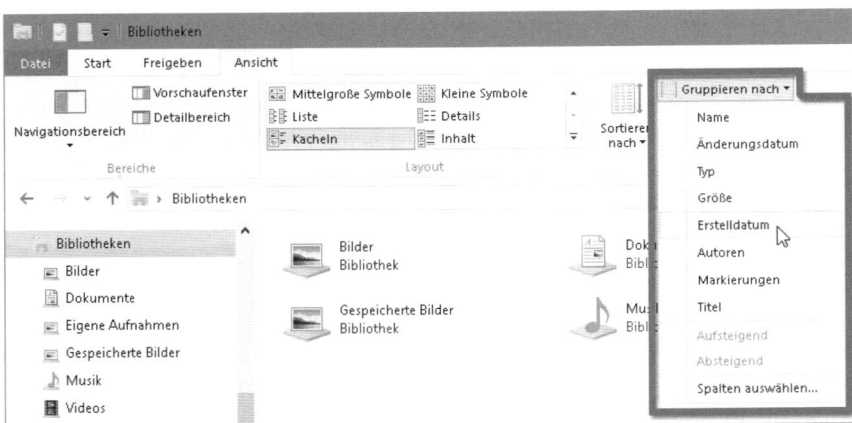

2. Im Untermenü können Sie dann die Dateieigenschaft auswählen, anhand deren Sie die Dokumente gruppieren möchten. Standardmäßig stehen hier die Eigenschaften zur Auswahl, die auch als Spalten in der Detailansicht angezeigt werden. Der Windows-Explorer unterteilt die gewählte Dateieigenschaft dann in mehrere Gruppen und ordnet jede Datei einer dieser Gruppen zu.

3. Sollte die gewünschte Eigenschaft nicht zur Auswahl stehen, können Sie sie hinzufügen, indem Sie im Untermenü ganz unten auf *Spalten auswählen* klicken (siehe hierzu auch Seite 192).

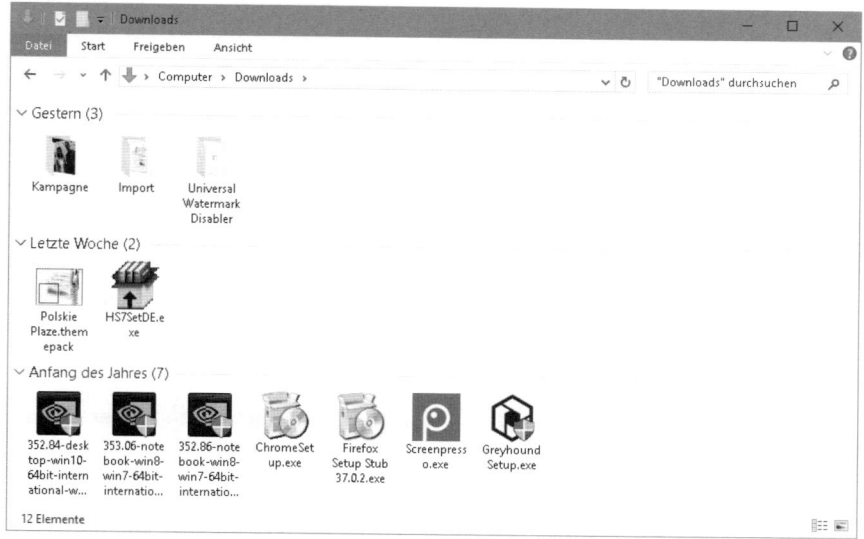

9.2 Umfangreiche Ordner durch Filtern schnell durchschauen

Neben dem Sortieren und Gruppieren von Dateien gibt es ein weiteres Werkzeug, mit dem Sie noch flexibler und effektiver arbeiten können: Das Filtern von Dateien erlaubt es Ihnen, virtuelle Ordner zu erzeugen, die nur Dateien enthalten, die bestimmte Eigenschaften wie Name, Typ, Erstellungsdatum oder Urheber gemeinsam haben. Solche Filter können beliebig mit sich selbst und den anderen Funktionen zum Dateimanagement kombiniert werden, sodass sich sogar spezielle Anforderungen – wie etwa „alle Bilddateien von Benutzer X, die in den letzten vier Wochen gespeichert wurden und mindestens y mal z Bildpunkte groß sind" – damit verwirklichen lassen.

Durch Filter auch in umfangreichen Ordnern schnell fündig werden

Filter erlauben es, den Inhalt eines Ordners nur teilweise darzustellen und sich so auf die wesentlichen Dateien und Dokumente zu konzentrieren. Dazu ist es möglich, die Anzeige auf bestimmte Dateieigenschaften einzuschränken. So können Sie sich z. B. in einem Ordner nur die enthaltenen Unterverzeichnisse oder nur Dateien eines bestimmten Typs oder Autors anzeigen lassen. Diese Filter lassen sich auch kombinieren, sodass der Windows-Explorer Ihnen z. B. nur die Textdokumente des heutigen Tages anzeigt. Gerade bei umfangreicheren Ordnern hilft diese Funktion dabei, die gesuchten Dateien so schnell wie möglich zu lokalisieren, selbst wenn Sie z. B. den genauen Dateinamen gerade nicht parat haben.

1. Öffnen Sie den Ordner, dessen Dateianzeige Sie durch einen Filter einschränken wollen.

2. Wählen Sie die Dateieigenschaft aus, auf der der Anzeigefilter basieren soll, und klicken Sie in deren Spaltentitel auf die Pfeilschaltfläche ganz rechts.

3. Im Menü finden Sie hier die verschiedenen Werte, die diese Eigenschaft bei den Dateien im Ordner annimmt. Diese Einträge entsprechen den beim Gruppieren verwendeten Rubriken.

4. Wählen Sie die Eigenschaft aus, zu der die Dateien angezeigt werden sollen. Um z. B. die Dateiliste im Windows-Explorer auf Programmdateien zu beschränken, benutzen Sie das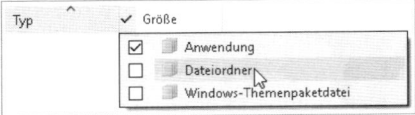
Menü in der Spalte *Typ* und wählen *Anwendung* aus. Wollen Sie nur Dateien eines bestimmten Benutzers (z. B. Ihre eigenen) sehen, öffnen Sie das Menü in der Spalte *Autoren* und wählen einen entsprechenden Benutzernamen aus.

5. Der Windows-Explorer blendet dann alle Dateien aus, die nicht dieser Vorgabe entsprechen, also z. B. alle Einträge, die kein Ordner sind, bzw. alle Dateien, die nicht von dem ausgewählten Benutzer stammen. Diese Dateien werden selbstverständlich nicht gelöscht oder verschwinden anderweitig aus dem Ordner, sie werden einfach nur vorübergehend nicht angezeigt.

 Mehrere Anzeigefilter kombinieren

TIPP

Sie sind im Windows-Explorer nicht auf einen Anzeigefilter beschränkt, sondern können mehrere miteinander kombinieren. So können Sie z. B. sowohl Dateiordner als auch ZIP-komprimierte Ordner als Filter für den Dateityp verwenden. Der Explorer zeigt dann nur Dateien beider Typen an und blendet alle anderen aus. Ebenso können Sie aber auch Filter für verschiedene Dateieigenschaften miteinander verbinden. Wenn Sie z. B. bei *Autoren* einen bestimmten Benutzer wählen und dann bei *Dateityp Textdokument* oder *Word-Dokument*, zeigt Ihnen der Windows-Explorer nur noch die Textdokumente dieses einen Benutzers an.

Dateien anhand des Bearbeitungsdatums anzeigen

Besonders interessant ist der Anzeigefilter für Dateien in Verbindung mit den Datumseigenschaften von Dateien, wie z. B. *Erstelldatum*, *Änderungsdatum* oder *Letzter Zugriff*. Der Windows-Explorer bietet hier flexible Möglichkeiten zur Auswahl des Filters, da er sich in diesem Fall nicht auf Kategorien wie beim Gruppieren bzw. Stapeln beschränkt. Stattdessen können Sie ganz flexibel Tag, Woche, Monat, Jahr oder einen beliebigen Zeitraum dazwischen auswählen und sich die Dateien anzeigen lassen, die zu diesem Zeitpunkt neu erstellt oder bearbeitet wurden. Dadurch eröffnen sich ganz neue Möglichkeiten, wenn es z. B. darum geht, in einem umfangreichen Archiv Dokumente wiederzufinden.

1. Klicken Sie auf die Pfeilschaltfläche der Spalte mit dem Datum, das Sie als Grundlage für den Anzeigefilter verwenden wollen. Hierfür bietet sich z. B. *Änderungsdatum* an, da diese Spalte meist standardmäßig angezeigt wird und sowohl neue als auch bearbeitete Dateien berücksichtigt.

2. Im Spaltenmenü sehen Sie hier ein Element zur Datumsauswahl, in dem der aktuelle Monat ausgewählt und das heutige Datum blau markiert ist. Um einen anderen Tag oder Zeitraum festzulegen, haben Sie verschiedene Möglichkeiten:

- Um einen bestimmten Tag auszuwählen, stellen Sie zunächst oben den Monat ein. Soll er zu einem früheren Jahr gehören, klicken Sie zunächst auf den Monat selbst, um aus der Monatsauswahl eine Jahresauswahl zu machen. Stellen

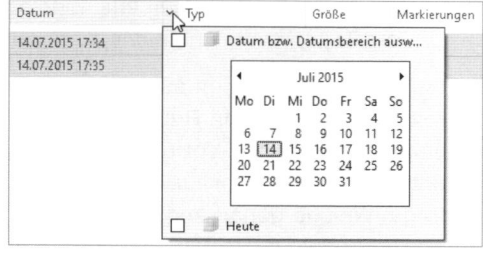

Sie dann das Jahr ein, wählen Sie den gewünschten Monat und klicken Sie schließlich auf den Tag. Der Windows-Explorer zeigt dann nur noch Dateien an, die an diesem Tag erstellt bzw. verändert wurden.

- Um alle Dateien eines bestimmten Monats anzuzeigen, wechseln Sie ebenfalls zunächst in die Jahresansicht und wählen dann den gewünschten Monat aus.

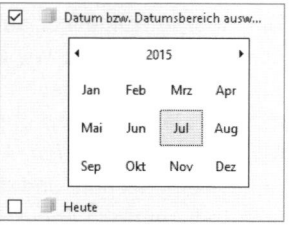

- Für alle Dateien eines bestimmten Jahres klicken Sie zunächst auf den angezeigten Monat, dann auf das an dieser Stelle angezeigte Jahr. So gelangen Sie zur Jahresauswahl und können dort das Jahr einstellen, für das Sie die Dateien anzeigen wollen.

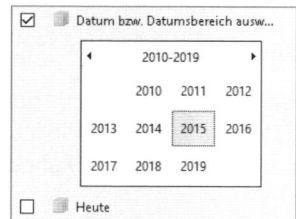

■ Um alle Dateien einer bestimmten Woche anzeigen zu lassen, wechseln Sie wie oben beschrieben zunächst in den entsprechenden Monat. Klicken Sie dann mit der linken Maustaste auf den ersten Tag der gewünschten Woche. Anschließend klicken Sie mit gedrückter ⇧-Taste auf den letzten Tag dieser Woche. Damit markieren Sie

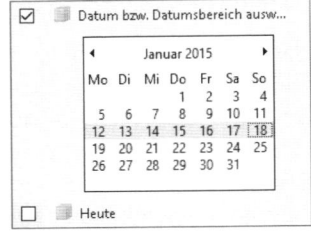

alle Tage dieser Woche für die Anzeige. Alternativ können Sie auch den Mauszeiger mit gedrückter linker Maustaste über einen Datumsbereich ziehen und diesen so auswählen.

■ Auf die oben beschriebene Weise können Sie auch beliebige Zeiträume auswählen. Setzen Sie zunächst eine Markierung auf den ersten Tag oder den ersten Monat oder das erste Jahr des Zeitraums und anschließend bei gedrückter ⇧-Taste eine zweite auf das Ende des Zeitraums. Damit wählen Sie immer den gesamten Zeitraum zwischen

diesen beiden Terminen aus. Eine solche Markierung kann sich über mehrere Tage, Wochen, Monate oder Jahre erstrecken.

3. Alternativ stehen Ihnen auch die vom Gruppieren bekannten festen Rubriken für die Datumseigenschaften zur Verfügung. Sie finden sie unterhalb der Datumsauswahl als einfache Einträge. Welche genau angezeigt werden, hängt vom Alter der Dateien im aktuellen Ordner ab.

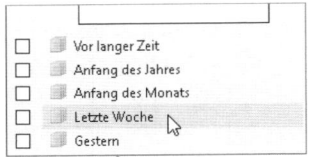

4. Um die Auswahl abzuschließen, klicken Sie jeweils einfach neben dem Menü in das Explorer-Fenster. Das Menü wird dann geschlossen, und der Windows-Explorer zeigt die gefilterte Dateiliste an.

Um einen Anzeigefilter aufzuheben, den Sie zuvor über die freie Datumswahl festgelegt haben, öffnen Sie das Menü für diesen Filter erneut und entfernen das Häkchen links oben neben *Datum bzw. Da-*

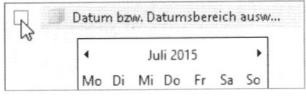

tumsbereich auswählen. Anschließend haben Sie keinerlei Anzeigefilter für diese Anzeigeeigenschaft, und der Windows-Explorer sollte wieder alle Dateien anzeigen (sofern nicht noch andere Filter im Spiel sind).

Filter deaktivieren

Beim Verwenden von Anzeigefiltern besteht die Gefahr, das Vorhandensein eines Filters zu vergessen. So kann es passieren, dass Sie eine Datei suchen, die Sie partout nicht finden können, obwohl Sie sich sicher sind, dass sie da sein muss.

Grund dafür kann ein Anzeigefilter sein, den Sie irgendwann zuvor aktiviert haben. Deshalb ist etwas Umsicht angesagt, wenn Sie diese Funktion einsetzen. Der Windows-Explorer kommt Ihnen entgegen, indem er Ansichtsfilter nur so lange aktiv lässt, wie Sie den aktuellen Ordner nicht verlassen. Wechseln Sie einmal in ein Unterverzeichnis oder einen ganz anderen Ordner, wird der Filter sofort deaktiviert, selbst wenn Sie anschließend sofort zu diesem Ordner zurückkehren.

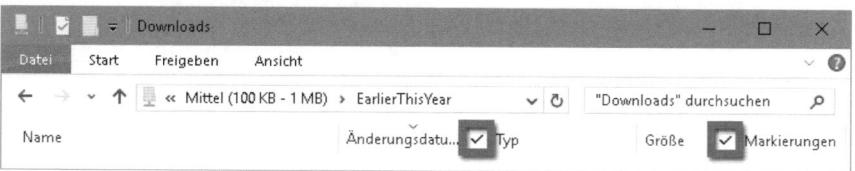

Außerdem können Sie in der Zeile mit den Spaltentiteln auf einen Blick erkennen, ob Filter aktiv sind. Ganz am rechten Rand der betroffenen Spalte finden Sie dann ein Häkchen anstelle der sonst üblichen Pfeilschaltfläche. Es dient ebenso als Schaltfläche, signalisiert aber auch die Aktivität von Filtern. Haben Sie mehrere Dateieigenschaften als Filter kombiniert, wird in jeder dieser Spalten ein Häkchen angezeigt. Um Anzeigefilter wieder zu entfernen, gibt es verschiedene Möglichkeiten:

■ Um einen einzelnen Anzeigefilter zu entfernen, gehen Sie genauso vor wie beim Auswählen des Filters. Rufen Sie das entsprechende Spaltenmenü auf und entfernen Sie diesmal das Häkchen des Eintrags. Diese Vorgehensweise wirkt sich immer nur auf diesen einen Anzeigefilter aus. Eventuelle weitere, die mit diesem kombiniert waren, bleiben zunächst unberührt.

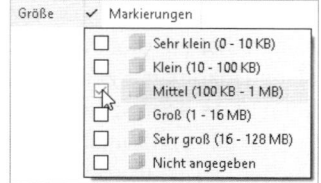

■ Der Windows-Explorer verwendet für das Erstellen der gefilterten Anzeige den Windows-Suchindex und einen dynamisch erzeugten virtuellen Ordner. Das erkennen Sie durch einen Blick auf das Adressfeld des Explorers: Hier steht nicht der eigentliche Ordner ganz rechts, sondern die herausgefilterte Dateieigenschaft. Wenn Sie mehrere Filterkriterien kombinieren, finden Sie im Adressfeld gleich mehrere virtuelle Unterordner des aktuellen Verzeichnisses.

Um den jeweils zuletzt gewählten Filter zu deaktivieren, klicken Sie einfach ganz links oben auf die *Zurück*-Schaltfläche des Windows-Explorer. Damit verlassen Sie diesen virtuellen Unterordner und kehren zum nächsthöheren Ordner ohne diesen Filter zurück. Mehrere kombinierte Anzeigefilter deaktivieren Sie durch wiederholtes Klicken auf *Zurück*. Sie können die Filter auf diese Weise aber nur in der umgekehrten Reihenfolge des Aktivierens ausschalten. Um alle Anzeigefilter auf einmal zu deaktivieren, klicken Sie im Adressfeld direkt auf den ganz rechten realen Ordner, der immer dem ursprünglichen Ordner entspricht, in dem Sie die Anzeigefilter aktiviert hatten.

■ Falls Ihnen das alles zu kompliziert ist: Rufen Sie das aktuelle Verzeichnis einfach erneut im Windows-Explorer auf (z. B. über das Adressfeld). Der Windows-Explorer ist nicht nachtragend und stellt den Ordner dann ganz frisch und vollständig ohne Anzeigefilter dar.

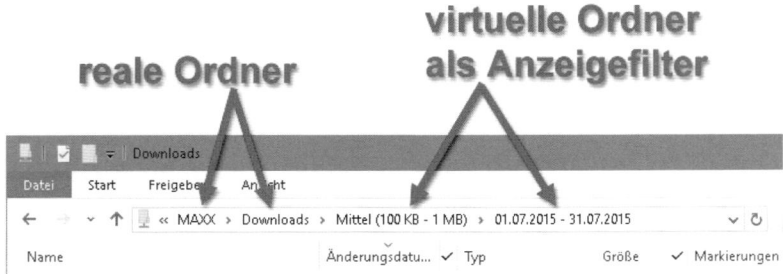

Eigene Dokumente ist das aktuelle Verzeichnis – die Unterordner sind virtuelle Ordner als Anzeigefilter.

9.3   Dokumente Themen, Projekten, Kunden etc. zuordnen

Windows kennt über 200 verschiedene Dateieigenschaften, die jeweils abhängig vom Typ eines Dokuments zum Einsatz kommen. Dabei gibt es sehr spezielle Informationen, die nur bei ganz bestimmten Dateitypen vergeben werden, wie z. B. bei Digitalfotos detaillierte Angaben zu den verwendeten Aufnahmeeinstellungen wie Objektiv, Blende und Verschlusszeit.

Es gibt aber auch einige allgemeine Dateieigenschaften, die bei fast allen Dateitypen eingesetzt werden können. Dazu zählen Informationen wie der Autor bzw. Urheber der Datei, die Zugehörigkeit zu einer bestimmten Kategorie von Dokumenten oder Kommentare.

Um mit diesen Dateieigenschaften zu arbeiten, gibt es im Windows-Explorer verschiedene Elemente:

■ Den Detailbereich können Sie mit der gleichnamigen Schaltfläche im *Ansicht*-Menü jederzeit rechts im Fenster des Windows-Explorer einblenden. Hier stellt der Explorer dynamisch jeweils die wichtigsten Informationen zur gerade ausgewählten Datei zusammen. Welche das genau sind, hängt von der Art der Datei ab. Hier können Sie die Angaben nicht nur ablesen, sondern zumindest teilweise auch bearbeiten.

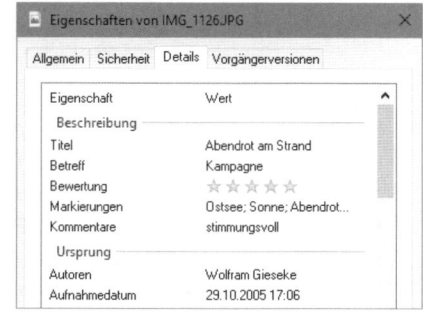

■ Der Detailbereich beschränkt sich jeweils nur auf die wesentlichen Angaben. Sämtliche Detailinformationen zu einer Datei finden Sie in den Dateieigenschaften. Hier können Sie grundsätzlich alle Infos zur Datei ablesen und – soweit möglich – auch bearbeiten.

■ Nur betrachten, nicht aber verändern können Sie die Dateieigenschaften in der Ansicht *Details* des Windows-Explorer. Welche Informationen hier angezeigt werden, hängt vom Typ des Ordners ab. Sie können die dargestellten Spalten aber selbst beeinflussen (siehe Seite 192). Der besondere Vorteil der Detailspalten: Hiermit können Sie die Darstellung der Dateien anhand beliebiger Eigenschaften sortieren, gruppieren und filtern.

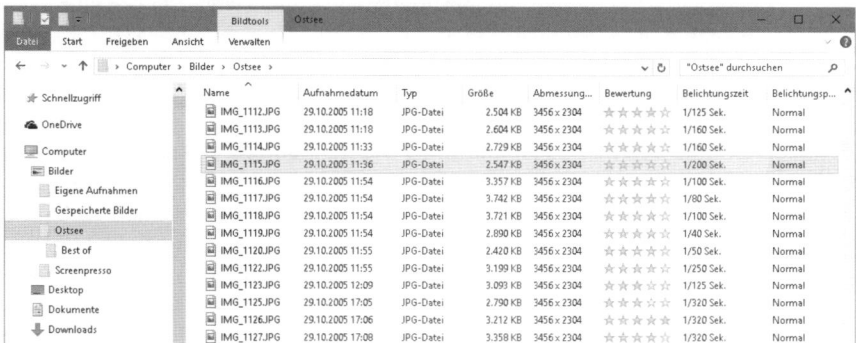

Dateiinfos direkt im Detailbereich bearbeiten

Der Detailbereich des Windows-Explorer bietet die Möglichkeit, die wichtigsten Dateieigenschaften einzusehen und auch zu bearbeiten. Dabei bleibt es den Regeln des Programms überlassen, welche Informationen genau angezeigt werden und sich bearbeiten lassen. Die wichtigsten Eigenschaften stehen aber eigentlich bei allen gängigen Dateitypen zur Verfügung.

1. Klicken Sie im Detailbereich direkt rechts neben dem Eintrag *Markierungen* auf die dort angegebene Markierung bzw. – falls noch keine Markierung angegeben wurde – auf den Text *Markierung hinzufügen*.

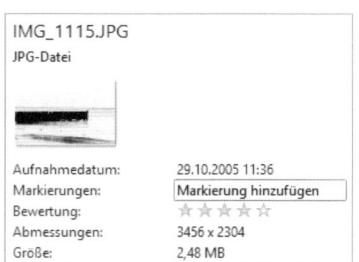

2. Die Angabe verwandelt sich dann in ein Eingabefeld, in das Sie den neuen Begriff eintippen können.

Aufnahmedatum:	29.10.2005 11:36
Markierungen:	Ostsee;
Bewertung:	☆ ☆ ☆ ☆ ☆

3. Hinter den eingetippten Text wird automatisch ein Semikolon gesetzt. Dieses dient der Trennung von verschiedenen Begriffen, wenn Sie einer Datei z. B. meh-

Aufnahmedatum:	29.10.2005 11:36
Markierungen:	Ostsee; Urlaub;
Bewertung:	☆ ☆ ☆ ☆ ☆

rere Markierungen zuweisen wollen. Für den zweiten Begriff setzen Sie die Einfügemarke hinter das Semikolon und tippen dort weiter. Auch die zweite Markierung wird automatisch mit einem Semikolon versehen etc., sodass Sie prinzipiell beliebig viele Begriffe eingeben können.

4. Um die Eingabe abzuschließen, drücken Sie nach dem (letzten) Begriff einfach ⏎. Das letzte Semikolon kann dabei ruhig stehen blei-

Aufnahmedatum:	29.10.2005 11:36
Markierungen:	Ostsee; Urlaub
Bewertung:	☆ ☆ ☆ ☆ ☆

ben, da es gegebenenfalls automatisch entfernt wird. Alternativ können Sie auch unten auf die *Speichern*-Schaltfläche klicken.

Auf die gleiche Weise machen Sie Ihre Angaben zu allen weiteren Dateieigenschaften, die im Dialog angezeigt werden.

TIPP

💡 **Die Eigenschaften mehrerer Dateien gleichzeitig ändern**

Sie können im Detailbereich nicht nur die Eigenschaften für eine Datei bearbeiten. Wenn Sie oben mehrere Dateien auswählen, werden die Eigenschaften aller dieser Dateien im Detailbereich unten angezeigt – soweit das möglich ist. Handelt es sich um Dateien desselben Typs, also z. B. nur um Bilddateien, sehen Sie exakt die gleichen Eigenschaften wie bei nur einem Bild, aber eben aus allen Bildern kombiniert.

Bei Eigenschaften, bei denen jeweils nur ein Wert möglich ist (z. B. *Titel* oder *Kommentar*), wird *(mehrfache Werte)* angezeigt, wenn die verschiedenen Dateien sich in dieser Eigenschaft unterscheiden. Sie können diese Werte wie auch bei einer einzelnen Datei verändern.

Allerdings wirkt sich die Änderung dann eben auf alle Dateien gleichzeitig aus. Zu beachten ist insbesondere, dass die *(mehrfache Werte-)* Eigenschaften bei allen Dateien komplett durch die neu eingegebenen Angaben ersetzt werden.

Etwas komplizierter wird es, wenn Sie mehrere Dokumente verschiedenen Dateityps gleichzeitig markieren. Dann zeigt der Detailbereich nur die Dateieigenschaften an, die beide Dateiarten gemeinsam haben, und auch nur diese lassen sich für alle markierten Dateien auf einmal verändern.

Zusätzliche Detailinformationen in den Dateieigenschaften bearbeiten

Da im Detailbereich nur die wesentlichen Eigenschaften einer Datei angezeigt und bearbeitet werden können, müssen Sie für speziellere Angaben in die Dateieigenschaften wechseln. Hier werden definitiv alle Detailangaben zur Datei angezeigt und lassen sich dort auch – soweit möglich – bearbeiten. Auch hier können Sie zuvor mehrere Dateien markieren, um die Informationen für mehrere Dokumente einheitlich anzupassen.

1. Klicken Sie mit der rechten Maustaste auf die Datei, deren Eigenschaften Sie bearbeiten wollen, und wählen Sie im Kontextmenü ganz unten den Befehl *Eigenschaften*.

2. Wechseln Sie hier auf die Registerkarte *Details*.

3. Damit öffnen Sie den Dialog *Details*, in dem Sie alle Eigenschaften sehen und bearbeiten können.

4. Das Auswählen und Editieren der einzelnen Angaben erfolgt ganz genauso wie im Detailbereich des Windows-Explorer.

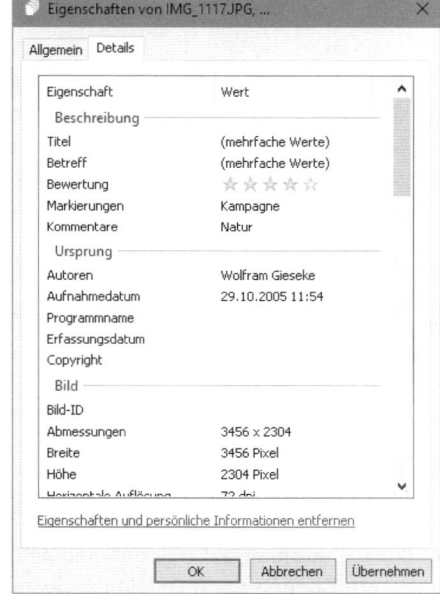

5. Handelt es sich dabei um eine editierbare Eigenschaft, wird ein Textfeld eingeblendet, in dem Sie die Bearbeitung vornehmen können. Um von einem Wert zu einem anderen zu wechseln, platzieren Sie den Mauszeiger in dem neuen Bearbeitungsfeld.

6. Haben Sie alle Änderungen abgeschlossen, übernehmen Sie sie mit *OK* und schließen damit gleichzeitig den Dialog.

Manche Angaben sind nicht editierbar

Nicht alle Angaben zu einer Datei lassen sich zum Bearbeiten auswählen. Manche Informationen werden automatisch vom Betriebssystem oder einer Anwendung eingetragen, und es wäre wenig sinnvoll, sie zu ändern. Dies gilt z. B. für die Angabe, von wem und mit welchem Programm eine Datei zuletzt gespeichert wurde. Ebenso werden alle Datumsangaben automatisch eingetragen und können vom Benutzer nicht verändert werden. Auch statistische Angaben zu einem Dokument wie z. B. Seitenumfang und Wörterzahl bei einem Word-Text werden automatisch ermittelt und sind nicht veränderbar (außer in der Datei selbst).

Alle Dateien eines Projekts mit einem Schlüsselwort markieren

Die erweiterten Eigenschaften bieten sich an, um logische Zusammenhänge zwischen Dateien herzustellen. So können Sie z. B. alle Dateien, die zu einem bestimmten Projekt gehören, mit einem entsprechenden Schlüsselbegriff versehen.

Alle diese Dokumente können Sie dann sehr schnell ausfindig machen, egal in welchen Ordnern die Dateien gespeichert sind und um was für Dokumentarten es sich handelt. Sie erhalten eine Liste mit allen Dateien des Projekts, die Sie z. B. für Sicherungszwecke oder zur Übergabe der Daten an Kollegen oder Kunden verwenden können.

1. Markieren Sie alle Dateien, die zu dem Projekt gehören, im Windows-Explorer. Befinden sich die Dateien in verschiedenen Ordnern, wiederholen Sie diese Schritte für jeden Speicherort. Beachten Sie dabei, dass Sie nur Dateien markieren, keine Ordner. Vielleicht hilft Ihnen auch die Suchfunktion (siehe Seite 204), eine Liste aller gewünschten Dateien in einem virtuellen Ergebnisordner zusammenzustellen.

2. Klicken Sie dann unten im Detailbereich auf *Markierung hinzufügen*.

3. Geben Sie hier eine eindeutige Bezeichnung ein, z. B. den Namen des Projekts, und übernehmen Sie die geänderten Eigenschaften mit ⏎ oder einem Klick unten auf *Speichern*.

4. Das neue Schlüsselwort wird bei allen dazugehörenden Dateien ab sofort in den Dateieigenschaften sowie im Detailbereich angezeigt.

Außerdem können auf diese Weise selbst festgelegte Eigenschaften auch für das effiziente Suchen nach Dateien verwendet werden. Wie Sie alle einem Projekt zugeordneten Dateien mittels einer Dateisuche ruck, zuck finden, beschreibe ich im Folgenden.

Eine Datei in mehreren Projekten

TIPP

Selbstverständlich können einzelne Dateien auch zu verschiedenen Projekten gleichzeitig gehören. Tragen Sie dazu einfach mehrere Stichwörter als Markierungen ein. Diese müssen jeweils durch ein Semikolon getrennt werden, aber dafür sorgt das Eingabefeld automatisch.

Alle Dokumente eines Autors/Benutzers finden

Die erweiterten Dateieigenschaften sollen im Windows-Explorer nicht nur nett aussehen, sondern beim Organisieren Ihrer Datenbestände helfen. Das wird dadurch gewährleistet, dass alle Dateiinformationen bei der neuen Dateisuche berücksichtigt werden können. Sie können also Dateien allein anhand der vorhandenen Zu-satzinformationen auf der Festplatte finden und so z. B. alle Dateien zu einem bestimmten Projekt oder mit einem bestimmten Schlüsselwort ausfindig machen.

Um die Dateisuche von Windows geht es in Kapitel 10, und dort stelle ich auch die Suche anhand der erweiterten Eigenschaften ausführlicher vor. An dieser Stelle deshalb als Vorgeschmack ein kleines Beispiel, das zeigt, wie Sie alle Dateien eines bestimmten Autors ganz schnell zusammensuchen können.

1. Geben Sie im Windows-Explorer oben rechts im Suchfeld den Namen des Autors so an, wie er in den Dateieigenschaften vermerkt ist.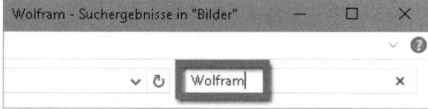

2. In der Dateiliste werden dann direkt Dateien angezeigt, auf die diese Eigenschaft zutrifft. Allerdings ist dieses Ergebnis etwas mit Vorsicht zu genießen. Da Windows nicht ahnen kann, was Sie genau suchen, zeigt es hier alle Dateien an, in deren Eigenschaften oder Inhalt der angegebene Text enthalten ist.

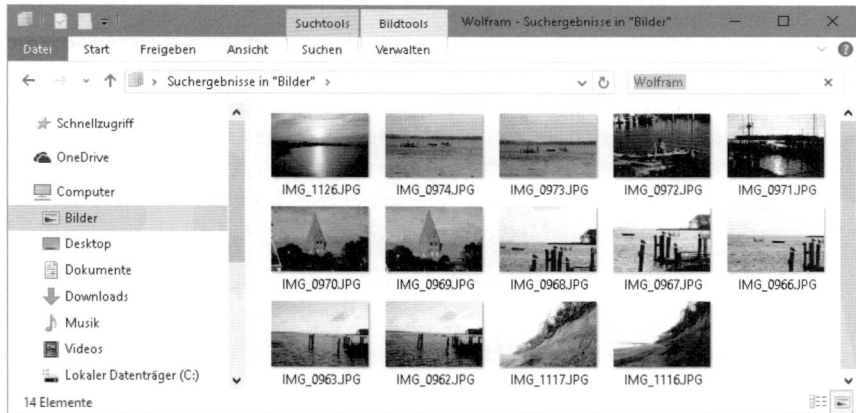

3. Um wirklich nur die Dokumente zu finden, deren Autor den angegebenen Namen hat, wechseln Sie gegebenenfalls mit *Ansicht/Details* in die Detailansicht. Stellen Sie sicher, dass hier die Spalte *Autoren* angezeigt wird. Ist das nicht der Fall, können Sie dies wie auf Seite 192 beschrieben anpassen.

4. Klicken Sie dann auf den kleinen Pfeil rechts in der Spaltenüberschrift *Autoren* und wählen Sie im so geöffneten Menü den Namen des gesuchten Autors aus.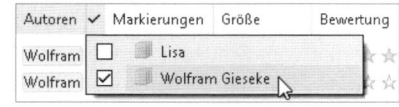
Sollte er nicht aufgeführt sein, bedeutet dies, dass es in der Auswahl kein Dokument von diesem Autor gibt.

5. Der Windows-Explorer filtert dann die angezeigten Dateien und zeigt nur noch die an, die vom gesuchten Autor stammen. Dabei werden sowohl Dokumente berücksichtigt, die allein von ihm verfasst wurden, als auch solche, an denen

er als Mitautor beteiligt war. Entscheidend ist, dass sein Name in der Datei-eigenschaft *Autoren* enthalten ist.

9.4 Die Qualität von Mediendateien per Sterne-Ranking bewerten

Eine sehr praktische und anschauliche Zusatzinformation stellen Bewertungen dar. Hier können Sie Mediendateien mit einer Anzahl von Sternen zwischen null und fünf versehen. So können Sie z. B. Musikstücke mit Sternchen bewerten und Ihren Lieblingsstücken jeweils volle fünf Sterne geben. Da die Bewertung genau wie alle anderen erweiterten Eigenschaften auch für die Dateisuche verwendet werden kann, können Sie so ganz einfach und schnell eine Liste mit Ihren Lieblingssongs zusammenstellen und abspielen lassen. Auch an anderen Stellen greift Windows auf solche Bewertungen zurück, beispielsweise zum Sortieren und Auswählen von Mediendateien im Windows Media Player.

1. Die Sternebewertung steht bei allen Arten von Dateien zur Verfügung. Sie erkennen sie an der Bezeichnung *Bewertung* und den fünf Sternen im Vorschaubereich bzw. im *Eigenschaften*-Dialog.

2. Standardmäßig haben Dateien keine Sterne, also keine Bewertung. Um einer Datei eine Bewertung zuzuweisen, bewegen Sie den Mauszeiger auf die Sterne, die dann farblich hervorgehoben werden.

3. Ziehen Sie den Mauszeiger dann auf den Stern entsprechend der Anzahl der Sterne, die Sie für diese Datei vergeben möchten. Die Sterne unterhalb und links vom Mauszeiger werden dadurch markiert. Klicken Sie also z. B. auf den dritten Stern, wenn Sie insgesamt drei Sterne zuordnen wollen.

4. Wichtig: Haben Sie die Bewertung anhand der Sternchen vorgenommen, klicken Sie unten auf *Speichern*. Das Ranking wird dann gespeichert und die entsprechende Anzahl von Sternen dauerhaft farblich hervorgehoben.

Finden Sie alle Musikstücke mit Fünfsternebewertung

Die vergebene Bewertung kann beim Suchen, Sortieren und Filtern von Dateien helfen, wenn Sie beispielsweise angeben, dass nur Dateien mit einer Fünfsternebewertung gefunden werden sollen. Sie können sie aber auch als Sortierkriterium bei umfangreicheren Dateilisten verwenden, um z. B. die Dateien mit der besten Bewertung ganz oben in der Liste anzuzeigen.

1. Tippen Sie im Suchfeld des Windows-Explorer z. B. *.mp3* ein, um zunächst alle Ihre Musikdateien zu erfassen.

2. In der Dateiliste sehen Sie dann alle Dateien mit dieser Endung.

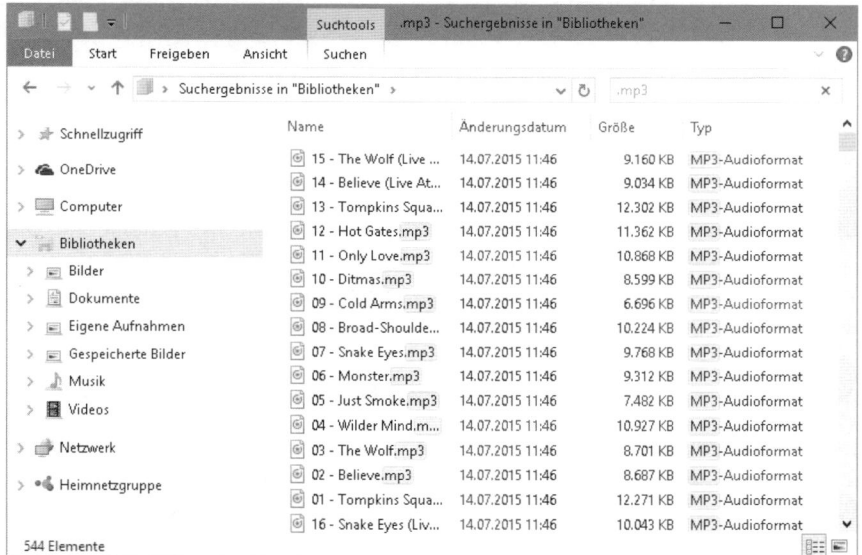

3. Stellen Sie sicher, dass in der Detailansicht die Spalte *Bewertung* angezeigt wird. Andernfalls passen Sie die Eigenschaftsspalten entsprechend an (siehe Seite 192).

4. Nun können Sie die Sortier- und Filterfunktionen des Windows-Explorer nutzen, um die besonders gut bewerteten Stücke zu ermitteln. Wenn Sie z. B. zweimal hintereinander (nicht doppelt) auf die Spaltenüberschrift *Bewertung* klicken, werden die Dateien so sortiert, dass die am besten bewerteten ganz oben stehen.

5. Oder aber nutzen Sie die Filterfunktion, wenn Sie z. B. nur die Musikstücke mit fünf Sternen in der Liste haben möchten: Klicken Sie dazu auf das kleine Pfeilsymbol rechts neben *Bewertung* und wählen Sie im Untermenü die gewünschte Bewer-

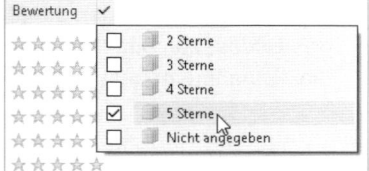

tung aus. Der Windows-Explorer blendet dann alle Musikclips mit weniger als fünf Sternen aus. Übrig bleibt eine Liste mit den am besten bewerteten Musik-stücken Ihrer Sammlung, die Sie auswählen und vom Windows Media Player abspielen lassen können.

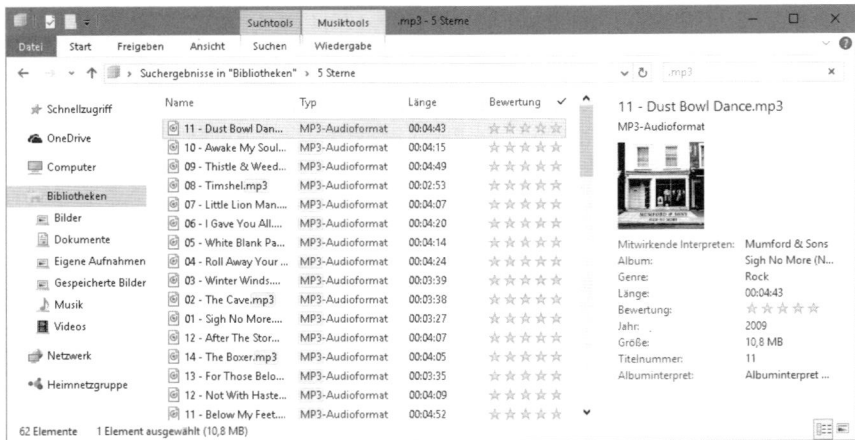

Dieser Abschnitt verwendet einige Funktionen der Windows-Dateisuche, die ab Seite 204 ausführlicher vorgestellt werden. Falls nicht alle Musikstücke angezeigt werden, die Sie erwarten, liegt das an den Einstellungen für den Suchindex, die auf Seite 223 genauer erklärt werden.

Metainformationen von Bild- und Musikdateien nutzen

Die auf den vorangehenden Seiten vorgestellten erweiterten Dateieigenschaften stehen bei allen oder zumindest vielen Arten von Dateien im Vorschaubereich zur Verfügung. Darüber hinaus gibt es aber noch eine Vielzahl von speziellen Dateiei-genschaften, die nur bei bestimmten Dateitypen wie z. B. Bild- oder Musikdateien verwendet werden. Sie werden im Vorschaubereich nur dann angezeigt, wenn eine entsprechende Datei ausgewählt wurde:

- Bei Musikdateien werden zusätzliche Angaben wie zum Künstler, zum Album-titel, zum Veröffentlichungsjahr, zur Spieldauer, zur Qualität und zum Kopier-schutz gemacht. Außerdem können Sie z. B. das Genre festlegen.

- Bei Videoclips erfahren Sie im Detailbereich, mit welchem Codec und mit wel-cher Bitrate der Clip erstellt wurde. Außerdem können Sie die Qualität schon anhand der Frame- und Datenrate beurteilen, ohne sich das Video dazu über-haupt anschauen zu müssen.

- Bei Bilddateien werden zusätzliche Angaben z. B. zum Bildformat, zur Größe des Bildes, zur Bittiefe und – soweit bekannt – zur Kamera gemacht, mit der die Aufnahme erstellt wurde.

Wichtig: Interne Vermerke vor dem Weitergeben von Dateien entfernen

Das Speichern von zusätzlichen Informationen in Dokumenten ist eine praktische Organisationshilfe, hat aber auch seine Risiken. So kann es beim Weitergeben von Dateien passieren, dass der Empfänger zusammen mit den Dokumenten gleich noch Kommentare und interne Anmerkungen zu lesen bekommt. Bevor Sie Dokumente und sonstige Dateien für andere Personen bereitstellen, sollten Sie deshalb sicherstellen, dass keine erweiterten Informationen mehr darin sind, die andere Personen nicht lesen sollten. Wie das am schnellsten geht, lesen Sie auf Seite 176.

TIPP

9.5 Wo stecken die großen Speicherfresser?

Egal wie viel Platz eine Festplatte verspricht: Sie füllt sich im Laufe der Zeit scheinbar von ganz allein, und früher oder später geht der freie Platz zur Neige. Oftmals ist das der Zeitpunkt für eine gründliche Inventur, denn meist finden sich in den Datenbeständen alte Dateien, Backups, Downloadarchive etc., die verzichtbar sind und unnötig Speicherplatz kosten. Aber diese Speicherplatzfresser muss man eben erst einmal aufspüren. Mit den richtigen Tricks und gegebenenfalls einem kleinen Zusatzprogramm können Sie Ihren Datenbestand analysieren und schnell feststellen, wo der meiste Speicherplatz verloren geht.

Analyse: Was verbraucht wie viel Speicherplatz?

Windows bietet eine praktische Funktion, sich einen schnellen Überblick über den vorhandenen Speicherplatz und dessen Verteilung zu verschaffen:

1. Öffnen Sie in den Einstellungen (siehe Seite 103) den Bereich *System* und darin die Kategorie *Speicher*.

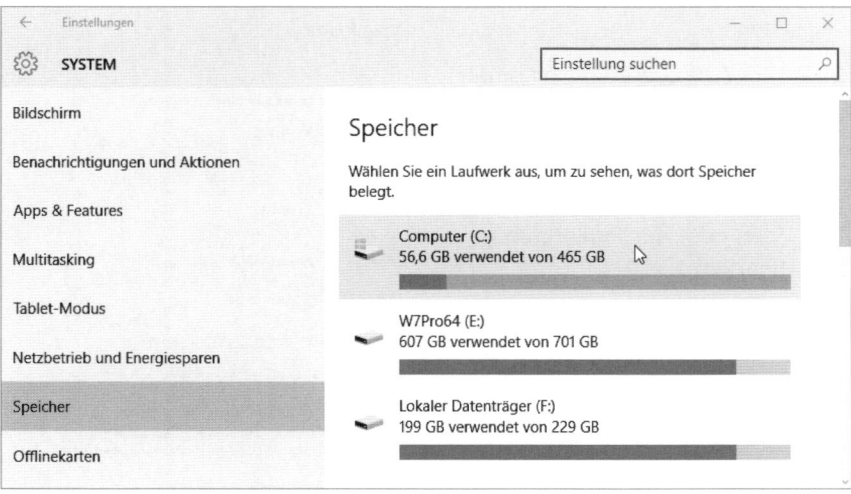

2. Rechts sehen Sie dann zunächst eine Übersicht der vorhandenen Datenträger und deren Füllstand. Wählen Sie hier beispielsweise das Systemlaufwerk *C:* Ihres Computers aus.

3. Nun kann es kurze Zeit dauern, bis Windows alle Daten zusammengetragen hat. Dann sehen Sie:

- die Menge des verfügbaren sowie des genutzten Speicherplatzes auf diesem Laufwerk,

- die Menge des Speicherplatzes, der vom System durch installierte Apps belegt wird.

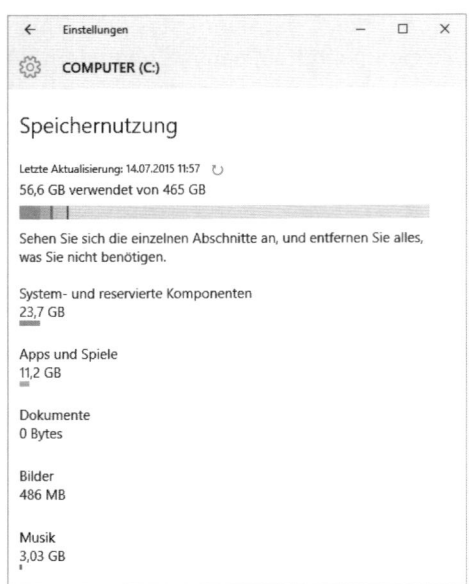

4. Mit einem Klick auf den jeweiligen Eintrag gelangen Sie zu einer detaillierten Übersicht. Teilweise können Sie von dort aus zu den Dateien oder den dazugehörenden Einstellungen gelangen.

5. Besonders interessant:

- Mit *Apps und Spiele* gelangen Sie zu einer genauen Auflistung der installierten Programme nebst Speicherbedarf, wo Sie einzelne Anwendungen auch direkt deinstallieren können.

- Bei *Temporäre Dateien* erhalten Sie die Möglichkeit, Speicherplatz freizugeben, indem nicht mehr benötigte Dateien und Downloads gelöscht werden oder der Papierkorb geleert wird.

Große Dateien mit Bordmitteln finden

Für eine erste Analyse können Sie einfache Windows-Bordmittel verwenden, wenn Sie sich beim Speichern von Dateien in den von Windows vorgegebenen Bahnen der Bibliotheken und eigenen Dateien bewegen. Diese Bestände sind im Dateiindex erfasst. Dadurch lassen sich die größten Dateien einfach ausfindig machen:

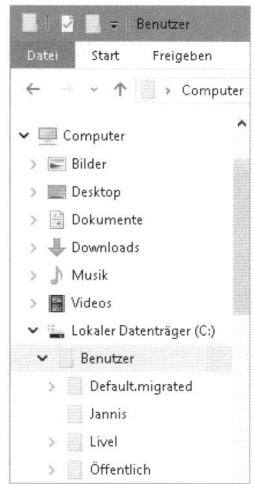

1. Öffnen Sie im Windows-Explorer links unter *Computer* Ihre lokale Festplatte (in der Regel *C:*), darin den Ordner *Benutzer* sowie gegebenenfalls einen konkreten Benutzernamen (um nur dessen Dateien zu finden).

2. Tippen Sie nun rechts im Suchfeld einen Punkt (.) ein.

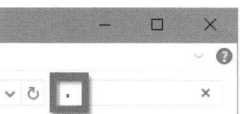

3. Der Explorer listet alle Dateien auf, die sich in Ihren persönlichen Dateien befinden. Wichtig: Warten Sie, bis der grüne Fortschrittsbalken im Adressfeld die Vollständigkeit des Ergebnisses signalisiert.

4. Wählen Sie dann als Sortierkriterium in der *Details*-Ansicht die *Größe* aus. Dadurch werden die größten Dateien ganz oben aufgeführt, und Sie können genau erkennen, welche Dateien das sind und wie viel Speicherplatz diese benötigen.

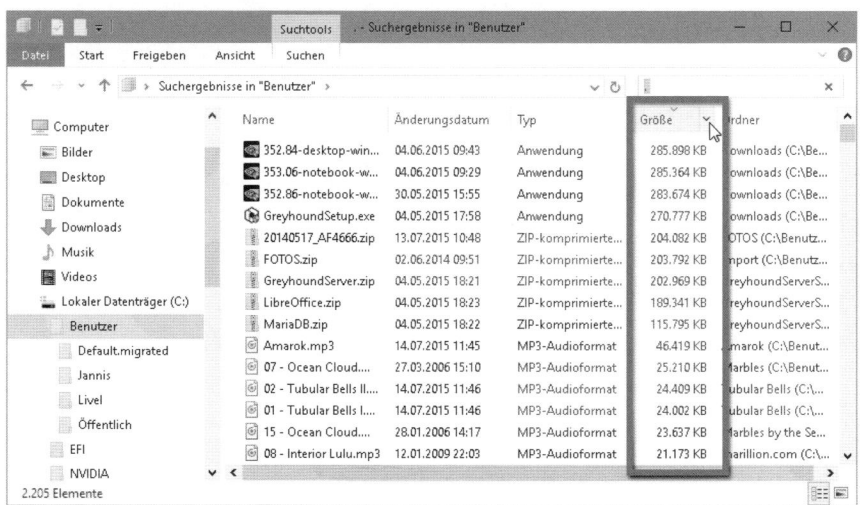

Visueller Überblick mit TreeSize

Noch besser können Sie Speicherplatzverschwendern mit einem kleinen Zusatztool wie TreeSize auf die Spur kommen, das Sie in der kostenlosen Free-Version
unter *www.jam-software.de/treesize_free* herunterladen können. Es analysiert den
exakten Inhalt aller Ordner und deren Unterordner (was nach dem Start ein wenig
dauern kann). Das Programm bittet um Administratorrechte, um wirklich alle Ordner durchsuchen zu können, was sinnvoll ist.

Dann sortiert es die analysierten Ordner nach ihrem Speicherplatzbedarf und zeigt
diese zugleich mit einem dicken Balken an. So erkennen Sie auf den ersten Blick,
in welchen Ordnern besonders viel Speicherplatz belegt wird. Diese können Sie
genau wie beim Windows-Explorer „aufklappen" und wiederum deren Unterordner
betrachten etc. So finden Sie schnell die Ordner und Dateien, die den Löwenanteil
des Speicherverbrauchs zu verantworten haben.

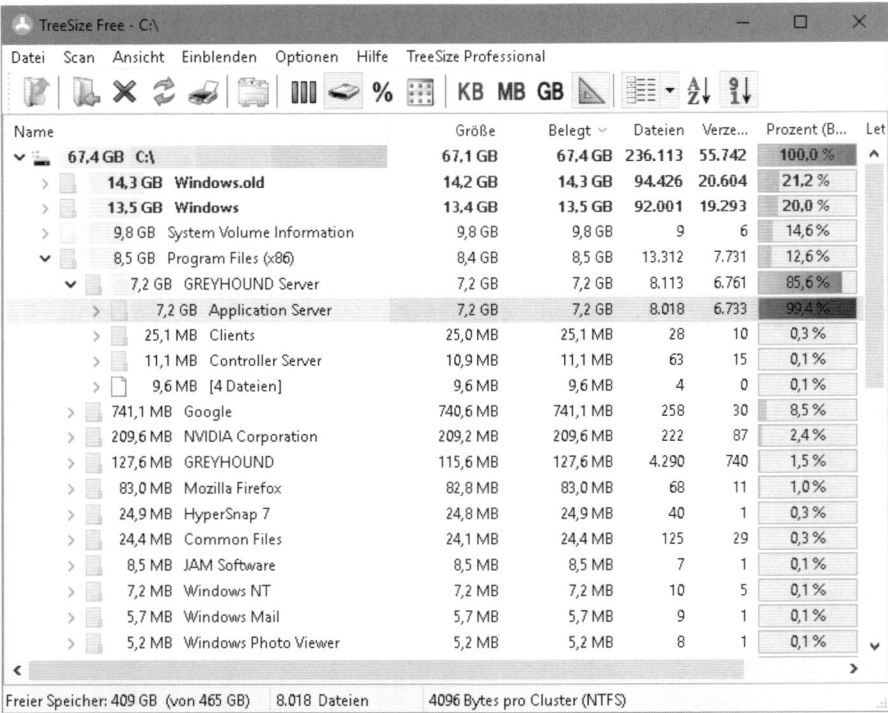

TreeSize erlaubt das gezielte Suchen nach den größten Speicherfressern.

10 Mit der Windows-Suche benötigte Daten stets schnell finden

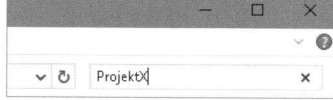

Wie schon seine Vorgänger bringt das aktuelle Windows einen Suchindex mit, der alle Ihre Dateien automatisch erfasst. Dabei berücksichtigt er neben naheliegenden Eigenschaften wie dem Dateinamen auch die zahlreichen Dateiinfos und bei textbasierten Dokumenten sogar den Inhalt. Dadurch werden komplexe Suchanfragen mit flexiblen Filtern bis hin zu Volltextsuchen möglich, die in der Regel innerhalb weniger Sekunden beantwortet werden. Das Speichern von Suchen als virtuelle Ordner ermöglicht darüber hinaus den einfachen Zugriff auf immer wieder benötigte Suchmuster.

10.1 So nutzen Sie die Suchfunktionen im Windows-Explorer

An den grundlegenden Suchfunktionen für Dateien und Dokumente hat sich im Vergleich zum Vorgänger nichts geändert. Die Dateisuche ist mit einer eigenen Kategorie in die Multifunktionsleiste integriert, die vor allem komplexere Dateisuchen einfacher macht. Anstatt sich kryptische Suchparameter merken zu müssen, können Sie Suchbedingungen wie Dateigröße oder -typ nun einfach „zusammenklicken". Diese Kategorie *Suchen* wird automatisch eingeblendet, wenn Sie die Einfügemarke im Suchfeld des Windows-Explorer platzieren (was z. B. auch mit [Strg]+[F] geht), während die Multifunktionsleiste angezeigt wird.

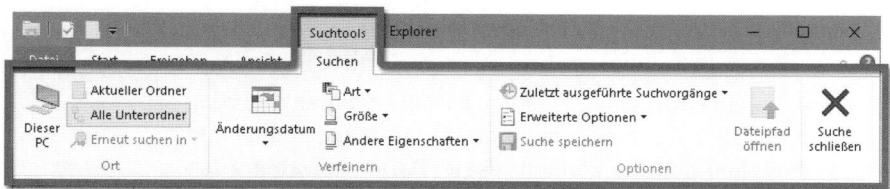

Die Suchen-Kategorie wird ggf. automatisch eingeblendet, wenn Sie das Suchfeld verwenden.

Wo soll gesucht werden?

Ganz links in der *Suchen*-Kategorie können Sie festlegen, in welchen Bereichen die Suche stattfinden soll:

- Standardmäßig ist hier *Alle Unterordner* aktiviert, das heißt, der Windows-Explorer durchsucht den aktuell geöffneten Ordner sowie alle darin enthaltenen Unterordner nach dem eingegebenen Suchbegriff.

- Soll sich die Suche auf den angezeigten Ordner beschränken und Unterordner ignorieren, klicken Sie stattdessen auf *Aktueller Ordner*.

■ Wollen Sie die Suche auf den gesamten Computer ausdehnen, klicken Sie auf die gleichnamige Schaltfläche. Sie können also jederzeit (und von jedem beliebigen Ordner aus) eine computerweite Suche durchführen, indem Sie einfach den Suchbegriff eingeben und dann ganz links auf *Computer* klicken.

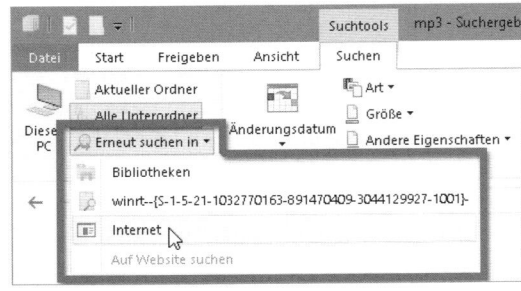

■ Nach dem Durchführen einer Suche wird automatisch die Schaltfläche *Erneut suchen in* aktiv. Sie ist z. B. interessant, wenn die Suche nicht erfolgreich war. Dann können Sie die Suche damit leicht auf Ihre Bibliotheken oder auch ins Internet verlagern, um dort hoffentlich die benötigten Informationen zu finden.

Zusätzliche Einschränkungen für die Suche angeben

Im Bereich *Verfeinern* der *Suchen*-Kategorie können Sie weitere Kriterien angeben, die die gesuchten Dateien neben dem eigentlichen Suchbegriff einschränken. Bei Windows 7 wurden solche Parameter etwas umständlich im Suchfeld selbst ausgewählt bzw. eingegeben. Beim aktuellen Windows finden Sie hingegen eigene Schaltflächen und Auswahlfelder für die wichtigsten Eigenschaften von Dokumenten:

■ Mit *Änderungsdatum* können Sie den Zeitraum beschränken, in dem gesucht werden soll. Die damit geöffnete Auswahlliste stellt einige naheliegende Varianten wie *Gestern*, *Letzte Woche* oder *Dieses Jahr* bereit.

Wenn Sie auf einen dieser Einträge klicken, fügt der Windows-Explorer automatisch den entsprechenden Suchparameter in das Suchfeld ein. Sie können diesen Parameter aber auch noch genauer bestimmen, wie der nachfolgende Abschnitt zeigt.

■ Bei *Art* wählen Sie die Art der Dateien, also z. B. *Dokument* oder *E-Mail*.

■ Ein weiterer möglicher Suchparameter ist die Größe; geben Sie also die Größe der gesuchten Datei vor. Auch hier finden Sie in der Auswahlliste einige Vorgaben, unter denen Sie in den meisten Fällen etwas Passendes finden sollten.

Dateitypen über ihre Endung ermitteln 💡 TIPP

Nicht immer müssen Sie sich die Mühe machen, zu einem gesuchten Dateityp erst die „offizielle" Bezeichnung zu ermitteln. Es reicht, wenn Sie die Dateiendung für diese Art von Dokumenten kennen. Dann können Sie dieses Kürzel mit in die Suchanfrage aufnehmen. Suchen Sie z. B. eine bestimmte JPEG-Bilddatei, verwenden Sie *typ:jpg*.

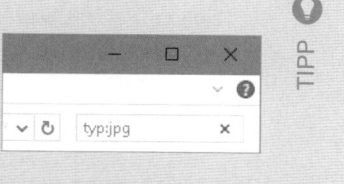

- Mit *Andere Eigenschaften* schließlich können Sie weitere Suchparameter in das Suchfeld einfügen. Was hier genau angeboten wird, hängt vom Inhalt des gerade gewählten Ordners ab. Insofern entspricht diese Schaltfläche der von Windows 7 bekannten Funktion, bei der naheliegende Suchparameter direkt im Suchfeld zur Auswahl angeboten wurden.

Wichtig ist hierbei: Im Gegensatz zu den anderen Elementen in diesem Bereich fügen Sie mit *Andere Eigenschaften* keine vollständigen Parameter ins Suchfeld ein, sondern immer nur eine Hälfte, z. B. *name:*. Die zweite Hälfte, also den Wert des Parameters, müssen Sie jeweils selbst ergänzen, also z. B. *name:Lisa*.

Weitere praktische Funktionen der Suchkategorie

Die Suchkategorie der Multifunktionsleiste bietet noch einige weitere praktische Funktionen rund um das Suchen von Dateien und Dokumenten. So können Sie im Bereich *Optionen* mit *Zuletzt ausgeführte Suchvorgänge* jeweils eine Liste der zuletzt durchgeführten Recherchen abrufen. Damit lassen sich Suchen schnell wiederholen. Da der Windows-Explorer dabei jeweils das Suchfeld mit den verwendeten Suchbegriffen und -parametern füllt, können Sie diese auch einfach bearbeiten und so eine zuvor verwendete Suche mit veränderten Vorgaben wiederholen.

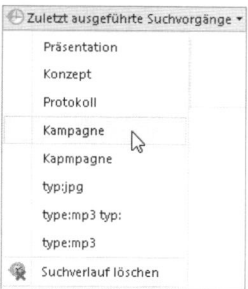

Die Suchhistorie schnell löschen 💡 TIPP

Ganz unten in der Liste der zurückliegenden Suchvorgänge findet sich der sehr praktische Menüpunkt *Suchverlauf löschen*. Damit können Sie die Liste der Suchen sofort vollständig löschen. So können Sie ein unübersichtliches Suchprotokoll schnell aufräumen oder auch die zurückliegenden Aktivitäten vor neugierigen Mitnutzern verbergen.

Die Schaltfläche *Erweiterte Optionen* macht einige wichtige Einstellungen für die Funktionsweise der Suche direkt zugänglich. So können Sie diese Option „mal schnell zwischendurch" verändern, ohne jedes Mal in die Tiefen der Einstellungsmenüs hinabtauchen zu müssen:

■ Mit *Indizierte Orte ändern* können Sie in einem spe-
ziellen Dialog detailliert festlegen, welche Bereiche
Windows für das schnelle Suchen indizieren soll.
Dies entspricht den Indizierungsoptionen früherer
Windows-Versionen, ist nun aber einfacher zu er-
reichen.

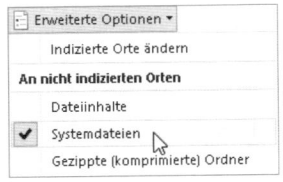

■ Im unteren Bereich *An nicht indizierten Orten* bestimmen Sie, was durchsucht
werden soll, wenn Sie die Dateisuche auf einen Bereich ausdehnen, der nicht
von der Indizierung erfasst ist. Je mehr Kontrollkästchen Sie hier aktivieren,
desto größer ist die Chance, die gesuchte Datei zu finden. Allerdings verlangsamen die Optionen den Suchvorgang jeweils deutlich, weil die entsprechenden Zugriffe recht zeitraubend sind.

10.2 Suchen direkt aus dem Startmenü

Eine gewisse Zwiegespaltenheit des aktuellen Windows zwischen klassischem
Desktop und der neuen Touchoberfläche lässt sich auch beim Suchen nicht ver-
leugnen. Schließlich sind die Suchfunktionen im Windows-Explorer umfangreich
und flexibel, aber sie lassen sich per Touchscreen kaum sinnvoll nutzen. Nicht zuletzt deshalb finden sich im Startmenü grundlegende Suchmöglichkeiten in finger-
freundlicherer Form wieder.

1. Sobald das Startmenü angezeigt
wird, können Sie mit einer Hardwaretastatur direkt den Suchbe-

griff eintippen. Für die virtuelle Tastatur tippen Sie unten rechts im Infobereich
auf das Tastatursymbol.

2. Tippen Sie nun in das Suchfeld
den gesuchten Begriff ein, präsentiert Ihnen der Suchassistent
Treffer für dieses Wort gegebenenfalls sowohl aus dem Web
als auch aus lokalen Quellen
wie Fotos, Musik etc.

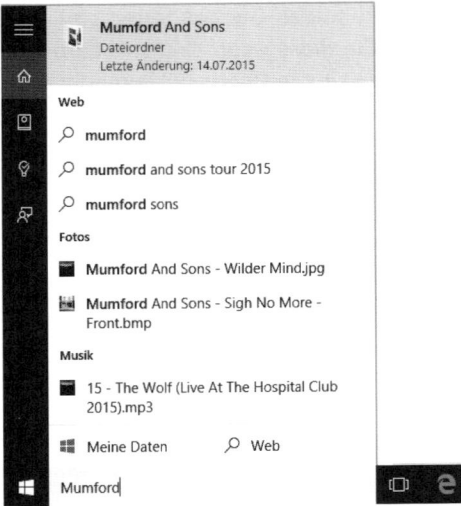

3. Die Suche wird automatisch
durchgeführt und verfeinert sich
mit jedem eingetippten Zeichen
immer weiter.

4. Um ausschließlich lokale Datei-
en nach dem Begriff zu durchsuchen, tippen Sie unten auf *Meine
Daten*.

5. Die Suchmaske ändert sich dann und konzentriert sich nur noch auf lokale Ergebnisse, die Sie sortieren und filtern können. Suchen Sie beispielsweise Musikdateien, wählen Sie oben bei *Anzeigen* den Begriff *Musik*.

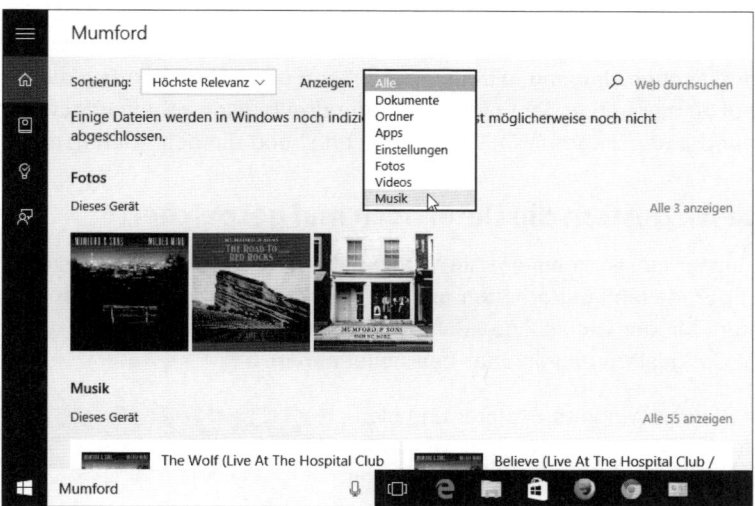

6. Dann zeigt der Suchassistent nur noch Treffer aus diesem Bereich an. So gefundene Musiktitel beispielsweise können Sie einfach durch Anklicken bzw. Antippen abspielen.

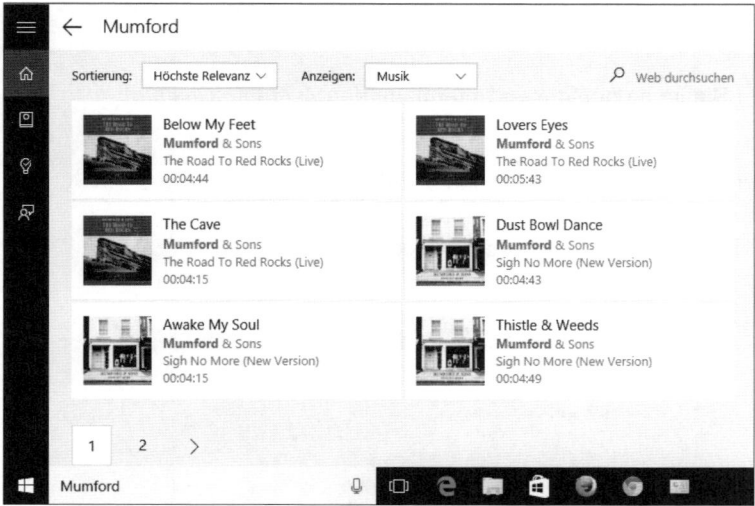

Ist die Trefferliste recht umfangreich oder enthält nicht das Erwartete, finden Sie unter *Andere Suchmöglichkeiten* immer noch die Option, die formulierte Suche an den Explorer zu übertragen. Dadurch wird der Windows-Explorer gestartet und automatisch eine entsprechende Suchanfrage vorgenommen. Nun können Sie mit den gewohnten Möglichkeiten des Suchformulars das Ergebnis sortieren, filtern, verfeinern etc.

10.3 Suchstrategien in der Praxis: So finden Sie alles im Handumdrehen

Wie Sie die Windows-Dateisuche im Prinzip für beliebig komplexe und detaillierte Suchen einsetzen, konnten Sie auf den vorangegangenen Seiten lesen. Um Sie mit dem praktischen Umgang mit dieser wichtigen und hilfreichen Funktion wirklich vertraut zu machen, möchte ich Ihnen nun drei typische Suchaufgaben präsentieren und Ihnen zeigen, wie Sie diese schnell und einfach erledigen.

Wo hatte ich gestern die Datei noch mal gespeichert?

Das kann immer mal vorkommen: Am Vortag hatte man ein Dokument erstellt oder eine Datei per Mailanhang erhalten und dann auf die Schnelle weggespeichert. Aber wo nur? Mit der Dateisuche können Sie sich jederzeit alle Dateien anzeigen lassen, die Sie gestern erstellt oder bearbeitet haben.

1. Öffnen Sie den Windows-Explorer und blenden Sie den *Suchen*-Bereich der Multifunktionsleiste ein. Wenn Sie einen Bestandteil von Name oder Inhalt kennen, können Sie diesen auch angeben, um das Ergebnis von vornherein sinnvoll einzuschränken. Dies muss aber nicht unbedingt sein.

2. Klicken Sie in der *Suchen*-Kategorie im Bereich *Verfeinern* auf *Änderungsdatum*.

3. Wählen Sie im so geöffneten Untermenü den Zeitraum *Gestern* aus.

4. Der Windows-Explorer zeigt Ihnen alle Dateien an, die Sie gestern bearbeitet und gespeichert haben. Ist die Liste zu umfangreich, können Sie weitere Verfeinerungen vornehmen, indem Sie in der *Suchen*-Kategorie z. B. *Art* auf *Dokument* einschränken.

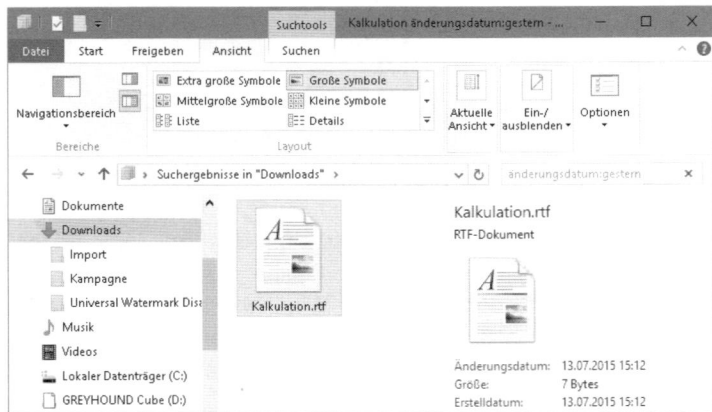

Alle Musiktitel eines Interpreten finden und abspielen

Wer seine Musiksammlung auf dem PC verwaltet und hören möchte, der sucht sicher immer mal wieder einen speziellen Titel oder ein bestimmtes Album. Ist die Musiksammlung innerhalb der Bibliotheken gespeichert und mit passenden MP3-Tags versehen, kann die Windows-Dateisuche jedes gewünschte Stück in Sekundenbruchteilen finden. Ein einzelnes Musikstück oder ein bestimmtes Album können Sie somit finden, wenn Sie einfach den Titel im Suchfeld eintippen. Das klappt übrigens auch gut bei der Touchvariante der Suche. Als etwas komplexeres Beispiel für den optimalen Einsatz des Windows-Explorer zeige ich Ihnen, wie Sie sich alle Stücke Ihres Lieblingsinterpreten schnell und strukturiert auf den Bildschirm holen.

1. Tippen Sie im Windows-Explorer rechts oben ins Suchfeld den Namen des Interpreten ein.

2. Sofort sehen Sie in der Ergebnisliste sämtliche Dateien, die irgendwo den Namen dieses Interpreten enthalten. Bei einer etwas umfangreicheren Sammlung werden Sie feststellen, dass dies nicht nur die reinen Musikdateien sind, sondern auch Ordner, Coverbilder und Ähnliches.

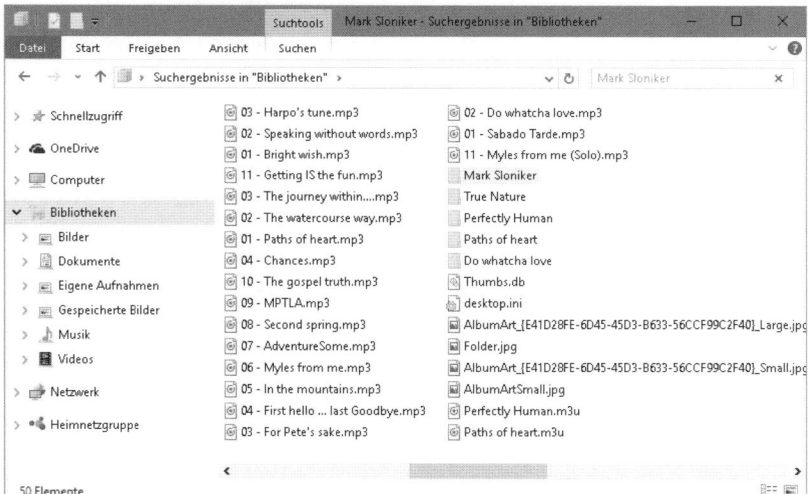

3. Um solche unerwünschten Nebenfunde auszuschließen, öffnen Sie den *Suchen*-Bereich der Multifunktionsleiste (sofern er nicht schon offen ist), klicken dort auf *Art* und wählen im Untermenü *Musik*. Nun sehen Sie nur noch die reinen Musikdateien. Um ein bestimmtes Album abzuspielen, kann alternativ auch *Wiedergabeliste* eine sinnvolle Wahl sein.

4. Haben Sie gleich mehrere Alben eines Interpreten in Ihrer Sammlung, ist es oft sinnvoll, diese Struktur auch in den Suchergebnissen widerzuspiegeln. Klicken Sie dazu im *Ansicht*-Menü auf *Gruppieren nach* und wählen Sie im Untermenü das

Kriterium *Album* aus. Gegebenenfalls müssen Sie diese Dateieigenschaft mit *Spalten auswählen* erst anzeigen lassen, um sie auswählen zu können (siehe Seite 192). Dann zeigt der Windows-Explorer die gefundenen Songs sauber nach Album unterteilt.

5. Möchten Sie die Titel jedes Albums nun noch jeweils in der richtigen Abspielreihenfolge sehen, können Sie die Darstellung anhand des Kriteriums *Titelnummer* sortieren lassen.

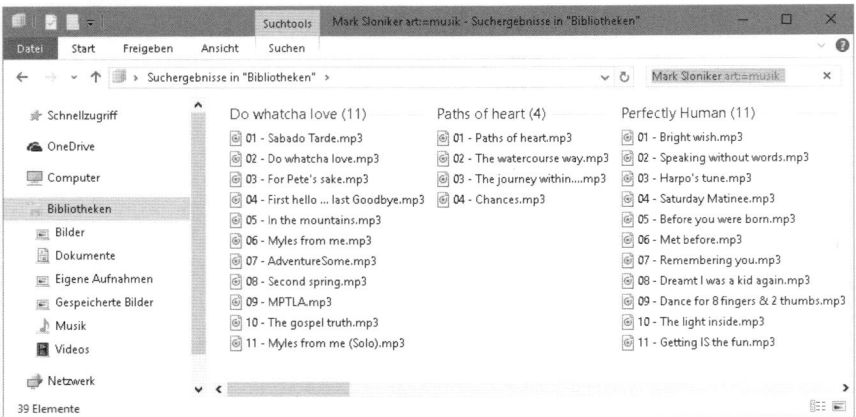

Die Fotos vom letzten Urlaub suchen und anzeigen

Wer regelmäßig Schnappschüsse mit einer Digitalkamera macht und diese auf den PC importiert (siehe Kapitel 14), kommt schnell zu einer umfangreichen und eventuell unübersichtlichen Sammlung. Dem kann man durch konsequente Organisation und z. B. dem Verwenden von Schlüsselwörtern entgegensteuern. Aber auch einfache Hilfsmittel wie z. B. das Aufnahmedatum können helfen, etwa wenn es darum geht, mal eben schnell die Bilder vom letzten Sommerurlaub ausfindig zu machen.

1. Wenn Sie alle Ihre Aufnahmen in der *Bilder*-Bibliothek gespeichert haben, öffnen Sie diese im Windows-Explorer. Ansonsten wählen Sie den Ordner, in dem sich die Bilder befinden.

2. Blenden Sie dann den *Suchen*-Bereich der Multifunktionsleiste ein. Hier können Sie zunächst im Bereich *Verfeinern* im *Art*-Untermenü die Einstellung *Bild* wählen, um wirklich nur Bilddateien anzuzeigen.

3. Tippen Sie dann darunter auf *Andere Eigenschaften* und wählen Sie in diesem Untermenü den Punkt *Aufnahmedatum* (dieser wird nur angezeigt, wenn der gerade geöffnete Ordner im Wesentlichen Bilddateien enthält).

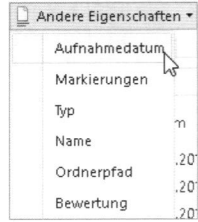

4. Der Windows-Explorer zeigt nun rechts unterhalb des Suchfeldes einen Dialog an, in dem Sie den Zeitraum festlegen können, aus dem die gesuchten Bilder stammen sollen. Sie können hier Jahre, Monate, Wochen oder aber einen ganz exakten Zeitraum in Tagen festlegen.

5. In der Dateiliste sehen Sie anschließend nur noch die Bilder, die innerhalb dieses Zeitraums aufgenommen wurden. Wenn Sie den Termin des Urlaubs richtig im Kopf haben, sollten Sie also nun genau Ihre Reiseschnappschüsse sehen können.

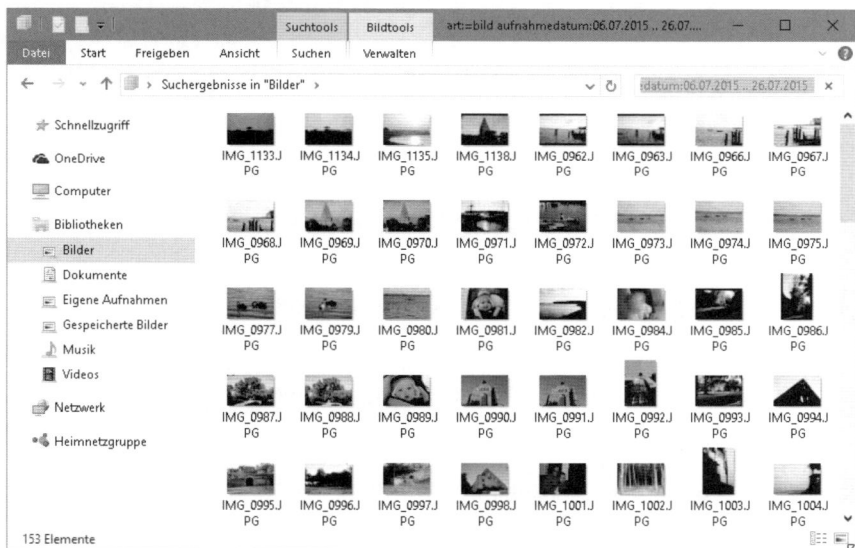

10.4 Oft gesuchte Dokumente in virtuellen Ordnern jederzeit verfügbar machen

Wie schon bei früheren Windows-Versionen können Sie eine ausgeführte Suche als virtuellen Ordner speichern. Virtuelle Ordner sind im Gegensatz zu realen, physisch auf der Festplatte vorhandenen Verzeichnissen dynamisch erstellte Dateilisten, die im Windows-Explorer ganz genauso wie herkömmliche Ordner angezeigt und bearbeitet werden können.

Der Explorer verwendet solche virtuellen Ordner, um die Ergebnisse von Suchen darzustellen. Der besondere Clou daran ist: Sie können jede einmal formulierte Suche als virtuellen Ordner speichern. Diese können Sie dann später jederzeit mit einem Mausklick wiederholen und damit den Inhalt des virtuellen Ordners anzeigen lassen.

So speichern Sie einmal ausformulierte Suchen, um sie beliebig oft wiederholen zu können, wobei die Suchergebnisse dabei selbstverständlich jeweils aktualisiert werden:

1. Sowie das Suchfeld des Windows-Explorer einen beliebigen Inhalt hat, können Sie im Bereich *Optionen* die Schaltfläche *Suche speichern* anklicken.

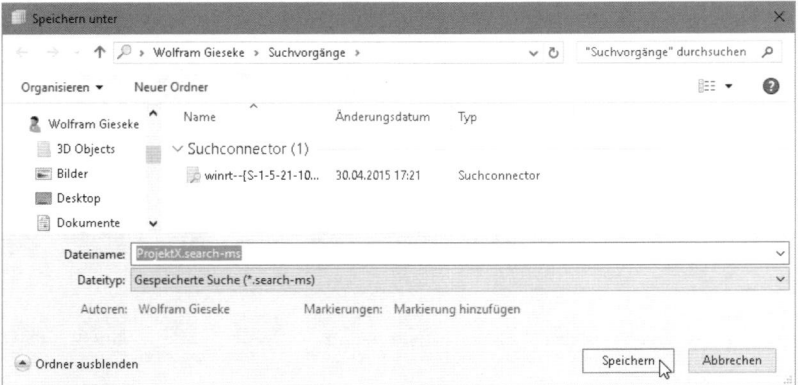

2. Damit öffnen Sie einen Dialog *Speichern unter*, in dem der Windows-Explorer den Inhalt des Suchfeldes als Namen für die zu speichernde Suche vorgibt. Sie können die Bezeichnung verändern, aber ändern Sie nur den Teil vor dem Punkt. Die Dateiendung – sofern angezeigt – sollte erhalten bleiben (*.search-ms*).

3. Klicken Sie dann auf *Speichern*.

4. Für diese Suchen wird automatisch eine Verknüpfung in Ihrem Benutzerordner unter *Suchvorgänge* angelegt.

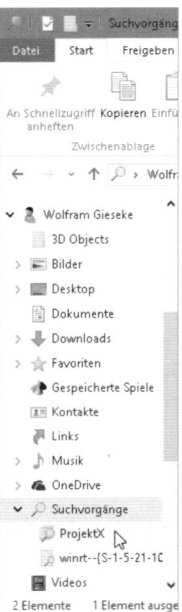

Beispielsweise über den Navigationsbereich des Windows-Explorer können Sie diesen virtuellen Ordner später jederzeit abrufen und öffnen. Klicken Sie dazu einfach auf seinen Eintrag. Aber auch im Eingabefeld des Startmenüs können Sie den Namen der Suche einfach eintippen, dann wird sie automatisch als bester Treffer vorgeschlagen und kann mit ⏎ abgerufen werden.

Noch schneller zu gespeicherten Suchen!

Mit einem kleinen Trick können Sie gespeicherte Suchen noch schneller erreichen. Zwar können die Suchvorgänge selbst nicht als Schnellzugriff gespeichert werden, aber Sie können den Ordner *Suchvorgänge* dort anpinnen. Ziehen Sie dazu einfach das Symbol des Ordners auf das Schnellzugriff-Symbol im Navigationsbereich (mehr zum Schnellzugriff auf Seite 171).

10.5 Die schnelle Windows-Dateisuche auf zusätzliche Laufwerke ausdehnen

Die Leistungsfähigkeit und Geschwindigkeit der Windows-Dateisuche basiert auf einem Indizierungsdienst. Dieser erfasst automatisch und unauffällig im Hintergrund regelmäßig die Dateien und Dokumente. Dazu nutzt er z. B. Zeiten, in denen der PC nicht anderweitig ausgelastet ist. Auf diesen Index greift die Suchfunktion bei Anfragen zurück.

Da die Dateien dann nicht alle einzeln abgefragt werden müssen, sondern alle relevanten Informationen im Index sofort zugänglich sind, können Suchen erheblich beschleunigt werden. Das automatische Indizieren verbraucht allerdings auch Ressourcen.

Deshalb können Sie den Dienst mit einigen Optionen steuern und so z. B. festlegen, welche Arten von Dateien er wie ausführlich indizieren soll und welche Ordner berücksichtigt werden sollen.

Weitere Ordner in die Überwachung durch den Index aufnehmen

Standardmäßig überwacht der Suchindex für jeden Benutzer dessen eigene Dateien, Offlinedateien sowie Einträge im Startmenü. Solange Sie neue Dateien und Ordner konsequent innerhalb von *Eigene Dateien* anlegen, reicht das völlig aus, und alle Ihre Dokumente werden automatisch vom Index erfasst. Sie können aber auch Ordner aus anderen Bereichen vom Index berücksichtigen lassen.

1. Um die Optionen für den Indexdienst zu bestimmen, öffnen Sie in der klassischen Systemsteuerung das Modul *Indizierungsoptionen*. Alternativ können Sie auch beim Windows-Explorer im *Suchen*-Bereich der Multifunktionsleiste *Erweiterte Optionen* und im Untermenü dann *Indizierte Orte ändern* wählen.

2. Hier finden Sie ganz oben Angaben zum Status des Indexdiensts und zur Anzahl der derzeit indizierten Dateien.

3. Im Bereich *Diese Orte indizieren* können Sie sehen und festlegen, welche Bereiche der Indexdienst berücksichtigt. Wenn Sie z. B. keine Offlinedateien verwenden, können Sie diese Funktion deaktivieren, um das Indizieren zu beschleunigen.

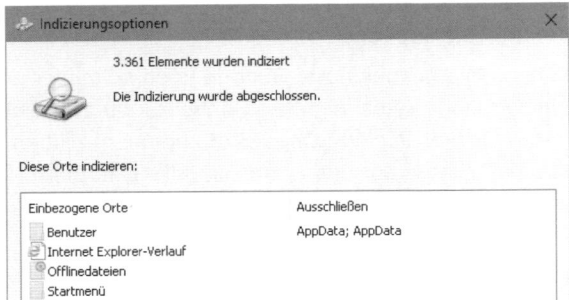

4. Mit einem Mausklick auf die *Ändern*-Schaltfläche können Sie die Suchbereiche verändern. Klicken Sie sich dazu im anschließenden Dialog zu den Ordnern durch, die vom Indexdienst berücksichtigt werden sollen, und setzen Sie dort ein Häkchen. Der entsprechende Ordner wird dann mit in die Liste aufgenommen. Die Indizierung erfolgt sowohl für die Dateien im Ordner selbst als auch für den Inhalt sämtlicher Unterordner und deren Ordner.

TIPP

Mit dem Umfang des Suchindex nicht übertreiben!

Der schnelle Suchindex legt vielleicht die Idee nahe, einfach den gesamten Computer zu überwachen, also sämtliche vorhandenen Festplattenlaufwerke in den Index aufzunehmen. Das ist aber keine gute Idee, denn die Geschwindigkeit des Suchindex hängt von seinem Umfang ab. Je mehr Ordner Sie in die Überwachung aufnehmen, desto länger werden die Antworten beim Suchen dauern. Es empfiehlt sich also, wirklich nur solche Ordner in den Index aufzunehmen, die eigene Dateien enthalten. Fragen Sie sich einfach, wie groß die Wahrscheinlichkeit ist, dass Sie in einem bestimmten Ordner jemals nach einer Datei suchen werden. Keinesfalls sollten Ordner wie *Programme* oder *Windows* überwacht werden. Auch der Platzbedarf des Index steigt mit dem Umfang, ebenso der Aufwand zum Aktualisieren der Indexeinträge.

Welche Arten von Dateien sollen indiziert werden?

Neben den Ordnern können Sie auch bestimmen, welche Arten von Dateien der Indexdienst berücksichtigen soll. So können Sie die Suchfunktion schlank und schnell halten, indem Sie sich auf die Dokumenttypen beschränken, mit denen Sie üblicherweise arbeiten.

1. Klicken Sie in den Einstellungen für den Suchindex unten auf die *Erweitert*-Schaltfläche.

2. Im anschließenden Dialog können Sie zunächst festlegen, ob Sie auch *Verschlüsselte Dateien indizieren* lassen möchten, was den Aufwand zum Erstellen des Index allerdings

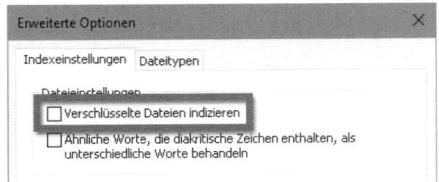

erheblich erhöht. Diese Option ist auch nur sinnvoll, wenn Sie überhaupt mit verschlüsselten Dateien arbeiten.

3. Wechseln Sie dann auf die Registerkarte *Dateitypen*. Hier finden Sie eine Liste der registrierten Dateitypen.

4. Per Häkchen legen Sie jeweils fest, ob die Dateien eines bestimmten Typs überhaupt indiziert werden sollen.

5. Mit den Optionen darunter steuern Sie, ob bei entsprechenden Dokumenten nur Namen und Dateieigenschaften erfasst werden sollen oder ob auch der Dokumentinhalt für die Volltextsuche erfasst und gespeichert werden soll.

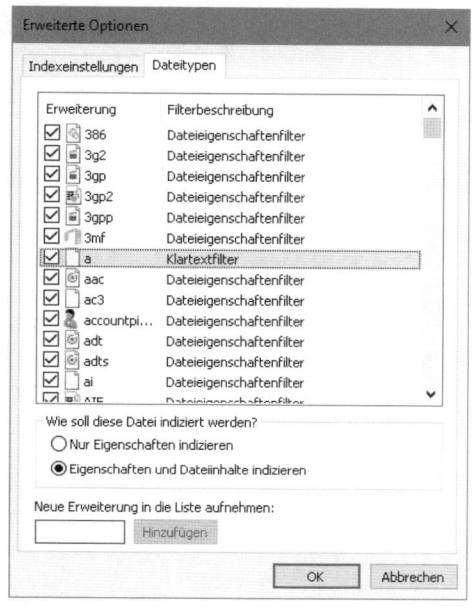

Den Index bei Bedarf manuell erneuern

Der Indexdienst läuft üblicherweise vollautomatisch im Hintergrund und sucht sich selbst regelmäßig passende Gelegenheiten, um den Index auf dem aktuellen Stand zu halten. Falls Sie darauf nicht warten wollen, können Sie aber auch manuell eine neue Bestandsaufnahme in die Wege leiten. Das lohnt sich z. B., wenn Sie umfangreiche Änderungen am Dateibestand vorgenommen haben und diese beim Suchen sofort berücksichtigt werden sollen.

1. Öffnen Sie wiederum in der klassischen Systemsteuerung das Modul *Indizierungsoptionen* und klicken Sie dort auf die *Erweitert*-Schaltfläche.

2. Im anschließenden Dialog finden Sie im Bereich *Problembehandlung* die Schaltfläche *Neu erstellen*.

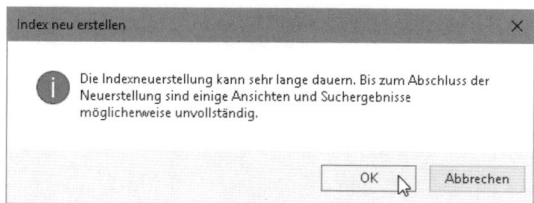

3. Bestätigen Sie den Sicherheitshinweis mit einem Klick auf *OK*.

4. Der Index wird nun gelöscht und anschließend komplett neu aufgebaut. Den Fortschritt verfolgen Sie in den Indizierungsoptionen.

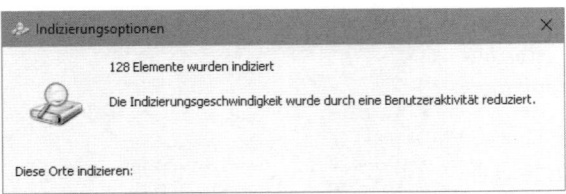

5. Sie können den Dialog jetzt bereits schließen und parallel anderweitig mit dem PC weiterarbeiten. Beachten Sie aber, dass Suchanfragen und die Anzeige von erweiterten Dateieigenschaften nur eingeschränkt funktionieren, solange der Index nicht vollständig erneuert ist. Dieser Vorgang dauert mindestens einige Minuten, bei sehr vielen Dateien unter Umständen auch deutlich länger. Ist er beendet, sehen Sie in den *Indizierungsoptionen* die Meldung *Die Indizierung wurde abgeschlossen*.

11 Verwalten Sie Ihre Dateien mit Bibliotheken noch effektiver

Die mit Windows 7 eingeführten Bibliotheken wurden beibehalten und funktionieren auch weiterhin in ähnlicher Weise. In Bibliotheken können verschiedene Ordner zu einer Datensammlung zusammengefasst werden. Eine Bibliothek enthält dann alle Dateien aus den Ordnern, die zu dieser Bibliothek gehören. So können Sie Dokumente, die z. B. thematisch zusammengehören, aber über verschiedene Ordner

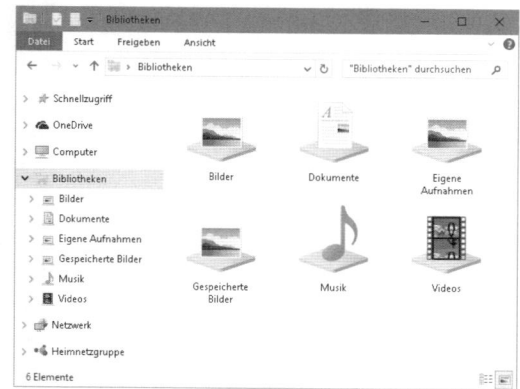

verteilt sind, zentral zusammenfassen und so jederzeit schnell darauf zugreifen.

Wo sind die Bibliotheken hin?

Wenn Sie nach der Installation von Windows 10 den Windows-Explorer öffnen, zeigt dieser eventuell keine Bibliotheken mehr im Navigationsbereich an. Denn das Anzeigen der Bibliotheken ist optional. Die Standardeinstellung

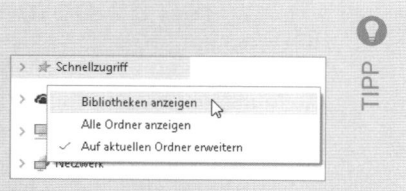

nach der Installation ist, dass dieser Eintrag ausgeblendet wird. Wenn Sie mit Bibliotheken arbeiten und diese wieder sicht- und nutzbar machen möchten, klicken Sie mit der rechten Maustaste auf eine freie Stelle im Navigationsbereich, um das Kontextmenü für diesen Bereich zu öffnen. Wählen Sie darin dann *Bibliotheken anzeigen*. Schon ist alles wie gewohnt.

TIPP

11.1 Die vorhandenen Standardbibliotheken sinnvoll nutzen

Windows bringt von Haus aus bereits einige Bibliotheken mit. Dies sind *Bilder*, *Dokumente*, *Eigene Aufnahmen*, *Gespeicherte Bilder*, *Musik* und *Videos*, die jeweils den entsprechenden Inhalten zugeordnet sind. Für den Zugriff auf diese Bibliotheken gibt es verschiedene Möglichkeiten:

- In der Navigationsleiste haben die Bibliotheken einen eigenen Eintrag. Hier können Sie das Bibliotheksverzeichnis aufrufen, Sie können aber auch die einzelnen Bibliotheken direkt anwählen.

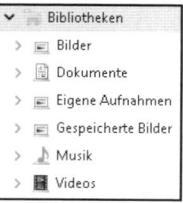

■ Tippen Sie im Eingabefeld des Startmenüs den vollständigen Namen einer Bibliothek ein, wird diese ganz
oben in der Auswahlliste angezeigt.
Drücken Sie dann einfach ⏎, um
diese Bibliothek zu öffnen.

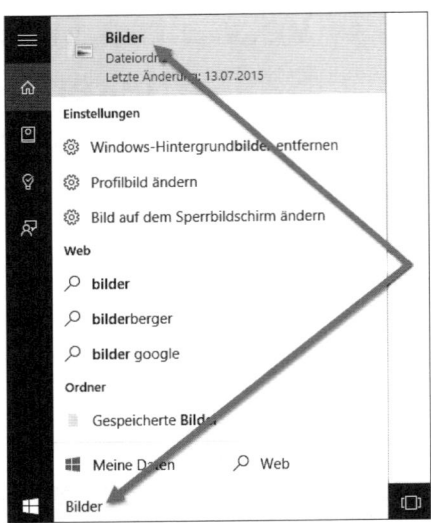

11.2   So ziehen Sie optimalen Nutzen aus der Arbeit mit Bibliotheken

Alle Funktionen für den Umgang mit Bibliotheken sind im Windows-Explorer in
die Multifunktionsleiste integriert. Wann immer Sie die Übersicht der Bibliotheken
oder auch den Inhalt einer bestimmten Bibliothek öffnen, wird in der Multifunktionsleiste automatisch die Kategorie *Bibliotheekstools* eingeblendet, wo Sie mit *Verwalten* Zugriff auf alle wichtigen Funktionen und Einstellungen für diese Bibliothek
haben. Manche Funktionen finden sich aber auch an anderer Stelle wieder, etwa
im Kontextmenü.

Den Umfang einer Bibliothek steuern

Jede Bibliothek umfasst mehrere Ordner. Welche das genau sind, legen Sie ganz
links mit *Bibliothek verwalten* fest. Damit rufen Sie eine Übersicht der Ordner für
diese Bibliothek auf. Wollen Sie einen der Ordner aus der Bibliothek herausnehmen, markieren Sie ihn hier und
klicken rechts auf *Entfernen*. Ebenso können Sie mit *Hinzufügen* weitere Ordner einbinden. Das geht
aber auch komfortabler, wie Sie
im Folgenden noch lesen werden.

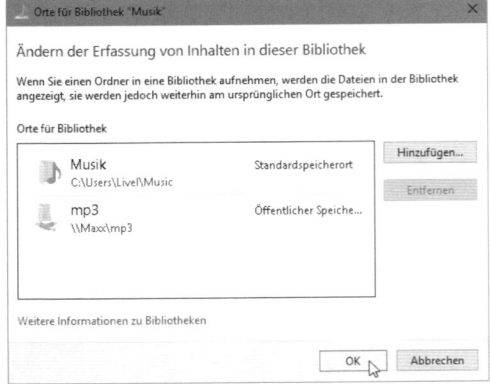

Den Standardspeicherort einer Bibliothek festlegen

Bibliotheken funktionieren im Prinzip genau wie Ordner, das heißt, Sie können in einer Bibliothek auch Dokumente speichern bzw. neue Dateien anlegen. Wenn eine Bibliothek aber eine Zusammenstellung mehrerer Ordner ist, stellt sich die Frage, in welchen dieser Ordner neue Dateien gespeichert werden sollen. Deshalb kann für jede Bibliothek ein Standardspeicherort voreingestellt werden. Alle Dateien, die in dieser Bibliothek gespeichert werden, landen dann in diesem Ordner. Das gilt selbstverständlich nicht, wenn Sie innerhalb der Bibliothek einen der enthaltenen Ordner auswählen und die Datei ausdrücklich darin speichern.

1. Um den Standardspeicherort für die aktuell geöffnete Bibliothek zu bestimmen, klicken Sie in der Multifunktionsleiste auf *Speicherort festlegen*.

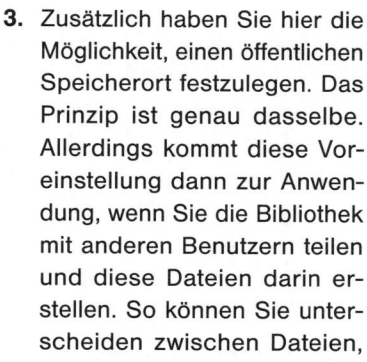

2. Damit öffnen Sie ein Untermenü, in dem alle dieser Bibliothek hinzugefügten Verzeichnisse aufgeführt sind. Klicken Sie darin auf den Ordner, in dem standardmäßig alle in der Bibliothek neu erstellten Dateien landen sollen.

3. Zusätzlich haben Sie hier die Möglichkeit, einen öffentlichen Speicherort festzulegen. Das Prinzip ist genau dasselbe. Allerdings kommt diese Voreinstellung dann zur Anwendung, wenn Sie die Bibliothek mit anderen Benutzern teilen und diese Dateien darin erstellen. So können Sie unterscheiden zwischen Dateien, die Sie selbst neu erstellen, und solchen, die von anderen neu erstellt werden.

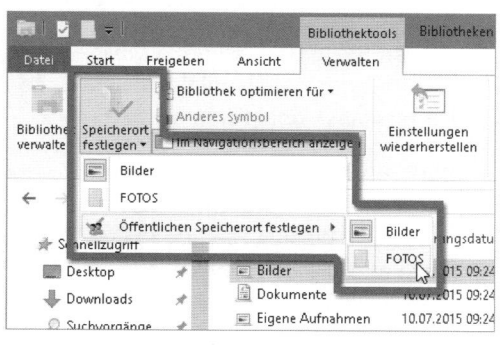

Einzelne Bibliotheken nicht in der Navigationsleiste anzeigen

Wie Sie Bibliotheken insgesamt im Navigationsbereich anzeigen lassen oder nicht, wurde zu Beginn dieses Abschnitts bereits beschrieben. Sie können zusätzlich für jede Bibliothek einzeln festlegen, ob diese im Navigationsbereich aufgeführt werden soll oder nicht.

Wenn Sie einige der vorinstallierten Bibliotheken gar nicht nutzen, können Sie diese so verschwinden lassen. Ebenso lässt sich so das Anzeigen von Bibliotheken verhindern, die Sie womöglich nur für interne Verwaltungszwecke wie etwa Netzwerkfreigaben eingerichtet haben.

1. Öffnen Sie dazu die entsprechende Bibliothek im Windows-Explorer.

2. Wird die Bibliothek derzeit im Navigationsbereich angezeigt, ist die Schaltfläche *Im Navigationsbereich anzeigen* farbig unterlegt. Klicken Sie darauf, um das zu ändern.

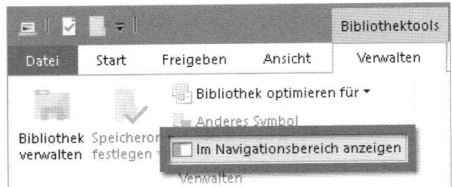

3. Soll die Bibliothek später erneut angezeigt werden, wiederholen Sie diese Schritte, sodass die Option für diese Bibliothek wieder farbig unterlegt wird. Dann ist die Bibliothek auch wieder in der Liste zu finden.

Die Darstellung der Bibliothek für den Inhalt optimieren

Windows kann Bibliotheken genau wie Ordner auf verschiedene Arten darstellen. Die Darstellungsweisen eignen sich jeweils für bestimmte Inhalte wie etwa Bilder oder Musik. Diese Einstellung wirkt sich darauf aus, wie der Inhalt angezeigt wird und welche Kriterien z. B. zum Arrangieren des Inhalts zur Verfügung stehen. Damit auch Ihre eigenen Bibliotheken perfekt dargestellt werden, können Sie angeben, welche Art von Inhalt sie überwiegend haben werden.

1. Öffnen Sie die Bibliothek im Windows-Explorer.

2. Klicken Sie in der Kategorie *Bibliothekstools* der Multifunktionsleiste auf *Bibliothek optimieren für*.

3. Dadurch öffnen Sie ein Auswahlmenü mit den verschiedenen Inhaltsarten. Wählen Sie hier die Variante aus, die zum typischen Inhalt Ihrer Bibliothek am ehesten passt.

4. Ist der Inhalt bunt gemischt und passt damit einfach nicht in eine der vorhandenen Kategorien, wählen Sie *Allgemeine Elemente* für eine neutrale Anzeige der Bibliotheksinhalte.

Von der Bibliothek zu konkreten Ordnern und Dateien

Innerhalb einer Bibliothek können Sie mit den Dateien und Ordnern ganz wie gewohnt arbeiten, also Dokumente öffnen und speichern, kopieren, umbenennen etc. Die Änderungen, die sich dadurch ergeben, wirken sich auch immer auf die tatsächlichen Dateien und Ordner aus. Wenn Ihnen die Bibliothek allerdings zu unübersichtlich ist oder eine andere Notwendigkeit besteht, sie zu verlassen, können Sie jederzeit in einen konkreten Ordner wechseln.

1. Klicken Sie den Ordner oder die Datei mit der rechten Maustaste an.

2. Wählen Sie im so geöffneten Kontext-menü fast ganz unten die Funktion *Ordnerpfad öffnen* für Ordner bzw. *Dateipfad öffnen* für Dateien.

3. Der Windows-Explorer wechselt dann in den Ordner, der das zuvor gewählte Objekt enthält, also den Ordner der gewählten Datei bzw. das übergeordnete Verzeichnis eines gewählten Ordners. Dieses wird angezeigt und das gewählte Objekt darin direkt markiert, sodass Sie es auch in umfangreichen Verzeichnissen schnell finden können.

Die Bibliothek nach Ordnern strukturieren

Wenn Sie bei früheren Windows-Versionen bereits intensiv mit Bibliotheken gearbeitet haben, sind Sie vielleicht an die Ordneransicht gewöhnt, mit der Sie den Inhalt einer Bibliothek anhand der Ordner sortieren konnten, aus denen die Dateien stammten. Diese Möglichkeit besteht nach wie vor. Allerdings ist sie nicht mehr standardmäßig gewählt.

1. Öffnen Sie im Windows-Explorer die Bibliothek, für die Sie diese Ansichtsweise aktivieren möchten.

2. Wechseln Sie dann in der Multifunktionsleiste in die Kategorie *Ansicht*.

3. Hier finden Sie im Bereich *Aktuelle Ansicht* ganz oben die Schaltfläche *Gruppieren nach*, mit der Sie eine Liste der möglichen Ansichtsarten öffnen.

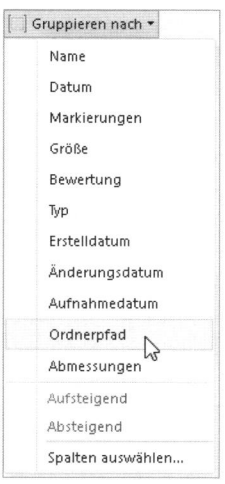

4. Wann immer Sie sich innerhalb einer Bibliothek befinden, wird hier die Option *Ordnerpfad* angeboten (die ja auch nur für aus mehreren Ordnern bestehende Bibliotheken sinnvoll ist). Damit erreichen Sie eine Darstellung des Bibliotheksinhalts, die in etwa der von Windows 7 entspricht.

Fügen Sie einer Bibliothek weitere Ordner hinzu

Wie bereits erwähnt, können Sie in den Einstellungen einer Bibliothek weitere Ordner hinzufügen. Dies geht aber auch auf einem direkteren, schnelleren Weg:

1. Markieren Sie den Ordner, den Sie einer Bibliothek hinzufügen möchten, im Windows-Explorer.

2. Wechseln Sie in der Multifunktionsleiste in die Kategorie *Start*.

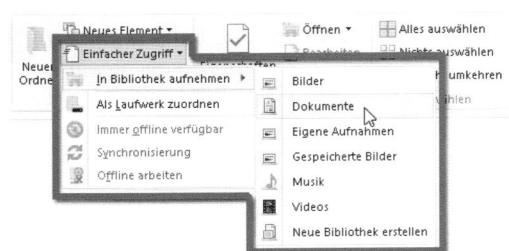

3. Klicken Sie im Bereich *Neu* auf *Einfacher Zugriff* und dann im dadurch geöffneten Menü auf *In Bibliothek aufnehmen*. Alternativ finden Sie diesen Befehl auch im Kontextmenü des Ordners.

4. Im dazugehörigen Untermenü finden Sie eine Liste aller vorhandenen Bibliotheken. Wählen Sie einfach die aus, zu der dieser Ordner hinzugefügt werden soll.

5. Der Ordner ist ab sofort Teil dieser Bibliothek. In den Einstellungen der Bibliothek können Sie anschließend noch die Position des Ordners regeln sowie ihn gegebenenfalls zum standardmäßigen Speicherort für Dokumente in dieser Bibliothek machen.

TIPP

Bibliotheken wie bei Windows 7 verwalten

Wenn Ihnen die über die Multifunktionsleiste verteilten Symbole nicht zusagen und Sie alle Einstellungen rund um eine Bibliothek lieber wie bei Windows 7 in einem zentralen Dialog vornehmen möchten, geht auch das. Klicken Sie die Bibliothek mit der rechten Maustaste an und wählen Sie im Kontextmenü *Eigenschaften*. Dann erhalten Sie einen solchen Dialog, mit dem Sie praktisch alle Eigenschaften der Bibliothek auf einmal festlegen und steuern können.

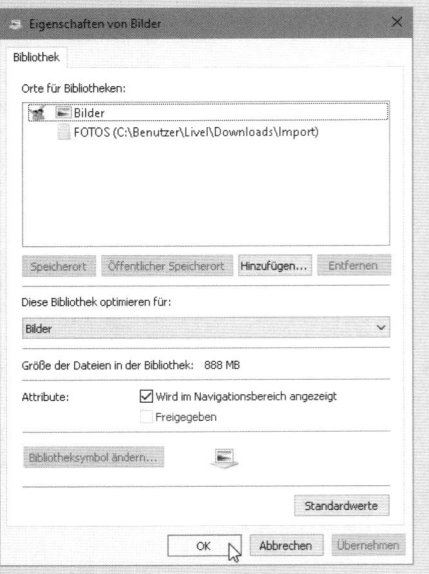

11.3 Mit Bibliotheken eigene Datensammlungen zusammenstellen

Neben den vorgefertigten Standardbibliotheken für Dokumente und Medien liegt der besondere Nutzen dieser Funktion darin, dass Sie beliebig eigene Bibliotheken erstellen können. Auf diese Weise können Sie einfach Dateien, die an verschiedenen Stellen gespeichert sind, zentral zusammenfassen. Das erleichtert den Zugang zu verschiedenartigen Daten, die gemeinsam zu einem Thema oder Projekt gehören. Es erlaubt aber z. B. auch, sehr einfach und flexibel Dateien für andere Benutzer bereitzustellen. Denn Bibliotheken lassen sich genau wie Ordner im Netzwerk freigeben.

1. Öffnen Sie im Windows-Explorer die Übersicht der vorhandenen Bibliotheken.

2. Klicken Sie dann oben in der Multifunktionsleiste in der Kategorie *Start* auf die Schaltfläche *Neues Element*.

3. In deren Untermenü finden Sie nun ausschließlich die Option *Bibliothek*.

4. Der Windows-Explorer fügt dann in den Ordner ein neues Bibliothekssymbol mit dem provisorischen Namen *Neue Bibliothek* ein. Tippen Sie einfach eine passende Bezeichnung ein und drücken Sie ⏎.

5. Damit ist Ihre neue Bibliothek fertig und einsatzbereit. Sie wird ab sofort in den Auswahlmenüs aufgeführt, sodass Sie wie beschrieben beliebig Ordner in diese Bibliothek aufnehmen können.

Ein aussagekräftiges Symbol für eigene Bibliotheken festlegen

Eigene Bibliotheken werden standardmäßig mit einem generischen Bibliothekssymbol versehen. Dieses können Sie durch ein individuelles Symbol ersetzen, sodass Sie verschiedene Bibliotheken auf den ersten Blick unterscheiden können.

1. Öffnen Sie die entsprechende Bibliothek im Windows-Explorer und wechseln Sie mit der Multifunktionsleiste in die Kategorie *Bibliothekstools*.

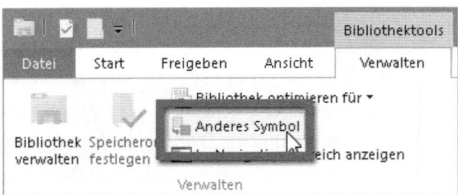

2. Klicken Sie dort auf die Schaltfläche *Anderes Symbol*.

3. Im anschließenden Dialog finden Sie eine reichhaltige Auswahl an Symbolen aus den verschiedensten Bereichen. Wählen Sie ein passendes aus und klicken Sie unten auf *OK*. Ab sofort symbolisiert der Windows-Explorer diese Bibliothek mit dem gewählten Icon.

12 Wichtige Dokumente systematisch sichern und wiederherstellen

Solange alles glattgeht, macht man sich über Sicherungsstrategien meist keine großen Gedanken. Allerdings ist ein Datenverlust leider jederzeit möglich. Ein Hardwaredefekt beschädigt die Festplatte, ein Blitzschlag oder eine Überspannung im Stromnetz zerstört den kompletten PC oder aber er geht durch Diebstahl verloren.

Betriebssystem und Anwendungen lassen sich neu installieren. Was aber ist mit persönlichen Dokumenten, den Steuerunterlagen oder der digitalen Bildersammlung der letzten Jahre? Solche Informationen sind unter Umständen unwiederbringlich verloren. Dieses Risiko können Sie vermeiden, denn Windows bringt schon von Haus aus Bordmittel mit, mit denen Sie wichtige Daten sichern können. Diese Sicherungskopien lassen sich im Falle eines Falles schnell wieder einspielen, sodass Sie nicht nur keine Daten, sondern auch nur wenig Zeit verlieren.

12.1 Dateiversionsverlauf – ältere Versionen von Dokumenten schnell finden und zurückspielen

Windows bringt mit dem Dateiversionsverlauf eine praktische Funktion mit, die das Sichern wichtiger Dateien komfortabel und zuverlässig macht und vor allem einen einfachen und flexiblen Zugriff auf vorherige Versionen Ihrer Dokumente ermöglicht. Der Dateiversionsverlauf zeichnet die Geschichte Ihrer Dateien nahtlos auf und erlaubt es, nicht nur irgendeine oder die jeweils letzte Version eines Dokuments wiederherzustellen. Sie können – abhängig vom verfügbaren Speicherplatz – beliebige frühere Versionen in verschiedenen Bearbeitungsstadien abrufen und zurückholen. Das kann sehr praktisch sein, wenn ein Fehler oder ein versehentliches Entfernen wichtiger Informationen z. B. erst nach einiger Zeit auffällt.

Ständige Sicherungen im Hintergrund – den Dateiversionsverlauf aktivieren

Die Zeitkapsel für Dateien ist nach der Installation standardmäßig deaktiviert. Immerhin benötigt diese Funktion einigen Speicherplatz, deshalb sollte man genau überlegen, ob und in welchem Umfang Dokumente gesichert werden sollen. Unerlässliche Bedingung für den Dateiversionsverlauf ist allerdings ein zusätzliches

Laufwerk. Dabei kann es sich um eine Partition auf einer anderen Festplatte handeln oder auch um einen USB-Stick oder ein externes USB-Laufwerk. Sicherungen auf derselben Festplatte sind wenig sinnvoll, da die Sicherungen im Fall eines Defekts dann gemeinsam mit den Originalen verloren gehen würden, deshalb lässt sich der Verlauf in einer solchen Konfiguration gar nicht erst aktivieren.

1. Öffnen Sie den Windows-Explorer und wechseln Sie gegebenenfalls in einen Ordner, in dem die *Start*-Kategorie der Multifunktionsleiste angezeigt wird.

2. Hier finden Sie im Bereich *Öffnen* den Punkt *Verlauf*, mit dem Sie Zugriff auf die Historie der unten gewählten Dateien bzw. des geöffneten Ordners haben.

3. Solange der Dateiversionsverlauf noch nicht aktiviert ist, finden Sie hier aber nur eine entsprechende Meldung sowie die Möglichkeit, diese Funktion einzuschalten. Klicken Sie dazu auf *Dateiversionsverlauf-Einstellungen konfigurieren*.

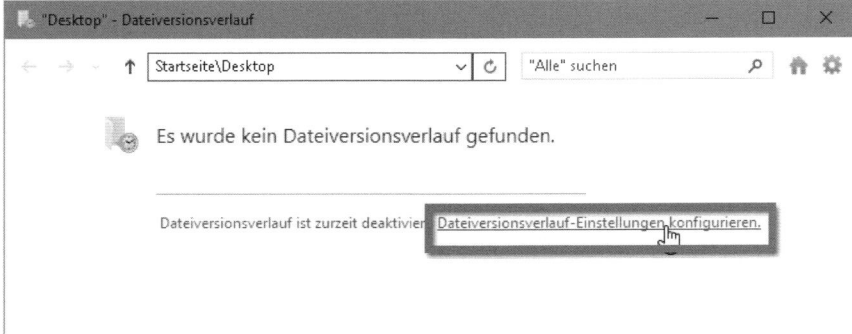

4. Im anschließenden Dialog bietet Ihnen Windows ein Laufwerk an, das sich als Speicherort für die Sicherungen eignet. Das Festplattenlaufwerk, auf dem Windows selbst installiert ist, kommt dafür nicht infrage (auch nicht eine andere Partition auf dieser Platte). Stattdessen unterstützt der Dateiversionsverlauf folgende Alternativen:

   ■ extern angeschlossene Laufwerke wie USB-Sticks oder USB-Festplatten, aber auch externe eSATA-Laufwerke,

   ■ intern angeschlossene zusätzliche Festplatten oder

   ■ Netzlaufwerke.

   Ist ein solches Laufwerk vorhanden, wählt Windows dies automatisch aus. Kontrollieren Sie in diesem Fall bei *Dateien kopieren nach*, ob das Laufwerk Ihrer Wahl dazu auserkoren wurde. Andernfalls können Sie links bei *Laufwerk auswählen* die gewünschte Partition festlegen.

5. Klicken Sie dann auf *Einschalten*, um den Dateiversionsverlauf zu aktivieren.

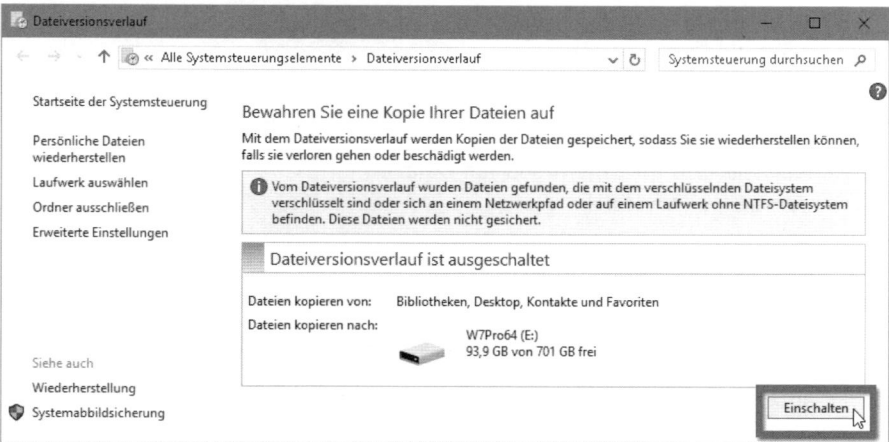

Die Funktion wird dann zunächst mit sinnvollen Voreinstellungen verwendet, die Sie nach Bedarf anpassen können.

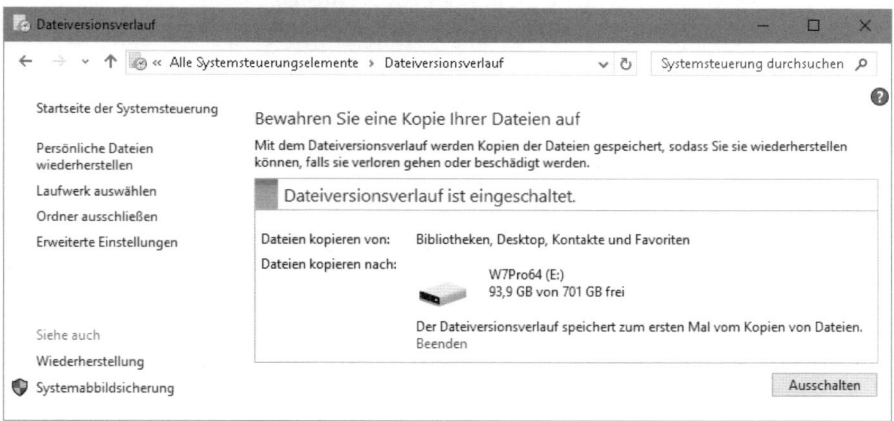

Was und wie oft sichern? – Den Dateiversionsverlauf individuell anpassen

Standardmäßig berücksichtigt der Dateiversionsverlauf sämtliche Bibliotheken, Ihren Desktop, die Kontakte sowie die Browserfavoriten und erstellt davon einmal pro Stunde eine neue Sicherung. Das hört sich viel an, aber es werden immer nur die Dinge gesichert, die sich seit dem letzten Mal verändert haben bzw. neu hinzugekommen sind. Alte Sicherungen werden durch neue nicht überschrieben, sondern es wird jeweils eine neue Sicherung eines Dokuments erstellt, sodass nach und nach mehrere Versionen jedes Dokuments entstehen – aber eben nur, wenn sich am Dokument auch etwas verändert hat. Diese Versionen werden standardmäßig endlos aufgehoben. Bei einem sich immer wieder verändernden Dokument haben Sie durch den Dateiversionsverlauf also auch später alle Zwischenschritte immer wieder im Zugriff. Das alles sind aber nur die Voreinstellungen, die Sie nach Ihren Bedürfnissen individuell anpassen können.

1. Wann immer Sie den Dateiversionsverlauf aufrufen, finden Sie oben rechts ein kleines Zahnradsymbol, mit dem Sie die Einstellungen dieser Funktion steuern können.

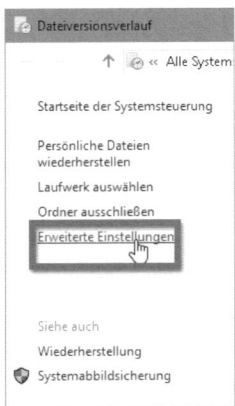

2. Klicken Sie dort im Untermenü auf *Dateiversionsverlauf einrichten*.

3. Damit gelangen Sie in die zentrale Übersicht des Dateiversionsverlaufs.

4. Klicken Sie hier links oben auf *Erweiterte Einstellungen*.

5. Im anschließenden Menü können Sie oben festlegen, wie oft das *Speichern von Dateikopien* vorgenommen werden soll. Ein sinnvoller Wert hängt davon ab, wie intensiv Sie am PC arbeiten. Eine neue Sicherung alle zehn Minuten bietet maximale Sicherheit, da Sie maximal zehn Minuten Arbeit verlieren können, aber sie generiert auch sehr viele Sicherungsversionen. Das verbraucht Speicherplatz und macht das Auffinden eines bestimmten Sicherungsstands umso schwieriger. Eine Sicherung pro Tag oder alle zwölf Stunden dürfte in vielen Fällen ausreichen, aber das muss jeder für sich individuell entscheiden.

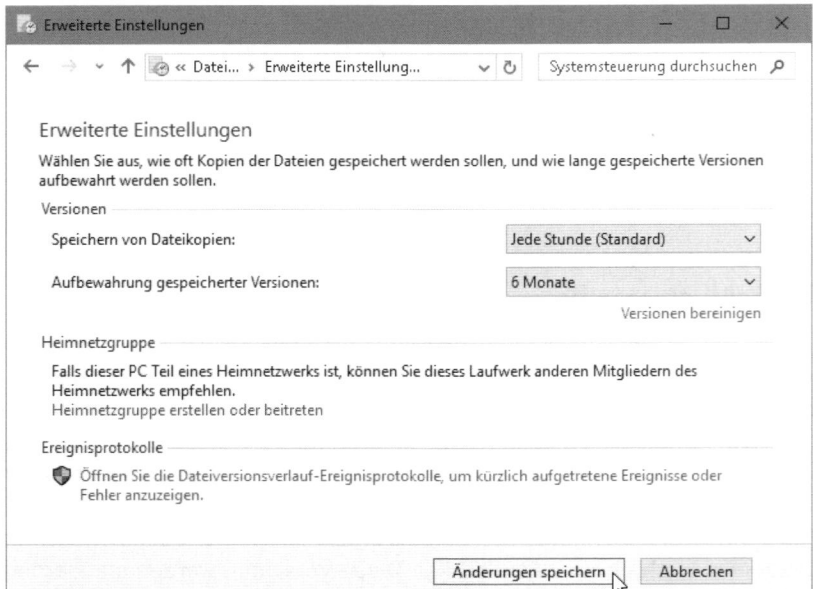

6. Darunter bestimmen Sie, wie lang die *Aufbewahrung gespeicherter Versionen* dauern soll. Dabei empfiehlt sich die Variante *Bis Platz benötigt wird*. Dann er-

stellt der Dateiversionsverlauf immer weiter neue Versionen. Sollte der Platz auf dem dafür festgelegten Datenträger einmal ausgehen, werden automatisch jeweils die ältesten Sicherungen gelöscht. So arbeitet das Programm immer unauffällig im Hintergrund und passt sich dem verfügbaren Platz an. Haben Sie hingegen sehr viel Platz und wollen die Anzahl der Versionen trotzdem begrenzen, legen Sie einen bestimmten Zeitraum fest, in dem ältere Versionen maximal aufbewahrt werden.

Bestimmte Ordner vom Sichern ausnehmen

Standardmäßig berücksichtigt der Dateiversionsverlauf sämtliche Bibliotheken. Solange Sie alle Ihre Dokumente und Daten in diesem Bereich ablegen, werden also alle Ihre Dateien gesichert. Es kann aber sinnvoll sein, bestimmte Bereiche davon auszunehmen, vor allem weil sie ansonsten zu einem enormen Speicherverbrauch auf dem Sicherungslaufwerk führen würden. Wenn Sie z. B. viel mit digitalen Bildern arbeiten, würde jede kleine Änderung, wie etwas nur das Einfügen von Name oder Beschriftung (Tags) eines Bildes, zu einer neuen Version führen. Wenn Sie also z. B. 50 Bilder à ca. 4 MByte haben und allen diesen Bildern einfach die neue Beschriftung „Urlaub2012" zuordnen, wären das mal eben 200 MByte Speicherplatz auf dem Sicherungsmedium. Für eine stattliche externe USB-Festplatte ist das noch kein großes Problem, aber ein kleiner USB-Stick mit wenigen GByte Kapazität wäre bei einer solchen Sicherungsstrategie bald voll. Deshalb kann es sinnvoll sein, einzelne Ordner von der Sicherung auszunehmen.

1. Öffnen Sie die Einstellungen des Dateiversionsverlaufs und klicken Sie oben links auf *Ordner ausschließen*.

2. Im anschließenden Dialog klicken Sie unten auf *Hinzufügen* und wählen dann den Ordner aus, dessen Inhalt nicht gesichert werden soll. Sie können hier eine komplette Bibliothek auswählen oder auch einen einzelnen darin enthaltenen Ordner.

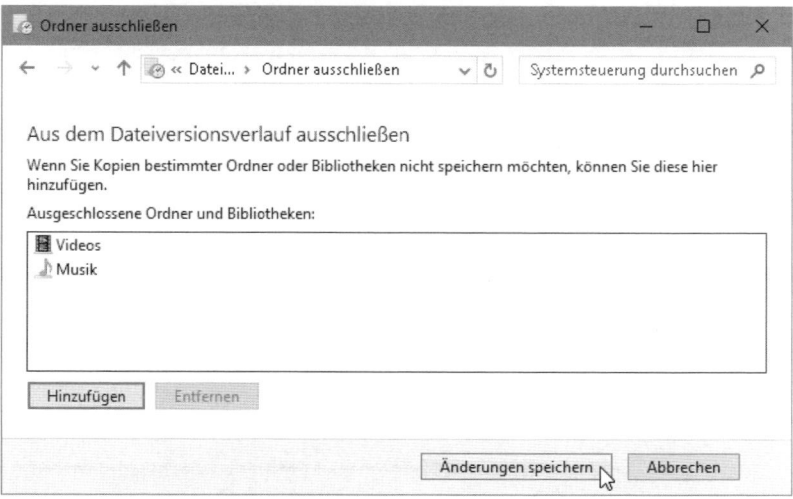

3. Wiederholen Sie diesen Vorgang für alle Ordner, die nicht gesichert werden sollen. Für jeden dieser Ordner wird ein Eintrag in der Liste erzeugt. Hier können Sie den Ordner später gegebenenfalls auch wieder mit *Entfernen* herausholen.

4. Klicken Sie dann unten rechts auf *Änderungen speichern*.

Der Dateiversionsverlauf berücksichtigt die in dieser Liste vermerkten Ordner nun nicht mehr.

Volle Kontrolle über die zu sichernden Ordner

TIPP

Die Bibliotheksfunktion von Windows bietet Ihnen die Möglichkeit, ganz genau und flexibel zu kontrollieren, was der Dateiversionsverlauf sichert und was nicht. Hierzu können Sie eine eigene Bibliothek (z. B. *Sichern*) anlegen. Die anderen Bibliotheken nehmen Sie wie vorangehend beschrieben von der Sicherung aus. Nun können Sie im Windows-Explorer genau nur die Ordner, die der Dateiversionsverlauf sichern soll, der Bibliothek *Sichern* zuordnen.

Das Laufwerk für die Sicherung verlagern

Sollte der Platz auf dem Sicherungsdatenträger doch mal zu eng werden, können Sie ihn ohne Weiteres auf ein anderes, größeres Laufwerk verlagern. Sie haben dabei die Möglichkeit, den vorhandenen Datenbestand auf das neue Sicherungslaufwerk zu übertragen, sodass die vorhandenen Sicherungsversionen beibehalten und anschließend an der neuen Stelle weiter ergänzt werden.

1. Öffnen Sie die Einstellungen des Dateiversionsverlaufs und klicken Sie oben links auf *Laufwerk auswählen*.

2. Im anschließenden Menü sehen Sie alle für den Dateiversionsverlauf nutzbaren Laufwerke, wobei dasjenige ausgewählt ist, das bislang als Sicherungsmedium benutzt wird. Ändern Sie die Auswahl auf das neue Laufwerk Ihrer Wahl und klicken Sie unten auf *OK*.

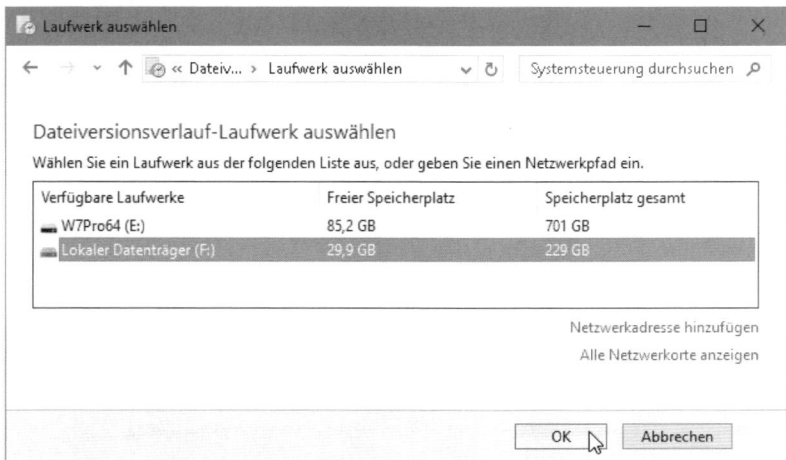

3. Windows bietet Ihnen nun an, die bereits vorhandenen Sicherungsdaten auf das neue Laufwerk zu übertragen. Bestätigen Sie das mit *Ja*.

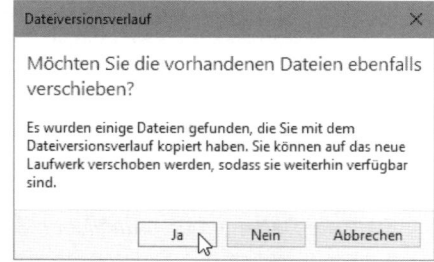

4. Warten Sie ab, bis der Dateitransfer abgeschlossen ist. Anschließend können Sie den Dateiversionsverlauf wieder uneingeschränkt verwenden.

Auf Dateien aus dem Dateiversionsverlauf zugreifen

Ist der Dateiversionsverlauf aktiv, können Sie jederzeit auf die gespeicherten früheren Versionen der gesicherten Dateien zugreifen und diese zurückspielen. Das Programm unterstützt Sie dabei in der Auswahl, welche von mehreren gesicherten Versionen die richtige ist.

1. Wählen Sie als Erstes aus, für welche(s) Objekt(e) Sie den Verlauf einsehen möchten. Handelt es sich um eine bestimmte Datei, markieren Sie diese im Windows-Explorer. Geht es hingegen um einen ganzen Ordner (gegebenenfalls samt Unterordnern), öffnen Sie diesen im Windows-Explorer, ohne etwas zu markieren.

2. Öffnen Sie die Kategorie *Start* in der Multifunktionsleiste des Windows-Explorer und klicken Sie im Bereich *Öffnen* auf *Verlauf*.

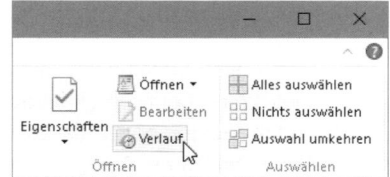

3. Haben Sie im Windows-Explorer einen Ordner geöffnet, zeigt Ihnen der Dateiversionsverlauf an, für welche Dateien dieses Ordners Sicherungen vorhanden sind. Oben können Sie dabei den Zeitpunkt ablesen, zu dem diese Sicherung angelegt wurde.

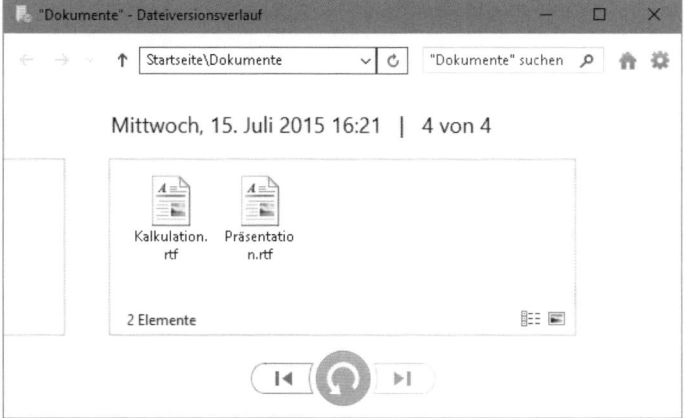

4. Mit dem Steuerelement unten in der Mitte können Sie nun weiter in der Versionshistorie des Ordners zurückgehen und sehen, welche früheren Versionen der einzelnen Dateien gesichert wurden.

5. Wollen Sie den gesamten Stand eines Ordners auf den gerade angezeigten früheren Zeitpunkt zurücksetzen, klicken Sie unten auf die runde Schaltfläche *Stellt die Daten am ursprünglichen Speicherort wieder her*. Alternativ können Sie auch nur bestimmte Dateien der Sicherung auswählen. Der Dateiversionsverlauf ersetzt dann die aktuelle Variante der Dateien durch die Versionen aus der gewählten Sicherung.

Die vorhandenen neueren Dateien werden bei dieser Vorgehensweise ersatzlos überschrieben. Wie Sie das vermeiden können und wie Sie den Inhalt der Dateien zum Wiederfinden einer bestimmten früheren Version nutzen können, erfahren Sie in den nachfolgenden Abschnitten.

Den Inhalt von gesicherten Dokumenten vergleichen

Der Dateiversionsverlauf bietet Ihnen die Möglichkeit, nicht nur die formalen Eigenschaften von gesicherten Dateiversionen (also Größe, Speicherzeitpunkt etc.), sondern auch den Inhalt zu untersuchen. So können Sie z. B. nach einer ganz bestimmten Version einer Datei suchen, um diese wiederherzustellen. Dabei gibt es zwei Möglichkeiten:

■ Wenn Sie eine bestimmte Datei ausgewählt und dann deren Verlauf geöffnet haben, wird direkt der Inhalt angezeigt. Mit dem Steuerelement zeigen Sie dann jeweils den Inhalt einer früheren Version der Datei an. So können Sie sich durch die Versionshistorie „hangeln", bis Sie die gewünschte Fassung gefunden haben.

■ Lassen Sie sich einen ganzen Ordner im Verlauf anzeigen, sehen Sie für jedes Dokument zunächst nur das Dateisymbol. Sie können es aber mit einem Doppelklick „öffnen", erhalten dann ebenfalls eine Vorschau auf den Inhalt und können die gewünschte Version heraussuchen.

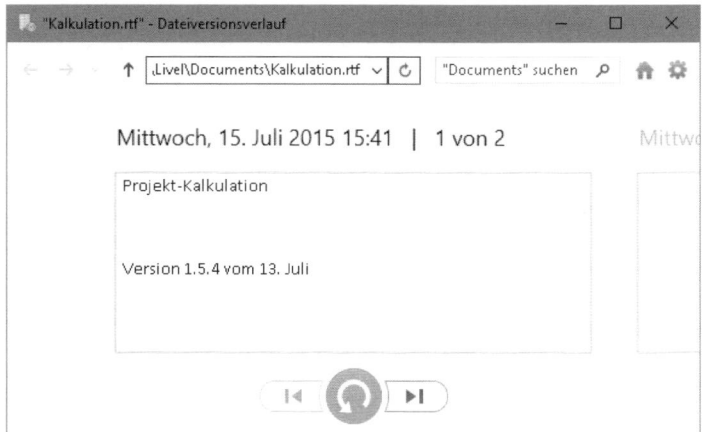

Auch hier können Sie jederzeit mit der *Stellt die Daten am ursprünglichen Speicherort wieder her*-Schaltfläche die frühere Version zurückspielen. Das bezieht sich dann allerdings immer nur auf die Datei, deren Inhalt gerade angezeigt wird.

> ### Ganze Ordner aufgrund des Dateiinhalts wiederherstellen
>
> Wenn Sie den Inhalt einer bestimmten Datei benutzen, um einen Zeitpunkt auszuwählen, zu dem Sie einen ganzen Ordner zurücksetzen möchten, gibt es eine kleine Klippe zu umschiffen: Wechseln Sie aus der Inhaltsvorschau einer Datei zurück zur Ordneransicht (mit dem Zurück-Pfeil oben links), wechselt der Dateiversionsverlauf nicht automatisch in die Ordneransicht zu dem Zeitpunkt, den Sie mit der Inhaltsvorschau ausgewählt hatten. Vielmehr gelangen Sie zurück zu dem Zeitpunkt, der in der Ordneransicht zuvor eingestellt war. Bei solchen Szenarien merken Sie sich also in der Inhaltsvorschau den Zeitpunkt (Datum und Uhrzeit stehen darüber), wechseln dann in der Ordneransicht zu ebenfalls diesem Zeitpunkt und führen erst dann die Wiederherstellung durch.

HINWEIS

Gesicherte Dateien an einem anderen Ort wiederherstellen

Mit der zentralen *Wiederherstellen*-Schaltfläche ersetzen Sie jeweils die aktuell vorhandenen Dateien durch eine ältere Version. Die aktuelle Version wird dabei ersatzlos entfernt und überschrieben. Das ist sicher nicht in jedem Fall so gewünscht. Nun könnten Sie selbstverständlich vor dem Wiederherstellen manuell Kopien der aktuellen Dateien anlegen, was aber umständlich und unnötig ist. Der Dateiversionsverlauf bietet die Alternative, die aktuellen Dateien eben nicht zu überschreiben, sondern die früheren Versionen stattdessen an einer anderen Stelle wiederherzustellen.

1. Wählen Sie hierzu wie vorangehend beschrieben die frühere Version einer oder mehrerer Dateien aus, die Sie wiederherstellen möchten.

2. Klicken Sie dann aber nicht auf die Schaltfläche *Stellt die Daten am ursprünglichen Speicherort wieder her*, sondern stattdessen oben rechts auf das Zahnradsymbol und im dadurch geöffneten Menü auf *Wiederherstellen in*.

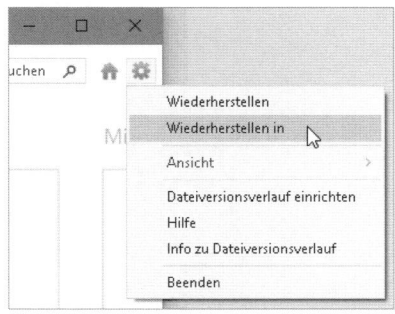

3. Anschließend wählen Sie den Ordner aus, in dem die Wiederherstellung erfolgen soll.

Der Dateiversionsverlauf erstellt dann im gewählten Ordner die gesamte Ordnerstruktur der wiederhergestellten Dateien. Wenn Sie also im Ordner *Dokumente\Firma\Projekt* eine Wiederherstellung der Dateien vornehmen und dafür den Ordner *C:\Rettung* als Ziel auswählen, finden Sie die wiederhergestellten Dateien anschließend unter *C:\Rettung\Dokumente\Firma\Projekt* wieder.

Daten zurückholen, wenn Dateien und Ordner komplett gelöscht sind

Die bisherige Beschreibung des Dateiversionsverlaufs ging immer davon aus, frühere Versionen von noch bestehenden Dateien wiederherzustellen. Was aber, wenn es sich um Ordner bzw. Dateien handelt, die bereits – absichtlich oder versehentlich – gelöscht wurden? Dann brauchen Sie in der Ordnerhierarchie nur weit genug oben anzufangen. Handelt es sich also z. B. um einen Unterordner der *Bilder*-Bibliothek, öffnen Sie diese Bibliothek im Windows-Explorer und klicken auf *Verlauf*. Dann können Sie sich durch eine „zeitlose" Ordnerhierarchie klicken, die sowohl aktuell noch vorhandene als auch längst gelöschte Verzeichnisse und Dateien enthält.

Alternativ können Sie auch das Sicherungslaufwerk selbst nach Dateien durchsuchen, denn die Sicherung erfolgt nicht in Form eines komplexen Archivs, sondern letztlich durch simples Kopieren und Umbenennen von Dateien.

1. Öffnen Sie im Windows-Explorer das Laufwerk, das Sie als Sicherungsmedium für den Dateiversionsverlauf festgelegt haben. Darauf finden Sie einen Ordner namens *FileHistory*.

2. Wählen Sie darin den Ordner mit Ihrem Benutzerkonto aus, darin den Ordner mit dem Namen Ihres PCs und darin das Verzeichnis *Data*.

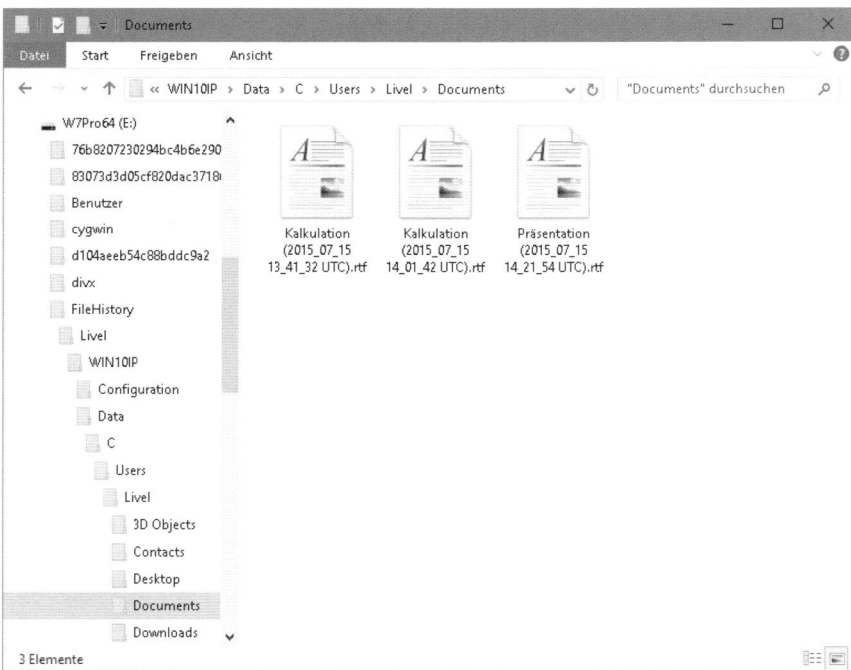

Der Dateiversionsverlauf erstellt für jede gespeicherte Version eines Dokuments eine Dateikopie.

3. Hierin finden Sie die (gesicherten) Datenstrukturen Ihrer Laufwerke wieder, also *C* für das Laufwerk C:, dann *Users*, dann erneut Ihre Benutzerkennung und darin die eigentlichen gesicherten Daten:

   ■ *Contacts*, *Desktop* und *Favorites* enthalten Ihre Kontakte, Browserfavoriten sowie den Inhalt Ihres Desktops.

   ■ Daneben finden Sie alle Bibliotheken, sofern Sie diese nicht von der Sicherung durch den Dateiversionsverlauf ausgenommen haben.

Die Struktur der Bibliotheken mit Dateien und Unterverzeichnissen entspricht den Originalen. Lediglich die Dateinamen sind verändert, da sie neben dem eigentlichen Namen noch das Datum und die Uhrzeit enthalten, an denen die jeweilige Sicherung angelegt wurde. Gibt es mehrere Versionen einer Datei, finden Sie also mehrere Dateien mit demselben Namen vor, die sich nur durch die Ergänzung eines anderen Datums unterscheiden.

Sicherungsbestände aufräumen und Speicherplatz freigeben

Da es sich bei den Datenbeständen des Dateiversionsverlaufs um simple Dateistrukturen handelt, können Sie auch durchaus manuell darin aufräumen, um z. B. Platz auf dem Sicherungsmedium zu schaffen. Öffnen Sie dazu wie vorangehend beschrieben die Dateistrukturen auf dem Sicherungslaufwerk und entfernen Sie Ordner und Dokumente, die Sie sicher nicht mehr benötigen werden oder bei denen Sie beispielsweise die endgültig fertiggestellten Fassungen anderweitig extern gesichert haben. So können Sie insbesondere nicht mehr benötigte Speicherplatzfresser aussortieren.

Allerdings entfernen Sie auf diese Weise nur die Dateien, nicht aber die Informationen darüber im Dateiversionsverlauf. Diese gelöschten Sicherungen werden also nach wie vor angezeigt, aber sobald Sie darauf zugreifen, meldet das Programm, dass diese Daten nicht mehr verfügbar sind. Eine nicht ganz so flexible, aber in vielen Fällen ausreichende Möglichkeit, die Bestände des Dateiversionsverlaufs nach Bedarf auszudünnen, bieten die Einstellungen des Verlaufs selbst.

1. Öffnen Sie hier *Erweiterte Einstellungen* und klicken Sie rechts unterhalb der Auswahlfelder auf den Link *Versionen bereinigen*.

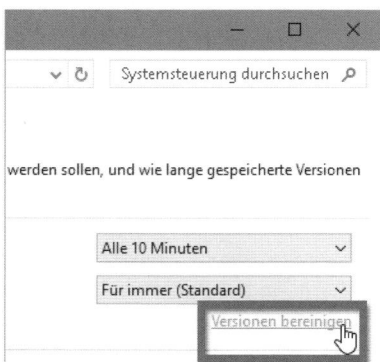

2. Im anschließenden Dialog geben Sie an, bis zu welchem Zeitpunkt Sie frühere Versionen von Dateien behalten möchten. Wählen Sie z. B. *Älter als 3 Monate* aus, entfernt die Funktion alle Versionen aus dem Dateiversionsverlauf, die vor diesem Zeitpunkt angelegt wurden.

3. Klicken Sie auf *Bereinigen*, um die Säuberungsaktion durchzuführen.

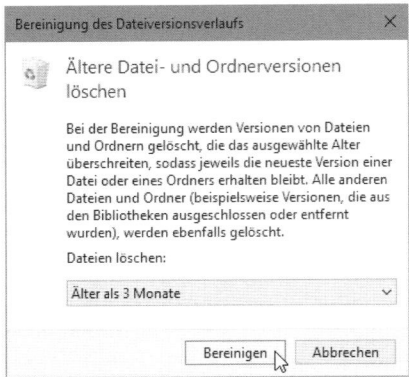

12.2 Wichtige Dateien und Ordner klassisch als Backup sichern

Der Dateiversionsverlauf ist zwar hilfreich, aber nur bedingt zuverlässig, da der Benutzer nur begrenzte Kontrolle darüber hat, wann eine Sicherung angelegt und wie lange sie aufbewahrt wird. Für eine robuste Datensicherung über einen längeren Zeitraum ist das nicht ausreichend. Hier wäre eine gezielte Sicherung von Dateien oder auch ein komplettes Backup der Festplatte sinnvoller, was am besten in regelmäßigen Abständen automatisch auf ein sicheres Medium erfolgt. Für diesen Zweck beinhalten Windows 10 weiterhin die schon von Windows 7 bekannte Systemabbildsicherung, bei der Sie mit einem eigenen Sicherungsassistenten den Umfang der Datenbackups festlegen und eigene Sicherungen manuell erstellen können. Außerdem kann der Assistent einen einmal definierten Sicherungsauftrag nach einem festgelegten Zeitplan immer wieder durchführen, sodass Sie stets über eine aktuelle Komplettsicherung Ihrer Dokumente verfügen. Allerdings wurde diese Funktion gut versteckt, sodass man sich etwas anstrengen muss, um sie wiederzufinden.

Vorab: Wohin mit den Sicherungsdaten?

Der Sicherungsassistent von Windows unterstützt verschiedene Sicherungsmedien. Welche geeignet sind, hängt von der Ausstattung Ihres PCs sowie vom Umfang der zu sichernden Dateien ab:

■ **Interne Festplatten:** Eine zweite in den PC eingebaute Festplatte eignet sich durchaus für Backups. Ist eine solche Festplatte ohnehin vorhanden, ist dies eine einfache und schnelle Lösung. Wichtig ist allerdings, dass es sich wirklich um eine zweite physische Festplatte handelt und nicht nur um eine zusätzliche Partition auf derselben Festplatte wie Betriebssystem und Dateien. Nur so bietet die Sicherung Schutz bei Hardwaredefekten. Einschränkend muss außerdem gesagt werden, dass diese Lösung bei massiven Beschädigungen z. B. durch Überspannung bzw. Blitzschlag nicht optimal ist, da die zweite Festplatte dabei ebenfalls beschädigt werden kann.

- **Externe Festplatten:** Eine sehr gute und praktische Lösung sind externe Festplatten, die per USB an den PC angeschlossen werden. Hierbei sollte allerdings unbedingt USB 2.0 oder 3.0 zum Einsatz kommen. Optimalerweise wird die USB-Festplatte nur für das Sichern der Daten angeschlossen und sonst an einem sicheren Ort verwahrt. Bei Sicherungen per Zeitplan ist dies aber eher unpraktisch. Hinweis: USB-Sticks werden vom Sicherungsassistenten nicht als Ziel für geplante Sicherungen akzeptiert, selbst wenn sie ausreichend Kapazität haben.

- **Beschreibbare Datenträger:** Theoretisch immer noch machbar, aber angesichts der heute üblichen Datengrößen eher unpraktisch. CDs sind mittlerweile viel zu klein, DVDs mögen für überschaubare Datenmengen noch geeignet sein und ein gutes Preis-Leistungs-Vermögen haben. Blu-rays haben zwar eine höhere Kapazität, sind aber auch teurer. Ist der Brenner ohnehin vorhanden, man muss nicht zu oft sichern und/oder möchte die Sicherungen länger aufbewahren, dann mögen solche Datenträger noch sinnvoll sein. In der Regel ist eine externe Festplatte aber eine sinnvollere Investition.

- **Netzwerklaufwerke:** Ist der PC mit anderen Rechnern vernetzt, kann die Sicherung auch auf einem Netzlaufwerk erfolgen. Dies bietet sich insbesondere an, wenn es im Netzwerk einen zentralen Fileserver gibt, der seinerseits über Backupfunktionen verfügt. Die Sicherung ins Netzwerk ist schnell und zuverlässig. Allerdings gilt auch hier, dass im Fall einer massiven Beschädigung z. B. bei einem Brand im Zweifelsfall auch der Rechner beschädigt wird, auf dem sich die Sicherungsdateien befinden.

Regelmäßige automatische Sicherungen konfigurieren

Nach der Installation von Windows ist der Sicherungsassistent zunächst inaktiv. Um das zu ändern, müssen Sie ihm einmalig einen Sicherungsauftrag erteilen. Dieser Auftrag kann dann gleich mit einem regelmäßigen Zeitplan versehen werden, damit der Assistent ihn ab sofort automatisch in bestimmten Abständen durchführt.

1. Interessanterweise findet sich diese Funktion nur über Umwege in der klassischen Systemsteuerung, fast so, als wenn Microsoft sie verstecken wollte. Am einfachsten geht es so: Geben Sie in der Systemsteuerung im Suchfeld oben rechts die Zahl *7* ein. Dann erhalten Sie den Eintrag *Sichern und Wiederherstellen (Windows 7)* ganz oben in der Trefferliste.

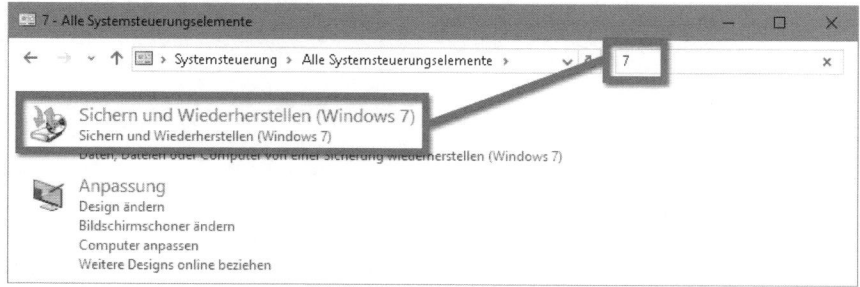

2. Damit finden Sie die Ihnen vielleicht von Windows 7 geläufigen Funktionen zum Sichern und Wiederherstellen von Dateien und System wieder. Außerdem finden Sie hier auch Abkürzungen zu den Funktionen der Systemwiederherstellung.

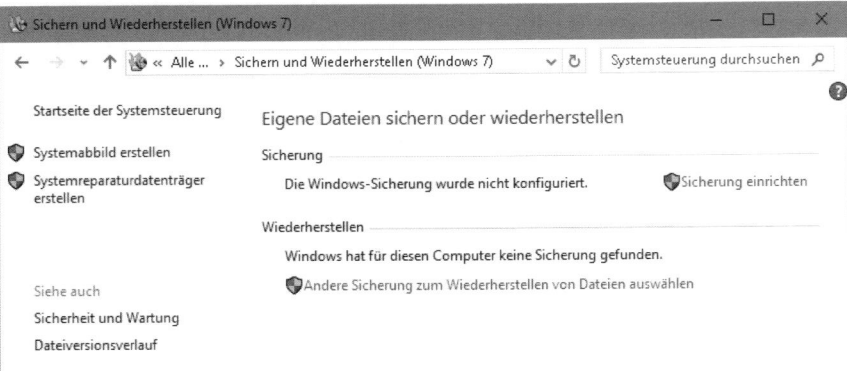

3. Wenn der Sicherungsassistent noch nie eingesetzt wurde, klicken Sie rechts auf den Link *Sicherung einrichten*. Andernfalls ist bereits ein Sicherungsauftrag definiert, den Sie mit *Einstellungen ändern* anpassen können.

4. Der Assistent untersucht dann zunächst, welche Sicherungsgeräte zur Auswahl stehen. Schließen Sie also externe Sicherungsmedien wie z. B. USB-Festplatten am besten schon vorher an. Da ein Backup auf die Systemfestplatte nicht sinnvoll wäre, steht diese nicht zur Verfügung. Weitere Festplatten sowie Brenner-Laufwerke werden aber aufgeführt. Die sinnvollste Variante markiert der Assistent mit dem Kommentar *[Empfohlen]*. Wählen Sie einfach selbst das Laufwerk aus, auf dem Sie sichern möchten.

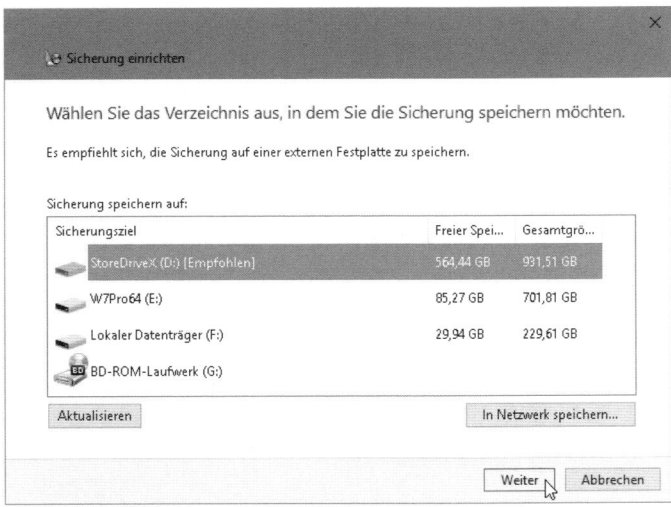

5. Wollen Sie das Backup über ein Netzwerk auf einen Fileserver oder einen anderen PC ausführen, klicken Sie unten auf *In Netzwerk speichern*. Geben Sie im

folgenden Schritt den Netzwerkpfad zu dem gewünschten Speicherort sowie die für diesen Netzwerkzugriff erforderlichen Benutzerdaten an. Dieses Laufwerk wird dann mit in die Laufwerkauswahl für den Speicherort aufgenommen.

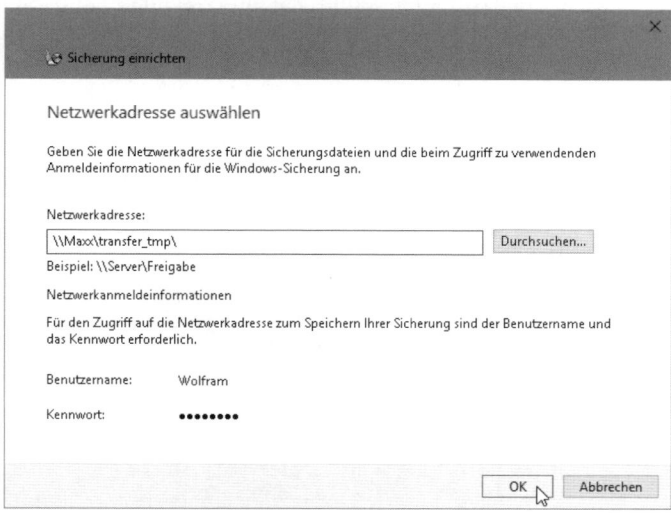

6. Als Nächstes können Sie wählen, welche Daten gesichert werden sollen:

■ Mit *Auswahl durch Windows* überlassen Sie die genaue Zusammenstellung dem Betriebssystem. Wenn Sie für das Speichern von Daten ohnehin die von Windows vorgegebenen Strukturen wie Standardordner (*Eigene Dokumente*, *Eigene Bilder* etc.) bzw. Bibliotheken verwenden, ist das die richtige Wahl. Solche Dateien und Ordner werden dann automatisch berücksichtigt.

■ Verwenden Sie eigene Ordnerstrukturen oder auch mehrere Laufwerke für Ihre Daten, sollten Sie hingegen auf die Option *Auswahl durch Benutzer* zurückgreifen. Dann können Sie im nachfolgenden Schritt genau angeben, welche Ordner gesichert werden sollen.

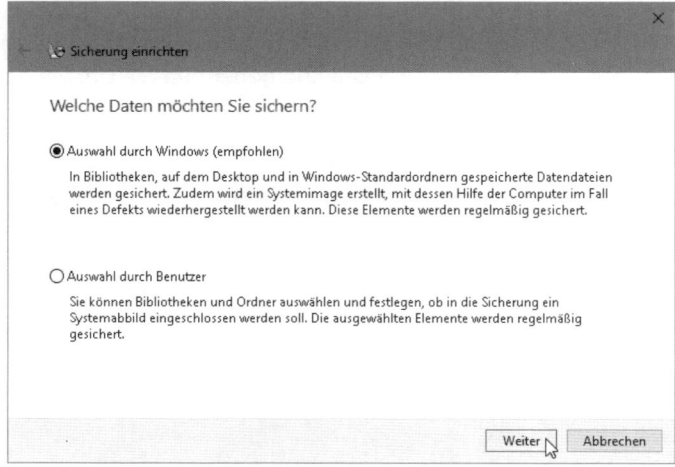

7. Haben Sie sich für eine individuelle Auswahl entschieden, legen Sie nun fest, welche Ordner genau dazugehören sollen. Ihre Standardordner und -bibliotheken sind standardmäßig bereits erfasst, können aber abgewählt werden. Stellen Sie ganz unten außerdem ein, ob auch jedes Mal ein Systemabbild gesichert werden soll. Dies können Sie z. B. auch nur bei Bedarf nach größeren Änderungen manuell erstellen und so die automatischen Sicherungen schlanker und schneller halten.

8. Der Sicherungsassistent präsentiert Ihnen dann eine Zusammenfassung der gewählten Einstellungen. Kontrollieren Sie hier Ihre Auswahl. Außerdem können Sie mit einem Klick auf *Zeitplan ändern* festlegen, wann und wie häufig die automatische Sicherung ausgeführt werden soll.

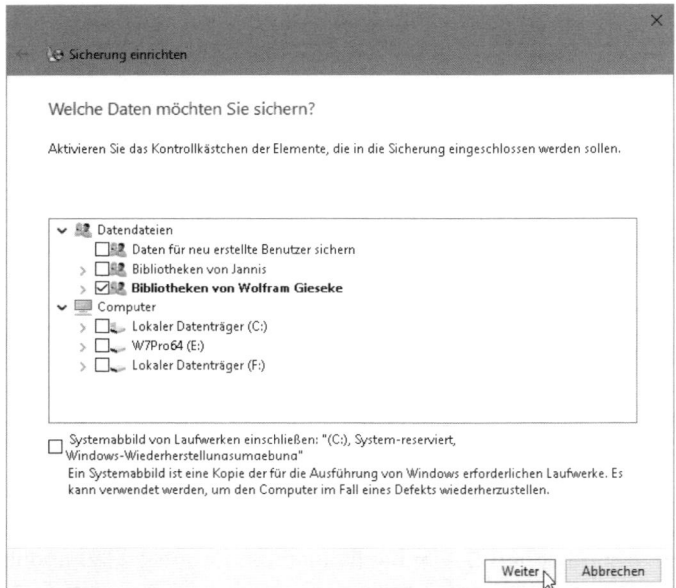

9. Klicken Sie im abschließenden Schritt noch auf *Zeitplan ändern*, um gegebenenfalls die Häufigkeit anzupassen, mit der die Sicherung durchgeführt werden soll. Wählen Sie dazu den Tag der Sicherung aus und geben Sie die Uhrzeit an.

Muss der PC zur Sicherung angeschaltet sein?

TIPP

Es bietet sich an, einen Zeitpunkt für die Sicherung zu wählen, zu dem Ihr Rechner üblicherweise angeschaltet ist. Das ist auch kein Problem, da die Sicherung im Hintergrund erfolgt und Sie währenddessen ungestört weiterarbeiten können. Außer erhöhter Festplattenaktivität werden Sie davon kaum etwas bemerken. Aber auch wenn der PC zum fraglichen Termin mal ausgeschaltet sein sollte, macht das nichts. Der Assistent bemerkt beim nächsten Start automatisch, dass er eine Sicherung verpasst hat, und holt diese dann nach. Auch das geschieht wiederum unauffällig im Hintergrund.

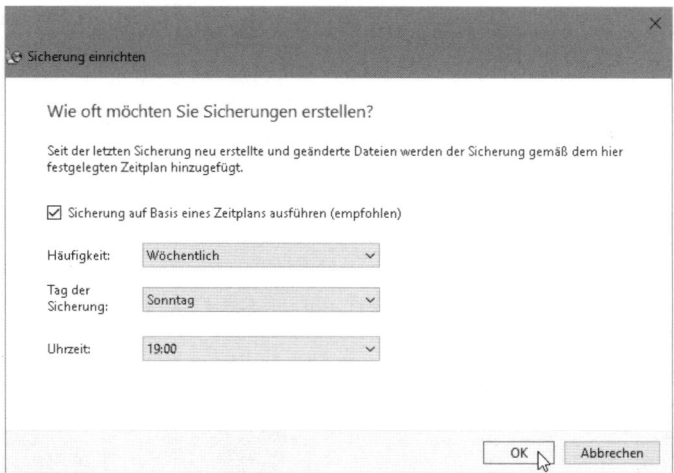

10. Klicken Sie dann unten auf die Schaltfläche *Einstellungen speichern und Sicherung ausführen*. Der Assistent legt dann sofort eine erste Komplettsicherung an. Mit *Details anzeigen* können Sie den Fortschritt genau verfolgen. Oder aber Sie schließen die Dialoge und arbeiten einfach weiter.

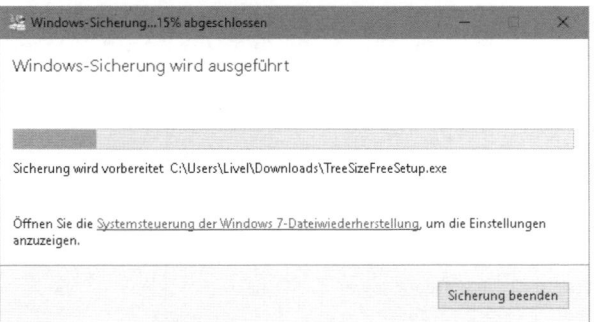

Wie viel Platz benötigen die Sicherungsdateien?

Der Speicherplatzbedarf der Sicherungsdaten hängt vom Umfang der zu sichernden Dateien und von der Regelmäßigkeit der Änderungen ab. Der Assistent erstellt bei einem neuen Sicherungsauftrag jeweils zuerst eine Komplettsicherung. Bei den weiteren Sicherungen per Zeitplan handelt es sich um Deltasicherungen, bei denen nur die Dateien berücksichtigt werden, die seit der letzten Sicherung verändert wurden. Dadurch laufen die weiteren Sicherungen schneller ab, und der Speicherplatzbedarf reduziert sich erheblich. Den Platzbedarf der Sicherungen können Sie leicht im Auge behalten: Auf dem Datenträger, den Sie für die Sicherungsdaten ausgewählt hatten, finden Sie einen Ordner mit dem Netzwerknamen Ihres PCs. Wenn Sie mit der rechten Maustaste darauf klicken und im Kontextmenü *Eigenschaften* abrufen, finden Sie dort unter *Größe* die Menge des Speicherplatzes, den dieser Ordner derzeit belegt.

TIPP

Nach Datenverlusten Dateien aus Sicherungen zurückspielen

Wenn Sie regelmäßige Sicherungen durch den Assistenten durchführen lassen, stehen Sie im Fall eines Datenverlusts gut da. Nun können Sie auf die gesicherten Daten zurückgreifen und fehlende, beschädigte oder versehentlich veränderte Dateien einfach wiederherstellen.

1. Öffnen Sie dazu wiederum den Bereich *Sichern und Wiederherstellen (Windows 7)* in der klassischen Systemsteuerung.

2. Klicken Sie hier im Bereich *Wiederherstellen* auf die Schaltfläche *Eigene Dateien wiederherstellen*.

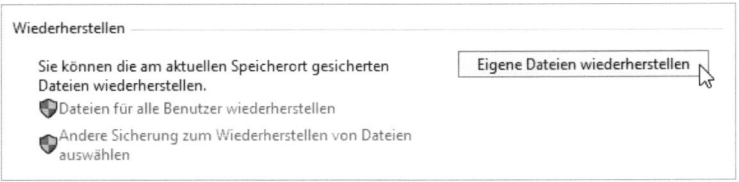

3. Der so gestartete Assistent bietet Ihnen standardmäßig die zuletzt erstellte Sicherung für das Wiederherstellen an. Ist der Missgriff gerade eben erst passiert, finden Sie hier vermutlich die entsprechende Datei. Ist die gesuchte Datei älteren Datums, können Sie mit einem Klick auf den Link *Anderes Datum auswählen* eine frühere Sicherung anwählen.

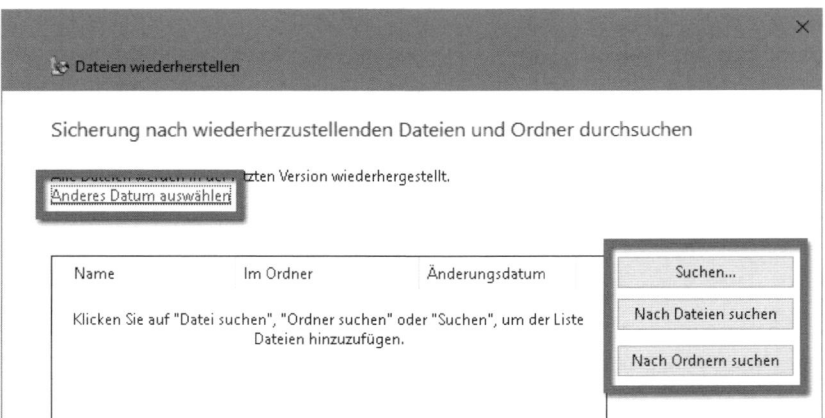

4. Ist die richtige Sicherung eingestellt, geht es daran, die Dateien und/oder Ordner auszuwählen, die Sie wiederherstellen wollen. Klicken Sie für Dateien rechts auf die Schaltfläche *Nach Dateien suchen*. Anschließend können Sie durch die gesicherten Daten hin zu der Stelle navigieren, an der die gewünschte Datei gespeichert war. Im Auswahlfenster sehen Sie jeweils das Datum der letzten Änderung der gesicherten Datei als Auswahlhilfe. Wählen Sie die Datei oder auch mehrere Dateien aus und übernehmen Sie sie mit *Dateien hinzufügen* in die Liste der wiederherzustellenden Dateien.

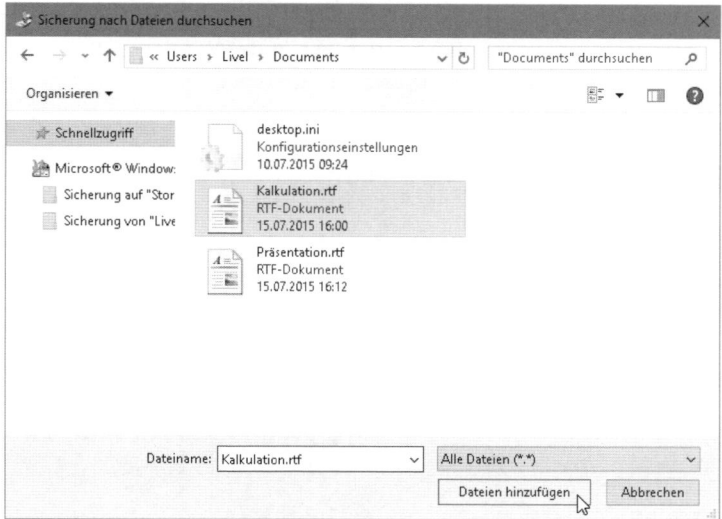

5. Wenn Sie ganze Ordner wiederherstellen wollen, verwenden Sie stattdessen die Schaltfläche *Nach Ordnern suchen* und verfahren dann analog.

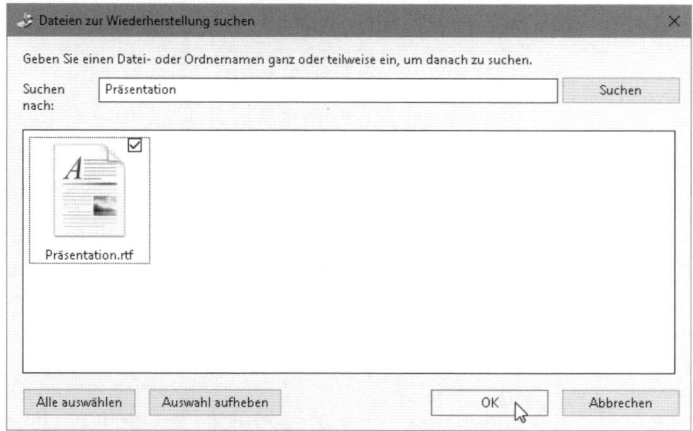

Dateien und Ordner in der Sicherung suchen

Wenn Sie den Namen eines gesuchten Dokuments oder zumindest einen Teil davon kennen, den genauen Speicherort aber nicht mehr rekonstruieren können, ist die Suchfunktion ein praktischer Helfer. Mit einem Klick auf die *Suchen*-Schaltfläche rechts öffnen Sie eine lange Liste aller in der gewählten Sicherung enthaltenen Dateien und Ordner. Oben können Sie den Namen der gesuchten Datei eintippen. Dabei reicht auch ein beliebiger Teil des Namens aus. Wenn Sie dann ⏎ drücken oder rechts auf *Suchen* klicken, wird die Liste auf die Einträge reduziert, die zu diesem Suchtext passen. Um Dateien oder Ordner aus der Liste auszuwählen, setzen Sie vor dem Eintrag ein Häkchen. Klicken Sie dann unten auf *Hinzufügen*, um die markierten Elemente in die Wiederherstellungsliste aufzunehmen.

TIPP

6. Mit den beschriebenen Mitteln können Sie die Dateien und Ordner auswählen, die Sie wiederherstellen wollen. Sie werden alle in der Wiederherstellungsliste verzeichnet. Ist die Auswahl komplett, klicken Sie unten auf *Weiter*.

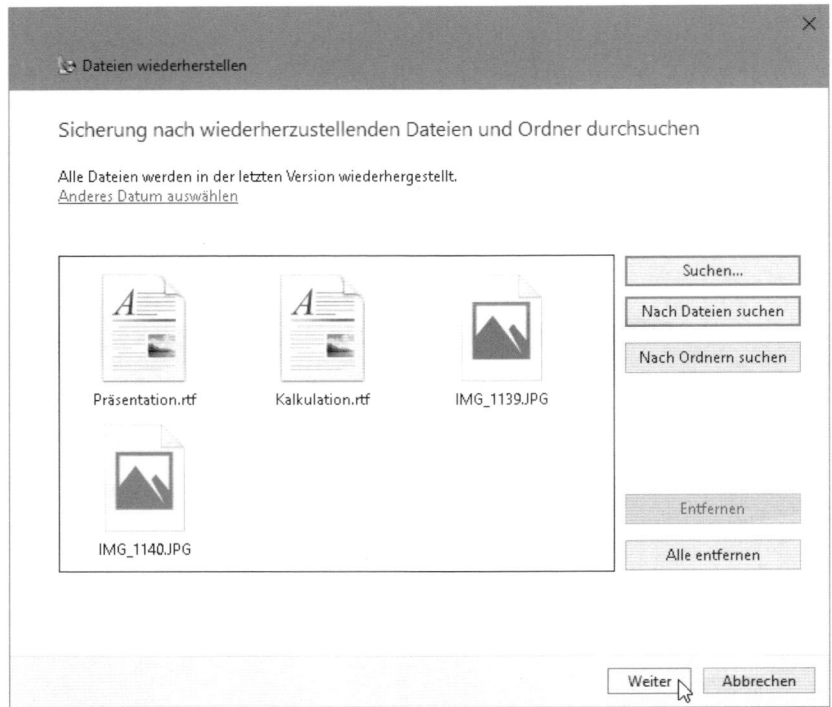

7. Nun können Sie noch die Wiederherstellungsoptionen konfigurieren. Normalerweise dürfte es reichen, wenn die Daten *Am Ursprungsort* wiederhergestellt werden. Die Dateien und Ordner werden also genau dahin geschrieben, wo der Sicherungsassistent sie erfasst hatte. Eine eventuell noch vorhandene neuere Version wird dabei überschrieben.

8. Wollen Sie neuere Dateiversionen durch das Wiederherstellen nicht beeinträchtigen, können Sie sie an einem anderen Ort wiederherstellen lassen. Wählen Sie dazu die Option *An folgendem Ort* und geben Sie einen beliebigen Ordner dafür an. Mit der Option *Dateien in den ursprünglichen Unterordnern wiederherstellen* bewahren Sie die Verzeichnisstruktur der wiederhergestellten Dateien. Der oben festgelegte Ordner fungiert dann als Stammverzeichnis, von dem aus die relevanten Ordner wiederhergestellt werden.

   Stammen die gesicherten Dateien von verschiedenen Laufwerken, können Sie mit *Unterordner für den Laufwerksbuchstaben erstellen* sogar die Laufwerkstruktur unterhalb des Wiederherstellungsordners restaurieren. So lassen sich auch größere Mengen an wiederhergestellten Dateien gut strukturieren.

9. Klicken Sie dann unten auf die Schaltfläche *Wiederherstellen*.

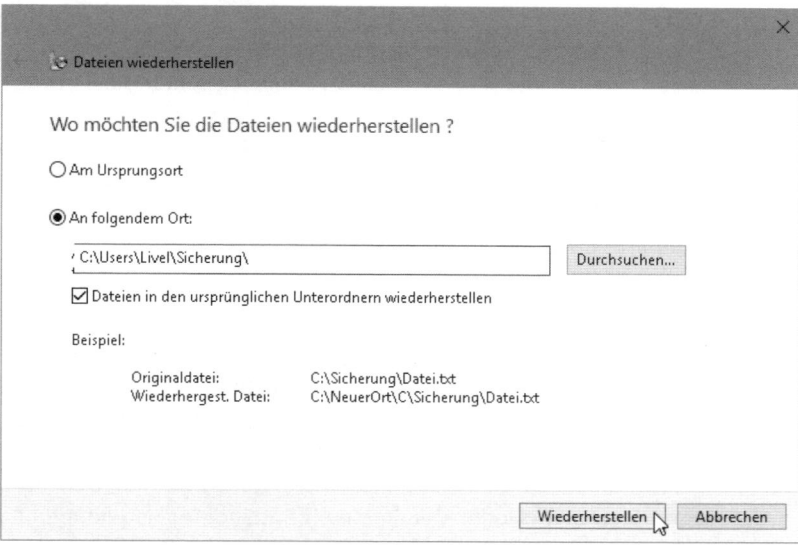

10. Warten Sie kurz, bis die ausgewählten Dateien wiederhergestellt sind. Sie erhalten dann die Meldung *Die Dateien wurden erfolgreich wiederhergestellt*.

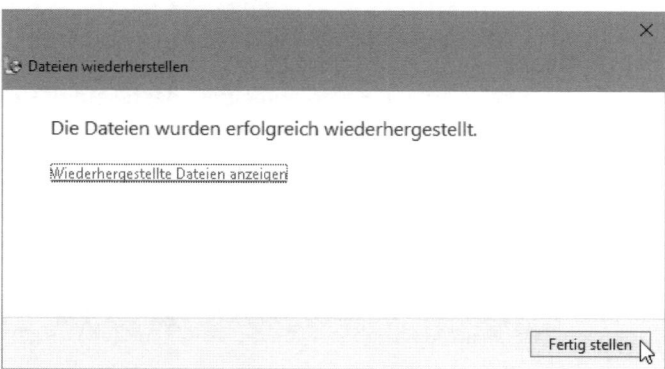

12.3 Cloud-Backup: Onlinespeicher im Internet als Sicherungsmedium nutzen

Als „Cloud" bezeichnet man die riesige, schwer definierbare Datenwolke im Internet. Sie wird aus den vielen Möglichkeiten gebildet, Daten online zu speichern und zwischen stationären und mobilen Geräten zu synchronisieren. Auch wenn das Konzept etwas abstrakt erscheint, nutzen viele diese Cloud heute schon – womöglich ohne sich dessen bewusst zu sein. Wenn Sie z. B. für Ihre E-Mail-Kommunikation ein webbasiertes Postfach verwendet, machen Sie sich diese Cloud zunutze. Ihre Nachrichten werden nicht mehr lokal auf Ihrem PC gespeichert, sondern nur noch auf dem Server Ihres E-Mail-Betreibers. Sie können jederzeit von jedem Ort aus mit beliebigen Geräten (PC, Mobilgerät, internetfähiges TV-Gerät etc.) darauf zugreifen.

Auch beim Speichern von Daten kann Ihnen die Cloud wertvolle Dienste leisten. Das Auslagern von wichtigen Dokumenten bringt den Vorteil, dass Sie eine zusätzliche Kopie „außer Haus" haben. Diese ist selbst bei einer echten Katastrophe wie z. B. einem Brand, der neben dem PC womöglich auch die Sicherungsmedien wie USB-Laufwerke oder selbst gebrannte CDs/DVDs in Mitleidenschaft ziehen würde, ungefährdet. Positiver Nebeneffekt: Auf eine solche Kopie in der Datenwolke können Sie auch von unterwegs jederzeit zugreifen, falls Sie mal Unterlagen vergessen haben oder überraschend benötigen.

 Datenschutz beim Onlinespeichern

Die Anbieter von Onlinespeicherplatz wie Google Drive oder OneDrive sorgen in der Regel mit automatischen Backups etc. für die Sicherheit der ihnen anvertrauten Daten. Um einen wichtigen Aspekt allerdings müssen Sie sich selbst kümmern, nämlich den inhaltlichen Schutz Ihrer Daten. Sensible Daten, z. B. sehr persönliche, sollten am besten nur verschlüsselt übermittelt werden. Schließlich geben Sie diese Daten beim Hochladen in die Obhut anderer und können niemals sicher sein, was diese damit anstellen.

Vorteil für OneDrive – direkt ins Betriebssystem integriert

Microsoft selbst mischt im Markt der Cloud-Speicherdienste mit OneDrive kräftig mit. Deshalb integriert Windows den OneDrive-Zugriff direkt in das Betriebssystem. Wenn Sie sich mit einem Microsoft-Konto anmelden, geschieht das direkt beim Einrichten Ihres Benutzerkontos, da zu jedem Microsoft-Konto ohnehin ein OneDrive-Speicher gehört.

Um die Verbindung zu einem OneDrive-Konto herzustellen, meldet sich Windows auch gern direkt nach dem Start mit einem Anmelde-Dialog. Geben Sie hier die E-Mail-Adresse und das Kennwort für Ihr Microsoft-Konto ein. Sollten Sie noch keines haben oder für diesen Zweck ein neues, separates verwenden wollen, können Sie mit *Jetzt registrieren* ein neues anlegen. Solche Konten sind zumindest in der Basisversion kostenlos. Wer mehr Speicherplatz oder zusätzliche Leistungen wie etwa Office Online haben möchte, kann dies mit kostenpflichtigen Abos ergänzen.

OneDrive konfigurieren

Sollten Sie den Anmelde-Dialog beim Start verpasst haben, können Sie ihn jederzeit per Klick auf das OneDrive-Symbol im Infobereich nachholen. Mit einem Rechtsklick darauf öffnen Sie das Kontextmenü, wo Sie unter anderem die *Einstellungen* öffnen können:

- In der Rubrik *Einstellungen* lässt sich dort das Autostart-verhalten steuern. Wenn Sie OneDrive gar nicht nutzen möchten, entfernen Sie den Haken bei *OneDrive beim Anmelden bei Windows automatisch starten*.

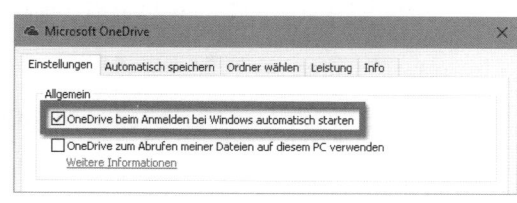

- Eine praktische Funktion ist das automatische Speichern von Fotos und Videos in der Cloud. Wenn Sie Bilder auf Ihren PC importieren (bzw. mit einem Windows-Tablet Bilder aufnehmen), werden

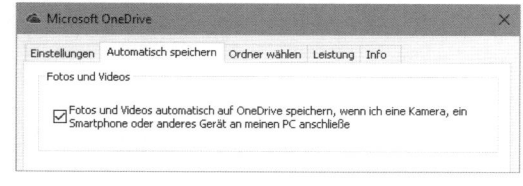

diese automatisch in die Cloud hochgeladen. So hat man sofort eine Sicherungskopie und kann Bilder unkompliziert mit anderen teilen.

- In der Rubrik *Ordner* legen Sie fest, welcher der Cloud-Ordner stets mit Ihrem PC synchronisiert werden soll. Standardmäßig werden alle synchronisiert, aber bei Bedarf bzw. um Transfervolumen zu sparen, können Sie dies einschränken.

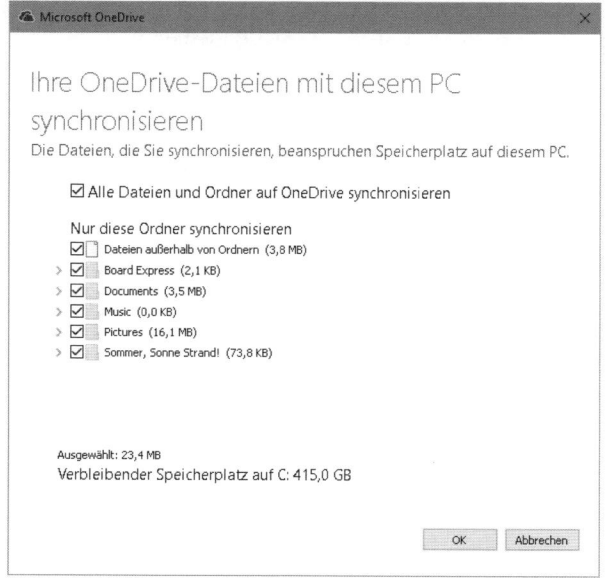

OneDrive genau wie ein lokales Laufwerk nutzen

Ist der OneDrive-Zugang einmal eingerichtet, können Sie auf dem Desktop und in den dazugehörigen Anwendungen Ihren OneDrive-Speicher genauso wie ein direkt in den PC eingebautes Laufwerk oder eine angeschlossene USB-Festplatte nutzen:

■ Im Windows-Explorer finden Sie links im Navigationsbereich nun einen eigenen *OneDrive*-Eintrag. Darüber können Sie den Onlinespeicherplatz jederzeit öffnen und darauf zugreifen. Der Datenaustausch kann wie gewohnt erfolgen, also beispielsweise auch per Drag-and-drop mit anderen Ordnern.

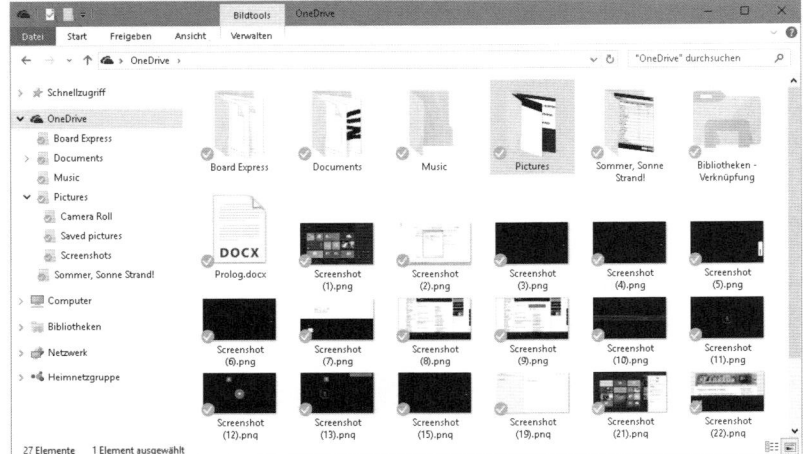

■ Ebenso können Sie in Desktop-Anwendungen Dokumente direkt von OneDrive öffnen oder sie dorthin speichern. Auch hier können Sie Ihr OneDrive in den Dialogen direkt auswählen und wie bei einem lokalen Ordner verwenden. Spezielle Funktionen wie beispielsweise das automatische Speichern von Dokumenten alle x Minuten klappen hierbei ebenfalls wie gewohnt.

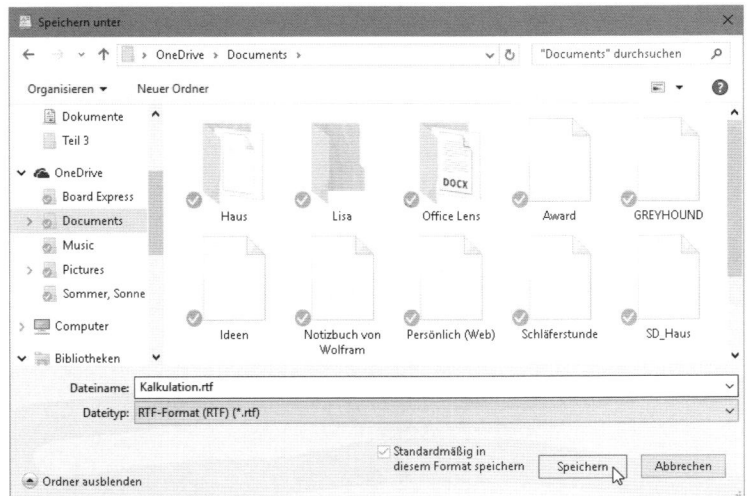

Durch die Integration von OneDrive direkt in das Windows-Betriebssystem ist eine vollkommen transparente Nutzung des Onlinespeichers möglich. Der Anwender bemerkt dabei in der Praxis keinen Unterschied, ob er seine Dokumente auf seiner Festplatte oder direkt im Onlinespeicher ablegt (abgesehen von einer zeitlichen Verzögerung bei umfangreicheren Dokumenten). Selbst beim Suchen nach Dateien berücksichtigt Windows automatisch die Dokumente, die auf einem verbundenen OneDrive abgelegt sind. Dieser unkomplizierte Zugriff macht das Nutzen von OneDrive sehr viel attraktiver. Insbesondere wenn Sie mehrere verschiedene Rechner nutzen (beispielsweise einen PC und ein Tablet), brauchen Sie sich um das Abgleichen von Datenbeständen keine Gedanken mehr zu machen.

12.4 Letzte Chance: gelöschte Dateien auf Festplatten oder Speicherkarten wiederherstellen

Wenn alle Wiederherstellungsmöglichkeiten erschöpft sind und keine brauchbare Version einer gelöschten Datei gesichert wurde, bleibt nur noch eine Hoffnung: Solange der Speicherbereich auf dem Datenträger nicht mit neuen Dateien überschrieben wurde, sind die Daten physisch noch vorhanden und lassen sich mit etwas Glück wiederherstellen. Windows selbst kann solche Dateien allerdings nicht wiederherstellen. Dazu benötigen Sie ein spezielles Undelete-Tool wie z. B. PC-Inspector File Recovery, das Sie unter *www.pcinspector.de* kostenlos herunterladen können. Es kann gelöschte Dateien erkennen und – soweit möglich – restaurieren. Das funktioniert unter Umständen sogar, wenn ein Datenträger wie z. B. ein USB-Stick oder die Speicherkarte einer Digitalkamera bereits formatiert wurde.

1. Klicken Sie nach dem Start des Programms zunächst auf das Symbol oben links.

2. Im anschließenden Dialog wählen Sie den Datenträger sowie gegebenenfalls das Laufwerk aus, in dem nach gelöschten Dateien gesucht werden soll. Klicken Sie schließlich auf das grüne Häkchen. File Recovery analysiert dann diesen Datenträger.

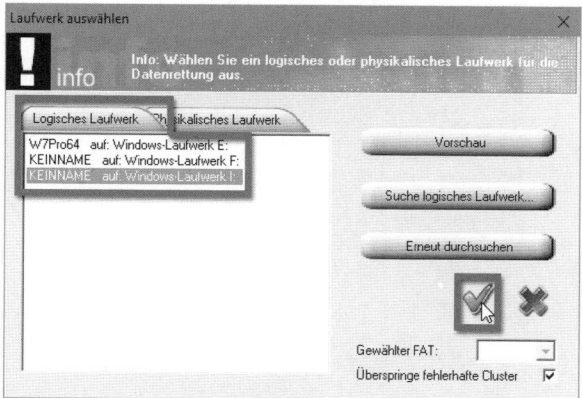

3. Zurück im Hauptprogramm, erhalten Sie in der Kategorie *Gelöscht* eine Liste der gelöschten Dateien, die eventuell wiederhergestellt werden können. In der Spalte *Zustand* können Sie ablesen, wie gut die Chancen dafür tatsächlich sind.

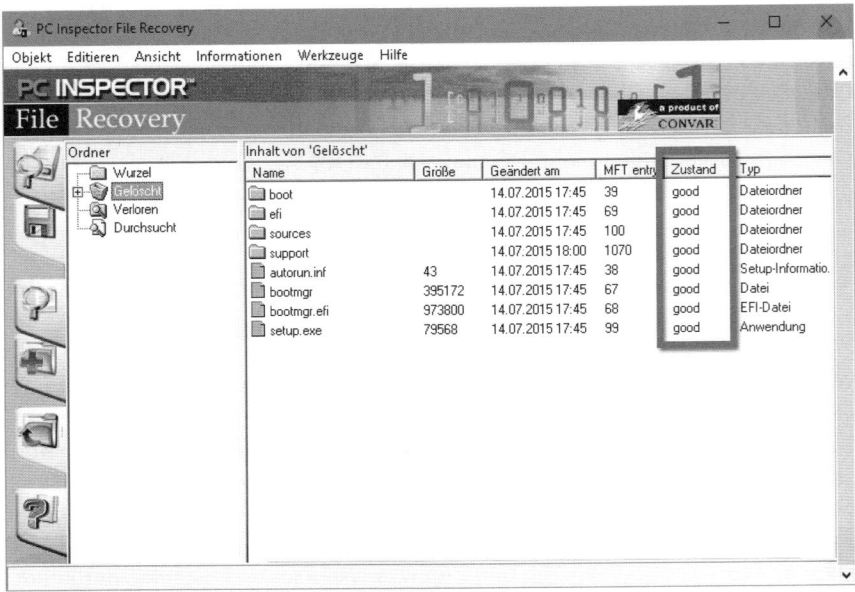

4. Markieren Sie die gewünschten Dateien und wählen Sie *Objekt/Speichern unter*. Sie können im folgenden Dialog dann ein Laufwerk auswählen, um diese Dateien wiederherzustellen. Wichtig: Wählen Sie dazu ein anderes Laufwerk aus. Würden Sie die Dateien auf dem Laufwerk wiederherstellen, auf dem sich die Reste der gelöschten Datei befinden, würden Sie eben diese Reste eventuell beim Speichern überschreiben, und die Daten wären dann endgültig unrettbar verloren.

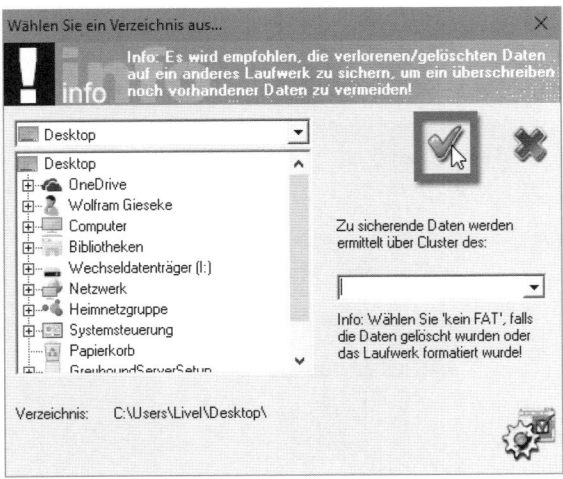

13 CDs, DVDs und Blu-ray Discs für Datensicherungen und Präsentationen

Windows bringt verschiedene Möglichkeiten mit, CDs, DVDs oder **B**lu-ray **D**iscs (BD) zu brennen. Diese Funktionen sind direkt in verschiedene Komponenten wie beispielsweise den Windows Media Player integriert. Aber auch der Explorer kann Dateien und Ordner direkt auf Silberscheiben brennen, z. B. um wichtige Dokumente zu archivieren oder größere Datenmengen zu anderen PCs mitnehmen zu können.

Welche Medien und Geschwindigkeiten dabei zum Einsatz kommen können, hängt von der vorhandenen Brennerhardware ab. Windows erkennt den eingebauten bzw. angeschlossenen Brenner und bindet ihn automatisch ein. Dabei bietet es zwei verschiedene Brennverfahren an, die sich in Handhabung und Einsatzbereichen grundlegend unterscheiden.

Blu-ray Disc (BD) und DVD

Windows unterstützt von Haus aus den Einsatz von Blu-ray Discs und DVDs. Das bedeutet, dass entsprechende Laufwerke von Windows erkannt und eingebunden werden. Außerdem können solche Scheiben durch die Brennfunktionen von Windows z. B. direkt aus dem Windows-Explorer mit Daten beschrieben werden. Auch der Lesezugriff auf Daten ist möglich.

Allerdings fehlen dem Windows Media Player die notwendigen Codecs, um DVDs und Blu-ray-Videos direkt abzuspielen. Hierfür muss zusätzliche Software installiert werden, die von Fremdanbietern angeboten oder auch durch den Hersteller des optischen Laufwerks beigelegt wird.

HINWEIS

13.1 Rohlinge optimal für das Schreiben von Daten formatieren

Die Voraussetzung für das Erstellen von Datenträgern im Windows-Explorer ist das Einlegen eines Rohlings in das Brennerlaufwerk. Anschließend muss dieser formatiert werden, wobei Windows zwei verschiedene Brennmethoden zur Verfügung stellt, die jeweils Vor- und Nachteile haben. Erst wenn dieser Schritt erledigt ist, können Sie Dateien und Ordner auf dem Datenträger sichern.

1. Legen Sie einen leeren Rohling in das Brennerlaufwerk ein. Die automatische Wiedergabe von Windows erkennt den eingelegten Rohling nach kurzer Wartezeit und zeigt einen Dialog an. Tippen oder klicken Sie darauf.

2. Dadurch öffnen Sie einen zweiten Dialog, in dem Sie einen Vorgang für den Datenträger auswählen können. Wählen Sie hier die Option *Dateien auf Datenträger brennen*.

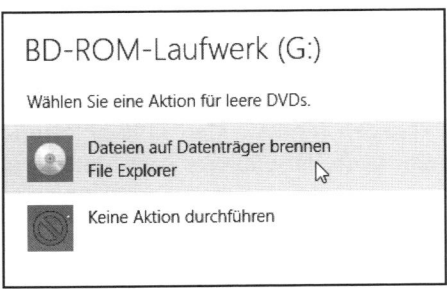

3. Geben Sie im anschließenden Dialog oben einen beliebigen Titel für den Datenträger ein.

4. Wählen Sie dann die Methode aus, mit der der Datenträger erstellt werden soll. Beide Varianten werden im nachfolgenden Abschnitt ausführlicher vorgestellt. Wenn Sie nun auf *Weiter* klicken, wird der Datenträger formatiert und fertig vorbereitet.

5. Bei der Variante *Wie ein USB-Speicherstick* kann dies einige Zeit in Anspruch nehmen. Scheiben nach der Methode *Mit einem CD/DVD-Player* stehen hingegen sofort zur Verfügung (mehr dazu im nachfolgenden Abschnitt).

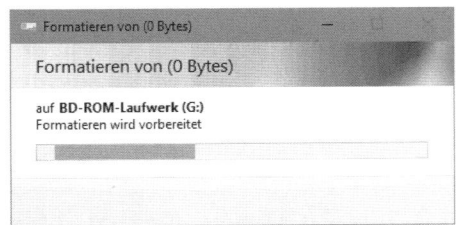

 TIPP

Automatische Wiedergabe verpasst?

Der Dialog beim Einlegen eines Datenträgers wird nur für einige Sekunden angezeigt. Sollten Sie ihn verpasst haben, kein Problem. Öffnen Sie einfach das Brennerlaufwerk mit dem leeren Rohling im Windows-Explorer. Dann wird die Auswahl automatisch angezeigt.

Das UDF-Format ist flexibel einsetzbar

Für das von Windows empfohlene Live-dateisystem (*Wie ein USB-Speicherstick*) wird das **U**niversal **D**isc **F**ormat (UDF) verwendet. Es ist wesentlich leistungsfähiger als das klassische ISO-Format und kann dadurch größere Dateien und Datenmengen sichern. Außerdem fallen viele der Beschränkungen des ISO-Formats weg.

Einer der größten Vorteile ist das Packet-writing. Hierbei muss der Datenträger nicht wie beim ISO-Format immer in einem Rutsch beschrieben werden, statt-dessen können Sie nach und nach immer wieder Dateien auf den Datenträger kopieren, sie dort gegebenenfalls auch wieder löschen etc. Der Rohling ist dadurch genauso flexibel einsetzbar wie z. B. ein USB-Stick oder eine Medienspeicherkarte. Er kann ohne Weiteres zwischendurch entnommen und später wieder eingelegt und weiterbeschrieben werden. Allerdings bringt UDF auch Nachteile mit sich:

- Der Datenträger muss vor der Verwendung aufwendig formatiert werden. Das erledigt Windows zwar automatisch, aber es dauert eine ganze Weile, bis der Rohling zum Schreiben vorbereitet ist.

- CDs und DVDs im UDF-Format können nur mit Einschränkungen in anderen Geräten verwendet werden. Andere PCs mit dem gleichen Betriebssystem sind in der Regel kein Problem. Soll die Scheibe aber in einem PC mit einem älteren Betriebssystem oder einem klassischen DVD-Spieler verwendet werden, kommt das UDF-Format nicht infrage. In solchen Fällen müssen Sie das ISO-Format verwenden.

Das ISO-Format bringt Kompatibilität mit älteren Systemen und klassischen Abspielgeräten

Alternativ zum UDF-Format unterstützt Windows auch das Brennen von Datenträgern im Mastered-Format (*Mit einem CD/DVD-Player*). Dieses Format bietet die größtmögliche Kompatibilität, da die Datenträger praktisch von jedem System eingelesen werden können, das ein CD- bzw. DVD-Laufwerk unterstützt. Auch klassische DVD-Abspielgeräte können mit solchen Datenträgern etwas anfangen, sofern sie mit Daten-CDs umgehen können, um z. B. Bilder oder MP3-Dateien

abzuspielen. Mit dieser Wahl können Sie also nicht viel falsch machen, aber auch sie hat Nachteile:

- Die Dateien und Ordner für den Datenträger müssen zunächst auf der Festplatte zwischengespeichert und dann in einem Rutsch gebrannt werden. Das organisiert Windows zwar unauffällig im Hintergrund, aber der Speicherplatz wird trotzdem belegt, bis der Datenträger endgültig gebrannt wurde.

- Wenn Sie den Datenträger zwischenzeitlich entfernen wollen, ohne die Daten gebrannt zu haben, wird Windows nervös. Es muss dann überredet werden, die zwischengespeicherten Daten trotzdem beizubehalten.

- Damit der Datenträger auf anderen PCs oder CD-/DVD-Abspielern verwendet werden kann, muss er jeweils finalisiert werden.

13.2 Dateien und Ordner per Drag-and-drop auf die Datenscheibe schaffen

Haben Sie einen Rohling in den Brenner eingelegt und für die Aufnahme formatiert, können Sie damit beginnen, die Dateien und Ordner auszuwählen, die Sie auf diesem Datenträger sichern wollen. Die Vorgehensweise unterscheidet sich dabei zunächst kaum, egal ob Sie sich für das UDF- oder das ISO-Format entschieden haben.

Dateien und Ordner für das Brennen auswählen

Um Dateien auf den Datenträger zu schreiben, stehen Ihnen verschiedene Möglichkeiten zur Verfügung:

- Sie können die gewünschten Dateien im Windows-Explorer markieren und die *Brennen*-Schaltfläche in der Symbolleiste verwenden.

- Wählen Sie im Kontextmenü einer oder mehrerer ausgewählter Dateien den Befehl *Senden an/DVD-Laufwerk* o. Ä. (der genaue Wortlaut des Eintrags hängt vom eingebauten Laufwerk und dem eingelegten Rohling ab).

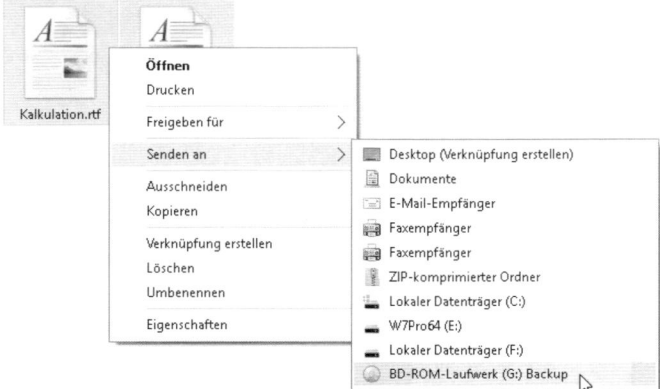

- Ziehen Sie die markierten Dateien und Ordner per Drag-and-drop von ihrem Speicherplatz auf das Symbol des Brennerlaufwerks im Windows-Explorer. Alternativ dazu können Sie Funktionen zum Kopieren und Einfügen verwenden. Auch das Verschieben bzw. Ausschneiden und Einfügen von Dateien funktioniert. Allerdings sollten Sie dabei besondere Umsicht walten lassen, da das Verschieben einer Datei auf das Brennerlaufwerk eben (insbe-

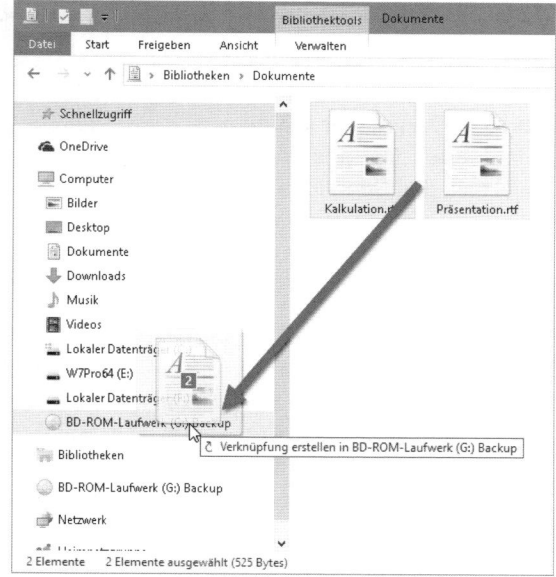

sondere im Fall von ISO-Datenträgern) noch nicht bedeutet, dass die Datei auch tatsächlich schon physisch auf den Datenträger geschrieben wurde.

- Ebenso können Sie den üblichen *Speichern-* bzw. *Speichern unter*-Dialog von Anwendungen verwenden, um Dokumente direkt auf einem Datenträger zu speichern. Wählen Sie dazu einfach das Brennerlaufwerk als Ziel für die Speicherung aus.

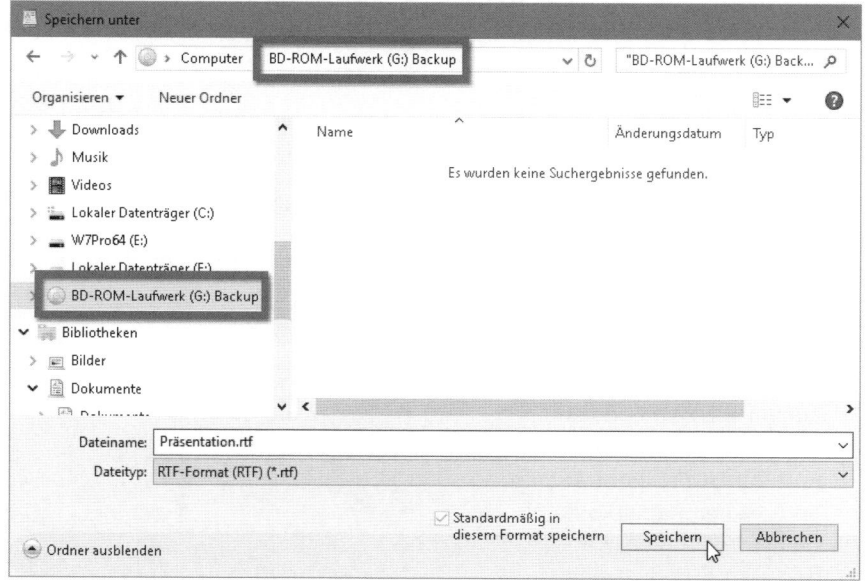

Dateien mit dem Livedateisystem auf UDF-Medien brennen

Wenn Sie den Datenträger als UDF formatiert haben, erfolgt das Übertragen der Dateien unmittelbar. Da das länger dauert als das Schreiben z. B. auf eine Festplatte, kann es zu einer kurzen Wartepause kom-

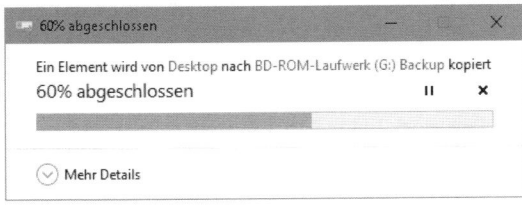

men. Ein Fortschrittsdialog zeigt an, wie weit der Schreibvorgang fortgeschritten ist.

Anschließend befinden sich die Dateien oder Ordner bereits auf dem Datenträger und können von dort wieder eingelesen oder auch gelöscht werden. Sie können den UDF-Datenträger jederzeit entnehmen und später wieder einlegen. Ebenso können Sie ihn in einen anderen PC einlegen und dort auf die gespeicherten Daten zugreifen. Eine abschließende Aufbereitung des Datenträgers für die Verwendung auf anderen Geräten ist nicht erforderlich.

Dateien von UDF-Datenträgern entfernen

Einer der Vorteile von UDF im Vergleich zum ISO-Format ist die Möglichkeit, einmal gebrannte Dateien wieder vom Datenträger löschen zu können. Ebenso können Sie eine bereits vorhandene Datei auf dem Datenträger durch eine neuere Version derselben ersetzen.

Dies funktioniert sowohl bei einmal beschreibbaren (CD-R bzw. DVD+/-R) als auch bei wiederbeschreibbaren (CD-RW bzw. DVD+/-RW) Datenträgern. Allerdings wird nur bei wiederbeschreibbaren Medien der Speicherplatz beim Löschen auch wieder freigegeben. So oder so unterscheidet sich das Löschen von Dateien auf einem solchen Datenträger kaum von der sonstigen Vorgehensweise:

1. Öffnen Sie das Brennerlaufwerk mit dem eingelegten Datenträger. Sie sehen im Windows-Explorer dann den derzeitigen Inhalt des Rohlings.

2. Markieren Sie die Datei(en), die Sie entfernen wollen.

3. Drücken Sie ⌷Entf⌷ oder wählen Sie im Kontextmenü den Befehl *Löschen*.

4. Bestätigen Sie die Sicherheitsrückfrage zum Löschen der Datei. Beachten Sie dabei, dass es bei Löschoperationen auf UDF-Datenträgern keinen Papierkorb gibt. Die Dateien werden also grundsätzlich unwiderruflich gelöscht.

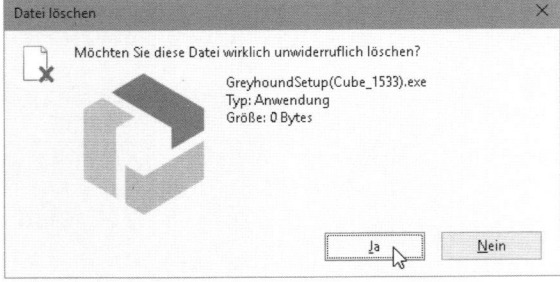

5. Das eigentliche Entfernen der Dateien dauert wie auch das Schreiben etwas länger als üblich und wird durch einen Fortschrittsdialog dokumentiert.

Dateien auf ISO-Datenträger brennen

Bei einem ISO-Datenträger ist der Ablauf etwas anders. Hier brennt Windows die Dateien nicht unmittelbar auf den Rohling, sondern speichert sie zunächst in einem temporären Ordner auf der Festplatte zwischen. Deshalb läuft das Kopieren, Verschieben und Speichern von Dateien auch sehr flott ab. Allerdings bleibt der Datenträger eben auch die ganze Zeit noch leer.

Anstelle eines Fortschrittsdialogs bekommen Sie jeweils einen Hinweis im Infobereich angezeigt, wenn neue Dateien im temporären Speicher für den Brenner landen. Um die Daten endgültig auf die Silberscheibe zu bekommen, müssen Sie den Brenn-Assistenten bemühen. Der überträgt dann alle Dateien aus dem Zwischenspeicher auf den Datenträger. Das sollten Sie allerdings erst machen, wenn Sie wirklich alle gewünschten Dateien und Ordner auf das Brennerlaufwerk kopiert haben.

1. Öffnen Sie das Brennerlaufwerk im Windows-Explorer. Sie sehen hier alle die Dateien und Ordner, die sich zurzeit im Zwischenspeicher für den Datenträger befinden und somit auf das Medium

gebrannt werden würden. Sie sehen allerdings nicht den tatsächlichen Inhalt des Datenträgers, da dieser zu diesem Zeitpunkt noch völlig leer ist.

2. Öffnen Sie oben in der Multifunktionsleiste das *Verwalten*-Menü und klicken Sie dort im Bereich *Medien* auf die Schaltfläche *Brennvorgang abschließen*. Damit starten Sie den Brenn-Assistenten.

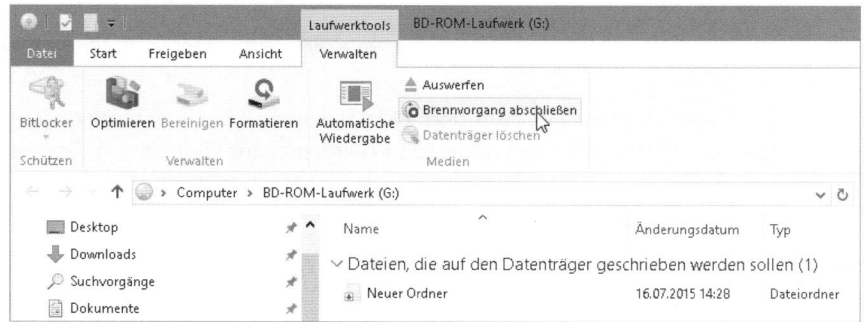

3. Hier können Sie im ersten Schritt einen Datenträgertitel eingeben und die Aufnahmegeschwindigkeit einstellen. Achten Sie darauf, dass die Geschwindigkeit zum verwendeten Rohling passt und ihn nicht überfordert. Klicken Sie dann unten auf *Weiter*.

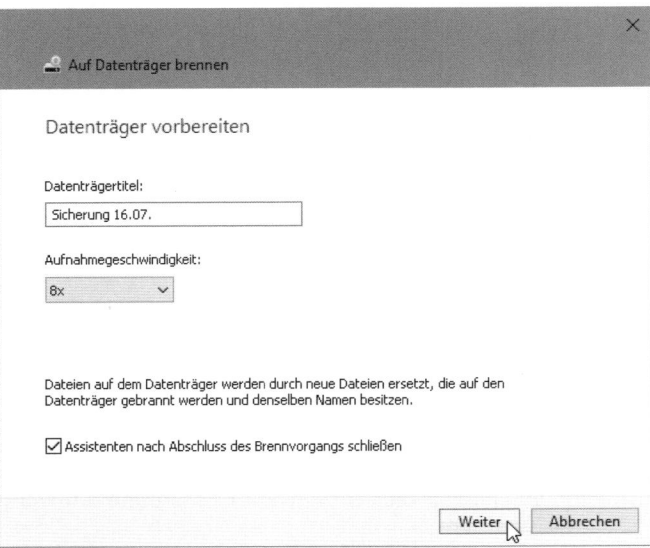

4. Der Assistent bereitet den Datenträger nun für den Schreibvorgang vor, überträgt die Dateien und finalisiert das Medium anschließend, sodass es auch von anderen Laufwerken gelesen werden kann.

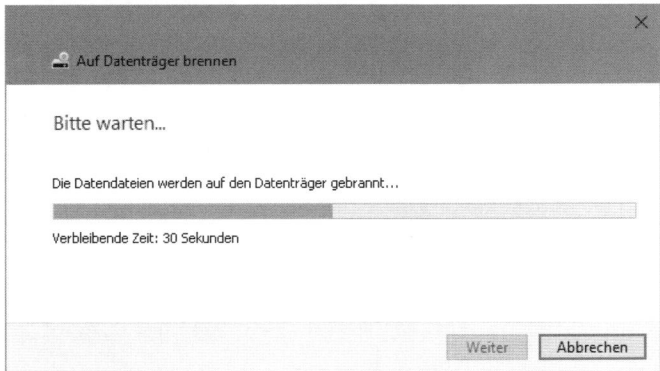

Dieser Vorgang entspricht dem normalen Brennen einer kompletten CD und kann je nach Umfang der zu brennenden Dateien einige Zeit dauern. Der Assistent gibt die noch verbleibende Zeit jeweils an.

5. Anschließend bietet der Assistent Ihnen gegebenenfalls an, einen anderen Datenträger mit denselben Dateien zu erstellen. Das ist praktisch, wenn Sie gleich mehrere Kopien der Sicherung anfertigen wollen. Ansonsten schließen Sie den Assistenten einfach mit *Fertig stellen*.

Das Auswählen der Dateien auf mehrere Sitzungen verteilen

Bei einem UDF-Datenträger ist es kein Problem, die zu brennenden Dateien und Ordner nach und nach, gegebenenfalls auch im Laufe von Tagen oder Wochen, auf die Silberscheibe zu brennen. Aber auch bei einem ISO-Datenträger müssen Sie nicht alles in einem Rutsch erledigen. Sammeln Sie gegebenenfalls die Daten ruhig auch über einen längeren Zeitraum im temporären Verzeichnis, bis sich das Brennen lohnt. Sie können zwischendurch ohne Weiteres andere CDs, DVDs etc. einlegen, um z. B. Musik zu hören oder Filme zu schauen. Windows bekommt das mit und reagiert entsprechend. Sie können dann den Datenträger später wieder einlegen und das Sammeln fortsetzen. Falls Sie die gesammelten Dateien irgendwann doch nicht mehr brennen wollen, können Sie den temporären Speicher auch einfach löschen.

TIPP

Datenträger löschen

Wenn Sie die Dateien auf einem Datenträger nicht mehr benötigen, können Sie den Inhalt löschen. Dies ist nicht dasselbe wie das Löschen aller gespeicherten Dateien. Hierbei würde das grundlegende Format des Datenträgers erhalten bleiben.

Beim Löschen des Datenträgers hingegen werden sämtliche enthaltenen Daten einschließlich des Formats entfernt. Dies ist z. B. unerlässlich, wenn Sie den Datenträger von UDF auf ISO oder umgekehrt umformatieren oder ihn für einen ganz anderen Zweck einsetzen wollen, z. B. um eine Musik-CD oder eine Video-DVD zu brennen. Wichtig: Das Löschen eines Datenträgers ist grundsätzlich nur bei wiederbeschreibbaren RW-Medien möglich.

1. Legen Sie den zu löschenden Datenträger ein und öffnen Sie den Arbeitsplatz bzw. Computer im Windows-Explorer.

2. Wählen Sie hier das Brennerlaufwerk aus und öffnen Sie in der Multifunktionsleiste das *Verwalten*-Menü. Hier sehen Sie im Bereich *Medien* die Schaltfläche *Datenträger löschen*. Alternativ finden Sie den gleichnamigen Befehl auch im Kontextmenü des Datenträgerlaufwerks.

3. Damit starten Sie den – für diesen Zweck etwas überdimensionierten – Brenn-Assistenten. Klicken Sie hier einfach unten auf *Weiter*.

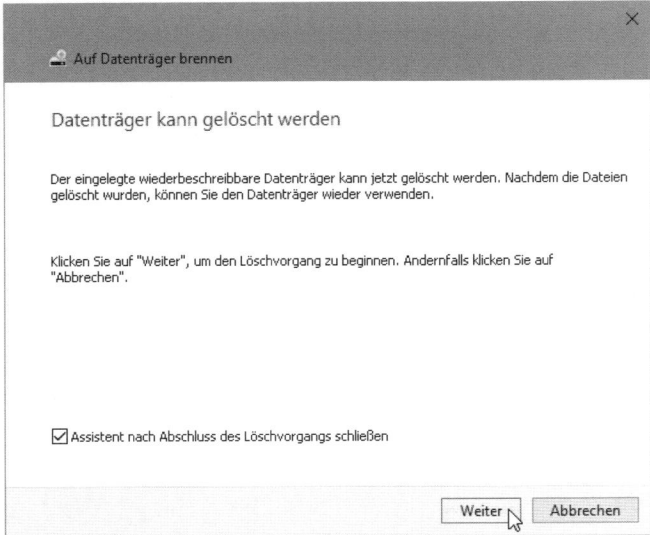

4. Nun müssen Sie nur noch kurz Geduld haben und den Assistenten seine Arbeit erledigen lassen. Klicken Sie anschließend gegebenenfalls unten auf *Fertig stellen*, um den Assistenten zu schließen. Der Datenträger ist nun wieder „jungfräulich" und kann einer erneuten Verwendung zugeführt werden.

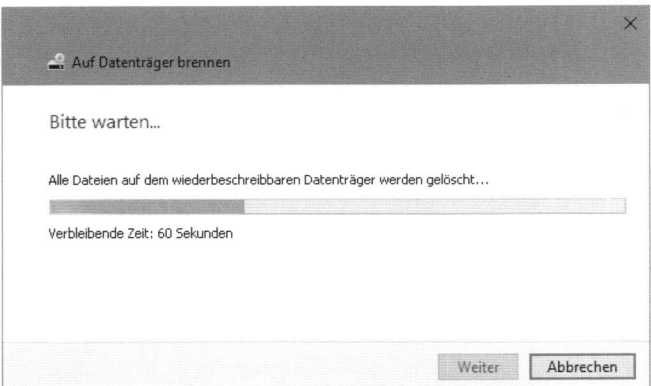

💡 Nicht vom Cache täuschen lassen

TIPP

Nach dem Löschen eines Datenträgers kann es vorkommen, dass Windows den Inhalt weiterhin anzeigt, als wenn nichts gelöscht worden wäre. Dies liegt am Cache, den Windows verwendet, um nicht jedes Mal auf den – relativ langsamen – Datenträger zugreifen zu müssen. Leider merkt der nicht immer gleich, dass der Datenträger gelöscht wurde. Der Spuk lässt sich leicht beenden. Lassen Sie den Datenträger auswerfen und legen Sie ihn anschließend wieder ein. Dann aktualisiert Windows den Cache und bekommt mit, dass es sich um einen völlig leeren Datenträger handelt.

13.3 Wichtige Dokumente zuverlässig auf CD/DVD oder Blu-ray archivieren

CDs, DVDs oder bei entsprechenden Datenmengen auch BDs eignen sich hervorragend als externe Speichermedien für wichtige Dokumente. Sie lassen sich getrennt vom PC an einem sicheren Ort aufbewahren, an dem sie selbst bei größeren Katastrophen wie Diebstählen, Feuer oder Überschwemmungen noch zur Wiederherstellung verwendet werden können, auch wenn der ursprüngliche PC nicht mehr zur Verfügung steht. Mit modernen Brennlaufwerken ist es auch nur eine Sache von wenigen Minuten, eine solche Silberscheibe zu erstellen.

Der größere Aufwand ist oftmals, alle relevanten Dateien für eine Sicherung zusammenzutragen. Genau hierbei aber helfen Ihnen die Such- und Filterfunktionen von Windows. Sie wollen alle paar Tage alle Dokumente sichern, die aber an unterschiedlichen Stellen auf der Festplatte gespeichert sind? Mit der praktischen Dateisuche stellen Sie die Dokumente in Sekunden zusammen und brennen sie auf eine Sicherungsscheibe. Und da Sie die Zusammenstellung als virtuellen Ordner speichern können, geht es beim nächsten Mal sogar noch schneller!

1. Legen Sie einen leeren CD-, DVD- oder Blu-ray-Rohling ein und wählen Sie das ISO-Format (*Mit einem CD/DVD-Player*), um maximale Kompatibilität für Ihre Sicherungsdaten zu erreichen.

2. Öffnen Sie nun im Windows-Explorer Ihre Bibliotheken oder auch Ihr Benutzerverzeichnis und tippen Sie in das Suchfeld einen Stern (*) ein.

3. Damit erhalten Sie eine Liste aller Dateien auf Ihrem PC. Wichtige Einschränkung: Es werden nur die Dateien aufgeführt, die von der Dateisuche berücksichtigt werden – also alles, was Sie unter *Dokumente* und in Bibliotheken ablegen. Wie Sie gegebenenfalls weitere Ordner und Laufwerke in die Dateisuche mit einbeziehen, ist auf Seite 223 beschrieben.

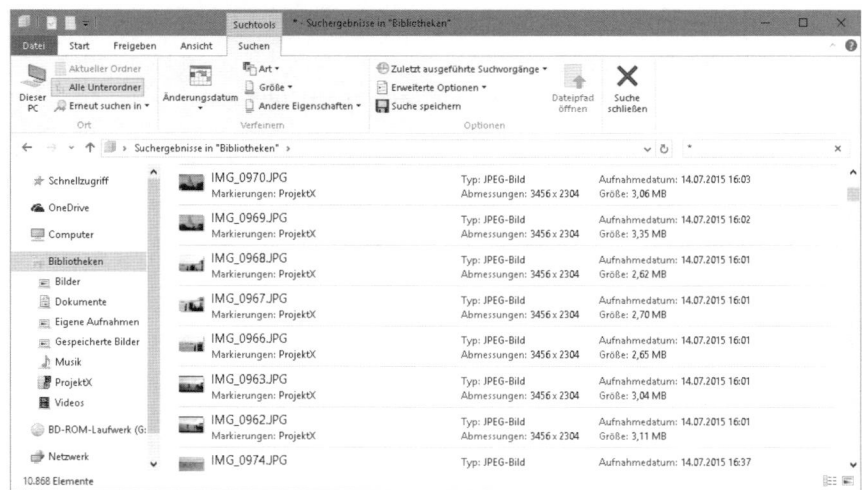

4. Nun können Sie die Filterfunktionen der Suche nutzen, um das Ergebnis auf die Arten von Dokumenten zu beschränken, die Sie sichern möchten. Öffnen Sie dazu im *Suchen*-Bereich das *Art*-Untermenü und wählen Sie die gewünschte Dateiart, beispielsweise *Dokument*.

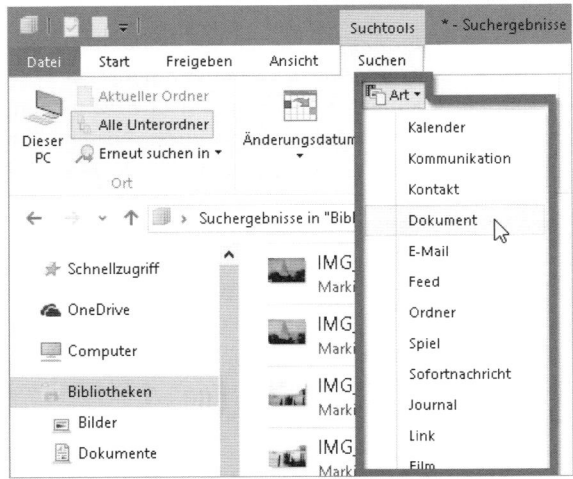

5. Falls Sie genau diese Sicherung regelmäßig durchführen möchten, bietet es sich an, die Konfiguration dieser Suche zu speichern, um sie in Zukunft jederzeit schnell wieder abrufen zu können. Klicken Sie dazu im *Suchen*-Menü der Multifunktionsleiste auf *Suche speichern*. Verwenden Sie als Bezeichnung z. B. *Projekt-Dokumente*. Sie können die Suche dann jederzeit unter diesem Namen bei den gespeicherten Suchen im Navigationsbereich abrufen (siehe auch Seite 221).

6. Für die Sicherung der so ermittelten Dateien brauchen Sie nur noch alle angezeigten Dateien zu markieren (z. B. mit [Strg]+[A]), gehen dann ins *Freigeben*-Menü der Multifunktionsleiste und klicken dort auf die Schaltfläche *Auf Datenträger brennen*.

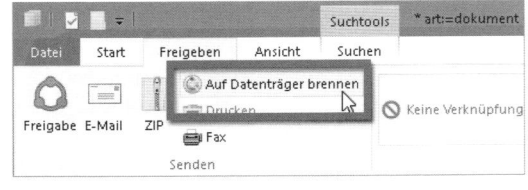

7. Windows kopiert die Dateien dann sofort in den temporären Ordner zum Brennen. Dieser wird auch direkt in einem zusätzlichen Fenster angezeigt. Hier brauchen Sie nur noch im *Verwalten*-

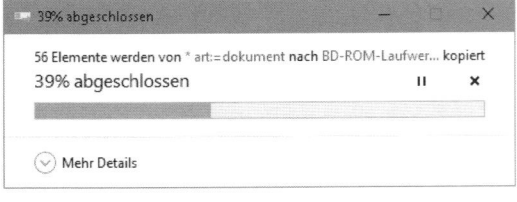

Menü auf die Schaltfläche *Brennvorgang abschließen* zu klicken. Damit starten Sie den Brenn-Assistenten, der den Brennvorgang erledigt.

13.4 ISO-Images mit Bordmitteln auf CD/DVD brennen

ISO-Images sind Dateien, die das Abbild einer CD oder DVD beinhalten. Mit einem speziellen Programm können Sie den Inhalt der ISO-Datei auf einen Rohling brennen und so das Abbild wieder im Original herstellen. Bislang war dazu zusätzliche Software nötig. Windows bringt ein eigenes, einfaches Tool mit, um ISO-Dateien auf CD bzw. DVD zu brennen.

Was genau ist eine ISO-Datei?

In einer ISO-Datei befindet sich der gesamte Inhalt einer CD bzw. DVD. Ob auf der Silberscheibe Musik, Videos oder einfach nur Daten enthalten sind, spielt dabei keine Rolle. ISO-Dateien bieten die Möglichkeit, die Inhalte von CDs und DVDs auf der Festplatte eines PCs zu speichern oder auch via Internet zu verbreiten.

Genau das wird zunehmend mit dem Onlineverkauf von Software wie eben z. B. dem Betriebssystem Windows gemacht. Anstatt Millionen von DVDs herzustellen und zu verschicken, wird die Software als ISO-Abbild der Installations-DVD zum Download angeboten. Damit kann sich der Anwender dann die eigentliche DVD selbst brennen oder die Imagedatei als virtuelles Laufwerk einbinden (siehe Seite 274). Das geht wesentlich schneller und spart bei allen Beteiligten Ressourcen – sowohl finanzielle als auch ökologische.

1. Um eine vorliegende ISO-Datei zu brennen, klicken Sie mit der rechten Maustaste auf das Symbol dieser Datei.

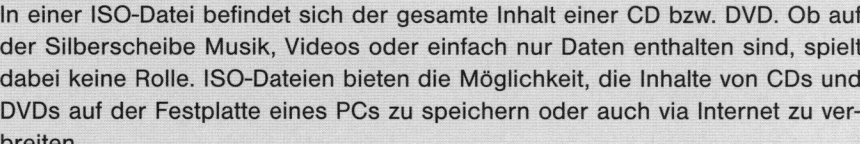

2. Wählen Sie im Kontextmenü den Befehl *Datenträgerabbild brennen*. Alternativ finden Sie in der Symbolleiste des Windows-Explorer eine gleichnamige Schaltfläche.

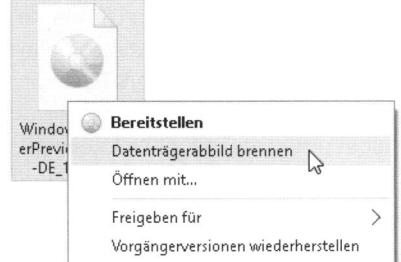

3. Damit öffnen Sie das Dienstprogramm zum Brennen von ISO-Datenträgerabbildern. Hier ist bei *CD/DVD-Brenner* standardmäßig bereits Ihr Brennerlaufwerk eingestellt. Sollten mehrere vorhanden sein, wählen Sie gegebenenfalls das gewünschte aus.

4. Soll das Programm die CD/DVD nach dem Brennvorgang auf eventuelle Fehler hin untersuchen, schalten Sie das Kontrollkästchen *Datenträger nach dem Brennen überprüfen* ein. Dadurch verlängert sich der gesamte Vorgang allerdings deutlich.

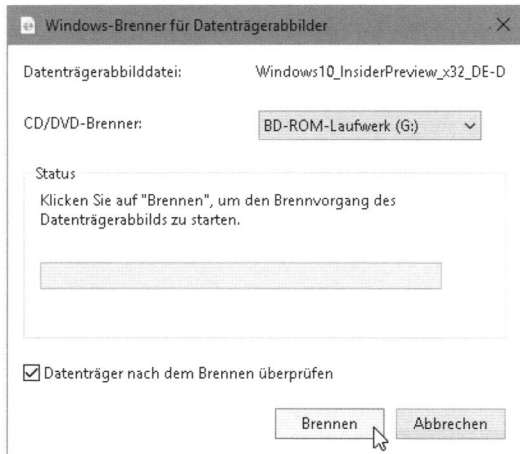

5. Stellen Sie schließlich sicher, dass ein geeigneter Rohling im Brennerlaufwerk eingelegt ist, und klicken Sie unten auf die *Brennen*-Schaltfläche. Das Programm führt nun den Brennvorgang durch.

13.5 ISO-Imagedateien per Mausklick als virtuelles Laufwerk einbinden

Das Verteilen von Software per ISO-Imagedatei findet immer mehr Verbreitung. Nicht zuletzt Microsoft bringt sein Windows-Betriebssystem (unter anderem) auf diese Weise unters Volk. Und auch beim Onlinekauf von Software wird immer öfter ein direkter Download als Imagedatei angeboten, anstatt erst ein paar Tage auf den Paketdienst zu warten. Eine solche ISO-Datei kann man auf eine CD/DVD brennen oder einen USB-Stick damit erstellen. Oder aber man bindet die Imagedatei selbst direkt als virtuelles Laufwerk in den Windows-Explorer ein. Bislang war das nur mit zusätzlichen Programmen möglich. Windows bringt eine solche Funktion ganz einfach selbst mit.

1. Öffnen Sie im Windows-Explorer den Ordner, der die ISO-Datei enthält.

2. Klicken Sie mit der rechten Maustaste auf die Datei und wählen Sie im Kontextmenü den Befehl *Bereitstellen*.

3. Windows bindet die Imagedatei dann als separates virtuelles Laufwerk ein. Im Windows-Explorer finden Sie es unter *Computer* als virtuelles DVD-Laufwerk vor.

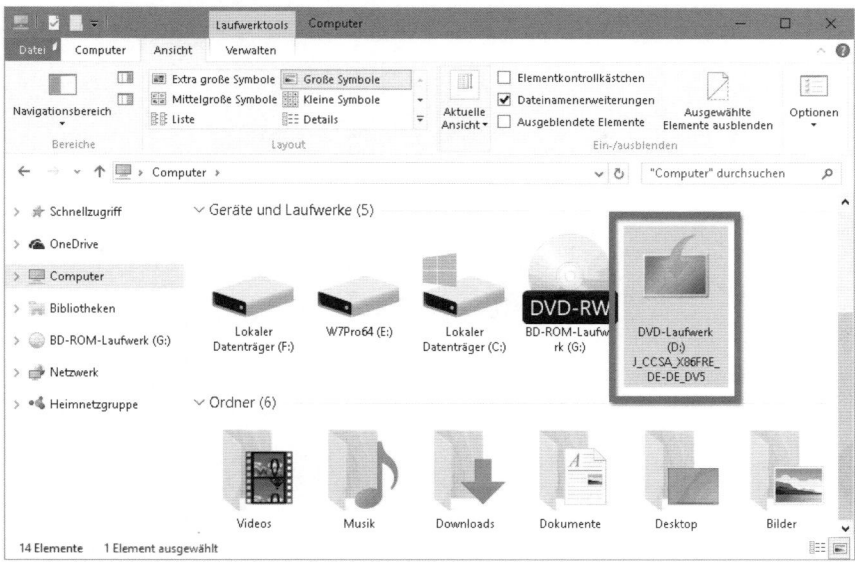

4. Sie können auf das virtuelle Laufwerk wie auf ein reales zugreifen, es also beispielsweise öffnen, den Inhalt öffnen, ausführen oder kopieren. Einzige Einschränkung: Wie bei einer CD/DVD kann der Inhalt nur gelesen, nicht aber verändert werden.

5. Um ein virtuelles Laufwerk nach dem Gebrauch wieder zu entfernen, klicken Sie mit der rechten Maustaste darauf und wählen den *Auswerfen*-Befehl.

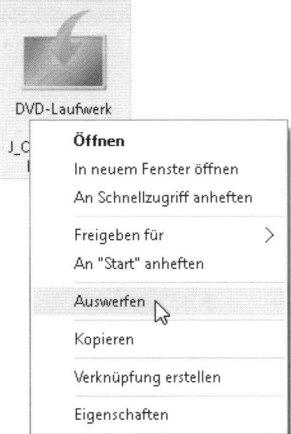

Windows 10

14 Digitalfotos und Bilder sammeln, organisieren und optimieren

Digitalfotos gehören heute praktisch zum Alltag. Fast jeder hat ein Handy mit Kamerafunktion in der Tasche, und auch leistungsfähige Digitalkameras sind immer kleiner und günstiger geworden. Da ist ein Schnappschuss schnell gemacht.

Um in der Fülle der Bilder den Überblick zu behalten, ist eine Software hilfreich, die das Erfassen und Verwalten der Bildersammlung genauso zum Kinderspiel macht. Windows bringt dafür die Fotos-App mit, die sich sowohl per Touch als auch mit Maus und Tastatur nutzen lässt und Basisfunktionen zum Importieren, Betrachten und Teilen von Bildern mitbringt. Aber auch mit dem Windows-Explorer lässt sich schon einiges sinnvoll erledigen.

Komfortabler wird es, wenn Sie zusätzlich das kostenlose Desktop-Programm Fotogalerie herunterladen und installieren. Damit können Sie Bilder von Digitalkameras, Scannern und anderen Quellen erfassen, archivieren und mit Schlagwörtern versehen. Filter und Suchfunktionen helfen Ihnen, bestimmte Bilder jederzeit schnell wiederzufinden.

Auch einfache Bearbeitungsmöglichkeiten wie das Rotieren und Beschneiden von Bildern, das Korrigieren von Helligkeit und Kontrast oder das Wegretuschieren der lästigen roten Augen stehen zur Auswahl und ersparen in vielen Fällen den Griff zu komplexeren Bildbearbeitungsprogrammen. Schließlich bietet die Fotogalerie vielfältige Möglichkeiten, Bilder weiterzuverwerten und dauerhaft aufzubewahren, wie das Archivieren auf CD, das Erstellen von Bildpräsentationen oder das Übermitteln an einen Fotodienstleister zum Erstellen echter Fotoabzüge.

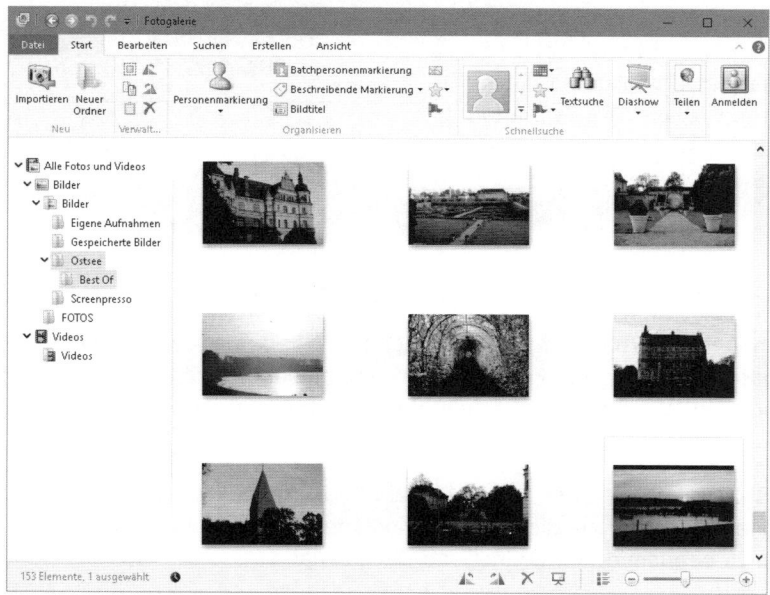

14.1 Tablet-Bilder: Bilder per Touchscreen-App verwalten und bearbeiten

Die Fotos-App gehört zum Lieferumfang von Windows. Sie ist für die Touchbedienung optimiert, lässt sich aber auch per Maus und Tastatur nutzen. Neben dem Importieren, Anzeigen und Verwalten von Bildern einschließlich der Einbindung von Cloud-Speicher bringt sie eine ordentliche Werkzeugkiste mit, die das grundlegende Bearbeiten von Bildern erlaubt. Kleine Fehler bei Schnappschüssen sind damit schnell ausgebügelt, „nette" Bildchen in kurzer Zeit zu sehens- und teilenswerten Erinnerungen aufgemotzt.

TIPP

Zurück zur guten alten Windows-Fotoanzeige

Oftmals drängt sich die Fotos-App unerwünscht in den Vordergrund, denn Microsoft hat sie zum Standardbetrachter für Bilder vorbestimmt. Auch wenn Sie also z. B. im Windows-Explorer ein Bild doppelt anklicken, um es zu betrachten, wird die Touch-App gestartet. Wenn Sie das nervt, brauchen Sie nur einmal mit der rechten Maustaste auf eine Bilddatei zu klicken und im Kontextmenü *Öffnen mit* und dann *Andere App auswählen* anzuklicken. Achten Sie im anschließenden Dialog darauf, dass *Immer diese App zum Öffnen von JPG-Dateien verwenden* aktiv ist, und wählen Sie unten in der Liste die *Windows-Fotoanzeige* aus. Dann ist alles wie früher. Leider müssen Sie das für alle betroffenen Bilddateitypen wiederholen, also z. B. JPEG, BMP, PNG etc.

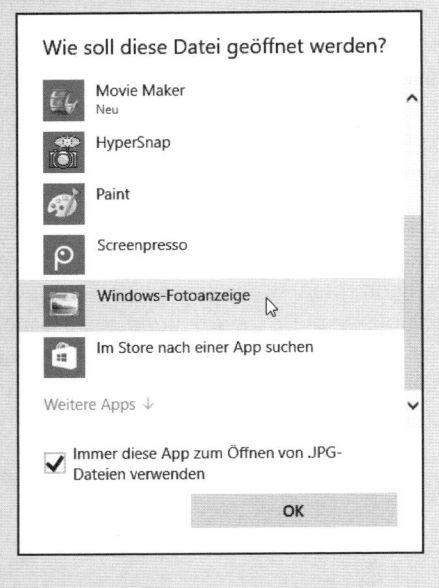

Die Fotos-App als komfortabler Bildbetrachter

Wenn Sie einen PC mit Touchscreen nutzen, ist die Fotos-App ein komfortabler Ersatz für Windows-Explorer und Fotoanzeige. Das entspannte Blättern durch eine Fotosammlung per Wischgeste hat schon etwas. Aber selbstverständlich können Sie die App auch mit Maus und Tastatur bedienen.

Nach dem Start zeigt Ihnen die App die lokale Bildbibliothek Ihres PCs an. Tippen Sie Ordner und Bilder an, die Sie sehen möchten. Mit passenden Gesten „wischen" Sie sich bequem durch Ordner und Sammlungen.

Um ein bestimmtes Bild groß anzuzeigen, klicken oder tippen Sie einfach darauf. Es wird dann (fast) fenster- bzw. bildschirmfüllend angezeigt. Die kleine Symbolleiste oben lässt sich durch einfaches Klicken/Tippen ins Bild jederzeit ein- oder ausblenden.

In der Symbolleiste finden Sie die wichtigsten Funktionen zur Bildbetrachtung und Bearbeitung (von links nach rechts):

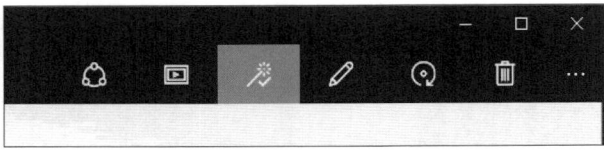

- ■ Mit dem *Teilen*-Symbol können Sie das gerade gewählte Bild beispielsweise per E-Mail schnell und direkt an andere weitergeben (auch ⊞+ℍ).

- ■ Selbstverständlich können Sie auch eine ganze Bildersammlung bildschirmfüllend als Diashow abspielen. Verwenden Sie dafür in der Symbolleiste das Wiedergabesymbol oder auch F5.

- ■ *Verbessern* (E) optimiert automatisch Grundwerte wie Kontrast, Helligkeit und Farbsättigung, um jedes Bild möglichst „schön" anzeigen zu können. Diese Maßnahmen beziehen sich nur auf die Darstellung der Bilder, die Bilddateien selbst werden dabei nicht verändert. Mit der Schaltfläche können Sie diese Funktion jederzeit ein- und ausschalten und sehen sofort den Unterschied in der Darstellung.

- ■ Mit dem Stiftsymbol (Strg+E) wechseln Sie in den Bearbeitungsmodus (mehr dazu im nachfolgenden Abschnitt).

- ■ Sollte die Ausrichtung eines Bildes beim Import nicht automatisch korrekt erkannt worden sein, können Sie das mit dem kreisrunden Pfeil korrigieren (Strg+R).

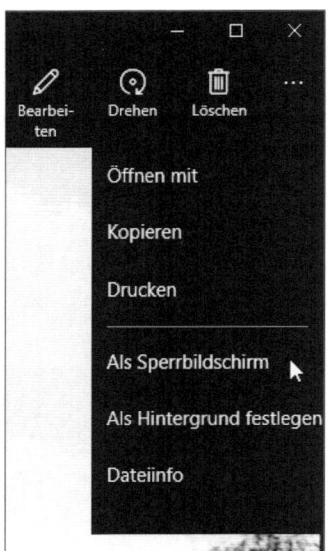

- ■ Wenn das angezeigte Bild nicht gefällt, lassen Sie es mit dem Mülleimersymbol oder Entf im Papierkorb verschwinden.

- ■ Die drei Punkte ganz rechts öffnen wie üblich ein Menü mit weiteren Funktionen. Hier können Sie das aktuelle Bild beispielsweise drucken oder als Hintergrundbild festlegen.

Um von der Anzeige eines konkreten Bildes wieder in die Sammlung zurückzugelangen, verwenden Sie das Pfeilsymbol ganz oben links. Per Tastatur können Sie stattdessen Esc oder ⇦ drücken.

Bilder von Kameras in die Sammlung importieren

Die Fotos-App bietet Ihnen die Möglichkeit, Bilder von Kameras, Smartphones und ähnlichen Mobilgeräten auf den PC zu übertragen und direkt in Ihre Bildersammlung einzufügen.

1. Verwenden Sie dazu in der Bilderübersicht oben rechts in der Symbolleiste das
   Importieren-Symbol.

2. Wählen Sie im anschließenden Dialog aus, von welchem der angeschlossenen
   Geräte bzw. Laufwerke Bilder übernommen werden sollen.

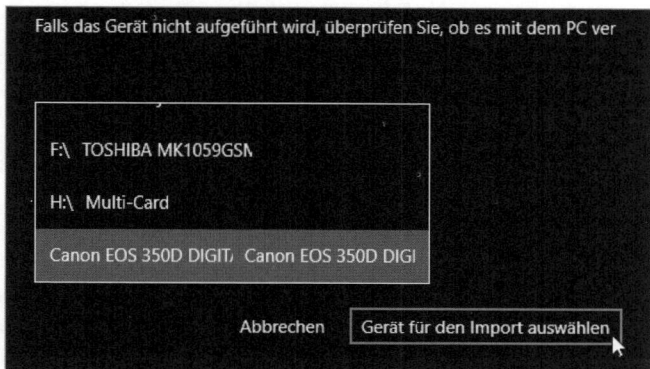

3. Die App untersucht dann, ob es auf dem Gerät Bilder gibt, die sich noch nicht
   in Ihrer Sammlung auf dem PC befinden. Es findet also ein aktiver Abgleich
   statt. Das bedeutet, Sie können beispielsweise Ihre Digitalkamera einfach immer wieder an den PC anschließen und diesen Vorgang durchführen. Es werden jeweils nur die neuen Bilder importiert und bereits vorhandene ignoriert,
   sodass keine unnötigen Dubletten entstehen.

4. Sind Sie mit dem Ergebnis der Analyse zufrieden, klicken Sie auf *Importieren*,
   um die gefundenen neuen Bilder auf den PC zu übertragen.

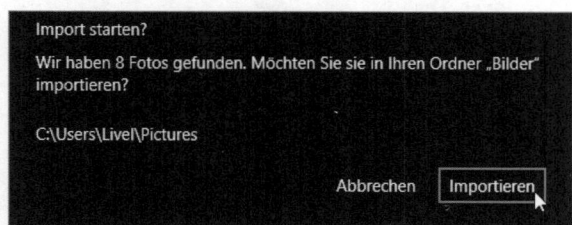

5. Das Übertragen der Bilder erfolgt im Hintergrund. Sie können also mit der
   Fotos-App oder auch einer anderen beruhigt weiterarbeiten. Das ist vor allem
   praktisch, wenn es um eine größere Anzahl von Bildern geht, die womöglich
   über eine langsame USB-Verbindung eingelesen werden müssen.

6. Zusätzlich erhalten Sie nach abgeschlossenem Import noch eine Erfolgsmeldung auf dem Bildschirm. Die frisch importierten Bilder sind ab sofort Teil Ihrer Sammlung. Sie finden sie am schnellsten über

den Zeitraum, in dem sie aufgenommen wurden.

Hinweis: Nicht nur die Fotos-App kann Bilder importieren. Wer sich auf den Desktop konzentriert, findet dort eine ganz ähnliche Möglichkeit, die letztlich zum selben Ergebnis führt (siehe Seite 290).

Bilder schnell und bequem bearbeiten

Die Fotos-App stellt eine ganze Reihe von Bearbeitungsfunktionen zur Verfügung. Mit einem „echten" Bildbearbeitungsprogramm lässt sich das sicher nicht vergleichen, aber um Schnappschüsse zu optimieren, aufzuhübschen oder auch kleinere Bildfehler zur korrigieren oder zumindest zu verstecken, reicht es allemal. Und die App lässt sich sowohl per Touch als auch per Maus unkompliziert und weitestgehend intuitiv nutzen.

1. Um Zugriff auf die Bearbeitungsfunktionen zu erhalten, müssen Sie zunächst ein konkretes Bild zum Betrachten auswählen.

2. Damit wechseln Sie in den Bearbeitungsmodus. Hier finden Sie am linken Bildrand Symbole für verschiedene Aufgabenbereiche, wie *Allgemeine Korrekturen*, *Filter*, *Licht*, *Farbe* sowie verschiedene *Effekte*. Wählen Sie zunächst einen dieser Bereiche aus.

3. Am rechten Bildrand sehen Sie dann die verschiedenen Bearbeitungsfunktionen, die diesem Bereich zugeordnet sind. Klicken Sie auf eine Funktion, um diese zu aktivieren.

4. Was dann passiert, hängt von der gewählten Funktion ab:

- In einigen Fällen bewirkt das Auswählen des Werkzeugs direkt eine Bildveränderung.

- Bei Werkzeugen, etwa zum Bearbeiten von Licht und Farbe, wird eine kreisrunde Skala angezeigt, mit der Sie die Stärke der Änderung einstellen können. Die Auswirkungen sehen Sie direkt am Bildschirm.

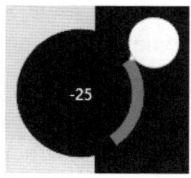

- Andere Werkzeuge blenden Bearbeitungswerkzeuge direkt in das Bild ein. Diese können Sie mit Maus oder Fingerspitze erfassen und verschieben. Dadurch lässt sich der gewünschte Effekt platzieren und fein einstellen.

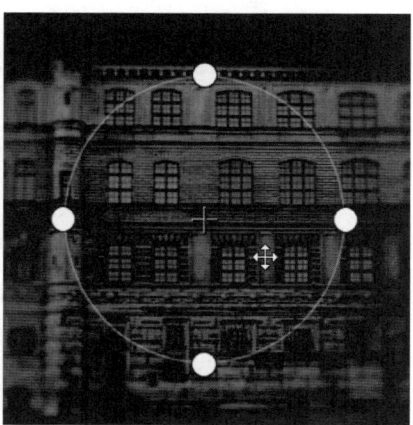

Bilder automatisch optimieren und speichern

Alle Bearbeitungsmöglichkeiten der Fotos-App werde ich an dieser Stelle nicht ausführlich vorstellen. Schließlich sind sie leicht zu erkunden, und durch die sofortige Darstellung der Veränderung am Bildschirm kann man gut damit experimentieren. Aber ich möchte Ihnen anhand der praktischen Funktion für das automatische Verbessern die prinzipielle Vorgehensweise zeigen. Wichtig ist dabei vor allem, die Bilder so zu speichern, dass die Änderungen entweder im Original oder in einer Bildkopie gespeichert werden.

1. Wählen Sie in der Fotos-App ein Bild aus, sodass es groß auf dem Bildschirm angezeigt wird.

2. Klicken oder tippen Sie dann in der Symbolleiste auf das Stiftsymbol.

3. Wählen Sie für dieses Beispiel links *Allgemeine Korrekturen* und dann rechts *Verbessern*. Die App versucht sich dann an einer automatischen Optimierung von Helligkeit, Kontrast und Farbsättigung, was nicht immer, aber oft gute Ergebnisse bringt. Die Auswirkung sehen Sie direkt bei der Darstellung des Bildes.

4. Gleichzeitig stehen Ihnen oben in der Symbolleiste verschiedene Möglichkeiten zur Verfügung (von links nach rechts):

- Mit *Rückgängig* können Sie alle Bearbeitungsschritte nacheinander wieder zurücknehmen und zum Originalbild zurückkehren ([Strg]+[Z]).

- Haben Sie Schritte rückgängig gemacht, können Sie sie auch *Wiederholen* ([Strg]+[Y]). So können Sie quasi durch die verschiedenen Versionen eines Bildes hin- und herschalten.

- Sehr praktisch ist das *Vergleichen*-Symbol, denn solange Sie dieses anklicken oder antippen, wird der Ausgangszustand des Bildes angezeigt, sodass Sie sehr einfach einen Vorher-Nachher-Vergleich anstellen können ([Strg]+[F7]).

- *Kopie speichern* speichert das optimierte Bild in einer separaten Datei. Die Datei des Originalbildes bleibt dabei unverändert. Anschließend haben Sie zwei Versionen dieses Bildes in Ihrem Dateibestand.

- Über *Speichern* überschreiben Sie hingegen das ursprüngliche Bild durch die optimierte Version. Achtung: Dabei geht das Originalbild unwiederbringlich verloren!

- *Abbrechen* ([Esc]) verwirft alle Änderungen am Bild ohne jegliches Speichern und kehrt zur Anzeige des Originalbildes zurück.

Die Einstellungen für die Fotos-App

Solange die Fotos-App die Bilderübersicht anzeigt, können Sie unten rechts mit dem Zahnradsymbol die Einstellungen dieser App öffnen. Darin lässt sich das Verhalten der App anpassen und es können weitere Ordner als Bildquellen eingefügt werden:

- Mit *Meine Fotos automatisch verbessern* können Sie das automatische Optimieren beim Anzeigen von Bildern steuern.

- *Verknüpfte Duplikate* sorgt dafür, dass zwei Versionen eines Bildes in verschiedenen Dateien innerhalb der App nur als ein Bild angezeigt wird. Das wirkt sich vor allem aus, wenn Sie Bilder in der App verändert und dann als Kopie gespeichert haben (siehe vorangehenden Abschnitt).

- Wenn die *Kachel* der Fotos-App im Startmenü als Live-Kachel konfiguriert ist, zeigt sie standardmäßig die neuesten Fotos im Wechsel an. Alternativ können Sie hier ein bestimmtes Foto auswählen, das dann immer von der Kachel angezeigt wird.

- Im Bereich *Quellen* können Sie weitere Ordner mit Bildern hinzufügen, die nicht in Ihrer Bilder-Bibliothek enthalten sind.

- Ob die App automatisch Ihre in der Cloud gespeicherten Bilder mit anzeigt, steuern Sie mit der Option *Meine Fotos und Videos von OneDrive anzeigen*.

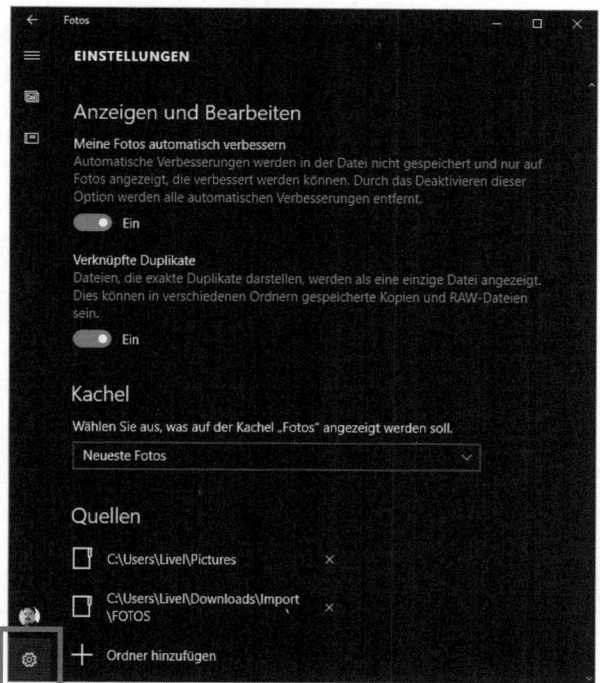

14.2 Kamera-App – Schnappschüsse mit dem Tablet aufnehmen

Die meisten Tablet-PCs verfügen über eine Kamera, mit der Sie Bilder und Videos aufnehmen können. Die Kamera-App erlaubt Ihnen, mit dieser Kamera schnelle Schnappschüsse sowie Videoclips zu erstellen. Die Bedienung ist dabei denkbar einfach.

Zugriff auf Standortinformationen

TIPP

Beim allerersten Verwenden der Kamera fragt Windows nach, ob die Kamera Zugriff auf Ihre Standortinformationen haben darf. Dadurch können Bilder automatisch mit Informationen zum Aufnahmeort versehen werden. Das können Sie erlauben oder auch nicht. So oder so können Sie diese Vorgabe in den Einstellungen der App später jederzeit nachträglich verändern.

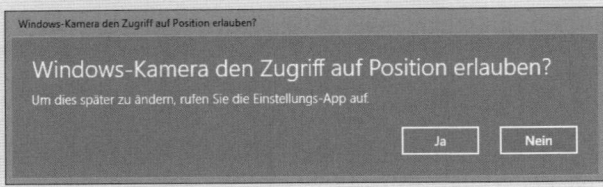

1. Wenn Sie die Kamera-App starten, zeigt sie automatisch das Vorschaubild der eingebauten Kamera an.

2. Richten Sie nun das Tablet so aus, dass es das gewünschte Motiv und den optimalen Bildausschnitt anzeigt.

3. Tippen Sie dann auf das Auslösersymbol am rechten Bildschirmrand.

4. Sie hören ein (künstlich erzeugtes) Auslösegeräusch, die Aufnahme wird erstellt und in Ihrer *Bilder*-Bibliothek im Ordner *Eigene Aufnahmen* gespeichert.

Wollen Sie statt Bilder lieber Videos aufnehmen, können Sie jederzeit in den Videomodus wechseln. Tippen Sie dazu auf das kleine Filmkamerasymbol neben dem Auslöser. Die Änderungen sind nur minimal, aber dadurch wechselt das Symbol auf der Auslöserfläche. Ab sofort starten Sie damit eine Videoaufnahme und halten sie mit einem erneuten Betätigen wieder an. Zum Aufnehmen von Fotos können Sie jederzeit in den Fotomodus zurückwechseln. Für ein schnelles Video zwischendurch können Sie den Auslöser auch einfach im Fotomodus länger gedrückt halten. Dieses Verhalten ist in den Einstellungen steuerbar.

Von der Kamera zu den eigenen Aufnahmen

Sie wollen Ihre Bilder kontrollieren und dazu zu Ihren eigenen Aufnahmen wechseln? Tippen Sie in der Kamera-App oben links auf das Bildsymbol. Damit öffnen Sie die Fotos-App mit Ihrer Bildersammlung. Die neuesten Bilder werden dort ganz oben aufgeführt, sodass Sie die zuletzt gemachte(n) Aufnahme(n) hier schnell wiederfinden. Um zur Kamera zurückzugelangen, schließen Sie die Fotos-App einfach.

Aufnahmeparameter verändern

Abhängig von der eingebauten Kamerahardware lassen sich die Aufnahmeparameter der Kamera verändern.

1. Tippen Sie dazu oben in der Mitte auf den kleinen Einstellungsbereich, um ihn auszuklappen.

2. Der konkrete Inhalt hängt vom verwendeten Gerät ab, einige Basisfunktionen sind aber immer vorhanden. So können Sie mit dem kleinen Kamerasymbol zwischen der Front- und der Rückseitenkamera umschalten, was sich sofort in der Bildvorschau bemerkbar macht.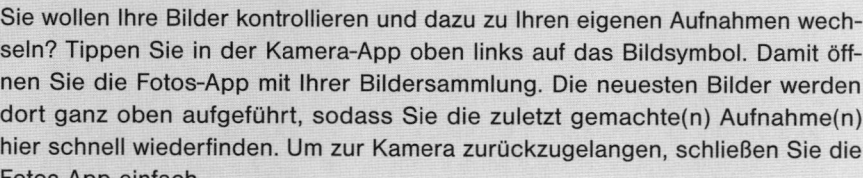

3. Mit +/- lässt sich die Belichtung und somit die Helligkeit der Aufnahme steuern. Üblicherweise macht das eine Automatik, aber in schwierigen Lichtsituationen wie etwa ausgeprägtem Gegenlicht kann es sinnvoll sein, manuell einzugreifen.

Grundlegende Aufnahmeeinstellungen

Im Menü der Kamera-App können Sie weitere, grundlegende Einstellungen vornehmen. Klicken Sie dazu oben rechts auf das Menü-Symbol:

- Unter *Selbstauslöser* können Sie eine Verzögerung vor jeder Aufnahme konfigurieren. Das dient wohl weniger für Selbstbildnisse (dafür sind zehn Sekunden wohl etwas wenig), sondern erleichtert das Fotografieren: Wird das Bild direkt beim Berühren des Bildschirms aufgenommen, kann es durch diese Bewegung leicht verwackeln. So aber starten Sie die Aufnahme und haben dann ein paar Sekunden Zeit, um das Tablet wieder ganz ruhig und stabil auf das Motiv auszurichten.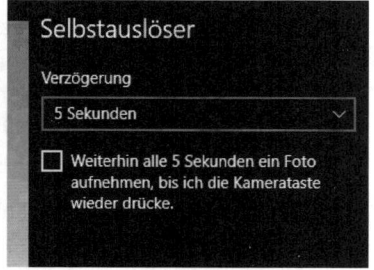

■ Unter *Einstellungen* finden Sie eine ganze Reihe von Optionen. So können Sie hier festlegen, ob beim längeren Drücken des Auslösers ein Video, eine Fotoserie oder gar nichts aufgenommen werden soll.

■ Bei *Bildverhältnis* lässt sich das Seitenverhältnis für Fotos zwischen 4:3, 16:9 und 16:10 wählen.

■ Mit *Rahmenraster* können Sie eines von verschiedenen Hilfsrastern wählen, das über die Bildvorschau gelegt wird. Es hilft dabei, das Tablet gerade zu halten und einen geeigneten Bildausschnitt für die Aufnahmen zu wählen.

■ Für *Videos* können Sie die Datenrate der *Video-Aufnahme* wählen sowie eine *Flimmerreduzierung* für Aufnahmen unter Kunstlichtbedingungen aktivieren.

■ Unterhalb dieser direkten Optionen finden Sie noch Links zu weiteren Windows-Einstellungen, die unter anderem das Verwenden von Positionsdaten oder den Speicherort für Fotos beeinflussen.

14.3 Den Bilderimport von Digitalkamera und Scanner flexibel steuern

Für den Bilderimport auf den PC stehen auch für Desktop-Nutzer komfortable Assistenten bereit, die einen automatischen Import von Bildern in die Sammlung ermöglichen. Gegenüber dem „händischen"

Kopieren per Windows-Explorer hat dies verschiedene Vorteile. Zum einen kann der Import-Assistent abgleichen, welche Bilder bereits vorhanden sind. So fügt er automatisch nur neue Aufnahmen hinzu. Zum anderen kann beim Import bereits eine Verschlagwortung der Bilder stattfinden, sodass sie sich anschließend besser finden lassen.

1. Verbinden Sie hierzu die Digitalkamera mit dem PC. Windows erkennt die Verbindung automatisch und meldet ein neues Gerät. Klicken Sie auf die Meldung.

2. Nun können Sie eine Aktion für dieses Gerät auswählen. Klicken Sie dabei auf *Fotos und Videos importieren*. Sollten Sie die erste Meldung verpasst haben, klicken Sie einfach mit der rechten Maustaste auf den Eintrag der Kamera im Windows-Explorer und wählen im Kontextmenü *Bilder und Videos importieren*.

3. Alternativ können Sie auch bei angeschlossener Kamera in der Anwendung *Fotogalerie* (siehe Seite 295) *Datei/Fotos und Videos importieren* aufrufen. Damit starten Sie einen Import-Assistenten, bei dem Sie im ersten Schritt die Kamera auswählen. Klicken Sie dann unten auf *Importieren*.

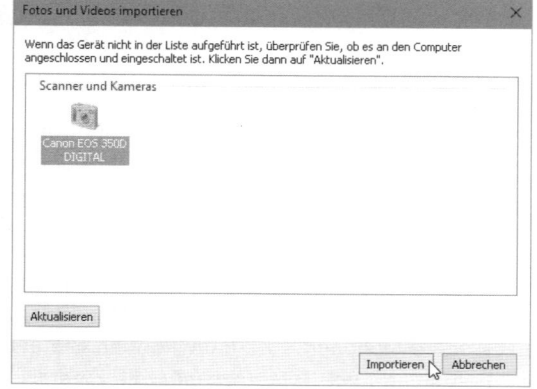

4. Bei beiden Varianten durchsucht der Assistent die Kamera dann nach neuen Bildern und Videos. Wählen Sie die Option *Alle neuen Elemente jetzt importieren*. Außerdem können Sie die Bilder mit einem Stichwort markieren. Dieses wird in den erweiterten Dateieigenschaften des Bildes gespeichert und dient später der effizienten Verwaltung der Bilder. Außerdem fließt es in den Dateinamen ein, den der Assistent automatisch wählt. Mit einem Klick auf *Weitere Optionen* können Sie an dieser Stelle weitere Importeinstellungen vornehmen, auf die der nächste Abschnitt ausführlicher eingeht.

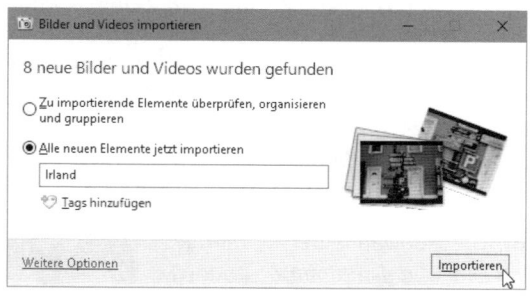

5. Anschließend startet der eigentliche Transfer. Je nach Umfang und Geschwindigkeit der Verbindung kann das einige Sekunden bis Minuten dauern. Die Fortschrittsanzeige stellt dar, welches Bild gerade übertragen wird und wie lange der Vorgang noch dauert. Falls Sie die Bilder nach dem Import direkt vom Speicherchip der Kamera löschen wollen, setzen Sie vor dem Abschluss des Vorgangs ein Häkchen bei *Nach dem Import löschen*.

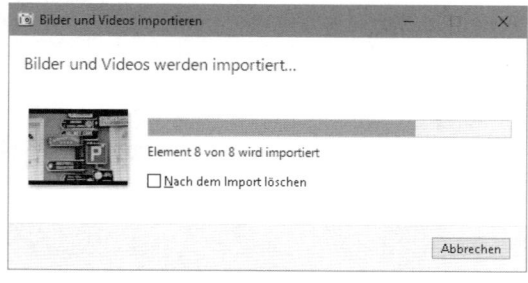

6. Ist der Transfer abgeschlossen, finden Sie die importierten Bilder direkt in Ihrer Fotosammlung vor. Dabei ist es egal, ob Sie in der Fotos-App, in der Fotogalerie-Anwendung oder mit dem Windows-Explorer in der Bilderbibliothek nachschauen. In den letzteren beiden wurde ein neuer Ordner mit dem aktuellen Datum sowie gegebenenfalls dem gewählten Schlagwort angelegt. In der Fotos-App finden Sie die Bilder schnell über das Aufnahmedatum.

Das Importieren von der Kamera im Detail steuern

Der Import-Assistent verwendet eine Reihe von Standardeinstellungen für den Speicherort und das automatische Benennen der einzulesenden Bilder. Diese Voreinstellungen sind nicht verkehrt, aber Sie können auch andere Optionen wählen, wenn Ihnen z. B. das Schema der automatischen Namensvergabe nicht passt.

1. Um die Importoptionen zu verändern, klicken Sie im ersten Schritt des Import-Assistenten unten links auf *Weitere Optionen*. Alternativ können Sie auch in der Fotogalerie mit *Datei/Optionen* die Einstellungen öffnen und dort in die Rubrik *Importieren* wechseln.

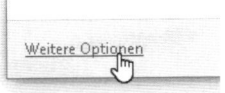

2. Hier wählen Sie oben den Ordner aus, in den die Bilder bzw. Videos eingefügt werden sollen. Das bietet sich z. B. an, wenn Sie für Ihre Bilddateien ein separates Laufwerk verwenden. Wenn Sie die Fotogalerie zum Verwalten der Bilder einsetzen wollen, sollten Sie aber darauf achten, dass Sie einen Ordner verwenden, der von der Fotogalerie erfasst wird (siehe Seite 296).

3. Die Auswahlfelder *Ordnername* und *Dateiname* steuern die automatische Benennung von Bildern. Hier finden Sie jeweils verschiedene Varianten und Kombinationen von Angaben, aus denen Ordnername und Dateiname gebildet werden können. Sollen die Dateien nicht umbenannt werden, können Sie z. B. für den Dateinamen *Originaldateiname* wählen. Dann wird der von der Kamera vergebene Name für die Bilddatei beibehalten.

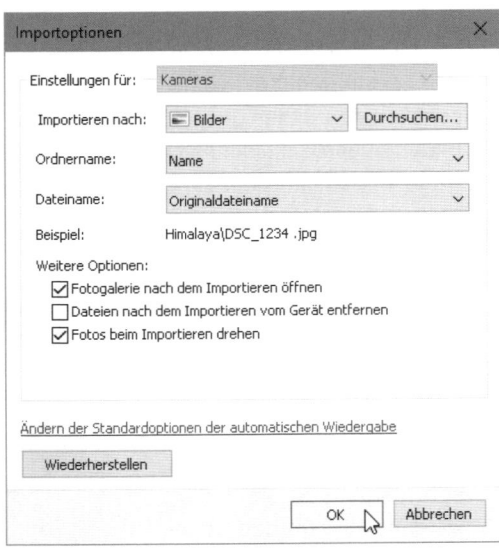

4. Bei *Weitere Optionen* sind die unteren beiden am wichtigsten. *Dateien nach dem Importieren vom Gerät entfernen* gibt den Speicherplatz der Bilder auf der Kamera praktischerweise immer gleich automatisch frei. *Fotos beim Importieren drehen* ist ebenfalls sehr nützlich, da Windows Aufnahmen im Hochformat

dann immer gleich automatisch richtig positioniert. Das funktioniert allerdings nur, wenn die Digitalkamera diese Funktion unterstützt.

RAW-Codecs für Digitalbilder verwenden

Üblicherweise erstellen Digitalkameras ihre Bilder direkt im JPEG-Format und optimieren sie bereits. Bessere Modelle können aber auch die ungefilterten und unkomprimierten Rohdaten der Bilder ausgeben. Wer selbst aus seinen Aufnahmen das Beste herausholen möchte, der sollte mit diesem RAW-Format arbeiten. Voraussetzung dafür ist eine Fotosoftware, die mit RAW-Daten umgehen kann. Zum Betrachten reichen aber die Windows-Bordmittel aus, wenn Sie einen RAW-Codec installiert haben. Leider gibt es nicht „den" RAW-Codec, weil jeder Kamerahersteller hier sein eigenes Süppchen kocht. Sie können sich aber auf der Website Ihres Kameraherstellers den passenden Codec für Ihr Modell herunterladen. Wenn der installiert ist, kann Windows auch mit den RAW-Aufnahmen Ihrer Kamera umgehen.

Bilder mit einem Scanner einlesen

Vielleicht liegen einzelne Bilder, die Sie verwenden wollen, nicht immer schon als digitale Dateien vor, sondern auf Papier, so z. B. ausbelichtete Fotos, Zeitungsausschnitte, Dokumente oder sonstige Unterlagen. In solchen Fällen können Sie zu einem Scanner greifen, mit dem sich solche Papiervorlagen in digitale Bilder umwandeln lassen. Windows und die Fotogalerie unterstützen diese Vorgehensweise mit einer integrierten Scannerfunktion, mit der Sie Bilder einlesen und direkt in Ihre Bildersammlung übernehmen können.

1. Rufen Sie in der Fotogalerie die Menüfunktion *Importieren* auf (im *Start*-Bereich ganz rechts). Auf ähnliche Weise können Sie Scanner auch in anderen Bildbearbeitungsprogrammen nutzen.

2. Wählen Sie im Importdialog den Scanner aus. Meist wird ohnehin nur dieses Gerät angezeigt, aber wenn Sie z. B. mehrere Scanner oder zeitgleich eine Digitalkamera angeschlossen haben, werden diese ebenfalls aufgelistet.

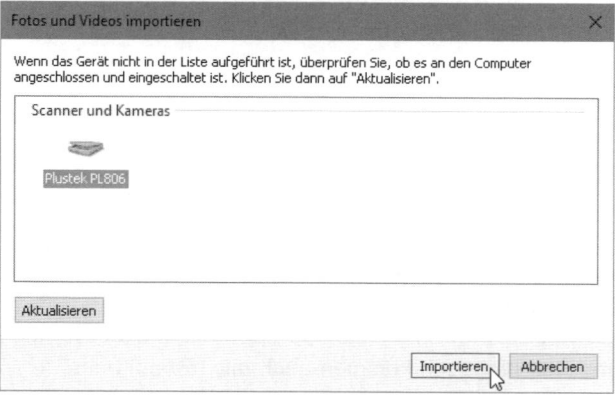

3. Gegebenenfalls nach einer kurzen Wartezeit wird der Scandialog angezeigt. Wählen Sie hier zunächst auf der linken Seite oben ein passendes Profil für die Papiervorlage aus, also z. B. *Foto* für ausbelichtete Bilder. Dadurch kann sich das Programm darauf einstellen und bessere Scanergebnisse erzielen.

4. Anschließend sollten Sie erst einmal einen *Vorschau*-Scan durchführen. Der liest das Bild zunächst relativ schnell in einer groben Voransicht ein. Diese erlaubt Ihnen, den genauen Scanbereich festzulegen und eventuelle Optimierungen bezüglich Bildhelligkeit und -kontrast vorzunehmen. Klicken Sie dazu unten auf die Schaltfläche *Vorschau* und haben Sie etwas Geduld.

5. Anschließend zeigt das Programm den gesamten Scanbereich im Vorschaufenster an. Die Qualität der Vorschau ist nicht besonders gut, da sie vor allem schnell sein soll. Der endgültige Scan wird wesentlich besser aussehen! Wenn Sie nur einen Teil der Vorlage einlesen wollen, können Sie den Scanbereich jetzt manuell anpassen. Ziehen Sie dazu mit der Maus an den vier Ecken des Bereichs, bis es passt.

6. Auf der linken Seite können Sie nun die weiteren Scanparameter festlegen:

   - Für farbige Vorlagen ist bei *Farbformat* die Wahl klar. Um z. B. Schriftstücke einzulesen, eignen sich *Graustufe* bzw. *Schwarz und Weiß* besser.

   - Bei *Dateiformat* geben Sie an, mit welchem Dateityp das Bild gespeichert werden soll. Neben dem gängigen *JPG* stehen hier auch *Bitmap*, *PNG* und *TIFF* zur Auswahl.

   - Ganz wichtig für die Bildqualität ist das Eingabefeld *Auflösung (DPI)*. Der optimale Wert hängt hierbei vom Verwendungszweck ab. Für großformatige Scans, die Sie in guter Qualität ausdrucken oder dauerhaft aufbewahren

wollen, sollten Sie aber nicht weniger als 600 dpi wählen. Bilder für die Verwendung in Webseiten hingegen kommen auch mit 150 dpi aus.

- Sollte das Vorschauergebnis schon auf den ersten Blick zu dunkel ausfallen, können Sie mit den Parametern *Helligkeit* und *Kontrast* den Scanvorgang beeinflussen.

Bildoptimierungen besser verschieben

Halten Sie sich beim Scannen nicht zu lange mit Optimierungsversuchen auf. Denken Sie daran, dass Sie nur eine grobe Vorschau des Bildes sehen. Solange diese nicht erheblich zu dunkel oder (eher selten) zu hell ist, brauchen Sie an *Helligkeit* und *Kontrast* nicht viel zu drehen. Das können Sie besser später noch am fertig eingescannten Bild erledigen, da Sie eine viel genauere Kontrolle über das Ergebnis haben.

TIPP

---

7. Haben Sie alle Einstellungen so weit getroffen, können Sie das eigentliche Einlesen des Bildes in der endgültigen Qualität beginnen. Klicken Sie dazu unten auf die *Scannen*-Schaltfläche. Nun beginnt der Scanner mit dem Einlesen und Übertragen des Bildes, was je nach Geschwindigkeit des Gerätes einige Sekunden dauern kann.

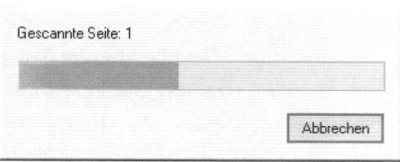

8. Anschließend können Sie wie beim Importieren von einer Digitalkamera direkt eine Beschriftung angeben, mit der dieses Bild in der Fotogalerie markiert wird.

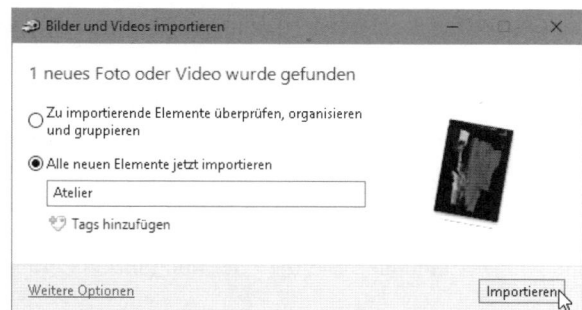

9. Nun gelangen Sie zurück zur Fotogalerie, in der Sie das eingescannte Bild in der Kategorie *Zuletzt importiert* am schnellsten wiederfinden. Sollten noch Optimierungsschritte erforderlich sein, können Sie die Korrekturfunktionen der Fotogalerie dafür verwenden.

14.4 Bildersammlungen intelligent und effizient organisieren

Hier und da mal ein Schnappschuss und auf Reisen die Kamera stets dabei – da kommt schnell eine umfangreiche Bildersammlung zustande. Um darin immer alles schnell wiederzufinden, bedarf es einer guten Organisation. Das lässt sich mit der Fotos-App nur in begrenztem Umfang leisten. Der Windows-Explorer stellt viele Möglichkeiten bereit, die aber teilweise zu allgemein und nicht speziell für Bilder vorgesehen sind. Eine clevere Alternative ist deshalb die Anwendung *Fotogalerie* aus dem Windows-Essentials-Paket von Microsoft (*http://windows.microsoft.com/de-de/windows-live/essentials*). Früher wurde dieses Programm sogar mal mit Windows ausgeliefert, heute kann man es nach wie vor kostenlos nachrüsten.

Eine der Stärken der Fotogalerie besteht darin, Bilder aus verschiedenen Quellen zu erfassen und zu verwalten. Eigenschaften wie Bildernamen, Aufnahmedatum oder Schlagworte werden dabei automatisch berücksichtigt. Sie können aber auch mithilfe von individuellen Markierungen Ihre Bilder z. B. thematisch katalogisieren und so ein strukturiertes Bildarchiv aufbauen, in dem Sie Ihre Fotos langfristig aufbewahren und bei Bedarf immer wieder schnell finden können.

 Lästige Rückfrage beim Start der Fotogalerie?

Meldet sich die Fotogalerie bei jedem Start mit einer lästigen Rückfrage wegen der Dateitypen? Damit möchte das Programm erreichen, als Standardanwendung für die gängigen Bildtypen eingestellt zu werden. Das können Sie mit *Ja* bestätigen oder aber es mit *Nein* bei der standardmäßigen Bild- und Faxanzeige von Windows oder gegebenenfalls einem anderen installierten Bildbetrachter belassen. In jedem Fall sollten Sie zuvor die Option *Für diese Dateitypen nicht erneut anzeigen* wählen, um diesen Dialog auf Dauer loszuwerden.

Bilder und Videos in die Fotogalerie importieren

Die Fotogalerie erfasst automatisch alle vorhandenen und neu hinzukommenden Bilder in der gleichnamigen Bibliothek des Windows-Explorer. Wenn Sie Ihre Bilder und Fotos immer in diesem Bereich speichern, werden diese automatisch auch in die Fotogalerie aufgenommen. Ebenso wird die Video-Bibliothek berücksichtigt. Haben Sie Dateien in anderen Ordnern oder z. B. auf einem anderen Laufwerk gespeichert, können Sie aber auch diese Daten von der Fotogalerie überwachen lassen. Dazu müssen Sie die entsprechenden Ordner der Galerie hinzufügen.

1. Starten Sie die Fotogalerie. Im Startmenü reicht es z. B., *gal* einzugeben, um ihr Symbol schnell zu finden.

2. Um Bilder von Ihrer Festplatte zu importieren, wählen Sie im Stammmenü den Befehl *Ordner hinzufügen*.

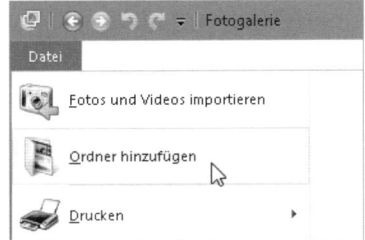

3. Sie sehen dann eine Übersicht der bereits überwachten Ordner. Klicken Sie hier rechts auf die Schaltfläche *Hinzufügen*, um einen weiteren einzufügen.

4. Geben Sie im anschließenden Ordnerauswahldialog das Verzeichnis an, in dem sich die zu erfassenden Bilder befinden. Klicken Sie dann unten auf *Ordner aufnehmen*.

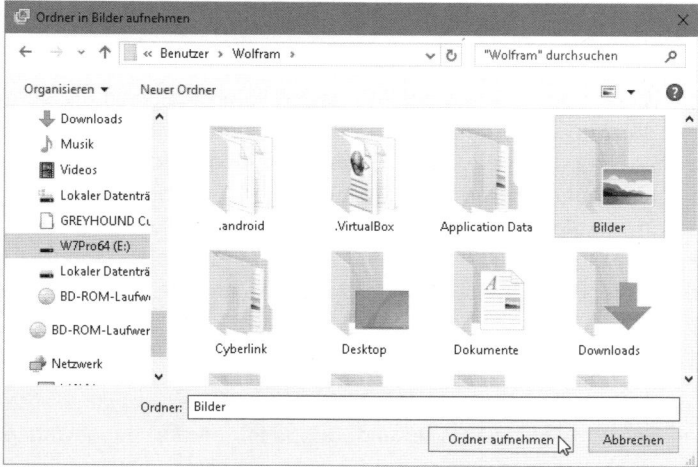

5. Das Programm analysiert nun den vorgegebenen Ordner und erfasst die darin enthaltenen Dateien. Dies geschieht im Hintergrund, sodass Sie also parallel schon mit der Fotogalerie weiterarbeiten können. Allerdings reagiert das Programm in dieser Phase eventuell etwas träge und die neuen Bilder stehen erst nach und nach zur Verfügung.

6. Anschließend finden Sie die neu hinzugekommenen Bilder in der Galerie. Suchen Sie dazu in der Navigationsleiste am linken Rand die Kategorie *Alle Fotos und Videos*. Der hinzugefügte Ordner ist hier als Eintrag aufgeführt. Wählen Sie ihn aus, werden die darin enthaltenen Bilder in der Galerie angezeigt.

Mithilfe der verschiedenen Kategorien durch die Bildersammlung navigieren

Die Navigationsleiste am linken Rand der Fotogalerie ist eine Möglichkeit, in dem Gesamtbestand an Bildern und Videos eine bestimmte Gruppe von Bildern ausfindig zu machen. Sie bildet die Ordnerstruktur nach, in der die Bilder abgelegt sind, und lässt sich ähnlich wie der Windows-Explorer nutzen. Zusätzlich kann die Anzeige der Bilder rechts nach verschiedenen Kriterien strukturiert werden, z. B. nach Datum, Markierung oder Bewertung.

Wechseln Sie hierzu in das *Ansicht*-Menü. Darin können Sie ganz links im Bereich *Liste anordnen* auswählen, welches Kriterium Sie zum Sortieren verwenden möchten.

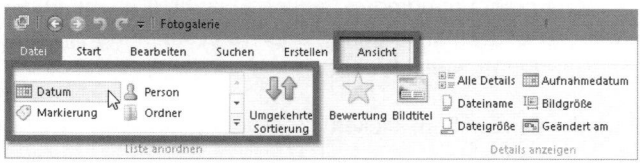

Mit der Windows-Suche auch Bilder schnell und gezielt finden

Wenn es um das gezielte Auffinden eines bestimmten Bildes oder einer sehr kleinen Auswahl von Bildern geht, helfen die Kategorien im Navigationsbereich nicht immer weiter. Für solche Fälle bietet die Fotogalerie Ihnen zusätzlich eine Suchfunktion, mit der Sie die gesamte erfasste Bildersammlung durchforsten können. Diese Funktion basiert auf der Windows-Dateisuche und funktioniert dementsprechend ganz ähnlich wie die Suche im Windows-Explorer. Als Suchbegriff können Sie alle textbasierten Eigenschaften der Dateien verwenden, also nicht nur den Dateinamen, sondern z. B. auch Titel, Markierungen, Kommentare, Urheber etc.

TIPP

Navigationsbereich und Suche sind kombiniert

Die Bildsuche der Fotogalerie bezieht sich immer auf die links gewählte Kategorie. Es werden also stets nur die Bilder und Videos in den dort ausgewählten Bereichen durchsucht. Um eine Suche im gesamten Bestand durchzuführen, sollten Sie deshalb links immer erst ganz oben die Kategorie *Alle Fotos und Videos* auswählen, bevor Sie den Suchbegriff eingeben.

---

1. Klicken Sie im *Suchen*-Menü ganz rechts auf die Schaltfläche *Textsuche*.

2. Hiermit blenden Sie einen zusätzlichen Suchbereich ein, in den Sie den gewünschten Begriff eintippen. Bereits nach dem ersten Buchstaben beginnt die Suchfunktion, die angezeigten Bilder zu reduzieren. Sie entfernt alle Einträge, die diesen Buchstaben nicht in irgendeiner ihrer textbasierten Dateieigenschaften enthalten.

3. Dieser Vorgang setzt sich mit jedem weiteren Buchstaben fort, sodass die Bildauswahl immer weiter eingeschränkt wird.

4. Sie müssen den Suchbegriff nicht unbedingt komplett ausschreiben. Ist Ihnen die verbleibende Auswahl an Bildern klein genug oder wird ohnehin nur noch ein Bild angezeigt, belassen Sie es einfach dabei.

5. Um die Suchauswahl wieder aufzuheben, klicken Sie rechts im Suchfeld auf das kleine x.

Organisieren Sie Ihre Bilder mit Markierungen

Eine zusätzliche Möglichkeit, Ihrer Bildersammlung eine individuelle Struktur zu verleihen, sind Markierungen, die Sie einzelnen oder mehreren Bildern zuordnen können. Dabei kann ein Bild beliebig viele solcher Schlüsselwörter erhalten. Später können Sie nach verwendeten Markierungen suchen, und die Fotogalerie stellt Ihnen alle Bilder zusammen, die diese enthalten. Jedes Bild in der Fotogalerie können Sie auf einfache Weise mit einem oder mehreren Stichwörtern versehen.

1. Dazu sollten Sie im *Ansicht*-Menü den *Bereich "Markieren und beschriften"* einblenden. Er zeigt am rechten Fensterrand jeweils ausführlichere Informationen zum ausgewählten Bild an.

2. Wann immer Sie ein Bild oder auch mehrere Bilder in der Galerie markiert haben, finden Sie am rechten Fensterrand im Infobereich eine Schaltfläche zum Hinzufügen von Markierungen. Wenn Sie einfach darauf klicken, wird an dieser Stelle ein Eingabefeld eingeblendet.

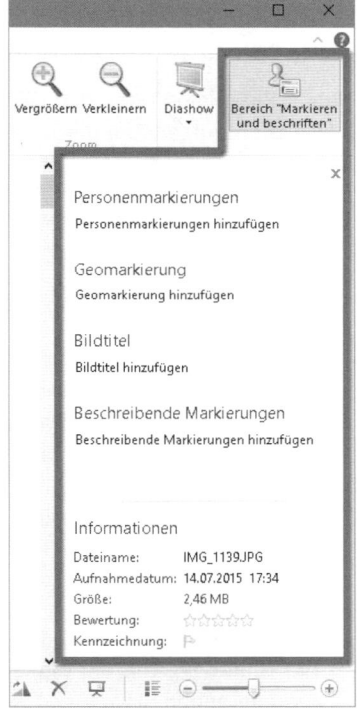

3. Hier können Sie nun eine Markierung eingeben, die dieses Bild beschreibt bzw. kategorisiert. Ein bestimmtes Schema müssen Sie dabei nicht befolgen. Wählen Sie einfach solche Begriffe, die Ihnen naheliegend und logisch erscheinen.

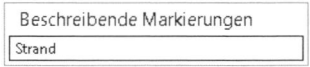

4. Zusätzlich zum Eingabefeld öffnet sich eine Auswahl, die die bereits verwendeten Markierungen enthält. Dies hilft bei der konsequenten Verfolgung der eigenen Struktur und verhindert z. B. Verwirrung durch verschiedene Schreibweisen der Schlüsselbegriffe.

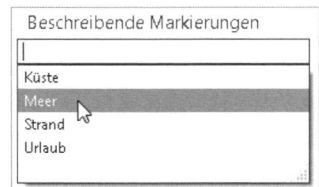

5. Haben Sie das gewünschte Schlüsselwort eingetippt oder ausgewählt, drücken Sie einfach ⏎.

6. Die Beschriftung wird dann im Vorschaubereich direkt darunter angegeben. Hier finden Sie immer alle Schlüsselwörter, die Sie dem ausgewählten Bild bislang zugewiesen haben. Sind gerade mehrere Bilder ausgewählt, sehen Sie alle vorkommenden Beschriftungen sowie in Klammern die Anzahl der Bilder mit der jeweiligen Beschriftung.

> **Beschriftungen direkt beim Importieren festlegen**
>
> Der Import-Assistent für Bilder (siehe Seite 291) gibt Ihnen die Möglichkeit, Bilder direkt beim Einlesen und Speichern von einer Digitalkamera mit Beschriftungen zu versehen. Auf diese Weise können Sie Bilder von Anfang an mit speziellen Schlüsselwörtern z. B. zum Thema oder zum Ort der Aufnahme markieren. Selbstverständlich können Sie diese Beschriftungen anschließend in der Fotogalerie bei einzelnen Bildern noch beliebig durch weitere Begriffe ergänzen.

Bilder zu einem Thema anhand der Markierung schnell finden

Haben Sie (einige oder alle) Bilder mit Beschriftungen versehen, können Sie diese Information nutzen, um die Bilder schnell zu finden.

1. Wählen Sie zunächst links im Navigationsbereich den Ordner aus, in dem Sie nach Markierungen suchen möchten. Um alle Elemente zu berücksichtigen, klicken Sie einfach ganz oben auf *Alle Fotos und Videos*.

2. Drücken Sie Strg+A, um alle Elemente auszuwählen.

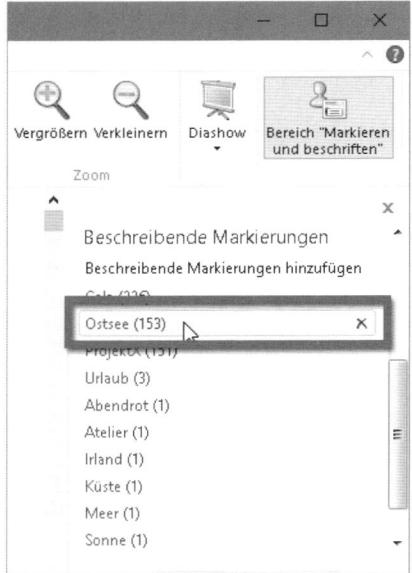

3. Blenden Sie dann wiederum den *Bereich "Markieren und beschriften"* ein. Hier werden alle Schlüsselwörter angezeigt, die in den derzeit ausgewählten Dateien als Markierung angegeben sind.

4. Wenn Sie auf eines dieser Stichwörter klicken, zeigt die Fotogalerie nur noch die Bilder an, die mit dieser Markierung versehen sind.

Dabei aber bitte etwas Vorsicht: Mit dem kleinen x ganz rechts auf der Schaltfläche würden Sie diese Markierung von allen ausgewählten Bildern entfernen!

> **Markierungen als Stichwörter im Dateisystem**
>
> Die Schlüsselwörter, die Sie in der Fotogalerie Bildern zuordnen, werden nicht nur innerhalb dieser Anwendung genutzt. Windows speichert sie zugleich in den erweiterten Dateieigenschaften als Stichwörter. Dadurch werden sie auch im Windows-Explorer angezeigt und können im Rahmen der Dateisuche als Suchkriterien verwendet werden. Es gilt aber auch der Umkehrschluss: Schlüsselwörter, die Sie z. B. im Windows-Explorer für eine Bilddatei hinterlegen, werden automatisch auch von der Fotogalerie verwendet, sofern dieses Bild darin erfasst ist.

14.5 Kleine Bildfehler schnell korrigieren

Die Fotogalerie beschränkt sich nicht nur auf das bloße Verwalten Ihrer Bilder. Sie kann auch behilflich sein, wenn ein Bild mal nicht ganz perfekt gelungen ist oder falls Sie z. B. aus einem großen Bild nur einen kleineren Ausschnitt verwenden möchten. Hierfür gibt es eine kleine Auswahl an oft benötigten Korrekturwerkzeugen, die Sie auf jedes Bild anwenden können. Spezielle Grafikprogramme können das vielleicht noch etwas besser, aber für viele einfache Fälle dürften die eingebauten Funktionen der Fotogalerie schon ausreichen.

Farbstiche entfernen oder Helligkeit und Kontrast optimieren

Die meisten Digitalkameras bemühen sich, durch automatische Einstellungen ein optimales Ergebnis zu erreichen. Das klappt mal mehr und mal weniger. Gerade in schwierigen Situationen und bei wenig Licht sind die Automatiken aber oft überfordert und produzieren unter- oder überbelichtete Bilder oder deutliche Farbstiche. Kein Grund zum Ärgern, denn oftmals lassen sich solche Aufnahmen noch retten. Die Fotogalerie bietet ein praktisches Tool, mit dem Sie komfortabel ausprobieren können, wie sich Korrekturen an den verschiedenen Parametern auswirken. Nur wenn Sie mit dem Ergebnis zufrieden sind, übernehmen Sie die Änderungen dauerhaft.

1. Um ein Bild zu korrigieren, wählen Sie es in der Galerie mit einem Doppelklick zum Bearbeiten aus.

2. Das Bild wird dann groß angezeigt, und oben in der Symbolleiste können Sie mit *Feinabstimmung* rechts Schieberegler für Belichtung und Farbe einblenden. Diese erlauben beliebiges Experimentieren, bis Sie ein befriedigendes Ergebnis erzielt haben.

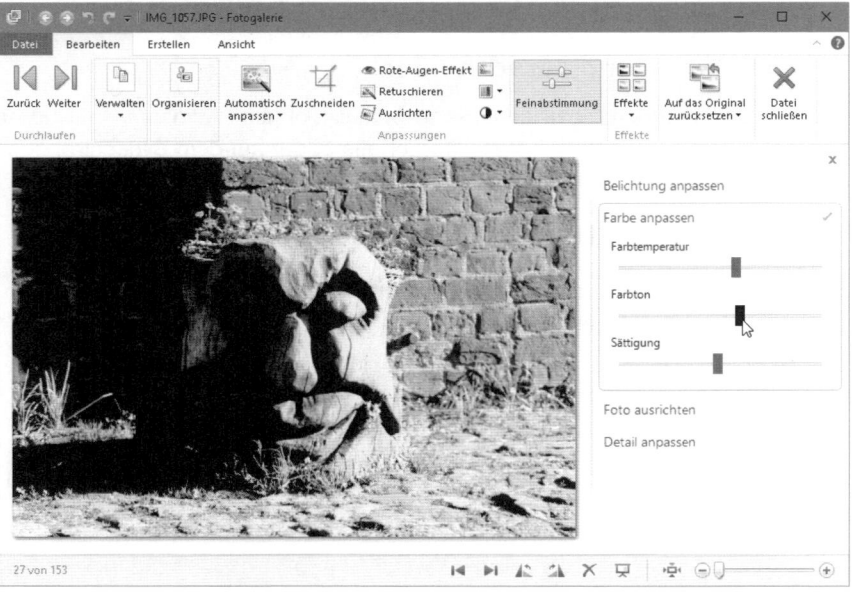

Automatische Optimierung

Bevor Sie Hand an einzelne Bildparameter legen, können Sie auch der automatischen Optimierung durch die Fotogalerie eine Chance geben. Klicken Sie dazu oben in der Symbolleiste auf *Automatisch anpassen*. Kleinere Probleme behebt diese Funktion oft ganz passabel, und gegebenenfalls können Sie das Ergebnis noch manuell nachbessern. Bei sehr starken Fehlbelichtungen greift die Optimierungsfunktion aber manchmal selbst kräftig daneben. In solchen Fällen können Sie die Auswirkung aber sofort mit der Schaltfläche ganz unten rückgängig machen.

3. Mit den Schiebereglern können Sie beliebig experimentieren. Das Ergebnis sehen Sie jeweils sofort bzw. mit minimaler Verzögerung auf dem Bildschirm. Wichtig ist aber noch oben rechts die Schaltfläche *Auf das Original zurücksetzen*. Damit nehmen Sie jeweils Änderungen am Bild zurück oder stellen den Originalzustand wieder her.

4. Wenn Sie mit den Änderungen an einem Bild zufrieden sind, klicken Sie oben rechts auf die Schaltfläche *Datei schließen*.

 Änderungen auch später noch zurücknehmen

Bei allen Bildern, die Sie mit der Fotogalerie korrigieren, merkt sich das Programm die Originalversion. Sie können also jederzeit – unabhängig davon, wie oft Sie das Bild in der Zwischenzeit bearbeitet haben – zur ursprünglichen Version zurückkehren. Öffnen Sie es dazu wie vorangehend beschrieben zum Korrigieren und klicken Sie diesmal als Erstes auf die Schaltfläche *Auf das Original zurücksetzen*. Dies stellt das Ursprungsbild wieder her.

Bilder rotieren und ausschneiden

Nicht immer erkennen Digitalkameras zuverlässig, ob eine Aufnahme im Quer- oder im Hochformat gemacht wird. Dann werden die Bilder auf dem Bildschirm quer angezeigt. Mit der Fotogalerie können Sie solche Fehler schnell beheben.

1. Wählen Sie das Bild aus, das Sie korrigieren wollen.

2. Klicken Sie unten in der Steuerleiste auf das Symbol zum Drehen im oder entgegen dem Uhrzeigersinn.

3. Alternativ können Sie auch die Tastenkombinationen ⌜Strg⌟+⌜.⌟ bzw. ⌜Strg⌟+⌜.⌟ verwenden.

Schiefe Bilder begradigen

TIPP

Wenn die Kamera im Eifer des Gefechts mal nicht ganz gerade ausgerichtet war, kann man das hinterher am Monitor leider meist recht deutlich sehen. Bei der *Feinabstimmung* unter *Foto ausrichten* finden Sie eine Korrekturmöglichkeit. Hier können Sie Ihre Bilder einfach per Schieberegler begradigen. Die dabei notwendigen Beschneidungen an der Bildgröße nimmt das Programm automatisch vor.

Einen Bildausschnitt erstellen

Erst beim Betrachten der Fotos am PC wird häufig deutlich, dass der Bildausschnitt bei einer Aufnahme nicht optimal gewählt war. Vielleicht ist der Aufnahmewinkel zu groß geraten, sodass das eigentliche Objekt gar nicht richtig zur Geltung kommt. Oder an den Bildrändern lassen sich störende Elemente erkennen, die den Gesamteindruck schmälern. In solchen Fällen bietet die Fotogalerie eine Reparaturfunktion, mit der Sie einen kleineren Ausschnitt eines Bildes erstellen können.

1. Wählen Sie hierzu bei den *Anpassungen* die Funktion *Zuschneiden*.

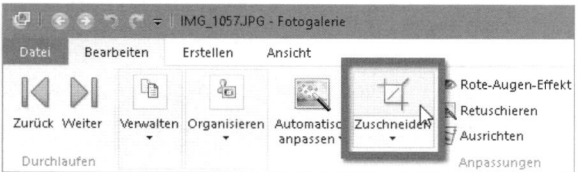

2. Im Bildbereich wird daraufhin ein Rechteck eingeblendet, das den auszuschneidenden Teil des Bildes festlegt. Sie können die Ecken und Kanten dieser Fläche beliebig mit der Maus greifen und nach innen oder außen ziehen, um die Größe des Bildausschnitts festzulegen.

3. Wenn Sie den Mauszeiger auf das Innere der Fläche bewegen, verwandelt er sich in ein Pfeilkreuz. Nun können Sie mit gedrückter linker Maustaste die gesamte Auswahl in alle Richtungen bewegen.

4. Wollen Sie das Bild für einen bestimmten Zweck zurechtschneiden, finden Sie rechts im Auswahlfeld *Proportion* eine Reihe von festen Größenverhältnissen, z. B. für den Ausdruck in DIN A4 oder für das Entwickeln von Bildern in gängigen Fotogrößen wie 9 x 13.

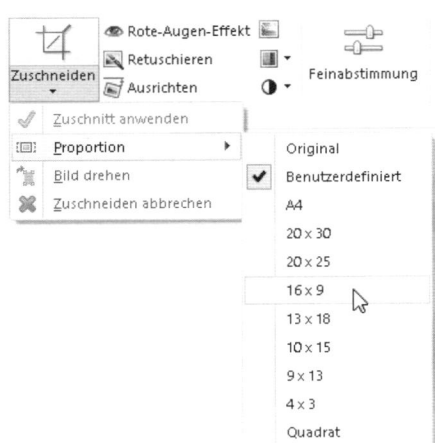

5. Haben Sie den gewünschten Bildausschnitt gewählt, legen Sie ihn rechts mit *Übernehmen* endgültig fest.

Auch diese Bearbeitung ist nicht unbedingt dauerhaft, sondern kann mit der Wiederherstellen-Funktion später zurückgenommen werden, um wieder das Ursprungsbild zu erhalten.

Die lästigen roten Augen nachträglich entfernen

Ein häufig auftretendes Problem bei Fotos von Gesichtern sind die unvermeidlichen roten Augen, die bei ungünstigen Lichtverhältnissen entstehen können. Zwar bieten die meisten Kameras inzwischen extra Funktionen, um das zu vermeiden, in der Praxis funktionieren sie aber gerade bei spontanen Schnappschüssen nicht. Mit dem Reparaturwerkzeug der Fotogalerie haben Sie solche kleinen Schönheitsfehler aber ruck, zuck wegretuschiert.

1. Wählen Sie im *Anpassungen*-Menü die Funktion *Rote-Augen-Effekt*.

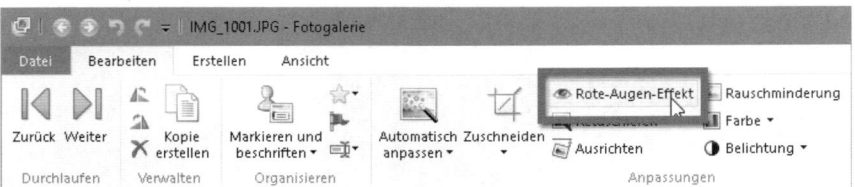

2. Nun brauchen Sie nur noch mit dem Mauszeiger den Bereich zu markieren, in dem sich das rote Auge befindet. Klicken Sie dazu mit der linken Maustaste z. B. an die obere rechte Ecke des Bereichs. Ziehen Sie die Maus dann zur entgegengesetzten Ecke (also in dem Fall unten links) und lassen Sie die Maustaste dort los.

3. Das Programm reduziert nun die roten Farbanteile in dem ausgewählten Bereich. Dadurch wird er zwar etwas dunkler, aber dafür verschwinden die roten Augen. Sollte eine Behandlung noch nicht ausreichen, wiederholen Sie den Vorgang notfalls ein bis zwei weitere Male.

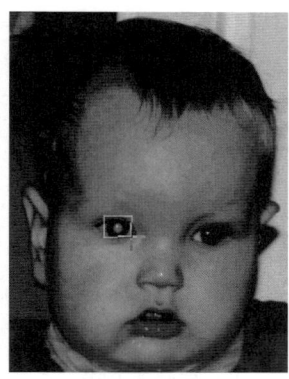

14.6 Bilder erfolgreich am PC und anderswo präsentieren

Eine umfangreiche Bildersammlung soll nicht nur Selbstzweck sein, sondern die Möglichkeit bieten, die Bilder auch angemessen zu betrachten bzw. anderen zu präsentieren. Hierzu bietet der Windows-Explorer eine einfache Diashow und die Fotogalerie eine etwas raffiniertere, die Bilder nicht nur einfach hintereinander anzeigt, sondern sehr attraktiv präsentieren kann. Ebenso stellt die Fotogalerie Ihnen verschiedene Funktionen zur Verfügung, mit denen Sie Ihre Bilder in digitaler Form oder auf Papier dauerhaft bewahren können.

Bilder als einfache Diashow präsentieren

Der Windows-Explorer bringt eine einfache Diashow zum automatischen Anzeigen einer Bildersammlung mit.

1. Im Windows-Explorer finden Sie bei Ordnern mit Bildern darin im *Verwalten*-Menü der Multifunktionsleiste die Schaltfläche *Diashow*, mit der Sie jederzeit eine Diashow der in diesem Ordner befindlichen Bilder starten können.

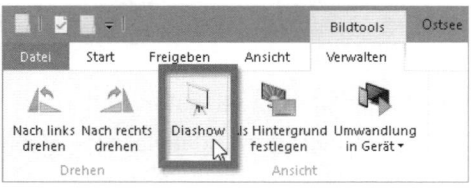

2. Wenn Sie eines der Bilder in der Windows-Fotoanzeige betrachten, können Sie hier auch auf das große Diashow-Element unten in der Mitte klicken (oder [F11] drücken), um denselben Effekt zu erreichen.

3. In beiden Fällen spielt Windows anschließend die Diashow im Vollbildmodus auf dem Bildschirm ab.

4. Um die Diashow zu beenden, drücken Sie [Esc]. Alternativ können Sie im Kontextmenü der Diashow auf *Beenden* klicken.

Die Wiedergabe der Diashow steuern

Während die Diashow läuft, können Sie Geschwindigkeit und Reihenfolge der Bilder nach Ihrem Geschmack beeinflussen. Dazu klicken Sie mit der rechten Maustaste in das gerade angezeigte Bild und öffnen so ein Kontextmenü.

- Im oberen Bereich des Menüs können Sie die Bildwiedergabe direkt steuern und auch mit *Anhalten* stoppen oder zu einem vorherigen Bild mit *Zurück* zurückkehren.

- Mit *Unsortiert* wählen Sie den Zufallsmodus für die Wiedergabe, während *Schleife* die Endloswiedergabe bis zum manuellen Beenden aktiviert.

- Darunter finden Sie drei Varianten für die Geschwindigkeit, in der die Wiedergabe abläuft.

- Mit *Beenden* ganz unten brechen Sie die Diashow ab. Dies geht gegebenenfalls auch schneller mit Esc.

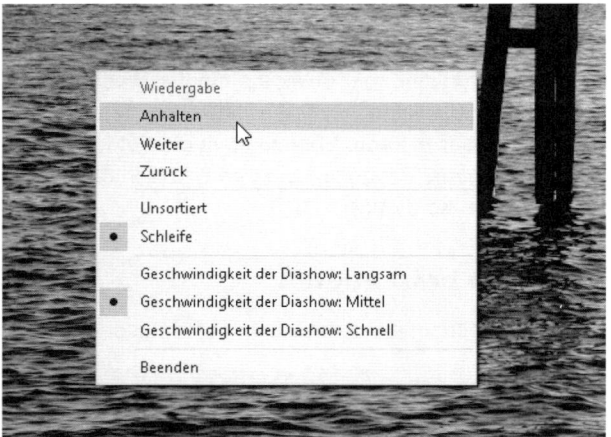

Per Mausklick zum nächsten Bild

Wollen Sie einfach nur das nächste Bild in der Diashow abrufen, müssen Sie nicht auf das Steuerelement zurückgreifen. Klicken Sie einfach mit der linken Maustaste irgendwo auf das aktuelle Bild und die Diashow springt ein Bild weiter.

Diashow als Bildschirmschoner

Sie können die Windows-Diashow auch als Bildschirmschoner einsetzen. Dann wird der Monitor Ihres PCs in Ruhepausen nicht mit irgendwelchem grafischen Schnickschnack verziert, stattdessen werden z. B. die Bilder vom letzten Urlaub angezeigt. Dabei stehen genau die gleichen Funktionen wie bei einer manuellen Diashow zur Auswahl. Wie Sie einen solchen Diashow-Bildschirmschoner einstellen, ist in Kapitel 5 beschrieben.

Effektvolle Bildwiedergabe mit der Fotogalerie

Die Fotogalerie bringt eine eigene Diashow-Funktion mit. Diese erlaubt zusätzlich das Präsentieren von Bildersammlungen mit interessanten Effekten wie Überblendungen und virtuellen Zooms und Schwenks über die dargestellten Bilder. Klicken Sie dazu im *Start*-Menü der Fotogalerie auf das Diashow-Symbol. Wenn Sie den unteren Teil des Symbols anklicken, können Sie in einem Untermenü direkt den visuellen Stil der Präsentation auswählen.

Die visuellen Varianten der Diashow

Wie bereits erwähnt präsentiert sich diese Diashow mit verschiedenen Varianten. Den Wechsel zu einer der Varianten können Sie jeweils während einer Diashow vornehmen. Die einmal gewählte Variante bleibt gespeichert und wird so lange standardmäßig verwendet, bis Sie eine andere Wahl treffen. Wann immer Sie den Mauszeiger bewegen, wird am oberen Bildschirmrand eine Steuerleiste eingeblendet. Hier können Sie im Auswahlmenü *Design ändern* die verschiedenen Stile anwählen. Da der Wechsel jeweils sofort erfolgt, können Sie die verschiedenen Stile auf diese Weise bequem ausprobieren. Deshalb folgt hier nur eine kurze Beschreibung:

- *Schwarzweiß*: Die Bilder werden in Schwarz-Weiß und mit dezenten Schwenks angezeigt. Dazwischen wird wie bei *Ausblenden* überblendet.

- *Kino*: Diese Einstellung sorgt für viel Bewegung in den Bildern durch Schwenks und Drehungen. Die Übergänge werden mit gelegentlichen optischen Effekten wie Unschärfen und Reflexionen aufgewertet.

- *Zeitgenössisch*: Auch dieser Stil ist von viel Bewegung und variationsreichen Übergängen geprägt. Insgesamt ist die Optik aber recht geradlinig und weniger verspielt.

- *Schwenken und Zoomen*: Hier schwenkt eine virtuelle Kamera über das Bild oder zoomt auf einen Teilausschnitt. Die Diashow wird dadurch belebt, und mit Musikuntermalung entsteht fast schon ein Video. Die Bildübergänge entstehen durch einfache kurze Überblendungen. Das Schwenken und Zoomen wird auch bei den anderen Stilen verwendet. Hier erhält man es aber in Reinkultur ohne weitere Effekte. Dadurch ist diese Präsentation belebt, aber nicht zu unruhig.

■ *Ausblenden*: Die einfachste und „ruhigste" Variante. Die Bilder werden einfach nacheinander angezeigt, als Übergangseffekt wird sanft von einem ins andere Bild überblendet.

■ *Sepia*: Ähnlich wie *Schwarzweiß*, nur dass anstelle von echtem Schwarz-Weiß ein Sepia-Farbton verwendet wird, wie man ihn von alten bzw. leicht ausgeblichenen Schwarz-Weiß-Fotografien kennt.

Drucken Sie ausgewählte Bilder auf Papier aus

Wenn Sie über einen geeigneten Drucker verfügen, können Sie Ihre Bilder direkt selbst zu Papier bringen. Ein spezieller Druck-Assistent unterstützt Sie dabei und erlaubt verschiedene praktische Druckvarianten.

1. Wählen Sie in der Fotogalerie die Bilder aus, die Sie ausdrucken möchten, und wählen Sie dann im *Datei*-Menü *Drucken/Abzüge*.

2. Damit öffnen Sie den Druck-Assistenten für Bilder, der standardmäßig jedes Bild einzeln auf einer DIN-A4-Seite ausgibt. Sie haben aber die Wahl, den Druckauftrag durch eine Reihe von Optionen zu variieren.

3. Wählen Sie zunächst oben den Drucker, die gewünschte Papiergröße und die Qualität. Passen Sie diese Einstellungen den Fähigkeiten Ihres Druckers an.

4. Auf der rechten Seite finden Sie eine Spalte mit Druckvarianten, bei denen Sie z. B. auf einer Seite gleich zwei, vier oder neun Bilder entsprechend verkleinert unterbringen können. Sehr hilfreich kann auch ganz unten die Variante *Kontaktabzug* sein, die Ihnen eine kompakte Miniübersicht über die Bilder z. B. für Referenzzwecke ausdruckt.

5. Sollen die Bilder gleich mehrmals ausgegeben werden, stellen Sie die gewünschte Anzahl bei *Kopien pro Bild* ein.

6. Klicken Sie dann unten rechts auf *Drucken*, um den eigentlichen Druckvorgang zu starten.

Bilder per E-Mail verschicken

Bilder per E-Mail zu verschicken, ist keine große Kunst. Sie müssen sie dazu einfach nur als Datei an eine E-Mail-Nachricht anhängen. Der Weg über die Fotogalerie bietet aber mehr Komfort und vorteilhafte Zusatzfunktionen. So können Sie hierüber nicht nur bequem mehrere Bilder auf einmal verschicken, sondern das Programm reduziert auf Wunsch auch automatisch die Größe der Bilder, damit der Transport via Internet nicht zu aufwendig wird.

1. Markieren Sie in der Fotogalerie die Bilder, die Sie per E-Mail versenden möchten, und verwenden Sie dann im *Start*-Menü der Multifunktionsleiste im Bereich *Teilen* die Schaltfläche *E-Mail*.

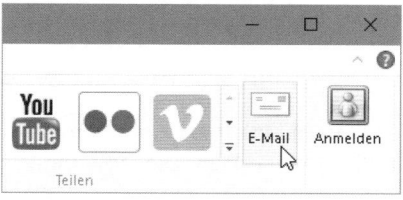

2. Wählen Sie im anschließenden Dialog die Bildgröße aus, die die Bilder für den Versand erhalten sollen. (Die Originaldateien bleiben davon unberührt.)

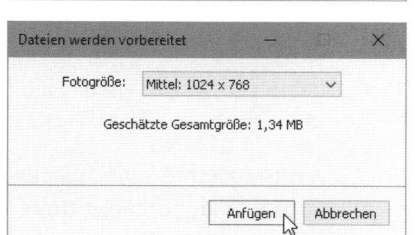

3. Das Programm erstellt dann die Bilddateien für den Versand und öffnet automatisch ein E-Mail-Formular, in dem diese Dateien bereits angehängt sind. Sie brauchen nur die Nachricht selbst einzugeben und die E-Mail abzuschicken.

Bilder auf eine Daten-CD brennen

Mit *Datei/CD brennen* kopieren Sie die markierten Bilddateien auf einen CD- bzw. DVD-Rohling. Die Funktion unterstützt sowohl das Livedateisystem UDF als auch das Mastered-ISO-Format. Die Vorgehensweise ist dabei im Prinzip genau die gleiche wie beim Kopieren beliebiger anderer Dateien auf CD/DVD. Die Schritte dazu werden in Kapitel 13 ausführlich beschrieben.

Aus einer Bilderfolge eine Videopräsentation erstellen

Schließlich stellt Ihnen die Fotogalerie mit der Schaltfläche *Film* im *Erstellen*-Menü eine weitere praktische Möglichkeit zur Verfügung, Bilder zu präsentieren. Dahinter verbirgt sich eine Abkürzung zum Movie Maker (siehe Seite 347), mit dem Sie eigene Videos erstellen, bearbeiten und veröffentlichen können.

Die Fotogalerie importiert die ausgewählten Bilder dabei direkt in ein Movie-Maker-Projekt, sodass Sie sofort anfangen können.

Der Movie Maker analysiert das vorhandene Bildmaterial und erstellt daraus automatisch einen Film. Diesen können Sie so übernehmen oder mit den Funktionen des Movie Maker weiterbearbeiten, um kurze, attraktive Präsentationen auch aus unbewegten Bildern zu machen.

1. Optimieren Sie gegebenenfalls die gewünschte Reihenfolge der Bilder im Storyboard.

2. Wählen Sie nach Bedarf *Animationen* und *Visuelle Effekte* aus, die Sie auf die Bilder bzw. Bildübergänge anwenden, um eine interessante Darstellung zu erreichen.

3. Importieren Sie mit *Startseite/Musik hinzufügen* eine Musikdatei und unterlegen Sie diese als Hintergrundmusik.

4. Im Bereich *Freigeben* des *Startseite*-Menüs finden Sie dann verschiedene Möglichkeiten, einen fertigen Film als Videodatei auf Ihrem PC zu speichern oder als Präsentation im Internet zu veröffentlichen.

Bilder ins Internet hochladen und Freunden zugänglich machen

Zahlreiche Onlinedienste machen es inzwischen leicht, Bilder mit Freunden, Verwandten oder Kollegen zu teilen. Dazu veröffentlichen Sie Ihre Bilder im Internet und schicken anderen den Link dazu z. B. per E-Mail zu. Diese können die Bilder dann ansehen, herunterladen, ausdrucken etc. Selbstverständlich behalten Sie dabei die Kontrolle darüber, wer was sehen darf.

Digitalfotos und Bilder sammeln, organisieren und optimieren **KAPITEL 14**

Die Fotogalerie unterstützt verschiedene populäre Onlineplattformen. Dadurch können Sie Ihre Bilder direkt aus der Fotogalerie heraus auswählen und veröffentlichen. Im Folgenden zeige ich die Vorgehensweise am Beispiel des OneDrive-Dienstes, den Sie kostenlos in Anspruch nehmen können. Andere Dienste wie z. B. Flickr oder Facebook unterscheiden sich im Detail, funktionieren aber im Prinzip genauso.

1. Wählen Sie zunächst in der Fotogalerie die Bilder aus, die Sie veröffentlichen möchten.

2. Wechseln Sie dann zum *Erstellen*-Menü und lokalisieren Sie den Bereich *Veröffentlichen*. Dort finden Sie Symbole für verschiedene Onlineplattformen wie OneDrive, Facebook oder YouTube.

3. Sollten Sie beim gewählten Dienst nicht ohnehin schon eingeloggt sein, müssen Sie das vor dem Veröffentlichen nachholen. Geben Sie dazu Ihren Benutzernamen und das dazugehörige Kennwort an und klicken Sie auf *Anmelden*. Mit den Optionen *Kennwort und ID speichern* sowie *Automatisch anmelden* können Sie diesen Schritt in Zukunft automatisieren.

4. Geben Sie nun einen Namen für das zu veröffentlichende Album an und klicken Sie dann unten auf *Veröffentlichen*. Die Fotogalerie überträgt die Bilder daraufhin an den Onlinedienst und nimmt die Veröffentlichung gemäß Ihren Vorgaben vor.

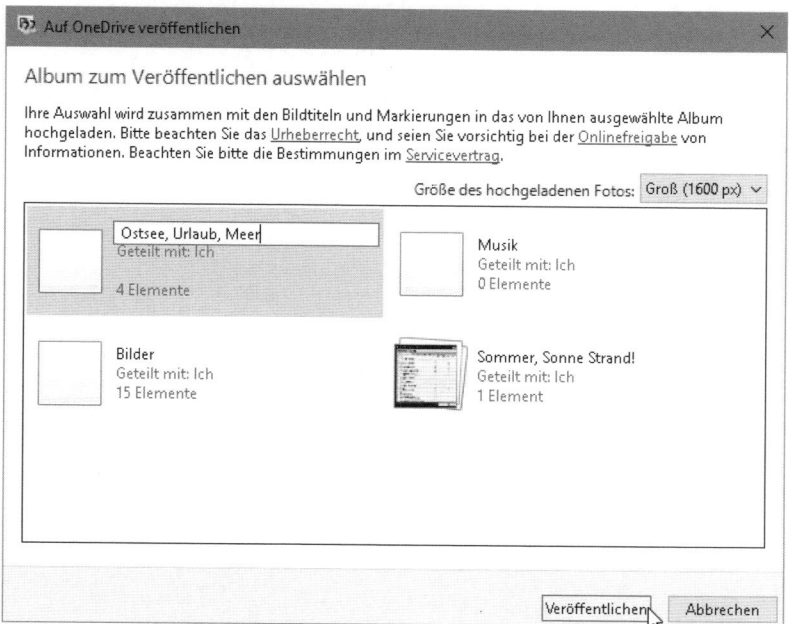

5. Anschließend erhalten Sie eine kurze Erfolgsmeldung. Hier können Sie sich das veröffentlichte Album direkt *Online anzeigen* lassen. Oder Sie beenden den Assistenten einfach mit *Schließen*.

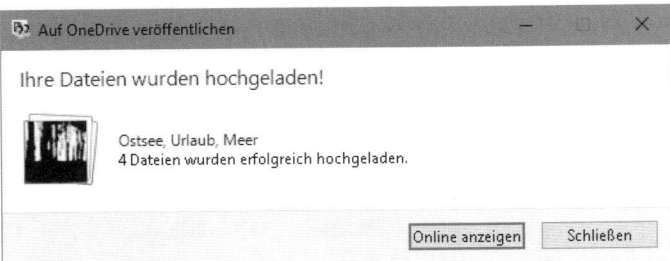

15 Audio- und Videogenuss mit Apps und Media Player

Die Wiedergabe von Musik und Videos gehört heutzutage zur Kernfunktionalität von PCs, und Windows gibt sich dabei keine Blöße. Für den klassischen Desktop ist der bewährte Windows Media Player an Bord, der in diesem Bereich praktisch alle Bedürfnisse abdeckt. Da dieser sich per Touch allerdings nicht optimal bedienen lässt, können Sie Musik und Videos auch durch Apps wiedergeben lassen. Diese bieten zwar einen geringeren Funktionsumfang, lassen sich dafür aber komfortabler und intuitiver bedienen.

15.1 Tablet-Player: Musik bequem per Touchscreen abspielen

Für den Mediengenuss auf einem Touchscreen bringt Windows von Haus aus die App *Groove-Musik* mit. Sie verknüpft Ihre lokale Musiksammlung auf dem PC nahtlos mit einem kommerziellen Musikmarktplatz, über den Sie Lücken in Ihrer persönlichen Sammlung ganz einfach schließen können – gegen das nötige Kleingeld, versteht sich.

Dafür wird das Ganze optisch sehr ansprechend präsentiert, sodass es richtig Spaß macht, auf einem Tablet-PC durch die eigene Musiksammlung zu „wischen".

Wie kommt Ihre Musik auf ein Windows-Tablet?

Die Musik-App selbst bietet leider keine Möglichkeit, eine Musiksammlung z. B. in Form von MP3-Dateien auf einen Tablet-PC zu importieren. Der einzige „vorgesehene" Weg führt über den integrierten Groove-Musik-Marktplatz. Als Alternative bleibt Ihnen aber die Möglichkeit, mit dem Windows-Explorer die entsprechenden Dateien von einem anderen PC oder etwa einem USB-Stick in Ihre Musikbibliothek zu kopieren. Solche Dateien werden automatisch von der App erfasst und berücksichtigt.

 HINWEIS

Spielen Sie Ihre Lieblingsmusik komfortabel ab

Beim ersten Start der App erfasst *Groove-Musik* zunächst Ihre lokale Musiksammlung. Diese beinhaltet alle Dateien, die in der Musikbibliothek gespeichert sind. Das kann beim ersten Mal je nach Umfang etwas länger dauern. Danach wird die Sammlung bei jedem Start der App jeweils nur aktualisiert.

1. Zugriff auf Ihre eigene Musik erhalten Sie unter dem Stichwort *Sammlung*.

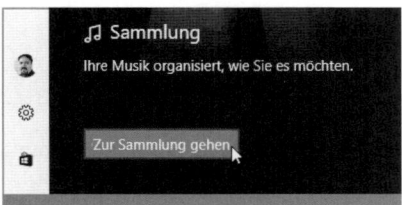

2. Die App zeigt dann rechts die *Alben*, *Künstler* oder *Songs* an, die Sie gespeichert haben. Welche Darstellung Sie bevorzugen, können Sie in der Menüleiste am linken Rand wählen.

3. Am praktischsten zum bequemen Stöbern ist dabei *Künstler*, da Sie so erst den Interpreten, dann das Album und schließlich gegebenenfalls noch einen bestimmten Titel gezielt für die Wiedergabe auswählen können.

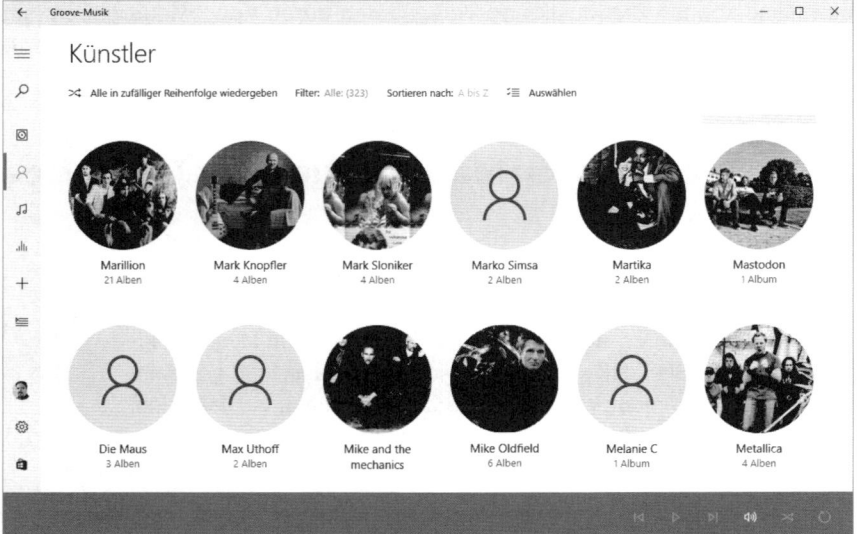

4. In der Übersicht eines Albums können Sie mit dem Wiedergabesymbol das gesamte Album abspielen.

5. Oder Sie wählen einen bestimmten Titel aus und klicken bzw. tippen dort auf dessen Wiedergabesymbol.

6. Damit startet die Wiedergabe, und am unteren Bildschirmrand wird die Menüleiste mit den Steuerelementen eingeblendet. Diese verschwindet zwar nach
   kurzer Zeit wieder, aber Sie können sie jederzeit per Rechtsklick oder Wischgeste zurückholen.

7. Mit den Symbolen können Sie die Wiedergabe und Lautstärke steuern. Ganz
   rechts finden Sie Möglichkeiten, die Zufalls- und die Endloswiedergabe nach
   Ihren Wünschen einzustellen.

Bestimmte Titel oder Alben finden

Auch die Musik-App bietet eine Suche, mit der Sie bestimmte Interpreten, Titel oder
Alben schnell finden können – sowohl in Ihrer eigenen Musiksammlung als auch
in den Onlineangeboten.

1. Tippen oder klicken Sie links in der Menüleiste auf
   das Lupensymbol. Damit klappen Sie das ausführliche Menü aus und aktivieren dort automatisch das
   Suchfeld.

2. Tippen Sie hier den Namen eines Interpreten,
   eines Albums oder eines Titels ein. Während
   der Eingabe werden Ihnen Vorschläge zur
   automatischen Vervollständigung gemacht,
   sodass Sie meist nicht den gesamten Namen
   eintippen müssen. Allerdings lässt sich dabei nicht unterscheiden, ob diese aus Ihrer
   eigenen Musiksammlung stammen oder vom
   Groove-Musik-Marktplatz.

3. Tippen Sie deshalb im Zweifel auf das Lupensymbol rechts im Eingabefeld (oder auf ⏎),
   um die Suche abzuschließen.

4. Die App zeigt Ihnen dann eine ausführliche Trefferliste, die sich nur auf Ihre
   persönliche Musiksammlung bezieht (sofern Sie die Suche in diesem Bereich
   gestartet haben). Von hier aus können Sie gefundene Künstler oder Alben öffnen. Gefundene Songs lassen sich direkt aus der Trefferliste abspielen.

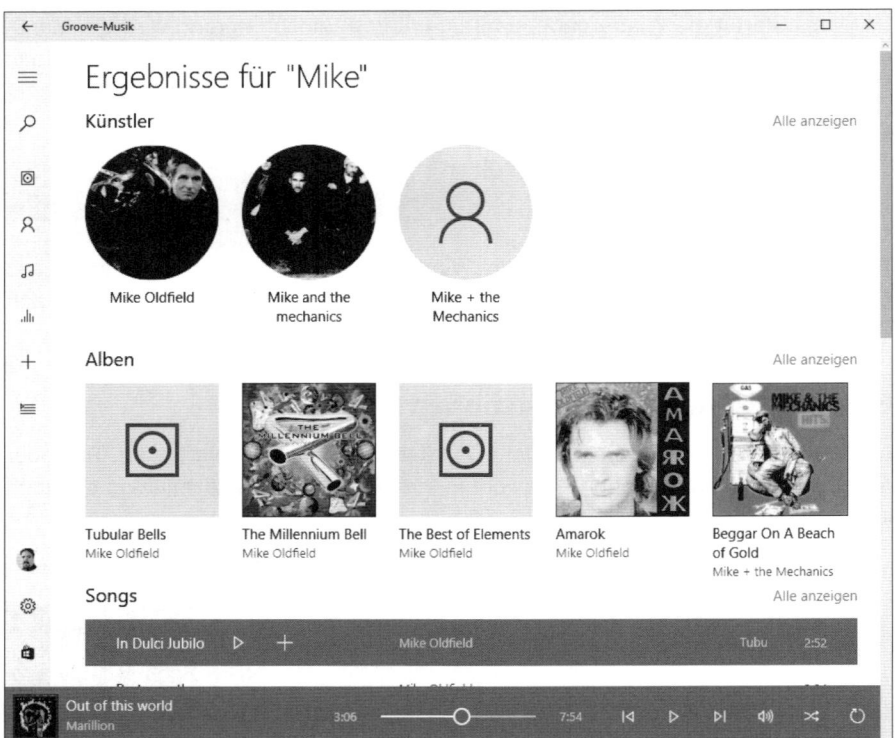

Musikwiedergabe nicht beenden

Wenn die Musik-App Sie bei der Arbeit am PC ein wenig mit Musik berieseln soll, dürfen Sie die App nicht schließen. Drücken Sie einfach ⊞, um zum Startmenü zu wechseln, und setzen Sie Ihre Aktivitäten von dort aus fort. Die Musik-App bleibt im Hintergrund aktiv und die Musik spielt weiter.

Mit Groove-Musik neue Musik entdecken und streamen

Die App *Groove-Musik* kann nicht nur auf Ihre eigene Musiksammlung, sondern auch auf den Groove-Musik-Marktplatz zugreifen. Das ist eine Onlineplattform, über die Sie Musik per Flatrate streamen können. Wenn Ihr PC nicht ohnehin mit einem Microsoft-Konto verbunden ist, müssen Sie sich allerdings einmalig dafür anmelden. Solange das nicht geschehen ist, blendet die Musik-App oben rechts einen *Anmelden*-Link ein. Ein wenig drängt die App Ihnen die kommerziellen Angebote sogar auf, beispielsweise wenn Sie nur Ihre eigene Musiksammlung durchsuchen möchten, dabei aber immer wieder auf passende Angebote von der Kaufplattform hingewiesen werden.

Zum Testen können Sie sich für einen kostenlosen Probemonat anmelden. Der wandelt sich nach Ablauf allerdings automatisch in ein kostenpflichtiges Monatsabo um. Wenn Ihnen Groove-Musik zusagt, können Sie sich zwischen dem Monatsabo und einem insgesamt etwas günstigeren Jahresabo entscheiden. Beide Abos sind mit Ihrem Microsoft-Konto verknüpft. Dadurch können Sie das Abo auf allen Windows-Geräten verwenden, die ebenfalls mit diesem Konto verbunden sind.

Groove-Musik

Holen Sie sich das Premium-Angebot mit einem Groove Music Pass.

- Die gesamte Musik, ohne Werbung. Hören Sie Millionen von Songs ohne Werbung an.
- Streamen Sie Musik auf Ihrem PC, Ihrem Tablet, Ihrer Xbox, Ihrem Telefon - einschließlich iOS® und Android™ - und im Internet.
- Genießen Sie Ihre Musik offline und hören Sie sie auch dann an, wenn Sie nicht verbunden sind.*

Music Pass kostenlos ausprobieren 0,00 €	1-monatiger Music Pass 9,99 €
12-monatiger Music Pass (Optimaler Wert) 99,90 €	Einen Code einlösen

*Internet erforderlich; ISP-Gebühren fallen an. Die 30-tägige Testversion von Music Pass wird in ein bezahltes monatliches Abonnement umgewandelt, außer sie wird gekündigt. Kreditkarte erforderlich. Auf 1 pro Person beschränkt. Benutzer der Zune Pass-Testversion sind nicht teilnahmeberechtigt. Auf Xbox Konsolen und im Internet ermöglicht Music Pass nur Streamen. Laden Sie Musik auf bis zu 4 Geräte herunter. Einige Musikinhalte sind möglicherweise nicht über Music Pass erhältlich. Dies kann sich je nach Zeit und Region unterscheiden. Informationen unter www.xbox.com/music.

Schließen

Wenn Sie nicht gleich zum Abonnenten werden möchten, können Sie aber auch im Windows Store im Bereich *Musik* einzelne Alben oder Songs kaufen und Ihrer Sammlung hinzufügen.

15.2 Videos und Filme schnell und einfach per App abspielen

Nicht nur für Musik bringt Windows eine touchorientierte App mit. Auch wer Filme und Videos am Tablet-PC per Fingerbedienung finden und wiedergeben möchte, wird fündig. Die App dafür heißt etwas irritierend *Filme & Fernsehsendungen*. Ähnlich wie Groove-Musik kann sie zum einen die lokale Videosammlung wiedergeben und

Filme & Ferns...

ist zum anderen ein Zugang zu einem Onlinemarktplatz, wo Sie Filme und Serien gegen Bezahlung schauen können. Auf den letzteren Aspekt gehe ich nicht ausführlicher ein, denn wo Sie Filme und Serien online kaufen (oder nicht), ist letztlich eine Geschmacks- und Preisfrage.

1. Wenn Sie die Filme-und-Fernsehserien-App starten, benutzen Sie deshalb am besten direkt die Menüleiste am linken Rand und öffnen dort den Bereich *Videos*. Der umfasst die lokale Videosammlung des PCs, also alles, was innerhalb der Video-Bibliothek abgelegt ist.

2. Die App listet dann alle Videos auf, die aktuell in der Bibliothek vorhanden sind. Diese werden – soweit vorhanden – nach Titel oder anhand des Dateinamens sortiert. Einfluss nehmen kann man darauf nicht.

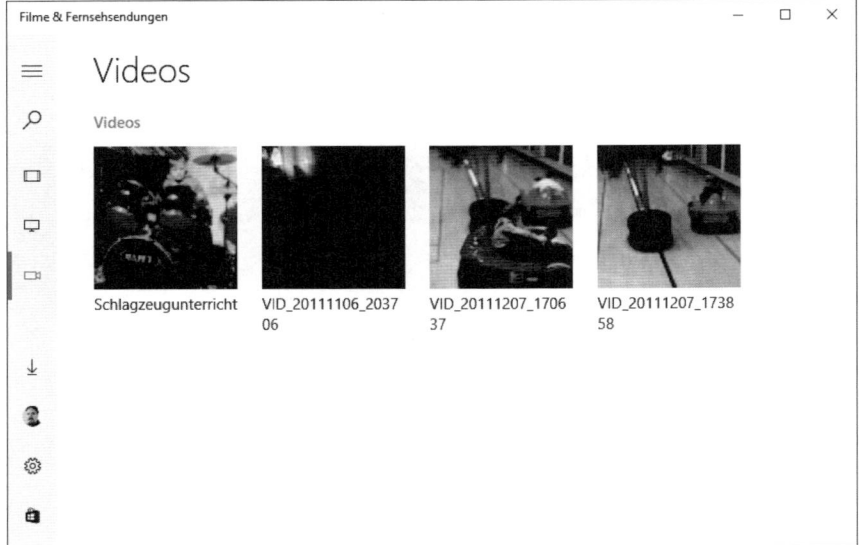

3. Um ein Video abzuspielen, tippen bzw. klicken Sie es an. Es wird dann von der App wiedergegeben. Am unteren Rand finden Sie ein paar einfache Elemente zur Steuerung der Wiedergabe. Nach kurzer Zeit ohne Interaktion werden diese automatisch ausgeblendet und machen Platz für das Video.

4. Mit dem Pfeil oben links gelangen Sie jederzeit in die Video-Übersicht der App zurück.

Hinweis: Um ein laufendes Video bildschirmfüllend anzuzeigen, verwenden Sie das Doppelpfeil-Symbol in der Steuerleiste. Ein weiterer Klick bzw. Tipp darauf schaltet die App in den Desktop-Fenstermodus zurück.

15.3 Windows Media Player für den Multimedia-Desktop

Der Windows Media Player ist das multimediale Herz-
stück des klassischen Desktops. Er spielt nicht nur
Audio- und Videoclips ab, sondern kann den PC auch
zur Abspielstation für Audio-CDs machen sowie deren
Inhalt als MP3-Dateien auf Ihren PC kopieren.

Gleichzeitig erfasst und verwaltet er die auf dem PC
gespeicherte Audio- und Videosammlung und transferiert diese nach Ihren Vorgaben auf Mobilgeräte wie
MP3-Player, Smartphones oder Tablets. Selbst Musik-
CDs kann der Media Player nach Ihren Vorgaben zusammenstellen und brennen –
entweder als konventionelle Audio-CDs oder als platzsparende MP3-CDs.

Windows Media Player – das Formatwunder

Windows bringt schon bei der Installation eine weitreichende Unterstützung für
die unterschiedlichsten Audioformate mit. Zu den Highlights gehören H.264,
Apples AAC, DivX und Xvid. Beim Zugriff auf die Medienbibliotheken anderer PCs
via Netzwerk unterstützt der Windows Media Player neben der eigenen Software
auch das populäre iTunes von Apple.

HINWEIS

So spielt der Media Player Ihre Medien ab

Zu den Kernaufgaben des Windows Media Player gehört das Abspielen von Musik- und Videodateien. Das erledigt er auch klaglos in fast allen Formaten. Die Bedienung erfolgt über die zentrale Steuerleiste, deren wesentliche Funktionen Sie hier im Überblick sehen.

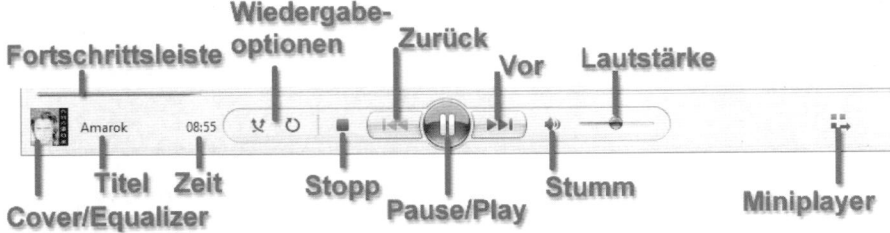

Die Steuerleiste des Windows Media Player erlaubt komfortables Bedienen.

Alle Bedienelemente nur bei Mindestbreite

TIPP

Eine kleine Falle lauert für Benutzer, die den Windows Media Player gern in einem möglichst kleinen Fenster darstellen: Die Bedienelemente der neuen Oberfläche werden abhängig vom verfügbaren Platz dynamisch eingeblendet. Wenn Sie das Fenster des Windows Media Player also nicht auf eine bestimmte Mindestbreite vergrößern, stehen Ihnen nicht alle Funktionen zur Verfügung. Am einfachsten erkennen Sie das an der Lautstärkeregelung: Wird diese nicht als Regler, sondern nur als kleiner Pfeil angezeigt, ist das Fenster zu klein für alle Bedienelemente.

Der Designmodus macht auch was fürs Auge her

Neben dem normalen Fenster des Windows Media Player gibt es noch weitere Darstellungsmöglichkeiten, mit denen der Player kompakter und platzsparender auf den Bildschirm gebracht werden kann. Sie eignen sich für die Wiedergabe von kleinen Videoclips und vor allem für das Abspielen von Musik.

1. Um vom Standardfenster aus in den Designmodus zu wechseln, wählen Sie das Menü *Ansicht/Design* oder drücken (Strg)+(2).

2. Der Windows Media Player wechselt daraufhin in den Designmodus, in dem Form und Aussehen der Oberfläche von einer Vorlage bestimmt werden. Von Haus aus verwendet der Media Player hier eine Standardvorlage. Sie können aber auch einen anderen Skin wählen (siehe hierzu den nachfolgenden Abschnitt).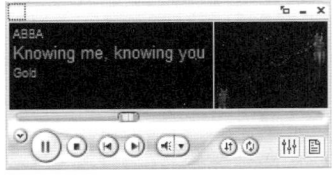

3. In diesem Modus sind abhängig vom gewählten Skin nur ein kleines Kontrollfeld und der Wiedergabebereich zu sehen. Wenn Sie mehrere Dateien bzw. eine Play-

list wiedergeben lassen, können Sie diese aber auch einsehen: Klicken Sie dazu auf den gepunkteten Bereich etwa in der Mitte vom linken Rand des Fensters.

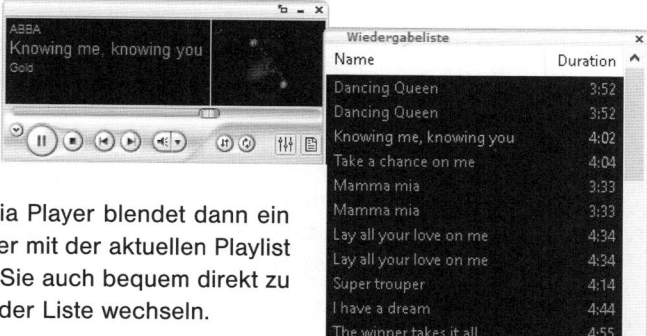

4. Der Windows Media Player blendet dann ein zusätzliches Fenster mit der aktuellen Playlist ein. Hierin können Sie auch bequem direkt zu anderen Songs in der Liste wechseln.

Andere Designs für den Windows Media Player wählen

Das Besondere am Designmodus ist, dass Sie den Windows Media Player darin mit zahlreichen weiteren Designs ausstatten können, die ihm ein völlig anderes Aussehen verleihen. Am normalen Fenstermodus ändert das zwar nichts, aber im Designmodus kann der Player so fast beliebige Formen annehmen. Eine große Auswahl alternativer Oberflächen finden Sie im Internet, aus dem Sie die Designs kostenlos herunterladen und dann beliebig verwenden können.

1. Um das Design des Windows Media Player zu verändern, wechseln Sie in den normalen Fenstermodus. Wählen Sie hier im Menü (gegebenenfalls mit ⟨Alt⟩ einblenden) den Befehl *Ansicht/Designauswahl*.

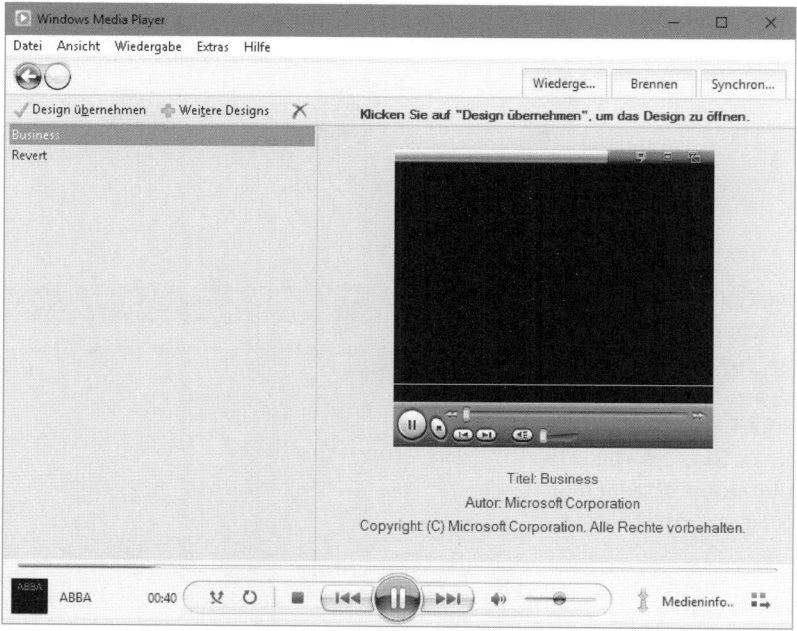

2. Der Player zeigt dann die Designauswahl an. Hier können Sie auf der linken Seite eines der installierten Designs auswählen. Rechts sehen Sie jeweils eine Vorschau darauf.

3. Sind Sie mit der Auswahl zufrieden, belassen Sie es einfach bei der Einstellung und wechseln zu einer beliebigen anderen Funktion des Windows Media Player.

4. Die mitgebrachten Designs demonstrieren schon ganz gut die Wandlungsfähigkeit des Windows Media Player. Online haben Sie allerdings eine wesentlich größere Auswahl. Klicken Sie dazu auf das grüne Plussymbol *Weitere Designs*.

5. Damit starten Sie den Edge-Browser und öffnen das offizielle Designangebot von Microsoft. Hier warten über 100 völlig unterschiedliche Designs darauf, entdeckt zu werden. Um eines herunterzuladen, klicken Sie einfach auf den dazugehörigen Downloadlink.

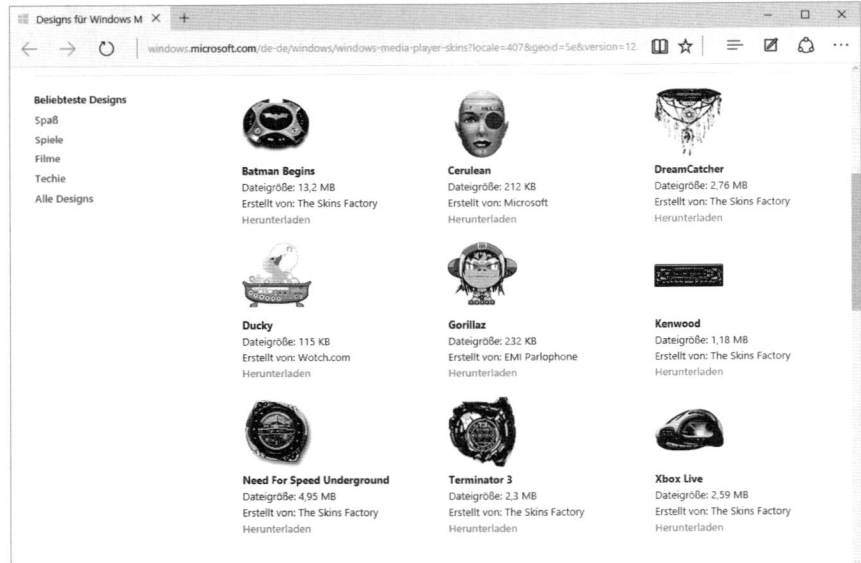

6. Bestätigen Sie dann den speziellen Sicherheitshinweis zum Download von Designs für den Windows Media Player mit *Ja* und warten Sie, bis das Herunterladen abgeschlossen ist.

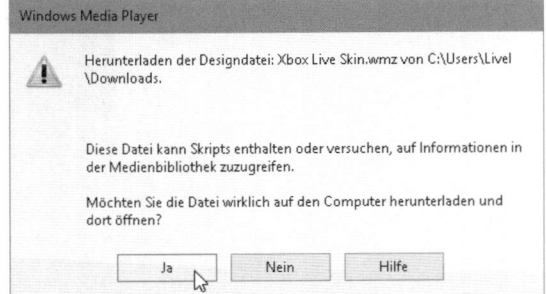

7. Klicken Sie anschließend auf *Jetzt anzeigen*, um das neue Design direkt zu aktivieren.

*Auch so kann der Windows
Media Player aussehen.*

> **Zurück zum Fenstermodus**
>
> Angesichts der virtuosen Designs kann es manchmal ganz schön problematisch sein, alle Bedienelemente zu finden. Damit Sie im Zweifelsfall nicht daran scheitern, zum Fenstermodus zurückzukehren, hier noch ein kleiner Tipp: Die Tastenkombination [Strg]+[1] funktioniert unabhängig vom Design immer.
>
> TIPP

Kompakt und schön anzusehen: der Miniplayer

Wenn es um die platzsparende Wiedergabe geht, bietet sich die Miniplayer-Funktion an. Dabei wandelt sich der Windows Media Player von seiner gewohnten Gestalt in eine kompakte Version um und lässt trotz geringer Größe noch das Anzeigen von Informationen und Visualisierungen sowie das Bearbeiten der Wiedergabeliste zu.

1. Um in den Miniplayer zu wechseln, klicken Sie im Windows-Media-Player-Fenster unten rechts auf das Symbol *Zur aktuellen Wiedergabe wechseln.*

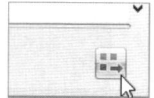

2. Der Windows Media Player wechselt daraufhin in den Miniplayer-Modus. Dieser enthält zunächst – soweit vorhanden – nur ganz minimalistische Angaben zu Titel, Interpret und Album sowie gegebenenfalls ein Bild des Albumcovers.

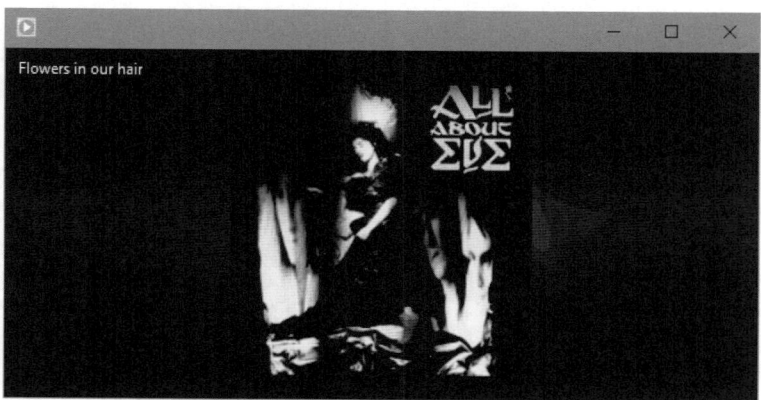

3. Wenn Sie den Mauszeiger auf das Fenster bewegen, werden automatisch weitere Elemente eingefügt. So finden Sie unten die Elemente zur Steuerung der Wiedergabe wie in der großen Version des Windows Media Player.

4. Der Miniplayer kann auch die vom großen Windows Media Player bekannten Visualisierungen anzeigen. Klicken Sie dazu mit der rechten Maustaste irgendwo in den Miniplayer. Im so geöffneten Kontextmenü können Sie *Visualisierungen* einstellen sowie weitere Anzeigeoptionen konfigurieren.

5. Oben rechts im Miniplayer finden Sie das Symbol *Zur Bibliothek wechseln*, mit dem Sie wieder zur großen Version des Windows Media Player zurückkehren. Alternativ können Sie auch auf die Schaltfläche unten rechts klicken, um direkt in den bildschirmfüllenden Vollbildmodus zu wechseln.

 Die gewünschte Ansicht per Tastendruck

TIPP

Die drei verschiedenen Ansichten des Windows Media Player – Bibliothek, Designmodus und Miniplayer – lassen sich jederzeit schnell wechseln: Strg+1 bringt Sie zur Bibliothek, Strg+2 wechselt zum Designmodus und Strg+3 ruft den Miniplayer auf.

Den Windows Media Player per Sprungliste bedienen

Wem der Miniplayer immer noch zu groß ist, der kann den Windows Media Player wie gewohnt einfach minimieren. Früher wurde dabei angeboten, eine Symbolleiste in die Taskleiste zu integrieren, um die Wiedergabe dort steuern zu können. Dies ist nicht mehr nötig, denn der Windows Media Player profitiert wie kaum ein anderes Programm von den Sprunglisten in der Taskleiste.

1. Wenn Sie den Windows Media Player minimieren, verschwindet er komplett im Hintergrund. Nur sein Symbol in der Taskleiste bleibt natürlich bestehen.

2. Sobald Sie, ohne zu klicken, den Mauszeiger darauf bewegen, wird mit kurzer Verzögerung eine Minivorschau des Windows Media Player bzw. des Miniplayers angezeigt. Da diese für das Erkennen von Details zu klein ist, blendet Windows zusätzlich Interpret und Titel der aktuellen Wiedergabe ein.

3. Unterhalb der Minivorschau finden Sie drei Steuerelemente, mit denen Sie die Wiedergabe anhalten bzw. fortsetzen sowie zum nächsten oder vorherigen Stück wechseln können, ohne dazu das Windows-Media-Player-Fenster erst wieder anzeigen zu müssen.

4. Lassen Sie den Mauszeiger kurz auf der Minivorschau verharren, zeigt Windows eine Vorschau des Fensters in realer Größe an. Hier können Sie dann auch die Details der aktuellen Wiedergabe erkennen. Bewegen Sie den Mauszeiger weg, blendet Windows die Vorschau sofort wieder aus.

5. Schließlich kann Ihnen noch die Sprungliste gute Dienste beim Steuern des Windows Media Player leisten. Klicken Sie dazu mit der rechten Maustaste auf das Symbol in der Taskleiste.

6. In der Sprungliste können Sie auf häufig genutzte Wiedergabelisten bzw. Alben direkt zugreifen, Favoriten abrufen oder aber einfach die gesamte Musiksammlung zufallsgesteuert abspielen lassen.

15.4 Videoclips und Filme am PC abspielen

Videos abzuspielen, ist für den Windows Media Player eine leichte Übung, unabhängig davon, in welchem Format die Videoclips zur Verfügung stehen. Während der Wiedergabe stehen Ihnen die gleichen Schaltflächen und Steuerelemente zur Verfügung, die auch für die Audiowiedergabe gelten. Die Wiedergabe des Videobildes erfolgt innerhalb des Windows-Media-Player-Fensters:

Keine DVD-Wiedergabe

Im Gegensatz zu früheren Windows-Versionen beherrscht der Windows Media Player schon seit Windows 8 von Haus aus keine DVD-Wiedergabe mehr. Auf die dafür erforderlichen Codecs hat Microsoft wegen der anfallenden Lizenzkosten verzichtet. Bei Windows 10 fällt auch das Media Center als Wiedergabemöglichkeit weg. Wer DVDs am PC schauen will, muss – genau wie bei Blu-rays – einen separaten Player eines anderen Herstellers nachrüsten.

1. Um das Video möglichst großflächig anzuzeigen, sollten Sie das Windows-Media-Player-Fenster maximieren.

2. Sollte das Video trotz maximaler Größe des Windows-Media-Player-Fensters nur klein angezeigt werden, hat es eine geringe Auflösung. Dies ist z. B. bei Videos aus dem Internet häufiger der Fall. Dann können Sie eine Vergrößerungsfunktion des Windows Media Player verwenden, indem Sie im Menü die Funktion *Ansicht/Videogröße/200%* wählen. Alternativ erreichen Sie das auch mit einem Klick der rechten Maustaste irgendwo auf das Video und dann im kontextabhängigen Menü mit der Funktion *Video/200%* oder mit dem Tastenkürzel ⎇Alt+3.

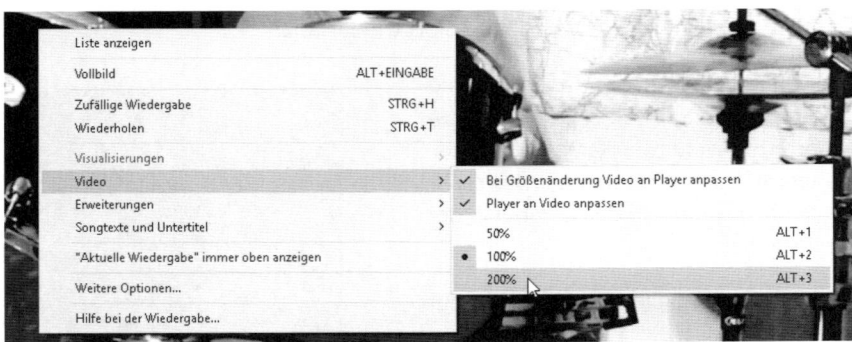

3. Um ein längeres Video oder einen ganzen Film in Ruhe zu betrachten, können Sie auch ganz auf die Bedienelemente des Windows Media Player verzichten und stattdessen den Vollbildmodus wählen. In diesem wird nur das eigentliche Videobild so groß wie möglich auf dem Monitor angezeigt. Wählen Sie dazu die Menüfunktion *Ansicht/Vollbild* oder drücken Sie ⎇Alt+↵. Mit der gleichen Tastenkombination oder mit Esc gelangen Sie zur normalen Ansicht des Windows Media Player zurück. Mausbenutzer erreichen dasselbe alternativ jeweils mit einem Doppelklick im Wiedergabebereich.

15.5 Die komplette Mediensammlung in der Medienbibliothek erfassen

Der Windows Media Player dient nicht nur dem Abspielen von Audio und Video. Er kann auch alle diese Dateien in seiner Medienbibliothek sammeln und verwalten. Sie ist über die gleichnamige Schaltfläche in der Symbolleiste des Windows-Media-Player-Fensters zugänglich. Dadurch behalten Sie den Überblick über alle Mediendateien, die sich auf Ihrem PC befinden. Dank der zentralen Verwaltung durch die Medienbibliothek spielt es keine Rolle, wo sich die einzelnen Dateien genau befinden. Sie können jederzeit über Eigenschaften wie Titel, Urheber oder Genre darauf zugreifen.

Erfassen Sie Ihre vorhandenen Mediendateien in der Bibliothek

Sind bereits Mediendateien auf Ihrem PC vorhanden, muss der Windows Media Player diese zunächst erfassen. Dazu überwacht der Player standardmäßig automatisch die Musik- und Videodateien in Ihrem persönlichen Bereich, sodass sich Ihre Medienbibliothek von ganz allein füllt. Sie können aber steuern, welche Ordner der Windows Media Player genau berücksichtigen soll. So können Sie auch Verzeichnisse auf anderen Laufwerken in die Medienbibliothek integrieren oder z. B. einzelne Ordner Ihres persönlichen Bereichs ausdrücklich von der Überwachung ausnehmen.

1. Wählen Sie in der Menüleiste den Befehl *Datei/Bibliothek verwalten/Musik*, um z. B. weitere Musikordner zu berücksichtigen.

2. Damit öffnen Sie die Einstellungen für die automatische Ordnerüberwachung, in der Sie festlegen, wo der Windows Media Player nach Multimedia-Dateien suchen soll. Standardmäßig sind hier die Ordner *Eigene Musik* sowie *Öffentliche Musik* gewählt.

3. Um einen zusätzlichen Ordner etwa auf einem anderen Laufwerk in die Musik-bibliothek aufzunehmen, klicken Sie rechts auf die Schaltfläche *Hinzufügen*.

4. Wählen Sie im anschließenden Dialog einfach den Ordner aus, der weitere Musikdateien enthält, und fügen Sie ihn mit *Ordner aufnehmen* in die Musik-bibliothek ein.

So finden Sie in Ihrer Medienbibliothek alles schnell wieder

Da der Windows Media Player seine Medienbibliothek automatisch erfasst und aufbaut, können Sie diese von Anfang an verwenden, um Mediendateien schnell aufzufinden und abzuspielen. Dazu reicht es, wenn Sie ein wesentliches Merk-mal der gesuchten Datei(en) wie beispielsweise den Titel, den Urheber oder das Genre kennen.

1. Um in die Medienbibliothek zu gelangen, klicken Sie in der Sym-bolleiste des Windows Media Player auf die *Medienbibliothek*-Schaltfläche oben links.

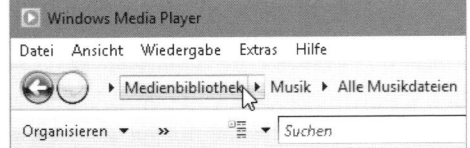

2. Der Windows Media Player zeigt dann die verschiedenen Kategorien der Biblio-thek an. Von hier aus können Sie sich bis zum gesuchten Musik- oder Video-clip „durchklicken".

3. Alternativ erfolgt der Zugriff über die gleichnamigen Einträge links im Naviga-tionsbereich. Hier finden Sie Filter für verschiedene Eigenschaften, nach denen Sie den Inhalt der Bibliothek filtern können.

Wenn Sie eine davon per Mausklick auswählen, werden rechts die Clips entsprechend dieser Eigenschaft angezeigt.

4. Einen alternativen Zugang stellt das Suchfeld oben rechts dar: Genau wie beim Windows-Explorer können Sie damit den aktuell angezeigten Inhalt der Medienbibliothek filtern, sodass nur die Einträge angezeigt werden, die den angegebenen Begriff beinhalten. Um also z. B. einen bestimmten Musiktitel schnell zu lokalisieren, tippen Sie hier einfach seinen Namen ein, und der Windows Media Player zeigt alle Songs an, die zu der Vorgabe passen.

5. Wenn Sie den gesuchten Medienclip gefunden haben, müssen Sie ihn lediglich doppelt anklicken oder markieren und auf das große Wiedergabesymbol unten klicken.

Den Lieblingssong auch ohne Bibliothek schnell finden

Um mal eben einen bestimmten Musiktitel abzuspielen, müssen Sie nicht immer erst in die Medienbibliothek des Windows Media Player wechseln. Tippen Sie den Titel des Songs einfach direkt im Startmenü ein. Die Windows-Dateisuche erfasst auch alle Mediendateien, sofern sie an den üblichen Stellen gespeichert sind. Wenn der Songtitel in den Dateieigenschaften angegeben ist oder dem Dateinamen entspricht, werden Sie die entsprechende Musikdatei als Suchergebnis in der Kategorie *Dateien* angezeigt bekommen und können sie von dort direkt abspielen.

TIPP

Erstellen Sie eigene Wiedergabelisten nach Wunsch

Die Medienbibliothek bietet verschiedene Möglichkeiten, die Wiedergabe Ihrer Musiksammlung zu gestalten. Sie können einzelne Songs, ganze Alben oder alles von einem bestimmten Künstler abspielen. Oder aber Sie lassen einfach alle Songs eines bestimmten Genres wiedergeben. Sie können sich aber auch ganz eigene Wiedergabelisten für verschiedene Zwecke, Orte oder Stimmungen individuell zusammenstellen. War das früher ein etwas umständlicher Vorgang mit einem eigenen Editor, hat Microsoft diese Funktion nun wesentlich intuitiver und einfacher gemacht und komplett in die Oberfläche des Windows Media Player integriert.

1. Stellen Sie sicher, dass am rechten Rand des Player-Fensters der Listenbereich angezeigt wird. Ist das nicht der Fall, blenden Sie ihn mit *Organisieren/Layout/ Liste anzeigen* ein.

2. Suchen Sie nun in der Medienbibliothek die gewünschten Titel heraus und ziehen Sie sie einfach nach rechts in den Listenbereich. Dabei können Sie die einzelnen Titel oder auch gleich mehrere auf einmal einfügen. Wiederholen Sie das beliebig oft, bis alle gewünschten Titel im Listenbereich enthalten sind. Selbstverständlich können Sie dabei Titel von beliebig vielen Interpreten und Alben mischen.

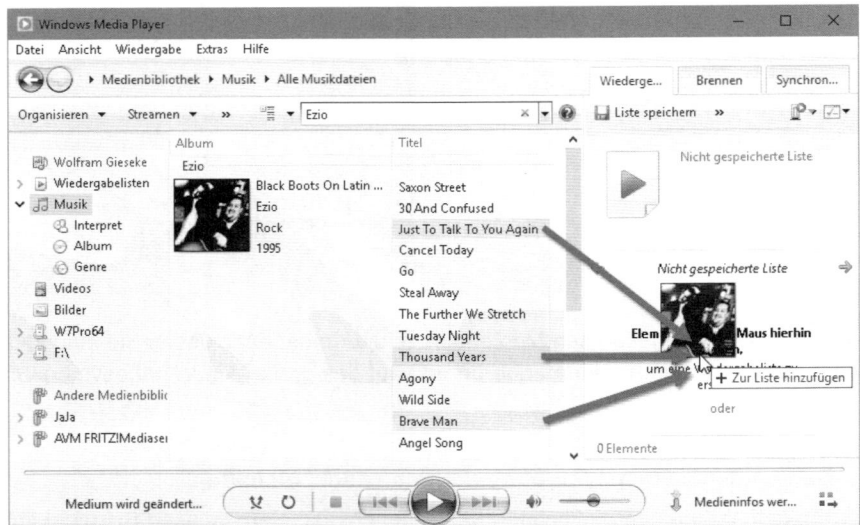

3. Als Alternative können Sie die Dateisammlung auch außerhalb des Windows Media Player z. B. im Windows-Explorer zusammenstellen und von dort an den Media Player schicken. Wählen Sie dazu im Kontextmenü der ausgewählten Dateien *Hinzufügen zu/Wiedergabeliste*.

4. Die Aufstellung im Listenbereich können Sie beliebig erweitern und bearbeiten. Auch die Reihenfolge der Titel lässt sich verändern. Ergreifen Sie dazu den Titel, dessen Position Sie ändern möchten, mit der linken Maustaste und ziehen Sie ihn mit gehaltener Taste an die gewünschte Stelle.

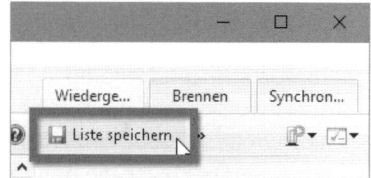

5. Um die Wiedergabeliste zu speichern, klicken Sie oben über der Liste auf *Liste speichern*. Geben Sie dann im Eingabefeld einen Namen für diese Wiedergabeliste an.

Die so erstellte Liste wird automatisch gespeichert und kann ab sofort in der Medienbibliothek unter *Wiedergabelisten* abgerufen werden. Neben dem Abspielen kann sie auch dazu verwendet werden, die enthaltenen Titel auf eine CD zu brennen oder sie mit einem mobilen MP3-Player zu synchronisieren.

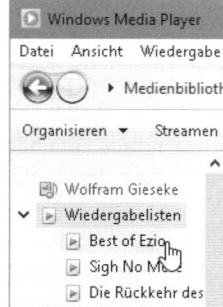

15.6 Musik von Audio-CDs auf den PC kopieren

Wenn Sie Musik direkt aus dem Internet herunterladen, können Sie sie ganz einfach in die Medienbibliothek einfügen: nur an der richtigen Stelle (*Eigene Musik*) speichern und fertig. Etwas anders sieht es aus, wenn Sie zu den hartnäckigen CD-Käufern gehören oder noch eine umfangreiche CD-Sammlung haben. Der Windows Media Player macht es leicht, solche Schätze in den PC zu „überspielen". Dabei werden die Musikstücke von der CD eingelesen, in ein passendes Format umgewandelt und in die Medienbibliothek eingefügt. So stehen sie nicht nur jederzeit zum Hören zur Verfügung, sondern können auch unkompliziert z. B. via Netzwerk im ganzen Haus gehört, auf einen MP3-Player transferiert oder für eigene CD-Zusammenstellungen genutzt werden.

Klangformat und -qualität optimal auswählen

Da der Windows Media Player verschiedene Formate und Qualitätsstufen beim Speichern der Audiodaten kennt, sollten Sie vor dem Kopieren einer Musik-CD zuerst sicherstellen, dass der geeignete Modus gewählt ist.

1. Öffnen Sie dazu oben in der Menüleiste des Windows Media Player das Menü *Extras* und wählen Sie darin die Funktion *Optionen*.

2. Damit öffnen Sie das *Optionen*-Menü mit den Einstellungen des Windows Media Player. Wechseln Sie hier auf die Registerkarte *Musik*

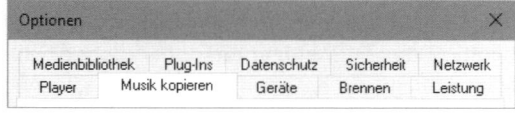

kopieren, indem Sie oben in der Leiste mit den Registerbezeichnungen auf den gleichnamigen Eintrag klicken.

3. In dieser Rubrik können Sie oben festlegen, in welche Ordner die kopierten Audiodateien gespeichert werden sollen. Wählen Sie

hier am besten ein Verzeichnis in Ihrem persönlichen Bereich, damit der Windows Media Player die neuen Musiktitel gleich automatisch erkennt und in die Medienbibliothek einordnet.

4. In der unteren Hälfte des Fensters legen Sie im Bereich *Einstellungen zum Kopieren von Medium* fest, in welchem Format und mit welcher Qualitätsstufe der Windows Media Player die Kopien der Musikstücke anlegen soll. Öffnen Sie dazu das Auswahlfeld mit der Bezeichnung *Format* und wählen Sie zu-

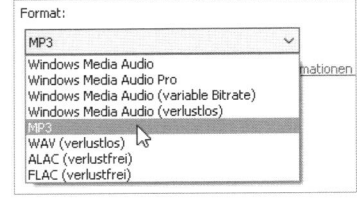

nächst das gewünschte Format aus (Tipps hierzu finden Sie in der Infobox).

5. Anschließend können Sie bei den meisten Formaten weiter unten mit dem Schieberegler *Audioqualität* noch die Qualität der Kopie genau-

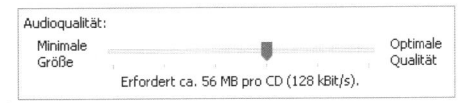

er einstellen. Die Minimaleinstellung (128 kBit/s) liefert für viele Ohren schon eine ansprechende Qualität. Höhere Einstellungen verbessern diese gegebenenfalls noch, führen aber auch zu größeren Dateien. Dies kann z. B. bei der Verwendung eines MP3-Players mit knappem Speicher ein Kriterium sein, um einen sinnvollen Kompromiss zu finden.

6. Schließlich sollten Sie noch die Option *Kopierschutz für Musik* abwählen, falls diese aktiviert ist. Andernfalls können Sie die erstellten Kopien auf anderen PCs oder Abspielgeräten nicht ohne Weiteres wiedergeben.

7. Übernehmen Sie die gewählten Einstellungen mit *OK*.

TIPP

Die richtigen Einstellungen je nach Verwendungszweck

Welche Einstellungen Sie für Format und Qualität wählen, hängt davon ab, was Sie mit den kopierten Daten anfangen wollen. Wenn Sie die Musikstücke nur kurzfristig zum Kopieren einer CD auf dem PC speichern, sollten Sie das Format *Windows Media Audio (verlustlos)* verwenden. Es erstellt exakte Eins-zu-eins-Kopien der Musikstücke, die sich gut als Ausgangspunkt für eine neue Audio-CD eignen. Da die Dateien aber sehr groß werden (pro Audio-CD etwa 600 MByte), eignet sich dieses Format nicht dazu, Audio-CDs längerfristig in der Medienbibliothek des PCs aufzuheben. In solchen Fällen sollten Sie lieber das Format MP3 wählen, da dieses von praktisch allen Abspielgeräten optimal unterstützt wird. Mit der niedrigsten Bitrate von 128 kBit/s bietet es bereits eine akzeptable Klangqualität. Bitraten jenseits von 192 kBit/s können nur noch geschulte Ohren von einer Original-CD unterscheiden.

Alle oder einzelne Musiktitel von einer Audio-CD einlesen

Eine geeignete Wahl bei Klangformat und -qualität müssen Sie nur einmal treffen. Dann können Sie jederzeit mit diesen Einstellungen Audio-CDs in Ihre Medienbibliothek einfügen.

1. Wenn Sie die Audio-CD einlegen, startet der Windows Media Player standardmäßig mit der Wiedergabe. Um diese CD zu kopieren, wechseln Sie gegebenenfalls in den Bibliotheksmodus ([Strg]+[1]).

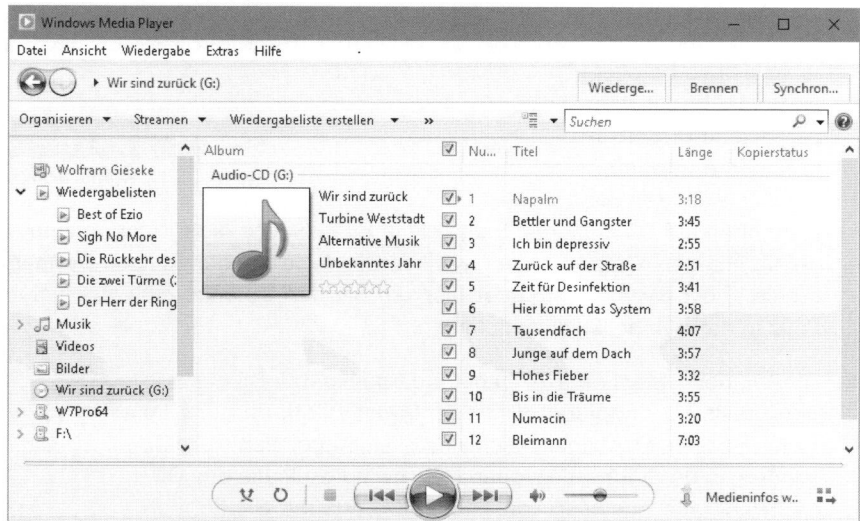

2. Der Windows Media Player zeigt daraufhin eine Übersicht über die auf der Audio-CD enthaltenen Musiktitel an. Wird diese CD zum ersten Mal in diesen PC eingelegt, versucht er gegebenenfalls, die Daten aus dem Internet zu beschaffen. Das funktioniert allerdings nur, wenn die Zugriffsoptionen dafür passend gewählt sind (siehe Tipp).

Infos zu CDs automatisch aus dem Netz beziehen

Der Windows Media Player kann Informationen zu einer CD, wie Name, Interpret, Genre, Veröffentlichungsjahr und Angaben zu den einzelnen Titeln, automatisch aus dem Netz beziehen. Dazu identifiziert er die CD anhand eines eindeutigen Codes und ruft aus einer Onlinedatenbank die Informationen zu diesem Code ab. Das klappt aber nur, wenn Sie dem Windows Media Player die Erlaubnis dazu geben. Aktivieren Sie dazu in den Optionen des Players auf der Registerkarte *Datenschutz* die Optionen *Medieninformationen aus dem Internet anzeigen* sowie *Musikdateien durch Abrufen von Medieninfo aus dem Internet aktualisieren*.

---

3. Sollten zu dieser Musik-CD keine Daten vorliegen, können Sie auch selbst welche eingeben. Markieren Sie dazu einfach den jeweiligen Titel mit einem einfachen Mausklick, sodass er optisch hervorgehoben wird. Klicken Sie dann noch

einmal auf die jeweilige Angabe, die Sie eingeben möchten. Das Feld verwandelt sich in ein Eingabefeld, in das Sie einen Text Ihrer Wahl eintippen und das Sie mit ⏎ schließen können.

4. Sollten Sie nur bestimmte Titel einer Musik-CD einlesen wollen, können Sie das mithilfe der Häkchen ganz links in den jeweiligen Einträgen der Titelliste steuern. Standardmäßig sind alle Häkchen gesetzt, also werden alle Titel kopiert. Bei den Stücken, die Sie nicht verwenden wollen, entfernen Sie einfach den Haken. Der Windows Media Player berücksichtigt diese Titel beim Kopieren dann nicht.

5. Haben Sie die Titelliste so weit vorbereitet, können Sie mit dem eigentlichen Übertragen der Audiodaten beginnen. Klicken Sie

dazu oben auf *CD kopieren*. Sollte diese Schaltfläche nicht sichtbar sein, wurde sie mangels Platz versteckt. Klicken Sie dann auf den kleinen Doppelpfeil rechts in der Symbolleiste oder blenden Sie den Listenbereich aus, um mehr Platz in der Symbolleiste zu schaffen.

6. Der Windows Media Player beginnt daraufhin, die Stücke von der Titelliste zu kopieren. Dies geht relativ flott, da die Titel nicht in normaler Abspielgeschwindigkeit eingelesen werden, sondern in der höchstmöglichen Geschwindigkeit, die das CD-Laufwerk zum Auslesen von Audio-CDs erlaubt. Sie können den Ablauf an dem kleinen Fortschrittsbalken erkennen, der jeweils beim gerade eingelesenen Titel in der Spalte *Kopierstatus* angezeigt wird.

7. Ist bei allen Titeln als Kopierstatus die Meldung *In Medienbibliothek kopiert* vermerkt, ist der Windows Media Player fertig. Sie haben nun eine digitale Kopie der Audio-CD auf Ihrem PC, die Sie über die Medienbibliothek jederzeit abrufen und abspielen können.

15.7   Eigene Audio- und MP3-Scheiben zusammenstellen

Der Windows Media Player erlaubt es nicht nur, vorhandene Audio-CDs zu kopieren, Sie können auch aus Ihrer Musikbibliothek die besten Stücke heraussuchen und sich daraus eine ganz eigene CD zusammenstellen.

Dazu müssen Sie lediglich die Audio-CDs, von denen Sie einen oder mehrere Titel verwenden wollen, auf den Rechner kopieren. Dabei können Sie sich durchaus schon auf die Titel beschränken, die Sie später weiterverwenden wollen, und alle anderen ignorieren. Das spart Zeit und Speicherplatz.

Eine individuelle Musikmischung auf eine Audio-CD brennen

Das Zusammenstellen einer Audio-CD ist ganz ähnlich wie das Erstellen einer eigenen Wiedergabeliste. Sie legen fest, welche Titel in welcher Reihenfolge enthalten sein sollen. Allerdings müssen Sie dabei die Speicherplatzbeschränkung einer Audio-CD beachten. Dann brauchen Sie die CD nur noch vom Brenner fertigstellen zu lassen. So geht es im Detail:

1. Legen Sie einen leeren CD-Rohling in das Brennerlaufwerk ein. Warten Sie, bis sich das Fenster *Automatische Wiedergabe* von Windows meldet. Klicken Sie dann auf *Eine Audio-CD brennen*. Sollte die automatische Wiedergabe nicht funktionieren, starten Sie den Windows Media Player von Hand und klicken oben rechts auf *Brennen*.

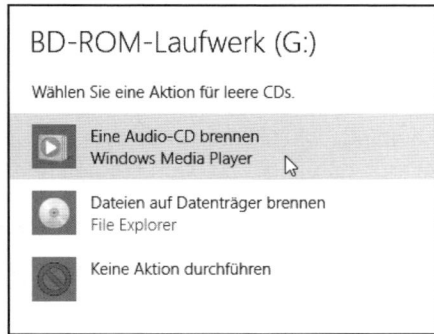

2. Im Windows Media Player sehen Sie wie üblich Ihre Medienbibliothek mit dem Navigationsbereich ganz links. Rechts im Listenbereich wird nun die leere CD als Brennliste angezeigt.

3. Ziehen Sie genau wie beim Erstellen einer Wiedergabeliste diejenigen Musikstücke nach rechts in die Brennliste, die auf der CD enthalten sein sollen. Beachten Sie dabei die Reihenfolge der Stücke, da sie später auf der CD auch in dieser Reihenfolge abgespielt werden. Sie können die Titel entweder gleich in der gewünschten Folge in die Liste übernehmen oder die Abfolge anschließend manuell verändern.

4. Behalten Sie beim Einfügen der Musikstücke oben die verbleibende freie Spielzeit der eingelegten CD im Auge. Sie wird jeweils nach dem Einfügen von Musikstücken aktualisiert und zeigt an, wie viel noch auf den Rohling passt.

5. Haben Sie die gewünschte Abfolge von Titeln ausgewählt, klicken Sie oben auf *Brennen starten*.

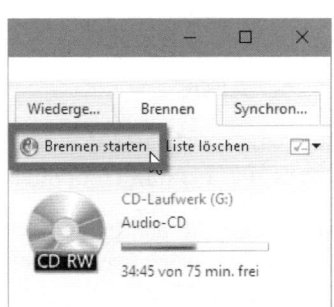

6. Der Windows Media Player konvertiert nun die Stücke dieser Wiedergabeliste – wenn notwendig – und schreibt sie dann auf den CD-Rohling. Anschließend wirft er die CD gleich aus.

Platzsparende MP3-CDs und -DVDs zusammenstellen und brennen

Fast alle CD-Abspielgeräte wie z. B. Autoradios, tragbare CD-Spieler oder DVD-Player können mittlerweile auch MP3-CDs abspielen. Solche CDs haben gegenüber klassischen Audio-CDs den Vorteil, dass sie bei vergleichbarer Klangqualität zehnmal so viel Speicherplatz bieten. So passen auf eine MP3-CD ca. zehn komplette Musikalben. Auf eine DVD passt schon eine ganze Musiksammlung. Allerdings handelt es sich bei solchen Formaten eben auch nicht um klassische Audio-CDs, sondern technisch gesehen um ganz normale Datenscheiben, die eben einfach nur bestimmte Dateien (eben MP3-Dateien) enthalten. Deshalb lassen sie sich nur von speziellen Abspielgeräten wiedergeben, die Daten-CDs einlesen sowie enthaltene MP3-Dateien erkennen und abspielen können. Mit dem Windows Media Player können Sie beliebige Teile Ihrer Musiksammlung auf eine MP3-CD oder -DVD brennen und sie so auf anderen Abspielgeräten verwenden.

1. Legen Sie einen geeigneten CD- oder DVD-Rohling ein oder wechseln Sie wie beim Erstellen von Audio-CDs zur Registerkarte *Brennen*.

2. Klicken Sie dann oberhalb der Brennliste rechts auf das kleine Brennoptionensymbol und wählen Sie im so geöffneten Untermenü *Daten-CD oder -DVD*.

3. Der Windows Media Player analysiert dann das eingelegte Medium und zeigt Ihnen oben rechts an, wie viel Speicherplatz darauf zur Verfügung steht. Sie werden sofort feststellen, dass Sie nun weitaus mehr Titel auf eine CD brennen können, von einer DVD ganz zu schweigen.

4. Jetzt können Sie wie gewohnt Alben, Wiedergabelisten oder auch einzelne Musiktitel aus Ihrer Medienbibliothek nach ganz rechts in die Brennliste herüberziehen.

5. Behalten Sie dabei den vorhandenen Speicherplatz auf dem Medium im Auge. Er darf nicht überschritten werden.

6. Haben Sie alle gewünschten Stücke in die Brennliste aufgenommen, klicken Sie darunter auf die *Brennen starten*-Schaltfläche, um die CD bzw. DVD zu erstellen.

15.8 Den MP3-Player komfortabel mit Ihrer Lieblingsmusik befüllen

Nicht erst seit dem iPod sind kleine, mobile MP3-Player für viele ein beliebter Begleiter bei Sport, Freizeit, Reisen und anderen Gelegenheiten. Klein und robust, sind sie immer dabei und machen den Musikgenuss unabhängig von PC oder Hi-Fi-Anlage möglich. Handelt es sich allerdings um ein Modell mit begrenztem Speicher, muss es regelmäßig neu betankt werden, damit das Musikhören nicht irgendwann langweilig wird. Der Windows Media Player kann sich mit mobilen MP3-Playern, die eine USB-Schnittstelle zum PC besitzen, verbinden und deren Inhalt bequem und schnell synchronisieren. So benötigen Sie keine zusätzliche Software und können die Vorzüge von Medienbibliothek und Wiedergabelisten nutzen, um Ihren Mobilplayer komfortabel mit stets frischer Musik zu laden und diesen Vorgang sogar weitestgehend zu automatisieren.

Kann ich meinen MP3-Player synchronisieren?

Der Windows Media Player arbeitet mit einer Vielzahl von MP3-Playern reibungslos zusammen. Wenn sich Ihr Gerät als USB-Massenspeicher am PC anmeldet (also als separates Laufwerk im Windows-Explorer geführt wird), gibt es in der Regel keine Probleme. Manche Geräte sind allerdings auf spezielle Treiber angewiesen und lassen sich nur mit einer eigenen Software des Herstellers synchronisieren. Sie können es aber einfach ausprobieren: Verbinden Sie Ihren MP3-Player mit Ihrem PC und schauen Sie dann beim Windows Media Player in der Rubrik *Synchronisieren* nach, ob er dort als Gerät erkannt wird.

TIPP

---

1. Um Ihren tragbaren MP3-Player zu betanken, klicken Sie in der Symbolleiste des Windows Media Player auf die Schaltfläche *Synchron*.

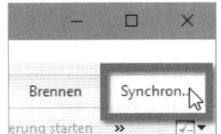

2. Daraufhin wird am rechten Rand des Fensters der portable Player samt Inhalt angezeigt. Sollte hier die Meldung *Schließen Sie ein Gerät an* stehen, müssen Sie den Player noch mit Ihrem PC verbinden.

3. Ist das mobile Gerät mit dem Rechner verbunden und vom Windows Media Player erkannt, wird sein Name und die Speicherbelegung im oberen Bereich angezeigt.

4. Darunter finden Sie nun eine Synchronisierungsliste. In diese ziehen Sie – genau wie beim Erstellen einer Wiedergabeliste oder beim Brennen einer CD – die Musikstücke, die Sie auf den Player transferieren möchten.

Die Reihenfolge der Stücke ist in diesem Fall weniger wichtig, da die meisten MP3-Player die Abspielreihenfolge nach anderen Kriterien festlegen.

> **TIPP**
>
> 💡 **Ganze Alben oder Playlists transferieren**
>
> Sie müssen nicht unbedingt jeden Titel einzeln transferieren, Sie können auch ein Album oder eine Wiedergabeliste nach rechts auf die Liste des Mobilplayers ziehen. Der Windows Media Player überträgt dann stattdessen die zu diesem Album bzw. zu dieser Liste gehörenden Titel in der vorgegebenen Reihenfolge auf das Gerät.

---

5. Durch das Übertragen der Titel in die Liste allein werden noch keine Daten übertragen. Sie können die Liste also beliebig bearbeiten, Titel wieder entfernen und die Reihenfolge verändern. Behalten Sie dabei den Umfang der Titel im Auge, sodass er die Kapazität des Mobilplayers nicht übersteigt.

6. Entspricht die Transferliste Ihren Vorstellungen, klicken Sie auf *Synchronisierung starten*.

7. Der Windows Media Player beginnt dann, die neu ausgewählten Titel der Reihe nach auf das mobile Gerät zu übertragen. In der Statusanzeige können Sie verfolgen, wie weit er damit ist. Steht unten in der Synchronisierungsliste *Die Synchronisierung ist abgeschlossen*, können Sie den MP3-Player wieder vom PC trennen.

MP3-Player vollautomatisch mit neuer Musik bestücken

Der Windows Media Player bietet mit seiner Bibliothek und den Wiedergabelisten sehr flexible Möglichkeiten, mobile Abspielgeräte mit Musik zu betanken. Es geht aber noch komfortabler:

Bei einer vollautomatischen Synchronisierung schließen Sie den Player an, warten kurz, bis der Windows Media Player automatisch Ihre Lieblingsmusik darauf übertragen hat, und ziehen den Player dann wieder ab – alles andere geschieht von ganz allein. Mit wenigen Einstellungen können Sie einen solchen vollautomatischen Musiktransfer realisieren.

1. Verbinden Sie den Player, den Sie automatisch betanken wollen, mit dem PC.

2. Klicken Sie dann auf der *Synchron-*
Schaltfläche unten auf das kleine Pfeilsymbol und wählen Sie im dadurch
geöffneten Menü den Befehl *Synchronisierung einrichten*.

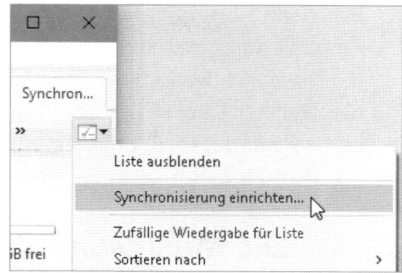

3. Im anschließenden Menü können Sie einen Namen für das Gerät festlegen. Klicken Sie dann auf *Fertig stellen*.

4. Öffnen Sie das Menü nun erneut und klicken Sie wiederum auf *Synchronisierung einrichten*.

5. Diesmal öffnen Sie damit ein anderes Menü, in dem Sie zunächst oben links
die Option *Gerät automatisch synchronisieren* aktivieren.

6. Nun können Sie links bei *Verfügbare Wiedergabelisten* eine oder mehrere Listen auswählen und mit *Hinzufügen* in die rechte Hälfte (*Zu synchronisierende
Wiedergabelisten*) verschieben. Aus diesen Abspiellisten wählt der Media Player
dann die Inhalte für den Transfer aus. Die Reihenfolge bestimmt dabei, welche
Titel beim Synchronisieren bevorzugt werden.

7. Mit der Option *Mischen* sorgen Sie für eine zufällige Verteilung der Titel.

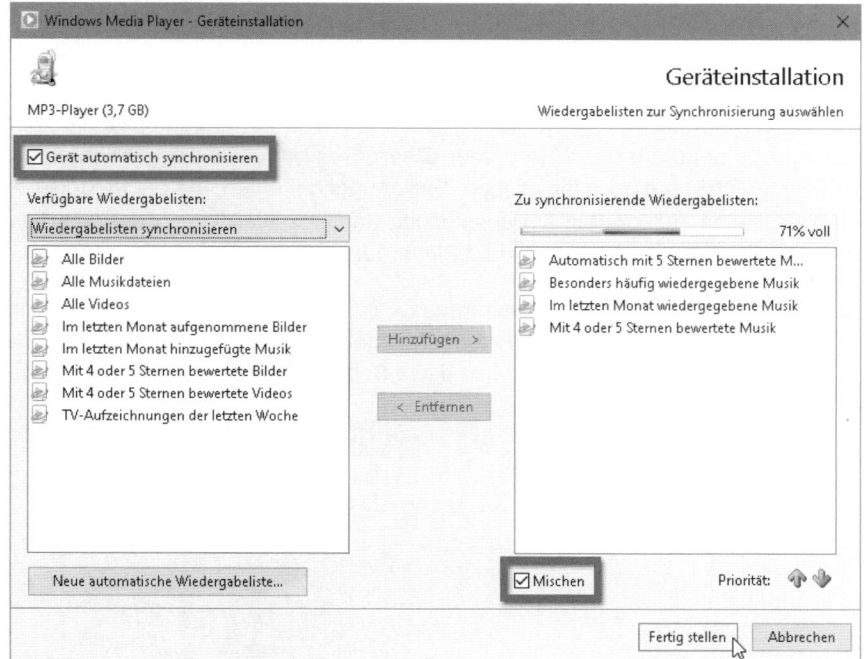

8. Mit einem Klick ganz unten auf *Fertig stellen* starten Sie eine erste Synchronisierung mit den gewählten Vorgaben. In Zukunft wird diese jedes Mal automatisch durchgeführt, wenn der Windows Media Player gestartet ist und Sie dieses mobile Gerät mit dem PC verbinden. Da für die Auswahl der Titel eine Zufallsfunktion verwendet wird, bekommen Sie immer einen anderen Mix auf den Player.

15.9 Die Musiksammlung vom PC im ganzen Haus und unterwegs hören

Vernetzte Wohnungen und Häuser bzw. Drahtlosnetzwerke via WLAN machen es möglich: Die auf dem PC gespeicherte Musiksammlung kann nicht nur am Rechner selbst oder via MP3-Player abgespielt werden. Auch der wohnzimmertaugliche Mini-PC, das Tablet oder spezielle Medienabspieler mit Netzwerkanschluss können auf die Daten zugreifen und erlauben einen schrankenlosen Musik- und Videogenuss in allen Räumen oder auch im sonnigen Garten.

Der Windows Media Player unterstützt Sie dabei optimal. Er kann sowohl seine Medienbibliothek anderen Geräten zur Verfügung stellen als auch seinerseits auf Bibliotheken im Netzwerk zugreifen. Und er erlaubt es sogar, andere Abspielgeräte vom PC aus fernzusteuern. So bestimmen Sie bequem aus dem Sessel, was wo läuft.

Die Medienbibliothek mit anderen Nutzern im Netzwerk teilen

Der Windows Media Player ist in der Lage, seine Medienbibliothek für andere PCs oder Netzwerkabspieler freizugeben. Diese können dann auf die Daten zugreifen und sie abspielen. Dabei kann es sich um andere PCs handeln, auf denen ebenfalls der Windows Media Player läuft. Es können aber auch spezielle Wiedergabegeräte sein, die per WLAN oder Ethernet mit dem PC verbunden sind und den UPnP-AV-Standard beherrschen. Der ermöglicht Ihnen, auf die freigegebenen Mediendateien zuzugreifen. Voraussetzung dafür ist allerdings, dass Sie die Medienbibliothek Ihres Windows Media Player für andere PCs freigeben.

1. Um die Funktion zum Mediasharing zu aktivieren, klicken Sie in der Symbolleiste auf die Schaltfläche *Streamen*. Gegebenenfalls müssen Sie den Listenbereich rechts ausblenden, damit diese Schaltfläche in die Symbolleiste passt.

2. Wählen Sie im so geöffneten Untermenü die Funktion *Medienstreaming aktivieren*.

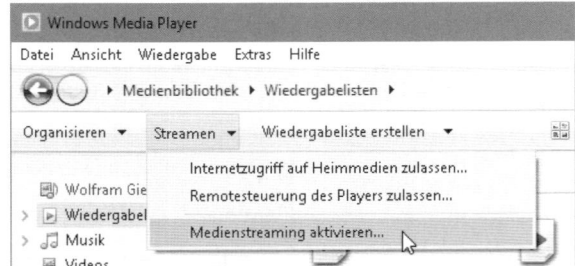

3. Klicken Sie im anschließenden Dialog wiederum auf die gleichnamige Schaltfläche *Medienstreaming aktivieren*.

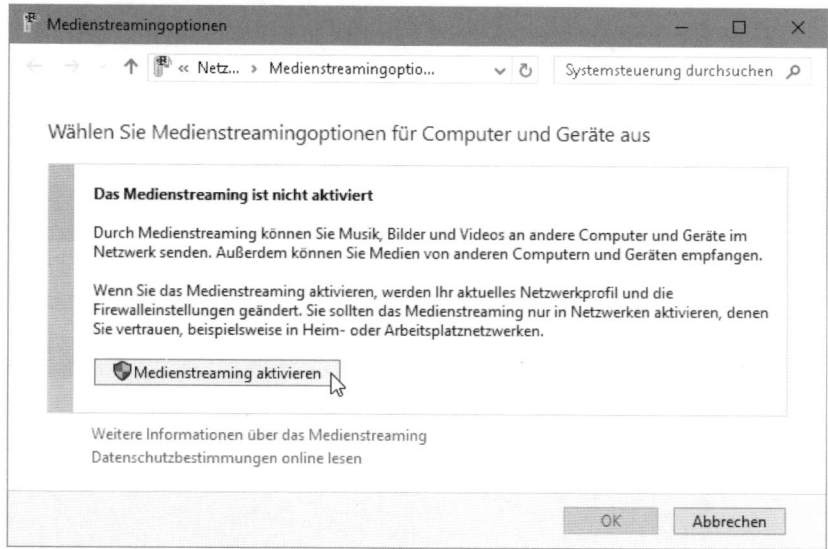

4. Danach brauchen Sie nur noch unten auf *OK* zu klicken. Damit ist die Medienfreigabe vollzogen und Ihre Bibliothek für andere Geräte zugänglich.

Den Medienzugriff anderer Geräte steuern

Mit der Freigabe geben Sie nicht jegliche Kontrolle über Ihre Medienbibliothek ab. Selbstverständlich können Sie bestimmen, wer Zugriff haben soll und wer nicht. Und auch, welche Medien genau bereitgestellt werden sollen, können Sie – in Grenzen – festlegen.

1. Um die Medienfreigabe zu kontrollieren, klicken Sie wiederum auf die *Streamen*-Schaltfläche und wählen im Untermenü den Punkt *Weitere Streamingoptionen*.

2. Hier finden Sie in der Mitte eine Liste der derzeit für den Zugriff infrage kommenden Geräte und können sie damit steuern. Dabei gibt es verschiedene Ansätze, die Sie mit den beiden Schaltflächen rechts darüber wählen:

   ■ *Alle zulassen*: Standardmäßig erlaubt der Windows Media Player allen geeigneten Netzwerkgeräten den Zugriff. Sollen einzelne Geräte keinen Zugriff erhalten, können Sie diese in der Liste ausdrücklich blockieren. Diese Variante ist die komfortablere, da Sie nicht jedes neue Gerät einzeln zulassen müssen.

   ■ *Alle blockieren*: Die restriktivere Variante ist es, standardmäßig alle Geräte zu blockieren und nur diejenigen zuzulassen, bei denen das ausdrücklich erwünscht ist. Wählen Sie hierzu in der Liste bei den gewünschten Geräten *Zugelassen*.

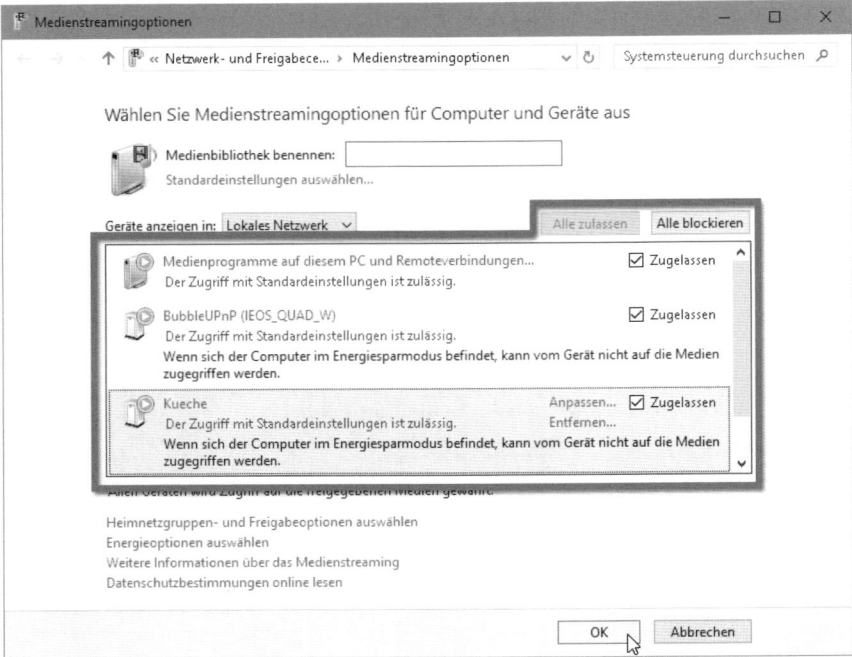

3. Welche Mediendateien genau freigegeben werden, können Sie über die Bewertung steuern. Dies kann sowohl pauschal für alle als auch individuell für einzelne Geräte erfolgen. Für die pauschale Einstellung klicken Sie oben auf *Standardeinstellungen auswählen*. Individuelle Einstellungen nehmen Sie jeweils beim Eintrag eines Gerätes mit *Anpassen* vor. Der so aufgerufene Dialog ist bei beiden Varianten identisch.

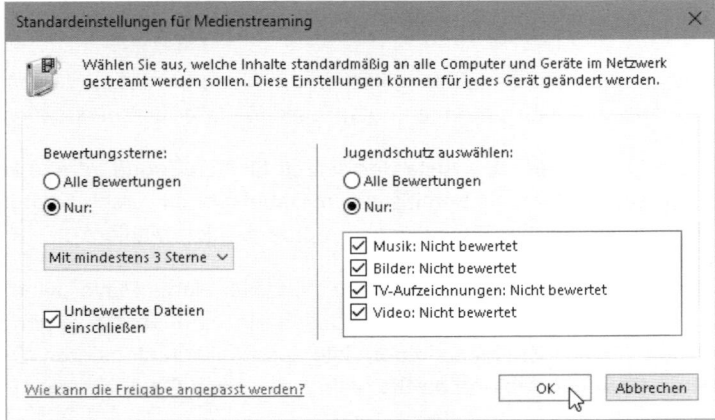

4. Hier können Sie für jeden Empfänger die freigegebenen Mediendateien mit einer bestimmten Anzahl an Bewertungssternen beschränken, um wirklich nur lohnenswerte Medienclips bereitzustellen. Außerdem lässt sich hier gegebe-

nenfalls der Jugendschutz aktivieren und einstellen, sodass auch wirklich nur familientaugliche Inhalte im Wohnzimmer ankommen.

5. Klicken Sie abschließend zweimal auf *OK*, um die Einstellungen für das Freigeben Ihrer Mediensammlung zu aktivieren.

Die Musikwiedergabe anderer PCs und Geräte via Netzwerk steuern

Die Play-to-Funktion erlaubt es, Musik vom PC aus auf angeschlossene Geräte zu übertragen und so deren Wiedergabe zu steuern. Es reicht also, dass ein solches Gerät eingeschaltet ist. Alles andere können Sie bequem vom PC aus per Windows Media Player steuern. So lässt sich der Musikgenuss im Wohnzimmer komfortabel steuern, und bei Partys sorgt der per Wiedergabeliste vorprogrammierte PC automatisch für die richtige Untermalung.

Aber auch im kommerziellen Umfeld lässt sich diese Funktion praktisch einsetzen, etwa wenn es um die Musikberieselung in einem Ladengeschäft geht, die auf diese Weise einfach vom Büro aus gesteuert werden kann. Voraussetzung hierfür sind Wiedergabegeräte mit Netzwerkanschluss (kabelgebunden oder drahtlos), die den DLNA-Standard unterstützen (**D**igital **L**iving **N**etwork **Al**liance).

Das sind gar nicht so wenige, denn unter anderem gehören populäre Spielkonsolen wie die neueren Modelle von Xbox und Playstation dazu. Aber auch andere, reine Musikspieler bieten diese Funktion an. Außerdem können andere PCs auf diese Weise genutzt werden, sofern der Windows Media Player oder eine andere DLNA-fähige Software darauf installiert ist.

1. Geben Sie zunächst den Musikabspieler im Windows Media Player für den Zugriff auf Ihre Medienbibliothek frei (siehe dazu den vorangehenden Abschnitt).

2. Ganz wichtig: Greifen Sie nun erst einmal vom Wiedergabegerät aus auf die Medienbibliothek Ihres PCs zu, indem Sie von dort mindestens einen Titel auswählen und anspielen. Dieses dient quasi als Bestätigung, dass der Kontakt zwischen PC und Wiedergabegerät gewünscht wird. Ansonsten ließen sich die Geräte via Netzwerk ungewollt übernehmen und fremdsteuern. Bei einzelnen Produkten gibt es eventuell andere Möglichkeiten, den Fernsteuerungszugriff ausdrücklich zuzulassen.

Diese Prozedur müssen Sie als Vorbereitung nur einmalig durchführen. Danach können Sie jederzeit am PC bestimmen, was auf dem Wiedergabegerät gespielt wird:

1. Wählen Sie in der Musikbibliothek aus, was Sie abspielen möchten, und zwar so, als wollten Sie es am PC selbst hören. Sie können ganze Alben oder Wiedergabelisten verwenden oder auch eigene Wiedergabelisten hierfür erstellen.

2. Anstatt die Wiedergabe wie gewohnt direkt zu starten, klicken Sie aber mit der rechten Maustaste auf die gewünschte Musik und wählen im Kontextmenü den Befehl *Umwandlung in Gerät/<Name des Wiedergabegerätes>*.

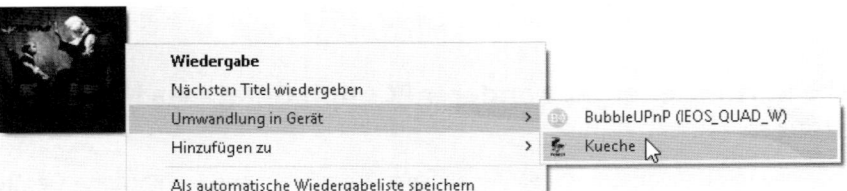

3. Damit startet direkt die Wiedergabe der Musik auf dem Wiedergabegerät. Gleichzeitig wird ein Dialog zum Steuern der Wiedergabe angezeigt. Hier finden Sie nicht nur die Wiedergabeliste, sondern können auch zwischen den Titeln wechseln sowie die Lautstärke steuern.

4. Wenn Sie den Dialog schließen, wird die Wiedergabe auf dem Audiogerät automatisch beendet. Lassen Sie das Fenster also offen bzw. minimieren Sie es für die Dauer der Wiedergabe.

15.10 Via Internet von überall auf die eigene Medienbibliothek zugreifen

Mit dem Windows Media Player können Sie nicht nur über das lokale Netzwerk auf die Medienbibliothek zugreifen, sondern auch über das Internet. Das eröffnet völlig neue Nutzungsmöglichkeiten. Wozu z. B. einen MP3-Player mit sich herumschleppen, wenn Sie vom PC im Büro aus Ihre Lieblingsmusik abspielen können? Sogar von unterwegs ist ein Zugriff via Smartphone und Mobilflatrate denkbar. Damit das klappt, müssen Sie Ihr Benutzerkonto allerdings mit einem Microsoft-Konto verknüpft haben (siehe Seite 565). Sicherlich wollen Sie Ihre Mediensammlung nicht einfach für das gesamte Internet freigeben, sodass jeder darauf zugreifen kann. Deshalb ist die Internetfreigabe mit einem Microsoft-Konto verknüpft. Nur wer dessen Zugangsdaten kennt, kann auch auf die freigegebenen Daten zugreifen.

Den Internetzugriff auf Heimmedien zulassen

Die Streaming-Funktion ist aus Sicherheitsgründen standardmäßig nicht aktiviert. Wenn Sie sie nutzen möchten, müssen Sie sie deshalb einmalig einschalten.

1. Um die Online-ID für Ihren Windows Media Player festzulegen, klicken Sie in der Symbolleiste auf die *Streamen*-Schaltfläche und wählen im Untermenü *Internetzugriff auf Heimmedien zulassen*.

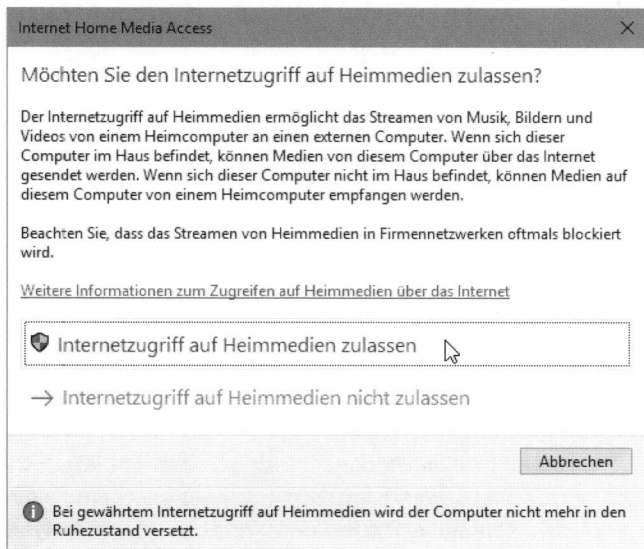

2. Bestätigen Sie die anschließende Rückfrage der Benutzerkontensteuerung mit *Ja*.

3. Und schon ist die Freigabe eingerichtet.

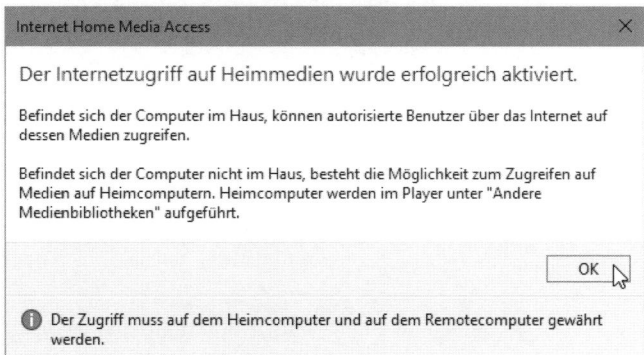

Via Internet auf die freigegebenen Medien zugreifen

Wenn Sie die Medienfreigabe via Internet wie vorangehend beschrieben auf dem PC mit der freizugebenden Medien- bibliothek eingerichtet haben, können Sie von anderen PCs aus darauf zugreifen. Einzige Voraussetzung: Diese PCs müssen mit demselben Microsoft-Konto verknüpft sein. Dann können Sie auf diesen PCs den Windows Media Player starten und finden im Navigationsbereich unten un- ter *Andere Medienbibliotheken* einen Eintrag für die freige- gebene Medienbibliothek.

Eventuell dauert es nach dem Start eine kurze Weile, bis die beiden Windows Media Player sich über das Internet gefunden und synchronisiert haben. Dann können Sie auf diese entfernte Medienbibliothek genauso zugreifen, als würden Sie direkt am PC zu Hause sitzen. Abhängig von der Internetanbindung (beider PCs) wird es aber eventuell nicht ganz so zügig gehen wie gewohnt.

TIPP

Verbindungsprobleme via Portfreigabe lösen

Die für die Internetfreigabe notwendige Kommunikation erfordert die Freigabe bestimmter Ports in der Firewall bzw. im Router. Prinzipiell versucht Windows, diese Freigaben selbst einzurichten, was allerdings nur gelingen kann, wenn UPnP aktiviert ist. Klappt der Kontakt zwischen den Windows Media Playern nicht, liegt es im Zweifelsfall daran, dass diese Portfreigaben nicht konfiguriert werden konnten. Rufen Sie bei Problemen *Streamen/Internetzugriff auf Heim- medien zulassen* auf und klicken Sie im anschließenden Dialog auf *Verbindungen diagnostizieren*. Windows analysiert dann die Verbindung und weist auf Proble- me hin. Außerdem verrät es Ihnen unter *Portweiterleitungsinformationen* genau, welche Ports Sie gegebenenfalls manuell freigeben müssen, um die Kommuni- kation zu ermöglichen.

16 Eigene Videofilme erstellen und gestalten

Der digitale Camcorder gehört für viele heute bei Reisen und anderen Erlebnissen ganz selbstverständlich ins Handgepäck. Am PC lassen sich die Aufnahmen dann schnell einlesen, sichten und optimieren, um eine ansehnliche Erinnerung daraus zu machen.

Ein eigenes Programm zur Videobearbeitung bringt Windows von Haus aus nicht mit. Aber Sie können aus dem kostenlosen Windows-Essentials-Paket den Movie Maker nachrüsten (*windows.microsoft.com/de-de/windows-live/movie-maker*). Mit diesem Programm können Sie aufgenommene Szenen in einer beliebigen Reihenfolge montieren, die Szenenübergänge dazwischen gestalten, Titel einblenden und den Film mit Musik unterlegen. Außerdem verfügt das Programm über eine Reihe von Videofiltern, mit denen Sie Schwächen des Ausgangsmaterials ausgleichen oder spezielle Effekte wie z. B. eine künstliche Alterung der Aufnahmen erreichen können.

16.1 Ganz schnell: So wird Ihr Urlaubsfilm in einer Stunde fertig

Wenn Sie gerade aus dem Urlaub zurückkommen, wollen Sie Ihre Impressionen und Erlebnisse schnell mit Verwandten und Freunden teilen. Zum aufwendigen Bearbeiten und Nachvertonen der Aufnahmen haben Sie auf die Schnelle aber weder Zeit noch Lust. Mit dem Movie Maker können Sie aus Ihrer Sammlung von Urlaubsszenen in einer Stunde einen ansprechenden Film samt Musikuntermalung machen. Den brennen Sie auf eine DVD oder machen auch gleich mehrere Kopien, mit denen Sie Bekannte und Kollegen neidisch auf Ihren Urlaub (und Ihre Video-schnittkünste) machen können.

Mit folgendem Schnellkurs lassen sich die Fähigkeiten des Movie Maker rasch er-kunden. Anschließend erfahren Sie mehr zu den verschiedenen Funktionen.

1. Schließen Sie die Digicam an den PC an und überspielen Sie den oder die Videoclips auf den PC. Verwenden Sie hierfür gegebenenfalls die beigelegte Software des Camcorder-Herstellers.

2. Starten Sie den Movie Maker und lesen Sie unter *Videos und Fotos hinzufügen* die Videoclips sowie gegebenenfalls Bilddateien ein. Musikstücke zur Klang-untermalung können Sie mit *Musik hinzufügen* auswählen.

3. Anschließend finden Sie das gesamte importierte Material rechts in einer Sammlung wieder, die zugleich den Ablauf des fertigen Films festlegt. Nun ha-ben Sie die Chance, einzelne Clips auszusortieren und vor allem die Reihen-folge der Clips und Bilder zu verändern. Dafür erfassen Sie einfach eines der Elemente und ziehen es mit gedrückter linker Maustaste an die gewünschte Position im Film.

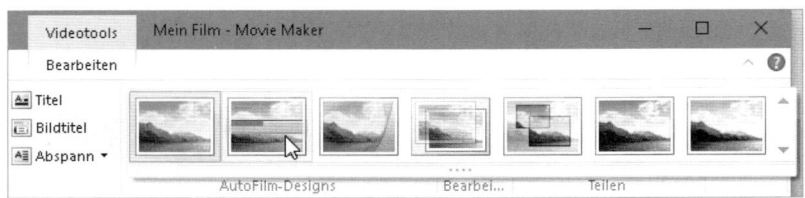

4. Klicken Sie dann in der Rubrik *Startseite* etwa mittig auf die Schaltfläche bei *AutoFilm-Designs* und wählen Sie dort eine Vorlage aus. (Die standardmäßig gewählte ganz linke Vorlage bedeutet, dass kein AutoFilm erzeugt wird.)

5. Sollten Sie dem Projekt noch kei-ne Musikdateien hinzugefügt ha-ben, weist die AutoFilm-Funktion Sie darauf hin. Mit *Ja* können Sie das nun noch nachholen. Mit *Nein* verzichten Sie darauf, erhalten da-durch aber einen „Stummfilm".

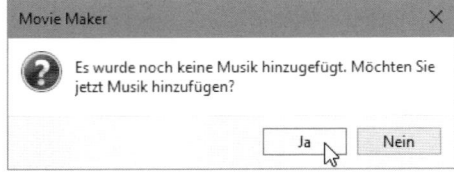

6. Der Assistent analysiert dann die vorhandenen Clips und versieht sie automa-tisch mit abwechslungsreichen Übergängen und Effekten. Titel und Hintergrund-musik – soweit vorhanden – werden auch gleich hinzugefügt.

7. Wollen Sie Anfang und Abspann mit einem eigenen Titel versehen, suchen Sie die entsprechenden Stellen in der Übersicht und doppelklicken auf den vor-handenen Text (standardmäßig *Mein Film* und *Ende*).

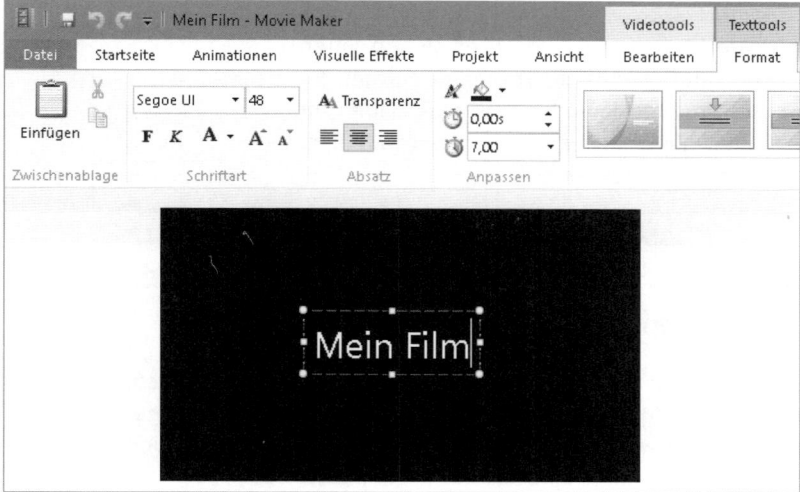

8. Sie können den Text nun im Vorschaubereich beliebig bearbeiten.

9. Wählen Sie schließlich in der Rubrik *Startseite* ganz rechts im Bereich *Teilen* eine der Ausgabemöglichkeiten, z. B. das Brennen auf eine DVD oder das Hochladen zur Videoplattform YouTube.

16.2 Mediendateien in den Movie Maker importieren

Der Movie Maker kann vorhandene Videos, Bilder und Audiodateien verarbeiten. Zu Beginn eines Projekts sollten Sie jeweils die Dateien importieren, die Sie verwenden wollen. Dabei geht es in erster Linie darum, diese Elemente zu sammeln. Der Movie Maker übernimmt zwar zunächst die Importreihenfolge auch als Szenenabfolge für den Film, aber das können Sie anschließend noch beliebig verändern.

1. Rufen Sie in der Rubrik *Startseite* die Funktion *Videos und Fotos hinzufügen* auf. Damit öffnen Sie einen Auswahldialog für alle Arten von Video- und Bilddateien.

2. Geben Sie im Auswahldialog die Dateien an, die Sie im Film verwenden wollen. Sie können mehrere Dateien auf einmal einfügen. Sie können den Dialog auch beliebig oft bemühen, um Dateien aus verschiedenen Ordnern zu importieren.

3. Alle importierten Mediendateien werden rechts im Movie Maker angezeigt. Hier stehen Ihnen eine Miniaturansicht mit Vorschau auf den Inhalt und eine Detailansicht mit allen Angaben zur Verfügung. Mit Letzterer können Sie die Mediensammlung auch sortieren.

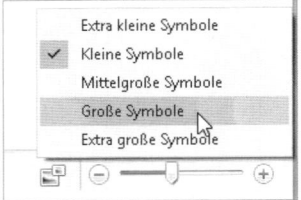

16.3 Filme und Videosequenzen schneiden und gestalten

Mit dem Movie Maker können Sie Ihre Videos beliebig montieren, das heißt, Sie können sich von der ursprünglichen chronologischen Reihenfolge, in der die Aufnahmen erstellt bzw. importiert wurden, lösen und die Szenen auch nach ganz anderen Kriterien zusammenstellen.

1. Die Videoclips, die Sie zuvor von einer digitalen Quelle überspielt oder von der Festplatte importiert haben, finden Sie in Ihrer Sammlung rechts im Movie-Maker-Fenster vor.

2. Die hier vorhandenen Clips und Bilder gehören automatisch zum Film, und die Reihenfolge der Elemente (von links nach rechts und dann von oben nach unten) gibt den Ablauf des Films vor.

3. Um den Ablauf des Films zu verändern, also z. B. einen anderen Clip an den Anfang zu stellen, ergreifen Sie dieses Element mit gedrückter linker Maustaste und ziehen es einfach an die gewünschte Position. Die anderen Clips werden automatisch entsprechend versetzt.

4. Um Elemente nachträglich doch wieder zu entfernen, wählen Sie diese einfach per Mausklick aus und drücken (Entf) oder wählen im Kontextmenü der rechten Maustaste *Entfernen*.

Die markierten Elemente werden dann ohne Rückfrage entfernt. Wohlgemerkt, das Löschen bezieht sich nur auf dieses Videoprojekt, die zugrunde liegenden Dateien bleiben unbeeinträchtigt.

5. Um sich einen Eindruck von dem montierten Film zu verschaffen, können Sie ihn mit einem Klick auf *Wiedergabe* jederzeit abspielen.

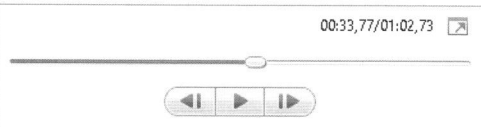

Wichtige Tasten für Filmtüftler

Ausdauernde Hobbyregisseure sollten sich ein paar Tasten für die schnelle Bedienung des Movie Maker merken: Die (Leer)-Taste startet die Wiedergabe des aktuellen Projekts bzw. setzt sie an der aktuellen Position fort. Ein erneutes Drücken der (Leer)-Taste hält sie wieder an. Mit (Pos1) springen Sie jederzeit an den Anfang des Films zurück. Mit (Pos1) und dann der (Leer)-Taste starten Sie die Wiedergabe also schnell von Beginn an. Mit den Pfeiltasten können Sie die verschiedenen Elemente des Videos durchlaufen. Die Wiedergabeposition springt dabei immer mit.

TIPP

Lange Videoclips auf den interessanten Teil kürzen

Häufig ist eine komplette Sequenz für die Verwendung im Film nicht optimal, weil sie zu lang geraten ist oder weil sich am Anfang oder am Ende Dinge befinden, die man nicht zeigen will. In solchen Fällen können Sie einen Clip auf den Bereich kürzen, den Sie genau zeigen wollen.

1. Verwenden Sie den Vorschaumonitor, um die Position im Clip anzusteuern, ab der die Wiedergabe beginnen soll. Alternativ können Sie auch die Wiedergabemarke in der Übersicht rechts verwenden. Diese lässt sich allerdings etwas weniger präzise steuern.

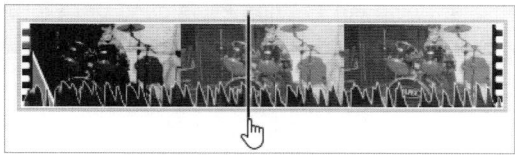

2. Wählen Sie dann im *Bearbeiten*-Menü die Funktion *Startpunkt festlegen* bzw. *Endpunkt festlegen*, um den Beginn oder das Ende des wiederzugebenden Bereichs zu definieren.

3. Der Movie Maker schneidet nicht wirklich Teile des Videos weg, sondern berücksichtigt beim Abspielen bzw. Erstellen des fertigen Films einfach nur den Teil eines Clips, der zwischen Start- und Endpunkt liegt.

Werbung aus TV-Aufnahmen herausschneiden

Auf ähnliche Weise können Sie den Movie Maker auch dazu benutzen, aus einem aufgenommenen TV-Film die unerwünschte Werbung herauszuschneiden. Die grundlegende Vorgehensweise dabei: Sie erstellen ein neues Projekt im Movie Maker und importieren dort den aufgenommenen Film. Dann markieren und entfernen Sie sämtliche Werbepausen. Anschließend erstellen Sie aus dem Projekt eine neue Videodatei, die nun den Film ohne kommerzielle Einlagen enthält.

1. Legen Sie mit *Neues Projekt* im Movie-Maker-Menü ein neues, leeres Projekt an und importieren Sie den Film. Sollte er aus mehreren Teilen bestehen, können Sie auch alle importieren und bei der Gelegenheit eine einzige Datei daraus machen.

2. Verwenden Sie nun den Schieber unter dem Vorschaubild rechts, um den Beginn der ersten Werbepause im Film zu finden. Suchen Sie dabei möglichst das letzte Bild des Films vor Beginn der Werbung.

3. Benutzen Sie im *Bearbeiten*-Menü das *Teilen*-Werkzeug. Der Movie Maker macht aus dem Film dann zwei Hälften, die genau an dieser Stelle getrennt sind.

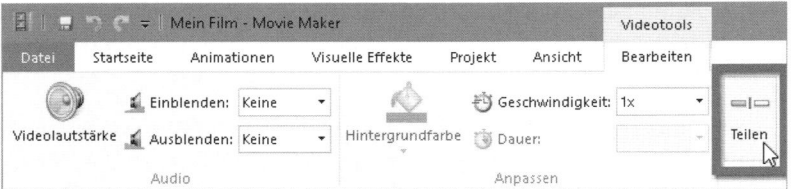

4. Fahren Sie mit dem Schieberegler fort und suchen Sie das Ende der Werbung bzw. den Wiederbeginn des Films. Sollte ein Teil des Films nach der Werbung wiederholt werden, wie das ja oft üblich ist, lassen Sie diesen gleich mit verschwinden.

5. Rufen Sie dann wieder die *Teilen*-Funktion auf. Der Movie Maker nimmt erneut eine Teilung vor, sodass Sie nun den langen Anfang des Films, den kurzen Teil mit der Werbung und anschließend den langen Rest des Films im Storyboard vorfinden.

6. Die mittlere kurze Szene entfernen Sie jetzt einfach, indem Sie sie markieren und (Entf) drücken bzw. mit der rechten Maustaste darauf klicken und *Entfernen* wählen.

Wiederholen Sie die Schritte 2 bis 5, bis alle Werbeszenen aus dem Film entfernt sind. Anschließend erstellen Sie aus dem Projekt einen Film, der nur den Film ohne Werbung enthält.

Szenenwechsel in Filmen interessant gestalten

Die Übergänge zwischen zwei Szenen gestaltet der Movie Maker standardmäßig abrupt, das heißt, es wird einfach vom letzten Bild der vorherigen auf das erste Bild der nächsten Szene gewechselt. Sie können Ihren Film aber auch mit verschiedenen Videoübergängen versehen. Das bietet sich insbesondere an, wenn mit einem Schnitt auch ein thematischer Wechsel beim Bildinhalt ansteht.

1. Zeigen Sie die Auswahl der Videoübergänge an, indem Sie das *Animationen-*Menü öffnen.

2. Die Videoübergänge bieten eine Reihe von Möglichkeiten, eine Szene optisch in die nächste übergehen zu lassen. Um die Wirkung der verschiedenen Übergänge zu sehen, bewegen Sie einfach den Mauszeiger darauf. Im Wiedergabebereich wird dann eine Vorschau angezeigt.

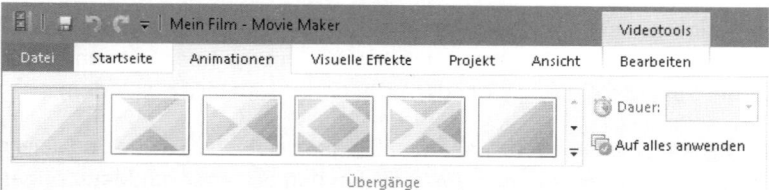

3. Wollen Sie einen der Videoübergänge zwischen zwei Szenen verwenden, wählen Sie in der Clipzusammenstellung den zweiten Clip aus und klicken dann die gewünschte Übergangsanimation an.

4. Sollte ein Übergang doch nicht so wie geplant wirken, können Sie ihn wieder entfernen, indem Sie stattdessen ganz links die leere Schaltfläche für *Kein Übergang* wählen.

Professionellen Titel und Nachspann einfügen

Ohne einen Titel ist ein Film nicht komplett. Mit dem Movie Maker können Sie aber nicht nur einen Schriftzug am Anfang Ihres Videos einblenden. Das Programm erlaubt Ihnen vielmehr, neben einem Titel mit Animationseffekten auch Untertitel und einen richtigen Abspann zu erstellen.

1. Um Ihrem Film einen Titel voranzustellen, platzieren Sie die Bearbeitungsmarke z. B. mit (Pos 1) ganz an den Beginn. Klicken Sie dann in der Rubrik *Startseite* auf *Titel*.

2. Der Movie Maker fügt daraufhin einen schwarzen Clip mit einem Standardtext zu Beginn des Films ein. Diesen können Sie beliebig bearbeiten.

3. Gleichzeitig wechselt das Menü oben in die *Texttools*. Hier stehen Ihnen Formatierungen zum Gestalten der Schrift zur Verfügung. Ebenso können Sie die Dauer der Texteinblendung verändern (Standard sind vier Sekunden).

4. Der Movie Maker verwendet standardmäßig ganz einfache Effekte und Animationen für die Titel. Rechts in den *Texttools* können Sie aber ein Menü öffnen, in dem Ihnen eine Auswahl an verschiedenen Animationen zur Verfügung steht, mit denen sich viele unterschiedliche Effekte erreichen lassen, wie man sie aus Film und Fernsehen kennt.

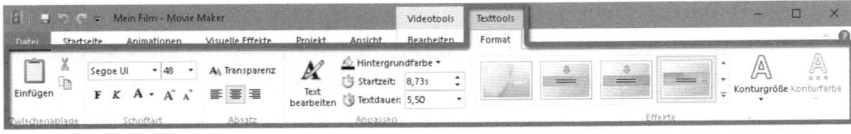

Einen Abspann fügen Sie auf die gleiche Weise ein. Geben Sie hier z. B. mehrere Beteiligte in mehreren Zeilen an (einfach mit (↵) trennen). Dieser Text kann dann z. B. wie bei einem „richtigen" Abspann von unten nach oben über den Bildschirm laufen (das Format dafür trägt die Bezeichnung *Fensterinhalt verschieben*).

16.4 Den fertigen Film erstellen und veröffentlichen

Haben Sie Ihren Film mit dem Movie Maker fertig gestaltet, können Sie ihn als Datei speichern oder aber auch gleich bei einer Onlinevideoplattform wie YouTube veröffentlichen. Dazu stellt das Programm eine ganze Reihe von Formaten zur Verfügung. Welches davon Sie wählen, hängt ganz davon ab, wie Sie den Film weiterverwenden wollen. Die entstehende Datei können Sie dann am PC beliebig wiedergeben, archivieren oder auch in anderen Programmen weiterbearbeiten.

1. Wenn Sie Ihr Filmprojekt im Movie Maker abgeschlossen haben, klicken Sie im Movie-Maker-Menü auf *Film speichern* und wählen das gewünschte Format aus. So können Sie den Film z. B. direkt für bestimmte Mobilgeräte optimieren oder für die Wiedergabe am PC in einem hochauflösenden Format speichern.

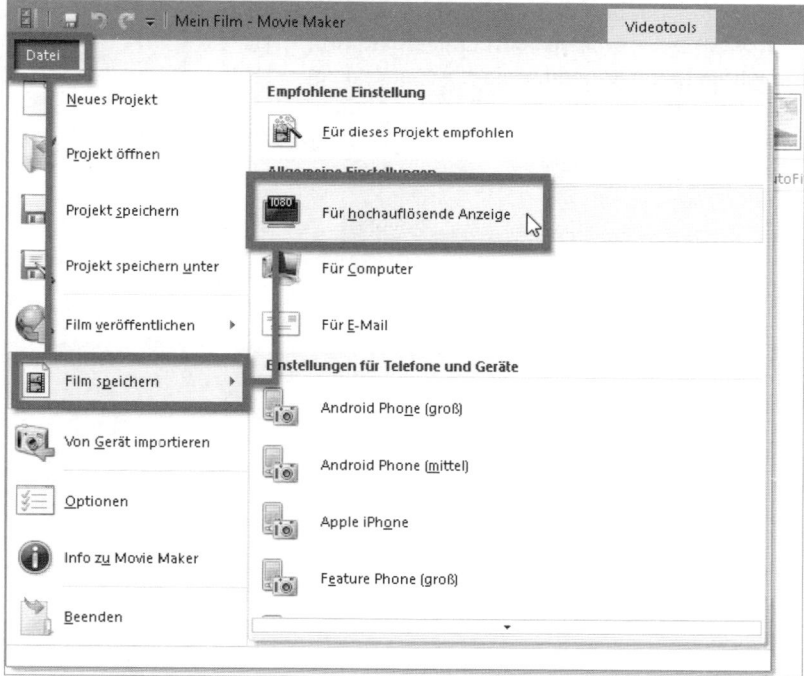

2. Geben Sie dann einen Dateinamen an und wählen Sie einen Ordner aus, in dem die Videodatei gespeichert werden soll.

3. Damit sind auch schon alle Einstellungen erledigt. Der Assistent beginnt nun damit, die Daten zu speichern. Da hierzu je nach vorhandenem Material einiger Umrechnungsaufwand nötig ist, kann dieser Vorgang abhängig von der Länge des Films einige Zeit in Anspruch nehmen. Eine Fortschrittsanzeige nebst Abschätzung der Restzeit hält Sie so lange auf dem Laufenden.

HINWEIS

Videos direkt bei YouTube & Co. veröffentlichen

Als Alternative zum Speichern als Datei auf der Festplatte bietet Ihnen der Movie Maker die Möglichkeit, den fertigen Film direkt zu einer Videoplattform im Internet hochzuladen. Von Haus aus unterstützt der Movie Maker einige beliebte Plattformen wie YouTube, Facebook, Flickr oder OneDrive.

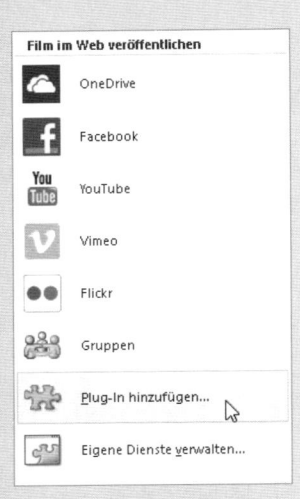

Weitere Anbieter können per Plug-in nachgerüstet werden. Wählen Sie hierzu im *Datei*-Menü im Bereich *Teilen* die gewünschte Plattform. Mit *Plug-In hinzufügen* öffnen Sie eine Webseite, von der Sie Erweiterungen herunterladen können. Für das Hochladen Ihrer Filme melden Sie sich mit Ihren Benutzerdaten bei der jeweiligen Onlineplattform an. Je nach Plattform können weitere Angaben zum Film wie etwa Titel, Schlagwörter, Beschreibungen und Bewertungen eingetragen werden, dann können Sie den Film hochladen.

Windows 10

Teil IV Sicherheit – PC, Daten und Anwender schützen

17 Mit dem Info-Center Windows aktuell und sicher halten

In früheren Zeiten für notorische Sicherheitsprobleme bekannt, hat Microsoft
das Windows-System mit den letzten
Versionen konsequent auf Sicherheit
getrimmt. Zwar ist es als meistverbreite-
tes Betriebssystem immer noch Ziel vieler Angriffe, aber wer seinen PC stets
auf dem aktuellen Stand hält und sinn-

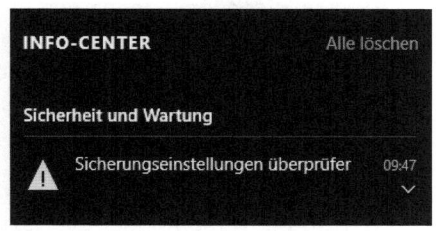

voll vor Schädlingen schützt, ist recht sicher unterwegs. Ein wichtiges Element ist
dabei, den Benutzer stets ins Bild zu setzen und auf wichtige Updates ebenso wie
unsichere Konfigurationen hinzuweisen und direkte Abhilfe zu ermöglichen. Wichtiges Element ist dabei ein dezentes Symbol im Infobereich, das sich bei Sicher-
heitsproblemen automatisch meldet und dann eine Abkürzung zu den relevanten
Einstellungen bietet. Diese führt in den meisten Fällen ins Info-Center, das Sie über
alle sicherheitsrelevanten Funktionen Ihres PCs auf dem Laufenden hält.

17.1 Das Benachrichtigungssymbol im Infobereich

Das Benachrichtigungssymbol im Infobereich kanalisiert
alle Informationen über den aktuellen Status Ihres Windows-
Betriebssystems. Dabei hält es sich wohltuend zurück. Weniger wichtige Hinweise, etwa dass der Windows Defender

mal wieder einen Scan machen sollte, werden dem Benutzer nicht direkt aufge-
zwungen, sind aber über das Symbol schnell abrufbar. Bei kritischen Situationen
wie z. B. Problemen mit dem Antivirenprogramm oder dem Ausfall der Firewall
gibt es aber trotzdem einen deutlichen Hinweis. So brauchen Sie diese wichtigen
Schutzfunktionen nicht ständig selbst im Auge zu behalten, sind aber trotzdem jederzeit über den Sicherheitsstatus im Bilde.

1. Üblicherweise wird das Symbol einfach unauffällig mit hellem Umriss
   auf dunklem Hintergrund dargestellt. Das bedeutet: Das System ist sicher, und es sind keine unmittelbaren Maßnahmen erforderlich.

2. Liegen Warnhinweise vor, verändert sich das Symbol und wird nun
   deutlich eingefärbt, sodass es sich optisch von den anderen System-
   symbolen unterscheidet.

3. Mit einem Klick darauf erfahren Sie, was los ist. Das Info-Center zeigt die aktuellen Meldungen an. Wird hier *Keine neuen Benachrichtigungen* angezeigt, ist
   mit Ihrem PC alles in bester Ordnung.

4. Liegen Meldungen vor, können diese meist direkt angeklickt werden
und führen Sie dann ohne Umwege
zu den entsprechenden Einstellungen
oder Funktionen, mit denen das Problem behoben werden kann. Solange
es keine wichtigen Meldungen sind,
erfordern sie aber nicht unbedingt ein
sofortiges Eingreifen.

5. Wenn das Problem erfolgreich korrigiert wurde, verschwindet die dazugehörende Meldung automatisch aus
dem Info-Center. Wollen Sie nichts
unternehmen, aber auch nicht mehr
ständig darauf hingewiesen werden,
können Sie einzelne Meldungen mit
dem x-Symbol löschen oder die Liste
oben mit *Alle löschen* komplett leeren.

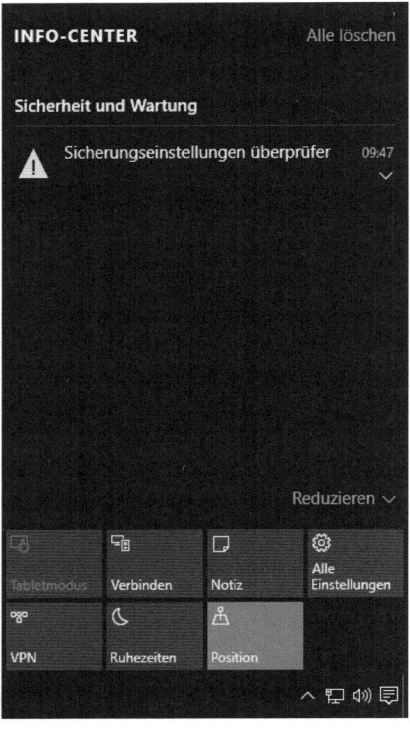

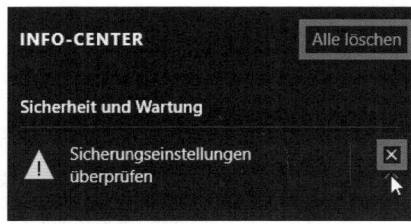

Die richtige Reaktion auf kritische Sicherheitshinweise

Neben eher harmlosen Dingen wie einem verpassten Update von Virensignaturen
gibt es deutlich kritischere Situationen – etwa dann, wenn Firewall oder Antivirenprogramm plötzlich deaktiviert sind und den PC schutzlos zurücklassen. In solchen
Fällen gibt es zusätzliche Sicherheitshinweise:

1. So erscheint beim ersten Auftreten der kritischen Situation
ein ausführlicher Hinweis im
Infobereich. Dieser wird aber
nach kurzer Zeit automatisch
ausgeblendet.

2. Haben Sie die Möglichkeit zum direkten Anklicken des Hinweises verpasst,
macht das nichts. Öffnen Sie einfach mit dem Benachrichtigungssymbol das
Info-Center.

3. Hier finden Sie die Nachricht. Diese können Sie nicht nur lesen, sondern meist auch anklicken. Die Wirkung ist dabei unterschiedlich: Häufig führt ein Klick Sie zu den entsprechenden Einstellungen. Teilweise, wie in diesem Beispiel, führt der Klick auch direkt eine Konfigurationsänderung herbei, die den kritischen Zustand beendet.

Lästige sinnlose Warnung loswerden

Einige der Hinweise im Info-Center sind nur begrenzt hilfreich. Das kann nervig werden, weil außer dem System selbst auch andere Apps Benachrichtigungen absetzen können. Wenn bestimmte Hinweise lästig und überflüssig sind, können Sie diese deaktivieren. Dies klappt allerdings nicht immer zuverlässig. Einige hartnäckige Hinweise von Windows selbst können Sie auf diese Weise leider nicht loswerden. Dafür ist der Bereich *Sicherheit und Wartung* der klassischen Systemsteuerung der bessere Ansprechpartner (siehe Seite 366).

1. Beschwert sich das Info-Center mit einem für Sie unnötigen Hinweis, klicken Sie mit der rechten Maustaste auf diese Meldung.

2. Klicken Sie dann im Kontextmenü auf *Benachrichtigungen für diese App deaktivieren*.

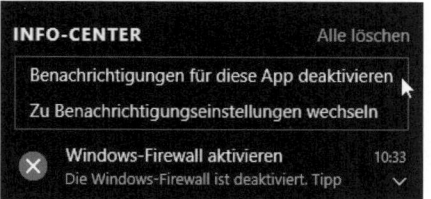

3. Die Meldung wird dadurch ausgeblendet und gleichzeitig bekommen Sie keine weiteren Hinweise auf denselben Sachverhalt.

4. Das eigentliche Problem ist damit selbstverständlich nicht gelöst. Deshalb sollten Sie diesen Schritt nur gehen, wenn Sie sicher sind, dass dieses Thema anderweitig gut gelöst ist und auch auf Dauer bleibt.

Vorübergehende Ruhe vor Warnhinweisen

Damit Sie nicht beispielsweise beim Spielen oder beim Filmgenuss von Warnmitteilungen belästigt werden, kennt das Info-Center den Ruhemodus. Ist dieser aktiviert, werden neue Meldungen einfach nur gesammelt. Es gibt aber (abgesehen vom Aussehen des Benachrichtigungssymbols) keine sichtbaren Hinweise auf vorliegende Probleme.

1. Um den Ruhemodus zu aktiveren, öffnen Sie das Info-Center und klicken unten auf die *Ruhezeiten*-Schaltfläche.

2. Diese wird dann als aktiv eingefärbt. Sie erhalten nun keine optischen oder akustischen
   Hinweise auf Probleme mehr.

3. Tippen Sie später erneut auf
   die *Ruhezeiten*-Schaltfläche,
   um die Hinweise wieder zu aktivieren.

Die Ruhezeiten sind als vorübergehende Lösung vorgesehen, um nicht zu unpassender Zeit gestört zu werden. Als dauerhafte Möglichkeit, Probleme auszublenden, eignen sie sich nicht. Nur wer regelmäßig einen Blick auf das Benachrichtigungssymbol bzw. ins Info-Center wirft, sollte *Ruhezeiten* dauerhaft aktiviert lassen.

17.2 Wartungscenter: alle sicherheitsrelevanten Fakten auf einen Blick

Zusätzlich zum Info-Center bringt Windows weiterhin in der klassischen Systemsteuerung das Modul *Sicherheit und Wartung* mit. Es überwacht sozusagen ständig die Lebenszeichen Ihres Windows. Im Zweifelsfall finden Sie hier nicht nur Hinweise auf Probleme, sondern auch kurze Wege zu den Lösungen. In der Kategorieansicht der Systemsteuerung finden Sie es unter *System und Sicherheit*.

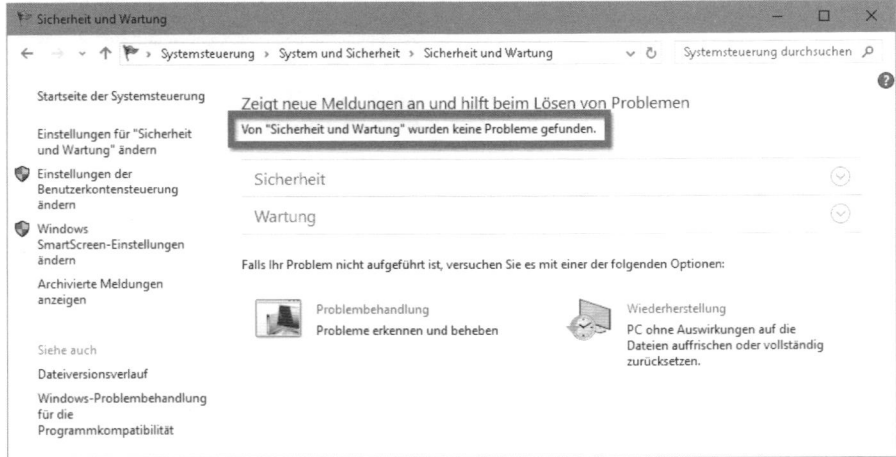

Ohne konkrete Probleme präsentiert sich das Wartungscenter aufgeräumt und übersichtlich.

Die Informationen des Wartungscenters unterteilen sich in die Bereiche *Sicherheit* und *Wartung*. Jeder dieser Bereiche kann mit einem einfachen Mausklick auf das kleine Pfeilsymbol rechts ausgeklappt werden, um den Status und die Einstellungen im Einzelnen zu begutachten sowie gegebenenfalls zu ändern.

In der Kategorie *Sicherheit* finden Sie eine Übersicht über alle sicherheitsrelevanten Komponenten von Windows:

■ *Netzwerkfirewall* – Hier können Sie den Status der Windows-Firewall ablesen.

■ *Virenschutz* – Zeigt an, ob ein Antivirenprogramm installiert und funktionstüchtig ist.

■ *Schutz vor Spyware und unerwünschter Software* – Hier wird die Funktionsfähigkeit des Windows Defender überwacht.

■ *Internetsicherheitseinstellungen* – Verrät, ob die Einstellungen der Internetsicherheit dem empfohlenen Standard entsprechen oder ein Risiko darstellen.

■ *Benutzerkontensteuerung* – Zeigt an, wie die Benutzerkontensteuerung derzeit konfiguriert ist, und umfasst einen Link zu dieser Einstellung.

■ *Windows SmartScreen* – Zeigt den Status des SmartScreen-Schutzes an und gibt Ihnen die Möglichkeit, dessen Verhalten zu steuern.

■ *Microsoft-Konto* – Verwenden Sie zum Anmelden an Ihrem PC ein Microsoft-Konto, können Sie hier den Status der Verbindung einsehen sowie die Seiten mit den Konteneinstellungen abrufen.

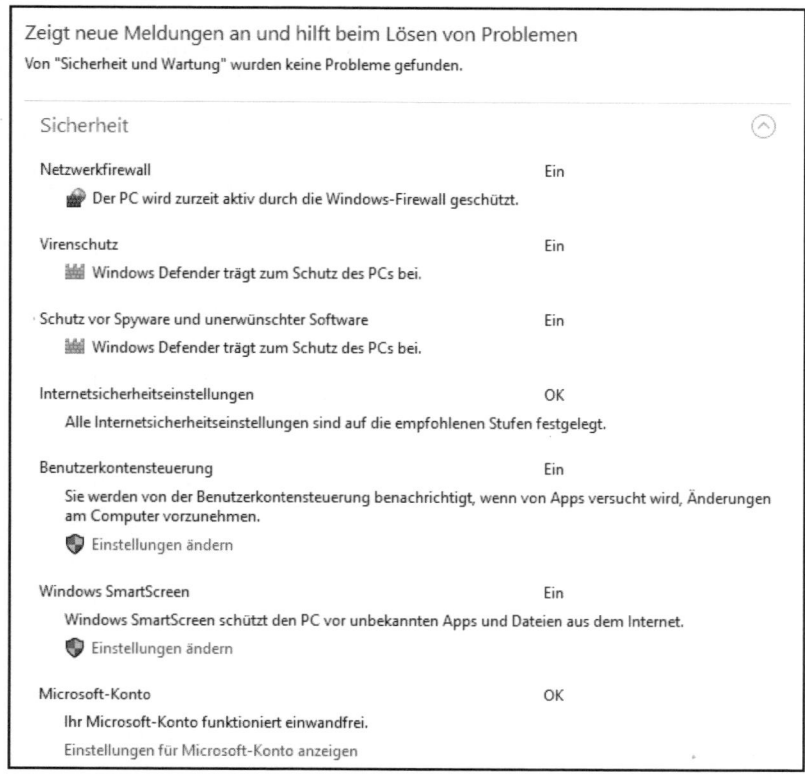

Der Bereich *Wartung* umfasst einige Funktionen, die nicht unmittelbar mit der Sicherheit des Systems zu tun haben, die aber für die „Gesundheit" des PCs trotzdem sehr wichtig sind:

■ *Nach Lösungen für Problemberichte suchen* – Hier sehen Sie, ob Ihr Windows nach Onlinelösungen für Probleme sucht, bzw. können schauen, ob Lösungen für berichtete Probleme vorhanden sind.

■ *Automatische Wartung* – Die automatische Wartung führt regelmäßige Aufgaben zum Optimieren von Windows durch. Hier können Sie ablesen, wann diese Wartung zuletzt durchgeführt wurde.

■ *Heimnetzgruppe* – Dieser Punkt zeigt an, ob Ihr PC Mitglied einer Heimnetzgruppe ist, und ermöglicht Ihnen Zugriff auf die entsprechenden Einstellungen.

■ *Dateiversionsverlauf* – Windows bringt eine neue automatische Sicherungsfunktion mit, die verschiedene Versionen Ihrer Dokumente aufbewahren und bei Bedarf einspielen kann. Hier können Sie ablesen, ob diese Funktion aktiv ist und wie der aktuelle Status ist (siehe auch Seite 235).

■ *Laufwerkstatus* – Zeigt an, ob alle angeschlossenen Laufwerke ordnungsgemäß funktionieren und ob eventuell Reparatur- oder Optimierungsmaßnahmen vorgenommen werden müssen.

■ *Gerätesoftware* – Sollte aktuellere Software für Ihr Windows-Gerät vorliegen, erfahren Sie das hier.

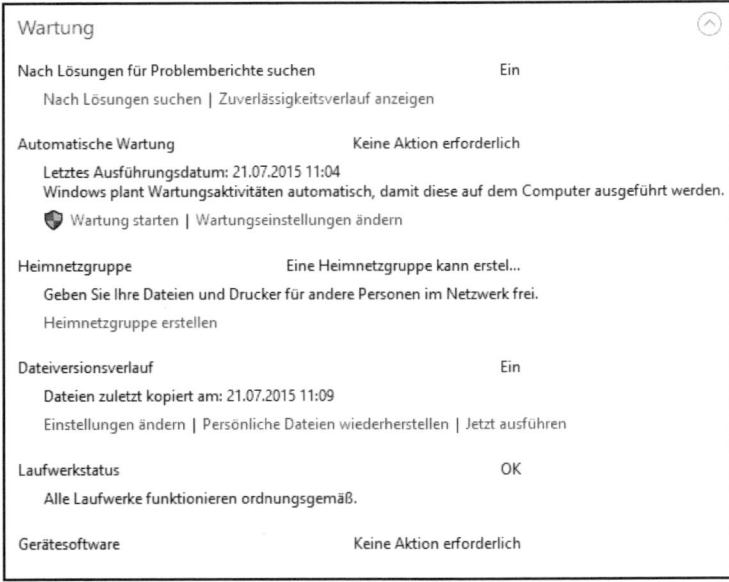

So zeigt das Wartungscenter Probleme eindeutig auf

Solange nichts vorliegt, gibt sich das Wartungscenter eher zugeknöpft. Liegen aber Sicherheitsprobleme vor, passt es sich dynamisch an und zeigt genau, wo der Hase im Pfeffer liegt. Und es liefert – wenn möglich – auch gleich konkrete Hinweise und Hilfestellungen dazu, wie das Problem gelöst werden kann.

Dabei verwendet es einen Farbcode: Kritische Sicherheitsprobleme werden rot markiert und sollten unmittelbar gelöst werden. Nicht unmittelbar bedrohliche Angelegenheiten werden gelb hervorgehoben. Sie sollten zwar auch nicht zum Dauerzustand werden, lassen sich aber notfalls ein wenig aufschieben.

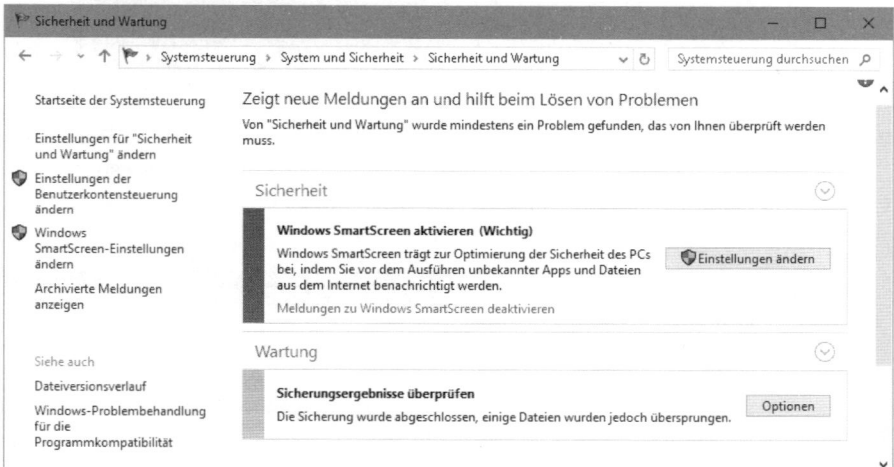

- Zu jedem kritischen oder weniger kritischen Eintrag finden Sie in der Regel eine Schaltfläche, die Sie zu einem Lösungsvorschlag führt. Ist z. B. eine wichtige Systemfunktion deaktiviert, können Sie sie hier direkt wieder einschalten. Handelt es sich um eine fehlerhafte, unsichere Konfiguration, rufen Sie damit die entsprechenden Einstellungen auf.

- Außerdem bietet das Wartungscenter bei jeder Art von Problem die Möglichkeit, weitere Meldungen hierzu zu unterdrücken. Das schafft das Problem zwar nicht aus der Welt, erspart einem aber zumindest den ständigen Hinweis darauf.

- Schließlich finden Sie ganz unten bei *Falls Ihr Problem nicht aufgeführt ist, versuchen Sie es mit einer der folgenden Optionen* weitere allgemeine Möglichkeiten zum Problemlösen. So kann Windows per Problembehandlung manches Problem selbst erkennen und beheben. Oder aber Sie setzen den PC per Systemwiederherstellung in einen früheren Zustand zurück, als das akute Problem noch nicht auftrat.

Die Warnhinweise des Wartungscenters nach Bedarf steuern

Standardmäßig meldet das Wartungscenter Hinweise zu allen Arten von Problemen, die sich dann von Fall zu Fall unterdrücken lassen. Sie können aber auch von vornherein festlegen, dass bestimmte Arten von Meldungen gar nicht erst angezeigt werden.

1. Klicken Sie dazu im Wartungscenter oben links auf *Einstellungen für "Sicherheit und Wartung" ändern*.

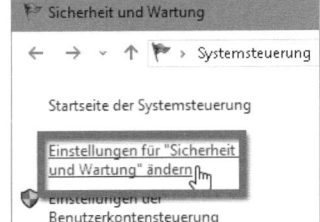

2. Im anschließenden Menü können Sie genau festlegen, zu welchen Bereichen überhaupt Sicherheits- bzw. Wartungsmeldungen angezeigt werden sollen. Entfernen Sie einfach die Häkchen bei den Themen, zu denen Sie keine Meldungen sehen wollen.

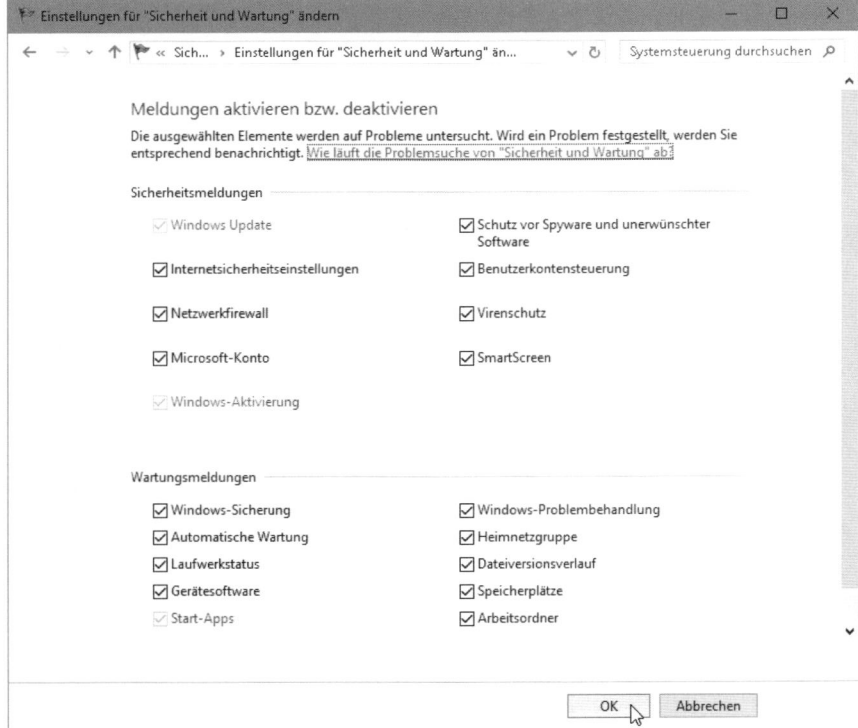

In den Wartungscentereinstellungen können Sie genau festlegen, wann Hinweise erfolgen sollen.

Die Einstellung bezieht sich sowohl auf eingeblendete Meldungen auf dem Desktop als auch im Info-Center sowie auf die Übersicht im Wartungscenter selbst.

3. Übernehmen Sie die veränderten Einstellungen dann mit *OK*.

Gilt auch für Meldungen bei kritischen Problemen!

Wenn Sie Hinweise für einen Bereich deaktivieren, gilt das für jede Art von Meldung in diesem Bereich. Auch für die Sicherheit kritische Situationen wie das Fehlen des Virenschutzes oder das Deaktivieren der Windows-Firewall werden dann nicht mehr vom System gemeldet. Deshalb sollte das Unterdrücken von Sicherheitsmeldungen nicht zu großzügig gehandhabt werden.

HINWEIS

17.3 Ganz bequem: Windows vollautomatisch auf dem neuesten Stand halten

Ohne Onlineupdates wäre die Sicherheit eines Betriebssystems heute praktisch nicht mehr zu gewährleisten. Ständig werden neue Sicherheitslücken oder auch andere Fehler entdeckt und erfordern das Einspielen von Aktualisierungen.

> **Windows Update**
>
> Es sind Updates verfügbar.
>
> • Sicherheitsupdate für Windows 10 für x64-basierte Systeme (KB3074667)
>
> Details

Bei Windows ist die Updatefunktion fest in das Betriebssystem integriert und arbeitet standardmäßig vollautomatisch. Wer wissen will, was Microsoft ihm mindestens einmal pro Monat so auf die Festplatte schaufelt, kann das aber auch selbst kontrollieren.

Die einfachste Variante beim Update ist noch immer der vollautomatische Ablauf: Windows nimmt hierzu regelmäßig von allein Kontakt zum Updateserver auf und lädt vorliegende Patches gegebenenfalls im Hintergrund herunter, wobei es dafür sorgt, dass die Internetverbindung dadurch nicht allzu merklich belastet wird. Anschließend werden die Updates installiert. Einzelne Komponenten und Dienste werden dabei notfalls ganz automatisch beendet und neu gestartet. Nur wenn ein Neustart notwendig wird, setzt Windows den Anwender davon in Kenntnis. Dies ist mittlerweile aber nur noch bei relativ wenigen systemnahen Updates erforderlich.

Alles in allem bekommt der Anwender also wenig von Updates mit, und sein System ist immer auf dem Stand, auf dem Microsoft es haben will. Auch für diese komfortabelste Version lohnt sich aber ein Blick in die Einstellungen, in denen Sie z. B. den Zeitpunkt für das Herunterladen von Updates auf eine Zeit legen können, in der der PC üblicherweise eingeschaltet, aber meist nicht gerade mit wichtigen Aufgaben beschäftigt ist.

1. Öffnen Sie die PC-Einstellungen und wechseln Sie dort in die Kategorie *Update und Sicherheit*. Darin landen Sie automatisch in der Untergruppe *Windows Update*.

2. Rechts oben sehen Sie dann direkt den Updatestatus Ihres PCs. Wird hier nicht auf wichtige Updates hingewiesen, besteht kein akuter Handlungsbedarf. Sie können aber trotzdem mit *Nach Updates suchen* sicherstellen, dass auch keine eventuell weniger wichtigen Aktualisierungen vorliegen.

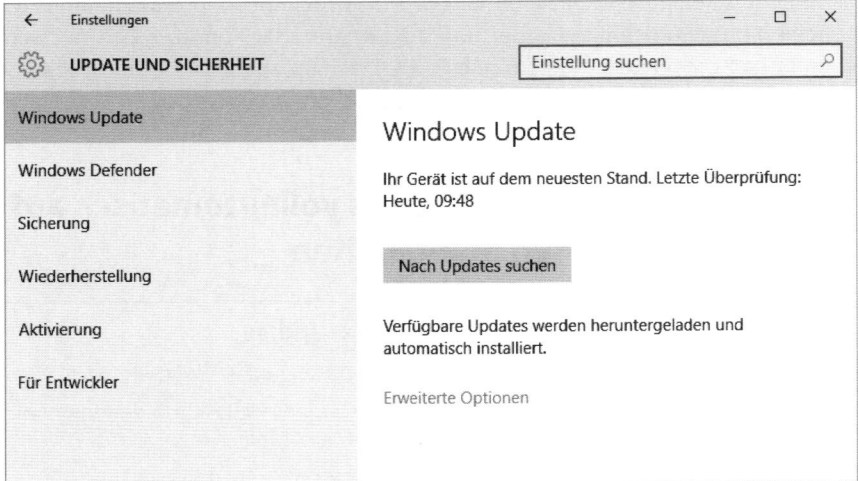

3. Liegen Updates vor, können Sie sich über die *Details* informieren und das Herunterladen und Installieren des Updates begleiten, was je nach Umfang ein Weilchen dauern kann.

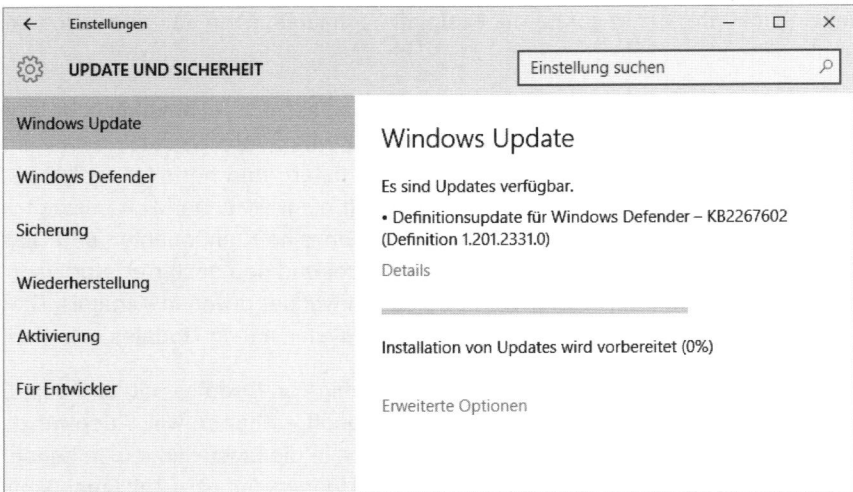

Ausführliche Informationen zu Updates

Microsoft versieht Updates in der Regel mit einer Referenznummer, die auf die Wissensdatenbank (Knowledge Base) der Firma verweist. Diese Referenznummer besteht aus dem Kürzel KB und einigen Ziffern, also z. B. KB123456. Wenn Sie mit einer beliebigen Suchmaschine nach dieser Referenznummer suchen, finden Sie meist sehr schnell den entsprechenden Artikel aus der Microsoft-Wissensdatenbank sowie gegebenenfalls weitere Informationsquellen zu dem Update bzw. dem zugrunde liegenden Problem.

Mehr Kontrolle: den Update-Zeitpunkt selbst bestimmen

Wer gern möglichst die Kontrolle über die Vorgänge auf seinem PC behalten möchte, ist mit der vollautomatischen Lösung möglicherweise nicht zufrieden. Schließlich kommt man so immer wieder in die Situation, dass Windows einen Neustart durchführen möchte, um Updates anzuwenden.

Um das zu vermeiden, können Sie Windows so einstellen, dass es Ihnen die Entscheidung überlässt, wann Updates und Neustarts durchzuführen sind. Das bedeutet zwar etwas mehr Aufwand und Eigenverantwortung, aber eben auch mehr Kontrolle über den Updatevorgang.

1. Öffnen Sie hierzu wie vorangehend beschrieben die Einstellungen von Windows Update und wählen Sie dort *Erweiterte Optionen*.

2. Hier können Sie ganz oben die *Installationsart für Updates auswählen*. Entscheiden Sie sich für *Zur Planung eines Neustarts benachrichtigen*.

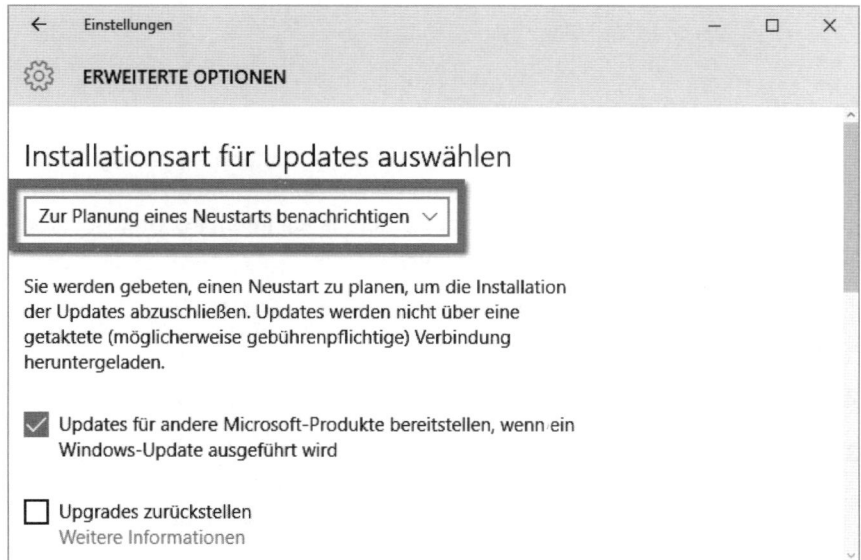

Hinweis: Die Einstellung wirkt sich nur auf Updates aus, die einen Windows-Neustart erfordern. Updates, die im laufenden Betrieb eingespielt werden können (und das sind die meisten), führt Windows so oder so vollautomatisch durch.

3. Die Option *Upgrades zurückstellen* ist bei Windows 10 nur ab der Pro-Version vorhanden. Sie ermöglicht es, neue Windows-Funktionen erst nach jeweils vier Monaten „Probezeit" zu installieren. Wer befürchtet, dass Updates sich negativ auswirken, kann sie so erst mal bei anderen Benutzern „reifen" lassen. Dies gilt allerdings nicht für sicherheitsrelevante Updates bzw. reine Fehlerkorrekturen für vorhandene Funktionen.

 Die Downloaddauer bei Updates

HINWEIS

Der Download von Windows-Updates ist nicht unbedingt mit einem „normalen" Dateidownload zu vergleichen. Microsoft hat sehr darauf geachtet, dass durch das Herunterladen der Updates die Arbeit mit dem PC nicht beeinträchtigt wird. Das gilt insbesondere für die Netzwerk- bzw. Internetverbindung.

Wird diese zeitgleich von anderen Anwendungen benutzt, fährt Windows den Anteil der Updatedownloads am Datenverkehr auf ein Minimum zurück. Dadurch kann es passieren, dass der Download der Aktualisierungen sogar tagelang dauert, wenn Sie z. B. ein Filesharing-Programm oder eine intensiv genutzte Serveranwendung rund um die Uhr laufen lassen.

Benutzen Sie den Internetanschluss hingegen gerade gar nicht, ist der Download meist innerhalb einiger Sekunden bis weniger Minuten erledigt. Im Allgemeinen brauchen Sie sich deswegen aber auch keine Gedanken zu machen. Lediglich bei aktuellen sicherheitskritischen Updates ist es sinnvoll, andere Aktivitäten vorübergehend einzustellen, um den Download möglichst schnell durchzuführen.

Installierte Updates überprüfen

Wenn das Installieren von Updates automatisch im Hintergrund erfolgt, kann man nie sicher sein, welche Aktualisierungen bereits vorgenommen wurden und welche noch nicht. Ob ein bestimmtes Update bereits auf Ihrem PC eingespielt wurde, können Sie aber schnell herausbekommen.

1. Öffnen Sie in den Einstellungen *Update und Sicherheit/Windows Update* und öffnen Sie dort *Erweiterte Optionen*.

2. Dort finden Sie unter anderem einen Link *Updateverlauf anzeigen*.

3. Damit öffnen Sie den Updateverlauf, der eine Liste aller durchgeführten Updates umfasst. Neben Name und Installationsdatum verrät jeder Eintrag auch, ob diese Aktualisierung erfolgreich installiert werden konnte.

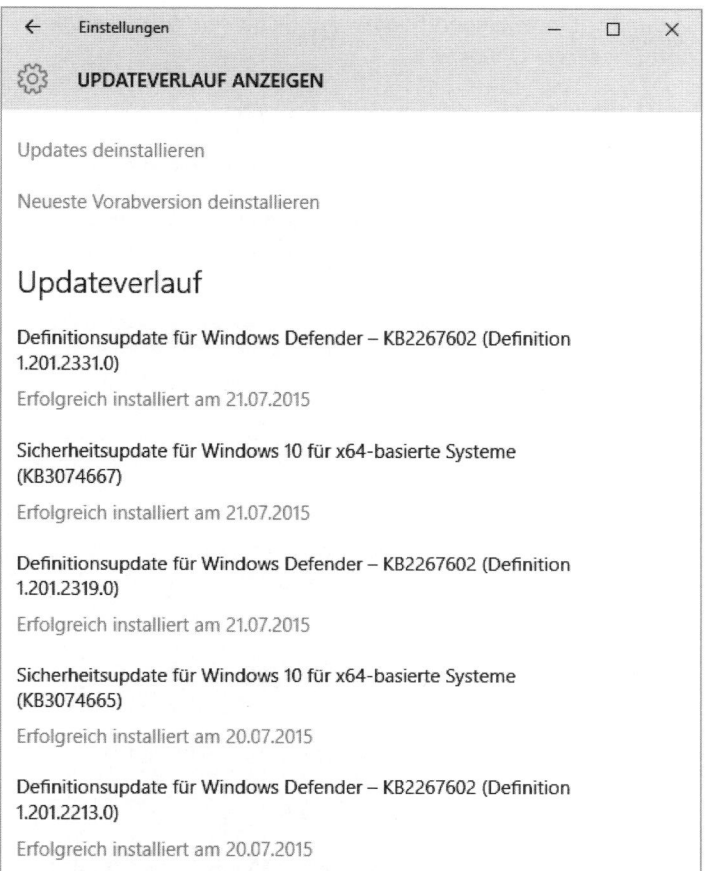

Sollte bei einem Update keine erfolgreiche Installation gemeldet werden, prüfen Sie zunächst, ob diese Aktualisierung vielleicht zu einem späteren Zeitpunkt bereits erfolgreich nachgeholt werden konnte. Andernfalls sollten Sie einen erneuten Versuch starten, dieses Update zu installieren.

Updates bei Problemen mittels Rollback rückgängig machen

Sollten durch ein Update wider Erwarten Probleme auftreten oder eine wichtige Anwendung nun nicht mehr wie gewünscht funktionieren, können Sie Updates auch rückgängig machen. Die Änderungen durch das Update werden dann auch rückgängig gemacht und die vorherigen Versionen der entsprechenden Dateien wiederhergestellt. Dies sollte allerdings eine Ausnahme für wirklich problematische Situationen bleiben. Prinzipiell sind gerade wichtige Updates für die Sicherheit Ihres PCs unerlässlich. Außerdem kann das Deinstallieren einzelner Updates wiederum neue Probleme verursachen. Deshalb ist es bei manchen Updates auch von vornherein ausgeschlossen.

1. Öffnen Sie in den PC-Einstellungen *Update und Sicherheit/Windows Update* und öffnen Sie dort *Erweiterte Optionen*.

2. Klicken Sie dort auf den Link *Updateverlauf anzeigen*.

3. Klicken Sie im Updateverlauf ganz oben auf *Updates deinstallieren*.

4. Damit öffnen Sie eine Liste der installierten Updates. Diese können Sie z. B. anhand der Spalte *Installiert am* (ganz rechts) sortieren lassen, um die zuletzt installierten Updates nach oben zu bringen.

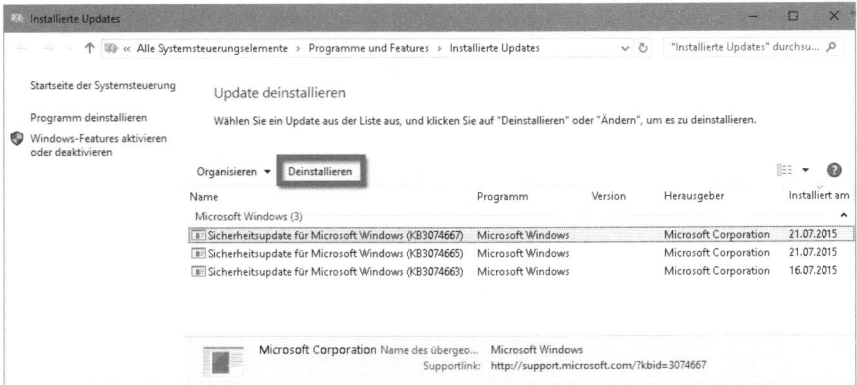

5. Wählen Sie das fragliche Update aus und klicken Sie dann auf *Deinstallieren*.

Deinstallieren nicht möglich?

Bei manchen Updates wird keine *Deinstallieren*-Schaltfläche angezeigt, wenn Sie den Eintrag auswählen. Solche Updates können nicht deinstalliert werden. Dies hat in der Regel technische Gründe, etwa weil bestimmte Komponenten dann nicht mehr funktionieren würden. Bei weiter zurückliegenden Updates kann es auch daran liegen, dass die Deinstallationsinformationen inzwischen gelöscht wurden, um den Speicherplatz freizugeben. Auch in solchen Fällen ist kein Deinstallieren mehr möglich.

18 Schützen Sie sich gegen Angriffe aus dem Netz

Eine Firewall gehört schon seit einigen Jahren zum Lieferumfang von Windows. Das ist auch sinnvoll, denn eine solche Schutzfunktion bietet zwar keine vollkommene Sicherheit, aber einen guten Basisschutz. Da eine Firewall an sich ein recht komplexes Instrument ist, das in den Detaileinstellungen zumindest Grundwissen über Netzwerke erfordert, hat Microsoft die Windows-Firewall quasi zweigeteilt. Wer einfach nur sichere Einstellungen ohne viel Aufwand haben möchte, kann die Firewall mit einigen wenigen Grundeinstellungen in seinem Sinn konfigurieren. Wer aber in die Details gehen und spezifische Einstellungen für besondere Szenarien konfigurieren will, kann in den erweiterten Einstellungen sozusagen an jeder kleinen Schraube selbst drehen.

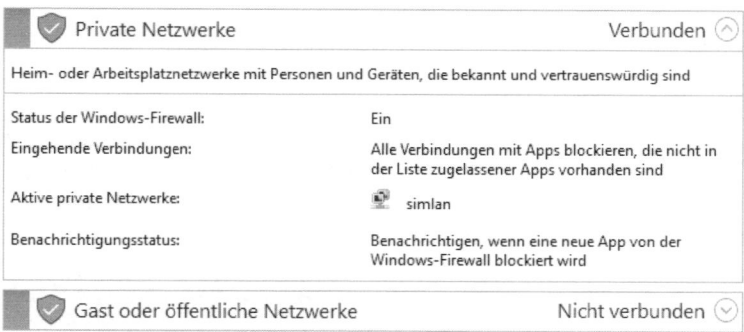

18.1 Die klassische Windows-Firewall für zuverlässigen Basisschutz

Angesichts der Gefahren im Internet ist eine Firewall eine unerlässliche Maßnahme. Sie filtert unerwünschte und potenziell gefährliche Pakete und Anfragen aus dem Datenstrom heraus und verhindert so, dass sie auf den PC gelangen. So werden die Zugänge des PCs vor unerwünschten Gästen geschützt, und auch bösartige Angriffe wie Portscans und Denial-of-Service-Attacken werden abgewehrt. Windows bringt hierfür einen Basisschutz in Form seiner klassischen Windows-Firewall mit.

Sichere Basiskonfiguration

Die Windows-Firewall kann für jegliche Arten von Internetverbindung verwendet werden. Dabei spielt es keine Rolle, ob es sich um eine Einwählverbindung, einen DSL-Zugang über ein lokales Netzwerk oder auch um ein Drahtlosnetzwerk handelt. Die Firewall-Einstellungen können auf die jeweilige Rechner- und Zugangskonfiguration und das persönliche Sicherheitsbedürfnis abgestimmt werden.

Hierzu unterscheidet die Firewall – wie auch das Netzwerk- und Freigabecenter – grundsätzlich zwei Arten von Netzwerken:

■ Das sind zum einen **private Netzwerke** zu Hause oder an einem Arbeitsplatz, wo der PC mit anderen, prinzipiell vertrauenswürdigen PCs verbunden ist. Standardmäßig sind hier der Datenaustausch und das Teilen von Ressourcen möglich, und die Firewall-Einstellungen sind weniger restriktiv bzw. lassen problematische Aktivitäten gegebenenfalls nach einer Rückfrage zu.

■ **Gast- oder öffentliche Netzwerke** wie z. B. offene WLAN-Hotspots oder Firmennetze, die von vielen Anwendern genutzt werden, behandelt Windows wesentlich restriktiver. Datenaustausch und Ressourcenfreigabe sind hier standardmäßig nicht möglich. Eine vom öffentlichen Netzwerk bereitgestellte Internetverbindung kann selbstverständlich genutzt werden, unterliegt aber einer strengen Kontrolle bezüglich der Art der übertragenen Daten.

1. Um die *Windows-Firewall* einzustellen, öffnen Sie das gleichnamige Modul der klassischen Systemsteuerung.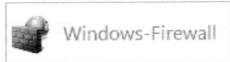

2. Im anschließenden Menü können Sie nun den aktuellen Status von Netzwerk und Firewall sowie die Grundkonfiguration der Firewall einsehen. Hier zeigt sich die Unterscheidung in private und öffentliche Netzwerke deutlich. Für jeden Bereich ist eine eigene Übersicht vorhanden, und Sie können dieselben – getrennten – Einstellungen für beide Arten von Netzwerken vornehmen.

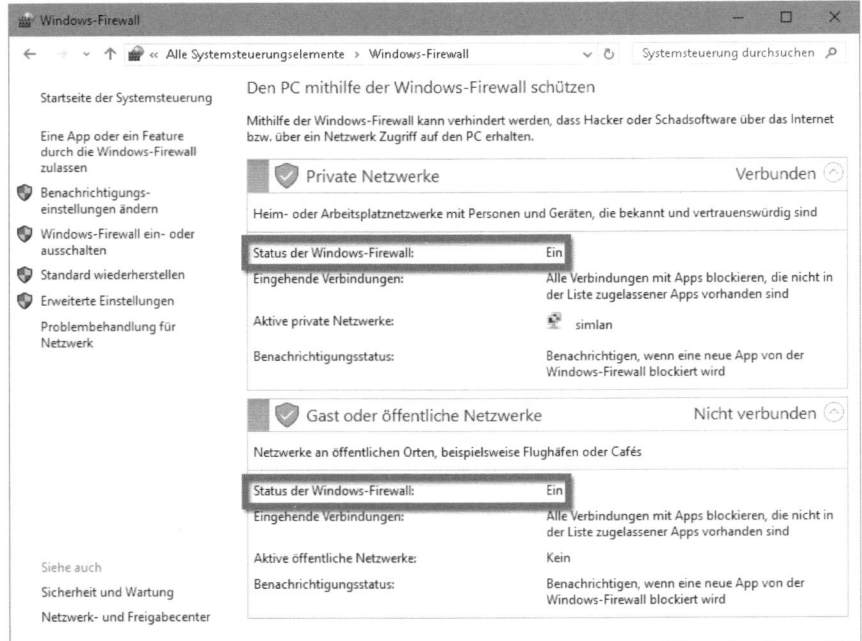

3. Um die Konfiguration der Firewall zu verändern, klicken Sie links auf *Windows-Firewall ein- oder ausschalten*. So öffnen Sie die eigentlichen Firewall-Einstel-

lungen. Auch hier ist alles zweigeteilt, und alle Einstellungen können separat für geschlossene und öffentliche Netze vorgenommen werden:

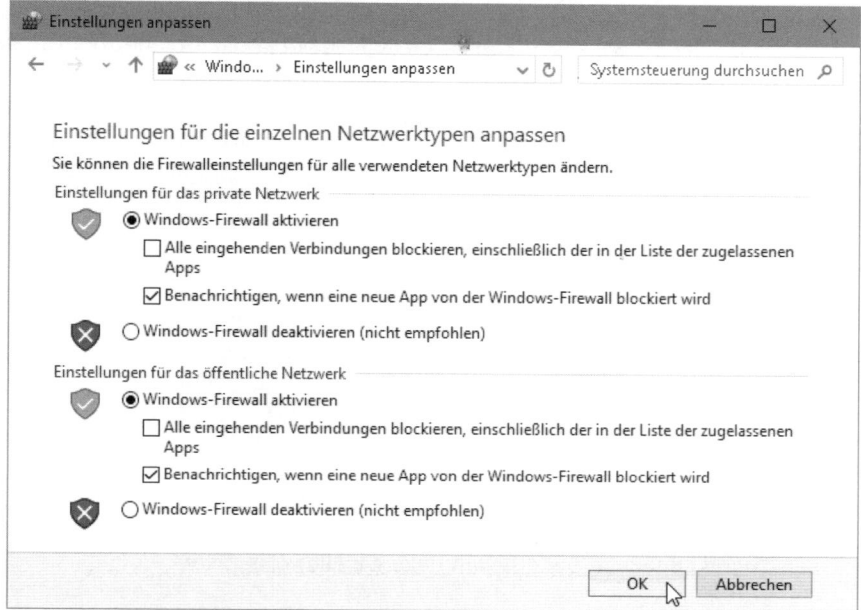

■ Standardmäßig ist die Schutzfunktion mit *Windows-Firewall aktivieren* eingeschaltet und läuft mit Basisregeln, die die üblichen Internetanwendungen zulassen. Nicht angeforderte Datenpakete von anderen Rechnern werden dabei verworfen, wenn diese nicht ausdrücklich als Ausnahmen definiert sind. Somit sind Sie vor Portscans, Trojanern etc. schon recht gut geschützt.

■ Insbesondere für mobile PCs, die hin und wieder an öffentlichen Netzwerken wie z. B. WLANs betrieben werden, ist die Option *Alle eingehenden Verbindungen blockieren, einschließlich der in der Liste der zugelassenen Apps* gedacht. Sie ignoriert auch definierte Ausnahmeregeln und bietet so noch mehr Schutz.

■ Die Option *Benachrichtigen, wenn eine neue App von der Windows-Firewall blockiert wird* setzt Sie davon in Kenntnis, wenn die Firewall aktiv ins Geschehen eingreift. Das kann sinnvoll sein, da ansonsten Anwendungen mit Internetzugriff nicht funktionieren und Sie nicht erfahren, warum das so ist. Sollten die Meldungen der Firewall nervig sein, können Sie sie aber so unterdrücken.

■ Die Firewall mit *Windows-Firewall deaktivieren* auszuschalten, empfiehlt sich nur, wenn Sie stattdessen andere, mindestens ebenbürtige Schutzmaßnahmen ergreifen.

4. Wenn Sie die geänderte Einstellung mit *OK* übernehmen, wird die Firewall-Funktion entsprechend der Auswahl eingestellt. Dies ist ohne Neustart möglich, sodass Sie den Modus auch während des Betriebs jederzeit schnell wechseln können.

Schalten Sie Ihren Onlineprogrammen den Internetzugang frei

Die Windows-Firewall überwacht nicht nur den von außen ankommenden Datenverkehr, sondern achtet auch auf Programme, die vom PC aus Daten ins Internet übertragen wollen. Schließlich könnte es sich dabei ja um Trojaner oder andere schwarze Schafe handeln. Nimmt ein Programm Kontakt mit dem Internet auf, vergleicht die Windows-Firewall dieses mit ihrer internen Liste und wird aktiv, wenn das Programm dort nicht verzeichnet oder gar gesperrt ist. Das kann freilich auch passieren, wenn Sie selbst eine Internetanwendung zum ersten Mal starten. Dann müssen Sie Windows beibringen, dieses Programm zu akzeptieren.

 HINWEIS

Nachricht beim Blockieren von Programmen

Damit das interaktive Freischalten von Anwendungen für den Internetzugriff gelingen kann, muss in den Einstellungen der Windows-Firewall die Option *Benachrichtigen, wenn eine neue App von der Windows-Firewall blockiert wird* eingeschaltet sein (siehe vorangegangenen Abschnitt).

1. Wenn ein Programm auf das Internet zugreifen möchte, das die Windows-Firewall bislang nicht in der internen Liste verzeichnet hat, blockiert sie dessen Zugriff zunächst. Sie erhalten dazu ein Hinweisfenster.

2. Haben Sie dieses Programm selbst aufgerufen und wollen es online benutzen, können Sie zunächst wählen, ob der Zugriff nur in geschlossenen privaten Netzwerken oder auch an öffentlichen Hotspots erlaubt sein soll.

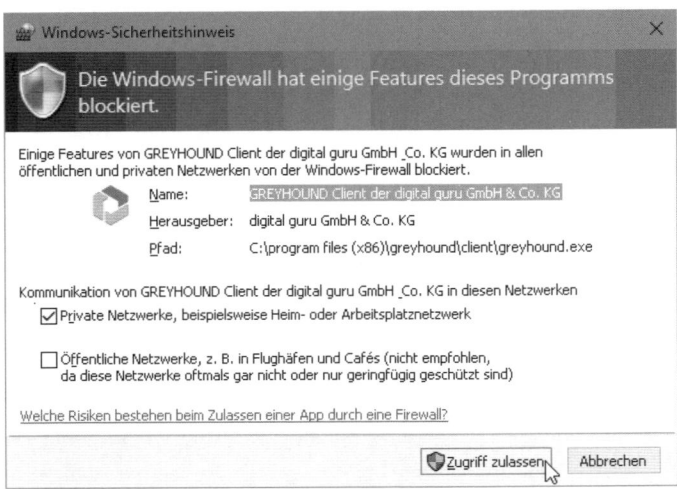

3. Klicken Sie dann unten auf *Zugriff zulassen*.

4. Wurde das Programm versehentlich gestartet oder handelt es sich um ein Programm, das gar keine Internetfunktionen haben sollte, oder haben Sie vielleicht gar kein Programm gestartet, klicken Sie unten rechts auf die Schaltfläche *Abbrechen*. Damit wird dieses Programm auf die rote Liste gesetzt.

Die Zugangserlaubnis für ein Internetprogramm zurückziehen

Wenn Sie einem Internetprogramm den Zugriff aufs Internet gestattet haben, fragt Windows nicht mehr nach, sondern startet das Programm immer sofort. Das liegt daran, dass die Windows-Firewall alle Programme, denen Sie den Zugriff einmal erlaubt haben, in einer Liste speichert, um wiederholte Nachfragen zu vermeiden. Sie können ein Programm aber wieder aus dieser Liste streichen.

1. Öffnen Sie die Windows-Firewall-Einstellungen und klicken Sie dort links oben auf *Eine App oder ein Feature durch die Windows-Firewall zulassen*.

2. Klicken Sie im anschließenden Dialog zunächst oben auf die Schaltfläche *Einstellungen ändern*.

3. Suchen Sie in der Liste darunter einen Eintrag mit dem Namen des Programms. Wählen Sie diesen aus und klicken Sie dann ganz unten rechts auf die Schaltfläche *Entfernen*.

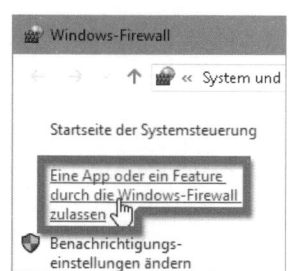

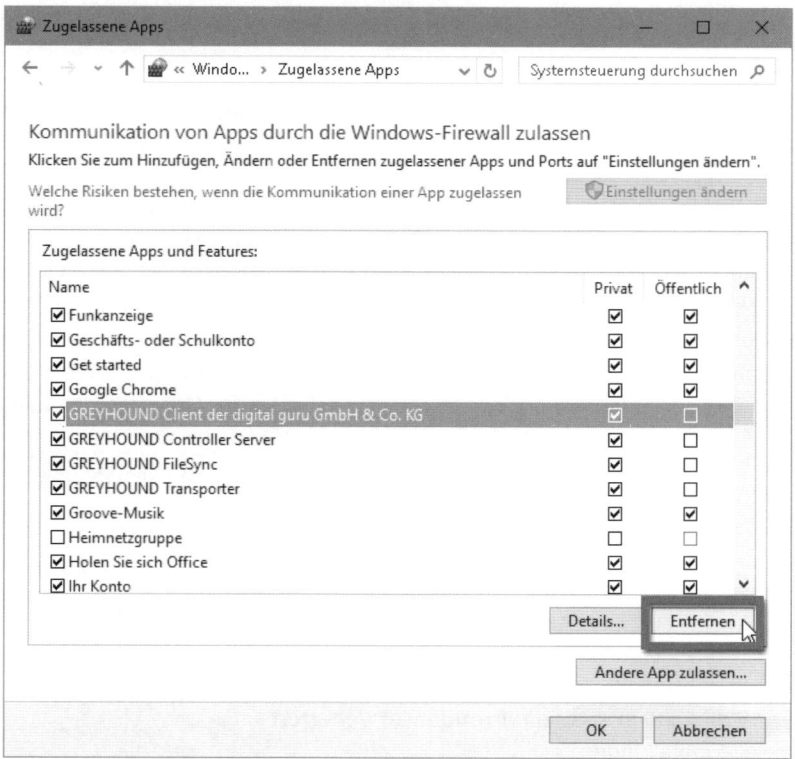

4. Bestätigen Sie die Sicherheitsrückfrage mit *Ja* und übernehmen Sie die Änderung schließlich mit *OK*. Beim nächsten Start dieser Anwendung fragt die Windows-Firewall wieder nach, und Sie können das Programm nun z. B. für den Internetzugang sperren.

App löschen

Wenn Sie "GREYHOUND Client der digital guru GmbH & Co. KG" aus der Ausnahmeliste entfernen, wird es eventuell nicht mehr richtig funktionieren. Deaktivieren Sie das zugehörige Kontrollkästchen, um es nur temporär zu deaktivieren.

Möchten Sie es weiterhin entfernen?

Ja   Nein

Internetanwendungen via Netzwerkports freischalten

Die Basiseinstellungen der Windows-Firewall sind komplett anwendungsorientiert. Freigaben können also immer nur für ein konkretes Programm ausgestellt werden. Sie können auch bestimmte Netzwerkports z. B. für VoIP-Internettelefonie, P2P-Tauschbörsen oder Instant Messaging freigeben, die dann von beliebigen Anwendungen genutzt werden können. Solche Einstellungen können aber nur in den erweiterten Einstellungen der Windows-Firewall vorgenommen werden (siehe im Folgenden).

18.2 Erweiterte Firewall-Einstellungen für flexiblen Schutz

Die Basisoptionen der Windows-Firewall lassen nur Grundeinstellungen sowie das Freigeben oder Sperren konkreter Anwendungen zu. Wer mehr will, muss sich mit den erweiterten Einstellungen beschäftigen. Deren Optionen und Möglichkeiten sind vielfältig und erfordern etwas mehr Kenntnisse als bei der klassischen Variante. Vor allem aber sind die Konfigurationsmöglichkeiten wohl etwas zu umfangreich und komplex, um sie als Symbol innerhalb der Systemsteuerung zu präsentieren. Deshalb führt der entsprechende Link Sie in die Tiefen der Computerverwaltung.

1. In den Basiseinstellungen der Windows-Firewall finden Sie diesen Link unter der Bezeichnung *Erweiterte Einstellungen*.

2. Damit gelangen Sie direkt in die auf den ersten Blick vielleicht etwas verwirrenden erweiterten Firewall-Einstellungen.

3. Im mittleren Bereich sehen Sie in der Übersicht die aktuellen Statusinformationen zur erweiterten Windows-Firewall. Achten Sie hierbei vor allem auf die Angaben zu dem Profil, bei dem *ist aktiv* vermerkt ist. Hier können Sie sehen, ob die Firewall derzeit aktiviert ist und wie sie mit eingehenden und ausgehenden Verbindungen standardmäßig umgeht.

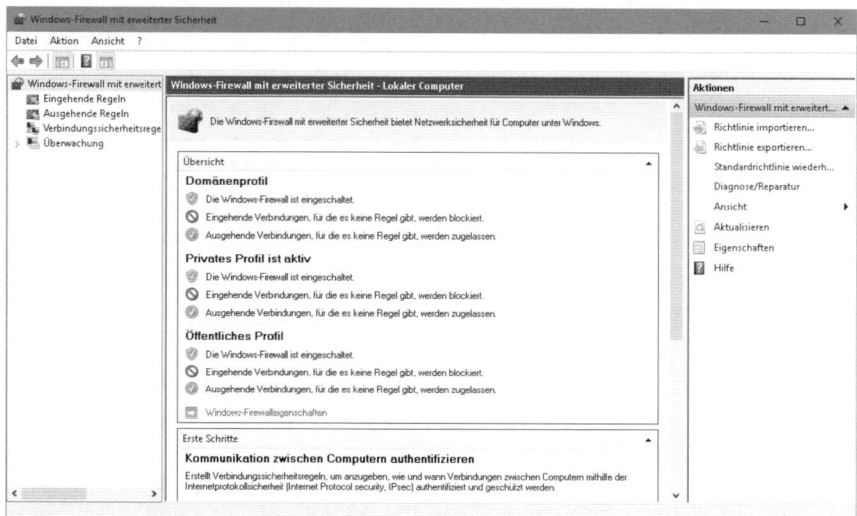

Welches Profil ist das richtige?

Die erweiterte Windows-Firewall kann mit Einstellungen für verschiedene Szenarien versehen werden. Wenn Ihr PC mit einem Firmennetzwerk verbunden ist, das von einem Domänencontroller koordiniert wird, sind die Einstellungen unter *Domänenprofil* entscheidend. Für den klassischen Heim-PC, der allein steht oder nur mit einem kleinen lokalen Netzwerk verbunden ist, gelten die Einstellungen unter *Privates Profil*. Wenn Sie mit Ihrem PC an einem öffentlichen Netz teilnehmen, z. B. per WLAN in einem Internetcafé, werden die Einstellungen bei *Öffentliches Profil* verwendet. Die Optionen selbst unterscheiden sich nicht. Sie können aber verschiedene Einstellungen wählen, wenn der PC sich z. B. im Firmennetzwerk anders verhalten soll als zu Hause.

TIPP

4. Weitere Informationen zur Firewall erhalten Sie über die Navigationsleiste ganz links. Dem Eintrag der Windows-Firewall ist ein Symbol vorangestellt. Genau wie in einer Ordnerleiste können Sie den Eintrag mit einem Klick darauf aufklappen und so weitere Unterbereiche zum Vorschein bringen, etwa die Listen mit den vordefinierten Ausnahmen für eingehende und ausgehende Datenverbindungen oder die Einstellungen zum Überwachen der Firewall.

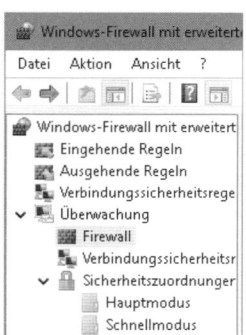

5. Ganz rechts im Fenster sehen Sie die Leiste *Aktio-nen*. Diese ist kontextabhängig und verändert sich, wenn Sie links einen der Bereiche auswählen. Sie stellt jeweils die Funktionen zur Verfügung, die für die verschiedenen Bereiche relevant sind, wie z. B. das Anlegen neuer Ausnahmen. Außerdem finden Sie immer Funktionen zum Steuern der Ansicht so-wie einen *Hilfe*-Link.

Die erweiterte Firewall konfigurieren

Die erweiterten Einstellungen der Windows-Firewall erlauben Ihnen wesentlich flexiblere und tiefer greifende Eingriffe in diese wichtigen Schutzmechanismen. Deshalb sollten Sie dabei auf eine sinnvolle Konfiguration achten, um die Netz-werkfunktionen Ihres PCs nicht zu beeinträchtigen.

1. Um die erweiterte Firewall einzustellen, wählen Sie links ganz oben den Ein-trag *Windows-Firewall mit erweiterter Sicherheit* und klicken dann im mittleren Bereich im Abschnitt *Übersicht* ganz unten auf den Link *Windows-Firewalleigen-schaften*.

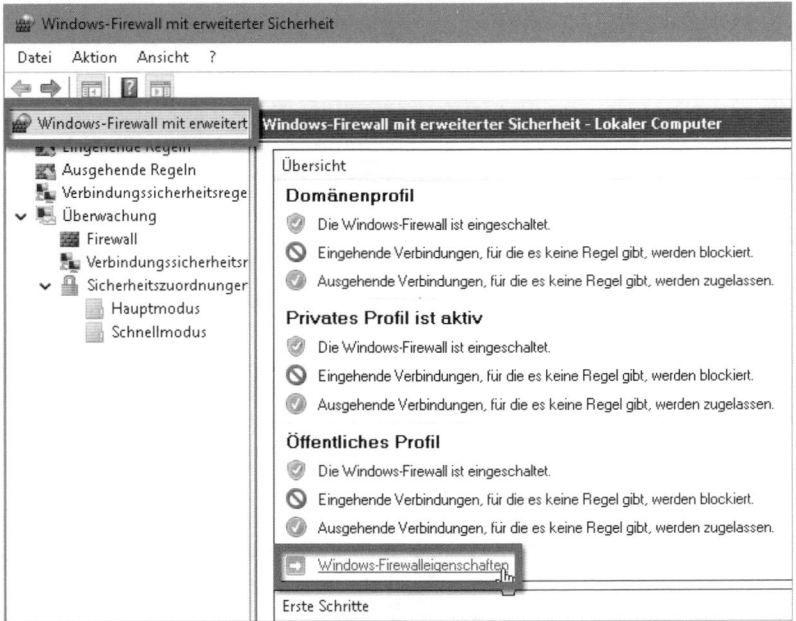

2. Damit öffnen Sie einen Einstellungsdialog, in dem Sie zunächst die richtige Registerkarte wählen sollten. Geht es um Einstellungen für ein öffentliches Netzwerk, sind Sie bei *Öffentliches Profil* richtig. Einstellungen für ein lokales, vertrauenswürdiges Netzwerk hingegen werden in *Privates Profil* konfiguriert. Inhaltlich sind beide Registerkarten identisch, deshalb ist an dieser Stelle etwas Umsicht erforderlich.

3. Um die Firewall zu aktivieren, setzen Sie das Auswahlfeld *Firewallstatus* auf *Ein*.

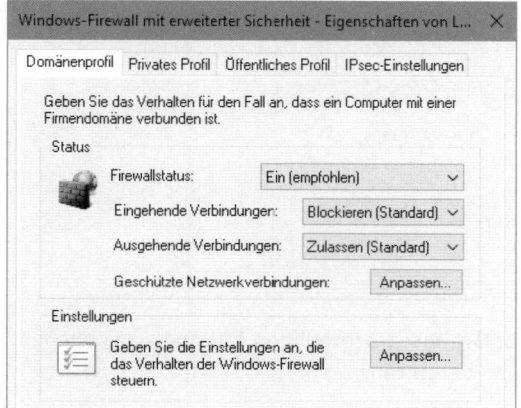

4. Danach sollten Sie unbedingt die Grundeinstellungen der Firewall überprüfen und gegebenenfalls anpassen:

■ *Eingehende Verbindungen* legt fest, wie die Firewall mit Verbindungen umgeht, die von außerhalb an den Rechner herangetragen werden. Mit *Blockieren (Standard)* verhindert das Programm alle Verbindungen, die nicht vom PC selbst angefordert wurden und für die keine Ausnahmeregelungen bestehen. Mit *Alle blockieren* unterbinden Sie jegliche Datenpakete von außerhalb. Diese Einstellung verhindert aber unter Umständen Internetdienste wie P2P-Dateitausch, Messaging oder Internettelefonie. Auf keinen Fall empfehlenswert ist hier die Einstellung *Zulassen*, da Ihr PC damit wie das sprichwörtliche Scheunentor offen steht.

■ Etwas anders sieht die optimale Einstellung bei *Ausgehende Verbindungen* aus. Hier ist *Zulassen (Standard)* die übliche Einstellung. Sie lässt alle Datenverbindungen zu, die vom PC selbst aus nach draußen abgehen. Nur wenn für bestimmte Programme, Protokolle oder Ports Einschränkungen festgelegt werden, unterbindet die Firewall diese Verbindungen. Mit *Blockieren* würden sämtliche abgehenden Verbindungen unterbunden, und Ihr PC wäre praktisch völlig von der Außenwelt isoliert. Das mag in manchen speziellen Situationen wünschenswert sein, in der Regel aber sicherlich nicht.

5. Klicken Sie anschließend noch im Bereich *Einstellungen* auf die Schaltfläche *Anpassen*.

6. Im nächsten Dialog können Sie das grundlegende Verhalten der Windows-Firewall mit einigen Optionen steuern.

7. Sehr wichtig ist der Eintrag *Benachrichtigung anzeigen* oben im Bereich *Firewalleinstellungen*. Ist er aktiviert, wird der Benutzer informiert, wenn eine Anwendung auf seinem PC eine Verbindung herstellt, um Daten von außerhalb zu empfangen. Verfügt der Benutzer über Administratorrechte, kann er dann entscheiden, dies zuzulassen oder zu blockieren. Kommt es allerdings sehr häufig zu solchen Rückfragen, kann es hilfreich sein, diese Option zu deaktivieren. Dann gelten die in den Einstellungen festgelegten Standardregeln.

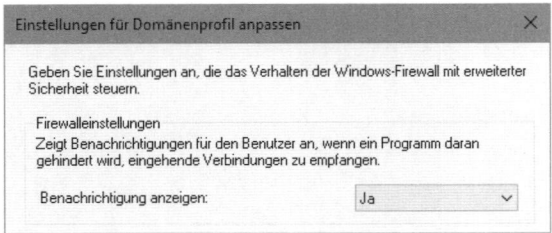

8. Klicken Sie dann zweimal auf *OK*, um die jeweiligen Dialoge zu schließen und die gewählten Einstellungen zu aktivieren.

18.3   Die Firewall für wichtige Dienste wie VoIP, Onlinespiele oder P2P durchlässig machen

Die Windows-Firewall filtert ein- und ausgehende Daten und lässt nur solche Pakete passieren, die zuvor von einer Anwendung oder einem Dienst des PCs ausdrücklich angefordert wurden. Beispiel: Wenn der Internet Explorer eine Webseite abruft, schickt er eine Anforderung an den entsprechenden Webserver. Dieser beantwortet sie mit den Daten der Webseite. Diese Antwort wird von der Firewall durchgelassen, da sie sich der Anforderung durch den Internet Explorer direkt zuordnen lässt. Es handelt sich also um erwünschte Daten.

Datenpakete, zu denen sich keine Aufforderung direkt zuordnen lässt, werden hingegen blockiert. Auch hier ein vereinfachtes Beispiel: Bei der Internettelefonie per VoIP will Sie jemand erreichen. Dazu schickt sein VoIP-Programm ein entsprechendes Datenpaket an Ihren PC. Dieses wurde allerdings nicht ausdrücklich angefordert (denn Sie wissen ja nicht, dass jemand Sie jetzt gerade erreichen will).

Also blockiert die Firewall diese Daten, und Sie erfahren nichts von dem Anrufversuch. Daraus folgt nun nicht, dass sich Firewall und VoIP nicht vereinbaren lassen. Sie müssen aber in der Firewall eine Ausnahmeregel definieren, die Datenpakete mit VoIP-Anrufen grundsätzlich durchgehen lässt.

1. Wählen Sie in der Verwaltungskonsole der Firewall ganz links in der Navigationsleiste den Unterbereich *Eingehende Regeln*, in dem Sie Ausnahmeregeln für eingehende Datenverbindungen festlegen können.

2. Wechseln Sie dann auf die ganz rechte Seite des Fensters in den Bereich *Aktionen* und klicken Sie hier ganz oben auf *Neue Regel*. Damit starten Sie einen Assistenten, der Sie komfortabel durch die Schritte zum Definieren einer Firewall-Regel führt.

3. Wählen Sie im ersten Schritt, auf welcher Basis die Regel erstellt werden soll. Der Assistent kann Ausnahmeregeln an einem Programm, einem Port oder an vordefinierten Windows-Diensten festmachen. Alternativ können Sie mit *Benutzerdefiniert* auch eine „leere" Regel erstellen, die sich anschließend ganz detailliert bearbeiten lässt. Das ist aber eher eine Lösung für spezielle Situationen und fortgeschrittene Netzwerkkenntnisse. Um Datenverbindungen für einen bestimmten Internetdienst wie etwa VoIP freizuschalten, verwenden Sie die Option *Port*.

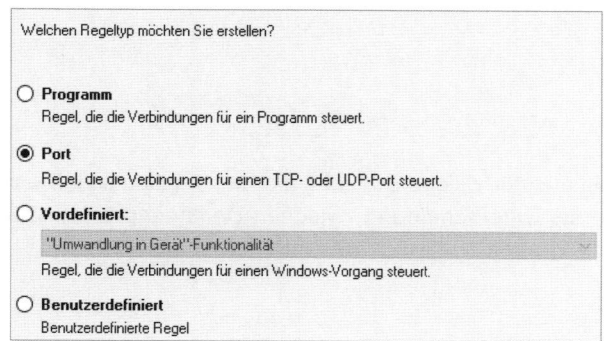

4. Im nächsten Schritt geben Sie an, welche Ports genau freigegeben werden sollen. Wählen Sie dazu zunächst, ob es sich um TCP- oder UDP-Verbindungen handelt. Darunter wählen Sie dann die Option *Bestimmte lokale Ports* und geben den oder die Portnummern an. Mehrere Nummern werden dabei durch Kommata getrennt. Um etwa Anrufe bei VoIP zu erhalten, muss der Port 5060 für UDP-Verbindungen freigeschaltet werden.

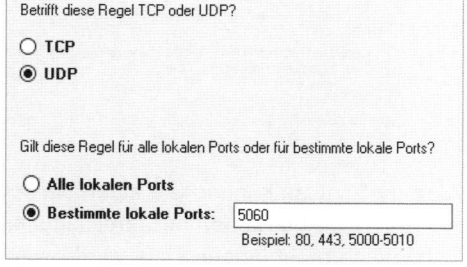

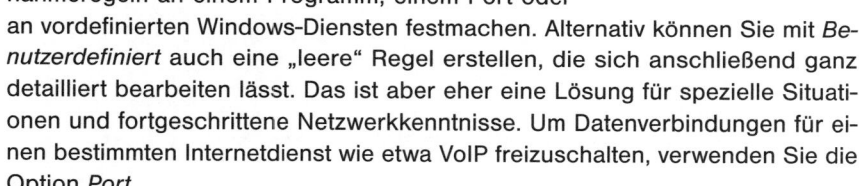

TIPP

💡 **Welche Ports müssen freigeschaltet werden?**

Jeder Internetdienst verwendet andere Ports. Eine pauschale Aussage, welche Ports freigeschaltet werden müssen, ist deshalb nicht möglich. Lediglich eine Faustregel kann aus Sicherheitsgründen gelten: so viele wie nötig, aber so wenige wie möglich. Welche Ports ein bestimmter Dienst benötigt, erfahren Sie meist in der Hilfe des dazugehörigen Programms oder in den FAQs des Dienstanbieters. Achten Sie dabei nicht nur auf die Portnummern selbst, sondern auch auf die Verbindungsart (TCP oder UDP) und die Richtung der Daten (ein- bzw. ausgehend oder beides).

5. Dann legen Sie fest, was für Verbindungen auf diesem Port zugelassen werden. In den meisten Fällen sollten Sie sich für *Verbindung zulassen* entscheiden. In bestimmten Situationen kann es erforderlich sein, nur sichere, verschlüsselte Verbindungen zuzulassen, z. B. wenn es um Funktionen eines **v**irtuellen **p**rivaten **N**etzwerks (VPN) geht.

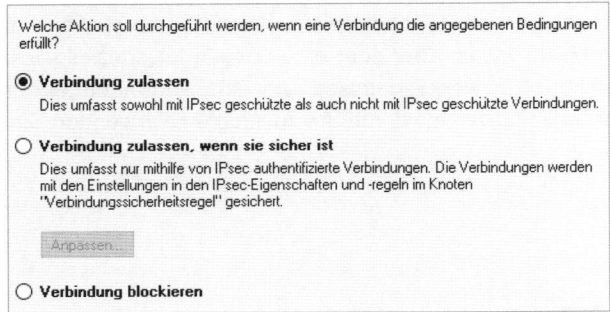

6. Schließlich wählen Sie aus, für welche Bereiche die Regel gelten soll. Dies bezieht sich wieder auf die Unterscheidung zwischen Domänenprofil, privatem und öffentlichem Profil.

7. Zum Schluss können Sie einen Namen und eine Beschreibung der Regel angeben. Beide dienen nur Ihrer eigenen Orientierung, um die Regel in der womöglich recht langen Liste wiederzufinden und auch nach längerer Zeit noch sofort zu verstehen, wofür diese Regel gedacht war.

Auf diese Weise können Sie Ausnahmeregeln für beliebige Internetdienste wie z. B. VoIP, P2P-Filesharing, Onlinespiele oder Messaging-Dienste definieren, damit Sie diese uneingeschränkt nutzen und Ihren PC trotzdem per Firewall absichern können.

18.4 Unerwünschte Updates und Datenschnüffeleien per Firewall unterbinden

Die erweiterte Firewall erlaubt auch detaillierte Vorgaben für ausgehende Daten. Dadurch lassen sich unerwünschte Anwendungen und Dienste auf dem PC effektiv unterbinden. Das folgende Beispiel zeigt, wie Sie sich das zunutze machen können, um z. B. Updates einer Anwendung bzw. deren „Nach-Hause-Telefonieren" zu verhindern, wenn sich dies nicht anderweitig deaktivieren lässt. Überlegen Sie allerdings jedes Mal genau, ob nicht z. B. die ständige Benachrichtigung anstehender Updates doch sinnvoll ist. Schädlinge können mittlerweile fast alle Programmschwächen ausnutzen, um Schaden anzurichten; ständig aktuell gehaltene Software kann davor schützen. Zumindest für die Software von bekannten, vertrauenswürdigen Softwarefirmen sollte man das Internetupdate eher nicht sperren. Aber es gibt ja auch andere Software, die in erster Linie an Informationen über Ihr (Internet-)Verhalten interessiert ist.

Durch eine entsprechende Firewall-Regel wird nicht die Anwendung selbst blockiert, sondern nur deren Internetkonnektivität. Das ist dann also so, als ob das Programm auf einem PC ohne Internetverbindung laufen würde. Der Vorgang ist im Prinzip der gleiche wie bei der vorangehend beschriebenen Filterregel für eingehende Verbindungen. Deshalb beschränke ich mich auf die wesentlichen Einstellungen.

1. Wählen Sie links in der Navigationsleiste die Unterrubrik *Ausgehende Regeln*.

2. Klicken Sie rechts bei *Aktionen* auf *Neue Regel*.

3. Wählen Sie im ersten Schritt des Assistenten die Option *Programm*, um eine Anwendung (bzw. deren Internetfunktionen) zu blockieren.

4. Im nächsten Schritt aktivieren Sie die Option *Dieser Programmpfad* und wählen dann mit *Durchsuchen* die Programmdatei der Anwendung aus.

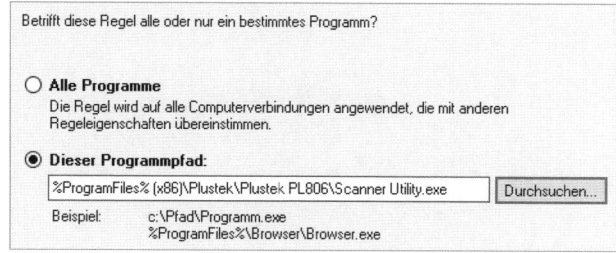

5. Geben Sie nun als Aktion *Verbindung blockieren* an, damit alle Verbindungen, die diese Anwendung ins Internet aufbauen möchte, von der Firewall blockiert werden.

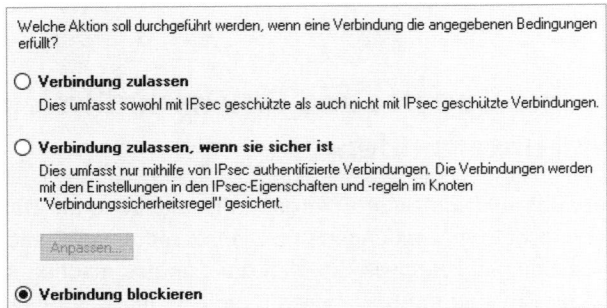

6. Wählen Sie schließlich wieder das bzw. die Profile aus, für die die Regel gelten sollen, und tragen Sie einen Namen sowie eine Beschreibung für die neue Regel ein.

19 So schützt der Defender Sie kostenlos vor Spyware und Viren

Mit dem Windows Defender bringt Windows einen Basisschutz gegen Viren und sonstige Malware mit – nach dem Hin und Her der vergangenen Jahre (siehe Hintergrundbox) sicher ein richtiger Schritt. Wer die Microsoft Security Essentials kennt, wird mit dem Windows Defender schnell zurechtkommen, denn er hat mehr mit diesem Programm gemeinsam als mit seinem halbherzigen Vorgänger aus früheren Windows-Versionen.

Windows Defender vs. Microsoft Security Essentials

Die Produktpolitik von Microsoft in Bezug auf Sicherheitssoftware ist nicht leicht zu verstehen. Erst überließ man dieses Feld viele Jahre komplett anderen Anbietern. Dann brachte Windows Vista das Anti-Malwareprogramm Defender mit, das aber keinen vollwertigen Virenscanner enthielt, sodass immer noch Zusatzsoftware erforderlich war. Irgendwann veröffentlichte Microsoft mit dem Zusatztool Microsoft Security Essentials einen kostenlosen Basisschutz gegen Malware und Viren. Installierte man dieses Programm, wurde der Windows Defender aber automatisch deaktiviert. Seit Windows 8 ist nun wieder der Defender dabei, der mittlerweile aber auch zumindest einen Basisschutz gegen Viren bietet und in Aussehen und Funktionsumfang eher den früheren Security Essentials ähnelt. Der aktuelle Windows Defender kann also als Nachfolger der Microsoft Security Essentials betrachtet werden. Dieses Hin und Her muss man nicht verstehen, sondern kann es nur geduldig hinnehmen. Unter dem Strich bleibt, dass das aktuelle Windows von Haus aus einen robusten Basisschutz gegen verschiedenartige Schädlinge mitbringt, der zuverlässig über Windows Update auf dem laufenden Stand gehalten wird. Wer auf Nummer sicher gehen will, kann aber selbstverständlich auch ein anderes Sicherheitsprogramm installieren. Der Windows Defender wird dann gegebenenfalls automatisch deaktiviert.

Zugang zu den Defender-Einstellungen

Der Windows Defender wird bei der Windows-Installation grundsätzlich installiert und aktiviert. Nur wenn ein alternatives Sicherheitsprogramm vorhanden ist, das alle Funktionen des Defender übernimmt, deaktiviert Windows ihn automatisch. Nach der Installation erfolgen zunächst eine Aktualisierung und eine schnelle Überprüfung des Systems. Später sorgt dann Windows Update dafür, dass die Virensignaturen stets aktuell bleiben. Das alles läuft vollautomatisch ab, sodass Sie sich nicht darum kümmern müssen. Einmal aktiviert, beruht der Schutz des PCs auf zwei Säulen:

- Das System wird regelmäßig mit einem Scan überprüft. Die Zeitplanung dafür lässt sich individuell anpassen.

- Der Echtzeitschutz überwacht laufend Dateiaktionen und ausgeführte Programme und sucht dabei nach Spuren von Viren.

In der Regel werden Sie den Windows Defender nur selten manuell aufrufen müssen. Wollen Sie die Einstellungen ändern oder einen manuellen Scan vornehmen,
rufen Sie dafür den Windows Defender über das entsprechende Symbol in der
Systemsteuerung auf.

 Windows Defender

HINTERGRUND

Was taugt der Windows Defender?

Nachdem der Windows Defender schon bei Windows 8 dabei war, kann man
ihn nun besser einschätzen und mit anderen Antivirenlösungen vergleichen. Ver-
schiedentliche Tests zeigen, dass der Defender in seiner Vergleichsgruppe –
kostenlosen Antivirenprogrammen – gut abschneidet. Die Erkennungsleistung
ist solide und die gute, unauffällige Integration ins Betriebssystem einschließlich Updatemechanismus kann als Pluspunkt gewertet werden. Schwächen of-
fenbart der Defender bei sehr neuen Schädlingen bzw. unbekannten Abarten
von Computerviren. Das liegt zum einen an den vergleichsweise langsamen Updates (kommerzielle Programme beziehen teilweise mehrmals täglich Updates,
der Defender alle x Tage), zum anderen am Fehlen von effizienten Erkennungs-
heuristiken. Kommerzielle Produkte bietet darüber hinaus meist weitere Schutzfunktionen, die etwa abgerufene Webseiten überwachen, das versehentliche
Weitergeben sensibler Daten auf unsicheren Webseiten verhindern etc. Allerdings machen sich viele dieser Programme auch deutlich stärker bei Speicher
und Prozessor bemerkbar.

19.1   Manuelle Überprüfung nach Bedarf durchführen

Neben den automatischen Überprüfungen nach Zeitplan lassen sich auch jederzeit manuelle Überprüfungen durchführen. So können Sie z. B. ergänzend zu den
regelmäßigen schnellen Überprüfungen hin und wieder auch mal eine gründliche
vollständige Überprüfung durchführen. Oder Sie begrenzen eine Überprüfung auf
einen bestimmten Ordner oder ein einzelnes Laufwerk.

1. Die manuellen Überprüfungen führen Sie direkt in
   der Rubrik *Startseite* aus. Hier finden Sie rechts
   eine Auswahl für die Art der Überprüfung, z. B.
   Vollständig.

2. Wählen Sie die gewünschte Variante aus und klicken Sie dann darunter auf *Jetzt überprüfen*.

3. Der Windows Defender beginnt nun mit der Überprüfung der Dateien. Je nach Umfang kann das
   vor allem bei einer vollständigen Prüfung etwas
   dauern. Sie können das Programm aber in der
   Zeit minimieren und weiterarbeiten.

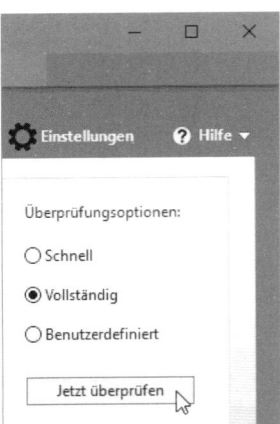

4. Solange nichts Ungewöhnliches gefunden wird, wechselt der Windows Defender nach Abschluss der Überprüfung wieder zur Startseite. Hier finden Sie nun eine kleine Statistik und eine Bestätigung.

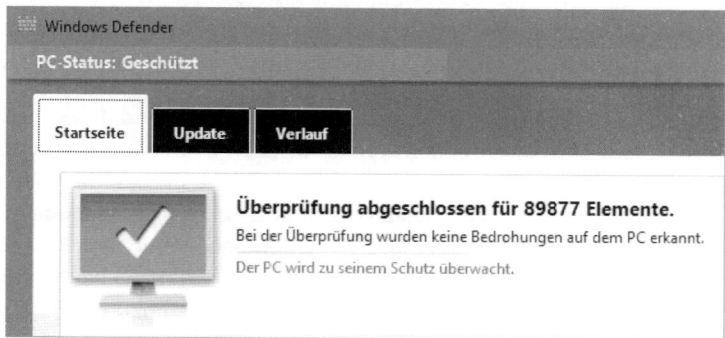

Die Überprüfung auf bestimmte Laufwerke oder Ordner beschränken

Sie können auch gezielt einzelne Ordner oder Laufwerke überprüfen. So lässt sich z. B. eine DVD oder ein USB-Stick ungewisser Herkunft schnell kontrollieren, bevor Sie auf die Daten zugreifen.

1. Wählen Sie dazu die Option *Benutzerdefiniert*.

2. Nach dem Klick auf *Jetzt überprüfen* können Sie in einem zusätzlichen Dialog die zu überprüfenden Bereiche auswählen.

3. Setzen Sie dazu die Häkchen bei den entsprechenden Ordnern bzw. Laufwerken.

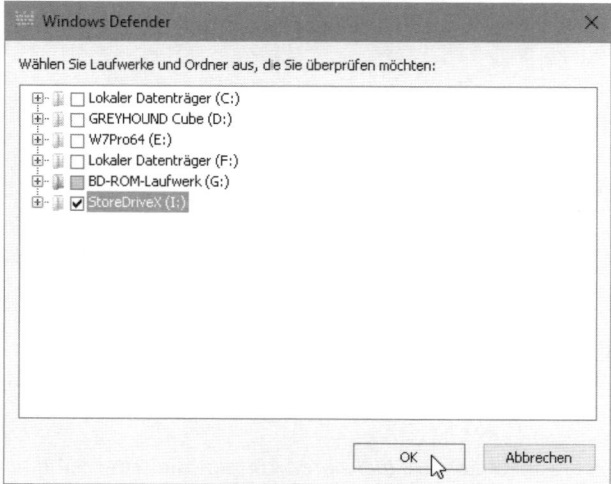

4. Klicken Sie dann auf *OK*, um die Überprüfung dieser Bereiche zu starten.

19.2 Virensignaturen überwachen und aktualisieren

Ein Sicherheitsprogramm steht und fällt mit der Aktualität seiner Signaturdateien. Nur wenn diese ständig aktualisiert werden, ist der Anwender vor neuen Bedrohungen geschützt. Die Signaturen des Windows Defender sind in den Windows-Update-Prozess mit einbezogen und werden darüber regelmäßig aktualisiert.

Allerdings ist Windows Update recht zurückhaltend und wartet gern auf Leerlaufzeiten des PCs, um den Benutzer nicht bei seinen Aktivitäten zu behindern. Dadurch können neue Updates schon mal auf sich warten lassen. Deshalb sollten Sie die Situation im Auge behalten und sicherstellen, dass Ihr PC regelmäßig aktuelle Virensignaturen erhält. Wenn Ihr PC beinahe täglich läuft und dabei auch mal zehn Minuten und mehr Leerlauf eintritt, sollten die automatischen Updates häufig genug durchgeführt werden. Ansonsten helfen Sie regelmäßig manuell nach.

1. Direkt auf der Startseite für den schnellen Überblick können Sie ablesen, wie alt die aktuell verwendeten Signaturen sind.

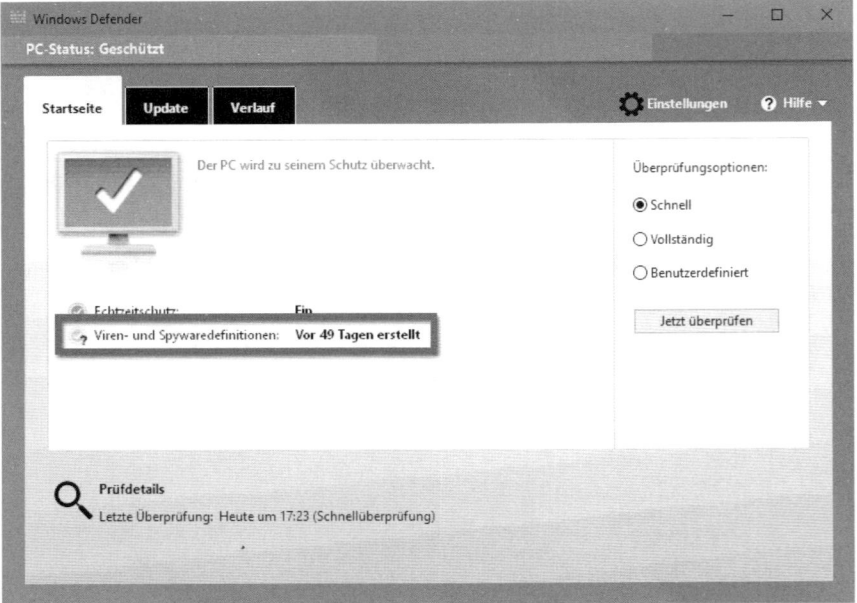

Ups, höchste Zeit für ein Update der Virensignatur!

2. Besteht Handlungsbedarf, wechseln Sie in die Kategorie *Update*, in der Sie noch mal genauere Angaben zur letzten Aktualisierung und dem jetzigen Stand der Signaturen finden.

3. Mit einem Klick auf die Schaltfläche *Aktualisieren* können Sie jederzeit manuell den Download der neuesten Signaturen veranlassen. Dieser dauert einige Zeit, Sie können das Programm so lange aber auch minimieren oder schließen und anderweitig weiterarbeiten.

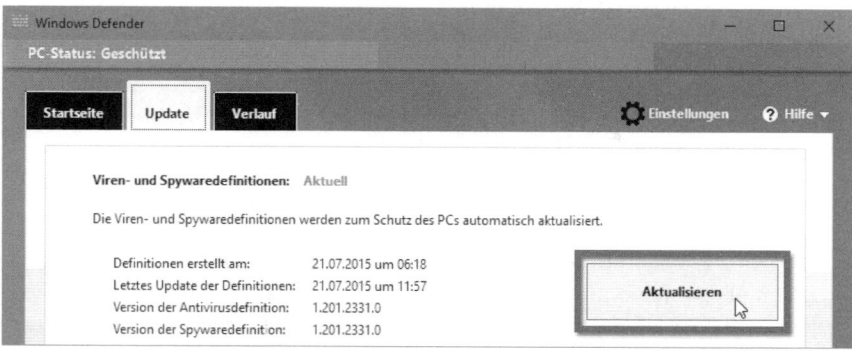

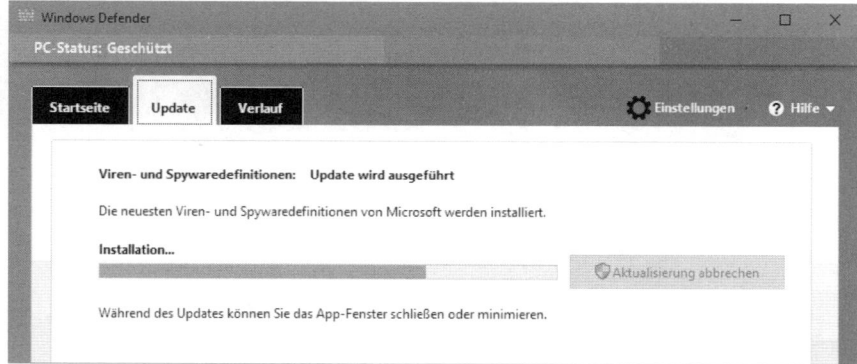

Anschließend ist der Windows Defender erst mal wieder auf dem neuesten Stand und kann Sie zuverlässig schützen.

19.3 Im Falle eines Falles: So gehen Sie mit gefundener Malware um

Der Windows Defender läuft permanent im Hintergrund und kontrolliert alle Dateioperationen (sofern Sie nicht den Echtzeitschutz deaktiviert haben). Wird er fündig, geschieht auch das ohne großes Aufsehen. Nur an der Änderung des Benachrichtigungssymbols erkennen Sie gegebenenfalls, dass etwas passiert ist. Wenn Sie das Info-Center öffnen, erfahren Sie Näheres.

Grundsätzlich verschiebt der Defender alle als schädlich befundenen Dateien in einen speziellen Quarantäne-Ordner, sodass sie nicht mehr versehentlich geöffnet werden können. Dort verbleiben sie neutralisiert. Diesen Quarantäne-Ordner können Sie jederzeit einsehen und nachschauen, ob und welche Dateien sich darin angesammelt haben.

1. Starten Sie den Windows Defender und öffnen Sie den *Verlauf*.

2. Ist hier die Option *Unter Quarantäne gestellte Elemente* gewählt, zeigt die Liste unten alle Objekte an, die sich derzeit in Quarantäne befinden. Wenn die Liste leer ist, klicken Sie unten auf *Details einblenden*, um wirklich alle Informationen sehen zu können.

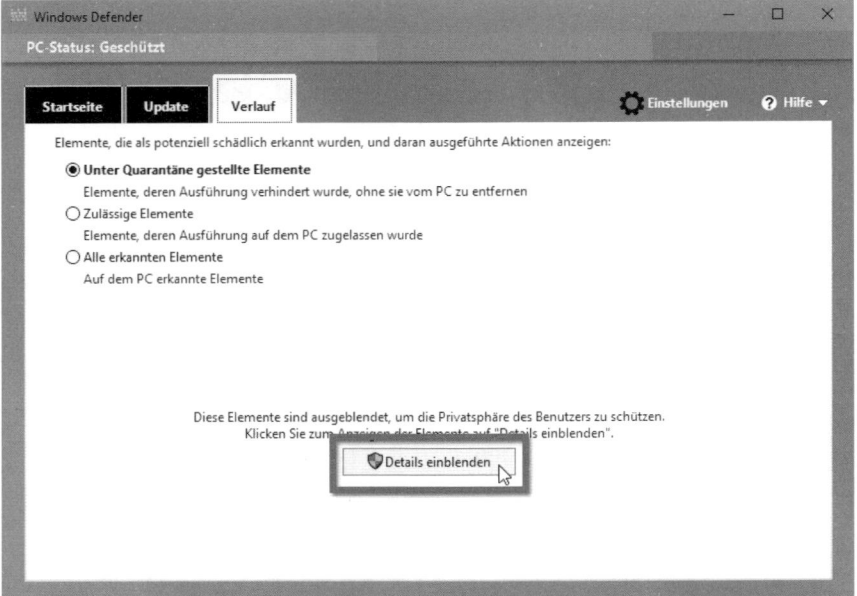

3. Um eines der Elemente in Quarantäne näher zu untersuchen, klicken Sie es in der Liste an. Im Bereich darunter können Sie dann erfahren, welche Datei genau betroffen ist und um welchen Schädling es sich handelt. Mit dem Link *Online weitere Informationen zu diesem Element abrufen* können Sie auch Näheres darüber erfahren.

4. Mit den Häkchen vor den Einträgen können Sie mehrere Objekte auf einmal auswählen und dann entscheiden, was damit geschehen soll. Um das oder die markierten Objekte endgültig zu entfernen, klicken Sie auf *Entfernen*. Um alle Elemente aus der Liste zu entfernen, verwenden Sie *Alle entfernen*.

5. Sind Sie ganz sicher, dass der Windows Defender danebenliegt und ein angezeigtes Objekt definitiv keinen Schädling enthält, können Sie es mit *Element zulassen* wieder aus der Quarantäne entlassen. Die Datei wird dann an der ursprünglichen Stelle im Dateisystem wiederhergestellt.

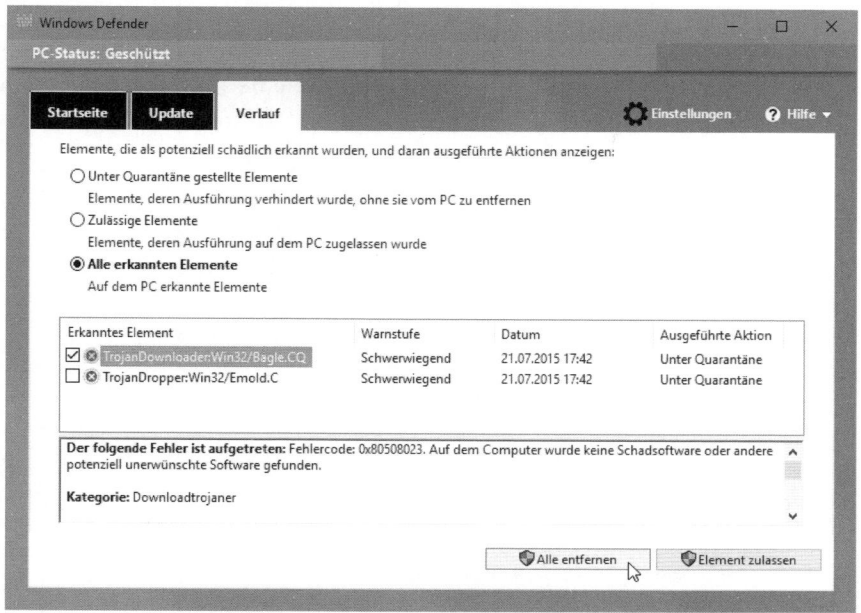

19.4 Weitere Einstellungen für den Windows Defender

Die Arbeitsweise des Windows Defender lässt sich mit einigen Einstellungen anpassen. So kann der Echtzeitschutz zumindest vorübergehend deaktiviert werden, um Probleme durch Fehlalarme zu lösen. Aus demselben Grund besteht auch die Möglichkeit, einzelne Dateien, Ordner oder Prozesse von der Überwachung auszunehmen, was der sinnvollere Ansatz ist. Diese Optionen gehören zu den PC-Einstellungen, können aber auch direkt aus der Oberfläche des Windows Defender geöffnet werden.

1. Klicken Sie in Fenster des Windows Defender oben rechts auf die Schaltfläche *Einstellungen*. Daraufhin werden automatisch die PC-Einstellungen im Bereich *Update und Sicherheit/Windows Defender* geöffnet.

2. Hier können Sie ganz oben den *Echtzeitschutz* deaktivieren. Beachten Sie, dass die Selbstüberwachung von Windows dadurch anspringt und Warnungen dazu im Info-Center anzeigt. So kann man nicht vergessen, den Echtzeitschutz später wieder zu reaktivieren. Und selbst wenn man es vergessen sollte: Er wird nach einiger Zeit automatisch wieder eingeschaltet. Deshalb eignet sich diese Vorgehensweise auch nicht zum nachhaltigen Lösen von Problemen durch einen übereifrigen Defender.

3. Die Optionen *Cloudbasierter Schutz* und *Übermittlung von Beispielen* gehören eng zusammen. In beiden Fällen geht es darum, dass Ihr PC eigene Erkenntnisse über Schadsoftware bzw. „saubere" Programme an Microsoft übermittelt.

Diese Erkenntnisse fließen in die Weiterentwicklung der Signaturen ein, sodass andere Benutzer davon profitieren können. Umgekehrt können auch Sie sich dadurch an den Erfahrungen anderer orientieren, beispielsweise in Form von konkreten Empfehlungen.

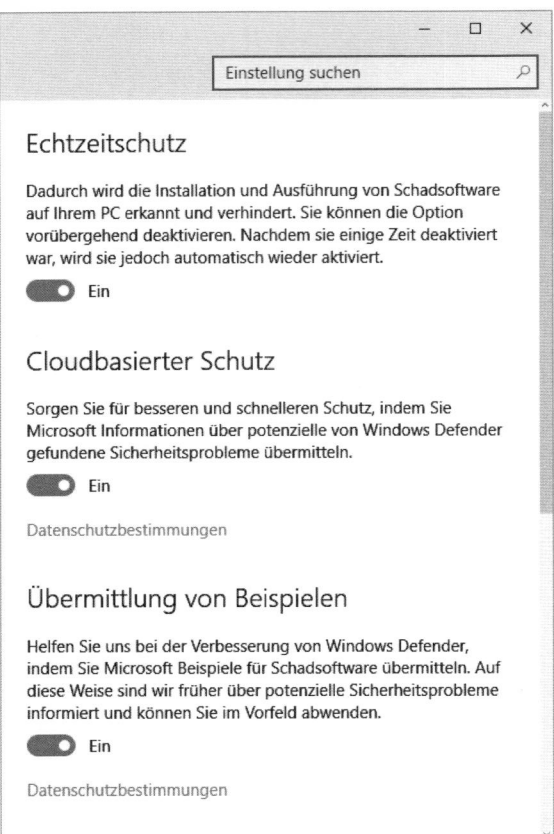

Dateien, Ordner und Programme von der Überwachung ausschließen

In seltenen Fällen kann es durch den Windows Defender zu Problemen kommen. Dann lassen sich Anwendungen möglicherweise nicht installieren oder ordnungsgemäß ausführen. Ob es am Windows Defender liegt, kann man ausprobieren, indem man den Echtzeitschutz vorübergehend deaktiviert (siehe vorangehenden Abschnitt). Diesen Test sollte man aber nur machen, wenn man ganz sicher ist, dass von der fraglichen Anwendung auch wirklich keine Gefahr ausgeht. Stellt man auf diese Weise fest, dass ein Problem durch den Windows Defender verursacht wird, kann man Ausnahmen festlegen, bei denen der Defender nicht aktiv wird:

1. Öffnen Sie dazu wie vorangehend beschrieben die Einstellungen des Windows Defender.

2. Klicken Sie im Bereich *Ausschlüsse* auf *Ausschluss hinzufügen*.

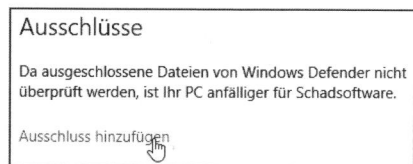

3. Nun können Sie wählen, auf welcher Basis der Ausschluss erfolgen soll. Sie können einzelne Dateien, ganze Ordner, bestimmte Dateitypen oder festgelegte Prozesse definieren. Generell sollte man aus Sicherheitsgründen so wenig Ausschlüsse wie möglich vornehmen. Wenn beispielsweise eine bestimmte Anwendung nicht funktioniert, sollte man nicht gleich den gesamten Installationsordner ausnehmen, sondern nur die Anwendung selbst (mit *Prozesse*).

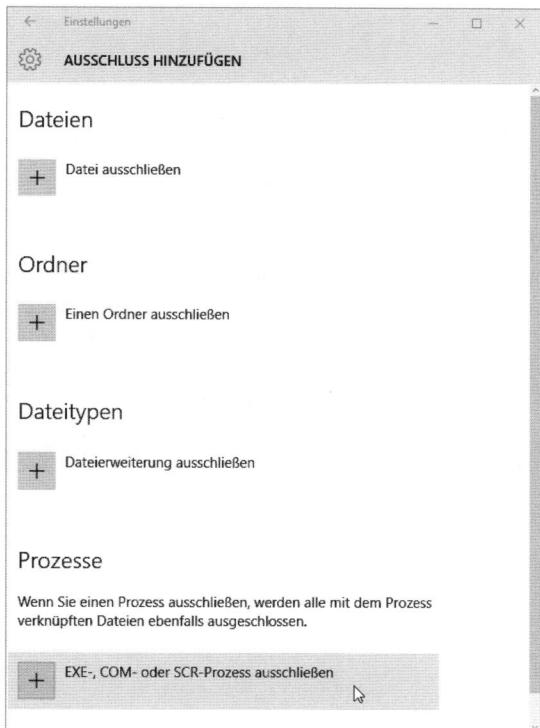

4. Klicken Sie bei der gewünschten Option auf das +-Symbol und wählen Sie dann die auszuschließende Ressource aus.

5. Je nach Ausschlussart wählen Sie dann in einem passenden Dialog Datei, Ordner oder Programmdatei aus bzw. geben die Dateiendung an.

Solche Ausschlüsse sind ein probates Mittel, um akute Probleme nachhaltig zu lösen. Man sollte die festgelegten Ausnahmen aber im Auge behalten und von Zeit zu Zeit kontrollieren. Ziel sollte es immer sein, auf Dauer ohne eine solche Ausnahme auszukommen. Teilweise lernt der Windows Defender im Laufe der Zeit dazu. Teilweise lassen sich Probleme mit Anwendungsprogrammen auch durch neue Versionen dauerhaft ohne Ausnahme beheben.

Den Windows Defender deaktivieren

Zwei Möglichkeiten, den Windows Defender zu deaktivieren, sind auf den vorangegangenen Seiten bereits beschrieben worden: Sie können den Echtzeitschutz komplett, allerdings immer nur vorübergehend abschalten. Oder Sie nehmen einzelne Elemente dauerhaft von der Überwachung aus. So lassen sich spezifische Fehlalarme oder andere Probleme in der Regel beseitigen.

Eine weitere Möglichkeit, den Windows Defender zu deaktivieren, ist das Installieren eines anderen Antivirenprogramms. Windows erkennt diese Art von Software automatisch und deaktiviert dann die eigene Sicherheitskomponente. Es wäre wenig sinnvoll bzw. eher sogar kontraproduktiv, zwei „konkurrierende" Virenscanner auf einem PC zu betreiben.

19.5 Alternativen zum Windows Defender

Wenn Sie anstelle des Windows Defender eine alternative Sicherheitslösung mit mehr Funktionen ausprobieren möchten, kann ich Ihnen die Schutzsoftware von ESET ans Herz legen. Auf der letzten Seite dieses Buches finden Sie einen Aktivierungscode, mit dem Sie diese Anwendung für 90 Tage kostenlos nutzen können. Die Software deaktiviert bei der Installation automatisch den Defender und ebenso die Windows-Firewall. Beide Komponenten werden durch eigene Funktionen ersetzt. Wenn Sie nach der Installation einen Blick in die klassische Systemsteuerung werfen, können Sie die entsprechenden Einträge dort kontrollieren.

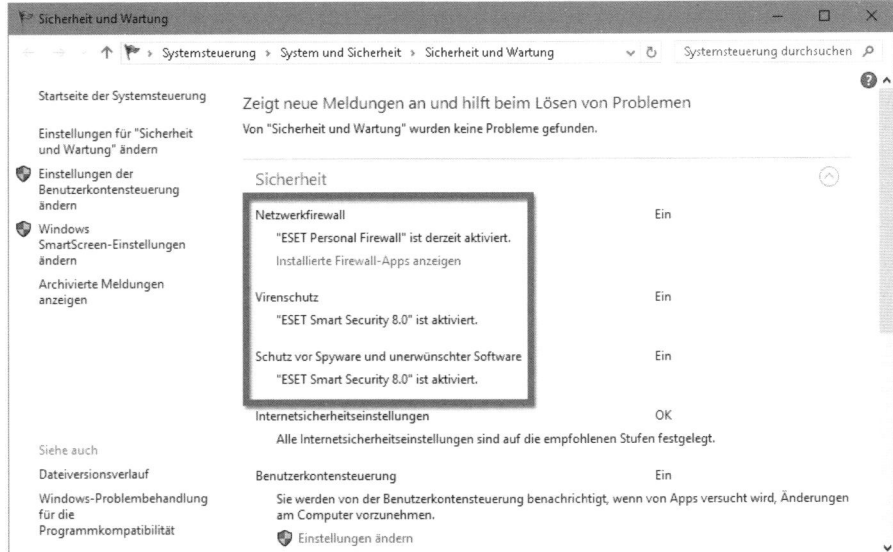

Wie auch der Defender arbeitet ESET unauffällig im Hintergrund und meldet sich nur bei Ihnen, wenn ein Vorfall Ihre Aufmerksamkeit erfordert. Damit sind nicht unbedingt immer Vireninfektionen gemeint.

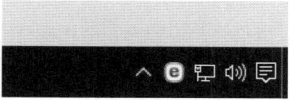

ESET überwacht beispielsweise auch Windows Update und macht Sie auf wichtige Systemupdates aufmerksam. Üblicherweise werden Sie aber nur das dezente Symbol im Infobereich zu sehen bekommen.

Wenn Sie darauf doppelklicken, öffnen Sie die Startseite des Programms, wo Sie auf einen Blick den Sicherheitsstatus Ihres PCs kontrollieren können. Sehen Sie oben einen grünen Haken mit der Bemerkung *Maximaler Schutz*, ist alles in Ordnung. Eventuell liegen trotzdem Hinweise auf Updates oder Ähnliches vor. Darunter finden Sie Links zu häufig verwendeten Funktionen wie einer Überprüfung oder der Statistik der zurückliegenden Aktivitäten.

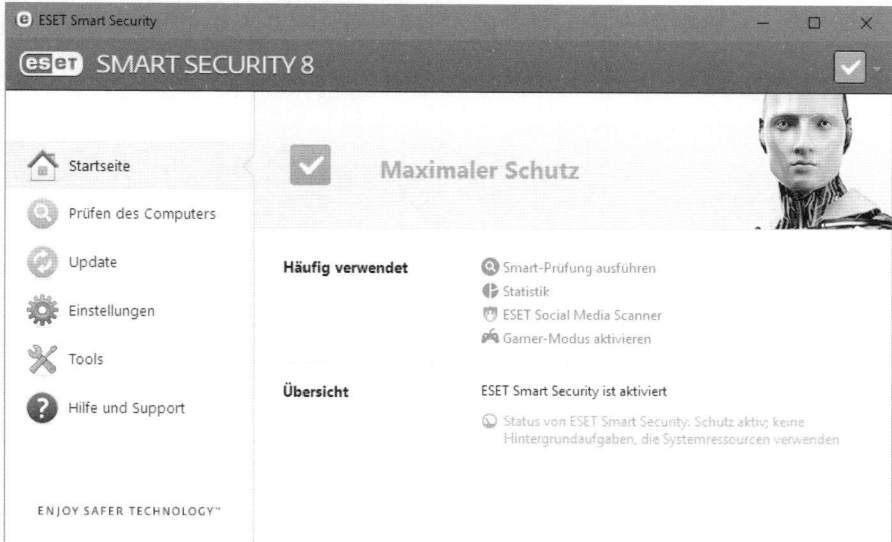

Ebenfalls praktisch ist das Kontextmenü, das Sie mit der rechten Maustaste auf dem ESET-Symbol im Infobereich öffnen. Es bietet ebenfalls einen schnellen Überblick über den Status und Zugriffe auf häufig verwendete Elemente. Außerdem finden Sie hier einige praktische Funktionen, mit denen Sie beispielsweise den Schutz vorübergehend deaktivieren können, etwa wenn eine Anwendung sich mit aktivem Virenscanner nicht installieren lassen möchte oder Ähnliches. Selbstverständlich sollten solche Maßnahmen nur in begründeten Ausnahmefällen erforderlich sein.

HINWEIS

Gamer-Modus für ungestörtes Spielen oder Videoschauen

Eine Komfortfunktion, die Ihnen der Defender nicht bietet, ist beispielsweise der Gamer-Modus, den Sie auf der Startseite von ESET aktivieren können. Solange er eingeschaltet ist, werden alle Hinweise von ESET zurückgehalten und Hintergrunddienste – soweit möglich – pausiert. Das soll ein möglichst ungetrübtes Spielvergnügen ermöglichen, ist aber auch für einen ungestörten Filmabend mit dem PC keine schlechte Wahl.

20 Mit verschiedenen Benutzern sicher an einem PC arbeiten

Bei der Installation von Windows richten Sie automatisch ein Benutzerkonto ein. Dieses wird standardmäßig für den Administratorbenutzer angelegt. Wenn Sie der einzige Nutzer Ihres PCs sind, können Sie es dabei belassen. Aufgrund des Schutzes durch die Benutzerkontensteuerung ist es nicht mehr not-

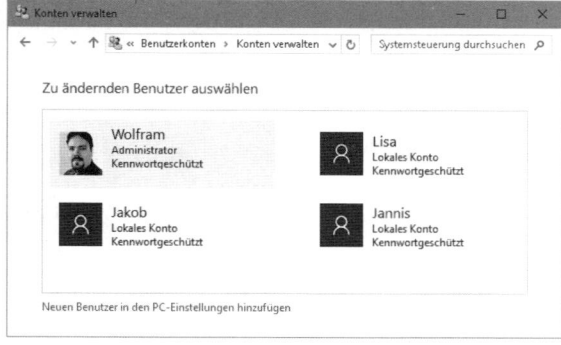

wendig, zusätzlich ein eingeschränktes Konto für die tägliche gefahrlose Arbeit am PC einzurichten.

Trotzdem können Sie selbstverständlich zusätzliche Benutzerkonten anlegen, um z. B. weiteren Personen das Arbeiten am PC zu ermöglichen. So arbeitet jeder in seiner eigenen Umgebung und kann vor allem seine eigenen Dokumente verwenden, die vor dem Zugriff der anderen geschützt sind.

20.1 So schützt die Benutzerkontensteuerung PC und Daten

Die entscheidende Neuerung bei der Benutzerkontensteuerung von Windows ist für den Anwender die Möglichkeit, selbst einzustellen, wie diese Schutzfunktion in bestimmten Situationen reagieren soll. So lassen sich allzu häufige unnötige Rückfragen vermeiden, und Sie können einen Kompromiss aus Sicherheit und Komfort für sich finden.

1. Öffnen Sie in der Systemsteuerung das Modul *Wartungscenter*. In der Kategorieansicht finden Sie es unter *Sicherheit und Wartung*.

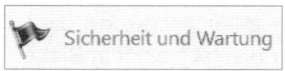

2. Klicken Sie hier links im Aufgabenbereich auf den Link *Einstellungen der Benutzerkontensteuerung ändern*.

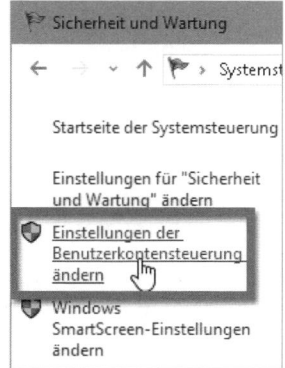

3. Im anschließenden Menü können Sie über den Schieberegler festlegen, wie die Benutzerkontensteuerung in welchen Situationen reagieren soll.

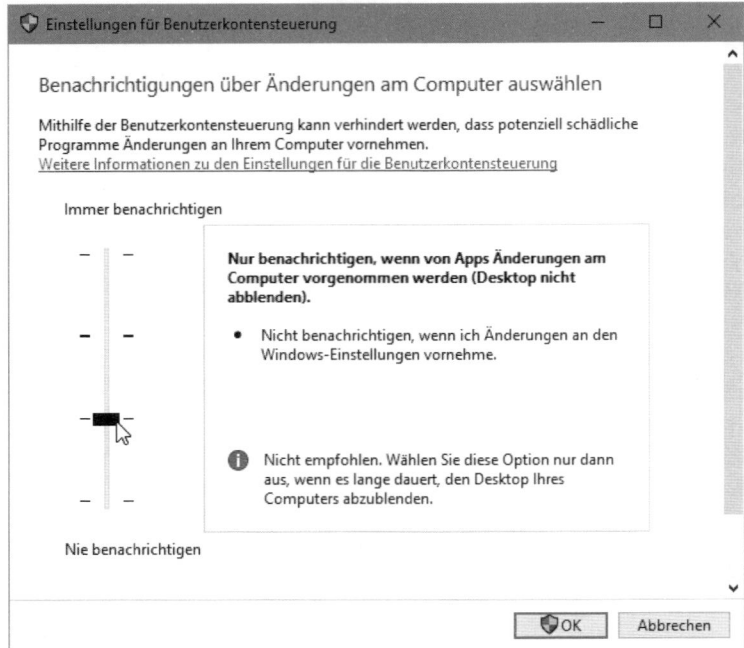

■ *In folgenden Situationen immer benachrichtigen* – Das wäre dann wieder so in etwa das frühe Vista-Niveau – wohl nur für Übervorsichtige oder für ganz besonders brenzlige Situationen zu empfehlen (wenn überhaupt).

■ *Nur benachrichtigen, wenn von Apps Änderungen am Computer vorgenommen werden (Standard)* – Diese Standardeinstellung ist mit der vorherigen fast identisch, allerdings erfolgt dabei jeweils ein Umschalten auf den „sicheren Desktop". Die Warnungen können so keinesfalls übersehen und müssen unbedingt beantwortet bzw. bestätigt werden, bevor es weitergeht. Das verhindert, dass böswillige Programme die Benutzerkontensteuerung manipulieren können, erhöht dafür aber wieder den Nervfaktor. Für unerfahrene Benutzer ist es jedoch keine schlechte Wahl, da Situationen mit Sicherheitsrückfrage so eindeutiger sind.

■ *Nur benachrichtigen, wenn von Apps Änderungen am Computer vorgenommen werden (Desktop nicht abblenden)* – Diese Einstellung reduziert die Rückmeldungen auf ein absolut erträgliches Maß und bietet trotzdem Sicherheit. Und sie verzichtet auf den irritierenden Wechsel zum „sicheren Desktop" während der Rückmeldung. Für erfahrene Benutzer ist dies empfehlenswert.

■ *In folgenden Situationen nie benachrichtigen* – Das ist komfortabel, aber riskant, denn so können kritische Dinge hinter dem Rücken des Benutzers ablaufen. Dadurch wird die an sich ja sinnvolle Benutzerkontensteuerung quasi deaktiviert. Deshalb ist diese Einstellung nicht zu empfehlen.

20.2 Passen Sie die Benutzerkontensteuerung an Ihre Bedürfnisse an

Durch die vorangehende Einstellung lässt sich das Verhalten der Benutzerkonten-steuerung zumindest grob an die eigenen Kenntnisse und das individuelle Sicher-heitsbedürfnis anpassen. Zusätzlich bieten Gruppenrichtlinien die Möglichkeit, die verschiedenen Aspekte dieser Schutzfunktion noch feiner zu bestimmen und so auch sehr individuelle Probleme mit der Benutzerkontensteuerung zu lösen. Lei-der ist diese Möglichkeit nur bei den „höheren" Windows-Editionen ab „Pro" vor-gesehen.

1. Öffnen Sie in der Systemsteuerung das Modul *Verwaltung* und dort den Bereich *Lokale Sicherheitsrichtlinie*.

Lokale Sicherheitsrichtli nie

2. Wählen Sie dort links in der Navigationsspalte die Kategorie *Sicherheitseinstellungen/Lokale Richtlinien/Sicherheitsoptionen*.

3. Ganz oben in der rechten Liste wird dann eine Reihe von Einstellungen zu die-sem Bereich aufgeführt, die mit *Benutzerkontensteuerung* beginnen. Die Bedeu-tung und die Funktion der einzelnen Abschnitte werden im Folgenden erläutert.

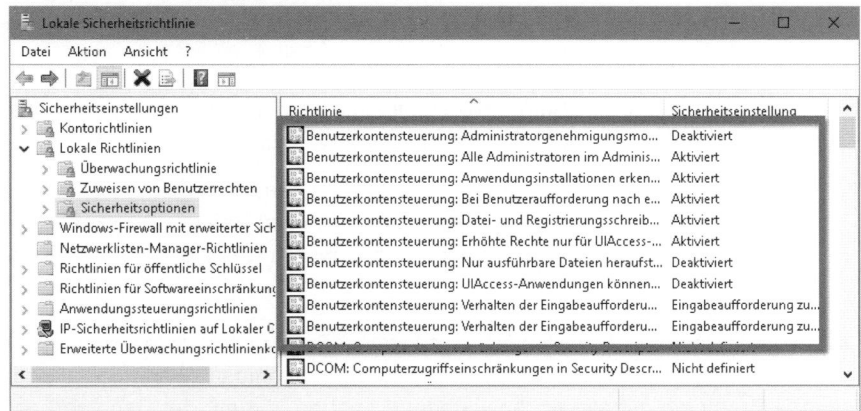

Administratorbenutzer von Rückfragen verschonen

Eine Möglichkeit der Anpassung besteht darin, die Benutzer der Administratorgrup-pe von den ständigen Warnhinweisen und Bestätigungen zu verschonen. Dies lässt sich über die Einstellung *Verhalten der Eingabeaufforderung für erhöhte Rechte für Administratoren im Administratorgenehmigungsmodus* erreichen. Sie kann auf ver-schiedene Werte gesetzt werden:

■ **Keine Aufforderung:** Mit der Einstellung *Erhöhte Rechte ohne Eingabeaufforde-rung* unterdrücken Sie die Sicherheitshinweise vollständig. In diesem Fall gel-ten die Rückfragen allerdings automatisch als bestätigt. Eine Anwendung, die höhere Rechte einfordert, bekommt diese also automatisch und ohne Rückfrage zugeteilt. Dies entspricht fast dem Zustand bei Windows XP und sollte mit entsprechender Vorsicht verwendet werden.

- **Eingabeaufforderung zu Anmeldeinformationen:** Dies ist die sicherste Wahl für diese Option. Wenn eine Anwendung höhere Rechte einfordert, muss der Administratorbenutzer dies nicht nur per *Fortsetzen* bestätigen, sondern mit seinem Kennwort autorisieren. Diese Variante kann in Situationen sinnvoll sein, in denen die Gefahr besteht, dass jemand unberechtigt Zugriff auf einen PC hat, auf dem der Administrator angemeldet ist. Selbst dann können ohne Kenntnis von dessen Passwort keine Manipulationen am System erfolgen. Sie können wählen, ob für die Aufforderung auf den sicheren Desktop umgeschaltet werden soll oder nicht.

- **Eingabeaufforderung zur Zustimmung:** Dies ist die Standardeinstellung für diese Option. Das Erteilen höherer Rechte muss der Administratorbenutzer per Klick auf *Fortsetzen* bestätigen. Auch hier kann bei Bedarf das Umschalten auf den sicheren Desktop gewählt werden.

Aus Administratorbenutzern echte Systemadministratoren machen

Zum Sicherheitskonzept von Windows gehört, dass selbst Benutzer der Administratorgruppe nur als Standardbenutzer arbeiten, solange keine höheren Rechte erforderlich sind. Dieses Verhalten können Sie mit der Einstellung *Alle Administratoren im Administratorbestätigungsmodus ausführen* steuern.

- *Aktiviert* entspricht der Standardeinstellung, das heißt, die Administratoren arbeiten als Standardbenutzer. Wichtig: Diese Wahl ist die sicherere!

- Manche Situationen können es erfordern, diese neue Funktion mit *Deaktiviert* abzuschalten. Dann arbeiten alle Benutzer mit einem Administratorkonto genau wie der lokale Systemadministrator selbst mit völlig uneingeschränkten Rechten und ohne jede Rückfrage.

Das Deaktivieren dieser Einstellung ist prinzipiell nicht zu empfehlen, denn es setzt das Sicherheitskonzept von Windows praktisch schachmatt. Wenn Sie allerdings massive Probleme mit älteren Anwendungen haben, die mit der Benutzerkontensteuerung überhaupt nicht zurechtkommen, kann diese Variante sinnvoll sein. Da alles, was Sie dann tun, mit vollen Administratorrechten erfolgt, gilt dies auch für die Problemprogramme, die dann störungsfrei laufen sollten. Eine dauerhafte Lösung sollte das aus Sicherheitsgründen aber nicht sein.

Keine Rückfragen für Standardbenutzer

Auch für die Standardbenutzer lässt sich das Verhalten der Benutzerkontensteuerung einstellen. Mit der Einstellung *Verhalten der Eingabeaufforderung für erhöhte Rechte für Standardbenutzer* regeln Sie, was passieren soll, wenn eine Anwendung bei einem Standardbenutzer höhere Rechte einfordert:

- *Eingabeaufforderung zu Anmeldeinformationen:* Dies ist die Standardeinstellung für diese Option. Dann wird wie beschrieben ein Hinweisdialog eingeblendet, in dem ein Administratorkennwort eingegeben werden muss, um den Vorgang zu autorisieren. Es gibt dabei eine Variante mit und eine ohne sicheren Desktop.

- *Keine Aufforderung:* Wollen Sie solche Rückfragen bei Standardbenutzern vermeiden, wählen Sie stattdessen die Einstellung *Anforderung für erhöhte Rechte automatisch ablehnen*. Die Benutzerkontensteuerung verzichtet dann auf den Hinweis. Allerdings gibt es einen wichtigen Unterschied zur gleichen Option für Administratorbenutzer: Dem Programm werden die höheren Rechte in diesem Fall stillschweigend verweigert! Ist die Anwendung tatsächlich auf Administratorrechte angewiesen, wird sie also nicht korrekt funktionieren können. Diese Option bietet sich für unerfahrene Standardbenutzer an, die keinesfalls irgendwelche Änderungen an der Systemkonfiguration vornehmen sollen und die durch die Rückfragen der Benutzerkontensteuerung nur unnötig verwirrt würden.

Softwareinstallationen automatisch mit höheren Rechten versehen

Bei der Installation von Software sind fast immer Administratorrechte erforderlich, sei es, um Einträge in der Registry vorzunehmen, oder sei es, weil Dateien ins *Programme*-Verzeichnis kopiert werden müssen. Windows ist (meistens) in der Lage, Installationsprogramme anhand einer Heuristikfunktion automatisch zu erkennen und sie dementsprechend mit höheren Rechten auszuführen. Auch dann ist allerdings eine Bestätigung bzw. Autorisierung durch den Benutzer erforderlich.

Mit der Einstellung *Anwendungsinstallationen erkennen und erhöhte Rechte anfordern* steuern Sie die heuristische Erkennung von Installationsprogrammen. Standardmäßig ist diese Funktion aktiviert, was auch sinnvoll ist. Deaktivieren sollte man sie nur, wenn Anwendungen dadurch Probleme verursachen, z. B. weil die Heuristikfunktion nicht präzise genug arbeitet.

Das Umschalten auf den sicheren Desktop bei Rückfragen vermeiden

Wann immer Windows eine Rückfrage wegen eines sicherheitsrelevanten Vorgangs anzeigt, schaltet es dazu auf den sogenannten sicheren Desktop um. Dabei wird die gesamte Benutzeroberfläche ausgeblendet und nur das Rückfragefenster angezeigt. Das geschieht, um auszuschließen, dass die Benutzerkontensteuerung umgangen werden kann, indem z. B. ein Programm den Mausklick auf die *Fortsetzen*-Schaltfläche ausführt.

Das Rückfragefenster kann nur von einem menschlichen Benutzer bedient werden. Stört Sie das Umschalten jedoch oder hat Ihre Grafikkarte Probleme mit dem Wechsel, können Sie den sicheren Desktop vermeiden. Das Rückfragefenster wird dann einfach auf dem normalen Desktop angezeigt, und alle anderen Programmfenster sind währenddessen ebenfalls zugänglich. Bearbeiten Sie dazu den Wert *Bei Benutzeraufforderung nach erhöhten Rechten zum sicheren Desktop wechseln*. Standardmäßig ist der sichere Desktop aktiviert.

20.3 Zusätzliche Konten für weitere Benutzer anlegen

Soll ein PC von mehreren Personen genutzt werden, bietet es sich an, für jeden Benutzer auch ein eigenes Konto einzurichten. Sicherlich ist das gerade in einer Familie nicht unbedingt notwendig, aber es hat viele Vorteile. So kann sich jeder seine eigene Arbeitsumgebung einrichten, z. B. was die Desktop-Gestaltung angeht. Außerdem erhält jeder Benutzer automatisch seinen eigenen Bereich für Dateien, sodass nichts durcheinandergerät. Auch wenn jeder sein eigenes E-Mail-Konto nutzen will, geht das so am einfachsten.

Im Vergleich zu früheren Windows-Versionen ist das Hantieren mit Benutzerkonten etwas umständlicher geworden. Zwar gibt es in der Systemsteuerung nach wie vor ein gleichnamiges Modul, in dem Sie auch einige Einstellungen vornehmen können, aber beispielsweise das Anlegen neuer Benutzerkonten ist nur in den touchoptimierten PC-Einstellungen möglich. Zusätzlich muss man hier noch darauf achten, zusätzliche Konten wirklich nur lokal auf dem PC anzulegen und nicht gleich ein zusätzliches Microsoft-Konto daraus zu machen.

1. Öffnen Sie die PC-Einstellungen und wechseln Sie dort in die Kategorie *Konten* und dann in die Untergruppe *Familie und weitere Benutzer*. Sie erreichen diese Einstellung auch direkt aus der Benutzerverwaltung der klassischen Systemsteuerung mit dem Link *Neue Benutzer in den PC-Einstellungen hinzufügen*.

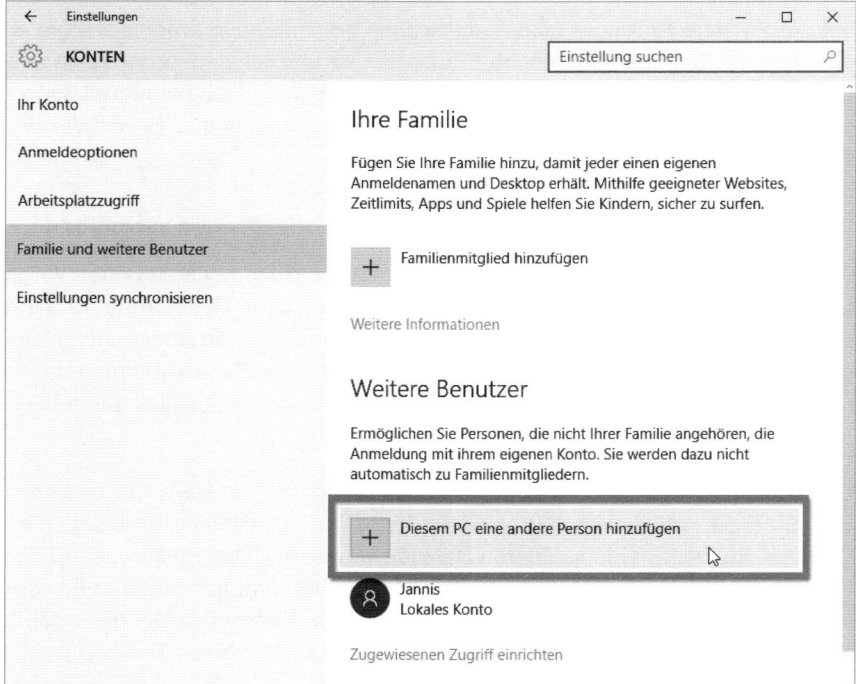

2. Nun wäre es vermutlich intuitiv, ein *Familienmitglied hinzufügen* zu lassen. Genau das würde ich aber nicht tun. Denn dies geht nur über das Anlegen eines weiteren Microsoft-Kontos. Das kostet zwar nichts außer etwas Mühe, ist aber unnötig, wenn dieser Benutzer ohnehin nur den lokalen PC mitbenutzen soll. Wählen Sie also besser unter *Weitere Benutzer* die Funktion *Diesem PC eine andere Person hinzufügen*.

Microsoft-Konto für eigene E-Mail-Adresse und Kinderschutz

Es gibt Ausnahmen, bei denen das Hinzufügen eines Familienmitglieds sinnvoll sein kann. So erhält man mit einem Microsoft-Konto automatisch auch eine eigene E-Mail-Adresse. Vor allem aber, wenn Sie für Kinder oder Jugendliche Schutzfunktionen wie Zeitlimits, Beschränken auf bestimmte Webseiten und Apps etc. einrichten wollen, ist ein Microsoft-Konto empfehlenswert. Die entsprechenden Funktionen – bei früheren Windows-Versionen unter dem Namen Family Safety integriert oder zumindest nachrüstbar – sind nun an ein Microsoft-Konto gebunden und lassen sich nur darüber konfigurieren.

---

3. Sollte der neue Benutzer ohnehin über ein Microsoft-Konto (z. B. Windows Live Mail, Outlook.com etc.) verfügen, können Sie dieses verwenden und die Roaming-Funktion von Windows nutzen (siehe Seite 565). Um ein klassisches lokales Benutzerkonto anzulegen, wählen Sie erst unten *Die Person, die ich hinzufügen möchte, hat keine E-Mail-Adresse* und dann im nächsten Schritt *Benutzer ohne Microsoft-Konto hinzufügen*.

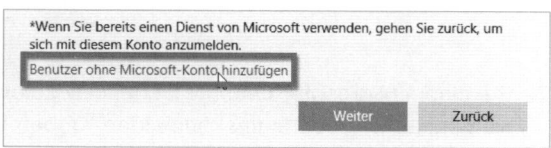

4. Im nächsten Schritt geben Sie Name, Kennwort und Kennworthinweis für den neuen Benutzer an. Tippen Sie dann unten auf *Weiter*.

Konto für diesen PC erstellen

Wenn Sie ein Kennwort verwenden möchten, dann wählen Sie ein Kennwort aus, das leicht zu merken, aber von anderen schwer zu erraten ist.

Von wem wird dieser PC genutzt?

Jakob

Achten Sie auf Sicherheit.

••••••••

••••••••

Lieblingsverein

5. Anschließend gelangen Sie zurück in die Kontenübersicht, in der das neue Benutzerkonto schon direkt aufgeführt wird.

Das Kennwort eines Benutzerkontos ändern

Sicherheitsexperten empfehlen, wichtige Kennwörter regelmäßig zu ändern. Windows bietet Ihnen dazu zwei Möglichkeiten.

1. In den touchoptimierten PC-Einstellungen können Sie jeweils nur das eigene Benutzerkonto bearbeiten, mit dem Sie gerade angemeldet sind. Wählen Sie dazu in der Kategorie *Konten/Anmeldeoptionen* unter *Kennwort* die Schaltfläche *Ändern*.

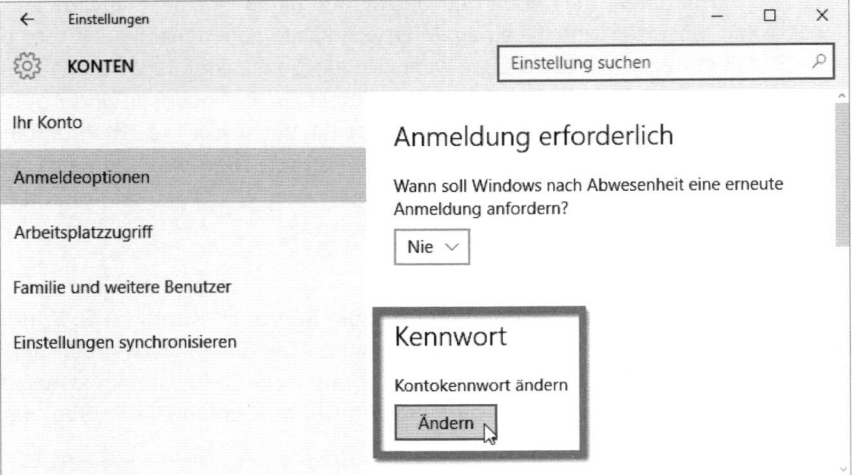

2. Bei einem Microsoft-Konto (im Gegensatz zu einem lokalen Konto) müssen Sie sich zunächst noch einmal anmelden. Geben Sie das bisherige Kennwort ein und klicken Sie unten auf *Anmelden*. Sollten Sie das Kennwort nicht mehr wissen und deshalb ändern wollen, klicken Sie auf *Ich habe mein Kennwort vergessen*. Bei einem lokalen Konto entfällt dieser Schritt.

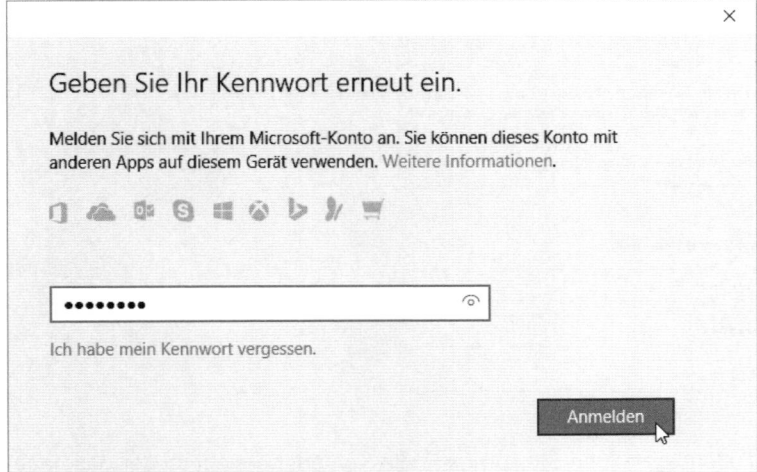

3. Geben Sie dann einmal das alte Kennwort sowie zweimal das neue ein. Das neue Kennwort darf nicht kürzer als acht Zeichen sein und sollte von den folgenden Elementen mindestens zwei verschiedene umfassen: Großbuchstaben, Kleinbuchstaben, Zahlen, Symbole (+, -, ., % etc.). Andernfalls beschwert Windows sich über mangelnde Sicherheit. Klicken Sie dann unten auf *Weiter*.

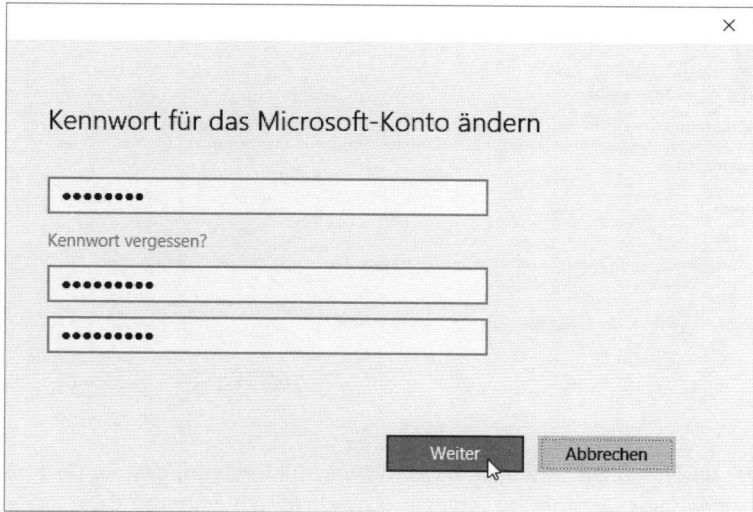

In der klassischen Systemsteuerung können Sie die Kennwörter anderer Konten bearbeiten, die gerade nicht angemeldet sind.

1. Öffnen Sie dazu die *Benutzerkonten* und dort die Kontenübersicht mit *Anderes Konto verwalten*.

2. Wählen Sie das Konto aus, dessen Eigenschaften Sie bearbeiten möchten, und klicken Sie im anschließenden Dialog auf *Kennwort ändern*.

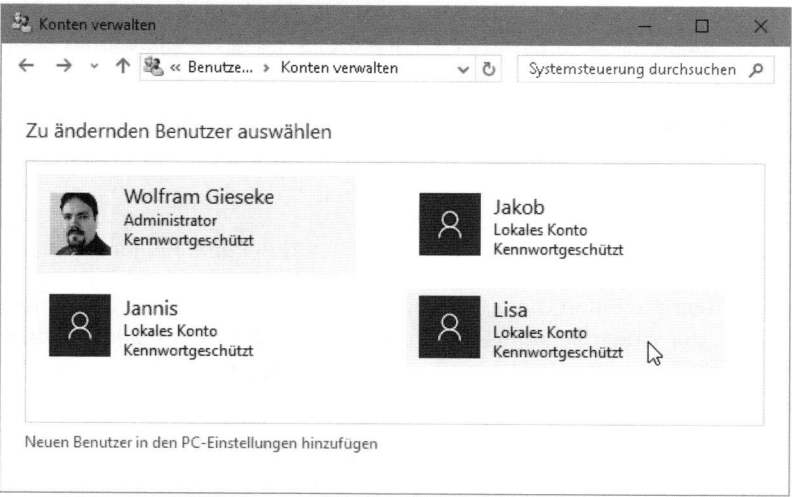

3. Tippen Sie dann das neue Kennwort zweimal ein, um Vertipper auszuschließen.

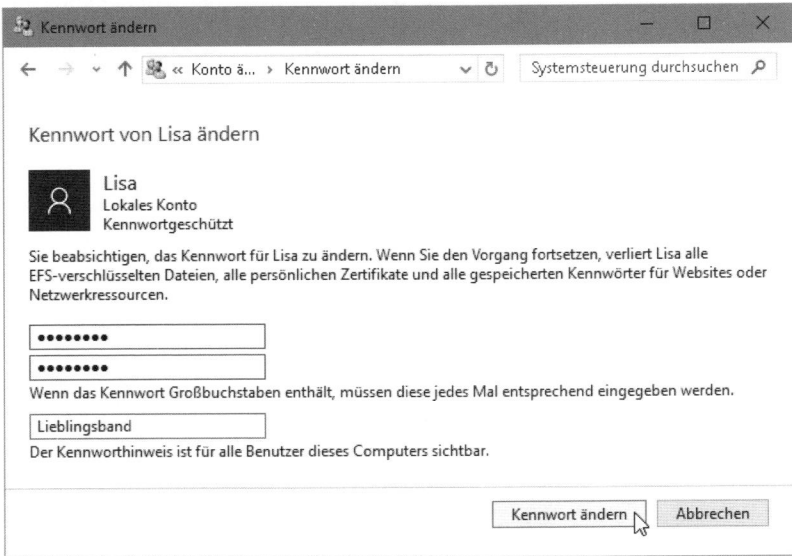

4. Zusätzlich können Sie einen Kennworthinweis hinterlegen, der als Gedanken-stütze dienen soll. Allerdings ist dieser Hinweis für alle anderen Benutzer auch sichtbar, sodass er nicht zu offensichtlich sein sollte.

5. Klicken Sie dann unten auf *Kennwort ändern*.

Kontoname und Kontotyp nachträglich verändern

Praktisch alle Einstellungen eines Benutzerkontos können jederzeit angepasst wer-den. Bei Kennwort und Kontobild ist das naheliegend, aber selbst so elementare Eckdaten wie den Benutzernamen oder den Kontotyp (Administrator oder Stan-dardbenutzer) können Sie verändern, wenn die Umstände dies erfordern. Windows nimmt dann automatisch alle Änderungen vor, damit das Benutzerkonto auch mit den neuen Einstellungen wieder reibungslos funktioniert.

1. Öffnen Sie in der Systemsteuerung den Bereich *Benutzerkonten* und klicken Sie dort auf *Anderes Konto verwalten*, um die Übersicht über die Benutzerkon-ten sowie das zu ändernde Konto aufzurufen.

2. Im anschließenden Menü finden Sie ganz oben den Punkt *Kontonamen ändern*.

3. Damit öffnen Sie einen Dialog, in dem Sie einfach den neuen Namen für die-sen Benutzer eingeben können. Mit der Schaltfläche *Namen ändern* veranlas-sen Sie die Änderung, und Windows führt automatisch alle Maßnahmen durch, die dazu erforderlich sind.

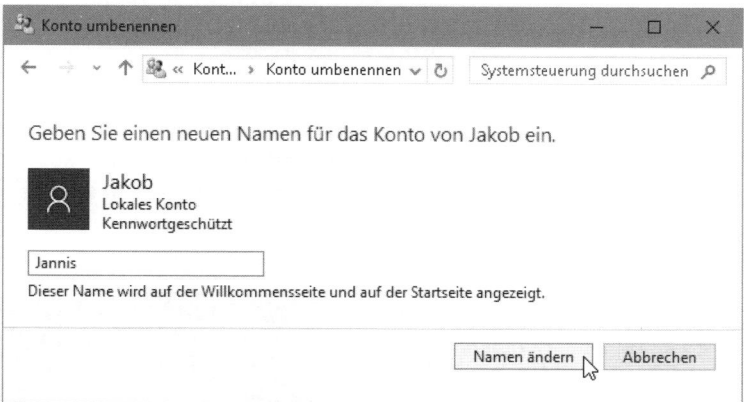

4. Zurück im Kontomenü können Sie mit dem Menüpunkt *Kontotyp ändern* diesem Benutzerkonto ein anderes Berechtigungsschema zuweisen.

5. Wählen Sie dazu im anschließenden Dialog den jeweils anderen Kontotyp aus und klicken Sie dann unten auf *Kontotyp ändern*. Windows verändert automatisch alle Zugriffsrechte dieses Kontotyps entsprechend.

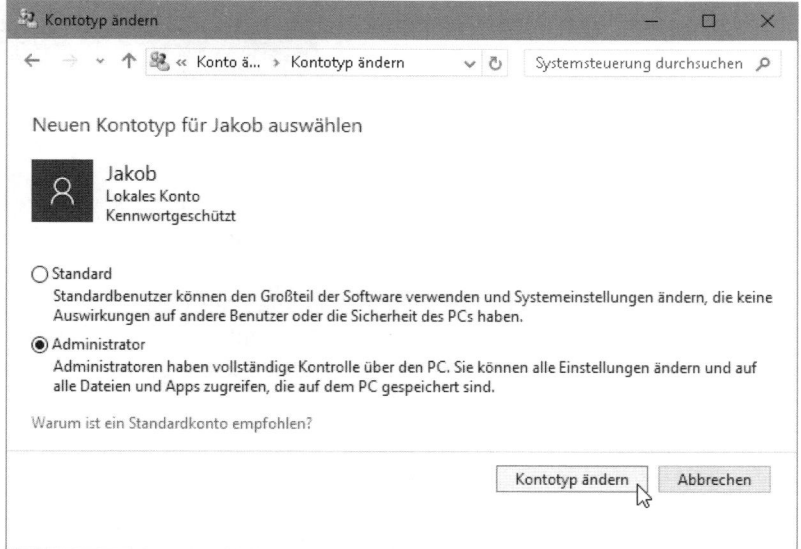

Eigenes Profilbild fürs Konto?

Vielleicht ist Ihnen von früheren Windows-Versionen die Möglichkeit geläufig, Ihrem Benutzerkonto ein eigenes Profilbild zuzuordnen. Das geht auch beim aktuellen Windows, allerdings nicht mehr in den Benutzerkonten-Einstellungen. Stattdessen gehört diese Funktion nun zu den Gestaltungsmöglichkeiten der touchbasierten PC-Einstellungen.

HINWEIS

20.4 Schutzmaßnahmen gegen vergessene Benutzerkennwörter

Leider geht mit Passwörtern immer das Risiko einher, sie zu vergessen. Das macht den Einsatz riskant, insbesondere wenn es keinen Nachschlüssel und keine Hintertür in das System gibt. Vor allem aber verleitet es Benutzer dazu, möglichst einfache und naheliegende Passwörter zu verwenden, die sich eben nicht so leicht vergessen lassen.

Um diesen beiden Problemen zu begegnen, bringt Windows Schutzmechanismen mit, die das Ausschließen aus dem System wegen eines vergessenen Passworts verhindert. Zum einen hilft der Kennworthinweis. Der wird bei einem neuen Kennwort stets mit angegeben und sollte so gewählt werden, dass er den Benutzer – und möglichst nur ihn – an das gewählte Kennwort erinnert. Wann immer man bei der Windows-Anmeldung nicht das korrekte Kennwort eingibt, wird dieser Hinweis automatisch angezeigt und hilft hoffentlich dabei, sich zu erinnern.

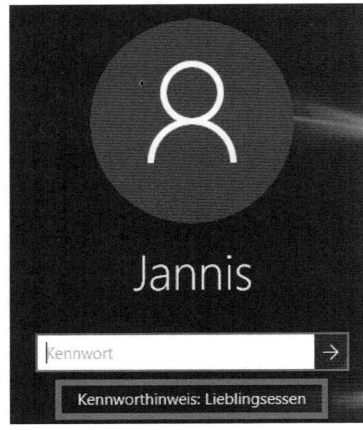

Eine Kennwortrücksetzdiskette erstellen

Zusätzlich kann jeder Benutzer für sein eigenes Konto einen USB-Stick als „Kennwortrücksetzdiskette" erstellen, auf dem das Kennwort gespeichert wird. An einem sicheren Ort aufbewahrt, dient dieser USB-Stick als Notfallmaßnahme für den Fall eines Falles. Das empfiehlt sich insbesondere, wenn es nur einen Administratorbenutzer im System gibt. Während Standardbenutzer einfach einen Administrator um ein neues Passwort bitten können, hat der nämlich keine so einfache Rückversicherung.

HINWEIS

USB-Stick anstatt Diskette

Lassen Sie sich vom Namen dieser Funktion nicht irritieren. Es heißt immer noch Kennwortrücksetzdiskette, obwohl PCs mit Diskettenlaufwerken mittlerweile zu einer vom Aussterben bedrohten Spezies gehören. Das liegt aber nur am Übersetzer der Windows-Bildschirmtexte. Sie können ebenso einen USB-Stick oder eine Speicherkarte verwenden, um die Informationen zum Zurücksetzen des Kennworts zu speichern. Gut eignet sich dafür ein älterer USB-Stick oder auch eine Speicherkarte mit geringer Kapazität, die deshalb z. B. in der Digitalkamera ohnehin nicht mehr verwendet werden kann. Es werden nur wenige KByte Speicherplatz benötigt, und ein anderweitig nicht mehr genutztes Speichermedium können Sie getrost an einem sicheren Ort verwahren.

Das Zurücksetzen des Kennwortes per USB-Stick ist allerdings nur für lokale Windows-Benutzerkonten vorgesehen. Wenn Sie ein Microsoft-Konto zum Anmelden an Ihren PC verwenden, können Sie die Onlinemechanismen nutzen, um dieses zurückzusetzen. In diesem Fall wird der Menüpunkt zum Erstellen einer Kennwortrücksetzdiskette gar nicht erst angeboten.

Wann immer Sie ein Benutzerkonto eingerichtet haben und dieses sein endgültiges Kennwort zugeteilt bekommen hat, sollten Sie eine Kennwortrücksetzdiskette erstellen bzw. den Benutzer des Kontos dazu anhalten. Beachten Sie dabei: Diese Maßnahme bezieht sich stets auf den aktuell angemeldeten Benutzer. Selbst ein Administrator kann also keine Kennwortrücksetzdiskette für andere Benutzer erstellen. Der Benutzer muss das selbst erledigen, es sei denn, der Administrator meldet sich mit den Zugangsdaten dieses Benutzers an und übernimmt das für ihn.

1. Stecken Sie einen USB-Stick oder eine Speicherkarte ein.

2. Öffnen Sie die Systemsteuerung und geben Sie hier oben rechts im Suchfeld den Begriff „kennwortrück" ein. Nur dann bietet Ihnen die Systemsteuerung den Punkt *Kennwortrücksetzdiskette erstellen* an.

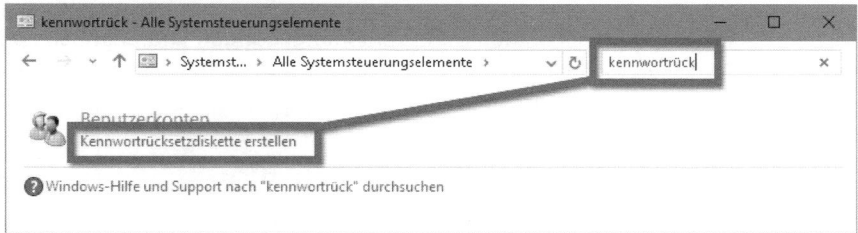

3. Damit starten Sie einen Assistenten, der Sie durch die erforderlichen Schritte führt.

4. Wählen Sie – soweit erforderlich – das Speichermedium aus, auf dem die Informationen abgelegt werden sollen.

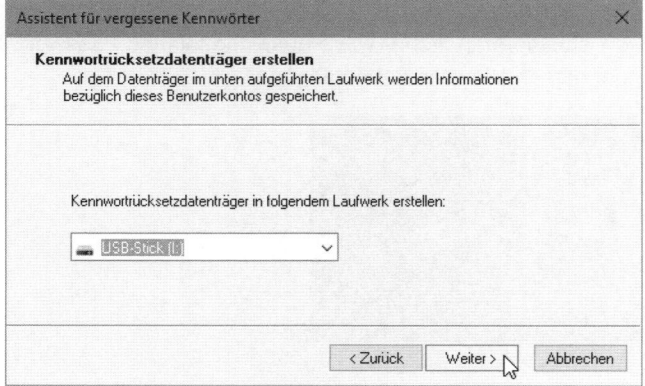

5. Tippen Sie dann Ihr aktuelles Benutzerkennwort ein und klicken Sie unten auf *Weiter*. Das soll den Missbrauch dieser Funktion durch Unbefugte verhindern.

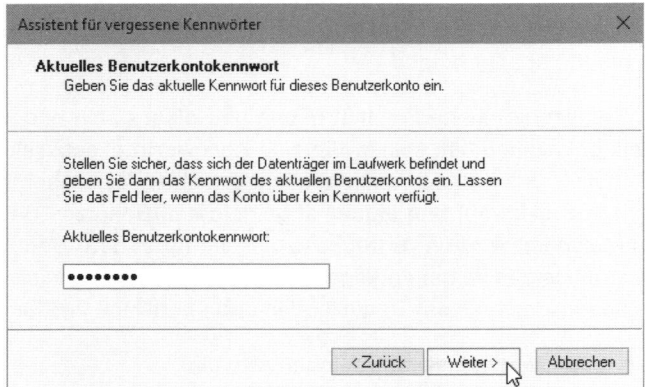

6. Der Assistent sichert dann die Rücksetzinformationen auf dem Medium. Verwahren Sie diesen Datenträger an einem geschützten Ort, an dem er vor Beschädigungen und dem Zugriff Unberechtigter sicher ist.

Dieses Rücksetzmedium ist an das Benutzerkonto gebunden und unabhängig von Ihrem Passwort. Selbst wenn Sie Ihr Passwort also ändern sollten, können Sie das Rücksetzmedium anschließend immer noch verwenden.

Das Kennwort mithilfe des Datenträgers zurücksetzen

Sollten Sie Ihr Passwort tatsächlich vergessen haben, können Sie auf das Speichermedium zurückgreifen und sich so wieder Zugang zu Ihrem Benutzerkonto verschaffen:

1. Starten Sie Windows und wählen Sie auf dem Anmeldebildschirm wie üblich Ihren Benutzernamen aus.

2. Tippen Sie dann als Passwort einen beliebigen Text ein.

3. Windows beschwert sich verständlicherweise über das falsche Passwort. Klicken Sie auf *OK*, um diesen Hinweis zu bestätigen.

4. Im Anmeldefenster finden Sie nun neben der erneuten Eingabe des Kennworts weitere Informationen. Zum einen zeigt Windows den *Kennworthinweis* an, der beim Anlegen Ihres Kontos hinterlegt worden ist. Zum anderen können Sie das Kennwort nun mit dem vorbereiteten Speichermedium zurücksetzen.

5. Stecken Sie dazu den vorbereiteten USB-Stick ein und klicken Sie auf *Kennwort zurücksetzen*.

6. Damit starten Sie wiederum einen Assistenten, bei dem Sie zunächst das Speichermedium mit den Rücksetzinformationen auswählen.

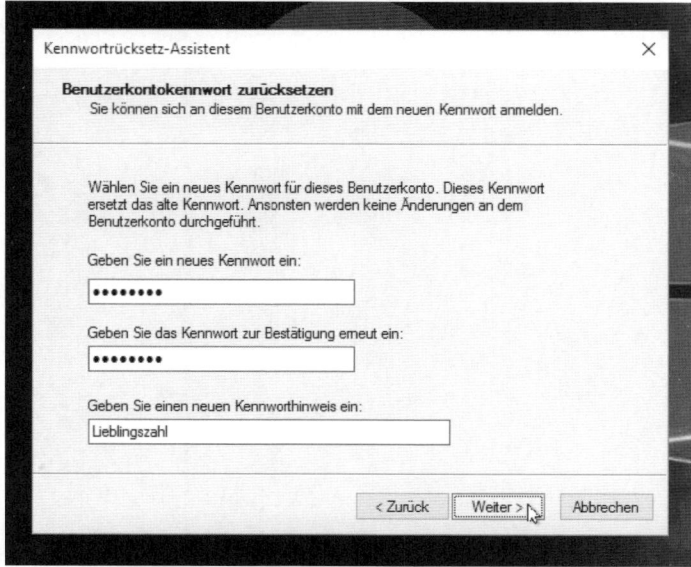

7. Geben Sie nun ein neues Kennwort (wie immer zweimal) sowie einen neuen Kennworthinweis an. Der Assistent überprüft dann das Speichermedium und ändert die Kontodaten entsprechend. Das neue Kennwort gilt ab sofort für dieses Benutzerkonto.

Anschließend gelangen Sie zurück zur Anmeldeseite, wo Sie sich nun erstmals mit dem neu festgelegten Kennwort anmelden können.

21 Dokumente und Laufwerke durch Verschlüsseln schützen

Sensible persönliche Dokumente oder Geschäftsunterlagen sollten besonders geschützt werden. Dabei geht es nicht nur darum, dass sie von anderen Benutzern desselben PCs eingesehen oder von Hackern ausgeschnüffelt werden könnten.

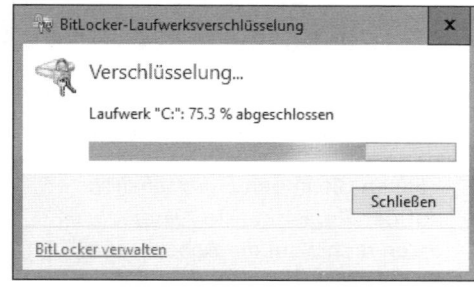

Was wäre, wenn das Notebook/Netbook unterwegs abhandenkommt oder der PC bei einem Einbruch entwendet wird? Dann ist nicht nur die Hardware futsch, sondern vertrauliche Informationen gelangen womöglich in falsche Hände, was häufig die schlimmere Folge ist. Windows bringt als Schutz davor verschiedene Möglichkeiten mit, Dokumente vor unbefugten Augen und Zugriffen zu schützen:

- Mit der Verschlüsselung auf Ebene des Dateisystems können einzelne Dokumente oder auch ganze Ordner geschützt werden.

- Mit BitLocker lässt sich das gesamte Festplattenlaufwerk schützen, sodass Windows als solches nur startet, wenn es mit der entsprechenden Berechtigung autorisiert ist.

- BitLocker To Go erweitert diesen Schutz auf die beliebten USB-Sticks und Speicherkarten. Auf diese kann dann nur noch zugreifen, wer das richtige Passwort kennt. So können auf diese bequeme und flexible Weise auch vertrauliche Daten weitergegeben werden.

21.1 Dateien durch Verschlüsselung vor fremden Augen schützen

Zu den Funktionen des von Windows verwendeten NTFS gehört das Verschlüsseln einzelner Dateien oder auch ganzer Ordner samt Inhalt. Jeder Anwender kann so sensible Dokumente verschlüsseln, dass nur er ihren Inhalt sehen und weiterbearbeiten kann. Selbst Administratoren können sich nicht ohne Weiteres Zugang zu solchen Dateien verschaffen. Wichtig ist dabei aber der Umgang mit dem als Zugangsschlüssel verwendeten Zertifikat. Sollte dieses verloren gehen, sind auch die verschlüsselten Daten ein für alle Male weg. Leider steht diese Dateisystemverschlüsselung nur den „höheren" Windows-Editionen ab „Pro" zur Verfügung.

Dateien und Ordner per EFS verschlüsseln

Das Verschlüsseln von Dateien und Ordnern ist sozusagen der leichteste Teil. Dazu bedarf es lediglich einer kleinen Einstellung in den Dateieigenschaften.

1. Wählen Sie den oder die Dateien bzw. Ordner im Explorer aus, die Sie verschlüsseln möchten.

2. Klicken Sie mit der rechten Maustaste auf die Auswahl und wählen Sie im Kontextmenü ganz unten *Eigenschaften*.

3. Klicken Sie in den *Eigenschaften* auf der Registerkarte *Allgemein* unten rechts auf die Schaltfläche *Erweitert*.

4. Aktivieren Sie im anschließenden Dialog *Erweiterte Attribute* ganz unten die Option *Inhalt verschlüsseln, um Daten zu schützen*. Klicken Sie dann auf *OK*.

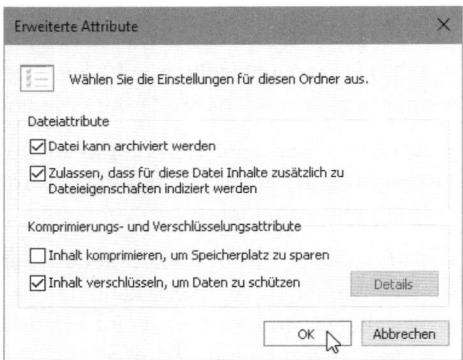

5. Zurück in den Eigenschaften der Datei klicken Sie erneut unten auf *OK*.

6. Windows zeigt dann eine Verschlüsselungswarnung an. Hier können Sie festlegen, ob Sie wirklich nur diese eine Datei oder auch den gesamten übergeordneten Ordner verschlüsseln möchten. Mit der Option *Immer nur die Datei verschlüsseln* können Sie solche Rückfragen für die Zukunft vermeiden.

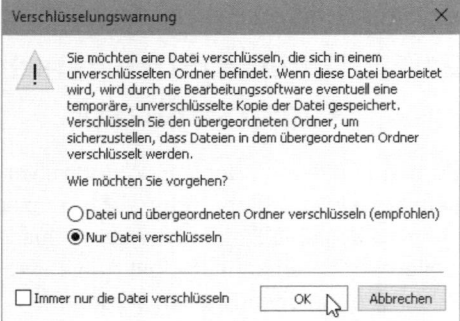

Damit ist das Verschlüsseln auch schon erledigt. Am Zugriff auf die Dateien und Ordner ändert sich dadurch nichts. Das gilt allerdings nur für Sie selbst. Andere Benutzer können so verschlüsselte Dateien nun nicht mehr öffnen, selbst wenn sie entsprechende Zugriffsberechtigungen dafür haben. Um die Verschlüsselung einer Datei später wieder aufzuheben, wiederholen Sie den Vorgang einfach und entfernen diesmal das Häkchen der Verschlüsselungsoption.

Grün ist die Farbe der Verschlüsselung

Wundern Sie sich nicht, wenn der Name einer verschlüsselten Datei auf einmal grün im Windows-Explorer aufgeführt wird. Damit signalisiert der Explorer eben diesen Verschlüsselungsstatus der Datei. So lässt sich auf den ersten Blick erkennen, welche Dateien verschlüsselt sind. Das ist wichtig, denn verschlüsselte Dateien lassen sich nicht ohne Weiteres weitergeben, z. B. per USB-Stick, DVD oder E-Mail. Sie können zwar auf einen anderen PC übertragen werden, lassen sich dort aber mangels Verschlüsselungszertifikat nicht öffnen.

HINWEIS

Wichtig: EFS-Zertifikate sichern, um Datenverluste zu vermeiden

Windows verwendet für die Verschlüsselung ein Zertifikat, das an Ihr Benutzerkonto gebunden ist. Wenn Sie eine verschlüsselte Datei öffnen möchten, wird dieses Zertifikat abgefragt und der Inhalt damit entschlüsselt. Da nur Ihr Benutzerkonto über ein solches Zertifikat verfügt, können auch nur Sie die Datei öffnen. Allerdings ist damit ein Risiko verbunden.

Sollte Ihr Benutzerkonto z. B. durch einen Hardwaredefekt und eine damit verbundene Windows-Neuinstallation verloren gehen, ist auch kein Zugriff auf verschlüsselte Dateien mehr möglich. Zwar können Sie nach der Neuinstallation ein Benutzerkonto mit gleichem Namen und Kennwort erneut anlegen, aber es ist eben nicht dasselbe Konto und verfügt nicht über das erforderliche Zertifikat.

Deshalb empfiehlt es sich, das Zertifikat auf einem externen Speicher zu sichern, um es in solchen Fällen einspielen zu können und um den Zugriff auf verschlüsselte Dokumente wieder zu ermöglichen.

1. Wenn Sie erstmals eine Datei oder einen Ordner verschlüsseln, wird Ihr persönliches Zertifikat automatisch erstellt, und das Info-Center bietet Ihnen an, dieses zu sichern. Klicken Sie dazu auf den Hinweis.

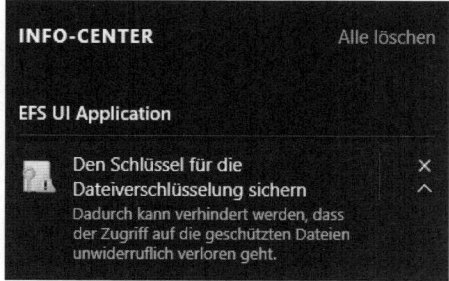

Sollten Sie den Moment verpasst haben, öffnen Sie wie vorangehend beschrieben die Eigenschaften einer bereits verschlüsselten Datei, klicken dort auf *Erweitert* und dann auf *Details*. Wählen Sie anschließend in der Liste oben Ihr Benutzerkonto aus und klicken Sie auf *Schlüssel sichern*.

2. Damit starten Sie einen Assistenten, der Sie durch die notwendigen Schritte führt. Klicken Sie zunächst zweimal auf *Weiter*, um zu den wesentlichen Schritten zu gelangen.

3. Aktivieren Sie die Option *Kenn-wort* und geben Sie dann ein sicheres Passwort ein, mit dem das Zertifikat geschützt werden soll. Selbstverständlich dürfen Sie dieses Kennwort keinesfalls vergessen, da Sie es im Falle eines Falles benötigen, um das Zertifikat wieder einzuspielen.

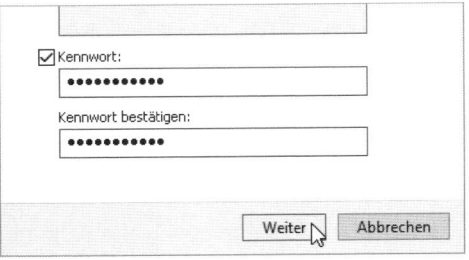

4. Wählen Sie dann Laufwerk, Pfad und Dateiname aus, unter denen Sie das Zertifikat speichern wollen. Hier bietet sich insbesondere ein externes Speichermedium wie ein USB-Stick an. Auch das Brennen auf eine CD oder DVD ist empfehlenswert. Das Speichern auf dem PC selbst bietet nur geringen Schutz, da die Datei z. B. bei einem Hardwaredefekt eventuell ebenfalls beschädigt wird.

5. Schließlich fasst der Assistent nochmals alle Einstellungen zusammen. Klicken Sie hier auf *Fertig stellen*, um die Sicherungsdatei mit dem Zertifikat zu erstellen.

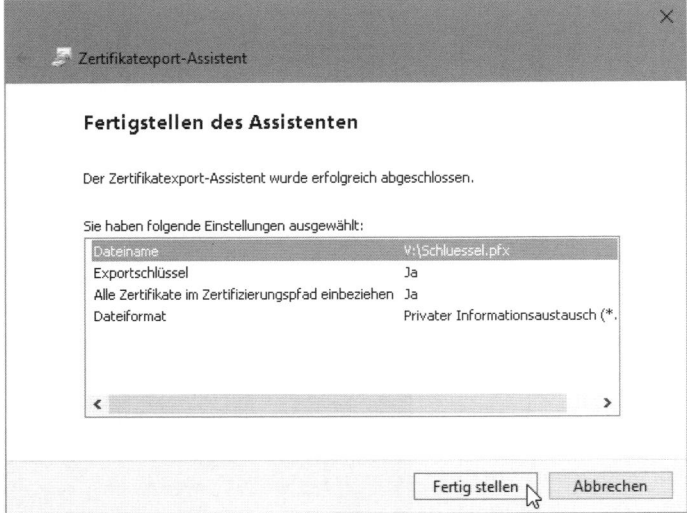

Dieses Sichern des Zertifikats brauchen Sie nur einmalig nach dem ersten Verschlüsseln vorzunehmen. Anschließend verwendet Windows automatisch immer wieder dasselbe Zertifikat, von dem Sie nun ja bereits eine Sicherung haben.

Zertifikate auch später noch sichern

TIPP

Sollten Sie den Zeitpunkt zum Sichern Ihres Zertifikats verpasst haben, können Sie dies auch später noch nachholen. Klicken Sie einfach auf das Symbol im Infobereich. Das bringt Sie in die Einstellungen Ihres Benutzerkontos. Klicken Sie darin links im Aufgabenbereich auf *Dateiverschlüsselungszertifikate verwalten*. Hier können Sie unter anderem das Zertifikat sichern.

Gesicherte Zertifikate wiederherstellen

Sollten Sie in die Verlegenheit kommen, nicht mehr auf verschlüsselte Dokumente zugreifen zu können, ist eine zuvor erstellte Sicherungskopie Ihres Zertifikats Ihre Rettung. Diese können Sie mit einem Assistenten einspielen und sich so wieder Zugang verschaffen.

1. Verbinden Sie das Speichermedium, auf dem Sie die Sicherungskopie abgelegt haben, mit Ihrem PC. Lokalisieren Sie darauf die Datei mit dem Zertifikat und öffnen Sie sie per Doppelklick.

Schluessel.pfx

2. Damit starten Sie einen Assistenten, in dem Sie nach einem Klick auf *Weiter* zunächst die Option *Aktueller Benutzer* wählen.

3. Bestätigen Sie dann die ausgewählte Datei mit den Schlüsselinformationen.

4. Mit einem erneuten Klick auf *Weiter* gelangen Sie zur Kennworteingabe. Tippen Sie hier das beim Sichern festgelegte Passwort ein und klicken Sie wiederum auf *Weiter*.

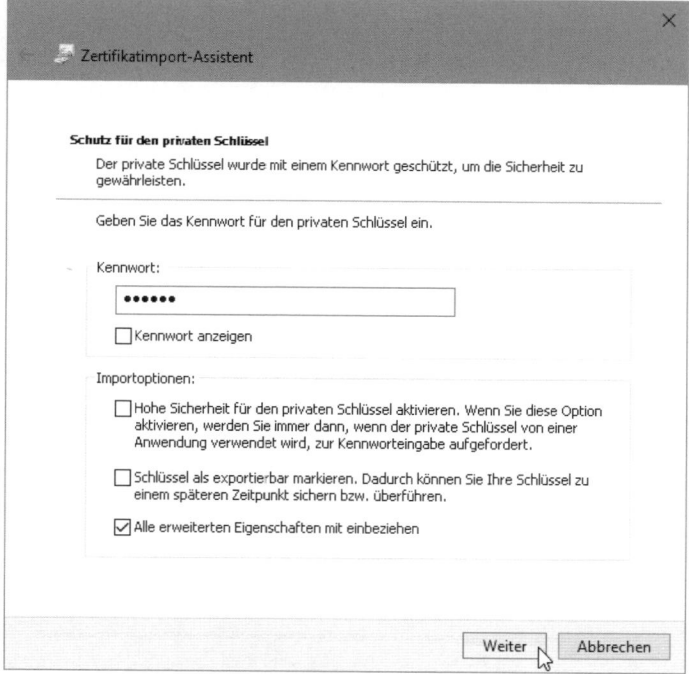

5. Belassen Sie es im nächsten Schritt bei der Einstellung *Zertifikatspeicher automatisch auswählen* und gehen Sie mit *Weiter* zum letzten Schritt.

6. Klicken Sie hier auf *Fertig stellen*, um das Zertifikat zu importieren. Anschließend sollte der Zugriff auf die geschützten Dokumente dauerhaft wieder möglich sein.

Weiteren Benutzern den Zugriff auf verschlüsselte Laufwerke ermöglichen

Ein verschlüsseltes Dokument ist einem bestimmten Benutzer zugeordnet und kann nur von diesem verwendet werden. Windows kann Dokumente aber auch mehrfach verschlüsseln, sodass sie mehr als einem Benutzer zur Verfügung stehen, aber trotzdem vor den Augen aller anderen geschützt sind. Voraussetzung ist allerdings, dass die weiteren Benutzer auch die Zugriffsberechtigungen für die Dateien haben und dass für sie ein Schlüsselzertifikat vorhanden ist, sie also auf dem PC bereits mindestens einmal eine Datei verschlüsselt haben.

1. Der Besitzer einer Datei, der diese ursprünglich für sich selbst verschlüsselt hat, kann weitere Benutzer hinzufügen. Klicken Sie dazu wiederum in den allgemeinen Eigenschaften des Objekts auf *Erweitert*.

2. Klicken Sie dann rechts neben der Option *Inhalt verschlüsseln, um Daten zu schützen* auf die Schaltfläche *Details*.

3. Hier sehen Sie oben, für welche Benutzer die Datei bislang verschlüsselt wurde. Mit einem Klick darunter auf *Hinzufügen* können Sie weitere Benutzer angeben.

4. Wählen Sie hier das Zertifikat des Benutzers aus, für den die Datei bzw. der Ordner zusätzlich verschlüsselt werden soll. Wird ein bestimmter Benutzer hier nicht angezeigt, ist für ihn kein Zertifikat vorhanden, weil er vermutlich selbst noch nie eine Datei verschlüsselt hat.

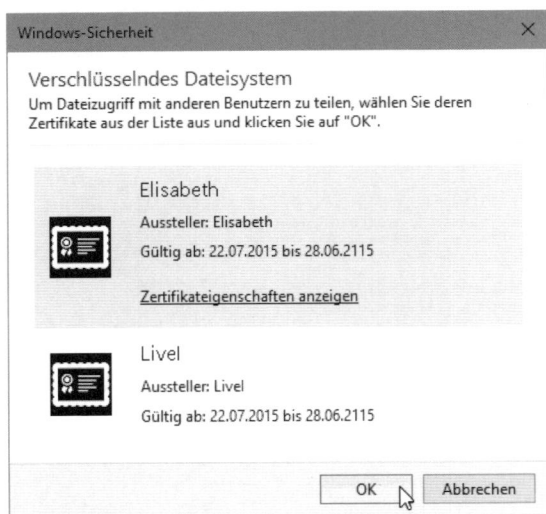

5. Klicken Sie dann viermal auf *OK*, um alle Dialoge zu schließen.

Anschließend dürfen beide Benutzer unabhängig voneinander auf die verschlüsselten Daten zugreifen. Prinzipiell können Sie auf diese Weise beliebig vielen Benutzern den Zugriff auf verschlüsselte Dateien erlauben.

21.2 Mit BitLocker Festplatten und USB-Sticks verschlüsseln

Mit der BitLocker-Laufwerkverschlüsselung lassen sich komplette Laufwerke so verschlüsseln, dass sie nur durch berechtigte Benutzer verwendet werden können. Das ist insbesondere für mobile Computer wie Notebooks und Tablet-PCs sinnvoll, denn so bleiben die Daten auch im Fall eines Verlusts oder Diebstahls sicher und vertraulich. Selbstverständlich können aber auch Benutzer von Desktop-PCs mit entsprechendem Sicherheitsbedürfnis diese Funktion nutzen. So lässt sich sicherstellen, dass vertrauliche Daten z. B. nur nach dem Einstecken eines bestimmten USB-Sticks zugänglich sind.

Standardmäßig ist BitLocker an einen im System vorhandenen TPM-Kryptochip geknüpft. Anstelle eines fest verdrahteten Chips kann aber auch ein handelsüblicher USB-Stick als Autorisierung für den Zugriff verwendet werden. Die BitLocker-Technologie ist allerdings nur in den Windows-Editionen Pro und Enterprise verfügbar.

Verschlüsselung mit Vorsicht genießen

Bevor Sie Ihr Windows-Laufwerk und wichtige Daten per BitLocker verschlüsseln, sollten Sie sich über eventuelle Nebenwirkungen im Klaren sein. Die Verschlüsselung ist sehr sicher, und laut Microsoft soll es auch keine Hintertüren darin geben, durch die sie leicht ausgehebelt werden kann. Ob dem wirklich so ist, wird sich noch zeigen. Vorläufig muss davon ausgegangen werden, dass ein verschlüsseltes Laufwerk ohne den passenden Schlüssel nicht wieder entschlüsselt werden kann. Wenn Sie den Schlüssel z. B. auf einem USB-Stick speichern, darf dieser also keinesfalls verloren gehen. Auch ein Defekt wäre das Aus für den Datenzugriff. Von wichtigen Daten sollten Sie deshalb vor der Verschlüsselung unbedingt Sicherheitskopien machen und diese an einem sicheren Ort hinterlegen. Nutzen Sie außerdem die Möglichkeiten, Sicherheitskopien des Schlüssels anzulegen und mit einem Ersatzstick zu arbeiten (siehe nachfolgenden Abschnitt).

HINWEIS

So schützt BitLocker Ihre Daten

Im Gegensatz zur EFS-Dateiverschlüsselung verschlüsselt BitLocker immer gleich komplette Laufwerke. Es werden also nicht nur einzelne Ordner oder Dokumente geschützt, sondern das komplette Laufwerk einschließlich installierter Anwendungen und dem Betriebssystem selbst. Als Schlüssel kann ein eingebauter TPM-Chip dienen, der zusätzlich durch eine PIN-Eingabe bei jedem Start abgesichert ist. Alternativ startet Windows nur beim Vorhandensein eines bestimmten USB-Sticks. Dadurch ergeben sich verschiedene Sicherheitsstufen:

- **Schutz durch einen TPM-Chip ohne PIN**

   Diese Variante ist die komfortabelste, da Sie beim Rechnerstart keine weiteren Schritte zu unternehmen brauchen. Allerdings ist der Schutz eingeschränkt, da es reicht, Zugriff auf den Rechner zu haben, um das System zu starten. Diese Variante schützt z. B. davor, dass die Festplatte aus einem PC entfernt und in einen anderen eingebaut wird und die Daten dort ausgelesen werden. Wird allerdings der komplette Rechner entwendet (z. B. ein Notebook), bietet diese Variante keinen Schutz.

■ **Schutz durch einen TPM-Chip mit PIN**

Durch das Eingeben einer PIN bei jedem Einschalten des PCs wird der Rechner effektiv vor Datendiebstahl gesichert. Wer die PIN nicht kennt, kann zwar in den Besitz des Gerätes gelangen, er kann aber nicht Windows starten und auf die enthaltenen Daten zugreifen.

■ **Schutz durch einen USB-Schlüssel**

Bei dieser Variante startet Windows nur, wenn ein bestimmter USB-Stick beim Start angeschlossen ist. Auch das schützt effektiv vor Datendiebstahl, allerdings nur, wenn der USB-Stick getrennt vom PC aufbewahrt wird. Liegt er z. B. mit in der Notebook-Tasche, stellt er für einen kompetenten Dieb kein Hindernis dar.

BitLocker mit USB-Stick anstatt TPM-Chip

Standardmäßig erfordert BitLocker das Vorhandensein eines TPM-Chips in der PC-Hardware. Allerdings ist dies auch heute noch keine Selbstverständlichkeit. Deshalb können Sie über die Gruppenrichtlinien einstellen, dass BitLocker auch mit einem USB-Stick anstelle des TPM-Chips zusammenarbeiten soll. Dies ist weniger sicher, da ein USB-Stick gestohlen werden, anderweitig abhandenkommen oder einfach kaputtgehen kann. In allen diesen Fällen wäre kein Zugang zum System und den gespeicherten Daten mehr möglich.

1. Wenn Sie in der klassischen Systemsteuerung im Modul *BitLocker-Laufwerkverschlüsselung* mit *BitLocker aktivieren* den Dienst starten und kein TPM-Chip in Ihrem PC installiert ist, beschwert sich das Programm direkt und verweigert die weitere Arbeit.

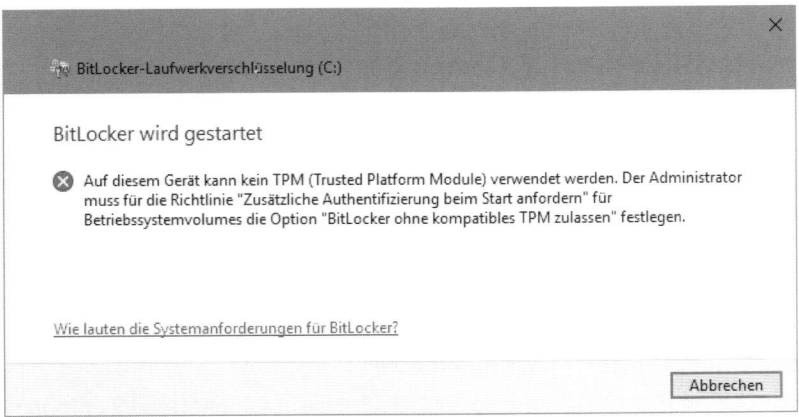

2. Öffnen Sie in diesem Fall das Startmenü und tippen Sie in das Suchfeld *gpedit. msc* gefolgt von ⏎ ein.

3. Damit starten Sie den Gruppenrichtlinieneditor, in dem Sie mit der Navigations- leiste links die Kategorie *Computerkonfiguration/Administrative Vorlagen/Win- dows-Komponenten/BitLocker-Laufwerkverschlüsselung/Betriebssystemlaufwer- ke* auswählen.

4. Rechts werden nun die Einstellungen für diesen Bereich angezeigt. Lokalisie- ren Sie hier die Option *Zusätzliche Authentifizierung beim Start anfordern* und doppelklicken Sie darauf.

5. Wählen Sie im Einstellungsdialog oben die Option *Aktiviert* und klicken Sie un- ten auf *OK*.

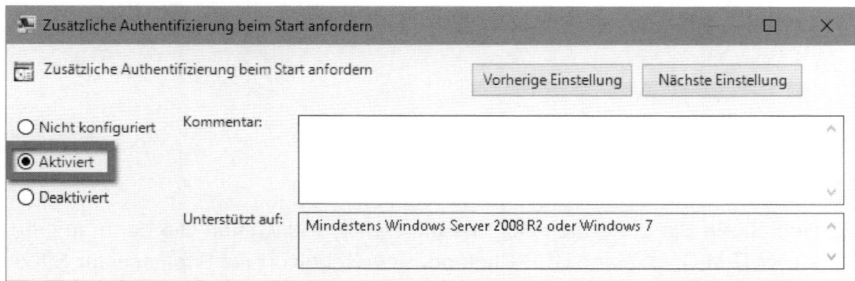

6. Schließen Sie den Gruppenrichtlinieneditor. Wenn Sie BitLocker nun erneut starten, sollte der Warnhinweis bezüglich des fehlenden TPM-Chips verschwun- den sein. Eventuell müssen Sie Windows zwischenzeitlich einmal neu starten.

Ein Laufwerk mit BitLocker verschlüsseln

Um ein Laufwerk mit BitLocker zu sichern, muss es einmalig komplett verschlüsselt werden. Bei allen weiteren Zugriffen erledigt Windows die Ver- und Entschlüsse- lung dann im Hintergrund in Echtzeit. Die initiale Verschlüsselung kann hingegen je nach Umfang und Füllstand des Laufwerks bis zu einigen Stunden dauern. Der PC kann in dieser Zeit aber weiter genutzt werden, wenn auch eventuell mit einigen Einschränkungen hinsichtlich der Performance. Sie können die Verschlüsselung notfalls aber auch unterbrechen und später damit fortfahren. Ebenso können Sie Windows herunterfahren und den PC ausschalten. Die Verschlüsselung wird dann beim nächsten Start automatisch fortgesetzt.

1. Rufen Sie in der Systemsteuerung das Modul *BitLocker-Laufwerkverschlüsselung* auf.

2. Im folgenden Dialog sehen Sie zunächst eine Übersicht über die Laufwerke. Diejenigen, die mit einem Link *BitLocker aktivieren* versehen sind, können mit BitLocker verschlüsselt werden. Alle anderen kommen dafür nicht in Betracht,

z. B. weil es sich dabei um FAT32-Laufwerke handelt. Wählen Sie also das Systemlaufwerk Ihrer Windows-Installation aus und klicken Sie in diesem Feld auf *BitLocker aktivieren*. Damit starten Sie einen Assistenten, der Sie durch die weiteren Schritte führt.

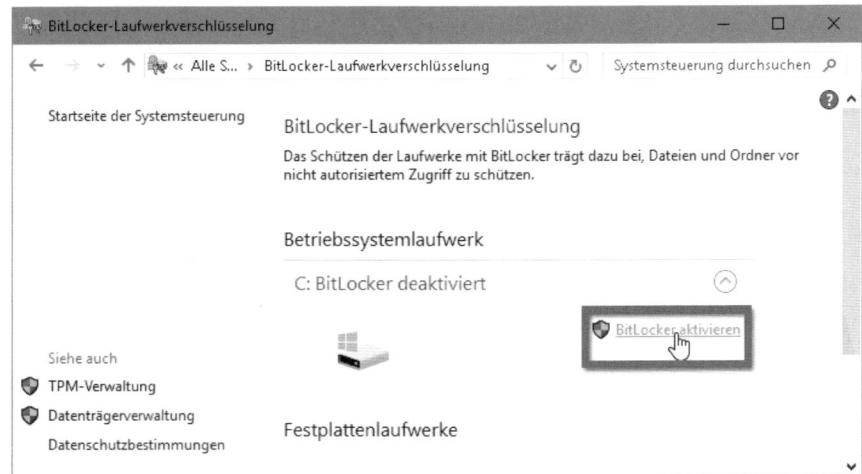

3. Bestätigen Sie die ersten Schritte mit *Weiter* und wählen Sie dann aus, ob Sie einen TPM-Chip, einen USB-Stick oder ein Kennwort als Schlüssel für BitLocker verwenden möchten. Ist kein TPM-Chip eingebaut, steht diese Variante allerdings ohnehin nicht zur Auswahl. Haben Sie einen TPM-Chip, können Sie sich zwischen der Verwendung ohne PIN und mit PIN entscheiden.

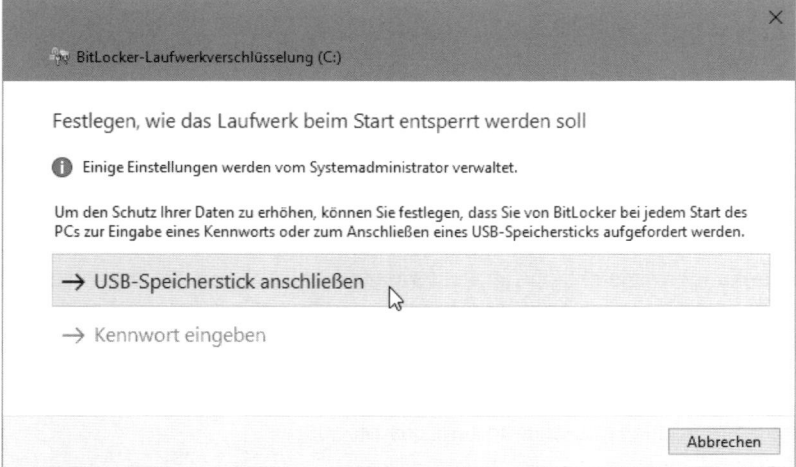

4. Bei Verwendung eines USB-Sticks wählen Sie im nächsten Schritt das Wechsellaufwerk aus, das Sie für diesen Zweck benutzen möchten. Am besten stecken Sie hierzu nur den einen USB-Stick ein, der verwendet werden soll, um Verwechslungen zu vermeiden.

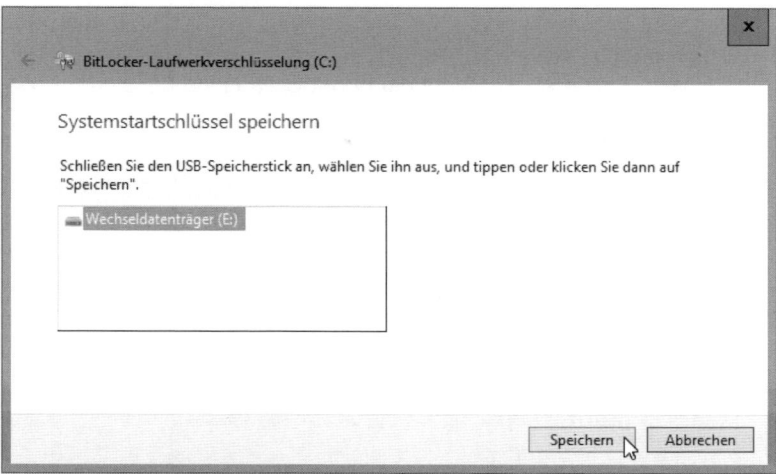

5. Der Assistent erstellt dann einen Wiederherstellungsschlüssel. Mit diesem Schlüssel können Sie den Zugang zu Ihren Daten retten, falls BitLocker Sie am Zugriff hindern sollte (z. B. weil der USB-Stick mit dem Zugangscode defekt oder verloren gegangen ist). Sie können sich den Schlüssel anzeigen lassen und notieren. Alternativ können Sie ihn auch ausdrucken oder in einer Datei speichern. Diese Speicherung darf allerdings keinesfalls auf dem zu verschlüsselnden Laufwerk erfolgen, da Sie hierauf ja im Zweifelsfall keinen Zugriff haben. Nutzen Sie stattdessen beispielsweise einen USB-Stick oder drucken Sie den Schlüssel für die sichere Verwahrung aus. Am besten verwenden Sie mehrere oder auch alle Möglichkeiten gleichzeitig und verwahren die so entstandenen Kopien des Schlüssels an einem sicheren Ort.

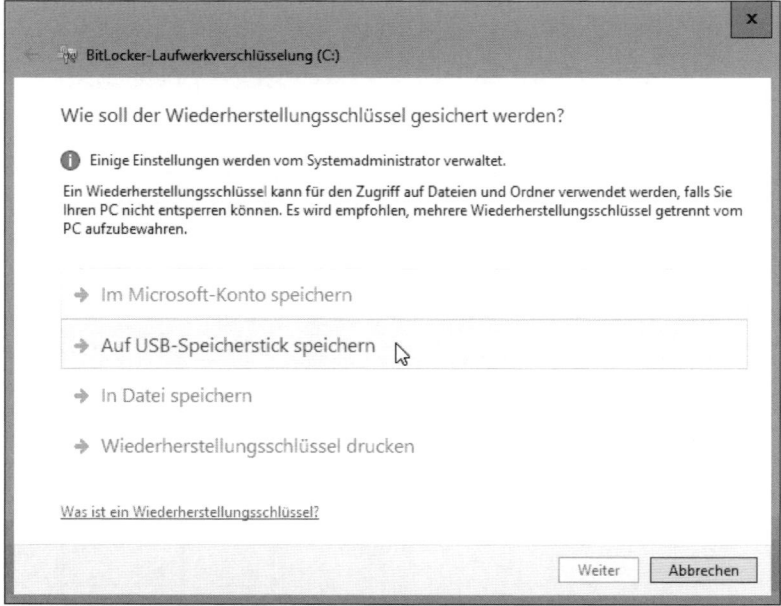

6. Ob Sie nur den bereits verwendeten Speicherplatz sofort verschlüsseln und weiteren später verschlüsseln lassen oder gleich alles verschlüsseln, bleibt Ihnen überlassen. Letzteres ist bei einem bereits genutzten PC sicherer, dauert aber auch länger.

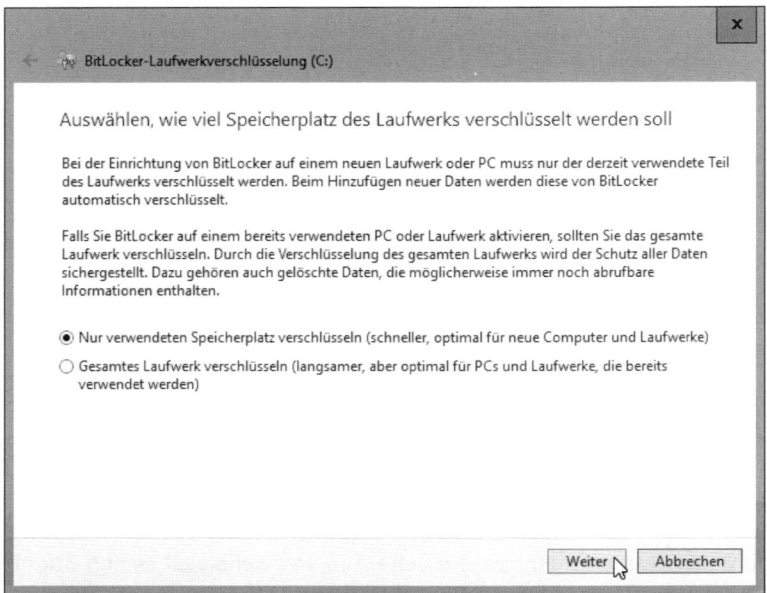

7. Dann kann das eigentliche Verschlüsseln des Laufwerks beginnen. Klicken Sie dazu unten auf die *Weiter*-Schaltfläche. Sollte ein Neustart erforderlich sein, führen Sie ihn durch.

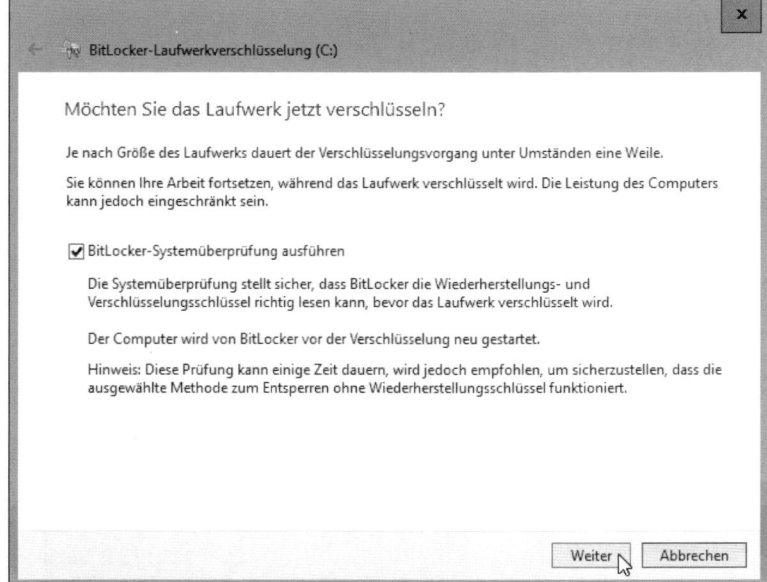

Den PC während des Verschlüsselungsvorgangs nutzen

Die Verschlüsselung eines ganzen Laufwerks kann einige Stunden in Anspruch nehmen. Während der Verschlüsselung des Laufwerks können Sie den PC uneingeschränkt weiterverwenden, allerdings wirkt sich die laufende Verschlüsselung schon spürbar auf die Performance aus. Wenn Sie können, sollten Sie den Rechner deshalb in dieser Zeit also einfach sich selbst überlassen, dann geht es am schnellsten. Sie können den PC übrigens auch ausschalten. Die Verschlüsselungsfunktion bemerkt das und richtet sich danach. Beim nächsten Start setzt sie ihre Tätigkeit also automatisch fort, bis die Verschlüsselung vollständig ist.

1. Solange die Verschlüsselung des Laufwerks läuft, finden Sie unten rechts im Infobereich ein Symbol dafür vor.

2. Mit einem Doppelklick darauf öffnen Sie einen Dialog mit den Statusinformationen zum Verschlüsselungsvorgang.

3. Hier können Sie ablesen, wie weit die Verschlüsselung bereits fortgeschritten ist.

4. Ist die Verschlüsselung vollständig, wird das Symbol automatisch aus dem Infobereich ausgeblendet. Zusätzlich erhalten Sie einen deutlichen Hinweis. Ab sofort können Sie Ihren PC wieder uneingeschränkt nutzen und Ihre Daten sind vor Diebstahl geschützt.

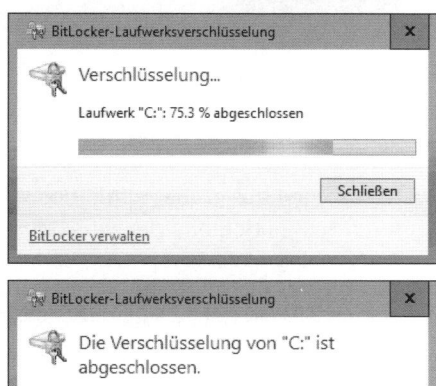

Windows von einem verschlüsselten Laufwerk starten

Im Prinzip können Sie mit Windows von einem verschlüsselten Laufwerk ganz genauso wie sonst auch arbeiten. Das Betriebssystem erledigt das Ver- und Entschlüsseln unmerklich im Hintergrund in Echtzeit. Nur der Start unterscheidet sich, da jeweils beim ersten Zugriff auf das Laufwerk die Berechtigung überprüft werden muss. Dies kann je nach Konfiguration durch das Abfragen des TPM-Moduls im PC, durch den Zugriff auf den präparierten USB-Stick oder durch Eintippen eines festgelegten Kennworts erfolgen. Dafür ist die Start-PIN vorgesehen. Haben Sie diese vor dem Verschlüsseln des Laufwerks auf einem USB-Stick gespeichert, muss dieser Stick eingestöpselt werden. Verfügt Ihr PC über einen TPM-Chip, müssen Sie je nach Einstellung eine PIN eingeben, oder es wird einfach nur das Vorhandensein des Chips überprüft.

1. Haben Sie z. B. ein BitLocker-Kennwort für den Start festgelegt, wird dieses nach dem Einschalten des PCs abgefragt. Tippen Sie die Zeichen einfach ein und drücken Sie dann (↵).

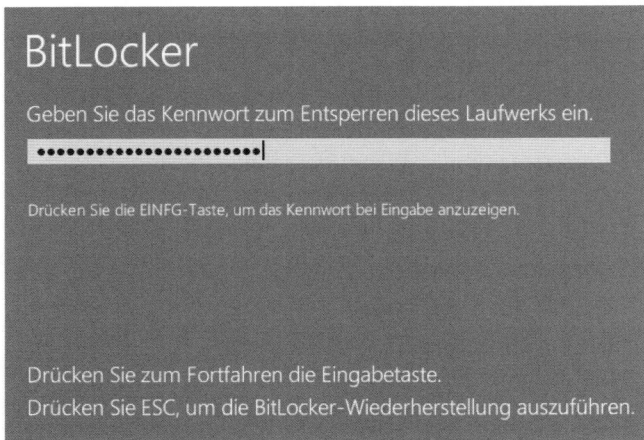

2. Sollten Sie eine BitLocker-Wiederherstellung durchführen müssen, weil das Kennwort falsch ist oder das System einen präparierten USB-Stick nicht erkennt, drücken Sie stattdessen (Esc).

3. Nun kommt der große Auftritt des Wiederherstellungsschlüssels, den Sie während des Einrichtens der Verschlüsselung aufgeschrieben, ausgedruckt oder anderweitig hinterlegt haben, sodass er jetzt greifbar ist.

4. Geben Sie die acht Zahlenblöcke Ihres Wiederherstellungsschlüssels ein. Dafür verwenden Sie die Zifferntasten oder die Funktionstasten (F1) bis (F10), die für die Ziffern 1 bis 9 sowie 0 stehen.

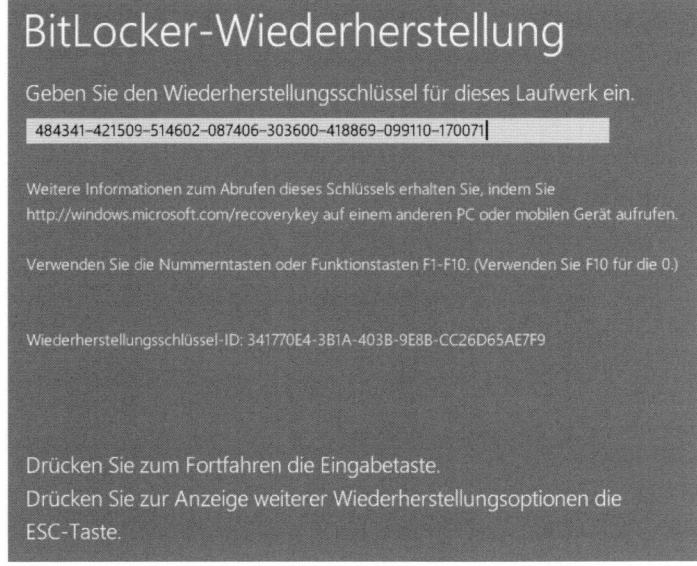

5. Drücken Sie schließlich (↵), wenn alles fertig eingegeben ist. Nun wird der Startvorgang regulär fortgesetzt.

Die Verschlüsselung eines Laufwerks wieder aufheben

Selbstverständlich können Sie die Verschlüsselung eines Laufwerks auch wieder rückgängig machen, um dieses ohne USB-Stick, Start-PIN und sonstige Umstände nutzen zu können.

1. Öffnen Sie dazu erneut das Modul *BitLocker-Laufwerkverschlüsselung* in der Systemsteuerung. Hier finden Sie für jedes BitLocker-geschützte Laufwerk eine Reihe von Optionen. So können Sie hier z. B. auch das BitLocker-Kennwort ändern.

2. Mit einem Klick auf *BitLocker deaktivieren* entfernen Sie die Verschlüsselung von diesem Laufwerk.

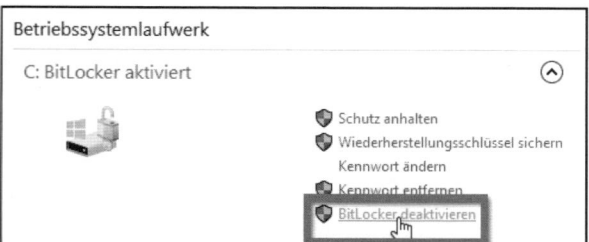

3. Bestätigen Sie dann das Zurücknehmen der Laufwerkverschlüsselung, indem Sie auf die Schaltfläche *BitLocker deaktivieren* klicken.

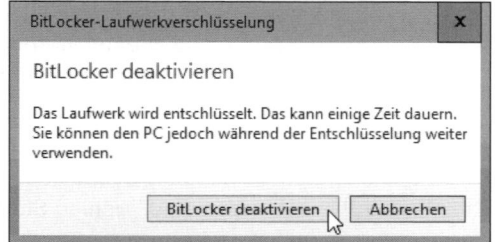

4. Das Entschlüsseln dauert erneut etwa so lange wie das ursprüngliche Verschlüsseln. Sie können aber auch diesmal den PC zwischendurch abschalten und das Entschlüsseln ein anderes Mal fortsetzen lassen. Aber erst wenn die Verschlüsselung vollständig entfernt ist,

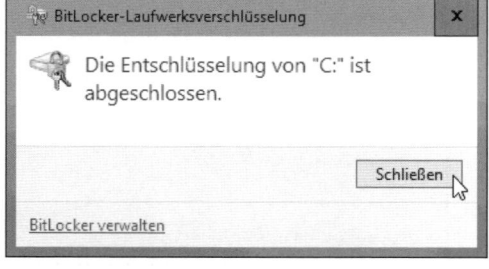

können Sie Windows wieder ohne Systemstartschlüssel starten.

21.3 BitLocker To Go: Daten auf USB-Sticks und Speicherkarten schützen

BitLocker kann nicht nur Ihre eingebauten Festplattenlaufwerke schützen, sondern auch Wechselspeichermedien wie USB-Sticks und Speicherkarten. Auch diese lassen sich verschlüsseln, sodass der Zugriff nur nach dem Eingeben des dazugehörigen Passworts erlaubt wird. Dabei ist es nicht notwendig, auf „fremden" PCs spezielle Software zu installieren. Zumindest für andere Windows-PCs bringen die verschlüsselten Mobilspeicher alles Notwendige selbst mit.

Wechselmedien durch Verschlüsselung schützen

Um ein Speichermedium zu schützen, müssen Sie es einmalig verschlüsseln. Dabei spielt es keine Rolle, ob zu diesem Zeitpunkt bereits Daten auf dem Speicher sind. Diese werden mit verschlüsselt und können dann sicher genutzt werden.

1. Schließen Sie zunächst das Speichermedium, das Sie mit BitLocker schützen möchten, an den PC an.

2. Öffnen Sie dann in der Systemsteuerung das Modul *BitLocker-Laufwerkverschlüsselung*.

3. Hier werden in der Liste unter *Wechseldatenträger – BitLocker To Go* alle Wechselspeichermedien wie USB-Sticks oder Speicherkarten angezeigt, die gerade mit dem PC verbunden sind. Wählen Sie das Gerät aus, das Sie verschlüsseln möchten, und klicken Sie dort rechts auf *BitLocker aktivieren*. Warten Sie dann kurz, während BitLocker das Speichermedium initialisiert.

4. Wählen Sie nun, wie das Laufwerk vor der Verwendung jeweils entschlüsselt werden soll. Steht Ihnen eine Smartcard nebst einem entsprechenden Lesegerät zur Verfügung, ist dies die komfortabelste Methode. Das Speichermedium kann dann an anderen PCs ohne diese Smartcard allerdings nicht genutzt werden. Mit *Kennwort zum Entsperren des Laufwerks verwenden* sind Sie deshalb flexibler. Das Kennwort muss mindestens acht Zeichen umfassen, sonst wird es nicht akzeptiert.

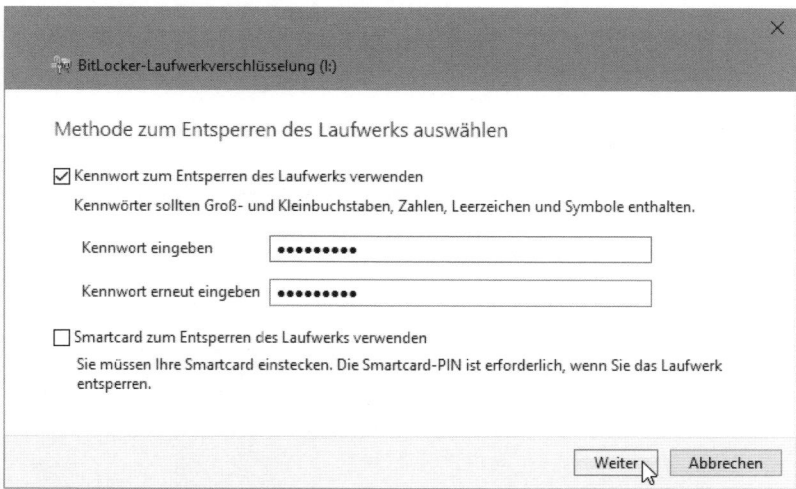

5. Anschließend bietet BitLocker Ihnen an, einen Wiederherstellungsschlüssel auszudrucken, in einer Datei zu speichern oder in Ihrem Microsoft-Konto abzulegen. Mit diesem können Sie Zugang zu den verschlüsselten Daten erlangen, sollten Sie das gewählte Kennwort mal vergessen. Bewahren Sie den Wiederherstellungsschlüssel so oder so an einem sicheren Ort auf – allerdings keinesfalls auf dem verschlüsselten Speichermedium selbst, denn dort nutzt es Ihnen gar nichts. Erst wenn Sie eine der Varianten gewählt haben, können Sie unten auf *Weiter* klicken.

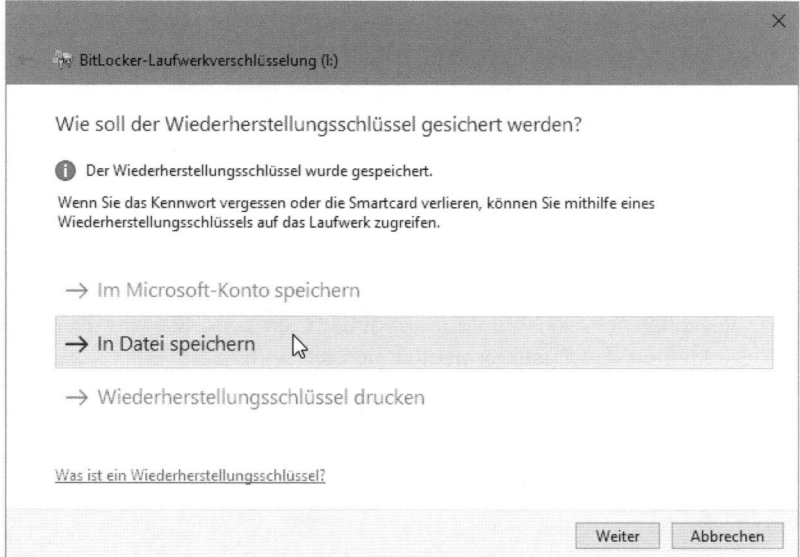

6. Aktivieren Sie im nächsten Schritt am besten die Option *Gesamtes Laufwerk verschlüsseln*, da der etwas höhere Zeitaufwand dafür bei Wechselspeichern in der Regel nicht so ins Gewicht fällt.

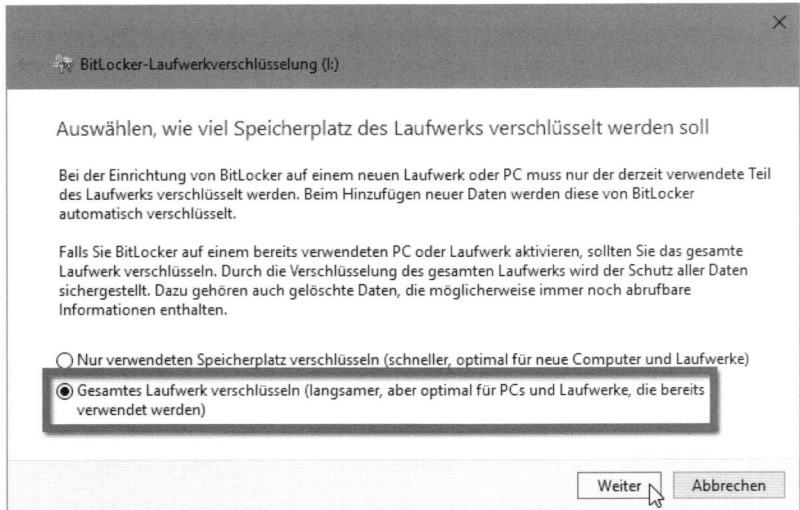

7. Klicken Sie dann unten rechts auf *Verschlüsselung starten*. BitLocker verschlüsselt nun das Laufwerk. Sie sollten das Speichermedium während dieses Vorgangs nicht entfernen. Sollte es unbedingt erforderlich sein, können Sie den Vorgang anhalten, dann den Speicher entfernen und das Ganze später fortsetzen.

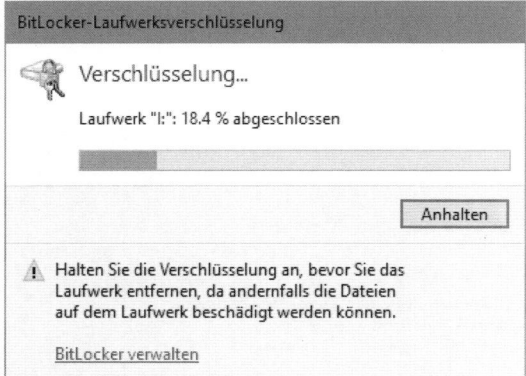

8. Ist das Verschlüsseln vollständig durchgeführt, erhalten Sie eine Erfolgsmeldung. Sie können das Speichermedium nun sicher nutzen.

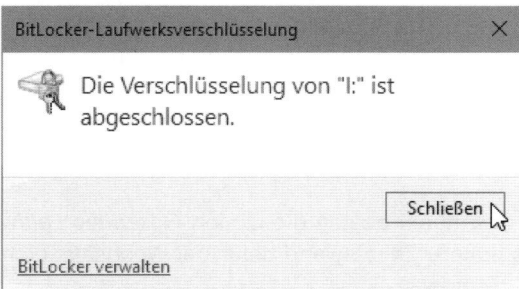

BitLocker-geschützte Speichermedien benutzen

Ein mit BitLocker genutztes Speichermedium können Sie prinzipiell wie sonst auch verwenden.
Einziger Unterschied: Jedes Mal,
wenn Sie das Speichermedium
mit dem PC verbinden, müssen
Sie nun das Kennwort eingeben

(oder die entsprechende Smartcard muss vorliegen). In der Praxis blendet Windows beim Einstecken des Speichermediums automatisch einen Hinweis ein, der
Ihnen sagt, dass dieses Medium BitLocker-geschützt ist. Klicken Sie darauf, um
den Zugang zu autorisieren. Alternativ finden Sie im Kontextmenü eines so geschützten Datenträgers den Befehl *Laufwerk entsperren*.

Wird die Passwortabfrage angezeigt,
tippen Sie einfach das festgelegte
Kennwort ein und drücken ⏎. Anschließend können Sie das Speichermedium und die darauf gespeicherten Daten wie gewohnt benutzen.

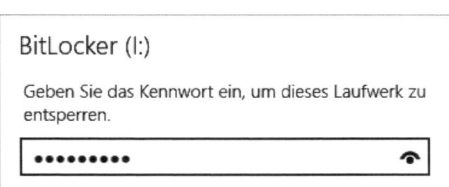

BitLocker To Go auf anderen Windows-Systemen

Mit BitLocker To Go geschütz-
te Speichermedien lassen
sich nicht nur auf Ihrem Win-
dows-10-PC einsetzen, sondern selbstverständlich auf
jedem anderen auch. Unter
Windows 7 und 8 funktioniert
das ebenfalls wie hier beschrieben. Selbst PCs mit
Windows XP und Vista kom-
men mit solchen geschützten

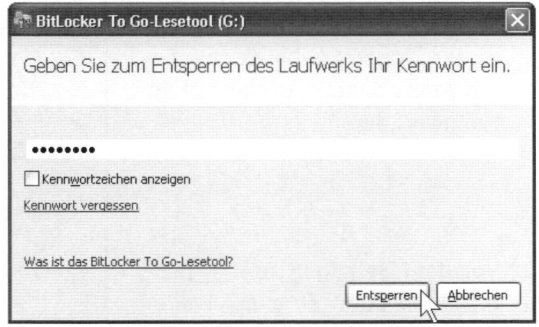

Speichermedien klar. Dafür wird auf dem Speicher eine kleine Anwendung installiert, die beim Einstecken automatisch gestartet wird und das Kennwort abfragt. Ist
dieses richtig eingegeben, gelingt auch hier der Zugriff.

Einzige Einschränkung: Der verschlüsselte Speicherstick wird nicht wie sonst üblich in das Dateisystem eingebunden, sondern kann nur über das automatisch gestartete BitLocker-To-Go-Lesetool genutzt werden. Sie können die dort angezeigten Dateien und Ordner aber über die Zwischenablage in das reguläre Dateisystem übernehmen. Ziehen Sie die Objekte aus dem BitLocker-Programm dazu mit der Maus auf den Desktop oder in einen Ordner auf dem lokalen PC. Erst dann können Sie die Dateien betrachten und bearbeiten.

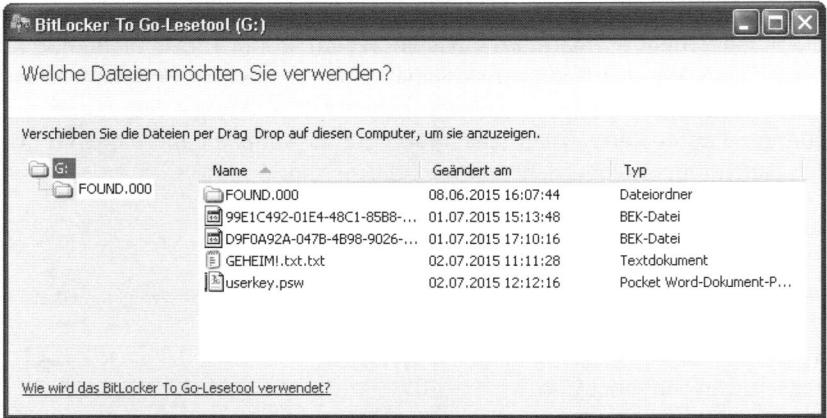

Speichersticks beim Einstecken automatisch entschlüsseln

Wenn Sie ein Speichermedium regelmäßig z. B. an Ihrem eigenen PC benutzen, ist das ständige Eingeben des Kennworts vielleicht zu nervig. In solchen Fällen können Sie festlegen, dass der Speicherstick beim Einstecken in diesem PC automatisch angemeldet wird, ohne dass Sie aktiv werden müssen. So viel Komfort wird aber mit weniger Sicherheit erkauft. Das System prüft schließlich nicht, wer den Speicherstick einsteckt. Er kann also auch von Dritten verwendet werden, die Zugang zu Ihrem PC haben.

1. Um ein Speichermedium in Zukunft automatisch anmelden zu lassen, tippen Sie bei der nächsten Anmeldung noch einmal Ihr Kennwort ein.

2. Vor dem Betätigen von [↵] klicken Sie dann aber auf *Weitere Optionen* und setzen ein Häkchen bei der Option *Auf diesem PC automatisch entsperren*.

3. Klicken Sie dann unten auf *Entsperren*. In Zukunft wird dieses Speichermedium auf diesem PC automatisch entsperrt. Bei anderen PCs muss aber nach wie vor das Kennwort eingegeben werden.

Den BitLocker-Schutz von Speichermedien wieder entfernen

Sollten Sie den BitLocker-Schutz nicht mehr benötigen, können Sie ihn jederzeit wieder entfernen. Dabei brauchen Sie sich auch keine Sorgen über die auf dem Speicher abgelegten Daten zu machen. Diese werden mit entschlüsselt und stehen anschließend wieder unverschlüsselt zur Verfügung.

1. Schließen Sie das Speichermedium an den PC an und entsperren Sie es mit dem Kennwort.

2. Öffnen Sie dann in der Systemsteuerung das Modul *BitLocker-Laufwerkverschlüsselung*.

3. Wählen Sie in der Liste unter *Wechseldatenträger – BitLocker To Go* das verschlüsselte Laufwerk aus und klicken Sie in dessen Aktionsliste auf *BitLocker deaktivieren*.

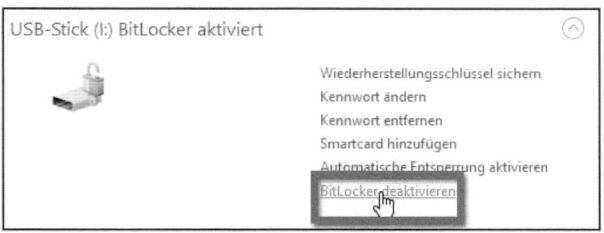

4. Bestätigen Sie den Vorgang im anschließenden Dialog mit einem Klick auf *BitLocker deaktivieren*.

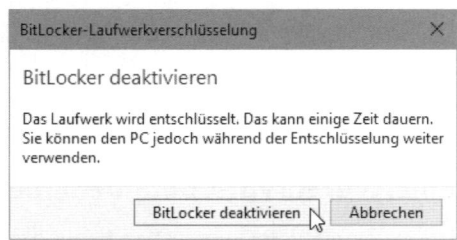

5. Windows entfernt dann die Bit-Locker-Verschlüsselung von dem Laufwerk. Dies kann je nach Größe des Speichers ein wenig dauern. Sie sollten das Speichermedium während dieses Vorgangs nicht entfernen. Sollte es unbedingt erforderlich sein, können Sie den Vorgang anhalten, dann den Speicher entfernen und das Ganze später fortsetzen.

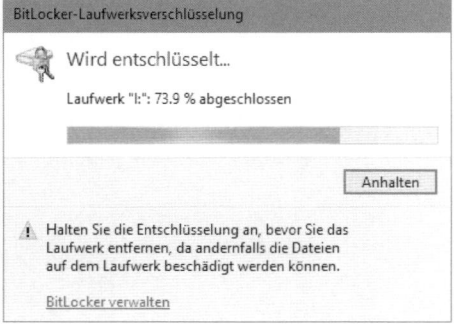

6. Ist das Entfernen der Verschlüsselung abgeschlossen, erhalten Sie
   eine Erfolgsmeldung. Sie können
   das Speichermedium nun wieder
   ganz regulär verwenden.

21.4 Es geht auch ohne BitLocker: mit VeraCrypt kostenlos und sicher verschlüsseln

BitLocker ist leider nur in den teureren Windows-Editionen ab „Pro" verfügbar und lässt sich für Home-Editionen nicht nachrüsten. Aber glücklicherwei-
se gibt es Alternativen wie die kostenlose Verschlüsselungssoftware VeraCrypt
(*veracrypt.codeplex.com/*), den Nachfolger der nicht mehr weiterentwickelten True-
Crypt. Dieses Programm bietet ebenfalls sichere Verschlüsselung und die Möglichkeit, ganze Laufwerke zu schützen. Außerdem enthält es die Möglichkeit, einen
sicheren Container für sensible Daten anzulegen. Anstatt gleich ein ganzes Laufwerk zu verschlüsseln, legen Sie stattdessen nur die wirklich schützenswerten Daten in einer sicher verschlüsselten Datei ab. VeraCrypt stellt Ihnen diese als separates Laufwerk unter Windows zur Verfügung, sodass der Zugriff jederzeit schnell
und unkompliziert erfolgen kann. Solche Container lassen sich auch problemlos
auf andere PCs übertragen und dort – ebenfalls mit VeraCrypt – nutzen.

 VeraCrypt in Deutsch

Nach der Installation spricht VeraCrypt standardmäßig Englisch. Es kann
aber auch Deutsch, was sich schnell im Menü mit *Settings/Language*, dann
der Auswahl *Deutsch* und einem Klick unten auf *OK* aktivieren lässt. Die
nachfolgenden Abbildungen sind mit dieser Einstellung angefertigt worden.

Einen VeraCrypt-Container anlegen

Um Daten mit VeraCrypt sicher aufzubewahren, benötigen Sie zunächst einen Container, der mit einem Assistenten schnell angelegt ist.

1. Klicken Sie im VeraCrypt-Hauptprogramm links unten auf
   die Schaltfläche *Volumen erstellen* oder wählen Sie die
   Menüfunktion *Volumen/Neues Volumen erstellen*.

2. Wählen Sie im ersten Schritt die Option *Eine verschlüsselte Containerdatei erstellen* und klicken Sie unten auf *Weiter*. Wie Sie hier aber schon sehen, bietet VeraCrypt auch andere Funktionen wie etwa das Verschlüsseln ganzer Laufwerke und Wechselspeicher sowie sogar das Verschlüsseln eines Systemlaufwerks.

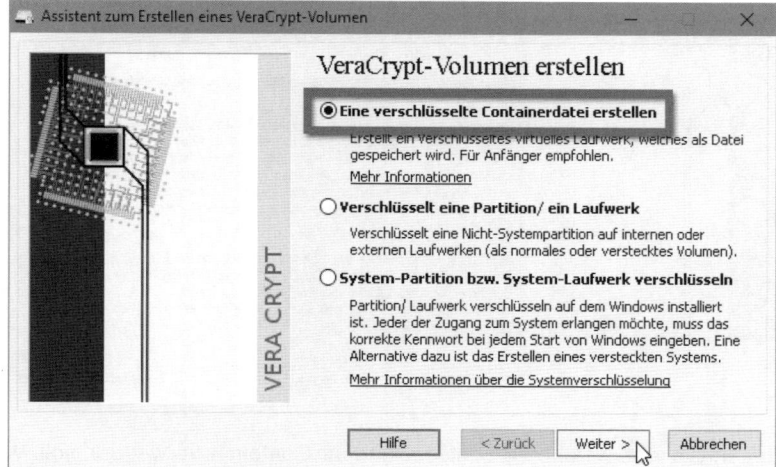

3. Nun können Sie entscheiden, ob Sie einen versteckten verschlüsselten Container erstellen wollen. Dieser ist für Uneingeweihte gar nicht erst zu entdecken, sodass Sie auch niemand dazu zwingen kann, das Passwort für den Zugang preiszugeben. Für erste Versuche sollten Sie sich aber mit *Standard VeraCrypt-Volumen* auf einen einfachen, sichtbaren Container beschränken.

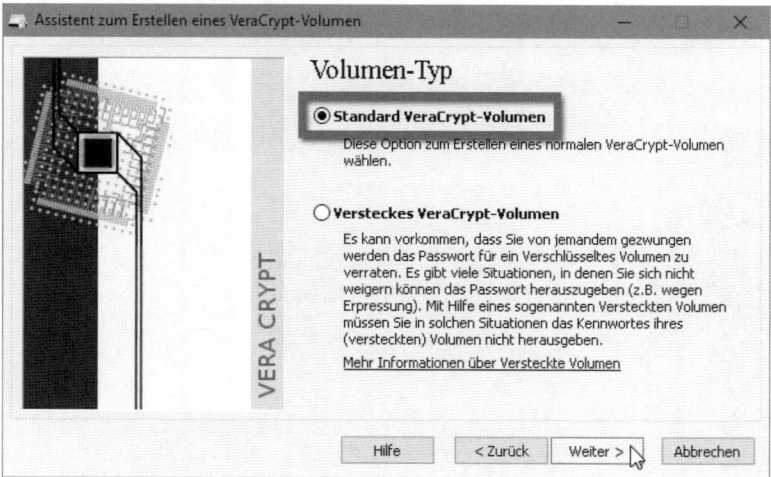

4. Wählen Sie dann aus, wo und mit welchem Dateinamen der Container gespeichert werden soll. Sie können hierfür einen beliebigen Speicherort wählen, also eine Festplatte, aber auch einen Wechselspeicher (z. B. einen USB-Stick).

5. Nun legen Sie fest, welche Verschlüsselung Ihr Container verwenden soll. VeraCrypt unterstützt verschiedene Verschlüsselungsalgorithmen sowie Kombinationen davon, die allesamt als sicher gelten können, solange Sie nicht gerade Ihr Patent für kalte Kernfusion damit speichern möchten. Je mehr verschlüsselt wird, desto sicherer sind Ihre Daten, aber Sie sollten auch nicht vergessen, dass das Öffnen und Speichern der verschlüsselten Daten dann entsprechend länger dauert. Für den Anfang ist der AES-Algorithmus, der beispielsweise auch von offiziellen US-Behörden eingesetzt wird, sicherlich kein schlechter Kompromiss zwischen Geschwindigkeit und Sicherheit.

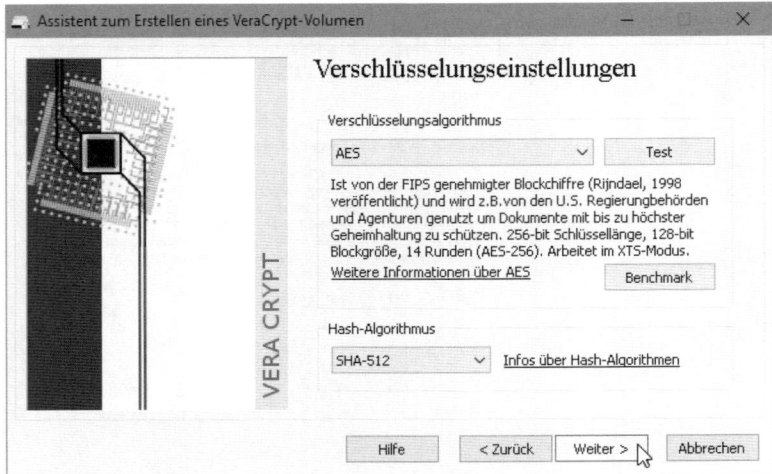

Verschlüsselungsverfahren vergleichen

VeraCrypt bietet die für an Verschlüsselung Interessierten wichtige Möglichkeit, die verschiedenen unterstützten Verfahren in einem Benchmarktest auf dem eigenen PC zu vergleichen. So kann man schnell erkennen, wie groß die Unterschiede in der Verarbeitungsgeschwindigkeit zwischen sicheren und sehr sicheren Verfahren sind. So braucht die sehr sichere AES-Variante Twofish (Serpent) etwa zehnmal so lange für dieselbe Datenmenge wie das einfachere Standard-AES. Daraus lässt sich vielleicht folgende Strategie ableiten: einen kleinen Container mit höchster Verschlüsselung für die sehr sensiblen Daten. Und einen größeren mit Standard-AES für die nicht ganz so wichtigen Dinge, die man aber öfter mal schnell braucht, ohne lange auf das Entschlüsseln warten zu wollen.

6. Geben Sie dann an, wie groß der Container sein soll. Beachten Sie dabei die Wahl der richtigen Größenordnung rechts neben dem Eingabefeld (KB = Kilobyte/KByte, MB = Megabyte/MByte, GB = Gigabyte/GByte). Wenn Sie sich in Schritt 8 für einen dynamisch wachsenden Container entscheiden, gibt diese Zahl dessen maximale Größe an.

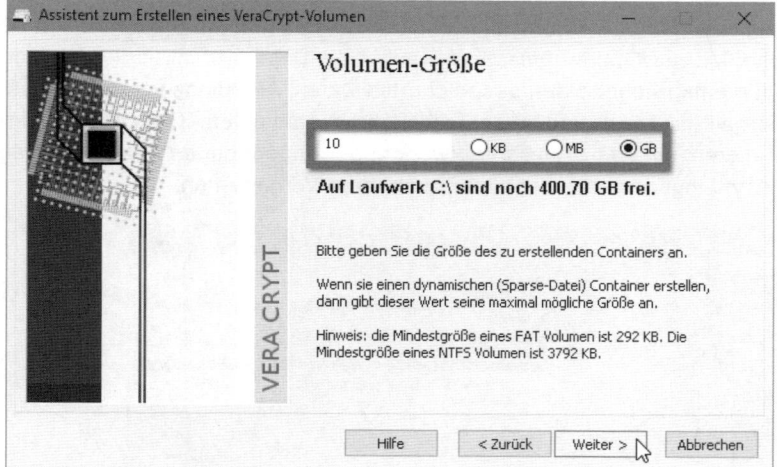

7. Tippen Sie dann das Kennwort ein, mit dem der Zugriff auf Ihren Container geschützt werden soll. Dieser Punkt sollte nicht unterschätzt werden, denn die aufwendigste und sicherste Verschlüsselung nutzt nichts, wenn das Passwort erraten oder mit einfachen Mitteln durch Ausprobieren ermittelt werden kann. Eine Alternative zum Kennwort ist eine Schlüsseldatei. Dabei wählen Sie eine beliebige Binärdatei (beispielsweise JPG, MP3 oder ZIP) auf dem PC aus. So brauchen Sie sich nur zu merken, welche Datei es war. Wird diese Datei allerdings verändert oder gelöscht, ist der Zugang zum Container für immer verschlossen.

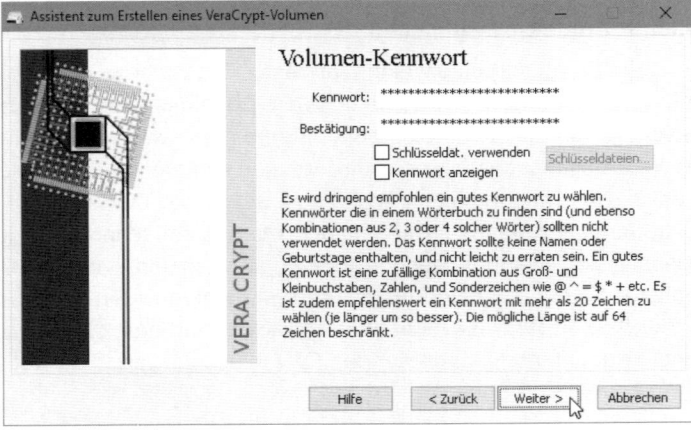

8. Nun legen Sie noch das Dateisystem des im Container enthaltenen virtuellen Laufwerks fest. Geben Sie dazu zunächst an, ob Sie Dateien mit mehr als 4 GByte Größe im Container speichern möchten. Abhängig davon bietet Ihnen der Assistent dann geeignete Dateisysteme an. Mit FAT können Sie kaum etwas falsch machen. Legen Sie Wert darauf, dass die speziellen Windows-Dateieigenschaften im Container erhalten bleiben, können Sie aber auch NTFS wählen. Mit der Option *Dynamisch* wächst die Datei erst im Laufe der Zeit allmählich entsprechend den gespeicherten Daten. Allerdings verringert dies die Sicherheit der Daten und ist deshalb nicht zu empfehlen. Klicken Sie dann auf *Formatieren*, um das virtuelle Laufwerk in der angegebenen Datei zu erstellen. VeraCrypt legt nun den Container nach Ihren Vorgaben an.

9. Klicken Sie schließlich auf *OK*, um den Assistenten zu beenden.

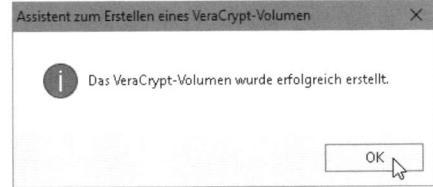

Wirklich sichere Kennwörter

Wenn Sie wirklich sensible Daten mit VeraCrypt schützen möchten, empfehle ich Ihnen eher einen Kennsatz anstelle eines Kennworts. Am besten wirklich einen vollständigen Satz einschließlich Satzzeichen, in den idealerweise auch noch Ziffern und Sonderzeichen eingebaut sind. Beispiel: „VeraCrypt verschlüsselt 100%ig sicher!" Eine andere sichere Variante ist es, ganz auf Wörter zu verzichten und stattdessen ein scheinbar wildes Buchstabengewirr zu verwenden, das mit keiner Wörterbuchanalyse geknackt werden kann. Wenn Sie beispielsweise ein Gedicht oder einen Liedtext auswendig kennen, könnten Sie von jedem Wort nur den Anfangsbuchstaben verwenden: GuaeHssbFul.HsdF,DB.KDdKOn?

HINWEIS

VeraCrypt-Container als virtuelle Laufwerke einbinden

Um einen erstellten Container nutzen zu können, muss er als Laufwerk in das Windows-Dateisystem eingebunden sein. So wird er im Windows-Explorer und in beliebigen Dialogen zum Öffnen und Speichern von Dateien wie ein herkömmliches Laufwerk angezeigt.

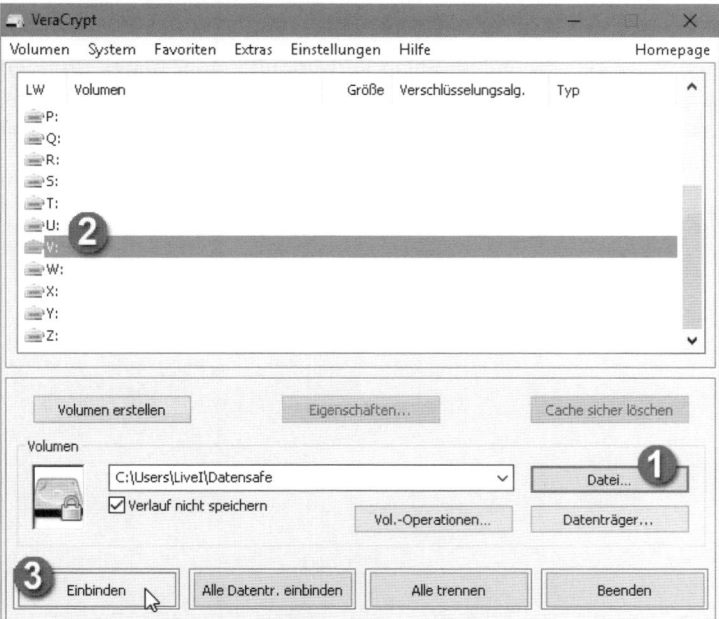

1. Wählen Sie im VeraCrypt-Hauptprogramm mit *Datei* den zuvor angelegten Container aus.

2. Legen Sie dann oben in der Liste den Laufwerkbuchstaben fest, den Sie dafür verwenden möchten, beispielsweise „V" wie **V**eraCrypt.

3. Klicken Sie dann unten links auf *Einbinden*.

4. Schließlich brauchen Sie nur noch das festgelegte Kennwort für diesen Container anzugeben.

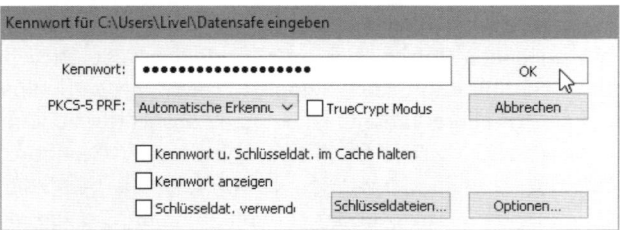

Nun können Sie sich im Windows-Explorer selbst davon überzeugen, dass Ihr verschlüsselter Dateicontainer jetzt als eigenes Laufwerk zugänglich ist. Wichtig: Dieses Einbinden müssen Sie jedes Mal wiederholen, bevor Sie auf die geschützten Daten zugreifen können. Ein automatisches Einbinden des Containers wäre zwar komfortabler, würde aber auch die Schutzfunktion von VeraCrypt verringern. Denn dann hätte jeder, der Zugang zu Ihrem Windows-PC hat, automatisch auch Zugang zu Ihren verschlüsselten Daten.

Verschlüsselte Container loswerden

Wenn Sie für einen VeraCrypt-Container keine Verwendung mehr haben und den Speicherplatz freigeben möchten, brauchen Sie die entsprechende Containerdatei einfach nur zu löschen. Das geht im VeraCrypt-Programm, aber auch einfach mit dem Windows-Explorer, wenn Sie den Speicherort kennen.

Windows 10

22 Ein Netzwerk als Heimnetzgruppe in Sekunden einrichten

Das Vernetzen mehrerer (oder auch vieler) PCs ist technisch schon lange kein Problem mehr, und praktisch jeder PC oder Tablet-PC bringt dafür die Voraussetzungen in Form eines Netzwerkanschlusses oder einer WLAN-Funktion für Drahtlosnetzwerke mit.

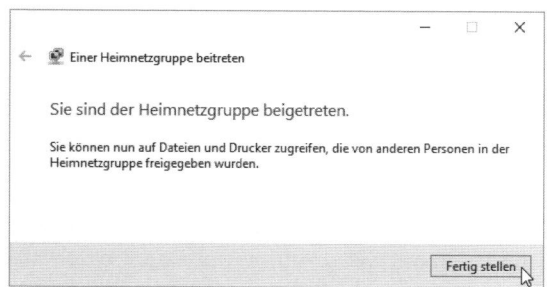

Windows macht das Einrichten eines einfachen Netzwerks von zwei oder mehr PCs so schnell und unkompliziert wie möglich. Erreicht wird die Heimnetzgruppe, die nach dem Motto „Benutzen Sie Ihr Netzwerk, wir erledigen den Rest" arbeitet. Diese Netzwerkvariante lässt sich buchstäblich mit zwei Mausklicks einrichten. Über ein Kennwort können andere PCs dem Netzwerk beitreten und so ganz einfach Dateien und Drucker miteinander teilen.

Heimnetzgruppe nur für Heimnetzwerke!

Das Einrichten eines Heimnetzgruppennetzwerks bzw. das Beitreten zu einem solchen Netzwerk funktioniert nur, wenn das Finden des PCs durch andere Geräte im aktiven Netzwerk zugelassen ist (siehe auch Seite 461).

 HINWEIS

22.1 Schnell und unkompliziert zum eigenen Heimnetzwerk

Das Einrichten einer Heimnetzgruppe geht so schnell und einfach, wie Sie vermutlich noch nie ein Netzwerk eingerichtet haben. Im Prinzip erledigt Windows die gesamte Arbeit für Sie. Sie können höchstens (müssen aber nicht) festlegen, welche Ressourcen Sie in diesem Netzwerk mit anderen teilen wollen. Anschließend steht das Netzwerk sofort zur Verfügung, und andere PCs können als Teilnehmer beitreten.

Einziger Wermutstropfen: Diese praktische Technik unterstützen neben der aktuellen Version nur Windows-8- und Windows-7-PCs. Wollen Sie ein Netzwerk gemeinsam mit XP- und/oder Vista-Rechnern aufziehen, müssen Sie auf die klassischen Vernetzungsmethoden zurückgreifen, die immer noch dabei sind.

> **⚠ Netzwerkhardware**
>
> Die Heimnetzgruppenfunktionen beziehen sich ausschließlich auf die software-
> seitige Konfiguration des Netzwerks. Sie setzen voraus, dass die notwendige
> Netzwerkhardware vorhanden und korrekt angeschlossen ist. Das ist heutzu-
> tage aber auch kein großes Problem. Praktisch alle PCs verfügen von Haus
> aus über einen Netzwerkanschluss. Sie benötigen also nur die Netzwerkkabel.
> Sollen mehr als zwei PCs miteinander verbunden werden, ist außerdem ein zen-
> traler Verteiler, z. B. ein Netzwerk-Switch, erforderlich. Oftmals ist ein solcher in
> den Internetrouter integriert, der beispielsweise den DSL-Zugang zum Internet
> ermöglicht. Auch hier brauchen die Kabel aber nur angeschlossen zu werden.
> Eine Konfiguration der Hardware ist nicht notwendig. Windows erkennt vorhan-
> dene Netzwerkhardware in der Regel automatisch und richtet die Treiber für
> gängige Komponenten ein.

1. Öffnen Sie in der klassischen Systemsteuerung das Modul *Heimnetzgruppe*. Alternativ finden Sie diese Einstel-
   lung auch in den PC-Einstellungen unter *Netzwerk und*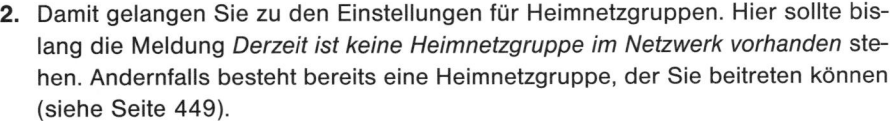
   Internet/WLAN bzw. *Ethernet*, jeweils im Bereich *Verwandte Einstellungen*. Solan-
   ge noch keine Heimnetzgruppe eingerichtet ist, können Sie auch im Windows-
   Explorer den gleichnamigen Eintrag im Navigationsbereich wählen.

2. Damit gelangen Sie zu den Einstellungen für Heimnetzgruppen. Hier sollte bislang die Meldung *Derzeit ist keine Heimnetzgruppe im Netzwerk vorhanden* stehen. Andernfalls besteht bereits eine Heimnetzgruppe, der Sie beitreten können
   (siehe Seite 449).

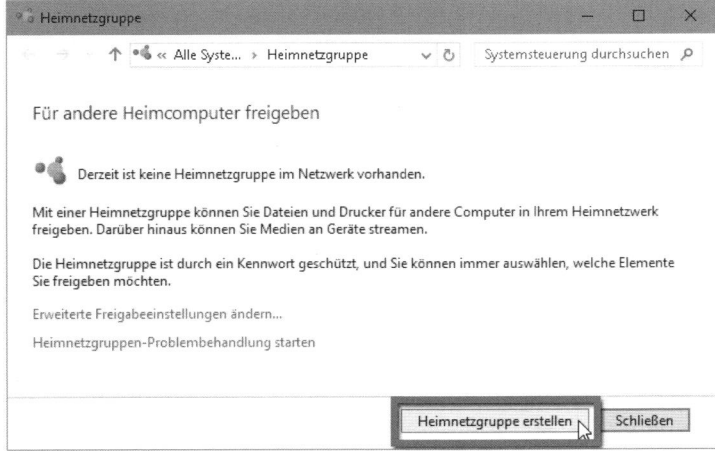

3. Um eine Heimnetzgruppe einzurichten, klicken Sie auf die Schaltfläche *Heimnetzgruppe erstellen*.

4. Nach einem Klick auf *Weiter* können Sie im nächsten Schritt zunächst wählen,
   welche Arten von Daten und Geräten Sie in der Heimnetzgruppe mit anderen

teilen möchten. Standardmäßig werden Bilder, Musik und Videos sowie vorhandene Drucker freigegeben. Zusätzlich können Sie Ihre Dokumente bereitstellen. Diese Einstellungen lassen sich aber auch später noch beliebig verändern.

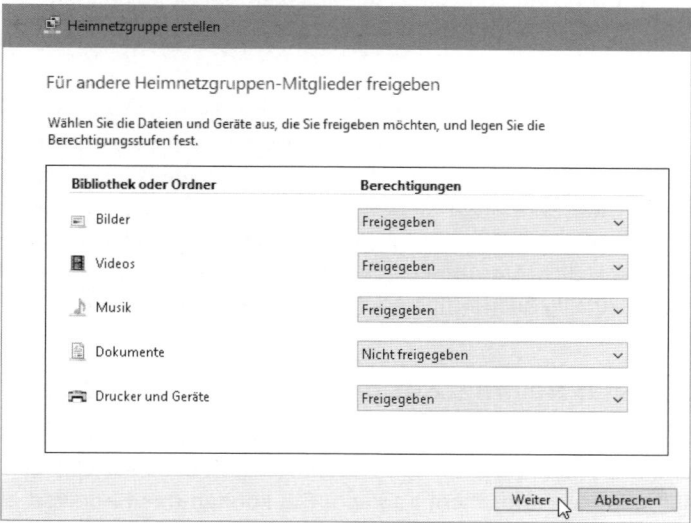

5. Klicken Sie unten auf die *Weiter*-Schaltfläche, um die Heimnetzgruppe einzurichten. Windows unternimmt dann alle notwendigen Schritte. Dies dauert nur wenige Sekunden.

6. Anschließend teilt Windows Ihnen ein Kennwort mit. Dieses kann auf anderen PCs eingegeben werden, um sie ebenso ohne komplexe Einstellungen dieser Heimnetzgruppe anzuschließen. Sie können das Passwort wie empfohlen niederschreiben, müssen es aber nicht. Es kann auch später noch jederzeit an diesem PC abgefragt werden.

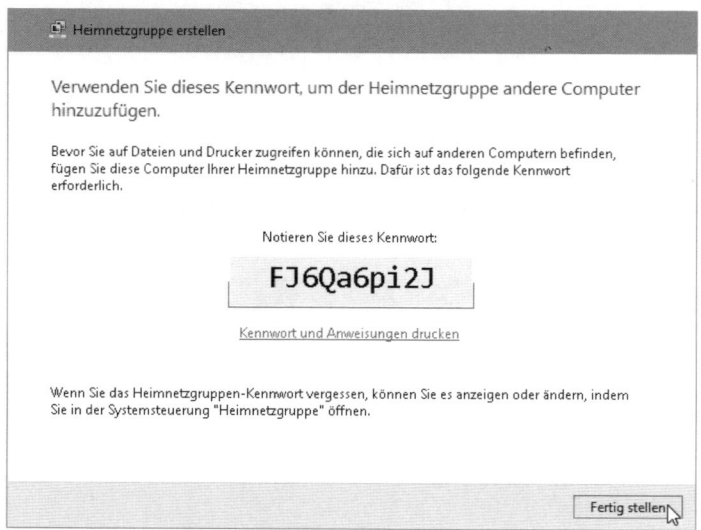

7. Klicken Sie dann unten rechts auf *Fertig stellen*. Das war auch schon alles. Die Heimnetzgruppe ist sofort einsatzbereit. Windows bietet Ihnen an, die Einstellungen für die Heimnetzgruppe gleich noch einmal zu überprüfen und gegebenenfalls zu ändern. Was es damit auf sich hat, lesen Sie im Folgenden.

Das Heimnetzgruppenkennwort

Das Kennwort beim Einrichten einer Heimnetzgruppe dient der Sicherheit. Schließlich soll ja nicht jeder unkontrollierten Zugang zu Ihrem Netzwerk haben. Auf anderen PCs, die der Heimnetzgruppe beitreten wollen, muss exakt dieses Kennwort eingegeben werden. Dann stellt Windows die Verbindung zwischen den PCs automatisch her. Das Kennwort muss allerdings nur ein einziges Mal zum Anschluss an die Heimnetzgruppe eingegeben werden. Deshalb macht es auch nichts, dass es zufällig ausgewählt und deshalb recht kryptisch ist.

Das Kennwort einer Heimnetzgruppe in Erfahrung bringen

Das Kennwort der Heimnetzgruppe legt Windows beim Einrichten des Netzwerks automatisch fest und zeigt es dann auch an. Wenn Sie es bei dieser Gelegenheit nicht notiert haben, ist das aber nicht tragisch. Sie können das Kennwort auch später noch auf jedem PC in Erfahrung bringen, der bereits Mitglied dieser Heimnetzgruppe ist (zumindest aber auf dem Rechner, auf dem Sie die Heimnetzgruppe ursprünglich eingerichtet haben).

1. Öffnen Sie in der klassischen Systemsteuerung das Modul *Heimnetzgruppe*.

2. Wenn Ihr PC bereits zu einer Heimnetzgruppe gehört, finden Sie in diesem Menü recht weit unten den Punkt *Kennwort für die Heimnetzgruppe anzeigen oder drucken*.

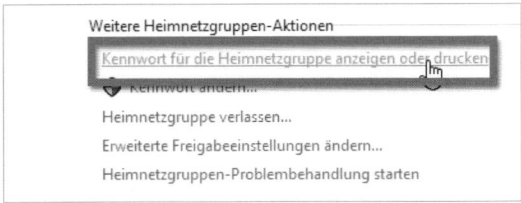

3. Nach einem Klick darauf zeigt Windows Ihnen das derzeit gültige Kennwort für die Heimnetzgruppe an.

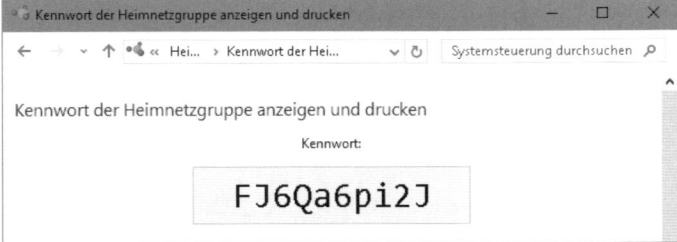

Das Heimnetzgruppenkennwort ändern

HINWEIS

Windows bietet Ihnen in diesem Menü auch an, das Kennwort für die Heimnetzgruppe zu ändern. Das ist nicht unbedingt nötig, mag aus Vorsichtsgründen aber von Zeit zu Zeit sinnvoll sein. Vor allem können Sie so statt des automatisch generierten kryptischen Passworts ein etwas besser merkbares Kennwort wählen. Allerdings ist dabei eines zu beachten: Das Kennwort muss immer auf allen PCs geändert werden, damit diese wieder Kontakt zur Heimnetzgruppe aufnehmen können. Andererseits bietet sich so eine Möglichkeit, einen PC bzw. Benutzer wieder loszuwerden, der sich der Heimnetzgruppe bereits angeschlossen hat. Wenn einfach alle anderen Mitglieder das Heimnetzgruppenkennwort ändern und es diesem nicht mitteilen, ist er effektiv aus der Gruppe ausgeschlossen.

Weitere PCs einer Heimnetzgruppe hinzufügen

Wenn in einem Netzwerk eine Heimnetzgruppe eingerichtet ist, können Sie dieser weitere PCs hinzufügen. Allerdings müssen folgende Voraussetzungen erfüllt sein:

- Auf den PCs muss Windows ab Version 7 laufen, ältere Versionen (beispielsweise Windows XP oder Vista) werden nicht unterstützt.

- Für das aktive Netzwerk muss das Finden des PCs durch andere Teilnehmer aktiviert sein (siehe Seite 461).

- Das Kennwort für die Heimnetzgruppe muss bekannt sein.

- Mindestens ein anderer PC, der der Heimnetzgruppe bereits angehört, muss eingeschaltet sein.

Ist dies gegeben, kann der PC jederzeit der Heimnetzgruppe beitreten:

1. Öffnen Sie in der klassischen Systemsteuerung das Modul *Heimnetzgruppe*.

2. Ist im Netzwerk bereits eine Heimnetzgruppe vorhanden, können Sie hier ablesen, wer diese Heimnetzgruppe auf welchem PC eingerichtet hat. Um dieser Gruppe beizutreten, klicken Sie unten auf *Jetzt beitreten*.

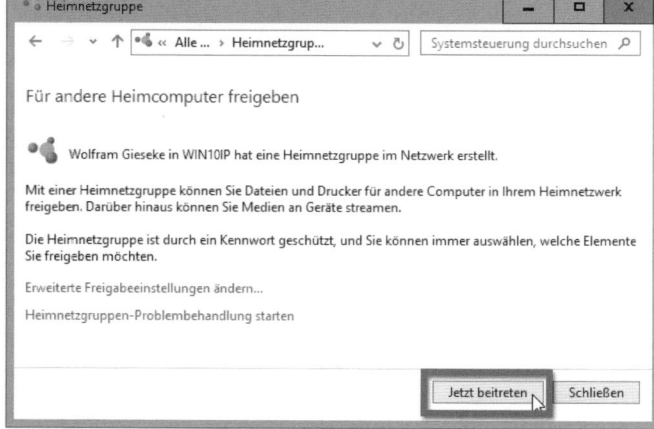

3. Klicken Sie nun auf *Weiter* und wählen Sie aus, welche Ihrer Dateien und Geräte Sie für die Mitglieder dieser Heimnetzgruppe freigeben möchten (siehe vorherigen Abschnitt).

4. Tippen Sie im anschließenden Schritt das Kennwort der Heimnetzgruppe ein und klicken Sie auf *Weiter*. Wenn Sie auf dem zweiten PC mit dem Microsoft-Konto angemeldet sind, das auch die Heimnetzgruppe auf dem ersten PC eingerichtet hat, entfällt dieser Schritt und Sie erhalten auch ohne Kennwort Zugang zur Gruppe.

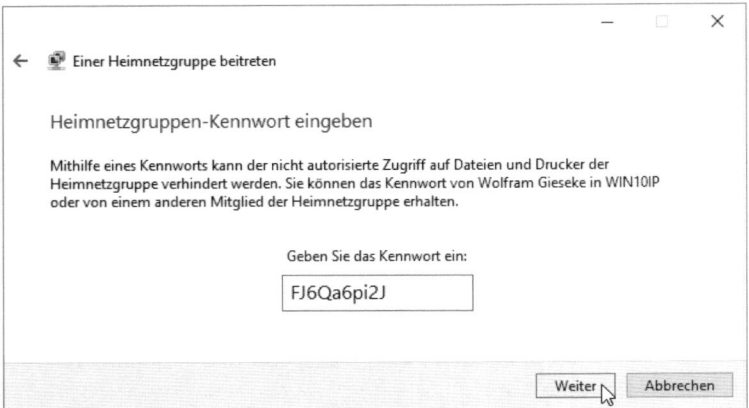

5. Ihr PC wird nun dieser Heimnetzgruppe angeschlossen, was einige Sekunden dauern kann. Anschließend haben Sie sofort Zugriff auf die freigegebenen Ressourcen. Umgekehrt haben auch die anderen PCs und Nutzer der Gruppe Zugang zu den von Ihnen bereitgestellten Dokumenten und Diensten (siehe Schritt 3).

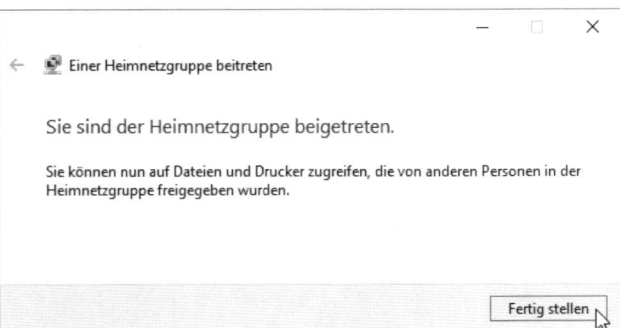

 Groß-/Kleinschreibung beachten!

Beim Eingeben des Heimnetzgruppenkennworts müssen Sie unbedingt die Groß- und Kleinschreibung der Buchstaben beachten, damit das Kennwort akzeptiert wird!

HINWEIS

Eine Heimnetzgruppe wieder verlassen

Jeder PC, der Mitglied einer Heimnetzgruppe geworden ist, kann diese selbstverständlich wieder verlassen.

1. Öffnen Sie in der klassischen Systemsteuerung das Modul *Heimnetzgruppe*.

2. Klicken Sie im anschließenden Menü fast ganz unten auf den Link *Heimnetzgruppe verlassen*.

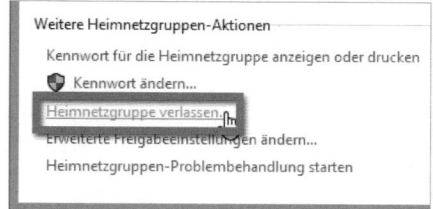

3. Bestätigen Sie das Verlassen der Heimnetzgruppe im nächsten Schritt mit einem Klick auf *Heimnetzgruppe verlassen*.

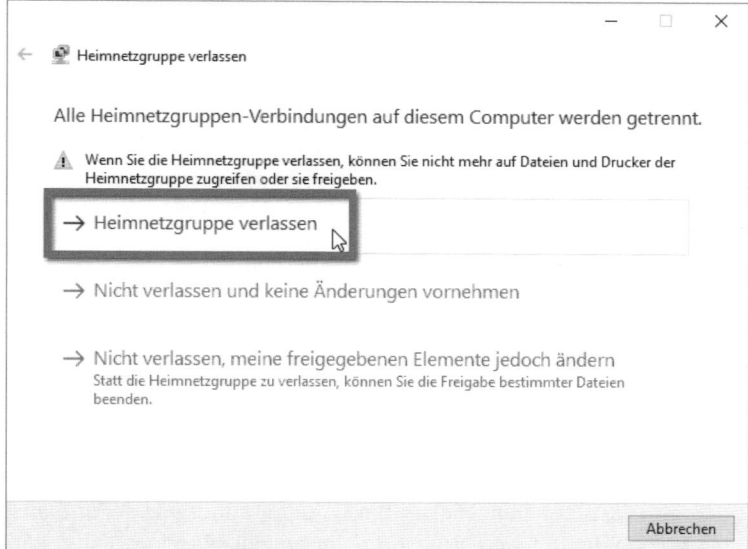

4. Windows benötigt dann nur wenige Sekunden, um alle Einstellungen entsprechend zu ändern. Anschließend hat Ihr PC keinen Zugriff mehr auf die Heimnetzgruppe. Andererseits können die anderen Rechner aber auch nicht mehr auf die Daten Ihres PCs zugreifen.

22.2 Dateien, Ordner und Bibliotheken in einer Heimnetzgruppe gemeinsam nutzen

Mit dem Einrichten einer Heimnetzgruppe teilen sich die angeschlossenen PCs automatisch eine Reihe von Daten wie z. B. Bilder, Musik und Videos. Auch an die PCs angeschlossene Drucker werden automatisch allen Teilnehmern zur Verfügung gestellt. Für die meisten Anwendungsbereiche sind Sie also allein mit dem Herstellen der Heimnetzgruppenverbindung schon bestens gerüstet. Trotzdem können

Sie (müssen aber nicht) genauer bestimmen, welche Daten anderen zur Verfügung gestellt werden sollen. So können Sie die Freigaben erweitern. Sie können aber z. B. auch bestimmte Bereiche Ihrer Mediensammlung von der Freigabe ausnehmen, wenn Sie diese für sich allein behalten möchten.

HINWEIS

Heimnetzgruppen und Bibliotheken

Die Datenfreigabe in einer Heimnetzgruppe ist eng mit den Bibliotheken im Windows-Explorer verzahnt. Deshalb ist es für das Verständnis der folgenden Seiten hilfreich, wenn Sie mit diesem Konzept bereits vertraut sind. Es wird in Kapitel 11 detailliert vorgestellt.

1. Öffnen Sie in der klassischen Systemsteuerung das Modul *Heimnetzgruppe*.

2. Wenn Ihr PC zu einer Heimnetzgruppe gehört, finden Sie im anschließenden Menü oben unter *Bibliotheken und Geräte, die Sie von diesem Computer freigeben* eine Übersicht über die derzeit freigegebenen Daten.

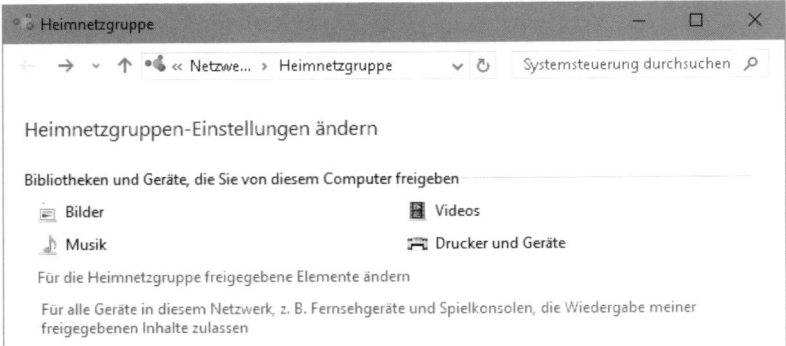

3. Um Änderungen vorzunehmen, klicken Sie darunter auf den Link *Für die Heimnetzgruppe freigegebene Elemente ändern*. Im anschließenden Dialog können Sie bestimmen, welche Daten freigegeben werden sollen und welche nicht:

   ■ Die Einträge *Bilder*, *Musik* und *Videos* beziehen sich dabei jeweils auf die gleichnamigen Bibliotheken und umfassen dementsprechend standardmäßig die Inhalte z. B. Ihres *Musik*-Ordners. Haben Sie Bibliotheken um weitere Ordner ergänzt, sind die ebenfalls mit eingeschlossen.

   ■ *Dokumente* bezieht sich demgemäß auf die Bibliothek *Dokumente*, die standardmäßig den Ordner *Dokumente* in Ihrem Benutzerverzeichnis sowie gegebenenfalls weitere hinzugefügte Ordner umfasst. Geben Sie diese Bibliothek frei, erlauben Sie also anderen Benutzern den Zugriff auf alle Ihre persönlichen Dokumente.

   ■ Die Einstellung bei *Drucker und Geräte* entscheidet darüber, ob lokal angeschlossene Geräte wie z. B. Drucker freigegeben werden, sodass jeder Benutzer von jedem PC aus auf jedes Gerät zugreifen kann.

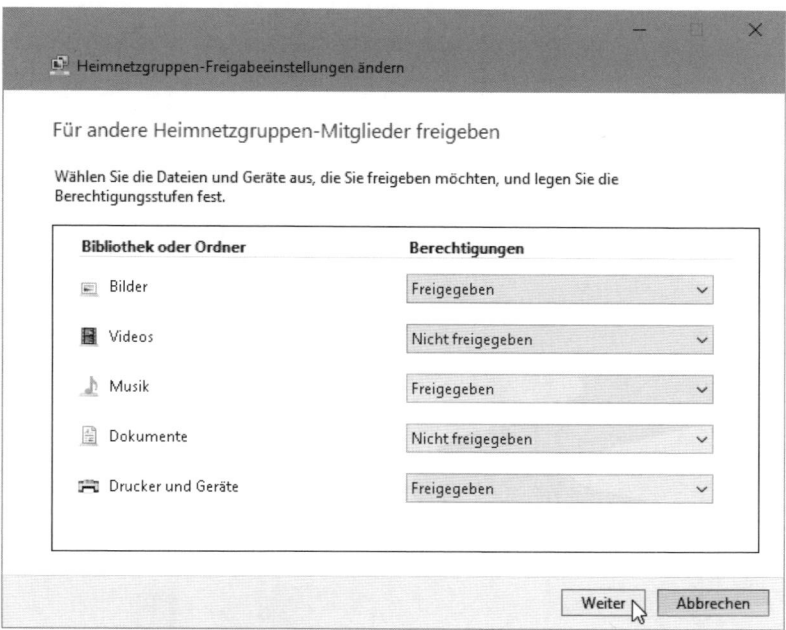

Diese Einstellungen bestimmen, welche Daten Sie auf Ihrem PC für andere Teilnehmer der Heimnetzgruppe bereitstellen. Prüfen Sie also gut, ob und welche Medien und Dokumente Sie mit anderen teilen möchten.

Umgekehrt heißt es nicht, dass Sie automatisch auf diese Arten von Dateien auf anderen PCs zugreifen können. Jeder Teilnehmer einer Heimnetzgruppe entscheidet für sich, welche Daten er den anderen Mitgliedern zur Verfügung stellt und welche nicht.

Eigene Bibliotheken für andere Benutzer bereitstellen

Standardmäßig unterstützt eine Heimnetzgruppe die ohnehin vorhandenen Bibliotheken für Bilder, Musik, Videos und Dokumente. Sie können aber auch selbst erstellte Bibliotheken für die Heimnetzgruppe freigeben. So lassen sich Dateien erfassen, die nicht unbedingt in die klassischen Kategorien hineinpassen.

Eine Bibliothek speziell für die Freigabe im Netzwerk anlegen

Wenn Sie nur sehr selektiv ganz bestimmte Dateien für die Heimnetzgruppe freigeben möchten, bietet sich dafür eine eigene Bibliothek an. Entfernen Sie in diesem Fall die Häkchen bei allen Standardbibliotheken und erstellen Sie stattdessen eine Bibliothek mit genau den Ordnern, die Sie teilen möchten. Geben Sie dann nur diese Bibliothek, wie im Folgenden beschrieben, frei. So haben Sie die volle Kontrolle über die Dateien Ihres PCs, die für andere zugänglich sind. Wie Sie eigene Bibliotheken erstellen und deren Inhalt festlegen, lesen Sie in Kapitel 11.

1. Starten Sie den Windows-Explorer über sein Symbol in der Taskleiste.

2. Wählen Sie im Navigationsbereich den Eintrag *Bibliotheken* aus (falls dieser nicht angezeigt wird, siehe Seite 227). So erhalten Sie automatisch eine Übersicht über die vorhandenen Bibliotheken. Neben den Standardbibliotheken finden Sie hier auch solche, die Sie zuvor selbst erstellt haben.

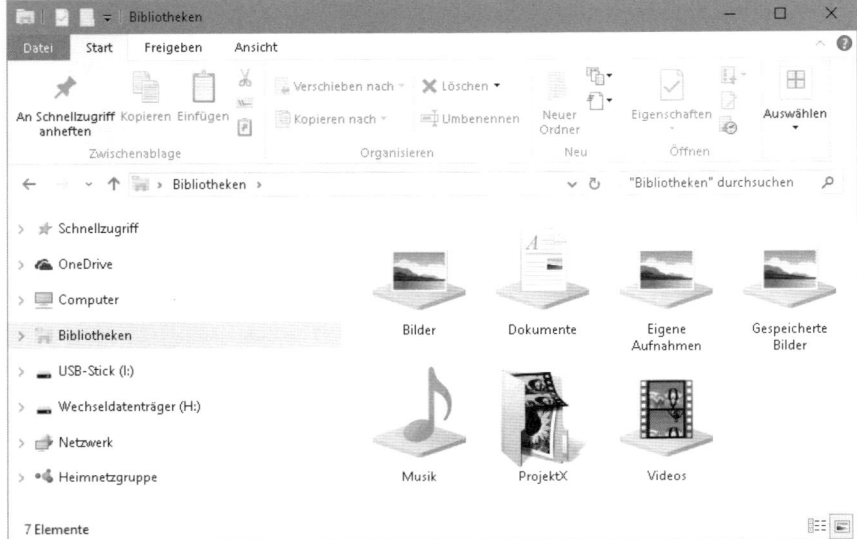

3. Klicken Sie mit der rechten Maustaste auf die freizugebende Bibliothek und wählen Sie im Kontextmenü den Befehl *Freigeben für/Heimnetzgruppe*. Dabei haben Sie die Wahl, ob die anderen Heimnetzgruppenmitglieder die Dateien in dieser Bibliothek nur anzeigen oder auch bearbeiten dürfen.

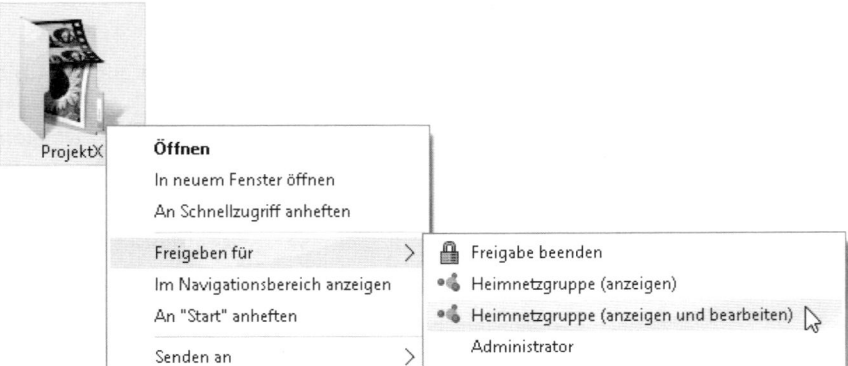

Damit ist diese Bibliothek für die Heimnetzgruppe freigegeben. Wollen Sie die Freigabe wieder aufheben, wiederholen Sie die Schritte, wählen diesmal aber den Befehl *Freigeben für/Freigabe beenden*.

Einzelne Dateien und Ordner in der Heimnetzgruppe freigeben oder schützen

Unabhängig von den Bibliotheken können Sie auch einzelne Ordner oder Dateien freigeben. Und Sie können einzelne Ordner und Dateien ausdrücklich von der Freigabe ausnehmen. Diese werden dann vor fremden Zugriffen geschützt, selbst wenn sie zu einer Bibliothek gehören sollten, die in einer Heimnetzgruppe freigegeben ist.

1. Markieren Sie den oder die Ordner bzw. Dokumente im Windows-Explorer.

2. Klicken Sie mit der rechten Maustaste auf die Auswahl und wählen Sie im Kontextmenü den Befehl *Freigeben für*.

3. Im Untermenü können Sie dann die Freigabeoptionen für diesen Ordner bzw. diese Dateien bestimmen:

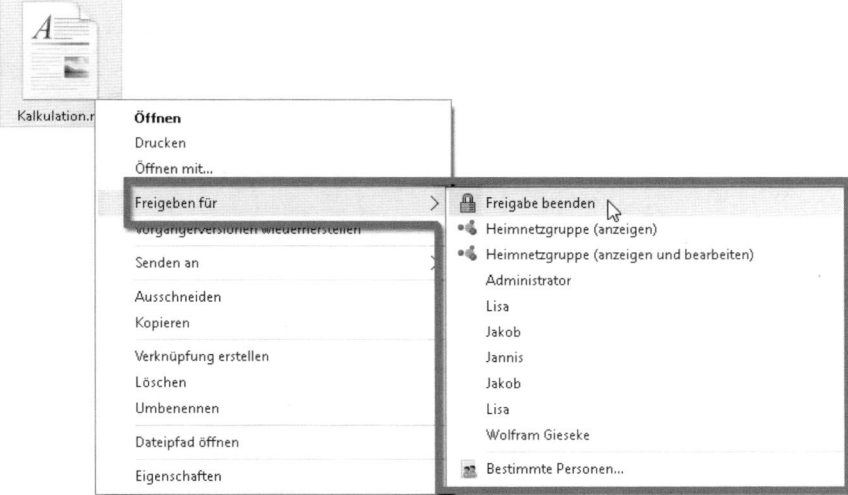

- *Freigabe beenden*: Die Elemente werden nicht freigegeben und sind für andere Benutzer nicht einsehbar.

- *Heimnetzgruppe (anzeigen)*: Die Elemente werden für die Teilnehmer der Heimnetzgruppe zum Lesen bzw. Betrachten, Anhören etc. freigegeben, können aber nicht verändert werden.

- *Heimnetzgruppe (anzeigen und bearbeiten)*: Die Elemente können von Teilnehmern der Heimnetzgruppe sowohl betrachtet als auch bearbeitet werden.

- *Administrator* und weitere Nutzer: Es folgt eine kurze Liste von Benutzern, denen Sie direkt im Kontextmenü den Lesezugriff auf diese Elemente erlauben können.

- *Bestimmte Personen*: Hiermit öffnen Sie ein Menü, in dem Sie weitergehende Freigabemöglichkeiten haben. Hier lässt sich für verschiedene Benutzer getrennt die Art des erlaubten Zugriffs genau festlegen. Außerdem sind hier alle lokalen Benutzer Ihres PCs aufgelistet, sodass Sie bestimmte Dateien differenziert für diese freigeben können.

Welche Dateien sind in der Heimnetzgruppe freigegeben?

Mit den verschiedenen Freigaben für Bibliotheken, Dateien und Ordner, die sich auch noch widersprechen können, könnte es eventuell schon mal etwas unübersichtlich werden. Es gibt aber eine recht schnelle Möglichkeit, um festzustellen, ob ein Objekt für die Heimnetzgruppe freigegeben ist oder nicht:

1. Klicken Sie mit der rechten Maustaste auf die Datei oder den Ordner.

2. Wählen Sie im Kontextmenü den Befehl *Eigenschaften*.

3. Wechseln Sie in den Eigenschaften zur Registerkarte *Sicherheit*.

4. Betrachten Sie hier die Liste *Gruppen- oder Benutzernamen*. Befindet sich darin der Eintrag *HomeUsers*, ist das Objekt für die Heimnetzgruppe freigegeben.

5. Wenn Sie den Eintrag anklicken, sehen Sie in der Liste darunter, welche Berechtigungen die Heimnetzgruppenteilnehmer für dieses Objekt genau haben.

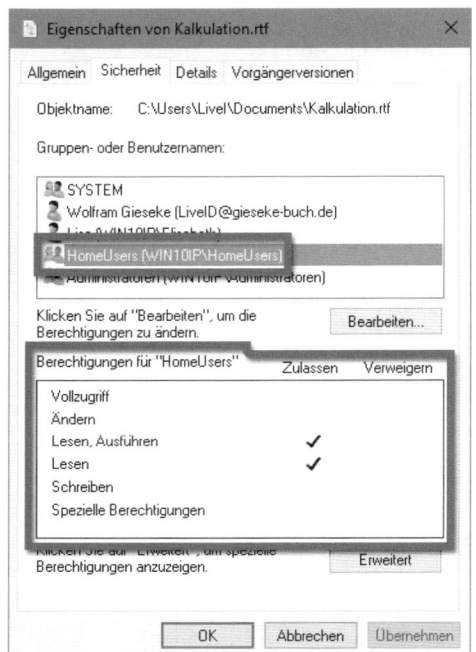

22.3 Nicht-PCs in die Heimnetzgruppe einbinden

Neben Windows-PCs können noch weitere Geräte von einer Heimnetzgruppe profitieren. Dabei handelt es sich um Abspielgeräte für Medienstreams gemäß dem UPnP-AV-Protokoll, also z. B. Medienabspieler mit Netzwerkanschluss, die Musik und/oder Videos von einem Server im Netzwerk wiedergeben können. Solche Geräte können auf die in einer Heimnetzgruppe freigegebenen Audio- und Videodaten zugreifen. Dazu müssen sie allerdings einmalig freigeschaltet werden.

1. Stellen Sie sicher, dass der Streaming-Client physisch mit dem Netzwerk verbunden und eingeschaltet ist.

2. Öffnen Sie in der klassischen Systemsteuerung das Modul *Heimnetzgruppe*.

3. Klicken Sie im anschließenden Dialog im Bereich *Bibliotheken und Geräte, die Sie von diesem Computer freigeben* unten auf den Link *Für alle Geräte in die-*

sem Netzwerk, z. B. Fernsehgeräte und Spielkonsolen, die Wiedergabe meiner freigegebenen Inhalte zulassen.

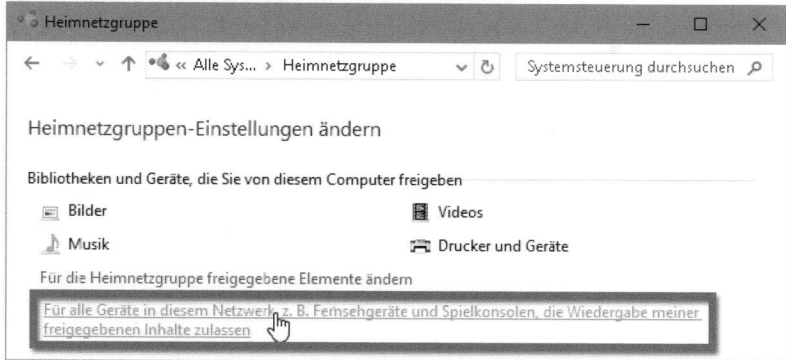

4. Im anschließenden Menü sehen Sie eine Liste der vorhandenen Netzwerkclients, mit denen die Heimnetzgruppe kommunizieren kann (der Eintrag *Medienprogramme auf diesem PC und Remoteverbindungen* bezieht sich auf den PC selbst). Mit der Option *Zugelassen* können Sie den Zugriff auf die freigegebenen Medien durch dieses Gerät steuern.

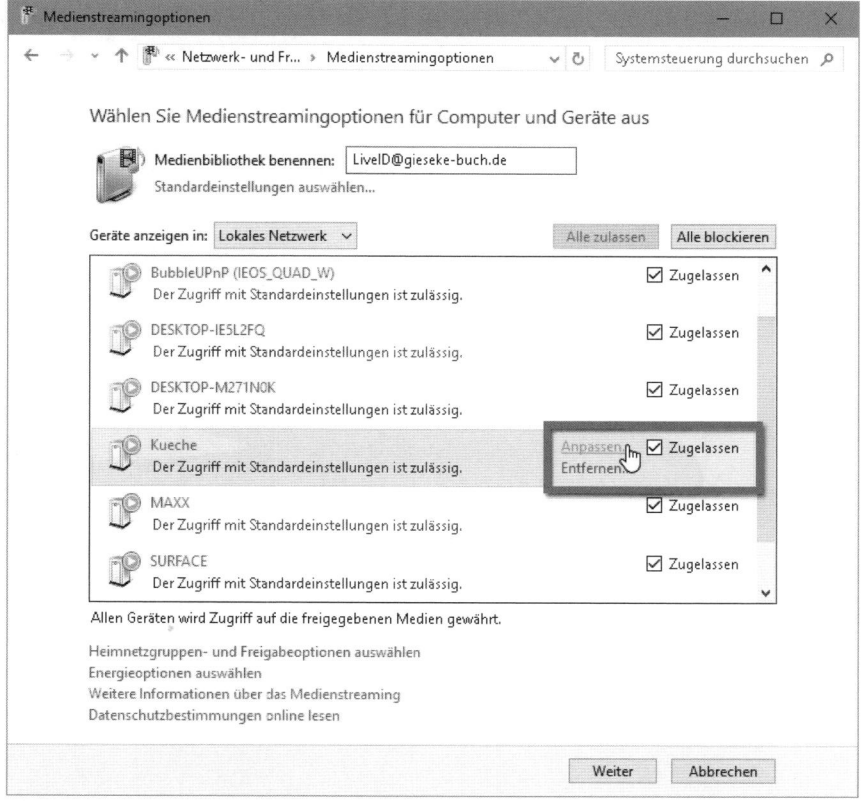

5. Mit einem Klick auf *Anpassen* können Sie außerdem einen Zusatzdialog öffnen, in dem Sie genauer festlegen, welche Arten von Medien auf diesem Gerät freigegeben werden sollen. Sie können hier sogar einstellen, dass z. B. nur Bilder ab einer gewissen Bewertungsqualität auf dem Fernseher angezeigt werden.

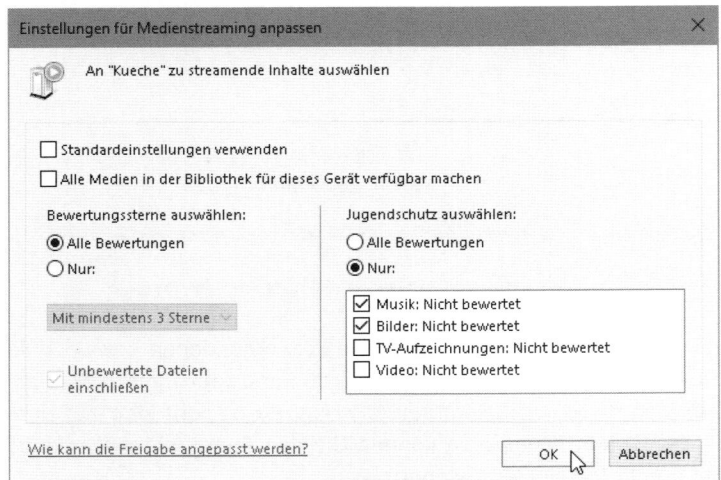

23 Netzwerk und Internetzugang klassisch einrichten und steuern

Die vorangehend vorgestellte Heimnetzgruppe ist eine einfache Variante für die Vernetzung mehrerer
PCs. Aber auch die herkömmlichen
Netzwerk- und Freigabefunktionen
sind beim aktuellen Windows noch
an Bord. Und sie sind sogar unum-

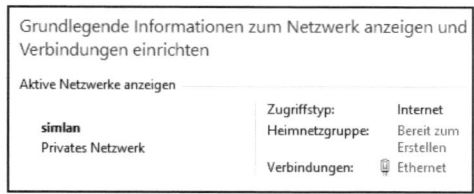

gänglich, da Heimnetzgruppen nur mit PCs ab Windows 7 hergestellt werden können. Geht es hingegen um ein gemischtes Netzwerk zusammen mit älteren PCs
oder ganz anderen vernetzten Geräten, müssen Sie sogar auf die klassischen Netzwerkfreigaben zurückgreifen.

23.1 So finden Sie sich mit dem Netzwerk- und Freigabecenter zurecht

Wie schon bei früheren Windows-Versionen sorgt das Netzwerk- und Freigabecenter mit einem praktischen Symbol im Infobereich als zentrale Anlaufstelle für alles,
was mit Netzverbindungen zu tun hat.

1. Sie erreichen das Netzwerk- und
   Freigabecenter z. B. über die klassische Systemsteuerung im Bereich *Netzwerk und Internet*. Häufig
   gibt es aber auch eine Abkürzung

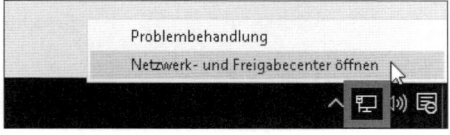

   an Stellen, an denen der Weg ins Netzwerk- und Freigabecenter naheliegend
   ist. Außerdem zeigt Windows standardmäßig ein Symbol für den Netzwerkstatus
   im Infobereich an. Klicken Sie mit der rechten Maustaste darauf und wählen Sie
   im Menü dann *Netzwerk- und Freigabecenter öffnen*.

2. Im Netzwerk- und Freigabecenter finden Sie rechts in der oberen Hälfte die Informationen zum aktiven Netzwerk. Wichtig ist hier z. B. der Typ des Netzwerks
   (also z. B. *Privates Netzwerk*). Bei *Zugriffstyp* sehen Sie, ob Sie auf lokale Ressourcen und/oder das Internet zugreifen können. *Verbindungen* gibt die physische Komponente an, die dieses Netzwerk benutzt, also z. B. eine Ethernet-
   Verbindung oder einen WLAN-Adapter.

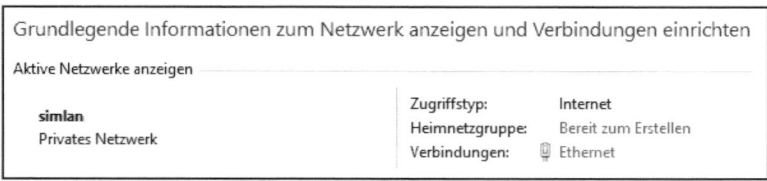

3. Im Bereich *Netzwerkeinstellungen ändern* sehen Sie die wichtigsten Aufgabenbereiche rund um Netzwerkverbindungen.

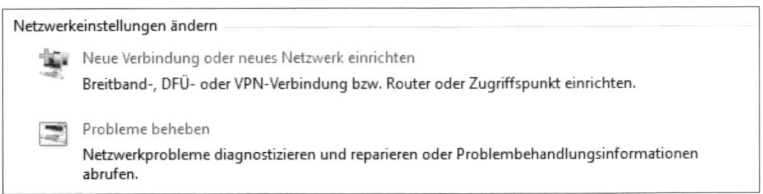

4. In der Navigationsleiste am linken Rand des Netzwerk- und Freigabecenters finden Sie Verknüpfungen zu den wichtigsten weiteren Netzwerkeinstellungen.

5. Ein Klick darauf öffnet den entsprechenden Konfigurationsdialog oder Assistenten. So öffnen Sie etwa mit *Adaptereinstellungen ändern* eine Liste der hardwaremäßig vorhandenen Netzwerkverbindungen, also die eingebauten bzw. angeschlossenen Ethernet- oder WLAN-Adapter.

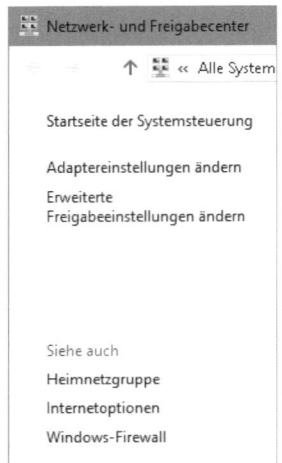

6. Wird der neue Dialog nicht in einem neuen Fenster angezeigt, sondern verdrängt das Netzwerk- und Freigabecenter vom Bildschirm, können Sie nach erledigter Aufgabe immer oben links auf die *Zurück*-Schaltfläche klicken, um direkt ins Netzwerk- und Freigabecenter zurückzukehren.

23.2   Den PC mit dem lokalen Netzwerk verbinden

Ein lokales Netzwerk entsteht, wenn mehr als zwei Netzwerkkomponenten per Kabel (oder auch drahtlos) miteinander verbunden sind. Die meisten PCs mit Internetzugang benutzen inzwischen zumindest ein kleines lokales Netzwerk: Wenn der Internetzugang über einen Router mit DSL-Modem hergestellt wird, an den der PC per LAN oder WLAN angeschlossen ist, ist das bereits ein lokales Netzwerk. Windows macht es dem Anwender in solchen Fällen leicht. Verwenden Sie etwa einen DSL-Router mit DHCP, passiert schon bei der Installation alles vollautomatisch, und Sie haben meist ohne weitere Schritte Kontakt zum lokalen Netzwerk und zum Internet. Aber auch das manuelle Herstellen der Verbindung ist nicht viel schwieriger.

Alles vollautomatisch mit DHCP

Wenn Sie einen DSL-Router benutzen und dieser über eine DHCP-Funktion verfügt (was bei den meisten der Fall ist), sollten Sie diese auch nutzen. Das **D**ynamic **H**ost **C**onfiguration **P**rotocol (DHCP) sorgt dafür, dass eine zentrale Instanz in einem Netzwerk (in diesem Fall der DSL-Router) allen angeschlossenen Geräten automatisch eine eindeutige Netzwerkadresse zuteilt und sie mit allen Informationen versieht, die für den Netzwerkzugang erforderlich sind.

Beim Router müssen Sie dazu in der Regel nur ein Häkchen an der passenden Stelle der Webkonfiguration setzen. Dies erspart Ihnen aber das manuelle Konfigurieren sämtlicher anderen angeschlossenen PCs und sonstigen Geräte. Außerdem müssen Änderungen z. B. in Bezug auf den Internetanbieter auch immer nur beim Router vorgenommen werden. Bei den meisten Routern ist dieser DHCP-Modus standardmäßig ab Werk eingeschaltet, sodass Sie nicht mal irgendwelche Einstellungen ändern müssen, sondern alles sofort funktioniert.

Die geänderten Einstellungen werden dann per DHCP automatisch an alle angeschlossenen Teile des Netzwerks weiter übermittelt. Wenn Sie nicht darauf angewiesen sind, dass z. B. ein bestimmter PC immer dieselbe numerische Netzwerkadresse erhält, spricht absolut nichts gegen DHCP. Und selbst diese Anforderung lässt sich bei vielen Routern realisieren.

Windows arbeitet in einem Netzwerk mit DHCP direkt nach der Installation, ohne dass irgendein Konfigurationsschritt erforderlich wäre. Beim ersten Start nach der Installation wird das vorhandene Netzwerk automatisch erkannt und eingerichtet. Sie müssen lediglich gegebenenfalls auf Nachfrage festlegen, ob Ihr PC für andere Geräte in diesem Netzwerk sichtbar sein soll. Im eigenen lokalen Netzwerk ist das sinnvoll. Wenn Sie sich aber beispielsweise bei einem öffentlichen Hotspot, im Hotel-WLAN oder anderen weniger vertrauenswürdigen Netzen anmelden, sollten Sie jeweils darauf verzichten.

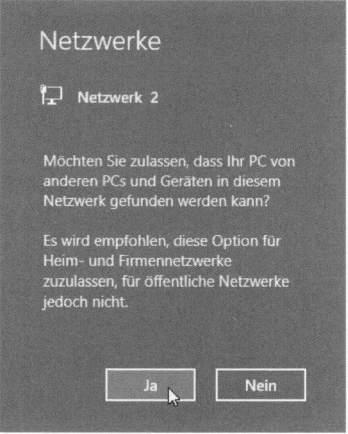

Die Freigabeeinstellungen nachträglich ändern

Schnell vertippt man sich im Eifer des Gefechts mal und deaktiviert bei einer neuen Verbindung das Teilen. Dann kann man anschließend aber keinerlei Freigabefunktionen mehr verwenden. Kein Problem, diese Einstellung lässt sich anpassen, die Möglichkeit dazu ist nur gut versteckt: Öffnen Sie mit dem Symbol im Infobereich die Netzwerkliste und klicken Sie dort auf den Eintrag des Netzwerks. Im anschließenden Menü wählen Sie *Erweiterte Freigabeoptionen ändern*. Im dadurch angezeigten Dialog können Sie alle Freigabeoptionen sowohl für private als auch öffentliche Netze für diese Verbindung nachträglich anpassen.

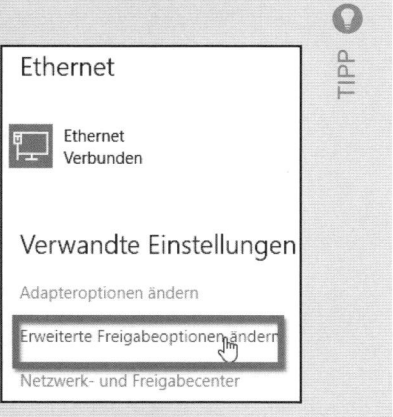

Den Zugang zum lokalen Netzwerk manuell herstellen

Wenn Ihr lokales Netzwerk keinen DHCP-Server bereitstellt, können Sie den Zugang zum Netzwerk selbstverständlich auch manuell herstellen. Dafür benötigen Sie vor allem zwei Informationen:

■ eine IP-Adresse, die in Ihrem lokalen Netzwerk gültig ist, aber noch von keinem anderen Gerät verwendet wird, sowie

■ die Subnetzmaske, die in Ihrem Netzwerk verwendet wird (in der Regel 255.255.255.0).

Wenn der Internetzugang über das lokale Netzwerk erfolgen soll, sind außerdem weitere Angaben unerlässlich:

■ die IP-Adresse des Gateways, über das der Kontakt zum Internet hergestellt wird (z. B. der Router), und

■ die Adresse von mindestens einem, besser zwei DNS-Servern. Die DNS-Server werden von Ihrem Internetprovider betrieben und können gegebenenfalls dort erfragt werden.

Mit diesen Daten gerüstet, können Sie die Netzwerkverbindung konfigurieren:

1. Ohne einen DHCP-Server kann Windows in seinen Standardeinstellungen nicht automatisch eine Verbindung zum lokalen Netzwerk herstellen. In diesem Fall sehen Sie im Infobereich ein Netzwerksymbol mit  einem Warnzeichen. Im Netzwerk- und Freigabecenter wird in solchen Situationen die Meldung *Sie sind zurzeit mit keinem Netzwerk verbunden* angezeigt. Das zeigt Ihnen, dass zwar die physische Verbindung besteht (also alle Kabel richtig eingesteckt sind), aber mangels korrekter Konfiguration keine logische Verbindung hergestellt werden kann.

2. Klicken Sie links im Aufgabenbereich auf *Adaptereinstellungen ändern.*

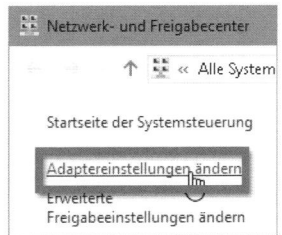

3. Damit gelangen Sie in die Übersicht über die Netzwerkverbindungen, in der Sie die aktive Verbindung mit einem Doppelklick öffnen und dann deren *Eigenschaften* anzeigen.

4. Wählen Sie dort in der Liste der Elemente *Internetprotokoll Version 4 (TCP/IPv4)* aus und klicken Sie darunter rechts erneut auf *Eigenschaften.*

5. Aktivieren Sie im anschließenden Dialog oben die Option *Folgende IP-Adresse verwenden* und geben Sie die Daten Ihres Netzwerks an:

■ Bei *IP-Adresse* tragen Sie die IP-Nummer ein, die dieser PC verwenden soll. Sie muss zu den anderen IP-Nummern in Ihrem Netzwerk passen, darf aber

von keinem anderen ver-
wendet werden. In der Re-
gel bedeutet das: Die ersten
drei Teile der Nummer (z. B.
192.178.1) sollten bei allen
Adressen identisch sein,
und der letzte Teil muss sich
bei allen unterscheiden.

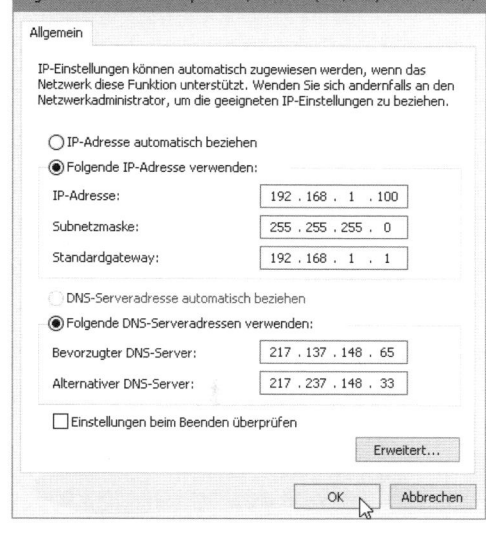

- Die Subnetzmaske lautet in
  privaten Netzwerken in der
  Regel 255.255.255.0. Wichtig hierbei: Diese Angabe
  muss bei allen angeschlossenen Geräten identisch
  sein, sonst klappt die Kommunikation nicht.

- Bei *Standardgateway* geben
Sie gegebenenfalls die IP-Nummer des PCs oder Netzwerkgerätes an, das
die Verbindung zum Internet herstellt, also z. B. des Routers.

Die richtigen Netzwerkdaten verwenden

Vorsichtshalber sei darauf hingewiesen: Bei den Adressen auf der Abbildung
handelt es sich um Beispieldaten. Was genau an deren Stelle bei Ihrer Netzwerkverbindung eingetragen wird, erfragen Sie bitte in der Konfiguration bzw.
Dokumentation Ihres Netzwerkrouters oder bei dem zuständigen Netzwerk-
administrator beispielsweise in einem Firmennetzwerk.

HINWEIS

---

6. Wählen Sie für den Internetzugang außerdem die Option *Folgende DNS-Server-
   adressen verwenden* und tragen Sie in den Feldern darunter mindestens einen
   DNS-Server Ihres Internetanbieters ein.

7. Klicken Sie anschließend zweimal auf *OK* und einmal auf *Schließen*. Sie gelangen zurück ins Netzwerk- und Freigabecenter, in dem sich der Status des
   Netzwerks gegebenenfalls nach einer kurzen Wartepause aktualisiert.

23.3 Mit dem Netzwerk-Assistenten eine Verbindung zum Internet herstellen

Das Netzwerk- und Freigabecenter stellt einen komfortablen Assistenten zur Verfügung, mit dem sich praktisch alle Arten von Netzwerkverbindungen schnell und unkompliziert einrichten lassen. Sie müssen dafür nur die jeweils benötigten Daten wie
Benutzernamen, Passwörter u. Ä. bereithalten, da der Assistent diese abfragt. Das folgende Beispiel zeigt, wie Sie Windows für den Zugang per DSL-Modem konfigurieren.

HINWEIS

Zugangskonfiguration im Router

Wenn Sie für den Zugang zum Internet einen Router mit eingebautem Modem verwenden, erfolgt die Konfiguration des Zugangs in diesem Router bzw. ist im Zweifelsfall schon geschehen, wenn Sie den Router zuvor bereits erfolgreich eingesetzt haben. In diesem Fall reicht es aus, wenn Sie beim Windows-PC den Zugang zum lokalen Netzwerk erfolgreich einstellen. Das geht am besten per DHCP (siehe Seite 460). Ansonsten müssen Sie beim manuellen Konfigurieren darauf achten, die Adresse des DSL-Routers als Gateway anzugeben. Die nachfolgenden Schritte sind bei dieser Konfiguration dann gar nicht erforderlich.

1. Wählen Sie im Netzwerk- und Freigabecenter unter *Netzwerkeinstellungen ändern* den Punkt *Neue Verbindung oder neues Netzwerk einrichten*.

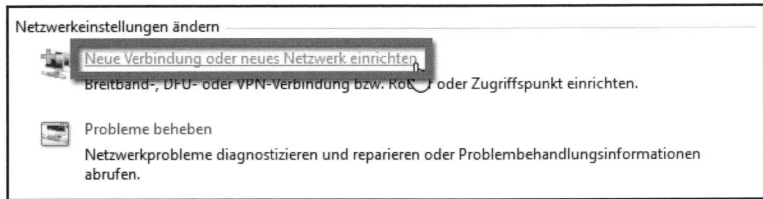

2. Damit starten Sie den Assistenten, in dem Sie in der Liste den Punkt *Verbindung mit dem Internet herstellen* wählen und unten auf *Weiter* klicken.

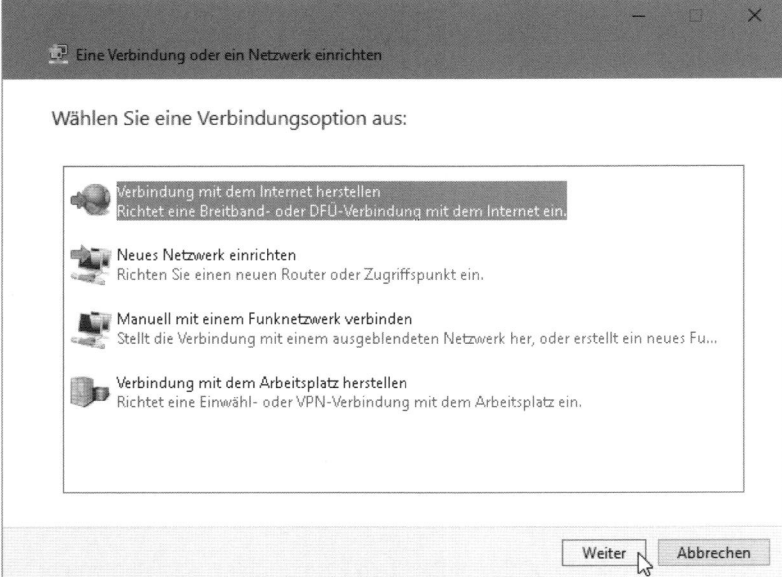

Wollen Sie eine ISDN- oder analoge Modemverbindung einrichten, können Sie an dieser Stelle auch schon *Einwählverbindung einrichten* auswählen.

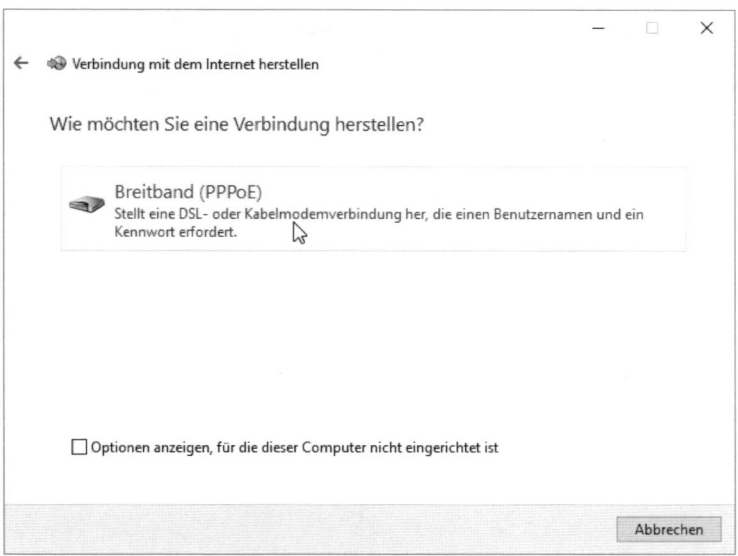

3. Bestimmen Sie dann, auf welche technische Weise die Verbindung erfolgen soll. Der Assistent stellt Ihnen dabei die Optionen zur Auswahl, zu denen er die passende Hardware erkannt hat. Für einen direkten Breitbandzugang z. B. per DSL-Modem wählen Sie die Option *Breitband (PPPoE)*.

4. Geben Sie im nächsten Schritt dann die Benutzerinformationen für Ihren Internetzugang ein, die Sie vom Provider erhalten haben.

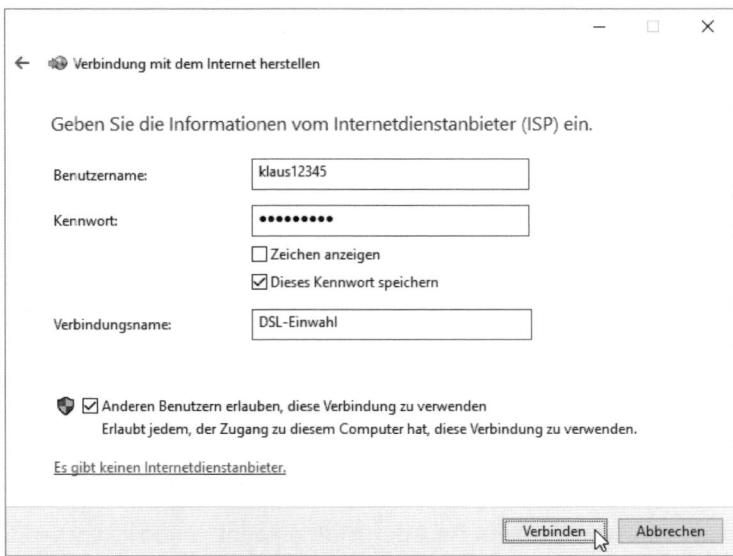

Sollten Sie noch keinen Internetprovider gewählt haben, hilft auf die Schnelle der Link *Es gibt keinen Internetdienstanbieter* weiter. Er gibt Ihnen Informationen und Tipps zu diesem Thema.

5. Klicken Sie dann unten rechts auf die Schaltfläche *Verbinden*, um die Verbindung aufzubauen und zu testen. Sollte alles geklappt haben, sehen Sie anschließend den Webbrowser mit der voreingestellten Startseite als Bestätigung.

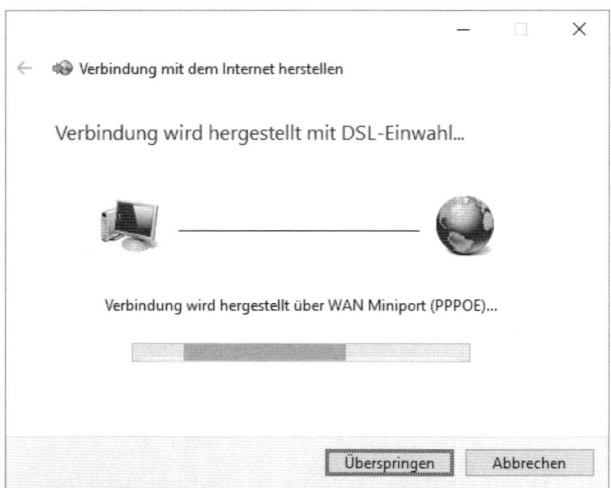

6. Klappt alles, erhalten Sie die Meldung *Die Verbindung kann jetzt verwendet werden*. In Zukunft können Sie diese Verbindung jederzeit manuell oder automatisch bei Bedarf herstellen.

23.4   Per WLAN drahtlose Verbindungen aufbauen

Drahtlose Netzwerke per WLAN ermöglichen den Verzicht auf aufwendige und/ oder störende Verkabelungen zwischen den Geräten und sind nicht zuletzt deshalb schnell und einfach eingerichtet. Windows unterstützt Sie dabei nach Kräften. So können Sie mit Ihrem PC den Kontakt nicht nur zu einem WLAN-Netz herstellen, sondern bei Bedarf auch zu verschiedenen wechselnden Netzen.

Gerade für Notebook-Benutzer, die regelmäßig in verschiedenen Umgebungen arbeiten (z. B. zu Hause, in der Firma, im Internetcafé), ist das ideal. Windows speichert die Verbindungsdaten verschiedener Netze, erkennt deren Vorhandensein automatisch und stellt sich entsprechend darauf ein. Mit einem Windows-PC können Sie aber auch selbst Zentrum eines WLAN-Netzwerks z. B. zu Hause werden und anderen Geräten Ressourcen wie den Internetzugang drahtlos bereitstellen.

Zugang zu einem geschützten WLAN-Netzwerk herstellen

Ist Ihr PC mit einem WLAN-Adapter ausgerüstet, erkennt Windows vorhandene Drahtlosnetzwerke automatisch und kann sich auch sofort damit verbinden. Allerdings ist der direkte Zugang zu WLAN-Netzen meist nicht ohne Weiteres möglich oder sollte es zumindest nicht sein. Verschlüsselte Funkverbindungen sorgen dafür, dass sich nur berechtigte Benutzer mit dem Netzwerk verbinden dürfen. Deshalb muss der Zugang zu einem geschützten WLAN einmalig konfiguriert werden. Voraussetzung dafür ist, dass Sie das Kennwort für den Drahtloszugang kennen.

1. Erkennt Windows das Vorhandensein eines Drahtlos-netzwerks, versucht es, automatisch eine Verbindung damit herzustellen. Sie erkennen das an der geänder-ten Netzwerkanzeige im Infobereich.

2. Mit einem Klick auf dieses Symbol öff-nen Sie den Netzwerkstatus am rechten Bildschirmrand. Hier sind alle Drahtlos-verbindungen aufgeführt, die momentan zur Verfügung stehen. Tippen Sie auf das Netzwerk, das Sie verwenden möchten. Wenn die Verbindung bereits besteht, brauchen Sie die weiteren Schritte nicht durchzuführen, sondern können sofort weiterarbeiten.

3. Ist der Eintrag mit einer *Verbinden*-Schaltfläche versehen, können Sie darauf tippen, um die Verbindung herzustellen. Wenn Sie zuvor die Option *Automatisch verbinden* an-haken, stellt Windows diese Ver-bindung zukünftig automatisch her, wenn dieses Netzwerk in Reichweite ist.

4. Handelt es sich um ein verschlüs-seltes WLAN, fragt der Assistent nach dem Netzwerksicherheits-schlüssel für die Verschlüsselung. Wenn der WLAN-Router dies un-terstützt, können Sie nun auch eine entsprechende Taste am Router drücken und so den Zugang Ihres Tablet-PCs zu diesem Drahtlos-netzwerk autorisieren.

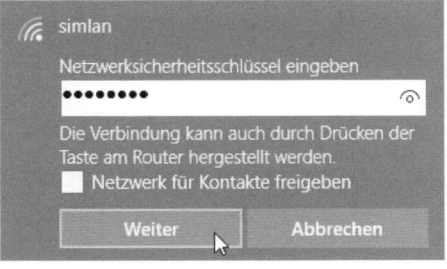

5. Der Assistent versucht jetzt, mit den gewählten Parametern eine Verbindung zum WLAN-Funknetzwerk aufzubauen. Ob das gelingt, hängt nicht nur vom korrekten Kennwort ab, sondern auch von anderen Faktoren wie der Reichwei-te des Netzes, dem verwendeten Funkstandard sowie eventuellen weiteren Si-

cherheitsmaßnahmen wie z. B. Zugangssperren anhand von Hardwareadressen (MAC-Adresse).

6. Konnte die Verbindung hergestellt werden, geben Sie an, wie Sie es bei diesem Netzwerk mit der Sichtbarkeit Ihres PCs für andere Teilnehmer halten möchten. Verbinden Sie sich mit einem öffentlichen Netzwerk, empfiehlt sich, aus Sicherheitsgründen *Nein* zu wählen (mehr dazu auf Seite 461).

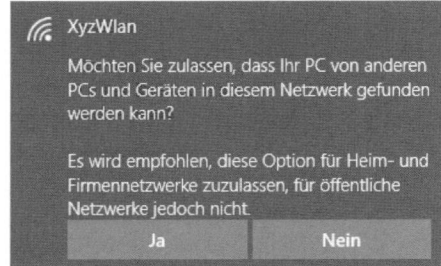

7. Konnte die Verbindung erfolgreich hergestellt werden, wird das Empfangssymbol in der Taskleiste ohne Einschränkung angezeigt. Wenn Sie darauf klicken, sehen Sie in der Verbindungsübersicht beim Eintrag dieses Netzwerks die Meldung *Verbunden*.

Kontakt zu einem WLAN ohne Kennung aufnehmen

Wenn ein vorhandenes WLAN nicht in der Empfangsliste angezeigt wird, kann das rein technische Ursachen haben, wenn etwa die Entfernung zwischen Sender und Empfänger zu groß ist. Dies lässt sich dann nur durch räumliche Veränderungen oder durch Optimieren der Sende- und Empfangsleistung der beiden Komponenten ändern.

Das Problem kann aber auch in der Konfiguration des Drahtlosnetzwerks liegen. Wenn dieses so eingestellt ist, dass es seine Sendekennung SSID standardmäßig versteckt, antwortet es nicht auf die Kontaktversuche Ihres PCs. In solchen Fällen müssen Sie dem kontaktsuchenden PC die SSID des WLANs mitteilen. Wenn er sie kennt, kann er Kontakt zum WLAN aufnehmen und erhält dann auch eine Antwort.

1. Öffnen Sie das Netzwerk- und Freigabecenter und klicken Sie dort im Bereich *Netzwerkeinstellungen ändern* auf *Neue Verbindung oder neues Netzwerk einrichten*.

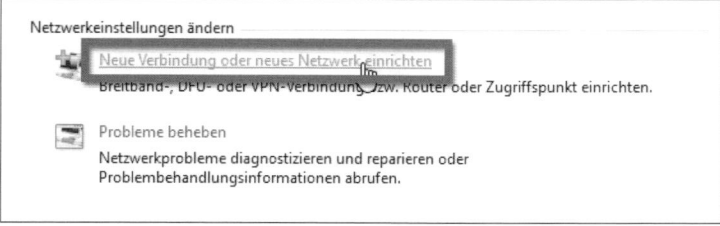

2. Wählen Sie im nächsten Schritt die Variante *Manuell mit einem Funknetzwerk verbinden* aus und klicken Sie auf *Weiter*.

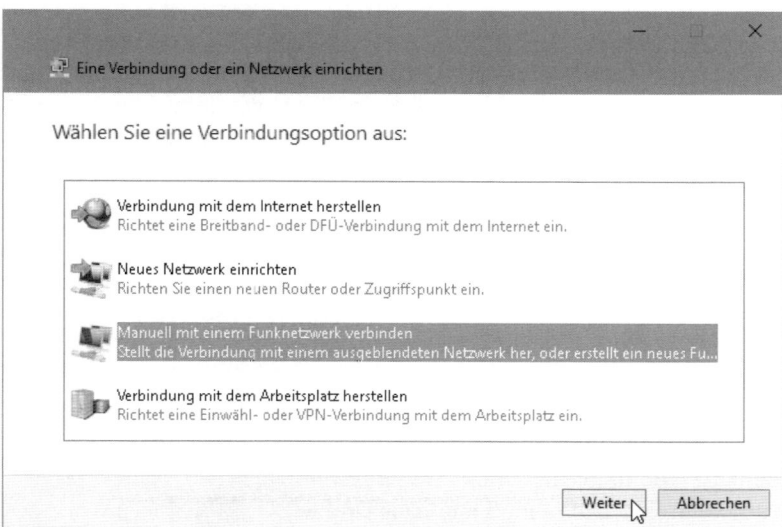

3. Geben Sie anschließend die Daten für den WLAN-Zugang so an, wie Sie sie vom Betreiber erhalten haben. Ganz oben bei *Netzwerkname* geben Sie dabei die SSID des WLANs an.

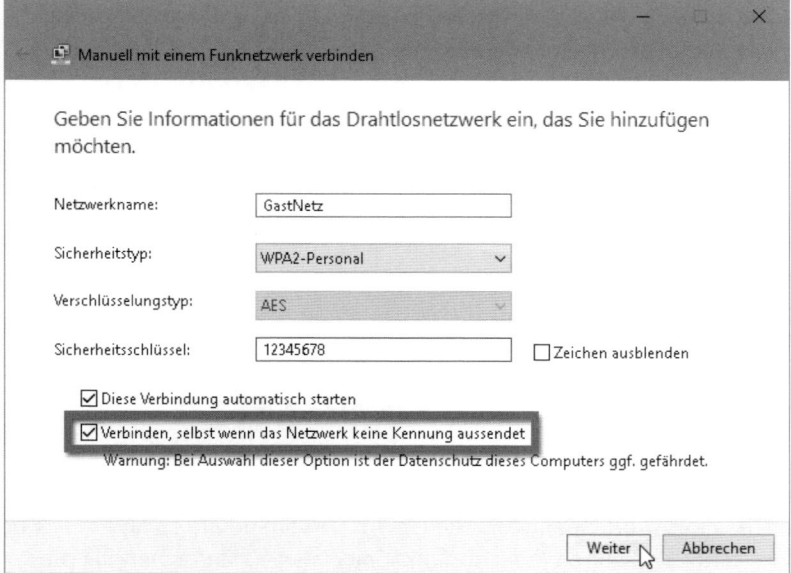

4. Aktivieren Sie dann ganz unten die Option *Verbinden, selbst wenn das Netzwerk keine Kennung aussendet*.

5. Klicken Sie schließlich unten auf *Weiter*, um die Verbindung hinzuzufügen, und beenden Sie den Assistenten mit *Schließen*.

WLAN-Verbindungen entfernen

Um einen einmal eingerichteten WLAN-Zugang zu löschen, gibt es bei Windows eine kleine Übersicht der bislang verwendeten WLAN-Verbindungen. Dort können Sie auch die Verbindungsdaten für ein Drahtlosnetzwerk „vergessen". Dabei ist es belanglos, ob dieses WLAN gerade in Reichweite ist oder nicht.

1. Klicken Sie in der Netzwerkübersicht am rechten Bildschirmrand unten auf *Netzwerkeinstellungen*. Dadurch gelangen Sie in die WLAN-Optionen der PC-Einstellungen.

2. Hier finden Sie eine Liste der aktuell erreichbaren WLANs und darunter den Link *WLAN-Einstellungen verwalten*.

3. Diese umfassen unter der Überschrift *Bekannte Netzwerke verwalten* eine Liste aller Drahtlosnetzwerke, mit denen Sie bislang verbunden waren. Nur falls Sie sich über den Umfang wundern: Wenn Sie sich mit einem Microsoft-Konto angemeldet haben, finden Sie hier auch alle Verbindungen, die Sie mit anderen Rechnern hergestellt haben, während Sie mit demselben Microsoft-Konto dort angemeldet waren.

4. Hier können Sie einzelne Einträge anklicken. Diese werden dann hervorgehoben und zusätzlich die Schaltfläche *Nicht speichern* angezeigt. Damit „vergisst" Windows diese Verbindung sofort, sie wird nicht mehr in der Liste angezeigt und der PC kann sich nicht mehr bei diesem Netzwerk anmelden.

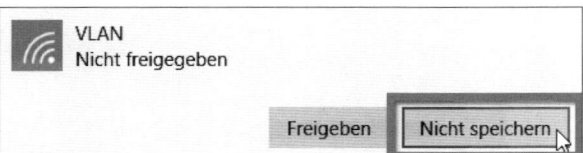

WLAN-Passwörter ändern

Ein Weg, das Passwort einer bestehenden WLAN-Verbindung zu ändern, ist bei Windows zwar vorgesehen, aber er funktioniert nur, solange man mit diesem Netzwerk verbunden ist (siehe im nachfolgenden Abschnitt die Sicherheitseinstellungen). In der Praxis wird man diesen Weg aber nur selten gehen können. Die einfache Vorgehensweise in diesem Fall: Die WLAN-Verbindung löschen und anschließend mit dem neuen Passwort neu einrichten.

Die WLAN-Einstellungen für verschiedene Standorte schnell und bequem wechseln

Wenn Sie nicht nur mit einem (Drahtlos-)Netzwerk arbeiten, sondern regelmäßig verschiedene Netzwerke nutzen, kommt Windows Ihnen entgegen. So können Sie auf die beschriebene Weise die Zugangsdaten beliebig vieler Drahtlosnetzwerke hinterlegen. Windows erkennt automatisch, wenn eines der Netzwerke in Reichweite ist, und verbindet sich mit diesem bzw. gibt Ihnen gegebenenfalls die Möglichkeit, die Verbindung manuell herzustellen.

Problematisch könnte es nur werden, wenn Sie sich in der Reichweite mehrerer Drahtlosnetze befinden. Das kann z. B. der Fall sein, wenn Sie zu Hause nicht nur Ihr eigenes WLAN finden, sondern auch das vom Nachbarn oder das öffentliche Netzwerk eines Internetcafés in der Nähe. In solchen Fällen bietet Windows eine praktische Lösung: Über die Verbindungseigenschaften können Sie festlegen, welches Netzwerk im Zweifelsfall den Vorrang erhalten soll, wenn mehrere Zugänge infrage kommen.

1. Öffnen Sie das *Netzwerk- und Freigabecenter* und klicken Sie dort am linken Rand oben auf *Adaptereinstellungen ändern*.

2. Damit sehen Sie eine Liste aller Netzwerkverbindungen. Unter *WiFi* ist das Funknetzwerk aufgeführt, mit dem Sie gerade verbunden sind. Öffnen Sie es mit einem Doppelklick.

3. Klicken Sie im anschließenden Menü auf *Drahtloseigenschaften*.

4. Auf der Registerkarte *Verbindung* finden Sie die Informationen zu diesem Drahtlosnetzwerk sowie Optionen, die im Zusammenspiel die automatische Verbindung mit Netzwerken regeln:

- Die Option *Automatisch verbinden, wenn dieses Netzwerk in Reichweite ist* sorgt dafür, dass die Verbindung mit einem anderen Netzwerk gegebenenfalls abgebrochen wird, wenn dieses WLAN in Reichweite kommt. Das kann dann wichtig sein, wenn Sie z. B. mit einem Notebook in Bewegung sind oder wenn das bevorzugte Netzwerk aufgrund technischer Probleme vorübergehend ausgefallen ist. Diese Option kann deshalb

hilfreich, aber auch problematisch sein, z. B. als leicht zu übersehende Fehlerquelle („Warum bricht die Verbindung mit dem WLAN plötzlich ab?").

■ Soll die Verbindung zu diesem Netzwerk unter allen Umständen so lange wie möglich beibehalten werden, schalten Sie die Option *Bei hergestellter Verbindung mit diesem Netzwerk andere Funknetzwerke suchen* aus.

■ Die untere Option *Verbinden, selbst wenn das Netzwerk seinen Namen nicht sendet (SSID)* ist für Netzwerke interessant, die keine Kennung ausstrahlen (siehe Seite 468).

Idealerweise setzen Sie diese Funktion so ein, dass Sie bei bevorzugten Netzwerken die erste Option ein- und die zweite ausschalten. Dann wechselt Ihr PC immer automatisch zu einem bevorzugten Netzwerk, wenn eines in Reichweite kommt. Bei anderen Verbindungen würde ich diese Einstellung genau umkehren, sodass diese Netzwerke wirklich nur dann angewählt werden, wenn keine anderen verfügbar sind.

5. Auf der Registerkarte *Sicherheit* finden Sie Einstellungsmöglichkeiten zur Verschlüsselung. Hier können Sie Korrekturen vornehmen, falls sich die WLAN-Konfiguration geändert hat.

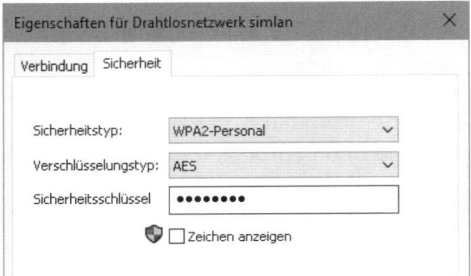

Wechselnde Netzwerke per Infobereichsymbol wählen

Mit dem Netzwerksymbol im Infobereich und der dazugehörigen Netzwerkübersicht macht Windows den Wechsel zwischen verschiedenen Netzwerken einfacher als jemals zuvor. Selbst per Touchscreen können Sie mit wenigen Tippern zu einem anderen Netz wechseln. Und so geht es:

1. Tippen bzw. klicken Sie auf das Netzwerksymbol im Infobereich.

2. In der Verbindungsübersicht sehen Sie nun, welche Netzwerke momentan in Reichweite sind. Das aktuell verwendete steht üblicherweise ganz oben und ist mit dem Zusatz *Verbunden* versehen.

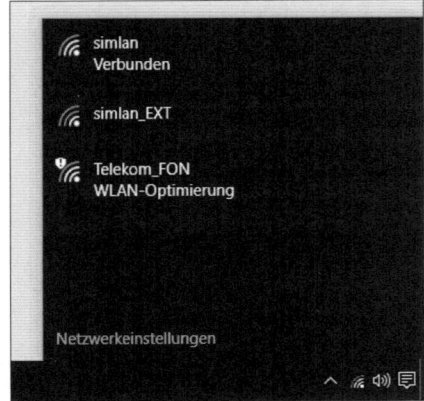

3. Um zu einer anderen Verbindung zu wechseln, tippen Sie auf den dazugehörenden Eintrag in der Liste.

4. Hier können Sie nun auf *Verbinden* tippen, um zu dieser Verbindung zu wechseln.

5. Windows beendet dann eine eventuell bislang aktive Verbindung und stellt an deren Stelle die ausgewählte Verbindung her.

6. Mit der Option *Automatisch verbinden* sorgen Sie dafür, dass die Verbindung zu diesem Zugangspunkt in Zukunft automatisch hergestellt wird, wenn er sich in Reichweite befindet. Bei mehreren verfügbaren Netzwerken gelten die Regeln aus dem vorangegangenen Abschnitt.

Mehr Akkulaufzeit bei WLAN-Verbindungen mit mobilen PCs

WLAN und tragbare PCs wie Notebooks und Tablet-PCs gehen oft Hand in Hand. Dabei spielt die Akkulaufzeit eine wesentliche Rolle, und hier kann es bei der Verwendung von WLANs Probleme geben. Windows betreibt Drahtlosadapter standardmäßig immer mit relativ hoher Sendeleistung, um möglichst große Reichweiten und problemlose Verbindungen zu gewährleisten.

Diese Sendeleistung aber zieht den Akku spürbar schneller leer. Das ist ärgerlich, denn in vielen Fällen wäre das gar nicht nötig, und die WLAN-Verbindung würde mit geringerem Stromverbrauch genauso gut zustande kommen. Deshalb sollten Sie unbedingt ausprobieren, ob Sie diese Standardeinstellung ändern können:

1. Öffnen Sie in der klassischen Systemsteuerung die *Energieoptionen* und wählen Sie dort den Energiesparplan, der beim mobilen Einsatz üblicherweise verwendet wird (z. B. *Energiesparmodus*).

2. Klicken Sie bei diesem Eintrag auf *Energiesparplaneinstellungen ändern* und anschließend auf *Erweiterte Energieeinstellungen ändern*.

3. Suchen Sie in der Liste der Einstellungen die Option *Drahtlosadaptereinstellungen/Energiesparmodus/Auf Akku* und wählen Sie hier einen Energiesparmodus aus.

Am meisten Strom sparen Sie mit *Maximaler Energiesparmodus*, aber testen Sie besser erst mal, ob die WLAN-Verbindung damit immer noch uneingeschränkt genutzt werden kann. Ansonsten probieren Sie die anderen Einstellungen aus.

24 Mit dem Edge-Webbrowser noch sicherer und schneller surfen

Eine der radikalsten Neuerungen von Windows 10 ist der neue Webbrowser. Anstelle des „doppelten Internet Explorer" in Desktop- und Touchoptik gibt es nun nur noch einen Browser, der sich sowohl per Finger als auch per Maus und Tastatur komfortabel bedienen lassen soll.

Vor allem aber wurde der Kern des Browsers – die sogenannte Engine – von Grund auf neu entwickelt. Dadurch beherrscht Edge die neuesten Webstandards und -technologien und ist beim Seitenaufbau selbst umfangreicher und komplexer dynamischer Webseiten deutlich schneller als sein Vorgänger. Aber auch bei der Oberfläche des Webbrowsers hat sich einiges verändert – sowohl in der Bedienung als auch im Funktionsumfang.

24.1 Die Basisfunktionen in der Oberfläche des Edge-Browsers

Der Edge-Browser passt sich mit seiner entschlackten und verschlankten Oberfläche gut in das nüchterner gewordene Windows-Design ein. Nur noch wenige Bedienelemente sollen den Anwender ablenken. Zugleich wird so dem eigentlichen Inhalt – also den angezeigten Webseiten – der maximale Platz auf dem Bildschirm eingeräumt.

Im Wesentlichen beschränken sich die Steuerelemente auf eine schmale Zeile oben unterhalb der Register. Zur schnellen Orientierung:

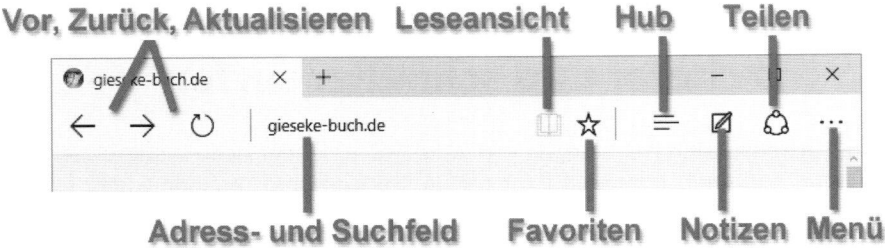

- **Vor** und **Zurück** bzw. **Aktualisieren**,

- eine Webadresse oder auch einen Suchbegriff eingeben,

- bei umfangreicheren Texten zur **Leseansicht** wechseln,

- eine Webseite als **Favoriten** speichern,

- den **Hub** mit Lesezeichen, Leseliste, Verlauf und Downloads einblenden,

- **Notizen** zu Webseiten erstellen,

- Webinhalte mit anderen **Teilen**,

- das **Menü** für weitere Funktionen und Einstellungen öffnen.

TIPP

Wo ist die Adressleiste hin?

Falls Sie sich auf den ersten Blick wundern, was aus der Such- und Adress-leiste geworden ist: Die gibt es immer noch, aber sie wird nur bei Bedarf ein-geblendet. Klicken Sie einfach an die Stelle, wo sie eigentlich sein sollte, wenn Sie etwas eingeben möchten. Dann blendet Edge sie sofort ein und nimmt Ihre Eingaben entgegen.

Ein gemeinsames Feld für Suchen und Adressen

Adress- und Suchfeld wurden bereits bei den letzten Internet-Explorer-Versionen zusammengelegt. Dieser Eingabebereich dient nicht nur zum Eingeben und Anzei-gen von Webadressen. Im Prinzip können Sie von hier aus ganz schnell auf alle Elemente wie Suche, Lesezeichen, Verlauf etc. zugreifen. Mit der richtigen Eingabe finden Sie so jede Webseite ruck, zuck wieder.

1. Platzieren Sie die Einfügemarke mit ei-nem einfachen linken Mausklick in das Feld.

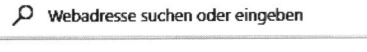

2. Beginnen Sie nun, die Adresse bzw. den Namen einer Webseite oder einen Suchbegriff einzutippen.

3. Sofort zeigt der Browser eine Liste der infrage kommenden Webseiten an. Er bedient sich dazu der Daten aus dem Verlauf, den Lesezeichen, früheren Ein-gaben und Vorschlägen von Suchmaschinen.

4. Mit jedem weiteren Buchstaben schränken Sie die Liste jeweils weiter ein.

5. Wenn die von Ihnen gewünschte Seite auf dem Bildschirm angezeigt wird, können Sie direkt darauf klicken, um sie anzuzeigen. Alternativ können Sie die Pfeiltasten und ⏎ benutzen, wenn Sie bei der Tastatur bleiben möchten.

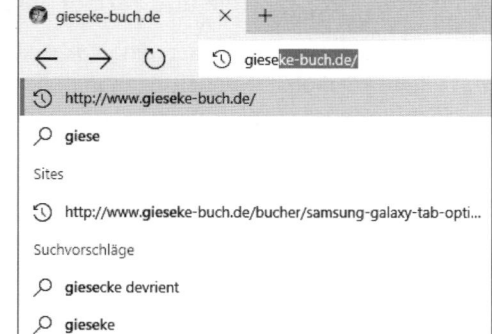

6. Sie können auch so lange weitertippen, bis nur noch genau eine Möglichkeit zur Auswahl angezeigt wird, die Sie dann auswählen.

Wie Sie die verschiedenen Arten von Suchmöglichkeiten gezielt nutzen, beschreiben die nachfolgenden kurzen Abschnitte.

Schnelle Orientierung in den Vorschlägen

TIPP

Bei den Vorschlägen, die der Edge-Browser Ihnen zum jeweils eingetippten Text im Adressfeld macht, färbt er jeweils die Buchstaben, die mit Ihrer Eingabe übereinstimmen, blau ein. So können Sie auf den ersten Blick erkennen, wo in einer vorgeschlagenen Webseite der Begriff vorkommt und ob diese Seite wirklich der gewünschten entspricht.

Webadressen eingeben

Wie gewohnt können Sie im Eingabefeld Webadressen eintippen. Der Edge-Browser versteht diese aufgrund ihrer Form automa-

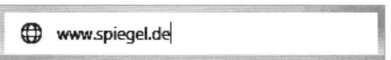

tisch richtig. Protokollbezeichner wie *http://* können Sie dabei in der Regel weglassen. Nur wenn die Erkennung bei speziellen Geräten beispielsweise im lokalen Netzwerk versagen sollte, fangen Sie am besten mit *http://* an. Sie brauchen sich dabei auch nicht von der Vorschlagliste des Edge-Browsers ablenken zu lassen. Tippen Sie einfach die komplette Adresse ein und drücken Sie ⏎.

Sie können sich die Hilfestellung des Browsers aber auch beim Eintippen von Adressen zunutze machen. Wenn der Edge-Browser die Adresse bereits von einem früheren Besuch kennt, wird er sie Ihnen in seiner Liste vorschlagen. Sie brauchen also nur so viel einzutippen, bis Sie die gewünschte Adresse in der Vorschlagliste sehen. Dann wählen Sie sie dort direkt per Maus oder Tastatur aus.

Webseiten aus Favoriten und Verlauf abrufen

Wenn Sie genau wissen, dass eine Webseite als Favorit gespeichert ist oder sich von einem kürzlichen Besuch noch in den Verlaufsdaten befindet, können Sie diese noch gezielter abrufen. Sie brauchen keine Adresse zu kennen, sondern lediglich einen eindeutigen Teil der Adresse oder des Titels, also z. B. den Namen des Webangebots. Tippen Sie diesen ein, schlägt der Edge-Browser alle Webseiten vor, die diesen Begriff als Teil ihrer Adresse oder ihres Titels verwenden.

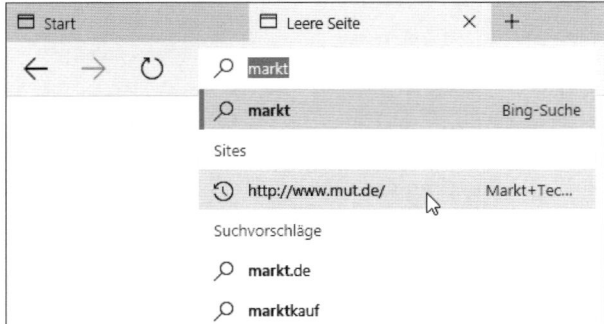

 Keine Volltextsuche

Im Verlauf des Edge-Browsers sind nur die Webadresse und der Titel der besuchten Webseiten gespeichert, nicht aber deren Inhalt. Eine Volltextsuche über den Inhalt ist also nicht möglich. Wählen Sie also einen Teil der Adresse oder des Seitentitels aus, um eine Webseite auf diese Weise schnell wiederzufinden.

Suchanfragen durchführen

Um das Eingabefeld für eine klassische Suche zu benutzen, verwenden Sie es so, wie Sie bei früheren Internet-Explorer-Versionen das Suchfeld genutzt hätten. Tippen Sie also einfach den Suchbegriff ein. Der Browser macht Ihnen dabei bereits Vorschläge, wie sich der Begriff sinnvoll vervollständigen ließe. Die können Sie nutzen oder ignorieren. Im Zweifelsfall tippen Sie einfach weiter und schicken die Eingabe mit ⏎ an die voreingestellte Suchmaschine.

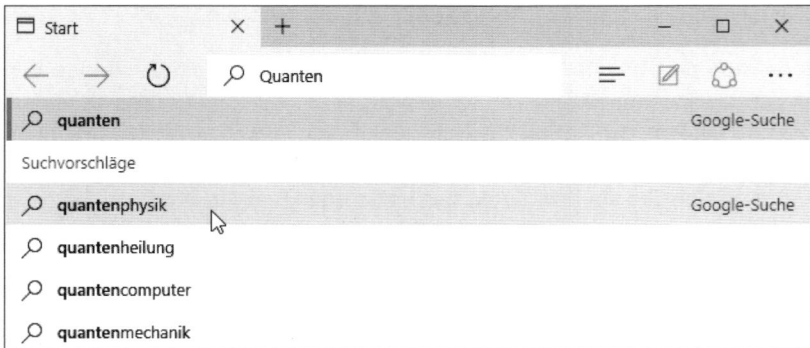

Weitere Suchfunktionen in das Suchfeld integrieren

Standardmäßig verwendet der Edge-Browser für die Onlinesuche die Microsoft-eigene Bing-Suchmaschine. Wer Google oder was auch immer für diesen Zweck bevorzugt, kann das selbstverständlich ändern. Das Suchfeld lässt sich über eine spezielle Webseite um weitere Suchdienste erweitern. Irgendwie ist es aber wenig überraschend, dass Microsoft die Funktion hierzu im Vergleich zu früher gut versteckt und komplizierter gemacht hat. Aber so geht es:

1. Öffnen Sie als Erstes die Webseite des gewünschten Suchdienstes im Edge-Browser, also etwa *https://www.google.de*. Dabei ist zu beachten, dass dieser Anbieter verschlüsselte Webseiten (also *https://* und die OpenSearch-1.1-Spezifikation) unterstützt, was man aber bei namhaften Anbietern voraussetzen kann.

2. Klicken Sie dann rechts oben auf das Menü-Symbol und wählen Sie im Menü den Punkt *Einstellungen*.

3. In der Einstellungsliste geht es gleich weiter nach unten zur Schaltfläche *Erweiterte Einstellungen anzeigen*.

4. Suchen Sie in dieser noch längeren Liste das Auswahlfeld *In Adressleiste suchen mit* und öffnen Sie es.

5. Wählen Sie den Punkt *<Neu hinzufügen>*.

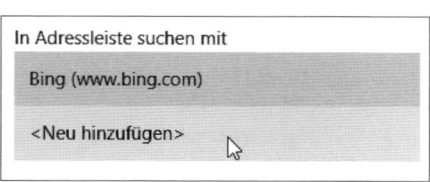

6. Wählen Sie dann den angebotenen Suchdienst aus (neue Anbieter werden hier nur angezeigt, wenn deren Suchseite gerade im Browser geöffnet ist).

7. Klicken Sie dann auf *Hinzufügen* bzw. *Als Standard hinzufügen*, wenn der neue Suchdienst ab sofort für das Suchen mit dem Adress- und Suchfeld zuständig sein soll.

8. Schließen Sie dann die Einstellungen mit einem erneuten Klick auf das Menü-Symbol.

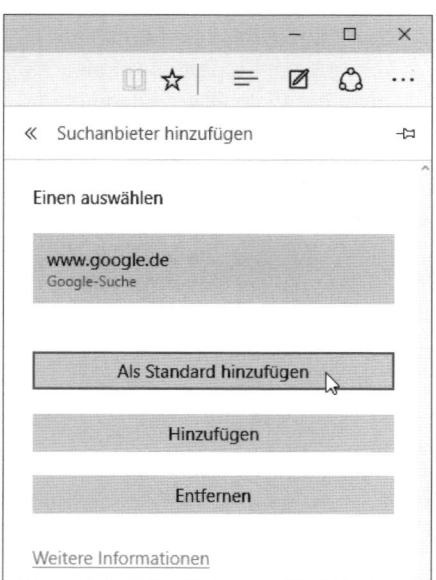

Ab sofort verwendet das Suchfeld den neu hinzugefügten Suchdienst. Zwischen eingerichteten Suchdiensten können Sie jederzeit in den erweiterten Einstellungen hin- und herwechseln.

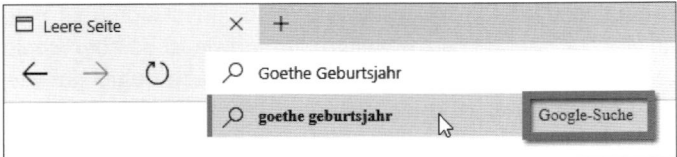

Textstellen innerhalb einer Webseite schnell finden

Mit dem Finden von Webseiten allein ist es oft noch nicht getan: Bei umfangreicheren Texten muss man meist noch die passende Stelle suchen. Beim Edge-Browser können Sie jederzeit eine Suchleiste einblenden. Sie unterstützt mit praktischen Suchhilfen, wie etwa dem farblichen Hervorheben aller Fundstellen.

1. Um die Suchfunktion zu aktivieren, drücken Sie [Strg]+[F] oder wählen im Menü den Punkt *Auf Seite suchen*.

2. Der Edge-Browser blendet dann eine Suchleiste oberhalb der angezeigten Webseite ein. Hier können Sie den Suchbegriff eingeben, nach dem Sie innerhalb dieser Seite suchen möchten.

3. Der Edge-Browser markiert schon beim Tippen alle Stellen in der Webseite, an denen die bislang eingetippte Zeichenkombination vorkommt.

4. Mit den beiden Pfeilsymbolen können Sie die verschiedenen Fundstellen in der Seite der Reihe nach ansteuern. Links daneben lässt sich ablesen, wie viele Fundstellen es insgesamt gibt.

Sprunglisten: Wenn Windows angeheftete und zuletzt verwendete Ordner „vergisst"

Wenn Sie gerne die Sprunglisten der Symbole in der Taskleiste verwenden, diese aber aus heiterem Himmel keinen Inhalt mehr anzeigen, finden Sie hier Abhilfe.

Normalerweise zeigen die Taskleisten-Symbole vieler Anwendungen nach einem Rechtsklick eine Liste mit den zuletzt geöffneten Dokumenten, Verzeichnissen, Webseiten usw. an. Und man kann hier sogar häufig genutzte Ziele anheften, so dass sie stets im oberen Bereich der Liste aufgeführt werden. Mit diesen Sprunglisten kann man jederzeit mit zwei Mausklicks eines dieser Dokumente, Ziele oder Verzeichnisse öffnen. „Normalerweise" lässt aber schon vermuten, dass das eben nicht immer klappt. Manchmal stellt Windows aus heiterem Himmel diese praktische Funktion ein. Die Listen sind dann plötzlich leer. Auch wenn man Objekte neu anheftet, hält das nur kurz vor und dann verschwinden sie erneut.

5. In dem kleinen *Optionen*-Auswahlfeld können Sie die Funktionsweise der Suche steuern, etwa ob der eingegebene Suchbegriff nur als ganzes Wort gefunden werden soll oder ob Unterschiede in der Groß-/Kleinschreibung berücksichtigt werden sollen.

Die augenschonende Leseansicht für längere Texte

Direkt rechts neben dem Adress- und Suchfeld des Edge-Browsers finden Sie das Symbol für die Leseansicht (auch [Strg]+[⇧]+[R]). Damit wechseln Sie zu einer augenfreundlicheren Darstellung von Webseiten. Sie eignet sich insbesondere für längere Texte wie Artikel, Blogbeiträge und andere Onlinedokumente. Edge wechselt dabei zu einer dezenten, angenehmen Hintergrundfarbe, verwendet eine spezielle lesefreundliche Schriftart und verzichtet automatisch auf störende Elemente wie Werbebanner, Seitenleisten, Navigationselemente etc. Auch Bilder werden größtenteils weggelassen, wenn sie den Lesefluss stören würden.

1. Wenn bei der aktuell angezeigten Webseite eine Leseansicht zur Verfügung steht (siehe Hinweisbox), wird das Symbol in der Adressleiste automatisch aktiviert. Klicken Sie einfach darauf, um zur Leseansicht zu wechseln.

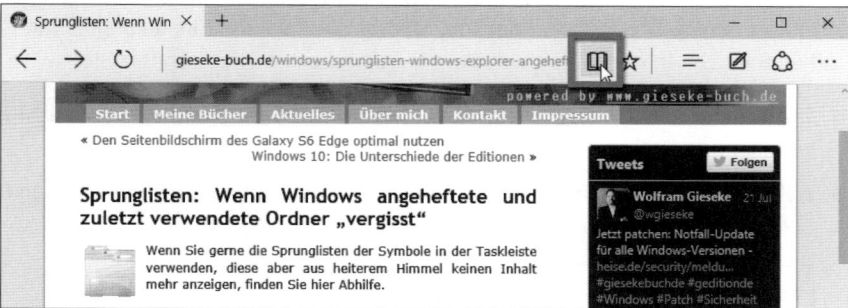

2. Edge wandelt dann sofort die Darstellung der Seite in die Leseansicht um. Die Änderungen dürften direkt ins Auge fallen.

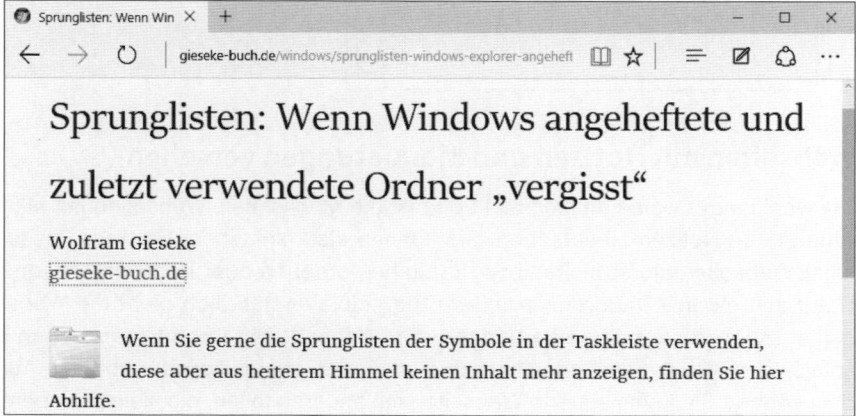

3. Sie können den Text nun nach Belieben lesen. Wollen Sie die Ansicht später verlassen, klicken Sie einfach erneut auf das Symbol. Enthält der Text Verweise auf andere Seiten, können Sie diese auch benutzen. Die Leseansicht wird beim Laden anderer Webseiten automatisch deaktiviert.

4. Sollte die Größe der Schrift nicht Ihren Vorstellungen entsprechen, können Sie wie immer im Browser ⌈Strg⌉+⌈+⌉ bzw. ⌈Strg⌉+⌈-⌉ für eine sofortige Anpassung in festen Schritten verwenden. ⌈Strg⌉+⌈0⌉ kehrt jederzeit zur Standardanzeige (100 %) zurück. Dauerhaft können Sie die Darstellung der Leseansicht in den Einstellungen anpassen (siehe im Folgenden).

Leseansicht nur bei textlastigen Webseiten

Der Lesemodus von Edge ist nur für Webseiten sinnvoll nutzbar, die zum überwiegenden Teil aus Textinhalt bestehen. Der Browser erkennt selbstständig, wann es sich um solche Webseiten handelt und aktiviert nur dann das Symbol für die Leseansicht.

HINWEIS

Die Darstellung der Leseansicht lässt sich in gewissem Umfang an Ihren Bildschirm und Ihre Lesegewohnheiten anpassen. Öffnen Sie dazu die Einstellungen von Edge und suchen Sie in der Liste nach dem Bereich *Lesen*. Hier können Sie:

- Bei *Stil der Leseansicht* die grundlegende Farbgestaltung für diesen Modus wählen.

- Außerdem können Sie die *Schriftgröße in Leseansicht* an den verwendeten Bildschirm und/oder Ihre Augen anpassen.

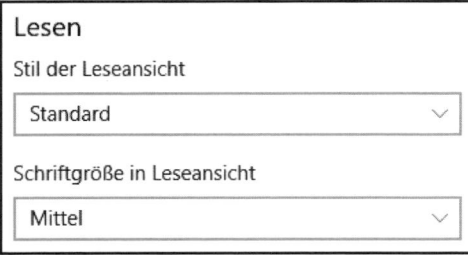

Webseiten mit Notizen und Markierungen versehen

Die wohl innovativste Funktion von Edge ist die Möglichkeit, Webseiten mit Markierungen und Notizen zu versehen. Sie können also einfach im Browser Passagen einer Webseite unterstreichen bzw. farbig hervorheben oder Kommentare „an den Rand schreiben". Dadurch verändern Sie selbstverständlich nicht die Webseite selbst. Aber Sie können eine Variante der Webseite mit Ihren Ergänzungen beispielsweise als Favoriten speichern und so später jederzeit wieder abrufen. Außerdem können Sie kommentierte Webseiten mit anderen teilen, die sie dann ebenfalls auf dieser Webseite angezeigt bekommen.

1. Um eine Webseite mit Anmerkungen zu versehen, klicken Sie auf das Notizsymbol in der Adressleiste.

2. Edge blendet dann anstelle der Adressleiste eine zusätzliche Symbolleiste mit den Notizfunktionen ein.

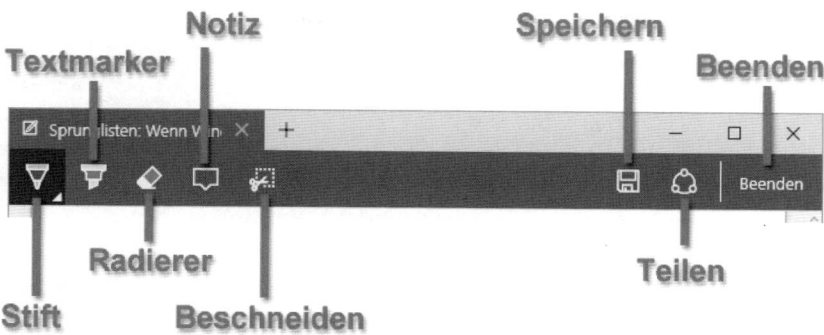

- Mit dem *Stift* können Sie Skizzen einfügen, Text unterstreichen, Pfeile einzeichnen etc.

- Mit dem *Textmarker* lassen sich wichtige Textpassagen farbig hervorheben.

- Mit dem *Radierer* können Sie zuvor eingefügte Anmerkungselemente wieder entfernen.

- *Notizen* sind in den Text eingefügte eigene Anmerkungen.

- Mit der *Beschneiden*-Funktion beschränken Sie eine umfangreiche Webseite auf den für Sie interessanten Teil.

- Mit *Speichern* bewahren Sie Ihre Notizen dauerhaft als Favoriten, in der Leseliste oder in der OneNote-App.

- Durch die *Teilen*-Funktion können Sie die Webseite einschließlich Ihrer Notizen an andere freigeben, etwa per Mail oder via OneDrive.

- Mit *Beenden* schließen Sie die Notizfunktion, ohne die Ergänzungen zu speichern.

3. Um beispielsweise eine Textpassage hervorzuheben, wählen Sie das Textmarker-Werkzeug. Dann können Sie mit gedrückter linker Maustaste den Text entlangfahren, den Sie hervorheben möchten. Sehr gut geht dies auch bei einem Touchbildschirm, wo Sie den Text einfach mit der Fingerspitze abfahren.

> Wichtig: Im vorangehend beschriebenen Ordner sind die automatisch erstellten Sprunglisten für „Zuletzt verwendet" oder ähnlich gespeichert. Die individuell angelegten Sprunglisten mit selbst angehefteten Ordner finden Sie statt dessen im Ordner %APPDATA% \Microsoft\Windows\Recent\CustomDestinations den Sie genau wie vorangehend beschrieben öffnen und bearbeiten können. Bei Problemen sollte man am Besten immer beide Ordner kontrollieren.

4. Um eine eigene Anmerkung einzufügen, verwenden Sie das Notiz-Werkzeug und tippen damit an die Textstelle, zu der Sie etwas anmerken möchten.

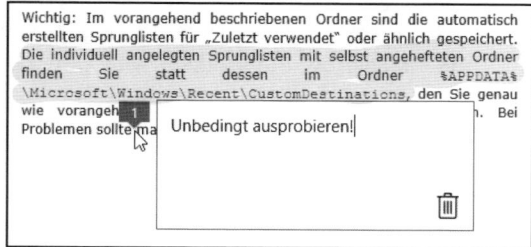

5. Nach dem Einfügen Ihrer Anmerkungen sollten Sie diese sichern. Klicken Sie dazu auf das *Speichern*-Symbol.

6. Sie können dann wählen, ob Sie diese Webseite mit Anmerkungen in OneNote, als Favoriten oder in Ihrer Leseliste ablegen möchten. Außerdem können Sie unten den Namen für die zu speichernde Webseite ändern. Klicken Sie dann unten auf *Senden* bzw. *Hinzufügen*.

Spannende Webinhalte mit anderen teilen

Wenn Sie im Web auf spannende Informationen stoßen, die Sie gern mit anderen teilen möchten, geht das ganz unkompliziert mit der *Teilen*-Funktion von Windows. Diese ist auch in Edge integriert. Sie bietet eine Schnittstelle zu anderen Apps, über die die Adresse der aktuell angezeigten Webseite schnell und einfach übermittelt werden kann.

1. Um die aktuell angezeigte Webseite weiterzugeben, klicken Sie einfach auf das *Teilen*-Symbol in der Adressleiste.

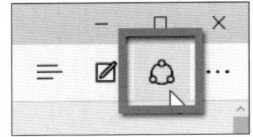

2. Damit blenden Sie am rechten Bildschirmrand die Teilen-Leiste ein. Diese enthält einen Eintrag für jede App, die mit dieser Art von Inhalt (in dem Fall also eine Webseite) etwas anfangen kann. Standardmäßig sind das zumindest die mitgelieferten *Leseliste*, *Mail* und *OneNote*. Wenn Sie weitere Apps installieren, tragen diese sich gegebenenfalls aber auch in diese Liste ein.

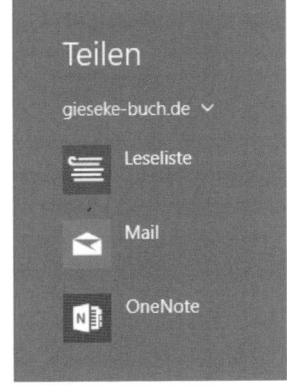

3. Mit dem Auswahlfeld ganz oben können Sie entscheiden, ob Sie die Adresse der Webseite oder ein Bildschirm-
foto der aktuellen Browserseite teilen
möchten. Ein Foto hat den Vorteil, dass
es genau den Ausschnitt der Seite zeigen kann, den Sie verbreiten oder aufbewahren möchten. Außerdem „friert"
es den Inhalt ein. Teilen Sie stattdessen
die Adresse, kann es sein, dass der Inhalt der Seite sich zwischenzeitlich verändert.

4. Klicken Sie dann die gewünschte App in der Liste an und warten Sie, bis der
Browser Ihren Wunsch verarbeitet hat. In der Regel wird die App dann im Sei-
tenbereich angezeigt. Hier sehen Sie eine Vorschau auf das erstellte Element.
Teilweise müssen oder können Sie auch noch Angaben ergänzen, wie etwa bei
E-Mails die Empfängeradresse und den Betreff.

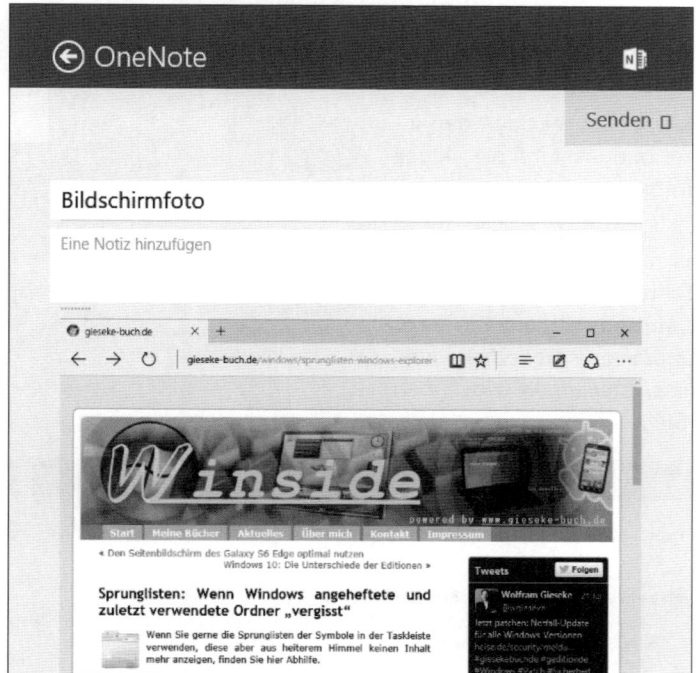

5. Klicken Sie dann oben rechts in der Vorschau auf die
Schaltfläche, die je nach App mit Senden, Hinzufügen,
Speichern oder ähnlich beschriftet ist, um den Tei-
len-Vorgang abzuschließen. Die Seitenleiste wird dann
ausgeblendet und Sie kehren zum Browser zurück.

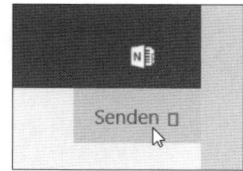

Problematische Webseiten im klassischen Internet Explorer öffnen

Totgeglaubte leben manchmal länger. Und so ist auch der Internet Explorer bei Windows immer noch an Bord, auch wenn man auf den ersten ebenso wie den zweiten Blick keine Spur davon erkennen kann. Allerdings kann es insbesondere in Firmennetzwerken Webseiten geben, die spezielle Funktionen des Internet Explorer benötigen. Man denke dabei nur an ActiveX oder VBScript – beides proprietäre Technologien, auf die Microsoft im Edge-Browser ganz bewusst verzichtet hat.

Damit sich Webseiten mit solchen Elementen aber zumindest für eine Übergangszeit noch verwenden lassen, kann der Internet Explorer weiter genutzt werden. Und das geht sogar ganz einfach:

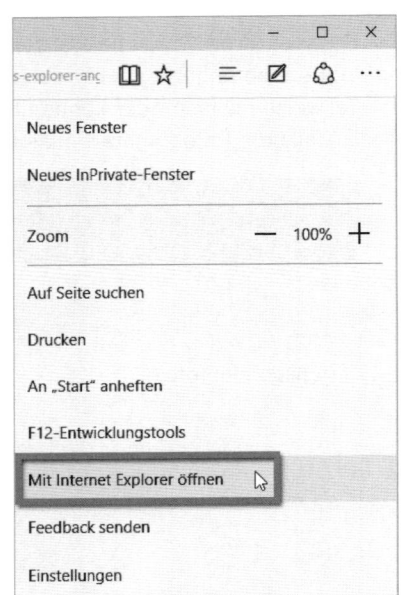

1. Zeigen Sie das fragliche Webangebot im Edge-Browser an (auch wenn es dort nicht ordnungsgemäß funktioniert).

2. Klicken Sie dann rechts auf das Menü-Symbol und wählen Sie den Menüpunkt *Mit Internet Explorer öffnen*.

3. Der Edge-Browser startet dann den Internet Explorer und lässt ihn die aktuell angezeigte Webadresse öffnen.

4. Wenn Sie dies zum ersten Mal überhaupt machen, möchte der Internet Explorer eingerichtet werden. Wählen Sie dazu die Option *Empfohlene Sicherheits- und Kompatibilitätseinstellungen verwenden* und klicken Sie auf *OK*.

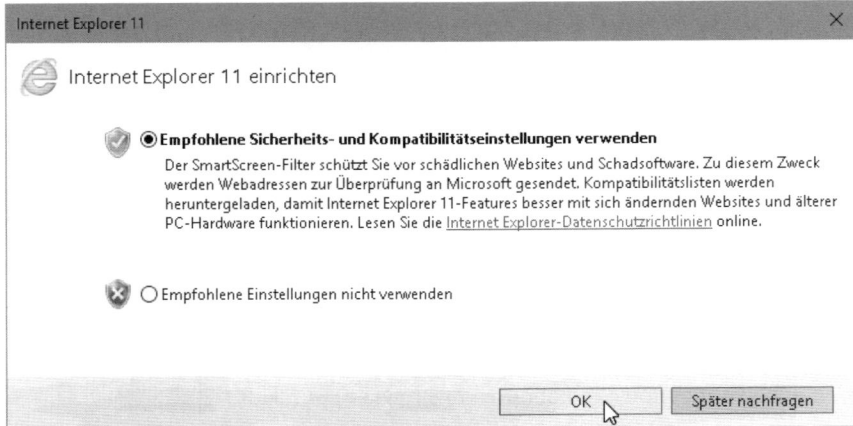

Den so geöffneten Internet Explorer können Sie wie in früheren Windows-Versionen nutzen. Er stellt alle bekannten Funktionen bereit und lässt sich auch über die Internetoptionen wie gewohnt konfigurieren.

In diesem Buch gehe ich darauf allerdings nicht weiter ein. Es hat sich beim Internet Explorer buchstäblich nichts verändert und er sollte ohnehin nur in den wenigen Ausnahmesituationen eingesetzt werden, wo man mit dem Edge-Browser nicht weiterkommt. Es ist davon auszugehen, dass Microsoft diese „Notlösung" auch nur für einen überschaubaren Zeitraum unterstützt. Webseiten, die sich mit Edge nicht vollständig nutzen lassen, sollten in absehbarer Zeit auf aktuelle Webstandards und -technologien umgestellt werden.

24.2 Mit dem Hub schnell zu Lesezeichen, Verlauf und Downloads

Um die Oberfläche zu entschlacken, sind beim Edge-Browser einige Bereiche, die zwar wichtig sind, aber nicht ständig benötigt werden, in den Hub ausgelagert. Dabei handelt es sich um einen Seitenbereich innerhalb des Browserfensters, den Sie vorübergehend oder auf Wunsch auch dauerhaft einblenden können.

1. Um den Hub vorübergehend anzuzeigen, klicken Sie in der Adressleiste auf das *Hub*-Symbol.

2. Der Edge-Browser blendet daraufhin eine Seitenleiste am rechten Fensterrand ein.

3. Hier können Sie ganz oben die gewünschten Inhaltskategorien auswählen, von links nach rechts stehen die Symbole für

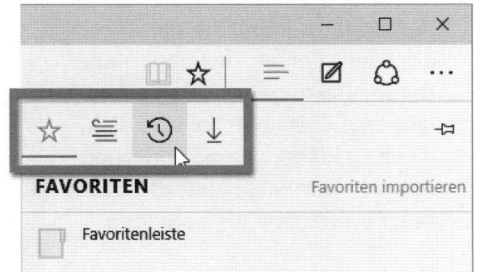

   - Favoriten,

   - Leseliste,

   - Verlauf sowie

   - Downloads.

4. Innerhalb der Kategorien werden dann die dazugehörenden Inhalte angezeigt, also etwa die Liste der Favoriten, die letzten Einträge des Browserverlaufs und so weiter.

5. Wenn Sie einen konkreten Eintrag anklicken, der dann im Browser angezeigt wird, blendet Edge den Hub-Seitenbereich automatisch wieder aus.

> ### 💡 Die Hub-Seitenleiste dauerhaft anzeigen
>
> TIPP
>
> Wenn Sie den Hub häufig nutzen und einen breiten Bildschirm verwenden, möchten Sie die Seitenleiste vielleicht ständig angezeigt haben, um jederzeit schnell darauf zugreifen zu können? Klicken Sie dazu auf das *Anheften*-Symbol oben rechts in der Seitenleiste. Sie bleibt
>
>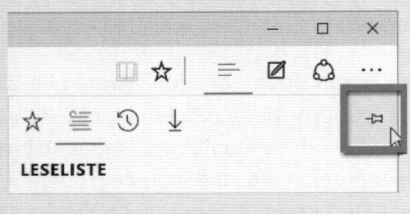
>
> dann dauerhaft so lange eingeblendet, bis Sie das Anheften rückgängig machen.

Oft besuchte Webseiten als Favoriten merken

Auch wenn das Adress- und Suchfeld Hilfen bietet, Webseiten ohne allzu viel Tippen abzurufen, bietet sich für häufig besuchte Internetangebote immer noch das Speichern als Favoriten an. Solche Favoriten können Sie jederzeit bequem mit wenigen Mausklicks wieder abrufen. Um eine Webseite in den Favoriten zu speichern, gehen Sie wie folgt vor:

1. Öffnen Sie die Webseite, sodass sie im Browserfenster dargestellt wird, und klicken Sie dann in der Adressleiste auf das Sternsymbol.

   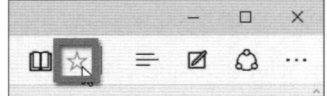

2. Der Edge-Browser zeigt dann einen Dialog an, in dem Sie die Eigenschaften des neu zu erstellenden Favoriten festlegen können.

3. Als *Name* schlägt er standardmäßig den Titel der angezeigten Webseite vor. Sie können hier aber auch einen beliebigen anderen Text angeben. Gerade bei längeren Titeln empfiehlt es sich, diese zu kürzen, da sie sonst den Rahmen der Favoritenleiste bzw. des Favoritenmenüs sprengen.

   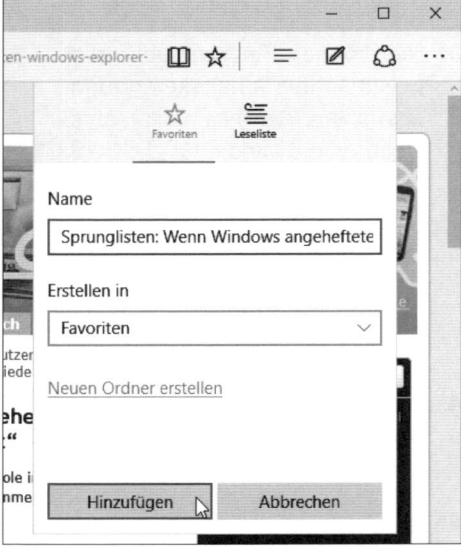

4. Bei *Erstellen in* wählen Sie den Favoritenordner, in dem der Eintrag erstellt werden soll. Standardmäßig werden neue Favoriten im Hauptordner angelegt. Wie üblich können Sie aber auch andere vorhandene Unterordner auswählen oder mit *Neuen Ordner erstellen* weitere hinzufügen.

5. Klicken Sie dann auf *Hinzufügen*, um den Favoriten anzulegen.

Die gespeicherten Webseiten sind über den Hub zugänglich. Sie können aber auch einfach einen Teil des Namens direkt im Adress- und Suchfeld eintippen, dann schlägt der Browser Ihnen den Favoriten als Vervollständigung vor. Außerdem können Sie Ihre Lieblingsadressen über die Favoritenleiste einblenden.

Favoriten abrufen

Einmal als Favoriten gespeicherte Webseiten können Sie über den Hub jederzeit wieder abrufen:

1. Klicken Sie auf das *Hub*-Symbol in der Symbolleiste.

2. Wählen Sie in der Hub-Seitenleiste ganz oben links das Symbol für die Favoriten.

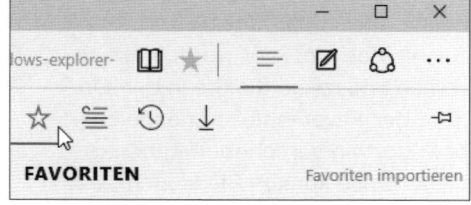

3. Der Seitenbereich zeigt dann die Favoritenordner mit ihren Einträgen an. Klicken Sie hier einfach auf den gewünschten Eintrag.

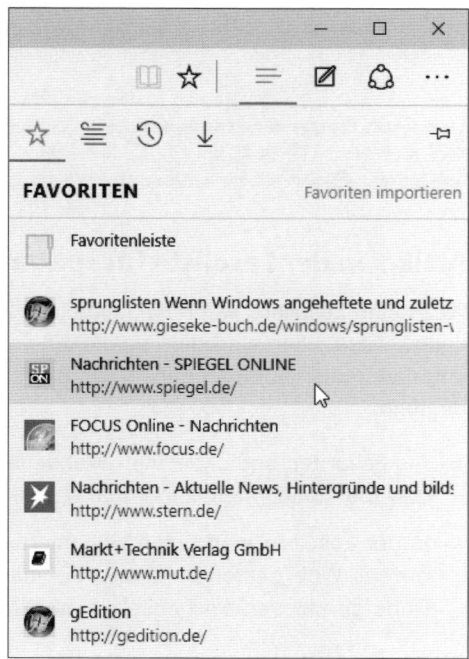

4. Der Edge-Browser fordert die Seite dann an und stellt sie im aktuell gewählten Browserfenster dar. Gleichzeitig blendet er die Favoriten-Explorerleiste automatisch wieder aus, damit die maximale Breite für die Darstellung der Webseite genutzt werden kann.

Wenn Sie Tabs verwenden, können Sie eine Favoritenseite auch direkt in einem neuen Tab anzeigen, sodass die bisher angezeigten Webseiten erhalten bleiben. Klicken Sie dazu mit der mittleren Maustaste bzw. mit gedrückter [Strg]-Taste auf den Eintrag des Favoriten. Alternativ finden Sie im Kontextmenü jedes Eintrags auch den Befehl *In neuem Tab öffnen*.

Mit der Favoritenleiste immer sofort Zugriff auf Ihre Lieblingsseiten

Für Webseiten, die Sie beinahe täglich verwenden, gibt es noch eine weitere Zugangsvariante. Der Edge-Browser verfügt über eine Favoritenleiste, wie sie vom Internet Explorer her bekannt ist. Diese ist zwar standardmäßig ausgeblendet, aber das können Sie jederzeit ändern.

Öffnen Sie dazu über das Menü-Symbol die *Einstellungen* und stellen Sie hier die Option *Favoritenleiste anzeigen* auf *Ein*.

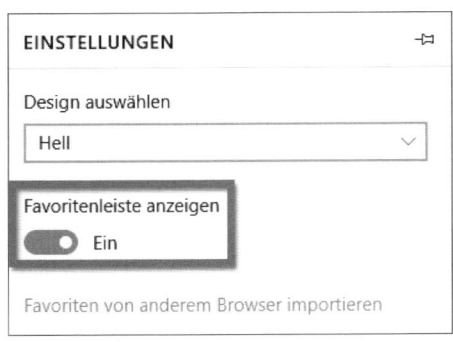

Der Browser blendet daraufhin eine Leiste unterhalb des Adress- und Suchfeldes ein. Hier werden alle Favoriten angezeigt, die Sie in den Ordnern der Favoritenleiste gespeichert bzw. dorthin verschoben haben. Auf diese Weise können Sie steuern, welche Ihrer Favoriten in der Leiste angezeigt werden und welche nicht.

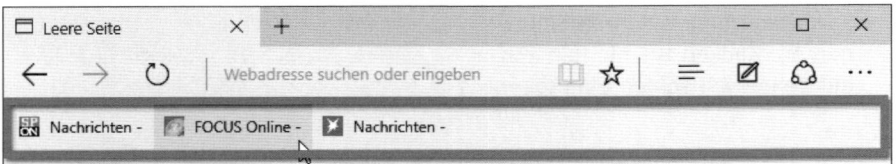

Artikel in der Leseliste für späteres Lesen vormerken

Wozu eine Leseliste, wenn man sich interessante Webseiten als Favoriten merken kann? Tatsächlich sind die Funktionen von Favoriten und Leseliste ganz ähnlich und finden sich auch an denselben Stellen. Der Unterschied liegt eher in der Bedeutung:

- Als Favoriten speichert man Webseiten, deren Inhalt sich regelmäßig ändert bzw. bei denen man immer mal wieder etwas nachschauen will.

- In der Leseliste merkt man sich interessante Inhalte, auf die man beim Surfen durchs Web gestoßen ist und die man zu einem späteren Zeitpunkt in aller Ruhe durchlesen bzw. ansehen möchte.

Die Favoriten sind also so eine Art Adressbuch, während die Leseliste eine To-do-Liste mit zu erledigender Lektüre darstellt. Außerdem ist die Leselisten-Funktion eng mit der bei Windows mitgelieferten Leselisten-App verknüpft. Alles, was Sie durch Edge in der Leseliste ablegen, landet automatisch auch in der Leseliste-App. Wenn Sie für die Windows-Anmeldung ein Microsoft-Konto verwenden, wird der Inhalt der Leseliste-App automatisch mit anderen Geräten verknüpft, auf denen Sie dasselbe Konto verwenden.

Das ermöglicht beispielsweise folgendes Szenario: Wenn Sie am klassischen PC beim Surfen spannende Inhalte in Ihrer Leseliste speichern, finden Sie diese später automatisch in der Leseliste-App Ihres Windows-Tablets vor und können sie ganz entspannt auf der Couch oder im Bett vor dem Schlafengehen lesen.

Um eine Webseite in der Leseliste zu speichern, gehen Sie wie folgt vor:

1. Öffnen Sie die Webseite, sodass sie im Browserfenster dargestellt wird, und klicken Sie dann in der Adressleiste auf das Sternsymbol.

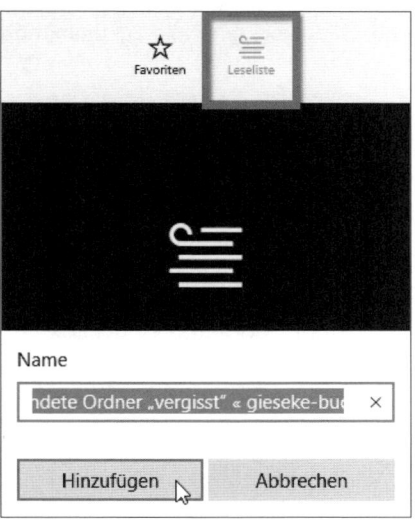

2. Der Edge-Browser zeigt dann einen Dialog an, wo Sie oben zunächst *Leseliste* als Ziel wählen.

3. Als *Name* wird standardmäßig der Titel der Webseite vorgeschlagen. Sie können hier aber auch einen beliebigen anderen Text angeben. Gerade bei längeren Titeln empfiehlt es sich, diese zu kürzen.

4. Klicken Sie dann auf *Hinzufügen*.

Die so gespeicherten Webseiten können Sie über den Hub im Bereich *Leseliste* abrufen, aber auch ebenso über die eigenständige App *Leseliste*.

Im Surfverlauf Inhalte schnell wiederfinden

Passiert es Ihnen auch ab und zu, dass Sie kürzlich eine tolle Webseite entdeckt haben, diese aber nicht mehr wiederfinden können, weil Sie die Adresse vergessen haben? Der Edge-Browser zeichnet alle Ihre Surfaktivitäten über einen festgelegten Zeitraum auf. Alle Seiten, die Sie in diesem Zeitraum besucht haben, können Sie in den Verlaufsdaten schnell wiederfinden.

1. Blenden Sie den Hub ein, indem Sie in der Symbolleiste rechts auf das entsprechende Symbol klicken.

2. Wechseln Sie in der Hub-Seitenleiste in die Rubrik *Verlauf*.

3. Der Browser zeigt daraufhin in der Leiste die vorliegenden Verlaufsdaten an.

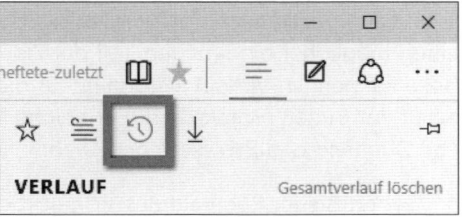

4. Wählen Sie den Tag aus, an dem Sie die Webseiten besucht haben, die Sie jetzt noch einmal sehen wollen. Sollte dieser Tag vor dem Beginn der aktuellen Woche liegen, wählen Sie die entsprechende Woche aus.

> **So organisiert der Verlauf Tage und Wochen**
>
> Im Verlauf werden die besuchten Adressen in Tagen, dann in Wochen zusammengefasst. Die jüngsten Einträge finden Sie immer bei *Letzte Stunde* und *Heute*. Der Verlauf der vergangenen Tage wird jeweils unter *Gestern* bzw. dem Namen und Datum des Wochentags abgelegt. Am Ende der Woche werden alle Tage in einem Wocheneintrag zusammengefasst (*Letzte Woche*) und die Aufzeichnung der einzelnen Tage beginnt von vorne. Die ältesten Einträge werden dann unter dem Stichwort *Älter* alle zusammengefasst.

5. Wenn Sie auf den Eintrag des gewünschten Tages bzw. der gewünschten Woche klicken, öffnet der Browser eine Unterliste mit den Adressen, die Sie in diesem Zeitraum besucht haben. Suchen Sie die Website heraus, die Sie abrufen möchten, und klicken Sie auf deren Eintrag.

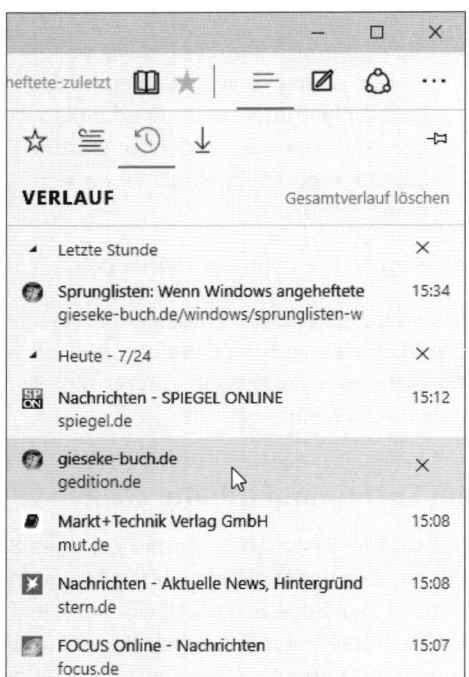

6. Die Seite wird dann im Browser angezeigt und der Seitenbereich ausgeblendet.

Schnell gefunden – suchen Sie in den Verlaufsdaten

Alternativ zum chronologischen Recherchieren in den Verlaufsdaten können Sie auch nach bestimmten dort vermerkten Seiten suchen. Dazu sollten Sie allerdings einen möglichst eindeutigen Teil der Adresse oder des Titels der gewünschten Seite kennen. Im Verlauf werden ja nur diese Angaben, nicht aber der eigentliche Inhalt der Seiten protokolliert. Für solche Suchen können Sie einfach das Adress- und Suchfeld des Browsers bemühen:

1. Geben Sie im Suchfeld des Edge-Browsers einfach den Begriff ein, nach dem die vermerkten Webseiten durchsucht werden sollen.

2. Schon während der Eingabe überprüft der Browser (unter anderem) die im Verlauf gespeicherten Webseiten und listet alle passenden Seiten unterhalb des Suchfeldes im Abschnitt *Verlauf* auf. Die Vorschläge aus dem Verlauf erkennen Sie am Verlaufssymbol (Uhr mit einem runden Kreis als Rand).

3. Um eine der gefundenen Seiten zu betrachten, klicken Sie sie einfach in der Liste an.

Einträge aus dem Verlauf entfernen

Eventuell ist Ihnen schon aufgefallen, dass die Einträge im Verlauf jeweils mit einem kleinen roten *x* versehen werden, wenn Sie den Mauszeiger darüber bewegen. Mit einem Klick darauf entfernen Sie diesen Eintrag aus dem Verlauf. Das bezieht sich allerdings nur auf diesen Eintrag zu diesem Zeitpunkt. Besuchen Sie dieselbe Webseite später erneut, wird wieder ein Eintrag angelegt.

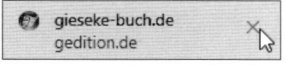

Eine andere Möglichkeit, alle Besuche bei einer bestimmten Website schnell zu „vergessen", bietet das Kontextmenü der Verlaufseinträge. Klicken Sie mit der rechten Maustaste einen beliebigen Eintrag von der fraglichen Webseite an und wählen Sie *Alle Besuche auf „xyz" löschen*.

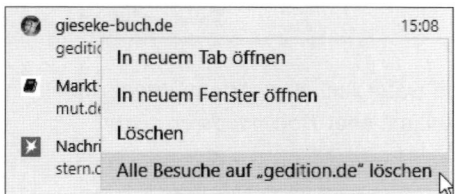

Schließlich können Sie den gesamten Verlauf mit einem Schlag löschen, wenn das nötig erscheinen sollte. Dazu finden Sie oben rechts in der Verlaufsliste den Link *Gesamtverlauf löschen*.

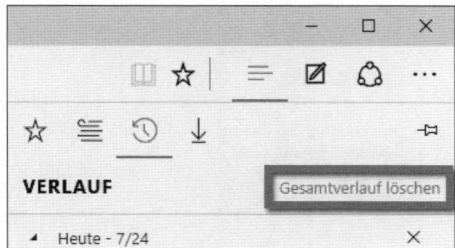

Download-Manager mit SmartScreen-Filter

Der Edge-Browser verfügt über einen Download-Manager, der mehrere Downloads gleichzeitig verwalten und durchführen kann. Er erlaubt es z. B. auch, längere Downloads zwischenzeitlich anzuhalten und zu einem späteren Zeitpunkt fortzusetzen. Und wichtig: Alle Downloads werden vom SmartScreen-Filter auf schädliche Inhalte überprüft. Dadurch sinkt die Wahrscheinlichkeit, sich versehentlich Viren, Trojaner oder Rootkits „einzufangen", erheblich.

1. Beim Starten eines Downloads hat sich nichts verändert. Klicken Sie einfach auf den Link zu der Datei, die Sie herunterladen möchten.

2. Dadurch wird automatisch der Download-Manager aktiviert und beginnt den Download. Er meldet sich mit einer Mitteilung am unteren Rand des Browsers, wo Sie den Fortschritt verfolgen können. Die Datei wird standardmäßig in Ihrem *Downloads*-Ordner gespeichert.

3. Während eines laufenden Downloads können Sie diesen *Anhalten* und später fortsetzen, sofern der Server dies unterstützt. In jedem Fall können Sie das Herunterladen *Abbrechen*. Ansonsten können Sie diese Mitteilung einfach eingeblendet lassen oder mit dem kleinen *x*-Symbol rechts schließen. Der Download läuft dann im Hintergrund weiter.

4. Nach Abschluss der Übertragung tritt der SmartScreen-Filter in Aktion und überprüft die Datei. Sollte er Anlass zur Sorge haben, weist er Sie darauf hin.

5. Nun können Sie die heruntergeladene Datei *Ausführen*, den *Ordner öffnen*, in dem sie gespeichert wurde, oder eine Liste aller *Downloads anzeigen*.

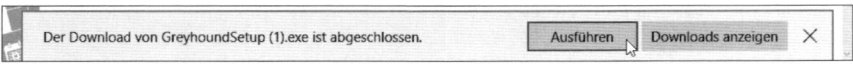

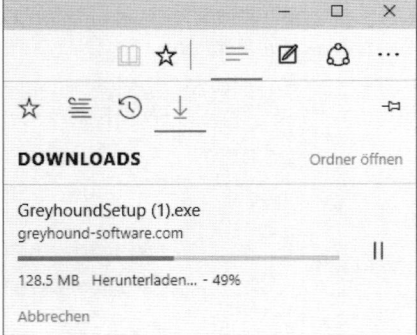

Unabhängig von einem aktuellen Download können Sie den Download-Manager jederzeit über den Hub-Seitenbereich aufrufen. Wählen Sie dort die ganz rechte Rubrik. Hier finden Sie die aktuellen sowie eine Liste der zurückliegenden Downloads und können so jederzeit auf die heruntergeladenen Dateien zugreifen. Mit *Liste löschen* entfernen Sie alle aktuellen Einträge.

Den SmartScreen-Filter deaktivieren

Unter Umständen kann der SmartScreen-Filter übers Ziel hinausschießen und den Download von Dateien blockieren, auch wenn Sie genau wissen, dass diese unbedenklich sind. Das kann vor allem bei kleineren Websites und unbekannteren Programmen auftreten, die sozusagen unter dem Radar des SmartScreen-Filters laufen. Darüber hat er keine Informationen und stuft diese deshalb vorsichtshalber als Gefahr ein. In solchen Fällen kann man den SmartScreen-Filter deaktivieren, was aber immer nur vorübergehende Übergangslösung sein sollte.

1. Öffnen Sie die Einstellungen des Edge-Browsers und klicken Sie dort auf *Erweiterte Einstellungen*.

2. Gehen Sie in der etwas länglichen Liste ganz nach unten. Dort finden Sie die Einstellung *Meinen PC mit SmartScreen-Filter vor schädlichen Downloads schützen*.

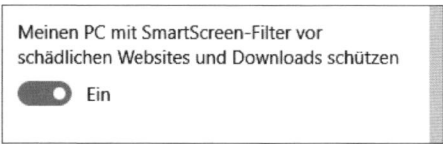

3. Stellen Sie den dazugehörenden Schalter auf *Aus* um.

In dieser Konfiguration sollte es keinerlei Problem sein, beliebige Dateien herunterzuladen. Allerdings wird man so auch nicht mehr vor dem Download potenzieller Schadsoftware gewarnt.

24.3 Mit Tabs mehrere Webseiten gleichzeitig besuchen

Das parallele Surfen auf mehreren Webseiten gleichzeitig ist bei Webbrowsern inzwischen eine Selbstverständlichkeit, und auch der Edge-Browser bietet diese Möglichkeit. Schließlich ist es einfach praktisch, mal eben etwas suchen oder nachlesen zu können, ohne die aktuell studierte Webseite gleich ganz verlassen zu müssen.

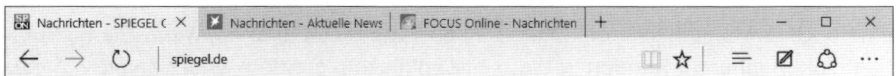

Webseiten in einem eigenen Tab öffnen

Um einen Link in der aktuell angezeigten Webseite in einem separaten Tab zu öffnen, gibt es drei Möglichkeiten:

- Halten Sie (Strg) gedrückt, während Sie einen Link anklicken.

- Klicken Sie den Link mit der mittleren Maustaste an, soweit Ihre Maus über eine mittlere Taste verfügt und diese vom Maustreiber unterstützt wird.

■ Klicken Sie in der angezeigten Webseite mit der rechten Maustaste auf einen beliebigen Link und wählen Sie im Kontextmenü den Befehl *In neuem Tab öffnen*.

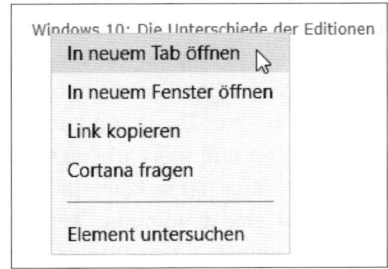

Alle drei Varianten führen zum gleichen Ergebnis: Die bisherige Webseite bleibt vorhanden und der Browser öffnet den Link stattdessen in einem neuen Tab. Da dies standardmäßig im Hintergrund erfolgt, sehen Sie auf dem Bildschirm davon zunächst nicht viel. In der Symbolleiste wird aber nun neben dem (optisch hervorgehobenen) Reiter der aktuellen Seite ein zusätzlicher Reiter mit dem Titel des angeklickten Dokuments angezeigt.

Wichtig: Wenn Sie mit Tabs surfen, beziehen sich alle Aktionen, wie z. B. das Aufrufen eines Favoriten oder das Aktualisieren der Webseite immer nur auf den aktuell geöffneten Tab und die darin angezeigte Webseite.

Tabs machen das Suchen im Netz viel leichter

Tabs können sich insbesondere beim Suchen nach Informationen im Web als sehr nützlich erweisen. Beim normalen Ablauf erhalten Sie von der Suchmaschine die Ergebnisseite, klicken dort auf die Links, müssen dann wieder zur Ergebnisseite zurück etc. Mit Tabs belassen Sie die Ergebnisseite immer in ihrem eigenen Tab. Um die gefundenen Links zu betrachten, öffnen Sie diese jeweils in einem neuen Tab. Ist die Seite nicht interessant, schließen Sie sie wieder. Wollen Sie eine Seite (vorläufig) nicht aus den Augen verlieren, kehren Sie direkt wieder in den Tab mit den Suchergebnissen zurück und setzen Ihre Recherche von dort aus fort.

Einen neuen, leeren Tab anlegen

Eine andere Möglichkeit zum Öffnen eines Tabs bietet sich an, wenn Sie nicht einen Link in einer vorhandenen Webseite anklicken, sondern unabhängig von dieser Webseite eine weitere Seite öffnen wollen, z. B. einen der Favoriten oder durch direktes Eingeben einer Adresse. Für solche Fälle können Sie eine leere Registerkarte anlegen, in die Sie dann auf beliebige Art eine Webseite laden können.

1. Um einen leeren Tab anzulegen, klicken Sie in der Symbolleiste rechts neben den Tab-Reitern auf die +-Schaltfläche. Die ist im Normalzustand inhaltslos grau und zeigt erst dann ihr Symbol an, wenn sich der Mauszeiger direkt darüber befindet.

2. Alternativ können Sie auch die Tastenkombination [Strg]+[T] wählen.

3. Der Edge-Browser legt dann einen neuen Tab an und bietet Ihnen darin einige häufig besuchte Webseiten an.

4. Sie können nun diesen Tab ganz regulär benutzen, um z. B. eine Webseite aus der Favoritensammlung zu laden oder von Hand eine Webadresse oben im Adressfeld einzugeben.

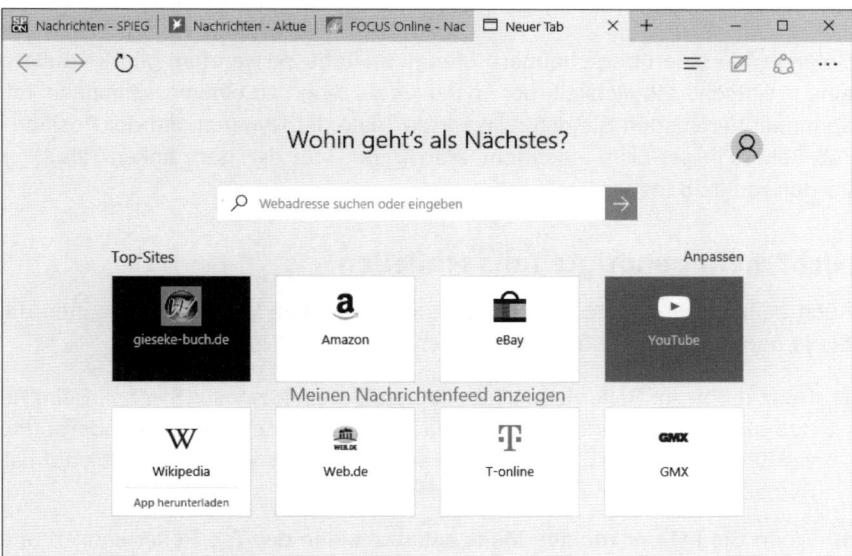

Alle Tabs gleichzeitig aktualisieren

Eine in einem Tab geöffnete Webseite können Sie wie gewohnt z. B. mit [F5] aktualisieren. Sie können aber auch alle derzeit geöffneten Webseiten gleichzeitig auf den neuesten Stand bringen, z. B. wenn Sie nach einer Pause an Ihren Arbeitsplatz zurückkehren und sicher sein wollen, dass alle Webseiten noch aktuell sind.

Klicken Sie dazu mit der rechten Maustaste auf einen beliebigen Tab-Reiter und wählen Sie im Kontextmenü *Alle Tabs aktualisieren*. Der Browser erneuert dann alle gerade geladenen Webseiten, was je nach Anzahl und Umfang allerdings einige Sekunden dauern kann.

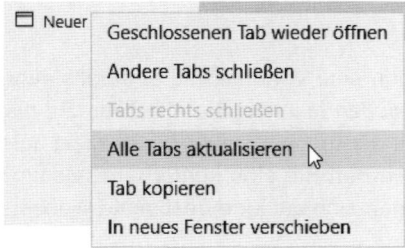

Zwischen den geöffneten Webseiten komfortabel wechseln

Zum Wechseln zwischen den in Tabs gleichzeitig geöffneten Webseiten bieten sich die Tab-Reiter oben an, die für die verschiedenen Tabs nebeneinander angezeigt werden. Solange die Anzahl nicht zu groß und der verfügbare Platz in der Symbolleiste nicht zu klein wird, können Sie dort jeden Tab am Titel der Webseite erkennen und direkt anklicken. Wer nicht gleich zur Maus greifen will, kann mit ⎘Strg⎘+⎘⇆⎘ durch die einzelnen Tabs der Reihe nach durchschalten, ähnlich wie beim Umschalten zwischen Anwendungen mit ⎘Alt⎘+⎘⇆⎘.

Solange Sie eine überschaubare Menge an Tabs verwenden, gibt es außerdem eine praktische Möglichkeit, per Tastenkürzel direkt zu einem bestimmten Tab zu springen: Verwenden Sie dafür ⎘Strg⎘ + die Taste der Nummer, die der Position des Tab-Reiters in der Liste entspricht. Also ⎘Strg⎘+⎘1⎘ für den ganz linken Tab, ⎘Strg⎘+⎘2⎘ für den rechts daneben etc.

Nicht mehr benötigte Tabs schließen

Auch beim Schließen von Tabs gibt es verschiedene Varianten, zwischen denen Sie je nach Situation und Bedarf wählen können:

■ Ganz rechts im Reiter jedes Tabs finden Sie ein kleines *x*-Symbol. Beim Reiter des aktuell angezeigten Tabs ist es immer zu sehen, bei den anderen inaktiven Tabs erst, wenn Sie den Mauszeiger darauf bewegen. Ein Klick auf dieses Symbol schließt den dazugehörenden Tab.

■ Wenn Sie mit der rechten Maustaste auf einen der Tab-Reiter klicken und im Kontextmenü den Befehl *Tabs rechts schließen* wählen, werden alle Tabs geschlossen, die sich in der Symbolleiste rechts vom gewählten befinden. Das ist praktisch, wenn Sie beispielsweise beim Suchen mehrere Tabs für Unterseiten geöffnet haben, die Sie so alle loswerden können.

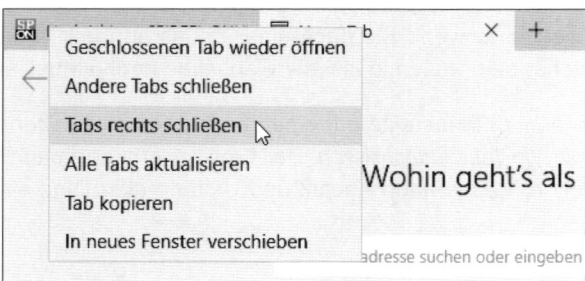

■ Im Kontextmenü findet sich außerdem noch eine Variante, die ebenfalls sehr praktisch sein kann: Mit *Andere Tabs schließen* machen Sie alle Tabs zu, bis auf jenen, auf dessen Reiter Sie gerade mit der rechten Maustaste geklickt hatten, um das Kontextmenü zu öffnen. So werden Sie eine kunterbunte Sammlung von Tabs schnell wieder los und können sich auf eine bestimmte Webseite konzentrieren.

24.4 Mit dem Edge-Browser anonym und sicher surfen

Sicherheit und Datenschutz sind beim Edge-Browser sehr wichtige Themen. Hierzu gibt es gleich mehrere Funktionen und Schutzmechanismen, die dem Surfer Schutz und bei Bedarf Anonymität gewährleisten.

Mit dem InPrivate-Modus vorübergehend ganz sicher surfen

Zu den Datenschutzfunktionen des Edge-Browsers gehört das InPrivate-Surfen. In diesem Modus verzichtet der Edge-Browser auf das Speichern aller Arten von Daten, mit denen Ihre Aktivitäten verfolgt werden können. Selbst Cookies werden nur für diese eine Surfsitzung aufbewahrt (um z. B. Onlineshopping zu ermöglichen) und anschließend sofort wieder gelöscht. Der InPrivate-Modus eignet sich deshalb hervorragend, wenn Sie z. B. vorübergehend an einem fremden PC surfen wollen oder wenn Sie Aktivitäten am eigenen PC vor anderen Mitbenutzern geheim halten möchten.

1. Um den InPrivate-Modus zu nutzen, öffnen Sie mit dem Menü-Symbol in der Symbolleiste des Browsers das Menü und wählen dort ganz oben *Neues InPrivate-Fenster*.

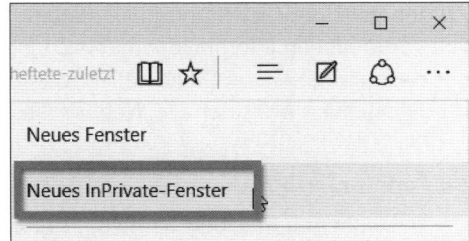

2. Der Edge-Browser öffnet dann ein neues Fenster mit dem Schriftzug *InPrivate-Browsen*. Darunter finden Sie noch mal einige Hinweise zu diesem Modus.

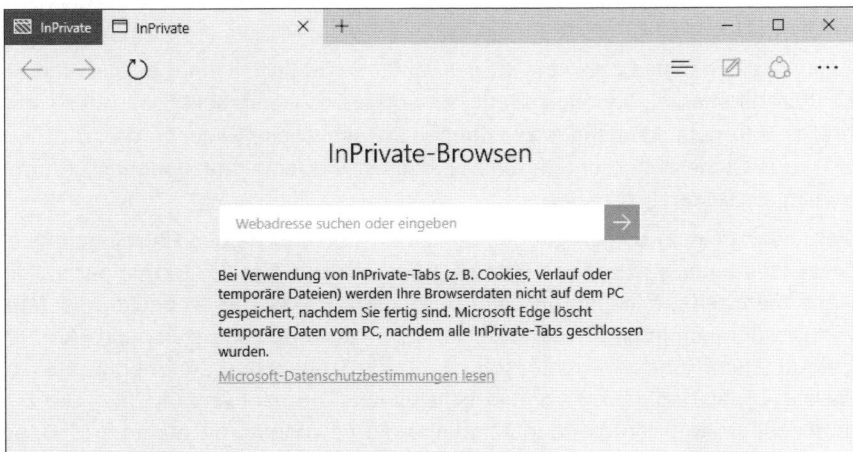

3. Wichtig ist dabei vor allem auch die Titelleiste des Browserfensters. Sie ist nun mit dem unübersehbaren Hinweis *InPrivate* versehen. Solan-

ge diese Markierung sichtbar ist, surfen Sie weiterhin im Datenschutzmodus.

4. Sie können nun wie gewohnt surfen, shoppen und sonstigen Onlineaktivitäten nachgehen.

5. Um den InPrivate-Modus wieder zu beenden, schließen Sie einfach dieses Browserfenster.

Sie können herkömmliche Browserfenster und ein InPrivate-Fenster beliebig parallel nutzen. Der Edge-Browser kann beides sauber trennen und surft in der InPrivate-Sitzung trotzdem mit vollem Datenschutz. Nur Sie selbst sollten darauf achten, in welchem der Fenster Sie gegebenenfalls vertrauliche Daten eingeben.

Mit dem SmartScreen-Filter Onlinebetrügereien vermeiden

Zu den größten Bedrohungen für Websurfer gehört das Phishing, das Abfischen von vertraulichen Informationen und Zugangsdaten. Microsoft hat den Edge-Browser deshalb mit einem Phishingfilter namens SmartScreen versehen. In der Standardeinstellung prüft der alle Webadressen, die Sie öffnen bzw. anklicken.

So funktioniert Phishing

Die Bezeichnung Phishing geht auf Phreaking zurück, ein Kunstwort aus Phone und Freak, das als Name für frühe Hacker-Techniken im Telefonnetz verwendet wurde, wie z. B. sich in fremde Verbindungen einzuklinken oder auf Kosten der Telefongesellschaft zu telefonieren. Beim Phishing geht es allerdings darum, Benutzer durch geschickt gemachte E-Mails und Webseiten dazu zu bringen, vertrauliche Daten zu verraten.

Dazu verschickt man z. B. eine offiziell wirkende E-Mail mit einer gefälschten Absenderadresse, die von einer Bank, einer Kreditkartengesellschaft oder einem großen Internetauktionshaus zu kommen scheint. Diese E-Mail fordert dazu auf, z. B. aus Sicherheitsgründen eine bestimmte Webseite aufzusuchen und dort bestimmte Daten anzugeben.

Der Link ist gleich beigefügt und führt direkt zur Website des Phishinggauners. Diese ist ebenfalls täuschend echt nachgemacht, sodass der Betrug nur auffällt, wenn man genau hinsieht und sich z. B. die Adresse der Webseite anschaut. Hier werden Log-in und Passwort oder beim Onlinebanking gleich die TANs abgefragt. Dem Kunden wird vorgetäuscht, die Transaktion sei erledigt oder es wäre ein Fehler aufgetreten und er solle es später erneut versuchen. In der Zwischenzeit verwenden die Identitätsdiebe die gewonnenen Daten, um z. B. auf Kosten des geprellten Kunden einzukaufen oder Geld von seinem Konto in die eigene Tasche zu transferieren.

So schützt der SmartScreen-Filter Sie automatisch

In der Standardeinstellung prüft der Edge-Browser dabei alle Webadressen, die Sie öffnen bzw. anklicken.

1. Wann immer Sie eine Adresse eingeben, einen Link anklicken oder sonst wie eine Webseite im Edge-Browser öffnen, gleicht der SmartScreen-Filter die Adresse mit seiner internen Liste ab. Ist sie darin nicht enthalten, übermittelt er die URL dieser Webseite an einen Server bei Microsoft und lässt sie dort überprüfen. Sie selbst bemerken davon zunächst nichts.

2. Ist die Überprüfung abgeschlossen und die Webseite nicht verdächtig, passiert gar nichts. Die Webseite wird angezeigt, und Sie können unbesorgt weitersurfen.

3. Sollte die Adresse vermerkt sein oder der Edge-Browser aus anderen Gründen stutzig werden, verweigert er zunächst das Anzeigen der Webseite. Stattdessen gibt er einen Warnhinweis aus. Gleichzeitig wird im Adressfeld der rot eingefärbte Hinweis *Unsichere Website* angezeigt. Hier können Sie schnell sehen, ob wirklich die Seite angesteuert wird, die Sie öffnen wollten.

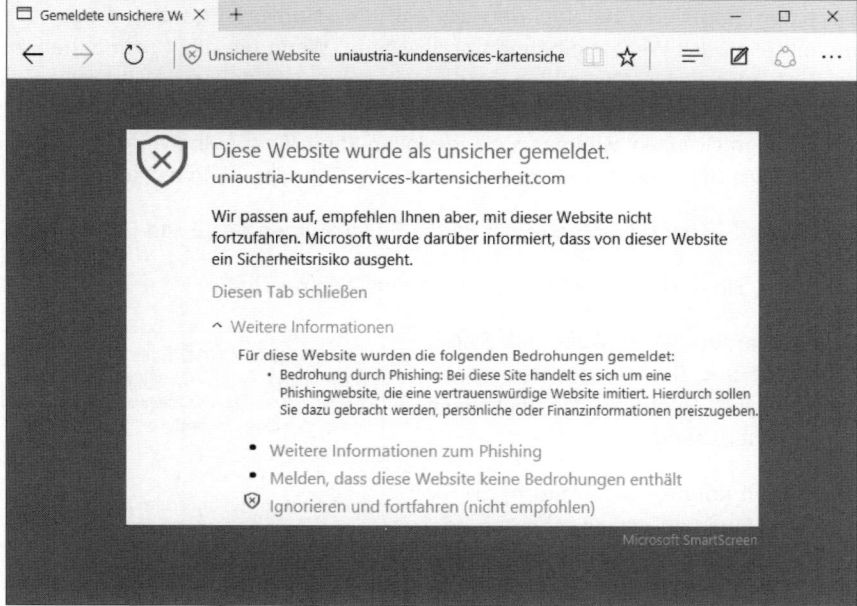

4. Sollten Sie sicher sein, dass der SmartScreen-Filter falsch liegt, können Sie die Seite mit *Ignorieren und fortfahren* trotzdem anzeigen und benutzen. Schlagen Sie die Warnungen des Edge-Browsers aber besser nicht voreilig in den Wind.

5. Hat man Sie tatsächlich ungewollt auf eine unerwünschte Seite gelotst, besteht kein Grund zur Panik. Der Edge-Browser hat diese Seite noch gar nicht geöffnet. Klicken Sie gegebenenfalls auf *Diesen Tab schließen*, um schnell das Weite zu suchen und sich in sichere Gefilde zu begeben.

Keine völlige Sicherheit, mehr Datenverkehr

Eines sollte beim Einsatz des SmartScreen-Filters nicht vergessen werden: Er bietet keine völlige Sicherheit vor Gaunern. Das Aufsetzen und wieder Verschwindenlassen einer Phishingsite dauert nur wenige Minuten. Wie beim Rennen zwischen Hase und Igel laufen Phishingfilter trotz aller Bemühungen immer ein Stück hinterher und können niemals schnell genug sein. Trotzdem sind sie besser als gar kein Schutz. Ein anderer Aspekt, der nicht übersehen werden sollte: Der ständige Abgleich des Filters mit den Microsoft-Servern kostet Zeit und Datenvolumen. Wer nicht gerade mit DSL-Flatrate surft, sollte deshalb den manuellen Check nur im Bedarfsfall in Betracht ziehen.

Mit Do Not Track vor Werbenetzwerken schützen

Zu den Schutzfunktionen des Edge-Browsers gehört die Do-Not-Track-Funktion, mit der Anwender den Betreibern von Websites bzw. den dahinter stehenden Werbeagenturen mitteilen können, wenn sie nicht verfolgt und ausspioniert werden möchten. Wohlgemerkt, es geht hierbei um einen „Wunsch" der Anwender, nicht um einen definitiv zu befolgenden „Befehl". Der Nutzer ist ganz und gar auf den guten Willen der Werbetreibenden angewiesen. Wenn die nicht mitmachen, nutzt es eben auch nichts. Diese Idee wurde auch schon von anderen Webbrowsern wie z. B. Mozilla Firefox umgesetzt. Die Begeisterung der Werbeindustrie hält sich bislang aber in Grenzen, wie man sich vorstellen kann. Aber selbstverständlich erfahren Sie, wie Sie diese Funktion nutzen können. Schaden kann es jedenfalls nichts.

1. Öffnen Sie mit dem Menü-Symbol die Einstellungen des Edge-Browsers.

2. Rufen Sie dort ganz unten *Erweiterte Einstellungen* auf.

3. Dort finden Sie im Abschnitt *Datenschutz und Dienste* die Option *„Do Not Track"-Anforderungen (nicht nachverfolgen) senden*.

4. Hiermit können Sie steuern, ob Sie diese Funktion nutzen möchten oder nicht (standardmäßig ist sie deaktiviert). Schließen Sie die Einstellungen dann einfach.

Der Edge-Browser sendet dann mit jedem Abruf einer Seite, Grafik etc. eine bestimmte Kennzeichnung mit, die Ihre Absicht an die Betreiber der jeweiligen Website übermittelt. Ob diese sich daran halten und ob die Idee sich wirklich durchsetzen kann, bleibt abzuwarten.

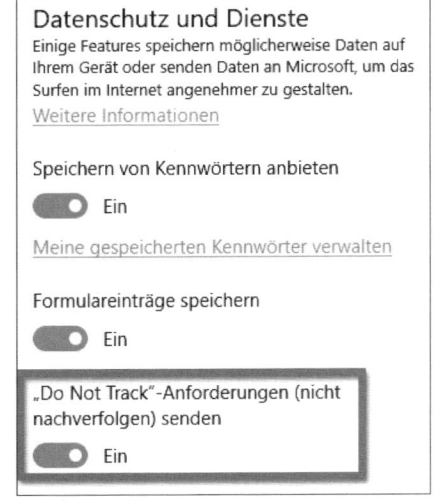

Datenschutz und Dienste
Einige Features speichern möglicherweise Daten auf Ihrem Gerät oder senden Daten an Microsoft, um das Surfen im Internet angenehmer zu gestalten. Weitere Informationen

Speichern von Kennwörtern anbieten

Ein

Meine gespeicherten Kennwörter verwalten

Formulareinträge speichern

Ein

„Do Not Track"-Anforderungen (nicht nachverfolgen) senden

Ein

24.5 Passwort-Manager: nie mehr Kennwörter für Webseiten merken

Windows bringt einen Passwort-Manager für Webseiten mit. Wenn Sie sich irgendwo – z. B. bei einem Forum oder Onlineshop – anmelden, kann Windows diese Information speichern und Sie bei weiteren Besuchen derselben Website automatisch dort anmelden. Da Sie sich das Passwort nicht mehr merken müssen, können Sie nun endlich bedenkenlos komplexe und einzigartige Passwörter für jedes Konto verwenden, wie es von Sicherheitsexperten empfohlen wird.

Was aber, wenn Sie verschiedene PCs nutzen, von denen aus Sie sich bei Ihren Lieblingswebsites anmelden? Auch hierfür hat Windows eine Antwort: Die Roaming-Funktion (siehe Seite 565) ermöglicht es, unter anderem auch solche gespeicherten Passwörter zwischen Ihren PCs zu synchronisieren, wenn diese über dasselbe Microsoft-Konto verknüpft sind.

Anmeldeinformationen im Desktop-Browser speichern

Wenn Sie sich mit dem Edge-Browser bei einer Website anmelden, erkennt er dies in der Regel automatisch und bietet Ihnen an, diese Anmeldedaten zu speichern. Klicken Sie auf *Ja*, um diese Informationen zu erfassen.

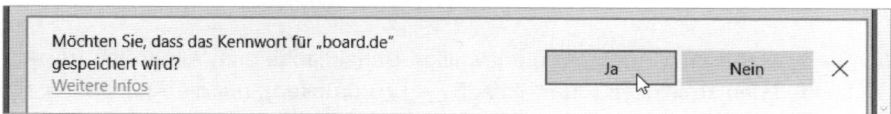

Wollen Sie das nicht, haben Sie zwei Möglichkeiten:

- Wollen Sie in Zukunft bei dieser Website gar nicht mehr gefragt werden, klicken Sie stattdessen auf *Nein*. Dann verzichtet der Browser auf weitere Rückfragen zu dieser Adresse.

- Mit Klick auf das *x*-Symbol ganz rechts lehnen Sie das Speichern dieses Mal ab, werden aber bei erneuten Anmeldungen zur selben Website wieder gefragt und können Ihre Entscheidung dann ändern.

Wenn Sie eine Website aufrufen, für die Ihre Anmeldedaten bereits gespeichert sind, können Sie erneute Anmeldungen verkürzen:

1. Lassen Sie das Anmeldeformular anzeigen, sofern es nicht ohnehin auf der Startseite zu sehen ist.

2. Klicken Sie einfach mit der linken Maustaste in das Forumfeld für Ihren Benutzernamen.

3. Der Browser zeigt dann automatisch eine Auswahlliste mit den Benutzernamen an, die er für diese Webadresse gespeichert hat. Üblicherweise sollte das nur

ein Eintrag sein, aber möglicherweise verwenden Sie ja für ein Angebot mehrere Benutzerkonten.

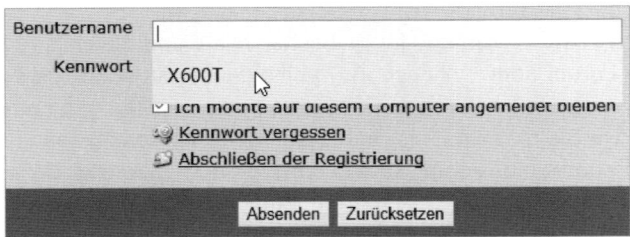

4. Wählen Sie also die Zugangsdaten aus, die Sie für die Anmeldung verwenden möchten. Der Browser füllt dann die Felder für Benutzername und Kennwort automatisch mit den gespeicherten Eingaben aus.

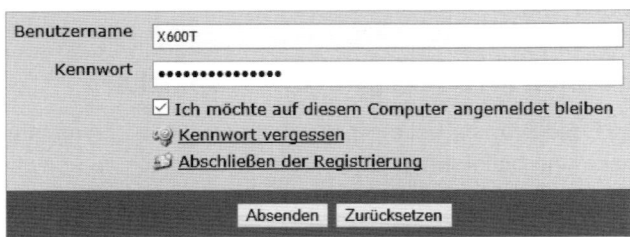

5. Sie brauchen nur noch auf die jeweilige Schaltfläche zum Absenden der Anmeldedaten zu klicken (oder einfach ⏎ zu drücken), um die Anmeldung abzuschließen.

Verwenden Sie die Roaming-Funktion, werden diese Anmeldedaten gegebenenfalls auf andere PCs, die mit demselben Microsoft-Konto verknüpft sind, übertragen. Wenn Sie auf diesen PCs dieselbe Website aufrufen, stehen Ihnen die Anmeldedaten für das vereinfachte Anmelden ebenfalls zur Verfügung.

Zwei Anmerkungen zur Anmeldung möchte ich noch loswerden. Wirklich vollautomatisch kann der Edge-Browser Sie nicht anmelden. Aber viele Websites unterstützen den Einsatz von Cookies, mit denen Sie bei Ihrem Besuch erkannt und automatisch angemeldet werden.

Bei allem Komfort sollte man aber auch die Risiken nicht unterschätzen: Wenn Sie sich bei einer Website anmelden können, ohne Ihr Passwort anzugeben, dann kann das auch jeder andere, der Zugang zu Ihrem PC (bei Roaming: zu irgendeinem Ihrer PCs) erlangt.

Deshalb sollten solche Komfortfunktionen nur bei Webseiten verwendet werden, bei denen es vielleicht nicht ganz so auf Sicherheit ankommt. Keinesfalls sollten Sie diese Funktion beispielsweise beim Onlinebanking, bei Ihrem Onlineaktiendepot oder Ähnlichem einsetzen.

Die gespeicherten Anmeldedaten kontrollieren und bearbeiten

Haben Sie Anmeldedaten hinterlegt, möchten Sie sicher trotzdem noch die Kontrolle darüber behalten oder diese Daten irgendwann einfach auch wieder löschen. Das geht über die Benutzerverwaltung, da die gespeicherten Anmeldedaten mit Ihrem Benutzerkonto verknüpft sind (und deshalb auch nur von Ihnen selbst und nicht von jedem anderen Benutzer des PCs verwendet werden können).

1. Öffnen Sie in der klassischen Systemsteuerung das Modul *Benutzerkonten*.

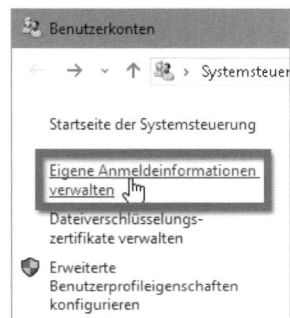

2. Wenn rechts das richtige Benutzerkonto ausgewählt ist, klicken Sie links im Navigationsbereich auf *Eigene Anmeldeinformationen verwalten*.

3. Im anschließenden Menü ist standardmäßig bereits die Kategorie *Webanmeldeinformationen* vorgewählt, und Sie sehen unten die Liste Ihrer Webanmeldedaten. Mit dem Pfeil rechts hinter jedem Eintrag können Sie diesen ausklappen, um alle gespeicherten Daten sehen zu können.

4. Wenn der Eintrag ausgeklappt ist, finden Sie ganz unten auch den Link *Entfernen*, mit dem Sie die jeweiligen Anmeldeinformationen entfernen können.

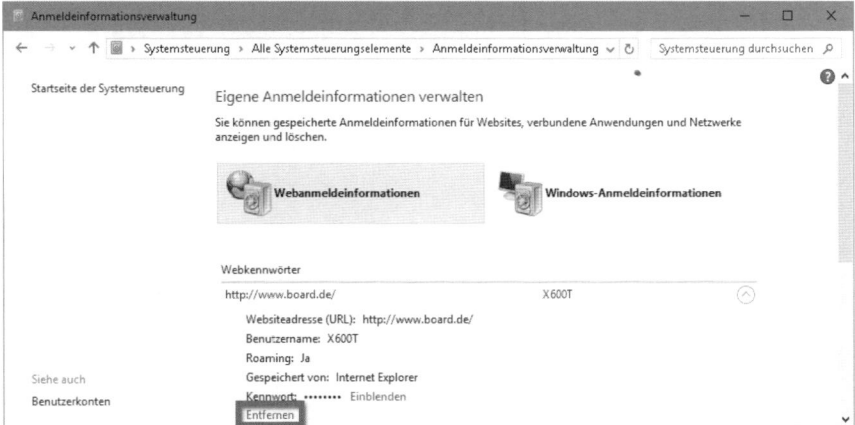

5. Auch ganz praktisch: Sollten Sie das Kennwort mangels Benutzung irgendwann mal vergessen, können Sie es hier mit *Einblenden* nachlesen. Dazu wird aus Sicherheitsgründen aber Ihr Windows(!)-Kennwort abgefragt.

25 Schnelle und sichere Kommunikation per E-Mail

Trotz der Beliebtheit sozialer Netzwerk bleibt die „klassische" elektronische Post eine wichtige Kommunikationsform. Ein Windows ohne Mailprogramm ist deshalb schwer vorstellbar. Windows bringt für diesen Zweck eine touchoptimierte Mail-App mit. Wer nur mäßig per E-Mail kommuniziert und keine besonderen Anforderungen stellt, wird damit vielleicht schon zufrieden sein. Für den Desktopbereich empfiehlt sich ansonsten das kostenlose Windows Live Mail, das in der Tradition von Outlook Express und Windows Live ein vollwertiges E-Mail-Programm mit vielen Funktionen bietet.

25.1 E-Post de luxe – E-Mail ganz bequem per Touchscreen

Windows bringt ein E-Mail-Programm in Form einer App mit, die bequem per Finger bedient werden kann. Auch der Mausbedienung verschließt sie sich nicht, aber für den täglichen Einsatz per Maus und Tastatur ist sie wohl nicht optimal. Dafür empfiehlt sich eine leistungsfähigere Alternative wie etwa Windows Live Mail (siehe Seite 513).

Microsoft-Konto erforderlich

Für die Mail-App und auch für einige andere der mitgelieferten Apps gilt: Ein Microsoft-Konto ist für den sinnvollen Einsatz unerlässlich. Es empfiehlt sich sogar, ein solches Konto für die Anmeldung am PC zu verwenden (siehe Seite 565). Einige der Apps sind für ordnungsgemäßes Funktionieren auf eine solche Verknüpfung angewiesen und arbeiten dadurch vom ersten Start an reibungslos. Andernfalls müssen Sie bei den Apps selbst jeweils diese Verknüpfung vornehmen, um sie sinnvoll nutzen zu können.

HINWEIS

Die Mail-App mit einem Microsoft-Konto verknüpfen

Wie bereits erwähnt, mit Ihrem Microsoft-Konto kann es direkt losgehen. Sie können die App einfach starten und Ihre Nachrichten abrufen.

1. Beim ersten Start öffnet die Mail-App automatisch den *Hinzufügen*-Dialog. Haben Sie sich bei Windows mit einem Microsoft-Konto angemeldet, ist die dazugehörende E-Mail-Adresse bereits in der App eingetragen. Dann können Sie einfach auf *Bereit* klicken oder tippen und loslegen.

2. Ist Ihr Microsoft-Konto noch nicht eingetragen, wählen Sie stattdessen *Konto hinzufügen*.

3. In der anschließenden Auswahlliste entscheiden Sie sich für Outlook.com (auch
wenn Ihr Microsoft-Konto noch bei live.com,
Hotmail oder MSN eingerichtet wurde).

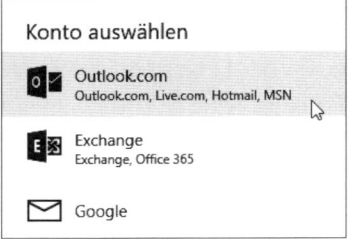

4. Geben Sie nun die E-Mail-Adresse Ihres
Microsoft-Kontos und das dazugehörige
Kennwort ein. Sollten Sie noch keines haben, können Sie auf *Erstellen Sie ein Konto*
klicken und dann eines kostenlos anlegen.

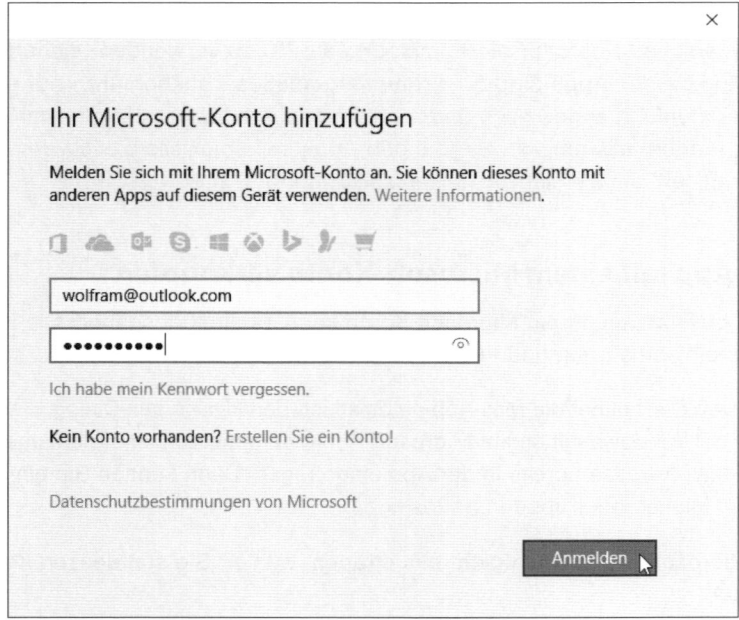

5. Klicken Sie unten auf *Anmelden*. Das Postfach Ihres Microsoft-Kontos wird dann in der Mail-App eingetragen. Die Einstellungen für Posteingangsserver & Co. werden dabei automatisch vorgenommen, sodass Sie ohne weitere Schritte direkt Ihre Nachrichten abrufen können.

Hinweis: Sollten Sie das Einrichten von weiteren Konten beim ersten App-Start verpasst haben, können Sie es jederzeit nachholen: Öffnen Sie dazu in der App die Einstellungen und wählen Sie *Konten/Konto hinzufügen*.

Ein eigenes E-Mail-Konto anlegen

Auf die vorangehend beschriebene Weise können Sie nicht nur E-Mail-Postfächer von Microsoft-Konten einrichten, sondern auch Postfächer von verschiedenen bekannten Mailanbietern wie Google, Yahoo! oder GMX. Dabei reicht es, die E-Mail-Adresse und das Kennwort einzugeben. Die weiteren Zugangsdaten wie Servernamen und Portnummern ermittelt die App automatisch. Anders sieht es aus, wenn Sie ein Postfach von einem kleineren Anbieter, einer Firma oder eines eigenen Servers nutzen möchten. Dann müssen Sie diese Details kennen und selbst angeben:

1. Wählen Sie in diesem Fall in der *Konto auswählen*-Liste ganz unten *Erweitertes Setup*.

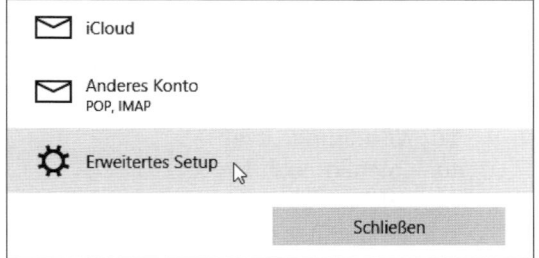

2. Wählen Sie dann bei der Frage nach der Kontoart die Option *Internet-E-Mail*, um ein Postfach mit POP3- oder IMAP-Abruf einzurichten.

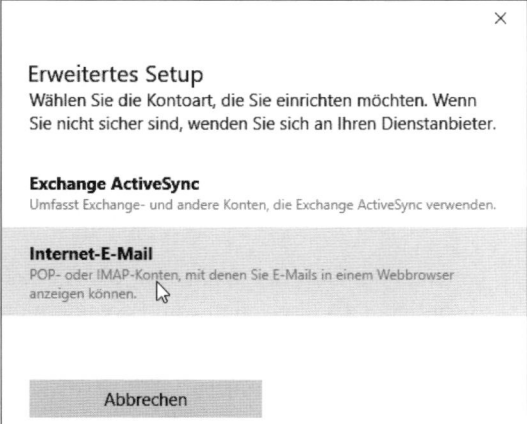

3. Nun geben Sie auch hier Daten für den Zugang zu diesem Konto ein:

   ■ Der *Kontoname* ist nur eine Bezeichnung, anhand derer Sie dieses Konto in der Mail-App gegebenenfalls von anderen Konten unterscheiden können. Diesen können Sie ganz frei wählen.

■ *Ihr Name* wird bei versendeten Mails als Absender eingefügt. Hier sollten Sie also angeben, was Sie an dieser Stelle verwenden möchten.

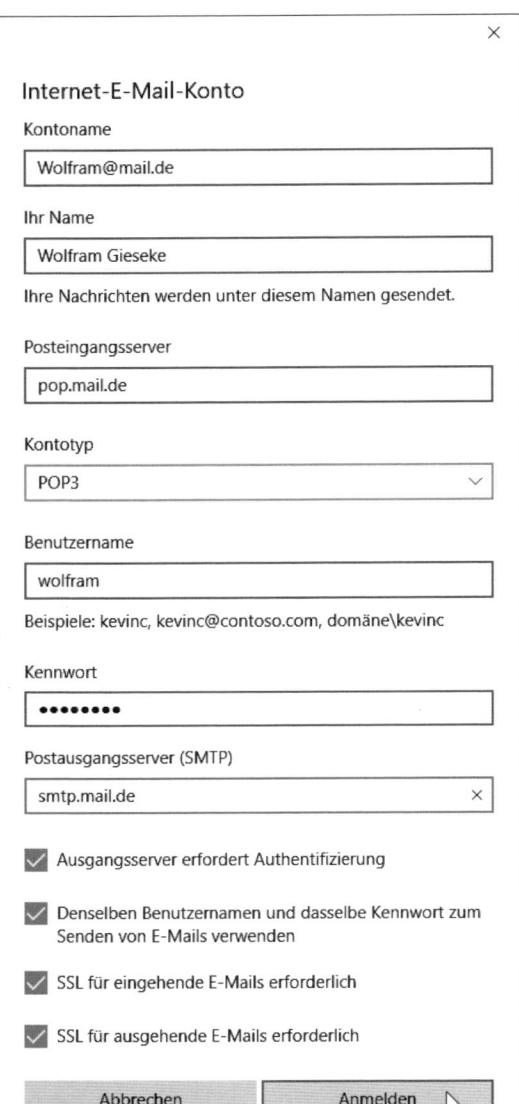

■ *Posteingangsserver* ist der Internetserver, von dem Ihre Mails abgerufen werden. Dessen Adresse erfahren Sie vom Betreiber des Mailservers.

■ Bei *Kontotyp* wählen Sie, ob der Abruf per POP3 oder IMAP4 erfolgen soll. Auch diese Information stellt Ihnen Ihr Mailanbieter zur Verfügung. Eventuell stehen auch beide Verfahren zur Verfügung, dann haben Sie die freie Auswahl.

■ Direkt darunter tragen Sie *Benutzername* (üblicherweise Ihre E-Mail-Adresse) und *Kennwort* für den Zugriff auf Ihr Postfach ein.

■ Unten können Sie schließlich die Adresse für den *Postausgangsserver* angeben, falls diese sich vom Posteingangsserver unterscheidet.

■ Die Optionen ganz unten können Sie in den meisten Fällen bei den Standardeinstellungen belassen. Ansonsten benötigen Sie auch hier die Informationen Ihres Mailanbieters, beispielsweise ob SSL für das Verschlüsseln von Nachrichten unterstützt wird (das sollte heutzutage aber Standard sein).

4. Sind alle Daten eingetragen, tippen bzw. klicken Sie ganz unten auf *Anmelden*.

E-Mail mit der Mail-App lesen

Sind die Konten einmal eingerichtet, können Sie die Mail-App jederzeit starten, um Ihre neuesten Nachrichten abzurufen und zu lesen.

Dabei erfolgt der Abruf in regelmäßigen Intervallen automatisch. Sie können aber auch jederzeit manuell die neuesten Mails abrufen, indem Sie oberhalb der Nachrichtenliste auf das *Sync*-Symbol klicken.

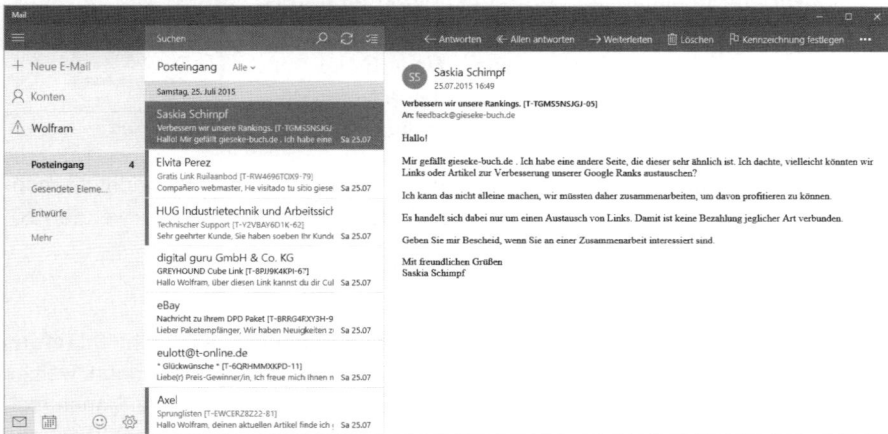

- Am linken Rand können Sie oben zwischen Ihren Konten hin- und herwechseln, wenn Sie mehr als eines eingerichtet haben.

- Darunter finden Sie die Ordner des aktuell gewählten Postfachs vor. Hier findet sich der *Posteingang*, aber auch andere Ordner wie *Gesendete Elemente* oder *Entwürfe*. Mit *Mehr* zeigen Sie weitere Ordner.

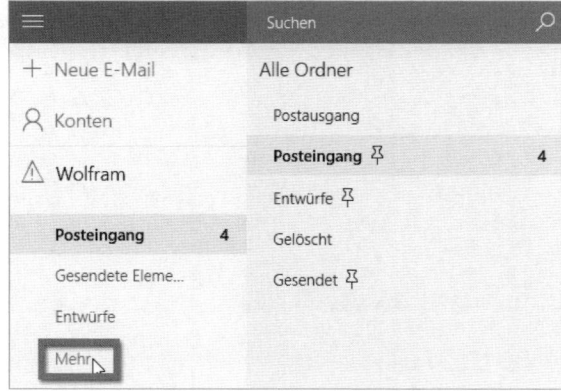

- Rechts neben der Ordnerliste sehen Sie die Nachrichtenliste des jeweils gewählten Ordners. Hier sind Absender, Betreff und Eingangsdatum verzeichnet. Außerdem ist der Anfang jeder Nachricht angegeben.

- Um eine Nachricht zu lesen, tippen oder klicken Sie auf den dazugehörigen Eintrag in der Liste. Dann wird der Inhalt rechts daneben angezeigt.

- Oberhalb des Nachrichteninhalts finden Sie Symbole für die wichtigsten Aktionen wie das Antworten oder Weiterleiten sowie das Löschen der gewählten Nachricht.

Eigene Nachrichten schreiben und versenden

Wann immer Sie eine E-Mail empfangen, können Sie mit der *Antworten*-Schaltfläche oben rechts direkt eine Antwort darauf verfassen. Außerdem finden Sie überall in der Mail-App oben links eine Schaltfläche + *Neue E-Mail*, mit der Sie jederzeit ein Formular zum Erstellen einer E-Mail öffnen können. Alles Weitere ist eigentlich selbsterklärend:

- Oben bei *An:* geben Sie die Empfängeradresse ein. Soll die Nachricht an mehrere Adressen gehen, trennen Sie diese durch Kommata oder verwenden zusätzlich die Felder *Cc* und *Bcc* (ganz rechts).

- Darunter wird der Betreff eingetragen.

- Unterhalb der Betreffzeile ist das Eingabefeld für den Inhalt der Nachricht (etwas umständlich beschrieben, aber Sie müssen es sonst womöglich suchen, weil es sich nicht gerade hervortut). Hier können Sie beliebig lostippen. Die Signaturzeile der App wird automatisch eingefügt, aber Sie können diese einfach löschen.

- Während Sie im Eingabefeld tätig sind, können Sie am oberen Rand verschiedene Formatierungsfunktionen verwenden oder Bilder und Links einfügen. Unter *Optionen* steht Ihnen außerdem eine Rechtschreibprüfung zur Verfügung.

- Ist die E-Mail fertig, klicken oder tippen Sie oben rechts auf das *Senden*-Symbol.

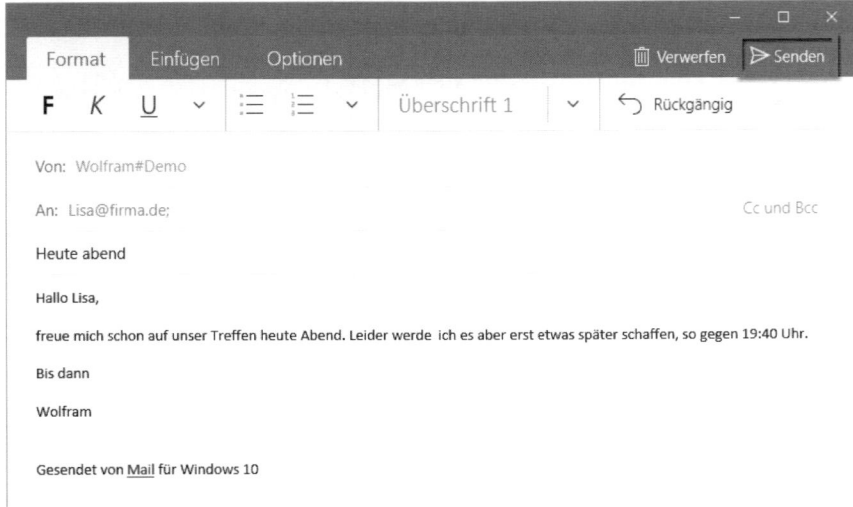

25.2 Volle E-Mail-Funktionen mit Windows Live Mail

Die mitgelieferte Mail-App ist einfach und komfortabel zu bedienen, bietet aber nur Basisfunktionen. Wer täglich viele E-Mails abwickelt und dabei Spam kontrollieren möchte, stößt schnell an ihre Grenzen. Für den Desktopbereich gibt es aber weiterhin Windows Live Mail, das Sie unter *http://windows.microsoft.com/de-de/windows-live/ essentials* kostenlos herunterladen können. Es entspricht im Funktionsumfang seinen Vorgängern Outlook Express und Windows Mail und reicht für private E-Mail-Kommunikation allemal.

Windows Live Mail

Beim ersten Start erkennt Live Mail, dass noch kein Konto eingerichtet ist, und startet automatisch einen Assistenten, mit dem Sie das in wenigen Schritten nachholen können. Sollten Sie den Assistenten „verpasst" haben, können Sie ihn jederzeit erneut starten. Klicken Sie dazu im *Konten*-Menü ganz links auf die Schaltfläche *E-Mail*:

E-Mail-Konten und -Postfächer übernehmen

In Kapitel 35 ist beschrieben, wie Sie unter anderem Ihre E-Mail-Kontodaten oder auch komplette Postfächer von einer früheren Windows-Version oder auch von einem anderen PC importieren und unter Windows 10 weiterverwenden können. In diesem Fall brechen Sie den Assistenten beim ersten Start ab und folgen den Anweisungen aus Kapitel 35.

TIPP

---

1. Geben Sie im ersten Schritt oben die *E-Mail-Adresse* Ihres Kontos ein. Darunter können Sie außerdem das *Kennwort* für den Abruf festlegen. Die Option *Dieses Kennwort speichern* sorgt dafür, dass Sie das Passwort nicht bei jedem Abruf erneut eintippen müssen.

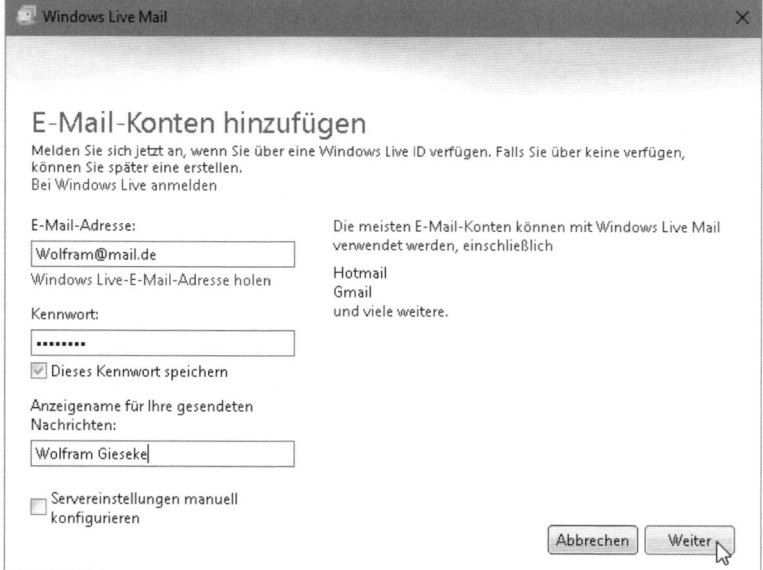

2. Bei *Anzeigename für Ihre gesendeten Nachrichten* geben Sie Ihren „echten" Namen oder gegebenenfalls auch einen Spitznamen o. Ä. ein. Beachten Sie dabei, dass Ihre Nachrichten mit diesem Namen verschickt werden. Je nach Verwendungszweck des E-Mail-Kontos sollte der Name also im Zweifelsfall lieber etwas seriöser ausfallen.

3. Handelt es sich um ein Konto bei einem bekannten Mailanbieter wie Microsoft, Google, Yahoo! oder GMX, reichen diese Angaben in der Regel schon. Ansonsten wählen Sie die Option *Servereinstellungen manuell konfigurieren*. Dann sind die nachfolgend beschriebenen Schritte erforderlich, nachdem Sie auf *Weiter* geklickt haben.

4. Bei der manuellen Konfiguration des Postfachs geben Sie im zweiten Schritt die Servereinstellungen an. Wählen Sie dazu aus, ob es sich um einen POP- oder IMAP-Server handelt. Geben Sie dann die Adresse des Servers sowie gegebenenfalls die weiteren Verbindungsdetails an. Verwendet der Postausgangsserver eine eigene Adresse, muss auch diese angegeben werden. Was hier genau eingegeben werden muss, erfahren Sie im Zweifelsfall von Ihrem Mailanbieter.

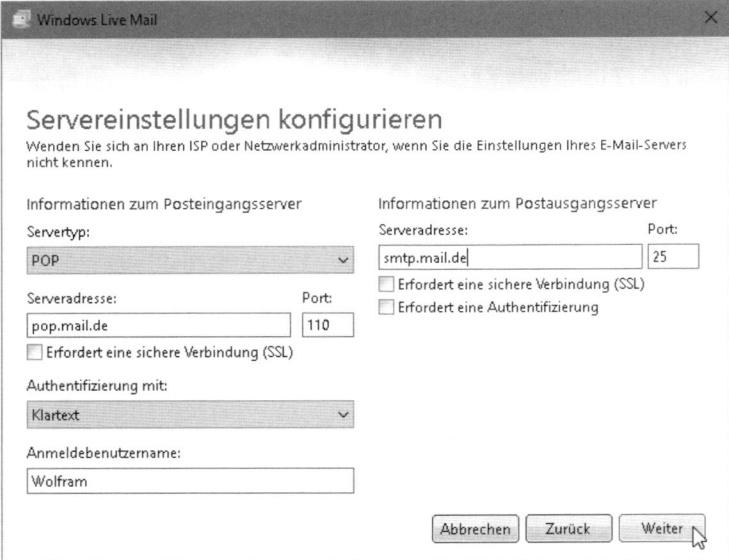

5. Klicken Sie dann unten rechts auf *Weiter* und anschließend auf *Fertig stellen*.

Direkt im Anschluss werden Ihre Nachrichten direkt zum ersten Mal abgerufen. Sie können dies aber auch jederzeit mit dem *Alles Aktualisieren*-Symbol ganz oben im Schnellzugriff in der Multifunktionsleiste des Mailprogramms veranlassen.

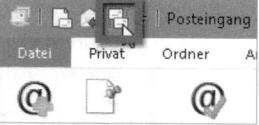

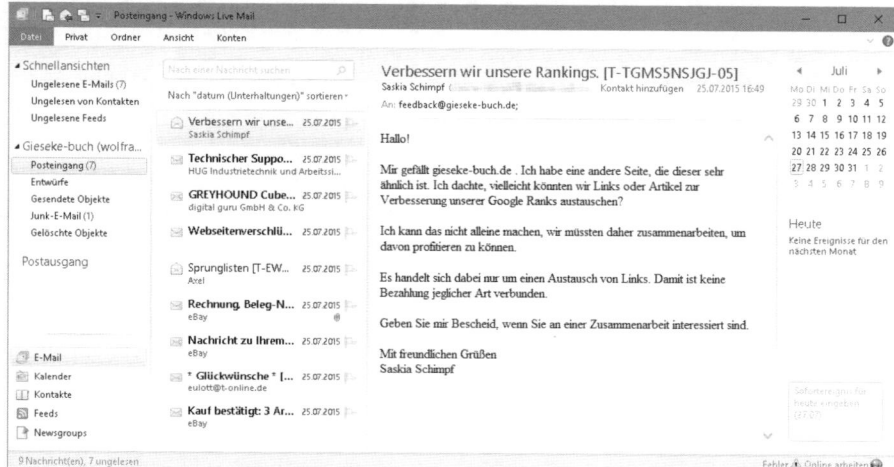

Mehrere E-Mail-Postfächer verwalten

Wenn Sie mehrere E-Mail-Konten bei verschiedenen Anbietern haben, ist das für Windows Live Mail auch kein Problem, da es verschiedene Konten gleichzeitig verwalten kann. Beim Abholen Ihrer elektronischen Post nimmt es dann Kontakt zu den verschiedenen Posteingangsservern auf und sammelt automatisch alle Nachrichten für Sie ein.

1. Um ein zusätzliches Benutzerkonto anzulegen, öffnen Sie im Hauptfenster von Windows Live Mail mit *Datei/Optionen/E-Mail-Konten* die Verwaltung für Ihre E-Mail-Konten.

2. Klicken Sie dann rechts oben auf *Hinzufügen* und wählen Sie im Untermenü *E-Mail-Konto*.

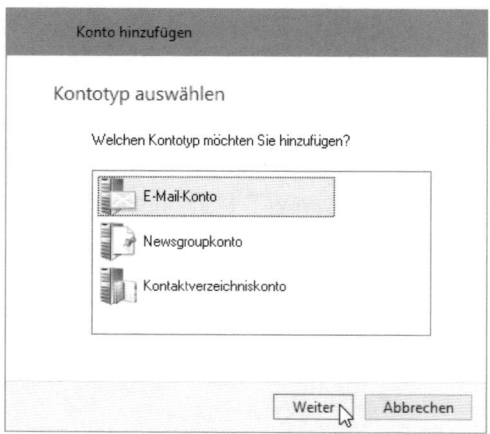

3. Nun startet erneut der Assistent zum Einrichten eines E-Mail-Kontos, den Sie im vorangehenden Abschnitt bereits kennengelernt haben. Geben Sie wiederum alle Daten zu dem zusätzlichen E-Mail-Postfach an.

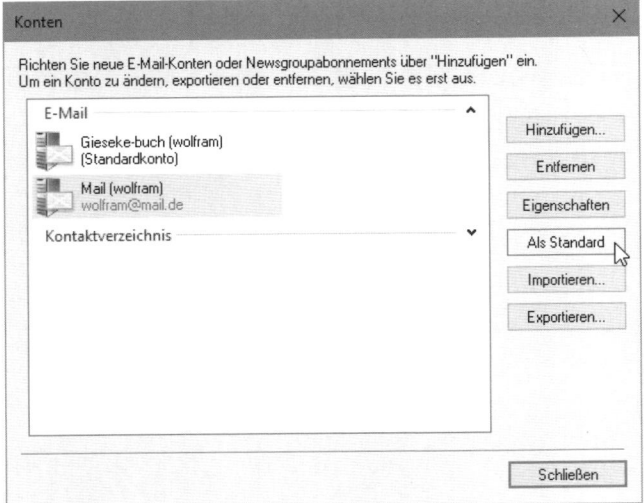

4. Wenn Sie mehrere Postfächer verwenden, sollten Sie festlegen, welches das Standardpostfach ist. Dieses wird beim Abschicken von E-Mails automatisch verwendet, solange Sie beim Erstellen der Nachricht nicht ausdrücklich eine andere Absenderadresse wählen. Markieren Sie dazu das Konto, das als Standard verwendet werden soll, in der Liste und klicken Sie am rechten Rand des Menüs auf die *Als Standard*-Schaltfläche.

Im Hauptfenster von Windows Live Mail finden Sie im Navigationsbereich links einen Eintrag für jedes der eingerichteten Konten vor. Das als Standard gewählte Postfach wird dabei ganz oben aufgeführt.

Sie können hier jeweils das gewünschte Konto bzw. dessen Ordner auswählen, deren Nachrichten dann rechts angezeigt werden.

Die Schnellansichten ganz oben in der Liste sind kontenübergreifend und zeigen Ihnen beispielsweise alle ungelesenen E-Mails in allen Konten an.

Retrolook: Windows Live Mail wie Outlook Express/ Windows Mail nutzen

Standardmäßig sieht Windows Live Mail etwas anders aus als die bekannten Vorgänger. Das liegt aber nur an der leicht geänderten Aufteilung der Arbeitsfläche. Diese besteht aus drei Spalten statt wie bislang aus einer Ordnerspalte und daneben übereinanderliegend Nachrichtenliste und Nachrichtenvorschau. Sie können aber schnell zum vertrauten Layout zurückkehren.

1. Wechseln Sie in das *Ansicht*-Menü.

2. Klicken Sie hier ganz rechts auf die Schaltfläche *Layout* und darin auf das Symbol *Lesebereich*.

3. Im Untermenü finden Sie verschiedene Optionen zum Gestalten des Lesebereichs vor. Wählen Sie hier *Unten in der Nachrichtenliste*, um dem klassischen vertikalen Layout möglichst nahezukommen.

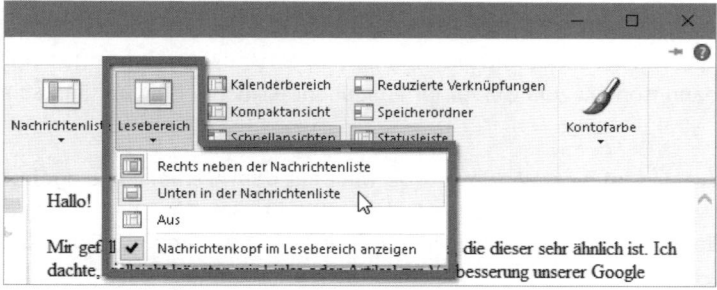

4. Wenn Sie die Kalenderfunktion von Windows Live Mail nicht nutzen, können Sie die Kalenderübersicht rechts mit *Kalenderbereich ausblenden*.

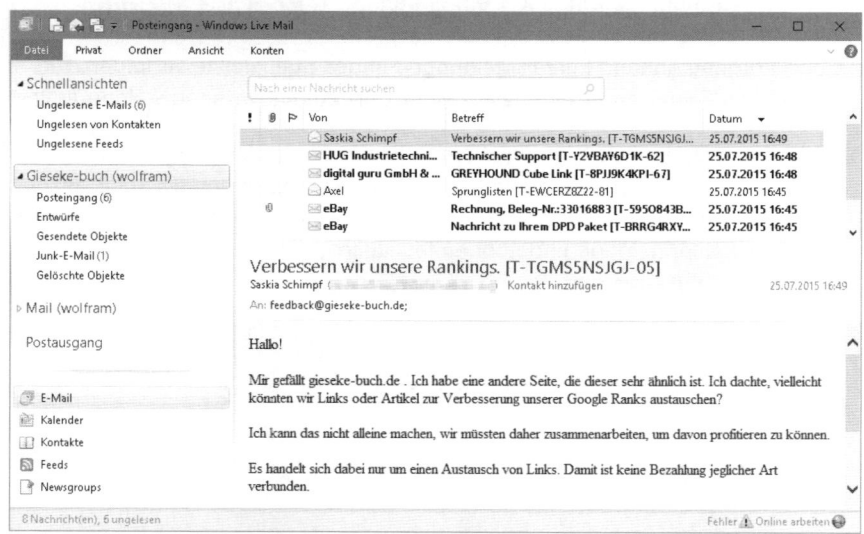

So präsentiert sich Live Mail in der aus früheren Mailprogrammen bekannten Form.

E-Mails vom Posteingangsserver abrufen

Damit Sie empfangene Nachrichten lesen können, müssen diese vom Posteingangsserver im Internet abgerufen und auf Ihren lokalen PC übertragen werden. Windows Live Mail ist standardmäßig auch so eingestellt, dass es diese Abfrage beim Start automatisch erledigt. Dies können Sie aber auch jederzeit manuell erledigen:

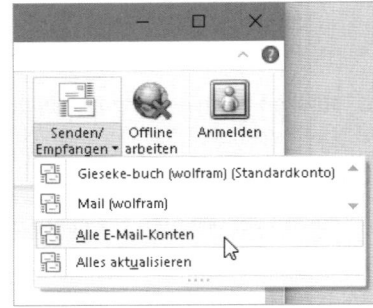

1. Um den Kontakt zum Mailserver herzustellen, öffnen Sie im Menüband von Windows Live Mail die Kategorie *Privat* und klicken dort auf die *Senden/Empfangen*-Schaltfläche (das Fenster muss breit genug sein, um sie sehen zu können!). Wenn Sie mehrere E-Mail-Konten verwenden, können Sie mit dem unteren Bereich dieser Schaltfläche flexibel einstellen, welche genau synchronisiert werden sollen.

2. Befinden sich zu versendende Nachrichten im Postausgang, nimmt Windows Live Mail dann Kontakt zum Server für ausgehende Nachrichten auf und schickt diese ab.

3. Ebenfalls verbindet sich Windows Live Mail mit dem Server für eingehende Nachrichten und sucht nach neuen Botschaften für Sie. Wird es fündig, überträgt es die Nachrichten und legt sie im Ordner *Posteingang* ab. Dort können Sie erhaltene E-Mails lesen.

4. Im Gegensatz zu früheren Windows-Mailprogrammen wird beim Synchronisieren nun nicht mehr automatisch ein Statusfenster angezeigt. Stattdessen können Sie

den Vorgang anhand kurzer Meldungen in der Statusleiste verfolgen. Hier werden auch Fehler angezeigt, falls beim Übertragungsvorgang welche auftreten.

5. Mit einem Doppelklick öffnen Sie den Statusdialog. Mit Details können Sie jederzeit nähere Informationen zur Übertragung einblenden. Dies ist besonders nützlich, wenn es mal Probleme geben sollte. Dann finden Sie in den *Details* die genaue Fehlermeldung und können feststellen, mit welchem Konto bzw. Server es Unstimmigkeiten gibt.

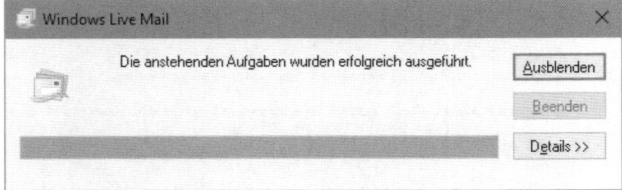

Erhaltene E-Mails lesen

Wenn Windows Live Mail beim Kontakt zum Posteingangsserver Nachrichten für Sie vorfindet, lädt es diese herunter und legt sie im Ordner *Posteingang* ab.

1. Um die neu eingetroffenen Nachrichten zu lesen, öffnen Sie den Ordner *Posteingang*. Wählen Sie hierzu im Navigationsbereich am linken Fensterrand das Konto und darin den Ordner.

2. Daraufhin zeigt das E-Mail-Programm rechts den Inhalt dieses Ordners an. In der Liste der Nachrichten finden Sie jeweils die wichtigsten Daten zu den erhaltenen E-Mails.

   - In der Spalte *Von* steht der Absender. Das E-Mail-Programm versucht stets, den wirklichen Namen des Absenders anzugeben. Ist dieser nicht bekannt, verwendet das Programm stattdessen die E-Mail-Adresse.

   - In der Spalte *Betreff* finden Sie die Betreffzeile der jeweiligen Nachricht wieder. So erkennen Sie auf einen Blick, worum es in der E-Mail geht.

   - Unter *Datum* wird das Eingangsdatum verzeichnet, zu dem die Nachricht empfangen wurde.

3. Im Vorschaufenster (je nach Einstellung rechts neben oder unter der Nachrichtenliste) zeigt Windows Live Mail bereits den Inhalt der ausgewählten Nachricht an. Kürzere Nachrichten kann man direkt in diesem Fenster lesen.

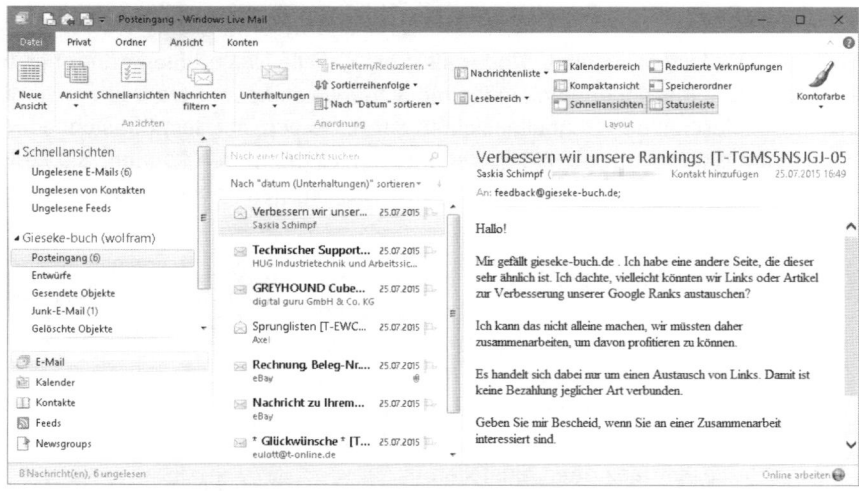

4. Für umfangreichere Nachrichten empfiehlt es sich, mit einem Doppelklick auf den Eintrag in der Liste die jeweilige Nachricht ausführlich anzeigen zu lassen. Hier finden Sie in der Symbolleiste auch noch weitere Funktionen zum Verarbeiten der Nachricht für den direkten Zugriff.

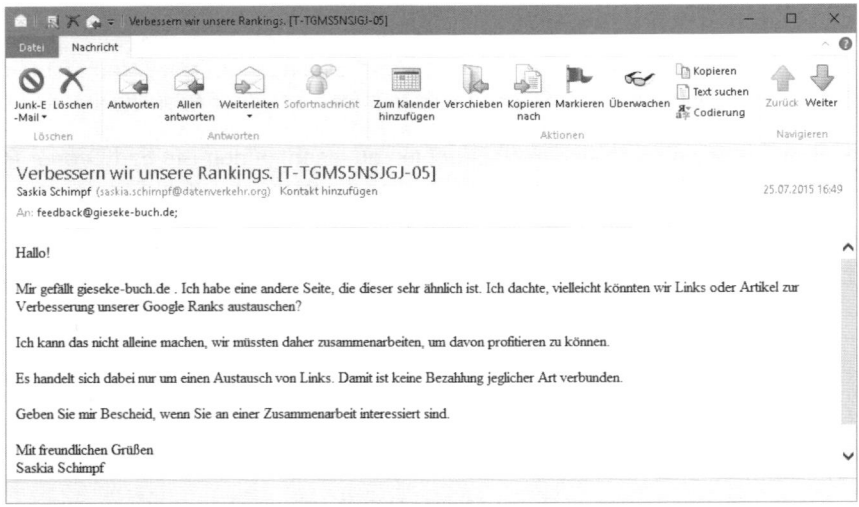

Dank Windows-Suche E-Mail-Nachrichten schnell wiederfinden

Windows Live Mail greift für das Verwalten der E-Mail-Nachrichten auf die Windows-Suche zurück. Dementsprechend können Sie sich durch Suchen und Filtern auch in umfangreichen Postfächern orientieren und schnell genau die Mails finden, die Sie gerade benötigen.

Mit Schnellansichten die wichtigen Nachrichten rasch im Blick

Wer seine E-Mails sammelt und/oder stets gut gefüllte Nachrichtenordner hat, wird sich über eine der neuen Funktionen möglicherweise besonders freuen: Windows Live Mail liefert mit den Schnellansichten ein Werkzeug, mit dem Sie sich jederzeit schnell auf die wirklich wichtigen Nachrichten konzentrieren können. Sie können diese Ansichten über den gleichnamigen Abschnitt ganz oben im Ordnerbereich auswählen.

- Die Ansicht *Ungelesene E-Mails* lässt alle bereits gelesenen Nachrichten verschwinden, also alle Nachrichten, die Sie für mindestens einige Sekunden geöffnet hatten. (Die genaue Dauer, ab wann eine Nachricht als gelesen gilt, können Sie mit *Extras/Optionen* auf der Registerkarte *Lesen* ganz oben einstellen.)

- Mit *Ungelesen von Kontakten* zeigen Sie alle Nachrichten an, die Sie von Personen erhalten haben, deren E-Mail-Adresse in Ihren Kontakten gespeichert ist. So finden Sie schnell die persönlichen Nachrichten, und allgemeinere Dinge wie Newsletter oder Werbung bleiben außen vor.

- *Ungelesene Feeds* bezieht sich auf die Fähigkeit von Windows Live Mail, neben E-Mail auch die von Ihnen abonnierten Webfeeds anzuzeigen.

Neben den standardmäßig angebotenen Schnellansichten gibt es weitere Ansichten, die Sie nach Bedarf auswählen und in die Liste aufnehmen können.

1. Bewegen Sie dazu den Mauszeiger an den rechten Rand der Schaltfläche *Schnellansichten*, bis Sie dort ein Werkzeugsymbol anklicken können.

2. Damit erhalten Sie eine Übersicht über weitere verfügbare Schnellansichten. Hier finden sich praktische Ergänzungen, wie etwa *Gesamter Posteingang* (alle gelesenen und ungelesenen Nachrichten in allen Konten) oder *Alle Junk-Mails* zur schnellen Kontrolle des Spamfilters (siehe Seite 536). Wollen Sie eine davon nutzen, aktivieren Sie sie mit einem Häkchen.

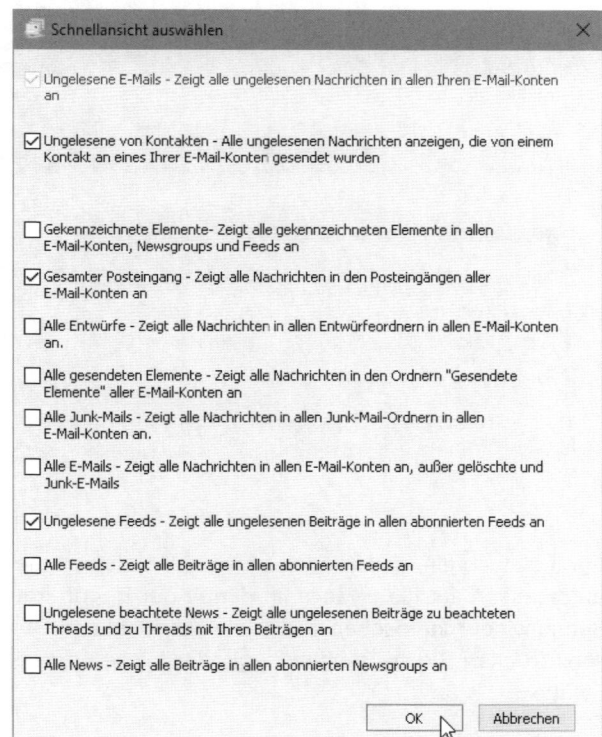

3. Wenn Sie auf *OK* klicken, werden die ausgewählten Ansichten zusätzlich im Ordnerbereich angezeigt.

Bestimmte E-Mail-Nachrichten schnell und bequem finden

Windows Live Mail bringt ein eigenes Suchfeld mit, das Sie im Programmfenster mittig über der Nachrichtenliste finden. Wenn Sie sich mit der Suchfunktion z. B. im Windows-Explorer bereits vertraut gemacht haben, wird Ihnen der Umgang mit der Suche in Windows Live Mail leichtfallen. Betrachten Sie den gerade angezeigten Mailordner als Dateiordner und die einzelnen E-Mails als Dateien (tatsächlich sieht es für Windows intern genauso aus).

Wenn Sie nun einen Suchbegriff in das Suchfeld eintippen, durchsucht Windows Live Mail ähnlich wie der Windows-Explorer alle E-Mails im aktuellen Ordner nach diesem Begriff. Dabei berücksichtigt es sowohl den Betreff als auch die Adressinformationen und den eigentlichen Inhalt der Nachrichten, soweit er aus Text besteht. Sie können mit dem Suchfeld also sowohl nach Absendernamen bzw. -adressen als auch nach Schlüsselwörtern in den Betreffzeilen oder im eigentlichen Text suchen.

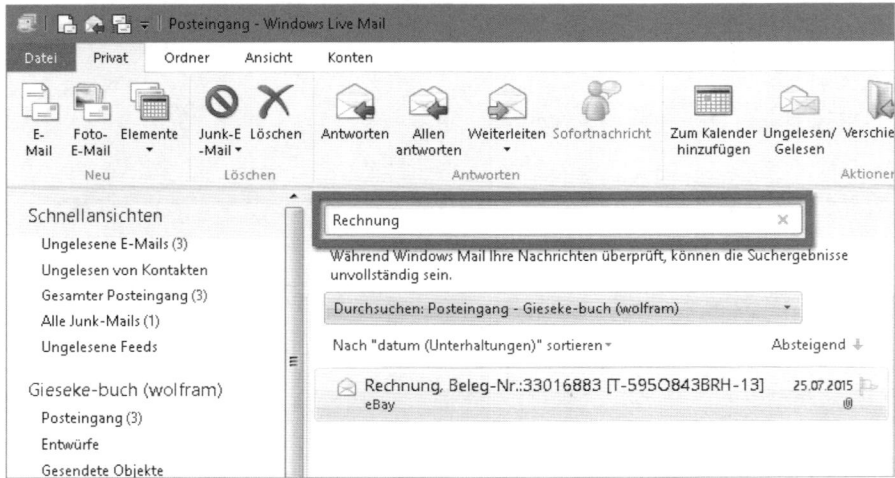

Tippen Sie Ihren Suchbegriff einfach ein, und Windows Live Mail reduziert die angezeigten Nachrichten automatisch auf die E-Mails, in denen der Begriff irgendwo auftaucht. Um eine Suche wieder zu löschen und alle Nachrichten im Ordner wieder anzeigen zu lassen, drücken Sie im Suchfeld (Esc) oder klicken dort ganz rechts auf das kleine x-Symbol.

E-Mail-Nachrichten in Ordnern organisieren

Im Navigationsbereich von Windows Live Mail auf der linken Seite finden Sie Ihre E-Mail-Konten mit deren Ordnern. Darin organisiert Windows Live Mail Ihre Nachrichten. Die Bedeutung der standardmäßigen Ordner ist wie folgt:

■ *Posteingang* – In diesem Ordner werden alle empfangenen Nachrichten einsortiert, nachdem Windows Live Mail sie von einem Posteingangsserver abgerufen hat.

- **Entwürfe** – Wenn Sie während des Schreibens einer E-Mail gestört werden und diesen Vorgang abbrechen, kann die Nachricht auf Wunsch als Entwurf gespeichert werden. Sie finden sie dann in diesem Ordner vor und können die Arbeit daran später fortsetzen.

- **Gesendete Objekte** – In diesem Ordner bewahrt Windows Live Mail Kopien aller Nachrichten auf, die Sie versendet haben. So entsteht automatisch ein Archiv Ihrer elektronischen Korrespondenz.

- **Junk-E-Mail** – Hierin sammelt Windows Live Mail automatisch solche Mails, die es als unerwünschte Werbe- oder Phishingmails erkannt hat. Auf dieses Thema gehe ich ab Seite 536 ausführlicher ein.

- **Gelöschte Objekte** – Wenn Sie eine empfangene Nachricht löschen, landet sie in diesem Ordner. Auch eine gelöschte E-Mail ist also noch nicht unwiederbringlich verloren.

- **Postausgang** – Hierbei handelt es sich um eine eigene Kategorie, in der alle Nachrichten landen, die Sie erstellt haben. Sie werden dort so lange gespeichert, bis sie an einen Postausgangsserver übermittelt werden konnten.

Diese Standardordner werden automatisch verwaltet, das heißt, Windows Live Mail verschiebt die jeweiligen Nachrichten von ganz allein in die Ordner, in die sie gehören. Sie können zusätzlich eigene Ordner anlegen und so Ihre Korrespondenz organisieren und z. B. Geschäftliches von Privatem trennen.

1. Um einen eigenen E-Mail-Ordner anzulegen, klicken Sie mit der rechten Maustaste auf den Namen des Kontos im Navigationsbereich.

2. Wählen Sie im kontextabhängigen Menü dann den Befehl *Neuer Ordner*.

3. Windows Live Mail öffnet daraufhin den *Ordner erstellen*-Dialog. Hier geben Sie den Ordnernamen an. Außerdem können Sie festlegen, in welchem der anderen Ordner dieser neue Ordner als Unterkategorie angelegt werden soll. Übernehmen Sie die Einstellung mit *OK*.

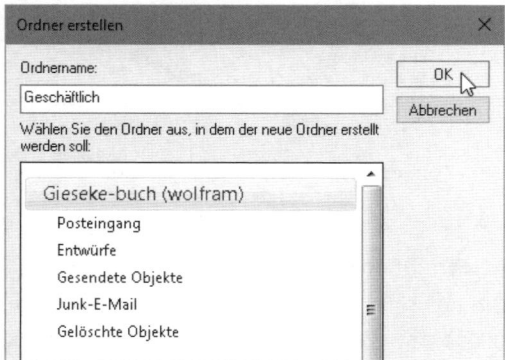

4. Der neue Ordner wird daraufhin in die Ordnerliste aufgenommen.

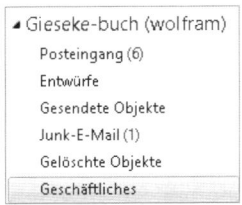

Ein auf diese Weise hinzugefügter individueller Ordner
kann von Windows Live Mail nicht automatisch verwendet werden, da das Programm nicht wissen kann, welche
Arten von Nachrichten Sie in diesem Ordner haben wollen. Allerdings lassen sich in Windows Live Mail Filter-
regeln erstellen, die Nachrichten anhand bestimmter Kriterien erkennen und z. B.
in einen bestimmten Ordner transferieren können (*Ordner/Nachrichtenregeln*). Außerdem können Sie Nachrichten jederzeit manuell in diesen Ordner verschieben:

1. Um eine Nachricht in einen Ordner zu verschieben oder zu kopieren, markieren Sie ihren Eintrag in der Nachrichtenliste.

2. Klicken Sie dann einfach mit der linken Maustaste auf den Eintrag und halten
Sie diese Taste gedrückt.

3. Ziehen Sie nun den Mauszeiger mit weiterhin gedrückter Maustaste nach links
auf den Ordner, in den Sie die Nachricht verschieben wollen.

4. Befindet sich der Mauszeiger genau darüber, lassen Sie die Maustaste los. Die
Nachricht wird daraufhin in den gewählten Ordner verschoben.

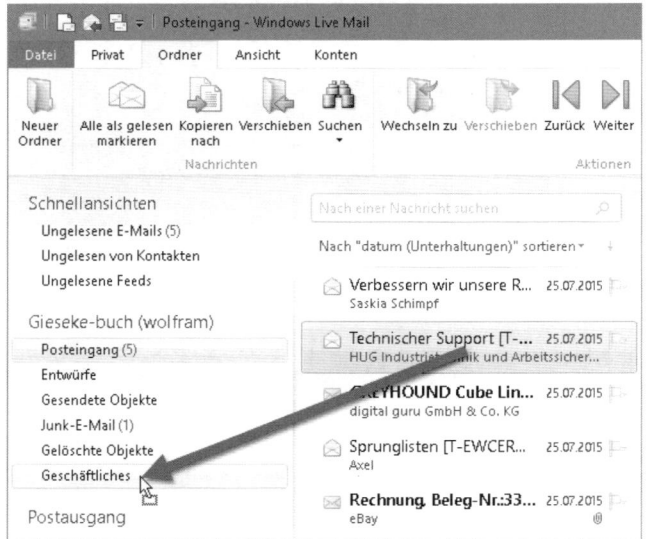

> **Nachrichten kopieren statt verschieben**
>
> Sie können eine Nachricht auch in einen anderen Ordner kopieren, statt sie
> gleich ganz dorthin zu verschieben. Halten Sie dazu während des Loslassens
> der Maustaste Strg gedrückt. Dann wird in dem gewählten Ordner eine Kopie
> der Nachricht erstellt und das Original bleibt an Ort und Stelle vorhanden.

Schutz vor gefährlichen E-Mail-Inhalten

Wie alle E-Mail-Programme stellt auch Windows Live Mail ein potenzielles Einfallstor für Angriffe von außen dar. Denn leider sind E-Mail-Nachrichten ein beliebtes Mittel zum Verbreiten von Trojanern und für andere Schadsoftware. Mit den richtigen Einstellungen können Sie sich vor solchen Gefahren schützen.

1. Öffnen Sie mit *Datei/Optionen/Sicherheitsoptionen* die Sicherheitseinstellungen des Programms und wechseln Sie hier in die Registerkarte *Sicherheit*.

2. Ganz oben im Bereich *Virenschutz* finden Sie entscheidende Einstellungen für die Sicherheit beim E-Mail-Empfang. Zunächst wählen Sie die Sicherheitszone aus, die Windows Live Mail beim Umgang mit HTML-E-Mails verwenden soll.

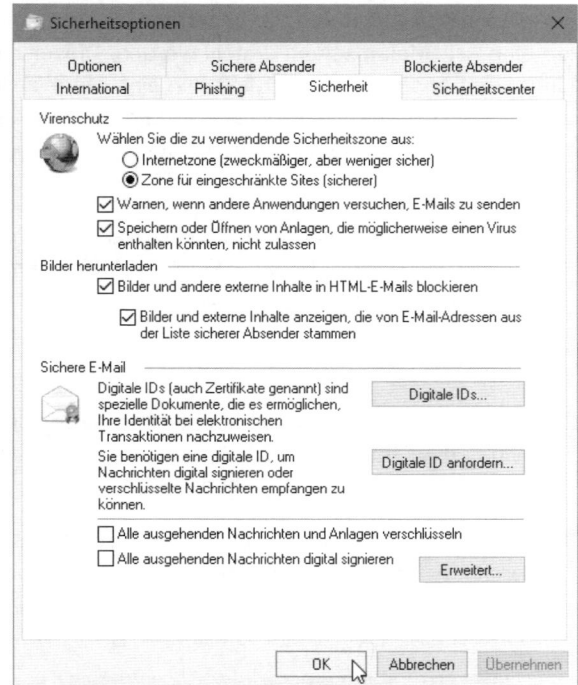

3. Standardmäßig verwendet Windows Live Mail die Einstellungen der *Internetzone*, wenn eine mit HTML formatierte E-Mail angezeigt werden soll. Sicherer ist es, wenn Sie in solchen Fällen die Einstellungen der *Zone für eingeschränkte Sites* aktivieren. Diese sind in der Regel weitaus restriktiver und lassen das Ausführen gefährlicher Inhalte nicht zu.

4. Besonders hilfreich bei Mailviren, die sich automatisch an andere Empfänger weiterversenden, ist die Option *Warnen, wenn andere Anwendungen versuchen, E-Mails zu senden*. Sie verhindert, dass ein E-Mail-Virus unbemerkt Zugriff auf Ihr Adressbuch nehmen und Nachrichten verschicken kann.

5. Schließlich sollten Sie noch die Option *Bilder und andere externe Inhalte in HTML-E-Mails blockieren* einschalten. Diese Option reduziert unnötigen Datenverkehr und verhindert die Spionage durch Webbugs und ähnliche Technologien, die auf HTML-Elementen in E-Mails beruhen.

E-Mails beantworten und schreiben

Bislang habe ich Ihnen gezeigt, wie Sie empfangene E-Mails abrufen und lesen. Aber selbstverständlich können Sie auch selbst aktiv werden und eigene Nachrichten verfassen bzw. auf erhaltene Botschaften antworten.

Eigene Nachrichten verfassen

Das Erstellen einer E-Mail besteht aus zwei Schritten, wobei sich eine Parallele zum klassischen Briefeschreiben ziehen lässt. Zum einen gehört dazu das Verfassen der eigentlichen Nachricht. Zum anderen muss auch bei elektronischen Nachrichten eine Art Briefumschlag erstellt werden. Dieser enthält die Adressen von Empfänger und Absender sowie zusätzlich eine Betreffzeile. Im Unterschied zum klassischen Brief füllt man bei E-Mails allerdings erst den elektronischen Briefumschlag aus, bevor man die Nachricht verfasst.

1. Um eine neue E-Mail zu verfassen, wählen Sie im Hauptfenster von Windows Live Mail in der Kategorie *Privat* ganz links im Menüband die Schaltfläche *E-Mail*. (Ganz schnell per Tasten geht es auch mit ⌈Strg⌉+⌈N⌉.)

2. Das Programm zeigt daraufhin ein leeres Formular für eine neue Nachricht an. Es unterteilt sich in den Briefkopf oben und in das Inhaltsfeld zum Erstellen der Nachricht in der unteren Hälfte.

3. Zunächst sollten Sie den Briefkopf ausfüllen. Bei *Von* hat Windows Live Mail bereits Ihre Absenderadresse eingetragen. Haben Sie mehrere E-Mail-Konten angelegt, können Sie das Auswahlfeld benutzen, um eines der anderen Konten als Absenderangabe einzustellen.

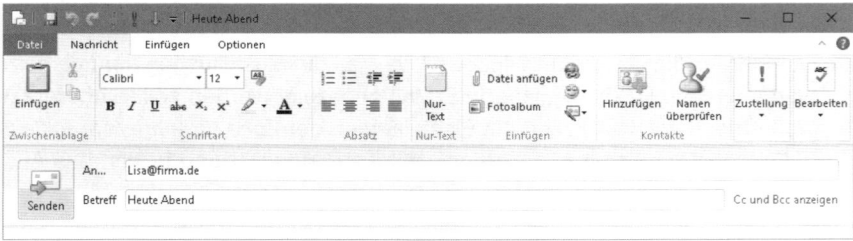

4. Im Feld *An* geben Sie die E-Mail-Adresse des Empfängers ein. Wollen Sie die Nachricht gleich an mehrere Empfänger verschicken, drücken Sie nach jeder Adresse ⌈↵⌉.

5. Mit *Cc und Bcc anzeigen* blenden Sie zusätzliche Eingabefelder ins Formular ein. Hier können Sie weitere Empfängeradressen eingeben, die eine Kopie der Nachricht erhalten sollen.

HINWEIS

Wozu die Adressfelder Cc und Bcc?

In den Feldern *Cc* und *Bcc* können Sie zusätzliche Empfängeradressen eingeben. Diese Felder werden standardmäßig nicht angezeigt. Sie können sie bei Bedarf mit *Cc und Bcc anzeigen* einblenden. Alle in *Cc* enthaltenen Empfängeradressen erhalten eine Kopie der Nachricht. Dies gilt auch für diejenigen im *Bcc*-Feld. Allerdings gibt es einen wichtigen Unterschied. Jeder Empfänger einer E-Mail kann die im Feld *An* und *Cc* aufgeführten Adressen sehen. Wenn Sie also ein und dieselbe Nachricht an zehn Adressen gleichzeitig schicken, sieht jeder Adressat die Adressen der neun anderen Empfänger. Dies kann z. B. aus Gründen des Datenschutzes unerwünscht sein. Die Adressen, die Sie bei *Bcc* angeben, erfahren die jeweils anderen Adressaten nicht. Jeder der zehn Empfänger würde also nur seine eigene Adresse sehen und gar nicht merken, dass von der Nachricht auch Kopien an andere verschickt wurden.

6. Ein erneutes [⇥] bringt Sie schließlich in das Eingabefeld *Betreff*. Geben Sie hier mit wenigen markanten Wörtern das Thema der Nachricht an, ähnlich wie bei der Betreffzeile eines klassischen Briefs.

7. Damit haben Sie sozusagen den Briefkopf ausgefüllt, der alle Daten enthält, die der Brief für das ordnungsgemäße Erreichen des Empfängers haben muss. Mit einem weiteren [⇥] gelangen Sie in das große Eingabefeld, in dem Sie die eigentliche Nachricht eingeben. Hier können Sie nach Lust und Laune Text schreiben, als wenn Sie mit einem Textverarbeitungsprogramm arbeiten würden.

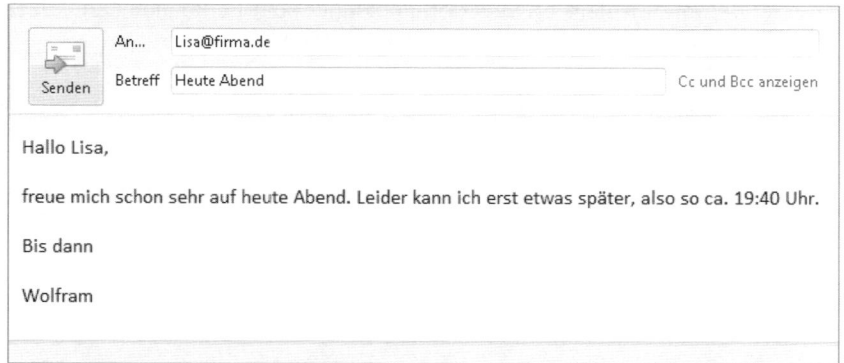

8. Haben Sie das Verfassen der Nachricht beendet, klicken Sie auf die Schaltfläche *Senden* links neben dem Adressfeld.

Windows Live Mail speichert die Nachricht daraufhin in einem speziellen Ordner namens *Postausgang*. Dort verbleibt sie bis zur nächsten Onlineverbindung. Dann wird sie automatisch mit auf den Weg geschickt. Diese Technik ermöglicht es Ihnen, mehrere Nachrichten zunächst zu verfassen und dann alle auf einmal mit einer Onlineverbindung loszuschicken, anstatt für jede einzelne Nachricht eine eigene Verbindung aufzubauen. So sparen Sie Zeit und Onlinekosten.

Auf erhaltene E-Mails antworten

Es gibt noch eine weitere mindestens ebenso häufig genutzte Möglichkeit, E-Mails zu verfassen, nämlich das Beantworten von Nachrichten. Während man bei der klassischen Briefpost auf eine erhaltene Nachricht einfach einen eigenen neuen Brief als Antwort schreibt, gelten bei der elektronischen Post für diese spezielle Form von Nachrichten besondere Regeln, die sich aus den Möglichkeiten des elektronischen Mediums ergeben.

1. Um auf eine erhaltene Nachricht zu antworten, markieren Sie diese in der Liste der Nachrichten und wählen dann im Menüband in der Kategorie *Privat* das Symbol *Antworten*. Hat die Nachricht außer Ihnen noch weitere Empfänger gehabt, können Sie alternativ *Allen antworten* benutzen, damit Ihre Antwort nicht nur an den ursprünglichen Verfasser, sondern auch an alle anderen Empfänger der ursprünglichen Nachricht weitergeleitet wird.

2. Ähnlich wie beim Verfassen einer neuen Nachricht öffnet Windows Live Mail daraufhin ein Formular. Diesmal ist es allerdings nicht ganz leer, sondern einige Felder sind bereits ausgefüllt. So wurde in das *An*-Feld der Absender der ursprünglichen Nachricht als Empfänger der Antwort eingetragen. Ebenso wurde in die Betreffzeile das alte Thema übernommen. Allerdings wurde ihm das Kürzel *Re:* vorangestellt, an dem der Empfänger sofort erkennen kann, dass es sich um eine Antwort auf seine Nachricht handelt.

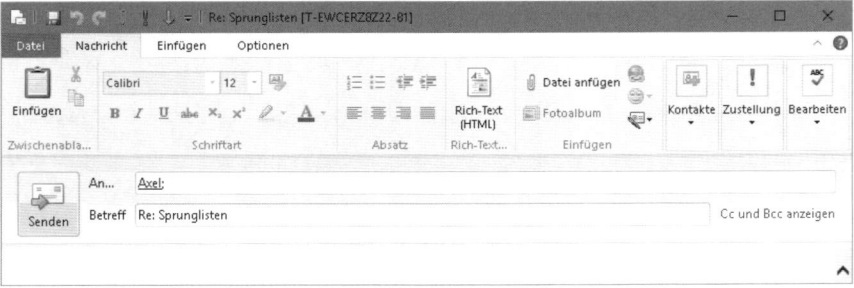

3. Im Textfeld der Nachricht hat Windows Live Mail die gesamte ursprüngliche Nachricht eingefügt. Dies hilft Ihnen dabei, die wichtigen Teile der Nachricht, auf die Sie sich beziehen, zu zitieren.

4. Kürzen Sie die zitierten Zeilen auf ein sinnvolles Maß und fügen Sie Ihre Antworten und Kommentare dazwischen ein.

5. Wenn Sie die Antwort fertiggestellt haben, schicken Sie sie genau wie eine komplett selbst erstellte Nachricht mit der Menüfunktion *Datei/Nachricht senden* oder der *Senden*-Schaltfläche auf den Weg bzw. in den Postausgang.

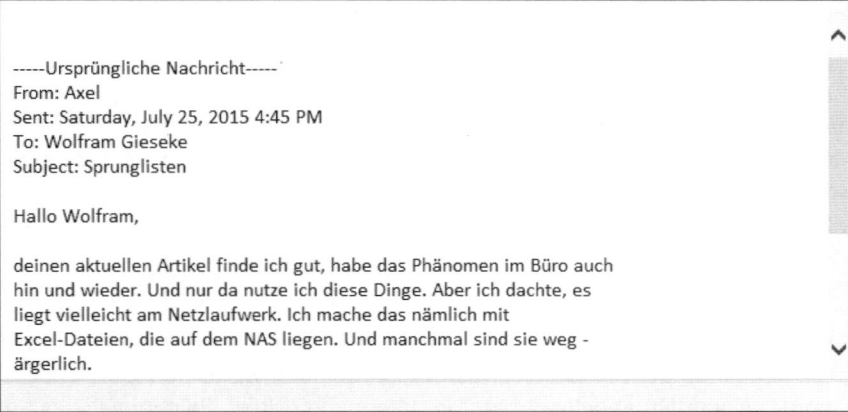

```
-----Ursprüngliche Nachricht-----
From: Axel
Sent: Saturday, July 25, 2015 4:45 PM
To: Wolfram Gieseke
Subject: Sprunglisten

Hallo Wolfram,

deinen aktuellen Artikel finde ich gut, habe das Phänomen im Büro auch
hin und wieder. Und nur da nutze ich diese Dinge. Aber ich dachte, es
liegt vielleicht am Netzlaufwerk. Ich mache das nämlich mit
Excel-Dateien, die auf dem NAS liegen. Und manchmal sind sie weg -
ärgerlich.
```

So zitieren Sie richtig

Die Zitate in einer Antwortnachricht sollen dem Empfänger dabei helfen, Ihre Botschaft gleich richtig einordnen und verstehen zu können. Wer viel per E-Mail kommuniziert, schickt jeden Tag eine ganze Reihe von Nachrichten los. Wenn man auf alle diese Nachrichten teilweise Tage später Antworten bekommt, kann man schon mal die Orientierung verlieren. Deshalb sollte eine Antwort jeweils kurz die Stelle zitieren, auf die sie sich bezieht. Dabei gilt: So wenig wie möglich und so viel wie nötig zitieren. Eine 20 Zeilen lange Nachricht zu zitieren und „Das stimmt" darunter zu schreiben, ist nicht besonders sinnvoll. Versuchen Sie stets, die wirklich wichtigen Kernsätze herauszugreifen und zu zitieren.

HINWEIS

Nachrichten absenden

Damit die E-Mail dem Empfänger zugestellt werden kann, muss sie zunächst auf den Weg gebracht werden. Hier kommt der Postausgangsserver ins Spiel. Er erfüllt die genau entgegengesetzte Rolle zum Posteingangsserver, das heißt, er nimmt die Nachrichten entgegen, die Sie verschicken wollen, und leitet sie an das Postfach des Empfängers weiter. Während das Erstellen eigener Nachrichten und das Beantworten von E-Mails genau wie das Lesen ohne Onlineverbindung erfolgen konnte, ist zum Senden der Nachrichten wiederum eine Internetverbindung erforderlich.

1. Um die geschriebenen Nachrichten zu versenden, benutzen Sie genau wie beim Empfangen die *Senden/Empfangen*-Schaltfläche im Menüband in der Kategorie *Privat*.

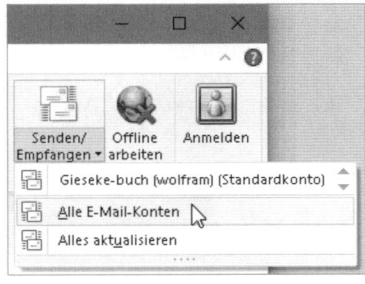

2. Windows Live Mail nimmt daraufhin Kontakt zum Postausgangsserver auf und schickt alle erstellten Nachrichten ab, die im Ordner *Postausgang* zwischengespeichert sind.

Probleme bei der E-Mail-Zustellung

Das Versenden einer E-Mail wird immer funktionieren, allerdings ist es noch kein Garant dafür, dass die Nachricht ihren Empfänger auch erreicht. Aus verschiedenen Gründen kann das Zustellen einer Nachricht scheitern. Das kommt in der Praxis zwar eher selten vor, aber trotzdem sollten Sie darauf gefasst sein, denn in diesem Fall bekommen Sie die E-Mail postwendend zurückgeschickt, entweder mit einer Fehlermeldung oder mit einer Warnung. Die folgenden Informationen können Ihnen dabei helfen, die Ursachen für das Problem zu erkennen und gegebenenfalls zu beheben.

Als unzustellbar zurückgeschickte Nachrichten enthalten ein Fehlerprotokoll, das den Kontakt zu dem Mailserver wiedergibt, der den Weitertransport oder Empfang der Nachricht abgelehnt hat. Die Ablehnung erfolgt üblicherweise mit einer Begründung, der Sie entnehmen können, was genau schiefgelaufen ist. Im abgebildeten Beispiel war die E-Mail-Adresse des Empfängers auf dem Zielsystem unbekannt, was beispielsweise bei einem Buchstabendreher im Namen schnell passieren kann. Diese Fehlermeldung wird üblicherweise am Anfang der Nachricht eingefügt, gefolgt vom Inhalt der ursprünglichen Nachricht. Für einen erneuten Versuch müssen Sie die E-Mail also nicht komplett neu eintippen, sondern können den Text von hier übernehmen.

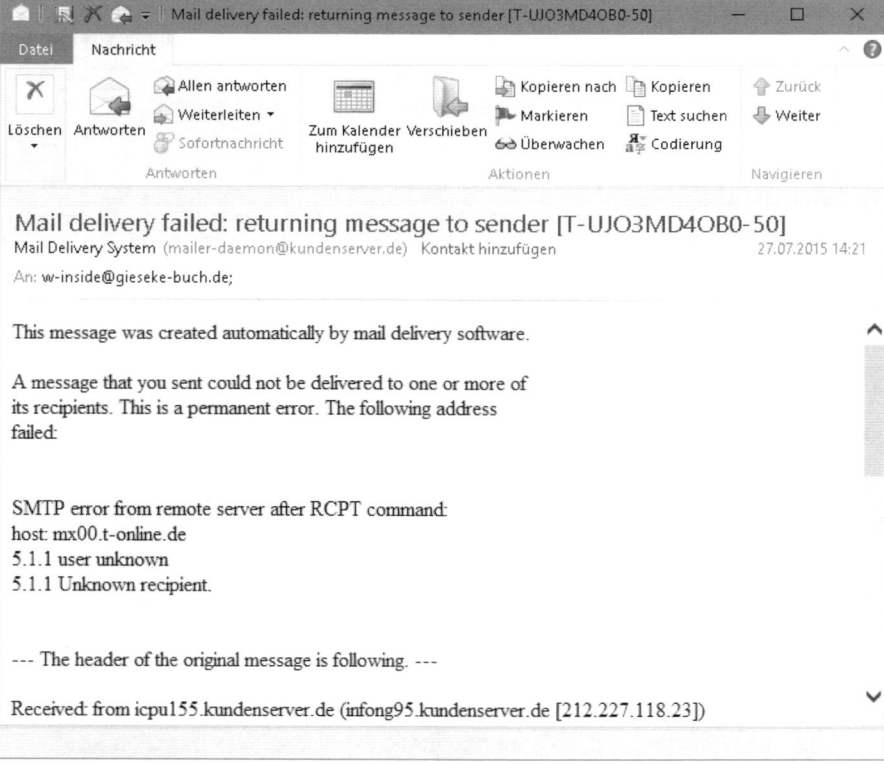

Es gibt eine ganze Reihe an Fehlermeldungen, ebenso wie es eine Reihe von verschiedenen Fehlerursachen gibt. In der folgenden Tabelle stelle ich Ihnen die wichtigsten Fehlermeldungen vor und erkläre, was sie zu bedeuten haben und was Sie dagegen unternehmen können. Der genaue Wortlaut der Fehlermeldung kann je nach Mailserver-Software leicht variieren.

Fehlermeldung	Bedeutung
Unknown User	Der adressierte Benutzer, also der Teil der E-Mail-Adresse vor dem @-Symbol, ist auf dem angegebenen Internetrechner nicht bekannt. Ursache ist meist ein Tippfehler in der Adresse (z. B. olfas@mail.bib.de statt olafs@mail.bib.de).
Host Unknown	Der Internetrechner, also der Teil der E-Mail-Adresse hinter dem @-Symbol, konnte nicht gefunden werden. Auch hier ist meist eine falsche bzw. falsch getippte Adresse schuld (z. B. olafs@mial.bib.de statt olafs@mail.bib.de).
Unknown Domain oder Unroutable Mail Domain	Auch hier liegt der Fehler in der Bezeichnung des Internetrechners, genauer in einer falschen Domainbezeichnung (z. B. olafs@mail.bob.de statt olafs@mail.bib.de).
Unresolvable oder Unroutable	Aus der E-Mail-Adresse kann keine korrekte Internetadresse abgeleitet werden. Häufigste Ursache: ein falscher oder fehlender Trennpunkt (z. B. olafs@mailbib.de statt olafs@mail.bib.de).
Network Unreachable	Der durch die E-Mail-Adresse bezeichnete Zielrechner kann zurzeit nicht erreicht werden. Schuld daran ist meist ein technischer Defekt. Am besten einfach später erneut probieren.
Service Unavailable, Connection timed out oder Connection refused	Der Zielrechner kann oder will keine E-Mails entgegennehmen. Ursache dafür kann ein technischer Defekt oder eine falsche Konfiguration des Rechners sein. Vielleicht soll er auch absichtlich keine E-Mail empfangen können. Sollte der Fehler bei mehreren Versuchen immer wieder auftreten, sollten Sie die Korrektheit der E-Mail-Adresse überprüfen.

Kann eine E-Mail „verloren gehen"?

Egal, was Sie machen oder was einer E-Mail auf dem Weg vom Absender zum Empfänger zustößt, sie geht so gut wie nie verloren. Nur im recht unwahrscheinlichen Fall eines technischen Defekts bei einem der am Transport beteiligten Internetserver könnte eine E-Mail theoretisch kommentarlos verschwinden. In der Praxis sind solche Fälle aber extrem selten. Wann immer es ein anderweitiges Problem gibt, das die Zustellung einer Nachricht zum Empfänger verhindert, wird die Nachricht an den Absender zurückgeschickt. Das passiert üblicherweise sofort, nachdem das Problem auftrat. Wenn Sie also eine E-Mail abschicken und innerhalb von 24 Stunden keine Fehlermeldung oder Warnung (Details siehe im Folgenden) erhalten, können Sie davon ausgehen, dass die Nachricht angekommen ist.

HINWEIS

Warnungen bei Zustellproblemen

Neben solchen Fehlermeldungen kann eine E-Mail auch als Warnung zurückkommen. Eine Warnung bedeutet nicht, dass die Nachricht gar nicht zugestellt werden konnte, sondern dass die Nachricht noch nicht zugestellt wurde. Üblicherweise kann ein Mailserver eine E-Mail innerhalb von wenigen Minuten an den nächsten Rechner übermitteln. Manchmal klappt das aber wegen technischer Probleme oder Überlastung nicht so schnell. Wenn eine bestimmte Wartefrist überschritten wurde, wird der Absender der Nachricht von dem Problem in Kenntnis gesetzt. Andernfalls würde er davon ausgehen, dass seine Nachricht den Empfänger bereits erreicht hat. Eine solche Warnung erkennen Sie an der Betreffzeile mit dem Schlüsselwort *Warning*. Außerdem wird am Anfang jeder Warnnachricht die folgende eindeutige Zeile eingefügt:

```
**      THIS IS A WARNING MESSAGE ONLY        **
**    YOU DO NOT NEED TO RESEND YOUR MESSAGE    **
```

Anschließend folgt wiederum ein Protokoll, aus dem Sie ersehen können, wo genau es hakt. Außerdem ist dort vermerkt, wie lange der Mailserver noch versuchen wird, die Nachricht zuzustellen – in der Regel mehrere Tage. Sollte er nach dieser Zeit immer noch nicht erfolgreich gewesen sein, wird er den Versuch aufgeben und sich noch einmal mit einer „richtigen" Fehlermeldung bei Ihnen melden. In der Regel kommt es jedoch nicht so weit. Entscheidend bei einer solchen Warnung ist, dass Sie gar nichts unternehmen müssen. Es handelt sich dabei lediglich um eine Mitteilung, dass sich die Zustellung Ihrer Nachricht verzögert. Nur wenn die Nachricht sehr eilig ist, sollten Sie eine Warnung als Grund nehmen, den Empfänger eventuell auf einem anderen Weg schneller zu erreichen.

Erste Hilfe: Sofortmaßnahmen bei E-Mail-Problemen

Damit Sie im Fall einer unzustellbaren E-Mail schnell und richtig reagieren können, habe ich für Sie einen kleinen Maßnahmenkatalog zusammengestellt:

- Werten Sie die Fehlermeldung aus, um möglichst genau festzustellen, was schiefgelaufen ist.

- Wenn es kein Tippfehler o. Ä. Ihrerseits war, sondern an einer technischen Störung lag, versuchen Sie es später noch einmal. Lassen Sie zwischen den Versuchen aber etwas Zeit verstreichen.

- In den weitaus meisten Fällen liegt das Problem in einer fehlerhaften E-Mail-Adresse. Kontrollieren Sie die Adresse deshalb genau. Vielleicht hat sich ja einfach ein Tippfehler eingeschlichen?

- Stimmt die E-Mail-Adresse genau mit Ihren Unterlagen überein, sind diese vielleicht nicht in Ordnung. Wenn Sie eine E-Mail-Adresse z. B. am Telefon erfragt haben, kann man Ihnen eine falsche Auskunft erteilt haben oder Sie haben sich einfach verhört. Auch auf Visitenkarten kann sich mal ein Druckfehler einschleichen oder vielleicht sind die Unterlagen einfach veraltet.

- Setzen Sie sich notfalls auf einem alternativen Weg mit dem Empfänger in Verbindung und erfragen Sie die korrekte Adresse. Vielleicht kennen Sie auch sonst jemanden, der bestimmt die richtigen Angaben weiß.

- Versuchen Sie nicht, eine als unzustellbar zurückgekommene Nachricht einfach noch mal mit den gleichen Empfängerdaten loszuschicken. Was beim ersten Mal nicht geklappt hat, wird beim zweiten Mal auch nicht funktionieren. Ausnahme: die bereits beschriebenen vorübergehenden Störungen bei Mailserver oder Netzwerk: auch in diesem Fall aber eine angemessene Wartezeit verstreichen lassen. Versuchen Sie nicht, die richtige E-Mail-Adresse zu raten, nach dem Motto „Wenn er nicht so heißt, dann vielleicht so ...". Die Erfolgsaussichten sind eher gering, sodass Sie damit nur Zeit und Onlinegebühren verschwenden. Da ist ein kurzes Telefonat mit einer Nachfrage nach der korrekten Adresse allemal sinnvoller.

E-Mail-Anhänge – nicht ungefährlich: Dateien per E-Mail

Wenn Sie ein umfangreiches Dokument per E-Mail verschicken wollen, könnten Sie dessen Inhalt in ein Nachrichtenformular von Windows Live Mail übertragen und dort einfügen. Dies wäre aber recht umständlich und bringt außerdem das Problem mit sich, dass dabei Inhalte und Formatierungen des Dokuments verloren gehen können. Deshalb gibt es für solche Fälle einen sinnvolleren Weg. Sie können die Datei, in der das Dokument gespeichert ist, einer E-Mail als Anhang mitgeben. Dann wird die Datei dem Empfänger gemeinsam mit der Nachricht zugestellt.

Dateien per E-Mail versenden

Das Versenden einer Datei per E-Mail unterscheidet sich vom Erstellen und Abschicken einer einfachen Nachricht nur durch einen zusätzlichen Schritt, nämlich das Auswählen einer Datei als Anhang:

1. Öffnen Sie zunächst wie gewohnt beispielsweise mit *Datei/Neu/E-Mail* ein Formular zum Verfassen einer E-Mail.

2. Füllen Sie den Briefkopf mit der Empfängeradresse und der Betreffzeile aus.

3. Schreiben Sie in den Brieftext zumindest eine kurze Nachricht an den Empfänger, in der Sie ihm mitteilen, was die Datei enthält und eventuell welche Anwendung er benötigt, um die Datei zu betrachten. Darüber hinaus können Sie auch beliebigen weiteren Text in die Nachricht aufnehmen.

4. Benutzen Sie anschließend im Menüband in der Kategorie *Nachricht* das *Datei anfügen*-Symbol, um eine Datei zum Verschicken auszuwählen.

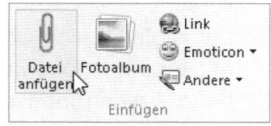

5. Windows Live Mail öffnet daraufhin einen *Öffnen*-Dialog, in dem Sie die Datei auswählen, die per E-Mail verschickt werden soll. Wenn Sie die Auswahl mit

der Schaltfläche *Öffnen* bestätigen, wird die Datei als Anlage in die E-Mail eingefügt. Dazu wird der Briefkopf um eine weitere Zeile ergänzt, die alle einge-
fügten Anlagen enthält. Mit einem rechten Mausklick auf den Dateinamen dort
können Sie einen Anhang vor dem Versenden auch wieder entfernen. Durch
beliebiges Wiederholen dieses Vorgangs können Sie auch mehrere Dateien an
eine E-Mail anhängen.

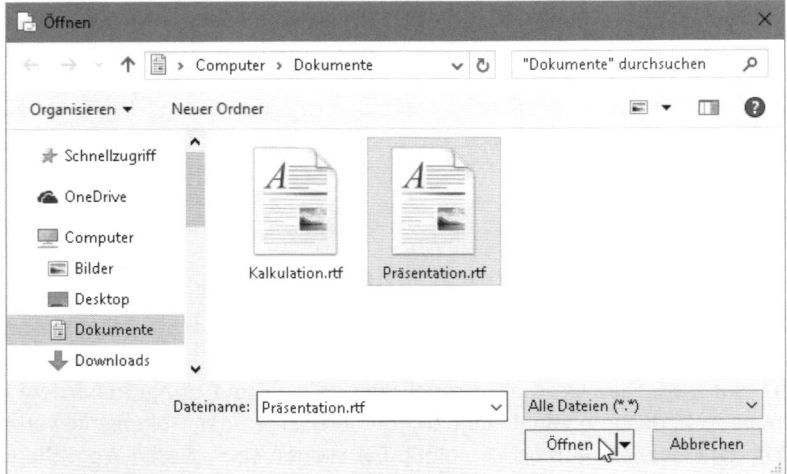

6. Senden Sie diese Datei wie gewohnt ab. Beachten Sie, dass das Übermitteln
   einer E-Mail mit Dateianhang je nach Umfang erheblich länger als das Versenden einer einfachen Textnachricht dauern kann.

Dateien per E-Mail in Empfang nehmen

Auch Sie selbst können Dateien per E-Mail in Empfang nehmen, wenn der Absender eine Nachricht an Sie mit einem Dateianhang versehen hat:

1. Wenn Sie eine E-Mail mit Dateianhang erhal-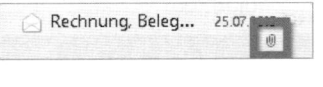
   ten, erkennen Sie dies bereits in der Übersicht
   Ihres Posteingangs. E-Mails mit Anhang werden hier mit einem Büroklammersymbol gekennzeichnet.

2. In der Vorschau ist diese Nach-
   richt ebenfalls mit einem Sym-
   bol links im Briefkopfbereich
   versehen. Hier ist dieses Symbol zugleich eine Schaltfläche.
   Mit einem Klick wird der Anhang – wenn möglich – direkt
   geöffnet. Handelt es sich bei dem Dateianhang z. B. um ein Bild, wird es teilweise direkt in der Nachricht angezeigt.

3. Mit einem Klick der rechten Maustaste öffnen Sie das Kontextmenü für die angehängte Datei. Um die Datei auf Ihrem PC zu speichern, wählen Sie unten den Menüeintrag *Speichern unter*. Mehrere Dateien können Sie mit *Alles speichern* auf einmal im selben Verzeichnis ablegen.

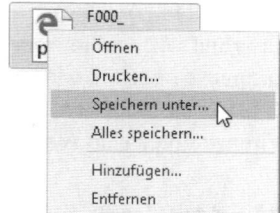

Schutz vor Viren per E-Mail

Das Versenden von Dateien ist kein Sicherheitsrisiko, solange Sie keine Dateien verschicken, die vertrauliche Daten enthalten. Anders sieht es beim Empfang von Dateien aus. Hier sollten Sie große Vorsicht walten lassen, denn E-Mail-Dateianhänge sind ein beliebter Verbreitungsweg von Computerviren und gefährlichen Trojaner-Programmen. Deshalb sollten Sie unaufgefordert zugesandte Dateien grundsätzlich nicht öffnen oder ausführen, sondern direkt löschen. Um ganz auf Nummer sicher zu gehen, können Sie Windows Live Mail so einstellen, dass es potenziell gefährliche Dateianhänge grundsätzlich nicht speichert oder ausführt. Die Dateianhänge gehen dabei nicht verloren, aber der Zugriff darauf wird verweigert. Im Falle eines Falles kann man also trotzdem an wichtige Daten gelangen.

1. Um den Empfang gefährlicher Dateien zu blockieren, öffnen Sie im Hauptfenster von Windows Live Mail mit *Datei/Optionen/Sicherheitsoptionen* die Sicherheitseinstellungen.

2. Wechseln Sie dort in die Rubrik *Sicherheit*.

3. Aktivieren Sie hier im Bereich *Virenschutz* die Option *Speichern oder Öffnen von Anlagen, die möglicherweise einen Virus enthalten könnten, nicht zulassen*.

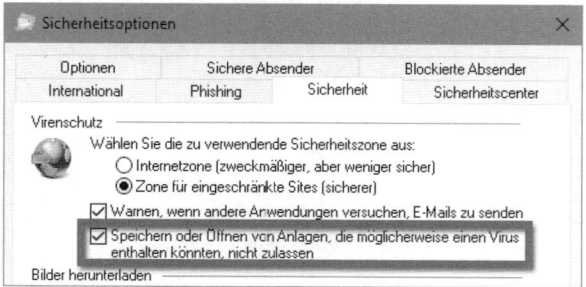

4. Übernehmen Sie die Einstellungsänderung mit *OK*.

5. Wenn Sie auf diese Weise den Empfang von gefährlichen Anhängen unterbunden haben, werden Sie feststellen, dass bei bestimmten Dateitypen die Funktionen zum Öffnen bzw. Speichern der Datei nicht mehr anwählbar sind. In solchen Fällen können Sie die Dateien nur nutzen, wenn Sie die oben beschriebene Einstellung zuvor rückgängig machen.

Diese Schutzmaßnahme ist ein sinnvoller Schritt, garantiert aber noch keine Sicherheit. Wenn Sie aber den Windows Defender oder ein anderes Antivirenprogramm einsetzen, wird dieses spätestens beim Öffnen oder Speichern einer per E-Mail empfangenen Datei aktiv. Enthält diese Datei destruktiven Code, würde der Virenwächter also Alarm schlagen.

Mit dem Junk-E-Mail-Filter Werbespam vermeiden

Windows Live Mail bringt einen Junk-E-Mail-Filter mit, der Sie vor den inzwischen leider allgegenwärtigen Spam-E-Mails schützen soll. Nun kann ein Filter nicht verhindern, dass Sie Spamnachrichten erhalten. Aber er kann solche Mails beim Empfang von Nachrichten automatisch erkennen und in einen speziellen Ordner umleiten, in dem Sie sie gar nicht erst zu Gesicht bekommen (sofern Sie das nicht ausdrücklich wollen).

So arbeitet der Junk-E-Mail-Filter

Der Junk-E-Mail-Filter von Windows Live Mail analysiert alle eintreffenden Nachrichten, bevor sie in den Eingangsordner eingestellt werden. Basierend auf dem Absender einer Nachricht und dem Nachrichteninhalt nimmt er für jede Nachricht eine Bewertung vor, die darüber Auskunft gibt, mit welcher Wahrscheinlichkeit es sich dabei um Spam handelt. Überschreitet diese Wahrscheinlichkeit einen bestimmten Schwellenwert, behandelt er solche Nachrichten als Junk-E-Mail. Solche E-Mails werden nicht in den Eingangsordner eingestellt, sondern in einen speziellen Ordner namens *Junk-E-Mail* verschoben.

Damit Sie keine wichtigen Mails verpassen, werden Sie informiert, wenn der Filter von sich aus aktiv wird. Auf Dauer kann es aber etwas nerven, wenn man diesen Hinweis mehrmals am Tag wegklicken muss. Dann hilft die Option *Diese Meldung nicht mehr anzeigen*. Dann ist das regelmäßige Kontrollieren der aussortierten Mails aber umso wichtiger.

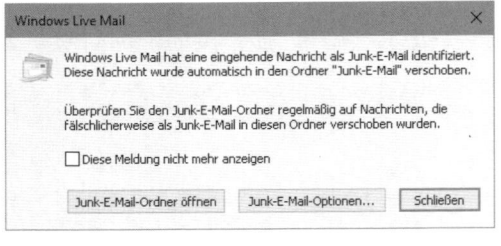

Die ausgefilterten Junk-E-Mails kontrollieren

Der Junk-E-Mail-Filter ist nicht absolut zuverlässig, und das wäre auch zu viel verlangt. Es wird Ihnen bestimmt irgendwann passieren, dass Sie eine E-Mail in Ihrem Eingangsordner vorfinden, die Sie als Spam bezeichnen würden. In solchen Fällen klicken Sie einfach in der Katego-

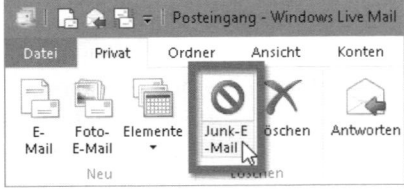

rie *Privat* der Multifunktionsleiste im Bereich *Löschen* auf das *Junk-E-Mail*-Symbol. Die gewählte Nachricht wird dann in den Junk-E-Mail-Filter verschoben. Zugleich lernt der Filter von Ihrer Entscheidung und wird ähnliche Mails in Zukunft automatisch als Spam behandeln.

Noch schlimmer aber ist es, wenn der Junk-E-Mail-Filter versehentlich erwünschte Nachrichten als Spam erkennt und herausfiltert. Aus diesem Grund sollten Sie regelmäßig einen Blick in den Ordner *Junk-E-Mail* werfen und die Mails kontrollieren, die sich dort gesammelt haben.

1. Lassen Sie sich in Windows Live Mail den Inhalt des Ordners *Junk-E-Mail* anzeigen.

2. Gehen Sie die Liste der Nachrichten durch und kontrollieren Sie, ob sich darunter nicht vielleicht eine erwünschte E-Mail befindet.

3. Sollten Sie eine solche Mail finden, markieren Sie sie und klicken im *Privat*-Menü auf die Schaltfläche *Dies ist keine Junk-E-Mail*. (Diese Schaltfläche ist nur zu sehen, wenn das Fenster groß genug ist. Andernfalls finden Sie die Funktion im Untermenü der *Löschen*-Schaltfläche.) Alternativ öffnen Sie mit der rechten Maustaste das Kontextmenü der Nachricht und rufen dort die Menüfunktion *Junk-E-Mail/Junk-E-Mail-Markierung aufheben* auf. Die Nachricht wird dann nicht mehr als Spam behandelt und automatisch in den Posteingangsordner verschoben.

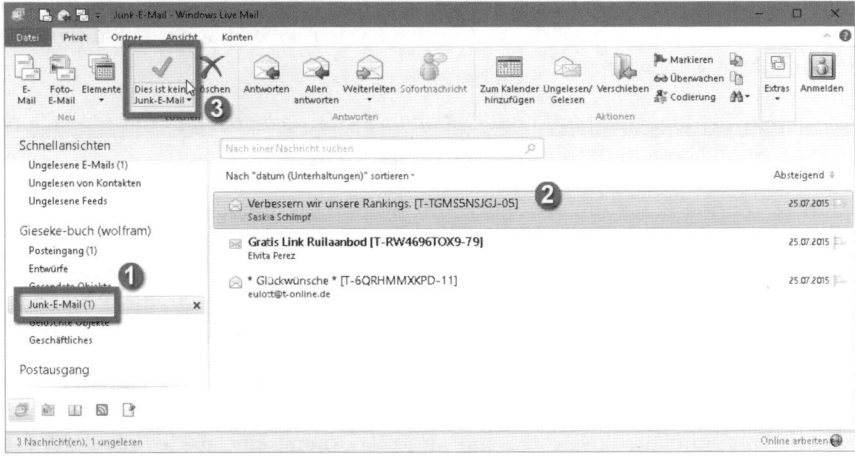

4. Haben Sie alle Nachrichten kontrolliert und befinden sich darunter wirklich nur noch Spammails, markieren Sie am besten den gesamten Ordner mit ⌨Strg⌨+⌨A⌨ und löschen die Nachrichten dann. Auf diese Weise wird der Spamordner geleert, und Sie müssen beim nächsten Nachsehen nicht noch einmal dieselben E-Mails kontrollieren. Sie können hierfür auch das *Löschen*-Symbol verwenden, das sich oben im *Privat*-Menü findet.

E-Mails endgültig löschen

Durch das Löschen werden die Junk-E-Mails zunächst nur in den Ordner *Gelöschte Objekte* verschoben und nicht wirklich gelöscht. Um das nachzuholen, klicken Sie mit der rechten Maustaste auf den Ordner *Gelöschte Elemente* und rufen im Kontextmenü die Funktion *Ordner „Gelöschte Elemente" leeren* auf. Alternativ können Sie den Papierkorb auch jeweils beim Beenden von Windows Live Mail leeren lassen. Öffnen Sie dazu die Einstellungen und wechseln Sie dort in die Rubrik *Erweitert*. Klicken Sie hier unten rechts auf *Wartung*. Aktivieren Sie im anschließenden Menü ganz oben die Option *Ordner „Gelöschte Elemente" beim Beenden leeren*. So sparen Sie automatisch Speicherplatz.

Optimaler Spamschutz durch Feintuning der Filterfunktion

Der Junk-E-Mail-Filter von Windows Live Mail lässt sich durch verschiedene Einstellungen und Maßnahmen optimieren. So können Sie z. B. die Adressen von persönlichen Kommunikationspartnern in einer Liste hinterlegen, um deren Einstufung als Spamabsender grundsätzlich zu verhindern. Umgekehrt können Sie aber auch typische Absender von Werberamsch auf eine rote Liste setzen und dem Junk-E-Mail-Filter damit auf die Sprünge helfen.

Standardmäßig arbeitet der Junk-E-Mail-Filter in der niedrigsten Wirkungsstufe, um möglichst keine erwünschten E-Mails fälschlich als Spam einzuordnen. Wenn Ihnen dabei immer noch zu viel Werbemails durchkommen, können Sie den Filter auch schärfer einstellen, wodurch allerdings das Risiko falscher Einstufungen von erwünschten E-Mails steigt.

1. Öffnen Sie im *Datei*-Menü mit *Optionen/Sicherheitsoptionen* die Einstellungen des Spamfilters in der Registerkarte *Optionen*.

2. Hier können Sie einen von mehreren Graden der Effektivität einstellen:

   - *Keine automatische Filterung*: Hiermit deaktivieren Sie den Junk-E-Mail-Filter fast komplett. Er filtert dann nur noch Nachrichten aus, wenn sie von Absendern stammen, die unter *Blockierte Absender* eingetragen sind.

   - *Niedrig*: Dies ist die Standardeinstellung, bei der alle eintreffenden Nachrichten untersucht werden. Allerdings muss die Prüfung eine relativ hohe Wahrscheinlichkeit von Spam ergeben, damit eine E-Mail als Junk-E-Mail eingestuft wird. Alle zusätzlichen Informationen wie blockierte Absender, Domänen und Sprachen werden berücksichtigt.

   - *Hoch*: Mit dieser Stufe können Sie den Junk-E-Mail-Filter schärfer schalten. Es reicht dann eine niedrigere Spamwahrscheinlichkeit für das Einstufen als Junk-E-Mail aus. Sie werden hiermit also in der Regel eine größere Zahl von Werbemails zuverlässig herausfiltern können. Allerdings steigt auch die Wahrscheinlichkeit von falschen Einstufungen zulässiger Mails. Auch hier werden die Informationen über sichere und blockierte Absender unabhängig davon berücksichtigt.

■ ***Nur sichere Absender***: In dieser ultimativen Filtereinstellung werden nur Nachrichten in den Eingangsordner eingestellt, die von Absendern von der sicheren Liste stammen, also nur von solchen Kommunikationspartnern, die Sie ausdrücklich als zulässig eingestuft haben. Alle anderen Nachrichten werden grundsätzlich als Junk-E-Mails herausgefiltert. Spammails werden Sie mit dieser Einstellung wohl kaum noch bekommen. Allerdings können Ihnen auch erwünschte Mails leicht durch die Lappen gehen, wenn z. B. einer der Kommunikationspartner seine E-Mail-Adresse ändert oder wenn Sie es versäumen, eine neue Adresse rechtzeitig in die sichere Liste aufzunehmen.

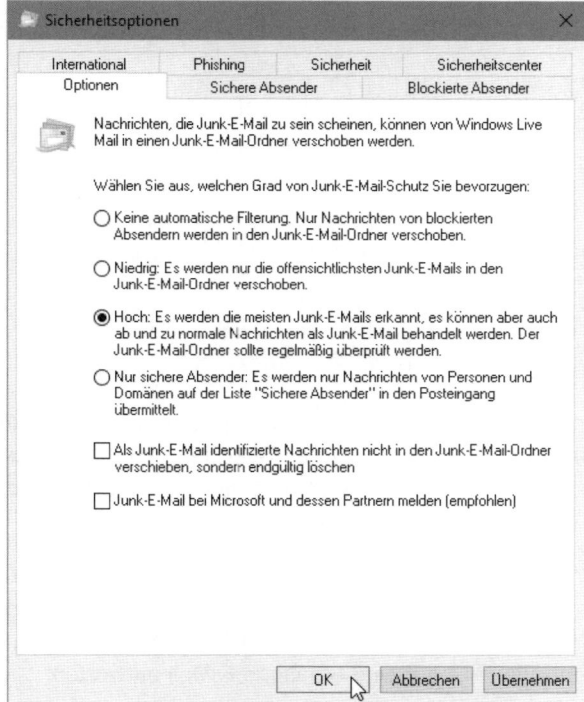

3. Wählen Sie den gewünschten Filtergrad des Junk-E-Mail-Filters aus und klicken Sie unten auf *OK*. Die Einstellung tritt sofort in Kraft.

So landen Freunde und Kollegen garantiert nicht im Spamordner

Eine sichere Liste hilft Ihnen dabei, fälschliche Einstufungen bei E-Mails von bekannten Kommunikationspartnern zuverlässig zu vermeiden. Kommt eine E-Mail von einer der Adressen auf dieser Liste an, betrachtet der Junk-E-Mail-Filter sie unabhängig vom Inhalt grundsätzlich nicht als Spam. Besonders praktisch: Die in Ihren Kontakten vermerkten E-Mail-Adressen können Sie automatisch auf die sichere Liste setzen lassen.

1. Öffnen Sie im *Datei*-Menü mit *Optionen/Sicherheitsoptionen* die Einstellungen des Spamfilters und wechseln Sie auf die Registerkarte *Sichere Absender*.

2. Hier finden Sie eine Liste von E-Mail-Adressen, die als sichere Absender betrachtet werden. Mit *Hinzufügen* können Sie weitere Adressen eingeben. Sie können hier sowohl konkrete E-Mail-Adressen als auch allgemeinere Domainnamen wie beispielsweise „firma.de" angeben. In letzterem Fall werden alle Absender von dieser Domain als sichere Absender eingestuft.

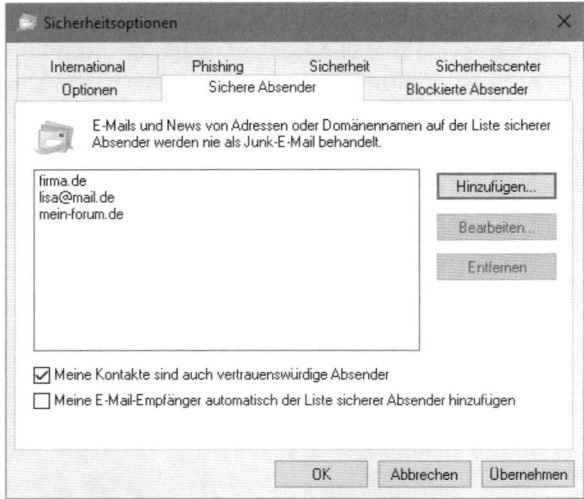

3. Wichtig sind auch die Optionen am unteren Fensterrand: Mit *Meine Kontakte sind auch vertrauenswürdige Absender* sorgen Sie dafür, dass alle in den Windows-Kontakten vermerkten E-Mail-Adressen automatisch als sichere Absender gelten, von denen kein Spam kommen kann.

4. Mit der Option *Meine E-Mail-Empfänger automatisch der Liste sicherer Absender hinzufügen* nehmen Sie alle E-Mail-Adressen, an die Sie Nachrichten adressieren, ebenfalls automatisch in die Liste der sicheren Absender auf. Dies gilt dann allerdings auch, wenn Sie z. B. auf eine erhaltene E-Mail antworten.

Bestimmte Absender als Spamversender blockieren

So wie es eine sichere Liste gibt, deren Adressen grundsätzlich nicht als Spamversender betrachtet werden, gibt es auch das Gegenteil: Eine rote Sperrliste bezeichnet Absender, deren Nachrichten immer als Spam eingestuft werden sollen, unabhängig vom konkreten Inhalt.

1. Öffnen Sie in den *Sicherheitsoptionen* die Registerkarte *Blockierte Absender*.

2. Hier finden Sie ähnlich wie bei den sicheren Absendern eine Liste vor, die Sie mit Adressen füllen können. Da dieses manuelle Eintragen aber nicht besonders praktisch ist, gibt es noch eine Alternative.

3. Wenn Sie in einem Mailordner eine Spamnachricht vorfinden, z. B. weil sie dem Junk-E-Mail-Filter durch die Lappen gegangen ist, markieren Sie diese Nachricht. Sie können auch gleich mehrere solcher E-Mails auswählen.

4. Klicken Sie dann mit der rechten Maustaste auf die Auswahl und wählen Sie im Kontextmenü *Junk-E-Mail/ Absender zur Liste blockierter Absender hinzufügen*. Die Absenderadresse wird dann automatisch in die Sperrliste eingetragen.

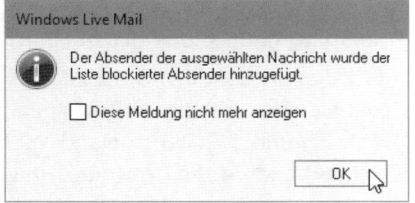

5. Alternativ können Sie auch *Domäne des Absenders zur Liste blockierter Absender hinzufügen* verwenden. Dann blockieren Sie nicht nur die Adresse (z. B. *kurt@spam-versand.de*), sondern alle Absender von dieser Domäne (hier also alles mit *...@spam-versand.de*). Allerdings sollten Sie damit etwas vorsichtig sein, da Spamversender teilweise auch gefälschte Absenderadressen von großen Firmen oder E-Mail-Providern verwenden. Mit einer Domänensperrung erhalten Sie dann vielleicht plötzlich überhaupt keine E-Mails von *...@gmx.de* mehr – egal ob Spam oder nicht.

Nachrichten aus bestimmten Ländern grundsätzlich als Spam behandeln

Spamversender sind sehr kreativ, wenn es um vermeintliche Absenderadressen geht, um Sperrlisten aus dem Weg zu gehen. Dies lässt sich aber auch gegen sie verwenden. Wenn Sie nicht gerade persönliche Bekannte in – sagen wir mal – Tadschikistan haben, ist wohl nicht davon auszugehen, dass Sie E-Mails aus diesem Land erwarten. Ähnliches gilt für die Sprache: Wenn Sie kein Vietnamesisch lesen können, dürften E-Mails in dieser Sprache wohl kaum interessant für Sie sein. Der Junk-E-Mail-Filter bietet Ihnen die Möglichkeit, Nachrichten aufgrund solcher Eigenschaften grundsätzlich herauszufiltern. Falsche Einschätzungen sind dabei kaum zu erwarten, denn selbst wenn eine vietnamesische E-Mail kein Spam ist, hilft Ihnen das mangels Sprachkenntnissen schließlich kaum weiter, oder?

1. Öffnen Sie die *Sicherheitsoptionen* und wechseln Sie auf die Registerkarte *International*.

2. Klicken Sie hier auf *Liste blockierter Domänen auf oberster Ebene*.

3. Im anschließenden Menü können Sie auswählen, aus welchen Ländern Sie nicht ernsthaft mit E-Mails rechnen. Am einfachsten ist es, Sie klicken zunächst rechts auf *Alle auswählen*. Dann brauchen Sie nur die Häkchen bei den Ländern zu entfernen, aus denen Ihre E-Mail-Kommunikationspartner stammen. Schließen Sie den Dialog dann mit *OK*.

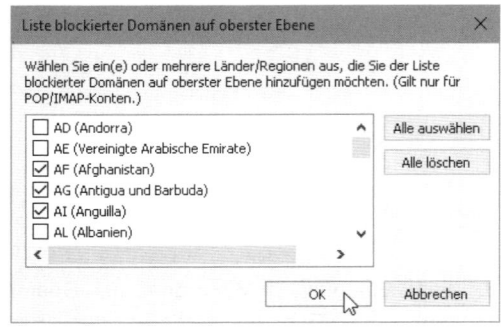

HINWEIS

Was sollte nicht blockiert werden?

Aus welchen Ländern Sie E-Mails bekommen, wissen Sie selbst am besten. Spielt sich das meiste auf Deutsch ab, sollten Sie zumindest *AT* (Österreich), *CH* (Schweiz) und *DE* (Deutschland) nicht ankreuzen. Ansonsten überlegen Sie, in welchen Ländern Sie Bekannte, Freunde, Verwandte, Geschäftspartner etc. haben. Auch international verwenden viele E-Mail-Adressen *.com*, *.net* oder *.org*, die von dieser Länderliste ohnehin nicht berücksichtigt werden. Die Gefahr, jemanden unverdienterweise auszuschließen, ist also relativ gering. Bei den Codierungen sollten Sie zumindest *Westeuropäisch*, *Lateinisch 9* und *US_ASCII* zulassen. Wenn Sie auch mit Bekannten z. B. in Griechenland kommunizieren, empfiehlt es sich aber, deren Sprachschema ebenfalls zuzulassen.

4. Mit *Liste blockierter Codierungen* öffnen Sie ein ähnliches Menü für die Spracheinstellungen. Jede E-Mail wird mit einem bestimmten Sprachschema erstellt, das von dem PC abhängt, auf dem sie geschrieben wird. Ist darauf z. B. ein arabisches Windows installiert, bekommt die E-Mail

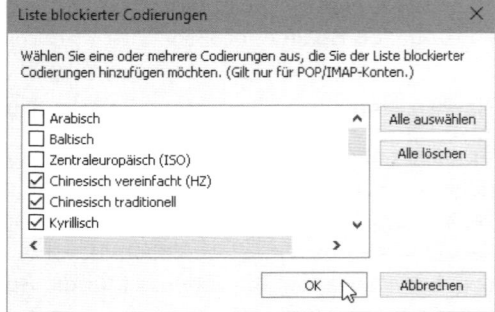

ein arabisches Sprachschema. Wenn Sie ohnehin kein Arabisch beherrschen, können Sie solche Mails aber sowieso nicht lesen. Deshalb können Sie E-Mails mit einem solchen Sprachschema auch getrost als Junk-E-Mail blockieren.

Gefährliche Phishingmails automatisch erkennen und aussortieren

Neben dem Junk-E-Mail-Filter bzw. parallel zu diesem bringt Windows Live Mail auch einen Phishingfilter mit. Dieses Thema spielt bei E-Mails ebenfalls eine große Rolle. So werden regelmäßig gefälschte E-Mails versendet, die angeblich von einer Bank stammen, in denen man einen großen Gewinn gemacht hat oder die eine tolle Geschäftsmöglichkeit enthalten. Tatsächlich geht es nur darum, Besucher auf gefälschte Webseiten zu locken und sie zum Preisgeben vertraulicher Angaben wie Kreditkartennummern oder Bankdaten zu verleiten.

Solche E-Mails lassen sich allerdings mit denselben Mitteln wie Spamnachrichten erkennen. Deswegen beschäftigt sich der Junk-E-Mail-Filter von Windows Live Mail nicht nur mit Werbemüll, sondern auch mit Phishingbotschaften. Diese werden genauso beim Empfang automatisch erkannt und in den Junk-E-Mail-Ordner transferiert. Das Ganze passiert automatisch und ohne Ihr Zutun. Sie können den Phishingschutz allerdings über einige wenige Optionen konfigurieren.

1. Öffnen Sie in den *Sicherheitsoptionen* die Registerkarte *Phishing*.

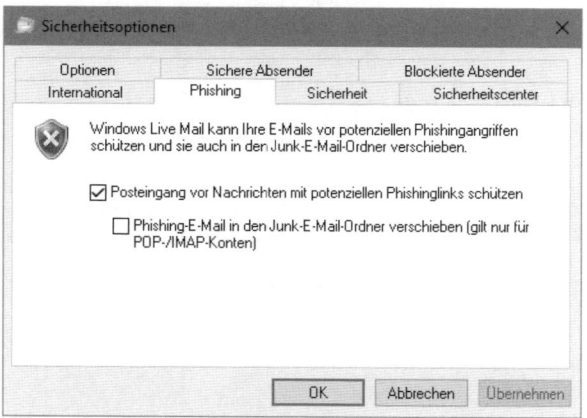

2. Mit der Option *Posteingang vor Nachrichten mit potenziellen Phishinglinks schützen* schalten Sie den Phishingfilter generell ein oder aus. Der Junk-E-Mail-Filter ist davon aber nicht betroffen. Er läuft gegebenenfalls unabhängig weiter, sortiert dann aber eben nur noch Spam aus.

3. Die Option *Phishing-E-Mail in den Junk-E-Mail-Ordner verschieben* sorgt dafür, dass die als Phishingmails erkannten Nachrichten automatisch im Junk-E-Mail-Ordner landen.

25.3 Kontakte sammeln und soziale Netzwerke einbinden

Ohne Adressen kommt man beim E-Mail-Schreiben nicht weit. Mit der Kontakte-App können Sie solche Adressen, aber auch noch viele andere Daten zu Ihren Kontaktpersonen erfassen und aus verschiedenen Anwendungen heraus abrufen. Dabei lässt sich die App mit vorhandenen Konten etwa auch bei Google oder iCloud

verknüpfen, sodass Sie ganz einfach Ihre vorhandenen Kontakte von anderen Geräten abrufen und synchronisieren können.

Neue Kontakte anlegen

Wenn Sie neue Kontakte anlegen möchten, können Sie dies mit der App jederzeit schnell und nach Maß erledigen:

1. Klicken Sie dazu auf das +-Symbol im Navigationsbereich auf der linken Seite der App.

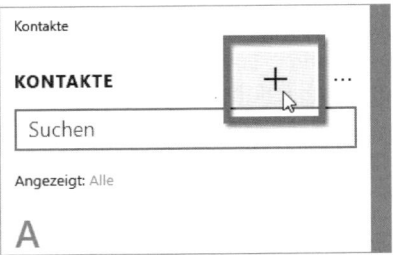

2. Wenn Sie dies zum ersten Mal machen, möchte die App wissen, in welchem Konto neue Kontakte in Zukunft gespeichert werden sollen. Je nach Art der Windows-Anmeldung steht hier ein Microsoft-Konto sowie Outlook zur Auswahl. Sie können mit *Schließen* auch auf diese Vorgabe verzichten und das Konto bei jedem neuen Kontakt manuell auswählen.

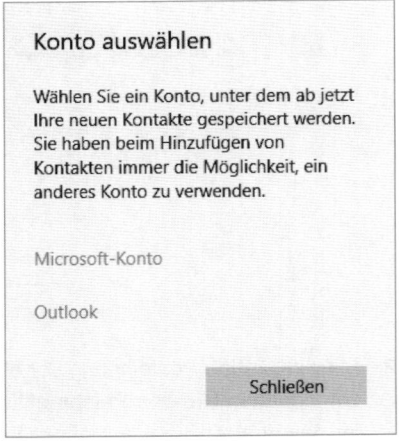

3. Im anschließenden Dialog geben Sie die Daten Ihrer Bekannten, Kollegen und Freunde ein:

   ■ Ganz oben bei **Speichern unter** wählen Sie das Konto, in dem dieser Kontakt gespeichert werden soll. Am besten verwenden Sie immer die gleiche Einstellung, um Ihre Kontakte nicht unnötig über verschiedene Cloud-Dienste zu verstreuen. Aber vielleicht wollen Sie auf diese Weise auch private und geschäftliche Kontakte trennen.

■ Bei *Name* geben Sie den Namen der Person (oder auch Firma, Verein etc.) ein.

■ Darunter können Sie eine oder mehrere Telefonnummern angeben. Wählen Sie die Art der Nummer (Handy, private Nummer, Firmenanschluss etc.) und tippen Sie dann die Nummer ein. Mit + *Telefon* fügen Sie beliebige weitere Nummern hinzu.

■ In gleicher Weise lassen sich eine oder mehrere E-Mail-Adressen für jeden Kontakt hinterlegen.

■ Ebenso können Sie eine oder mehrere Adressen angeben.

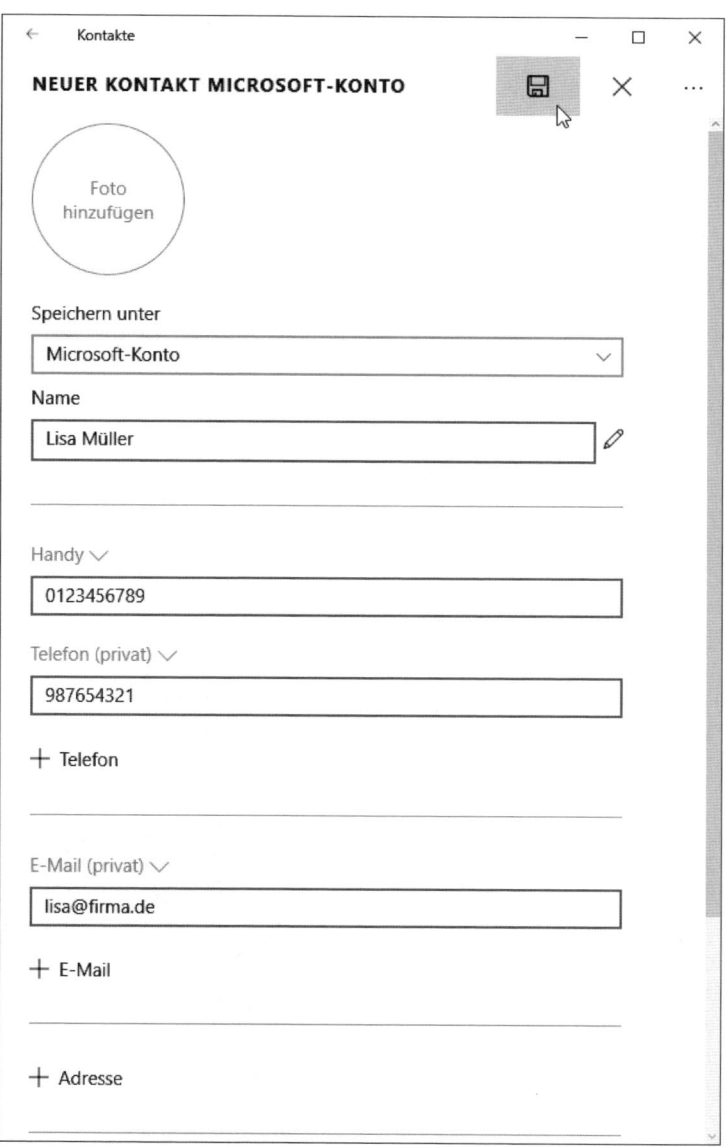

■ Bei *Sonstige* lassen sich nach Bedarf bei jedem Kontakt weitere Informationen hinzufügen, etwa Geburtstag, Firma, Website oder Notizen.

4. Ist alles eingegeben, klicken Sie oben rechts auf das *Speichern*-Symbol, um die Daten zu übernehmen.

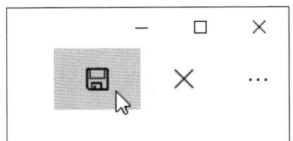

Kontakte mit Bildern versehen

Wenn Sie möchten, können Sie Ihre Kontakte mit aussagekräftigen Bildern versehen. Das gibt dem Ganzen eine attraktive und persönliche Note. Außerdem lässt sich so die Herkunft von Mails, Chatanrufen und anderen Nachrichten oft auf den ersten Blick zuordnen.

1. Öffnen Sie den Kontakt in der Kontakte-App zum Bearbeiten (wenn Sie ihn nicht ohnehin gerade erst anlegen).

2. Klicken bzw. tippen Sie dann oben links auf den *Foto hinzufügen*-Kreis.

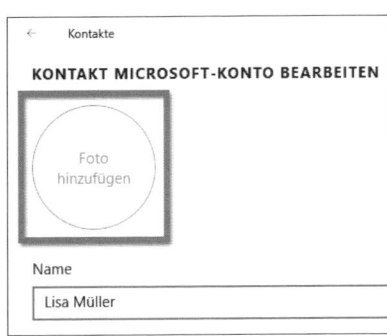

3. Damit öffnen Sie die Fotos-App mit einem Überblick der auf dem PC gespeicherten Aufnahmen.

4. Wählen Sie hier ein geeignetes Bild der Kontaktperson aus.

5. Dieses wird in einem Kreis angezeigt, dessen Position und Größe Sie frei verändern können. Platzieren Sie ihn so, dass er beispielsweise das Gesicht der Person möglichst formatfüllend anzeigt.

6. Klicken Sie dann oben rechts auf das Häkchen, um den gewählten Bildausschnitt als Kontaktbild zu verwenden.

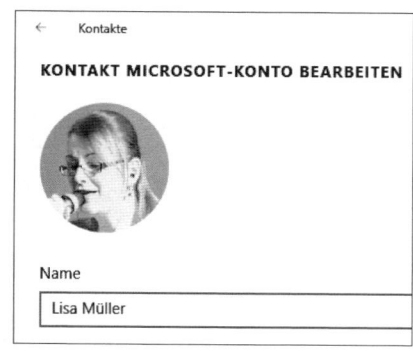

7. Zurück in der Kontakte-App ist das Kreissymbol für diesen Kontakt nur mit dem gewählten Bild versehen.

Sie können diesen Vorgang jederzeit wiederholen, um ein anderes Bild zu wählen oder den Bildausschnitt anzupassen.

Adressen aus den Kontakten in E-Mails übernehmen

So eine Kontaktverwaltung ist kein Selbstzweck. Selbstverständlich können Sie auf die gespeicherten Kontakte auch zugreifen. Windows stellt dafür Schnittstellen bereit, die andere Apps nutzen können. Das können Sie z. B. bei der mitgelieferten Mail-App (siehe Seite 507) ausprobieren.

Wenn Sie hier eine neue Mail verfassen und das Empfängerfeld ausfüllen möchten, tippen Sie einfach den Namen (bzw. einen Teil davon) ein. Findet sich zum eingetippten Namen bzw. Namensanfang ein passender Kontakt, wird dieser automatisch vorgeschlagen. Wählen Sie den gewünschten Kontakt einfach in der Liste aus. Das erspart Merk- und Tipparbeit und verringert vor allem die Gefahr von Tippfehlern bei den meist längeren E-Mail-Adressen.

Kontakte aus der Cloud abrufen und synchronisieren

Wenn Sie schon Kontakte beispielsweise mit Ihrem Smartphone gespeichert haben, sind diese in der Cloud für Ihren Abruf verfügbar, selbst wenn es sich dabei nicht um ein Microsoft-Windows-Gerät, sondern ein iPhone oder ein Android-Smartphone handelt. Deren Daten finden sich üblicherweise in der iCloud oder bei Google. Die Kontakte-App lässt sich mit diesem Konto (oder auch mehreren verknüpfen). Damit importieren Sie nicht nur die Kontakte ruck, zuck von Ihrem Smartphone oder Tablet. Die Daten werden auch automatisch synchronisiert. Sie können also in Zukunft Kontakte am PC ebenso wie am Smartphone erstellen oder bearbeiten. Die neuen Daten finden sich nach kurzer Zeit auf den anderen Geräten ebenso wieder.

1. Um die Kontakte-App mit einem Cloud-Konto zu verknüpfen, öffnen Sie in der App die Einstellungen mit dem Menü-Symbol.

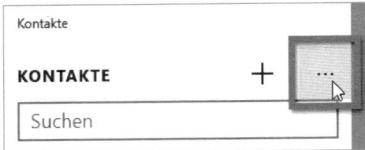

2. Klicken Sie hier auf *Konto hinzufügen* und wählen Sie dann aus, bei welchem Anbieter die Adressdaten hinterlegt sind.

3. Geben Sie dann die Zugangsdaten zu Ihrem Konto bei diesem Cloud-Dienst an. Je nach Anbieter müssen Sie dann noch bestätigen, dass die App auf die gewünschten Daten zugreifen darf.

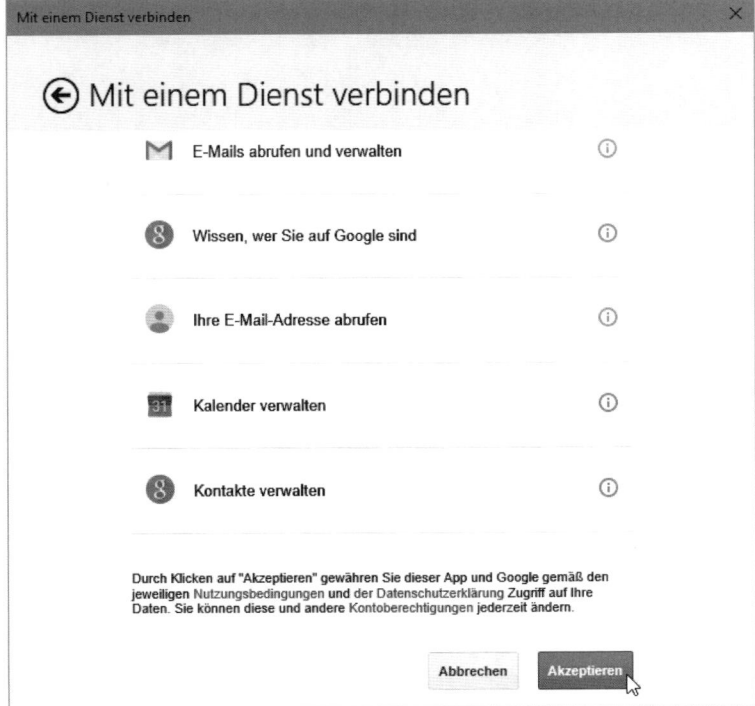

Anschließend werden die Daten zum ersten Mal abgerufen, sodass sich Ihre Kontaktliste nach kurzer Zeit füllen sollte.

Den so eingerichteten Dienst finden Sie in den Einstellungen in der Kontenliste wieder. Hier können Sie die Synchronisierungseinstellungen anpassen, etwa ob neben Kontakten auch E-Mails und Kalenderdaten synchronisiert werden dürfen und wie häufig der Abruf erfolgen soll.

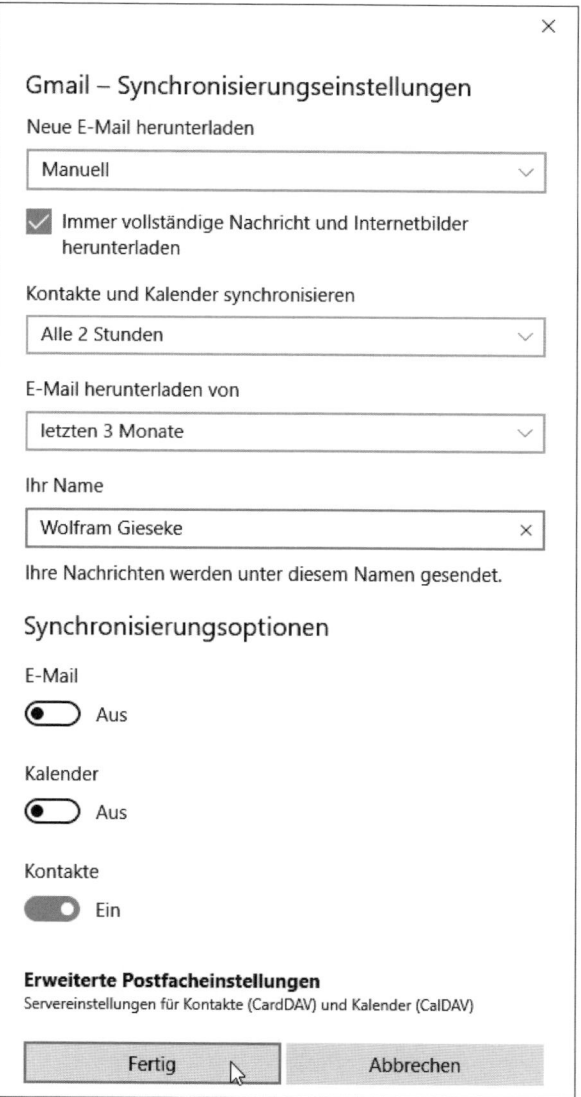

26 Ordner, Dateien und Desktop im Netzwerk freigeben

Ist Ihr Windows-PC mit anderen (Windows-)PCs verbunden, können Sie mit diesen Ihre Dateien und andere Ressourcen wie z. B. Drucker teilen. Hierzu geben Sie bestimmte Ordner für den Zugriff aus dem Netzwerk frei, sodass andere Netzteilnehmer den Inhalt genauso wie lokale Ordner auf der eigenen Festplatte lesen sowie gegebenenfalls auch verändern können. Auch Ihren lokalen Drucker können Sie auf diese Weise für andere Benutzer freigeben, sodass diese ihre Dokumente damit ausdrucken können. Umgekehrt können Sie von freigegebenen Ressourcen der anderen PCs profitieren, indem Sie z. B. Zugriff auf deren Dateien erhalten. Die grundlegenden Freigabeeinstellungen finden sich bei Windows gemeinsam mit den Netzwerkfunktionen im Netzwerk- und Freigabecenter.

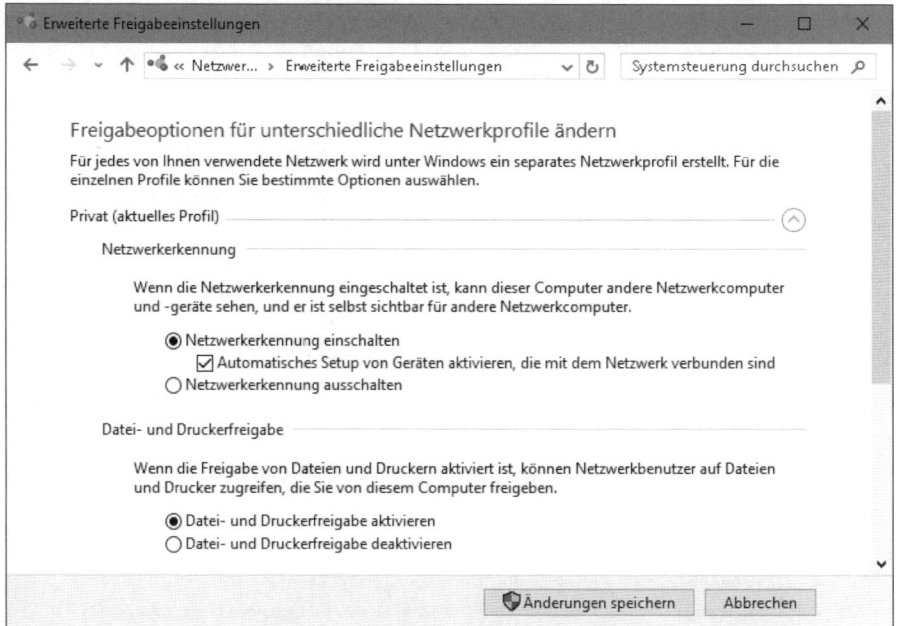

26.1 Die Dateifreigabe aktivieren

Standardmäßig sind die Funktionen zur Freigabe von Ressourcen im Netzwerk größtenteils deaktiviert. Dies dient der Sicherheit, damit nicht andere Benutzer Zugriff auf Ihre Daten haben, ohne dass Sie das wissen. Das Freigabekonzept beruht deshalb darauf, dass Sie die Funktionen einmalig aktivieren müssen, bevor Sie sie nutzen können. Durch mehrere Einstellungsmöglichkeiten lassen sich die verschiedenen Funktionen und Stufen der Freigabe flexibel auswählen.

Netzwerkerkennung und Dateifreigabe aktivieren

Grundvoraussetzung für ein reibungsloses Funktionieren der Freigabefunktionen ist die automatische Netzwerkerkennung. Dadurch kommunizieren die beteiligten PCs miteinander, und Ihr Windows-System kann z. B. erfahren, welche Ressourcen im Netzwerk freigegeben sind.

HINWEIS

Freigabeeinstellungen für verschiedene Netze

Sie können unterschiedliche Freigabeeinstellungen für verschiedene Arten von Netzen vornehmen. Windows unterscheidet privates und öffentliches Profil. Das private Profil ist beispielsweise für Ihr eigenes Heimnetzwerk und andere Netzwerke gedacht, in denen Sie vertrauliche Daten austauschen wollen und können. Das öffentliche Profil hingegen kommt etwa bei Hotspots, Hotel-Netzwerken oder Gastzugängen in Firmennetzwerken zum Einsatz, wo es Internetzugang ermöglicht, alle Zugriffe auf Ihre Daten aber unterbindet. Für beide Arten von Netzen können Sie die wesentlichen Einstellungen getrennt vornehmen. Welches Profil zum Einsatz kommt, bestimmen Sie in den Eigenschaften der jeweiligen Verbindung (siehe Seite 461). Die nachfolgend beschriebenen Einstellungen sollten Sie für das private Profil vornehmen.

1. Öffnen Sie das Netzwerk- und Freigabecenter und klicken Sie links im Navigationsbereich auf *Erweiterte Freigabeeinstellungen ändern*.

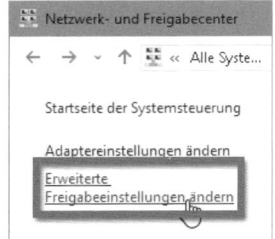

2. Damit öffnen Sie den Einstellungsbereich für diese Funktion. Wählen Sie hier die Option *Netzwerkerkennung einschalten*.

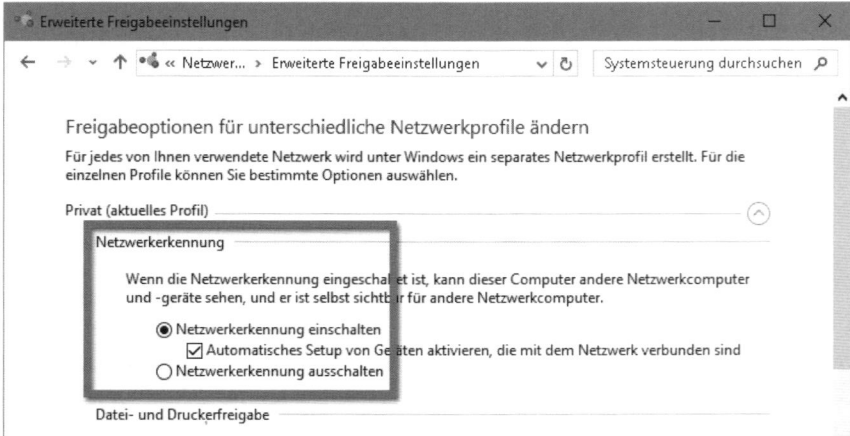

3. Um das Freigeben von Dateien auf Ihrem PC zu ermöglichen, sollten Sie außerdem unter *Datei- und Druckerfreigabe* die Option *Datei- und Druckerfreigabe*

aktivieren wählen. Damit erlauben Sie den Benutzern anderer PCs im Netzwerk zunächst einmal grundsätzlich, auf Dateien Ihres PCs zuzugreifen. Konkrete Freigaben sind damit aber noch nicht erteilt, darauf gehe ich im Folgenden ein.

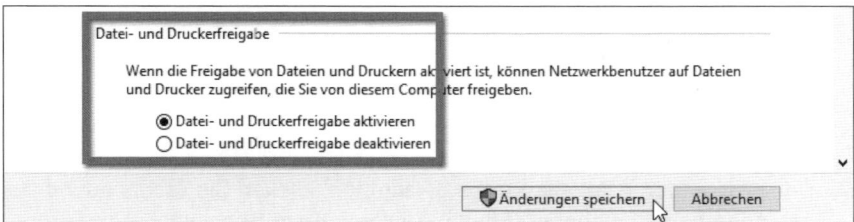

4. Die dritte Einstellung unter *Heimnetzgruppen-Verbindungen* regelt, wie die Freigabe von Ressourcen gesteuert wird. In einer reinen Windows-Umgebung können Sie dem Betriebssystem die Verwaltung der Heimnetzgruppenverbindungen überlassen. Sowie aber andere Geräte im Spiel sind, sollten Sie *Benutzerkonten und Kennwörter zum Herstellen von Verbindungen mit anderen Computern verwenden* auswählen.

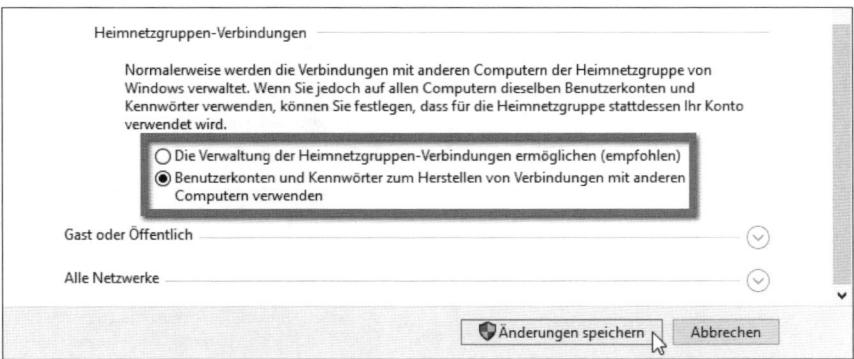

5. Übernehmen Sie die veränderten Einstellungen mit *Änderungen speichern*.

Einer Arbeitsgruppe beitreten

Arbeitsgruppen legen fest, welche PCs in einem physischen Netz logisch zusammengehören. Sie beschleunigen die Netzwerkerkennung und erleichtern den Zugriff auf freigegebene Dateien. Bei einem klassischen lokalen Netzwerk zu Hause oder in einer kleinen Firma sollten alle PCs zur selben Arbeitsgruppe gehören. Wenn alle PCs Windows 10, 8 oder 7 verwenden, können Sie statt der Arbeitsgruppe auch eine Heimnetzgruppe aufmachen. Sind aber andere Windows-Versionen im Spiel, geht für zuverlässige und schnelle Verbindungen an einer Arbeitsgruppe kein Weg vorbei.

1. Um einer Arbeitsgruppe beizutreten, öffnen Sie in der klassischen Systemsteuerung das Modul *System*. Hier sehen Sie unter *Einstellungen für Computernamen, Domäne und Arbeitsgruppe*, welcher Arbeitsgruppe Ihr PC derzeit angehört.

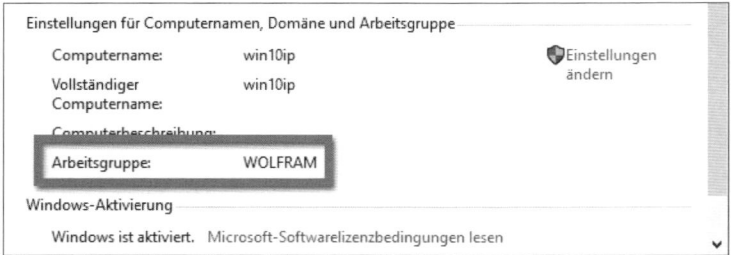

2. Um einer anderen Arbeitsgruppe beizutreten, klicken Sie rechts auf *Einstellungen ändern* und im anschließenden Dialog auf die Schaltfläche *Ändern*.

3. Nun können Sie im Menü *Ändern des Computernamens bzw. der Domäne* ganz unten im Bereich *Mitglied von* die Option *Arbeitsgruppe* wählen und den Namen Ihrer Arbeitsgruppe eingeben.

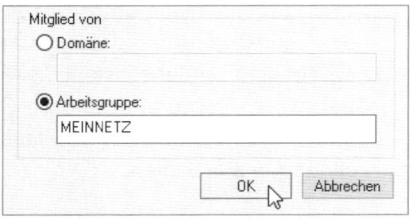

4. Windows versetzt Ihren PC dann sofort in die neue Arbeitsgruppe. Klappt das reibungslos, werden Sie anschließend angemessen begrüßt.

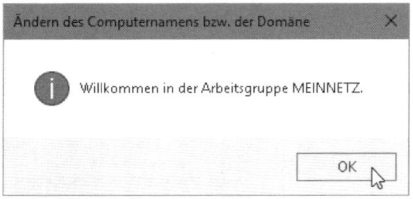

5. Manche Dinge ändern sich einfach nie: Seit Version 3.11 (erschienen im Jahr 1994) verlangt Windows für den Wechsel der Arbeitsgruppe nach wie vor einen Neustart.

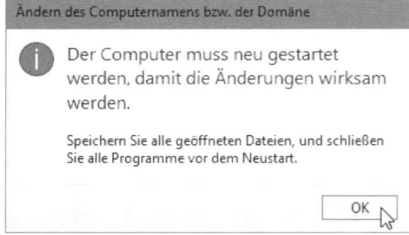

TIPP

Netzwerkarbeitsgruppen

Arbeitsgruppen für Windows-Dateifreigaben entstehen einfach dadurch, dass alle PCs, die an einer Arbeitsgruppe beteiligt sein sollen, in ihren Netzwerkeinstellungen denselben Arbeitsgruppennamen verwenden. Dabei spielt es keine Rolle, ob alle PCs Windows 10 oder auch ältere Windows-Versionen nutzen. Ein Arbeitsgruppenname kann seit Windows 3.11 immer angeführt werden. Geben Sie also einfach nur allen Ihren PCs den gleichen Arbeitsgruppennamen mit. Der Vorteil ist ein beschleunigter Zugriff auf die Ressourcen. Außerdem ist das Hantieren mit Netzwerkfreigaben einfacher, wenn sich nicht jeder PC in seiner eigenen Arbeitsgruppe befindet.

26.2 Dateien und Ordner im Netzwerk freigeben

Ist die Freigabe grundsätzlich aktiviert, können Sie Ordner auf Ihrem PC für den Zugriff aus dem Netzwerk freigeben. Windows unterscheidet dabei zwei Varianten:

■ Bei der Freigabe der öffentlichen Ordner geben Sie die öffentlichen Ordner Ihres PCs und deren gesamten Inhalt pauschal für alle Benutzer aus dem lokalen Netzwerk frei. Diese Variante ist einfach umzusetzen, lässt Ihnen aber keine Kontrolle darüber, wer auf Ihre Daten wie zugreifen darf.

■ Alternativ können Sie ausgewählte Ordner ganz gezielt für bestimmte Benutzer freigeben. Dabei haben Sie eine sehr flexible Kontrolle über berechtigte Benutzer und Zugriffsrechte.

Freigabe auf die simple Art: der öffentliche Ordner

Windows bringt schon von Haus aus einen öffentlichen Ordner für z. B. Bilder, Musik und Videos mit, auf den alle Benutzer des PCs Zugriff haben. Die Netzwerkfreigabe gibt Ihnen die Möglichkeit, diesen Ordner auch allen Teilnehmern des lokalen Netzwerks zugänglich zu machen. Das Freigeben von Dateien und Ordnern besteht dann darin, diese in den öffentlichen Ordner zu kopieren bzw. zu verschieben. Viel einfacher geht es kaum. Allerdings hat diese simple Methode auch ihre Nachteile:

■ Sie können den öffentlichen Ordner nur pauschal freigeben oder pauschal sperren. Eine Kontrolle darüber, welche Benutzer Zugriff darauf haben, ist nicht möglich. Zumindest aber können Sie für Teilnehmer des lokalen Netzwerks die Art des Zugriffs beschränken, also z. B. einen reinen Lesezugriff ohne das Recht zum Verändern oder Löschen zulassen.

■ Bei sehr großen oder sehr vielen Dateien kann es zeitraubend und umständlich sein, diese in den öffentlichen Ordner zu übertragen. Wenn Sie dafür Kopien verwenden und die Originaldateien in ihrem Ursprungsordner belassen, verschwenden Sie außerdem viel Speicherplatz.

Über das Netzwerk- und Freigabecenter können Sie festlegen, ob der öffentliche Ordner freigegeben werden soll und welchen Zugriff die Benutzer darauf haben sollen.

1. Klicken Sie dazu im Netzwerk- und Freigabecenter wiederum auf *Erweiterte Freigabeeinstellungen ändern*.

2. Öffnen Sie dann in den Einstellungen den Bereich *Alle Netzwerke*. Hier finden Sie ganz oben den Abschnitt *Freigabe des öffentlichen Ordners*.

3. Wählen Sie darunter die Option *Freigabe einschalten, sodass jeder Benutzer mit Netzwerkzugriff in Dateien in den Ordnern "Öffentlich" lesen und schreiben kann*.

4. Übernehmen Sie die neue Einstellung mit *Änderungen speichern*.

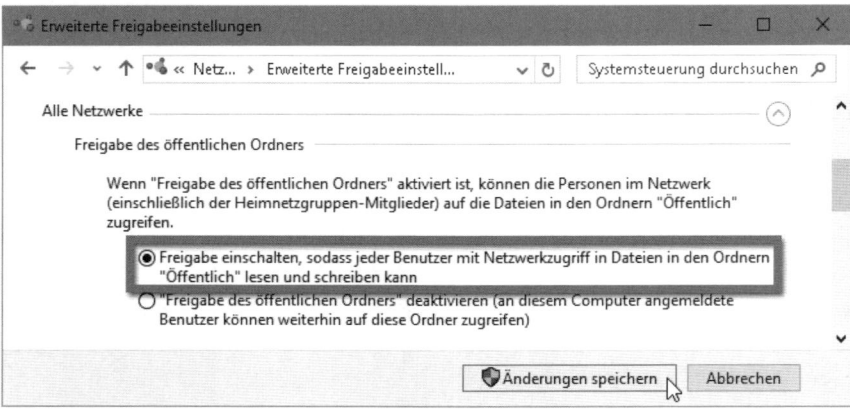

⚠ Die öffentlichen Ordner

Windows verfügt über eine ganze Reihe an öffentlichen Ordnern. Am besten verschaffen Sie sich einen Überblick darüber, bevor Sie diese Art der Freigabe wählen. Öffnen Sie dazu im Windows-Explorer den Ordner C:\Benutzer\Öffentlich.

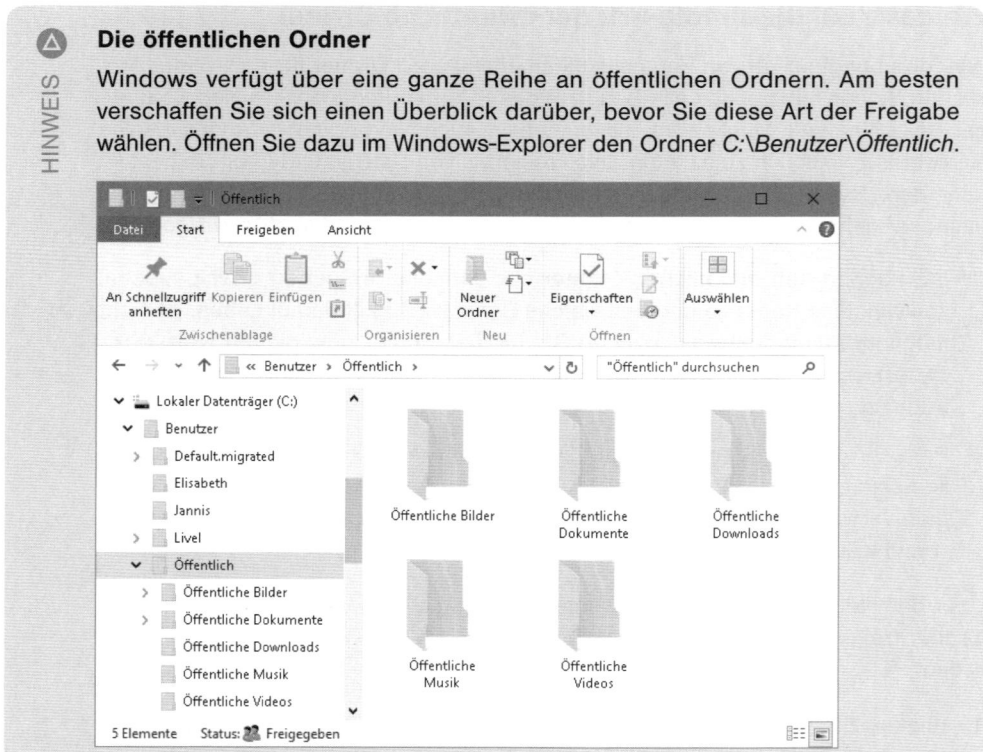

Einzelne Ordner für ausgewählte Benutzer gezielt freigeben

Die Alternative zum pauschalen Freigeben des öffentlichen Ordners ist das gezielte Freigeben einzelner Ordner. Diese können sich an beliebiger Stelle des Dateisystems befinden. Sie müssen nur selbst die Zugriffsrechte dafür haben.

1. Um einen Ordner freizugeben, wählen Sie ihn im Windows-Explorer aus und öffnen dann oben in der Multifunktionsleiste die Kategorie *Freigeben*.

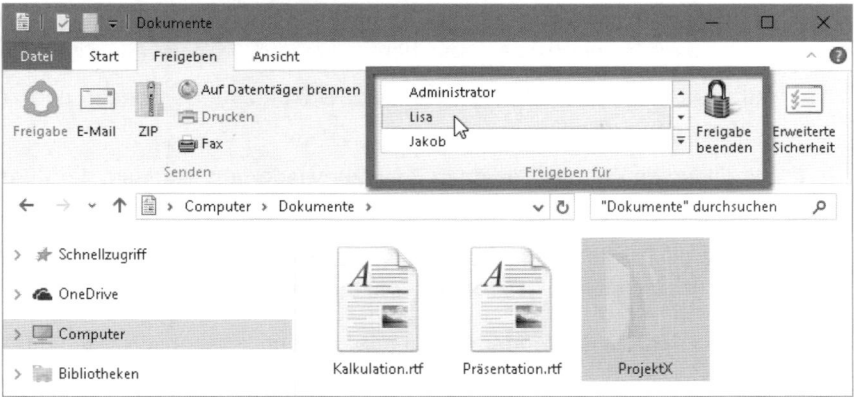

2. Im Bereich *Freigeben für* können Sie dann direkt andere Benutzer desselben PCs auswählen, die ebenfalls Zugriff auf diesen Ordner erhalten sollen. Dieser Zugriff umfasst dann aber immer nur Leserechte.

3. Wollen Sie auch Schreibrechte vergeben, wählen Sie stattdessen den untersten Punkt der Liste *Bestimmte Personen*.

4. Damit öffnen Sie den *Dateifreigabe*-Dialog, in dem Sie entscheiden können, wer welche Zugriffsrechte für diesen Ordner haben soll. Hier sind zunächst Sie selbst als Besitzer eingetragen. Wenn Sie den Ordner so freigeben, haben Sie selbst von einem anderen PC aus Zugriff darauf, aber sonst niemand.

5. Um einem anderen Benutzer den Zugriff zu erlauben, wählen Sie ihn oben aus. Hier sind nur die Benutzer aufgeführt, die auf diesem PC selbst eingerichtet sind. Sie können mit dieser Freigabe dann sowohl an diesem PC als auch an anderen PCs im lokalen Netzwerk auf den Ordner zugreifen. Mit der Einstellung *Jeder* erfassen Sie gleich alle lokalen Benutzer dieses PCs. Übernehmen Sie den gewählten Benutzer mit *Hinzufügen* in die Liste darunter.

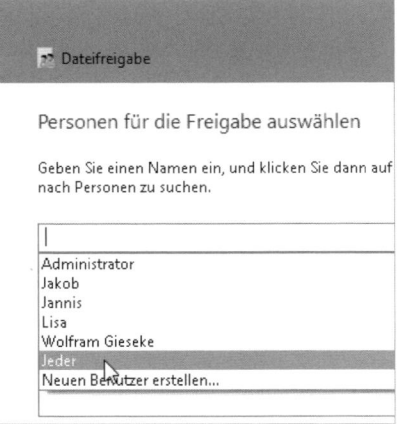

6. Haben Sie einen Benutzer in die Liste eingeordnet, können Sie noch festlegen, welche Zugriffsrechte er auf diesen Ordner haben soll. Klicken Sie dazu rechts in der Spalte *Berechtigungsebene* auf den aktuellen Status. Damit öffnen Sie ein Auswahlfeld, in dem Sie diesen Status verändern können.

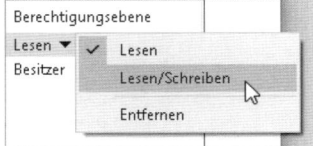

- Mit *Lesen* kann ein Benutzer die Dateien im Ordner nur öffnen und lesen, aber keine Veränderungen speichern.

- Mit *Lesen/Schreiben* darf ein Benutzer Dokumente bearbeiten und seine Änderungen speichern.

- Mit *Entfernen* löschen Sie einen Benutzer wieder aus der Liste der Zugriffsberechtigten.

7. Haben Sie die Einstellungen vorgenommen, klicken Sie unten auf die *Freigabe*-Schaltfläche, um die Freigabedaten zu aktualisieren.

Diese Art der Freigabe ist standardmäßig nur für Benutzer möglich, die ein Benutzerkonto mit Kennwort auf diesem PC eingerichtet haben. Sie können aber nicht nur auf diesem PC darauf zugreifen: Wenn sie sich mit demselben Kontonamen und Kennwort auf einem anderen PC im lokalen Netzwerk anmelden, erhalten sie ebenfalls Zugang auf die freigegebenen Ordner.

Dateien auch für Benutzer ohne Konto und Kennwort freigeben

Die vorangehend beschriebene Freigabevariante lässt sich nur für Benutzer vornehmen, die ein Konto auf diesem PC haben. Benutzer anderer PCs, die dort ihr eigenes Benutzerkonto haben, können darauf nicht zugreifen. Dies lässt sich aber ändern. Sie können die Freigaben auch für Netzwerkteilnehmer unabhängig von deren Kontodaten vornehmen. Dies geht allerdings mit einem erhöhten Sicherheitsrisiko einher.

1. Öffnen Sie das Netzwerk- und Freigabecenter und klicken Sie dort wiederum links im Arbeitsbereich auf *Erweiterte Freigabeeinstellungen ändern*.

2. Suchen Sie hier im Bereich *Alle Netzwerke* ganz unten den Abschnitt *Kennwortgeschütztes Freigeben*.

3. Wählen Sie die Option *Kennwortgeschütztes Freigeben ausschalten* und klicken Sie unten auf *Änderungen speichern*.

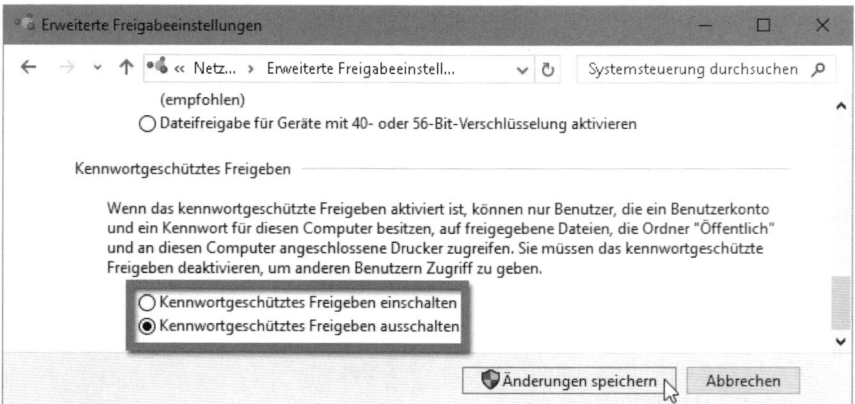

4. Wenn Sie nun wieder in die Freigabeeinstellungen eines Ordners zurückkehren, finden Sie zusätzlich den Benutzer *Gast* vor. Fügen Sie diesen in die Liste der Befugten ein, können alle Teilnehmer im lokalen Netzwerk auch ohne passendes Benutzerkonto auf diesen Ordner zugreifen. Das gilt ebenfalls, wenn sich Benutzer an diesem PC als Gast anmelden.

Freigaben für Gäste sind riskant!

Wenn Sie auf die Kontrolle der Freigaben per Benutzerkonto und Kennwort verzichten, gehen Sie ein erhöhtes Risiko ein. Jeder Teilnehmer, der sich irgendwie Zugang zu Ihrem Netzwerk verschafft (z. B. durch ein unsicher konfiguriertes WLAN), hat dann Zugriff auf sämtliche freigegebene Daten. Sie sollten deshalb sicherstellen, dass diese Daten nicht vertraulich und z. B. auch nicht urheberrechtlich geschützt sind.

Alte Windows-Haudegen: Dateien und Ordner mit der klassischen Methode freigeben

Sollten Sie sich mit den neuen Freigabevarianten von Windows nicht anfreunden können, steht Ihnen weiterhin die bereits seit Windows XP bekannte Funktion zur Freigabe zur Verfügung.

1. Öffnen Sie dazu die Eigenschaften des freizugebenden Ordners, z. B. indem Sie mit der rechten Maustaste darauf klicken und im Kontextmenü *Eigenschaften* wählen.

2. Gehen Sie im Menü zur Registerkarte *Freigabe*.

3. Klicken Sie dort auf die Schaltfläche *Erweiterte Freigabe*.

4. Das damit geöffnete Menü entspricht genau der Freigabefunktion von Windows XP.

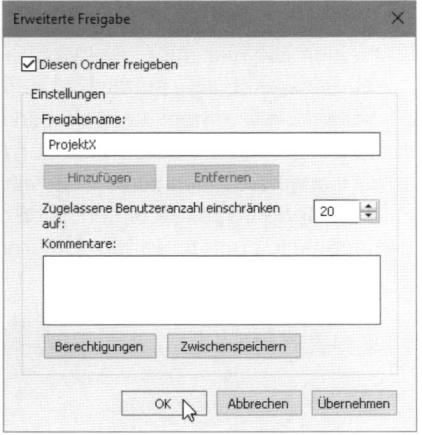

26.3 Problemloser Zugriff auf freigegebene Netzwerkordner

Sind Ordner einmal für den Zugriff aus dem lokalen Netzwerk freigegeben, können Sie jederzeit darauf zugreifen – sofern Benutzerkonto bzw. sonstige Zugangsberechtigungen passen. Dabei gibt es zwei Möglichkeiten: Sie greifen über das Netzwerk jeweils bei Bedarf auf einzelne Ordner zu oder Sie binden häufig genutzte Ordner als Netzlaufwerke in den Windows-Explorer ein, sodass Sie jederzeit flott darauf zugreifen können.

Netzwerkordner bei Bedarf öffnen

Das zentrale Schlüsselwort für den Zugriff auf freigegebene Ordner ist naheliegenderweise das Netzwerk. Sie finden es z. B. im Navigationsbereich des Windows-Explorer sowie auch in Dateiauswahldialogen. Im Netzwerk werden alle PCs angezeigt, mit denen Ihr Rechner gerade verbunden ist. Für jeden einzelnen PC können Sie dort die freigegebenen Ordner auflisten und abrufen. Um Dateien aus dem Netz öffnen und bearbeiten zu können, müssen Sie diese also nicht erst extra auf Ihren PC übertragen, sondern können sie einfach über das Netzwerk aufrufen. Im folgenden Beispiel verwende ich das *Öffnen*-Menü des Texteditors WordPad. Er nutzt das gleiche Menü wie die meisten anderen Windows-Anwendungen.

1. Rufen Sie das Dateimenü mit *Datei/Öffnen* oder mit einem Klick auf das *Öffnen*-Symbol in der Symbolleiste auf.

2. Wählen Sie hier in der Ordnerleiste am linken Fensterrand unten *Netzwerk* aus. Sie erhalten daraufhin eine Auflistung der verfügbaren Netzwerkressourcen (und zwar genau so, als hätten Sie die Netzwerkumgebung direkt aufgerufen).

3. Wählen Sie hier mit einem Doppelklick die Ressource aus, auf die Sie zugreifen wollen. Sie wird genau wie ein herkömmlicher Ordner geöffnet, und der Inhalt wird angezeigt. Nun können Sie eine der enthaltenen Dateien öffnen oder gegebenenfalls auch in weitere Unterordner der Ressource wechseln.

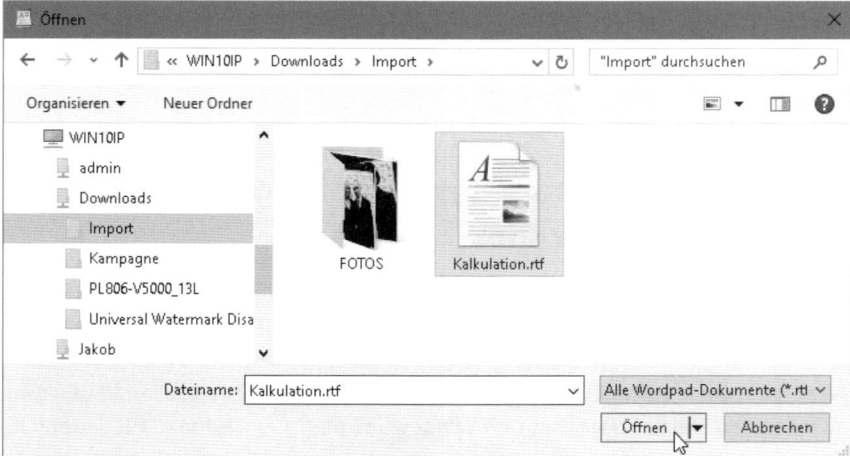

Beim Speichern können Sie erneut so vorgehen, als würde es sich um eine Datei auf dem lokalen PC handeln. Haben Sie die Datei aus dem Netzwerk geöffnet, reicht ein einfaches *Datei/Speichern* bzw. ein Klick auf das *Speichern*-Symbol in der Symbolleiste aus, um den veränderten Inhalt der Datei zu speichern. Wollen Sie eine neu angelegte Datei in einem Netzwerkordner ablegen, rufen Sie im *Speichern unter*-Dialog wiederum das Netzwerk auf und suchen dort einen geeigneten Speicherplatz.

Einzige Einschränkung beim Speichern von Dateien: Wenn der gewählte Ordner beim Freigeben nur für das Lesen, nicht aber für das Schreiben von Daten vorgesehen wurde, erhalten Sie beim Schreibversuch eine Fehlermeldung. In diesem Fall müssen Sie eine andere Ressource suchen, die das Verändern und Speichern von Dateien zulässt, oder Sie lassen die Freigabeeinstellungen entsprechend ändern.

Dauerhafter Zugriff auf freigegebene Ordner als Netzlaufwerk

Die oben beschriebene Methode ist sehr flexibel, kann aber auch umständlich sein. Wenn im Netzwerk viele Ressourcen freigegeben sind oder wenn Sie nur einen bestimmten Teil der freigegebenen Daten in einem weitverzweigten Unterordner benötigen, ist das Auffinden des entsprechenden Ordners unter Umständen recht aufwendig. Wird er nur gelegentlich benötigt, mag das noch akzeptabel sein.

Wenn Sie aber einen bestimmten Netzwerkordner regelmäßig benötigen, kann das auf Dauer schon nerven. Für solche Fälle bietet Windows die Möglichkeit, einzelne Netzwerkressourcen dauerhaft zugänglich zu machen. Diese erhalten dann einen der noch freien Laufwerkbuchstaben und sind somit direkt über den Arbeitsplatz zugänglich. Das verkürzt die Wege zu den benötigten Dokumenten.

1. Um eine solche dauerhafte Zuordnung vorzunehmen, öffnen Sie in der Multifunktionsleiste des Windows-Explorer die Kategorie *Start* und klicken dort im Bereich *Neu* auf *Einfacher Zugriff/Als Laufwerk zuordnen*.

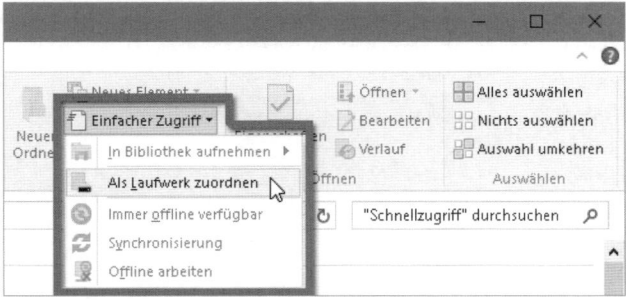

2. Dadurch öffnen Sie den Dialog *Netzlaufwerk verbinden*. Hier wählen Sie zunächst aus, welchen Laufwerkbuchstaben diese Netzwerkressource bekommen soll. Im Auswahlfeld *Laufwerk* finden Sie eine Liste aller verfügbaren Laufwerkbuchstaben, die nicht zu einem physisch vorhandenen oder einem anderen Netzlaufwerk gehören.

3. Im Feld *Ordner* geben Sie den Netzwerkordner ein, auf den Sie über diesen Laufwerkbuchstaben zugreifen wollen. Dabei müssen Sie eine bestimmte Schreibweise beachten: Beginnen Sie stets mit einem \\, gefolgt vom Namen des Rechners, auf dem sich die Ressource befindet, gefolgt von einem \ und schließlich der Ressource selbst. Wenn Sie z. B. den Ordner *Daten* auf dem Rechner *OLAF* einbinden wollen, müssen Sie ihn als Ordner *OLAF\Daten* angeben.

4. Einfacher geht es, wenn Sie auf die *Durchsuchen*-Schaltfläche klicken. Dann können Sie den gewünschten Ordner in einem komfortablen Auswahldialog angeben, der alle verfügbaren freigegebenen Ordner anzeigt.

Mit anderem Benutzernamen anmelden

Sollte die gewünschte Ressource nicht für Ihr Benutzerkonto freigegeben sein, können Sie für den Zugriff auch die Kontodaten eines anderen Benutzers wählen. Aktivieren Sie dazu die Option *Verbindung mit anderen Anmeldeinformationen herstellen* und geben Sie auf Nachfrage die erforderlichen Daten an.

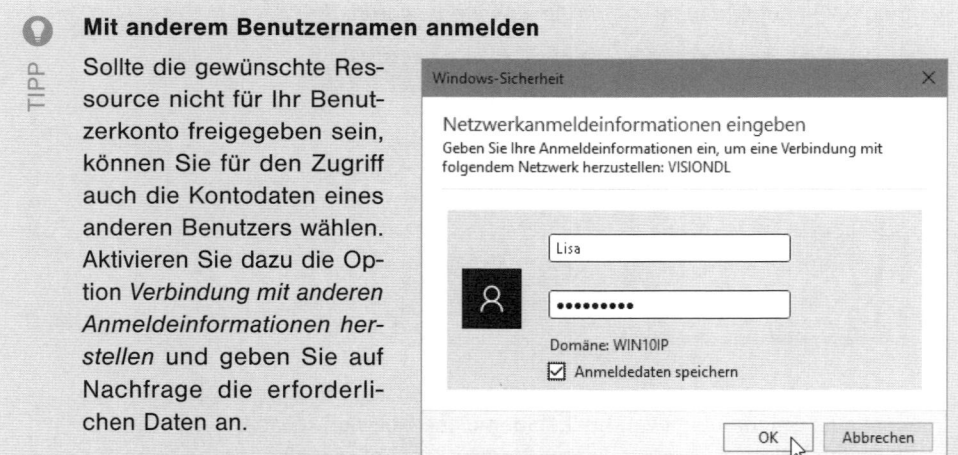

5. Wenn Sie dann unten auf *Fertig stellen* klicken, erstellt Windows die Netzwerkverbindung und verknüpft sie mit dem angegebenen Laufwerkbuchstaben. Anschließend finden Sie die Verknüpfung im Arbeitsplatz in der Liste der Laufwerke vor und können wie auf jedes andere Laufwerk darauf zugreifen.

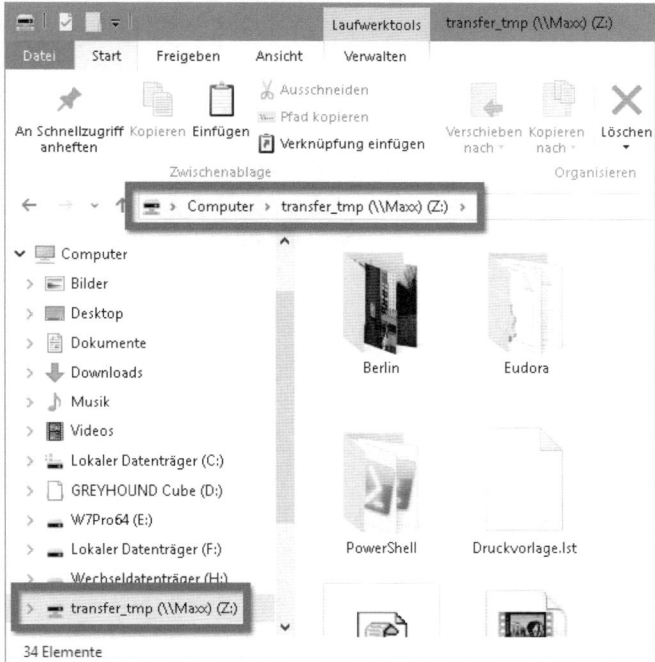

Die Besonderheit bei einem so eingerichteten Netzlaufwerk ist, dass Windows diese Verknüpfung bei jedem Start automatisch wiederherstellt (es sei denn, Sie haben beim Verbinden des Laufwerks die Option *Verbindung bei Anmeldung wiederherstellen* deaktiviert).

Wann immer Sie Ihren PC einschalten und Windows starten lassen, finden Sie das einmal eingerichtete Laufwerk also immer sofort wieder vor. Einschränkungen: Das funktioniert nur, wenn das Netzwerk intakt ist und der PC, auf dem sich die verbundene Ressource befindet, ebenfalls eingeschaltet ist.

Verbundene Netzlaufwerke trennen

Selbstverständlich können Sie eine einmal hergestellte Verbindung trotz des dauerhaften Charakters auch wieder auflösen.

1. Öffnen Sie im Windows-Explorer Ihren Computer. In der Multifunktionsleiste wird dann automatisch die Kategorie *Computer* angezeigt.

2. Klicken Sie dort im Bereich *Netzwerk* auf den unteren Teil der Schaltfläche *Netzlaufwerk verbinden* und wählen Sie im Untermenü die Funktion *Netzlaufwerk trennen*.

3. Sollten Sie mehr als ein Laufwerk verbunden haben, zeigt Windows Ihnen daraufhin eine Übersicht aller Netzlaufwerke an. Markieren Sie hier das Laufwerk, das Sie trennen wollen, und klicken Sie dann unten auf die *OK*-Schaltfläche. Sollte nur ein Netzlaufwerk eingebunden sein, wird ohne weitere Rückfrage automatisch dieses getrennt, es sei denn, es sind gerade Verbindungen zu diesem Laufwerk geöffnet.

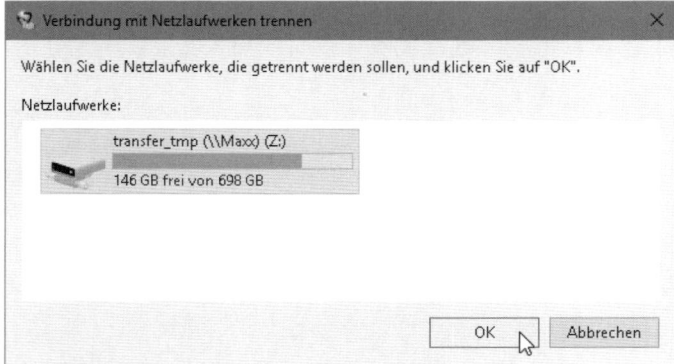

4. Sollten zum Zeitpunkt der Trennung auf diesem Netzlaufwerk noch Ordner oder Dateien geöffnet sein, kann es unter Umständen zu Datenverlusten kommen. Windows warnt Sie deshalb in diesem Fall. Prüfen Sie dann, ob alle infrage kommenden Dateien ordnungsgemäß gesichert sind, und bestätigen Sie den Hinweis mit einem Klick auf *Ja*.

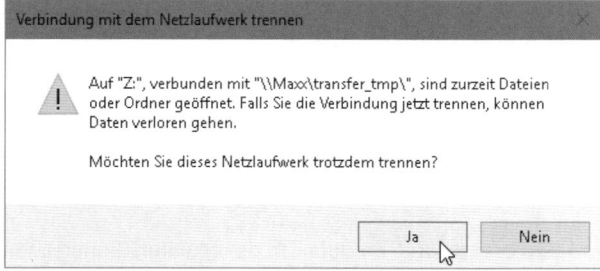

5. Daraufhin nimmt Windows die Trennung des Netzlaufwerks vor. Diese ist dauerhaft und gilt daher auch über den nächsten Neustart hinaus.

27 Einstellungen per Cloud abgleichen: auf allen PCs stets die gleiche Umgebung

Mehr noch als iPhones/iPads oder Android-Geräte greift Windows das Thema Cloud und Onlinesynchronisierung auf und integriert es in den Kern des Betriebssystems. Windows bietet die Möglichkeit, anstelle eines lokalen Benutzerkontos ein Microsoft-Konto zu verwenden und so Daten und Einstellungen mit anderen Windows-PCs zu synchronisieren, die dasselbe Konto verwenden. Egal, an welchem PC Sie sich mit diesem Konto anmelden, Sie finden automatisch immer die gleiche Umgebung vor. Aber auch außerhalb des Windows-Ökosystems können Sie Geräte wie Smartphones und Tablets mit Ihrem PC synchronisieren.

27.1 Das Benutzerkonto mit einem Microsoft-Konto verknüpfen

Neben klassischen lokalen Benutzerkonten bietet Windows die Möglichkeit, sich am lokalen PC mit einem Microsoft-Konto anzumelden. Genauer ausgedrückt ist das sogar das Standardverfahren und man muss beim Erstellen eines Benutzers schon genau hinschauen, um stattdessen ein rein lokales Benutzerkonto zu bekommen. Ein Microsoft-Konto hat den Vorteil, dass der Zugriff auf Microsoft-Dienste wie Mail, Kalender oder Onlinespeicher erleichtert wird. Und es ermöglicht das als Roaming bezeichnete Verknüpfen Ihrer lokalen Einstellungen mit einem Onlinekonto in der Cloud.

Was bringt das konkret? Sie können mehrere Benutzerkonten auf verschiedenen PCs mit ein und demselben Onlinekonto verknüpfen. Dann tauschen die verschiedenen Windows-PCs bzw. -Tablets Ihre persönlichen Einstellungen wie etwa Desktop-Gestaltung, Webfavoriten, Anmeldedaten für WLANs etc. untereinander aus und gleichen sie ständig ab. Wenn Sie also z. B. am PC im Büro ein neues Hintergrundbild wählen, finden Sie diese abends am PC zu Hause ebenso vor. Oder wenn Sie sich am Schreibtisch-PC eine Webseite in der Leseliste merken, können Sie diese später jederzeit am Tablet-PC mit der Leseliste-App abrufen und entspannt lesen.

Ein lokales Konto in ein Microsoft-Konto umwandeln

Voraussetzung für dieses automatische Synchronisieren ist ein Microsoft-Konto, das Sie kostenlos einrichten können. Wenn Sie bereits eins haben, können Sie es selbstverständlich verwenden. Andernfalls können Sie sich schnell eins zulegen. Vielleicht haben Sie das bei der Windows-Installation auch gleich erledigt. Dann müssen Sie nur beachten, auf allen anderen Windows-PCs dasselbe Microsoft-Konto zu verwenden. Sollten Sie bislang ein lokales Benutzerkonto verwenden, können Sie dies auf ein Microsoft-Konto umstellen.

1. Um Ihr Windows mit einem Microsoft-Konto zu verbinden, öffnen Sie in den *Einstellungen* den Bereich *Konten* und darin die Kategorie *Ihr Konto*.

2. Wenn Sie bislang ein lokales Konto verwenden, finden Sie hier auf der rechten Seite einen Link *Stattdessen mit einem Microsoft-Konto anmelden*.

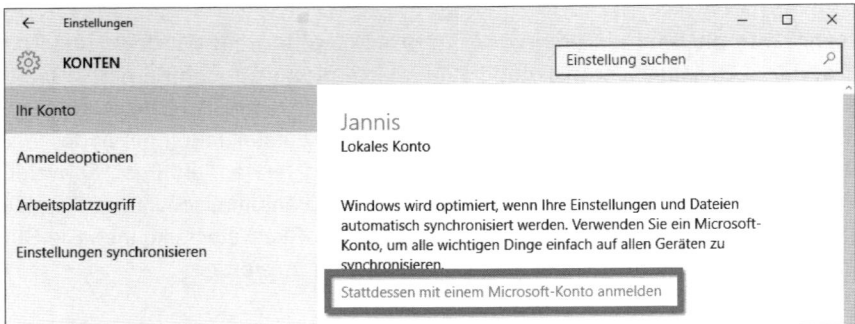

3. Geben Sie dann die E-Mail-Adresse und das Kennwort Ihres Microsoft-Kontos ein. Wenn Sie schon ein Konto haben, verwenden Sie dessen entsprechende Adresse. Andernfalls können Sie mit *Erstellen Sie ein Konto!* schnell und kostenlos ein Microsoft-Konto erstellen.

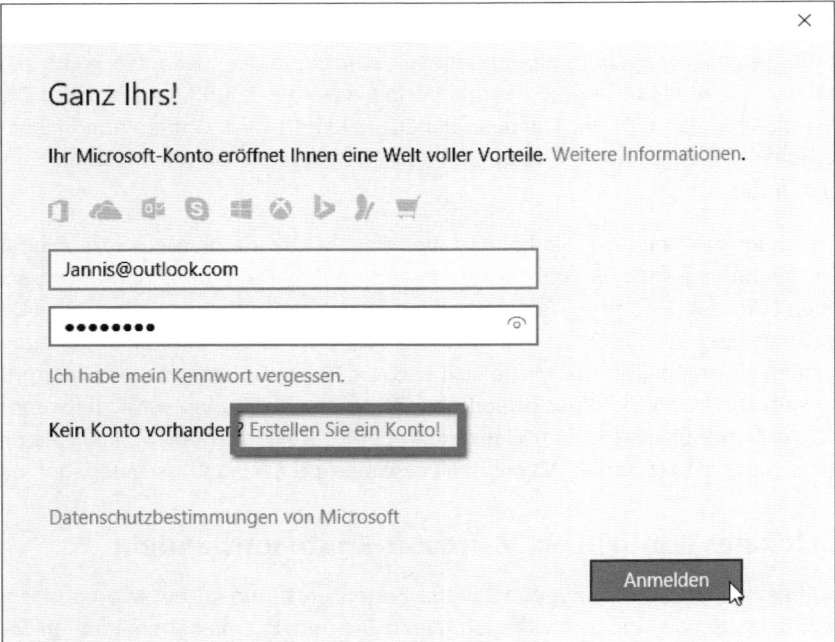

4. Anschließend können Sie die Werbeflut eindämmen, indem Sie die entsprechenden Angebote von Microsoft dankend ablehnen. Servicevertrag und Datenschutzbestimmungen müssen aber mit *Weiter* akzeptiert werden.

5. Nun müssen Sie noch einmal das Kennwort des alten, lokalen Kontos angeben. Klicken Sie dann auf *Weiter*.

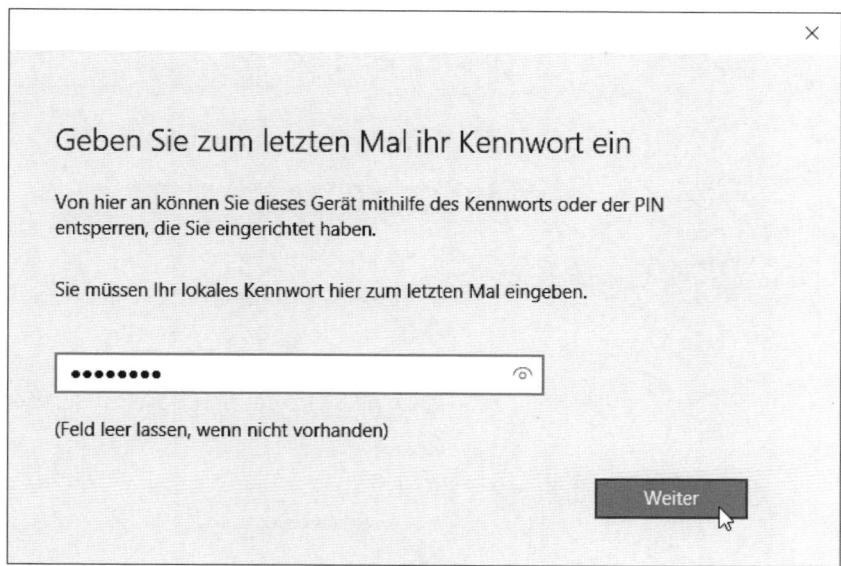

6. Nun wird das Benutzerkonto umgestellt. Abschließend können Sie eine PIN festlegen, mit der Sie sich anstelle des Kennworts anmelden. Insbesondere bei Mobilgeräten ist ein Zahlencode schneller eingetippt als ein Passwort. Sie können diesen Schritt aber ebenso gut überspringen.

Wichtig: Nach Abschluss des Vorgangs erhalten Sie eine Bestätigungsmail von Microsoft an die verknüpfte E-Mail-Adresse. Klicken Sie auf den enthaltenen Link, um die Verknüpfung zu bestätigen. Unter Umständen fordert Windows Sie auch dazu auf, Ihre Identität zu bestätigen. Dann müssen Sie eine E-Mail an die hinterlegte Adresse senden lassen. Diese E-Mail enthält einen Sicherheitscode, den Sie im nächsten Schritt am PC eintippen.

Steuern Sie, welche Daten automatisch synchronisiert werden

Wenn Sie Ihr Benutzerkonto mit einem Microsoft-Konto verknüpft haben, können Sie detailliert festlegen, welche Arten von Daten und Einstellungen synchronisiert werden sollen.

1. Öffnen Sie dazu in den *Einstellungen* den Bereich *Konten* und darin die Kategorie *Einstellungen synchronisieren*.

2. Mit der Option *Synchronisierungseinstellungen* können Sie die Abgleichfunktion für diesen PC insgesamt ein- oder ausschalten.

3. Darunter finden Sie eine Liste der Einstellungen, die Windows per Roaming synchronisieren kann. Standardmäßig ist alles aktiviert. Möchten Sie beispiels-

weise auf verschiedenen Geräten abweichende Desktop-Designs verwenden, schalten Sie die Option *Design* auf *Aus*.

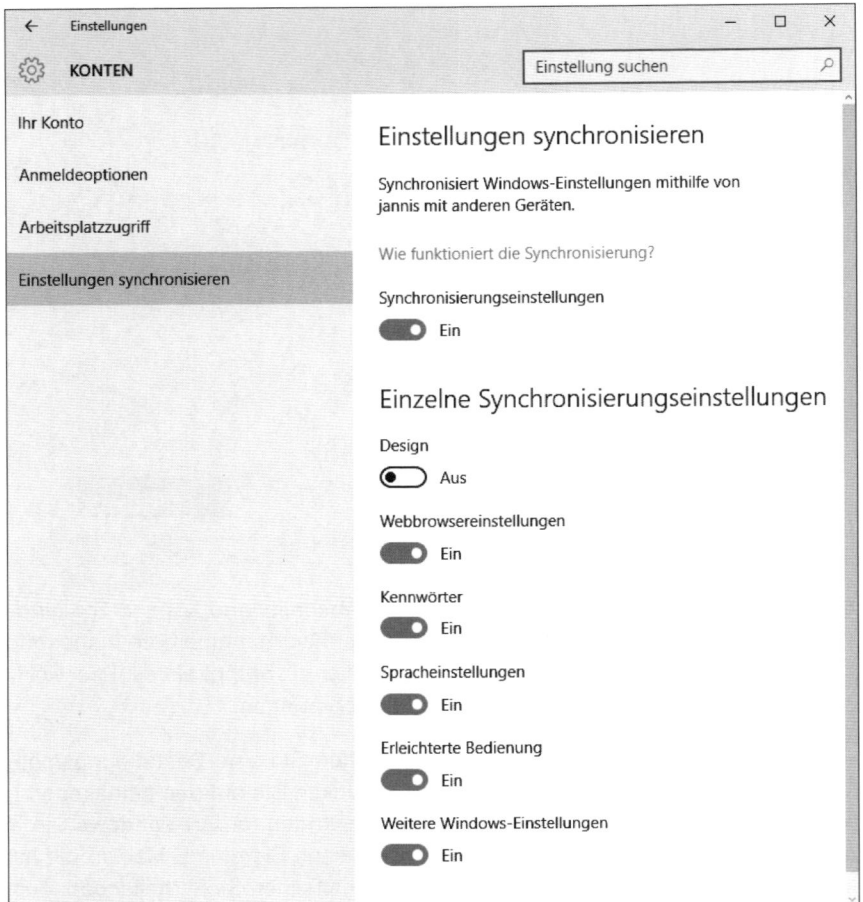

Ein Microsoft-Konto in ein lokales Konto umwandeln

Manche Benutzer möchten auch den umgekehrten Weg gehen. Vielleicht haben Sie bei der Installation bzw. Erstanmeldung ein Microsoft-Konto gewählt, weil sich der Eindruck aufdrängte, dass dies die einzige Möglichkeit sei? Oder Sie möchten einfach so wenig von Ihren Daten wie möglich in die Cloud transferieren? Kein Problem: Selbst wenn Sie sich bislang mit einem Microsoft-Konto angemeldet haben, können Sie auf ein lokales Benutzerkonto wechseln, ohne dass Sie Daten oder Einstellungen verlieren.

1. Um Ihr Windows mit einem Microsoft-Konto zu verbinden, öffnen Sie in den *Einstellungen* den Bereich *Konten* und darin die Kategorie *Ihr Konto*.

2. Hier finden Sie rechts die Angaben zu Ihrem Microsoft-Konto. Darunter findet sich der Link *Stattdessen mit einem lokalen Konto anmelden*.

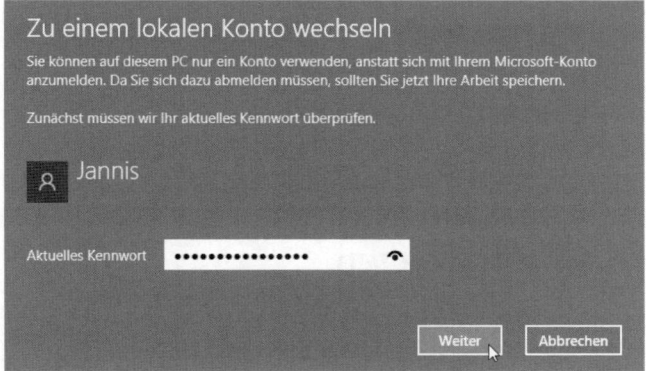

3. Nun geben Sie wie von dieser Kontoart gewohnt einen Benutzernamen und das Kennwort (zweimal) ein sowie einen Kennworthinweis als Gedächtnisstütze gegen vergessene Passwörter.

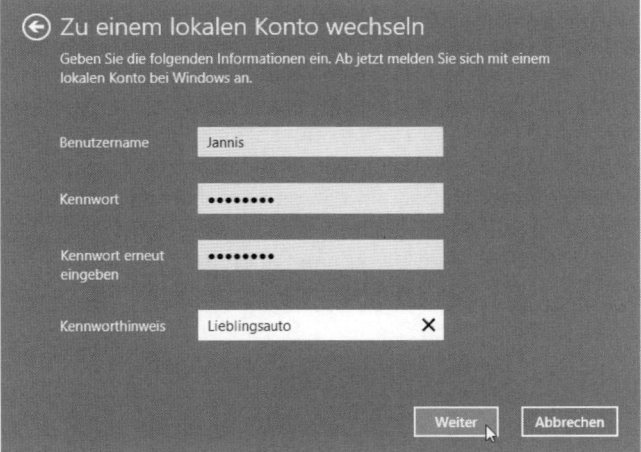

4. Klicken Sie schließlich auf *Abmelden und fertig stellen*. Windows meldet Sie dann ab. Melden Sie sich anschließend mit dem gewählten Benutzernamen und Kennwort wieder an.

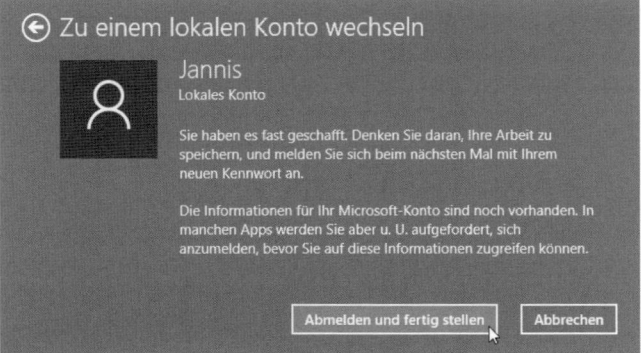

Selbstverständlich können Sie auch mit lokalem Benutzerkonto Cloud-Funktionen wie OneDrive nutzen und Ihre Kontakte und Termine synchronisieren, wenn Sie dies wünschen. Sie müssen sich dann nur in den entsprechenden Apps jeweils mit Ihrem Cloud-Konto anmelden.

27.2 Termine in der Cloud sichern und mit anderen Geräten synchronisieren

Mit der Kalender-App bringt Windows einen kompletten Kalender mit. Hier können Sie alle Ihre Termine eintragen und sich rechtzeitig daran erinnern lassen. Aber das ist sozusagen nur die Oberfläche, denn die App synchronisiert alle Daten automatisch mit Ihrem Microsoft-Konto. Dadurch sind sie bei Bedarf auch auf anderen  Geräten oder per Webbrowser verfügbar. Ebenso macht es nichts, falls Sie Windows zurücksetzen, der PC mal defekt sein oder womöglich verschwinden sollte. Die Daten sind im Internet gespeichert, und Sie brauchen ein anderes Gerät nur wieder mit demselben Konto zu verbinden, um Ihren Kalender wie gewohnt nutzen zu können.

Wenn Sie den Kalender zum ersten Mal starten, muss zunächst festgelegt werden, wie die Synchronisierung erfolgen soll. Wenn Sie Ihr Benutzerkonto insgesamt mit einem Microsoft-Konto verbunden haben, ist dieses bereits in der App eingetragen. Mit *Konto hinzufügen* können Sie gegebenenfalls weitere Konten registrieren, beispielsweise von Google oder iCloud. Sie können auch ganz auf das Einbinden von Konten verzichten, wenn Sie Ihre Termine nur lokal an diesem PC verwalten möchten.

Termine im Kalender eintragen

Um einen Termin in Ihrem Kalender anzulegen, klicken Sie am besten in der
Terminübersicht auf das gewünschte Datum. So öffnen Sie ein kleines Formular,
in dem Sie direkt den Namen des Termins eintragen. Zusätzlich können Sie
Uhrzeit und Dauer angeben, wenn Sie
die Option *Ganztägig* deaktivieren. Bei
Bedarf können Sie noch den Ort ergänzen sowie – wenn Sie mehr als ein Ka-
lender-Konto pflegen – das Konto zum
Speichern auswählen. Bei den meisten
Terminen reichen diese Angaben schon aus.

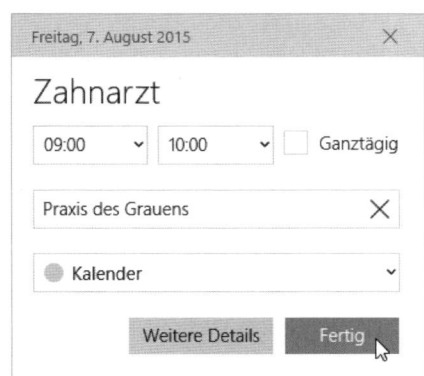

Falls nicht, öffnen Sie mit *Weitere Details* ein ausführlicheres Formular mit mehr Einstellungsmöglichkeiten. Dieses erreichen Sie auch jederzeit
mit der Schaltfläche + *Neues Ereignis* oben links
in der App.

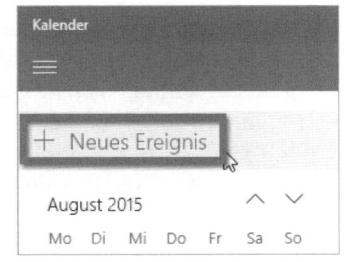

Das ausführliche Formular gibt Ihnen zusätzliche
Möglichkeiten, etwa Termine über mehrere Tage
anzulegen. Außerdem können Sie festlegen, ob
und wann Sie an den Termin erinnert werden möchten. Bei *Ereignis* können Sie
eine Agenda für den Termin oder einfach wichtige Notizen dazu hinterlegen.

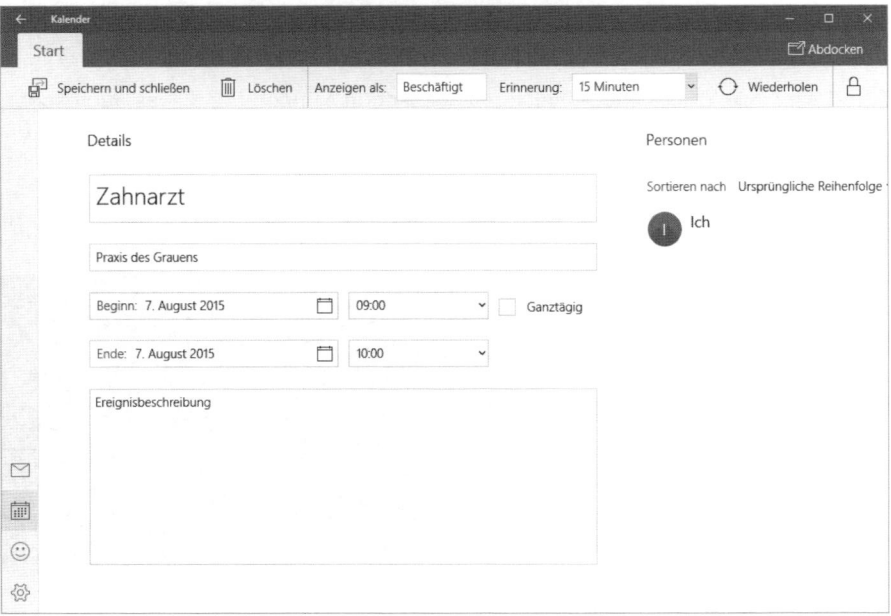

Wiederkehrende Termine und Erinnerungen festlegen

Auch wiederkehrende Termine wie Geburtstage, Jahrestage oder auch monatliche Verpflichtungen lassen sich im Kalender festlegen. Einmal richtig eingetragen, werden sie automatisch immer wieder angezeigt.

1. Tippen Sie dazu in den Eigenschaften eines Termins oben auf *Wiederholen*. Dadurch blenden Sie einige zusätzliche Einstellungen für diesen Termin ein.

2. Hier legen Sie zunächst den Starttermin fest, also das erste bzw. nächste Vorkommen dieses Ereignisses.

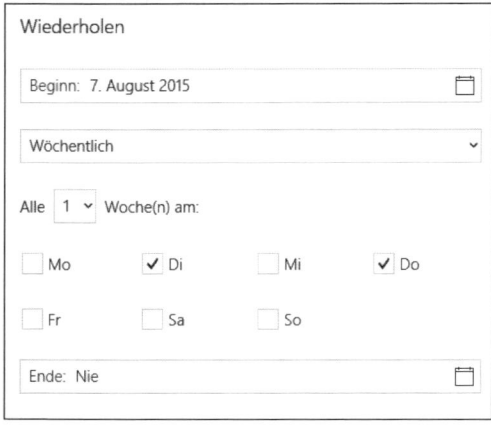

3. Darunter können Sie das Wiederholungsintervall einstellen, also etwa *Wöchentlich* für regelmäßige Termine oder *Jährlich* für Geburts- und Jahrestage. Sie können sich ebenso täglich zu einer bestimmten Zeit etwa an das Einnehmen von Medikamenten erinnern lassen.

4. Von der Auswahl oben hängen die weiteren Einstellungsmöglichkeiten ab. Haben Sie etwa ein wöchentliches Intervall gewählt, können Sie dann den oder auch die Wochentage auswählen, an denen der Termin eintritt. Bei *Jährlich* wählen Sie den genauen oder auch ungefähren Tag, beispielsweise am ersten Samstag im Monat.

5. Ist ein Ende für die Wiederholungen abzusehen, können Sie dieses auch schon eintragen. Mit der Einstellung *Nie* laufen die Wiederholungen, bis Sie den Termin löschen.

So erinnert Ihr Kalender Sie rechtzeitig

Haben Sie eine Erinnerung mit einem bestimmten Vorlauf in den Eigenschaften eines Termins definiert, meldet sich Windows zu diesem Zeitpunkt automatisch mit einem Hinweis im Infobereich. Diesen können Sie *Schließen* oder sich nach einiger Zeit *Erneut erinnern* lassen.

Mit der richtigen Ansicht immer im Bilde

Standardmäßig präsentiert sich die Kalender-App mit einer Monatsübersicht. Wenn Sie es etwas detaillierter mögen, können Sie oben rechts zu anderen Ansichten wechseln. Hier findet sich beispielsweise auch eine Tagesansicht mit einer stundenweisen Übersicht eines Tages. Sehr praktisch, wenn man viele Termine hat. Alternativ finden Sie auch eine Wochen- und Arbeitswochenansicht (letztere ohne Wochenende).

Mit den Pfeilen unterhalb dieser Auswahl können Sie zwischen den Tagen, Wochen und Monaten hin- und herwechseln. Sollten Sie sich dabei mal verfransen, gelangen Sie mit der *Heute*-Schaltfläche ganz rechts jederzeit wieder zum aktuellen Datum zurück.

Die Kalender-App mit Ihrem Cloud-Kalender verbinden

Möglicherweise haben Sie ja bereits einen Kalender auf Ihrem Smartphone, wo er über den jeweiligen Anbieter mit der Cloud verknüpft ist? Handelt es sich um ein Windows-Smartphone, brauchen Sie ihn nur mit demselben Microsoft-Konto zu verknüpfen und finden auf beiden Geräten automatisch stets dieselben Termine vor. Aber auch mit den wesentlich weiter verbreiteten iPhones und Android-Smartphones ist das möglich, denn Sie können für die Kalender-App auch ein iCloud- oder Google-Konto verwenden.

1. Öffnen Sie dazu die Einstellungen der Kalender-App mit dem Zahnradsymbol unten im Navigationsbereich.

2. Öffnen Sie dort den Bereich *Konten* und klicken Sie dann auf *Konto hinzufügen*.

3. Wählen Sie nun ganz nach Bedarf ein Microsoft-Konto (Outlook.com etc.), Exchange, Google oder iCloud aus.

4. Je nach Anbieter geben Sie dann die Zugangsdaten zu diesem Konto an und ermächtigen Windows, Daten mit diesem Konto abzugleichen.

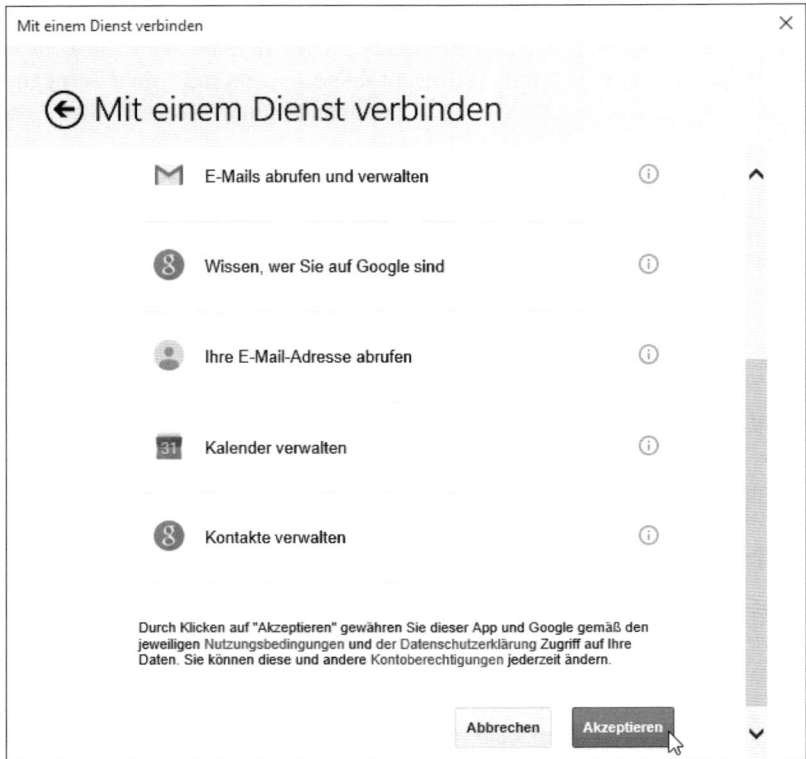

Wichtiger Hinweis: Damit ermächtigen Sie Windows nicht nur, Termine mit Ihrem Cloud-Konto abzugleichen, sondern gegebenenfalls auch Kontakte, E-Mail und Ähnliches. Wenn Sie das nicht wünschen, sollten Sie gleich nach dem Verbinden in den Einstellungen auf dieses Konto klicken und dann *Synchronisierungseinstellungen für Postfach* wählen. Im anschließenden Dialog können Sie unter *Synchronisierungsoptionen* alles außer *Kalender* deaktivieren.

Windows 10

28 Software installieren und Kompatibilitätsprobleme lösen

Eines der wichtigsten Anliegen der meisten Benutzer dürfte es sein, bereits vorhandene Software uneingeschränkt weiterverwenden zu können. Das ist bei einem neuen Betriebssystem immer ein kritischer Punkt, denn schnell hat sich etwas Wesentliches geändert, mit dem die eine oder andere Anwendung plötzlich nicht mehr zurechtkommt.

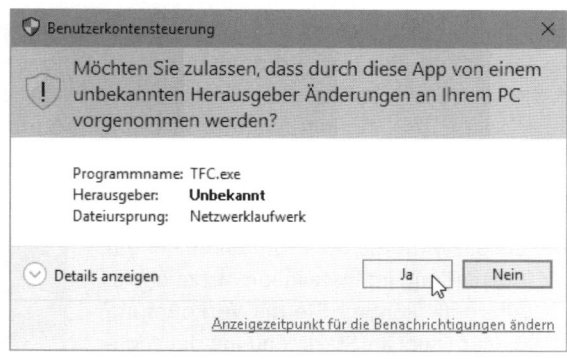

Beim Umstieg von Windows 7 oder Windows 8 sind keine Probleme zu erwarten. Wer aber von früheren Versionen wie etwa Windows XP umsteigt, könnte auf die eine oder andere Schwierigkeit treffen. Meist müssen Sie auf Ihre Lieblingstools aber nicht verzichten. Auch für das aktuelle Windows gibt es einige Tricks, um lieb gewonnene Softwareschätze weiter zu nutzen.

28.1 Ältere, proprietäre Software mit dem aktuellen Windows ausführen

Wenn eine Anwendung unter früheren Windows-Versionen problemlos lief und erst beim aktuellen Windows Schwierigkeiten macht, hat sie offenbar ein Problem mit den Neuerungen, die hier eingeführt wurden. In solchen Fällen hat es sich bewährt, dem Programm vorzutäuschen, dass es noch immer unter dem alten Betriebssystem läuft, bzw. hinzugekommene Funktionen des neuen Betriebssystems für dieses Programm zu deaktivieren. Windows bietet hierzu Möglichkeiten wie den Kompatibilitätsmodus an.

Installation bricht wegen falscher Version des Betriebssystems ab?

Ein klassisches Problem beim Umstieg sind Setup-Assistenten, die das vorhandene Betriebssystem überprüfen. Sie stammen noch aus früheren Zeiten, können mit Windows 10 nichts anfangen und verweigern schlicht die Installation. Dabei würde die Anwendung meist ohne Probleme laufen. In solchen Fällen hat es sich bewährt, das Setup wie im Folgenden beschrieben im Kompatibilitätsmodus z. B. für Windows XP durchzuführen. Das stellt den Assistenten zufrieden, und die Anwendung funktioniert anschließend reibungslos.

TIPP

Lassen Sie Programme wie unter älteren Windows-Versionen laufen

Wenn eine Anwendung z. B. unter Windows XP ohne Probleme lief und jetzt beim aktuellen Windows Zicken macht, lassen Sie sie einfach wie unter Windows XP laufen. Das aktuelle Windows kann sie dazu in einem speziellen Kompatibilitätsmodus laufen lassen, der dem Programm vorgaukelt, dass es unter Windows XP ausgeführt wird. Damit sollten sich theoretisch sämtliche Kompatibilitätsprobleme beheben lassen. Das aktuelle Windows kann sich übrigens nicht nur als Windows XP verkleiden. Die Rückwärtskompatibilität reicht über mehrere Vorgängerversionen zurück bis Windows 95.

1. Lokalisieren Sie die Programmdatei der Anwendung im Installationsverzeichnis. Alternativ können Sie die Verknüpfung dieser Datei im Startmenü mit der rechten Maustaste anklicken und im Kontextmenü *Dateipfad öffnen* wählen.

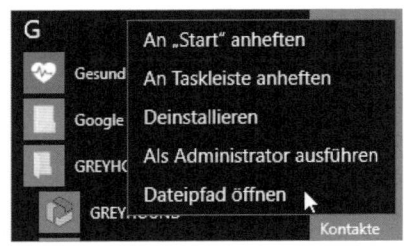

2. Klicken Sie mit der rechten Maustaste auf die Programmdatei und wählen Sie im Kontextmenü ganz unten den Punkt *Eigenschaften*.

3. Wechseln Sie in den Eigenschaften auf die Registerkarte *Kompatibilität*.

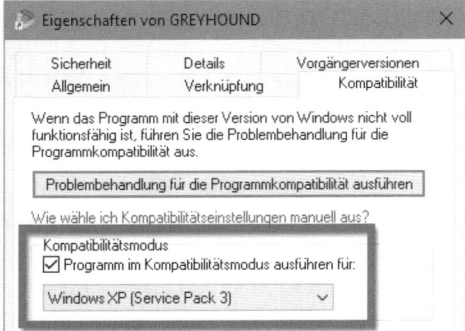

4. Aktivieren Sie im Bereich *Kompatibilitätsmodus* die Option *Programm im Kompatibilitätsmodus ausführen für*.

5. Öffnen Sie dann das Auswahlfeld und wählen Sie hier das Betriebssystem aus, unter dem Sie das Programm zuvor problemlos verwenden konnten, also z. B. *Windows XP (Service Pack 3)*.

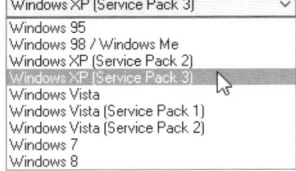

6. Klicken Sie dann unten auf *OK*, um den Kompatibilitätsmodus für dieses Programm zu speichern.

7. Ab dem nächsten Start des Programms wird die Software im Kompatibilitätsmodus ausgeführt. Dieser Modus bezieht sich jeweils nur auf diese eine Anwendung. Alle anderen Programme laufen parallel dazu ganz normal weiter.

Unbekannte und »gefährliche« Programme trotzdem ausführen

Eine Gefahr für das erfolgreiche Ausführen von Anwendungen droht teilweise von
unerwarteter Seite, nämlich dem SmartScreen-Filter von Windows. Dieser soll Anwender vor dem Starten gefährlicher Programme schützen. Das klappt auch gar
nicht schlecht, aber manchmal übertreibt der Filter es prinzipbedingt. Dann muss
man schon genau hinsehen bzw. wissen, wie man solche Anwendungen trotzdem
ausführen lassen kann.

Wenn Sie eine Anwendung starten, mit der der SmartScreen-Filter nicht einverstanden ist, meldet er sich automatisch mit einem Hinweis:

■ Handelt es sich um eine Datei ohne gültiges Zertifikat, weist Windows deutlich darauf hin, dass die Signatur fehlt und der Herausgeber nicht bestätigt werden kann. Das kann bei Dateien von kleinen Entwicklern oder Vorabversionen durchaus mal vorkommen. Sie sollten an der Stelle aber schon noch mal nachdenken, ob die Quelle wirklich vertrauenswürdig ist.

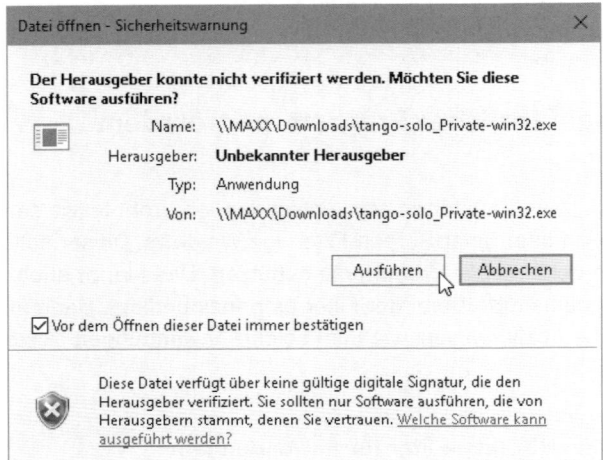

■ Eine andere Variante ist, dass die Datei zwar signiert ist, Windows den Herausgeber aber nicht verifizieren kann. Das passiert beispielsweise, wenn der Entwickler eine selbst erstellte Signatur verwendet, die nicht von einer offiziellen Zertifizierungsstelle ausgestellt wurde. Das ist nicht ungewöhnlich, sollte aber auch Anlass sein, die Herkunft der Datei nochmals zu überdenken.

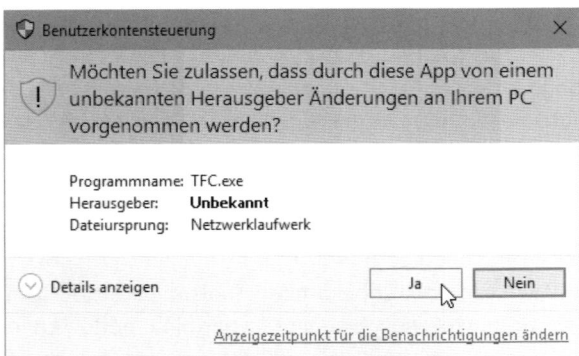

Das Verhalten des SmartScreen-Filters für Anwendungen optimieren

Sie können die standardmäßige Reaktion des Smart-
Screen-Filters auf ihm unbekannte Anwendungen ab-
ändern. Dies empfiehlt sich aber nur, wenn die an
sich sinnvolle Grundeinstellung zu regelmäßigen Problemen führt. Das kann z. B. sein, wenn Standardbenutzer ohne Administratorrechte arbeiten und deshalb keine unbekannten Programme „freischalten"
können oder wenn Sie z. B. eigene Software entwickeln, die Windows dann ständig meckern lässt.

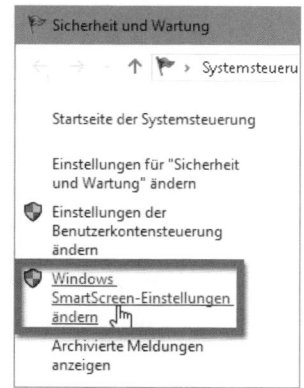

1. Öffnen Sie das Wartungscenter und klicken Sie
   dort links auf *Windows SmartScreen-Einstellungen
   ändern*.

2. Im anschließenden Dialog können Sie einstellen, ob und wann der Smart-
   Screen-Filter zuschlägt:

   ■ In der Standardeinstellung warnt SmartScreen und lässt sich nur von einem Benutzer mit Administratorrechten davon überzeugen, die Anwendung
   trotzdem auszuführen.

   ■ Damit das auch Standardbenutzern ohne Admin-Rechte möglich ist, wählen Sie die mittlere Einstellung.

   ■ Sollte der SmartScreen-Filter zu sehr nerven, können Sie ihn mit *Keine Aktion*
   komplett deaktivieren. Dies empfiehlt sich aber nur, wenn Sie anderweitig
   zuverlässig vor Schadsoftware geschützt sind.

3. Übernehmen Sie die veränderte Einstellung mit *OK* und schließen Sie das Wartungscenter.

28.2 Kompatibilitätsprobleme durch die Benutzerkontensteuerung lösen

Ein Knackpunkt für ältere oder unsauber programmierte Anwendungen ist die Benutzerkontensteuerung von Windows. Das entbehrt nicht einer gewissen Ironie, denn gerade diese Anwendungen waren die Ursache dafür, dass Microsoft die Benutzerkontensteuerung eingeführt hat. Nun leiden diese Programme (und vor allem ihre Benutzer) unter den Konsequenzen.

TIPP

Der Hunger nach Zugriffsrechten von Anwendungen

Schon seit einigen Windows-Versionen sorgt die Benutzerkontensteuerung mit klaren Regeln dafür, dass Anwendungen keinen Schaden anrichten können. Allerdings halten sich immer noch nicht alle Programme daran. Sie bestehen darauf, beispielsweise direkt in die Registry zu schreiben oder Daten in Systemverzeichnissen abzulegen oder zu verändern. Da sie dies ohne Administratorrechte nicht dürfen, funktionieren solche Programme mit den Standardeinstellungen nicht ordnungsgemäß.

Eigentlich lässt sich praktisch jede Anwendung so gestalten, dass sie – einmal installiert und konfiguriert – mit eingeschränkten Rechten auskommt. Allerdings sind manche Entwickler zu faul, diesen – manchmal sicherlich etwas aufwendigeren – Weg zu gehen. Stattdessen wird das Problem auf die Benutzer abgewälzt. Denn wann immer Anwendungen etwas außerhalb der Regeln machen wollen, fragt Windows beim Benutzer nach und der muss jedes Mal entscheiden, ob er das zulassen will oder nicht. Das ist auf Dauer einfach nur lästig.

So laufen auch ältere Anwendungen problemlos und sicher

Die Benutzerkontensteuerung von Windows kann sich auf verschiedene Weise auf Programme auswirken:

- Beim Start eines Programms müssen Sie dessen Ausführung mit Administratorrechten jedes Mal autorisieren. Dies tritt bei Programmen auf, die bereits für die Benutzerkontensteuerung „optimiert" wurden bzw. die schon bei älteren Windows-Versionen nur mit Administratorrechten ausgeführt werden konnten. Bei solchen Anwendungen sind die Entwickler den Weg des geringsten Widerstands gegangen und vermeiden Probleme durch mangelnde Zugriffsrechte dadurch, dass sie das Programm grundsätzlich nur mit Administratorrechten ausführen lassen. Hier bleibt lediglich die Möglichkeit, den Hersteller der Software zu drängen, eine angepasste Version der Software herauszubringen, die keine ständige Autorisierung erfordert.

- Programme ohne Berücksichtigung der Benutzerkontensteuerung starten zwar zunächst ordnungsgemäß, erzeugen dann aber bei bestimmten Funktionen oder Situationen eine Fehlermeldung oder stürzen gar ab. Dies kann passieren, wenn sich ein Programm mit Standardbenutzerrechten ausführen lässt, dann aber Aktionen durchführen will, die nur mit Administratorrechten zulässig sind. Auch hier wäre die beste Lösung, vom Entwickler eine angepasste Version einzufordern, die ohne Fehler läuft. Allerdings gibt es je nach konkreter Fehlersituation Möglichkeiten, das Problem zu umgehen. Spätestens das Ausführen als Administrator sollte die Anwendung korrekt ablaufen lassen.

■ Eine weitere Möglichkeit ist es, dass Programme zwar ohne Fehlermeldung und Absturz laufen, ihre Aufgaben aber trotzdem nicht ordnungsgemäß erledigen. So kann es z. B. passieren, dass sich eine Anwendung bei jedem Start wieder wie beim ersten Mal verhält und Sie immer erneut die Konfigurationsdaten eingeben müssen. Oder die beim letzten Mal vorgenommenen Änderungen sind nach einem Neustart wieder verschwunden. Dieses Verhalten wird durch die Virtualisierungsfunktion der Benutzerkontensteuerung ausgelöst.

Anwendungen mit Rechtehunger als Administrator starten

Wenn sich eine Anwendung nur als Administrator ausführen lässt, bleibt Ihnen in der Regel nichts anderes übrig, als dem zu folgen – auch wenn das dem Sicherheitskonzept von Windows eigentlich zuwiderläuft und nicht wirklich notwendig wäre, wenn die Entwickler des Programms sauber gearbeitet hätten.

Fordert die Anwendung beim Start ohnehin Administratorrechte an, klicken Sie im entsprechenden Hinweisfenster einfach auf *Fortsetzen* bzw. geben ein Administratorkennwort an. Sollte eine Anwendung nicht von sich aus erhöhte Rechte anfordern, aber ohne sie nicht richtig arbeiten, können Sie dieses Programm manuell mit Administratorrechten starten.

1. Starten Sie die Anwendung dazu nicht direkt, sondern klicken Sie zunächst mit der rechten Maustaste auf deren Symbol bzw. Eintrag im Startmenü.

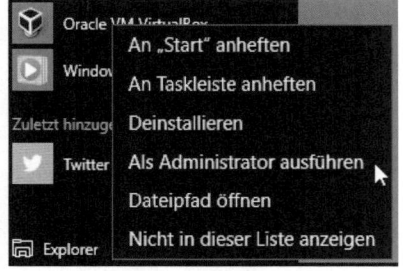

2. Wählen Sie dann im Kontextmenü den Befehl *Als Administrator ausführen*.

3. Erlauben Sie im anschließenden Dialog Windows mit *Ja*, diese Anwendung mit Administratorrechten auszuführen.

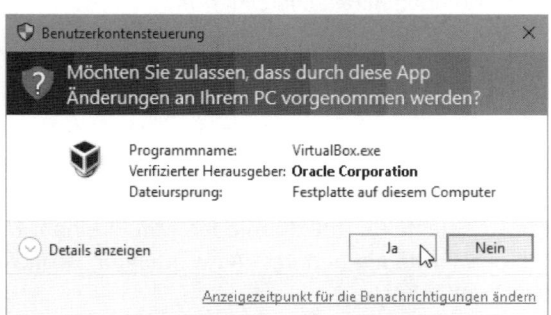

4. Die Anwendung arbeitet nun mit den Zugriffsrechten des Administrators, wodurch es keinerlei Probleme in Bezug auf die Benutzerkontensteuerung geben
   sollte. Treten sonstige Kompatibilitätsprobleme auf, beachten Sie auch die Hinweise ab Seite 577.

Problematische Anwendungen automatisch mit Admin-Rechten ausführen

Wenn eine Anwendung bei jedem Start Administratorrechte benötigt, ist der Umweg über das Kontextmenü auf Dauer etwas umständlich. In solchen Fällen können Sie in den Eigenschaften der Programmdatei bzw. in der Verknüpfung zum
Programm festlegen, dass diese Anwendung immer als Administrator ausgeführt
werden soll. Dann können Sie das Programm in Zukunft ganz normal starten. Die
notwendige Autorisierung für die Erhöhung der Zugriffsrechte lässt sich so allerdings auch nicht vermeiden.

1. Klicken Sie mit der rechten Maustaste auf
   die Verknüpfung der Anwendung und wählen Sie dann im Kontextmenü *Dateipfad
   öffnen*. So gelangen Sie in den Ordner, in
   dem die Verknüpfung dieser Datei im Startmenü gespeichert ist.

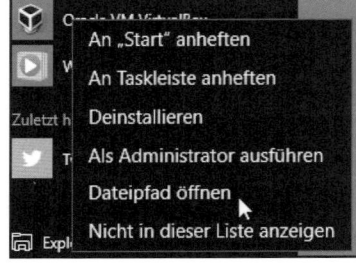

2. Klicken Sie hier mit der rechten Maustaste auf das Verknüpfungssymbol der Programmdatei und wählen Sie im Kontextmenü die *Eigenschaften*.

3. Schalten Sie in der Kategorie
   Kompatibilität unten im Bereich
   Einstellungen die Option *Programm als Administrator ausführen* ein.

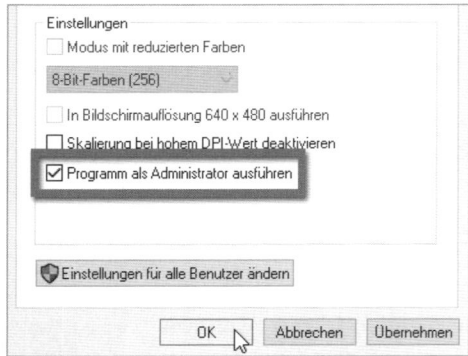

4. Übernehmen Sie die veränderte Kompatibilitätseinstellung mit
   OK.

Leider erlaubt auch diese Einstellung keine vollautomatische Gewährung der Administratorrechte. Sie können die Anwendung also anschließend wie gewohnt durch
einen direkten Klick oder Doppelklick starten. Allerdings müssen Sie den höheren Rechtestatus trotzdem jedes Mal in einem Hinweisfenster autorisieren. Wie
Sie das für häufig genutzte Anwendungen vermeiden können, verrät der nachfolgende Abschnitt.

Tricksen Sie Windows aus: Anwendungen ohne Rückfrage als Administrator starten

Selbst wenn Sie in den Eigenschaften einer Anwendung festlegen, dass diese mit Administratorrechten ausgeführt werden soll, meldet sich die Benutzerkontensteuerung immer noch bei jedem Start des Programms mit einem Hinweis. Das kann bei regelmäßig genutzten Aufgaben schon recht nervig sein.

Aber das ist noch lange kein Grund, die Benutzerkontensteuerung zu deaktivieren und damit große Sicherheitsrisiken einzugehen. Mit einem kleinen Trick können Sie beliebige Anwendungen wirklich ohne Rückfrage mit Administratorrechten ausstatten.

So funktioniert der Trick

Um Ihnen vor der etwas längeren Schritt-für-Schritt-Anleitung einen kleinen Überblick zu geben: Der Trick macht sich die Aufgabenplanung von Windows zunutze. Es wird eine Aufgabe erstellt, die das gewünschte Programm startet. Dabei lässt sich festlegen, dass das Programm mit Administratorrechten laufen soll. Da Aufgaben auch komplett ohne Interaktion mit dem Anwender im Hintergrund ablaufen dürfen, erfolgt in diesem Fall keine Rückfrage. Nun muss nur noch eine Verknüpfung im Startmenü hinterlegt werden, mit der sich diese Aufgabe per Mausklick aktivieren lässt. Und schon ist der Programmaufruf ohne Rückfrage oder Hinweis der Benutzerkontensteuerung fertig.

Teil 1: Eine Anwendung mit erhöhten Rechten per Aufgabenplanung ausführen

Der erste Schritt besteht darin, mit der Windows-Aufgabenplanung eine Aufgabe zu erstellen, die die gewünschte Anwendung ausführt und ihr dabei automatisch erhöhte Rechte zuweist.

1. Starten Sie in der klassischen Systemsteuerung das Modul *Verwaltung* und dort die *Aufgabenplanung*.

2. Klicken Sie in der Aufgabenplanung rechts unter *Aktionen* auf *Einfache Aufgabe erstellen*.

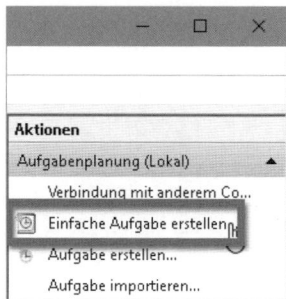

3. Damit starten Sie einen Assistenten, der Sie durch die erforderlichen Arbeitsschritte führt. Geben Sie im ersten Dialog eine Bezeichnung für die Aufgabe an. Eine Beschreibung können Sie für Ihre eigene Orientierung noch hinzufügen. Klicken Sie dann unten rechts auf *Weiter*.

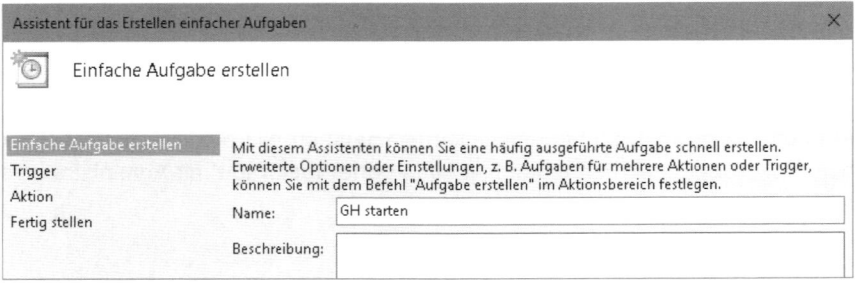

4. Wählen Sie im nächsten Schritt bei der Frage *Wann soll die Aufgabe gestartet werden?* die Option *Einmal*. So stellen Sie sicher, dass die Aufgabenplanung diese Aufgabe nicht tatsächlich regelmäßig automatisch ausführt.

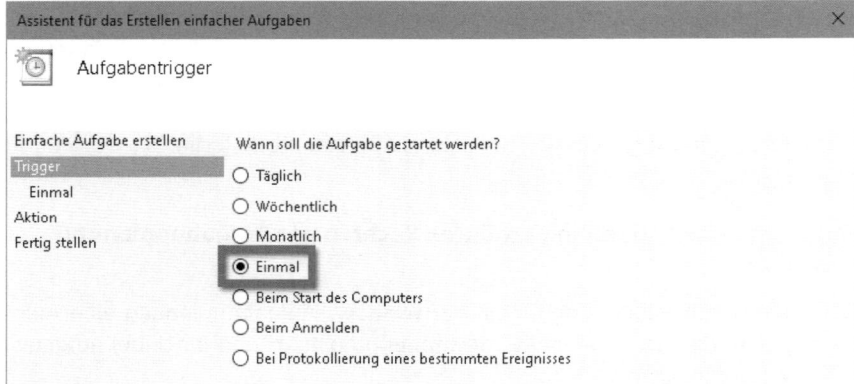

5. Übernehmen Sie im folgenden Schritt einfach das Datum und die aktuelle Uhrzeit als Ausführungszeitpunkt. Dadurch erreichen Sie, dass die Aufgabenplanung diese Aufgabe niemals automatisch ausführt.

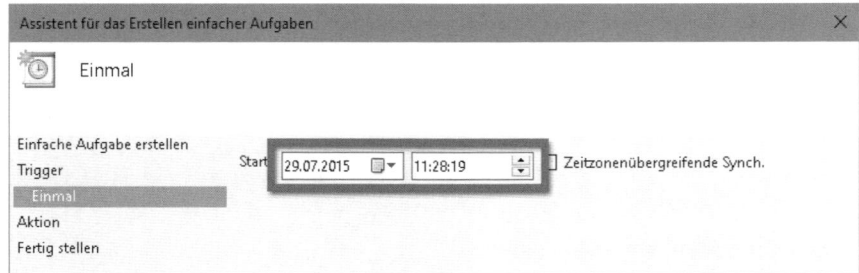

6. Wählen Sie dann bei *Aktion* die Option *Programm starten* aus.

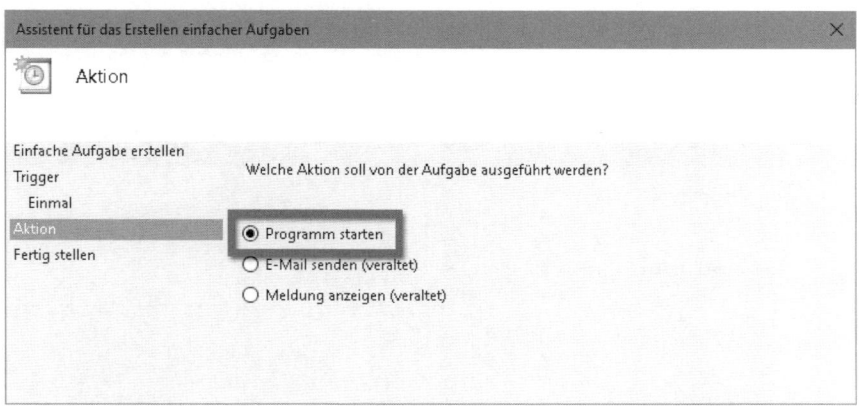

7. Klicken Sie im nachfolgenden Schritt auf *Durchsuchen*, um die Programmdatei der gewünschten Anwendung festzulegen. Sie finden sie in der Regel in einem entsprechend benannten Ordner unter *C:\Programme*.

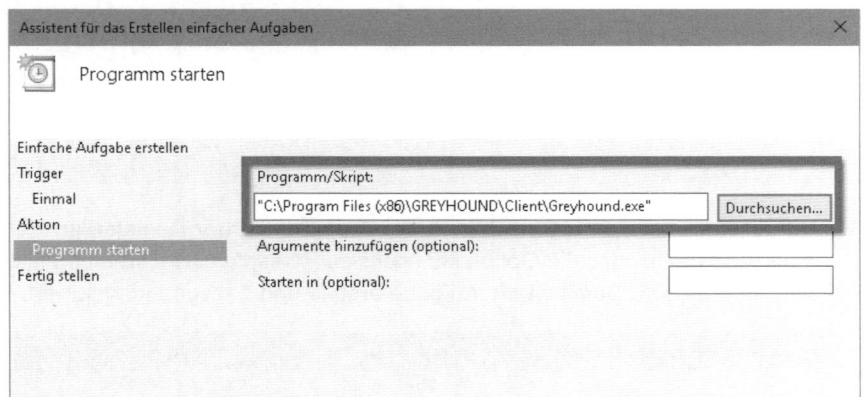

Sollten für das Ausführen der Programmdatei weitere Parameter erforderlich sein, fügen Sie diese bei *Argumente hinzufügen* ein.

Programmdatei ermitteln

Falls Sie sich wegen der Programmdatei nicht sicher sind, gibt es eine gute Möglichkeit, diese Information zuverlässig zu ermitteln. Lokalisieren Sie die Anwendung im Startmenü, als wollten Sie sie ausführen. Klicken Sie dann aber mit der rechten Maustaste auf den Eintrag und wählen Sie unten in der Menüleiste *Dateipfad öffnen*. Dadurch öffnen Sie im Windows-Explorer den Ordner mit der Verknüpfung auf die dazugehörige Programmdatei. Klicken Sie wiederum mit rechts auf diese Verknüpfung und wählen Sie im Kontextmenü ganz unten *Eigenschaften*. Im anschließenden Dialog finden Sie im Feld *Ziel* die gewünschte Pfadangabe. Sie können diese auch kopieren ((Strg)+(C)) und in der Aufgabenplanung direkt in das Feld *Programm/Skript* einfügen ((Strg)+(V)).

8. In der abschließenden Zusammenfassung aktivieren Sie die Option *Beim Klicken auf "Fertig stellen", die Eigenschaften für diese Aufgabe öffnen*, bevor Sie unten auf *Fertig stellen* klicken.

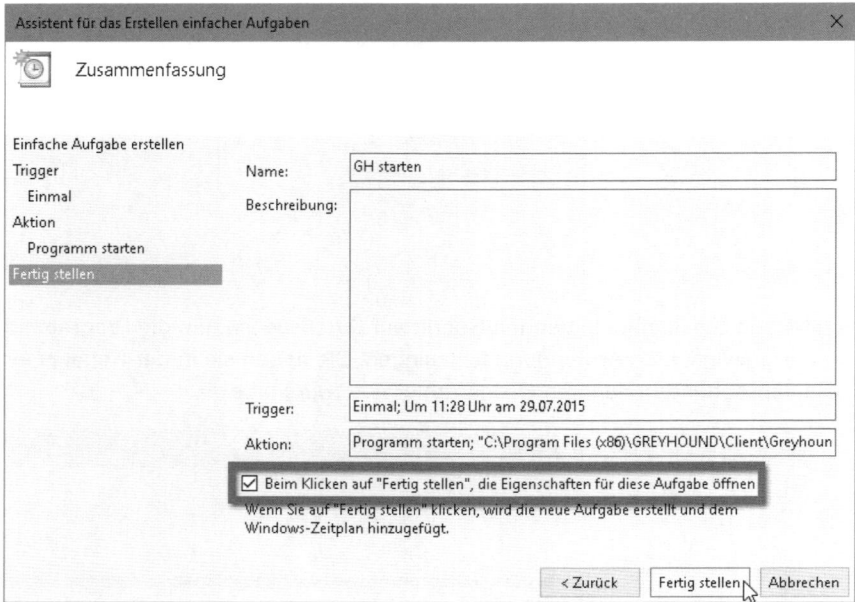

9. Aktivieren Sie in den Eigenschaften der Aufgabe auf der Registerkarte *Allgemein* dann unten links die Option *Mit höchsten Privilegien ausführen* und klicken Sie unten auf *OK*. Damit ist die Aufgabe erstellt und passend konfiguriert.

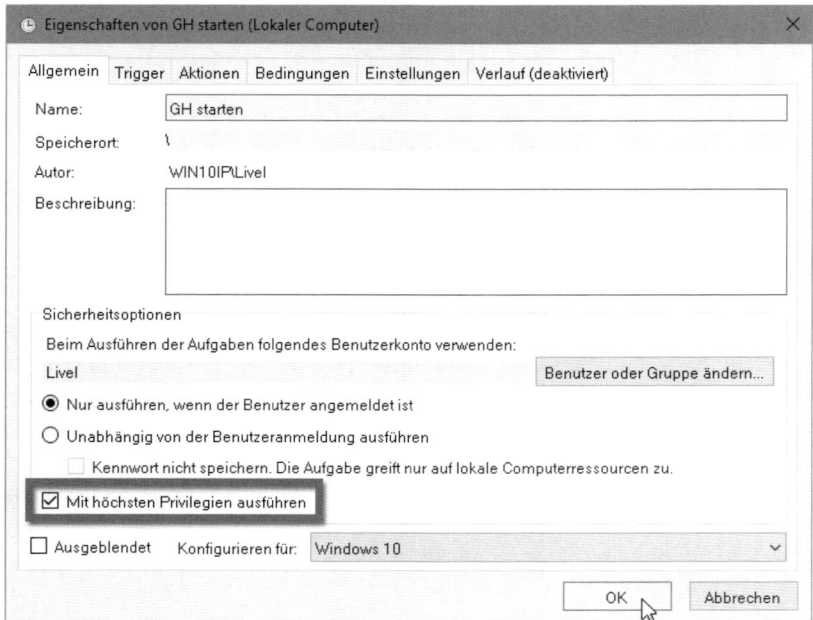

Teil 2: Eine Verknüpfung mit der Aufgabe im Startmenü anlegen

Nach dem Erstellen der Aufgabe können Sie diese jederzeit über die Aufgabenverwaltung aufrufen, was aber etwas umständlich ist. Deshalb gilt es nun noch, eine Verknüpfung im Startmenü anzulegen, mit der Sie die Aufgabe jederzeit per Mausklick direkt aktivieren können, sodass dadurch wiederum die gewünschte Anwendung mit erhöhten Rechten gestartet wird.

1. Klicken Sie mit der rechten Maustaste auf eine freie Stelle des Desktops und wählen Sie im Kontextmenü *Neu/Verknüpfung*.

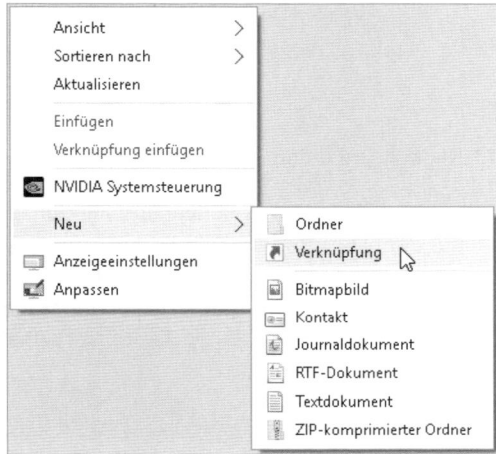

2. Im dadurch gestarteten Assistenten für Verknüpfungen tippen Sie bei *Geben Sie den Speicherort des Elements ein* Folgendes ein: *C:\Windows\System32\ schtasks.exe /run /TN "<Aufgabenname>"*. Ersetzen Sie dabei *<Aufgabenname>* durch die Bezeichnung, die Sie für die zuvor erstellte Aufgabe vergeben haben. Wichtig: Wenn der Aufgabenname Leerzeichen enthält, müssen Sie den Namen in Anführungszeichen setzen, damit der Aufruf später funktioniert.

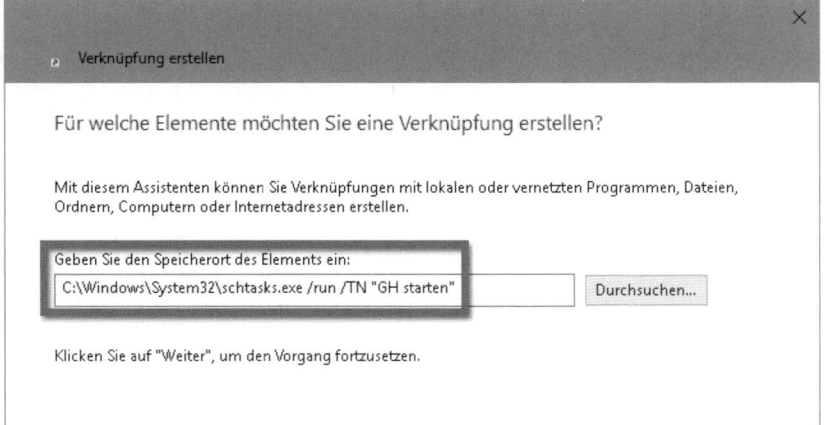

3. Legen Sie dann wiederum für diese Verknüpfung einen prägnanten Namen fest, unter dem Sie sie anschließend im Startmenü wiederfinden.

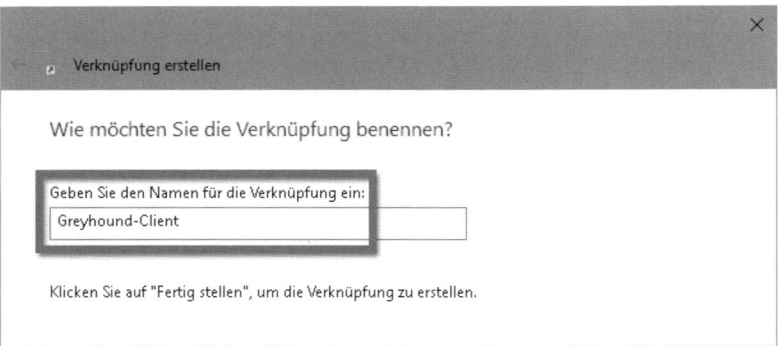

4. Klicken Sie unten auf *Fertig stellen*.

5. Klicken Sie gleich anschließend mit der rechten Maustaste auf das gerade neu auf dem Desktop erstellte Verknüpfungssymbol und wählen Sie im Kontextmenü nun den Befehl *An "Start" anheften*. Dadurch integrieren Sie die Verknüpfung ins Startmenü. Zusätzlich oder stattdessen können Sie die Verknüpfung auf dieselbe Weise an die Taskleiste anheften, wenn Sie möchten.

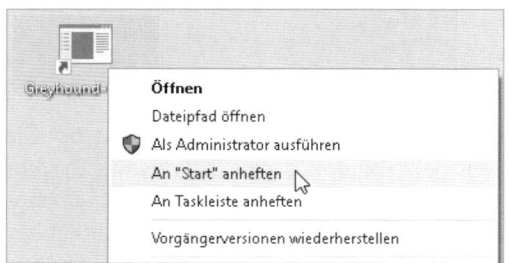

6. Anschließend können Sie die Verknüpfung auf dem Desktop wieder löschen. Das Pendant im Startmenü bzw. in der Taskleiste bleibt erhalten.

Wenn Sie das Startmenü erneut aufrufen, finden Sie nun die neue Verknüpfung vor. Damit können Sie die gewünschte Anwendung jederzeit direkt starten, wobei sie durch die Aufgabenplanung mit erhöhten Rechten ausgestattet wird. Bei einer umfangreichen Startseite können Sie den Namen der Verknüpfung eintippen, um das Symbol möglichst schnell finden zu können.

29 Hyper-V: per Virtualisierung praktisch jede Anwendung nutzen

Der mit Windows 7 eingeführte Windows Virtual PC ist längst schon wieder Geschichte. Seit Windows 8 setzt Microsoft bei der Virtualisierungstechnologie auf Hyper-V. Auch das aktuelle Windows ist damit ausgestattet, allerdings erst ab der Pro-Edition. Nutzer der Home-Editionen können aber mit VirtualBox eine ähnliche Lösung kostenlos nachrüsten. Beide Systeme stelle ich in diesem Kapitel vor.

Was heißt hier virtuell?

Virtualisierung bedeutet in diesem Zusammenhang, dass Sie auf Ihrem vorhandenen Windows-System eine Software installieren, die die Hardware eines typischen Windows-PCs emuliert und somit einen zusätzlichen – virtuellen – PC erstellt, der praktisch nur in Form von Daten auf Ihrer Festplatte existiert. Mit der Virtualisierungssoftware können Sie diese PC-Emulation jederzeit starten und darin ganz normal ein Windows-System installieren, z. B. ein Windows XP für ältere Anwendungen oder ein zusätzliches aktuelles Windows zum Testen neuer Programme. Die Virtualisierung ist sehr aufwendig und hat deshalb ihre Grenzen, insbesondere bezogen auf die Geschwindigkeit des Systems. Auf einem zeitgemäßen PC sollte sie zum Arbeiten mit einem zusätzlichen virtuellen Windows aber ausreichen. Beim Einsatz eines virtuellen Systems können Sie auf zusätzliche Festplatten und Partitionen verzichten. Außerdem ist das emulierte Windows (Gastsystem) in seiner eigenen virtuellen Welt komplett von Ihrem eigenen Windows (dem Wirtssystem) entkoppelt und kann z. B. nicht auf dessen Daten zugreifen. Datenverluste oder -beschädigungen lassen sich also ausschließen. Deshalb eignet sich ein virtuelles System auch gut zum Testen von unbekannter Software oder Vorabversionen.

HINWEIS

29.1 Wichtig: die Voraussetzungen für Hyper-V

Hyper-V ist eine Virtualisierungslösung, die professionellen Ansprüchen genügt. Die Kehrseite der Medaille ist, dass sie vergleichsweise hohe Hürden in Form von Hard- und Softwarevoraussetzungen aufbaut. Andernfalls lässt das Programm sich nicht nutzen bzw. gar nicht erst installieren.

- Ganz grundlegend: Hyper-V läuft unter der 64-Bit-Version von Windows. Unter 32 Bit können Sie nur das Verwaltungsprogramm Hyper-V-Administrator installieren, das aber allein keine virtuellen Maschinen ermöglicht. Dies ist nur mit dem Hyper-V-Kern möglich, der lediglich auf 64-Bit-Systemen zur Installation angeboten wird.

- Damit zusammen hängt auch die Anforderung an den Arbeitsspeicher: Mindestens 4 GByte RAM müssen es sein, damit kann man dann aber auch schon zwei oder drei virtuelle Maschinen betreiben. Da die 32-Bit-Version von Windows keine vollen 4 GByte Arbeitsspeicher adressieren kann, kommt sie auch dafür nicht in Betracht.

■ Der vorhandene Prozessor muss logischerweise 64 Bit unterstützen sowie Hardware-DEP und **S**econd **L**evel **A**ddress **T**ranslation (SLAT) ermöglichen. Die meisten aktuellen Prozessoren von Intel und AMD können das, bei älteren PCs könnte es aber daran scheitern (siehe Hinweisbox).

DEP und SLAT?

Data **E**xecution **P**revention (DEP) ist ein Sicherheitsfeature, das das direkte Manipulieren von Arbeitsspeicher und somit eine typische Strategie von Malware verhindert. Windows kann das in Grenzen auch in Software umsetzen, für Hyper-V aber muss es der Prozessor direkt in Hardware erledigen. Wichtiger Hinweis: Die meisten aktuellen Prozessoren und Mainboards können das, oft aber ist diese Funktion standardmäßig deaktiviert. Wenn es beim Aktivieren von Hyper-V eine entsprechende Meldung gibt, schauen Sie im BIOS Ihres PCs nach, ob Sie dort eine entsprechende Einstellung finden. SLAT dürfte noch etwas seltener anzutreffen sein, da es selbst unter den aktuell angebotenen Prozessoren nicht alle beherrschen. Ob Ihrer es kann, können Sie selbst feststellen: Laden Sie sich das kostenlose Programm coreinfo.exe von Microsoft herunter (*http://technet.microsoft.com/en-us/sysinternals/cc835722*). Führen Sie es in einer Eingabeaufforderung mit Administratorrechten mittels dem Kommando *coreinfo -v* aus. Die Antwort besteht aus einer kurzen Liste, bei der die unterste Zeile die entscheidende ist. Steht hier in der Mitte ein *, ist der Prozessor für Hyper-V ausgestattet. Bei einem – hingegen fehlt die erforderliche Technologie, und Hyper-V wird sich nicht aktivieren lassen.

Hyper-V aktivieren

Standardmäßig werden die für Hyper-V benötigten Funktionen zwar installiert, aber nicht aktiviert. Bevor Sie also mit virtuellen Anwendungen experimentieren können, müssen Sie diese Funktionen zunächst einschalten:

1. Öffnen Sie die Einstellungen, indem Sie in der klassischen Systemsteuerung das Modul *Programme und Features* öffnen.

2. Klicken Sie in den Einstellungen links auf *Windows-Features aktivieren oder deaktivieren*.

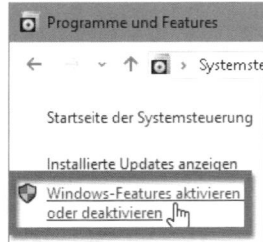

3. Suchen Sie in der Liste der Funktionen dann den Eintrag *Hyper-V* und setzen Sie dort ein Häkchen. Die untergeordneten Einträge werden automatisch mit-aktiviert.

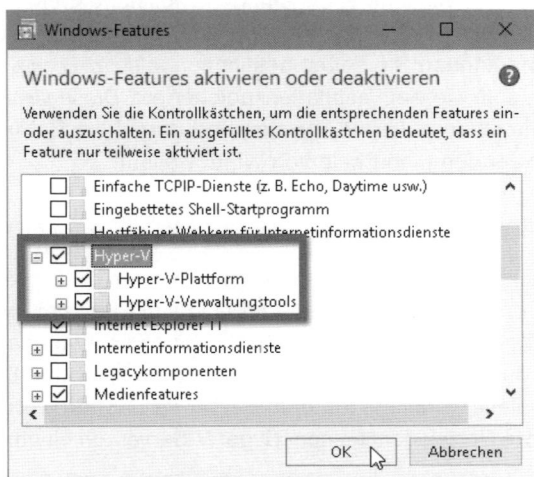

4. Wenn Sie nun unten auf *OK* klicken, bereitet Windows das Zuschalten dieser Funktionen vor und führt es durch. Anschließend muss der PC neu gestartet werden, bevor Sie Hyper-V benutzen können.

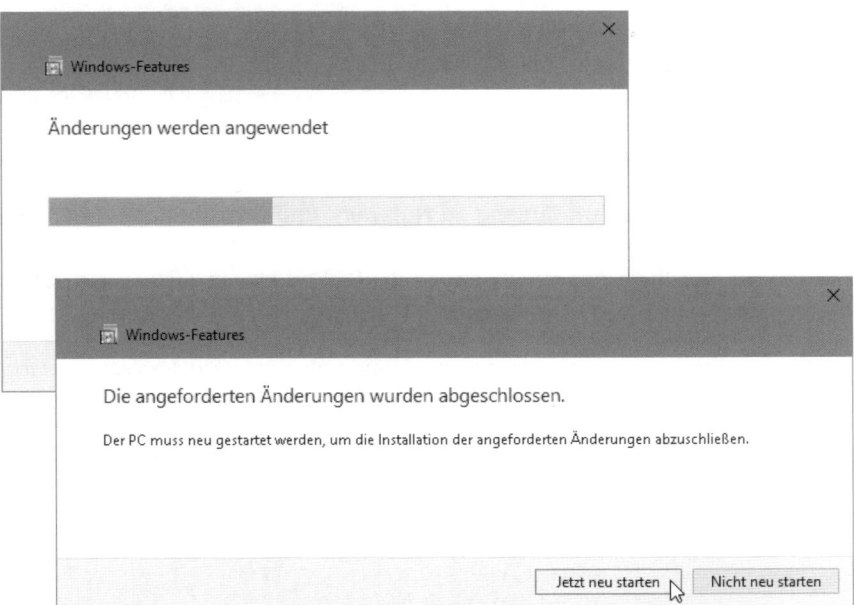

Sollte Ihnen die Hyper-V-Plattform nicht zur Installation angeboten werden bzw. soll-te es einen Fehlerhinweis geben, erfüllt Ihr PC eventuell nicht die Hardwarevoraus-setzungen für Hyper-V (siehe vorangehenden Abschnitt).

29.2 Richten Sie eine virtuelle Testumgebung ein

Haben Sie Hyper-V installiert, können Sie sich eine Testumgebung einrichten. Dabei handelt es sich um eine virtuelle Maschine, die einen PC vollständig emuliert, mit virtuellen Prozessoren, virtueller Festplatte, virtuellen USB-Schnittstellen etc. Die Parameter dieser Maschine können Sie selbst bestimmen, also z. B. wie viel Arbeitsspeicher verfügbar sein soll, wie viel Festplattenspeicher etc. Diese virtuelle Maschine können Sie dann wie einen realen PC starten und darauf ein Betriebssystem installieren, das als Anwendung innerhalb von Windows läuft.

Die Verbindung zum Hyper-V-Server herstellen

Hyper-V auf Ihrem PC besteht aus zwei Komponenten: Da ist zum einen der Hyper-V-Server, der mit dem Aktivieren der Funktion automatisch bei jedem Start aktiv wird. Für die konkrete Nutzung der Virtualisierung verwenden Sie den Hyper-V-Manager, den Sie im Startmenü schnell durch Eintippen von *hyper* finden. Beim ersten Start des Hyper-V-Managers muss dieser einmalig mit dem Server verbunden werden. Prinzipiell könnte er sich auch via Netzwerk mit einem Hyper-V-Server auf einem anderen PC verbinden, deshalb ist dieser Schritt nötig.

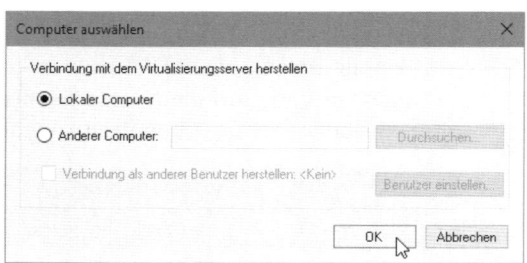

Wählen Sie dazu im Menü *Aktion/Verbindung mit dem Virtualisierungsserver herstellen* und im anschließenden Dialog die Option *Lokaler Computer*, bevor Sie auf *OK* klicken.

Einen virtuellen Netzwerkadapter einrichten

Soll das virtuelle System Zugang zu Netzwerk und Internet haben, benötigt es einen virtuellen Netzwerkadapter. Dieser kann in verschiedenen Modi betrieben werden, was wichtige Auswirkungen auf die Sicherheit von realem und virtuellem System hat.

1. Wählen Sie im Hyper-V-Manager die Menüfunktion *Aktion/Manager für virtuelle Switches*, um einen virtuellen Netzwerkadapter einzurichten.

2. Wählen Sie dann aus, was für eine Art von Adapter Sie verwenden möchten, und klicken Sie auf *Virtuellen Switch erstellen*:

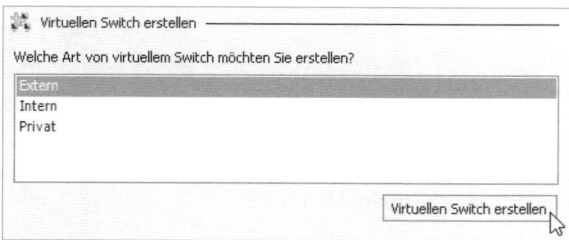

- *Extern*: Der virtuelle Netzwerkadapter wird direkt mit dem physischen Netzwerkadapter des Wirtssystems verbunden. Das virtuelle System hat somit genau dieselben Zugriffsmöglichkeiten (und bietet dieselben Angriffspunkte) wie der reale PC.

- *Intern*: Der virtuelle Netzwerkadapter wird nur mit dem realen PC sowie gegebenenfalls anderen virtuellen Maschinen auf diesem PC verknüpft und kann mit diesem Daten in einem eigenen lokalen Netzwerk austauschen. Er erhält aber keine Verbindung zum Netzwerk des realen PCs.

- *Privat*: Der virtuelle Netzwerkadapter wird nur mit anderen virtuellen Netzwerkadaptern auf demselben PC verbunden. Die virtuellen Systeme können also untereinander Daten austauschen, aber keinesfalls auf reale PCs oder Netzwerke zugreifen.

3. Legen Sie dann einen Namen für diesen virtuellen Netzwerkadapter fest. Sollten mehrere reale Netzwerkadapter vorhanden sein und Sie einen Adapter vom Typ *Extern* einrichten, können Sie außerdem wählen, mit welchem der realen Adapter dieser verbunden werden soll. Vor allem wenn Ihr PC sowohl einen Ethernet- als auch einen WLAN-Adapter besitzt, sollten Sie hier den richtigen auswählen (den der PC auch sonst verwendet). Klicken Sie dann unten auf OK.

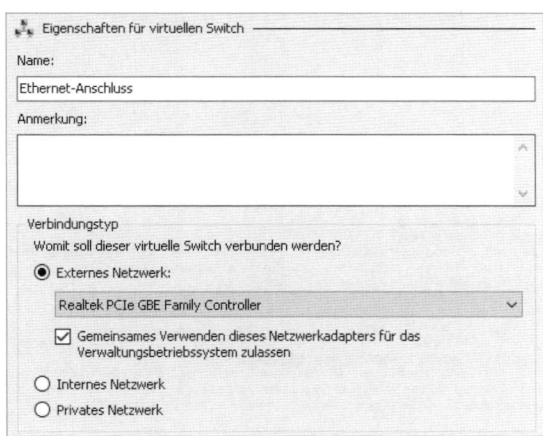

4. Beim Einrichten der virtuellen Netzwerkverbindung kann die Verbindung des (realen) PCs kurzfristig unterbrochen werden. Deshalb war der Manager da und bat um Genehmigung. Sollte beispielsweise gerade ein Download oder eine andere wichtige Verbindung laufen, können Sie diese noch in Ruhe zu Ende bringen, ehe Sie die Änderung durch Hyper-V durchführen lassen.

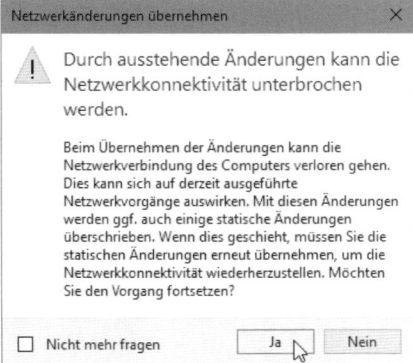

Die Eigenschaften der virtuellen Maschine bestimmen

Um eine virtuelle Maschine zu erstellen, legen Sie im Hyper-V-Manager die Parameter dieses virtuellen Systems fest.

1. Wählen Sie im Hyper-V-Manager im Menü *Aktion/Neu/Virtueller Computer*. Damit starten Sie einen Assistenten, der Sie durch alle erforderlichen Schritte begleitet.

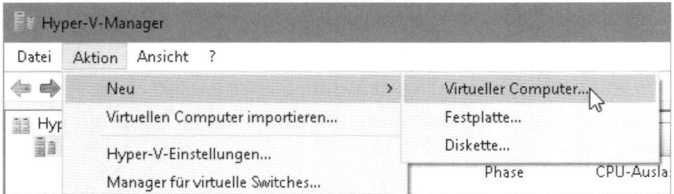

2. Klicken Sie auf *Weiter* und legen Sie dann einen Namen für das virtuelle System fest. Außerdem können Sie mit *Virtuellen Computer an einem anderen Speicherort speichern* einen alternativen Speicherordner festlegen, wenn Sie z. B. auf einem anderen Laufwerk mehr Speicherplatz zur Verfügung haben.

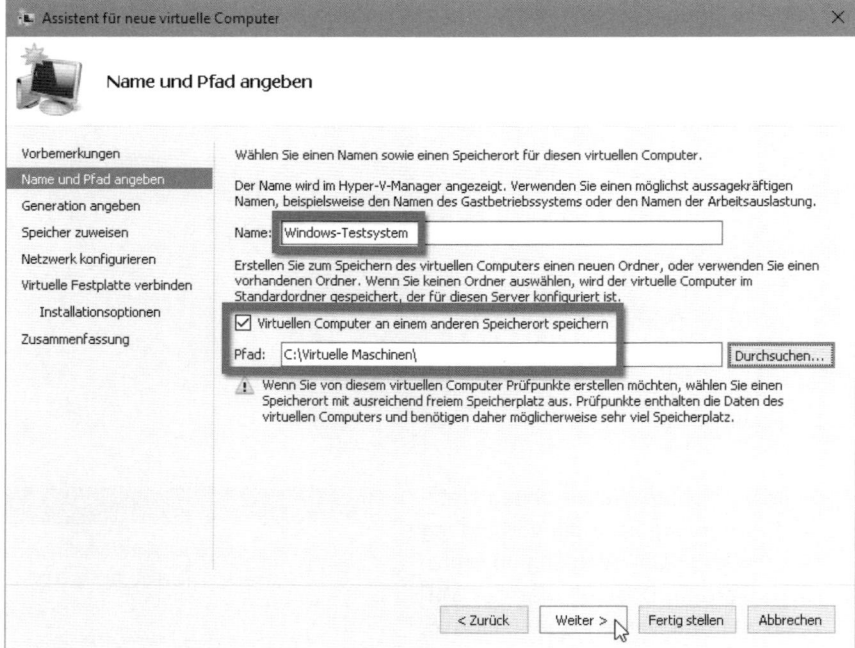

3. Wählen Sie dann, was für eine Generation von virtuellem Computer Sie erstellen möchten. Dies ist wichtig, da diese Eigenschaft im Gegensatz zu den meisten anderen später nicht mehr geändert werden kann. Welche Wahl ist sinnvoll?

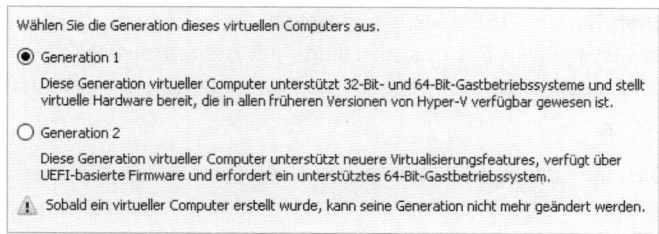

- **Generation 1** für alle 32-Bit-Windows-Systeme, für Windows-Systeme in 64 Bit bis Windows 7 einschließlich sowie alle Nicht-Windows-Systeme (beispielsweise Linux).

- **Generation 2** für Windows-Systeme ab Windows 8 in 64 Bit. Nur Generation 2 verfügt über eine UEFI-basierte Firmware für diese Systeme.

4. Nun geht es an den Arbeitsspeicher, der der virtuellen Maschine zur Verfügung stehen soll. Bedenken Sie, dass dieser vom realen Speicher abgeht. Lassen Sie also dem Wirtssystem stets genug RAM „zum Leben" übrig, um die Stabilität und Leistungsfähigkeit nicht zu gefährden.

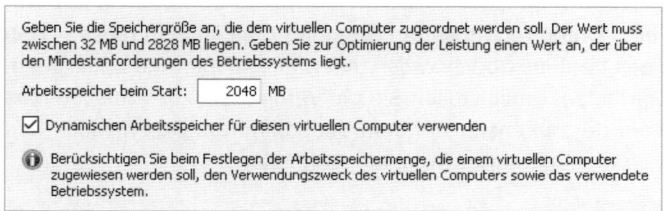

5. Bei den Netzwerkeinstellungen können Sie den virtuellen Netzwerkadapter auswählen, den Sie zuvor erstellt haben. Soll die virtuelle Maschine keine Konnektivität haben, wählen Sie *Nicht verbunden*.

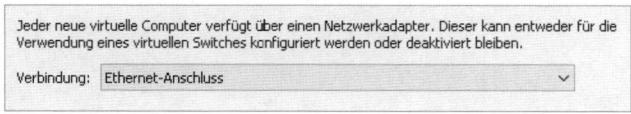

6. Dann geht es an den Festplattenspeicher für das virtuelle System. Legen Sie fest, wie die Datei dafür heißen soll, wo sie gespeichert werden soll und wie groß sie werden darf.

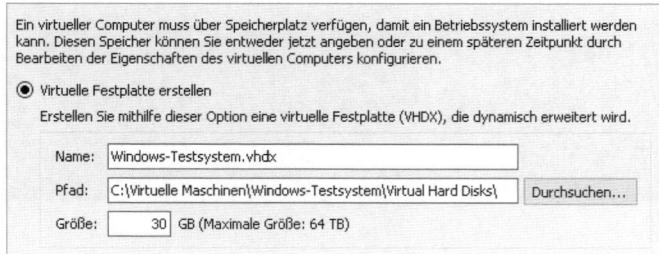

7. Schließlich können Sie direkt das Installieren eines Betriebssystems veranlassen. Am besten verschieben Sie das allerdings mit *Betriebssystem zu einem späteren Zeitpunkt* erst einmal. Ich gehe im nachfolgenden Abschnitt ausführlich darauf ein.

8. Kontrollieren Sie die Zusammenfassung der Konfiguration und klicken Sie schließlich unten auf *Fertig stellen*, um die virtuelle Maschine endgültig zu erstellen.

Das Betriebssystem für den virtuellen PC installieren

Bis hierhin haben Sie einen virtuellen PC erschaffen, der die Hardware eines realen Rechners in Software nachbildet. Aber so wie ein realer PC erst mit einem Betriebssystem sinnvoll nutzbar ist, muss auch auf dem virtuellen PC ein Betriebssystem installiert werden. Dazu benötigen Sie eine Installations-CD/-DVD des gewünschten Systems, die Sie in das Laufwerk des realen PCs einlegen. Alternativ können Sie auch eine ISO-Imagedatei verwenden, die als virtuelles Laufwerk in den virtuellen PC eingebunden werden kann. Dann kann die Installation starten.

1. Wählen Sie im Hyper-V-Manager im Bereich *Virtuelle Computer* das zuvor erstellte System aus. Unten rechts finden Sie unter dem Namen dieses Systems unter anderem das Kommando *Verbinden*. Alternativ können Sie dafür auch das *Aktion*-Menü verwenden. Damit stellen Sie die Verbindung zur virtuellen Maschine her und zeigen deren Fenster auf dem Bildschirm an. Das virtuelle System ist nun aber noch nicht gestartet (bzw. eingeschaltet).

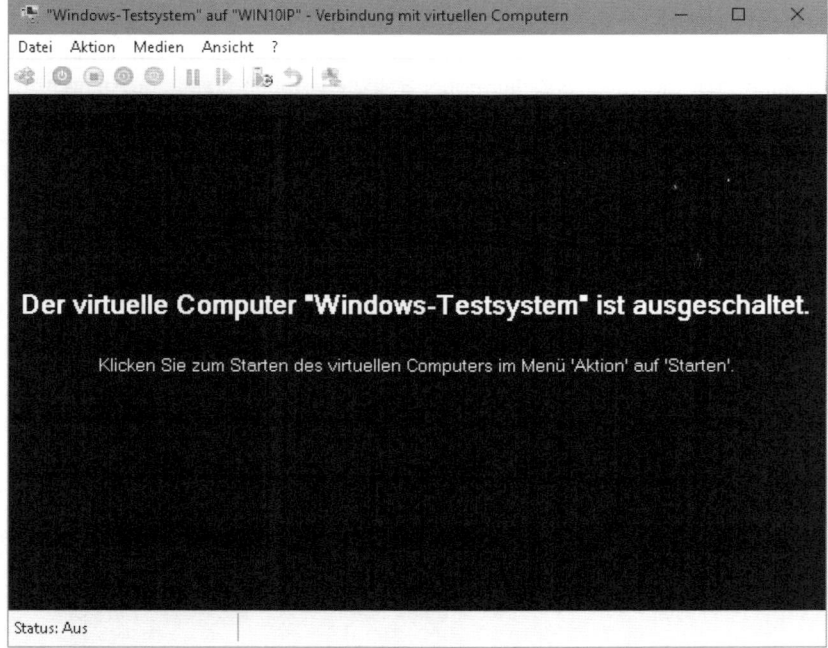

2. Das ist auch gut so, denn zunächst muss das Installationsmedium im *Medien*-Menü dieses Fensters festgelegt werden:

■ Verwenden Sie eine CD/DVD, wählen Sie hier ... *aufzeichnen*, um das reale Laufwerk des Wirtsrechners als virtuelles Laufwerk in das Gastsystem einzufügen. So kann der virtuelle PC auf das reale Laufwerk zugreifen.

■ Verwenden Sie eine ISO-Imagedatei, klicken Sie stattdessen auf *Datenträger* und wählen dann die zu verwendende Datei aus. Diese wird als virtuelles Laufwerk in das Gastsystem eingebunden.

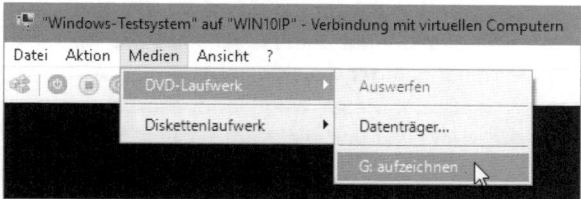

3. Klicken Sie nun im Fenster der virtuellen Maschine auf den grünen Start-Button oder wählen Sie im Menü *Aktion/ Starten*. Das ist so, als würden Sie an einem realen PC den Einschaltknopf drücken.

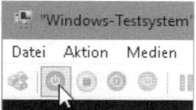

Der virtuelle PC fährt nun also hoch, bemerkt das (virtuell) eingelegte Installationsmedium und startet die Installation. Diese läuft wie bei einem realen PC ab. Der genaue Verlauf hängt davon ab, welches System Sie installieren.

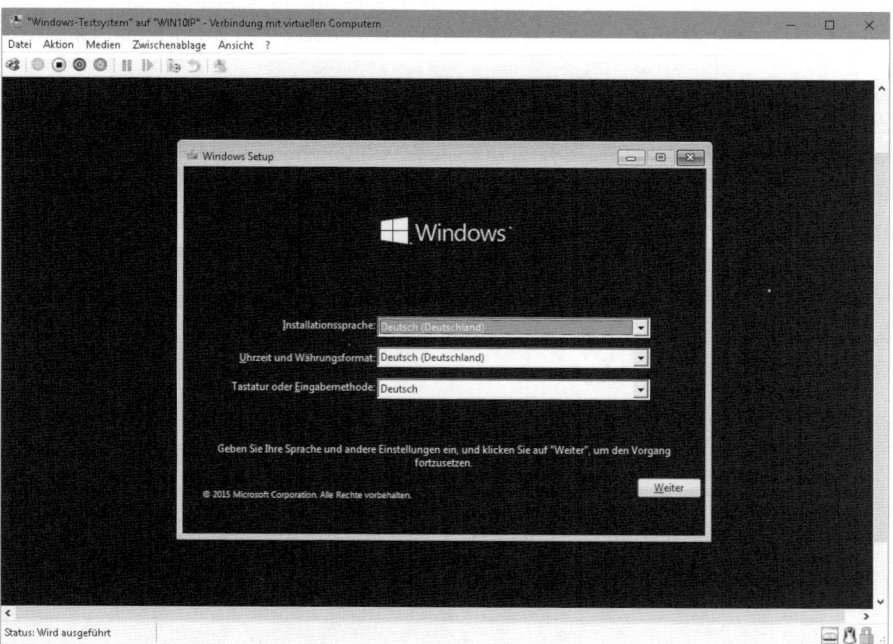

29.3 Mit virtuellen Maschinen effizient arbeiten

Ein einmal eingerichtetes und installiertes virtuelles System können Sie nun jederzeit mit dem Hyper-V-Manager starten und eine Verbindung dazu herstellen. Das virtuelle System läuft standardmäßig in einem Fenster. Mit *Ansicht/Vollbildmodus* bzw. [Strg]+[Alt]+[Pause] können Sie jederzeit zur Vollbilddarstellung und zurück wechseln.

Datenaustausch per Zwischenablage

Eine einfache Möglichkeit, Daten vom Wirtssystem in das Gastsystem zu bekommen, bietet die Zwischenablage. Mit dem Menüpunkt *Zwischenablage/Text aus Zwischenablage eingeben* fügen Sie den Inhalt der Zwischenablage des Wirtssystems an der Einfügemarke des Gastsystems ein. Dieser Weg klappt allerdings nur in der beschriebenen Richtung vom Wirt zum Gast und nicht umgekehrt.

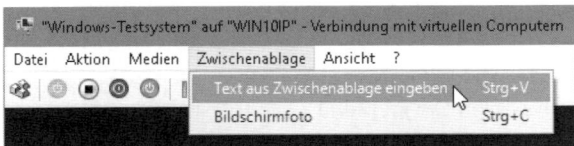

Dateien per Netzwerk austauschen

Geht es um ganze Dateien, können Sie das Netzwerk zum Austausch zwischen Wirt und Gast nutzen. Aktivieren Sie dabei in beiden Systemen die entsprechenden Funktionen zu Dateifreigabe und Netzwerkerkennung. Windows gibt als Wirtssystem dann automatisch die öffentlichen Ordner auch für das virtuelle Gastsystem frei.

Zusätzlich können Sie beliebige Ordner per Netzwerkfreigabe für den Datenaustausch bereitstellen. Die Zugriffsrechte können über die gewohnten Einstellungen geregelt werden, sodass das Gastsystem z. B. nur lesenden Zugriff auf freigegebene Ordner erhält.

Das virtuelle System beenden

Wenn Sie die Arbeit mit dem virtuellen System vorläufig beenden wollen, gibt es verschiedene Möglichkeiten:

- Sie können das virtuelle System so wie ein reales herunterfahren. Ist der Vorgang abgeschlossen, beendet Hyper-V die virtuelle Maschine automatisch. Verwenden Sie hierfür einfach die Funktionen und Dialoge des virtuellen Systems.

- Sie können die virtuelle Maschine mit *Anhalten* vorübergehend anhalten. Hyper-V legt das virtuelle System dann still, kann es aber jederzeit per Mausklick fortsetzen. Das klappt jedoch nur, solange das reale Wirtssystem läuft. Wenn Sie dieses herunterfahren, wird auch das virtuelle System beendet.

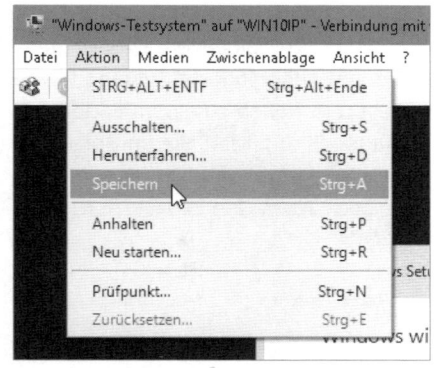

- Mit *Speichern* erreichen Sie so etwas wie einen Ruhezustand für das virtuelle System. Hyper-V speichert den aktuellen Zustand des Gastsystems und kann ihn später genau so wiederherstellen. Das dauert ein wenig, aber dafür können Sie zu einem späteren Zeitpunkt an exakt derselben Stelle weiterarbeiten.

- Sie können die virtuelle Maschine schließen bzw. mit *Ausschalten* abrupt beenden. Das ist so, als zögen Sie bei einem realen PC den Netzstecker. Es geht schnell, kann aber unter Umständen zu Datenverlusten führen.

Das virtuelle System in einem bestimmten Zustand speichern und wiederherstellen

Vor allem, wenn es um das Testen von z. B. unbekannter Software geht, bekommt die Prüfpunkt-Funktion von Hyper-V eine wichtige Rolle. Damit können Sie einen Schnappschuss des gesamten Systems zum aktuellen Zeitpunkt erstellen und diesen später wiederherstellen. Ein Test könnte also so aussehen:

1. Prüfpunkt des Systems vor dem Test erstellen.

2. Test durchführen.

3. Den angelegten Prüfpunkt wiederherstellen.

Durch die Verwendung eines Prüfpunktes wäre das virtuelle System nach dem Test wieder in exakt demselben Zustand wie vorher. Selbst wenn die getestete Anwendung mutwillig oder versehentlich Daten zerstört, das System beschädigt oder es z. B. mit Viren oder Trojanern verseucht hätte, würden sich nach dem Wiederherstellen keine Spuren mehr davon finden. Denn ein Prüfpunkt umfasst nicht nur das System selbst und seine Konfiguration, sondern auch den Inhalt der virtuellen Festplatte.

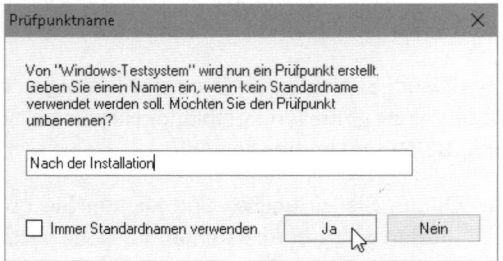

Um eine solche Momentaufnahme anzulegen, verwenden Sie die Menüfunktion *Aktion/Prüfpunkt*. Sie können dann einen Namen für diesen Prüfpunkt vergeben, um ihn später leicht identifizieren zu können. Andernfalls verwendet Hyper-V eine Standardbezeichnung.

Um den letzten Prüfpunkt später wiederherzustellen, verwenden Sie die Menüfunktion *Aktion/Zurücksetzen*. Das virtuelle System wird dann angehalten und der im Prüfpunkt gespeicherte Zustand wiederhergestellt. Haben Sie mehrere Prüfpunkte erstellt und wollen zu einem anderen zurückkehren, nutzen Sie dafür den Hyper-V-Manager. Hier finden Sie im Bereich *Prüfpunkte* alle Schnappschüsse der gerade gewählten virtuellen Maschine.

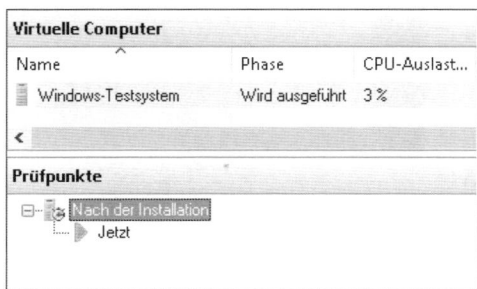

29.4 Freeware-Virtualisierung: VirtualBox als kostenlose Alternative

Hyper-V glänzt mit optimaler Hardwareunterstützung und einer guten Integration in die Windows-Infrastruktur. Aber in diesen Genuss kommen nur Nutzer ab der Pro-Edition. Wer die Basis-Edition oder eine beliebige 32-Bit-Version verwendet, kann Hyper-V nicht einsetzen.

Auf Virtualisierung müssen Sie deshalb aber nicht verzichten. Als kostenlose Alternative bietet sich das Virtualisierungsprogramm VirtualBox (*https://www.virtualbox.org/wiki/Downloads*) an. Es bietet einen durchaus vergleichbaren Funktionsumfang und darf zumindest für private Zwecke kostenlos genutzt werden.

Mit VirtualBox eine virtuelle Testumgebung einrichten

Die Virtualisierungssoftware VirtualBox erlaubt es Ihnen, einen virtuellen PC zu emulieren, der das aktuelle Windows oder auch eine ältere Version in einer sicheren Testumgebung innerhalb Ihres vorhandenen Windows-Systems ausführt. Auch bei VirtualBox muss hierzu zunächst ein virtuelles System eingerichtet werden, in dem Sie anschließend Windows installieren können.

Zu diesem Einrichten gehören das Festlegen der Systemkonfiguration und das Anlegen einer virtuellen Festplatte. Hierfür sollte ausreichend freier Festplattenplatz (ca. 30 GByte) vorhanden sein.

1. Öffnen Sie VirtualBox und klicken Sie oben rechts auf die *Neu*-Schaltfläche. Starten Sie den Assistenten für neue virtuelle Maschinen dann mit *Weiter*.

2. Geben Sie einen beliebigen Namen für das zu erstellende virtuelle System ein und wählen Sie den Typ des Gastbetriebssystems aus.

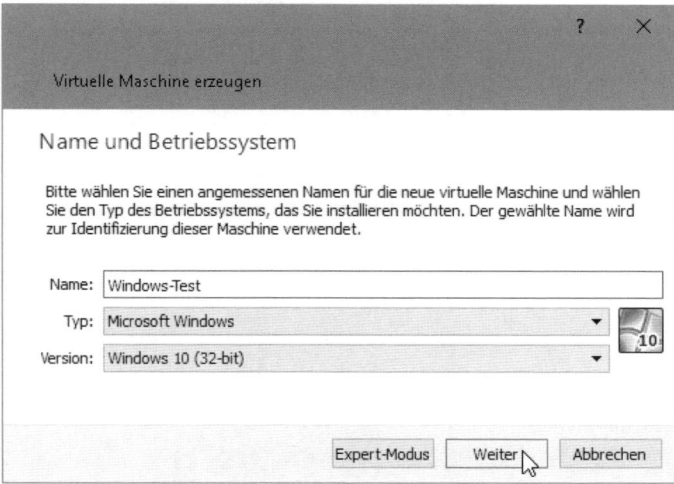

Die richtigen Einstellungen dafür sind oben *Microsoft Windows* und darunter die Windows-Version, die Sie anschließend installieren möchten. VirtualBox konfiguriert dann ein virtuelles System, das für den Einsatz mit der gewünschten Windows-Version optimiert ist.

3. Nun geht es um die Größe des Hauptspeichers. Diesen muss sich das virtuelle mit dem realen Windows teilen. Deshalb empfiehlt es sich, der virtuellen Maschine in etwa die Hälfte des physischen Arbeitsspeichers zur Verfügung zu stellen. Keinesfalls sollten Sie den gesamten Hauptspeicher dem virtuellen System überlassen, da der PC dann langsam und instabil werden dürfte. Im Zweifelsfall übernehmen Sie einfach den Vorschlag des Assistenten.

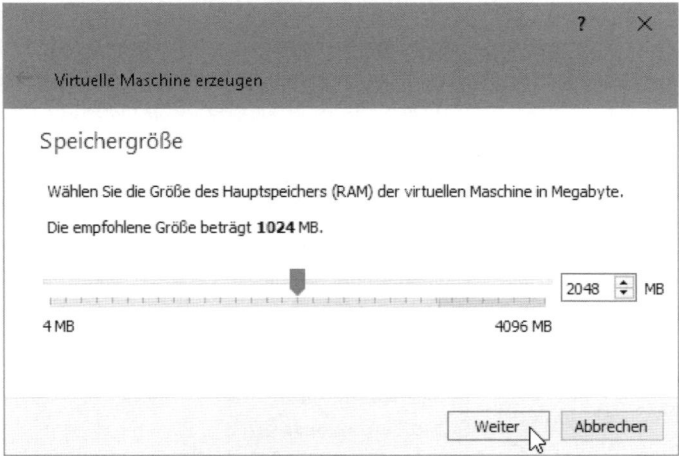

4. Eine sinnvolle Empfehlung gibt der Assistent auch im nächsten Schritt für die Größe der virtuellen Festplatte. Übernehmen Sie diese also gegebenenfalls (siehe Hinweis) und wählen Sie *Festplatte erzeugen*.

 Die optimale Größe der virtuellen Festplatte

Die Festplatte für das virtuelle System ist ebenfalls nur virtuell. Für das installierte Windows sieht es wie eine reale Festplatte aus, tatsächlich werden die Daten aber in einer Datei auf Ihrer realen Festplatte abgelegt. Für aktuelle Windows-Versionen sollte die virtuelle Festplatte mindestens 20 GByte groß sein, für Windows XP würden sicher auch 10 GByte reichen. Wenn Sie außerdem noch umfangreiche Software im virtuellen Windows installieren möchten, können Sie das Laufwerk auch gleich größer dimensionieren. Prinzipiell sollte der Wert eher zu groß als zu klein sein, denn die virtuelle Festplatte wird dynamisch belegt. Die reale Datei ist also nicht von Anfang an so groß, wie Sie es hier vorgeben. Stattdessen wächst sie nach Bedarf allmählich an. Der hier festgelegte Wert ist also eine Maximalvorgabe, die die Größe vorgibt, die nicht überschritten werden darf.

5. Verwenden Sie als Dateityp für die zu erstellende virtuelle Festplatte die Vorgabe *VDI* (**V**irtualBox **D**isk **I**mage) und die Speicherart *dynamisch alloziert*. Mit *feste Größe* würde VirtualBox die Datei sofort in voller Größe einrichten. Das dauert zunächst länger, beschleunigt dann aber die

Windows-Installation und das Arbeiten mit der virtuellen Testumgebung.

6. Legen Sie dann den Speicherort und die Größe der virtuellen Festplatte fest. Verfügen Sie über mehrere Laufwerke, wählen Sie eines mit reichlich freiem

Speicherplatz dafür aus (klicken Sie dazu auf das kleine Symbol rechts neben dem Namen der Festplatte).

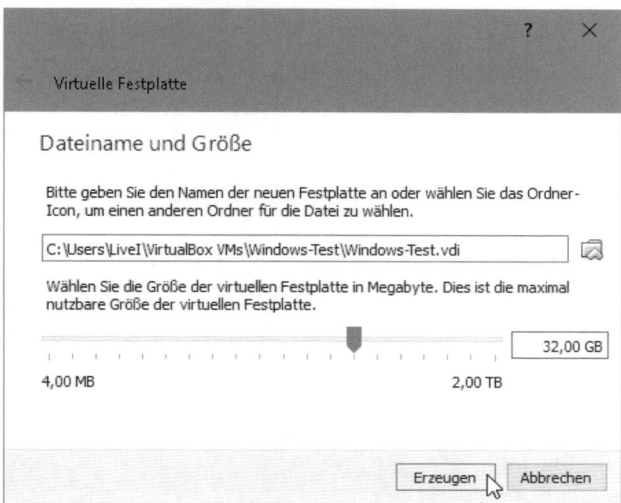

7. Kontrollieren Sie schließlich kurz die Zusammenfassung und klicken Sie dann unten rechts auf *Erzeugen*.

Das Ganze dauert nur wenige Sekunden, zumindest wenn Sie den Festplattentyp *dynamisch alloziert* gewählt haben. Mit *feste Größe* benötigt das Erstellen der virtuellen Festplatte einige Zeit, da bereits die Datenstruktur der gesamten Festplattenkapazität angelegt wird. Anschließend finden Sie im Hauptfenster von VirtualBox einen Eintrag Ihrer neuen virtuellen Maschine vor. Auf dieser können Sie nun im nächsten Schritt Windows installieren.

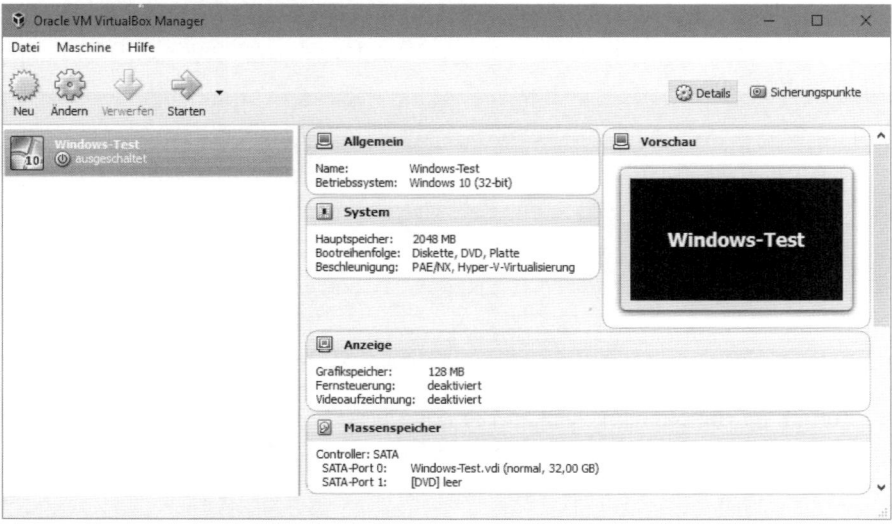

Die fertig eingerichtete virtuelle Maschine für das Installieren von Windows.

Ein virtuelles Windows installieren

Wenn Sie eine virtuelle Maschine angelegt haben, können Sie sie wie einen realen PC einschalten und hochfahren lassen. Wie bei einem realen PC ohne installiertes Betriebssystem passiert dabei aber nicht viel.

Zunächst muss das Windows-Betriebssystem nun auf dem virtuellen PC installiert werden. Ich beschränke mich dabei auf die wenigen Schritte, die erforderlich sind, um die Windows-Installationsprozedur in der virtuellen Maschine zu starten. Ab da geht es wie auf einem „echten" PC weiter. Für das aktuelle Windows etwa wird diese Prozedur ab Seite 692 Schritt für Schritt beschrieben.

1. Wählen Sie in VirtualBox die zuvor erstellte virtuelle Maschine aus und klicken Sie in der Symbolleiste auf *Ändern*.

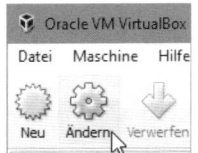

2. Öffnen Sie in den Einstellungen der virtuellen Maschine die Rubrik *Massenspeicher*.

3. Wählen Sie dort rechts im Bereich *Massenspeicher* unter *Controller* den Eintrag *leer* aus.

4. Klicken Sie dann bei *Attribute* ganz rechts auf das CD-/DVD-Symbol und im Menü auf *Datei für virtuelles CD/DVD-ROM-Medium auswählen*, wenn Sie Windows von einer Imagedatei installieren möchten. Geben Sie dazu im Auswahldialog an, wo die ISO-Datei gespeichert ist. Liegt Ihnen eine Installations-DVD vor, legen Sie diese ein und wählen im Menü das entsprechende DVD-Laufwerk Ihres PCs aus.

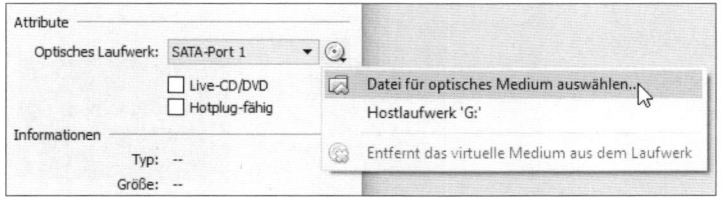

5. Schließen Sie die Einstellungen der virtuellen Maschine mit *OK*.

6. Zurück im Hauptfenster klicken Sie auf *Starten*. VirtualBox startet dann den virtuellen PC.

7. Bestätigen Sie den Hinweis zur Host-Taste mit *OK* (siehe Hinweiskasten).

Ab jetzt läuft die Installation ganz regulär wie auf einem realen PC ab. Lesen Sie also am besten ab Seite 692 weiter, um die Schritte der Installation kennenzulernen. Nur noch ein Hinweis: Sollte bei einem Neustart während der Installation der Hinweis auf dem Bildschirm erscheinen, eine Taste zu drücken, um von CD/DVD zu starten, ignorieren Sie das.

Alternativ können Sie auch nach der ersten Phase der Installation eine reale DVD aus dem Laufwerk entnehmen bzw. in den Einstellungen der virtuellen Maschine für das virtuelle CD-/DVD-Laufwerk *Medium entfernen* wählen. Sollten Sie schon gedrückt haben, entfernen Sie das Medium und starten die virtuelle Maschine neu, um die Installation regulär fortzusetzen.

Mit der Host-Taste zwischen realem und virtuellem System wechseln

Wenn das virtuelle System im Vollbildmodus ausgeführt wird, sieht es ganz wie ein reales System aus, das direkt auf Ihrem PC läuft. Allerdings gelangen Sie dann nicht mehr einfach mit dem Mauszeiger heraus, da dieser ebenfalls im virtuellen System „gefangen" ist. Deshalb gibt es eine spezielle Host-Taste, mit der Sie jederzeit vom virtuellen ins reale System und umgekehrt wechseln können. Standardmäßig liegt die Host-Taste auf [Strg] rechts auf der Tastatur. Das können Sie in den Einstellungen von VirtualBox anpassen. Den Status der Host-Taste bzw. in welchem System Sie sich gerade befinden, können Sie unten rechts in der Statusleiste von VirtualBox ablesen.

HINWEIS

Mehr Leistung: VirtualBox-Gasterweiterungen installieren

Um den virtuellen PC optimal nutzen zu können, sollten Sie die Gasterweiterungen von VirtualBox im virtuellen Windows installieren. Dadurch werden verschiedene Treiber und Dienste eingerichtet, die das System optimieren und den Datenaustausch zwischen Wirts- und Gastsystem erlauben.

1. Nach der Installation, wenn das virtuelle Windows läuft, wählen Sie dazu die Menüfunktion *Geräte/Gasterweiterungen installieren*.

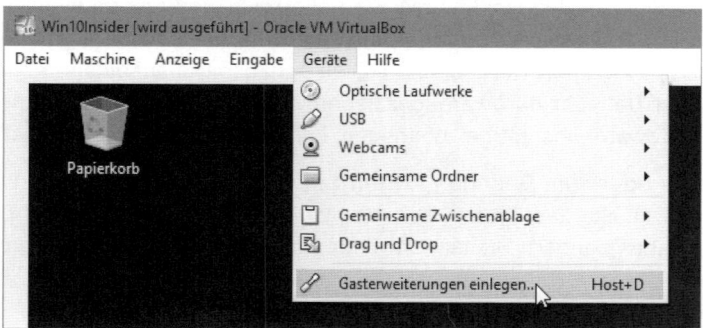

2. VirtualBox fügt dann ein virtuelles Laufwerk in das Gastsystem ein. Windows
erkennt dieses automatisch und zeigt
Ihnen eine Benachrichtigung auf dem
Bildschirm an. Klicken Sie darauf, um
eine Aktion für dieses Speichermedium
auswählen zu können.

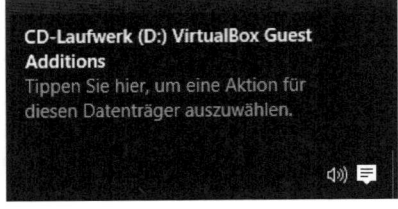

3. Wählen Sie in dieser Aktionsliste den Eintrag *VboxWindows-
Additions.exe ausführen*, um das
Einrichten der Gasterweiterungen zu starten.

4. Folgen Sie dann den Anweisungen des Assistenten. Im Grunde
genommen brauchen Sie dazu
nur mehrmals hintereinander
auf *Weiter* und abschließend auf
Fertig stellen zu klicken.

Das virtuelle System wie ein reales nutzen

Das Nutzen eines virtuell installierten Windows unterscheidet sich kaum von einem realen Windows:

■ Statt einen echten PC einzuschalten, starten Sie das virtuelle System in Virtual-
Box. Wenn Sie dann in den Vollbildmodus wechseln, können Sie das Gastsystem genau wie ein reales verwenden.

■ Während der Arbeit können Sie jederzeit zwischen dem Gastsystem und Ihrem
regulären Windows hin- und herwechseln.

■ Im installierten Gast-Windows können Sie beliebig Anwendungen installieren
und nutzen. Die Programme bemerken nichts davon, dass sie in einer virtuellen Umgebung ausgeführt werden, und sollten genauso wie auf einem „echten"
PC laufen. Nur bei sehr hardwarespezifischer Software oder Anwendungen,
die eigene hardwarenahe Treiber benötigen, kann es Einschränkungen geben.

■ Für Neustarts oder zum Beenden nutzen Sie die normalen Funktionen von
Windows. Fahren Sie das System herunter, wird zum Schluss eben nicht der
PC ausgeschaltet, sondern Sie landen wieder im VirtualBox-Hauptprogramm.

Daten zwischen dem virtuellen Windows und dem realen Wirtssystem austauschen

Das virtuelle Windows ist ein komplett eigenes System, das innerhalb Ihres vorhandenen Windows läuft. Deshalb ist der Datenaustausch nicht ganz so leicht möglich. Sie können nicht wie gewohnt einfach Dokumente aus Ihren persönlichen Ordnern öffnen und bearbeiten. Ganz ohne Datenaustausch sind die allermeisten Anwendungen aber wenig sinnvoll.

Deshalb gibt es verschiedene Methoden, Informationen zwischen dem realen und dem virtuellen Windows hin- und herzubewegen. Geht es um kleine Datenmengen oder einzelne Texte, Zahlen oder Bilder, ist häufig die Windows-Zwischenablage die schnellste Lösung. Die Zwischenablagen des realen Wirtssystems und des virtuellen Gastsystems sind miteinander verknüpft.

Was Sie also im einen System kopieren oder ausschneiden, das können Sie anschließend im anderen System einfügen und umgekehrt.

Reale Verzeichnisse als virtuelle Netzwerkordner einbinden

Geht es um größere Datenmengen oder ganze Dateien bzw. Ordner, ist die Zwischenablage keine praktikable Lösung. Hier bietet sich eine andere Variante an. Ein direkter Zugriff vom virtuellen System auf reale Festplatten ist aus Sicherheitsgründen nicht möglich.

Aber VirtualBox kann ausgewählte Ordner einer realen Festplatte als Netzlaufwerke innerhalb des virtuellen Systems freigeben. Hierbei können Sie kontrollieren, ob im virtuellen System z. B. nur ein lesender Zugriff möglich sein soll.

1. Um eine solche Freigabe einzurichten, gehen Sie im virtuellen System gegebenenfalls in den Fenstermodus und rufen dann im Fenster des virtuellen Systems die Menüfunktion *Geräte/Gemeinsame Ordner* auf.

2. Klicken Sie in der rechten Hälfte oben auf die Plusschaltfläche.

3. Im anschließenden Dialog wählen Sie den Ordner von der realen Festplatte aus, den Sie im virtuellen System als Netzlaufwerk freigeben möchten.

4. Hierfür können Sie einen beliebigen Ordnernamen festlegen, unter dem dieses Verzeichnis als Netzwerkordner im virtuellen System angezeigt werden soll.

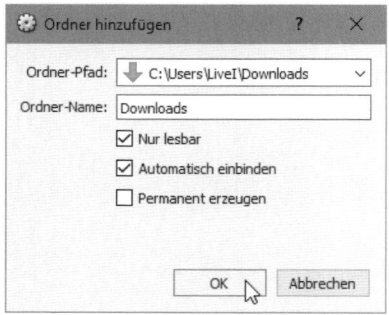

5. Wichtig: Soll das virtuelle System nur lesend auf den Ordner zugreifen und selbst keine Daten verändern dürfen, aktivieren Sie die Option *Nur lesbar*.

6. Damit die Freigabe bei jedem Start des virtuellen Systems automatisch wieder eingerichtet wird, setzen Sie ein Häkchen bei *Automatisch einbinden*. Klicken Sie dann unten auf *OK*.

7. Die Freigabe ist sofort aktiv. Wenn Sie im virtuellen System den Windows-Explorer öffnen, wird der neue Netzlaufwerkordner angezeigt und kann uneingeschränkt genutzt werden.

30 Hardwareprobleme schnell und zuverlässig lösen

Windows wird Sie vielleicht nicht immer von Hardwareproblemen verschonen können. Zwar bringt es für viele gängige Hardwarekomponenten bereits passende Treiber oder liefert diese gegebenenfalls per Onlineupdate nach. Trotzdem kann es gerade bei älteren oder exotischen Hardwarekomponenten zu Problemen kommen. Hier dürften häufig keine aktuellen Treiber mehr zu bekommen sein. Oftmals bestehen in solchen Fällen aber Möglichkeiten, beispielsweise selbst mit vorhandenen XP-Hardwaretreibern noch weiterzuarbeiten.

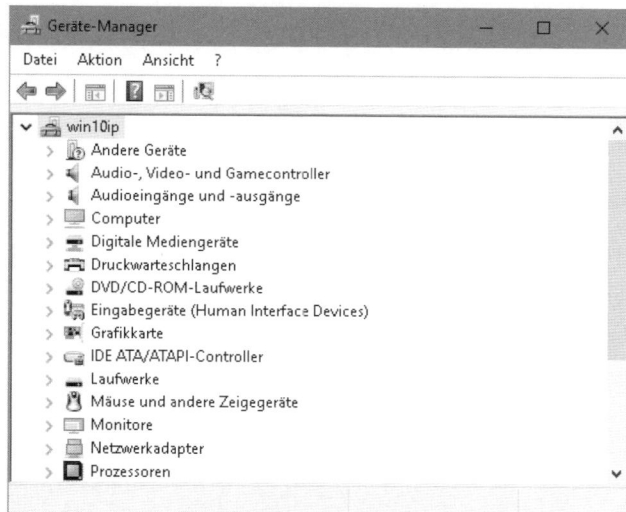

30.1 Den Status der Hardware im Geräte-Manager überprüfen

Wie schon bei seinen Vorgängern bleibt auch beim aktuellen Windows der Geräte-Manager eine wichtige Komponente für das Analysieren und Lösen von Hardware- bzw. Treiberproblemen.

1. Um den Geräte-Manager zu verwenden, wählen Sie in der klassischen Systemsteuerung die Kategorie *Hardware und Sound* und klicken dort auf *Geräte-Manager*.
In der Symbolübersicht finden Sie direkt den gleichnamigen Eintrag.

2. Da es sich hierbei um eine sicherheitsrelevante Aktion handelt, müssen Sie den Vorgang als Administrator bestätigen, falls Sie ein Standardbenutzerkonto ohne Administratorrechte verwenden.

3. Im Geräte-Manager finden Sie eine ganze Reihe von Rubriken, in die die vorhandenen Hardwarekomponenten eingeteilt sind. Die Darstellung ist dabei ähnlich wie die von Ordnern und Dateien im Windows-Explorer. Wenn Sie auf das Pfeilsymbol vor einer der Rubriken klicken, blättern Sie diese auf und erhalten Zugriff auf die dazugehörigen Komponenten.

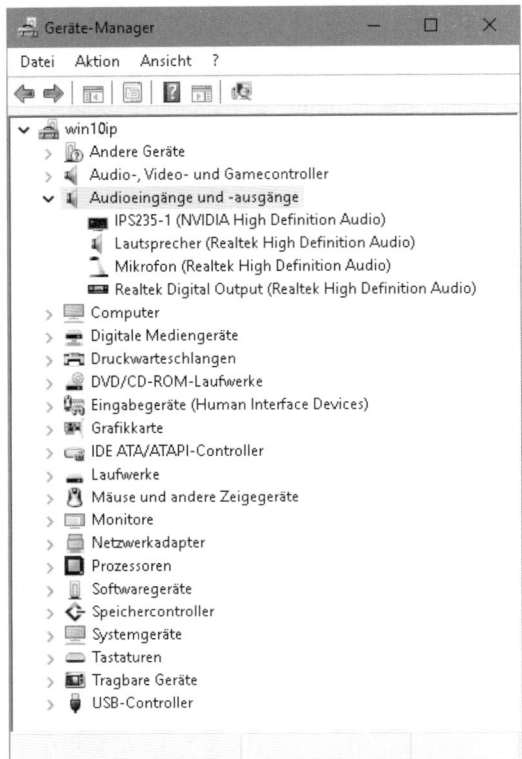

4. Um ein einzelnes Gerät näher unter die Lupe zu nehmen, führen Sie einen Doppelklick auf den entsprechenden Eintrag im Geräte-Manager aus. Dieser öffnet dann die Eigenschaften für das Gerät. Dort finden Sie alle Informationen und Funktionen, die zu diesem Gerät und gegebenenfalls zu seinen Treibern verfügbar sind. Der genaue Inhalt der Eigenschaften hängt von der Art des jeweiligen Gerätes ab.

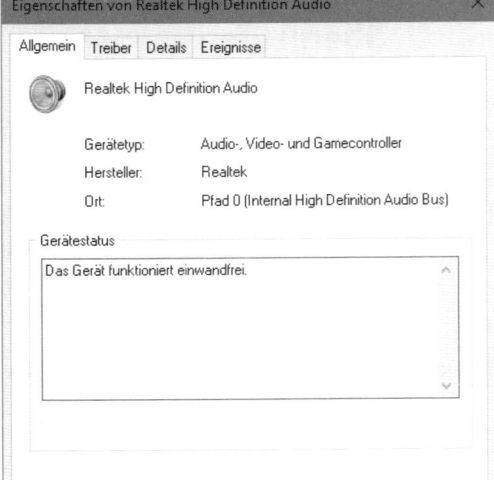

5. In der Regel erkennt Windows von allein, dass ein bestimmtes Gerät nicht ordnungsgemäß arbeitet. Dann blendet der Geräte-Manager dieses beim Öffnen automatisch ein und versieht sein Symbol mit einer

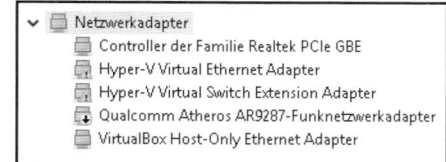

farbigen Markierung. So kommen Sie den Verursachern von Hardwareproblemen schnell auf die Schliche.

Wenn der Geräte-Manager ein Hardwareproblem anzeigt, hat dies in den seltensten Fällen tatsächlich mit einem Defekt an einer Komponente zu tun, eher schon mit einer Kabelverbindung, die sich gelöst hat, oder ähnlichen Verbindungsproblemen. Auch Probleme mit der Ressourcenverteilung sind dank Plug-and-play eher selten geworden. In den allermeisten Fällen aber liegt das Problem in der Treibersoftware für das Gerät, die entweder ganz fehlt oder nicht ordnungsgemäß funktioniert.

Wenn der Geräte-Manager nicht alle Komponenten anzeigt

Der Geräte-Manager versteckt einige Komponenten, die den Benutzer seiner Meinung nach nichts angehen, weil es sich dabei z. B. um logische Komponenten des Betriebssystems handelt.

Solche Komponenten können Sie aber dennoch einsehen, wenn Sie im Geräte-Manager mit *Ansicht/Ausgeblendete Geräte anzeigen* die entsprechende Option aktivieren. Leider „vergisst" der Geräte-Manager diese Einstellung beim Beenden jedes Mal, sodass Sie sie bei Bedarf immer wieder einschalten müssen.

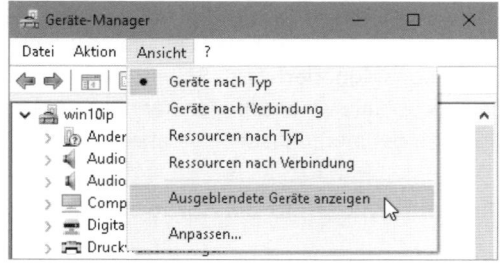

Selbst jetzt verbirgt der Geräte-Manager aber immer noch Komponenten, für die zwar Treiber installiert sind, die aber momentan nicht an den PC angeschlossen bzw. eingeschaltet sind. Dazu gehören z. B. mobile Geräte wie USB-Sticks, Digitalkameras etc., aber auch sämtliche festen Hardwarekomponenten (Festplatten, Grafikkarten, CD-Laufwerke etc.), die irgendwann einmal in den PC eingebaut und unter Windows eingerichtet waren. Um auch auf diese Komponenten zugreifen und z. B. deren Treiber entfernen zu können, gehen Sie wie folgt vor:

1. Öffnen Sie in der klassischen Systemsteuerung das Modul *System* und klicken Sie dort links in der Navigationsleiste auf *Erweiterte Systemeinstellungen*.

2. Klicken Sie im anschließenden Menü auf der Registerkarte *Erweitert* ganz unten auf die Schaltfläche *Umgebungsvariablen*.

3. Im dadurch geöffneten Menü klicken Sie wiederum unten im Bereich *System-variablen* auf die Schaltfläche *Neu*, um eine neue Systemvariable anzulegen.

4. Geben Sie im nachfolgenden Dialog bei *Name der Variablen* die Bezeichnung *devmgr_show_nonpresent_devices* und bei *Wert der Variablen 1* an.

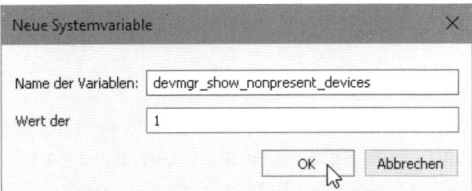

5. Klicken Sie dann dreimal auf *OK*, um die neue Variable zu übernehmen. Nun müssen Sie den Geräte-Manager gegebenenfalls beenden, neu starten und mit *Ansicht/Ausgeblendete Geräte anzeigen* die erweiterte Anzeige aktivieren. Dann werden auch die derzeit nicht verbundenen Hardwarekomponenten angezeigt.

30.2 Hardwareprobleme beheben

Wenn Windows bemerkt, dass es mit einer Hardwarekomponente Probleme gibt, deaktiviert es dieses Gerät in der Regel automatisch. Das bedeutet, dass der Treiber für dieses Gerät beim Systemstart nicht mehr geladen und die Komponente auch sonst ignoriert wird. So wird sichergestellt, dass das System trotz des Hardwareproblems weiterarbeiten kann. Um die kaltgestellte Komponente wieder in Betrieb zu nehmen, müssen Sie aber selbst aktiv werden.

Ressourcenkonflikt bei Hardwarekomponenten auflösen

Konflikte um IRQs und andere Ressourcen sind zum Glück sehr selten geworden. Zum einen kümmert sich das aktuelle Windows wie schon seine Vorgänger sehr effizient um die reibungslose Verteilung der vorhandenen Ressourcen. Zum anderen sind viele Hardwarekomponenten heutzutage nicht mehr auf eine exklusive Ressourcenzuteilung angewiesen. Gerade bei älterer Hardware kann es aber immer noch zu Problemen kommen, die ein manuelles Eingreifen erfordern. Dies ist zum Glück zumindest bei einigen Geräten noch möglich.

1. Starten Sie den Geräte-Manager und wählen Sie die Hardwarekomponente aus, die durch den Ressourcenkonflikt lahmgelegt ist. Sie ist mit einem Warnsymbol deutlich markiert.

2. Öffnen Sie die Eigenschaften dieser Ressource mit einem Doppelklick. Auf der Registerkarte *Allgemein* können Sie zunächst den Gerätestatus ablesen. Hier findet sich meist schon ein deutlicher Hinweis darauf, welche Art von Ressourcenkonflikt vorliegt.

3. Wechseln Sie dann zur Registerkarte *Ressourcen*. Hier
sollten Sie zunächst ganz
unten den Bereich *Geräte-
konflikt* beachten. Liegt ein
Ressourcenkonflikt vor, wird
ganz genau beschrieben, um
welche Ressource es sich
handelt und welches andere
Gerät davon betroffen ist.

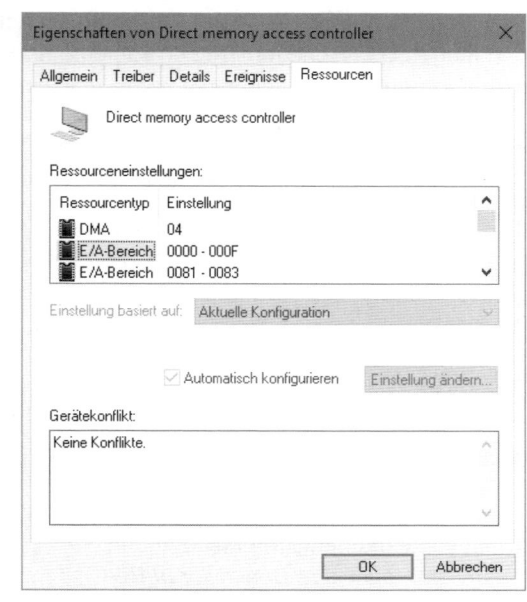

4. Wenn der Konflikt durch die
automatische Ressourcen-
verteilung verursacht wurde, sollten Sie zunächst das
Kontrollkästchen *Automa-
tisch konfigurieren* deaktivieren. Sollte diese Option
nicht anwählbar sein, dann
wird dieses Gerät vollkom-
men automatisch verwaltet und lässt sich leider manuell nicht beeinflussen.

5. Wählen Sie dann im Bereich *Ressourceneinstellungen* die Ressource aus, die
den Konflikt verursacht, und klicken Sie auf die Schaltfläche *Einstellung ändern*.

6. Damit öffnen Sie ein zusätzliches
Menü, in dem Sie diese Ressour-
ceneinstellung bearbeiten können.
Ändern Sie dazu den Wert der
Ressource so lange, bis im Bereich
Konfliktinformationen die Meldung
Es liegen keine Gerätekonflikte vor
angezeigt wird.

7. Übernehmen Sie den neuen Wert
dann mit zweimal *OK* und starten
Sie den PC neu, damit die geänderten Einstellungen für die Hardwarekomponenten in Kraft treten
können.

Problematische Hardwarekomponenten vorübergehend deaktivieren

Der Geräte-Manager bietet die Möglichkeit, einzelne Hardwarekomponenten vorübergehend zu deaktivieren oder auch ganz aus der Konfiguration zu entfernen. Ein
Ausbau des Gerätes ist dann nicht erforderlich. Die dazugehörigen Treiber werden

beim Start nicht mehr geladen, und die Komponenten belegen auch keine Ressourcen mehr. So lassen sich Treiberprobleme und Ressourcenkonflikte lösen, wenn eine Komponente ohnehin nicht gebraucht wird.

1. Um einzelne Geräte zu de- oder zu aktivieren, öffnen Sie den Geräte-Manager wie oben beschrieben und suchen den Eintrag dieses Gerätes.

2. Klicken Sie mit der rechten Maustaste auf den Eintrag. Im kontextabhängigen Menü finden Sie die Funktion *Deaktivieren*. Damit beenden Sie die Verwendung dieses Gerätes vorübergehend.

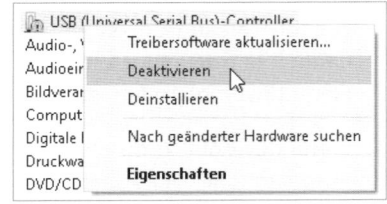

3. Bestätigen Sie den folgenden Sicherheitshinweis mit *Ja*.

4. Im kontextabhängigen Menü finden Sie nun statt des *Deaktivieren*-Befehls die Funktion *Aktivieren*, mit der Sie die Komponente wieder in den Betrieb einbinden können.

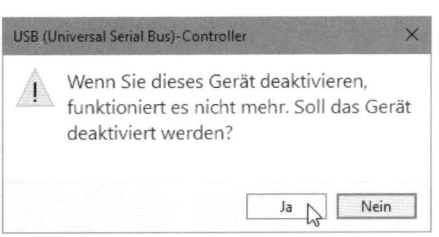

5. Außerdem finden Sie im kontextabhängigen Menü die Funktion *Deinstallieren*. Im Gegensatz zu *Deaktivieren* schalten Sie eine Komponente damit nicht einfach nur ab, sondern entfernen sie ganz aus der Systemkonfiguration. In der Praxis bedeutet dies, dass der Softwaretreiber dafür entfernt wird und das Gerät komplett aus dem Geräte-Manager

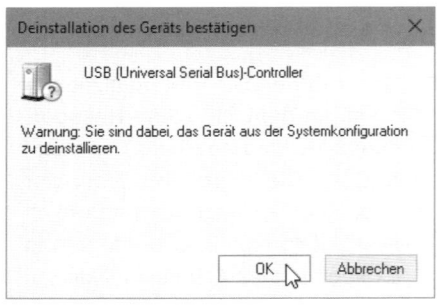

verschwindet. Auch hier müssen Sie den Sicherheitshinweis bestätigen, bevor die Aktion ausgeführt wird.

TIPP

💡 **Deinstallierte Geräte**

Eine deinstallierte Hardwarekomponente befindet sich natürlich physisch immer noch im Rechner, auch wenn Sie sie in der Gerätesteuerung deaktiviert haben. Windows merkt sich deinstallierte Geräte intern. So wird verhindert, dass der Hardware-Assistent, der bei jedem Neustart nach neuen Geräten sucht, deinstallierte Geräte sofort wieder einbindet. Um eine deinstallierte, aber nicht ausgebaute Komponente später wieder einzubinden, müssen Sie den Hardware-Assistenten manuell starten. Verwenden Sie dazu im Geräte-Manager *Aktion/Nach geänderter Hardware suchen*. Dann werden alle vorhandenen, nicht installierten Komponenten ermittelt und zur Installation angeboten.

Das Deaktivieren von Hardwarekomponenten sollte stets nur eine Not- und Übergangslösung sein, z. B. bis neue Treibersoftware verfügbar ist, mit der sich die eventuell vorhandenen Probleme oder Konflikte lösen lassen. Auch wenn Sie mehrere Betriebssysteme parallel auf einem PC betreiben, kann diese Maßnahme sinnvoll sein, wenn Sie eine Komponente z. B. unter Windows 8.1 gar nicht verwenden wollen oder können. Mit einem älteren Betriebssystem kann dann trotzdem normal damit gearbeitet werden. Ansonsten sollten Sie eine Hardwarekomponente, die dauerhaft nicht genutzt werden kann, besser ganz ausbauen.

30.3 Aktuelle Treiber für Problemkomponenten beschaffen und installieren

Windows bringt bereits Treiber für viele gängige Hardwarekomponenten mit, um den Benutzern unnötige Komplikationen bei der Installation zu ersparen. Für kritische Komponenten wie Mainboard, Grafikkarten oder Festplattencontroller werden notfalls generische Treiber installiert, die eine Grundfunktionalität sichern. Für die volle Funktionsvielfalt und maximale Leistung empfiehlt es sich aber, bei nächster Gelegenheit produktspezifische Treiber nachzurüsten. Für viele Hardwarekomponenten stellt Microsoft auch Treibersoftware per Onlineupdate zur Verfügung. Diese Geräte können dann – eine funktionierende Onlineverbindung vorausgesetzt – auch recht problemlos in Betrieb genommen werden.

Das aktuelle Windows kann in den meisten Fällen problemlos mit Treibern arbeiten, die noch für Windows 7 erstellt wurden. Selbst wenn eine Hardware-Erweiterung schon ein paar Jahre alt ist und vom Hersteller nicht mehr gepflegt wird, wird sie also in der Regel auch im aktuellen Windows noch einsetzbar sein. Wenn vorhanden, sind neuere Treiber aber zu empfehlen, da sie meist Fehlerkorrekturen beinhalten, von Neuerungen der aktuellen Windows-Version profitieren können und ja vielleicht sogar neue oder verbesserte Funktionen bereitstellen.

Baugleiche Klonmodelle unter falscher Flagge

Weitaus häufiger, als man denkt, sind Hardwareprodukte unter der Verpackung und dem Gehäuse miteinander baugleich. Oftmals kaufen Firmen einfach die komplette Technologie von anderen Unternehmen ein bzw. lassen ihre Produkte gleich von denen herstellen. Dabei wird nur z. B. das Gehäuse modifiziert oder sogar einfach nur ein anderes Typenschild aufgeklebt. Für den Benutzer bedeutet das, dass er für manche Hardwarekomponente aufgrund der Baugleichheit die Treiber mehr als einer Firma verwenden kann.

Das ist ein großer Vorteil, wenn sich der Hersteller des eigenen Gerätes Zeit mit neuen Treibern lässt oder das Produkt vielleicht schon gar nicht mehr unterstützt (was gerade bei solchen Klonprodukten leider häufig vorkommt). Sie müssen dazu allerdings herausfinden, ob und zu welchen Produkten Ihre Hardware eventuell baugleich ist. Dabei helfen Google sowie einschlägige Hardware-Onlineforen und Treibersammlungen.

Hardwaretreiber installieren

Windows automatisiert das Erkennen und Einbinden von Hardwarekomponenten weitestgehend. Außer dem Anschließen bzw. Einbauen der Hardware läuft alles Weitere automatisch bzw. von Assistenten begleitet ab. Bei der Installation bzw. beim ersten Start danach prüft Windows ohnehin die gesamte vorhandene Hardware gründlich. Hier ist ein Eingreifen des Benutzers in der Regel nicht nötig. Allerdings wird auch nicht notwendigerweise alle Hardware korrekt erkannt und eingebunden.

Ein prüfender Blick in den Geräte-Manager ist deshalb immer empfehlenswert (siehe Seite 611). Auch später wird neue Hardware entweder beim Einstecken (USB-Geräte) oder spätestens beim nächsten Windows-Start erkannt. Im Idealfall, wenn nämlich Windows bereits einen passenden Treiber mitbringt bzw. sich diesen per Onlineupdate besorgen kann, läuft alles komplett ohne Ihr Zutun:

1. Windows hat das Vorhandensein einer neuen Hardware festgestellt. Es identifiziert das Produkt und sucht zunächst in seiner eigenen Treiberbibliothek nach passender Software. Wird es dort nicht fündig, versucht es, via Windows Update passende Treibersoftware zu beschaffen. Dieser Onlinezugriff kann gegebenenfalls zu Verzögerungen führen. Sie bemerken davon allenfalls vorübergehend ein zusätzliches Symbol in der Taskleiste.

2. Die auf die eine oder andere Art beschaffte Treibersoftware wird dann umgehend installiert. Neustarts sind beim aktuellen Windows aus solchen Anlässen nur noch sehr selten nötig. Selbst beispielsweise Grafikkartentreiber können nun im laufenden Betrieb ausgetauscht werden, was bei früheren Windows-Versionen nicht möglich war.

3. Wollen Sie es hingegen genauer wissen, klicken Sie auf das Symbol in der Startleiste, um den Ablauf der Installation ausführlicher verfolgen zu können.

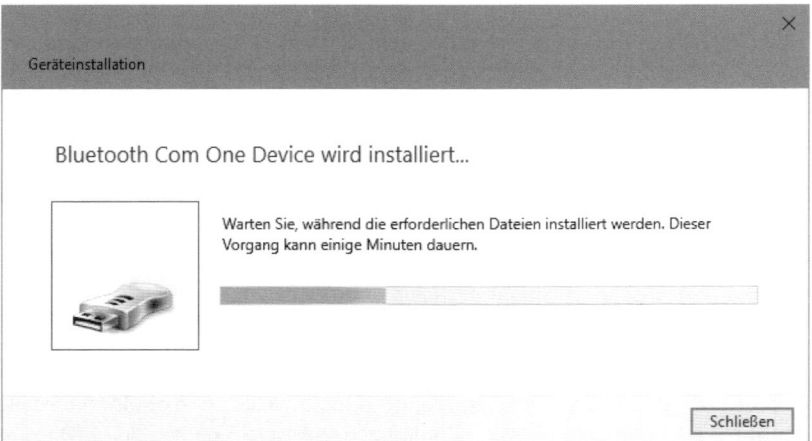

Treibersoftware manuell installieren

Nicht immer wird die automatische Installation glatt durchlaufen. In solchen Fällen zeigt sich Windows leider wenig kooperativ: Wenn es selbst keine Treiber beschaffen kann, lässt es die Installation des Gerätes einfach scheitern. Frühere Versionen suchten in solchen Fällen automatisch auch noch auf einem gegebenenfalls eingelegten Datenträger oder gaben dem Benutzer die Möglichkeit, die zu verwendende Treibersoftware selbst zu lokalisieren. Nun aber bleibt in solchen Fällen nur der Weg in den Geräte-Manager (siehe Seite 611), um den Treiber manuell einzuspielen.

1. Klicken Sie im Geräte-Manager mit der rechten Maustaste auf den Eintrag der nicht funktionierenden Komponente und wählen Sie im Kontextmenü *Treibersoftware aktualisieren*.

2. Wählen Sie im anschließenden Dialog *Auf dem Computer nach Treibersoftware suchen*.

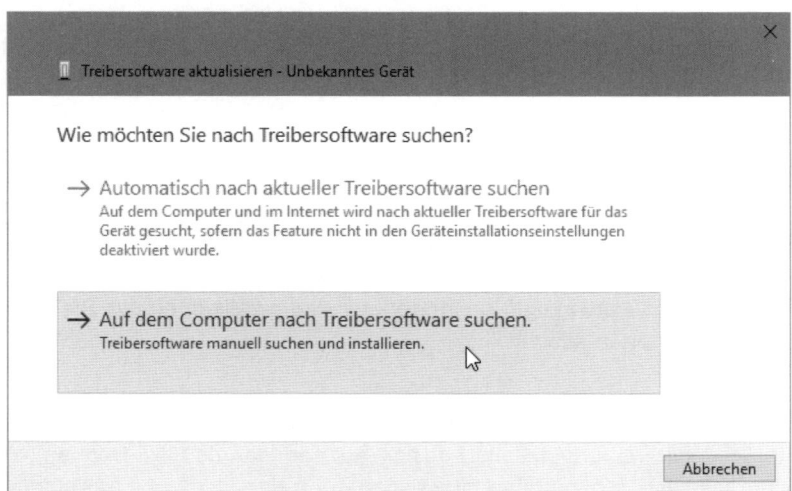

3. Geben Sie im nächsten Dialog den Ordner bzw. das Laufwerk an, auf dem sich die Installationsdateien befinden. Der Assistent kann bei der Suche auch Unterordner einbeziehen. Liegt Ihnen z. B. eine Installations-CD vor, geben Sie einfach deren Laufwerk an und achten darauf, dass die Option *Unterordner einbeziehen* aktiv ist. Klicken Sie dann unten rechts auf *Weiter*.

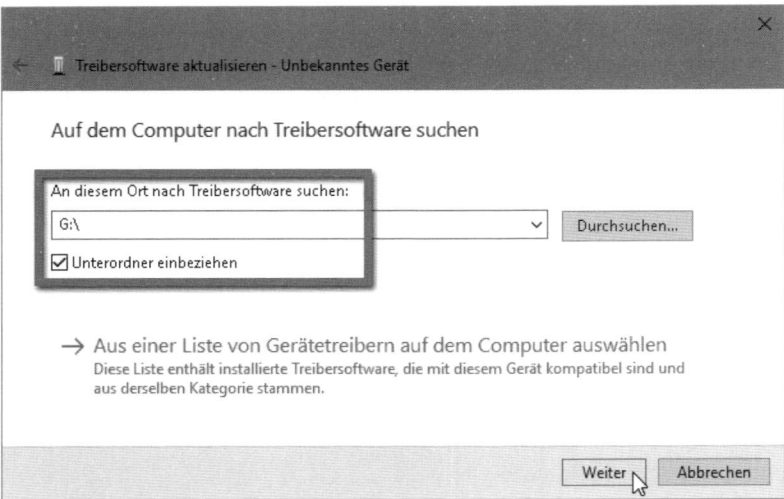

4. Der Assistent durchsucht nun die gesamte CD und findet die infrage kommen-
   de Installationssoftware automatisch. Sollte dies nicht gelingen, geben Sie den
   Pfad zu den korrekten Treiberdateien möglichst exakt an.

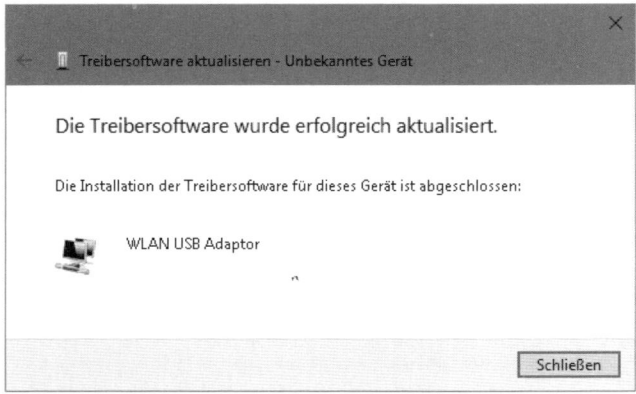

5. Der Rest der Installation läuft dann wieder vollautomatisch ab, bis Sie das Gerät direkt verwenden können.

 Installationsdateien werden nicht gefunden?

Die automatische Treiberinstallation basiert auf sogenannten INF-Dateien, die
alle für die Installation benötigten Informationen für den Hardware-Assistenten
beinhalten. Die Gerätetreiber müssen also mit einer solchen Datei ausgestattet
sein. Manche Hersteller gehen einen anderen Weg und installieren die Treiber
lieber selbst, z. B. gemeinsam mit zusätzlicher Anwendungssoftware für das Produkt. In diesem Fall können Sie den Hardware-Assistenten nicht benutzen, sondern müssen den Setup-Assistenten des Hardwareherstellers bemühen.

Hardwaretreiber aus dem riesigen Onlinefundus von Windows herunterladen

Windows bringt bereits Treiber für Tausende von gängigen Hardwarekomponenten mit. Handelt es sich um eines dieser Geräte, wird es automatisch erkannt und der passende Treiber installiert. Aber auch wenn für ein Gerät kein Treiber vorliegt, müssen Sie nicht unbedingt selbst auf die Suche gehen. Microsoft stellt für die verschiedenen Windows-Versionen einen riesigen Onlinefundus an Hardwaretreibern zur Verfügung, der zudem ständig erweitert und aktualisiert wird. Mit etwas Glück ist hier der richtige Treiber dabei.

1. Wählen Sie hierzu beim Aktualisieren der Treiber die Variante *Automatisch nach aktueller Treibersoftware suchen*.

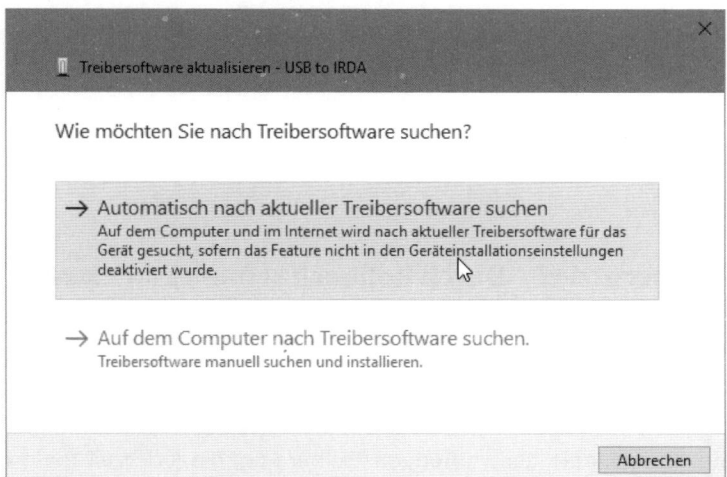

2. Der Assistent überprüft dann, ob für diese Hardware ein Treiber verfügbar ist. Wenn ja, wird er automatisch heruntergeladen und installiert.

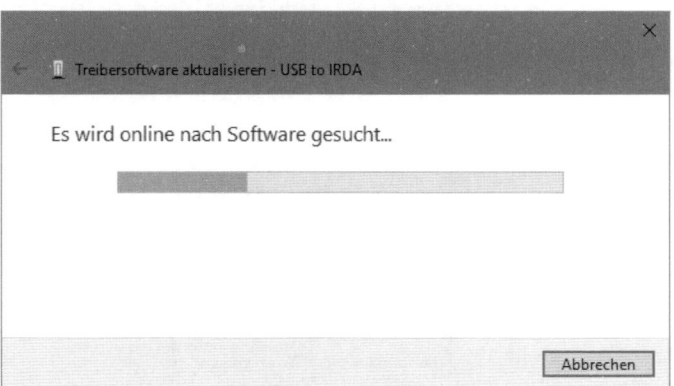

3. Anschließend können Sie das Gerät in der Regel sofort uneingeschränkt nutzen.

4. Sollte der Assistent keinen passenden Treiber beschaffen können, ist eine Installation auf diesem Weg leider nicht möglich. In dem Fall müssen Sie auf andere Quellen wie z. B. die Website des Herstellers der fraglichen Hardware
   zurückgreifen. Auch eine Recherche in einschlägigen Onlineforen kann Tipps
   zutage fördern, die Hinweise geben, wo Treiber zu finden sind bzw. welche alternativen Treiber sich eventuell einsetzen lassen.

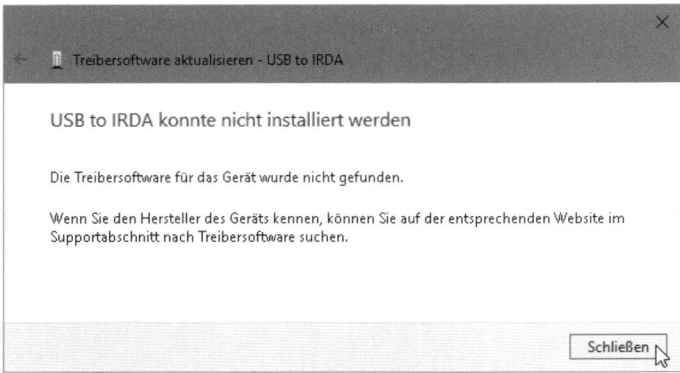

Der neue Treiber zickt? – Durch Rollback schnell zurück zu funktionierender Hardware

Wenn Sie feststellen, dass die Installation eines Treibers nicht den gewünschten
Erfolg gebracht oder womöglich zu neuen Problemen geführt hat, können Sie zum
vorher verwendeten Treiber zurückkehren. Bei jeder Treiberinstallation legt Windows eine Sicherungskopie des vorherigen Treibers an, die jederzeit reaktiviert
werden kann.

1. Öffnen Sie dazu wiederum
   wie oben beschriebene die
   Eigenschaften des betroffenen Gerätes im Geräte-Manager und wechseln Sie dort
   auf die Registerkarte *Treiber*.

2. Hier finden Sie die Schaltfläche *Vorheriger Treiber*, mit
   der Sie zum vorher verwendeten Treiber zurückkehren
   können.

3. Der Geräte-Manager stellt
   daraufhin den alten Treiber
   wieder her.

30.4 Hardware drahtlos per Bluetooth einbinden

Drahtlose Verbindungen per Bluetooth werden von immer mehr Geräten verwendet. Dies gilt nicht nur für Smartphones und PDAs, die so mit einem PC synchronisiert werden können, auch Headsets, Tastaturen oder GPS-Empfänger verwenden den Kurzstreckendrahtlosfunk inzwischen praktisch als Standard. Dies klappt in der Regel auch reibungslos, wenn die Verbindung einmal richtig eingerichtet wurde.

1. Um die Verbindung zu einem Bluetooth-Gerät herzustellen, benutzen Sie das Bluetooth-Symbol im Infobereich der Startleiste. Mit einem Doppelklick öffnet es direkt den Bereich *PC und Geräte/Bluetooth* der PC-Einstellungen. Hier sind gegebenenfalls auch Geräte aufgeführt, die per Bluetooth mit Ihrem PC verbunden sind.

Kein Bluetooth-Symbol trotz vorhandener Hardware?

Ihr PC verfügt über Bluetooth-Hardware, die laut Geräte-Manager korrekt installiert ist, aber es findet sich kein Bluetooth-Symbol im Infobereich? Eventuell ist es einfach nur ausgeblendet, weil es lange Zeit nicht mehr (oder überhaupt noch nie) genutzt wurde. Klicken Sie auf das kleine Pfeilsymbol ganz links im Infobereich. Das damit geöffnete Zusatzfeld enthält die ausgeblendeten Symbole. Hier sollte sich das typische Bluetooth-Logo befinden. Durch die Benutzung wird es automatisch in den regulären Infobereich verschoben und ist vorläufig wieder dauerhaft sichtbar. Alternativ können Sie in den Eigenschaften des Infobereichs festlegen, dass dieses Symbol immer zu sehen sein soll.

---

2. Wenn Sie die Bluetooth-Verwaltung in den PC-Einstellungen öffnen, beginnt diese automatisch, nach Bluetooth-Geräten in Reichweite zu suchen.

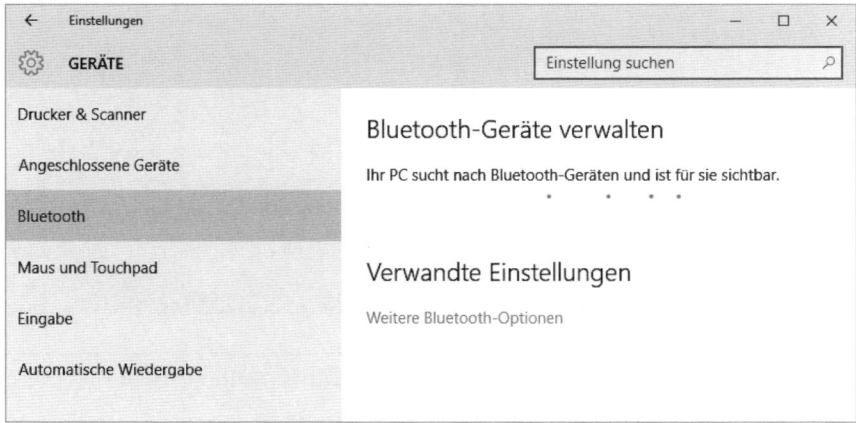

TIPP

> **Bluetooth-Geräte müssen sichtbar sein**
>
> Um ein Gerät via Bluetooth mit dem PC zu verbinden, muss dessen Bluetooth-Funktion eingeschaltet und der Bluetooth-Modus auf sichtbar geschaltet sein. Bei speziellen Bluetooth-Geräten wie Headsets oder Tastaturen ist das in der Regel standardmäßig der Fall. Anders sieht es bei PDAs bzw. Smartphones aus. Hier muss der Bluetooth-Betrieb meist ausdrücklich aktiviert werden. Für das initiale Herstellen der Verbindung ist es außerdem unerlässlich, dass der Bluetooth-Empfänger des Mobilgerätes auf sichtbar geschaltet ist.

3. Sie brauchen nun nur das andere Gerät ebenfalls kopplungsbereit zu machen und kurz zu warten. Wird Windows fündig, meldet es ein kopplungsbereites Gerät. Wählen Sie den Eintrag des Gerätes aus und klicken Sie dort auf *Koppeln*.

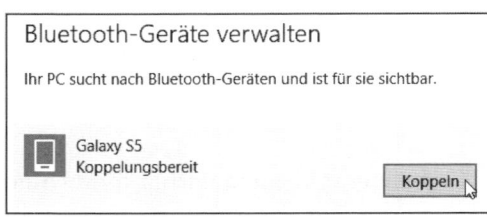

4. Windows stellt nun eine Verbindung zu dem Gerät her. Dabei muss eine Autorisierung erfolgen, damit nicht einfach jeder einen Kontakt zu Ihrem Bluetooth-Gerät herstellen kann. Hierzu wird eine Codenummer verwendet. Meist reicht es, wenn Sie diese Nummer vergleichen und auf dem Mobilgerät sowie dem PC bestätigen. Eventuell müssen Sie auch den am PC angezeigten Code auf dem Smartphone eintippen oder umgekehrt.

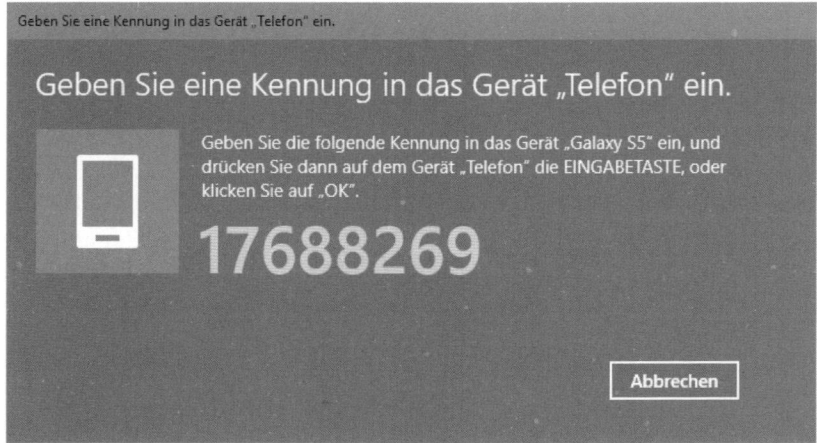

5. Anschließend wird das neu verbundene Gerät auch schon in den PC-Einstellungen unter *PC und Geräte/Bluetooth* aufgeführt und kann benutzt werden.

In den meisten Fällen können Sie das Bluetooth-Gerät nun direkt nutzen, also etwa mit der Bluetooth-Tastatur tippen oder mit dem Bluetooth-Headset telefonieren oder Musik hören. Bei einigen Geräten muss allerdings auch erst eingestellt werden, wozu sie genutzt werden sollen.

Die gewünschten Dienste der Bluetooth-Geräte steuern

Bluetooth-Geräte können prinzipiell verschiedene Dienste parallel anbieten. Bei einfachen Geräten wie Tastaturen, Mäusen oder Headsets sind es meist nur ein oder zwei. Bei Tablets und Smartphones aber kann die Auswahl etwas größer sein. Diese können als Modem dienen, Daten mit dem PC austauschen, Audiodaten an den PC übertragen, sich synchronisieren lassen etc. Im Zweifelsfall aktivieren Sie lieber zu viel als zu wenig Dienste. Dass sie angeboten werden, heißt ja nicht, dass Sie sie auch nutzen müssen.

1. Klicken Sie dazu mit der rechten Maustaste auf das Bluetooth-Symbol in der Taskleiste und wählen Sie im Kontextmenü *Einem persönlichen Netzwerk beitreten*.

2. Damit öffnen Sie eine Übersicht der angemeldeten Bluetooth-Geräte, in der Sie das einzustellende Gerät mit einem Doppelklick auswählen.

3. Wechseln Sie im anschließenden Dialog in die Kategorie *Dienste*. Windows listet hier die Dienste auf, die dieses Gerät via Bluetooth zur Verfügung stellt.

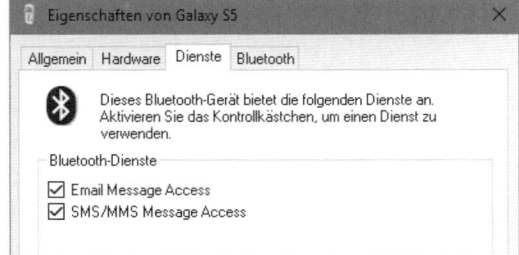

4. Sie können nun per Häkchen entscheiden, welche dieser Dienste verwendet werden sollen und welche nicht. Diese Entscheidung können Sie auch später noch jederzeit revidieren, sollte sich Ihr Nutzungsverhalten ändern.

Die Verwendung von Bluetooth optimal anpassen

Die Bluetooth-Integration in Windows ist an sich intuitiv und arbeitet größtenteils automatisch. Ist Bluetooth aktiviert, wird automatisch das Bluetooth-Symbol im Infobereich angezeigt, sonst nicht. Wird ein einmal gekoppeltes Gerät eingeschaltet bzw. in Reichweite gebracht, stellt Windows die Verbindung her und Sie können es direkt nutzen. Benötigen Sie es nicht mehr, schalten Sie es einfach aus. Das Verhalten von Bluetooth lässt sich aber mit einigen Optionen individuell anpassen.

1. Klicken Sie dazu mit der rechten Maustaste auf das Bluetooth-Symbol im Infobereich und wählen Sie im Kontextmenü *Einstellungen öffnen*. Alternativ bzw. wenn das Symbol dort nicht angezeigt wird, finden Sie dies in den Einstellungen unter *Geräte/Bluetooth/Weitere Bluetooth-Optionen*.

2. Hier können Sie in der Rubrik *Optionen* steuern, in welcher Form Bluetooth sich bemerkbar machen darf.

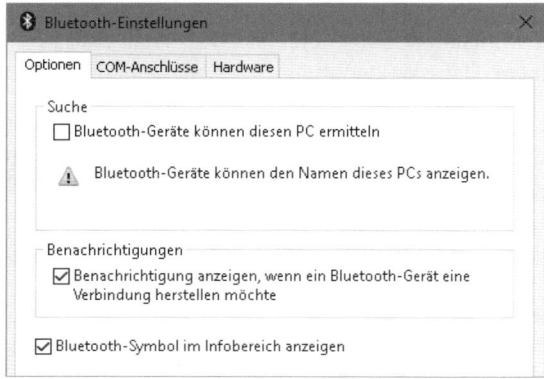

- Oben bei *Suche* legen Sie fest, ob Ihr PC für andere Bluetooth-Geräte sichtbar sein soll.

- Bei *Benachrichtigungen* lässt sich einstellen, ob Verbindungsversuche anderer Geräte mitgeteilt werden sollen. In öffentlichen Umgebungen kann es sinnvoll sein, diese zumindest vorübergehend abzustellen.

- Ob das Bluetooth-Symbol im Infobereich angezeigt werden soll, können Sie ganz unten bestimmen. Wenn Sie Bluetooth ohnehin immer eingeschaltet haben, aber alle Geräte eingerichtet sind, können Sie es ebenso gut ausblenden. Über die PC-Einstellungen können Sie die Funktionen trotzdem jederzeit erreichen bzw. das Symbol bei Bedarf wieder anzeigen.

3. In der Rubrik *Hardware* finden Sie eine Liste der Geräte, die mit Ihrem PC verbunden sind, sowie einige Eigenschaften dieser Geräte.

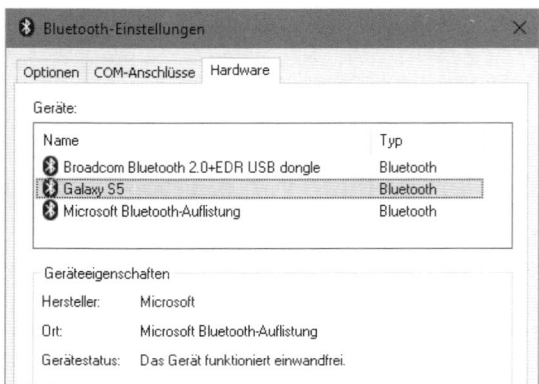

31 Drucker lokal oder im Netzwerk einbinden und steuern

Für produktives Arbeiten mit dem PC darf in den meisten Fällen ein Drucker nicht fehlen. Schließlich sollen erstellte Dokumente oftmals auch zu Papier gebracht werden. Dazu muss der Drucker aber zunächst eingerichtet werden. Dabei können sowohl lokal angeschlossene Geräte als auch Netzwerkdrucker genutzt werden. Für die Verwaltung stellt Windows einen Druck-Manager zur Verfügung, mit dem Sie Ihre Druckaufträge erstaunlich flexibel verwalten können.

31.1 Drucker anschließen und im System einrichten

Für das Anschließen eines Druckers an den PC steht heute eine Vielzahl von Optionen zur Auswahl. Neben USB- und Netzwerkanschluss sind auch Drahtlosverbindungen z. B. per Bluetooth möglich. Windows unterstützt alle diese Anschlussmöglichkeiten. Ist der Drucker per USB-Kabel angeschlossen, wird er in der Regel auch automatisch erkannt und eingerichtet. Bei einer anderen Anschlussart richten Sie den Drucker über die Druckerverwaltung ein.

1. Rufen Sie in der klassischen Systemsteuerung unter *Hardware und Sound* mit *Geräte und Drucker* die Verwaltung für angeschlossene Geräte auf.

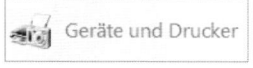

2. Klicken Sie hier in der Symbolleiste auf die Schaltfläche *Drucker hinzufügen*. Damit starten Sie den Druckerinstallations-Assistenten. Dieser versucht zunächst, das neue Gerät automatisch zu finden und einzubinden.

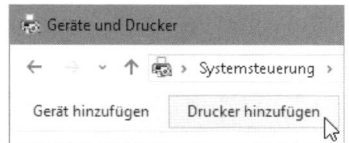

3. Bei per USB angeschlossenen Druckern dürfte der Assistent in der Regel fündig werden und die weitere Installation einleiten. In anderen Fällen klicken Sie unten auf den Link *Der gewünschte Drucker ist nicht in der Liste enthalten*.

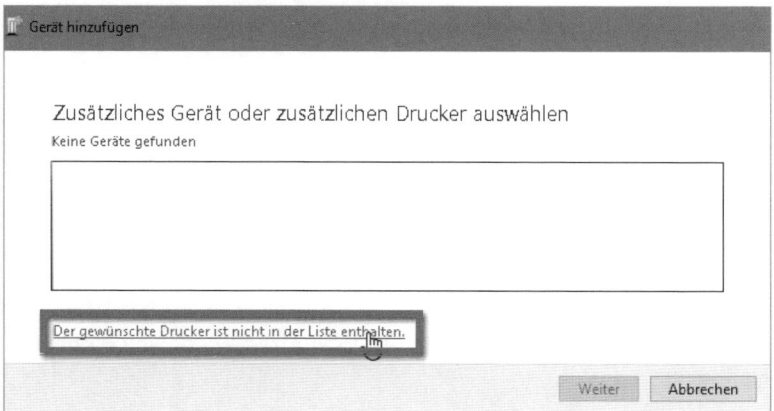

4. Wählen Sie dann die passende Option, um den gewünschten Drucker einzubinden. Handelt es sich noch um einen älteren, lokal angeschlossenen Drucker, wählen Sie *Lokalen Drucker oder Netzwerkdrucker mit manuellen Einstellungen hinzufügen*. (Das Installieren eines Netzwerkdruckers ist auf Seite 631 ausführlicher beschrieben.)

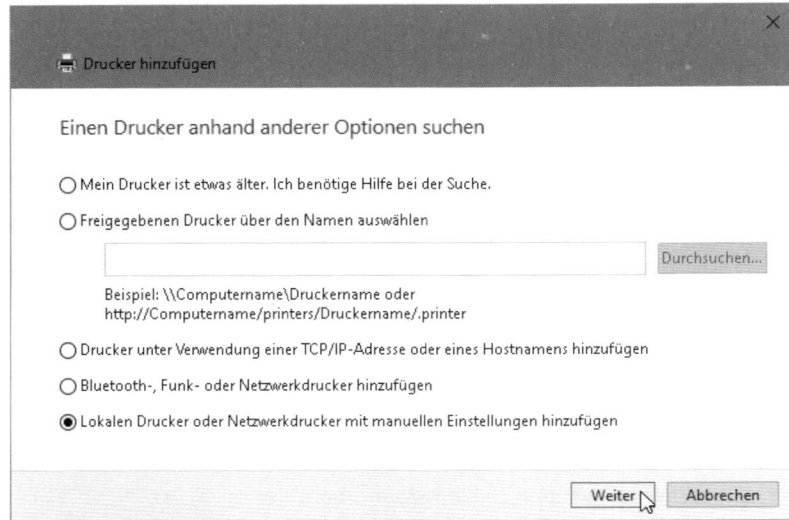

5. Wählen Sie dann bei *Vorhandenen Anschluss verwenden* den Anschluss aus, über den der Drucker mit Ihrem PC verbunden ist. Für einen Drucker am Parallelport z. B. dürfte es sich dabei in der Regel um den Anschluss *LPT1* handeln.

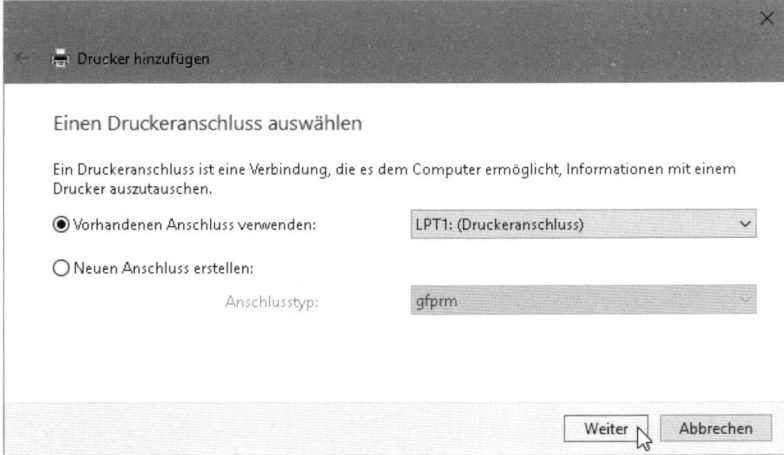

6. Mit *Weiter* gelangen Sie zur Modellauswahl. Markieren Sie hier zunächst in der linken Fensterhälfte den Hersteller des Druckers. Daraufhin wird rechts die Liste der Drucker dieses Herstellers angezeigt, für die Windows eigene Treiber anbieten kann.

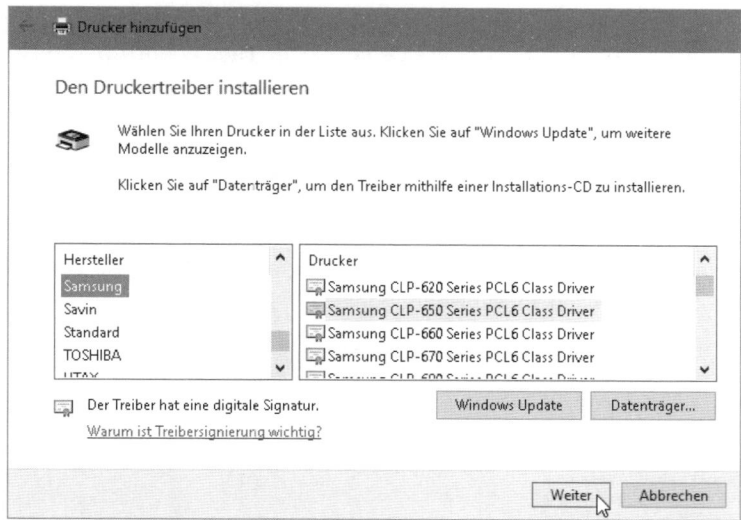

Kein passender Treiber dabei?

Nicht für alle Druckermodelle bringt Windows von Haus aus einen passenden Treiber mit. Wenn für Ihr Gerät oder auch dessen Hersteller keine Einträge in den Listen stehen, klicken Sie auf die Schaltfläche *Windows Update*. Dann holt sich Windows erst einmal online weitere Druckertreiber vom Microsoft-Server. Anschließend dürften die Listen schon wesentlich umfangreicher sein. Vielleicht ist Ihr Gerät jetzt auch dabei. Wenn nicht, sollten Sie auf der Website des Druckerherstellers nachsehen, ob dieser einen aktuellen Windows-Treiber für das Gerät zur Verfügung stellt. Laden Sie diesen herunter und importieren Sie die Dateien mit einem Klick auf die Schaltfläche *Datenträger*.

7. Anschließend geben Sie einen Druckernamen für diesen Drucker an. Das ist eine beliebige Bezeichnung, mit der Sie den Drucker z. B. in Auswahldialogen erkennen und anwählen können. Sie ist vor allem wichtig, wenn Sie mehrere Drucker verwenden, zwischen denen Sie unterscheiden müssen. Verwenden Sie z. B. die genaue Gerätebezeichnung oder eine andere eindeutige Benennung (vielleicht *Laserdrucker* oder *Tintenstrahler*).

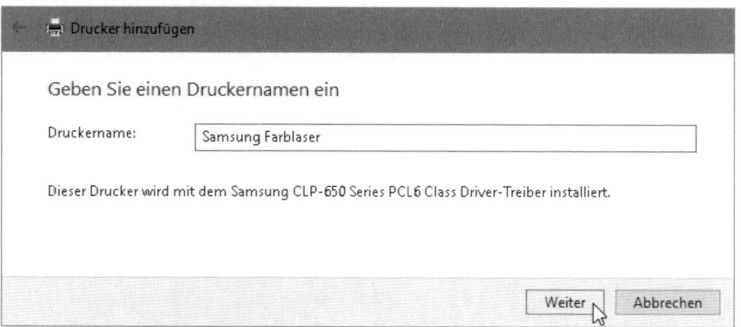

8. Geben Sie dann noch an, ob Sie diesen Drucker für das Netzwerk freigeben wollen, sodass er auch von anderen PCs im lokalen Netz genutzt werden kann. Mehr dazu erfahren Sie im nachfolgenden Abschnitt.

9. Nun wird die Treibersoftware für den Drucker installiert. Danach können Sie noch angeben, ob Sie diesen Drucker als Standarddrucker festlegen wollen. Er wird dann in allen Druckdialogen automatisch als zu verwendender Drucker eingetragen. Außerdem wird immer der Standarddrucker benutzt, wenn Sie Schnelldruckfunktionen ohne Dialog verwenden, also z. B. das Drucken-Symbol in den Symbolleisten von Anwendungen.

10. Abschließend können Sie noch eine Testseite drucken, um die Funktion des Druckers zu überprüfen. Beenden Sie den Assistenten danach mit *Fertig stellen*.

Den so installierten Drucker können Sie anschließend sofort nutzen. Sie finden ihn in der Druckerverwaltung der klassischen Systemsteuerung, aber auch in den *Drucken*-Dialogen der Anwendungen, in denen Sie den Drucker als Ausgabegerät für Ihre Dokumente wählen können.

31.2 Drucker via Netzwerk an mehreren PCs nutzen

Wenn Ihr PC Teil eines lokalen Netzwerks ist, ergeben sich auch für das Drucken weitere Möglichkeiten. So können Sie anstelle eines direkt an den Rechner angeschlossenen Druckers einen Netzwerkdrucker verwenden, der z. B. auch in einem anderen Raum stehen kann. Oder aber Sie geben den lokalen Drucker Ihrerseits frei, sodass er auch von anderen PCs aus mit Druckaufträgen beschickt werden kann. Bei beiden Varianten entfällt die Notwendigkeit, jeden PC mit einem eigenen Drucker zu versehen.

Einen Netzwerkdrucker am lokalen PC einrichten

Wenn sich in Ihrem lokalen Netzwerk ein Drucker befindet, der für die Benutzung von anderen PCs aus freigegeben ist, können Sie diesen im Druck-Manager Ihres PCs anmelden und einrichten. Sie können den Netzwerkdrucker dann genauso wie einen lokal angeschlossenen Drucker nutzen und als Ausgabegerät im *Drucken*-Dialog Ihrer Anwendungen auswählen.

1. Rufen Sie in der klassischen Systemsteuerung mit *Geräte und Drucker* die Verwaltung für angeschlossene Geräte auf und klicken Sie hier in der Symbolleiste auf die Schaltfläche *Drucker hinzufügen*.

2. Einen per Windows-Netzwerk freigegebenen Drucker erkennt der Assistent in der Regel automatisch. Sollten mehrere in der Liste aufgeführt werden, wählen Sie den gewünschten aus und klicken unten auf *Weiter*.

3. Sollte der Drucker nicht automatisch gefunden werden, klicken Sie auf *Der gewünschte Drucker ist nicht in der Liste enthalten*. Sie können dann im nächsten Schritt mit *Durchsuchen* einen Auswahldialog öffnen, in dem Sie den Drucker mithilfe des Windows-Explorer aussuchen und festlegen.

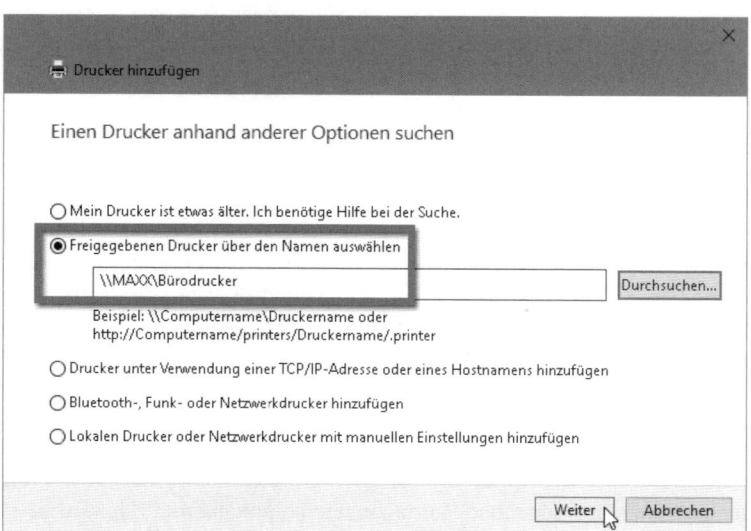

> **⚠ Drucker und PCs müssen eingeschaltet sein**
>
> Der Assistent kann den Drucker nur dann finden, wenn er zu diesem Zeitpunkt eingeschaltet und erreichbar ist. Handelt es sich um ein Gerät, das als lokaler Drucker an einen PC angeschlossen ist und von diesem für das Netzwerk freigegeben wird, muss auch der PC eingeschaltet sein, damit die Druckerfreigabe gefunden und eingerichtet werden kann.

4. Der Assistent versucht, den benötigten Druckertreiber direkt vom Netzwerkdrucker zu beziehen. Sollte via Netzwerk kein passender Treiber angeboten werden, können Sie auch einen entsprechenden Treiber für dieses Druckermodell lokal auf Ihrem PC installieren.

Ist der Netzwerkdrucker einmal als lokaler Drucker eingebunden, können Sie ihn wie jeden direkt an Ihrem PC angeschlossenen Drucker in beliebigen Windows-Anwendungen auswählen und nutzen. Voraussetzung ist allerdings immer, dass der Drucker und gegebenenfalls der freigebende PC zu diesem Zeitpunkt eingeschaltet sind.

Den eigenen Drucker im Netzwerk freigeben

Ähnlich wie Laufwerke und Ordner muss auch ein Drucker ausdrücklich für die Verwendung im Netzwerk freigegeben sein, damit andere Teilnehmer ihn in Anspruch nehmen können. Sie können aber grundsätzlich jeden lokal installierten Drucker ohne Weiteres für die Nutzung durch das Netzwerk freigeben.

1. Wählen Sie in *Geräte und Drucker* den Drucker aus, den Sie für andere Benutzer im Netzwerk freigeben möchten.

2. Klicken Sie mit der rechten Maustaste auf das Symbol dieses Druckers und wählen Sie im Kontextmenü die Funktion *Druckereigenschaften*.

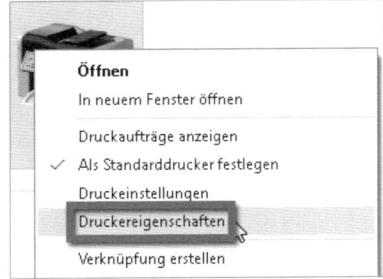

3. Wechseln Sie in den so geöffneten Einstellungen zur Registerkarte *Freigabe*.

4. Schalten Sie hier die Option *Drucker freigeben* ein. Dann können Sie im Eingabefeld darunter einen Freigabenamen für den Drucker angeben. Dieser wird in der Netzwerkumgebung aller PCs in diesem Netz angezeigt und sollte möglichst so gewählt sein, dass alle Teilnehmer sofort wissen, um welchen Drucker es sich dabei handelt.

5. Wenn in Ihrem Netzwerk auch PCs mit anderen Hardware- oder Softwareplattformen arbeiten und auch diese den Drucker nutzen sollen, sollten Sie außerdem zusätzliche Treiber für diese Betriebssysteme installieren. Klicken Sie dazu auf die entsprechende Schaltfläche.

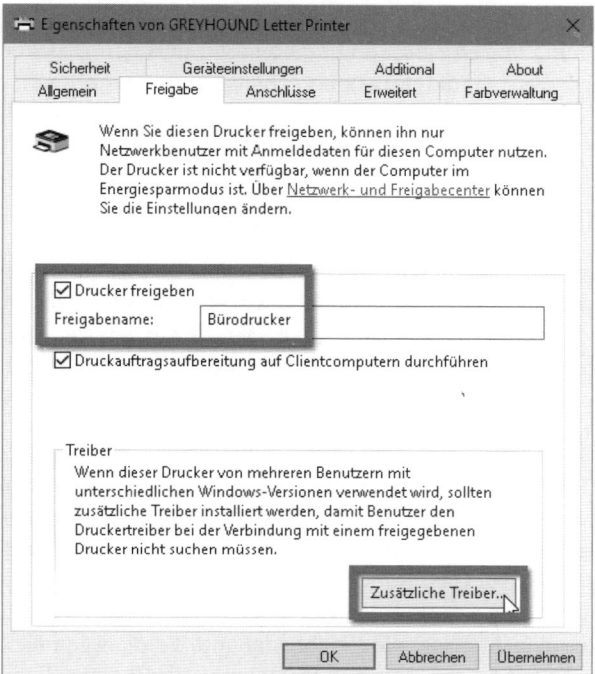

6. Im anschließenden Menü wählen Sie die Plattformen aus, für die zusätzliche Druckertreiber installiert werden sollen. Achten Sie dabei auch auf die korrekte Umgebung für das jeweilige System. Für PCs liegen Sie normalerweise mit *x86* für 32 Bit und *x64* für 64 Bit richtig. Andererseits kann es nicht schaden, einfach alle verfügbaren Versionen bereitzustellen. Die anderen PCs holen sich automatisch nur die für sie richtige. Klicken Sie dann auf *OK*.

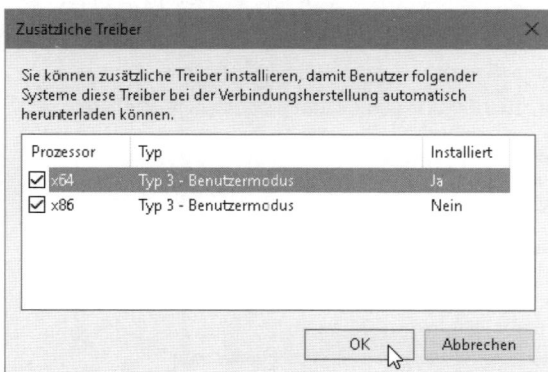

7. Anschließend geben Sie den Pfad für die entsprechenden Druckertreiber an.

8. Zurück in den Freigabeeigenschaften, vollenden Sie die Freigabe mit einem Klick auf die *OK*-Schaltfläche.

Damit ist die Freigabe Ihres Druckers für das Netzwerk abgeschlossen. Dieser Netzwerkdrucker wird künftig in den Netzwerkumgebungen und den Druckeroptionen aller PCs aufgeführt werden, die derselben Arbeitsgruppe angehören. Alle Benutzer eines solchen Rechners können bequem per Mausklick Dokumente von Ihrem PC aus ausdrucken.

Netzwerkdrucker direkt per TCP/IP einbinden

Ein freigegebener Drucker ist meist an einen PC angeschlossen und über diesen mit dem Netzwerk verbunden. Es gibt aber noch eine weitere Variante, bei der ein Drucker selbst über eine Netzwerkschnittstelle verfügt. Bis vor Kurzem war das nur in teuren Druckern für den Firmeneinsatz üblich oder eine Netzwerkschnittstelle war nur für einen teuren Aufpreis erhältlich. Mittlerweile hält dieses Feature aber bei immer mehr Druckern Einzug.

Der Vorteil ist, dass der Drucker nicht mehr an einen PC angeschlossen sein muss, sondern direkt mit dem Netzwerk verbunden ist. Somit ist der Drucker nicht mehr davon abhängig, dass der PC auch eingeschaltet ist. Das spart Energie und erlaubt den Zugriff rund um die Uhr. Das Einrichten eines solchen Druckers unterscheidet sich allerdings ein wenig von der eines lokalen Druckers. Voraussetzung dafür ist, dass der Drucker selbst korrekt eingerichtet ist und Sie die wesentlichen Parameter wie z. B. die TCP/IP-Adresse bzw. den Hostnamen des Gerätes kennen.

1. Rufen Sie in der klassischen Systemsteuerung mit *Geräte und Drucker* die Verwaltung für angeschlossene Geräte auf und klicken Sie hier in der Symbolleiste auf die Schaltfläche *Drucker hinzufügen*.

2. Da Netzwerkdrucker meist nicht automatisch ermittelt werden können, brechen Sie die Suche mit *Der gewünschte Drucker ist nicht in der Liste enthalten* ab und wählen im nächsten Schritt die Option *Drucker unter Verwendung einer TCP/IP-Adresse oder eines Hostnamens hinzufügen*.

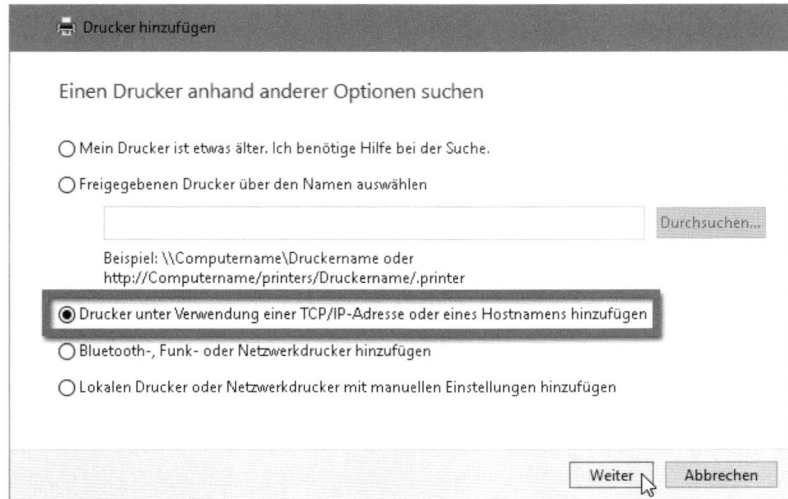

3. Geben Sie im anschließenden Dialog im Feld *Hostname oder IP-Adresse* die Netzwerkadresse bzw. den Netzwerknamen des gewünschten Druckers ein. Der Anschlussname wird automatisch abgeleitet, Sie können ihn aber auch durch eine andere Bezeichnung ersetzen. Schalten Sie die Option *Den Drucker abfragen und den zu verwendenden Treiber automatisch auswählen* ein, um die weitere Installation möglichst automatisiert zu vollenden.

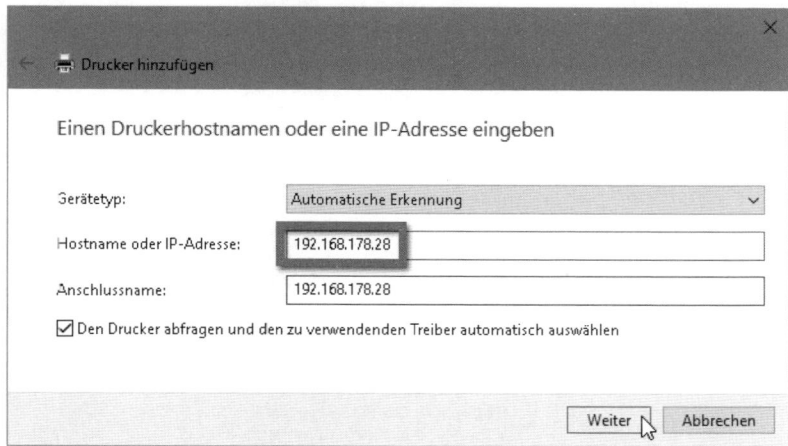

4. Sollte die Verbindung zum Drucker mit diesen Angaben noch nicht aufgenommen werden können, müssen Sie gegebenenfalls bei *Gerätetyp* den Hersteller des Druckers auswählen.

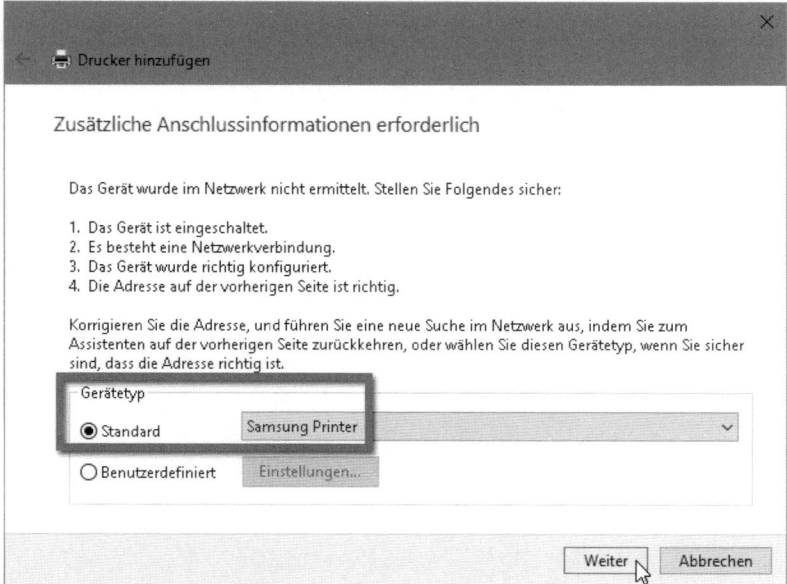

5. Der Assistent versucht, den benötigten Druckertreiber direkt vom Netzwerk-drucker zu beziehen. Sollte via Netzwerk kein passender Treiber angeboten werden, können Sie auch einen entsprechenden Treiber für dieses Druckermo-dell lokal auf Ihrem PC installieren. Wählen Sie dazu genau wie beim Einrichten eines lokalen Druckers Hersteller und Modell aus. Oder aber klicken Sie auf *Datenträger*, um den Treiber z. B. von einer CD/DVD zu installieren.

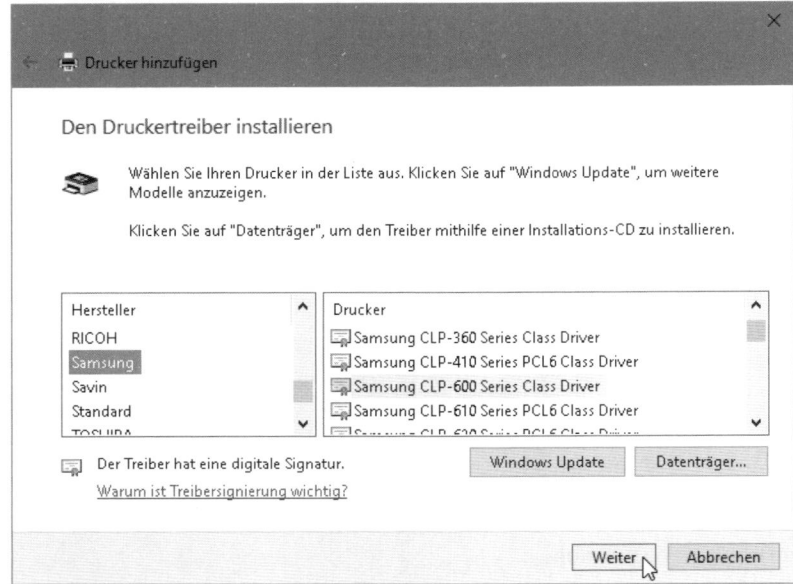

6. Legen Sie schließlich, wie bei einem lokalen Drucker, auch den Druckernamen fest und wählen Sie bei der Druckerfreigabe *Drucker nicht freigeben*. Schließ-lich können Sie auch hier den Drucker als Standarddrucker für Ihren PC fest-legen sowie eine Testseite drucken.

Ist der Netzwerkdrucker einmal als lokaler Drucker eingebunden, können Sie ihn wie jeden direkt an Ihrem PC angeschlossenen Drucker in beliebigen Windows-Anwendungen auswählen und nutzen. Voraussetzung ist allerdings immer, dass der Drucker und gegebenenfalls der freigebende PC zu diesem Zeitpunkt einge-schaltet sind.

32 Festplatten und Laufwerke verwalten und optimieren

Laufwerken kommt als zuverlässige Datenspeicher eine besondere Bedeutung für die Sicherheit Ihrer Daten zu. Defekte in diesem Bereich wirken sich häufig fatal aus. Ein finaler Festplattencrash erfordert nicht nur eine Neuinstallation von Betriebssystem und Anwendungen – ohne vorausschauend angelegte Sicherungen sind womöglich wertvolle Dokumente verloren. Deshalb sollten Sie den Laufwerken – Festplatten wie auch Wechselspeicher-

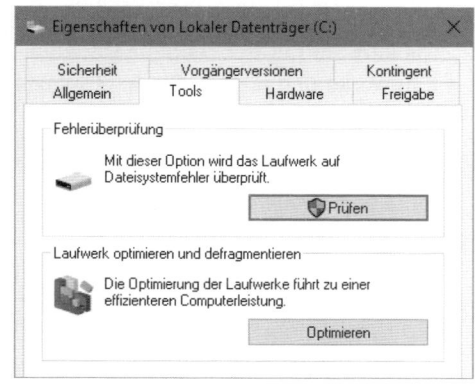

laufwerken (also USB-Sticks, Speicherkarten & Co.) – hin und wieder etwas Pflege und Aufmerksamkeit widmen. Windows unterstützt Sie dabei mit praktischen Tools.

32.1 Alle Datenträger mit optimaler Leistung betreiben

Auch beim aktuellen Windows gehört ein wenig Wartung und Systempflege zu den unerlässlichen Aufgaben, um Problemen und Datenverlusten vorzubeugen. Windows stellt hierzu die von früheren Windows-Versionen bereits bekannten Tools in überarbeiteter Form zur Verfügung. So können Sie mit der Datenträgerbereinigung Dateileichen aufspüren und Speicherplatz freigeben. Das Programm zur Fehlerüberprüfung testet Ihre Festplatte(n) auf Fehler und beugt so Datenverlusten vor. Mit der Defragmentierung räumen Sie auf den Laufwerken auf und erhöhen so die Leistungsfähigkeit Ihres Systems. Neu beim aktuellen Windows ist die optimale Unterstützung für SSD-Laufwerke, wodurch deren besondere Anforderungen berücksichtigt werden.

Verschwendeten Speicherplatz durch Datenträgerbereinigung freigeben

Sowohl das Betriebssystem als auch Anwendungsprogramme haben die unschöne Angewohnheit, den vorhandenen Plattenplatz mit temporären Dateien, Cachedaten und Dateileichen zu füllen. Eigentlich sollten solche überflüssigen Platzverschwender automatisch wieder verschwinden, aber die Anwendungen sind hier nicht sehr zuverlässig. Daran wird sich auch beim aktuellen Windows nichts ändern. Wenn man all diese Dateien regelmäßig entfernt, kann man eine ganze Menge Speicher sparen. Dieses Aufräumen muss nicht mal mühsame Handarbeit sein. Die Datenträgerbereinigung durchsucht Laufwerke und Ordner selbstständig und macht Vorschläge dazu, welche Dateien überflüssig sind und entfernt werden können.

1. Um die Datenträgerbereinigung zu starten, öffnen Sie im Windows-Explorer die Übersicht der lokalen Laufwerke.

2. Klicken Sie mit der rechten Maustaste auf den Eintrag des aufzuräumenden Laufwerks und wählen Sie im Kontextmenü *Eigenschaften*.

3. Im *Eigenschaften*-Menü des Laufwerks finden Sie auf der Registerkarte *Allgemein* neben einigen statistischen Angaben zur Belegung des Laufwerks die Schaltfläche *Bereinigen*, mit der Sie die Datenträgerbereinigung für dieses Laufwerk starten.

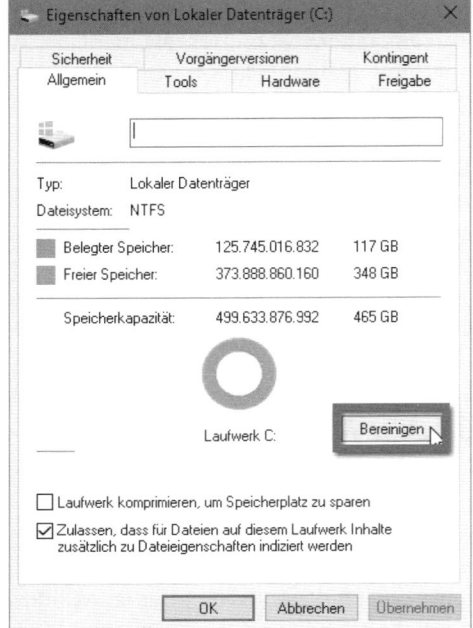

4. Die Datenträgerbereinigung überprüft nun das ausgewählte Laufwerk und ermittelt alle Dateien, die bereinigt werden können. Dazu verwendet sie verschiedene Strategien. So überprüft sie z. B. den Ordner für temporäre Dateien und sucht dort nach

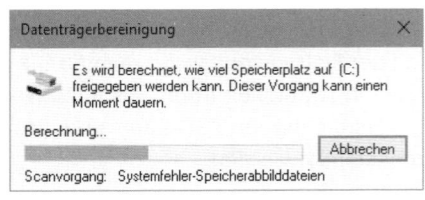

Dateien, die z. B. aufgrund eines Programm- oder Systemabsturzes nicht ordnungsgemäß entfernt wurden und nun unnötig Platz belegen. Ebenso schaut das Programm im Ordner für temporäre Internetdateien nach. Wenn Sie viel surfen, kann sich hier auch ganz schnell einiges an Daten ansammeln, die nicht unbedingt erhalten bleiben müssen.

5. Hat die Datenträgerbereinigung ihre Überprüfung abgeschlossen, präsentiert sie die Ergebnisse in einer Zusammenfassung. Dabei finden Sie ganz oben eine Angabe, wie viel Speicherplatz auf dem Laufwerk maximal freigegeben werden kann.

6. Im Feld *Zu löschende Dateien* sind die Dateiarten aufgeführt, die die Datenträgerbereinigung auf dem Laufwerk gefunden hat. Markieren Sie hier die Dateitypen, die entfernt werden sollen. Wollen Sie z. B. die temporären Internetdateien noch zum Offlinebetrachten aufheben, deaktivieren Sie den entsprechenden Eintrag. Zu jeder Kategorie von Dateien erhalten Sie in der unteren Fensterhälfte jeweils eine kurze Beschreibung.

7. Wenn Sie sich nicht sicher sind, ob Sie die Dateien in einer der Kategorien bedenkenlos löschen dürfen, können Sie bei einigen Dateitypen unten im Bereich *Beschreibung* auf die Schaltfläche *Dateien anzeigen* klicken. Damit öffnen Sie ein Explorer-Fenster, in dem die einzelnen Dateien aufgeführt werden. Hier können Sie überprüfen, um was für Dateien es sich genau handelt.

8. Haben Sie die zu löschenden Dateien bestimmt, klicken Sie ganz unten auf *OK*. Bestätigen Sie die anschließende Sicherheitsabfrage, um die Bereinigungsaktion durchzuführen.

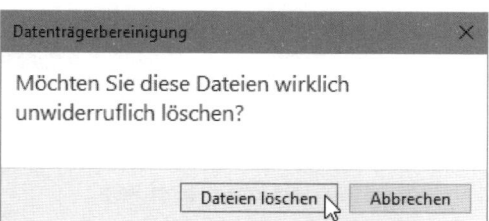

Zustand der Festplatte mit der Datenträgerprüfung kontrollieren

Festplatten gehören zu den kostbarsten Komponenten eines PCs. Das bezieht sich nicht unbedingt auf den Preis, denn der ist in den letzten Jahren ständig gefallen. Aber die Festplatten speichern die Anwendungen und Dokumente dauerhaft. Und Festplatten sind nun einmal Maschinen, bei denen es durchaus zu Fehlfunktionen kommen kann. Leider können solche Fehler schlimme Folgen haben, weil neben dem Betriebssystem alle Ihre Anwendungen und Daten auf der Festplatte gespeichert sind. Hinzu kommt noch, dass Festplattencrashs in der Regel irreparabel sind und die Daten sich in einem solchen Fall nur von Spezialisten für teures Geld und meist auch nur unvollständig retten lassen.

Eine gute Möglichkeit zur Vorsorge ist die regelmäßige Fehlerüberprüfung (aus früheren Windows-Versionen als Scandisk bekannt). Dabei werden Probleme erkannt und beseitigt, die immer wieder mal durch Abstürze oder Fehler des Betriebssystems oder einzelner Anwendungen entstehen können. Gleichzeitig entdeckt das Programm fehlerhafte Datenblöcke auf der Festplatte und markiert sie als unbrauchbar, damit sie nicht mehr genutzt werden und womöglich zu Datenverlusten führen können.

> 💡 TIPP
>
> **Das bedeuten fehlerhafte Blöcke**
>
> Festplatten organisieren Daten in Blöcken. Durch Abnutzungserscheinungen können einzelne Blöcke beschädigt werden, sodass sie die Daten nicht mehr zuverlässig speichern. Werden bei der Fehlerüberprüfung solche defekten Blöcke entdeckt, markiert Windows sie in der Verwaltungstabelle der Festplatte als defekt. Solche Blöcke werden dann in Zukunft nicht mehr verwendet, um das Risiko eines Datenverlusts auszuschließen. Früher waren defekte Blöcke nicht unbedingt ungewöhnlich, inzwischen aber haben moderne Festplatten eine so hohe Qualität erreicht, dass Blockfehler sehr selten sind. Insbesondere dann, wenn eine bislang zuverlässige Festplatte plötzlich regelmäßig neue fehlerhafte Blöcke produziert, ist dies ein dringendes Alarmzeichen. Oft kündigen sich so Plattencrashs an, bei denen alle Daten verloren gehen. In solchen Fällen ist ein rechtzeitiger Austausch der Festplatte unbedingt empfehlenswert.

1. Um eine Festplatte einer Fehlerüberprüfung zu unterziehen, öffnen Sie die Übersicht Ihres Computers im Windows-Explorer und markieren hier das zu überprüfende Laufwerk.

2. Öffnen Sie dort mit *Datei/Eigenschaften* die Eigenschaften des Laufwerks und wechseln Sie hier auf die Registerkarte *Tools*.

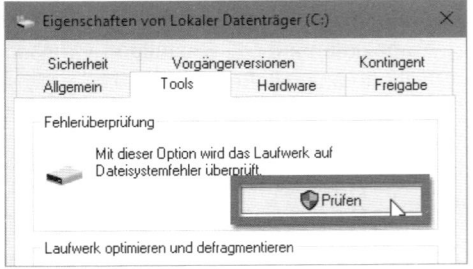

3. Klicken Sie dort im Bereich *Fehlerüberprüfung* auf die Schaltfläche *Prüfen*, um den Test der Festplatte zu veranlassen.

4. Windows ruft nun zunächst das Fehlerprotokoll des Laufwerks ab. Ist darin nichts verzeichnet, ist eine Überprüfung nicht unbedingt notwendig. Dann können Sie an dieser Stelle abbrechen.

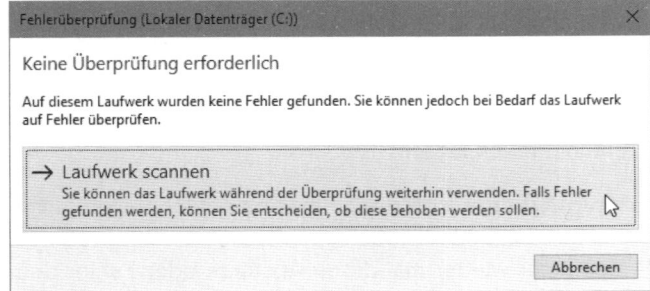

5. Wollen Sie auf Nummer sicher gehen, starten Sie aber stattdessen
eine intensivere Prüfung mit einem
Klick auf *Laufwerk scannen*. Den
Fortschritt bei der Überprüfung können Sie in der Statusanzeige mitver-
folgen.

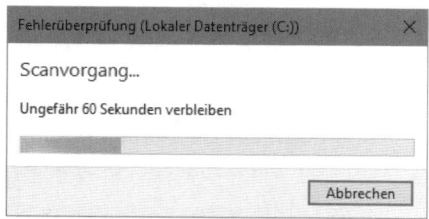

6. Nach Abschluss der Tests erhalten
Sie die Meldung *Das Laufwerk wurde erfolgreich gescannt*. Mit *Details
anzeigen* unten links lassen Sie sich
ein ausführlicheres Protokoll anzeigen. Dieses verrät auch Genaueres, sollte es bei der Überprüfung
zu Fehlern gekommen sein.

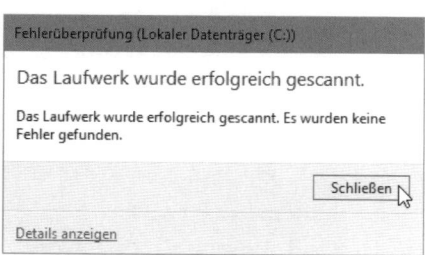

Laufwerke für schnellen und sicheren Zugriff optimieren

Ein sehr unangenehmer Effekt vor allem bei Festplatten, die schon recht voll sind,
ist die Fragmentierung der gespeicherten Daten. Besonders wenn Sie z. B. beim
Brennen von DVDs häufiger mit sehr großen Dateien arbeiten müssen, kann das
den Zugriff spürbar verlangsamen und das Risiko von Datenverlusten erhöhen.
Deshalb bringt Windows ein Programm zum Defragmentieren von Laufwerken mit,
das die Inhalte der Festplatte reorganisiert, sodass der Zugriff auf die Dateien wieder mit gewohnter Geschwindigkeit erfolgen kann.

Was sind fragmentierte Dateien?

Die Speicherkapazität einer Festplatte ist in viele kleine Blöcke aufgeteilt. Um
eine Datei zu speichern, zerlegt das Betriebssystem sie in viele Teile, die der
Größe dieser Blöcke entsprechen, und verteilt sie auf freie Datenblöcke. Normalerweise wird eine Datei in aufeinanderfolgenden Blöcken gespeichert. Wenn die
Festplatte schon sehr voll ist, ist dies manchmal nicht möglich, weil es nicht genügend aufeinanderfolgende freie Blöcke gibt. Dann sucht das Betriebssystem
beliebige freie Blöcke heraus und belegt sie mit den Daten. Da solche Dateien
auf verschiedene, nicht zusammenhängende Blöcke verteilt sind, bezeichnet
man sie als fragmentiert.

Die Fragmentierung wirkt sich leider negativ auf die Zugriffszeit der gespeicherten Dateien aus. Da die Schreib-/Leseköpfe der Festplatte die Daten aus verschiedenen Bereichen zusammensuchen müssen, dauert jeder Zugriff entsprechend länger. Das Defragmentierungsprogramm organisiert die Dateistruktur
eines Laufwerks neu, sodass fragmentierte Dateien möglichst wieder in aufeinanderfolgenden Datenblöcken zusammengefasst werden.

1. Um ein Laufwerk zu optimieren, öffnen Sie seine Eigenschaften mit *Datei/Eigenschaften* oder mit *Eigenschaften* im Kontextmenü der rechten Maustaste.

2. Wechseln Sie in den Laufwerkeigenschaften auf die Registerkarte *Tools*. Hier finden Sie den Bereich *Laufwerk optimieren und defragmentieren*. Klicken Sie darin auf die Schaltfläche *Optimieren*.

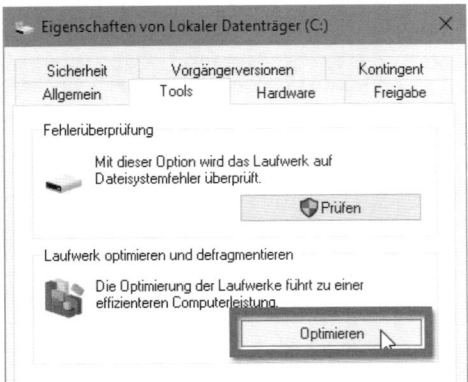

3. Damit öffnen Sie das Programm für die Defragmentierung. Dieses zeigt Ihnen zunächst den aktuellen Status aller Laufwerke an. Das sollten Sie aber noch nicht zu ernst nehmen. Erst wenn Sie einmal auf *Analysieren* geklickt haben, wird die Bestandsaufnahme aktualisiert.

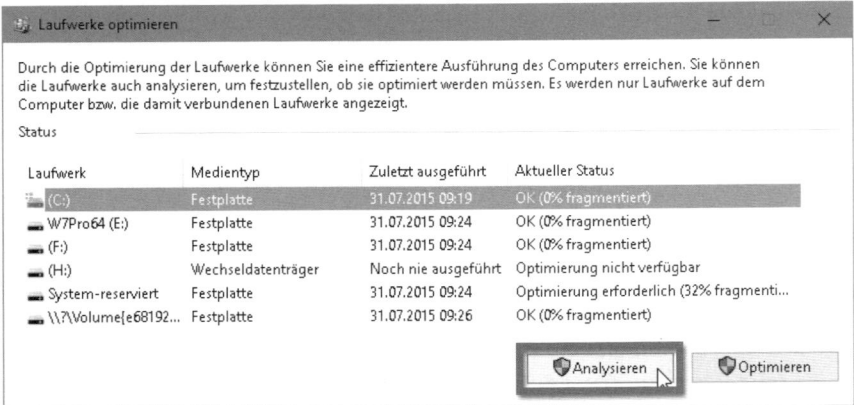

TIPP

 Erst analysieren, dann defragmentieren

Wenn Sie auf die Schaltfläche *Datenträger analysieren* klicken, untersucht das Programm zunächst die Festplatten und stellt den Grad der Fragmentierung fest. Gerade bei einem neuen System ist meist noch gar nicht viel passiert. Dann steht hinter den Laufwerken die Anmerkung *(0% fragmentiert)*. Also ist auch kein Defragmentieren erforderlich. Erst wenn dieser Prozentsatz in den zweistelligen Bereich steigt, lässt sich durch das Defragmentieren auch ein Leistungsgewinn erzielen.

4. Ergibt sich dabei eine deutliche Fragmentierung, können Sie diese beseitigen lassen. Wählen Sie dazu das zu bereinigende Laufwerk aus und klicken Sie rechts darunter auf *Optimieren*.

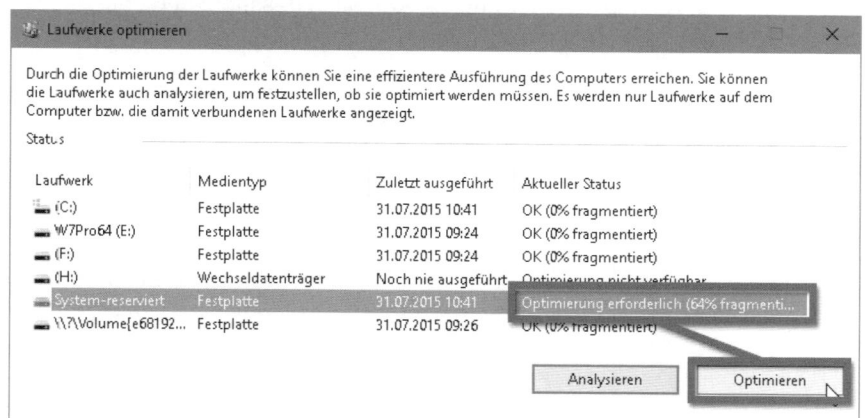

5. Das Programm beginnt dann mit der Defragmentierung der Festplatte. Diese wird im Hintergrund ausgeführt. Sie können das Programmfenster in der Zwischenzeit schließen, die Defragmentierung läuft dennoch weiter. Durch einen erneuten Aufruf des Programms kehren Sie später an diese Stelle zurück und informieren sich über den Status und das Ergebnis. Mit *Defragmentierung beenden* können Sie den Vorgang auch jederzeit beenden. Das Laufwerk verbleibt dann in dem – nun immerhin etwas weniger – fragmentierten Zustand.

Eine komplette Optimierung kann je nach Größe des Laufwerks mehrere Stunden dauern. Immerhin muss das Programm jeden einzelnen Datenblock von der Festplatte einlesen, eine geeignete neue Position dafür finden und ihn dort wieder auf die Platte schreiben. Dabei gilt es noch, zusammengehörende Blöcke auch möglichst zusammenhängend unterzubringen.

Vorsicht während des Defragmentierens!

Beim Defragmentieren bringt das Optimierungsprogramm die Daten auf Ihrer Festplatte zunächst kräftig durcheinander, damit sie anschließend umso geordneter sein können. In dieser Umordnungsphase ist Ihr PC sehr empfindlich. Ein Absturz könnte jetzt zu Datenverlusten führen. Deshalb sollten Sie dem Defragmentierungsprogramm am besten den PC allein überlassen und nicht nebenbei mit anderen Anwendungen weiterarbeiten. Da das Defragmentieren den PC zusätzlich belastet, ist das parallele Arbeiten ohnehin nur mit halber Kraft möglich.

TIPP

Die automatische Defragmentierung auf einzelne Laufwerke beschränken

Die automatische Defragmentierung sorgt dafür, dass Laufwerke automatisch im Hintergrund bereinigt werden, wenn dies erforderlich ist. Dabei können Sie nicht nur Häufigkeit und Zeitpunkt festlegen, sondern auch, welche Laufwerke überhaupt defragmentiert werden sollen. Das ist z. B. sinnvoll, wenn Sie mehrere Laufwerke in Ihrem PC haben, von denen eines aber nur wenig (z. B. zu Sicherungszwecken) genutzt wird. Da wäre eine Defragmentierung überflüssig bzw. würde diese Festplatte unnötig in Betrieb halten, wenn sie eigentlich geschont und energiesparend abgeschaltet werden könnte.

1. Zu diesem Zweck klicken Sie im *Laufwerke optimieren*-Dialog unten im Bereich *Geplante Optimierung* auf die Schaltfläche *Einstellungen ändern*.

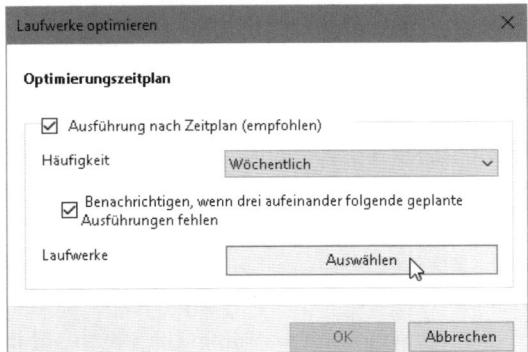

2. Im anschließenden Dialog können Sie die Häufigkeit sowie den Zeitpunkt für das Defragmentieren einstellen. Für einen gut genutzten PC ist *Wöchentlich* völlig ausreichend, bei eher seltener Nutzung reicht auch *Monatlich* durchaus. Eine tägliche Optimierung hingegen ist nur in sehr seltenen Fällen notwendig.

3. Mit der Schaltfläche *Auswählen* öffnen Sie ein weiteres Menü, in dem Sie genau festlegen können, welche Laufwerke vom Zeitplan berücksichtigt werden sollen.

4. Die Option *Alle auswählen* dient nur der Vereinfachung. Hiermit können Sie bei einer längeren Liste von Laufwerken ganz einfach die Defragmentierung für alle aktivieren.

5. Interessant ist auch ganz unten die Option *Neue Laufwerke automatisch optimieren*. Sie sorgt dafür, dass neu hinzukommende Laufwerke automatisch mit für das Optimieren ausgewählt werden. Deaktivieren Sie dieses Kontrollkästchen, unterbleibt das. Sie können bzw. müssen diese Funktion für neue Laufwerke bei Bedarf dann aber jeweils manuell aktivieren.

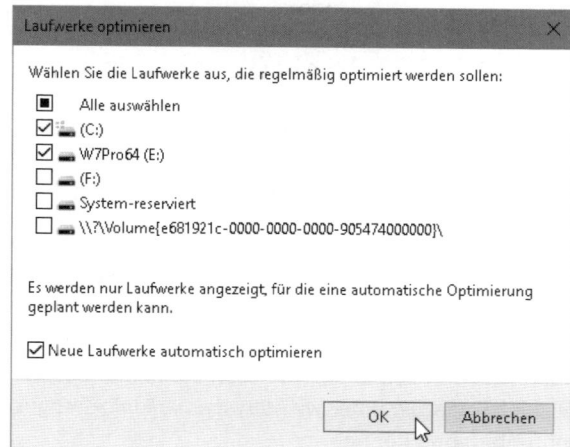

6. Klicken Sie dann zweimal auf *OK*, um die neuen Einstellungen für das Defragmentieren zu übernehmen.

Turbo für den Turbo: SSD-Laufwerke noch besser nutzen

Solid State Drives verwenden nicht wie klassische Festplatten Magnetscheiben, sondern speichern ihre Daten auf Flashspeicherchips. Das geht in den meisten Fällen deutlich schneller und beschleunigt so das Starten von Windows und der installierten Anwendungen. Allerdings gilt es, beim Verwenden von SSD einige Besonderheiten im Vergleich zu klassischen Festplatten zu beachten. So ist es nicht nur sinnlos, sondern sogar schädlich, SSD-Laufwerke zu defragmentieren. Windows weiß das und behandelt solche Geräte automatisch richtig.

Im Optimierungsdialog können Sie in der Liste der verfügbaren Laufwerke in der Spalte *Medientyp* die Art jedes Laufwerks ablesen, also z. B. *Festplatte* für klassische Magnetfestplatten, *Wechseldatenträger* für USB-Sticks & Co. oder eben *Solid-State-Laufwerk*. Bei diesen wird ein Prozentsatz für den aktuellen Fragmentierungsstatus gar nicht erst ermittelt.

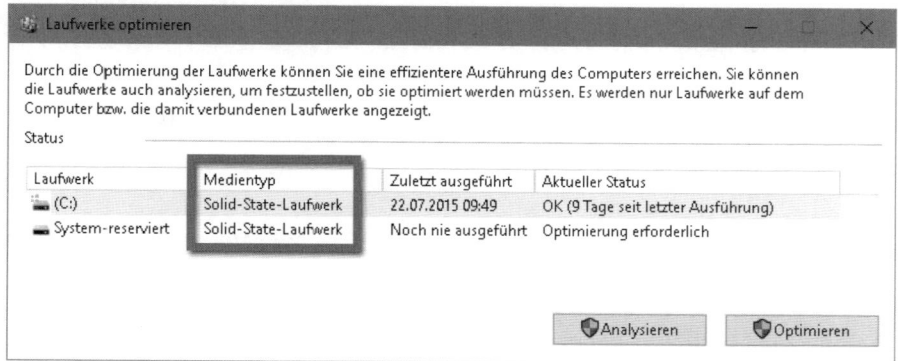

SSD-Laufwerke erkennt Windows automatisch und verzichtet aufs Defragmentieren.

32.2 Laufwerkprophylaxe: die Gesundheit Ihrer Festplatten mit SMART-Tools überprüfen

SMART bzw. S.M.A.R.T. (**S**elf **M**onitoring **A**nalysis and **R**eporting **T**echnology) ist eine Technologie, mit der Festplatten ihren eigenen Status überprüfen und bei Anzeichen von Fehlern eine Meldung an den Computer ausgeben (sofern per Software abgefragt).

So soll das Risiko von Datenverlusten durch Hardwarefehler minimiert werden. Dazu bedarf es aber einer regelmäßigen Überprüfung des Laufwerks durch ein SMART-fähiges Programm oder BIOS. Es gibt eine Reihe von Programmen, mit denen man die SMART-Informationen von Festplatten auslesen kann. Interessant und empfehlenswert ist CrystalDiskInfo, das Sie unter *www.crystalmark.info/?lang=en* in einer kostenlosen Version herunterladen können.

Einmal installiert können Sie es jederzeit nach Bedarf starten und von Ihren Festplatten eine Reihe von Parametern abrufen, mit denen sich die „Gesundheit" bewerten und zumindest einige typische Fehlfunktionen frühzeitig erkennen lassen.

 Mehrere Festplatten kontrollieren

Wenn Sie mehr als eine Festplatte eingebaut haben, können Sie mit dem Menüpunkt *Festplatte* zwischen den verschiedenen Geräten hin- und herwechseln, um deren Daten zu kontrollieren bzw. vielleicht auch zu vergleichen.

1. Einmal installiert, starten Sie CrystalDiskInfo bei Bedarf über das Startmenü.

2. Sofort sehen Sie die Werte der ersten Festplatte auf dem Bildschirm. So verrät Ihnen die Einstufung unter *Gesamtzustand* links sofort, ob es Grund zur Beunruhigung gibt. Steht hier *Gut*, gilt schon mal Entwarnung.

3. Wichtig ist auch direkt darunter die *Aktuelle Temperatur*. Deren Einfluss wird häufig unterschätzt, denn wenn sich eine Festplatte z. B. in einem schlecht durchlüfteten PC-Gehäuse regelmäßig stark erhitzt, senkt dies ihre Lebenserwartung deutlich.

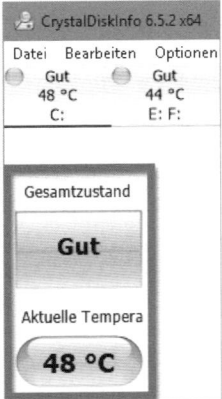

4. Die Tabelle darunter führt die einzelnen SMART-Parameter auf. Solange alles in Ordnung ist, brauchen Sie sich damit aber gar nicht zu befassen. Sowie einer der Werte außerhalb des Sollbereichs gerät, verändert das Programm den Status auf Gelb bzw. gegebenenfalls auf Rot. Dann können Sie in der Parameterliste nachschauen, welcher Wert aus dem Ruder gelaufen ist.

	ID	Parametername	Aktueller...	Schlecht...	Grenzwert	Rohwerte
⬤	01	Lesefehlerrate	108	100	34	00000133A6E0
⬤	03	Mittlere Anlaufzeit	98	98	0	000000000000
⬤	04	Start/Stopp-Zyklen der Spindel	100	100	20	000000000095
⬤	05	Wiederzugewiesene Sektoren	100	100	36	000000000000
⬤	07	Suchfehler	68	60	30	0000006D1C2D
⬤	09	Betriebsstunden	100	100	0	CAB000000190
⬤	0A	Misslungene Spindelanläufe	100	100	97	000000000000
⬤	0C	Geräte-Einschaltvorgänge	100	100	20	00000000006E
⬤	B8	Ende-zu-Ende-Fehler	100	100	99	000000000000
⬤	BB	Gemeldete unkorrigierbare Fehler	100	100	0	000000000000
⬤	BC	Befehlszeitüberschreitung	100	99	0	000800080008
⬤	BD	Übergeordnete Schreibvorgänge	100	100	0	000000000000
⬤	BE	Luftstromtemperatur	52	45	45	000030160030
⬤	BF	Beschleunigungssensor-Fehlerrate	100	100	0	000000000004
⬤	C0	Ausschaltungsabbrüche	100	100	0	000000000005
⬤	C1	Laden/Entladen-Zyklen	96	96	0	00000000217B
⬤	C2	Temperatur	48	55	0	000B00000030
⬤	C4	Wiederzuweisungsereignisse	100	100	30	22680000009C
⬤	C5	Aktuell ausstehende Sektoren	100	100	0	000000000000
⬤	C6	Nicht korrigierbare Sektoren	100	100	0	000000000000
⬤	C7	UltraDMA-CRC-Fehler	200	200	0	000000000000
⬤	FE	Freifallschutz	100	100	0	000000000000

Wichtige Werte im Verlauf beobachten

Bei konkreten Problemen mit Dateifehlern oder Abstürzen kann es hilfreich sein, das Verhalten der Festplatte über einen längeren Zeitraum zu beobachten. So ist z. B. die Temperaturentwicklung ein solcher Kandidat, denn auch wenn die Wärme üblicherweise im Rahmen bleibt, kann sie unter besonderen Belastungen eben doch kritische Werte erreichen. CrystalDiskInfo bietet Ihnen die Möglichkeit, die Entwicklung einzelner Werte aufzuzeichnen und in einem Diagramm darzustellen.

Das Aktualisierungsintervall verkürzen

Standardmäßig fragt CrystalDiskInfo alle zehn Minuten neue Daten von der Festplatte ab. Um eine möglichst detaillierte Überwachung zu gewährleisten, sollten Sie diesen Wert gegebenenfalls herabsetzen. Wählen Sie dazu im Hauptprogramm mit *Optionen/Autoaktualisierung* ein kürzeres Intervall.

TIPP

1. Wählen Sie dazu die Menüfunktion *Optionen/Diagramm*.

2. Hier können Sie oben im Auswahlfeld zunächst angeben, welchen Parameter Sie überwachen möchten.

3. Im Diagramm können Sie dann verfolgen, wie sich dieser Wert entwickelt. Soweit vorhanden, fügt das Programm automatisch den kritischen Schwellenwert sowie den bislang erreichten Maximalwert ein.

4. Wenn Sie dieses Programm einfach im Hintergrund laufen lassen, können Sie nach einiger Zeit gut nachvollziehen, wie sich z. B. die Temperatur während der Arbeit mit dem PC entwickelt hat.

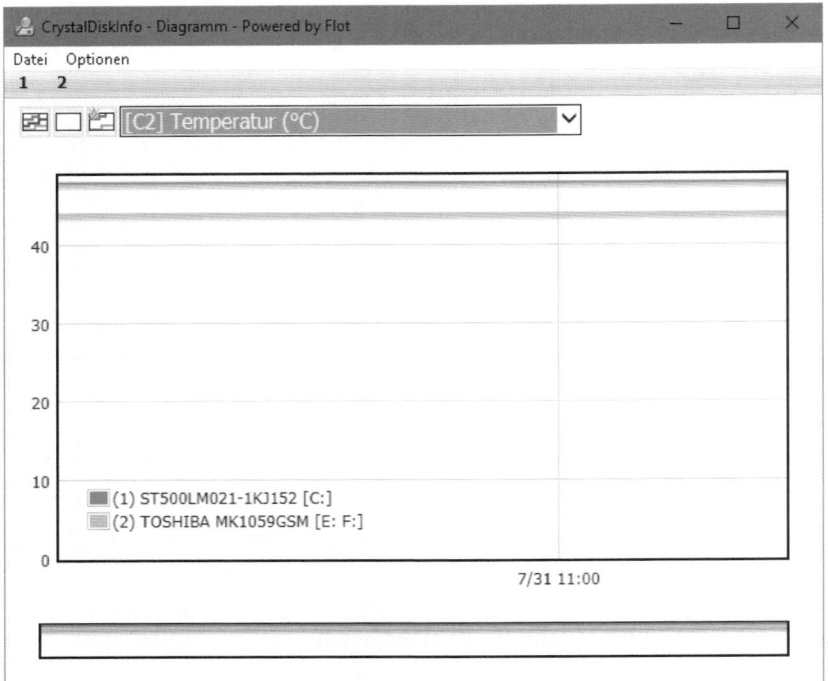

32.3 USB-Sticks, Speicherkarten & Co. sicher und einfach nutzen

Neben Festplattenlaufwerken haben Wechselspeichermedien inzwischen eine fast noch größere Bedeutung. Verstand man darunter früher in erster Linie CDs/DVDs, so ist die Bandbreite heute viel größer, und USB-Sticks, MP3-Player oder Speicherkarten für Digitalkameras und Camcorder sind für viele Anwender selbstverständliche Hilfsmittel geworden. Gerade bei der Vielzahl von verschiedenen Produkten und Anwendungen ist ein gutes Management wichtig, um Datenverluste zu vermeiden und stets die maximale Kapazität und Geschwindigkeit nutzen zu können.

USB-Sticks und Speicherkarten korrekt formatieren

Während Festplatten in der Regel nur einmal bei der Installation formatiert werden, kann dies bei Wechselspeichermedien wie USB-Sticks und Speicherkarten häufiger notwendig sein. Generell empfiehlt es sich, solche Geräte bei der ersten Inbetriebnahme einmal neu zu formatieren. Sollten später Probleme auftauchen, weil Dateien nicht mehr lesbar sind oder umgekehrt nicht mehr benötigte Dateien nicht gelöscht werden können, formatieren Sie den Wechselspeicher einfach einmal neu. Danach sollten die Probleme behoben sein, und der Speicher steht Ihnen dann wieder in vollem Umfang zur Verfügung.

Gerät wird nicht als Wechselspeichermedium angezeigt?

USB-Sticks, Speicherkarten und auch die meisten MP3-Player sollten von Windows ohne Weiteres als Wechselspeichermedien erkannt und angezeigt werden. Eventuell ist ein spezieller Treiber erforderlich, der beim ersten Anstecken des Gerätes an den PC einmalig installiert werden muss. Wird ein Gerät trotz eines funktionierenden Treibers nicht im Explorer angezeigt, handelt es sich dabei nicht um ein klassisches Wechselspeichermedium. In diesem Fall sind Sie für den Zugriff auf spezielle Software des Geräteherstellers angewiesen. Eine Funktion zum Formatieren des Datenträgers finden Sie dann in der Regel in dieser Software oder im Gerät selbst.

HINWEIS

---

1. Verbinden Sie den Wechselspeicher mit dem PC und zeigen Sie den Arbeitsplatz im Explorer an. Hier sollte das Wechselspeicherlaufwerk nun aufgeführt werden. Vergewissern Sie sich, dass der Speicher keine wichtigen Daten mehr enthält, denn beim Formatieren wird er komplett gelöscht.

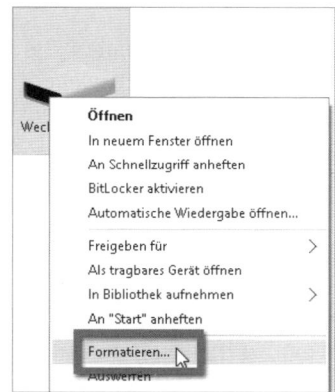

2. Klicken Sie mit der rechten Maustaste auf den Eintrag des Wechselspeichermediums und wählen Sie im Kontextmenü den Befehl *Formatieren*.

3. Im anschließenden Dialog legen Sie die Parameter für das Formatieren fest. Hier ist vor allem die Einstellung *Dateisystem* wichtig. Bei den anderen Angaben können Sie in der Regel die Voreinstellungen beibehalten.

4. Im Feld *Volumebezeichnung* können Sie dem Datenträger einen Namen geben, unter dem er im Explorer aufgeführt wird. Das kann gerade beim Hantieren mit verschiedenen Speichermedien den Überblick erleichtern.

5. Auf die Formatierungsoption *Schnellformatierung* sollten Sie verzichten, insbesondere wenn Sie mit der Formatierung Probleme lösen wollen. Der Geschwindigkeitsgewinn ist bei Wechselspeichermedien nicht besonders groß, und einer gründlichen Formatierung ist allemal der Vorzug zu geben.

6. Klicken Sie dann unten auf die *Starten*-Schaltfläche, um das Formatieren zu beginnen, und bestätigen Sie die Warnung, dass alle Daten auf dem Datenträger gelöscht werden.

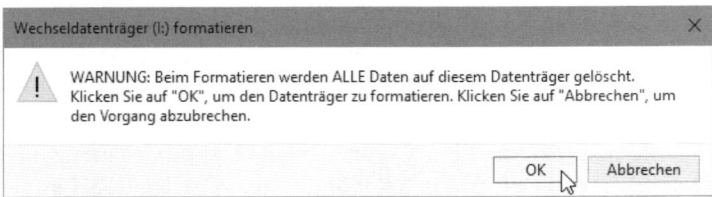

7. Windows formatiert nun den Wechselspeicher, was Sie anhand des grünen Fortschrittsbalkens verfolgen können.

8. Schließlich erhalten Sie die Erfolgsmeldung *Formatieren abgeschlossen*. Klicken Sie auf *OK* und zurück im *Formatieren*-Dialog auf *Schließen*. Der frisch formatierte Speicher steht Ihnen zur Verfügung.

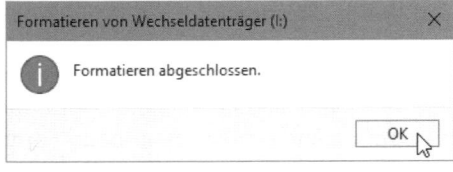

 Das richtige Dateisystem

HINWEIS

Welches das richtige Dateisystem ist, lässt sich leider so pauschal nicht sagen. Für USB-Sticks, Speicherkarten und MP3-Player kommen in erster Linie FAT (Standard) und FAT32 infrage. NTFS bietet sich für den Austausch von Dateien zwischen Windows-PCs an, da hierbei zusätzliche Dateieigenschaften erhalten bleiben. Wichtig ist, dass Geräte, in denen die Speichermedien eingesetzt werden sollen (PCs, Digitalkameras, MP3-Player, Tablets etc.), das gewählte Dateisystem unterstützen. Schauen Sie deshalb im Zweifelsfall in der Dokumentation Ihrer Geräte nach oder probieren Sie es einfach aus. Falsch machen kann man nicht viel. Sollte ein Speichermedium das falsche Dateisystem haben und nicht zu verwenden sein, wiederholen Sie die Formatierung einfach mit einem anderen Format.

Automatische Wiedergabe – so läuft beim Einstecken alles automatisch ab

Schon Windows XP hatte das Autoplay eingeführt – also die automatische Aktion beim Einlegen bzw. Anschließen von Datenträgern wie CDs, USB-Sticks oder Digitalkameras. Das aktuelle Windows führt diese Funktion weiter fort, indem es noch mehr Arten von externen Datenträgern erkennt und unterscheiden kann. Für jede Art Medium bzw. für verschiedene Arten von Inhalten wie Bildern, Videos oder Musikdateien können Sie eigene Aktionen für die automatische Wiedergabe wählen.

1. Eine Möglichkeit besteht darin, die Autoplay-Aktionen interaktiv festzulegen: Wann immer Sie einen Datenträger einlegen bzw. anschließen, blendet Windows oben rechts auf dem Bild-

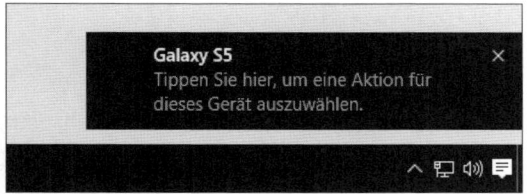

schirm einen Hinweis ein. Klicken oder tippen Sie darauf.

2. Windows analysiert dann den Inhalt des Datenträgers und stellt Ihnen passende Optionen zur Auswahl.

3. Wählen Sie aus, welche Aktion Sie ausführen wollen.

Windows merkt sich Ihre Entscheidung. Wenn Sie dasselbe Gerät beim nächsten Mal wieder anschließen, wird diese Aktion erneut ausgeführt. Wie Sie dies bei Bedarf ändern können, lesen Sie im nachfolgenden Abschnitt.

Was ist aus dem Unterdrücken von Autoplay per Umschalt-Taste geworden?

Das Unterdrücken der Autoplay-Funktion durch Drücken von ⬆ während des Einlegens bzw. Anschließens, wie bei einigen früheren Windows-Versionen möglich, klappt leider nicht mehr. Hier bleibt nur noch die Auswahl, Autoplay komplett zu deaktivieren oder für einzelne Medienarten *Keine Aktion durchführen* dauerhaft einzustellen (siehe im Folgenden). Oder aber Sie ignorieren den Hinweis beim Anschließen eines Speichermediums einfach, dann wird er nach einigen Sekunden wieder ausgeblendet.

TIPP

Die automatische Wiedergabe für bestimmte Geräte steuern

In den PC-Einstellungen ist für jedes Speichermedium bzw. Wiedergabegerät, das Sie bislang mit diesem PC verbunden haben, vermerkt, welche Wahl Sie für die automatische Wiedergabe getroffen haben. Hier können Sie diese Entscheidung später auch wieder korrigieren:

1. Öffnen Sie dazu in den Einstellungen den Bereich *Geräte* und darin die Rubrik *Automatische Wiedergabe*.

2. Hier können Sie rechts oben die Funktion der automatischen Wiedergabe insgesamt ein- und ausschalten.

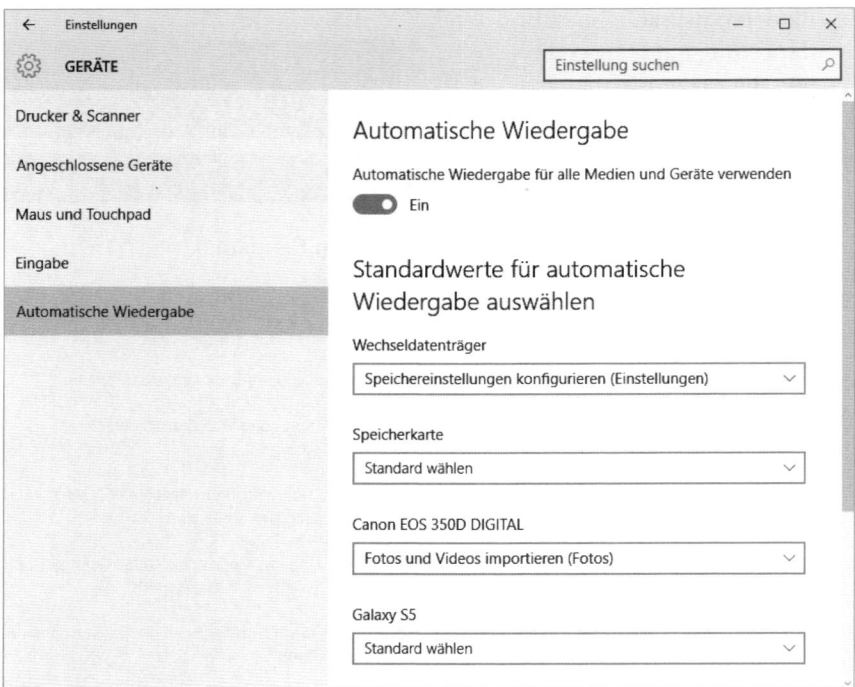

3. Darunter werden alle Geräte aufgeführt, die Sie bislang an Ihren Windows-PC angeschlossen haben. Zu jedem Gerät finden Sie die Einstellung, die Sie gewählt haben, bzw. *Standard wählen*, wenn Sie keine Entscheidung getroffen haben.

4. Wenn Sie das Auswahlfeld öffnen, werden Ihnen alle Optionen angeboten, die für diese Art von Gerät zur Verfügung stehen. Wählen Sie aus, welche Aktion standardmäßig ausgeführt werden soll. Zusätzliche Optionen für alle Geräte sind:

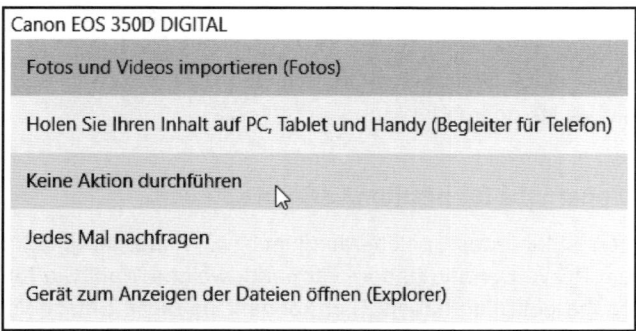

■ **Keine Aktion durchführen** – Dann reagiert Windows von sich aus nicht auf das Anschließen dieses Gerätes, Sie können es aber ganz nach Belieben verwenden.

■ **Jedes Mal nachfragen** – Damit merkt sich Windows keine Standardaktion für dieses Gerät, sondern fragt beim Anschließen jedes Mal wieder nach.

Standardaktionen für alle Medientypen systematisch festlegen

Alternativ zur Salamitaktik bei jedem einzelnen Gerät können Sie auch für alle von Windows unterschiedenen Arten von Speichermedien und anschließbaren Geräten von vornherein Standardaktionen festlegen, die dann wie von Zauberhand ausgeführt werden.

1. Öffnen Sie dazu in der klassischen Systemsteuerung den Bereich *Automatische Wiedergabe* (in der Kategorieansicht unter *Programme/Standardprogramme/Standardeinstellungen für Medien und Geräte ändern*).

2. Auch hier können Sie ganz oben bestimmen, ob Windows überhaupt die automatische Wiedergabe für alle Medien und Geräte verwenden soll.

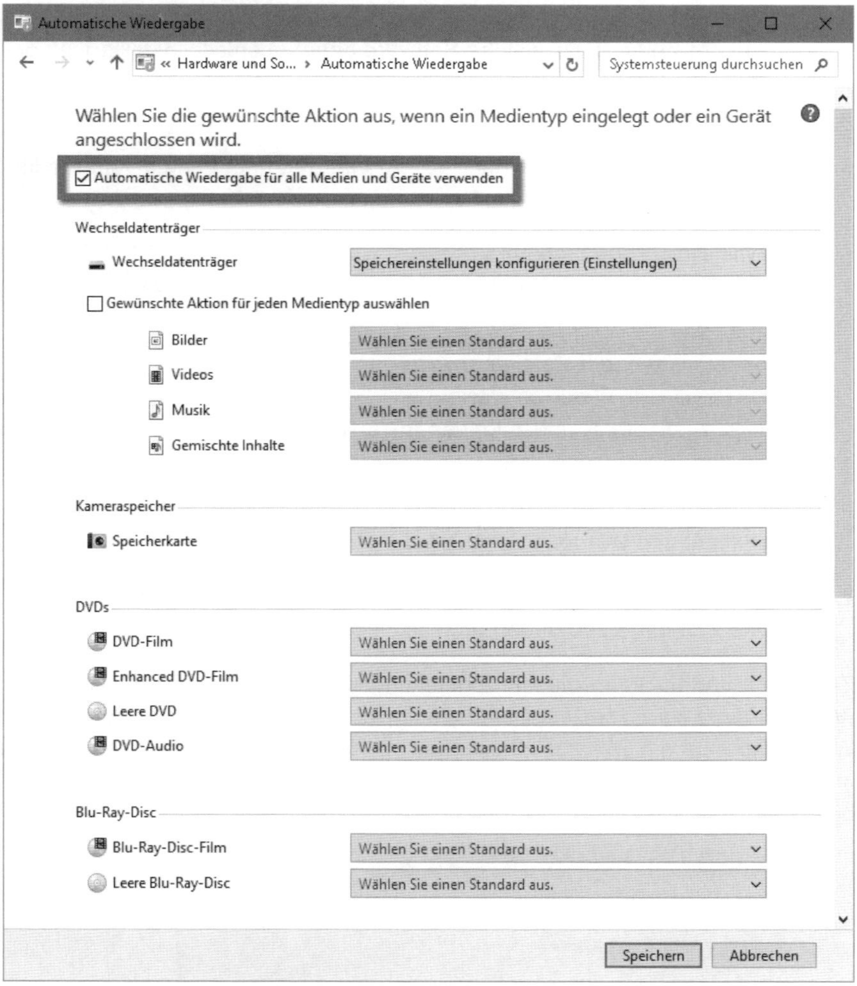

Automatische Wiedergabe	— □ ×

← → ∨ ↑ 🖳 « Hardware und So... › Automatische Wiedergabe   ∨ ⟳ | Systemsteuerung durchsuchen 🔎 |

Wählen Sie die gewünschte Aktion aus, wenn ein Medientyp eingelegt oder ein Gerät ❓ angeschlossen wird.

☑ Automatische Wiedergabe für alle Medien und Geräte verwenden

Wechseldatenträger

▬ Wechseldatenträger	Speichereinstellungen konfigurieren (Einstellungen) ∨

☐ Gewünschte Aktion für jeden Medientyp auswählen

🖼 Bilder	Wählen Sie einen Standard aus. ∨
🎞 Videos	Wählen Sie einen Standard aus. ∨
🎵 Musik	Wählen Sie einen Standard aus. ∨
🗂 Gemischte Inhalte	Wählen Sie einen Standard aus. ∨

Kameraspeicher

📷 Speicherkarte	Wählen Sie einen Standard aus. ∨

DVDs

📀 DVD-Film	Wählen Sie einen Standard aus. ∨
📀 Enhanced DVD-Film	Wählen Sie einen Standard aus. ∨
📀 Leere DVD	Wählen Sie einen Standard aus. ∨
📀 DVD-Audio	Wählen Sie einen Standard aus. ∨

Blu-Ray-Disc

📀 Blu-Ray-Disc-Film	Wählen Sie einen Standard aus. ∨
📀 Leere Blu-Ray-Disc	Wählen Sie einen Standard aus. ∨

Speichern   Abbrechen

3. Darunter finden Sie eine längere Liste der Gerätearten und Medientypen, die Windows unterscheidet. Zu jedem Eintrag gehört ein Auswahlfeld, in dem Sie eine Standardaktion auswählen können.

4. Unten finden Sie unter *Geräte* auch hier wie in den Einstellungen eine Liste der dem PC bislang bekannten Geräte und können deren Wiedergabeoptionen anpassen.

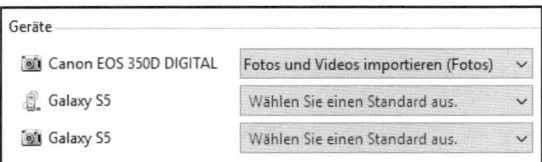

5. Die genaue Auswahl an Aktionen hängt vom jeweiligen Medientyp ab. Außerdem spielt es eine Rolle, welche Software gegebenenfalls installiert ist, die mit den verschiedenen Medientypen umgehen kann. Wählen Sie also jeweils die gewünschte Aktion aus.

6. Einige Optionen stehen bei (fast) allen Einträgen unabhängig vom Medientyp zur Auswahl:

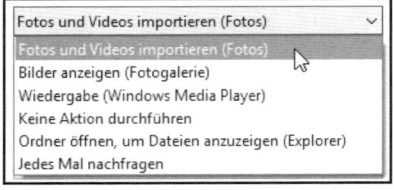

- *Keine Aktion durchführen*: Windows ignoriert das Einlegen bzw. Anschließen solcher Datenträger völlig.

- *Ordner öffnen, um Dateien anzuzeigen (Explorer)*: Windows startet den Windows-Explorer und zeigt den Inhalt des Datenträgers an.

- *Jedes Mal nachfragen*: Der interaktive Modus bleibt für diesen Medientyp erhalten, und Windows zeigt jedes Mal den Auswahldialog an.

7. Haben Sie Ihre Auswahl getroffen, klicken Sie ganz unten auf *Speichern*, um die Einstellungen auch dauerhaft festzulegen.

Zusätzlich finden Sie in diesem Einstellungsdialog ganz unten die Schaltfläche *Alle Standards zurücksetzen*. Damit stellen Sie alle Optionen der automatischen Wiedergabe auf die „Werkseinstellungen" zurück. Das kann praktisch sein, wenn man sich mit der Vielzahl an Geräten und Optionen verheddert hat und einen sauberen Neustart anstrebt.

Datenverluste beim Entfernen von Wechselspeichermedien vermeiden

Wechselspeichermedien wie USB-Sticks oder die Speicherkarte aus der Digital-kamera lassen sich dank USB jederzeit bequem mit dem PC verbinden, um z. B. Digitalfotos einzulesen oder wichtige Dokumente extern zu sichern. Allerdings kann man ein USB-Gerät eben auch jederzeit wieder abziehen.

Deshalb muss sichergestellt sein, dass Schreiboperationen auf das Medium be-endet sind. Eine automatische Kontrolle durch Windows ist allerdings nicht mög-lich, weil die Entnahme jederzeit durch Trennen der USB-Verbindung durch den Benutzer erfolgen kann. Aber es gibt eine Methode, um sicherzustellen, dass alle Schreiboperationen abgeschlossen sind:

1. Im Infobereich bzw. im erweiterten Infobereich sehen Sie ein spezielles Symbol für angeschlossene USB-Geräte.

2. Wollen Sie ein Speichermedium entfernen, kli-cken Sie auf dieses Symbol im Infobereich. Da-mit öffnen Sie ein Menü mit einer Übersicht über die angeschlossenen Geräte.

3. Suchen Sie hier das Gerät aus, das Sie entfernen wollen (die angegebenen Lauf-werkbuchstaben helfen gegebenenfalls beim Orientieren), und klicken Sie dann auf den Befehl ... *auswerfen*.

4. Windows beendet damit von sich aus die Verbindung zum Speichermedium, wobei automatisch eventuell noch ausstehende Schreiboperationen beendet werden. So können keine Daten verloren gehen oder beschädigt werden.

5. Wenn Sie die Meldung *Das Gerät "..." kann jetzt vom Computer entfernt werden* sehen, können Sie z. B. den USB-Stick gefahrlos aus dem PC herausziehen.

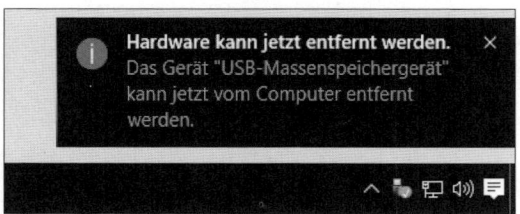

33 Energie sparen auch bei optimaler Leistung

PCs gehören mit zu den größten Stromfressern, insbesondere wenn sie täglich viele Stunden oder gar rund um die Uhr laufen. Deshalb sind energiesparende Einstellungen nicht nur für Notebooks bzw. Tablet-PCs interessant. Auch bei klassischen PCs können sich sparsame Einstellungen bezahlt machen. Windows kommt Ihnen dabei mit vielseitigen und flexiblen Energiesparoptionen entgegen. Für Besitzer mobiler Geräte lässt sich zusätzlich ein spezieller Stromsparmodus einstellen, der automatisch Sparmaßnahmen in Kraft setzt,

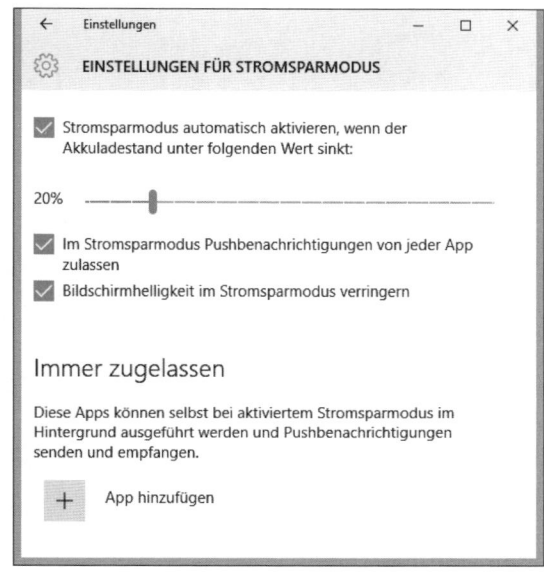

wenn der Akkustand eine festgelegte Grenze unterschreitet.

33.1 Der richtige Mix aus Leistung und Sparsamkeit

Die Energieoptionen von Windows lassen sich an verschiedenen Stellen beeinflussen. Wer sich nicht viele Gedanken machen will, belässt es bei einer Basiskonfiguration. Oder aber man erstellt einen Energiesparplan, der eine Vielzahl von Einstellungen umfasst.

Die Basiseinstellungen für Bildschirm und Stand-by

Wenn Sie einen klassischen PC am Schreibtisch verwenden, müssen Sie sich über Energieoptionen nicht allzu viele Gedanken machen. Sicherlich lässt sich der Verbrauch in gewissen Grenzen lenken.

Aber die entscheidende Frage ist eigentlich, ob nach einiger Zeit der Inaktivität der Monitor abgeschaltet werden soll (auch um diesen zu schonen) und ob der PC sich irgendwann in einen Stromsparmodus begeben soll.

1. Diese grundlegende Entscheidung können Sie ganz ohne Energiesparpläne in den Einstellungen im Bereich *System/Netzbetrieb und Energiesparen* treffen.

2. Hier legen Sie rechts oben fest, nach wie vielen Minuten der Bildschirm abge-schaltet werden soll. Bei einem klassischen PC ohne Akku steht hier nur die Variante *Im Netzbetrieb...* zur Auswahl. Bei Mobilgeräten sehen diese Einstel-lungen etwas anders aus, siehe Seite 665.

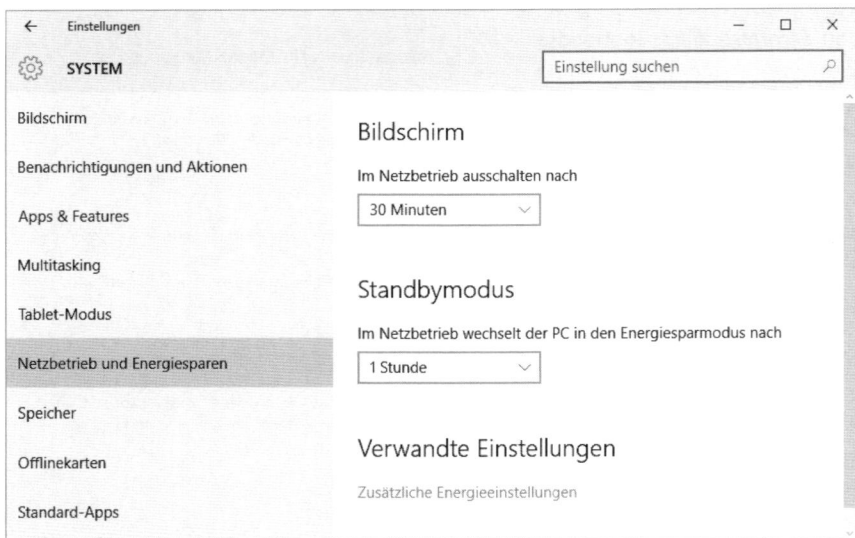

3. Darunter können Sie zusätzlich eine Zeitspanne einstellen, nach der ein Wech-sel in den Stand-by-Modus erfolgen soll.

In den Standardeinstellungen schaltet sich der Monitor nach 30 Minuten aus, der PC wechselt aber nie in den Stand-by-Modus. Wenn es Ihnen schon mal passiert, dass Sie bei der Arbeit am PC unterbrochen werden und dann nicht mehr daran denken, den Rechner auszuschalten, kann es aber sinnvoll sein, auch für den Stand-by-Modus beispielsweise 1 Stunde als Frist festzulegen.

Mit Energiesparplänen variabel Strom sparen

Durch Energiesparpläne erlangen Sie etwas flexibleren Einfluss auf das Verhalten Ihres PCs. Zum einen lassen sich in solchen Plänen viel detailliertere Optionen fest-legen. Zum anderen können Sie mehrere Energiesparpläne erstellen und jederzeit zwischen diesen hin- und herwechseln – ganz nach Bedarf.

Falls das zu kompliziert klingen sollte, kein Grund zur Sorge. Sie haben auch hier die Auswahl, ob Sie mit wenigen Einstellungen nur eine grobe Richtlinie vorgeben oder alle Details der Energieeinstellungen selbst festlegen möchten.

1. Öffnen Sie in der klassischen Systemsteuerung den Bereich *System und Sicherheit*. Darin finden Sie die *Energieoptionen*.

2. Damit gelangen Sie direkt in die Verwaltung der Energieoptionen. Hier können Sie einen der vorgefertigten Energiesparpläne auswählen. Für ein normales Desktopsystem eignet sich z. B. die *Ausbalanciert*-Konfiguration.

3. Aktivieren Sie zum Auswählen einfach den entsprechenden Eintrag in der Liste.

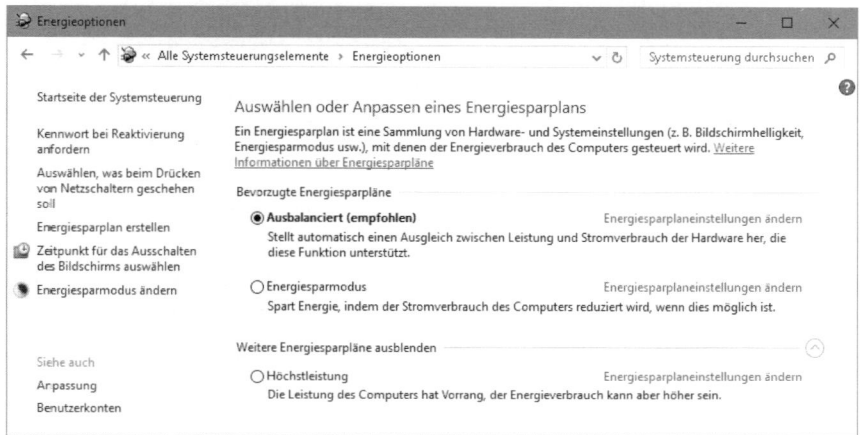

4. Wollen Sie sich über die genauen Auswirkungen eines Energiesparplans informieren, klicken Sie neben seinem Namen auf *Energiesparplaneinstellungen ändern*.

5. Sie sehen dann zunächst die beiden wesentlichen Einstellungen, nämlich ob und nach welcher Zeit Windows den Bildschirm ausschaltet und wann der PC in den Energiesparmodus geschickt wird.

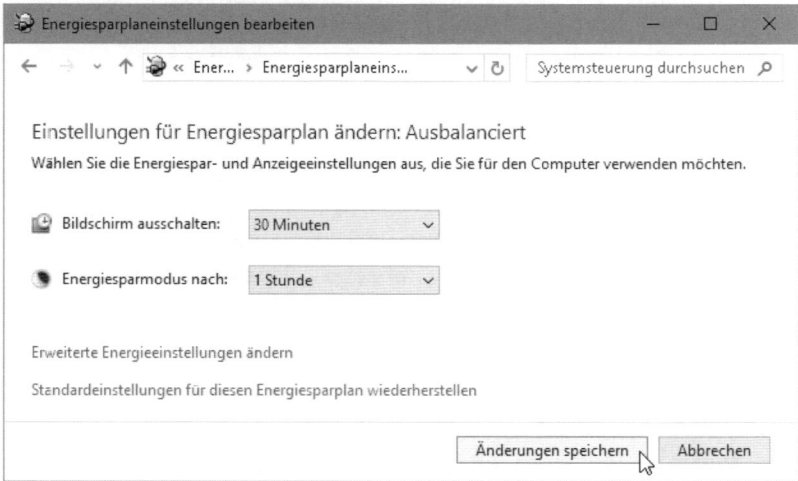

6. Wollen Sie es noch genauer wissen, klicken Sie in diesem Dialog unten auf *Erweiterte Energieeinstellungen ändern*.

7. Im anschließenden Menü sehen Sie eine detaillierte Aufstellung der Optionen für diesen Energiesparplan.

8. Die Einstellungen der einzelnen Pläne können Sie in diesen Dialogen nicht nur betrachten, sondern auch ändern. Um das jedoch nicht zu tun, klicken Sie einfach jeweils unten auf *Abbrechen*. Sie gelangen dann zurück in die Grundeinstellungen der Energieoptionen.

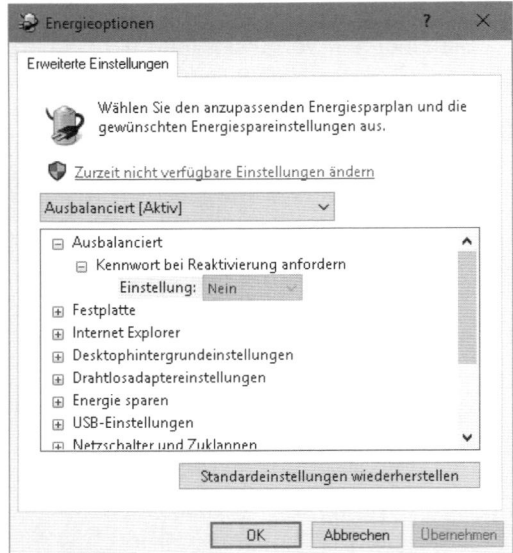

Welches ist der richtige Energiesparplan?

Der Energiesparplan *Ausbalanciert* ist standardmäßig aktiv und dürfte für die meisten Benutzer auch die sinnvollste Wahl sein. Verwenden Sie ein Notebook oder lassen Sie Ihren PC immer wieder für längere Zeit ungenutzt, während er eingeschaltet ist, können Sie mit *Energiesparmodus* mehr Strom sparen. Der Rechner schaltet dann mehr Komponenten schneller ab und geht auch selbst relativ schnell in den Energiesparmodus über. Sind Sie jederzeit auf sofortige Verfügbarkeit angewiesen und spielt der Stromverbrauch keine Rolle, wählen Sie *Höchstleistung*. Dann werden praktisch alle Stromsparfunktionen deaktiviert. Nur der Monitor schaltet sich nach einiger Zeit der Inaktivität aus, was die Verfügbarkeit des PCs selbst aber nicht beeinträchtigt.

Die Details der Energiesparoptionen sind vor allem für Benutzer von Mobilgeräten interessant, wo Stromsparen und damit eine möglichst lange Akkulaufzeit ein wichtiges Thema ist. Deshalb gehe ich auf diese Geräte ab Seite 665 ausführlicher ein und stelle dort auch die Optionen der Energiesparpläne näher vor.

Eigene Energiesparpläne erstellen

Neben den vorgefertigten Standardplänen können Sie auch ganz eigene Energiesparpläne erstellen und konfigurieren. Dabei steht Ihnen die gesamte Palette der Energieoptionen zur Verfügung, sodass Sie ein ganz individuelles Profil anlegen können, das exakt Ihren Bedürfnissen entspricht.

1. Klicken Sie in den Energieoptionen links in der Navigationsspalte auf *Energiesparplan erstellen*.

2. Wählen Sie dann einen der vorgefertigten Pläne als Grundlage aus. Nehmen Sie dazu am besten den, dessen Profil am ehesten dem entspricht, was Sie für Ihren eigenen Energiesparplan vorhaben. So können Sie auf dessen Einstellungen aufbauen und müssen nicht alle Optionen bis in die letzten Details festlegen.

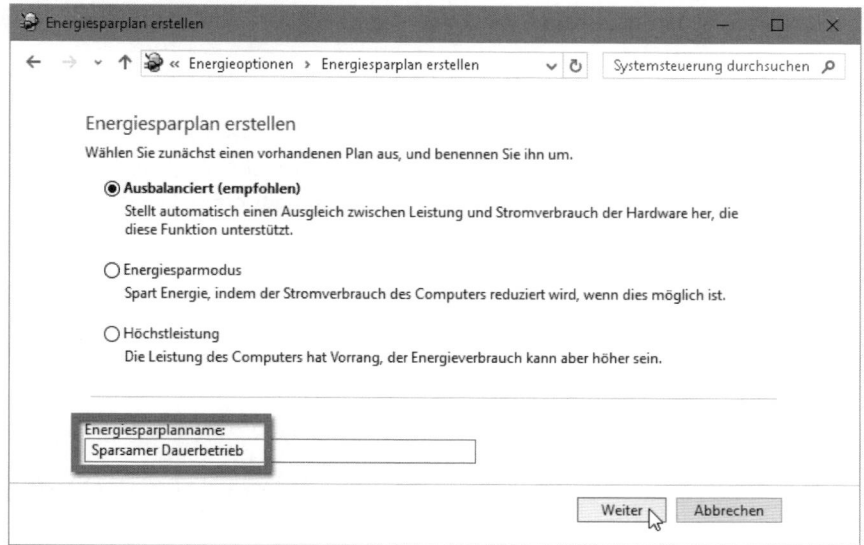

3. Legen Sie außerdem unten bei *Energiesparplanname* eine Bezeichnung für dieses Profil fest. Sie dient nur Ihrer eigenen Orientierung beim Auswählen der Pläne. Mit *Weiter* gelangen Sie zum nächsten Schritt.

4. Geben Sie hier die beiden Basiseinstellungen für Ihren Energiesparplan an, nämlich die Zeiten, nach denen Windows den Bildschirm ausschalten bzw. in den Energiesparmodus wechseln soll. Soll eine dieser Funktionen gar nicht genutzt werden, stellen Sie statt einer Zeitangabe *Niemals* ein.

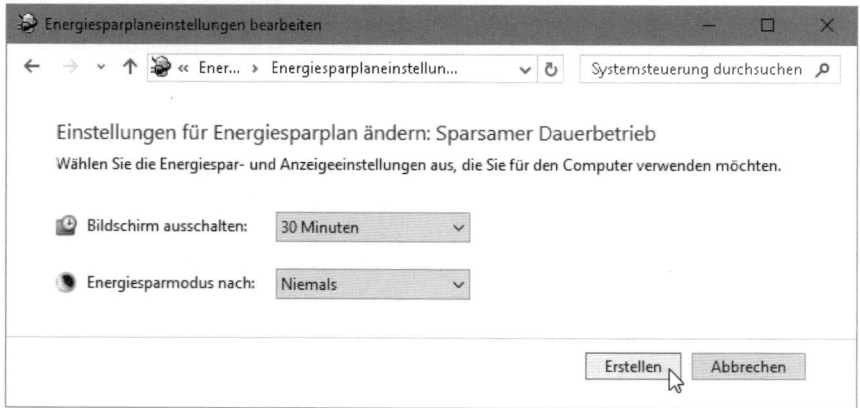

5. Klicken Sie dann unten auf *Erstellen*. So gelangen Sie zurück in das Hauptmenü der Energieoptionen, in dem Ihr eigener Sparplan jetzt aufgeführt und aktiviert ist.

6. Um Feineinstellungen an Ihrem Plan vorzunehmen, klicken Sie darunter auf *Energiesparplaneinstellungen ändern* und anschließend auf *Erweiterte Energieeinstellungen ändern*. So gelangen Sie in das Menü mit den detaillierten Optionen.

Einen Energiesparplan löschen

Wenn Sie einen zuvor erstellten Energiesparplan nicht mehr benötigen, können Sie ihn entfernen, um die Energieoptionen nicht zu unübersichtlich werden zu lassen. Allerdings ist die Vorgehensweise dazu nicht unbedingt offensichtlich:

1. Ganz wichtig: Aktivieren Sie zunächst einen anderen Energiesparplan als den, den Sie entfernen möchten.

2. Klicken Sie dann bei dem zu löschenden Plan auf *Energiesparplaneinstellungen ändern*.

3. Hier klicken Sie unten links auf den Link *Energiesparplan löschen*.

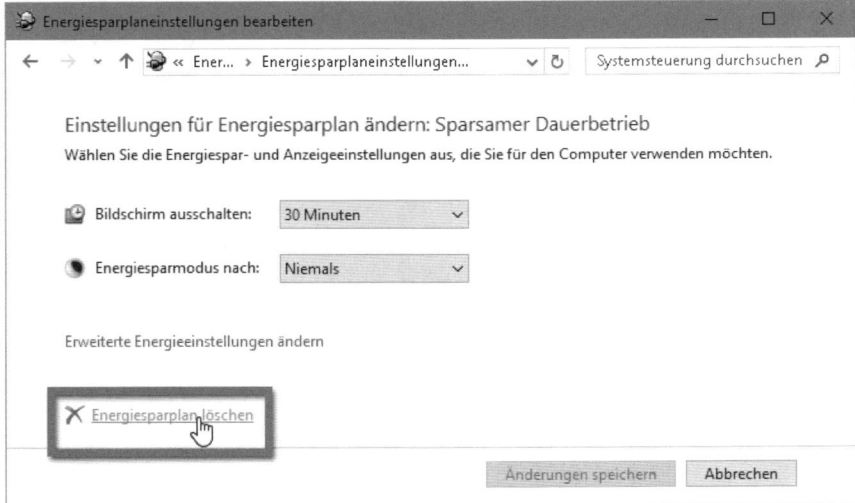

4. Bestätigen Sie die Sicherheitsrückfrage, ob Sie diesen Plan tatsächlich löschen möchten.

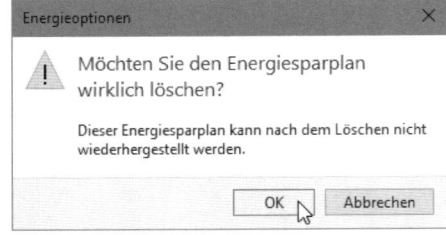

5. Zurück im Hauptmenü der Energieoptionen, ist dieser Energiesparplan aus der Liste verschwunden. Aktivieren Sie gegebenenfalls den Plan, der jetzt in Kraft treten soll.

Passwortabfrage nach dem Aufwachen des PCs deaktivieren

Wie auch schon bei früheren Windows-Versionen hat das aktuelle Windows die Angewohnheit, beim Wiederaufwachen des PCs aus einem Ruhezustand das Passwort des Benutzers zu verlangen. Dies ist eine Sicherheitsmaßnahme, da der berechtigte Benutzer den PC während der Ruhezeit verlassen haben könnte und nun eine ganz andere Person den Rechner wieder aufweckt. Wenn der PC gut geschützt zu Hause steht, wo ohnehin keine unberechtigten Personen Zugriff darauf haben, ist diese Schutzmaßnahme aber eher überflüssig. In solchen Fällen können Sie die Passwortabfrage beim Aufwachen deaktivieren.

1. Öffnen Sie die Energieoptionen und klicken Sie oben in der Navigationsleiste am rechten Rand auf *Kennwort bei Reaktivierung anfordern*.

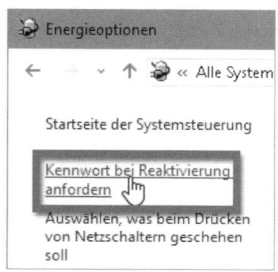

2. Klicken Sie im folgenden Menü zunächst oben auf *Einige Einstellungen sind momentan nicht verfügbar*.

3. Autorisieren Sie dann den Zugang zu diesen Einstellungen mit *Fortsetzen* bzw. durch Eingeben eines Administratorpassworts.

4. Nun können Sie unten im Bereich *Kennworteingabe bei Reaktivierung* die Option *Kennwort ist nicht erforderlich* wählen.

5. Klicken Sie dann ganz unten auf *Änderungen speichern*. Ab sofort können Sie den PC nach dem Aufwecken ohne Eingabe eines Kennworts unverzüglich wieder der benutzen.

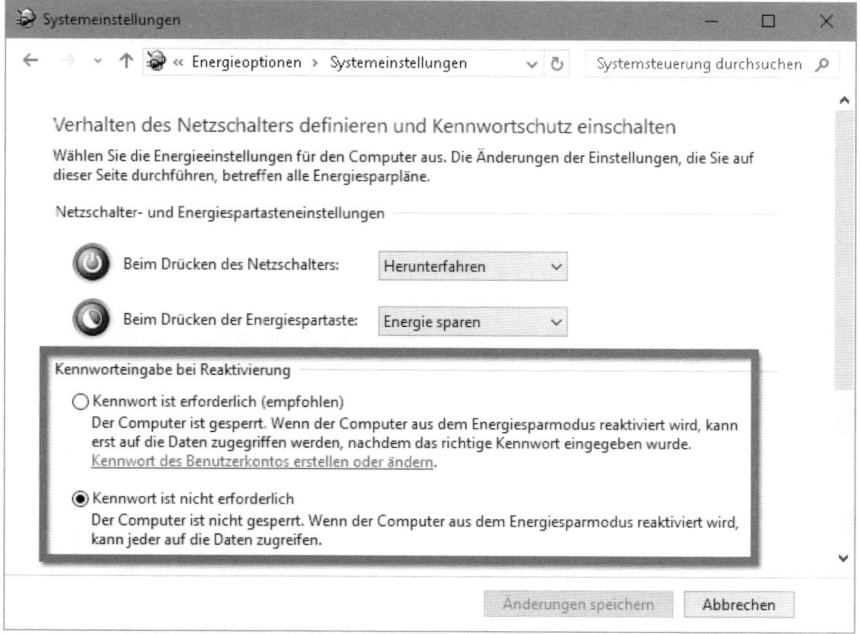

Komfortables Energiemanagement: Belegen Sie die Schalter am PC nach Wunsch

PCs haben einen Ein-/Ausschalter, inzwischen häufig auch noch einen speziellen Energiesparknopf am Gehäuse oder auf der Tastatur. Die Energieoptionen geben Ihnen die Möglichkeit, die Wirkung dieser Schalter zu beeinflussen. So können Sie z. B. wählen, ob der Energiesparknopf den PC in den Stand-by-Modus für schnelles Erwachen oder in den Ruhezustand für maximales Stromsparen schicken soll.

1. Öffnen Sie die Energieoptionen und klicken Sie oben in der Navigationsleiste am rechten Rand auf *Kennwort bei Reaktivierung anfordern*.

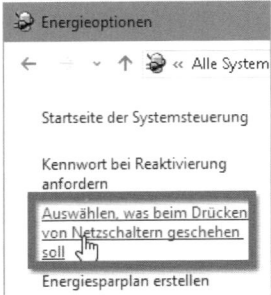

2. Im anschließenden Dialog können Sie im Bereich *Netzschalter- und Energiespartasteneinstellungen* festlegen, welche Aktion welcher Schalter auslösen soll. So können Sie etwa den Netzschalter alternativ mit dem Ruhezustand belegen, während die Energiespartaste den Stand-by-Modus aufruft. Ganz ausschalten können Sie den PC dann immer noch per Maus und/oder Tastatur.

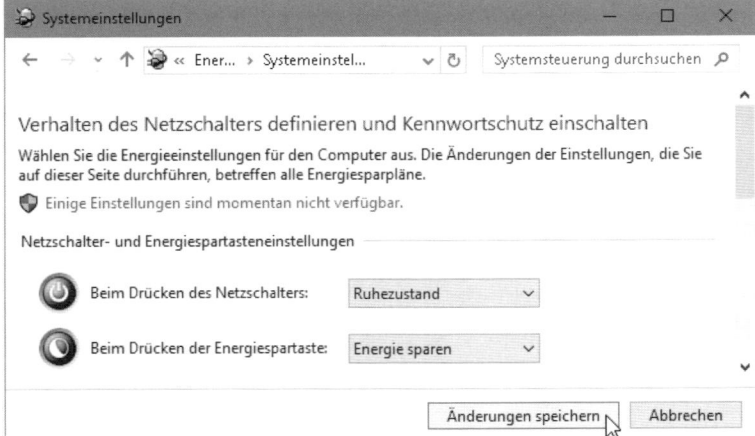

3. Sehr praktisch ist diese Einstellung auch, wenn Ihr PC über keine separate Energiespartaste verfügt. Dann können Sie hier den Netzschalter mit Energiesparen belegen und sich auf diese Weise doch noch eine praktische Taste beschaffen.

4. Klicken Sie dann unten auf *Änderungen speichern*, um diese Einstellung zu ändern. Ab sofort bewirkt ein Druck auf den entsprechenden Schalter die voreingestellte Aktion.

33.2 Windows mobil ausdauernd einsetzen

Notebooks und auch manche Tablet-PCs sind heutzutage teilweise genauso leistungsfähig wie klassische Schreibtisch-Rechner. Trotzdem bzw. eben deswegen stellen sie besondere Anforderungen an die Stromversorgung beim mobilen Einsatz abseits von Steckdosen, wenn es auf jede Minute Laufzeit ankommen kann.

Aber auch der Kontakt mit wechselnden Netzwerken, das Abgleichen von Daten mit anderen PCs oder das Durchführen von Präsentationen sind wichtige Aspekte im Aufgabenspektrum eines mobilen PCs. Microsoft hat diesen Anforderungen auf verschiedene Arten Rechnung getragen.

So bringt Windows ein Mobilitätscenter speziell für mobile Rechner mit, das alle mobilen Einstellungen zentral zusammenfasst. In den verschiedenen Bereichen wurden außerdem zahlreiche Verbesserungen vorgenommen, von denen gerade auch Mobil-PCs profitieren – so z. B. beim automatischen Erkennen und Einbuchen in wechselnde WLANs. Exklusiv für Notebooks bringt Windows auch den Präsentationsmodus mit, mit dem sich der PC durch einen Mausklick optimal für Präsentationen konfigurieren lässt.

Bei Notebooks und Tablets möglichst viel Energie sparen

Wenn Sie ein Notebook bzw. einen Tablet-PC wirklich mobil einsetzen und nicht nur von Steckdose zu Steckdose tragen (wogegen nichts einzuwenden wäre), kommt der Akkulaufzeit eine besondere Bedeutung zu. Schließlich will man ja möglichst lange ungestört arbeiten können. Hierzu bieten die Energiesparpläne von Windows eine Vielzahl von Einstellungsmöglichkeiten. Durch kleine Änderungen lassen sich schon mal hier zehn Minuten und dort eine Viertelstunde mehr Laufzeit herausschlagen.

Basisoptionen in den PC-Einstellungen

TIPP

Wie für stationäre PCs beschrieben, können Sie die Basiseinstellungen Abschaltzeit für den Monitor und Ablaufzeit für den Stand-by-Modus auch in den touchoptimierten PC-Einstellungen im Bereich *System/ Netzbetrieb und Energiesparen* vornehmen. Bei einem Gerät mit Akku lassen sich beide Einstellungen jeweils getrennt für Akku- und Netzbetrieb festlegen. Diese Einstellungen sind aber mit den Energieoptionen in der klassischen Systemsteuerung identisch. Es spielt keine Rolle, wo Sie sie vornehmen.

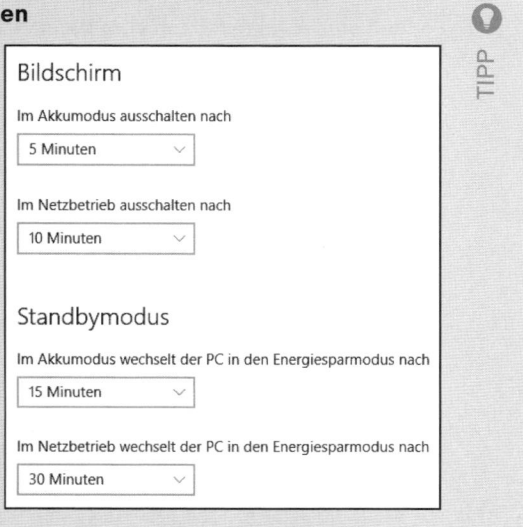

Bildschirm

Im Akkumodus ausschalten nach

5 Minuten

Im Netzbetrieb ausschalten nach

10 Minuten

Standbymodus

Im Akkumodus wechselt der PC in den Energiesparmodus nach

15 Minuten

Im Netzbetrieb wechselt der PC in den Energiesparmodus nach

30 Minuten

Außerdem ist es wichtig, die Warnungen vor einem leeren Akku optimal zu konfigurieren, damit sie nicht zu früh, aber auch auf gar keinen Fall zu spät erscheinen – genau rechtzeitig eben.

1. Die Energieoptionen von Windows bieten von Haus aus drei Energiesparpläne an. Hiervon eignet sich für den Stromsparwilligen am ehesten die Option *Energiesparmodus*. Aber selbst dieser Modus lässt noch Spielraum für weitere Energiesparmaßnahmen. Wählen Sie ihn dazu aus und klicken Sie dann auf *Energiesparplaneinstellungen ändern*.

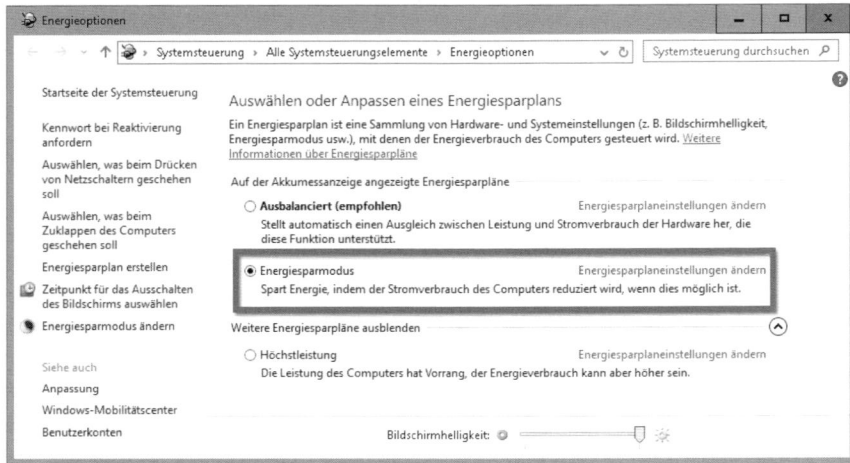

2. Im anschließenden Dialog können Sie bei Mobilgeräten – im Gegensatz zu „normalen" PCs – weitaus mehr Einstellungen vornehmen. So lässt sich hier auch die Bildschirmhelligkeit regeln, die ein wichtiger Faktor für den Stromverbrauch ist (je heller, desto energieaufwendiger). Außerdem können Sie alle Einstellungen jeweils für den *Akku* und für den *Netzbetrieb* vornehmen. Windows wechselt immer automatisch zum passenden Modus.

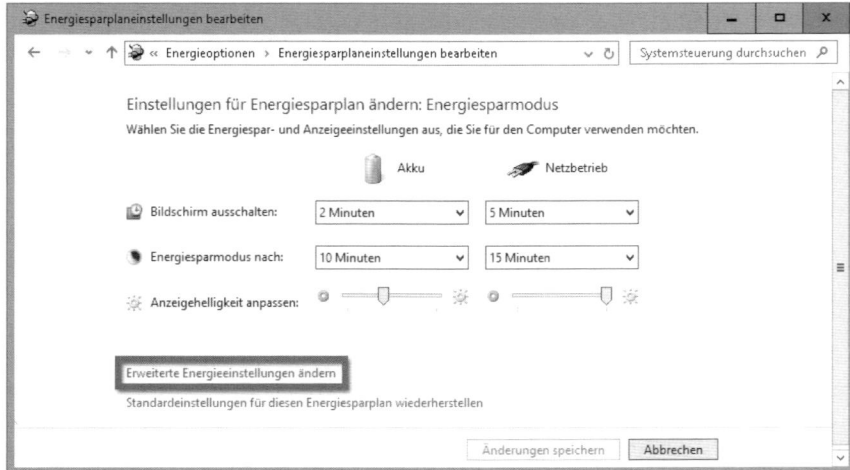

3. Mit dem Link *Erweiterte Energieeinstellungen ändern* können Sie aber auch hier die Detaileinstellungen des Energiesparplans aufrufen.

4. Dahinter verbirgt sich eine Reihe von Einstellungen, mit denen Sie noch mehr Strom sparen und die Akkulaufzeit so noch weiter verlängern können.

Nicht jede Einstellung ist für jedes Gerät und jede Situation hilfreich, aber mit ein wenig Ausprobieren finden Sie den für Sie persönlich optimalen Mix:

■ *Festplatte/Festplatte ausschalten nach*: Die Festplatte gehört zu den größten Stromfressern im PC. Deshalb ist es sinnvoll, sie bei längerem Nichtgebrauch in den Strom sparenden Stand-

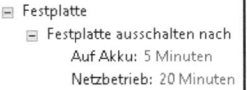

by-Modus zu schicken. Der voreingestellte Wert ist dabei meist ganz passend. Denn zu kurz sollte die Wartezeit auch nicht sein. Zum einen schadet häufiges Ein- und Ausschalten auf Dauer der Laufwerkmechanik. Zum anderen wird beim Anfahren der Festplatte der meiste Strom verbraucht. Hier empfiehlt sich deshalb eine Einstellung, bei der die Festplatte, wenn sie denn in den Stand-by-Modus wechselt, auch möglichst lange darin verbleibt. Ansonsten empfiehlt sich gerade auch in Notebooks der Einsatz von Solid State Disks ohne bewegliche Teile. Diese verbrauchen generell eher weniger Strom, und das Umschalten zwischen Stand-by- und Normalmodus ist nicht aufwendig.

■ *Drahtlosadaptereinstellungen*: Diese Einstellung ist besonders wichtig, denn ein eingebauter WLAN-Adapter kann reichlich Strom fressen, wenn er ständig eingeschaltet ist. Eine einfache Möglichkeit wäre es deshalb,

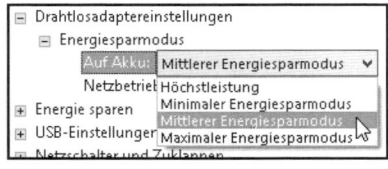

ihn nur dann einzuschalten, wenn er benötigt wird. Viele Notebooks bieten extra dafür einen Schalter oder eine Tastenkombination an. Ansonsten kann man dies auch komfortabel im Mobilitätscenter erledigen. Ist der Adapter aber eingeschaltet, können Sie seinen Verbrauch hier regeln. Dabei sollte auf alle Fälle einer der Energiesparmodi zum Einsatz kommen. Je kleiner die Sendeleistung ist, desto geringer ist der Verbrauch. Allerdings kann eine zu geringe Sendeleistung in ungünstigen Situationen auch zu Verbindungsproblemen oder einer zu geringen Durchsatzrate führen. Das lässt sich aber leicht ausprobieren. Denken Sie nur bei Problemen mit einem neuen WLAN daran, dass es eventuell auch an dieser Einstellung liegen kann.

- Unter *Energie sparen* können Sie einstellen, nach welchem Zeitraum die verschiedenen Stromsparzustände eingenommen werden sollen. Besonders interessant ist hier die Option *Hybriden Standbymodus zulassen*. Ist sie aktiviert, verwendet Windows eine Kombination aus Ruhezustand und Stand-by-Modus. Der PC wird in den Stand-by-Modus versetzt, in dem nur noch der Arbeitsspeicher mit Strom versorgt wird. Zuvor wird aber der Inhalt des Arbeitsspeichers wie beim Ruhezustand auf die Festplatte gesichert. Man kann also im Stand-by-Modus den PC einfach ausschalten, und er kehrt beim nächsten Start wie aus dem Ruhezustand in den alten Status zurück. Der besondere Nebeneffekt für mobile Rechner: Sollte dem Notebook im Stand-by-Modus der Strom ausgehen, macht das überhaupt nichts. Wird der Akku wieder geladen, stellt Windows den alten Zustand ohne Datenverluste wieder her.

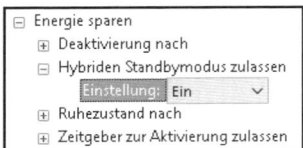

- *Prozessorenergieverwaltung*: Moderne Prozessoren und insbesondere spezielle Modelle für den mobilen Einsatz können ihre Rechenleistung und damit ihren Verbrauch sehr flexibel steuern. Hier können Sie angeben, mit wie viel Prozent seiner maximalen Möglichkeiten Ihr Prozessor im Minimal- und im Maximalfall laufen soll. Insbesondere der maximale Leistungszustand lässt sich teilweise deutlich drosseln, wenn ein moderner Prozessor eingebaut ist, der mit Internet, E-Mail und Textverarbeitung aber kaum ausgelastet wird. Mit dem Aktivieren der Systemkühlungsrichtlinie trimmen Sie Ihren PC auf Rechenleistung, da dann bei steigender Temperatur zunächst die Lüfterdrehzahl erhöht wird, bevor die Prozessorleistung reduziert wird. Ist die Systemkühlungsrichtlinie hingegen passiv, wird zunächst der Prozessor gedrosselt. Das reduziert nicht nur Lärm, sondern spart auch Energie, sodass dies für Notebooks die sinnvollere Wahl ist.

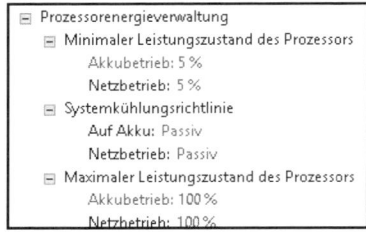

Warnungen bei leerem Akku konfigurieren

Um Datenverluste zu vermeiden, ist es wichtig, den Akkuladestand zu überwachen und gegebenenfalls rechtzeitig Maßnahmen zu ergreifen. Windows kann Sie dabei unterstützen, indem es das Notebook z. B. beim Erreichen eines kritischen Akkuniveaus automatisch herunterfährt und dabei die Daten sichert. Hierbei sind zwei Zustände zu unterscheiden:

- *Niedrige Batteriekapazität*: Die Akkuladung neigt sich allmählich dem Ende entgegen. Sie haben nicht mehr viel Zeit, um so weiterzuarbeiten. Entweder Sie suchen nach einer Steckdose bzw. wechseln gegebenenfalls den Akku, oder Sie beenden die Arbeit allmählich und sichern Ihre Dokumente.

- *Kritische Batteriekapazität*: Der Akku ist so gut wie leer, und der Rechner kann sich jeden Moment abschalten. Sichern Sie unverzüglich offene Dokumente und fahren Sie den Rechner herunter.

Das Schöne daran: Sie selbst können festlegen, bei welcher Akkurestladung diese Zustände erreicht werden. So trägt Windows der Tatsache Rechnung, dass jedes Notebook und jeder Akku etwas anders ist und Sie selbst Ihr Gerät am besten einschätzen können. Außerdem kann man so auch flexibel z. B. auf einen im Lauf der Zeit etwas nachlassenden Akku reagieren.

Zusätzlich können Sie sich nicht nur bei niedriger Kapazität benachrichtigen lassen, sondern auch automatische Aktionen für niedrige und kritische Kapazität festlegen. So kann sich Windows z. B. beim Erreichen der kritischen Kapazität automatisch in den Ruhezustand versetzen, sodass der momentane Zustand einschließlich eventuell ungesicherter Dokumente auf der Festplatte gespeichert wird und beim nächsten Einschalten wieder zur Verfügung steht. Die Einstellungen hierfür finden Sie ebenfalls in den erweiterten Energieoptionen:

- Mit *Niedrige Akkukapazität* bzw. *Kritische Akkukapazität* legen Sie jeweils die Restkapazität des Akkus in Prozent fest, bei der dieser Zustand erreicht sein soll. Hier können Sie sich durch Ihre Erfahrungen mit Ihrem Gerät leiten lassen bzw. sich gegebenenfalls allmählich an die optimale Einstellung herantasten.

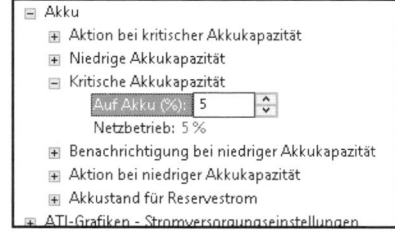

- Mit der Einstellung *Benachrichtigung bei niedriger Akkukapazität* weisen Sie Windows an, sich beim Erreichen der festgelegten Restladung mit einem Hinweis zu melden.

- Mit den beiden Optionen *Aktion bei kritischer Akkukapazität* bzw. *Aktion bei niedriger Akkukapazität* können Sie Windows automatisch eine bestimmte Aktion ausführen lassen. So empfiehlt es sich z. B., Windows beim Erreichen der kritischen Akkurestladung automatisch in den Ruhezustand zu versetzen. Dabei wird der aktuelle Zustand des PCs auf der Festplatte gespeichert und das Gerät dann abgeschaltet. Wenn der Akku später wieder geladen ist bzw. das Notebook an einer Steckdose hängt, können Sie es wieder einschalten, und Windows kehrt zum alten Zustand zurück. So sind Datenverluste selbst bei geöffneten Dokumenten praktisch ausgeschlossen.

Den Akku überwachen

Verfügt Ihr PC über einen Akku, blendet Windows standardmäßig ein Symbol dafür im Infobereich der Startleiste ein. Dieses verrät Ihnen jederzeit den Status des Akkus und der Stromversorgung und erlaubt Ihnen darüber hinaus Zugang zu den wichtigsten Einstellungen. Das Akkusymbol besteht aus einer stilisierten Batterie, die den Ladezustand angibt, sowie gegebenenfalls aus zusätzlichen Symbolen.

TIPP

Kein Akkusymbol sichtbar?

Ihr Gerät verfügt über einen Akku, aber es ist kein Symbol dafür im Infobereich zu sehen? Klicken Sie in diesem Fall mit der rechten Maustaste auf die Taskleiste und wählen Sie im Kontextmenü ganz unten den Befehl *Eigenschaften*. Wechseln Sie im anschließenden Menü auf die Registerkarte *Infobereich*. Hier finden Sie ganz unten im Bereich *Systemsymbole* die Option *Energie*, die das Anzeigen des Akkusymbols steuert. Sollte diese Option grau und inaktiv sein, kann Windows den vorhandenen Akku nicht erkennen. In diesem Fall hilft eventuell ein aktuelles Treiberpaket vom Hersteller des Notebooks.

- Wird das Gerät ohne Netzkabel eingesetzt, zeigt die Batterie den ungefähren Ladestand an. Ist sie komplett grün gefüllt, ist der Akku voll. Im weiteren Verlauf wird der grüne Balken dann langsam immer kürzer.

- Erreicht der Akku den festgelegten niedrigen Stand, wird das Symbol zusätzlich mit einem gelben Warndreieck versehen. Nun neigt sich die verbleibende Arbeitszeit dem Ende entgegen.

- Sinkt der Akkustand noch weiter bis auf das definierte kritische Niveau ab, wird das gelbe Dreieck durch ein rotes Warnsymbol ersetzt. Nun sollte die Arbeit sofort gesichert und das Notebook abgeschaltet werden. Je nach Einstellung wird Windows auch automatisch aktiv und wechselt z. B. in den Ruhezustand.

- Ist der Mobilrechner mit dem Stromnetz verbunden, wird zusätzlich zur Batterie noch ein stilisierter Stecker angezeigt. In der Regel wird der Akku in diesem Zustand auch geladen.

- Sollte es Probleme beim Ermitteln des Akkuzustands geben, wird die Batterie grau und ohne Füllstandsanzeige dargestellt. Das muss nicht unbedingt bedeuten, dass der Akku nicht funktioniert, aber zumindest kann Windows nichts Genaueres dazu sagen. Manche Geräte unterstützen das Auslesen des Ladezustands nicht, eventuell liegt auch ein Treiberproblem oder ein Hardwaredefekt vor. Zumindest am Stromnetz sollte sich das Notebook aber trotzdem noch problemlos betreiben lassen.

Das Akkusymbol zeigt Ihnen den Ladezustand nur optisch an. Wenn Sie den Mauszeiger auf das Symbol bewegen und dort verharren lassen, erhalten Sie

eine genauere Angabe dazu, wie viel Prozent der Gesamtkapazität noch zur Verfügung steht. Bei manchen Geräten wird hier sogar eine präzise Abschätzung der Restlaufzeit angezeigt.

Wenn Sie auf das Akkusymbol im Infobereich klicken oder tippen, wird ein Fenster mit noch genaueren Informationen geöffnet. Zusätzlich finden Sie hier Schaltflächen für das Aktivieren des Stromsparmodus und für das schnelle Anpassen der Bildschirmhelligkeit.

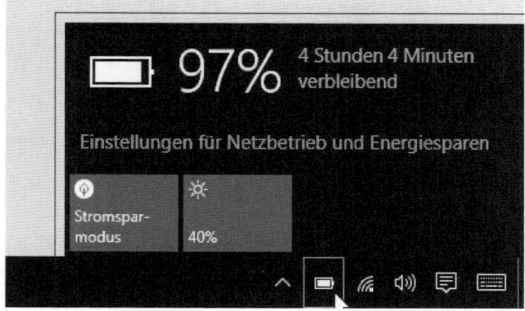

33.3 Im Stromsparmodus den Akku schonen

Um die Laufzeit von Mobilgeräten bei Bedarf möglichst weit verlängern zu können, bringt Windows den Stromsparmodus mit. Der verringert den Verbrauch weitestmöglich, lässt sich aber gleichzeitig so einstellen, dass Ihnen wichtige Dienste oder Anwendungen dadurch nicht eingeschränkt werden. Sie können diesen Modus entweder bei Bedarf manuell einschalten oder automatisch bei Unterschreiten einer bestimmten Grenze aktivieren lassen.

1. Um den Stromsparmodus zu konfigurieren, öffnen Sie in den Einstellungen den Bereich *System/Stromsparmodus*.

2. Benutzen Sie dort ganz unten den Link *Einstellungen für Stromsparmodus*.

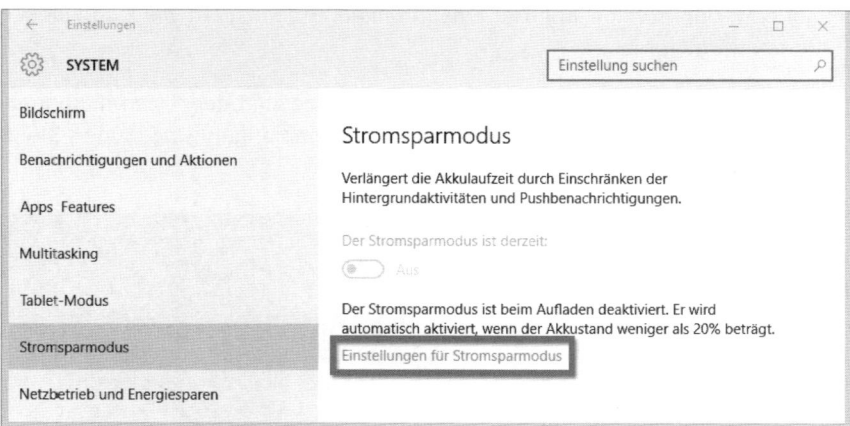

3. Im anschließenden Menü können Sie oben das automatische Aktivieren des Stromsparmodus einstellen und einen Schwellenwert für die Restladung des Akkus wählen, ab dem der Modus verwendet werden soll.

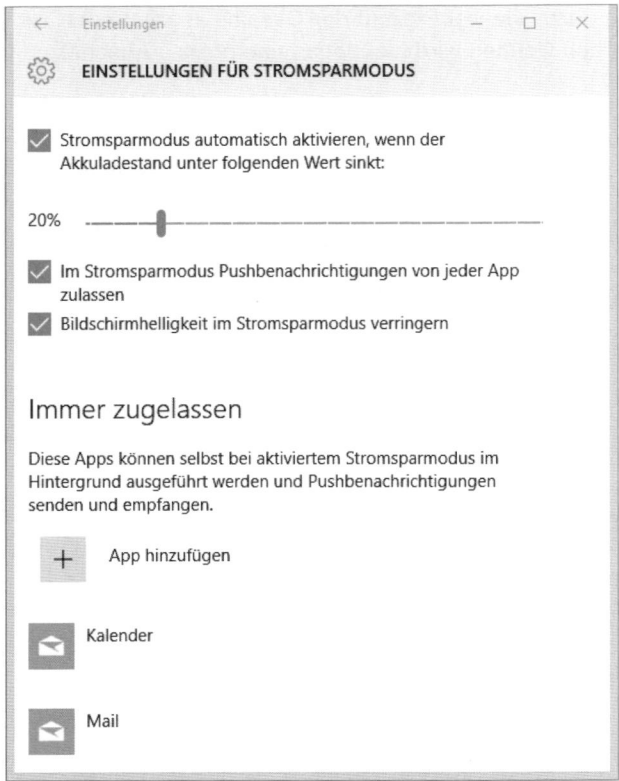

4. Darunter steuern Sie, ob Sie trotz Stromsparmaßnahmen Pushbenachrichtigungen zulassen oder die Bildschirmhelligkeit unverändert lassen möchten. Beides sind Maßnahmen, die den Stromverbrauch senken, aber auch die Funktionalität bzw. den Komfort spürbar einschränken. Entscheiden Sie also selbst, was Ihnen wichtiger ist.

5. Selbst wenn Sie Pushbenachrichtigungen insgesamt deaktivieren, können Sie von ausgewählten Apps immer noch welche empfangen. Dazu fügen Sie diese Apps ganz unten der Ausnahmeliste hinzu.

Selbst wenn Sie den Stromsparmodus nicht automatisch aktivieren lassen, können Sie ihn jederzeit manuell einschalten, etwa wenn Sie befürchten, dass die Restlaufzeit nicht bis zur nächsten Lademöglichkeit reichen wird.

Die größten Stromfresser entlarven

In den Einstellungen des Stromsparmodus versteckt sich eine praktische Funktion, mit der Sie Akkufressern auf die Spur kommen können.

1. Klicken Sie dazu unterhalb der Übersicht auf *Akkunutzung*.

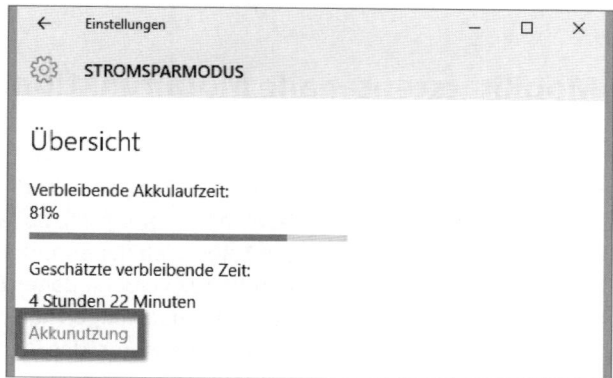

2. Windows erstellt daraufhin eine Statistik des Stromverbrauchs für einen wählbaren Zeitraum.

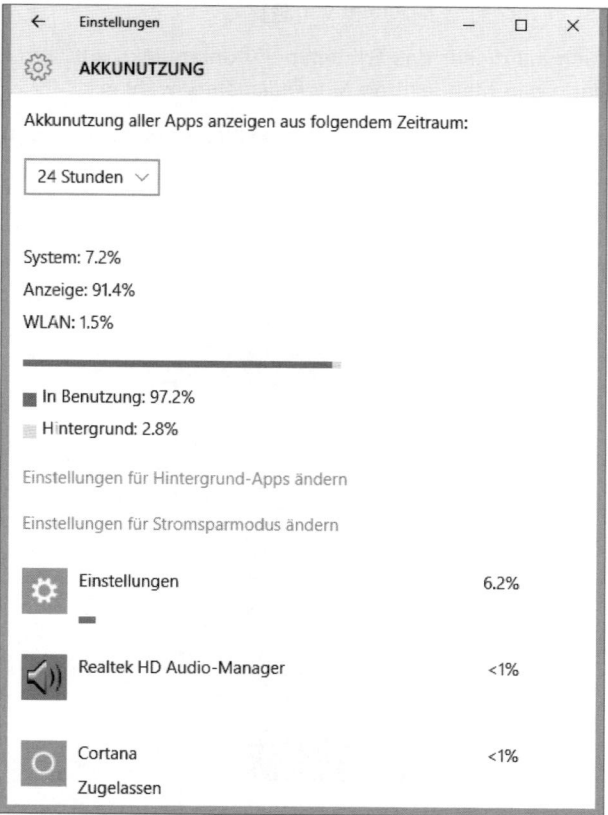

Hier können Sie oben ersehen, welchen Anteil daran System, Anzeige und WLAN hatten. Man kann dadurch gut erkennen, dass der Bildschirm der mit Abstand größte Verbraucher eines typischen Mobilgerätes ist.

3. Interessanter ist darunter die Liste der Apps und deren Anteil am Stromverbrauch.

33.4   Mit dem Mobilitätscenter alle Mobilfunktionen zentral steuern

Zu den Funktionen von Windows speziell für Notebooks und Tablets gehört das Mobilitätscenter (deshalb ist es auf klassischen PCs auch nicht verfügbar). Es fasst alle für solche Geräte relevanten Einstellungen in einer übersichtlichen Oberfläche zusammen. So kann man nicht nur den derzeitigen Status verschiedener Einstellungen kontrollieren, sondern z. B. auch grundlegende Einstellungen wie das Wechseln des Energiesparplans oder das Aktivieren und Deaktivieren des WLAN-Adapters schnell und einfach erledigen. Außerdem ermöglicht es den direkten Zugang zu den detaillierten Optionen für diese Bereiche. Zum Aufrufen des Mobilitätscenters gibt es verschiedene Möglichkeiten:

- Per Tastenkürzel geht es mit ⊞+X, gefolgt von M.

- Mausfans können auch mit dieser das Systemmenü unten links auf dem Bildschirm öffnen und darin den Menüeintrag *Mobilitätscenter* wählen.

- Alternativ tippen Sie im Startmenü „mobi" ein und wählen dann mit ↵ den angebotenen Eintrag *Windows-Mobilitätscenter*.

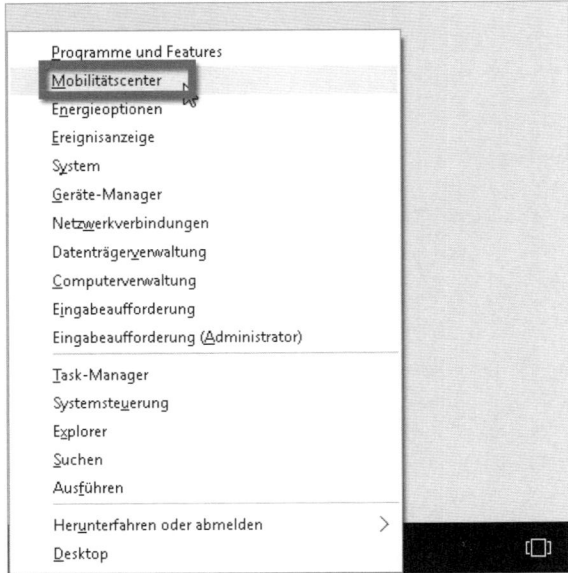

Nun zeigt Windows das Mobilitätscenter an und schaltet dazu gegebenenfalls automatisch auf den Desktop um.

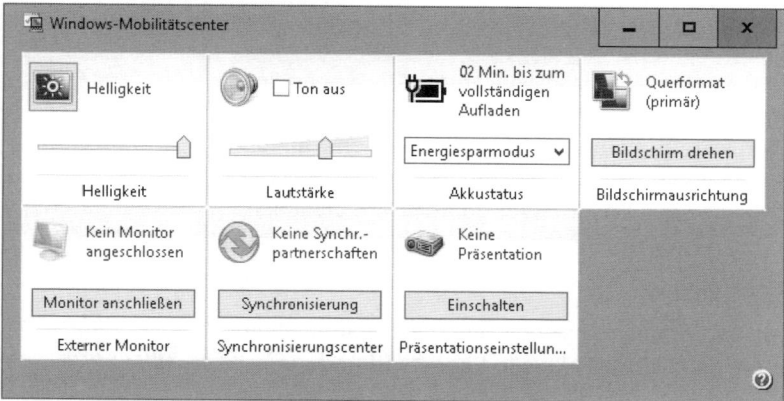

Fehlende Module im Mobilitätscenter?

Das Mobilitätscenter besteht aus verschiedenen Modulen, die je nach Verfügbarkeit automatisch ein- und ausgeblendet werden. Verfügt Ihr Gerät z. B. über die Möglichkeit, die Helligkeit der Hintergrundbeleuchtung zu verändern, zeigt das Mobilitätscenter ein Modul an, mit dem Sie das einstellen können. Ist die Helligkeit bei Ihrem Gerät fest eingestellt, wird dieses Modul gar nicht erst angezeigt. Außerdem können Notebook-Hersteller eigene Module in das Mobilitätscenter integrieren. Aus diesem Grund kann das Mobilitätscenter bei jedem etwas anders aussehen, das ist kein Grund zur Beunruhigung.

Helligkeit

Notebooks und Tablets bieten die Möglichkeit, die Helligkeit der Hintergrundbeleuchtung zu verändern. Dies ist für das Energiesparen von Bedeutung, denn je geringer die Helligkeit, desto weniger Strom wird verbraucht, und desto länger hält der Akku. Vor allem aber lässt sich das Display so an das Umgebungslicht anpassen, wodurch stets eine optimale Lesbarkeit gewährleistet ist.

Bietet Ihr Gerät diese Möglichkeit, zeigt das Mobilitätscenter das Modul *Helligkeit* an. Hier können Sie über einen Schieberegler die gewünschte Intensität der Beleuchtung einstellen. Wenn Sie auf das Bildschirmsymbol in diesem Modul klicken, gelangen Sie in die Energiespareinstellungen, in denen Sie detaillierte Einstellungen festlegen können. Dort lässt sich die Helligkeit z. B. getrennt für den mobilen Einsatz und den Betrieb an einer Steckdose bestimmen.

Lautstärke

Die Lautstärke lässt sich in der Regel direkt am Gerät über Tasten(-Kombinationen) regeln. Alternativ dazu bietet Ihnen das Mobilitätscenter eine komfortablere Alternative. Im Modul *Lautstärke* können Sie das Klangvolumen per Maus über einen Schieberegler optimieren. Mit der Option *Ton aus* lässt sich die Soundhardware des Gerätes außerdem pauschal an- und ausschalten. Ein Klick auf das Lautsprechersymbol öffnet die Klangeinstellungen von Windows für detailliertere Optionen.

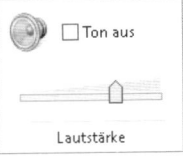

Akkustatus

Ganz wichtig für den reibungslosen Notebook-Betrieb ist der Status des Akkus, also der aktuelle Ladestand und die verbleibende Restlaufzeit. Für diese Anzeige ist das Modul *Akkustatus* zuständig. Es gibt den Ladestand an und stellt ihn zugleich optisch mit einem Symbol dar. Wie präzise die Angabe ist, hängt allerdings vom Gerät selbst ab. Teilweise sind nur Prozentangaben in groben Schritten möglich, teilweise wird präzise die verfügbare Restlaufzeit in Stunden und Minuten angegeben (auch wenn es sich dabei nur um eine Schätzung handelt).

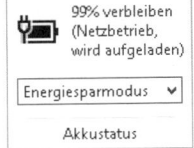

Mit dem Auswahlfeld darunter können Sie schnell zwischen verschiedenen Energiesparplänen wechseln. Hier werden genau die Pläne angezeigt, die in den Energiesparoptionen festgelegt sind. Standardmäßig sind das also nur *Ausbalanciert*, *Energiesparmodus* und *Höchstleistung*. Wenn Sie aber eigene Energiesparpläne definieren oder der Hersteller Ihres Notebooks zusätzliche Standardpläne installiert hat, werden diese hier auch aufgeführt. Mit einem Klick auf das Akkusymbol gelangen Sie in die Energieoptionen, in denen Sie die Energiesparpläne im Detail bearbeiten können (siehe Seite 665).

 Anzeige der Restlaufzeit

TIPP

Wenn im Akkumodus die Restlaufzeit scheinbar wahllos schwankt und nicht zu funktionieren scheint, liegt das häufig nicht an Windows, sondern an der Hardware. Einige Geräte haben eine ungleichmäßige Leistungsaufnahme, was sich meist auch in relativ starken Laufzeitschwankungen bemerkbar macht. In solchen Fällen kann man sich auf die Windows-Anzeige leider nicht verlassen.

Bildschirmausrichtung

Bei Tablets und einigen Notebooks besteht die Möglichkeit, den Bildschirminhalt zu drehen, sodass der Inhalt quer oder „auf dem Kopf" dargestellt wird. So lässt sich der Inhalt an die Displayausrichtung anpassen, und Inhalte können z. B. längs in voller DIN-A4-Größe angezeigt werden. Klicken Sie hierzu

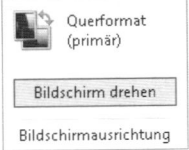

auf die Schaltfläche *Querformat (primär)*. Das genaue Verhalten ist vom jeweiligen Gerät abhängig. In der Regel dreht sich der Bildschirminhalt mit jedem Klick um 90 Grad. Gegebenenfalls müssen Sie also einfach mehrmals klicken, um die gewünschte Ausrichtung zu erreichen.

Externer Bildschirm

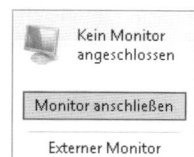

Die meisten Notebooks bieten die Möglichkeit, zusätzlich zum eingebauten Display einen externen Bildschirm anzuschließen. Dieser kann z. B. eingesetzt werden, wenn das Notebook am regulären Arbeitsplatz ganz ergonomisch genutzt werden soll. Er kommt aber auch zum Einsatz, wenn mit dem Notebook eine Präsentation auf einem entsprechenden Bildschirm oder an einem Beamer durchgeführt werden soll.

Mit der *Monitor*-Schaltfläche können Sie den zusätzlichen Monitorausgang des Notebooks aktivieren. Windows versucht dann, den dort angeschlossenen Monitor zu erkennen und als zusätzliche Bildschirmausgabe zu verwenden. Mit einem Klick auf das Monitorsymbol öffnen Sie die Anzeigeeinstellungen, in denen Sie die Anzeige gegebenenfalls optimieren können.

Synchronisierungscenter

Wenn das Notebook nur für den Außeneinsatz verwendet wird, die Daten aber auf einem anderen PC oder im Firmennetzwerk gespeichert und weiterverarbeitet werden, ist das Abgleichen der Datenbestände eine wichtige und womöglich komplizierte Aufgabe. Für solche Fälle bringt Windows das Synchronisierungscenter mit, das solche Aufgaben automatisch erledigen kann. Das gleichnamige Modul im Mobilitätscenter bietet eine Abkürzung zu diesem Werkzeug.

Es zeigt Ihnen den Status an, also ob Kontakt zu einem Synchrongerät besteht, ob die Daten derzeit synchronisiert sind bzw. ob beim Synchronisieren Probleme aufgetreten sind. Außerdem können Sie mit einem Klick auf die Schaltfläche *Synchronisieren* jederzeit einen Synchronisierungsvorgang starten. Um das Synchronisierungscenter von Windows für weitere Einstellungen und Funktionen zu öffnen, klicken Sie auf das Synchronsymbol.

Bitte nicht einschlafen: So verhindern Sie bei Präsentationen & Co. lästige Pannen

Ebenfalls als besonderen Service für Notebooks bietet Windows einen Präsentationsmodus an. Dieser ist dafür gedacht, peinliche Pannen zu vermeiden. Schließlich will man während einer wichtigen Präsentation nicht, dass sich ständig der Bildschirmschoner einschaltet oder der Kalender sich mit Hinweisen auf private Termine in den Vordergrund drängt. Dank des Präsentationsmodus können Sie solche Störungen mit einem Mausklick auf die entsprechende Schaltfläche ausschalten. Ein späterer erneuter Klick kehrt wieder zu den zuvor gültigen Einstellungen zurück. Beachten Sie dabei, dass im Präsentationsmodus auch verschiedene Stromspareinstellungen deaktiviert sind. Wenn möglich, sollten Sie das Notebook währenddessen an einer Steckdose betreiben.

Einige Details des Präsentationsmodus können Sie steuern, wenn Sie auf das Beamer-Symbol in diesem Modul klicken. Damit öffnen Sie die Präsentationseinstellungen.

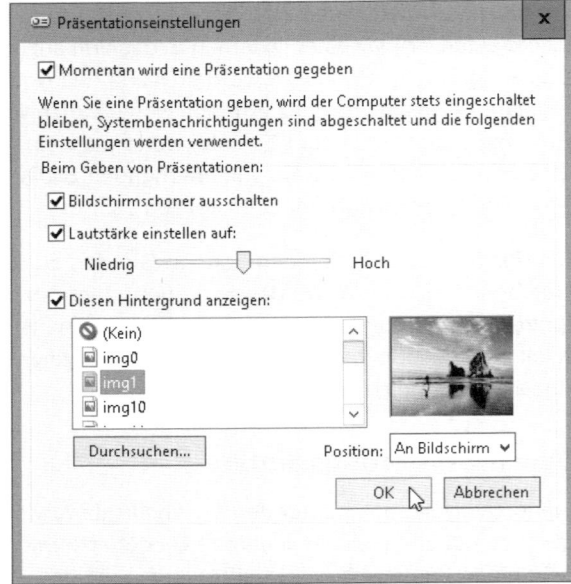

Hier können Sie den Bildschirmschoner ausschalten sowie die Lautstärke einstellen und ein bestimmtes Hintergrundbild z. B. mit dem Logo Ihrer Firma wählen bzw. mit *(Kein)* einfach das aktuelle Hintergrundbild für die Dauer der Präsentation deaktivieren. Alle diese Einstellungen werden dauerhaft gespeichert und jedes Mal wieder aktiviert, wenn Sie den Präsentationsmodus einschalten.

Mit *Angeschlossene Bildschirme* können Sie die aktuelle Bildschirmkonfiguration speichern. Windows kann dann den Präsentationsmodus automatisch wieder aktivieren, wenn Sie Ihr Notebook das nächste Mal mit demselben Monitor oder Projektor verbinden.

Module von Drittherstellern im Mobilitätscenter

Neben den Standardmodulen von Windows, die je nach Funktionalität des PCs angezeigt werden, können auch Drittanbieter eigene Module erstellen und in das Mobilitätscenter einbinden. Davon machen z. B. die Hersteller von Marken-Notebooks häufig Gebrauch, die Module entwickeln, um die speziellen Funktionen ihrer Modelle zu steuern.

Es gibt aber auch Module von unabhängigen Entwicklern, auch wenn Microsoft das nicht gern sieht. Denn potenziell ist es ein Sicherheitsrisiko, solche Erweiterungen aus unsicheren Quellen im Internet herunterzuladen. Trotzdem lassen sich auf diesem Weg praktische weitere Funktionen für Ihr Notebook installieren.

- Mit dem Modul *Display Power* können Sie das Display Ihres Notebooks jederzeit per Mausklick deaktivieren, um Strom zu sparen, wenn Sie z. B. einfach nur Musik oder Internetradio hören möchten. Klicken Sie dazu einfach auf die Schaltfläche *Turn off*. Sie können es unter *www. istartedsomething.com/20071221/extending-mobility-center-tile/* kostenlos herunterladen.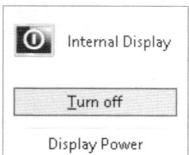

- Eine ähnliche Funktion wie das Modul *Drahtlosnetzwerk* erfüllt das ebenfalls kostenlose Modul *Bluetooth*. Es aktiviert bzw. deaktiviert nach Bedarf die eingebaute Bluetooth-Hardware mit einem Klick auf die *Toggle Bluetooth*-Schaltfläche. Sie finden es unter *www.withinwindows.com/ 2008/03/23/bluetooth-toggle-the-second-non-oem-windows-mobility-center-tile/*.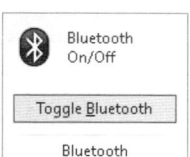

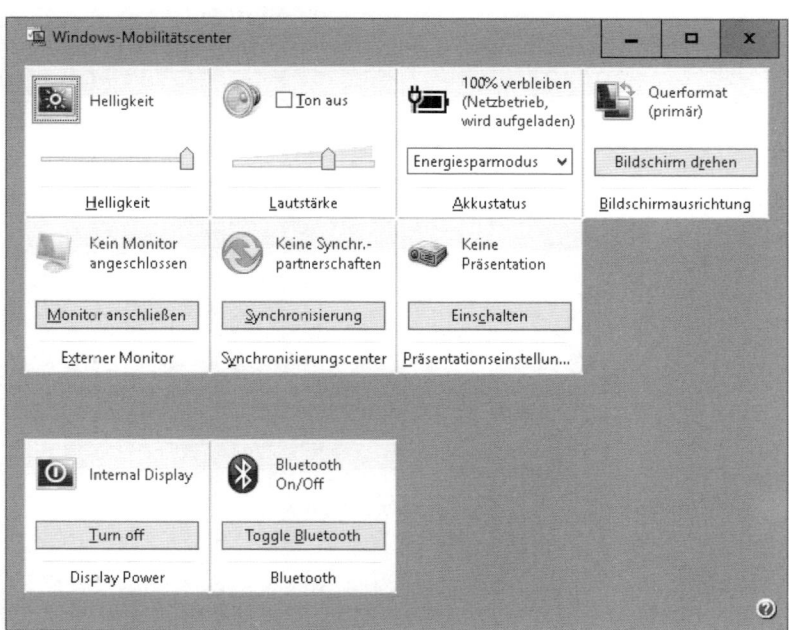

Das Mobilitätscenter kann auch Module von anderen Anbietern aufnehmen.

Das Mobilitätscenter verfügt nicht über eine Verwaltung, die regelt, welche Module angezeigt werden und welche nicht. Die Standardmodule werden automatisch je nach Fähigkeiten des Gerätes zum Einsatz gebracht. Selbst installierte Module von Fremdanbietern können Sie wie sonstige Software über die klassische Systemsteuerung und *Programme und Features* deinstallieren. Sie finden sie in der Regel unten in der Liste mit einem Namen, der mit *Windows Mobility Center* beginnt.

Windows 10

34 Windows einfach und ohne Probleme installieren

Bei der Installation von Windows gibt es verschiedene Varianten. Da das Upgrade von Windows 7 oder Windows 8 zumindest zeitweilig kostenlos ist, dürfte dies die häufigste Variante sein. Man kann das neue Windows aber auch problemlos auf einem komplett leeren PC einrichten.

Kostenloses Windows 10 nur bei Upgrade

Wenn Sie ein kostenloses Upgrade von Windows 7 oder Windows 8 in Anspruch nehmen möchten, müssen Sie unbedingt Folgendes beachten: Um in den Genuss eines kostenlosen Upgrades zu gelangen, müssen Sie Windows 10 mindestens einmal per Upgrade-Installation einspielen. Anschließend können Sie nach Bedarf den PC frisch aufsetzen und Windows komplett neu installieren. Lassen Sie die Upgrade-Installation aus, lässt sich das neu installierte Windows nicht aktivieren und dementsprechend auch nur eingeschränkt nutzen.

HINWEIS

34.1 Hardwarecheck: Das benötigen Sie für Windows 10

Die gute Nachricht als Erstes: Wenn Sie einen PC besitzen, auf dem bereits Windows 8 oder Windows 7 ordentlich läuft, brauchen Sie sich bezüglich der Hardwareleistung keine Gedanken zu machen. Laut Microsoft sind die Hardwareanforderungen von Windows 10 identisch mit denen der Windows-Vorgänger. Das bedeutet, dass es problemlos auf den meisten PCs laufen sollte, die in den letzten Jahren verkauft wurden.

Kritische Punkte bei älteren PCs könnten insbesondere der Arbeitsspeicher und die Grafikkarte sein. Notfalls läuft Windows 10 aber auch mit dem Basis-Desktop ohne Grafikeffekte. Die nachfolgende Tabelle führt die minimale sowie die empfohlene Hardwareausrüstung auf.

	Minimum	Empfohlen
Prozessor	32 Bit mit 1 GHz Takt	32 Bit oder 64 Bit Dual-Core-Prozessor
Arbeitsspeicher	1 GByte (64 Bit: 2 GByte)	2 GByte oder mehr
Grafikkarte	DirectX-9-kompatibel	DirectX-11-kompatibel mit mindestens 128 MByte Grafikspeicher und WDDM-1.0-Treiber
Festplatte	16 GByte (64 Bit: 20 GByte)	SATA-Festplatte mit 100 GByte oder mehr
Optisches Laufwerk	– (Installation via UBS-Stick/Netzwerk erforderlich)	DVD-ROM
Audio	–	Ja
Internet	–	Ja

32 Bit, 64 Bit – welche Version ist die richtige?

Windows 10 gibt es in einer 32-Bit-und in einer 64-Bit-Variante. Die beiden haben eine etwas andere technologische Grundlage, sehen auf der Oberfläche aber gleich aus und fühlen sich auch gleich an. Da mittlerweile die meisten PCs mit 64-Bit-Hardware ausgestattet sind, sollte man in der Regel auch ein 64-Bit-Windows installieren. Beachtenswerte Unterschiede gibt es vor allem bei den drei folgenden Themen, die immer wieder als Vorteile von 64-Bit-Systemen angeführt werden.

HINWEIS

32 Bit vs. 64 Bit: die Unterschiede

Die 64-Bit-Architektur ist eine Weiterentwicklung der 32-Bit-Architektur, die – vereinfacht ausgedrückt – mit doppelt so großen Datenwörtern arbeitet. Wo ein 32-Bit-System pro Takt eben 32 Bit verarbeitet, berechnet ein 64-Bit-System doppelt so viel. Anders ausgedrückt, ein 64-Bit-PC benötigt für die gleiche Datenmenge die halbe Zeit. Das ist etwas verkürzt dargestellt, aber tatsächlich können 64-Bit-Systeme eine deutlich höhere Performance an den Tag legen, wenn sie mit spezieller 64-Bit-Software betrieben werden. Ein Nebeneffekt ist das Knacken einer wichtigen Speichergrenze: 32-Bit-Systeme können maximal 4 GByte Arbeitsspeicher adressieren, 64-Bit-Systeme hingegen können theoretisch 16 Exabyte Speicher verwenden, auch wenn die Obergrenze in der Praxis bislang eher bei 1 TByte (1.000 GByte) liegt. Ebenfalls wichtig: Die 64-Bit-Architektur ist abwärtskompatibel und kann weiterhin 32-Bit-Software ausführen. Umgekehrt ist das nicht möglich.

Mehr Performance?

Ein 64-Bit-System kann eine höhere Leistung erbringen, wenn es mit spezieller 64-Bit-Software betrieben wird. Dazu gehört nicht nur eine 64-Bit-Variante von Windows, sondern auch 64-Bit-Anwendungssoftware. Nur wenn Sie solche Software unbedingt einsetzen wollen, ist ein 64-Bit-System sinnvoll. Auf einem solchen System kann auch herkömmliche 32-Bit-Software laufen, aber sie wird nicht schneller abgearbeitet, eventuell kann sie sogar geringfügig langsamer laufen.

Mehr Speicher?

Wenn Sie Anwendungen nutzen wollen, die 4 GByte und mehr Arbeitsspeicher benötigen, ist ein 64-Bit-System praktisch die einzige Möglichkeit, dieses zu erreichen. Es gibt allerdings nur wenige sehr spezielle Anwendungen, für die dies zutrifft. Typische PC-Software aus dem Office-Bereich oder auch PC-Spiele sind für 32-Bit-Systeme konzipiert und kommen mit dem dort verfügbaren Arbeitsspeicher locker aus. Da 64-Bit-Software im Vergleich einen höheren Speicherbedarf hat, relativiert sich der Vorteil bei der Speicherkapazität auch teilweise wieder.

Wie viel Speicher ist bei 64 Bit wirklich drin?

Von der theoretisch möglichen Speichermenge bleibt in der Praxis meist nicht viel übrig. Das macht aber auch nichts, denn solche Unmengen an Datenspeicher brauchen (heutzutage) höchstens Großrechenanlagen. In der Praxis sieht es so aus: Die einfache Windows-Edition kann maximal 16 GByte Arbeitsspeicher adressieren. Höhere Editionen erlauben jeweils bis zu 192 GByte RAM. Allerdings ist das Betriebssystem oftmals nicht der limitierende Faktor, denn die meisten Mainboards gerade aus dem Budgetsegment nehmen solche Speichermengen ohnehin nicht auf.

Mehr Stabilität?

64-Bit-Systeme gelten als wesentlich stabiler als ihre 32-Bit-Pendants. Dieser Vorteil wird allerdings durch starke Restriktionen erkauft. So akzeptieren die 64-Bit-Windows-Editionen nur Hardwaretreiber mit einer speziellen digitalen Signatur. Da längst nicht für alle Geräte solche signierten Treiber zur Verfügung stehen, lässt sich nicht jedes Produkt, das unter 32 Bit problemlos eingesetzt werden kann, auch unter 64 Bit nutzen. Vor dem Umstieg auf ein 64-Bit-System sollte deshalb unbedingt die Verfügbarkeit geeigneter Treiber geklärt werden. Leider beschränkt sich das Problem nicht nur auf klassische Hardwaretreiber, sondern betrifft auch systemnahe Software wie z. B. Antivirenprogramme.

Fazit

Mit aktueller Hardware und einer 64-Bit-Windows-Edition können Sie ohne Weiteres auf 64 Bit umsteigen. Sie sollten dabei aber die Problematik bei den Gerätetreibern im Auge behalten. Ein 64-Bit-Windows sieht genauso aus wie ein 32-Bit-Windows, sodass keine Umstellung bei der Benutzung notwendig ist. 32-Bit-Programme können bis auf wenige Ausnahmen weiterhin genutzt werden. Spürbar profitieren werden Sie von 64 Bit aber nur, wenn Sie spezielle 64-Bit-Software einsetzen, die für diese Architektur optimiert wurde.

34.2 Ein vorhandenes Windows 8 oder 7 in Windows 10 umwandeln

Vorhandene Installationen von Windows 7 oder 8 lassen sich per Upgrade-Installation auf Windows 10 aktualisieren. Dabei bleiben vorhandene Anwendungen und Einstellungen (Dateien und Dokumente sowieso) unangetastet und lassen sich anschließend größtenteils uneingeschränkt sofort weiternutzen. Voraussetzung dafür ist lediglich das Ausführen eines Upgrade-Assistenten.

> ⭕ **Windows-Upgrade per Installationsmedium**
>
> Wenn Sie bereits ein Installationsmedium für Windows 10 auf DVD oder USB-Stick haben, können Sie das Upgrade auch von diesem durchführen und sich so den umfangreichen Download per Windows-Update ersparen. Legen Sie dazu das Installationsmedium bei laufendem Alt-Windows ein und öffnen Sie es im Windows-Explorer. Starten Sie dort das Programm *setup.exe* und folgen Sie den Anweisungen.

Wenn Sie Windows 7 oder 8 einsetzen, macht in der Regel schon ein Upgrade-Icon im Infobereich Werbung für das Upgrade auf die neueste Windows-Version. Hierüber können Sie die Upgrade-Installation jederzeit anstoßen:

1. Klicken Sie mit der rechten Maustaste auf das Symbol und wählen Sie *Windows 10 herunterladen*.

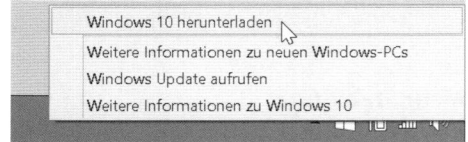

2. Der anschließende Dialog informiert Sie über Windows 10 und den Upgrade-Vorgang. Wichtig ist hier gegebenenfalls die Bemerkung *Dieser PC ist kompatibel*.

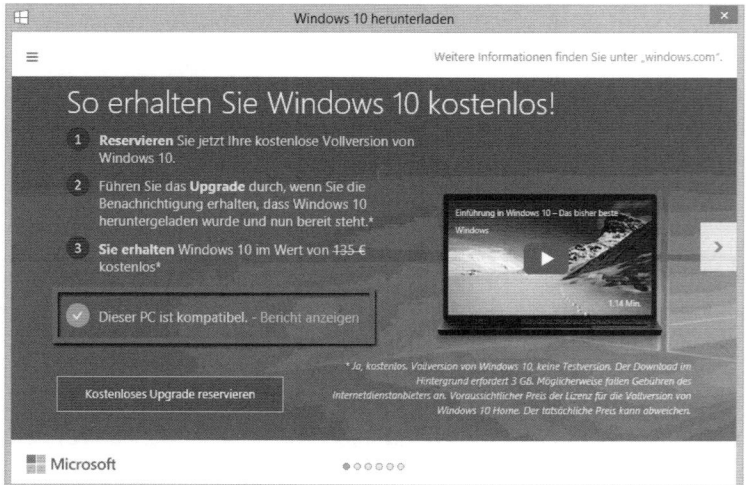

Sie steht allerdings erst dann dort, wenn die Kompatibilität bereits geprüft werden konnte. Solange nichts Gegenteiliges dort steht, ist das also kein Grund
zur Beunruhigung. Spätestens nach dem Einleiten des Upgrades wird die Kompatibilität ohnehin sichergestellt.

3. Um den Upgrade-Vorgang einzuleiten, klicken Sie auf die Schaltfläche
Kostenloses Upgrade reservieren unten links.

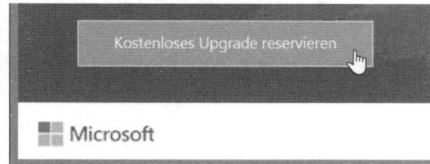

4. Geben Sie – wenn Sie möchten – Ihre E-Mail-Adresse für eine Bestätigung an.
Sie können dies aber auch mit einem Klick auf *E-Mail-Bestätigung überspringen*
auslassen, denn einen echten Vorteil bietet Ihnen das nicht.

5. Das war's schon. Der Assistent lädt nun die Installationsdateien im Hintergrund
herunter. Sie können Ihren PC in dieser Zeit ganz wie gewohnt weiter nutzen.
Sie können ihn auch zwischenzeitlich herunterfahren und ausschalten. Das verzögert zwar die Dauer des Vorgangs, ist ansonsten aber unschädlich.

Wenn das Herunterladen abgeschlossen ist und die Upgrade-Installation beginnen
kann, meldet der Assistent sich automatisch wieder bei Ihnen. Hinweis: Falls Ihnen
diese Variante des Upgrades zu langsam gehen sollte, schauen Sie in den nachfolgenden Abschnitt. Mit der dort beschriebenen Vorgehensweise können Sie ein
möglichst umgehendes Upgrade erzwingen.

Wenn das Upgrade-Icon im Infobereich fehlt

Sie haben Windows 7 oder 8 auf Ihrem PC, aber vom Upgrade-Icon ist nichts zu sehen? Oder Sie haben den Upgrade-Assistenten bereits beauftragt, aber es scheint
sich nichts zu tun? Mit der folgenden Methode können Sie eine Upgrade-Installation jederzeit direkt einleiten.

1. Öffnen Sie im Webbrowser die Seite *http://go.microsoft.com/fwlink/p/?LinkId
   =616447* und laden Sie sich dort das Windows-10-Setup-Programm von
   Microsoft herunter. Wählen Sie dazu die zu Ihrem vorhandenen Windows-System passende 32- oder 64-Bit-Variante. (In der klassischen Systemsteuerung
   unter *System* können Sie bei *Systemtyp* gegebenenfalls nachschauen, welches
   die richtige Wahl ist.)

2. Nach dem vollständigen Download starten Sie dieses Programm und wählen
   die Option *Jetzt Upgrade für diesen PC ausführen*.

3. Alles Weitere läuft nun automatisch: Die Installationsdateien werden heruntergeladen und überprüft, gegebenenfalls noch ausstehende Updates werden
   durchgeführt, die Kompatibilität Ihres PCs wird sichergestellt.

4   Während dieses Vorgangs kann es zu einem oder mehreren Neustarts kommen. Nach einem Neustart müssen Sie sich gegebenenfalls neu anmelden, um weitere Schritte auszuführen.

5. Spannend wird es wieder, wenn die Lizenzbedingungen angezeigt werden. Diese müssen Sie wie üblich akzeptieren, um den Vorgang fortzusetzen.

6. Nun kommt noch ein sehr wichtiger Punkt unter der Überschrift *Worum Sie sich kümmern sollten*. Hier sind zum einen potenzielle Probleme nach dem Upgrade aufgeführt. So beispielsweise der Hinweis, dass ein bisher installiertes Windows Media Center unter Windows 10 nicht mehr verfügbar ist. Das lässt sich nicht ändern, sondern nur mit *Bestätigen* akzeptieren. Sollte eine für Sie nicht hinnehmbare Einschränkung darunter sein, können Sie den Vorgang jetzt aber noch abbrechen.

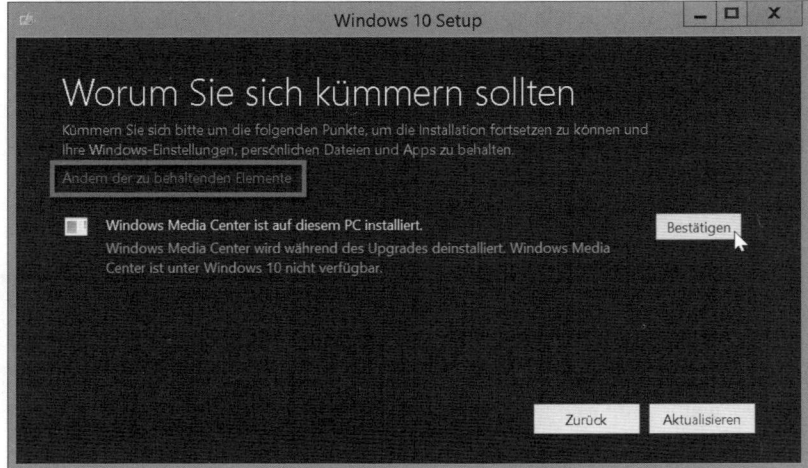

7. Ebenfalls sehr wichtig ist an dieser Stelle der etwas unscheinbare Link *Ändern der zu behaltenden Elemente*. Klicken Sie darauf, legen Sie im anschließenden Dialog fest, welche Arten von Daten Sie zum neuen Windows mitnehmen möchten. Standardmäßig wählt der Assistent die Option *Persönliche Dateien und Apps behalten*, um möglichst sowohl Dateien als auch Apps und Einstellungen zu übernehmen.

8. Abschließend folgt noch mal eine Zusammenfassung der gewählten Einstellungen. Hier haben Sie die letzte Gelegenheit, Ihre Wahl zu ändern. Dann wird es mit *Installieren* ernst.

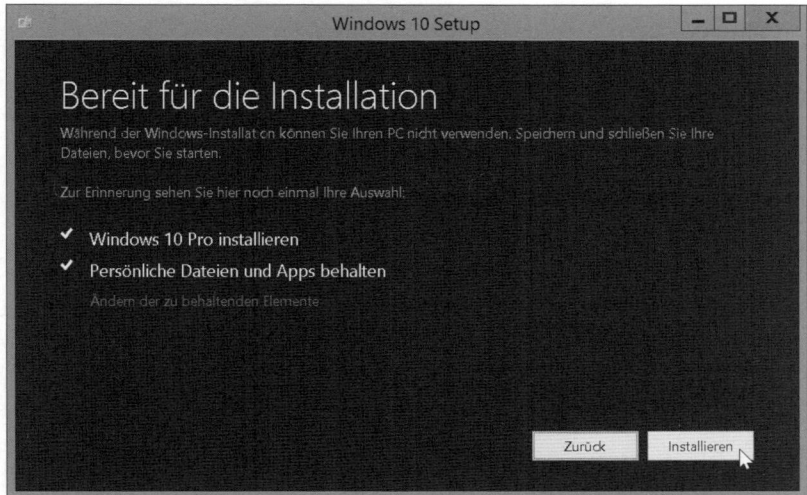

9. Nun macht sich der Assistent daran, das vorhandene Windows auf Ihrem PC durch die neue Version zu ersetzen. Dabei kann es nochmals zu Neustarts kommen, die Sie aber ignorieren können. Lassen Sie den Vorgang einfach laufen, bis Sie die erste Willkommensmeldung von Windows 10 auf dem Bildschirm sehen und um Eingaben gebeten werden. Wie es dann weitergeht, lesen Sie auf Seite 703.

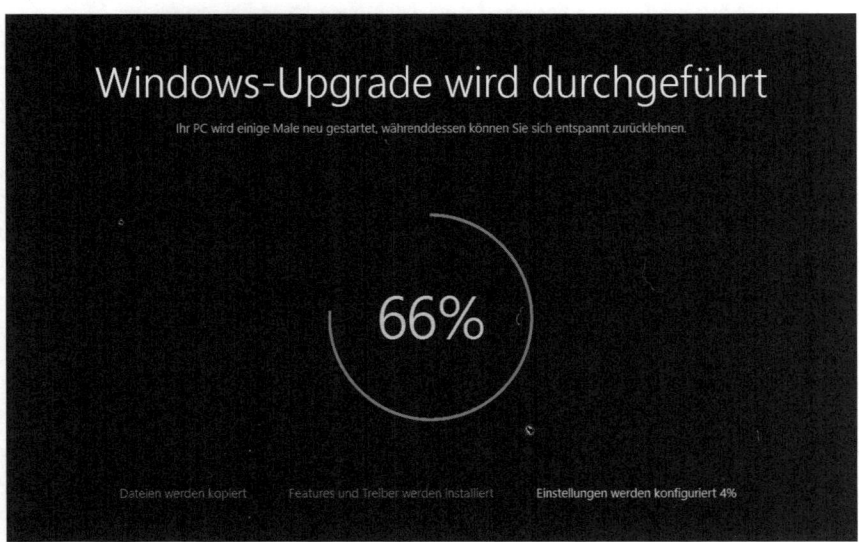

Die Upgrade-Installation rückgängig machen

Nach einer Upgrade-Installation haben Sie 30 Tage Zeit, das neue Windows gründlich zu testen. Innerhalb dieses Zeitraums können Sie mit wenig Aufwand zu Ihrer vorherigen Windows-Version zurückkehren. Danach ist das zwar lizenzrechtlich immer noch möglich, wird aber technisch nicht mehr unterstützt. In diesem Fall bleibt nur eine Neuinstallation der vorherigen Windows-Version mit allen Umständen, die dies mit sich bringt.

1. Um das Upgrade auf die neue Windows-Version innerhalb von 30 Tagen rückgängig zu machen, öffnen Sie die Einstellungen.

2. Wechseln Sie darin in den Bereich *Update und Sicherheit/Wiederherstellung.*

3. Hier finden Sie den Menüpunkt *Zu Windows … zurückkehren*, den Sie mit *Los geht's* aufrufen. Sollte dieser Menüpunkt nicht angeboten werden, ist die 30-Tage-Frist vielleicht schon verstrichen?

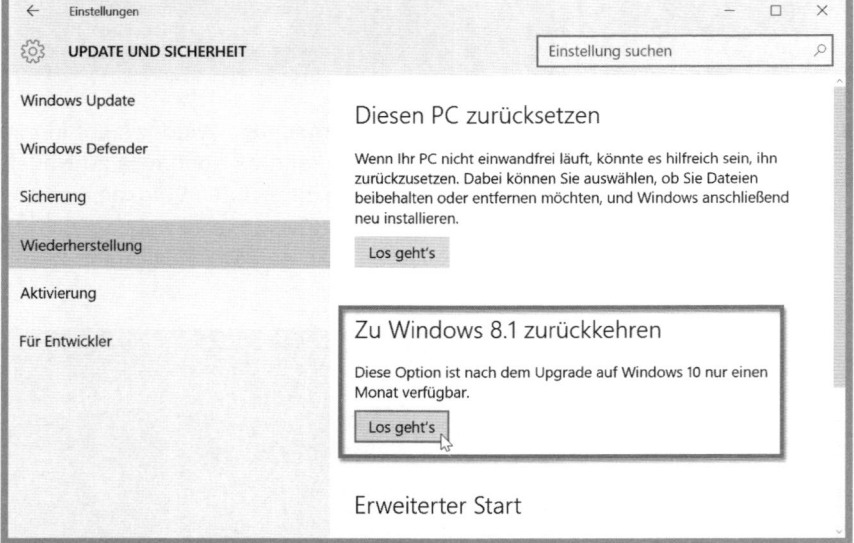

34.3 Sauberer Neustart: Windows ohne Altlasten neu installieren

Wie bereits erwähnt, kommen Sie nur durch eine Upgrade-Installation in den Genuss eines kostenlosen Windows 10 im Rahmen der Einführungsaktion von Microsoft. Haben Sie dieses Upgrade einmal erledigt, können Sie Windows mit dem verwendeten Product Key aber auch komplett neu installieren. Und selbstverständlich können Sie ein extra dafür gekauftes Windows 10 auf einem beliebigen PC einrichten.

Voraussetzung hierfür ist ein Installationsdatenträger in Form eines USB-Sticks bzw. einer auf DVD gebrannten ISO-Datei (siehe auch den vorhergehenden Abschnitt).

Hinweis: Seit Windows 8 können Sie eine ISO-Datei auch direkt als virtuelles Laufwerk einhängen (siehe Seite 274). Allerdings wäre in diesem Fall keine Neuinstallation möglich. Denn wenn Sie das Setup aus einem vorhandenen Windows heraus starten, kann es nur eine Upgrade-Installation vornehmen.

Deshalb ist zwangsläufig ein USB-Stick oder eine DVD als Medium erforderlich. Für das Installieren in einem virtuellen System hingegen würde es reichen, die ISO-Datei direkt im Gastsystem einzuhängen.

Ein eigenes Installationsmedium für Windows erstellen

Sie möchten Windows nicht direkt per Upgrade installieren oder ein Upgrade auf einem PC durchführen, bei dem das Herunterladen der umfangreichen Setup-Dateien nicht praktikabel ist?

Dann benötigen Sie ein Installationsmedium, beispielsweise einen USB-Stick oder eine ISO-Datei. Auch das können Sie mit dem Setup-Tool erreichen, das im vorangegangenen Abschnitt vorgestellt wurde.

1. Laden Sie das Programm herunter und starten Sie es.

2. Wählen Sie im ersten Schritt die Option *Installationsmedium für einen anderen PC erstellen*.

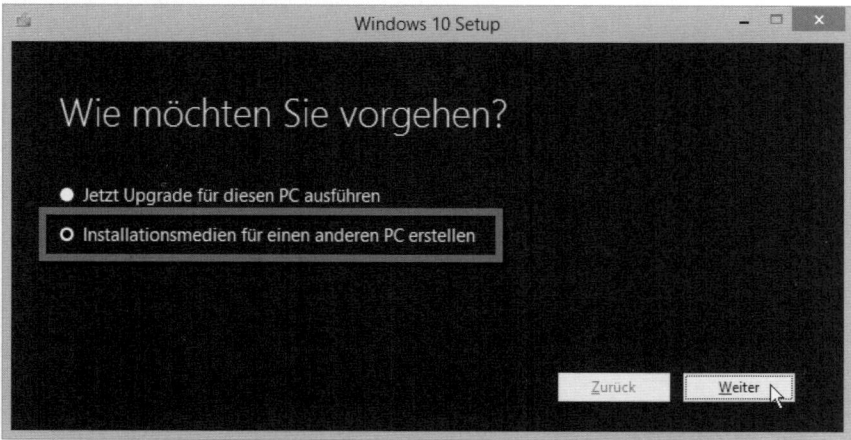

3. Wählen Sie dann die gewünschte Sprache des zu installierenden Windows, die Edition (muss zum Product Key passen) sowie die Architektur (32 oder 64 Bit) aus.

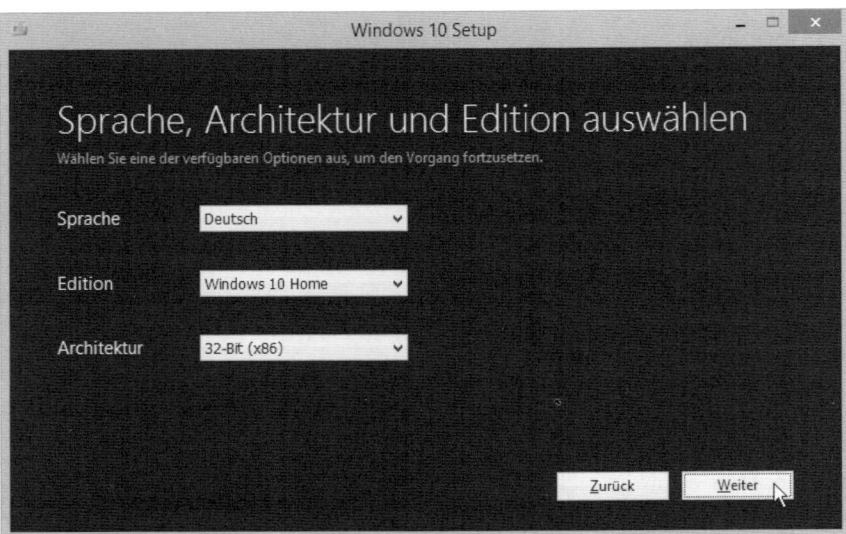

4. Nun entscheiden Sie, was für ein Installationsmedium Sie verwenden möchten:

■ Sie können einen *USB-Speicherstick* erstellen. Dieser kann direkt in das Gerät gesteckt werden, auf dem Sie Windows installieren möchten. Wählt man beim Starten den USB-Stick als Laufwerk, beginnt direkt die Installation. Ein USB-Stick sollte mindestens 4 GByte Speicherplatz umfassen. Beachten Sie, dass eventuell vorhandener Inhalt auf dem Stick überschrieben wird.

■ Alternativ erstellen Sie eine *ISO-Datei*. Diese kann auf eine DVD gebrannt werden. Ebenso können Sie die Datei aber auch auf anderen Wegen (Netzwerk, USB-Stick etc.) auf einen anderen PC transferieren und dort als virtuelles Medium einhängen, um eine Upgrade-Installation durchzuführen.

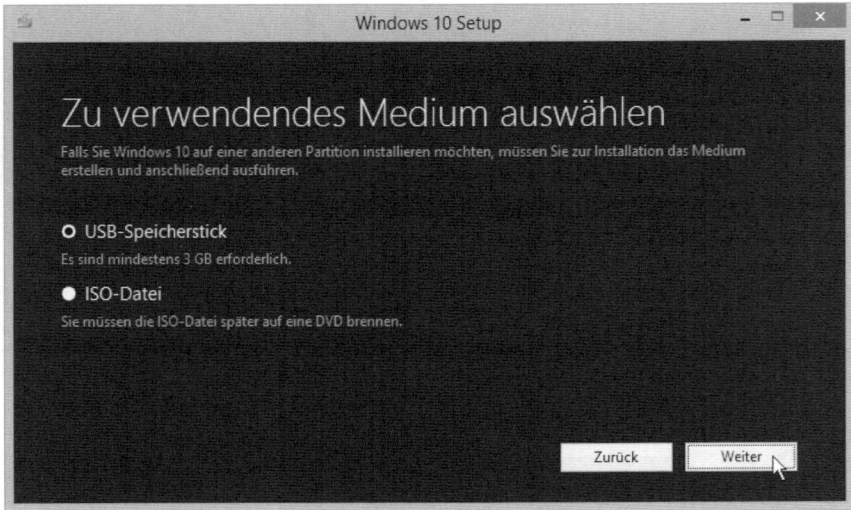

5. Wählen Sie anschließend den USB-Stick bzw. den Speicherort für die ISO-Datei aus. Dann geht es auch schon los mit dem Herunterladen der Dateien. Sie können das Fenster des Programms minimieren und wie gewohnt mit Ihrem PC weiterarbeiten.

6. Anschließend wird der USB-Stick mit den Installationsdaten beschrieben bzw. die ISO-Datei an der festgelegten Stelle gespeichert.

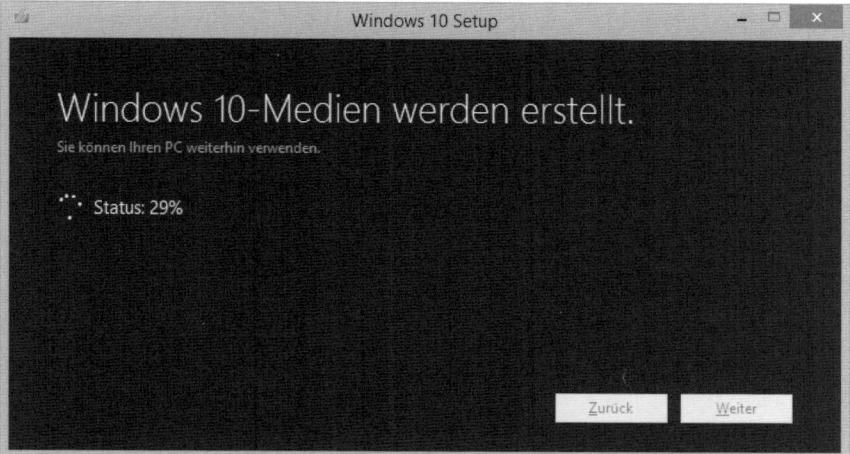

Die ISO-Datei auf eine DVD brennen

Haben Sie auf die vorangehend beschriebene Weise eine ISO-Datei heruntergeladen, können Sie damit leicht ein DVD-Installationsmedium erstellen:

1. Klicken Sie mit der rechten Maustaste auf das Symbol der ISO-Datei.

2. Wählen Sie im Kontextmenü den Befehl *Datenträgerabbild brennen*. Alternativ finden Sie in der Kategorie *Verwalten* der Multifunktionsleiste eine gleichnamige Schaltfläche.

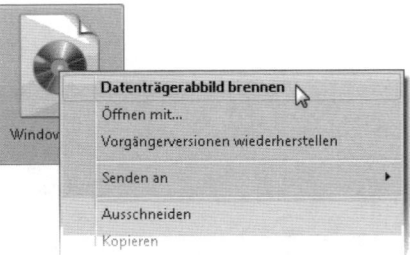

3. Damit öffnen Sie das Dienstprogramm zum Brennen von ISO-Datenträgerabbildern. Hier ist bei *CD/DVD-Brenner* standardmäßig bereits Ihr Brennerlaufwerk eingestellt. Sollten mehrere vorhanden sein, wählen Sie das gewünschte aus.

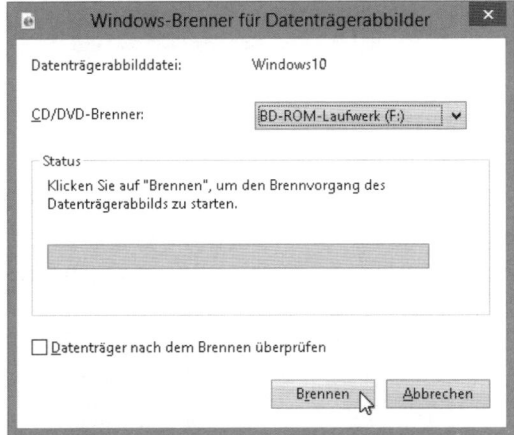

4. Soll das Programm die CD/DVD nach dem Brennvorgang auf eventuelle Fehler hin untersuchen, schalten Sie das Kontrollkästchen *Datenträger nach dem Brennen überprüfen* ein. Dadurch verlängert sich der gesamte Vorgang allerdings deutlich.

5. Stellen Sie schließlich sicher, dass sich ein geeigneter Rohling im Brennerlaufwerk befindet, und klicken Sie unten auf die *Brennen*-Schaltfläche. Das Programm führt nun den Brennvorgang durch.

Vorbereiten der Installation

Ich beschreibe an dieser Stelle den ersten Teil der Neuinstallation, sozusagen vom Einlegen des Datenträgers bis zum ersten regulären Start des neu installierten Windows. Der anschließende Vorgang der Erstkonfiguration unterscheidet sich nicht nennenswert von einer Upgrade-Installation und wird für beide Varianten ab Seite 703 beschrieben.

Nach dem Booten vom Installationsmedium startet automatisch die Setup-Prozedur:

1. Wählen Sie im ersten Schritt gegebenenfalls die Installationssprache und das für Sie geeignete Format für Zeit- und Währungsangaben. Die Eingabesprache passt sich dem automatisch an, kann aber auch abweichend eingestellt werden. Klicken Sie dann auf *Weiter*.

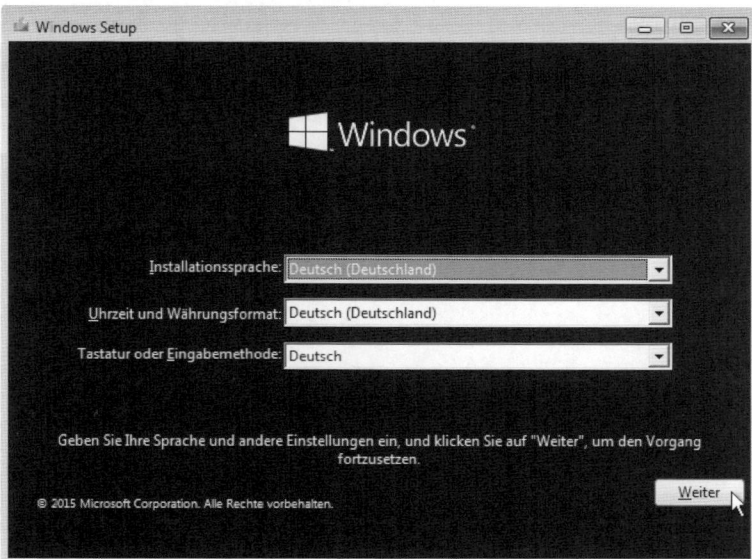

2. Klicken Sie im nächsten Schritt auf *Jetzt installieren*. Sollten andere Schritte nötig sein, könnten Sie an dieser Stelle auch *Computerreparaturoptionen* wählen, um z. B. Startprobleme zu beheben.

3. Nun möchte das Setup den Product Key für Ihre Windows-Installation wissen. Sie können diesen Schritt *Überspringen* und den Schlüssel zu einem späteren Zeitpunkt noch eingeben. Allerdings lässt sich Windows nicht in vollem Umfang nutzen, solange es nicht mit einem gültigen Schlüssel aktiviert wurde.

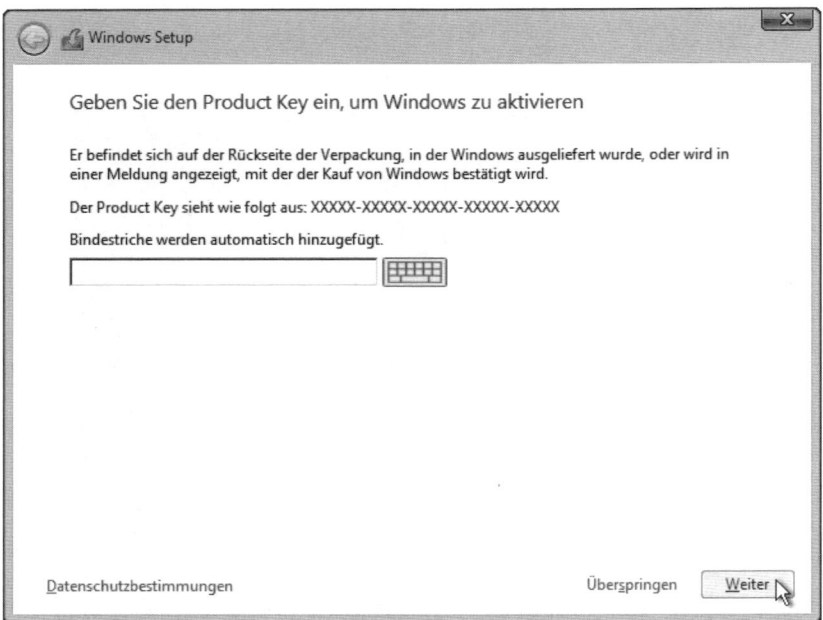

 Den Product Key auf einem Touchscreen eingeben

Wenn Sie Windows auf einem Gerät ohne reale Tastatur installieren, tippen Sie gegebenenfalls auf das Tastatursymbol rechts neben dem Eingabefeld, um die virtuelle Tastatur einzublenden.

4. Falls Sie keinen Product Key angegeben haben und Ihr Datenträger verschiedene Editionen umfasst, können Sie wählen, welche Edition (Home oder Pro) installiert werden soll. Beachten Sie bitte, dass ein später eingegebener Product Key zur hier gewählten Edition passen muss.

5. Anschließend erwarten Sie die *Lizenzbedingungen* von Microsoft für die Nutzung der Software. Ob Sie das nun alles lesen oder nicht – setzen Sie in jedem Fall das Häkchen bei *Ich akzeptiere die Lizenzbedingungen* und klicken Sie unten rechts auf *Weiter*.

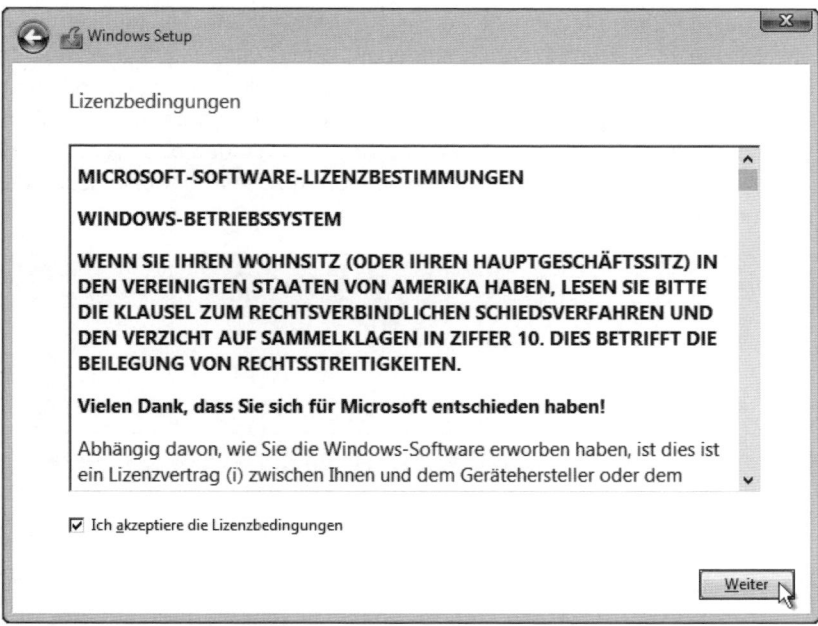

6. Nun folgt die wichtige Auswahl der Installationsmethode:

   - Nur falls Sie eine vorhandene Windows-Version durch Windows 10 ersetzen möchten, sollten Sie *Upgrade* wählen. In dem Fall bleiben vorhandene Dokumente, Anwendungen und Einstellungen – soweit möglich – erhalten und können anschließend weitergenutzt werden. Die alte Windows-Version lässt sich aber nicht wiederherstellen.

   - In allen anderen Fällen wählen Sie *Benutzerdefiniert*.

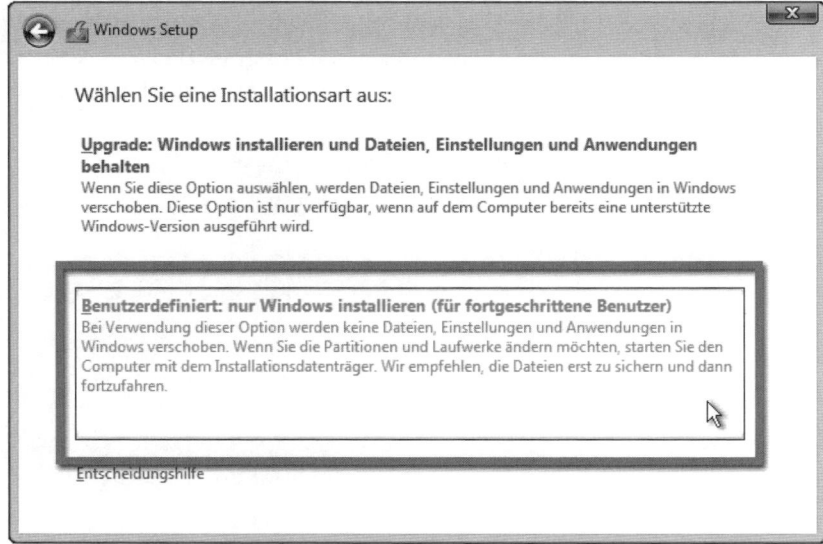

7. Entscheiden Sie sich nun, auf welchem Laufwerk Windows installiert werden soll. Bei einem „leeren" PC ohne Betriebssystem dürfte ohnehin nur *Nicht zugewiesener Speicherplatz* angezeigt werden. In dem Fall können Sie einfach unten auf *Weiter* klicken, um Windows den gesamten verfügbaren Speicherplatz zur Verfügung zu stellen. Sind mehrere Laufwerke vorhanden oder bereits Partitionen eingerichtet, finden Sie im nachfolgenden Abschnitt Hinweise dazu, wie Sie optimal vorgehen.

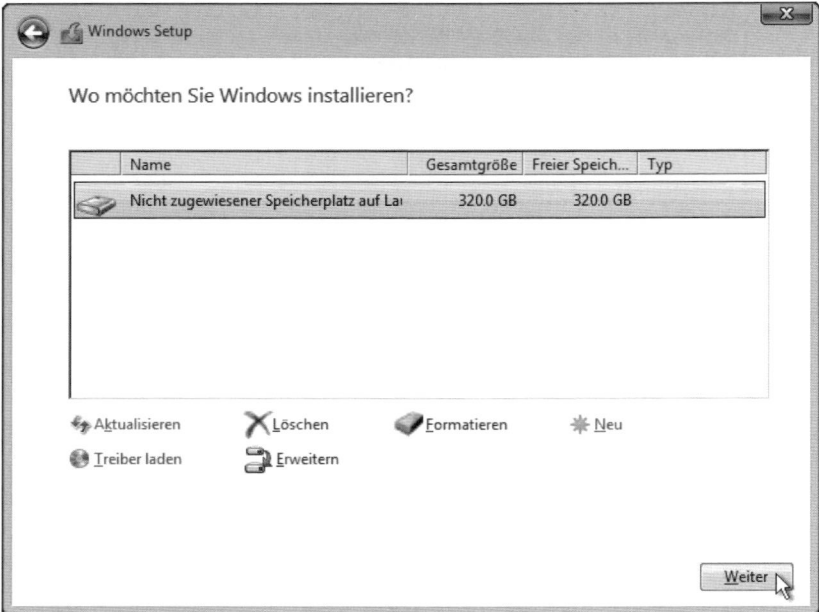

8. Damit ist der Installationsteil mit Benutzerinteraktion erst mal erledigt. Der Assistent beginnt nun, Dateien zu kopieren, auszupacken und zu installieren. Währenddessen wird der PC auch automatisch neu gestartet. Das alles können Sie aber ganz entspannt verfolgen bzw. sich in dieser Zeit mit anderen Dingen beschäftigen.

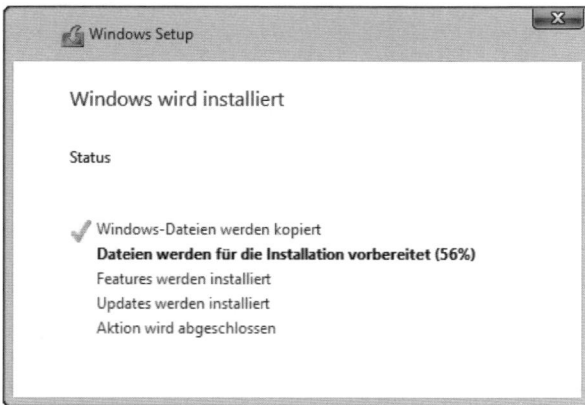

Mit dem Installationsassistenten Platz für Windows schaffen

Wenn Ihr PC über mehrere Laufwerke und Partitionen verfügt, aber keine davon genügend Speicherplatz für eine Windows-Installation aufweist, können Sie mit dem Installationsassistenten Abhilfe schaffen. Dieser ist in der Lage, mehrere kleinere Partitionen auf einer Festplatte zu einer größeren zusammenzulegen. Allerdings ist ein Datenverlust auf den aufgelösten Partitionen in diesem Fall unvermeidlich.

Führen Sie diese Schritte also nur durch, wenn sich auf den Partitionen keine schützenswerten Daten mehr befinden.

Partitionen nur beim Booten von Installationsmedium bearbeiten

Die Funktionen zum Verändern von Partitionen stehen nur zur Verfügung, wenn Sie den PC bei einer Neuinstallation von der Installations-DVD booten. Starten Sie die Installation von einem vorhandenen Betriebssystem aus, sind diese Funktionen deaktiviert, da sie das laufende System gefährden könnten.

---

1. Suchen Sie in der Übersicht einen Datenträger, der insgesamt genügend Speicherplatz für die Windows-Installation bietet. Dieser kann auf mehrere Partitionen verteilt sein. Entscheidend ist die einheitliche Bezeichnung der Partitionen (z. B. *Datenträger 0 Partition X*).

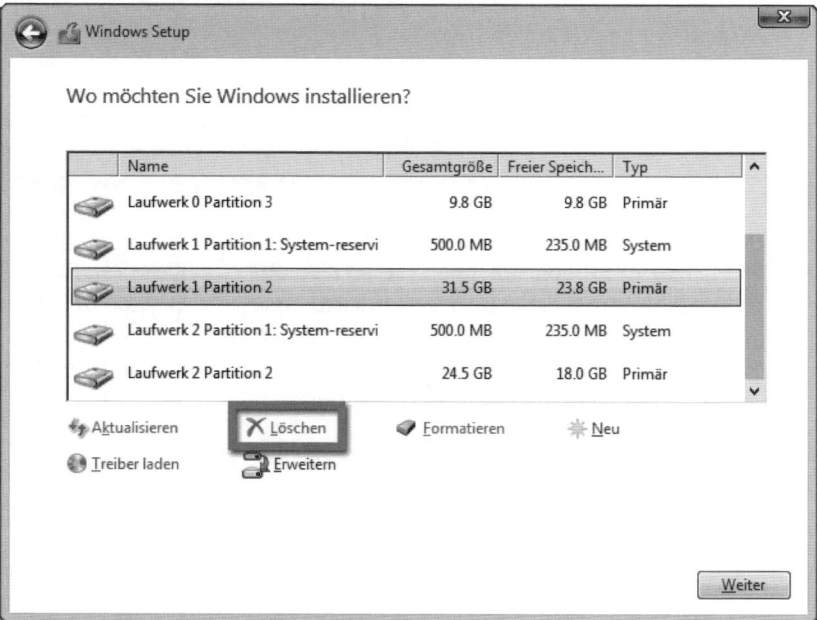

2. Wählen Sie eine der Partitionen aus und entfernen Sie diese mit *Löschen*. Achtung: Die auf der Partition gespeicherten Daten gehen dabei verloren!

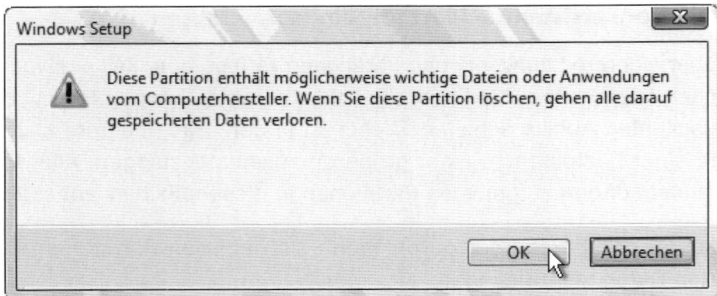

3. Markieren Sie dann die andere Partition desselben Datenträgers und wählen Sie unten *Erweitern*. Geben Sie an, wie viel vom nun frei verfügbaren Speicherplatz des Datenträgers zu dieser Partition hinzugefügt werden soll. Maximal können Sie so den Speicherplatz dieser Partition und den der gelöschten addieren. Bestätigen Sie die Sicherheitsrückfrage.

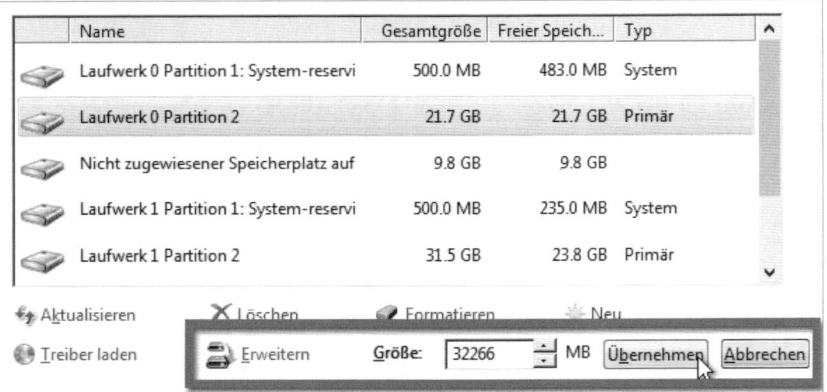

4. Der Installationsassistent fügt nun den freien Speicherplatz der ausgewählten Partition hinzu. Im Ergebnis machen Sie so also aus zwei kleineren Partitionen eine große. Sie können diese beliebig fortsetzen und so z. B. auch drei kleinere Partitionen zu einer zusammenlegen. Allerdings funktioniert das natürlich nur innerhalb eines Datenträgers. Partitionen auf verschiedenen Festplatten können nicht zu einer Partition zusammengelegt werden.

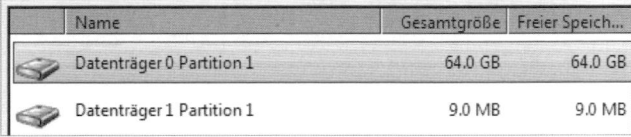

34.4 Erster Start und Grundeinstellungen

Der zweite Teil der Installation beginnt, wenn alle Dateien kopiert und installiert sind und Windows nach mehreren Reboots zum ersten Mal regulär startet. Hier geht es nun darum, einige Grundeinstellungen vorzunehmen, mit denen die Installation des neuen Betriebssystems dann abgeschlossen werden kann.

Sollten Sie während des ersten Teils der Installation auf das Eingeben eines Product Keys verzichtet haben, fragt das Setup gleich zu Beginn des zweiten Teils noch einmal danach. Auch hier können Sie die Eingabe *Auf später verschieben*. Aber wie bereits erwähnt: Windows wird nur in eingeschränktem Umfang laufen, solange es nicht mit einem gültigen Produktschlüssel aktiviert wurde.

Es ist Zeit für die Eingabe des Product Key.

Sie finden ihn auf der Verpackung der Windows-DVD, in der Kaufbestätigungs-E-Mail für Windows oder auf dem Aufkleber mit dem Certificate of Authenticity (Echtheitszertifikat) am PC, am Netzadapter oder im Akkufach Ihres Laptops. (Sie können den Akku herausnehmen, sofern der Laptop angeschlossen ist.)

Geben Sie den Product Key ein.

Er sieht ungefähr so aus: XXXXX-XXXXX-XXXXX-XXXXX-XXXXX

WLAN-Zugangsdaten

Wenn Ihr PC bzw. Notebook/Tablet nicht per Kabelnetzwerk angeschlossen ist, sondern sich über WLAN verbindet, werden Sie vom Startassistenten gebeten, das zu verwendende Drahtlosnetzwerk auszuwählen, das Kennwort einzugeben sowie zu entscheiden, ob das Teilen Ihrer Ressourcen in diesem Netzwerk zuge-lassen werden soll. Eine Netzwerkverbindung ist für die Grundeinstellungen nicht unbedingt notwendig, sodass Sie diesen Schritt auf später verschieben können. Es spricht aber auch nichts dagegen, den Rechner gleich in einem WLAN anzu-melden, das er später auch benutzen soll.

HINWEIS

---

1. Als Erstes entscheiden Sie, ob Sie für das Einrichten die *Express-Einstellun-gen verwenden* oder mit *Einstellungen anpassen* eigene Einstellungen vorneh-men möchten. Die Express-Variante geht schneller, und alles lässt sich später noch wieder ändern. Allerdings sind einige Optionen nicht unproblematisch, beispielsweise dass es Apps standardmäßig erlaubt wird, den Standort des Anwenders zu ermitteln und auszuwerten. Ich zeige deshalb im Folgenden die Schritte der benutzerdefinierten Einstellungen, die bei der Express-Variante übersprungen würden.

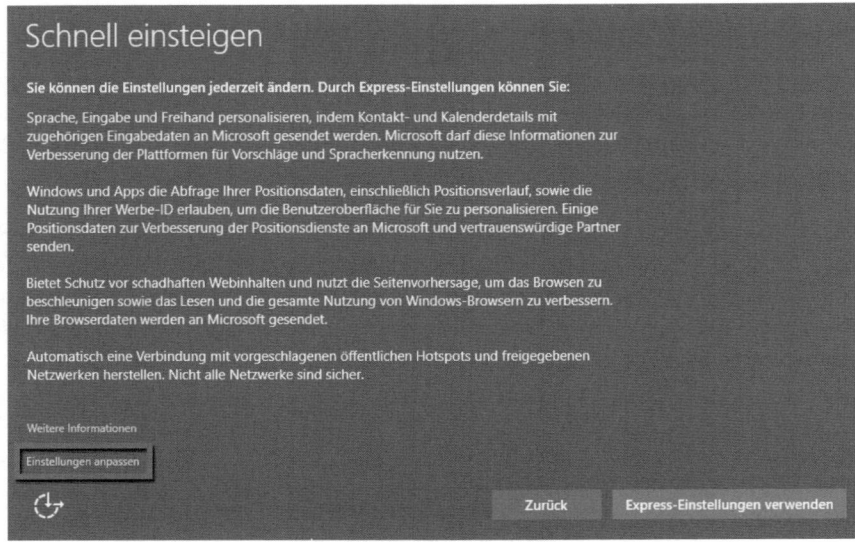

2. Dann sind zunächst einige Einstellungen dran, die man dem Datenschutz zuordnen kann. Hier gilt es jeweils abzuwägen. Sicherlich hat es Vorteile, wenn man Microsoft den Zugriff auf bestimmte Daten erlaubt, um beispielsweise Text- und Spracherkennung individuell verbessern zu können. Ob das einem die Preisgabe von Kontakten und Terminen wert ist, muss jeder selbst entscheiden. Werbe-IDs bringen Ihnen persönlich allerdings gar nichts. Das Ermitteln von Standortdaten ist bei mobilen Geräten hilfreich, bei fest installierten PCs aber eher sinnlos.

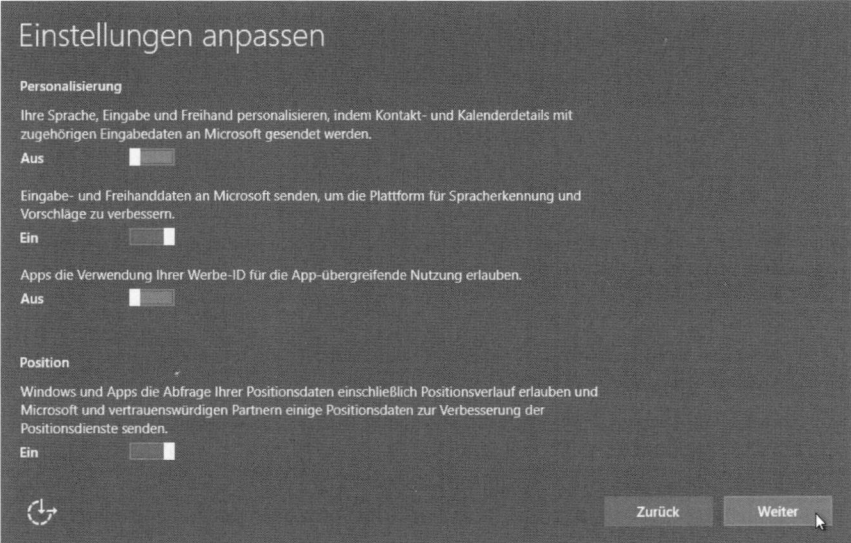

3. Ähnlich geht es auf der nächsten Seite der Einstellungen weiter. Der Smart-Screen-Schutz ist eine sinnvolle Sache, für die Seitenvorhersage hingegen lohnt es sich nicht unbedingt, den gesamten Browserverlauf an Microsoft zu

übermitteln. Das automatische Verbinden mit Netzwerken würde ich prinzipiell zunächst deaktivieren. Selbst wer viel unterwegs ist, sollte sich erst mit dieser Funktion vertraut machen.

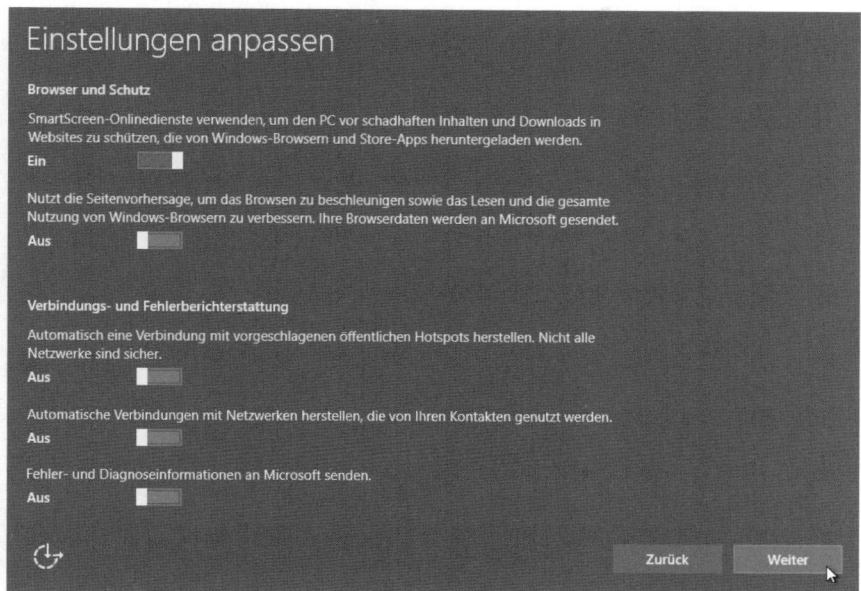

4. Nun geht es ans Einrichten Ihres Benutzerkontos. Standardmäßig sieht Windows vor, den PC mit einem Microsoft-Konto zu verknüpfen. Wenn Sie mehrere PCs mit demselben Microsoft-Konto verbinden, kann Windows Einstellungen wie z. B. Favoriten, Browserverlauf oder Oberflächen-Gestaltung automatisch synchronisieren, sodass Sie überall stets die gleiche Umgebung vorfinden. Wichtig: Wenn Sie diese Verknüpfung nicht wünschen (oder erst später vornehmen möchten), sollten Sie unten auf *Diesen Schritt überspringen* klicken.

5. So gelangen Sie im nächsten Schritt zu einem Dialog, in dem Sie ganz klassisch einen Namen für Ihr Benutzerkonto angeben können. Außerdem tippen Sie hier das Kennwort (zweimal) und einen persönlichen Hinweis auf dieses Kennwort ein.

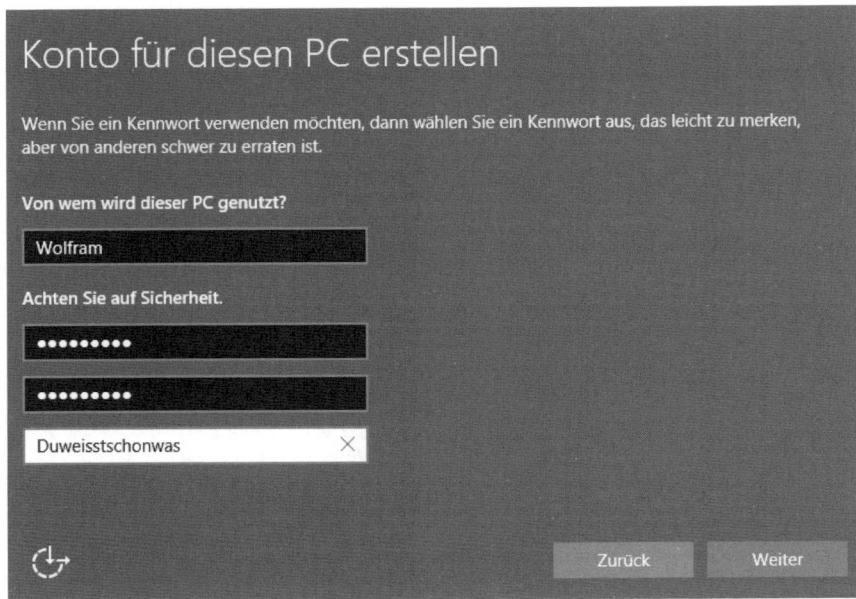

6. Jetzt kann Windows die Einstellungen endgültig vornehmen und das System für den ersten Start vorbereiten. Nun müssen Sie sich nur noch ein wenig gedulden, während Windows Apps einrichtet und die Konfiguration vervollständigt. Dann sehen Sie zum ersten Mal die Benutzeroberfläche von Windows 10 vor sich.

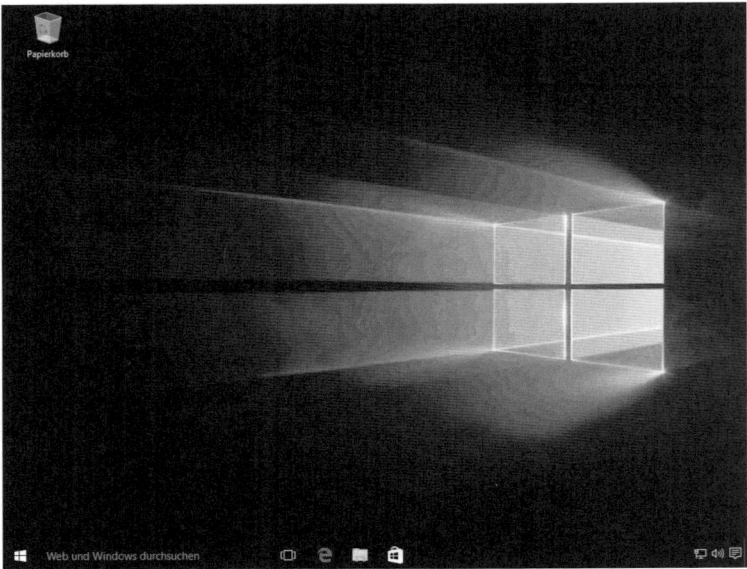

34.5 Friedliche Koexistenz: Windows 10 parallel zu einem vorhandenen Windows nutzen

Vielleicht möchten Sie nicht gleich komplett auf das neue Windows umsteigen, sondern sich erst einmal herantasten? Dann können Sie es auf demselben PC parallel zum vorhandenen Betriebssystem installieren. In dem Fall existieren beide Windows-Versionen nebeneinander auf Ihrer Festplatte, und Sie können bei jedem Einschalten des PCs entscheiden, welches Windows Sie verwenden möchten.

So funktioniert die Parallelinstallation

Die wichtigste Voraussetzung für eine Parallelinstallation ist eine freie Partition auf (einer) Ihrer Festplatte(n). Diese muss groß genug für eine Windows-Installation sein, sollte also wenigstens über 20 GByte verfügen. „Freie" Partition heißt übrigens nicht, dass die Partition leer sein muss. Eventuell darauf befindliche Daten werden bei der Installation nicht überschrieben. Allerdings muss es sich dabei um eine NTFS-Partition handeln. Außerdem sollte es nicht die Systempartition eines vorhandenen Systems sein. Sonst würde dieses bei der Installation überschrieben und wäre anschließend nicht mehr lauffähig.

Parallelinstallation nur mit Booten vom Installationsmedium

Wenn Sie das neue Windows parallel zu einem vorhandenen installieren möchten, verwenden Sie dafür in jedem Fall eine (selbst gebrannte) Installations-DVD bzw. einen entsprechend präparierten USB-Stick (siehe Seite 693). Sie können die Installation theoretisch auch vom vorhandenen Windows aus starten. Aber dann wird eine Upgrade-Installation durchgeführt, die das existierende System ersetzt.

HINWEIS

Keine freie Partition vorhanden? – Windows auf einer dynamischen virtuellen Festplatte installieren

Wenn Sie keine Partition für ein paralleles Windows frei haben und auch keine einrichten können oder wollen, gibt es eine weitere einfache Möglichkeit, zumindest für Nutzer ab Windows 7. Seit dieser Versionsnummer unterstützt Windows die Verwendung dynamischer virtueller Festplatten (**V**irtual Dynamic **H**ard **D**isk, kurz VHD). Dabei erstellen Sie auf einer vorhandenen Festplatte eine große Datei, die die Strukturen einer eigenständigen Partition enthält. Windows kann auf einer solchen virtuellen Festplatte genauso installiert und genutzt werden wie auf einer realen. Der Vorteil dieser Lösung: Sie müssen keine spezielle Partition einrichten, und Sie können die virtuelle Festplatte mitsamt der installierten Testversion später ganz einfach wieder verschwinden lassen, indem Sie lediglich die Datei löschen. Und das Ganze ist einfacher, als es sich im ersten Moment vielleicht anhört.

1. Starten Sie zunächst wie auf Seite 692 beschrieben den PC mit der Installations-DVD oder auch von einem USB-Stick.

2. Klicken Sie auf *Jetzt installieren* und wählen Sie den Installationstyp *Benutzerdefiniert*. Anstatt eine Partition für die Installation festzulegen, drücken Sie dann aber ⌂+F10, um eine Eingabeaufforderung zu öffnen.

3. Geben Sie das Kommando *diskpart* ein. Dieses funktioniert mit einer eigenen Kommandozeile, in die Sie nun die folgenden Befehle eingeben.

4. Mit *list disk* listen Sie die vorhandenen Festplatten auf. Ist nur eine Disk 0 vorhanden, ist der Fall klar. Ansonsten müssen Sie z. B. anhand der Größenangabe (*Size*) erkennen, auf welcher Festplatte ausreichend Platz vorhanden ist.

5. Verwenden Sie nun die Nummer dieser Festplatte mit dem Befehl *select disk*, also z. B. für die erste Festplatte in der Liste *select disk 0*. Damit wählen Sie diese Festplatte als Ziel der weiteren Aktionen aus.

6. Geben Sie dann *list vol* ein, um alle Partitionen auf der ausgewählten Festplatte anzuzeigen. Suchen Sie sich wiederum eine Partition mit ausreichend freiem Platz aus und merken Sie sich deren Laufwerkbuchstaben (Spalte *Ltr*).

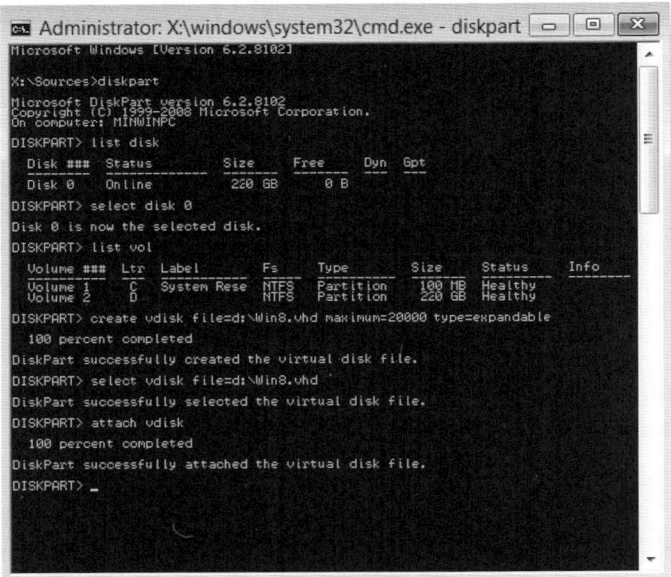

7. Geben Sie dann den Befehl zum Erstellen der dynamischen virtuellen Festplatte auf diesem Laufwerk ein:

   create vdisk <Laufwerk>:\<Name>.vhd maximum=20000 type=expandable

   ■ Für *<Laufwerk>* geben Sie den zuvor ermittelten Laufwerkbuchstaben an.

   ■ Für *<Name>* tippen Sie einen einfachen, aussagekräftigen Dateinamen ein.

   ■ *maximum* gibt die maximale Größe der virtuellen Festplatte in MByte an. Sie sollte mindestens 20 GByte betragen, also 20.000 MByte. Größer geht immer, aber den verfügbaren freien Platz sollten Sie nicht überschreiten.

- *type=expandable* legt fest, dass die Datei nur nach Bedarf wächst. Zunächst ist sie also praktisch leer, und erst mit dem Installieren von Windows, dem Erstellen von Dateien etc. wächst sie nach und nach bis zur maximalen Größe an.

Das Erstellen der Datei für die virtuelle Festplatte dauert gegebenenfalls etwas. Warten Sie die Erfolgsmeldung ab.

8. Geben Sie dann das Kommando *select vdisk file=<Laufwerk>:\<Name>.vhd* ein, wobei Sie die gleichen Parameter wie oben verwenden. Damit wählen Sie die virtuelle Festplatte als Ziel der weiteren Aktionen aus.

9. Geben Sie den Befehl *attach vdisk* ein, um die virtuelle Festplatte einzubinden.

10. Nun fehlt noch das Kommando *create partition primary*, um eine bootfähige Partition anzulegen.

11. Mit *exit* verlassen Sie das diskpart-Programm.

12. Schließen Sie die Eingabeaufforderung und klicken Sie nun – zurück im Installationsassistenten – auf *Refresh*. Daraufhin wird die neu erzeugte Partition in der Liste angezeigt, die Sie nun für die Installation auswählen. Ab da geht die Installation einfach wie beschrieben weiter.

Windows reibungslos parallel installieren

Egal, ob Sie Ihr neues Windows nun auf einer vorhandenen realen oder einer virtuellen Festplatte einrichten: Damit die parallele Installation reibungslos klappt, müssen Sie nur an ein, zwei Stellen etwas aufpassen. Der Rest ist dann eine ganz normale Windows-Installation.

1. Starten Sie den PC mit der eingelegten Windows-8-Installations-DVD.

2. Die meisten PCs erkennen automatisch, wenn eine bootfähige DVD eingelegt ist, und bieten an, von dieser zu starten. Drücken Sie also schnell eine beliebige Taste, wenn eine entsprechende Meldung auf dem Bildschirm erscheint.

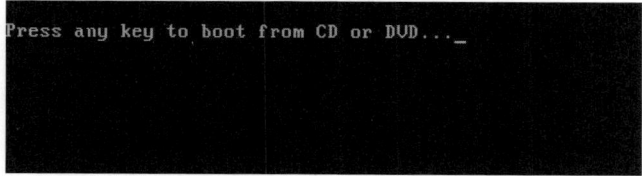

3. Sollte diese Meldung nicht erscheinen und stattdessen das vorhandene Windows starten, beenden Sie dieses gleich wieder, starten den PC neu und verändern die Einstellungen im BIOS so, dass der PC standardmäßig vom optischen Laufwerk startet.

4. Die nächsten Schritte entsprechen der ab Seite 696 beschriebenen Installationsprozedur.

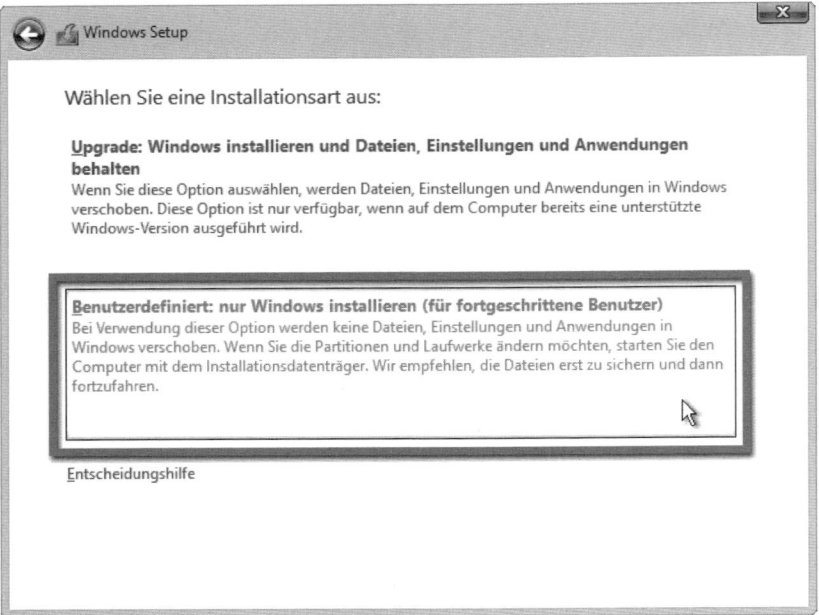

5. Wichtig: Geht es darum, die Installationsart auszuwählen, entscheiden Sie sich unbedingt für die untere Option *Benutzerdefiniert*, um das neue Windows parallel zu Ihrem vorhandenen Windows-System zu installieren.

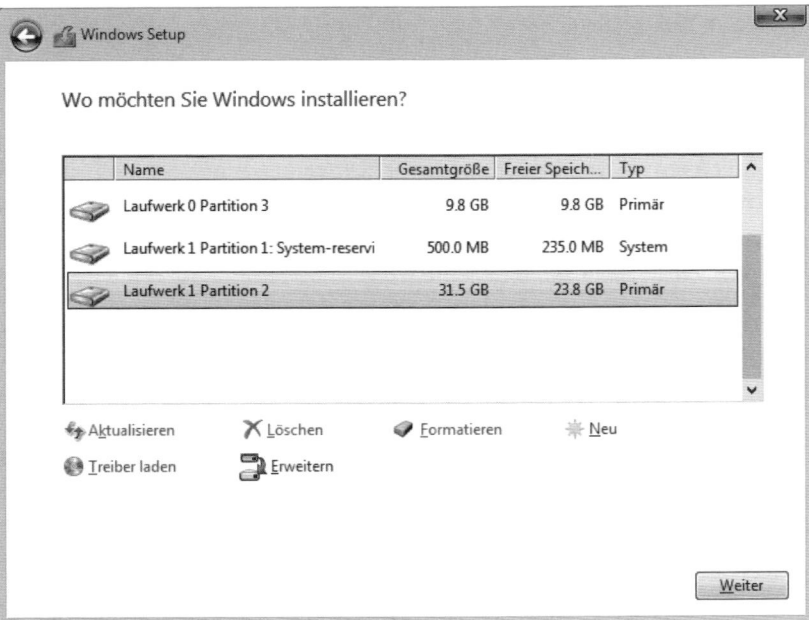

6. Wählen Sie dann im nächsten Schritt eine Partition für die Installation aus. Diese darf keinesfalls die Partition sein, auf der Ihr bisheriges Windows-Betriebssystem installiert ist.

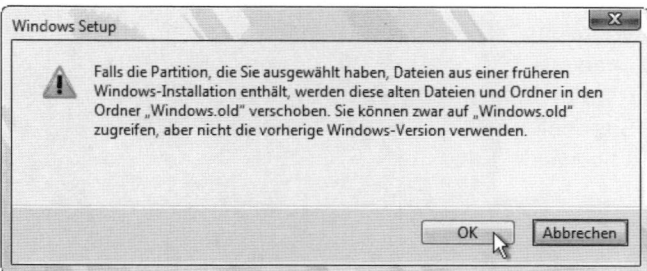

7. Sollte sich auf der gewählten Partition bereits eine Windows-Installation befinden, erkennt der Installationsassistent das und warnt Sie. Stellen Sie in diesem Fall sicher, dass es sich dabei nicht um die Windows-Installation handelt, die Sie eigentlich beibehalten wollten. Andernfalls klicken Sie auf *Abbrechen* und wählen eine andere Partition aus.

8. Damit ist der Installationsteil mit Benutzerinteraktion erledigt. Der Assistent beginnt nun, Dateien zu kopieren, auszupacken und zu installieren. Anschließend geht es ganz normal wie ab Seite 703 beschrieben weiter.

Windows 10 oder was? – Starten Sie das System Ihrer Wahl

Haben Sie das neue Windows parallel zu einem vorhandenen Windows installiert, „übernimmt" das neue System den PC zunächst einmal. Beim Einschalten oder Neustart wird also standardmäßig das neue Windows gestartet. Sie können aber trotzdem jederzeit die ältere vorhandene Windows-Installation nutzen.

Der neue Bootmanager

Seit Version 8 hat Windows einen generalüberholten Bootmanager dabei. Anstelle des spröden, kommandozeilenartigen Bildschirms sehen Sie nun eine einfache grafische Oberfläche, die Sie auch per Maus bedienen können. Funktionell hat sich dabei nichts Entscheidendes verändert – wählen Sie also aus, welches System Sie starten möchten. Bei der Parallelinstallation zu einem vorhandenen Windows 7 wird dessen Bootmanager durch den neuen ersetzt. Dieser erkennt vorhandene Alt-Versionen und fügt sie in die Auswahlliste ein.

1. Bei jedem Neustart des PCs wird nach dem Ablauf der Selbsttests automatisch der Bootmanager aktiv.

2. Er ermöglicht Ihnen für einige Sekunden die Auswahl des zu startenden Betriebssystems. Wenn Sie in dieser Phase nichts unternehmen, wird automatisch das aktuelle Windows (der obere Eintrag) gestartet.

3. Wird die Startauswahl angezeigt, verwenden Sie die Pfeiltasten und (↵) oder die Maus, um z. B. die alternative Startoption *Windows 7* auszuwählen. Bei Geräten mit Touchscreen können Sie aber an dieser Stelle schon mit dem Finger tippen.

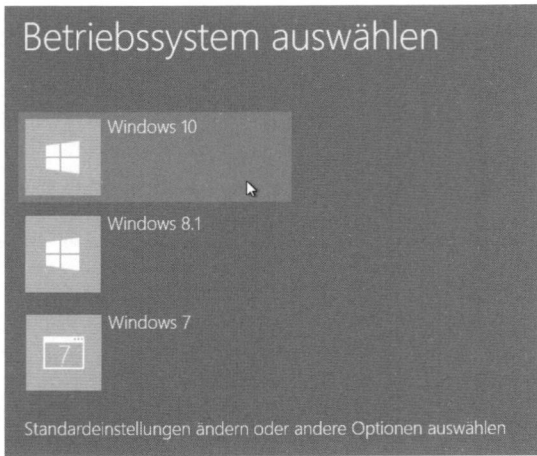

So startet das häufiger genutzte Betriebssystem standardmäßig

Wenn Sie bei einer Parallelinstallation üblicherweise Ihr „altes" Windows und nur hin und wieder das neue Windows verwenden wollen, ist die Auswahl im Bootmanager auf Dauer etwas umständlich. Sie können aber das Verhalten des WindowsBootmanagers umkehren, sodass er standardmäßig Ihre vorhandene Installation hochfährt und das neuere Windows nur auf ausdrücklichen Wunsch startet. Diese Einstellung können Sie direkt im Bootmanager vornehmen.

1. Wenn der Bootmanager angezeigt wird, wählen Sie ganz unten die etwas unscheinbare Zeile *Standardeinstellungen ändern oder andere Optionen auswählen* mit der Maus oder den Pfeiltasten aus.

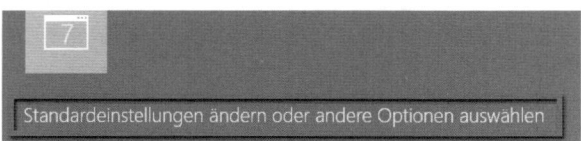

2. Wählen Sie im anschließenden Menü den Punkt *Standardbetriebssystem auswählen*.

3. Damit gelangen Sie zu einer Liste aller installierten Windows-Versionen, in der Sie diejenige auswählen, die standardmäßig gestartet werden soll.

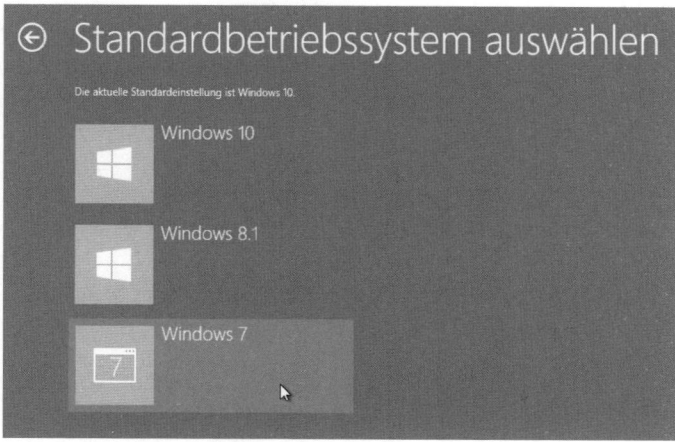

4. Zurück im Optionsmenü, können Sie mit *Timer ändern* bei Bedarf auch die Zeit anpassen, die der Bootmanager auf eine Eingabe wartet, bevor er das Standardsystem hochfährt. Hier stehen allerdings nur die drei Varianten *5 Minuten*, *30* oder *5 Sekunden* zur Auswahl.

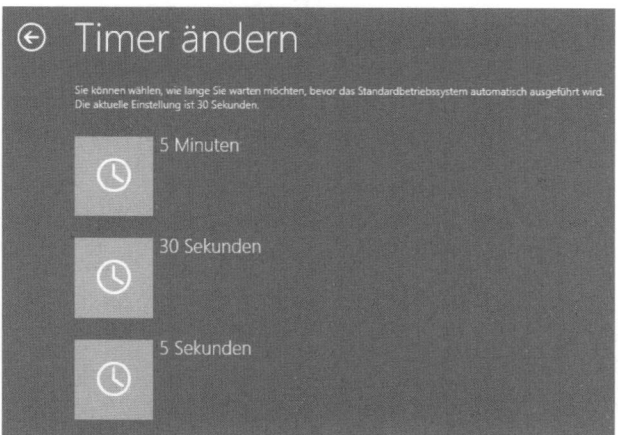

Auswahlzeit genauer einstellen

Im Bootmanager haben Sie nur drei feste Optionen für die Startzeit zur Auswahl. Wenn Ihnen das nicht reicht, gehen Sie den von früheren Windows-Versionen bekannten Weg über die klassische Systemsteuerung. Wählen Sie dort bei *System* links *Erweiterte Systemeinstellungen* und klicken Sie darin in der Kategorie *Erweitert* im Bereich *Starten und Wiederherstellen* auf *Einstellungen*. Hier können Sie die gewünschte Zeit nach wie vor sekundengenau einstellen.

TIPP

5. Um die Einstellungen zu verlassen, wählen Sie *Weitere Optionen auswählen* und *Fortsetzen*. Dann aktiviert der Bootmanager das gerade frisch eingestellte Standardbetriebssystem.

> **Zurück im Bootmanager**
>
> Da man es leicht übersehen kann, beachten Sie diesen Hinweis: Im grafischen Bootmanager gibt es eine Zurück-Funktion, mit der Sie jederzeit zur nächsthöheren Menüebene zurücknavigieren können. Klicken bzw. tippen Sie dazu links oben auf das Pfeilsymbol oder verwenden Sie die [Entf]-Taste Ihrer Tastatur.

Startprobleme beim älteren Windows nach einer Parallelinstallation beheben

Windows 10 lässt sich recht unkompliziert und zuverlässig parallel zu einem vorhandenen Windows installieren. Der Bootmanager sorgt dafür, dass beide Versionen friedlich nebeneinander existieren und Sie beim Start jeweils diejenige auswählen können, mit der Sie gerade arbeiten möchten.

Sollte es nach der Installation zu Startproblemen mit dem vorhandenen Windows (z. B. Windows 7) kommen, sind wahrscheinlich die Startinformationen auf dem Laufwerk verloren gegangen oder durcheinandergekommen. Das lässt sich recht schnell beheben.

1. Legen Sie die Installations-DVD der älteren Windows-Version (also Windows 7 oder 8) ein und starten Sie den PC neu. Wenn die Startpartition beschädigt ist, sollte er ohnehin von der DVD starten. Andernfalls müssen Sie gegebenenfalls mithilfe des BIOS dafür sorgen, dass der Rechner von der DVD bootet.

2. Warten Sie, bis das Fenster mit den Installationseinstellungen angezeigt wird, und klicken Sie dann im Fenster unten rechts auf *Weiter*.

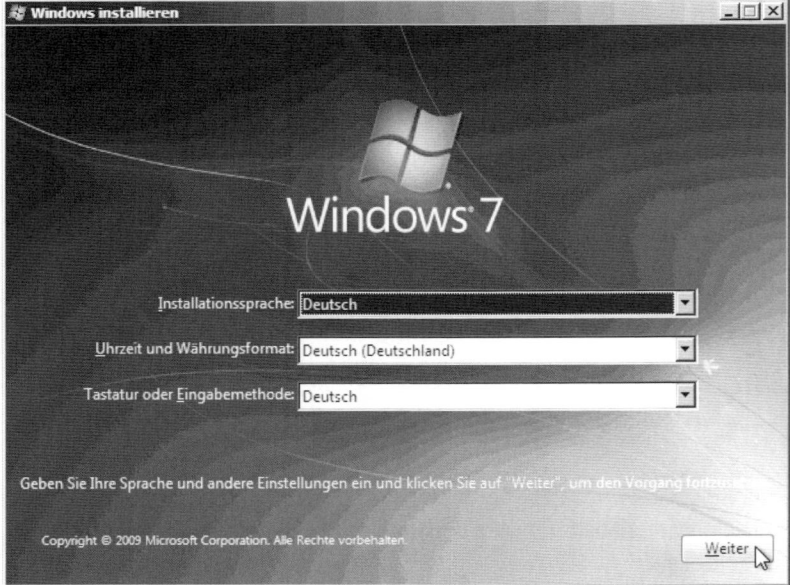

3. Klicken Sie im nächsten Schritt anstelle von *Jetzt installieren* unten links auf *Computerreparaturoptionen.*

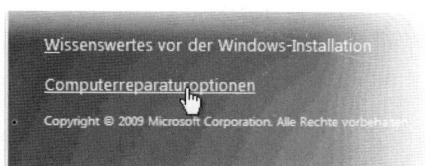

4. Die Starthilfe ermittelt die vorhandenen Windows-Installationen. In der Regel ist es nur eine, die automatisch ausgewählt wird. Ansonsten markieren Sie die Windows-7-Installation, die Sie reparieren wollen.

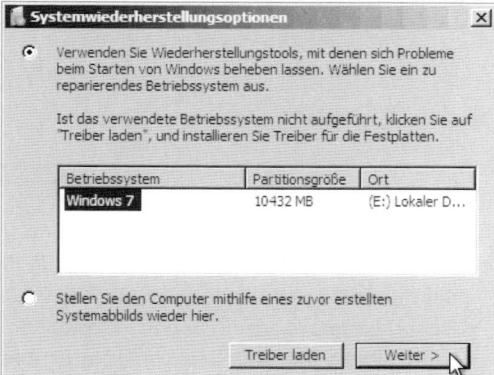

5. Das System führt nun automatisch eine *Systemstartreparatur* durch, um mögliche Probleme zu ermitteln und gegebenenfalls zu beheben, die einen ordnungsgemäßen Systemstart verhindern. Diese Analyse kann durchaus eine Weile dauern. Liegen typische Startprobleme vor, werden sie oft schon in dieser Phase erkannt und behoben.

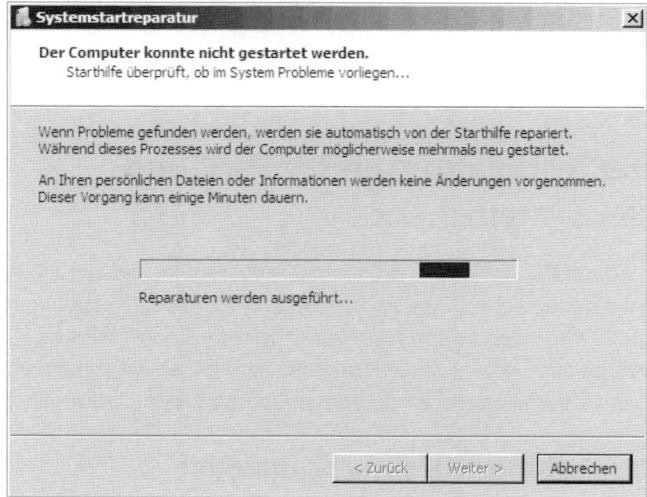

6. Anschließend präsentiert Windows seine Ergebnisse. Optimalerweise sollte hier *Die Starthilfe hat kein Problem erkannt.* stehen. Dann sind Startkonfiguration und Systempartition in Ordnung und keine weiteren Maßnahmen erforderlich.

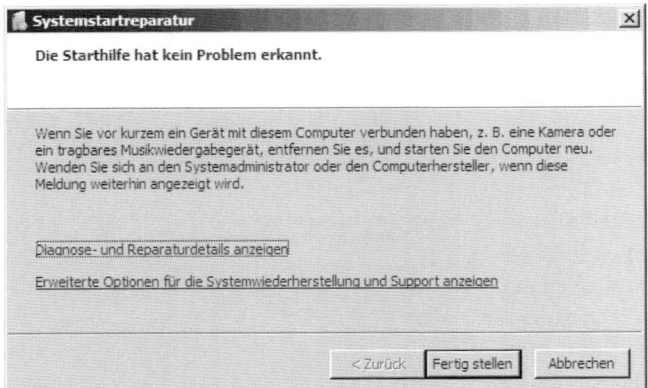

7. Hat der Assistent Probleme erkannt und gegebenenfalls automatisch repariert, werden Sie darüber informiert. Meist ist ein Neustart des Systems erforderlich, um die Reparatur abzuschließen. Zuvor können Sie sich aber mit *Diagnose- und Reparaturdetails anzeigen* das Protokoll der Reparatur auf den Bildschirm holen. So erfahren Sie, welches konkrete Problem den Start beeinträchtigt hat.

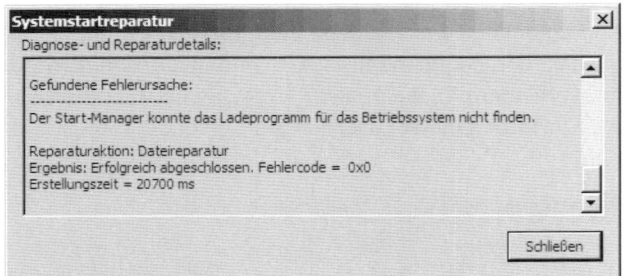

34.6 Nach der Installation: erster Start und schneller Systemcheck

Nach der Installation startet Windows zum ersten Mal ganz regulär. Das ist die Gelegenheit, gleich ein paar wesentliche Dinge zu überprüfen: Läuft das System mit den optimalen Einstellungen? Wurde sämtliche Hardware korrekt erkannt? Gibt es schon wichtige Updates? Das ist auch eine gute Gelegenheit, sich mit einigen Änderungen und neuen Wegen z. B. in der klassischen Systemsteuerung vertraut zu machen.

Alles im Bild? – Bildschirmauflösung optimieren

Bei der Installation versucht Windows automatisch, die vorhandene Grafikhardware und den angeschlossenen Monitor zu erkennen und die Bildschirmauflösung entsprechend einzustellen. Allerdings ist das Ergebnis nicht immer optimal. Am besten überprüfen Sie die Einstellungen gleich nach der Installation und passen sie gegebenenfalls an:

1. Drücken Sie ⊞+Ⓓ, um den klassischen Desktop anzuzeigen.

2. Klicken Sie mit der rechten Maustaste auf eine freie Stelle des Desktops und wählen Sie im Kontextmenü den Befehl *Anzeigeeinstellungen*.

3. Klicken Sie im anschließenden Dialog der Einstellungen ganz unten auf den Link *Erweiterte Anzeigeeinstellungen*.

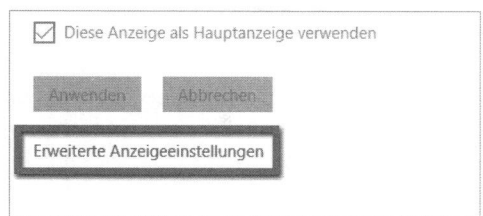

4. Damit gelangen Sie in das Menü für Anzeige und Bildschirmauflösung. Das Feld *Auflösung* verrät, in welchem Modus der Bildschirm derzeit betrieben wird. Dieser sollte der optimalen Auflösung des Gerätes entsprechen. In der Regel wird diese auch mit dem Hinweis *(empfohlen)* ergänzt. Andernfalls können Sie mit dem Auswahlfeld eine andere Auflösung einstellen.

5. Sollten mehrere Bildschirme angeschlossen sein, lässt sich auch gleich der Multimonitorbetrieb konfigurieren. Dazu können Sie das Symbol des zweiten Bildschirms einfach an die Stelle ziehen, wo er in Wirklichkeit in Relation zum Hauptmonitor angeordnet ist.

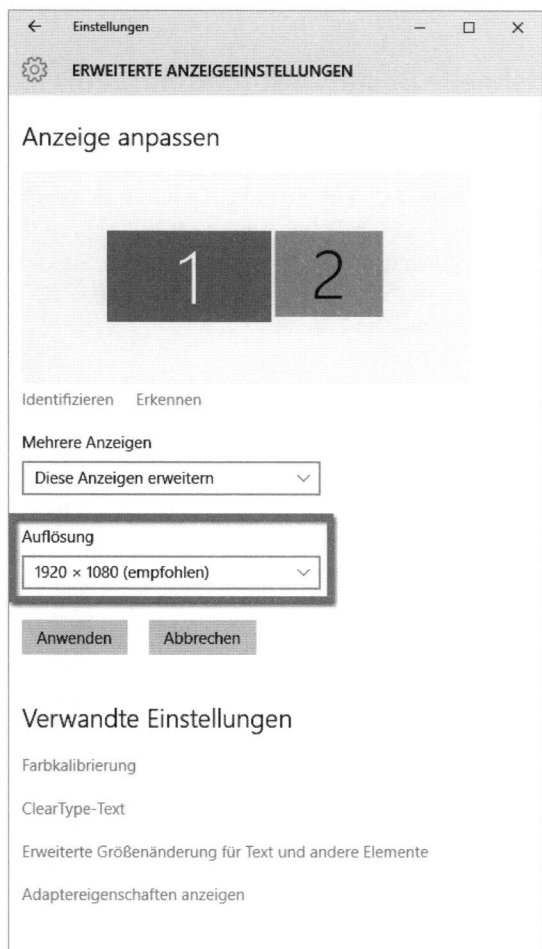

6. Sollten weitere Einstellungen wie etwa die Bildwiederholfrequenz nicht auf Anhieb passen, öffnen Sie mit einem Klick auf *Adaptereigenschaften anzeigen* ein weiterführendes Menü für Grafikkarte, Monitor, Farbverwaltung etc.

Optimale Auflösung nicht verfügbar?

Wenn Sie nur zwischen wenigen Standardauflösungen wählen können und die bislang gewohnte Bildschirmauflösung nicht dabei ist, liegt das in der Regel daran, dass Windows keine passenden Treiber für Ihre Grafikhardware finden konnte und deshalb einen Standardtreiber mit eingeschränkten Fähigkeiten gewählt hat. Das ist z. B. oft bei Notebook/Tablets mit speziellerer Hardware der Fall. Im Geräte-Manager können Sie das schnell überprüfen (siehe Seite 720). Dann sollten Sie erst mal die passenden Treiber vom PC-Hersteller herunterladen und installieren. Wenn Sie über eine Treiber-CD verfügen, können Sie meist auch diese verwenden, allerdings dürften der Versionsstand in der Regel veraltet sein, sodass sich dies nur als vorübergehende Notfallmaßnahme empfiehlt.

Schnelle Bestandsaufnahme: Läuft alles rund bei Ihrem Windows?

Direkt nach der erfolgreichen Installation bzw. nach der Inbetriebnahme eines neuen Windows-PCs empfiehlt sich eine kurze Bestandsaufnahme: Laufen die wesentlichen Funktionen richtig, und sind insbesondere die sicherheitsrelevanten Einstellungen korrekt gewählt? So verschaffen Sie sich einen schnellen Überblick und erkennen rechtzeitig potenzielle Probleme, die Ihnen früher oder später Schwierigkeiten bereiten könnten.

Der Weg zur Systemsteuerung

Obwohl immer mehr Konfigurationsoptionen in die *Einstellungen* wandern, hat auch die klassische Systemsteuerung weiterhin ihre Berechtigung. Altgediente Windows-Anwender kommen damit vermutlich sogar immer noch schneller zum Ziel. So starten Sie sie am schnellsten:

1. Tippen Sie im Startmenü die Buchstaben *sys* ein.

2. In der Liste sehen Sie dann verschiedene Programme, Einstellungen und Suchbegriffe, deren Name mit diesen Buchstaben beginnt. Ganz oben sollte die Systemsteuerung aufgeführt sein. Klicken Sie darauf bzw. drücken Sie einfach ⏎, wenn der Listeneintrag ausgewählt ist.

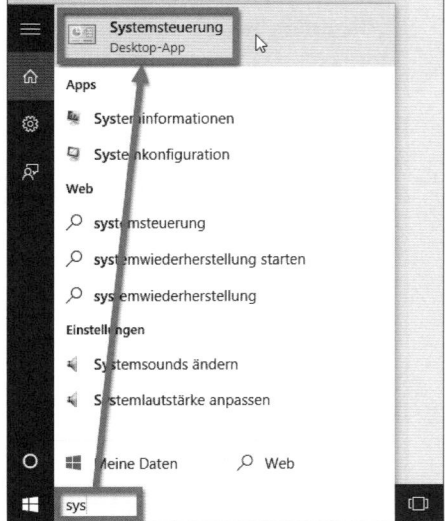

3. Damit öffnen Sie die klassische Systemsteuerung, wie Sie Ihnen von früheren Windows-Versionen bekannt sein dürfte. Hierin haben Sie immer auf die meisten Einstellungen und Details Zugriff.

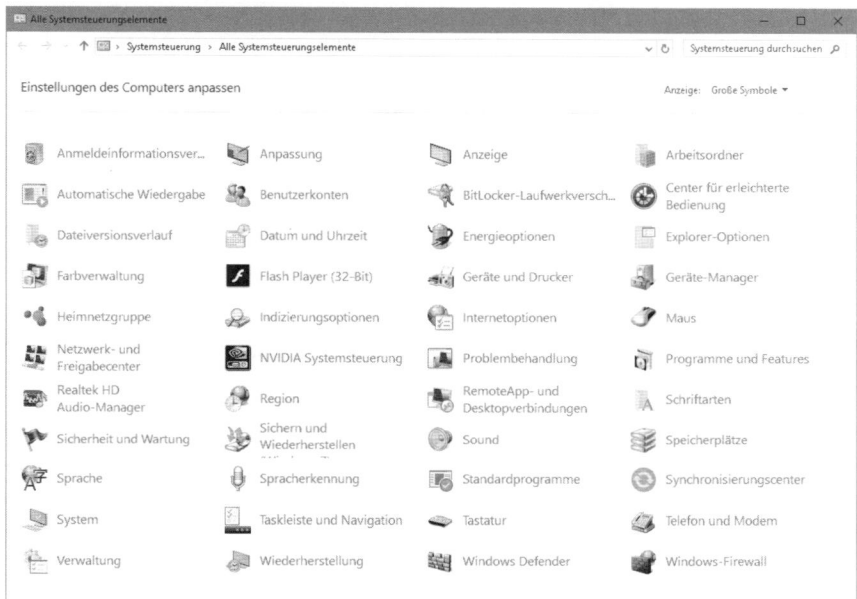

Kurzer Weg zur Systemsteuerung

Ein guter Ersatz für die Systemsteuerung im Startmenü ist ein Symbol dafür in der Startleiste. Wenn Sie die klassische Systemsteuerung wie vorangehend beschrieben geöffnet haben, klicken Sie unten in der Startleiste mit der rechten Maustaste auf das dann aktive Symbol. Wählen Sie im Kontextmenü den Befehl *Programm an Taskleiste anheften*, um das Symbol der klassischen Systemsteuerung dauerhaft in der Startleiste zu verankern. So lassen sich die Einstellungen jederzeit schnell erreichen.

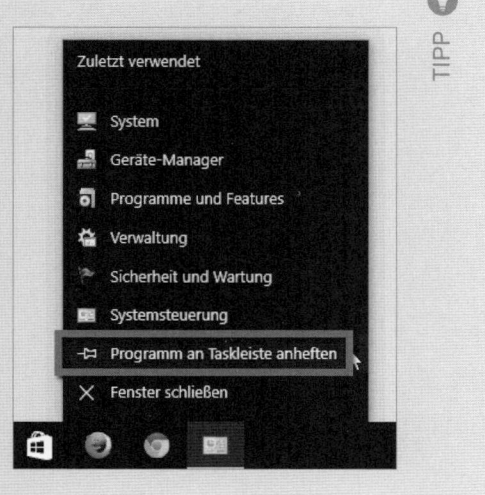

Wenn Sie das Symbol mit der rechten Maustaste anklicken, finden Sie im Bereich *Zuletzt verwendet* sogar eine Liste der zuletzt geöffneten Einstellungen, sodass Sie schnell direkt dorthin zurückkehren können. Besonders häufig benutzte Einstellungen können Sie auch im Kontextmenü des Symbols anpinnen.

Alles richtig erkannt? – Schneller Hardwarecheck mit dem Geräte-Manager

Auch im aktuellen Windows verrichtet noch immer der bewährte Geräte-Manager seinen Dienst. Er verwaltet die vorhandenen Hardwarekomponenten und deren Treiber und erlaubt schnellen Einblick in die Hardwarekonfiguration. So können Sie auf einen Blick erkennen, ob es mit irgendwelchen Komponenten Probleme gibt.

1. Öffnen Sie die Systemeinstellungen und rufen Sie dort die Kategorie *Hardware und Sound* auf. Darin finden Sie unter dem Stichpunkt *Geräte und Drucker* den Eintrag *Geräte-Manager*.

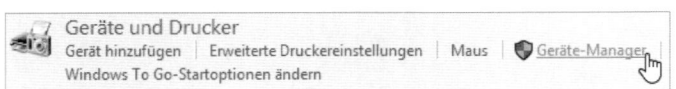

2. Alternativ können Sie den Geräte-Manager in der Symbol-Übersicht (auf der Startseite der klassischen Systemsteuerung oben rechts bei *Anzeige* die Einstellung *Große Symbole* wählen) direkt aufrufen.

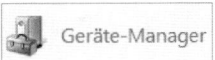

3. Der Geräte-Manager unterteilt die vorhandenen Hardwarekomponenten in verschiedene Rubriken, die ähnlich wie die Ordner und Dateien im Windows-Explorer dargestellt werden. Mit einem Klick auf das Plussymbol einer der Rubriken öffnen Sie diese, und die darin enthaltenen Komponenten werden angezeigt.

4. Wollen Sie ein einzelnes Gerät unter die Lupe nehmen, doppelklicken Sie darauf. Der Geräte-Manager zeigt dann die Eigenschaften dieses Gerätes an. Diese verraten Ihnen alle Informationen zu diesem Gerät und seinen Treibern.

5. In der Regel erkennt Windows automatisch, wenn ein bestimmtes Gerät nicht ordnungsgemäß arbeitet. Dann öffnet der Geräte-Manager die entsprechende Rubrik beim Öffnen automatisch und markiert das fragliche Gerät mit einem farbigen Symbol. So können Sie schnell erkennen, ob und mit welcher Komponente Probleme vorliegen.

Die meiste Hardware wird von Windows bei der Installation automatisch erkannt, und die notwendigen Treiber werden – soweit vorhanden – eingebunden. Gegebenenfalls beschafft Windows die erforderlichen Treiber per Windows Update. Alternativ sollten Sie auf der Website des Geräteherstellers nachschauen, ob dieser bereits aktuellere Treiber bereitstellt.

Schotten dicht? – Den Sicherheitsstatus des PCs kontrollieren

Sicherheit spielt auch beim aktuellen Windows eine große Rolle. Und das ist auch richtig so, denn die meisten Windows-PCs dürften mehr oder weniger ständig mit dem Internet verbunden und so entsprechenden Gefahren ausgesetzt sein. Wichtig ist dabei, dass die verschiedenen Schutzfunktionen auch eingeschaltet und aktiviert sind. Windows weist die Anwender früher oder später automatisch darauf hin, wenn wichtige Sicherheitsfunktionen deaktiviert oder ungünstig konfiguriert sind. Mit einem Blick in den Systemsteuerungsbereich *Sicherheit und Wartung* können Sie sich aber jederzeit selbst einen Überblick verschaffen.

Wählen Sie dazu in der Kategorieansicht der klassischen Systemsteuerung unter *System und Sicherheit* den Eintrag *Status des Computers überprüfen*.

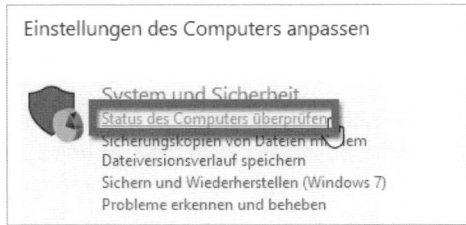

Alternativ finden Sie in der Symbolübersicht direkt den Eintrag *Sicherheit und Wartung*.

Da Windows für alle Bereiche Schutzkomponenten mitbringt, sollte es direkt nach der Installation keine Sicherheitswarnungen geben. Eventuell sind die Malwaresignaturen nicht auf dem neuesten Stand, aber das erledigt sich automatisch per Windows Update. Im Bereich *Wartung* ist ein Hinweis auf fehlende Sicherungseinstellungen nicht beunruhigend. Hier gibt Windows erst Ruhe, wenn Sie eine regelmäßige Sicherung konfiguriert haben (oder diese Art von Warnung deaktivieren).

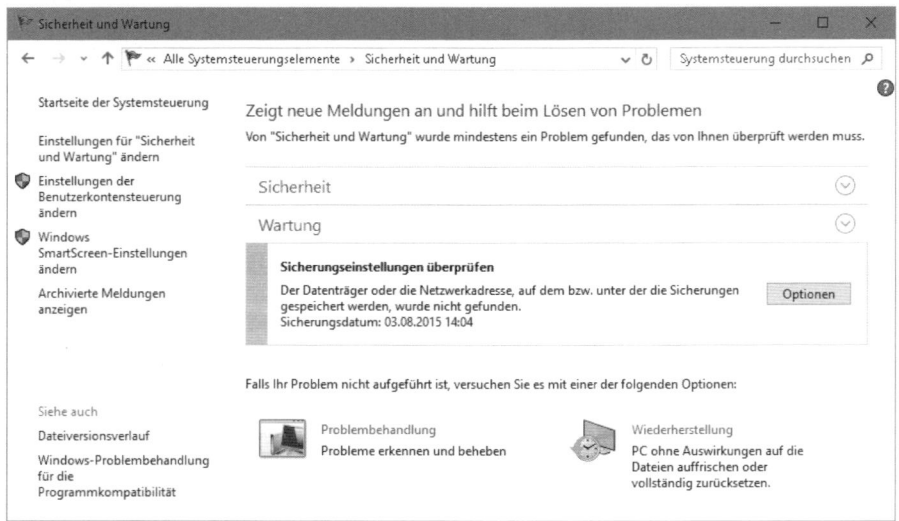

Keine Sicherheitsprobleme, nur ein Hinweis auf die Sicherungseinstellungen – so sollte sich Windows nach der Installation präsentieren.

Alles aktuell? – Wichtige Sicherheitsupdates gleich einspielen

Ein wichtiges Element der Sicherheitsstrategie von Windows sind regelmäßige Updates. Auf diesem Weg werden zwar Fehlerkorrekturen und Optimierungen für alle Bereiche des Betriebssystems verteilt, aber die Sicherheitsupdates stehen dabei eindeutig im Fokus. Wenn Schwachstellen bekannt werden, behebt Microsoft diese (mehr oder weniger) schnell und stellt entsprechende Aktualisierungen bereit, die Windows automatisch herunterlädt und installiert. Allerdings kann das automatische Update einige Zeit dauern, da Windows dem Datenverkehr hierfür keine besondere Priorität einräumt. Durch andere Downloads, Surfen oder Onlinevideos können sich wichtige Updates folglich verzögern. Nach der Installation ist es daher sinnvoll, ganz bewusst ein Update durchzuführen. Eventuell liegen dann schon welche vor, die gerade auch für die Sicherheit relevant sind.

1. Um sich über Updates zu informieren, rufen Sie in den Einstellungen den Bereich *Update und Sicherheit/Windows Update* auf. Die Einstellungen erreichen Sie schnell, wenn Sie mit dem Benachrichtigungssymbol unten rechts im Infobereich das Info-Center öffnen und dort die Schaltfläche *Alle Einstellungen* anklicken.

2. Hier können Sie zunächst den Update-Status Ihres Systems nachlesen: ob es auf dem neuesten Stand ist und wann dies zuletzt überprüft wurde. Ist das nicht gerade erst wenige Minuten her, sollten Sie zur Sicherheit auf *Nach Updates suchen* klicken.

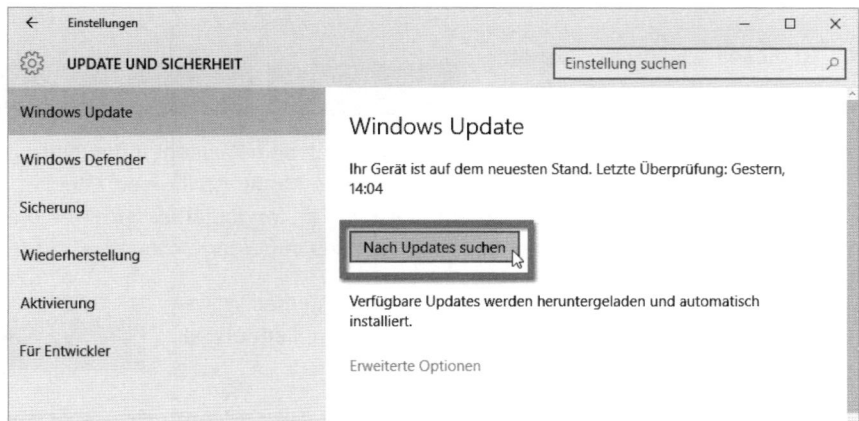

3. Windows ruft dann bei Microsoft Informationen über aktuelle Updates ab und zeigt anschließend an, ob neue Updates für Ihr System verfügbar sind.

4. Ist das der Fall, werden diese Updates heruntergeladen und installiert. Bei einigen Aktualisierungen ist anschließend ein Neustart des Systems erforderlich. Darauf weist Windows Sie aber gegebenenfalls deutlich hin. Andernfalls können Sie nach erfolgreicher Aktualisierung einfach weiterarbeiten.

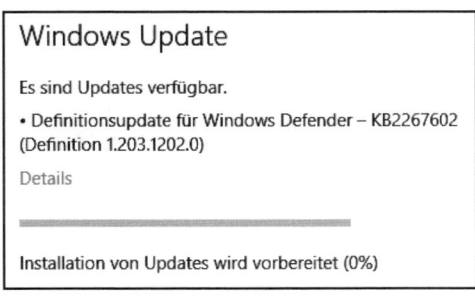

Diese manuelle Variante der Aktualisierung müssen Sie nun nicht mehr ständig durchführen. Standardmäßig erledigt Windows die Update-Aufgaben vollautomatisch.

Gute Verbindung? – Den Zugang zu Internet und Netzwerk prüfen

Für die meisten Windows-PCs dürfte ein Internetzugang selbstverständlich sein. Die gute Nachricht dabei: Gängige Netzwerkkonstellationen wie eine Internetverbindung per DSL-Router oder -Modem erkennt Windows bei der Installation automatisch und richtet sich entsprechend ein. Auch für eine Drahtlosverbindung braucht man lediglich während der Installation ein WLAN-Netzwerk auszuwählen und das Kennwort anzugeben. In diesen Fällen haben Sie also schon beim ersten

Start direkt einen funktionsfähigen Internetzugang und können sofort loslegen. Der einfachste Test dafür ist, im Webbrowser eine Webseite Ihrer Wahl zu öffnen. Wird diese angezeigt, klappt es offenbar mit dem Internet. Wollen Sie es etwas genauer wissen, können Sie sich jederzeit über den Status der Netzwerkverbindungen informieren.

1. Zu diesem Zweck eignet sich am besten das Netzwerksymbol im Infobereich rechts unten in der Startleiste.  Dieses verrät schon durch sein Aussehen den Netzwerkstatus. Bei einem Kabelnetzwerk zeigt es einen Monitor mit einem Stecker, bei einer WLAN-Verbindung ein Symbol für die Empfangsstärke. Ist eines dieser Symbole ohne Ergänzungen zu sehen, ist alles in bester Ordnung.

2. Sollte ein solches Symbol hingegen mit einem gelben Warnzeichen oder einem roten Kreuz versehen sein, liegt etwas im Argen, und Sie sollten genauer hinsehen.

3. Ausführlichere Informationen erhalten Sie, wenn Sie mit der rechten Maustaste auf das Symbol klicken und im dadurch geöffneten Kontextmenü *Netzwerk- und Freigabecenter öffnen* auswählen.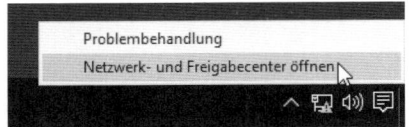

4. Im Netzwerk- und Freigabecenter sehen Sie ganz oben die aktive Netzwerkverbindung Ihres PCs. Üblicherweise sollte der *Zugriffstyp* auf *Internet* stehen, dann ist Ihr PC mit dem Internet verbunden.

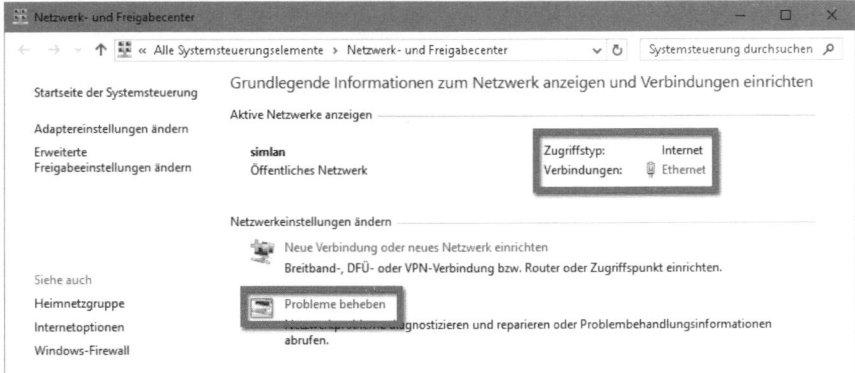

5. Sollte es Probleme mit der Verbindung geben, klicken Sie einfach mal unten auf *Probleme beheben*. Damit starten Sie den Problemlösungsassistenten für Netzwerkeinstellungen, der viele typische Probleme eigenständig erkennen und beheben kann.

35 Schneller Umzug zum neuen Windows

Der Wechsel von einem Betriebssystem zum anderen ist immer mit vielen Umständen verbunden. Es dauert lange, bis alles wieder so eingestellt und eingerichtet ist, wie man es gewohnt war. Damit Sie auf Ihrem PC schnell wieder Ihre gewohnte Arbeitsumgebung herstellen können, zeige ich Ihnen hier, wie Sie Ihre mühsam erarbeiteten Einstellungen und Daten wie z. B. E-Mail-Postfächer, Kontoeinstellungen, Internetfavoriten und Kontaktadressen schnell vom alten PC auf den neuen Windows-Rechner übertragen.

Kein EasyTransfer mehr

Das von früheren Versionen bekannte Microsoft-Programm Windows-Easy-Transfer ist für die aktuelle Windows-Version nicht mehr verfügbar. Leider hat Microsoft dieses an sich recht praktische Programm schon mit Windows 8.1 ausgemustert und setzt stattdessen auf die Cloud und das Synchronisieren von Benutzerdaten über ein Microsoft-Konto.

HINWEIS

35.1 Komplette Benutzerkonten und persönliche Daten mitnehmen

Um ein Benutzerkonto zum neuen Windows mitzunehmen, gibt es verschiedene Möglichkeiten. Die Universallösung EasyTransfer steht leider nicht mehr zur Verfügung (siehe Hinweiskasten), sodass Sie prüfen müssen, welche Variante für Sie infrage kommt.

Windows 7 und 8: Upgrade-Installation

Die einfachste Möglichkeit, vorhandene Konten, Daten und Apps in Windows 10 weiterhin zu nutzen, ist eine Upgrade-Installation von Windows 7 bzw. 8. Dabei bleiben persönliche Einstellungen und Daten weitestgehend erhalten. Die Upgrade-Installation funktioniert aber eben nur, wenn Sie ein vorhandenes Windows auf demselben PC in ein aktuelles umwandeln. Die Vorgehensweise ist auf Seite 686 beschrieben.

Windows 8: Migration per Microsoft-Konto

Wenn Sie Daten von einem PC zum anderen mitnehmen möchten, können Sie sich bei Windows 8 (und selbstverständlich auch 8.1) die Synchronisierungsfunktionen eines Microsoft-Kontos zunutze machen. Die Strategie dafür sieht so aus:

1. Wenn Sie auf dem alten PC bislang ein lokales Konto verwenden, wandeln Sie dieses in ein Microsoft-Konto um. Sollten Sie noch kein Microsoft-Konto haben, können Sie für diesen Zweck kostenlos eines anlegen.

2. Legen Sie gegebenenfalls in den PC-Einstellungen unter *OneDrive/Synchronisierungseinstellungen* fest, welche Daten synchronisiert werden sollen.

3. Dokumente, die Sie auf dem neuen PC weiternutzen möchten, können Sie im OneDrive-Cloudspeicher sichern. Sollten die Datenbestände sehr umfangreich sein, können Sie aber am besten mit einer lokalen Kopie arbeiten.

4. Geben Sie beim neuen PC am besten direkt bei der Installation dasselbe Microsoft-Konto an. Sie können aber auch hier ein vorhandenes lokales Konto auf dieses Microsoft-Konto umstellen. Die Einstellungen und Apps werden nun auf den neuen PC übernommen. Dokumente lassen sich von OneDrive wieder herunterladen.

5. Anschließend können Sie das Benutzerkonto wieder zu einem lokalen Konto machen, wenn Sie dies bevorzugen.

Versionen vor Windows 7: leider nur über Umwege

Ein Upgrade von Windows Vista oder älter auf das aktuelle Windows ist nicht vorgesehen. Demzufolge lassen sich Benutzerkonten von diesen Windows-Versionen auch nicht einfach übernehmen. Wer von Windows XP oder Vista umsteigen möchte, sollte sich aber Folgendes überlegen:

- Windows 7 und 8 sind Upgrade-berechtigt.

- Vista und Windows XP lassen sich auf Windows 7 bzw. Windows 8 upgraden.

- Lizenzen für Windows 7 und Windows 8 sind günstiger zu bekommen als Lizenzen für das aktuelle Windows.

Daraus lässt sich folgende Strategie ableiten, zumindest solange das Upgrade von Windows 7 und 8 auf Windows 10 kostenlos bleibt:

1. Kaufen Sie eine günstige Windows-7-Lizenz, beispielsweise eine Systembuilder- oder OEM-Lizenz.

2. Aktualisieren Sie damit Ihr älteres Windows-System per Upgrade-Installation auf Windows 7.

3. Nehmen Sie dann das kostenlose Upgrade auf Windows 10 in Anspruch und aktualisieren Sie die Windows-7-Zwischenversion wiederum per Upgrade auf Windows 10.

So erhalten Sie nicht nur Windows 10 zum günstigen Preis von Windows 7, sondern können auch Ihr vorhandenes Benutzerkonto mitsamt persönlichen Daten zu Windows 10 mitnehmen. Vielleicht ist Ihnen das den Aufwand einer zusätzlichen Upgrade-Installation ja wert?

Persönliche Ordner und Dateien auf das neue System übertragen

Bei einer Upgrade-Installation (siehe die vorhergehenden Abschnitte) bleiben die persönlichen Ordner und Dateien erhalten. Wenn kein solches Upgrade möglich ist, müssen Sie selbst für das Migrieren Ihrer persönlichen Daten sorgen. Möglicherweise erstellen Sie ja ohnehin Sicherungskopien Ihrer Daten? Dann können Sie diese auch im neuen Windows wieder einspielen.

Ansonsten finden Sie alle Ihre persönlichen Daten unter *C:\Users\<Ihr Benutzername>*. Alles, was hier liegt, können Sie beispielsweise auf eine externe USB-Festplatte oder einen Netzwerkspeicher kopieren. Nach der Installation des neuen Windows spielen Sie diese Daten einfach wieder zurück. Das macht zwar etwas Mühe, gleichzeitig haben Sie aber eine Sicherheitskopie der Daten, falls bei der Umstellung etwas schiefgehen sollte. Hinweise zum Sichern und Wiederherstellen Ihrer Daten mit Bordmitteln finden Sie ab Seite 246.

35.2 Einstellungen und Daten ganz einfach mit Bordmitteln übernehmen

Wenn es nur darum geht, ganz gezielt bestimmte Einstellungen und Daten vom alten System mit umzuziehen, führen Bordmittel oft schneller, einfacher und direkter zum Ziel. Im Folgenden stelle ich Ihnen einfache Lösungen vor, wie Sie wichtige Einstellungen und Daten wie Favoriten, Kontakte oder E-Mails und Mailkonten ganz einfach von einem zum anderen Windows-PC mitnehmen können.

Die Favoriten vom alten Internet Explorer mitnehmen

Wenn Sie sich mit dem alten Internet Explorer schon eine umfangreiche Favoritensammlung zugelegt haben, möchten Sie mit den Favoriten beim neuen Webbrowser vermutlich nicht gern wieder bei null anfangen. Das ist auch nicht nötig, denn Sie können die gespeicherten Favoriten übernehmen. Speichern Sie zunächst die Favoriten des Internet Explorer in einer Datei:

1. Starten Sie den Internet Explorer unter dem alten Windows und wählen Sie die Menüfunktion *Datei/Importieren und Exportieren*.

2. Klicken Sie auf *Weiter* und wählen Sie dann *In Datei exportieren*.

3. Wählen Sie dann aus, welche Elemente Sie exportieren möchten. Neben den Favoriten können Sie auch Feeds und Cookies zum neuen Windows mitnehmen.

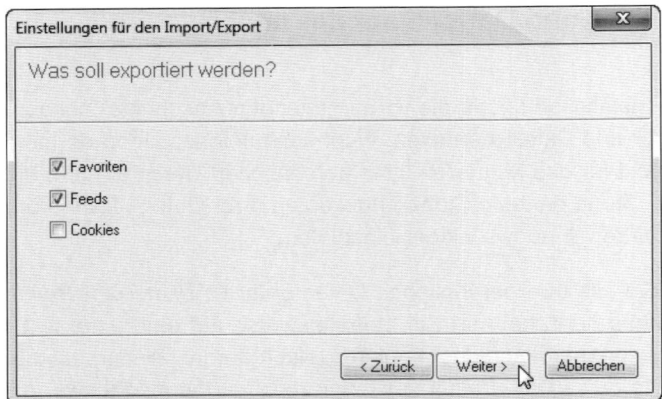

4. Wählen Sie den zu exportierenden Favoriten-ordner aus. Um alle gespeicherten Adressen zu exportieren, belassen Sie es einfach ganz oben bei *Favoriten*. Sie können aber auch einzelne Unterordner der Lesezeichen auswählen.

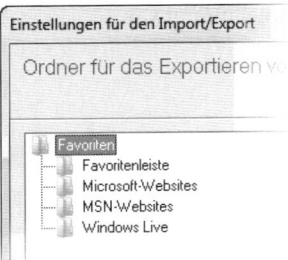

5. Geben Sie im anschließenden Dialog den Speicherort für die Exportdatei an.

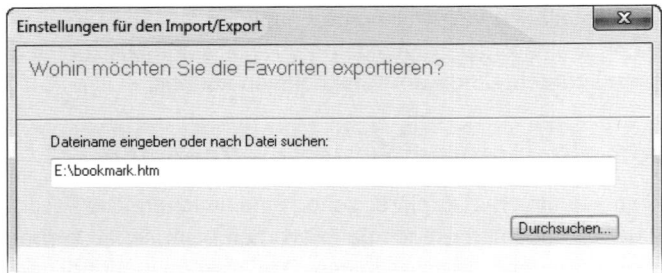

6. Klicken Sie dann unten auf *Weiter* und schließlich auf *Exportieren*, um die Exportdatei zu erstellen. Übertragen Sie diese anschließend zum Windows-8-PC, z. B. per USB-Stick oder CD-R oder auf direktem Weg über ein Netzwerk.

Die gesicherten Favoriten im neuen Windows einlesen

Beim neuen Windows kann der Edge-Browser mit den gesicherten Internet-Explorer-Favoriten erst mal nichts anfangen. Aber der Internet Explorer ist ja noch an Bord. Im ersten Schritt importieren Sie die Favoriten deshalb in den Internet Explorer. Von dort können Sie sie dann in einem zweiten Schritt in den Edge-Browser übernehmen.

1. Starten Sie den Internet Explorer über das Startmenü (unter *Windows-Zubehör*).

2. Blenden Sie im Internet Explorer die Menüzeile ein (z. B. mit ⸤Alt⸥) und wählen Sie *Datei/Importieren und Exportieren*. Wählen Sie im ersten Schritt *Aus Datei importieren*.

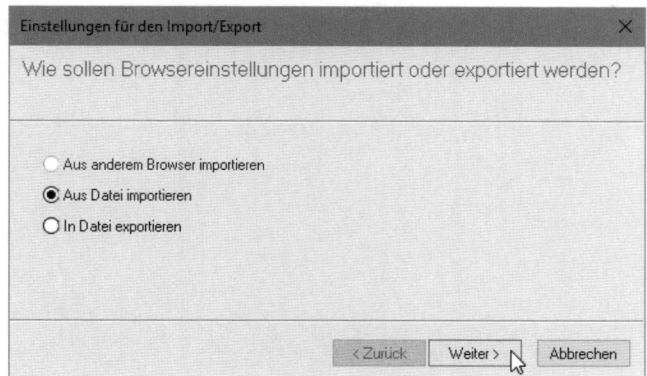

3. Wählen Sie dann aus, dass *Favoriten* importiert werden sollen. Für andere Arten von Browserdaten wählen Sie die entsprechende Option.

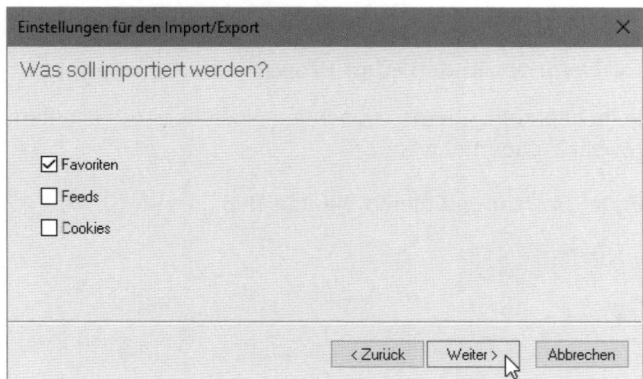

4. Geben Sie im Dialog mit *Durchsuchen* die Position der gespeicherten Favoriten-datei an.

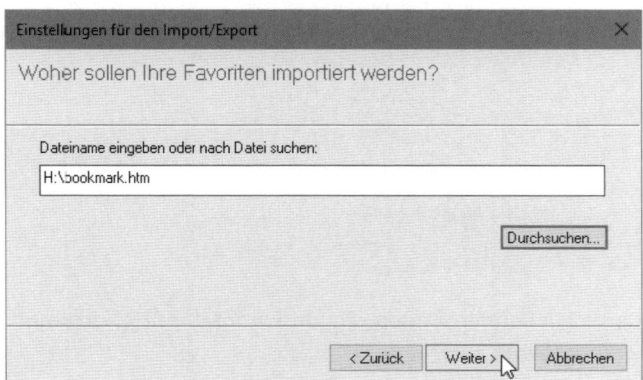

5. Wählen Sie dann, ob die zu importierenden Favoriten in einem bestimmten Lesezeichenordner eingefügt werden sollen. Mit *Favoriten* werden sie einfach mit in den Hauptordner integriert.

6. Klicken Sie unten auf *Importieren* und schließlich auf *Fertig stellen*, um die Übernahme der Favoriten abzuschließen. Sie können den Internet Explorer nun schließen.

Die Internet-Explorer-Favoriten in den Edge-Browser übernehmen

Nun brauchen Sie die im Internet Explorer „zwischengespeicherten" Favoriten nur noch in den Edge-Browser zu übernehmen:

1. Starten Sie den Edge-Browser und öffnen Sie den Hub.

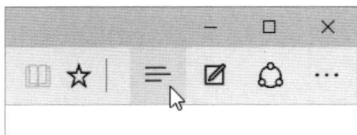

2. Wechseln Sie darin in die Rubrik *Favoriten* und klicken Sie dort oben rechts auf *Favoriten importieren*.

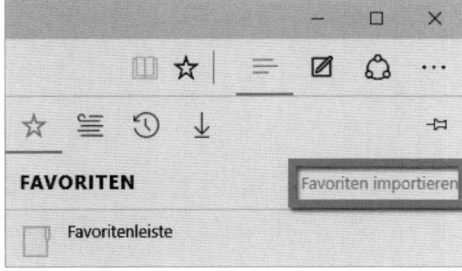

3. Aktivieren Sie im anschließenden Dialog die Option *Internet Explorer* und klicken Sie dann auf *Importieren*.

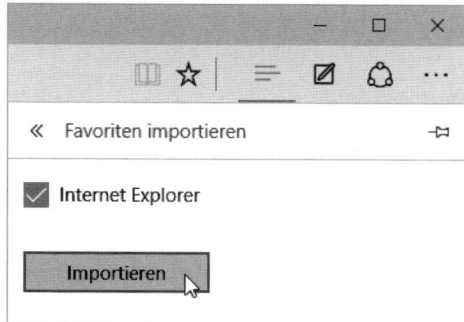

4. Der Edge-Browser liest nun die Favoriten des Internet Explorer ein und übernimmt sie dauerhaft in seine eigene Sammlung.

Die alte Mailbox bei Windows Live Mail weiterverwenden

Outlook Express bzw. Windows Mail speichert E-Mail-Nachrichten in einem anderen Format als Windows Live Mail. Ein einfaches „Übernehmen" der Maildateien ist
deshalb nicht möglich. Sie können die alten Maildaten aber in Windows Live Mail
importieren. Dazu müssen Sie zunächst die Mailordner im alten Windows lokalisieren und die darin enthaltenen Dateien auf das neue System übertragen.

Ich zeige die Vorgehensweise am Beispiel von Outlook Express unter Windows XP;
unter Windows Vista und Windows Mail funktioniert es dementsprechend.

1. Starten Sie Outlook Express und rufen Sie die Menüfunktion *Extras/Optionen*
auf.

2. Wechseln Sie dort zur
Registerkarte *Wartung*.

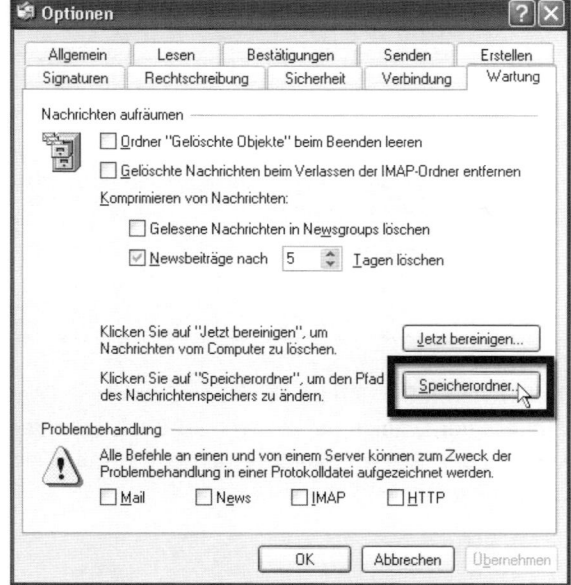

3. Klicken Sie hier unten
rechts auf die Schaltflä-
che *Speicherordner*.

4. Im anschließenden Dialog sehen Sie den exakten Pfad des Ordners, in dem Outlook Express Ihre Mailordner und Nachrichten speichert.

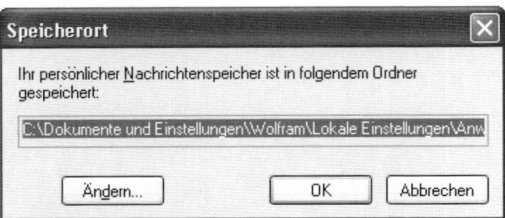

5. Markieren Sie diese Zeile mit der Maus und drücken Sie [Strg]+[C], um den Pfad in der Zwischenablage zu speichern.

6. Brechen Sie dann die Einstellungsdialoge ab und beenden Sie Outlook Express.

7. Öffnen Sie mit *Start/Ausführen* den *Ausführen*-Dialog und fügen Sie den Pfad aus der Zwischenablage hier mit [Strg]+[V] ein. Klicken Sie dann auf *OK*.

8. Damit öffnen Sie im Windows-Explorer exakt den Ordner mit Ihren Outlook-Express-Nachrichten.

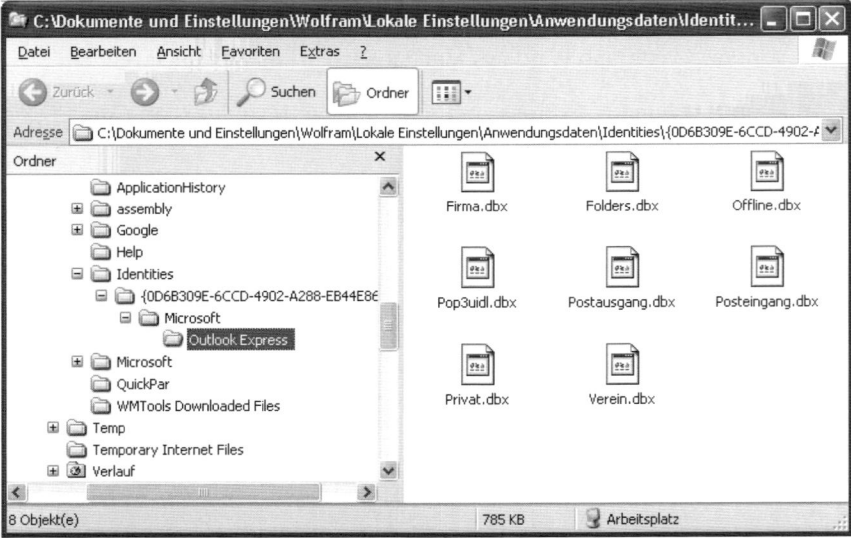

Transferieren Sie den Inhalt dieses Ordners auf das neue System, z. B. durch das Sichern der Dateien auf einem USB-Stick oder das Übertragen via Netzwerk. Der Umfang der Dateien hängt davon ab, wie viele Nachrichten Sie unter Outlook Express gespeichert haben.

Nachrichten und Konten von einem Windows Live Mail zum anderen übertragen

Wenn Sie unter Ihrem alten Windows bereits mit Windows Live Mail gearbeitet haben, können Sie alle Ihre dort gesammelten Nachrichten und Mailkonten komfortabel zum neuen Windows umziehen und dort nahtlos weiterverwenden.

1. Klicken Sie im „alten" Windows Live Mail im Startmenü auf *E-Mail exportieren* und dann auf *E-Mails*.

2. Wählen Sie im nächsten Schritt *Microsoft Windows Live Mail* als Zielformat aus.

3. Geben Sie dann den Ordner an, in dem Sie Ihre Mails für den Transfer zwischenspeichern möchten. Klicken Sie auf *Weiter*.

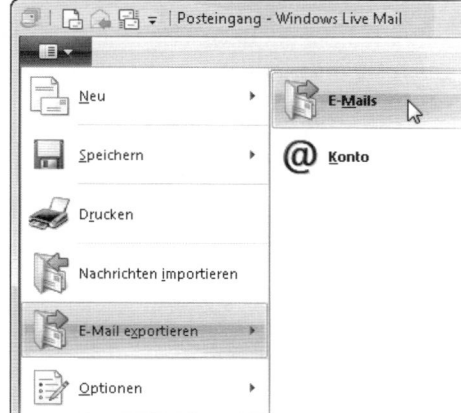

4. Nun können Sie noch exakt die Ordner auswählen, die transferiert werden sollen. Mit *Alle Ordner* erwischen Sie alle Nachrichten einschließlich der gelöschten, der Entwürfe etc. Alternativ klicken Sie auf *Ausgewählte Ordner* und markieren dann nur die Postfächer, die gespeichert werden sollen.

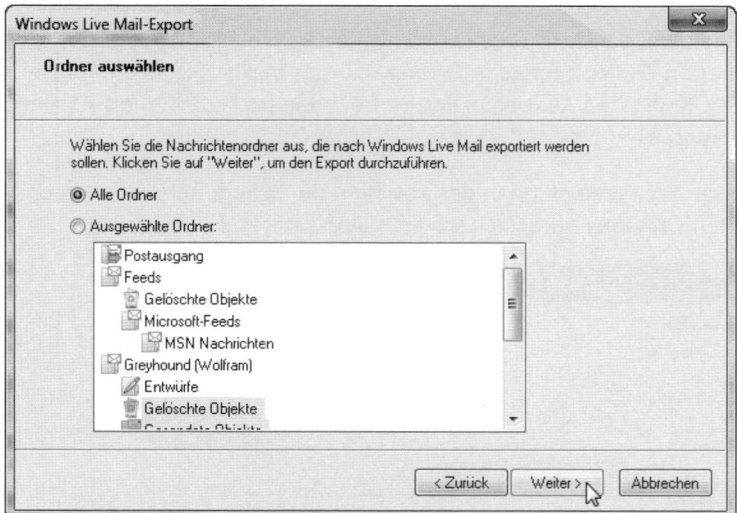

5. Mit einem Klick auf *Weiter* werden die Exportdaten dann auch schon erstellt.

Auf die gleiche Weise können Sie ebenfalls Ihre E-Mail-Konten übertragen, wenn Sie zu Beginn im Startmenü von Windows Live Mail *E-Mail exportieren/Konto* wählen.

Gesicherte Mailboxen in Windows Live Mail weiterverwenden

Da Windows Live Mail ein eigenes anderes Format zum Speichern von E-Mails verwendet, ist es mit einem einfachen Kopieren der Mailbox-Dateien nicht getan. Allerdings verfügt Windows Live Mail über eine Importfunktion. Diese kann Nachrichten im eigenen Format, aber auch im Format der „Vorgänger" Outlook Express und Windows Mail und in seine eigenen Mailordner einfügen.

1. Starten Sie Windows Live Mail und rufen Sie die Menüfunktion *Datei/Nachrichten importieren* auf.

2. Wählen Sie im ersten Schritt des Importdialogs das Format aus, in dem Ihre gesicherten Nachrichten vorliegen.

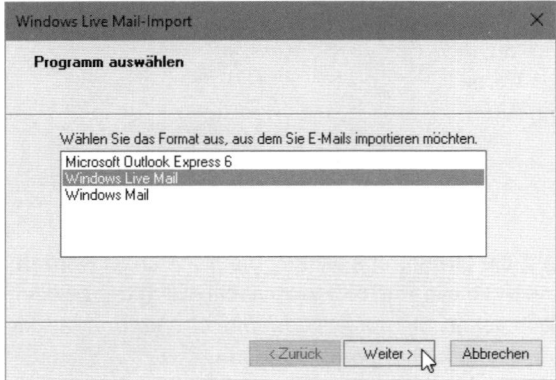

3. Klicken Sie dann auf *Durchsuchen* und navigieren Sie im Auswahldialog zu dem gespeicherten Outlook-Express-Ordner mit den Mailbox-Dateien. Klicken Sie unten auf *OK*, um den Auswahldialog zu beenden und zum Import-Assistenten zurückzukehren.

4. Im nächsten Schritt zeigt Ihnen der Assistent die Mailordner an, die in den gespeicherten Outlook-Express-Daten enthalten sind.

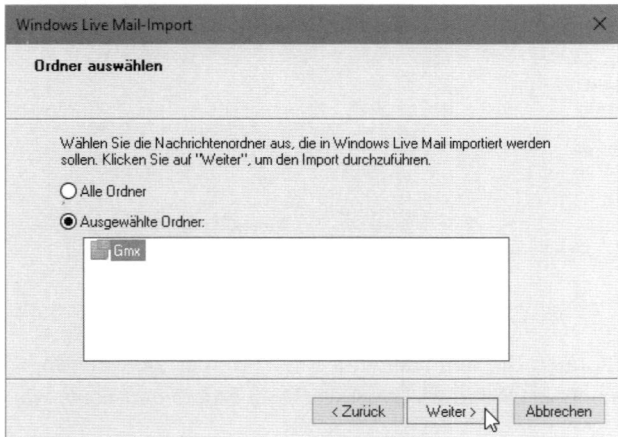

Sie können nun wählen, ob Sie alle Ordner oder nur ausgewählte Ordner in Windows Live Mail einfügen wollen. Im letzteren Fall markieren Sie im Auswahlfeld alle Nachrichtenordner, die Sie transferieren wollen. Dies gibt Ihnen die Gelegenheit, womöglich nicht benötigte Ordner wie *Entwürfe* oder *Gelöschte Objekte* gleich loszuwerden.

5. Klicken Sie dann unten auf *Weiter*, um den eigentlichen Importvorgang zu beginnen. Dieser kann je nach Umfang der Nachrichtenordner ein wenig dauern. Schließen Sie den Assistenten nach Abschluss mit *Fertig stellen*.

6. Wenn Sie nun Windows Mail starten, finden Sie Ihre alten Outlook-Express-Mailordner direkt in der Ordnerliste wieder. Hier sind sie zunächst unter *Importierte Ordner* zusammengefasst. Sie können die Mailboxen nun aber auch an beliebige andere Stellen Ihrer Mailordnerstruktur verschieben und genauso wie die Original-Nachrichtenordner von Windows Live Mail verwenden.

E-Mail-Konteneinstellungen vom alten Mailprogramm übernehmen

Neben den Nachrichten gehören die E-Mail-Konten zu den wichtigsten Aspekten bei der elektronischen Briefpost. Freilich können Sie die Zugangsdaten zu Ihrem Postfach bei Windows Live Mail auch wieder von Hand einrichten. Aber womöglich haben Sie gerade nicht mehr alle Angaben zur Hand. Außerdem ist das Übertragen der Daten komfortabler und weniger fehleranfällig.

1. Öffnen Sie im alten Mailprogramm die Konten-Einstellungen und wählen Sie hier das E-Mail-Konto aus, das Sie transferieren wollen.

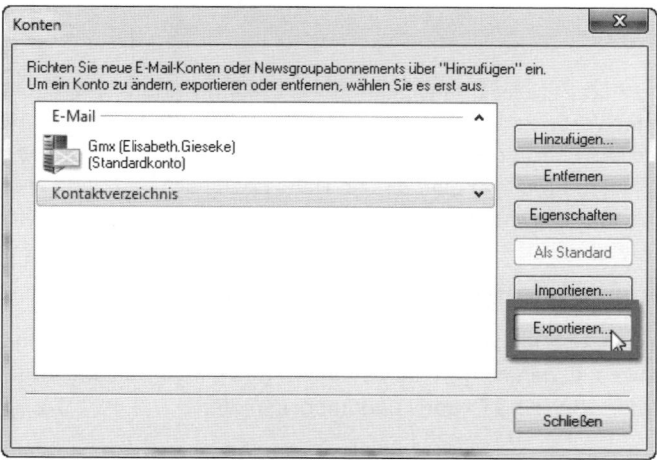

2. Klicken Sie dann auf die Schaltfläche *Exportieren*.

3. Geben Sie einen Namen und einen Speicherort für die Datei mit den Kontoeinstellungen an und speichern Sie diese. Transferieren Sie diese Datei dann auf das neue System.

4. Starten Sie dort Windows Live Mail und öffnen Sie hier mit *Datei/Optionen/E-Mail-Konten* die Kontoeinstellungen.

5. Klicken Sie rechts auf die *Importieren*-Schaltfläche.

6. Geben Sie im anschließenden Dialog den Speicherort der Datei mit den Kontoeinstellungen an und öffnen Sie diese.

7. Direkt im Anschluss finden Sie das importierte Konto in den Kontoeinstellungen von Windows Live Mail vor. Sollte beim Importieren eine unpassende Bezeichnung für das Konto ausgewählt werden, können Sie das schnell ändern, indem Sie die Einstellungen mit einem Doppelklick öffnen und die Bezeichnung auf der Registerkarte *Allgemein* ändern.

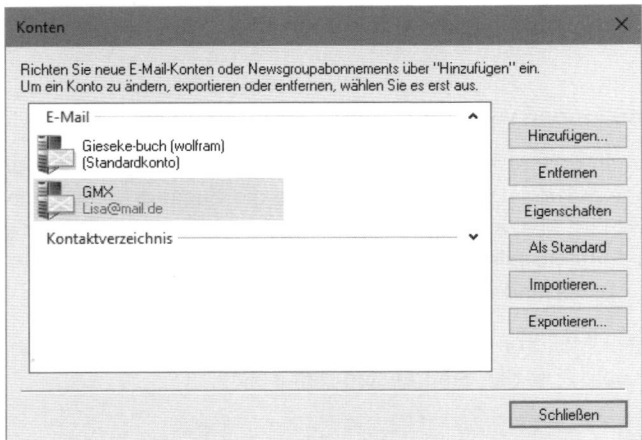

Auf diese Weise können Sie alle E-Mail-Konten nach Windows Live Mail übertragen. Leider muss der Vorgang auch bei mehreren E-Mail-Konten für jedes Konto einzeln durchgeführt werden. Sie können aber zunächst mit Outlook Express bzw. Windows Mail alle Konten jeweils in eine eigene Datei speichern und dann alle diese Dateien nacheinander in Windows Live Mail importieren.

Importieren Sie Mail-Kontakte ins neue System

Wenn Sie bereits zahlreiche Mailadressen auf einem alten Rechner gesammelt haben, möchten Sie diese sicherlich gern im neuen Windows weiternutzen. Windows Live Mail verfügt dafür über eine Export- und Importfunktion.

Kontakte online synchronisieren

Wenn Sie bislang schon Windows Live Mail verwendet und mit einem Microsoft-Konto verknüpft haben, werden Ihre Kontakte ohnehin automatisch mit dem Microsoft-Server synchronisiert. In diesem Fall brauchen Sie nur Windows Live Mail oder auch eine andere App mit demselben Microsoft-Konto zu verbinden. Nach dem ersten Synchronisieren liegen Ihre Kontakte dann sofort wieder vor. Der Vorteil dieser Vorgehensweise ist überdies, dass die mit dem Microsoft-Konto verbundenen Daten automatisch auch in anderen Apps vorliegen, etwa in der Kontakte- und der Mail-App.

HINWEIS

Der erste Schritt für die Adressdatenübernahme ist das Exportieren des Adressbuches in eine kompakte Datei, die Sie auf das neue System übertragen können.

1. Starten Sie auf dem alten PC Windows Live Mail und wechseln Sie unten rechts zu den Kontakten.

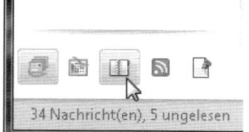

2. Wählen Sie dann oben in der Multifunktionsleiste im Bereich *Extras* das Symbol *Exportieren* und in dessen Untermenü *Kommagetrennte Werte (.CSV)*.

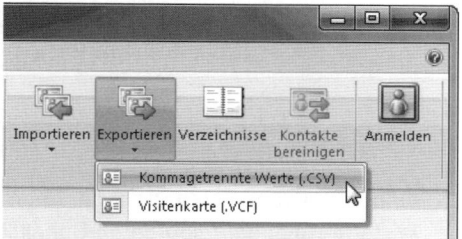

3. Geben Sie im anschließenden Dialog einen Dateinamen und einen Speicherort für die Exportdatei an und klicken Sie auf *Speichern*.

4. Nun können Sie noch wählen, welche Informationen genau exportiert werden sollen. In der Regel können Sie hier aber einfach die Standardeinstellungen beibehalten.

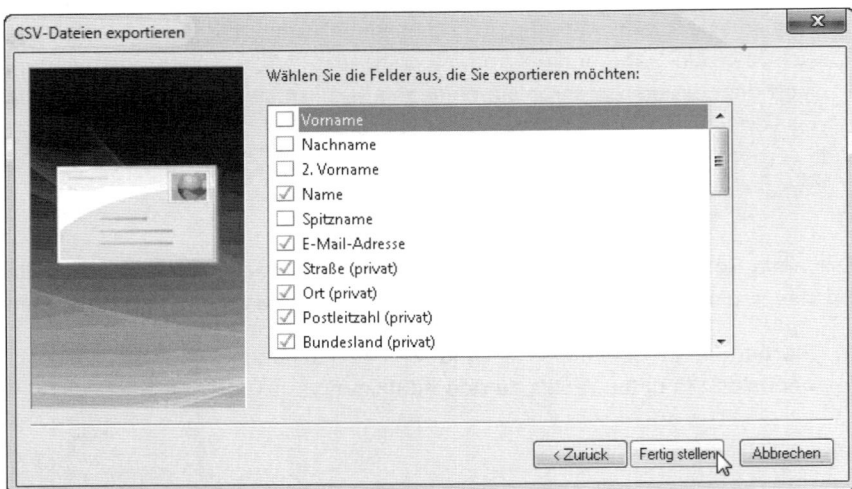

5. Die Exportdatei wird nun am gewählten Speicherort erstellt. Übertragen Sie diese beispielsweise per USB-Stick auf Ihr neues System.

Haben Sie die Adressbuchdatei auf das Zielsystem übertragen, können Sie die Adressen dort wieder in Windows Live Mail übernehmen:

1. Öffnen Sie auch hier wie beschrieben Kontakte und wählen Sie in der Symbolleiste diesmal die *Importieren*-Schaltfläche. Wichtig: Die Auswahl des Formats muss zur erstellten Exportdatei passen. Für den Transfer von Windows Live Mail zu Windows Live Mail also wieder *Kommagetrennte Werte (.CSV)*. Haben Sie bei einer älteren Windows-Version das Adressbuch als WAB-Datei exportiert, können Sie dieses auch hier einlesen.

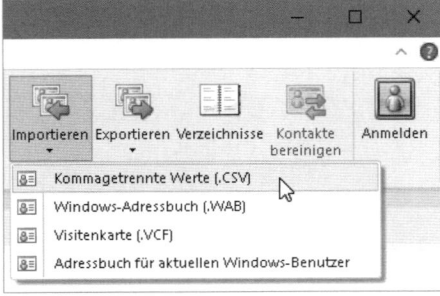

2. Wählen Sie im anschließenden Dialog die Exportdatei beispielsweise auf einem USB-Stick aus, in der Sie die Adressen des alten Systems gespeichert hatten.

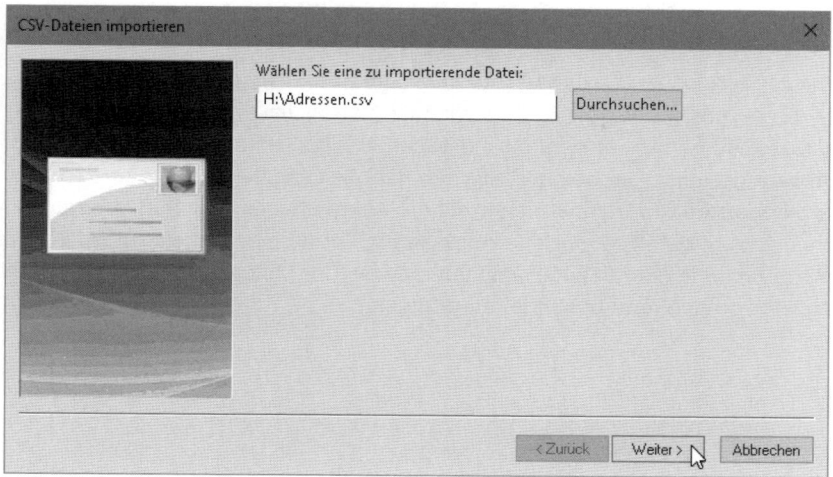

3. Auch beim Import können Sie die einzulesenden Datenfelder gegebenenfalls anpassen. In der Regel sollte das aber nicht notwendig sein. Klicken Sie also einfach auf *Fertig stellen*.

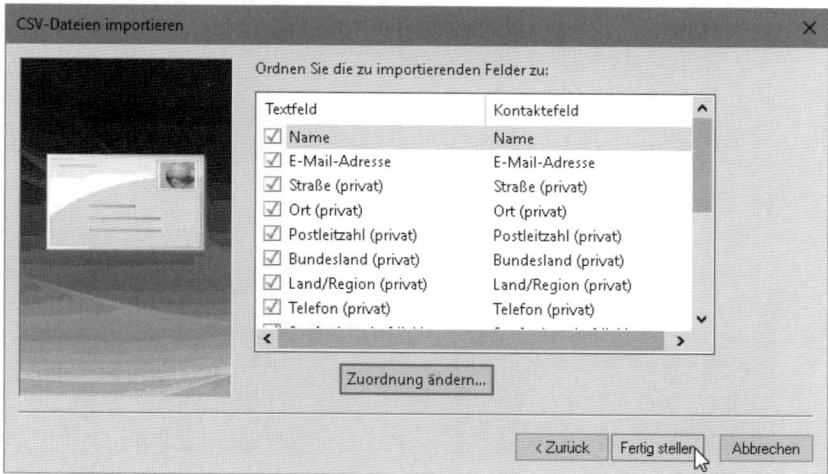

4. Die Daten werden dann eingelesen und verarbeitet. Anschließend stehen Ihnen die alten Kontakte im neuen Windows wieder zur Verfügung.

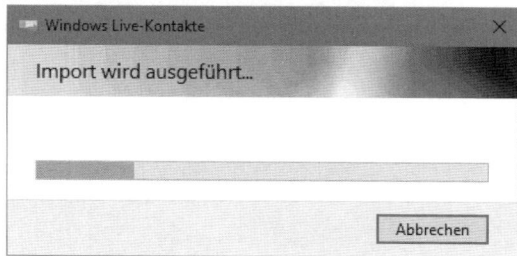

Adressdaten von beliebigen anderen Anwendungen importieren

Wenn Sie bislang ein anderes Programm zum Adressensammeln verwendet haben, können Sie über dessen Exportfunktion ebenfalls eine Adressdatei erstellen. Das CSV-Format, in dem die Adressen in einer einfachen Textdatei, durch Kommata getrennt, gespeichert werden, ist der kleinste gemeinsame Nenner, den die meisten Programme beherrschen. Alternativ bietet sich auch das VCF-Format an, mit dem Sie einzelne Adressen in Form einer virtuellen Visitenkarte speichern und in die Kontakte einfügen können. Der Import in Windows Live Mail kann wie vorangehend beschrieben erfolgen.

36 Die Leistung Ihres Windows-Systems analysieren, bewerten und verbessern

Ein PC und sein Betriebssystem können nie schnell genug sein. Dies gilt auch für das aktuelle Windows, auch wenn es im Vergleich zu seinen Vorgängern Windows 7 und 8 im Hardwarehunger eher unverändert ist. Im Vergleich zu älteren Windows-Versionen wie Windows XP aber stellt das aktuelle Windows deutlich mehr Ansprüche an die Hardwareausstattung. Aber Sie können auch selbst eingreifen, um die Performance Ihren Ansprüchen anzupassen. Windows bringt verschiedene Funktionen zum Analysieren und Bewerten der Leistung sowie zum Optimieren wichtiger Komponenten mit.

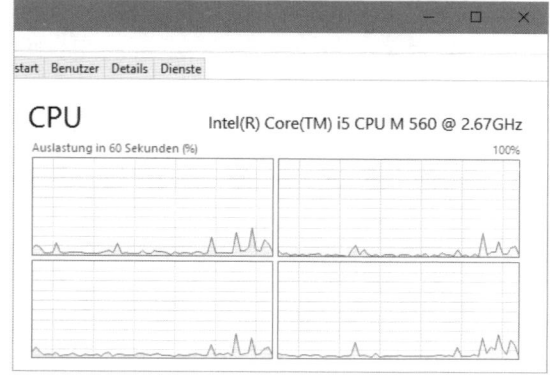

36.1 So läuft Windows auch auf älteren PCs richtig flott

Auf älteren PCs oder auf den beliebten, aber mit etwas schwachbrüstiger Hardware ausgestatteten Tablets oder Netbooks läuft das neue Windows eventuell nur behäbig. Durch das Optimieren der Systemleistung können Sie aber auch hier eine akzeptable Performance erzielen. Das bedeutet, auf den einen oder anderen visuellen Effekt zu verzichten oder auch eher selten genutzte Funktionen zu deaktivieren. Dafür können Sie aber insgesamt flüssiger und komfortabler arbeiten. Mit ein wenig Selbstversuch lässt sich im Zweifelsfall eine gute Balance zwischen Geschwindigkeit und Komfort finden.

Sparen Sie Leistung durch das Reduzieren aufwendiger Grafikeffekte

Auch wenn die neue Windows-Oberfläche im Vergleich zu den Vorgängern simpler und geradliniger wirkt, sorgen doch viele Funktionen für ein dynamisches und optisch attraktives Erscheinungsbild. Solche Effekte lassen sich aber reduzieren, wenn sie nur schwerfällig ablaufen und die Arbeit eher behindern oder wenn der PC insgesamt zu unterdimensioniert für das Darstellen aller Effekte ist.

1. Öffnen Sie in der klassischen Systemsteuerung den Bereich *System und Sicherheit* und wählen Sie darin das Modul *System* aus. In der klassischen Ansicht der klassischen Systemsteuerung finden Sie dieses Element direkt.

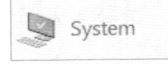

2. Klicken Sie im *System*-Modul am linken Rand auf *Erweiterte Systemeinstellungen*.

3. Klicken Sie im so geöffneten Menü auf der Registerkarte *Erweitert* oben im Bereich *Leistung* auf die Schaltfläche *Einstellungen*.

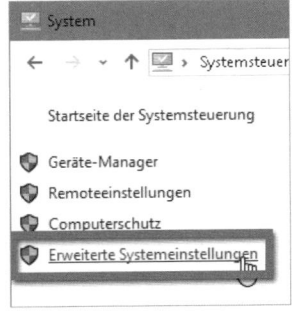

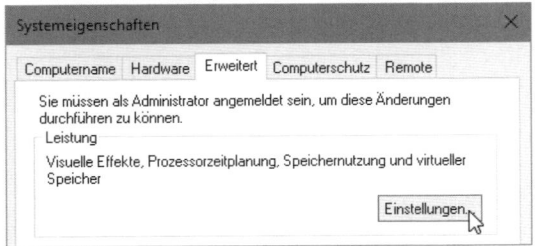

4. Damit öffnen Sie das Menü für die Leistungsoptionen. Hier können Sie auf der Registerkarte *Visuelle Effekte* im oberen Bereich z. B. pauschal *Für optimale Leistung anpassen* auswählen. Damit schalten Sie sämtliche in der Liste aufgeführten visuellen Effekte ab.

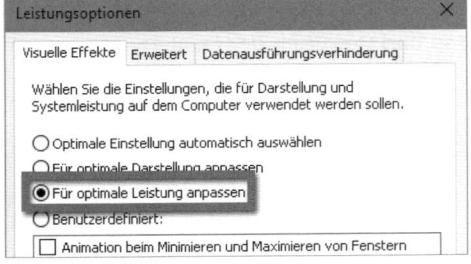

5. Alternativ gehen Sie die Liste aller Optionen durch und suchen sich gezielt diejenigen aus, auf die Sie verzichten können. Die Bezeichnungen sind meist selbsterklärend. Auch hier helfen ein paar Selbstversuche, festzustellen, welche Funktionen nun einen spürbaren Unterschied in der Leistung bewirken.

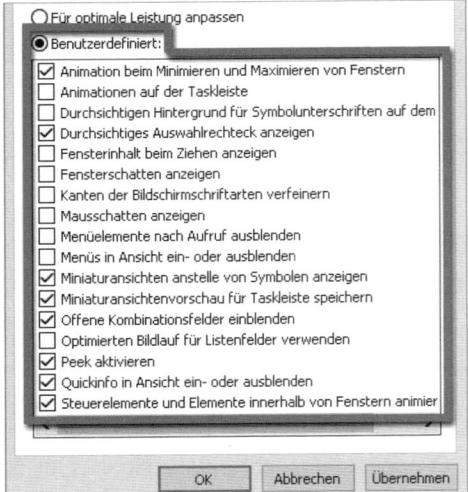

Mehr freien Speicher durch Verzicht auf unnötige Windows-Komponenten

Alle Editionen von Windows bringen eine Vielzahl von Komponenten und Diensten mit, die nicht unbedingt für jeden Benutzer erforderlich sind. Sie alle kosten aber Speicherplatz sowie teilweise auch Startzeit und Performance. Es kann deshalb nicht schaden, die Liste einmal durchzugehen und unnötige Systemkomponenten zu deinstallieren.

1. Öffnen Sie in der klassischen Systemsteuerung das Modul *Programme und Features*. In der Kategorie-Ansicht finden Sie diese Funktion unter *Programme/Programme und Features*.

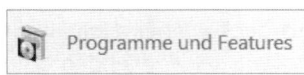

2. Wählen Sie im anschließenden Menü am linken Rand *Windows-Features aktivieren oder deaktivieren*. Warten Sie dann, bis sich das Menü gefüllt hat. Windows überprüft dazu, welche der Optionen bereits installiert sind. Diese werden in der Liste jeweils mit einem Häkchen versehen.

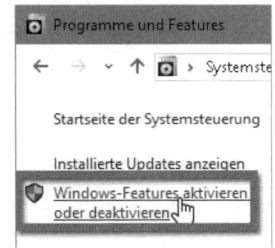

3. Nun können Sie die Liste durchgehen und schauen, welche der installierten Zusatzkomponenten Sie nicht benötigen. Entfernen Sie bei dem entsprechenden Listeneintrag das Häkchen.

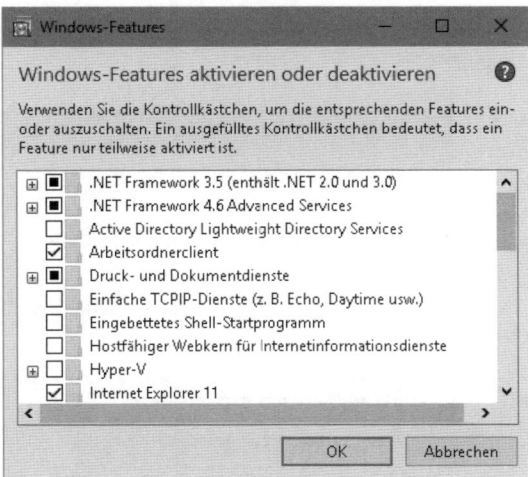

4. Haben Sie Ihre Auswahl an zu deinstallierenden Komponenten getroffen, klicken Sie unten auf *OK*. Windows nimmt dann die Änderungen an seiner Konfiguration vor. Je nach Umfang kann dies einige Minuten dauern.

Welche Komponenten sind verzichtbar?

Die meisten privaten Windows-Nutzer können bei *Druck- und Dokumentdienste* auf einen Internetdruckclient verzichten. Hyper-V (sofern vorhanden) ist nur notwendig, wenn Sie Virtualisierungsfunktionen nutzen möchten. Wenn Sie auf den mit Windows ausgelieferten Windows Media Player verzichten können, entfernen Sie das gleichnamige Häkchen unter *Medienfeatures*. Auch die XPS-Funktionen oder die Druckausgabe in PDF wird nicht jedermann benötigen, insbesondere da man dafür auch alternative Software einsetzen kann. Man sollte es mit dem Abspecken aber auch nicht übertreiben: Das .NET-Framework oder die Windows PowerShell verwenden Sie persönlich vielleicht nicht. Es sind aber Umgebungen, die von anderen Programmen oder Setup-Assistenten vorausgesetzt werden. Da könnte das Deinstallieren also zu Problemen führen. Sie können aber ohnehin alle diese Entscheidungen jederzeit rückgängig machen, indem Sie das entsprechende Häkchen einfach wieder eintragen.

Die Dateianzeige im Windows-Explorer spürbar beschleunigen

Windows zeigt bei jeder sich bietenden Gelegenheit eine Miniaturansicht von Dateien. Das ist auch keine schlechte Sache, kann aber das Arbeiten ausbremsen. Wer schon mal auf leistungsschwächeren Rechnern umfangreichere Bildordner oder Verzeichnisse mit großen Videodateien geöffnet hat, kennt die Zwangspausen, die man bis zum Anzeigen aller Miniaturansichten ertragen muss. Neben dem Wechsel der Ansicht zu einer ohne Miniaturansichten (z. B. Details, Liste oder kleine Symbole) können Sie die zeitraubende Miniaturansicht auch ganz deaktivieren.

1. Starten Sie den Windows-Explorer und öffnen Sie in den Optionen (Kategorie *Ansicht*) die Registerkarte *Ansicht*.

2. Suchen Sie hier in der Liste der Einstellungen etwa in der Mitte die Option *Immer Symbole statt Miniaturansichten anzeigen* und aktivieren Sie diese.

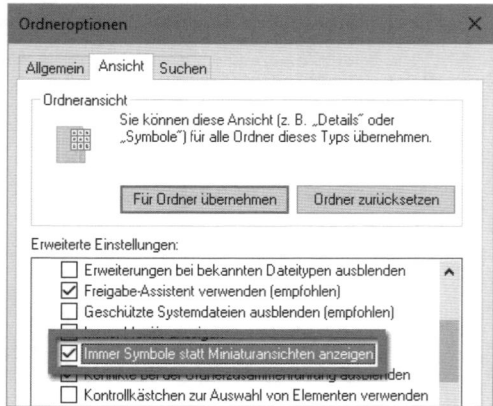

3. Klicken Sie unten auf *OK*, um die Einstellung zu aktivieren. Windows zeigt nun in allen Ansichten grundsätzlich nur ein Symbol gemäß dem Dateityp und verzichtet auf die Minivorschau.

36.2 So verrät Ihnen der neue Task-Manager endlich alle Systemdetails

Der Task-Manager gehört schon seit den frühen Anfängen zum Windows-Betriebssystem und hat in all den Jahren nur relativ selten Neuerungen erfahren. Seit Windows 8 aber hat Microsoft dieses wichtige Tool erheblich aufgewertet, sowohl optisch als auch im Funktionsumfang. Die alten Funktionen sind dabei erhalten geblieben und lassen sich auch (fast) genauso bedienen. Zusätzlich aber beinhaltet der Task-Manager nun weitere Informationen und Möglichkeiten, sodass er sich zur Informations- und Steuerzentrale für die Systemperformance mausert und zahlreiche Ausflüge in verschachtelte Systemmenüs überflüssig macht.

Den Task-Manager jederzeit schnell aufrufen

Wenn Sie von Windows XP kommen, sind Sie vielleicht noch an den traditionellen Windows-Griff (Strg)+(Alt)+(Entf) gewöhnt, um den Task-Manager zu starten. Der bringt aber schon seit Windows Vista „nur" einen Verwaltungsbildschirm hervor, auf dem Sie dann in einem zweiten Schritt (unter anderem) den Task-Manager auswählen können. Schneller geht es auf anderen Wegen:

- Wenn Sie ein einprägsames Tastenkürzel bevorzugen, gewöhnen Sie sich an (Strg)+(⇧)+(Esc).

- Mit einem Rechtsklick auf einen freien Bereich der Startleiste können Sie *Task-Manager* im Kontextmenü auswählen.

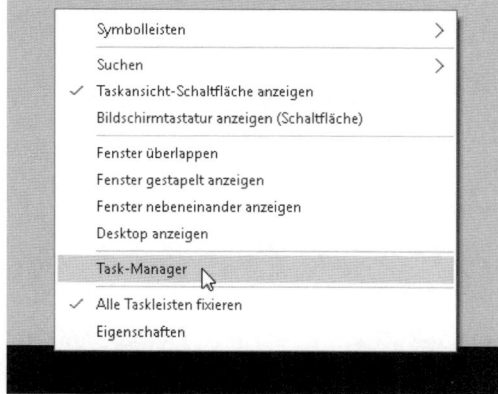

- Tippen Sie im Startmenü *task* ein. Dann können Sie links *Task-Manager* auswählen.

Egal, welche Variante Sie wählen, der Task-Manager präsentiert sich beim ersten Start zunächst in seiner minimalistischen Variante, wo er einfach nur die laufenden Apps anzeigt, wobei Desktop- und Touch-Apps gleichberechtigt behandelt werden. Hier können Sie nur eine der Apps auswählen, beispielsweise wenn sie nicht mehr auf Eingaben reagiert, und mit der Schaltfläche unten rechts den dazugehörenden *Task beenden*.

Um alle Funktionen des Task-Managers nutzen zu können, klicken Sie am besten direkt nach dem (ersten) Start einmal unten links auf *Mehr Details*, damit der Task-Manager sich Ihnen in seiner vollen Pracht erschließt!

Das Programm merkt sich diese Einstellung und startet ab dann immer in der Detailansicht, solange Sie dies nicht wieder ändern.

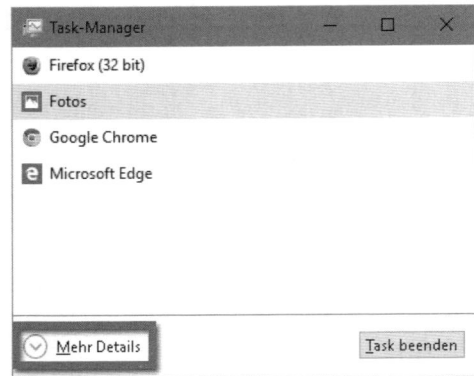

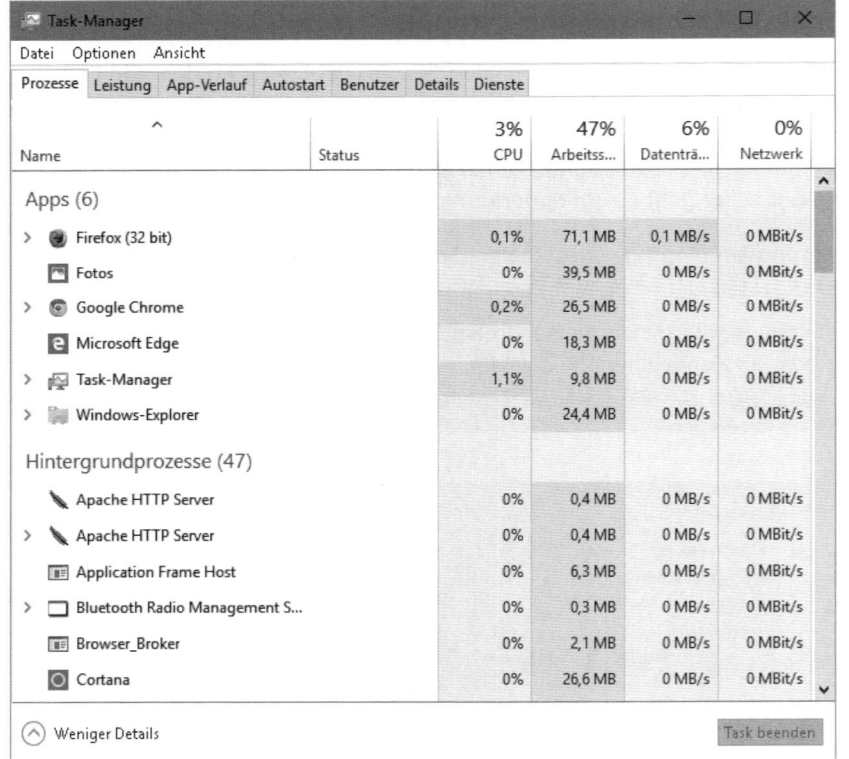

In der Variante mit vollen Details gibt sich der Task-Manager wesentlich informativer.

Detaillierte Übersicht über den Ressourcenverbrauch

Die Kategorie *Prozesse* fasst Anwendungen und Apps, Hintergrundprozesse sowie Systemdienste übersichtlich zusammen und ermöglicht dadurch ein ausgewogeneres Bild, wo genau die großen Verbraucher von Rechenzeit, Arbeitsspeicher und Festplattenkapazität sitzen. Die Anzeige dieser Werte ist übersichtlicher und flexibler geworden, und die farbige Hervorhebung macht auf einen Blick deutlich, welche Prozesse man sich näher anschauen sollte.

Relative statt absolute Vergleichswerte nutzen

In der *Prozesse*-Kategorie finden Sie zu jedem laufenden Prozess neben dem Status standardmäßig vier Angaben, die seinen Ressourcenverbrauch beschreiben:

- *CPU* – die Rechenzeit des Prozessors, die dieser Dienst beansprucht.
- *Arbeitsspeicher* – die Menge an Arbeitsspeicher.
- *Datenträger* – die Menge an Transferkapazität der Festplatte(n).
- *Netzwerk* – die Menge an Transferkapazität der Netzwerkverbindung.

Disk misst die Transfer-, nicht die Speicherkapazität

Wichtig zu beachten ist, dass der *Datenträger* nichts mit der Speicherplatzbelegung auf der Festplatte zu tun hat. Es geht vielmehr um die Transferkapazität von der Festplatte in den Arbeitsspeicher, die ebenso ein bremsender Flaschenhals wie der Prozessor selbst sein kann. Ein hoher Wert bei *Datenträger* besagt also, dass dieser Prozess eine große Anzahl an Festplattenzugriffen verursacht, nicht aber notwendigerweise besonders viel Festplattenspeicher belegt.

HINWEIS

Für *CPU* werden in der Tabelle grundsätzlich Prozentangaben angezeigt. Bei anderen Spalten entscheiden Sie, ob Sie relative oder absolute Werte bevorzugen:

1. Klicken Sie mit der rechten Maustaste irgendwo auf die Prozessliste und wählen Sie im Menü *Ressourcenwerte*.

2. Im Untermenü wählen Sie die Ressource aus, für die Sie die Angabe der Werte verändern möchten.

3. Wählen Sie dann relative Werte unter *Prozent* oder absolute *Werte* aus, je nachdem, was Sie für informativer halten.

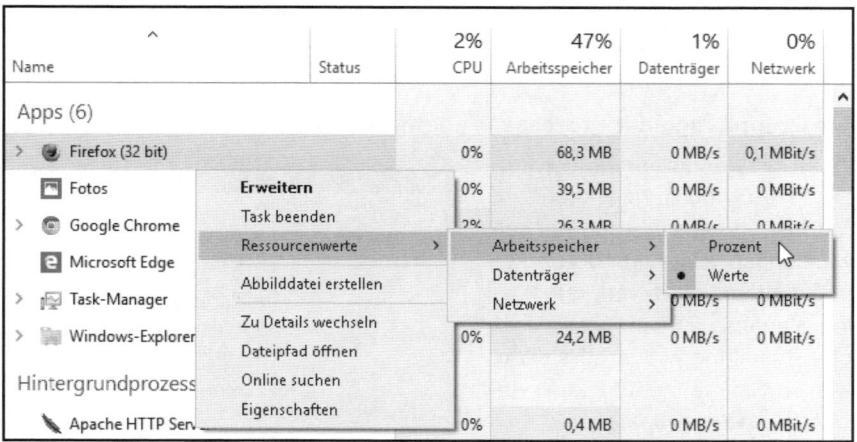

Zusätzliche Informationen in der Prozessliste anzeigen

Neben den fünf Standardspalten können Sie bei Bedarf weitere Informationen in der Prozesstabelle sichtbar machen und sich so Ihren ganz individuellen Task-Manager zusammenstellen.

1. Klicken Sie dazu mit der rechten Maustaste auf die Tabellenzeile mit den Spaltenüberschriften.

2. Im Kontextmenü finden Sie nun weitere Informationen wie *Typ, Herausgeber, Prozessname* und *Befehlszeile*. Um eine entsprechende Spalte hinzuzufügen, klicken Sie den Eintrag an und setzen so ein Häkchen davor.

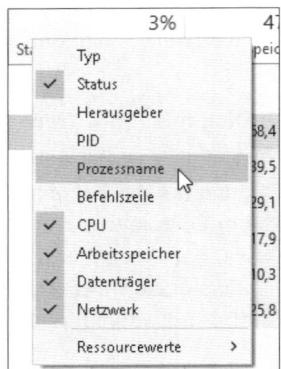

3. Um eine der vorhandenen Spalten auszublenden, entfernen Sie das Häkchen einfach.

4. Um die Reihenfolge der Spalten zu verändern, klicken Sie eine Spaltenüberschrift an und ziehen sie mit gedrückter Maustaste an die gewünschte Position. Die anderen Spalten gruppieren sich dann automatisch passend um.

Die Prozessliste nach Bedarf sortieren

Genau wie bei der Detailansicht im Windows-Explorer können Sie die Liste der Prozesse nach Bedarf sortieren. Möchten Sie z. B. wissen, welcher Prozess im Moment die meiste Rechenzeit beansprucht, verwenden Sie die Spalte *CPU* als Sortierkriterium. Dann finden Sie ganz oben in der Liste den aktuell größten Prozessorverbraucher.

Um die Sortierung zu steuern, klicken Sie wie beim Windows-Explorer einfach auf die Überschrift der Spalte, die als Sortierkriterium verwendet werden soll. Der erste Klick sortiert von groß nach klein, ein weiterer kehrt die Reihenfolge um.

Die Gruppierung der Prozesse wiederherstellen

Wenn Sie die Sortierung der Prozesse verändern, geht die standardmäßige Gruppierung in Anwendungen, Hintergrundprozesse und Systemdienste verloren. Wollen Sie diese an sich sehr hilfreiche Aufteilung wiederherstellen, wählen Sie die Menüfunktion *Ansicht/Nach Typ gruppieren*.

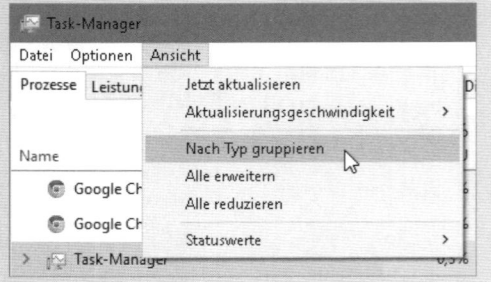

Von der Anwendung zur Steuerung des Prozesses

Von früheren Versionen des Task-Managers sind Sie es vielleicht gewöhnt, detailliert in die Prozesssteuerung eingreifen zu können. Das ist auch immer noch möglich:

1. Klicken Sie dazu mit der rechten Maustaste auf eine Anwendung und wählen Sie im Kontextmenü *Zu Details wechseln*.

2. Dadurch gelangen Sie in die Kategorie *Details*, wo Sie wie früher eine Liste von Prozessen mit genauen Angaben vorfinden. Der Prozess der zuvor gewählten Anwendung ist hier schon ausgewählt.

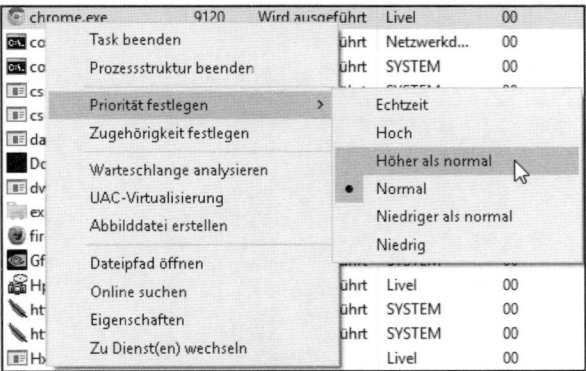

3. Klicken Sie erneut mit der rechten Maustaste darauf, erhalten Sie im Kontextmenü die erweiterten Möglichkeiten zur Prozesssteuerung, etwa das Festlegen der Priorität.

Den Ressourcenverbrauch der Benutzer überwachen

Frühere Versionen des Task-Managers zeigten zwar auch an, welche Benutzer gerade im System angemeldet waren. Viel mehr war aber nicht zu erfahren. Der neue Task-Manager verrät Ihnen genau, was die Benutzer machen und welche bzw. wie viele Ressourcen sie dabei verbrauchen.

1. Wechseln Sie im Task-Manager in die Rubrik *Benutzer*.

2. Hier finden Sie eine Liste aller Benutzer, die derzeit im System angemeldet sind. Zu jedem Eintrag sehen Sie ähnlich wie in der Prozessliste den aktuellen Ressourcenverbrauch des Anwenders.

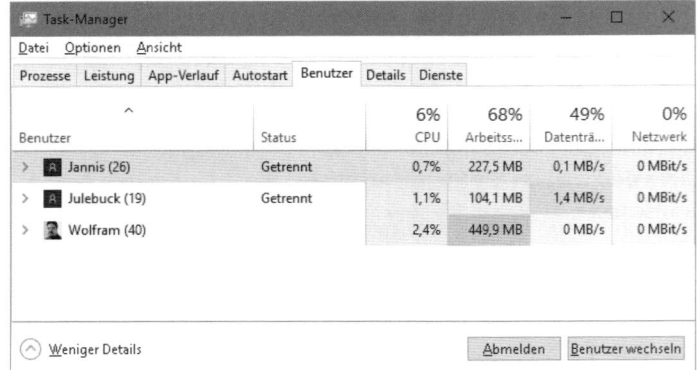

3. Sie können den Eintrag eines Benutzers in der Liste genau wie im Windows-Explorer „ausklappen". Als Ergebnis erhalten Sie eine detaillierte Übersicht der Prozesse, die für diesen Anwender zurzeit ausgeführt werden.

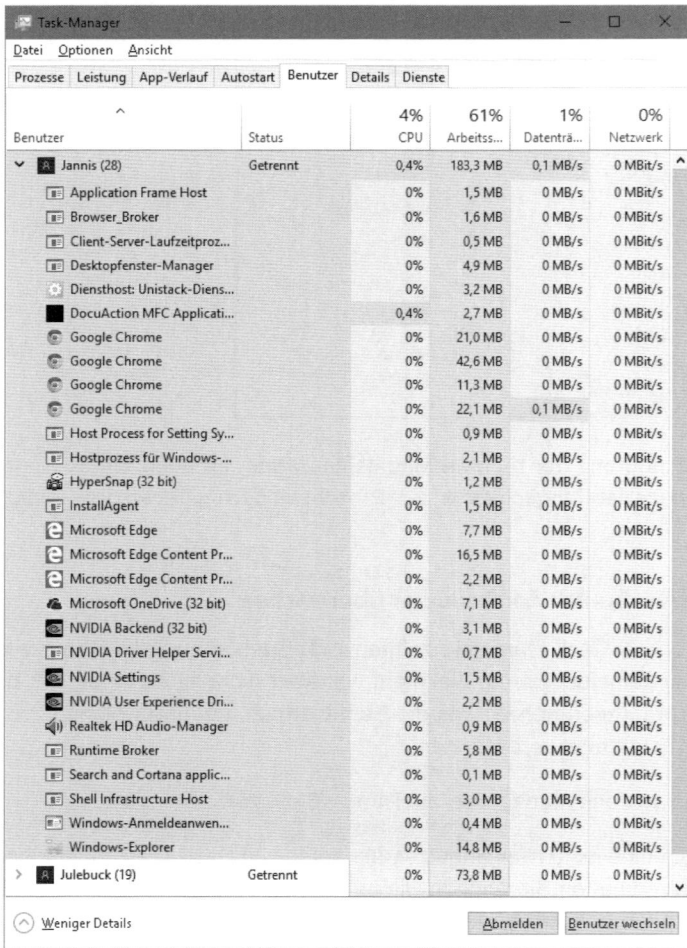

4. Der Task-Manager bietet auch die Möglichkeit, Benutzersitzungen zu beenden. Wählen Sie dazu den Benutzer in der Liste aus und klicken Sie unten rechts auf *Abmelden*.

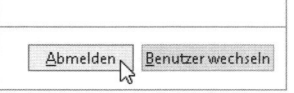

Die Leistung des Systems flexibel visualisieren

Die Kategorie *Leistung* scheint auf den ersten Blick nur eine aufgehübschte Fassung der gleichnamigen Funktion aus früheren Windows-Versionen zu sein. Tatsächlich aber bietet sie einiges mehr. So können Sie nun jeden einzelnen Bereich separat ausführlich veranschaulichen, wobei teilweise mehrere Parameter visualisiert werden.

Außerdem kann nun auch die Leistung der Festplattenlaufwerke analysiert und dargestellt werden. Wählen Sie dazu links jeweils den Bereich aus, der rechts ausführlich angezeigt werden soll.

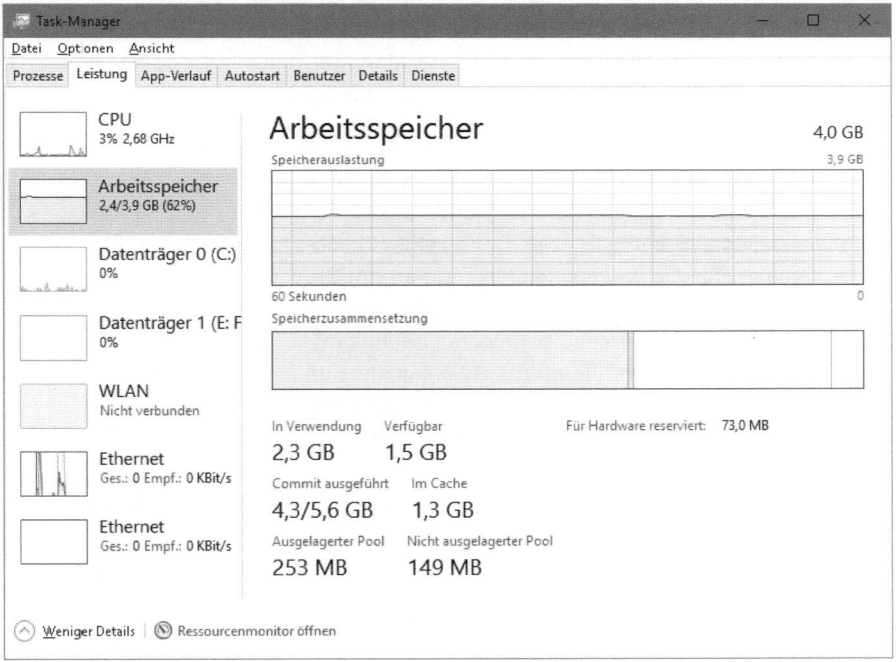

Grafiken für jeden Kern eines Mehrkernprozessors

Die Visualisierung des Prozessors trägt modernen Mehrkernsystemen Rechnung. Standardmäßig wird zwar die Gesamtleistung des Prozessors angezeigt. Sie können die Darstellung aber auch für jeden einzelnen Kern veranschaulichen. Klicken Sie dazu mit der rechten Maustaste auf die CPU-Grafik und wählen Sie im Kontextmenü *Diagramm ändern in/Logische Prozessoren*.

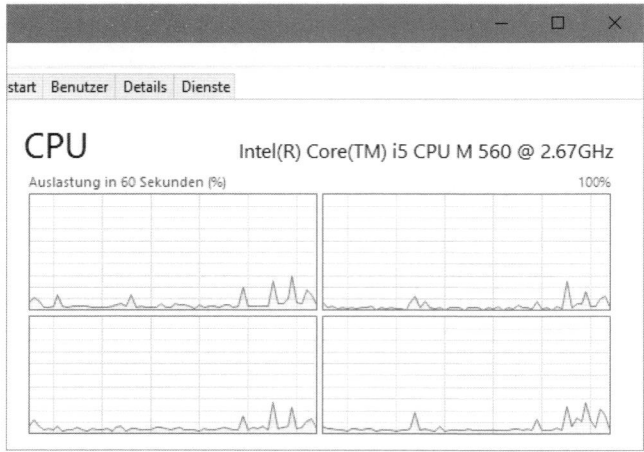

Alle Performancewerte kompakt immer im Blick

Wollen Sie in bestimmten Situationen die wesentlichen Leistungsparameter Ihres PCs ständig im Blick behalten, ist der Task-Manager dafür nur bedingt geeignet. Zwar bleibt er automatisch stets im Vordergrund, aber er nimmt dort eben auch einiges an Platz weg.

Klicken Sie aber mit der rechten Maustaste in die linke Hälfte des Fensters, können Sie im Kontextmenü *Zusammenfassungsansicht* aktivieren. Dann zeigt ein schmales Fenster nur die wesentlichsten Dateien an. Sie können es mit der Maus an den linken oder rechten Rand des Bildschirms verschieben, wo es kaum stört. So behalten Sie die Kerndaten Ihres Systems stets im Blick. Um später wieder das volle Fenster des Task-Managers auszuklappen, doppelklicken Sie an einer beliebigen Stelle auf die Miniversion.

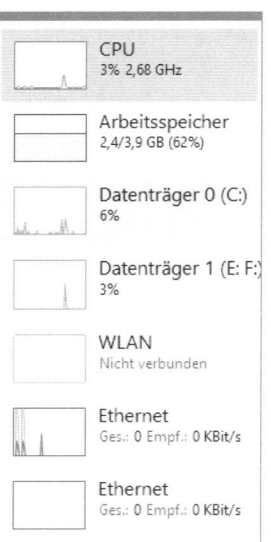

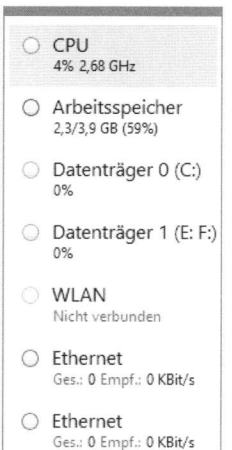

Noch etwas kompakter wird es, wenn Sie mit der rechten Maustaste klicken und *Diagramme anzeigen* ausschalten. Dann sehen Sie nur noch die reinen Werte. In dieser Ansicht lässt sich das Fenster auf eine minimale Größe zusammenschieben und am Rand platzieren, wo es bei der Arbeit nicht stört.

Die gleiche Funktion können Sie nutzen, wenn Sie nur einen bestimmten Wert im Blick behalten möchten, etwa die Auslastung des Arbeitsspeichers. Wählen Sie dazu links diesen Wert aus. Klicken Sie dann in der rechten Fensterhälfte mit der rechten Maustaste und wählen Sie im Kontextmenü *Diagrammübersichtsansicht*. Der Task-Manager zeigt dann nur dieses Diagramm nebst Werten an. Auch dieses Fenster können Sie auf eine beliebige Größe zusammenschie-

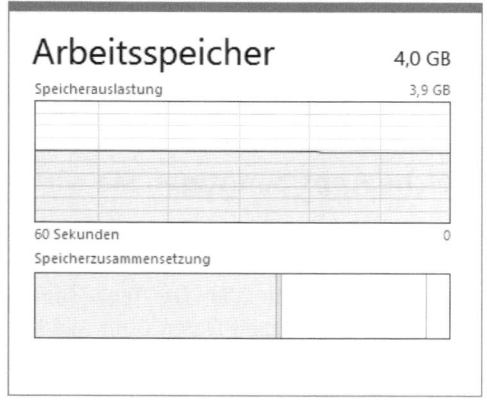

ben. Der Inhalt passt sich dem verfügbaren Platz automatisch optimal an.

Prozessanalyse: Woran hängt es nun wieder?

Zu den hilfreichen Möglichkeiten des Task-Managers gehört ein tiefer gehender Einblick in die Abläufe und Abhängigkeiten eines Multitasking-Systems mit zahlreichen parallelen und aufeinander aufbauenden Prozessen. Wenn es bei einer Anwendung oder Funktion mal wieder „hängt", können Sie nun selbst nachschauen, worin genau die Ursache dafür liegt.

1. Wählen Sie die fragliche Anwendung in der Taskliste aus, klicken Sie mit der rechten Maustaste darauf und wählen Sie im Kontextmenü *Zu Details wechseln*.

2. Dadurch gelangen Sie in die Kategorie *Details*, wo der zur gewählten Anwendung gehörende Prozess bereits ausgewählt ist.

3. Klicken Sie erneut mit der rechten Maustaste darauf und wählen Sie im Kontextmenü *Warteschlange analysieren*.

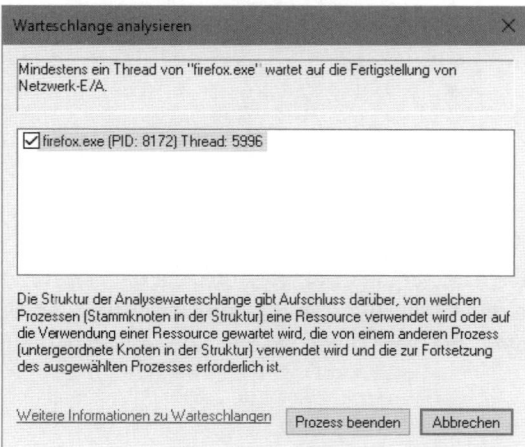

4. Der daraufhin folgende Dialog verrät Ihnen, ob und worauf der Prozess wartet. Das kann einfach ein anderer Prozess sein oder aber auch eine ganze Kaskade von untereinander abhängigen Prozessen. Ist die Liste leer, läuft der Prozess aber ganz normal bzw. ist im Zweifelsfall für alle „Hänger" selbst verantwortlich.

Welche Apps benötigen Sie wirklich?

Wenn man regelmäßig im App-Store stöbert, sammeln sich erfahrungsgemäß im Laufe der Zeit immer mehr Apps an. Längst nicht alle davon benutzt man tatsächlich auf Dauer regelmäßig. Der Task-Manager hilft Ihnen dabei, hin und wieder aufzuräumen. Er sammelt Daten über alle installierten Touch-Apps (nicht die Desktop-Anwendungen!) und verrät Ihnen, wie häufig Sie welche App nutzen oder eben nicht nutzen. Auch welche Apps besonders viele Daten herunter- oder hochladen, können Sie so ganz einfach feststellen.

Öffnen Sie dazu die Kategorie *App-Verlauf* im Task-Manager. Sie zeigt Ihnen für alle vorhandenen Touch-Apps an, wie viel Rechenzeit, Arbeitsspeicher und Netzwerkkapazität sie verbrauchen.

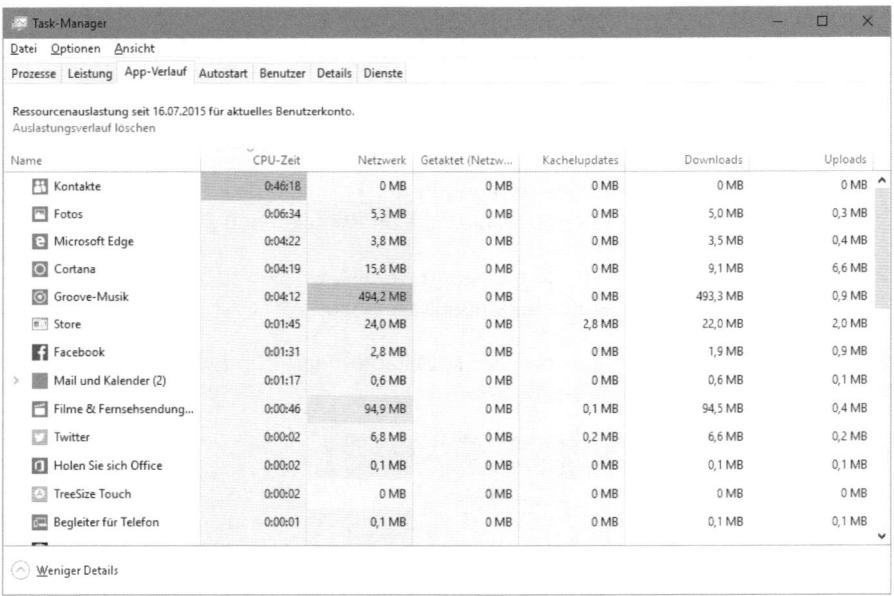

Up- und Downloads kontrollieren

Klicken Sie mit der rechten Maustaste auf die Überschriftenleiste der App-Tabelle. Im Kontextmenü können Sie dann zusätzlich die Spalten *Downloads* und *Uploads* einfügen, die Ihnen verraten, wie viele Daten welche App übertragen hat.

Das Startverhalten analysieren und optimieren

Wie bei jeder neuen Windows-Version hat Microsoft auch diesmal wieder das Startverhalten optimiert, sodass Ihr System Ihnen nach einem Neustart möglichst schnell zur Verfügung steht. Bei einem neu installierten Windows klappt das erfahrungsgemäß auch, nur im Laufe der Zeit werden meist nach und nach zusätzliche Software und Treiber installiert, die den Start zunehmend verzögern.

Der Task-Manager ermöglicht es Ihnen, den Autostart von Programmen gezielt zu überwachen und so die wesentlichen Bremsen für eine kurze Startzeit zu ermitteln.

1. Öffnen Sie dazu im Task-Manager die Kategorie *Autostart*. Hier werden alle Programme aufgelistet, die während des Windows-Starts automatisch aktiviert werden.

2. Besonders interessant dabei ist die Spalte *Startauswirkungen*. Hier nimmt Windows eine Schätzung vor, wie stark sich das jeweilige Programm auf das Startverhalten auswirkt. Besonders bei Programmen mit dem Vermerk *Hoch* lohnt es sich zu überlegen, ob diese wirklich jedes Mal aktiviert werden müssen.

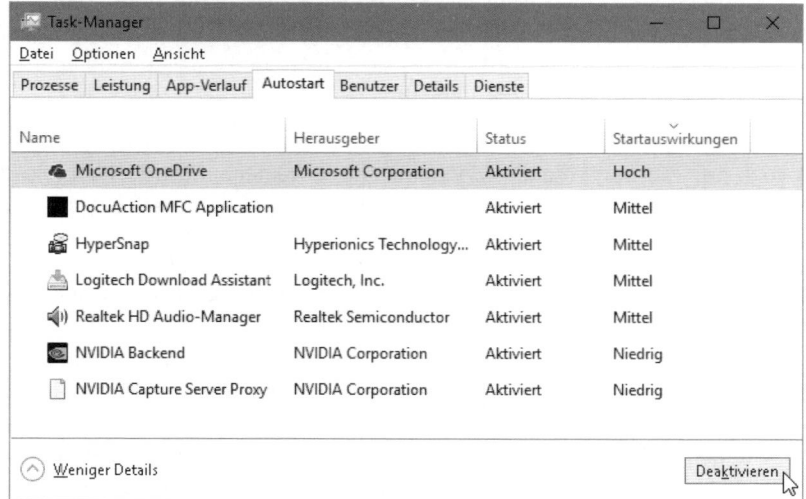

3. Um die Autostartfunktion eines Programms vorübergehend zu deaktivieren, wählen Sie es in der Liste aus und klicken unten rechts auf *Deaktivieren*.

4. Wenn Sie mit der rechten Maustaste auf einen Eintrag klicken, finden Sie weitere Funktionen, etwa die Eigenschaften der Datei aufzurufen oder den Hintergrund dieses Programms im Web zu recherchieren.

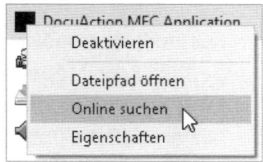

36.3 Prefetch und ReadyBoost: die Windows-Performance mittels USB-Stick optimieren

Schon länger versucht Microsoft, das Arbeiten unter Windows schneller zu machen. Sicherlich lässt sich durch bessere (und teurere) Hardwarekomponenten immer noch eine Geschwindigkeitssteigerung erreichen. Sehr viel Potenzial steckt aber auch im Optimieren von Prozessen, insbesondere weil das auf allen PCs etwas bringt und dabei vergleichsweise billig ist. Eine solche Optimierungsmaßnahme ist das Prefetching, mit dem insbesondere der Start von Windows und von oft genutzten Anwendungen verbessert werden sollte.

 So beschleunigt Prefetching den PC

Beim Prefetching beobachtet das Betriebssystem das Verhalten des PCs und seines Benutzers beim Start. Ruft der immer (bzw. meistens) erst mal dieselben Programme auf, z. B. sein E-Mail-Programm und den Browser, dann lässt sich daraus eine Regel ableiten. Dementsprechend lädt Windows die dafür benötigten Programmmodule schon in den Arbeitsspeicher, bevor der Benutzer überhaupt auf das Symbol der Anwendung geklickt hat. Logische Folge: Da ein Teil der Arbeit bereits getan ist, startet das Programm für den Anwender schneller. Darüber hinaus kann das Betriebssystem auch die Anordnung der Programmdaten auf der Festplatte optimieren, sodass sie in möglichst wenigen und schnellen Leseaktionen abgerufen werden können.

Mittlerweile hat Microsoft diesen Mechanismus verfeinert und erweitert und dieser Komponente den griffigen Namen ReadyBoost gegeben. ReadyBoost verfolgt mehrere Strategien:

- Zum einen kontrolliert es nicht nur den Systemstart, sondern ist die ganze Zeit aktiv, um Muster in der Auslastung des PCs zu erkennen und darauf zu reagieren. Es beobachtet z. B. auch, wenn die Daten einer Anwendung aus dem Arbeitsspeicher in die Auslagerungsdatei auf der Festplatte verschoben werden müssen. Das passiert, wenn der Benutzer eine weitere Anwendung startet und der Arbeitsspeicher nicht mehr für beide ausreicht. Sowie der Benutzer die zweite Anwendung wieder schließt, transferiert ReadyBoost die ausgelagerten Daten sofort wieder zurück in den Arbeitsspeicher, selbst wenn der Benutzer noch gar nicht zu dieser Anwendung zurückgekehrt ist. Tut er es dann, ist die Anwendung ohne langwierige Festplattenzugriffe sofort präsent.

- Zum anderen erweitert ReadyBoost die Speicherverwaltung von Windows auf Festspeichermedien wie USB-Sticks und Speicherkarten. Die Idee dabei ist folgende: Arbeitsspeicher ist zwar nicht mehr wirklich teuer, aber eine Nachrüstung ist angesichts der verschiedenen Standards und Parameter relativ kompliziert. USB-Sticks und Speicherkarten sind heutzutage schon weitverbreitet und müssen einfach nur eingesteckt werden. Sie stellen also eine simple Alternative zur Speichererweiterung dar. Selbstverständlich ist der Zugriff auf einen

USB-Stick wesentlich langsamer als bei echtem Arbeitsspeicher. Aber die Zugriffszeit ist zumindest bei guten USB-Sticks niedriger als bei der Auslagerungsdatei auf einer Festplatte, da keine mechanischen Teile benötigt werden. Auch in Bezug auf den Stromverbrauch sind Festspeichermedien deutlich günstiger.

Ist Ihr USB-Stick fit für ReadyBoost?

Die ReadyBoost-Funktion kann neben klassischen USB-Sticks auch andere flashbasierte Speichermedien wie etwa Speicherkarten aus Digitalkameras (CF-Karten, SD-Karten) verwenden. Die Hardware muss nur gewisse Mindestanforderungen erfüllen, die sich in der Regel aber selbst mit USB-2.0-Geräten erreichen lassen:

- Die Speicherkapazität muss mindestens 256 MByte betragen (4 GByte ist die Obergrenze). Optimalerweise entspricht sie ungefähr dem eingebauten Arbeitsspeicher.

- Die Transferrate muss mindestens 2,5 MBit/Sek. für 4-KByte-Dateien und mindestens 1,75 MBit/Sek. für 512-KByte-Dateien betragen.

Windows überprüft diese Anforderungen der Funktion automatisch und bietet sie nur für solche Geräte an, die sie erfüllen. Sie können aber auch selbst testen, um schon vorab zu sehen, wie gut Ihr USB-Stick geeignet ist bzw. wie knapp ein Gerät am Test scheitert:

1. Drücken Sie die Tastenkombination ⊞+X.

2. Wählen Sie dann im Startmenü den Eintrag *Eingabeaufforderung (Administrator)*. Bestätigen Sie die anschließende Sicherheitsrückfrage mit einem Klick auf *Fortsetzen*. Sie haben nun eine Eingabeaufforderung mit Administratorrechten.

3. Geben Sie hier den Befehl *winsat disk -read -ran -ransize 4096 -drive X* ein, wobei das *X* ganz am Ende für den Laufwerkbuchstaben des zu testenden USB-Sticks steht. Führen Sie den Befehl mit ⏎ aus.

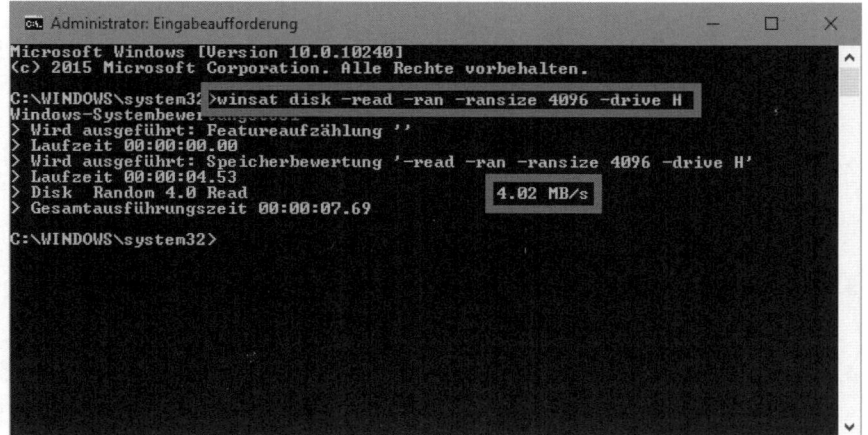

4. Warten Sie kurz auf das Ergebnis des Tests. Entscheidend ist hierbei die Daten-trägerleistung. Sie sollte bei mindestens 2,5 MByte/Sek. liegen. Je weiter sie darüber liegt, desto besser.

5. Auf ähnliche Weise können Sie auch das zweite Kriterium überprüfen. Geben Sie dazu dieselbe Befehlszeile ein, diesmal aber mit der anderen Datengröße: *winsat disk -read -ran -ransize 131072 -drive X*.

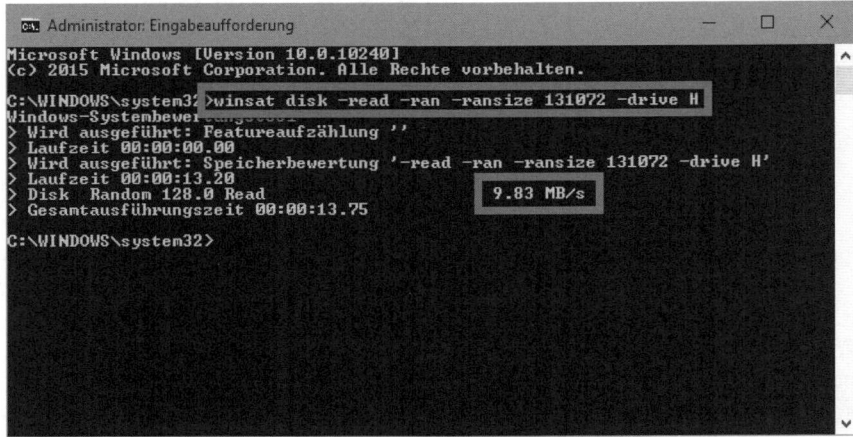

6. Dieser Test dauert ein wenig länger. Die gemessene Datenträgerleistung muss danach mindestens 1,4 MByte/Sek. betragen.

Beschleunigen Sie Windows mit einem simplen USB-Stick

Wenn Sie ein Speichermedium haben, das diese Anforderungen erfüllt, können Sie den Arbeitsspeicher damit erweitern und so die Performance Ihres PCs stei-gern. Allerdings sollte der Speicherstick möglichst leer sein, damit Windows die volle Kapazität nutzen kann.

1. Stecken Sie den USB-Stick einfach in einen freien USB-Port ein. Der direkte Anschluss ist einem zwischengeschalteten USB-Hub vorzuziehen, um optima-le Performance zu erreichen. Oftmals sind die USB-Anschlüsse hinten am Ge-häuse etwas schneller angebunden als die Front-Anschlüsse vorne.

2. Windows erkennt ein eingestecktes Speichermedium automatisch. Die Meldung dazu können Sie allerdings ignorieren. Öffnen Sie stattdessen den Explorer mit der Übersicht der Laufwerke.

3. Klicken Sie dort den Eintrag des Speichermediums mit der rechten Maustaste an und öffnen Sie im Kontextmenü die *Eigenschaften*.

4. Wechseln Sie dann in den Eigenschaften dieses Datenträgers in die Rubrik *ReadyBoost*. Warten Sie kurz ab, während Windows den Datenträger analysiert und seine Eignung für ReadyBoost feststellt.

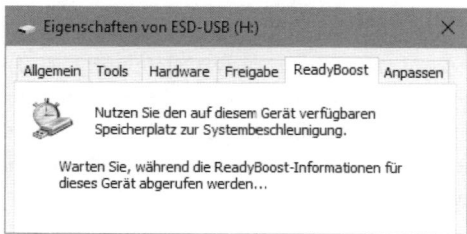

5. Nun können Sie mit der Option oben zunächst festlegen, dass Windows *Dieses Gerät verwenden* soll, um das System zu beschleunigen.

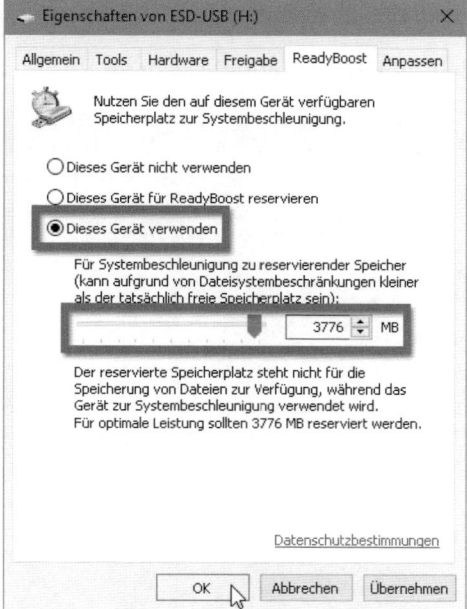

6. Mit dem Schieberegler darunter stellen Sie ein, wie viel Windows von der Kapazität des Speicherchips für sich abzweigen darf. Am besten übernehmen Sie dabei den Vorschlag von Windows. Dieser läuft in der Regel auf ca. 90 % der verfügbaren Kapazität hinaus. Wählen Sie die Option *Dieses Gerät für Ready-Boost reservieren*, wird automatisch der gesamte Speicherplatz dieser Funktion zugeschlagen.

7. Klicken Sie dann auf *OK*, um die Einstellungen zu übernehmen und die Speichererweiterung abzuschließen.

Besondere Vorsichtsmaßnahmen im Umgang mit dem ReadyBoost-Speicher sind nicht erforderlich. Sie können den USB-Stick jederzeit wieder entfernen. Windows bemerkt dies und greift in diesem Fall wieder auf die reguläre Auslagerungsdatei auf der Festplatte zurück. Stecken Sie den USB-Stick später wieder ein, wird er sofort automatisch wieder in das Speichermanagement eingebunden.

ReadyBoost für den USB-Stick deaktivieren

Wie oben beschrieben zeigt sich Windows sehr flexibel, wenn Sie einen USB-Stick erst einmal für die Verwendung als virtuelle Speichererweiterung freigegeben haben. Rausziehen und wieder reinstecken bringt nichts, und auch das Aufspielen von Dateien hindert Windows nicht an der weiteren Nutzung. Es ist also gar nicht so leicht, diese Funktion wieder zu entfernen. Gehen Sie dazu so vor:

1. Während der USB-Stick eingesteckt ist, öffnen Sie den Arbeitsplatz Ihres Windows-PCs.

2. Klicken Sie hier mit der rechten Maustaste auf das Symbol des USB-Sticks und wählen Sie im Kontextmenü den Eintrag *Eigenschaften*.

3. Wechseln Sie in den Eigenschaften zur Registerkarte *ReadyBoost*.

4. Wählen Sie hier ganz oben die Option *Dieses Gerät nicht verwenden* aus.

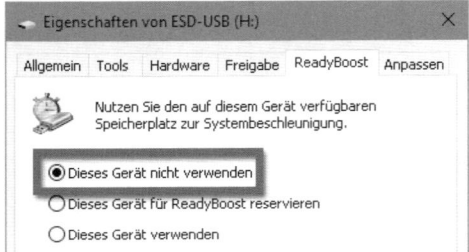

5. Alle weiteren Einstellungen im Dialog können Sie vernachlässigen. Klicken Sie einfach unten auf *OK*. Ab sofort ist Ihr USB-Stick vom Speicherdienst freigestellt.

37 Fehler und Probleme erkennen und beheben

Bei der Systemwartung stellt Windows insbesondere die Unterstützung des Benutzers beim Erkennen und Beheben von Problemen in den Vordergrund. Dazu kann es in noch stärkerem Maß Fehlfunktionen und Fehlkonfigurationen eigenständig erkennen, und zwar im Bedarfsfall auch vollautomatisch. Mit der Problembehandlung kann sich der Benutzer aber auch jederzeit Tipps und Informationen holen. Eine sehr praktische Hilfe kann auch die Schrittaufzeichnung sein, mit der sich Probleme aufzeichnen und so sehr anschaulich darstellen lassen. Das könnte so manches Support-Telefonat deutlich verkürzen. Bei Startproblemen kann die Windows-Starthilfe eingreifen, die standardmäßig auf der Festplatte installiert wird.

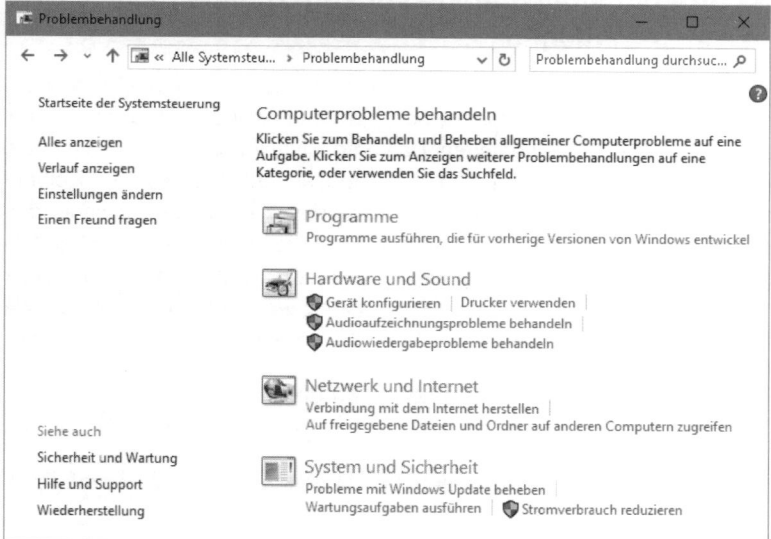

37.1 Fehlkonfigurationen mit der Systemwiederherstellung beheben

Die Systemwiederherstellung gehört zu den Basisfunktionen, mit denen Windows die Integrität des Systems sicherstellt. Dazu werden regelmäßig Sicherungen durch den Computerschutz erstellt. Diese umfassen die Systemkonfiguration sowie wichtige Systemdateien. Die Grundidee dieses Computerschutzes ist es, eine Momentaufnahme des ordnungsgemäß laufenden Systems anzufertigen. Sollte es zu einem späteren Zeitpunkt durch Änderungen an Einstellungen oder Systemdateien Probleme geben, ist eine Rückkehr zu dieser Momentaufnahme möglich.

So lässt sich das System in einen „Vorher"-Zustand versetzen, in dem der Auslöser für die Probleme noch nicht akut war. Somit eignet sich die Systemwiederherstellung auch hervorragend als Rückversicherung für Konfigurationsänderungen oder beim Einspielen neuer Treiberversionen. Sollten diese nicht die gewünschte Änderung bringen, ist eine schnelle Rückkehr zum Status vor den Änderungen möglich.

Wann erstellt Windows automatisch Wiederherstellungspunkte?

Auch ohne jeglichen Eingriff des Benutzers erstellt Windows regelmäßig Wiederherstellungspunkte. Dies geschieht z. B. täglich beim ersten Einschalten des PCs. Aber auch vor wichtigen Maßnahmen wie dem Integrieren neuer Hardware bzw. dem Installieren neuer Treiber oder vor dem Installieren von Anwendungssoftware oder Systemupdates erstellt Windows teilweise Wiederherstellungspunkte. So werden nicht nur regelmäßig Sicherungspunkte erstellt, sondern auch ganz gezielt vor potenziell problematischen Aktionen.

TIPP

Systemwiederherstellungspunkte vor einschneidenden Maßnahmen selbst anlegen

Sie müssen sich nicht darauf verlassen, dass und ob Windows regelmäßig Wiederherstellungspunkte Ihres Systems sichert, sondern können jederzeit auch eigene Wiederherstellungspunkte manuell anlegen. Das empfiehlt sich z. B., bevor Sie neue Hardwarekomponenten einbauen oder zum ersten Mal anschließen bzw. die Treibersoftware dafür installieren. Aber auch vor dem Installieren einer neuen Software oder vor wesentlichen Veränderungen an der Systemkonfiguration kann ein Wiederherstellungspunkt nicht schaden. Gleiches gilt etwa vor manuellen Änderungen in der Windows-Registry. Kurzum, wann immer Sie etwas vorhaben, was die Stabilität Ihres Windows-Systems gefährden könnte, sollten Sie einen Wiederherstellungspunkt anlegen.

1. Öffnen Sie in der klassischen Systemsteuerung den Bereich *Wiederherstellung*.

2. Wählen Sie in der Liste der Wiederherstellungstools *Systemwiederherstellung konfigurieren*.

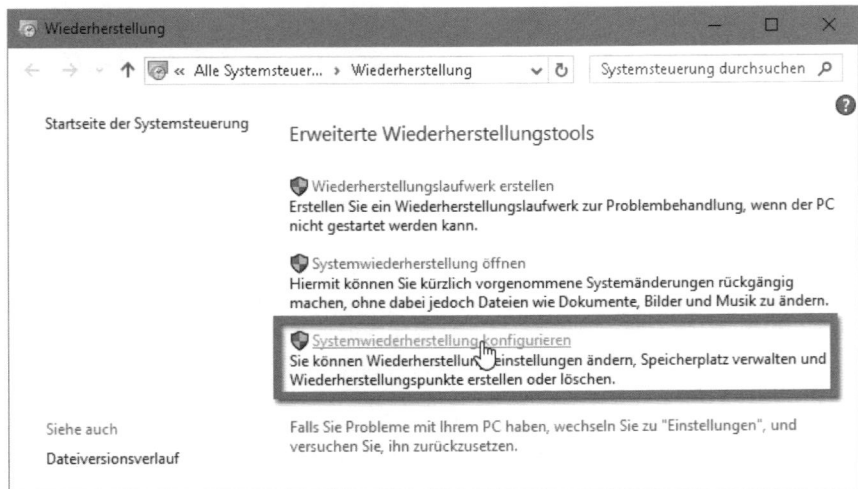

3. Klicken Sie anschließend unten rechts auf die Schaltfläche *Erstellen*. Sollte diese Schaltfläche inaktiv sein,
müssen Sie den Computerschutz mit der Schaltfläche
Konfigurieren erst einschalten.

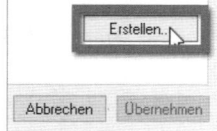

4. Geben Sie dann zunächst eine Bezeichnung für den Wiederherstellungspunkt
ein. Diese kann beliebig gewählt werden. Am besten beschreiben Sie kurz den
Anlass für das Anlegen der Sicherung.

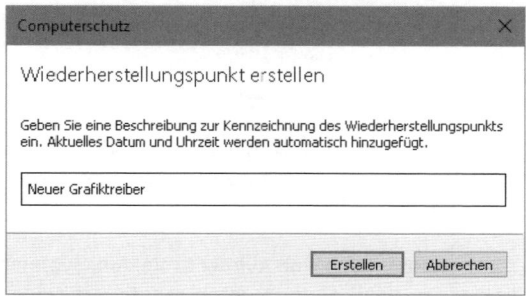

5. Der Assistent sammelt dann die Daten für den Wiederherstellungspunkt ein und
sichert ihn. Dies kann ein wenig dauern.

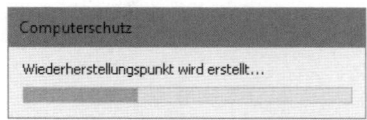

6. Hat alles geklappt und konnte der Wiederherstellungspunkt erfolgreich angelegt werden, erhalten Sie zum Abschluss eine Bestätigungsmeldung. Der Siche-
rungspunkt ist nun gespeichert und bleibt Ihnen vorläufig erhalten. Allerdings
unterliegen auch manuell erstellte Wiederherstellungspunkte der Regel, dass
sie gegebenenfalls automatisch gelöscht werden, um für neue – manuell oder
automatisch erstellte – Wiederherstellungspunkte Platz zu machen.

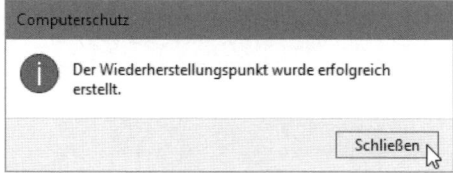

Das System bei Problemen in einen funktionierenden Zustand zurückversetzen

Wenn Sie nach einer Softwareinstallation oder einer Änderung an der Systemkonfiguration Probleme mit Ihrem System feststellen oder die Änderung vielleicht eine
Verschlechterung gebracht hat, ist es Zeit für eine Wiederherstellung des Systems.

1. Öffnen Sie wie vorangehend beschrieben in der klassischen Systemsteuerung das Modul *Wiederherstellung*.

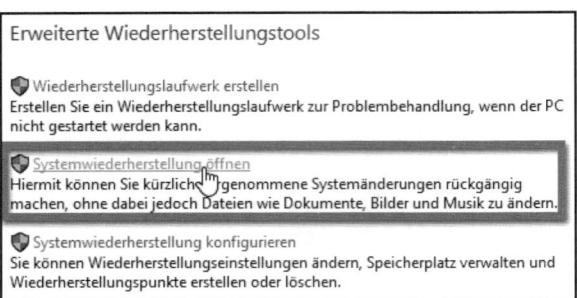

2. Klicken Sie diesmal auf *Systemwiederherstellung öffnen*. Damit starten Sie einen Assistenten, der Sie durch die notwendigen Schritte und Auswahlen begleitet. Bestätigen Sie die Begrüßung mit *Weiter*.

3. Der Assistent schlägt Ihnen dann automatisch den zuletzt erstellten Systemwiederherstellungspunkt vor. Klicken Sie dazu einfach unten rechts auf *Weiter*.

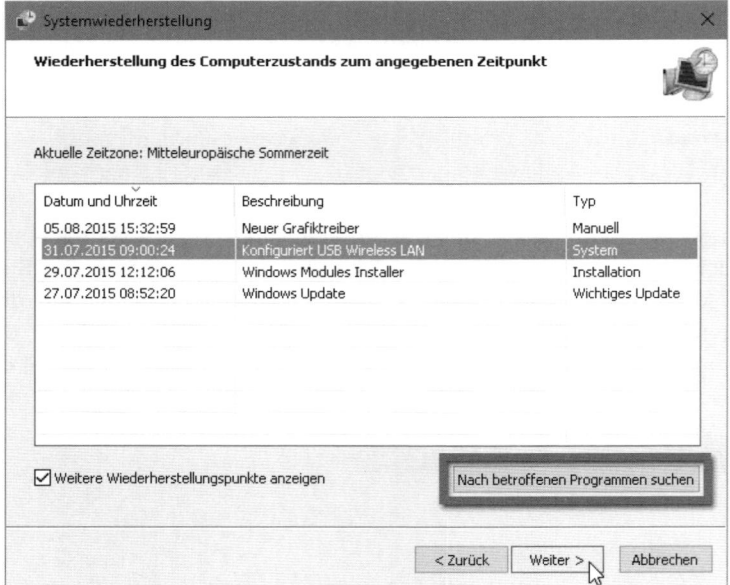

4. Mit der Option *Weitere Wiederherstellungspunkte anzeigen* listet der Assistent Ihnen weitere Wiederherstellungspunkte der jüngeren Vergangenheit auf. Wählen Sie hier gegebenenfalls einen besser geeigneten aus. Klicken Sie dann unten auf *Weiter*.

5. Der Assistent zeigt dann eine Zusammenfassung des ausgewählten Wiederherstellungspunkts an und bittet Sie um Bestätigung. Klicken Sie dazu einfach unten auf *Fertig stellen*.

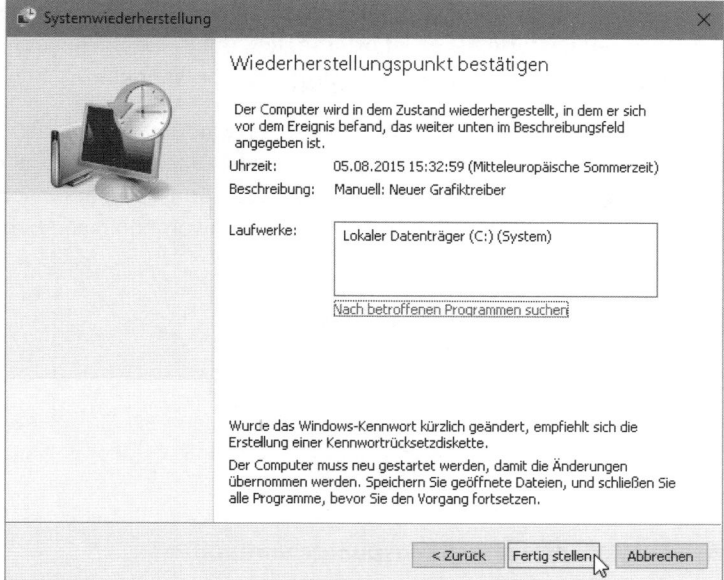

Worauf wirkt sich die Wiederherstellung aus?

Wenn Sie seit dem wiederherzustellenden Speicherpunkt Anwendungen instal- liert haben, sind diese durch die Wiederherstellung möglicherweise betroffen. Das gilt auch für Updates von schon länger vorhandenen Programmen, was aber weniger tragisch ist, da die eingebauten Update-Funktionen das gegebenenfalls wieder in Ordnung bringen. Sie können sich mit der Schaltfläche *Nach betrof- fenen Programmen suchen* erkundigen, welche Anwendungen oder Treiber von einer Wiederherstellung betroffen wären.

6. Bestätigen Sie auch den anschließenden Warnhinweis bezüglich des folgenden Vorgangs mit *Ja*.

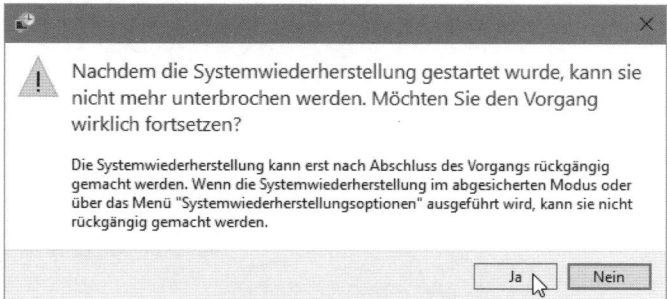

7. Der Assistent bereitet dann die System- wiederherstellung vor. Dazu kopiert er die erforderlichen Dateien und setzt die verän- derten Systemeinstellungen zurück.

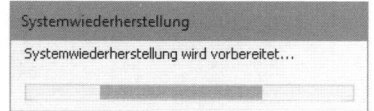

8. Anschließend wird Windows heruntergefahren und für die eigentliche System-steuerung wieder neu gestartet. Dies ist erforderlich, damit die Systemeinstel-lungen und -dateien beim Hochfahren aktualisiert werden können.

9. Nach dem Neustart befindet sich Ihr Windows-System wieder in demselben Zu-stand wie beim Anlegen des Wiederherstellungspunkts. Dies gilt allerdings nur für die Systemeinstellungen und -dateien. Änderungen an Ihren persönlichen Dateien, die Sie seit dem Anlegen des Sicherungspunkts vorgenommen haben, sind dadurch unbeeinträchtigt.

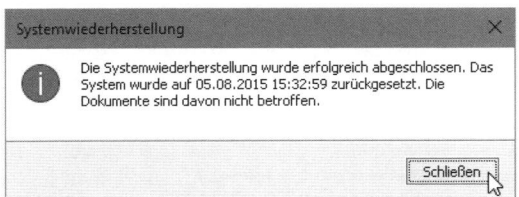

Keine oder zu wenig Wiederherstellungspunkte vorhanden?

Falls die Liste der Wiederherstellungspunkte zu kurz oder gar leer sein sollte, ist nicht genügend Platz auf der entsprechenden Festplatte vorhanden. Windows sichert nur dann Wiederherstellungsinformationen, wenn auf einem Laufwerk min-destens 300 MByte freier Speicher verfügbar sind. Ob dies der Fall ist, können Sie leicht überprüfen:

1. Lassen Sie im Windows-Explorer die Laufwerkübersicht Ihres Computers an-zeigen.

2. Hier sehen Sie (am besten in der Ansicht *Kacheln*) zu jedem Laufwerk bzw. jeder Partition die Gesamtkapazität und den bereits belegten sowie den noch freien Speicherplatz.

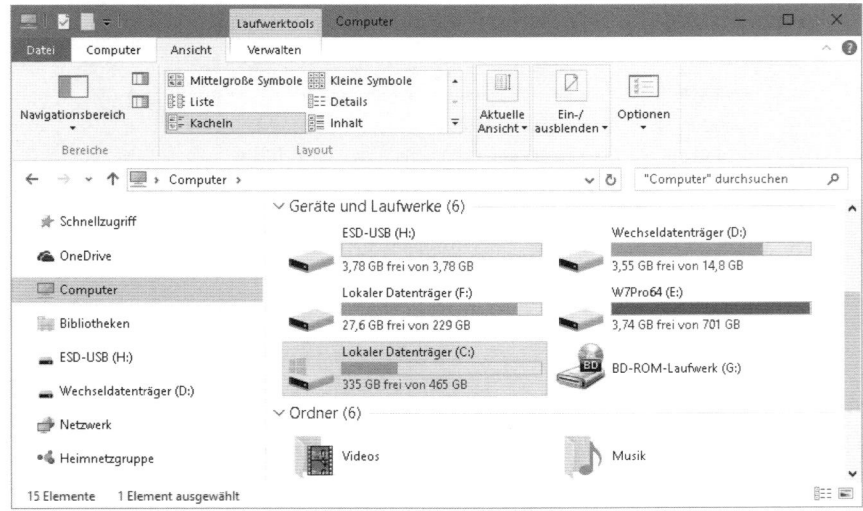

3. Achten Sie besonders auf die Angaben zum Windows-Systemlaufwerk (üblicherweise Laufwerk *C:*). Sie erkennen es an dem Laufwerksymbol mit Windows-Logo.

Wie viel Speicherplatz verbraucht die Systemwiederherstellung?

Die Systemwiederherstellung belegt mindestens 300 MByte auf jeder Festplatte, die sie überwacht. Insgesamt belegt sie allerdings höchstens 15 % des gesamten Speicherplatzes eines Laufwerks. Sind diese 15 % erreicht, werden automatisch alte Wiederherstellungspunkte gelöscht, bevor neue erstellt werden.

HINWEIS

37.2 Troubleshooting: So hilft Ihnen Windows bei PC-Problemen

Mit einem Augenzwinkern könnte man sagen: Windows ist ein Betriebssystem, das die Probleme lösen kann, die es selbst verursacht. Tatsächlich kann Windows bestehende Probleme erkennen und beheben oder zumindest konkrete Hinweise und Hilfestellungen dazu geben. Hierzu gibt es ein eigenes Modul *Problembehandlung* in der klassischen Systemsteuerung. Aber auch an vielen anderen Stellen finden Sie Verweise auf diese Funktion, z. B. bei Fehlermeldungen. So können Sie die entsprechenden Funktionen direkt aufrufen.

1. Wenn es z. B. Probleme mit der Netzwerkverbindung gibt, können Sie direkt im Kontextmenü des zuständigen Symbols im Infobereich die spezifische *Problembehandlung* dafür aufrufen.

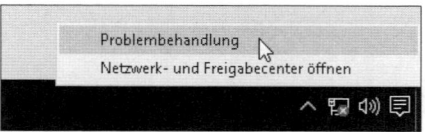

2. Windows analysiert nun die bestehende bzw. gestörte Verbindung und versucht, das Problem zu erkennen.

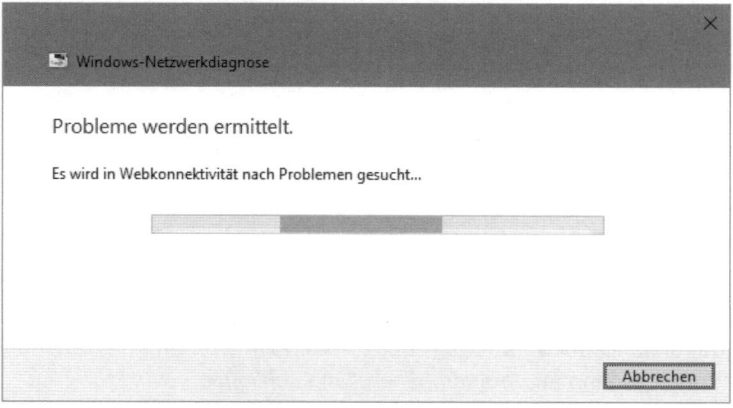

3. Hat es eine Ursache gefunden, die es selbst beheben kann, bietet es Ihnen an, die Reparatur mit Administratorrechten vorzunehmen. Klicken Sie dazu auf *Diese Reparaturen als Administrator ausführen*.

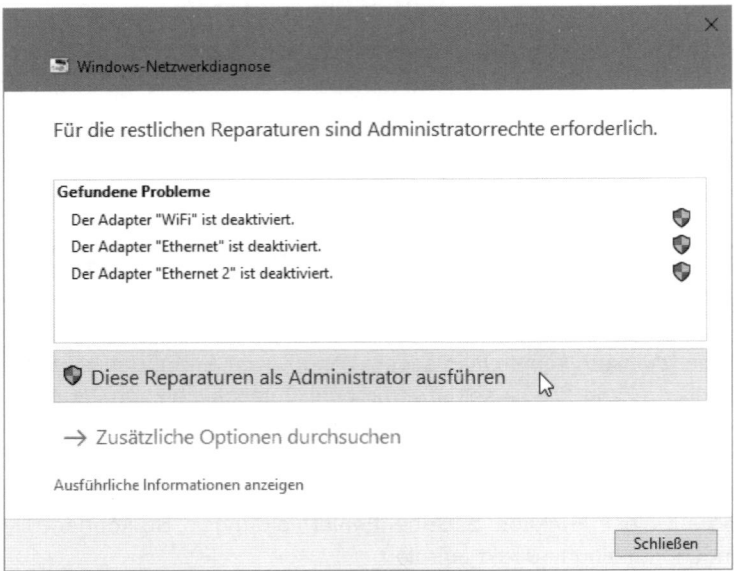

Manchmal erkennt die Problembehandlung auch profanere Ursachen wie ein nicht ordnungsgemäß eingestecktes Kabel. Dann bietet sie den Benutzer um Mithilfe bei der Lösung.

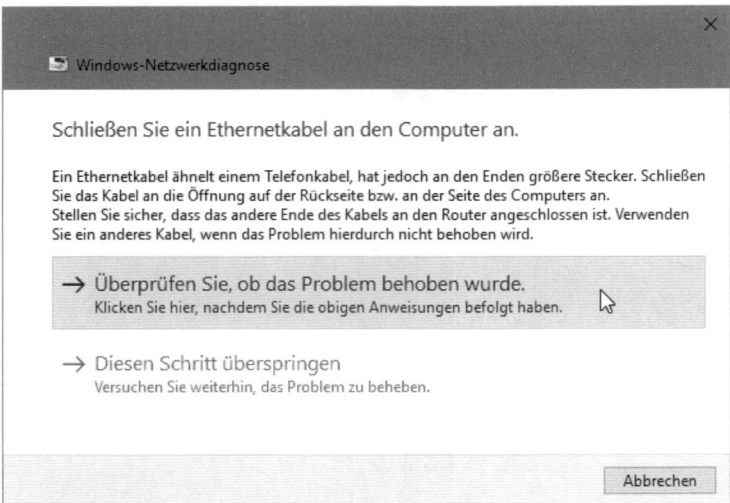

4. Im Allgemeinen führt der Assistent die erforderlichen Schritte aber selbst durch und meldet anschließend, ob das Problem behoben werden konnte. Beenden Sie den Vorgang dann mit *Problembehandlung schließen*.

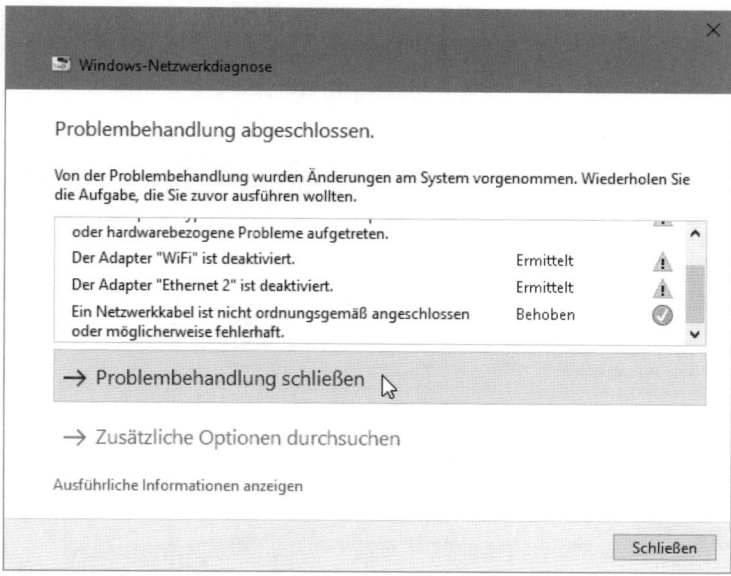

Holen Sie sich selbst Hilfe von der Problembehandlung

Sie können die Problembehandlung auch jederzeit selbst anstoßen, auch wenn Windows gerade nicht mittels Schaltfläche, Menüeintrag oder Link darauf hinweist.

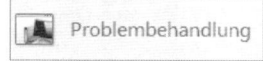

Öffnen Sie dazu in der klassischen Systemsteuerung das gleichnamige Modul.

■ Achten Sie hier zunächst ganz oben auf eventuelle farblich hervorgehobene Warnmeldungen zu aktuellen Problemen. Diese werden aber nur angezeigt, wenn Windows sie automatisch erkennen konnte. Sie können dann in der Regel auch direkt dort behoben werden.

■ Erkennt Windows Ihr Problem nicht automatisch, können Sie die angezeigten Aufgabenkategorien nutzen, um Ihr Problem möglichst genau einzukreisen. Jede Kategorie enthält ihrerseits weitere Unterrubriken, die letztlich alle Funktionsbereiche des PCs umfassen.

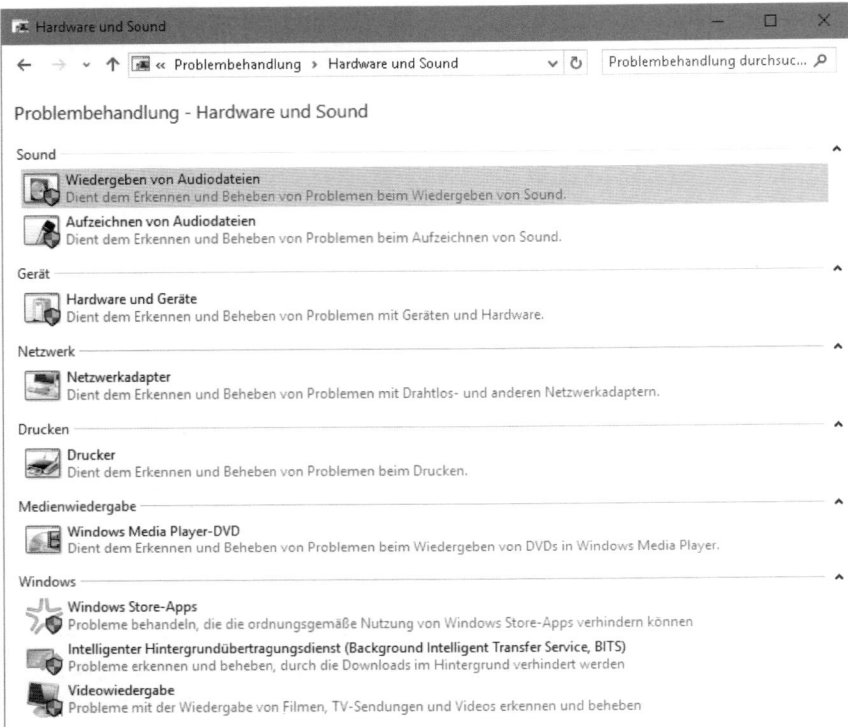

■ Haben Sie einen möglichst passenden Problemlösungsassistenten gefunden, rufen Sie ihn einfach per Mausklick auf. Ab dann ist der Ablauf in etwa so wie bei der vorangehend beschriebenen Problemlösung. Allerdings unterscheidet sich jede Lösung immer ein wenig von der anderen.

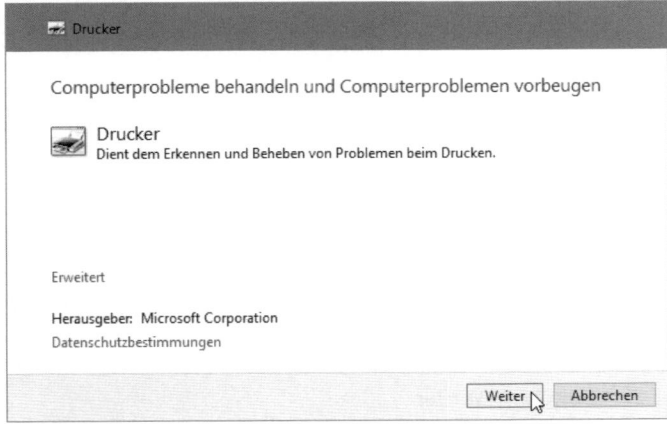

37.3 Auffrischen oder Zurücksetzen – Schluss mit nervigen Abstürzen und Hängern

Wenn bei einem Windows-PC irgendetwas nicht mehr richtig funktioniert oder Startzeit und Wartepausen deutlich länger geworden sind, lautet ein beliebter Tipp: „Installiere dein Windows mal neu!" Leichter gesagt als getan, denn das bedeutet eine Menge Handarbeit, bis alles wiederhergestellt und eingerichtet ist. Außerdem muss man dabei sehr auf die eigenen Daten und Dokumente achten, sodass diese nicht verloren gehen und anschließend wieder in aktueller Fassung vorliegen. Genau hier setzt Windows mit zwei neuen Funktionen an:

- Die **Auffrischen**-Funktion installiert das Betriebssystem neu, bewahrt dabei aber die persönlichen Daten der Anwender. Einstellungen werden auf die Standardwerte zurückgesetzt.

- Mit der **Zurücksetzen**-Funktion hingegen lässt sich der PC quasi in den Auslieferungszustand versetzen.

Auffrischen – Frischzellenkur für zickige PCs

Wenn der PC lahmt oder immer wieder Zicken macht, dürfte die Auffrischen-Funktion interessant werden. Sie installiert Windows im Prinzip einmal neu, bewahrt dabei aber die Benutzerdaten (siehe Tipp).

> **Auffrischen – was bleibt erhalten, was geht verloren?**
>
> Beim Auffrischen gibt es im aktuellen Windows eine wichtige Änderung gegenüber Windows 8. Die Auffrischen-Funktion bewahrt grundsätzlich nur die Dateien des Benutzers. Sämtliche installierten Anwendungen einschließlich Apps aus dem Windows Store werden entfernt. Alle Optionen werden auf die Standardeinstellungen zurückgesetzt. Es steht also nach dem Auffrischen etwas Arbeit an, damit wirklich alles wieder so läuft und aussieht wie vorher.
>
> Andererseits vermindert sich dieser Aufwand enorm, wenn Sie ein Microsoft-Konto verwenden. Dabei werden viele Einstellungen mit der Cloud abgeglichen und stehen auch nach dem Auffrischen schnell wieder zur Verfügung. Ähnlich sieht es bei Touch-Apps aus dem Windows Store aus. Anwendungen für den klassischen Desktop hingegen müssen nach wie vor nach dem Auffrischen neu installiert werden.

Wenn Sie ein Auffrischen durchführen, halten Sie – falls vorhanden – den Installationsdatenträger bereit, da dieser gegebenenfalls benötigt wird.

1. Um ein Auffrischen durchzuführen, öffnen Sie in den Einstellungen den Bereich *Update und Sicherheit/Wiederherstellung*. Klicken Sie dort bei *Diesen PC zurücksetzen* auf *Los geht's*.

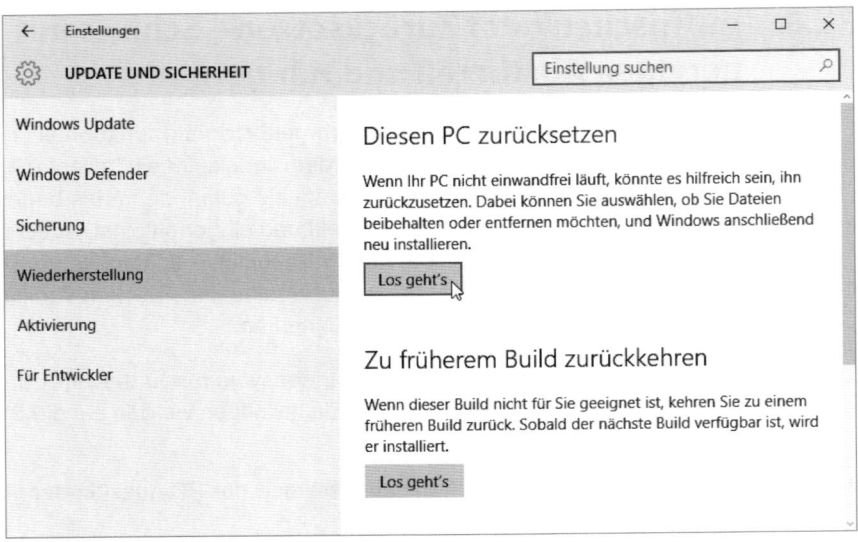

2. Wählen Sie nun die obere Option *Eigene Dateien beibehalten*, damit Ihre persönlichen Daten das Auffrischen überleben.

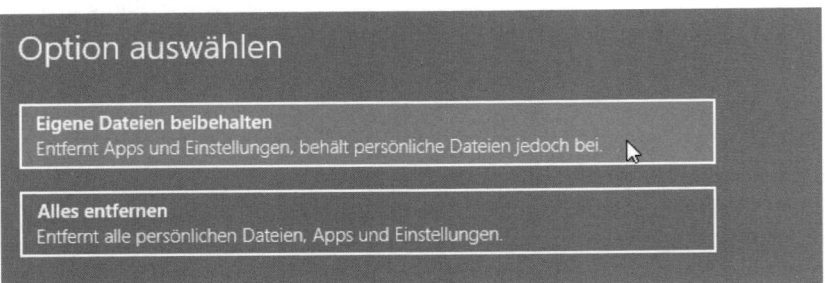

3. Der Auffrisch-Assistent informiert Sie noch mal kurz über die Details. Starten Sie den Vorgang dann mit *Zurücksetzen*.

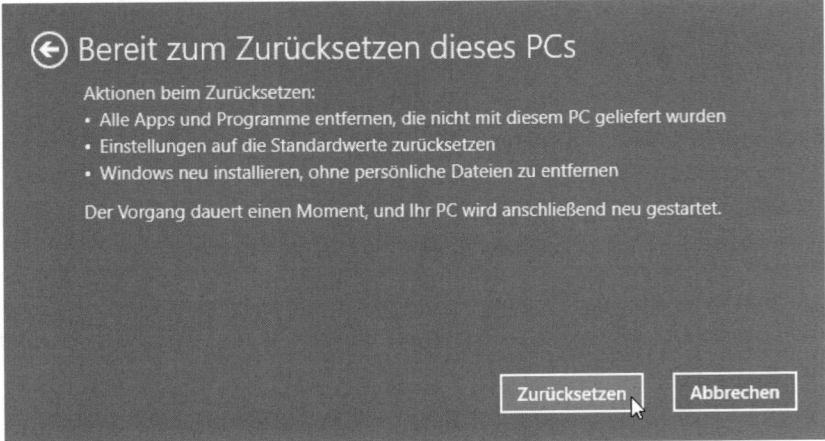

4. Windows startet dann neu und führt das Auffrischen der Installation durch. Dies sollte üblicherweise nur einige wenige Minuten Zeit in Anspruch nehmen. Neustarts sind in der Phase nichts Beunruhigendes. Überlassen Sie den PC einfach sich selbst.

5. Nach dem letzten Neustart wird der PC im nun aufgefrischten Zustand gestartet und grundeingestellt.

Anschließend steht Ihnen das zurückgesetzte Windows zur Verfügung. In den Bibliotheken finden Sie Ihre Dokumente und Dateien genau wie vor dem Auffrischen wieder.

Per Zurücksetzen gründlich aufräumen

Die Zurücksetzen-Funktion ist beim Lösen von Problemen mit dem PC weniger hilfreich. Sie automatisiert nur, was man bislang auch manuell mit etwas Aufwand erreichen konnte, nämlich ein Zurücksetzen des PCs in den Auslieferungszustand ohne jegliche persönlichen Daten und Einstellungen und ohne irgendwelche zusätzliche Software.

Dies kann man nutzen, wenn man ganz von vorne anfangen will. Vor allem aber ist das interessant, wenn man einen PC aus den Händen geben will oder muss, z. B. wenn er verkauft werden soll, ein geleaster PC zurückgegeben wird oder für eine Reparatur eingeschickt werden muss.

1. Die Zurücksetzen-Funktion finden Sie an derselben Stelle wie das Auffrischen, also in den Einstellungen im Bereich *Update und Sicherheit/Wiederherstellung*. Klicken Sie auch diesmal bei *Diesen PC Zurücksetzen* auf *Los geht's*.

2. Im nächsten Schritt wählen Sie diesmal aber die Option *Alles entfernen*.

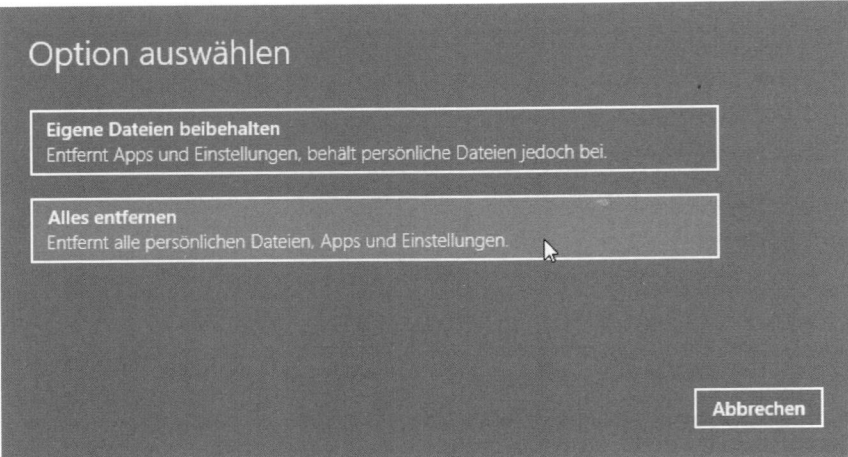

3. Sollte der PC über mehrere Laufwerke verfügen, fragt der Assistent nach, ob Sie alle Laufwerke zurücksetzen wollen oder nur dasjenige, auf dem Windows installiert ist. Hier ist Vorsicht geboten, wenn Sie z. B. mehrere Windows-Versionen parallel installiert oder wichtige persönliche Daten auf einem zweiten Laufwerk gespeichert haben. Um den PC vor dem Weitergeben in fremde Hände zu säubern, sollten Sie aber unbedingt *Alle Laufwerke* wählen.

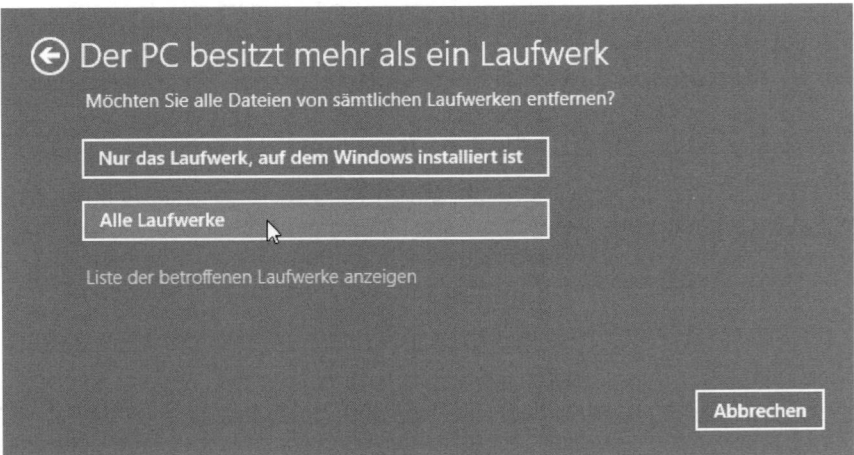

4. Nun gibt der Assistent Ihnen die Wahl, wie gründlich das Zurücksetzen erfolgen soll. Wenn auf Ihrem PC sehr sensible Daten gespeichert waren und es vielleicht sogar gilt, gesetzlichen Datenschutzbestimmungen zu genügen, sollten Sie die gründliche Variante *Dateien entfernen und Laufwerk bereinigen* wählen. Das kann zwar (lange!) dauern, aber die Daten werden dabei so intensiv zerlegt, dass sie nicht wiederherstellbar sind. Für einen privaten PC ohne sensible Daten reicht meist auch die schnelle, weniger gründliche Variante *Nur Dateien entfernen*.

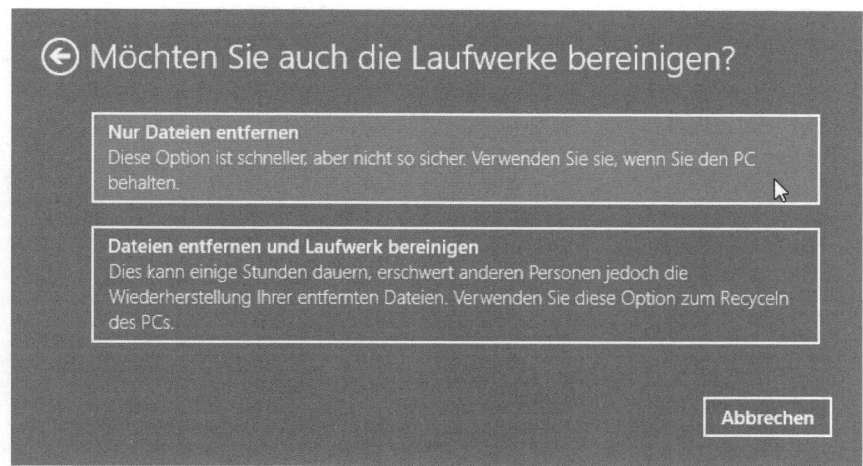

5. Der Zurücksetzen-Assistent informiert Sie dann noch mal kurz über die Folgen (also alle Dateien sind weg und jegliche Optionen auf Werkseinstellungen). Wenn Sie das wirklich wollen, starten Sie den Vorgang mit *Zurücksetzen*.

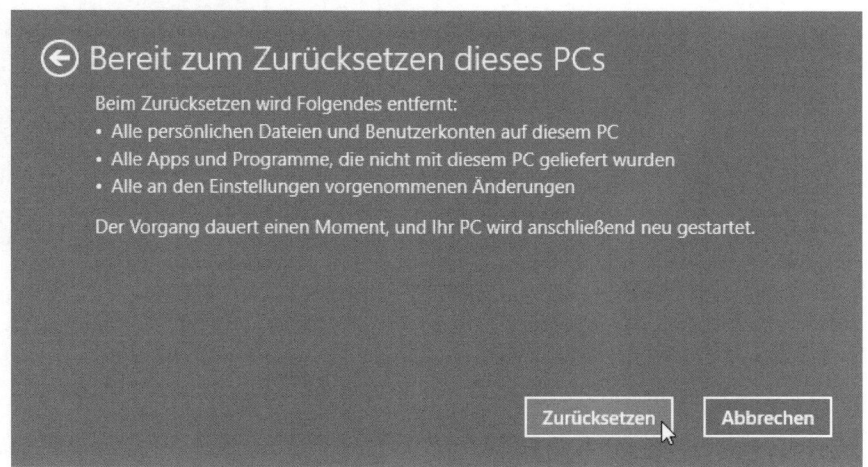

6. Der Assistent macht sich nun an das Zurücksetzen Ihrer Windows-Installation auf die Werkseinstellungen. Dies kann einige Zeit dauern und mehrere Neustarts umfassen.

7. Nach Abschluss des Zurücksetzens fragt Windows zunächst wie bei einer Up-grade-Installation einige grundlegende Dinge ab. Achten Sie hier vor allem auf die Zeitzone, die meistens korrigiert werden muss.

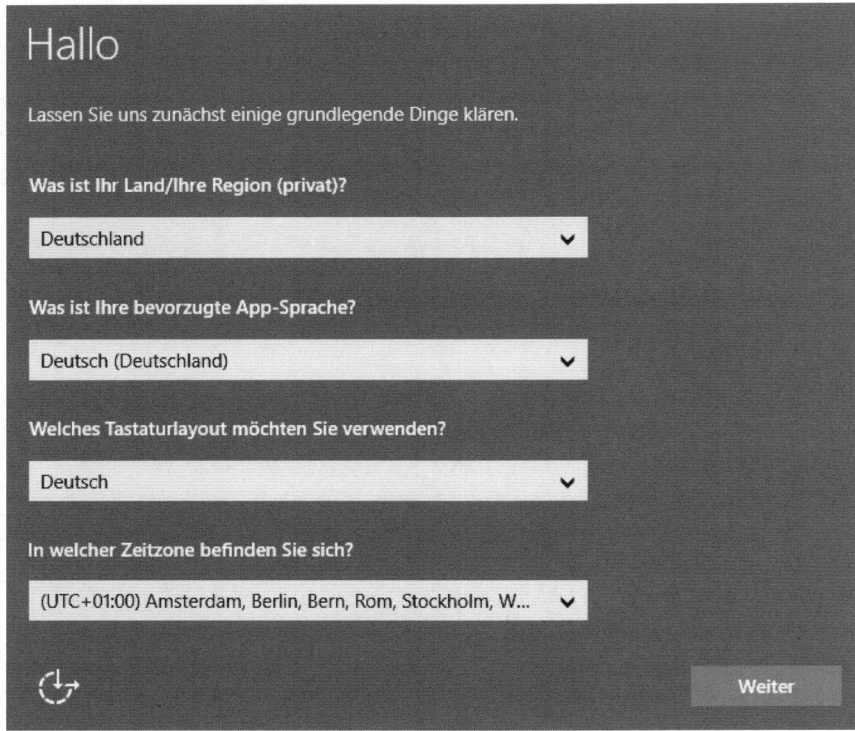

8. Anschließend bestätigen Sie die Lizenzbedingungen und es beginnen die Grundeinstellungen beim ersten Start, wie sie auf Seite 703 beschrieben sind. Dabei fragt Windows den Produktschlüssel ab, sofern er nicht in der Hardware des PCs hinterlegt ist.

Sollten Sie den gesäuberten PC mit installiertem Windows an jemand anderen wei-tergeben wollen, schalten Sie ihn einfach bei Schritt 7 aus. Die Einstellungen kann der neue Benutzer dann ja auch selbst vornehmen.

Auffrischen oder Zurücksetzen bei Startproblemen

Zurücksetzen und Auffrischen sind schön und gut. Aber was, wenn die Störung, die man damit beseitigen will, den regulären Start des PCs verhindert? In solchen Fällen können Sie diese Optionen direkt im Bootmanager aufrufen.

1. Wenn Sie eine Startkonfiguration mit mehreren Windows-Installationen haben, wird diese bei jedem Start automatisch angezeigt. Andernfalls drücken Sie während des Startvorgangs nach Abschluss der BIOS-Meldungen F8, bis der Bootmanager erscheint.

2. Wählen Sie anstelle der angebotenen Startkonfigurationen ganz unten *Standardeinstellungen ändern oder andere Optionen auswählen*.

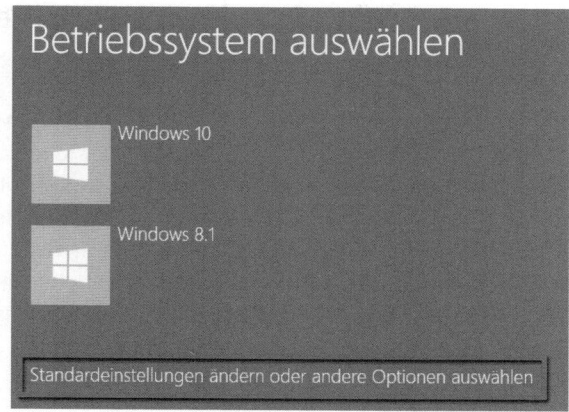

3. Im anschließenden Menü entscheiden Sie sich für *Weitere Optionen auswählen*.

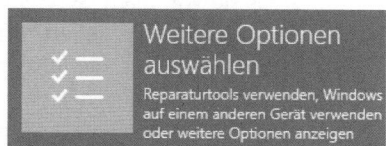

4. Wählen Sie im nächsten Schritt die Option *Problembehandlung*.

5. Im so geöffneten Menü für *Problembehandlung* verwenden Sie nun die Funktion *Diesen PC zurücksetzen*.

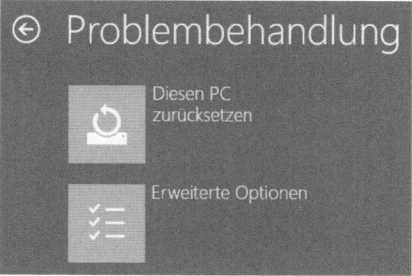

6. Im anschließenden Schritt können Sie dann entscheiden, welche Variante des Zurücksetzens Sie durchführen möchten: *Eigene Daten beibehalten* oder *Alles entfernen*.

Wenn Sie einen dieser Punkte auswählen, läuft der jeweilige Vorgang ab da genau wie vorangehend beschrieben ab.

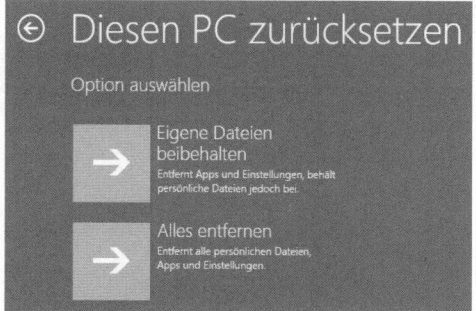

37.4 Schrittaufzeichnung: schwierige Fehlersituationen automatisch dokumentieren

Haben Sie schon mal Stunden in der Warteschlange einer Support-Hotline zugebracht, um dann einem zweifelnden oder gar inkompetenten Mitarbeiter umständlich Ihr Problem klarzumachen? Um sich dann anzuhören, dass sich das so nicht nachvollziehen lässt und es bei anderen Kunden keine Probleme gäbe? Nun ist Support ein schwieriges Geschäft, und wenn zwei fremde Menschen am Telefon über ein und dasselbe Programm (oder Betriebssystem) reden, müssen sie noch lange nicht immer auf dem gleichen Nenner sein. Windows bringt ein pfiffiges kleines Tool mit, das solche Gespräche weitestgehend überflüssig machen könnte.

Die Schrittaufzeichnung kann den fraglichen Ablauf am Bildschirm dokumentieren. Dazu erstellt sie von allen Schritten automatisch Bildschirmfotos, die Sie zusätzlich mit Anmerkungen versehen können. Daraus erstellt das Programm schließlich ein Dokument, das alle diese Informationen sowie weitere zusätzliche Angaben zur Systemkonfiguration enthält. Diese Dokumentation sollte jedem Support-Mitarbeiter Ihr Problem absolut klarmachen und alle erforderlichen Daten liefern.

1. Um eine fehlerhafte Situation aufzuzeichnen, tippen Sie im Startmenü *Schritt* ein, sodass Ihnen das Programm *Schrittaufzeichnung* angeboten wird, und drücken dann ⏎.

2. Klicken Sie auf *Aufzeichnung starten*, um den Mitschnitt Ihrer Bedienschritte zu beginnen. Machen Sie das am besten erst kurz vor dem Auftreten des Fehlers, wenn sich dieser exakt reproduzieren lässt, damit die Aufzeichnung nicht zu umfangreich wird.

3. Führen Sie nun einfach exakt die Schritte durch, die zu der problematischen Situation führen.

4. Wollen Sie zusätzliche Anmerkungen machen, klicken Sie jeweils auf die *Kommentar hinzufügen*-Schaltfläche.

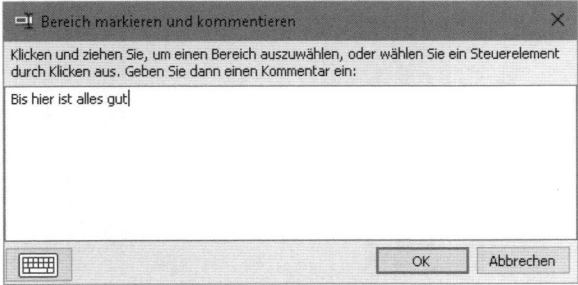

Sie können dann den Bereich des Bildschirms, auf den sich Ihr Kommentar bezieht, markieren. Den Text tippen Sie in dem dafür eingeblendeten Dialog ein.

5. Haben Sie alles Notwendige aufgezeichnet, klicken Sie im Fenster der Schrittaufzeichnung auf *Aufzeichnung beenden*.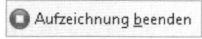

6. Nun geben Sie an, wo und unter welchem Namen der Rekorder die Aufzeichnung speichern soll.

Als Ergebnis erhalten Sie ein ZIP-Archiv (um den Datenumfang möglichst gering zu halten). In diesem Archiv befindet sich eine MHTML-Datei, die neben dem HTML-Code auch die erstellten Bildschirmfotos enthält. Der Edge-Browser kann den Inhalt dieser Datei darstellen (ebenso einige andere, aber nicht alle Webbrowser). Ein entsprechender Hinweis kann ratsam sein, wenn Sie diese Datei z. B. an andere weitergeben.

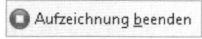

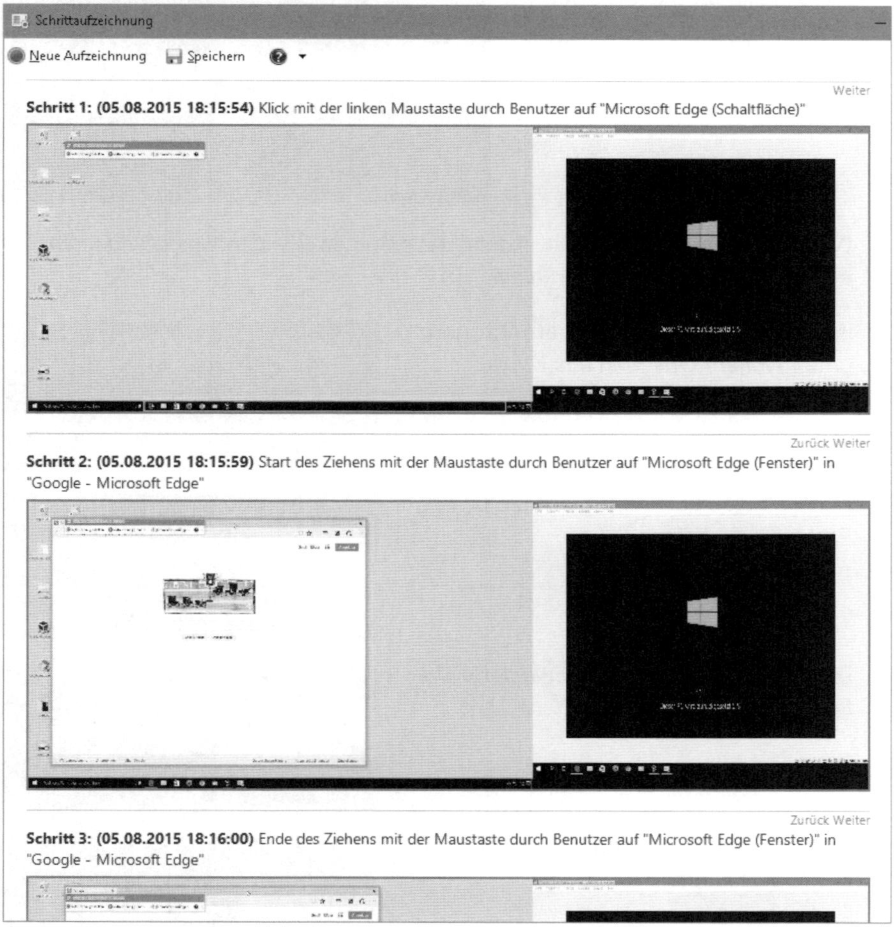

37.5 Windows im abgesicherten Modus starten und reparieren

Wer intensiv mit Windows arbeitet und bastelt oder einfach hin und wieder einem hartnäckigen Problem auf den Grund gehen muss, der wird den abgesicherten Modus (Safe Mode) schätzen. Bislang war der einfach über den Bootmanager zugänglich. Einfach im passenden Moment F8 drücken und den abgesicherten Modus im Menü auswählen. Beim aktuellen Windows ist diese Möglichkeit noch immer vorhanden, allerdings recht gut versteckt. Deshalb sind nun einige zusätzliche Schritte erforderlich.

1. Wenn Sie eine Startkonfiguration mit mehreren Windows-Installationen haben, wird diese bei jedem Start angezeigt. Andernfalls drücken Sie während des Startvorgangs nach Abschluss der BIOS-Meldungen F8, bis der Bootmanager erscheint.

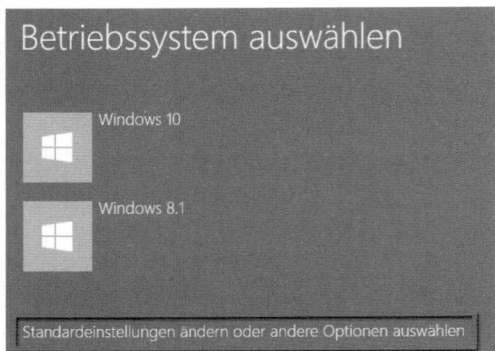

2. Wählen Sie anstelle einer Startkonfiguration unten *Standardeinstellungen ändern oder andere Optionen auswählen*.

3. Wählen Sie in den Optionen nun ganz unten *Weitere Optionen auswählen*.

4. Als Nächstes klicken Sie auf die Option *Problembehandlung*.

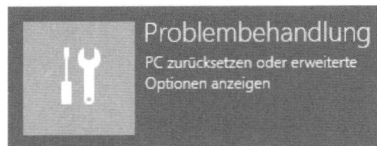

5. Danach folgt ein Klick auf *Erweiterte Optionen*.

6. Und nun schließlich noch ein Klick auf *Starteinstellungen*.

7. Das war es leider immer noch nicht. Klicken Sie auf dem folgenden Bildschirm unten rechts auf *Neu starten*, um einen Neustart des PCs einzuleiten.

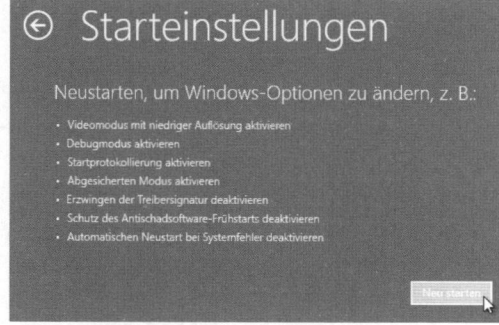

8. Bei diesem Start wird nun ein Auswahlmenü angezeigt, das in etwa dem erweiterten Startmenü früherer Windows-Versionen entspricht. Allerdings bietet es im Vergleich dazu sogar noch mehr Auswahlmöglichkeiten. Um Windows im „klassischen" abgesicherten Modus zu starten, drücken Sie die ④ bzw. die ⑤ für einen abgesicherten Start mit Netzverbindung.

Sollten Sie an dieser Stelle doch lieber normal starten wollen, drücken Sie einfach ⏎.

Windows lässt sich zur Problemlösung im abgesicherten Modus ausführen.

Holen Sie sich den abgesicherten Modus direkt in den Bootmanager zurück

Sollten Sie den abgesicherten Modus regelmäßig verwenden wollen oder müssen, ist Ihnen die kleine Klickorgie auf Dauer vielleicht etwas zu umständlich. In diesem Fall können Sie einen eigenen Eintrag direkt im Bootmanager platzieren, über den sich der abgesicherte Modus jederzeit schnell auswählen lässt.

1. Öffnen Sie eine Eingabeaufforderung mit Administratorrechten (also *Als Administrator ausführen*, siehe Seite 583).

2. Geben Sie hier den Befehl *bcdedit /enum /v* ein.

3. Suchen Sie in der so erzeugten Liste den Eintrag, wo in der Zeile *description* die Bezeichnung der richtigen Windows-Version steht (also beispielsweise *Windows 10*).

4. Notieren Sie sich bei diesem Eintrag den Wert der Zeile *Bezeichner*. Am besten aber kopieren Sie ihn mit (Strg)+(C) in die Zwischenablage.

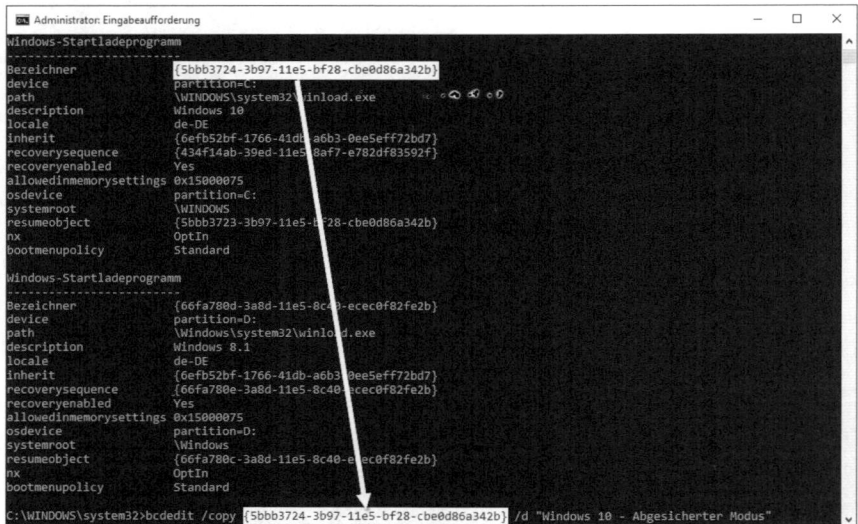

5. Tippen Sie als Nächstes den Befehl *bcdedit /copy <Bezeichner> /d „Windows 8.1 - Abgesicherter Modus"* ein. Für *<Bezeichner>* fügen Sie den in Schritt 4 gemerkten bzw. kopierten ID-Code ein. In den Anführungszeichen können Sie auch einen eigenen, prägnanten Text verwenden.

6. Schließen Sie die Eingabeaufforderung und rufen Sie im Startmenü *msconfig* auf.

7. Wechseln Sie in die Kategorie *Start* und markieren Sie den nun neu hinzugekommenen Eintrag mit der von Ihnen festgelegten Bezeichnung.

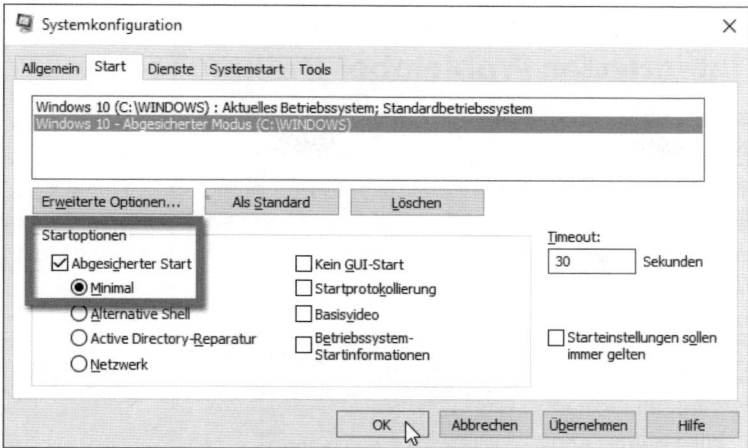

8. Wählen Sie im Bereich *Startoptionen* die Option *Abgesicherter Start* mit der Einstellung *Minimal*.

9. Klicken Sie unten auf *OK* und bestätigen Sie auf Nachfrage mit *Neu starten*.

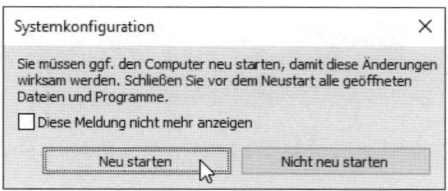

10. Der PC startet dann neu. Haben Sie mehr als ein Betriebssystem installiert, zeigt der Bootmanager Ihnen dabei eine Auswahlliste an, in der ab sofort auch der neu erstellte abgesicherte Modus zu finden ist. Haben Sie nur eine Windows-Version installiert, müssen Sie wie früher im richtigen Moment (F8) tippen, um diese Auswahlliste auf den Bildschirm zu holen.

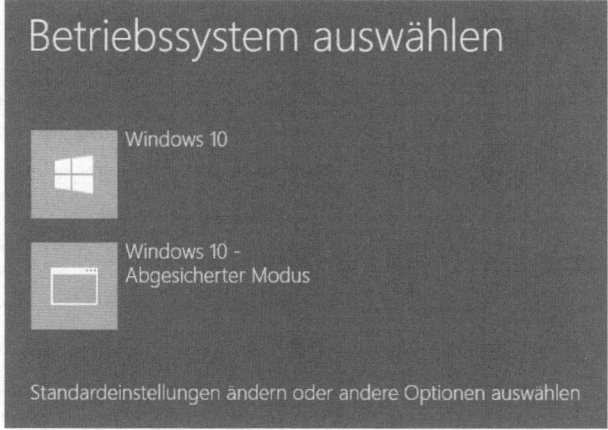

37.6 Windows bei Startproblemen mit der integrierten Problembehandlung reanimieren

Wenn sich das installierte Betriebssystem einfach nicht mehr starten lässt, ist das auf den ersten Blick der Super-GAU. System und Anwendungen lassen sich zwar neu installieren und einrichten, aber Dokumente und persönliche Daten sind womöglich verloren, wenn keine externen Sicherungen vorhanden sind. Damit es nicht ganz so schlimm kommen muss, bringt Windows eine Starthilfe mit, die viele Probleme beheben kann.

1. Wenn Sie eine Startkonfiguration mit mehreren Windows-Installationen haben, wird diese bei jedem Start automatisch angezeigt. Andernfalls drücken Sie während des Startvorgangs nach Abschluss der BIOS-Meldungen F8, bis der Bootmanager erscheint.

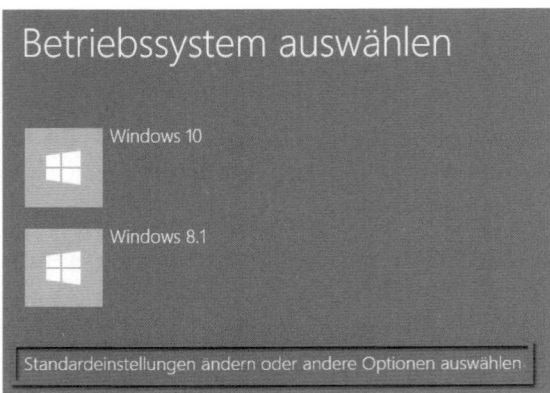

2. Wählen Sie anstelle einer Startkonfiguration unten *Standardeinstellungen ändern oder andere Optionen auswählen*.

3. Wählen Sie in den Optionen nun ganz unten *Weitere Optionen auswählen*.

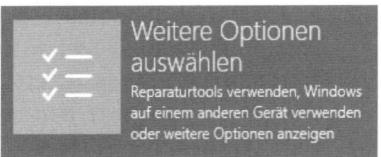

4. Als Nächstes klicken Sie auf die Option *Problembehandlung*.

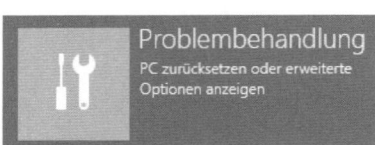

5. Danach folgt ein Klick auf *Erweiterte Optionen*.

6. Wählen Sie in den erweiterten Optionen schließlich *Starthilfe*.

7. Windows startet daraufhin neu und bereitet die automatische Reparatur vor. Wählen Sie dazu zunächst Ihr Benutzerkonto auf dem zu reparierenden System aus und geben Sie das dazugehörige Kennwort ein.

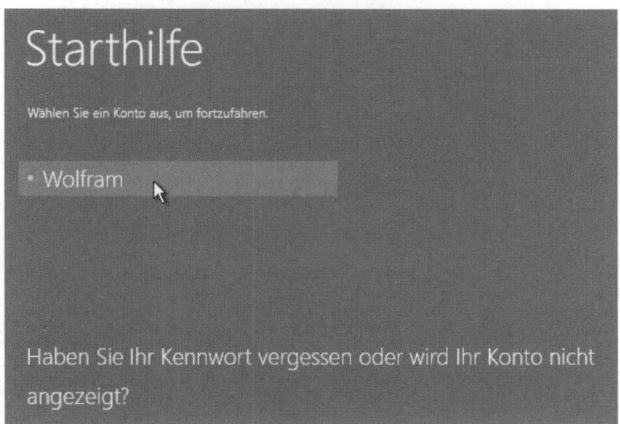

8. Nun prüft der Assistent, ob sich das System starten lässt, bzw. versucht gegebenenfalls zu ermitteln, warum es sich eben nicht starten lässt. Eine Reihe typischer Probleme wie defekte Bootinformationen oder fehlerhafte Partitionsdaten kann der Assistent so selbstständig erkennen und beheben.

Windows vom Installationsmedium aus wiederbeleben

Selbst wenn Windows gar nicht mehr starten will, können Sie die Starthilfe jederzeit mithilfe eines Installationsmediums aktivieren (siehe hierzu auch Seite 693).

1. Legen Sie das Installationsmedium ein und starten Sie den PC neu. Wenn die Startpartition beschädigt ist, sollte er ohnehin von einer DVD bzw. einem USB-Stick starten. Andernfalls müssen Sie gegebenenfalls mithilfe des BIOS dafür sorgen, dass der Rechner von dem gewünschten Medium bootet.

2. Warten Sie, bis das Fenster mit den Installationseinstellungen angezeigt wird, und klicken Sie dann im Fenster unten rechts auf *Weiter*.

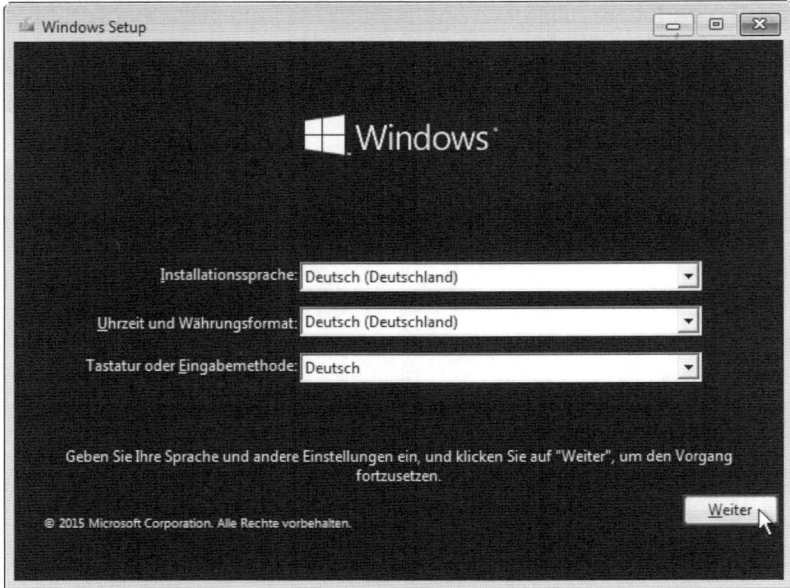

3. Klicken Sie im nächsten Schritt dann anstelle von *Jetzt installieren* unten links auf *Computerreparaturoptionen*.

4. Damit gelangen Sie zu Schritt 4 des vorangehend beschriebenen Ablaufs. Wählen Sie hier nun wieder *Problembehandlung*, dann *Erweiterte Optionen* und *Starthilfe*.

5. Hier zeigt sich ein Unterschied: Wenn Sie mehrere Windows-Systeme parallel auf Ihrem PC installiert haben sollten, wählen Sie das Windows-System aus, das Sie reparieren möchten. Ab da läuft der Vorgang wieder wie vorangehend beschrieben ab.

Wenn Sie eine ältere Windows-Version auf diese Weise zu reparieren versuchen, werden Sie eine Meldung erhalten, dass diese nicht unterstützt würde. Das ist auch korrekt. Es gibt aber eine einfache Lösung: Gehen Sie genau wie beschrieben vor, legen Sie dabei aber jeweils das Installationsmedium der zu reparierenden Windows-Version ein. Also eine Windows-8.1-DVD, um Windows 8.1 zu reparieren, eine Windows-7-DVD, um Windows 7 zu reparieren, etc.

Index

X

Y

Z